Vorwort

Das geltende Recht setzt für Handlungen im Berufsleben, im Wirtschaftsleben sowie im Alltag einen Rahmen, der Entscheidungsmöglichkeiten einengt oder Entscheidungen sogar vorgibt. Deshalb können ohne elementare Rechtskenntnisse Lebenssituationen nicht selbstbestimmt bewältigt werden.

Die vorliegende **22. Auflage 2014** der ***„Wirtschaftsgesetze – Textsammlung"*** richtet sich insbesondere an

- **Schülerinnen und Schüler** an beruflichen Schulen sowie
- **an allgemeinbildenden Schulen in wirtschaftlich orientierten Fächern**
- **Auszubildende in kaufmännischen und nicht-kaufmännischen Ausbildungsberufen**
- **Dozenten und Teilnehmer** von innerbetrieblichen Fort- und Weiterbildungen sowie **Kursteilnehmer von privaten oder öffentlichen Fort- und Weiterbildungseinrichtungen**

Zielsetzung dieser Gesetzessammlung ist es, dass der Lernende sich mit Hilfe des Gesetzestextes in einem zielorientierten Suchvorgang **selbstständig über die Rechtslage informiert** und daran seine Handlungen orientiert. Hierzu ist vor allem ein Eindringen in die Systematik der Rechtsordnung Voraussetzung. Mit dieser Zielsetzung soll diese Gesetzessammlung zur **Einführung in das Recht** dienen.

In der „Textsammlung Wirtschaftsgesetze" sind deshalb die **Einzelgesetze systematisch geordnet** und diese Ordnung in einer Übersicht zusammengefasst, die als Grundorientierung Ausgangspunkt für alle Suchvorgänge sein kann. Das **Daumenregister** soll den Nutzer dabei unterstützen.

Innerhalb der einzelnen Gesetze ist die **vom Gesetzgeber vorgegebene Gliederung in anschaulicher Weise dargestellt** und wird damit besser verständlich.

Rechtliche Normen ändern sich häufig und neue Regelungen kommen hinzu. Eine **Übersicht der wichtigsten Änderungen in der vorliegenden 22. Auflage 2014** sind in der Übersicht auf **S. 675** zusammengefasst.

Ihr Feedback ist uns wichtig

Wenn Sie mithelfen möchten, diese Gesetzessammlung für die kommenden Auflagen zu verbessern, schreiben Sie uns unter *lektorat@europa-lehrmittel.de*.

Ihre Hinweise und Verbesserungsvorschläge nehmen wir gerne auf.

Winter 2013/2014

Redaktion und Bearbeiter

Systematische Übersicht 1–5

	Rechtsgebiete	Gesetze
1	**Bürgerliches Recht**	1.1 BGB● – 1.1a EGBGB – 1.1b BGB-InfoV
	Zivilprozessrecht	1.2 ZPO● – 1.3 SigG
2	**Handels- und Gewerberecht**	2.1 HGB● – 2.1a PartGG – 2.2 GewO 2.3 (frei) 2.4 ProdHaftG 2.5 LadSchlG 2.6 HwO – 2.7 IHKG
3	**Kapitalgesellschaften** (u. allgemeine Rechnungslegungs-vorschriften)	3.1 AktG● – 3.1a SEAG – 3.2 GmbHG● 3.3 UmwG – 3.4 PublG – 3.4a IAS●
	Genossenschaften	3.5 GenG●
	notleidende Unternehmung	3.6 InsO – 3.7 (frei) – 3.8 AnfG
4	**Wettbewerbsrecht**	4.1 GWB – 4.2 UWG – 4.3 (frei) – 4.4 (frei)
	Verbraucherschutz	4.5 (frei) – 4.6 PAngG 4.6a PAngV – 4.7 (frei)
	Schutz von Erfindungen und Patenten	4.8 PatG – 4.9 GebrMG – 4.10 MarkenG 4.11 GeschmMG
5	**Zahlungsverkehr**	5.1 ScheckG – 5.2 WG
	Güter- und Nachrichtenverkehr	5.3 (frei) – 5.4 GüKG – 5.5 (frei) 5.6 PostG – 5.7 (frei)

● Die **Gliederung** der mit einem roten Punkt gekennzeichneten Gesetze ist im Stichwortverzeichnis (S. 638 ff.), alphabetisch eingeordnet, dargestellt.

Systematische Übersicht 6–8

	Rechtsgebiete	Gesetze
6	**Arbeits- und Sozialrecht**	
	Regelungen zum Arbeitsverhältnis, einschl. allgem. Arbeitsschutzgesetze	6.1 TVG – 6.2 BBiG● – 6.3 KSchG – 6.3a AGG 6.4 ArbPlSchG – 6.4a NachwG 6.5 TzBfG – 6.6 (frei) – 6.7 EntgFG 6.8 ArbZG – 6.8a BildscharbV 6.9 BUrlG – 6.10 BEEG 6.11 Fünftes VermBG – 6.12 SchwarzArbG 6.13 ArbGG
	Betriebsverfassung und Mitbestimmung	6.14 BetrVG● – 6.14a DrittelbG 6.15 SprAuG – 6.16 MitbestG 6.17 MontanMitbestG
	Arbeitsschutz f. besondere Personenkreise	6.18 JArbSchG● – 6.19 MuSchG 6.20 ArbSchG – 6.20a ArbStättV
	Sozialversicherung und Arbeitsförderung	6.21a SGB I● Allgemeiner Teil 6.21ab SGB II● Grundsicherung f. Arbeitsuchende 6.21b SGB III● Arbeitsförderung 6.21c SGB IV● Gemeinsame Vorschriften 6.21d SGB V● Gesetzliche Krankenversicherung 6.21e SGB VI● Gesetzliche Rentenversicherung 6.21f SGB VII● Unfallversicherung 6.21g SGB IX● Rehabil. behinderter Menschen 6.21h SGB XI● Soziale Pflegeversicherung 6.21i SozVW Sozialversicherungswerte 6.22 AltTZG Altersteilzeitgesetz
7	**Steuerrecht**	
	Allgemeine Verfahrens- und Bewertungsvorschriften	7.1 AO – 7.2 BewG
	Personensteuern	7.3 EStG● – 7.3a ESt-Tabellen - 7.3b EStR 7.3c Afa-Tabelle - 7.3d Leasing-Erlass 7.3e LStDV - 7.3f LSt-Tabelle - 7.3g SolZG 7.4 KStG
	Realsteuern	7.5 GewStG – 7.6 (frei) 7.7 (frei)
	Verkehrssteuern	7.8 UStG● – 7.8a UStDV
8	**Staats- und Wirtschaftsordnung** einschl. Umweltschutz	8.0 Grundgesetz● 8.1 BBankG – 8.1a ESZB-Satzung – 8.2 StabG 8.3 BDSG – 8.4 BImSchG 8.5 UmweltHG 8.6 VerpackV

Bürgerliches Gesetzbuch

Vom 18. August 1896, in der Neufassung vom 2. Januar 2002
mit Änderungen bis zum 1. Oktober 2013[1]

Erstes Buch. Allgemeiner Teil

Personen

► Natürliche Personen, Verbraucher, Unternehmer

§ 1. Beginn der Rechtsfähigkeit. Die Rechtsfähigkeit des Menschen beginnt mit der Vollendung der Geburt.

§ 2. Eintritt der Volljährigkeit. Die Volljährigkeit tritt mit der Vollendung des achtzehnten Lebensjahres ein.

§ 7. Wohnsitz; Begründung und Aufhebung.
(1) Wer sich an einem Orte ständig niederlässt, begründet an diesem Orte seinen Wohnsitz.
(2) Der Wohnsitz kann gleichzeitig an mehreren Orten bestehen.
(3) Der Wohnsitz wird aufgehoben, wenn die Niederlassung mit dem Willen aufgehoben wird, sie aufzugeben.

§ 8. Wohnsitz nicht voll Geschäftsfähiger.
(1) Wer geschäftsunfähig oder in der Geschäftsfähigkeit beschränkt ist, kann ohne den Willen seines gesetzlichen Vertreters einen Wohnsitz weder begründen noch aufheben.
(2) Ein Minderjähriger, der verheiratet ist oder war, kann selbständig einen Wohnsitz begründen und aufheben.

§ 13. Verbraucher. Verbraucher ist jede natürliche Person, die ein Rechtsgeschäft zu Zwecken abschließt, die überwiegend weder ihrer gewerblichen noch ihrer selbständigen beruflichen Tätigkeit zugerechnet werden können.

§ 14. Unternehmer. (1) Unternehmer ist eine natürliche oder juristische Person oder eine rechtsfähige Personengesellschaft, die bei Abschluss eines Rechtsgeschäfts in Ausübung ihrer gewerblichen oder selbständigen beruflichen Tätigkeit handelt.
(2) Eine rechtsfähige Personengesellschaft ist eine Personengesellschaft, die mit der Fähigkeit ausgestattet ist, Rechte zu erwerben und Verbindlichkeiten einzugehen.

► Juristische Personen

§ 21. Nichtwirtschaftlicher Verein. Ein Verein, dessen Zweck nicht auf einen wirtschaftlichen Geschäftsbetrieb gerichtet ist, erlangt Rechtsfähigkeit durch Eintragung in das Vereinsregister des zuständigen Amtsgerichts.

§ 26. Vorstand und Vertretung. (1) [1]Der Verein muss einen Vorstand haben. [2]Der Vorstand vertritt den Verein gerichtlich und außergerichtlich; er hat die Stellung eines gesetzlichen Vertreters. [3]Der Umfang der Vertretungsmacht kann durch die Satzung mit Wirkung gegen Dritte beschränkt werden.
(2) [1]Besteht der Vorstand aus mehreren Personen, so wird der Verein durch die Mehrheit der Vorstandsmitglieder vertreten. [2]Ist eine Willenserklärung gegenüber einem Verein abzugeben, so genügt die Abgabe gegenüber einem Mitglied des Vorstands.

§ 41. Auflösung des Vereins. [1]Der Verein kann durch Beschluss der Mitgliederversammlung aufgelöst werden. [2]Zu dem Beschluss ist eine Mehrheit von drei Vierteln der abgegebenen Stimmen erforderlich, wenn nicht die Satzung ein anderes bestimmt.

§ 45. Anfall des Vereinsvermögens. (1) Mit der Auflösung des Vereins oder der Entziehung der Rechtsfähigkeit fällt das Vermögen an die in der Satzung bestimmten Personen.
(2) [1]Durch die Satzung kann vorgeschrieben werden, dass die Anfallberechtigten durch Beschluss der Mitgliederversammlung oder eines anderen Vereinsorgans bestimmt werden. [2]Ist der Zweck des Vereins nicht auf einen wirtschaftlichen Geschäftsbetrieb gerichtet, so kann die Mitgliederversammlung auch ohne eine solche Vorschrift das Vermögen einer öffentlichen Stiftung oder Anstalt zuweisen.
(3) Fehlt es an einer Bestimmung der Anfallberechtigten, so fällt das Vermögen, wenn der Verein nach der Satzung ausschließlich den Interessen seiner Mitglieder diente, an die zur Zeit der Auflösung oder der Entziehung der Rechtsfähigkeit vorhandenen Mitglieder zu gleichen Teilen, andernfalls an den Fiskus des Landes, in dessen Gebiet der Verein seinen Sitz hatte.

§ 54. Nichtrechtsfähige Vereine. [1]Auf Vereine, die nicht rechtsfähig sind, finden die Vor-

---

1 Zahlreiche Änderungen, die das Recht der Verbraucherverträge, §§ 312 bis 312k, 355 ff. betreffen und zum 13.06.2014 in Kraft treten, wurden bereits aufgenommen.

schriften über die Gesellschaft Anwendung. [2]Aus einem Rechtsgeschäft, das im Namen eines solchen Vereins einem Dritten gegenüber vorgenommen wird, haftet der Handelnde persönlich; handeln mehrere, so haften sie als Gesamtschuldner.

Sachen und Tiere

§ 90. Begriff der Sache. Sachen im Sinne des Gesetzes sind nur körperliche Gegenstände.

§ 90a. Tiere. [1]Tiere sind keine Sachen. [2]Sie werden durch besondere Gesetze geschützt. [3]Auf sie sind die für Sachen geltenden Vorschriften entsprechend anzuwenden, soweit nicht etwas anderes bestimmt ist.

§ 91. Vertretbare Sachen. Vertretbare Sachen im Sinne des Gesetzes sind bewegliche Sachen, die im Verkehre nach Zahl, Maß oder Gewicht bestimmt zu werden pflegen.

§ 92. Verbrauchbare Sachen. (1) Verbrauchbare Sachen im Sinne des Gesetzes sind bewegliche Sachen, deren bestimmungsmäßiger Gebrauch in dem Verbrauch oder in der Veräußerung besteht. …

§ 93. Wesentliche Bestandteile einer Sache. Bestandteile einer Sache, die voneinander nicht getrennt werden können, ohne dass der eine oder der andere zerstört oder in seinem Wesen verändert wird (wesentliche Bestandteile), können nicht Gegenstand besonderer Rechte sein.

§ 94. Wesentliche Bestandteile eines Grundstücks oder Gebäudes. (1) [1]Zu den wesentlichen Bestandteilen eines Grundstücks gehören die mit dem Grund und Boden fest verbundenen Sachen, insbesondere Gebäude, sowie die Erzeugnisse des Grundstücks, solange sie mit dem Boden zusammenhängen. [2]Samen wird mit dem Aussäen, eine Pflanze wird mit dem Einpflanzen wesentlicher Bestandteil des Grundstücks.

(2) Zu den wesentlichen Bestandteilen eines Gebäudes gehören die zur Herstellung des Gebäudes eingefügten Sachen.

§ 95. Nur vorübergehender Zweck. (1) [1]Zu den Bestandteilen eines Grundstücks gehören solche Sachen nicht, die nur zu einem vorübergehenden Zweck mit dem Grund und Boden verbunden sind. [2]Das Gleiche gilt von einem Gebäude oder anderen Werk, das in Ausübung eines Rechtes an einem fremden Grundstück von dem Berechtigten mit dem Grundstück verbunden worden ist.

(2) Sachen, die nur zu einem vorübergehenden Zwecke in ein Gebäude eingefügt sind, gehören nicht zu den Bestandteilen des Gebäudes.

§ 96. Rechte als Bestandteile eines Grundstücks. Rechte, die mit dem Eigentum an einem Grundstück verbunden sind, gelten als Bestandteile des Grundstücks.

§ 97. Zubehör. (1) [1]Zubehör sind bewegliche Sachen, die, ohne Bestandteile der Hauptsache zu sein, dem wirtschaftlichen Zwecke der Hauptsache zu dienen bestimmt sind und zu ihr in einem dieser Bestimmung entsprechenden räumlichen Verhältnis stehen. [2]Eine Sache ist nicht Zubehör, wenn sie im Verkehr nicht als Zubehör angesehen wird.

(2) [1]Die vorübergehende Benutzung einer Sache für den wirtschaftlichen Zweck einer anderen begründet nicht die Zubehöreigenschaft. [2]Die vorübergehende Trennung eines Zubehörstücks von der Hauptsache hebt die Zubehöreigenschaft nicht auf.

§ 99. Früchte. (1) Früchte einer Sache sind die Erzeugnisse der Sache und die sonstige Ausbeute, welche aus der Sache ihrer Bestimmung gemäß gewonnen wird.

(2) Früchte eines Rechts sind die Erträge, welche das Recht seiner Bestimmung gemäß gewährt. …

§ 100. Nutzungen. Nutzungen sind die Früchte einer Sache oder eines Rechts sowie die Vorteile, welche der Gebrauch der Sache oder des Rechts gewährt.

Rechtsgeschäfte

▶ Geschäftsfähigkeit

§ 104. Geschäftsunfähigkeit. Geschäftsunfähig ist:

1. wer nicht das siebente Lebensjahr vollendet hat;
2. wer sich in einem die freie Willensbestimmung ausschließenden Zustand krankhafter Störung der Geistestätigkeit befindet, sofern nicht der Zustand seiner Natur nach ein vorübergehender ist.

§ 105. Nichtigkeit der Willenserklärung. (1) Die Willenserklärung eines Geschäftsunfähigen ist nichtig.

(2) Nichtig ist auch eine Willenserklärung, die im Zustand der Bewusstlosigkeit oder vorübergehender Störung der Geistestätigkeit abgegeben wird.

§ 105 a. Geschäfte des täglichen Lebens. [1]Tätigt ein volljähriger Geschäftsunfähiger ein Geschäft des täglichen Lebens, das mit geringwertigen Mitteln bewirkt werden kann, so gilt der von ihm geschlossene Vertrag in Ansehung von Leistung und, soweit vereinbart, Gegenleistung als wirksam, sobald Leistung und Gegenleistung bewirkt sind. [2]Satz 1 gilt nicht bei einer erheblichen Gefahr für die Person oder das Vermögen des Geschäftsunfähigen.

§ 106. Beschränkte Geschäftsfähigkeit Minderjähriger. Ein Minderjähriger, der das siebente Lebensjahr vollendet hat, ist nach Maßgabe der §§ 107 bis 113 in der Geschäftsfähigkeit beschränkt.

§ 107. Einwilligung des gesetzlichen Vertreters. Der Minderjährige bedarf zu einer Willenserklärung, durch die er nicht lediglich einen rechtlichen Vorteil erlangt, der Einwilligung seines gesetzlichen Vertreters.

§ 108. Vertragsschluss ohne Einwilligung.

(1) Schließt der Minderjährige einen Vertrag ohne die erforderliche Einwilligung des gesetzlichen Vertreters, so hängt die Wirksamkeit des Vertrags von der Genehmigung des Vertreters ab.

(2) [1]Fordert der andere Teil den Vertreter zur Erklärung über die Genehmigung auf, so kann die Erklärung nur ihm gegenüber erfolgen; eine vor der Aufforderung dem Minderjährigen gegenüber erklärte Genehmigung oder Verweigerung der Genehmigung wird unwirksam. [2]Die Genehmigung kann nur bis zum Ablauf von zwei Wochen nach dem Empfang der Aufforderung erklärt werden; wird sie nicht erklärt, so gilt sie als verweigert.

(3) Ist der Minderjährige unbeschränkt geschäftsfähig geworden, so tritt seine Genehmigung an die Stelle der Genehmigung des Vertreters.

§ 109. Widerrufsrecht des anderen Teils.

(1) [1]Bis zur Genehmigung des Vertrags ist der andere Teil zum Widerruf berechtigt. [2]Der Widerruf kann auch dem Minderjährigen gegenüber erklärt werden.

(2) Hat der andere Teil die Minderjährigkeit gekannt, so kann er nur widerrufen, wenn der Minderjährige der Wahrheit zuwider die Einwilligung des Vertreters behauptet hat; er kann auch in diesem Falle nicht widerrufen, wenn ihm das Fehlen der Einwilligung bei dem Abschluss des Vertrags bekannt war.

Taschengeldparagraph

§ 110. Bewirken der Leistung mit eigenen Mitteln. Ein von dem Minderjährigen ohne Zustimmung des gesetzlichen Vertreters geschlossener Vertrag gilt als von Anfang an wirksam, wenn der Minderjährige die vertragsmäßige Leistung mit Mitteln bewirkt, die ihm zu diesem Zweck oder zu freier Verfügung von dem Vertreter oder mit dessen Zustimmung von einem Dritten überlassen worden sind.

§ 111. Einseitige Rechtsgeschäfte. Ein einseitiges Rechtsgeschäft, das der Minderjährige ohne die erforderliche Einwilligung des gesetzlichen Vertreters vornimmt, ist unwirksam. ...

§ 112. Selbständiger Betrieb eines Erwerbsgeschäfts. (1) [1]Ermächtigt der gesetzliche Vertreter mit Genehmigung des Familiengerichts den Minderjährigen zum selbständigen Betrieb eines Erwerbsgeschäfts, so ist der Minderjährige für solche Rechtsgeschäfte unbeschränkt geschäftsfähig, welche der Geschäftsbetrieb mit sich bringt. [2]Ausgenommen sind Rechtsgeschäfte, zu denen der Vertreter der Genehmigung des Familiengerichts bedarf.

(2) Die Ermächtigung kann von dem Vertreter nur mit Genehmigung des Familiengerichts zurückgenommen werden.

§ 113. Dienst- oder Arbeitsverhältnis.

(1) [1]Ermächtigt der gesetzliche Vertreter den Minderjährigen, in Dienst oder in Arbeit zu treten, so ist der Minderjährige für solche Rechtsgeschäfte unbeschränkt geschäftsfähig, welche die Eingehung oder Aufhebung eines Dienst- oder Arbeitsverhältnisses der gestatteten Art oder die Erfüllung der sich aus einem solchen Verhältnis ergebenden Verpflichtungen betreffen. [2]Ausgenommen sind Verträge, zu denen der Vertreter der Genehmigung des Familiengerichts bedarf.

(2) Die Ermächtigung kann von dem Vertreter zurückgenommen oder eingeschränkt werden.

(3) [1]Ist der gesetzliche Vertreter ein Vormund, so kann die Ermächtigung, wenn sie von ihm verweigert wird, auf Antrag des Minderjährigen durch das Familiengericht ersetzt werden. [2]Das Familiengericht hat die Ermächtigung zu ersetzen, wenn sie im Interesse des Mündels liegt.

(4) Die für einen einzelnen Fall erteilte Ermächtigung gilt im Zweifel als allgemeine Ermächtigung zur Eingehung von Verhältnissen derselben Art.

▶ Willenserklärung

§ 116. Geheimer Vorbehalt. [1]Eine Willenserklärung ist nicht deshalb nichtig, weil sich der Erklärende insgeheim vorbehält, das Erklärte nicht zu wollen. [2]Die Erklärung ist nichtig, wenn sie einem anderen gegenüber abzugeben ist und dieser den Vorbehalt kennt.

§ 117. Scheingeschäft. (1) Wird eine Willenserklärung, die einem anderen gegenüber abzugeben ist, mit dessen Einverständnis nur zum Schein abgegeben, so ist sie nichtig.

(2) Wird durch ein Scheingeschäft ein anderes Rechtsgeschäft verdeckt, so finden die für das verdeckte Rechtsgeschäft geltenden Vorschriften Anwendung.

§ 118. Mangel der Ernstlichkeit. Eine nicht ernstlich gemeinte Willenserklärung, die in der Erwartung abgegeben wird, der Mangel der Ernstlichkeit werde nicht verkannt werden, ist nichtig.

§ 119. Anfechtbarkeit wegen Irrtums.

(1) Wer bei der Abgabe einer Willenserklärung über deren Inhalt im Irrtum war oder eine Erklärung dieses Inhalts überhaupt nicht abgeben wollte, kann die Erklärung anfechten, wenn anzunehmen ist, dass er sie bei Kenntnis der Sachlage und bei verständiger Würdigung des Falles nicht abgegeben haben würde.

(2) Als Irrtum über den Inhalt der Erklärung gilt auch der Irrtum über solche Eigenschaften der Person oder der Sache, die im Verkehr als wesentlich angesehen werden.

§ 120. Anfechtbarkeit wegen falscher Übermittlung. Eine Willenserklärung, welche durch die zur Übermittelung verwendete Person oder Einrichtung unrichtig übermittelt worden ist, kann unter der gleichen Voraussetzung angefochten werden wie nach § 119 eine irrtümlich abgegebene Willenserklärung.

§ 121. Anfechtungsfrist. (1) [1]Die Anfechtung muss in den Fällen der §§ 119, 120 ohne schuldhaftes Zögern (unverzüglich) erfolgen, nachdem der Anfechtungsberechtigte von dem Anfechtungsgrunde Kenntnis erlangt hat. [2]Die einem Abwesenden gegenüber erfolgte Anfechtung gilt als rechtzeitig erfolgt, wenn die Anfechtungserklärung unverzüglich abgesendet worden ist.

(2) Die Anfechtung ist ausgeschlossen, wenn seit der Abgabe der Willenserklärung zehn Jahre verstrichen sind.

§ 122. Schadensersatzpflicht des Anfechtenden. (1) Ist eine Willenserklärung nach § 118 nichtig oder auf Grund der §§ 119, 120 angefochten, so hat der Erklärende, wenn die Erklärung einem anderen gegenüber abzugeben war, diesem, andernfalls jedem Dritten den Schaden zu ersetzen, den der andere oder der Dritte dadurch erleidet, dass er auf die Gültigkeit der Erklärung vertraut, jedoch nicht über den Betrag des Interesses hinaus, welches der andere oder der Dritte an der Gültigkeit der Erklärung hat.

(2) Die Schadensersatzpflicht tritt nicht ein, wenn der Beschädigte den Grund der Nichtigkeit oder der Anfechtbarkeit kannte oder infolge von Fahrlässigkeit nicht kannte (kennen musste).

§ 123. Anfechtbarkeit wegen Täuschung oder Drohung. (1) Wer zur Abgabe einer Willenserklärung durch arglistige Täuschung oder widerrechtlich durch Drohung bestimmt worden ist, kann die Erklärung anfechten.

(2) [1]Hat ein Dritter die Täuschung verübt, so ist eine Erklärung, die einem anderen gegenüber abzugeben war, nur dann anfechtbar, wenn dieser die Täuschung kannte oder kennen musste. [2]Soweit ein anderer als derjenige, welchem gegenüber die Erklärung abzugeben war, aus der Erklärung unmittelbar ein Recht erworben hat, ist die Erklärung ihm gegenüber anfechtbar, wenn er die Täuschung kannte oder kennen musste.

§ 124. Anfechtungsfrist. (1) Die Anfechtung einer nach § 123 anfechtbaren Willenserklärung kann nur binnen Jahresfrist erfolgen.

(2) [1]Die Frist beginnt im Falle der arglistigen Täuschung mit dem Zeitpunkt, in welchem der Anfechtungsberechtigte die Täuschung entdeckt, im Falle der Drohung mit dem Zeitpunkt, in welchem die Zwangslage aufhört. [2]Auf den Lauf der Frist finden die für die Verjährung geltenden Vorschriften der §§ 206, 210 und 211 entsprechende Anwendung.

(3) Die Anfechtung ist ausgeschlossen, wenn seit der Abgabe der Willenserklärung zehn Jahre verstrichen sind.

§ 125. Nichtigkeit wegen Formmangels.
[1]Ein Rechtsgeschäft, welches der durch Gesetz vorgeschriebenen Form ermangelt, ist nichtig. [2]Der Mangel der durch Rechtsgeschäft bestimmten Form hat im Zweifel gleichfalls Nichtigkeit zur Folge.

§ 126. Schriftform. (1) Ist durch Gesetz schriftliche Form vorgeschrieben, so muss die Urkunde von dem Aussteller eigenhändig durch Namensunterschrift oder mittels notariell beglaubigten Handzeichens unterzeichnet werden.

(2) [1]Bei einem Vertrage muss die Unterzeichnung der Parteien auf derselben Urkunde erfolgen. [2]Werden über den Vertrag mehrere gleich lautende Urkunden aufgenommen, so genügt es, wenn jede Partei die für die andere Partei bestimmte Urkunde unterzeichnet.

(3) Die schriftliche Form kann durch die elektronische Form ersetzt werden, wenn sich nicht aus dem Gesetz ein anderes ergibt.

(4) Die schriftliche Form wird durch die notarielle Beurkundung ersetzt.

§ 126 a. Elektronische Form. (1) Soll die gesetzlich vorgeschriebene schriftliche Form durch die elektronische Form ersetzt werden, so muss der Aussteller der Erklärung dieser seinen Namen hinzufügen und das elektronische Dokument mit einer qualifizierten elektronischen Signatur nach dem Signaturgesetz versehen.

(2) Bei einem Vertrag müssen die Parteien jeweils ein gleich lautendes Dokument in der in Absatz 1 bezeichneten Weise elektronisch signieren.

§ 126 b. Textform. [1]Ist durch Gesetz Textform vorgeschrieben, so muss eine lesbare Erklärung, in der die Person des Erklärenden genannt ist, auf einem dauerhaften Datenträger abgegeben werden. [2]Ein dauerhafter Datenträger ist jedes Medium, das

1. es dem Empfänger ermöglicht, eine auf dem Datenträger befindliche, an ihn persönlich gerichtete Erklärung so aufzubewahren oder zu speichern, dass sie ihm während eines für ihren Zweck angemessenen Zeitraums zugänglich ist, und
2. geeignet ist, die Erklärung unverändert wiederzugeben.

§ 127. Vereinbarte Form. (1) Die Vorschriften des § 126, des § 126 a oder des § 126 b gelten im Zweifel auch für die durch Rechtsgeschäft bestimmte Form.

(2) [1]Zur Wahrung der durch Rechtsgeschäft bestimmten schriftlichen Form genügt, soweit nicht ein anderer Wille anzunehmen ist, die telekommunikative Übermittlung und bei einem Vertrag der Briefwechsel. [2]Wird eine solche Form gewählt, so kann nachträglich eine dem § 126 entsprechende Beurkundung verlangt werden.

(3) [1]Zur Wahrung der durch Rechtsgeschäft bestimmten elektronischen Form genügt, soweit nicht ein anderer Wille anzunehmen ist, auch eine andere als die in § 126 a bestimmte elektronische Signatur und bei einem Vertrag der Austausch von Angebots- und Annahmeerklärung, die jeweils mit einer elektronischen Signatur versehen sind. [2]Wird eine solche Form gewählt, so kann nachträglich eine dem § 126 a entsprechende elektronische Signierung oder, wenn diese einer der Parteien nicht möglich ist, eine dem § 126 entsprechende Beurkundung verlangt werden.

§ 127 a. Gerichtlicher Vergleich. Die notarielle Beurkundung wird bei einem gerichtlichen Vergleich durch die Aufnahme der Erklärungen in ein nach den Vorschriften der Zivilprozessordnung errichtetes Protokoll ersetzt.

§ 128. Notarielle Beurkundung. Ist durch Gesetz notarielle Beurkundung eines Vertrags vorgeschrieben, so genügt es, wenn zunächst der Antrag und sodann die Annahme des Antrags von einem Notar beurkundet wird.

§ 129. Öffentliche Beglaubigung. (1) [1]Ist durch Gesetz für eine Erklärung öffentliche Beglaubigung vorgeschrieben, so muss die Erklärung schriftlich abgefasst und die Unterschrift des Erklärenden von einem Notar beglaubigt werden. [2]Wird die Erklärung von dem Aussteller mittels Handzeichens unterzeichnet, so ist die im § 126 Abs. 1 vorgeschriebene Beglaubigung des Handzeichens erforderlich und genügend.

(2) Die öffentliche Beglaubigung wird durch die notarielle Beurkundung der Erklärung ersetzt.

§ 130. Wirksamwerden der Willenserklärung gegenüber Abwesenden. (1) [1]Eine Willenserklärung, die einem anderen gegenüber abzugeben ist, wird, wenn sie in dessen Abwesenheit abgegeben wird, in dem Zeitpunkt wirksam, in welchem sie ihm zugeht. [2]Sie wird nicht wirksam, wenn dem anderen vorher oder gleichzeitig ein Widerruf zugeht.

(2) Auf die Wirksamkeit der Willenserklärung ist es ohne Einfluss, wenn der Erklärende nach der Abgabe stirbt oder geschäftsunfähig wird.

(3) Diese Vorschriften finden auch dann Anwendung, wenn die Willenserklärung einer Behörde gegenüber abzugeben ist.

§ 131. Wirksamwerden gegenüber nicht voll Geschäftsfähigen. (1) Wird die Willenserklärung einem Geschäftsunfähigen gegenüber abgegeben, so wird sie nicht wirksam, bevor sie dem gesetzlichen Vertreter zugeht.

(2) [1]Das Gleiche gilt, wenn die Willenserklärung einer in der Geschäftsfähigkeit beschränkten Person gegenüber abgegeben wird. [2]Bringt die Erklärung jedoch der in der Geschäftsfähigkeit beschränkten Person lediglich einen rechtlichen Vorteil oder hat der gesetzliche Vertreter seine Einwilligung erteilt, so wird die Erklärung in dem Zeitpunkt wirksam, in welchem sie ihr zugeht.

§ 133. Auslegung einer Willenserklärung. Bei der Auslegung einer Willenserklärung ist der wirkliche Wille zu erforschen und nicht an dem buchstäblichen Sinne des Ausdrucks zu haften.

§ 134. Gesetzliches Verbot. Ein Rechtsgeschäft, das gegen ein gesetzliches Verbot verstößt, ist nichtig, wenn sich nicht aus dem Gesetz ein anderes ergibt.

§ 138. Sittenwidriges Rechtsgeschäft; Wucher.
(1) Ein Rechtsgeschäft, das gegen die guten Sitten verstößt, ist nichtig.

(2) Nichtig ist insbesondere ein Rechtsgeschäft, durch das jemand unter Ausbeutung der Zwangslage, der Unerfahrenheit, des Mangels an Urteilsvermögen oder der erheblichen Willensschwäche eines anderen sich oder einem Dritten für eine Leistung Vermögensvorteile versprechen oder gewähren lässt, die in einem auffälligen Missverhältnis zu der Leistung stehen.

§ 139. Teilnichtigkeit. Ist ein Teil eines Rechtsgeschäfts nichtig, so ist das ganze Rechtsgeschäft nichtig, wenn nicht anzunehmen ist, dass es auch ohne den nichtigen Teil vorgenommen sein würde.

§ 140. Umdeutung. Entspricht ein nichtiges Rechtsgeschäft den Erfordernissen eines anderen Rechtsgeschäfts, so gilt das letztere, wenn anzunehmen ist, dass dessen Geltung bei Kenntnis der Nichtigkeit gewollt sein würde.

§ 142. Wirkung der Anfechtung. (1) Wird ein anfechtbares Rechtsgeschäft angefochten, so ist es als von Anfang an nichtig anzusehen.

(2) Wer die Anfechtbarkeit kannte oder kennen musste, wird, wenn die Anfechtung erfolgt, so behandelt, wie wenn er die Nichtigkeit des Rechtsgeschäfts gekannt hätte oder hätte kennen müssen.

§ 143. Anfechtungserklärung. (1) Die Anfechtung erfolgt durch Erklärung gegenüber dem Anfechtungsgegner.

(2) Anfechtungsgegner ist bei einem Vertrag der andere Teil, im Falle des § 123 Abs. 2 Satz 2 derjenige, welcher aus dem Vertrag unmittelbar ein Recht erworben hat.

(3) [1]Bei einem einseitigen Rechtsgeschäft, das einem anderen gegenüber vorzunehmen war, ist der andere der Anfechtungsgegner. [2]Das Gleiche gilt bei einem Rechtsgeschäft, das einem anderen oder einer Behörde gegenüber vorzunehmen war, auch dann, wenn das Rechtsgeschäft der Behörde gegenüber vorgenommen worden ist.

(4) [1]Bei einem einseitigen Rechtsgeschäft anderer Art ist Anfechtungsgegner jeder, der auf Grund des Rechtsgeschäfts unmittelbar einen rechtlichen Vorteil erlangt hat. [2]Die Anfechtung kann jedoch, wenn die Willenserklärung einer Behörde gegenüber abzugeben war, durch Erklärung gegenüber der Behörde erfolgen; die Behörde soll die Anfechtung demjenigen mitteilen, welcher durch das Rechtsgeschäft unmittelbar betroffen worden ist.

§ 144. Bestätigung des anfechtbaren Rechtsgeschäfts. (1) Die Anfechtung ist ausgeschlossen, wenn das anfechtbare Rechtsgeschäft von dem Anfechtungsberechtigten bestätigt wird.

(2) Die Bestätigung bedarf nicht der für das Rechtsgeschäft bestimmten Form.

▶ Vertrag

§ 145. Bindung an den Antrag. Wer einem anderen die Schließung eines Vertrags anträgt, ist an den Antrag gebunden, es sei denn, dass er die Gebundenheit ausgeschlossen hat.

§ 146. Erlöschen des Antrags. Der Antrag erlischt, wenn er dem Antragenden gegenüber abgelehnt oder wenn er nicht diesem gegenüber nach den §§ 147 bis 149 rechtzeitig angenommen wird.

§ 147. Annahmefrist. (1) [1]Der einem Anwesenden gemachte Antrag kann nur sofort angenommen werden. [2]Dies gilt auch von einem mittels Fernsprechers oder einer sonstigen technischen Einrichtung von Person zu Person gemachten Antrag.

(2) Der einem Abwesenden gemachte Antrag kann nur bis zu dem Zeitpunkt angenommen werden, in welchem der Antragende den Eingang der Antwort unter regelmäßigen Umständen erwarten darf.

§ 148. Bestimmung einer Annahmefrist.
Hat der Antragende für die Annahme des Antrags eine Frist bestimmt, so kann die Annahme nur innerhalb der Frist erfolgen.

§ 149. Verspätet zugegangene Annahmeerklärung. [1]Ist eine dem Antragenden verspätet zugegangene Annahmeerklärung dergestalt abgesendet worden, dass sie bei regelmäßiger Beförderung ihm rechtzeitig zugegangen sein würde, und musste der Antragende dies erkennen, so hat er die Verspätung dem Annehmenden unverzüglich nach dem Empfange der Erklärung anzuzeigen, sofern es nicht schon vorher geschehen ist. [2]Verzögert er die Absendung der Anzeige, so gilt die Annahme als nicht verspätet.

§ 150. Verspätete und abändernde Annahme.
(1) Die verspätete Annahme eines Antrags gilt als neuer Antrag.

(2) Eine Annahme unter Erweiterungen, Einschränkungen oder sonstigen Änderungen gilt als Ablehnung verbunden mit einem neuen Antrag.

§ 151. Annahme ohne Erklärung gegenüber dem Antragenden. [1]Der Vertrag kommt durch die Annahme des Antrags zustande, ohne dass die Annahme dem Antragenden gegenüber erklärt zu werden braucht, wenn eine solche Erklärung nach der Verkehrssitte nicht zu erwarten ist oder der Antragende auf sie verzichtet hat. [2]Der Zeitpunkt, in welchem der Antrag erlischt, bestimmt sich nach dem aus dem Antrag oder den Umständen zu entnehmenden Willen des Antragenden.

§ 154. Offener Einigungsmangel; fehlende Beurkundung. (1) [1]Solange nicht die Parteien sich über alle Punkte eines Vertrags geeinigt haben, über die nach der Erklärung auch nur einer Partei eine Vereinbarung getroffen werden soll, ist im Zweifel der Vertrag nicht geschlossen. [2]Die Verständigung über einzelne Punkte ist auch dann nicht bindend, wenn eine Aufzeichnung stattgefunden hat.

(2) Ist eine Beurkundung des beabsichtigten Vertrags verabredet worden, so ist im Zweifel der Vertrag nicht geschlossen, bis die Beurkundung erfolgt ist.

§ 155. Versteckter Einigungsmangel. Haben sich die Parteien bei einem Vertrag, den sie als geschlossen ansehen, über einen Punkt, über den eine Vereinbarung getroffen werden sollte, in Wirklichkeit nicht geeinigt, so gilt das Vereinbarte, sofern anzunehmen ist, dass der Vertrag auch ohne eine Bestimmung über diesen Punkt geschlossen sein würde.

§ 156. Vertragsschluss bei Versteigerung. [1]Bei einer Versteigerung kommt der Vertrag erst durch den Zuschlag zustande. [2]Ein Gebot erlischt, wenn ein Übergebot abgegeben oder die Versteigerung ohne Erteilung des Zuschlags geschlossen wird.

§ 157. Auslegung von Verträgen. Verträge sind so auszulegen, wie Treu und Glauben mit Rücksicht auf die Verkehrssitte es erfordern.

▶ Vertretung und Vollmacht

§ 164. Wirkung der Erklärung des Vertreters. (1) [1]Eine Willenserklärung, die jemand innerhalb der ihm zustehenden Vertretungsmacht im Namen des Vertretenen abgibt, wirkt unmittelbar für und gegen den Vertretenen. [2]Es macht keinen Unterschied, ob die Erklärung ausdrücklich im Namen des Vertretenen erfolgt oder ob die Umstände ergeben, dass sie in dessen Namen erfolgen soll.

(2) Tritt der Wille, in fremdem Namen zu handeln, nicht erkennbar hervor, so kommt der Mangel des Willens, im eigenen Namen zu handeln, nicht in Betracht.

(3) Die Vorschriften des Absatzes 1 finden entsprechende Anwendung, wenn eine gegenüber einem anderen abzugebende Willenserklärung dessen Vertreter gegenüber erfolgt.

§ 165. Beschränkt geschäftsfähiger Vertreter. Die Wirksamkeit einer von oder gegenüber einem Vertreter abgegebenen Willenserklärung wird nicht dadurch beeinträchtigt, dass der Vertreter in der Geschäftsfähigkeit beschränkt ist.

§ 166. Willensmängel; Wissenszurechnung. (1) Soweit die rechtlichen Folgen einer Willenserklärung durch Willensmängel oder durch die Kenntnis oder das Kennenmüssen gewisser Umstände beeinflusst werden, kommt nicht die Person des Vertretenen, sondern die des Vertreters in Betracht.

(2) [1]Hat im Falle einer durch Rechtsgeschäft erteilten Vertretungsmacht (Vollmacht) der Vertreter nach bestimmten Weisungen des Vollmachtgebers gehandelt, so kann sich dieser in Ansehung solcher Umstände, die er selbst kannte, nicht auf die Unkenntnis des Vertreters berufen. [2]Dasselbe gilt von Umständen, die der Vollmachtgeber kennen musste, sofern das Kennenmüssen der Kenntnis gleichsteht.

§ 167. Erteilung der Vollmacht. (1) Die Erteilung der Vollmacht erfolgt durch Erklärung gegenüber dem zu Bevollmächtigenden oder dem Dritten, dem gegenüber die Vertretung stattfinden soll.

(2) Die Erklärung bedarf nicht der Form, welche für das Rechtsgeschäft bestimmt ist, auf das sich die Vollmacht bezieht.

§ 168. Erlöschen der Vollmacht. [1]Das Erlöschen der Vollmacht bestimmt sich nach dem ihrer Erteilung zugrunde liegenden Rechtsverhältnis. [2]Die Vollmacht ist auch bei dem Fortbestehen des Rechtsverhältnisses widerruflich, sofern sich nicht aus diesem ein anderes ergibt. [3]Auf die Erklärung des Widerrufs findet die Vorschrift des § 167 Abs. 1 entsprechende Anwendung.

§ 170. Wirkungsdauer der Vollmacht. Wird die Vollmacht durch Erklärung gegenüber einem Dritten erteilt, so bleibt sie diesem gegenüber in Kraft, bis ihm das Erlöschen von dem Vollmachtgeber angezeigt wird.

§ 171. Wirkungsdauer bei Kundgebung. (1) Hat jemand durch besondere Mitteilung an einen Dritten oder durch öffentliche Bekanntmachung kundgegeben, dass er einen anderen bevollmächtigt habe, so ist dieser auf

Grund der Kundgebung im ersteren Falle dem Dritten gegenüber, im letzteren Falle jedem Dritten gegenüber zur Vertretung befugt.

(2) Die Vertretungsmacht bleibt bestehen, bis die Kundgebung in derselben Weise, wie sie erfolgt ist, widerrufen wird.

§ 172. Vollmachtsurkunde. (1) Der besonderen Mitteilung einer Bevollmächtigung durch den Vollmachtgeber steht es gleich, wenn dieser dem Vertreter eine Vollmachtsurkunde ausgehändigt hat und der Vertreter sie dem Dritten vorlegt.

(2) Die Vertretungsmacht bleibt bestehen, bis die Vollmachtsurkunde dem Vollmachtgeber zurückgegeben oder für kraftlos erklärt wird.

§ 177. Vertragsschluss durch Vertreter ohne Vertretungsmacht. (1) Schließt jemand ohne Vertretungsmacht im Namen eines anderen einen Vertrag, so hängt die Wirksamkeit des Vertrags für und gegen den Vertretenen von dessen Genehmigung ab.

(2) [1]Fordert der andere Teil den Vertretenen zur Erklärung über die Genehmigung auf, so kann die Erklärung nur ihm gegenüber erfolgen; eine vor der Aufforderung dem Vertreter gegenüber erklärte Genehmigung oder Verweigerung der Genehmigung wird unwirksam. [2]Die Genehmigung kann nur bis zum Ablauf von zwei Wochen nach dem Empfang der Aufforderung erklärt werden; wird sie nicht erklärt, so gilt sie als verweigert.

§ 178. Widerrufsrecht des anderen Teils. [1]Bis zur Genehmigung des Vertrags ist der andere Teil zum Widerrufe berechtigt, es sei denn, dass er den Mangel der Vertretungsmacht bei dem Abschlusse des Vertrags gekannt hat. [2]Der Widerruf kann auch dem Vertreter gegenüber erklärt werden.

§ 179. Haftung des Vertreters ohne Vertretungsmacht. (1) Wer als Vertreter einen Vertrag geschlossen hat, ist, sofern er nicht seine Vertretungsmacht nachweist, dem anderen Teil nach dessen Wahl zur Erfüllung oder zum Schadensersatze verpflichtet, wenn der Vertretene die Genehmigung des Vertrags verweigert.

(2) Hat der Vertreter den Mangel der Vertretungsmacht nicht gekannt, so ist er nur zum Ersatze desjenigen Schadens verpflichtet, welchen der andere Teil dadurch erleidet, dass er auf die Vertretungsmacht vertraut, jedoch nicht über den Betrag des Interesses hinaus, welches der andere Teil an der Wirksamkeit des Vertrags hat.

(3) [1]Der Vertreter haftet nicht, wenn der andere Teil den Mangel der Vertretungsmacht kannte oder kennen musste. [2]Der Vertreter haftet auch dann nicht, wenn er in der Geschäftsfähigkeit beschränkt war, es sei denn, dass er mit Zustimmung seines gesetzlichen Vertreters gehandelt hat.

§ 181. Insichgeschäft. Ein Vertreter kann, soweit nicht ein anderes ihm gestattet ist, im Namen des Vertretenen mit sich im eigenen Namen oder als Vertreter eines Dritten ein Rechtsgeschäft nicht vornehmen, es sei denn, dass das Rechtsgeschäft ausschließlich in der Erfüllung einer Verbindlichkeit besteht.

▶ Einwilligung und Genehmigung

§ 182. Zustimmung. (1) Hängt die Wirksamkeit eines Vertrags oder eines einseitigen Rechtsgeschäfts, das einem anderen gegenüber vorzunehmen ist, von der Zustimmung eines Dritten ab, so kann die Erteilung sowie die Verweigerung der Zustimmung sowohl dem einen als dem anderen Teile gegenüber erklärt werden.

(2) Die Zustimmung bedarf nicht der für das Rechtsgeschäft bestimmten Form. …

§ 183. Widerruflichkeit der Einwilligung. [1]Die vorherige Zustimmung (Einwilligung) ist bis zur Vornahme des Rechtsgeschäfts widerruflich, soweit nicht aus dem ihrer Erteilung zugrunde liegenden Rechtsverhältnis sich ein anderes ergibt. [2]Der Widerruf kann sowohl dem einen als dem anderen Teil gegenüber erklärt werden.

§ 184. Rückwirkung der Genehmigung.

(1) Die nachträgliche Zustimmung (Genehmigung) wirkt auf den Zeitpunkt der Vornahme des Rechtsgeschäfts zurück, soweit nicht ein anderes bestimmt ist.

(2) Durch die Rückwirkung werden Verfügungen nicht unwirksam, die vor der Genehmigung über den Gegenstand des Rechtsgeschäfts von dem Genehmigenden getroffen worden oder im Wege der Zwangsvollstreckung oder der Arrestvollziehung oder durch den Insolvenzverwalter erfolgt sind.

Fristen. Termine

§ 187. Fristbeginn. (1) Ist für den Anfang einer Frist ein Ereignis oder ein in den Lauf eines Tages fallender Zeitpunkt maßgebend, so wird bei der Berechnung der Frist der Tag nicht mitgerechnet, in welchen das Ereignis oder der Zeitpunkt fällt.

(2) [1]Ist der Beginn eines Tages der für den Anfang einer Frist maßgebende Zeitpunkt, so wird dieser Tag bei der Berechnung der Frist

mitgerechnet. [2]Das Gleiche gilt von dem Tage der Geburt bei der Berechnung des Lebensalters.

§ 188. Fristende. (1) Eine nach Tagen bestimmte Frist endigt mit dem Ablauf des letzten Tages der Frist.

(2) Eine Frist, die nach Wochen, nach Monaten oder nach einem mehrere Monate umfassenden Zeitraum – Jahr, halbes Jahr, Vierteljahr – bestimmt ist, endigt im Falle des § 187 Abs. 1 mit dem Ablauf desjenigen Tages der letzten Woche oder des letzten Monats, welcher durch seine Benennung oder seine Zahl dem Tage entspricht, in den das Ereignis oder der Zeitpunkt fällt, im Falle des § 187 Abs. 2 mit dem Ablauf desjenigen Tages der letzten Woche oder des letzten Monats, welcher dem Tage vorhergeht, der durch seine Benennung oder seine Zahl dem Anfangstag der Frist entspricht.

(3) Fehlt bei einer nach Monaten bestimmten Frist in dem letzten Monat der für ihren Ablauf maßgebende Tag, so endigt die Frist mit dem Ablaufe des letzten Tages dieses Monats.

§ 193. Sonn- und Feiertag; Sonnabend. Ist an einem bestimmten Tag oder innerhalb einer Frist eine Willenserklärung abzugeben oder eine Leistung zu bewirken und fällt der bestimmte Tag oder der letzte Tag der Frist auf einen Sonntag, einen am Erklärungs- oder Leistungsort staatlich anerkannten allgemeinen Feiertag oder einen Sonnabend, so tritt an die Stelle eines solchen Tages der nächste Werktag.

Verjährung

▶ Gegenstand und Dauer der Verjährung

§ 194. Gegenstand der Verjährung. (1) Das Recht, von einem anderen ein Tun oder Unterlassen zu verlangen (Anspruch), unterliegt der Verjährung.

(2) Ansprüche aus einem familienrechtlichen Verhältnis unterliegen der Verjährung nicht, soweit sie auf die Herstellung des dem Verhältnis entsprechenden Zustands für die Zukunft gerichtet sind.

§ 195. Regelmäßige Verjährungsfrist. Die regelmäßige Verjährungsfrist beträgt drei Jahre.

§ 196. Verjährungsfrist bei Rechten an einem Grundstück. Ansprüche auf Übertragung des Eigentums an einem Grundstück sowie auf Begründung, Übertragung oder Aufhebung eines Rechts an einem Grundstück oder auf Änderung des Inhalts eines solchen Rechts sowie die Ansprüche auf die Gegenleistung verjähren in zehn Jahren.

§ 197. Dreißigjährige Verjährungsfrist. (1) In 30 Jahren verjähren, soweit nicht ein anderes bestimmt ist,
1. Schadensersatzansprüche, die auf der vorsätzlichen Verletzung des Lebens, des Körpers, der Gesundheit, der Freiheit oder der sexuellen Selbstbestimmung beruhen,
2. Herausgabeansprüche aus Eigentum, anderen dinglichen Rechten, den §§ 2018, 2130 und 2362 sowie die Ansprüche, die der Geltendmachung der Herausgabeansprüche dienen,
3. rechtskräftig festgestellte Ansprüche,
4. Ansprüche aus vollstreckbaren Vergleichen oder vollstreckbaren Urkunden,
5. Ansprüche, die durch die im Insolvenzverfahren erfolgte Feststellung vollstreckbar geworden sind und
6. Ansprüche auf Erstattung der Kosten der Zwangsvollstreckung.

(2) Soweit Ansprüche nach Absatz 1 Nr. 3 bis 5 künftig fällig werdende regelmäßig wiederkehrende Leistungen zum Inhalt haben, tritt an die Stelle der Verjährungsfrist von 30 Jahren die regelmäßige Verjährungsfrist.

§ 198. Verjährung bei Rechtsnachfolge. Gelangt eine Sache, hinsichtlich derer ein dinglicher Anspruch besteht, durch Rechtsnachfolge in den Besitz eines Dritten, so kommt die während des Besitzes des Rechtsvorgängers verstrichene Verjährungszeit dem Rechtsnachfolger zugute.

§ 199. Beginn der regelmäßigen Verjährungsfrist und Verjährungshöchstfristen. (1) Die regelmäßige Verjährungsfrist beginnt, soweit nicht ein anderer Verjährungsbeginn bestimmt ist, mit dem Schluss des Jahres, in dem
1. der Anspruch entstanden ist und
2. der Gläubiger von den den Anspruch begründenden Umständen und der Person des Schuldners Kenntnis erlangt oder ohne grobe Fahrlässigkeit erlangen müsste.

(2) Schadensersatzansprüche, die auf der Verletzung des Lebens, des Körpers, der Gesundheit oder der Freiheit beruhen, verjähren ohne Rücksicht auf ihre Entstehung und die Kenntnis oder grob fahrlässige Unkenntnis in 30 Jahren von der Begehung der Handlung, der Pflichtverletzung oder dem sonstigen, den Schaden auslösenden Ereignis an.

(3) Sonstige Schadensersatzansprüche verjähren

1. ohne Rücksicht auf die Kenntnis oder grob fahrlässige Unkenntnis in zehn Jahren von ihrer Entstehung an und
2. ohne Rücksicht auf ihre Entstehung und die Kenntnis oder grob fahrlässige Unkenntnis in 30 Jahren von der Begehung der Handlung, der Pflichtverletzung oder dem sonstigen, den Schaden auslösenden Ereignis an.

Maßgeblich ist die früher endende Frist.

(3a) Ansprüche, die auf einem Erbfall beruhen oder deren Geltendmachung die Kenntnis einer Verfügung von Todes wegen voraussetzt, verjähren ohne Rücksicht auf die Kenntnis oder grob fahrlässige Unkenntnis in 30 Jahren von der Entstehung des Anspruchs an.

(4) Andere Ansprüche als die nach den Absätzen 2 bis 3a verjähren ohne Rücksicht auf die Kenntnis oder grob fahrlässige Unkenntnis in zehn Jahren von ihrer Entstehung an.

(5) Geht der Anspruch auf ein Unterlassen, so tritt an die Stelle der Entstehung die Zuwiderhandlung.

§ 200. Beginn anderer Verjährungsfristen. [1]Die Verjährungsfrist von Ansprüchen, die nicht der regelmäßigen Verjährungsfrist unterliegen, beginnt mit der Entstehung des Anspruchs, soweit nicht ein anderer Verjährungsbeginn bestimmt ist. [2]§ 199 Abs. 5 findet entsprechende Anwendung.

§ 201. Beginn der Verjährungsfrist von festgestellten Ansprüchen. [1]Die Verjährung von Ansprüchen der in § 197 Abs. 1 Nr. 3 bis 6 bezeichneten Art beginnt mit der Rechtskraft der Entscheidung, der Errichtung des vollstreckbaren Titels oder der Feststellung im Insolvenzverfahren, nicht jedoch vor der Entstehung des Anspruchs. [2]§ 199 Abs. 5 findet entsprechende Anwendung.

§ 202. Unzulässigkeit von Vereinbarungen über die Verjährung. (1) Die Verjährung kann bei Haftung wegen Vorsatzes nicht im Voraus durch Rechtsgeschäft erleichtert werden.

(2) Die Verjährung kann durch Rechtsgeschäft nicht über eine Verjährungsfrist von 30 Jahren ab dem gesetzlichen Verjährungsbeginn hinaus erschwert werden.

▶ Hemmung, Ablaufhemmung und Neubeginn der Verjährung

§ 203. Hemmung der Verjährung bei Verhandlungen. [1]Schweben zwischen dem Schuldner und dem Gläubiger Verhandlungen über den Anspruch oder die den Anspruch begründenden Umstände, so ist die Verjährung gehemmt, bis der eine oder der andere Teil die Fortsetzung der Verhandlungen verweigert. [2]Die Verjährung tritt frühestens drei Monate nach dem Ende der Hemmung ein.

§ 204. Hemmung der Verjährung durch Rechtsverfolgung. (1) Die Verjährung wird gehemmt durch

1. die Erhebung der Klage auf Leistung oder auf Feststellung des Anspruchs, auf Erteilung der Vollstreckungsklausel oder auf Erlass des Vollstreckungsurteils,
2. die Zustellung des Antrags im vereinfachten Verfahren über den Unterhalt Minderjähriger,
3. die Zustellung des Mahnbescheids im Mahnverfahren oder des Europäischen Zahlungsbefehls im Europäischen Mahnverfahren nach der Verordnung (EG) Nr. 1896/2006 des Europäischen Parlaments und des Rates vom 12. Dezember 2006 zur Einführung eines Europäischen Mahnverfahrens (ABl. EU Nr. L 399 S. 1),
4. die Veranlassung der Bekanntgabe des Güteantrags, der bei einer durch die Landesjustizverwaltung eingerichteten oder anerkannten Gütestelle oder, wenn die Parteien den Einigungsversuch einvernehmlich unternehmen, bei einer sonstigen Gütestelle, die Streitbeilegungen betreibt, eingereicht ist; wird die Bekanntgabe demnächst nach der Einreichung des Antrags veranlasst, so tritt die Hemmung der Verjährung bereits mit der Einreichung ein,
5. die Geltendmachung der Aufrechnung des Anspruchs im Prozess,
6. die Zustellung der Streitverkündung,

6a. die Zustellung der Anmeldung zu einem Musterverfahren für darin bezeichnete Ansprüche, soweit diesen der gleiche Lebenssachverhalt zugrunde liegt wie den Feststellungszielen des Musterverfahrens und wenn innerhalb von drei Monaten nach dem rechtskräftigen Ende des Musterverfahrens die Klage auf Leistung oder Feststellung der in der Anmeldung bezeichneten Ansprüche erhoben wird,

7. die Zustellung des Antrags auf Durchführung eines selbständigen Beweisverfahrens,
8. den Beginn eines vereinbarten Begutachtungsverfahrens,
9. die Zustellung des Antrags auf Erlass eines Arrestes, einer einstweiligen Verfügung oder einer einstweiligen Anordnung, oder, wenn der Antrag nicht zugestellt wird, dessen Einreichung, wenn der Arrestbefehl, die einstweilige Verfügung oder die einstweilige Anordnung innerhalb eines Monats seit Verkündung oder Zustellung an den Gläubiger dem Schuldner zugestellt wird,

10. die Anmeldung des Anspruchs im Insolvenzverfahren oder im Schifffahrtsrechtlichen Verteilungsverfahren,
11. den Beginn des schiedsrichterlichen Verfahrens,
12. die Einreichung des Antrags bei einer Behörde, wenn die Zulässigkeit der Klage von der Vorentscheidung dieser Behörde abhängt und innerhalb von drei Monaten nach Erledigung des Gesuchs die Klage erhoben wird; dies gilt entsprechend für bei einem Gericht oder bei einer in Nummer 4 bezeichneten Gütestelle zu stellende Anträge, deren Zulässigkeit von der Vorentscheidung einer Behörde abhängt,
13. die Einreichung des Antrags bei dem höheren Gericht, wenn dieses das zuständige Gericht zu bestimmen hat und innerhalb von drei Monaten nach Erledigung des Gesuchs die Klage erhoben oder der Antrag, für den die Gerichtsstandsbestimmung zu erfolgen hat, gestellt wird, und
14. die Veranlassung der Bekanntgabe des erstmaligen Antrags auf Gewährung von Prozesskostenhilfe oder Verfahrenskostenhilfe; wird die Bekanntgabe demnächst nach der Einreichung des Antrags veranlasst, so tritt die Hemmung der Verjährung bereits mit der Einreichung ein.

(2) [1]Die Hemmung nach Absatz 1 endet sechs Monate nach der rechtskräftigen Entscheidung oder anderweitigen Beendigung des eingeleiteten Verfahrens. [2]Gerät das Verfahren dadurch in Stillstand, dass die Parteien es nicht betreiben, so tritt an die Stelle der Beendigung des Verfahrens die letzte Verfahrenshandlung der Parteien, des Gerichts oder der sonst mit dem Verfahren befassten Stelle. [3]Die Hemmung beginnt erneut, wenn eine der Parteien das Verfahren weiter betreibt.

(3) Auf die Frist nach Absatz 1 Nr. 9, 12 und 13 finden die §§ 206, 210 und 211 entsprechende Anwendung.

§ 205. Hemmung der Verjährung bei Leistungsverweigerungsrecht. Die Verjährung ist gehemmt, solange der Schuldner auf Grund einer Vereinbarung mit dem Gläubiger vorübergehend zur Verweigerung der Leistung berechtigt ist.

§ 206. Hemmung der Verjährung bei höherer Gewalt. Die Verjährung ist gehemmt, solange der Gläubiger innerhalb der letzten sechs Monate der Verjährungsfrist durch höhere Gewalt an der Rechtsverfolgung gehindert ist.

§ 207. Hemmung der Verjährung aus familiären und ähnlichen Gründen. (1) [1]Die Verjährung von Ansprüchen zwischen Ehegatten ist gehemmt, solange die Ehe besteht. [2]Das Gleiche gilt für Ansprüche zwischen
1. Lebenspartnern, solange die Lebenspartnerschaft besteht,
2. dem Kind und
   a) seinen Eltern oder
   b) dem Ehegatten oder Lebenspartner eines Elternteils

   bis zur Vollendung des 21. Lebensjahres des Kindes,
3. dem Vormund und dem Mündel während der Dauer des Vormundschaftsverhältnisses,
4. dem Betreuten und dem Betreuer während der Dauer des Betreuungsverhältnisses, und
5. dem Pflegling und dem Pfleger während der Dauer der Pflegschaft.

[3]Die Verjährung von Ansprüchen des Kindes gegen den Beistand ist während der Dauer der Beistandschaft gehemmt.

(2) § 208 bleibt unberührt.

§ 208. Hemmung der Verjährung bei Ansprüchen wegen Verletzung der sexuellen Selbstbestimmung. [1]Die Verjährung von Ansprüchen wegen Verletzung der sexuellen Selbstbestimmung ist bis zur Vollendung des 21. Lebensjahres des Gläubigers gehemmt. [2]Lebt der Gläubiger von Ansprüchen wegen Verletzung der sexuellen Selbstbestimmung bei Beginn der Verjährung mit dem Schuldner in häuslicher Gemeinschaft, so ist die Verjährung auch bis zur Beendigung der häuslichen Gemeinschaft gehemmt.

§ 209. Wirkung der Hemmung. Der Zeitraum, während dessen die Verjährung gehemmt ist, wird in die Verjährungsfrist nicht eingerechnet.

§ 210. Ablaufhemmung bei nicht voll Geschäftsfähigen. (1) [1]Ist eine geschäftsunfähige oder in der Geschäftsfähigkeit beschränkte Person ohne gesetzlichen Vertreter, so tritt eine für oder gegen sie laufende Verjährung nicht vor dem Ablauf von sechs Monaten nach dem Zeitpunkt ein, in dem die Person unbeschränkt geschäftsfähig oder der Mangel der Vertretung behoben wird. [2]Ist die Verjährungsfrist kürzer als sechs Monate, so tritt der für die Verjährung bestimmte Zeitraum an die Stelle der sechs Monate.

(2) Absatz 1 findet keine Anwendung, soweit eine in der Geschäftsfähigkeit beschränkte Person prozessfähig ist.

§ 211. Ablaufhemmung in Nachlassfällen. [1]Die Verjährung eines Anspruchs, der zu einem Nachlass gehört oder sich gegen einen Nachlass richtet, tritt nicht vor dem Ablauf von sechs Monaten nach dem Zeitpunkt ein, in dem die Erbschaft von dem Erben angenommen oder das Insolvenzverfahren über den Nachlass eröffnet wird oder von dem an der Anspruch von einem oder gegen einen Vertreter geltend gemacht werden kann. [2]Ist die Verjährungsfrist kürzer als sechs Monate, so tritt der für die Verjährung bestimmte Zeitraum an die Stelle der sechs Monate.

§ 212. Neubeginn der Verjährung. (1) Die Verjährung beginnt erneut, wenn
1. der Schuldner dem Gläubiger gegenüber den Anspruch durch Abschlagszahlung, Zinszahlung, Sicherheitsleistung oder in anderer Weise anerkennt oder
2. eine gerichtliche oder behördliche Vollstreckungshandlung vorgenommen oder beantragt wird.

(2) Der erneute Beginn der Verjährung infolge einer Vollstreckungshandlung gilt als nicht eingetreten, wenn die Vollstreckungshandlung auf Antrag des Gläubigers oder wegen Mangels der gesetzlichen Voraussetzungen aufgehoben wird.

(3) Der erneute Beginn der Verjährung durch den Antrag auf Vornahme einer Vollstreckungshandlung gilt als nicht eingetreten, wenn dem Antrag nicht stattgegeben oder der Antrag vor der Vollstreckungshandlung zurückgenommen oder die erwirkte Vollstreckungshandlung nach Absatz 2 aufgehoben wird.

§ 213. Hemmung, Ablaufhemmung und erneuter Beginn der Verjährung bei anderen Ansprüchen. Die Hemmung, die Ablaufhemmung und der erneute Beginn der Verjährung gelten auch für Ansprüche, die aus demselben Grund wahlweise neben dem Anspruch oder an seiner Stelle gegeben sind.

▶ Rechtsfolgen der Verjährung

§ 214. Wirkung der Verjährung. (1) Nach Eintritt der Verjährung ist der Schuldner berechtigt, die Leistung zu verweigern.

(2) [1]Das zur Befriedigung eines verjährten Anspruchs Geleistete kann nicht zurückgefordert werden, auch wenn in Unkenntnis der Verjährung geleistet worden ist. [2]Das Gleiche gilt von einem vertragsmäßigen Anerkenntnis sowie einer Sicherheitsleistung des Schuldners.

§ 215. Aufrechnung und Zurückbehaltungsrecht nach Eintritt der Verjährung. Die Verjährung schließt die Aufrechnung und die Geltendmachung eines Zurückbehaltungsrechts nicht aus, wenn der Anspruch in dem Zeitpunkt noch nicht verjährt war, in dem erstmals aufgerechnet oder die Leistung verweigert werden konnte.

§ 216. Wirkung der Verjährung bei gesicherten Ansprüchen. (1) Die Verjährung eines Anspruchs, für den eine Hypothek, eine Schiffshypothek oder ein Pfandrecht besteht, hindert den Gläubiger nicht, seine Befriedigung aus dem belasteten Gegenstand zu suchen.

(2) [1]Ist zur Sicherung eines Anspruchs ein Recht verschafft worden, so kann die Rückübertragung nicht auf Grund der Verjährung des Anspruchs gefordert werden. [2]Ist das Eigentum vorbehalten, so kann der Rücktritt vom Vertrag auch erfolgen, wenn der gesicherte Anspruch verjährt ist.

(3) Die Absätze 1 und 2 finden keine Anwendung auf die Verjährung von Ansprüchen auf Zinsen und andere wiederkehrende Leistungen.

§ 217. Verjährung von Nebenleistungen. Mit dem Hauptanspruch verjährt der Anspruch auf die von ihm abhängenden Nebenleistungen, auch wenn die für diesen Anspruch geltende besondere Verjährung noch nicht eingetreten ist.

§ 218. Unwirksamkeit des Rücktritts. (1) [1]Der Rücktritt wegen nicht oder nicht vertragsgemäß erbrachter Leistung ist unwirksam, wenn der Anspruch auf die Leistung oder der Nacherfüllungsanspruch verjährt ist und der Schuldner sich hierauf beruft. [2]Dies gilt auch, wenn der Schuldner nach § 275 Abs. 1 bis 3, § 439 Abs. 3 oder § 635 Abs. 3 nicht zu leisten braucht und der Anspruch auf die Leistung oder der Nacherfüllungsanspruch verjährt wäre. [3]§ 216 Abs. 2 Satz 2 bleibt unberührt.

(2) § 214 Abs. 2 findet entsprechende Anwendung.

Ausübung der Rechte

§ 226. Schikaneverbot. Die Ausübung eines Rechtes ist unzulässig, wenn sie nur den Zweck haben kann, einem anderen Schaden zuzufügen.

§ 227. Notwehr. (1) Eine durch Notwehr gebotene Handlung ist nicht widerrechtlich.

(2) Notwehr ist diejenige Verteidigung, welche erforderlich ist, um einen gegenwärtigen rechtswidrigen Angriff von sich oder einem anderen abzuwenden.

§ 228. Notstand. [1]Wer eine fremde Sache beschädigt oder zerstört, um eine durch sie drohende Gefahr von sich oder einem anderen abzuwenden, handelt nicht widerrechtlich, wenn die Beschädigung oder die Zerstörung zur Abwendung der Gefahr erforderlich ist und der Schaden nicht außer Verhältnis zu der Gefahr steht. [2]Hat der Handelnde die Gefahr verschuldet, so ist er zum Schadensersatz verpflichtet.

§ 229. Selbsthilfe. Wer zum Zwecke der Selbsthilfe eine Sache wegnimmt, zerstört oder beschädigt oder wer zum Zwecke der Selbsthilfe einen Verpflichteten, welcher der Flucht verdächtig ist, festnimmt oder den Widerstand des Verpflichteten gegen eine Handlung, die dieser zu dulden verpflichtet ist, beseitigt, handelt nicht widerrechtlich, wenn obrigkeitliche Hilfe nicht rechtzeitig zu erlangen ist und ohne sofortiges Eingreifen die Gefahr besteht, dass die Verwirklichung des Anspruchs vereitelt oder wesentlich erschwert werde.

Sicherheitsleistung

§ 232. Arten. (1) Wer Sicherheit zu leisten hat, kann dies bewirken durch Hinterlegung von Geld oder Wertpapieren,
durch Verpfändung von Forderungen, die in das Bundesschuldbuch oder in das Landesschuldbuch eines Landes eingetragen sind,
durch Verpfändung beweglicher Sachen,
durch Bestellung von Schiffshypotheken an Schiffen oder Schiffsbauwerken, die in einem deutschen Schiffsregister oder Schiffsbauregister eingetragen sind,
durch Bestellung von Hypotheken an inländischen Grundstücken,
durch Verpfändung von Forderungen, für die eine Hypothek an einem inländischen Grundstücke besteht, oder durch Verpfändung von Grundschulden oder Rentenschulden an inländischen Grundstücken.

(2) Kann die Sicherheit nicht in dieser Weise geleistet werden, so ist die Stellung eines tauglichen Bürgen zulässig.

§ 233. Wirkung der Hinterlegung. Mit der Hinterlegung erwirbt der Berechtigte ein Pfandrecht an dem hinterlegten Geld oder an den hinterlegten Wertpapieren und, wenn das Geld oder die Wertpapiere in das Eigentum des Fiskus oder der als Hinterlegungsstelle bestimmten Anstalt übergehen, ein Pfandrecht an der Forderung auf Rückerstattung.

§ 234. Geeignete Wertpapiere. (1) [1]Wertpapiere sind zur Sicherheitsleistung nur geeignet, wenn sie auf den Inhaber lauten, einen Kurswert haben und einer Gattung angehören, in der Mündelgeld angelegt werden darf. [2]Den Inhaberpapieren stehen Orderpapiere gleich, die mit Blankoindossament versehen sind.

(2) Mit den Wertpapieren sind die Zins-, Renten-, Gewinnanteil- und Erneuerungsscheine zu hinterlegen.

(3) Mit Wertpapieren kann Sicherheit nur in Höhe von drei Vierteilen des Kurswertes geleistet werden.

Zweites Buch. Recht der Schuldverhältnisse

Inhalt der Schuldverhältnisse

► Verpflichtung zur Leistung

§ 241. Pflichten aus dem Schuldverhältnis.

(1) [1]Kraft des Schuldverhältnisses ist der Gläubiger berechtigt, von dem Schuldner eine Leistung zu fordern. [2]Die Leistung kann auch in einem Unterlassen bestehen.

(2) Das Schuldverhältnis kann nach seinem Inhalt jeden Teil zur Rücksicht auf die Rechte, Rechtsgüter und Interessen des anderen Teils verpflichten.

§ 241a. Unbestellte Leistungen. (1) Durch die Lieferung beweglicher Sachen, die nicht auf Grund von Zwangsvollstreckungsmaßnahmen oder anderen gerichtlichen Maßnahmen verkauft werden (Waren), oder durch die Erbringung sonstiger Leistungen durch einen Unternehmer an den Verbraucher wird ein Anspruch gegen den Verbraucher nicht begründet, wenn der Verbraucher die Waren oder sonstigen Leistungen nicht bestellt hat.

(2) Gesetzliche Ansprüche sind nicht ausgeschlossen, wenn die Leistung nicht für den Empfänger bestimmt war oder in der irrigen Vorstellung einer Bestellung erfolgte und der Empfänger dies erkannt hat oder bei Anwendung der im Verkehr erforderlichen Sorgfalt hätte erkennen können.

(3) Von den Regelungen dieser Vorschrift darf nicht zum Nachteil des Verbrauchers abgewichen werden. Die Regelungen finden auch Anwendung, wenn sie durch anderweitige Gestaltungen umgangen werden.

§ 242. Leistung nach Treu und Glauben. Der Schuldner ist verpflichtet, die Leistung so zu bewirken, wie Treu und Glauben mit Rücksicht auf die Verkehrssitte es erfordern.

§ 243. Gattungsschuld. (1) Wer eine nur der Gattung nach bestimmte Sache schuldet, hat eine Sache von mittlerer Art und Güte zu leisten.

(2) Hat der Schuldner das zur Leistung einer solchen Sache seinerseits Erforderliche getan,

so beschränkt sich das Schuldverhältnis auf diese Sache.

§ 244. Fremdwährungsschuld. (1) Ist eine in einer anderen Währung als Euro ausgedrückte Geldschuld im Inland zu zahlen, so kann die Zahlung in Euro erfolgen, es sei denn, dass Zahlung in der anderen Währung ausdrücklich vereinbart ist.

(2) Die Umrechnung erfolgt nach dem Kurswert, der zur Zeit der Zahlung für den Zahlungsort maßgebend ist.

§ 246. Gesetzlicher Zinssatz. Ist eine Schuld nach Gesetz oder Rechtsgeschäft zu verzinsen, so sind vier vom Hundert für das Jahr zu entrichten, sofern nicht ein anderes bestimmt ist.

§ 247. Basiszinssatz. (1) [1]Der Basiszinssatz beträgt 3,62 Prozent. [2]Er verändert sich zum 1. Januar und 1. Juli eines jeden Jahres um die Prozentpunkte, um welche die Bezugsgröße seit der letzten Veränderung des Basiszinssatzes gestiegen oder gefallen ist. [3]Bezugsgröße ist der Zinssatz für die jüngste Hauptrefinanzierungsoperation der Europäischen Zentralbank vor dem ersten Kalendertag des betreffenden Halbjahres.

(2) Die Deutsche Bundesbank gibt den geltenden Basiszinssatz unverzüglich nach den in Absatz 1 Satz 2 genannten Zeitpunkten im Bundesanzeiger bekannt[2].

§ 248. Zinseszinsen. (1) Eine im Voraus getroffene Vereinbarung, dass fällige Zinsen wieder Zinsen tragen sollen, ist nichtig.

(2) [1]Sparkassen, Kreditanstalten und Inhaber von Bankgeschäften können im Voraus vereinbaren, dass nicht erhobene Zinsen von Einlagen als neue verzinsliche Einlagen gelten sollen. [2]Kreditanstalten, die berechtigt sind, für den Betrag der von ihnen gewährten Darlehen verzinsliche Schuldverschreibungen auf den Inhaber auszugeben, können sich bei solchen Darlehen die Verzinsung rückständiger Zinsen im Voraus versprechen lassen.

§ 249. Art und Umfang des Schadensersatzes.

(1) Wer zum Schadensersatz verpflichtet ist, hat den Zustand herzustellen, der bestehen würde, wenn der zum Ersatze verpflichtende Umstand nicht eingetreten wäre.

(2) Ist wegen Verletzung einer Person oder wegen Beschädigung einer Sache Schadensersatz zu leisten, so kann der Gläubiger statt der Herstellung den dazu erforderlichen Geldbetrag verlangen.

...

§ 250. Schadensersatz in Geld nach Fristsetzung. [1]Der Gläubiger kann dem Ersatzpflichtigen zur Herstellung eine angemessene Frist mit der Erklärung bestimmen, dass er die Herstellung nach dem Ablauf der Frist ablehne. [2]Nach dem Ablauf der Frist kann der Gläubiger den Ersatz in Geld verlangen, wenn nicht die Herstellung rechtzeitig erfolgt; der Anspruch auf die Herstellung ist ausgeschlossen.

§ 251. Schadensersatz in Geld ohne Fristsetzung. (1) Soweit die Herstellung nicht möglich oder zur Entschädigung des Gläubigers nicht genügend ist, hat der Ersatzpflichtige den Gläubiger in Geld zu entschädigen.

(2) Der Ersatzpflichtige kann den Gläubiger in Geld entschädigen, wenn die Herstellung nur mit unverhältnismäßigen Aufwendungen möglich ist. ...

§ 252. Entgangener Gewinn. [1]Der zu ersetzende Schaden umfasst auch den entgangenen Gewinn. [2]Als entgangen gilt der Gewinn, welcher nach dem gewöhnlichen Laufe der Dinge oder nach den besonderen Umständen, insbesondere nach den getroffenen Anstalten und Vorkehrungen, mit Wahrscheinlichkeit erwartet werden konnte.

§ 253. Immaterieller Schaden. (1) Wegen eines Schadens, der nicht Vermögensschaden ist, kann Entschädigung in Geld nur in den durch das Gesetz bestimmten Fällen gefordert werden.

(2) Ist wegen einer Verletzung des Körpers, der Gesundheit, der Freiheit oder der sexuellen Selbstbestimmung Schadensersatz zu leisten, kann auch wegen des Schadens, der nicht Vermögensschaden ist, eine billige Entschädigung in Geld gefordert werden.

§ 254. Mitverschulden. (1) Hat bei der Entstehung des Schadens ein Verschulden des Beschädigten mitgewirkt, so hängt die Verpflichtung zum Ersatz sowie der Umfang des zu leistenden Ersatzes von den Umständen, insbesondere davon ab, inwieweit der Schaden vorwiegend von dem einen oder dem anderen Teil verursacht worden ist.

(2) [1]Dies gilt auch dann, wenn sich das Verschulden des Beschädigten darauf beschränkt, dass er unterlassen hat, den Schuldner auf die Gefahr eines ungewöhnlich hohen Schadens aufmerksam zu machen, die der Schuldner weder kannte noch kennen musste, oder dass er unterlassen hat, den Schaden abzuwenden oder zu mindern. [2]Die Vorschrift des § 278 findet entsprechende Anwendung.

---

2 Der aktuelle Basiszinssatz beträgt am 1. Januar 2014 -0,63 %

§ 266. Teilleistungen. Der Schuldner ist zu Teilleistungen nicht berechtigt.

§ 267. Leistung durch Dritte. (1) [1]Hat der Schuldner nicht in Person zu leisten, so kann auch ein Dritter die Leistung bewirken. [2]Die Einwilligung des Schuldners ist nicht erforderlich.

(2) Der Gläubiger kann die Leistung ablehnen, wenn der Schuldner widerspricht.

§ 269. Leistungsort. (1) Ist ein Ort für die Leistung weder bestimmt noch aus den Umständen, insbesondere aus der Natur des Schuldverhältnisses, zu entnehmen, so hat die Leistung an dem Orte zu erfolgen, an welchem der Schuldner zur Zeit der Entstehung des Schuldverhältnisses seinen Wohnsitz hatte.

(2) Ist die Verbindlichkeit im Gewerbebetriebe des Schuldners entstanden, so tritt, wenn der Schuldner seine gewerbliche Niederlassung an einem anderen Orte hatte, der Ort der Niederlassung an die Stelle des Wohnsitzes.

(3) Aus dem Umstand allein, dass der Schuldner die Kosten der Versendung übernommen hat, ist nicht zu entnehmen, dass der Ort, nach welchem die Versendung zu erfolgen hat, der Leistungsort sein soll.

§ 270. Zahlungsort. (1) Geld hat der Schuldner im Zweifel auf seine Gefahr und seine Kosten dem Gläubiger an dessen Wohnsitz zu übermitteln.

(2) Ist die Forderung im Gewerbebetrieb des Gläubigers entstanden, so tritt, wenn der Gläubiger seine gewerbliche Niederlassung an einem anderen Orte hat, der Ort der Niederlassung an die Stelle des Wohnsitzes.

(3) Erhöhen sich infolge einer nach der Entstehung des Schuldverhältnisses eintretenden Änderung des Wohnsitzes oder der gewerblichen Niederlassung des Gläubigers die Kosten oder die Gefahr der Übermittelung, so hat der Gläubiger im ersteren Falle die Mehrkosten, im letzteren Falle die Gefahr zu tragen.

(4) Die Vorschriften über den Leistungsort bleiben unberührt.

§ 271. Leistungszeit. (1) Ist eine Zeit für die Leistung weder bestimmt noch aus den Umständen zu entnehmen, so kann der Gläubiger die Leistung sofort verlangen, der Schuldner sie sofort bewirken.

(2) Ist eine Zeit bestimmt, so ist im Zweifel anzunehmen, dass der Gläubiger die Leistung nicht vor dieser Zeit verlangen, der Schuldner aber sie vorher bewirken kann.

§ 272. Zwischenzinsen. Bezahlt der Schuldner eine unverzinsliche Schuld vor der Fälligkeit, so ist er zu einem Abzuge wegen der Zwischenzinsen nicht berechtigt.

§ 273. Zurückbehaltungsrecht. (1) Hat der Schuldner aus demselben rechtlichen Verhältnis, auf dem seine Verpflichtung beruht, einen fälligen Anspruch gegen den Gläubiger, so kann er, sofern nicht aus dem Schuldverhältnis sich ein anderes ergibt, die geschuldete Leistung verweigern, bis die ihm gebührende Leistung bewirkt wird (Zurückbehaltungsrecht). …

(3) [1]Der Gläubiger kann die Ausübung des Zurückbehaltungsrechts durch Sicherheitsleistung abwenden. [2]Die Sicherheitsleistung durch Bürgen ist ausgeschlossen.

§ 275. Ausschluss der Leistungspflicht.

(1) Der Anspruch auf Leistung ist ausgeschlossen, soweit diese für den Schuldner oder für jedermann unmöglich ist.

(2) [1]Der Schuldner kann die Leistung verweigern, soweit diese einen Aufwand erfordert, der unter Beachtung des Inhalts des Schuldverhältnisses und der Gebote von Treu und Glauben in einem groben Missverhältnis zu dem Leistungsinteresse des Gläubigers steht. [2]Bei der Bestimmung der dem Schuldner zuzumutenden Anstrengungen ist auch zu berücksichtigen, ob der Schuldner das Leistungshindernis zu vertreten hat.

(3) Der Schuldner kann die Leistung ferner verweigern, wenn er die Leistung persönlich zu erbringen hat und sie ihm unter Abwägung des seiner Leistung entgegenstehenden Hindernisses mit dem Leistungsinteresse des Gläubigers nicht zugemutet werden kann.

(4) Die Rechte des Gläubigers bestimmen sich nach den §§ 280, 283 bis 285, 311 a und 326.

§ 276. Verantwortlichkeit des Schuldners.

(1) [1]Der Schuldner hat Vorsatz und Fahrlässigkeit zu vertreten, wenn eine strengere oder mildere Haftung weder bestimmt noch aus dem sonstigen Inhalt des Schuldverhältnisses, insbesondere aus der Übernahme einer Garantie oder eines Beschaffungsrisikos, zu entnehmen ist. [2]Die Vorschriften der §§ 827 und 828 finden entsprechende Anwendung.

(2) Fahrlässig handelt, wer die im Verkehr erforderliche Sorgfalt außer Acht lässt.

(3) Die Haftung wegen Vorsatzes kann dem Schuldner nicht im Voraus erlassen werden.

§ 277. Sorgfalt in eigenen Angelegenheiten. Wer nur für diejenige Sorgfalt einzustehen hat, welche er in eigenen Angelegenheiten anzuwenden pflegt, ist von der Haftung wegen grober Fahrlässigkeit nicht befreit.

§ 278. Verantwortlichkeit des Schuldners für Dritte. [1]Der Schuldner hat ein Verschulden seines gesetzlichen Vertreters und der Personen, deren er sich zur Erfüllung seiner Verbindlichkeit bedient, in gleichem Umfange zu vertreten wie eigenes Verschulden. [2]Die Vorschrift des § 276 Abs. 3 findet keine Anwendung.

§ 280. Schadensersatz wegen Pflichtverletzung. (1) [1]Verletzt der Schuldner eine Pflicht aus dem Schuldverhältnis, so kann der Gläubiger Ersatz des hierdurch entstehenden Schadens verlangen. [2]Dies gilt nicht, wenn der Schuldner die Pflichtverletzung nicht zu vertreten hat.

(2) Schadensersatz wegen Verzögerung der Leistung kann der Gläubiger nur unter der zusätzlichen Voraussetzung des § 286 verlangen.

(3) Schadensersatz statt der Leistung kann der Gläubiger nur unter den zusätzlichen Voraussetzungen des § 281, des § 282 oder des § 283 verlangen.

§ 281. Schadensersatz statt der Leistung wegen nicht oder nicht wie geschuldet erbrachter Leistung. (1) [1]Soweit der Schuldner die fällige Leistung nicht oder nicht wie geschuldet erbringt, kann der Gläubiger unter den Voraussetzungen des § 280 Abs. 1 Schadensersatz statt der Leistung verlangen, wenn er dem Schuldner erfolglos eine angemessene Frist zur Leistung oder Nacherfüllung bestimmt hat. [2]Hat der Schuldner eine Teilleistung bewirkt, so kann der Gläubiger Schadensersatz statt der ganzen Leistung nur verlangen, wenn er an der Teilleistung kein Interesse hat. [3]Hat der Schuldner die Leistung nicht wie geschuldet bewirkt, so kann der Gläubiger Schadensersatz statt der ganzen Leistung nicht verlangen, wenn die Pflichtverletzung unerheblich ist.

(2) Die Fristsetzung ist entbehrlich, wenn der Schuldner die Leistung ernsthaft und endgültig verweigert oder wenn besondere Umstände vorliegen, die unter Abwägung der beiderseitigen Interessen die sofortige Geltendmachung des Schadenersatzanspruchs rechtfertigen.

(3) Kommt nach der Art der Pflichtverletzung eine Fristsetzung nicht in Betracht, so tritt an deren Stelle eine Abmahnung.

(4) Der Anspruch auf die Leistung ist ausgeschlossen, sobald der Gläubiger statt der Leistung Schadensersatz verlangt hat.

(5) Verlangt der Gläubiger Schadensersatz statt der ganzen Leistung, so ist der Schuldner zur Rückforderung des Geleisteten nach den §§ 346 bis 348 berechtigt.

§ 282. Schadensersatz statt der Leistung wegen Verletzung einer Pflicht nach § 241 Abs. 2. Verletzt der Schuldner eine Pflicht nach § 241 Abs. 2, kann der Gläubiger unter den Voraussetzungen des § 280 Abs. 1 Schadensersatz statt der Leistung verlangen, wenn ihm die Leistung durch den Schuldner nicht mehr zuzumuten ist.

§ 283. Schadensersatz statt der Leistung bei Ausschluss der Leistungspflicht. [1]Braucht der Schuldner nach § 275 Abs. 1 bis 3 nicht zu leisten, kann der Gläubiger unter den Voraussetzungen des § 280 Abs. 1 Schadensersatz statt der Leistung verlangen. [2]§ 281 Abs. 1 Satz 2 und 3 und Abs. 5 findet entsprechende Anwendung.

§ 284. Ersatz vergeblicher Aufwendungen. Anstelle des Schadensersatzes statt der Leistung kann der Gläubiger Ersatz der Aufwendungen verlangen, die er im Vertrauen auf den Erhalt der Leistung gemacht hat und billigerweise machen durfte, es sei denn, deren Zweck wäre auch ohne die Pflichtverletzung des Schuldners nicht erreicht worden.

§ 285. Herausgabe des Ersatzes. (1) Erlangt der Schuldner infolge des Umstandes, auf Grund dessen er die Leistung nach § 275 Abs. 1 bis 3 nicht zu erbringen braucht, für den geschuldeten Gegenstand einen Ersatz oder einen Ersatzanspruch, so kann der Gläubiger Herausgabe des als Ersatz Empfangenen oder Abtretung des Ersatzanspruchs verlangen.

(2) Kann der Gläubiger statt der Leistung Schadensersatz verlangen, so mindert sich dieser, wenn er von dem in Absatz 1 bestimmten Recht Gebrauch macht, um den Wert des erlangten Ersatzes oder Ersatzanspruchs.

§ 286. Verzug des Schuldners. (1) [1]Leistet der Schuldner auf eine Mahnung des Gläubigers nicht, die nach dem Eintritt der Fälligkeit erfolgt, so kommt er durch die Mahnung in Verzug. [2]Der Mahnung stehen die Erhebung der Klage auf die Leistung sowie die Zustellung eines Mahnbescheids im Mahnverfahren gleich.

(2) Der Mahnung bedarf es nicht, wenn
1. für die Leistung eine Zeit nach dem Kalender bestimmt ist,
2. der Leistung ein Ereignis vorauszugehen hat und eine angemessene Zeit für die Leistung in der Weise bestimmt ist, dass sie sich von dem Ereignis an nach dem Kalender berechnen lässt,
3. der Schuldner die Leistung ernsthaft und endgültig verweigert,
4. aus besonderen Gründen unter Abwägung der beiderseitigen Interessen der sofortige Eintritt des Verzugs gerechtfertigt ist.

(3) [1]Der Schuldner einer Entgeltforderung kommt spätestens in Verzug, wenn er nicht innerhalb von 30 Tagen nach Fälligkeit und Zugang einer Rechnung oder gleichwertigen Zahlungsaufstellung leistet; dies gilt gegenüber ei-

nem Schuldner, der Verbraucher ist, nur, wenn auf diese Folgen in der Rechnung oder Zahlungsaufstellung besonders hingewiesen worden ist. [2]Wenn der Zeitpunkt des Zugangs der Rechnung oder Zahlungsaufstellung unsicher ist, kommt der Schuldner, der nicht Verbraucher ist, spätestens 30 Tage nach Fälligkeit und Empfang der Gegenleistung in Verzug.

(4) Der Schuldner kommt nicht in Verzug, solange die Leistung infolge eines Umstandes unterbleibt, den er nicht zu vertreten hat.

§ 287. Verantwortlichkeit während des Verzugs. [1]Der Schuldner hat während des Verzugs jede Fahrlässigkeit zu vertreten. [2]Er haftet wegen der Leistung auch für Zufall, es sei denn, dass der Schaden auch bei rechtzeitiger Leistung eingetreten sein würde.

§ 288. Verzugszinsen. (1) [1]Eine Geldschuld ist während des Verzugs zu verzinsen. [2]Der Verzugszinssatz beträgt für das Jahr fünf Prozentpunkte über dem Basiszinssatz.

(2) Bei Rechtsgeschäften, an denen ein Verbraucher nicht beteiligt ist, beträgt der Zinssatz für Entgeltforderungen acht Prozentpunkte über dem Basiszinssatz.

(3) Der Gläubiger kann aus einem anderen Rechtsgrund höhere Zinsen verlangen.

(4) Die Geltendmachung eines weiteren Schadens ist nicht ausgeschlossen.

§ 289. Zinseszinsverbot. [1]Von Zinsen sind Verzugszinsen nicht zu entrichten. [2]Das Recht des Gläubigers auf Ersatz des durch den Verzug entstehenden Schadens bleibt unberührt.

► Verzug des Gläubigers

§ 293. Annahmeverzug. Der Gläubiger kommt in Verzug, wenn er die ihm angebotene Leistung nicht annimmt.

§ 294. Tatsächliches Angebot. Die Leistung muss dem Gläubiger so, wie sie zu bewirken ist, tatsächlich angeboten werden.

§ 295. Wörtliches Angebot. [1]Ein wörtliches Angebot des Schuldners genügt, wenn der Gläubiger ihm erklärt hat, dass er die Leistung nicht annehmen werde, oder wenn zur Bewirkung der Leistung eine Handlung des Gläubigers erforderlich ist, insbesondere wenn der Gläubiger die geschuldete Sache abzuholen hat. [2]Dem Angebote der Leistung steht die Aufforderung an den Gläubiger gleich, die erforderliche Handlung vorzunehmen.

§ 296. Entbehrlichkeit des Angebots. [1]Ist für die von dem Gläubiger vorzunehmende Handlung eine Zeit nach dem Kalender bestimmt, so bedarf es des Angebots nur, wenn der Gläubiger die Handlung rechtzeitig vornimmt. [2]Das Gleiche gilt, wenn der Handlung ein Ereignis vorauszugehen hat und eine angemessene Zeit für die Handlung in der Weise bestimmt ist, dass sie sich von dem Ereignis an nach dem Kalender berechnen lässt.

§ 300. Wirkungen des Gläubigerverzugs.
(1) Der Schuldner hat während des Verzugs des Gläubigers nur Vorsatz und grobe Fahrlässigkeit zu vertreten.

(2) Wird eine nur der Gattung nach bestimmte Sache geschuldet, so geht die Gefahr mit dem Zeitpunkt auf den Gläubiger über, in welchem er dadurch in Verzug kommt, dass er die angebotene Sache nicht annimmt.

§ 301. Wegfall der Verzinsung. Von einer verzinslichen Geldschuld hat der Schuldner während des Verzugs des Gläubigers Zinsen nicht zu entrichten.

§ 304. Ersatz von Mehraufwendungen.
Der Schuldner kann im Falle des Verzugs des Gläubigers Ersatz der Mehraufwendungen verlangen, die er für das erfolglose Angebot sowie für die Aufbewahrung und Erhaltung des geschuldeten Gegenstandes machen musste.

Gestaltung rechtsgeschäftlicher Schuldverhältnisse durch Allgemeine Geschäftsbedingungen

§ 305. Einbeziehung Allgemeiner Geschäftsbedingungen in den Vertrag. (1) [1]Allgemeine Geschäftsbedingungen sind alle für eine Vielzahl von Verträgen vorformulierten Vertragsbedingungen, die eine Vertragspartei (Verwender) der anderen Vertragspartei bei Abschluss eines Vertrags stellt. [2]Gleichgültig ist, ob die Bestimmungen einen äußerlich gesonderten Bestandteil des Vertrags bilden oder in die Vertragsurkunde selbst aufgenommen werden, welchen Umfang sie haben, in welcher Schriftart sie verfasst sind und welche Form der Vertrag hat. [3]Allgemeine Geschäftsbedingungen liegen nicht vor, soweit die Vertragsbedingungen zwischen den Vertragsparteien im Einzelnen ausgehandelt sind.

(2) Allgemeine Geschäftsbedingungen werden nur dann Bestandteil eines Vertrags, wenn der Verwender bei Vertragsschluss

1. die andere Vertragspartei ausdrücklich oder, wenn ein ausdrücklicher Hinweis wegen der Art des Vertragsschlusses nur unter unverhältnismäßigen Schwierigkeiten möglich ist, durch deutlich sichtbaren Aushang am Ort des Vertragsschlusses auf sie hinweist und

2. der anderen Vertragspartei die Möglichkeit verschafft, in zumutbarer Weise, die auch eine für den Verwender erkennbare körperliche Behinderung der anderen Vertragspartei angemessen berücksichtigt, von ihrem Inhalt Kenntnis zu nehmen,

wenn die andere Vertragspartei mit ihrer Geltung einverstanden ist.

(3) Die Vertragsparteien können für eine bestimmte Art von Rechtsgeschäften die Geltung bestimmter Allgemeiner Geschäftsbedingungen unter Beachtung der in Absatz 2 bezeichneten Erfordernisse im Voraus vereinbaren.

§ 305 a. Einbeziehung in besonderen Fällen. Auch ohne Einhaltung der in § 305 Abs. 2 Nr. 1 und 2 bezeichneten Erfordernisse werden einbezogen, wenn die andere Vertragspartei mit ihrer Geltung einverstanden ist,

1. die mit Genehmigung der zuständigen Verkehrsbehörde oder auf Grund von internationalen Übereinkommen erlassenen Tarife und Ausführungsbestimmungen der Eisenbahnen und die nach Maßgabe des Personenbeförderungsgesetzes genehmigten Beförderungsbedingungen der Straßenbahnen, Obusse und Kraftfahrzeuge im Linienverkehr in den Beförderungsvertrag,
2. die im Amtsblatt der Bundesnetzagentur für Elektrizität, Gas, Telekommunikation, Post und Eisenbahnen veröffentlichten und in den Geschäftsstellen des Verwenders bereitgehaltenen Allgemeinen Geschäftsbedingungen
   a) in Beförderungsverträge, die außerhalb von Geschäftsräumen durch den Einwurf von Postsendungen in Briefkästen abgeschlossen werden,
   b) in Verträge über Telekommunikations-, Informations- und andere Dienstleistungen, die unmittelbar durch Einsatz von Fernkommunikationsmitteln und während der Erbringung einer Telekommunikationsdienstleistung in einem Mal erbracht werden, wenn die Allgemeinen Geschäftsbedingungen der anderen Vertragspartei nur unter unverhältnismäßigen Schwierigkeiten vor dem Vertragsschluss zugänglich gemacht werden können.

§ 305 b. Vorrang der Individualabrede. Individuelle Vertragsabreden haben Vorrang vor Allgemeinen Geschäftsbedingungen.

§ 305 c. Überraschende und mehrdeutige Klauseln. (1) Bestimmungen in Allgemeinen Geschäftsbedingungen, die nach den Umständen, insbesondere nach dem äußeren Erscheinungsbild des Vertrags, so ungewöhnlich sind, dass der Vertragspartner des Verwenders mit ihnen nicht zu rechnen braucht, werden nicht Vertragsbestandteil.

(2) Zweifel bei der Auslegung Allgemeiner Geschäftsbedingungen gehen zu Lasten des Verwenders.

§ 306. Rechtsfolgen bei Nichteinbeziehung und Unwirksamkeit. (1) Sind Allgemeine Geschäftsbedingungen ganz oder teilweise nicht Vertragsbestandteil geworden oder unwirksam, so bleibt der Vertrag im Übrigen wirksam.

(2) Soweit die Bestimmungen nicht Vertragsbestandteil geworden oder unwirksam sind, richtet sich der Inhalt des Vertrags nach den gesetzlichen Vorschriften.

(3) Der Vertrag ist unwirksam, wenn das Festhalten an ihm auch unter Berücksichtigung der nach Absatz 2 vorgesehenen Änderung eine unzumutbare Härte für eine Vertragspartei darstellen würde.

§ 306 a. Umgehungsverbot. Die Vorschriften dieses Abschnitts finden auch Anwendung, wenn sie durch anderweitige Gestaltungen umgangen werden.

§ 307. Inhaltskontrolle. (1) [1]Bestimmungen in Allgemeinen Geschäftsbedingungen sind unwirksam, wenn sie den Vertragspartner des Verwenders entgegen den Geboten von Treu und Glauben unangemessen benachteiligen. [2]Eine unangemessene Benachteiligung kann sich auch daraus ergeben, dass die Bestimmung nicht klar und verständlich ist.

(2) Eine unangemessene Benachteiligung ist im Zweifel anzunehmen, wenn eine Bestimmung

1. mit wesentlichen Grundgedanken der gesetzlichen Regelung, von der abgewichen wird, nicht zu vereinbaren ist oder
2. wesentliche Rechte oder Pflichten, die sich aus der Natur des Vertrags ergeben, so einschränkt, dass die Erreichung des Vertragszwecks gefährdet ist.

(3) [1]Die Absätze 1 und 2 sowie die §§ 308 und 309 gelten nur für Bestimmungen in Allgemeinen Geschäftsbedingungen, durch die von Rechtsvorschriften abweichende oder diese ergänzende Regelungen vereinbart werden. [2]Andere Bestimmungen können nach Absatz 1 Satz 2 in Verbindung mit Absatz 1 Satz 1 unwirksam sein.

§ 308. Klauselverbote mit Wertungsmöglichkeit. In Allgemeinen Geschäftsbedingungen ist insbesondere unwirksam

1. (Annahme- und Leistungsfrist)

eine Bestimmung, durch die sich der Verwender unangemessen lange oder nicht hinreichend bestimmte Fristen für die Annahme oder Ablehnung eines Angebots oder die Erbringung einer Leistung vorbehält; ausgenommen hiervon ist der Vorbehalt, erst nach Ablauf der Widerrufsfrist nach § 355 Absatz 1 und 2 zu leisten;

2. (Nachfrist)
eine Bestimmung, durch die sich der Verwender für die von ihm zu bewirkende Leistung abweichend von Rechtsvorschriften eine unangemessen lange oder nicht hinreichend bestimmte Nachfrist vorbehält;

3. (Rücktrittsvorbehalt) die Vereinbarung eines Rechts des Verwenders, sich ohne sachlich gerechtfertigten und im Vertrag angegebenen Grund von seiner Leistungspflicht zu lösen; dies gilt nicht für Dauerschuldverhältnisse;

4. (Änderungsvorbehalt)
die Vereinbarung eines Rechts des Verwenders, die versprochene Leistung zu ändern oder von ihr abzuweichen, wenn nicht die Vereinbarung der Änderung oder Abweichung unter Berücksichtigung der Interessen des Verwenders für den anderen Vertragsteil zumutbar ist;

5. (Fingierte Erklärungen)
eine Bestimmung, wonach eine Erklärung des Vertragspartners des Verwenders bei Vornahme oder Unterlassung einer bestimmten Handlung als von ihm abgegeben oder nicht abgegeben gilt, es sei denn, dass
a) dem Vertragspartner eine angemessene Frist zur Abgabe einer ausdrücklichen Erklärung eingeräumt ist und
b) der Verwender sich verpflichtet, den Vertragspartner bei Beginn der Frist auf die vorgesehene Bedeutung seines Verhaltens besonders hinzuweisen;

6. (Fiktion des Zugangs)
eine Bestimmung, die vorsieht, dass eine Erklärung des Verwenders von besonderer Bedeutung dem anderen Vertragsteil als zugegangen gilt;

7. (Abwicklung von Verträgen)
eine Bestimmung, nach der der Verwender für den Fall, dass eine Vertragspartei vom Vertrag zurücktritt oder den Vertrag kündigt,
a) eine unangemessen hohe Vergütung für die Nutzung oder den Gebrauch einer Sache oder eines Rechts oder für erbrachte Leistungen oder
b) einen unangemessen hohen Ersatz von Aufwendungen verlangen kann;

8. (Nichtverfügbarkeit der Leistung)
die nach Nummer 3 zulässige Vereinbarung eines Vorbehalts des Verwenders, sich von der Verpflichtung zur Erfüllung des Vertrags bei Nichtverfügbarkeit der Leistung zu lösen, wenn sich der Verwender nicht verpflichtet,
a) den Vertragspartner unverzüglich über die Nichtverfügbarkeit zu informieren und
b) Gegenleistungen des Vertragspartners unverzüglich zu erstatten.

§ 309. Klauselverbote ohne Wertungsmöglichkeit. Auch soweit eine Abweichung von den gesetzlichen Vorschriften zulässig ist, ist in Allgemeinen Geschäftsbedingungen unwirksam

1. (Kurzfristige Preiserhöhungen)
eine Bestimmung, welche die Erhöhung des Entgelts für Waren oder Leistungen vorsieht, die innerhalb von vier Monaten nach Vertragsschluss geliefert oder erbracht werden sollen; dies gilt nicht bei Waren oder Leistungen, die im Rahmen von Dauerschuldverhältnissen geliefert oder erbracht werden;

2. (Leistungsverweigerungsrechte)
eine Bestimmung, durch die
a) das Leistungsverweigerungsrecht, das dem Vertragspartner des Verwenders nach § 320 zusteht, ausgeschlossen oder eingeschränkt wird, oder
b) ein dem Vertragspartner des Verwenders zustehendes Zurückbehaltungsrecht, soweit es auf demselben Vertragsverhältnis beruht, ausgeschlossen oder eingeschränkt, insbesondere von der Anerkennung von Mängeln durch den Verwender abhängig gemacht wird;

3. (Aufrechnungsverbot)
eine Bestimmung, durch die dem Vertragspartner des Verwenders die Befugnis genommen wird, mit einer unbestrittenen oder rechtskräftig festgestellten Forderung aufzurechnen;

4. (Mahnung, Fristsetzung)
eine Bestimmung, durch die der Verwender von der gesetzlichen Obliegenheit freigestellt wird, den anderen Vertragsteil zu mahnen oder ihm eine Frist für die Leistung oder Nacherfüllung zu setzen;

5. (Pauschalierung von Schadensersatzansprüchen)
die Vereinbarung eines pauschalierten Anspruchs des Verwenders auf Schadensersatz oder Ersatz einer Wertminderung, wenn
a) die Pauschale den in den geregelten Fällen nach dem gewöhnlichen Lauf der Dinge zu erwartenden Schaden oder die gewöhnlich eintretende Wertminderung übersteigt, oder
b) dem anderen Vertragsteil nicht ausdrücklich der Nachweis gestattet wird, ein Schaden oder eine Wertminderung sei überhaupt nicht entstanden oder wesentlich niedriger als die Pauschale;

6. (Vertragsstrafe)
eine Bestimmung, durch die dem Verwender für den Fall der Nichtabnahme oder verspäteten Abnahme der Leistung, des Zahlungsverzugs oder für den Fall, dass der andere Vertragsteil sich vom Vertrag löst, Zahlung einer Vertragsstrafe versprochen wird;
7. (Haftungsausschluss bei Verletzung von Leben, Körper, Gesundheit und bei grobem Verschulden)
 a) (Verletzung von Leben, Körper, Gesundheit)
 ein Ausschluss oder eine Begrenzung der Haftung für Schäden aus der Verletzung des Lebens, des Körpers oder der Gesundheit, die auf einer fahrlässigen Pflichtverletzung des Verwenders oder einer vorsätzlichen oder fahrlässigen Pflichtverletzung eines gesetzlichen Vertreters oder Erfüllungsgehilfen des Verwenders beruhen;
 b) (grobes Verschulden)
 ein Ausschluss oder eine Begrenzung der Haftung für sonstige Schäden, die auf einer grob fahrlässigen Pflichtverletzung des Verwenders oder auf einer vorsätzlichen oder grob fahrlässigen Pflichtverletzung eines gesetzlichen Vertreters oder Erfüllungsgehilfen des Verwenders beruhen;
 die Buchstaben a und b gelten nicht für Haftungsbeschränkungen in den nach Maßgabe des Personenbeförderungsgesetzes genehmigten Beförderungsbedingungen und Tarifvorschriften der Straßenbahnen, Obusse und Kraftfahrzeuge im Linienverkehr, soweit sie nicht zum Nachteil des Fahrgastes von der Verordnung über die Allgemeinen Beförderungsbedingungen für den Straßenbahn- und Obusverkehr sowie den Linienverkehr mit Kraftfahrzeugen vom 27. Februar 1970 abweichen; Buchstabe b gilt nicht für Haftungsbeschränkungen für staatlich genehmigte Lotterie- oder Ausspielverträge;
8. (Sonstige Haftungsausschlüsse bei Pflichtverletzung)
 a) (Ausschluss des Rechts, sich vom Vertrag zu lösen)
 eine Bestimmung, die bei einer vom Verwender zu vertretenden, nicht in einem Mangel der Kaufsache oder des Werks bestehenden Pflichtverletzung das Recht des anderen Vertragsteils, sich vom Vertrag zu lösen, ausschließt oder einschränkt; dies gilt nicht für die in der Nummer 7 bezeichneten Beförderungsbedingungen und Tarifvorschriften unter den dort genannten Voraussetzungen;
 b) (Mängel)
 eine Bestimmung, durch die bei Verträgen über Lieferungen neu hergestellter Sachen und über Werkleistungen
 aa) (Ausschluss und Verweisung auf Dritte)
 die Ansprüche gegen den Verwender wegen eines Mangels insgesamt oder bezüglich einzelner Teile ausgeschlossen, auf die Einräumung von Ansprüchen gegen Dritte beschränkt oder von der vorherigen gerichtlichen Inanspruchnahme Dritter abhängig gemacht werden;
 bb) (Beschränkung auf Nacherfüllung)
 die Ansprüche gegen den Verwender insgesamt oder bezüglich einzelner Teile auf ein Recht auf Nacherfüllung beschränkt werden, sofern dem anderen Vertragsteil nicht ausdrücklich das Recht vorbehalten wird, bei Fehlschlagen der Nacherfüllung zu mindern oder, wenn nicht eine Bauleistung Gegenstand der Mängelhaftung ist, nach seiner Wahl vom Vertrag zurückzutreten;
 cc) (Aufwendungen bei Nacherfüllung)
 die Verpflichtung des Verwenders ausgeschlossen oder beschränkt wird, die zum Zwecke der Nacherfüllung erforderlichen Aufwendungen, insbesondere Transport-, Wege-, Arbeits- und Materialkosten, zu tragen;
 dd) (Vorenthalten der Nacherfüllung)
 der Verwender die Nacherfüllung von der vorherigen Zahlung des vollständigen Entgelts oder eines unter Berücksichtigung des Mangels unverhältnismäßig hohen Teils des Entgelts abhängig macht;
 ee) (Ausschlussfrist für Mängelanzeige)
 der Verwender dem anderen Vertragsteil für die Anzeige nicht offensichtlicher Mängel eine Ausschlussfrist setzt, die kürzer ist als die nach dem Doppelbuchstaben ff zulässige Frist;
 ff) (Erleichterung der Verjährung)
 die Verjährung von Ansprüchen gegen den Verwender wegen eines Mangels in den Fällen des § 438 Abs. 1 Nr. 2 und des § 634 a Abs. 1 Nr. 2 erleichtert oder in den sonstigen Fällen eine weniger als ein Jahr betragende Verjährungsfrist ab dem gesetzlichen Verjährungsbeginn erreicht wird;
9. (Laufzeit bei Dauerschuldverhältnissen)
bei einem Vertragsverhältnis, das die regelmäßige Lieferung von Waren oder die regelmäßige Erbringung von Dienst- oder Werk-

leistungen durch den Verwender zum Gegenstand hat,
a) eine den anderen Vertragsteil länger als zwei Jahre bindende Laufzeit des Vertrags,
b) eine den anderen Vertragsteil bindende stillschweigende Verlängerung des Vertragsverhältnisses um jeweils mehr als ein Jahr oder
c) zu Lasten des anderen Vertragsteils eine längere Kündigungsfrist als drei Monate vor Ablauf der zunächst vorgesehenen oder stillschweigend verlängerten Vertragsdauer;

dies gilt nicht für Verträge über die Lieferung als zusammengehörig verkaufter Sachen, für Versicherungsverträge sowie für Verträge zwischen den Inhabern urheberrechtlicher Rechte und Ansprüche und Verwertungsgesellschaften im Sinne des Gesetzes über die Wahrnehmung von Urheberrechten und verwandten Schutzrechten;

10. (Wechsel des Vertragspartners)
eine Bestimmung, wonach bei Kauf-, Darlehens-, Dienst- oder Werkverträgen ein Dritter anstelle des Verwenders in die sich aus dem Vertrag ergebenden Rechte und Pflichten eintritt oder eintreten kann, es sei denn, in der Bestimmung wird
a) der Dritte namentlich bezeichnet, oder
b) dem anderen Vertragsteil das Recht eingeräumt, sich vom Vertrag zu lösen;

11. (Haftung des Abschlussvertreters)
eine Bestimmung, durch die der Verwender einem Vertreter, der den Vertrag für den anderen Vertragsteil abschließt,
a) ohne hierauf gerichtete ausdrückliche und gesonderte Erklärung eine eigene Haftung oder Einstandspflicht oder
b) im Falle vollmachtsloser Vertretung eine über § 179 hinausgehende Haftung auferlegt;

12. (Beweislast)
eine Bestimmung, durch die der Verwender die Beweislast zum Nachteil des anderen Vertragsteils ändert, insbesondere indem er
a) diesem die Beweislast für Umstände auferlegt, die im Verantwortungsbereich des Verwenders liegen, oder
b) den anderen Vertragsteil bestimmte Tatsachen bestätigen lässt;

Buchstabe b gilt nicht für Empfangsbekenntnisse, die gesondert unterschrieben oder mit einer gesonderten qualifizierten elektronischen Signatur versehen sind;

13. (Form von Anzeigen und Erklärungen)
eine Bestimmung, durch die Anzeigen oder Erklärungen, die dem Verwender oder einem Dritten gegenüber abzugeben sind, an eine strengere Form als die Schriftform oder an besondere Zugangserfordernisse gebunden werden.

§ 310. Anwendungsbereich. (1) [1]§ 305 Abs. 2 und 3 und die §§ 308 und 309 finden keine Anwendung auf Allgemeine Geschäftsbedingungen, die gegenüber einem Unternehmer, einer juristischen Person des öffentlichen Rechts oder einem öffentlich-rechtlichen Sondervermögen verwendet werden. [2]§ 307 Abs. 1 und 2 findet in den Fällen des Satzes 1 auch insoweit Anwendung, als dies zur Unwirksamkeit von in den §§ 308 und 309 genannten Vertragsbestimmungen führt; auf die im Handelsverkehr geltenden Gewohnheiten und Gebräuche ist angemessen Rücksicht zu nehmen. [3]In den Fällen des Satzes 1 findet § 307 Abs. 1 und 2 auf Verträge, in die die Vergabe- und Vertragsordnung für Bauleistungen Teil B (VOB/B) in der jeweils zum Zeitpunkt des Vertragsschlusses geltenden Fassung ohne inhaltliche Abweichungen insgesamt einbezogen ist, in Bezug auf eine Inhaltskontrolle einzelner Bestimmungen keine Anwendung.

(2) [1]Die §§ 308 und 309 finden keine Anwendung auf Verträge der Elektrizitäts-, Gas-, Fernwärme- und Wasserversorgungsunternehmen über die Versorgung von Sonderabnehmern mit elektrischer Energie, Gas, Fernwärme und Wasser aus dem Versorgungsnetz, soweit die Versorgungsbedingungen nicht zum Nachteil der Abnehmer von Verordnungen über Allgemeine Bedingungen für die Versorgung von Tarifkunden mit elektrischer Energie, Gas, Fernwärme und Wasser abweichen. [2]Satz 1 gilt entsprechend für Verträge über die Entsorgung von Abwasser.

(3) Bei Verträgen zwischen einem Unternehmer und einem Verbraucher (Verbraucherverträge) finden die Vorschriften dieses Abschnitts mit folgenden Maßgaben Anwendung:
1. Allgemeine Geschäftsbedingungen gelten als vom Unternehmer gestellt, es sei denn, dass sie durch den Verbraucher in den Vertrag eingeführt wurden;
2. § 305 c Abs. 2 und die §§ 306 und 307 bis 309 dieses Gesetzes sowie Artikel 46 b des Einführungsgesetzes zum Bürgerlichen Gesetzbuche finden auf vorformulierte Vertragsbedingungen auch dann Anwendung, wenn diese nur zur einmaligen Verwendung bestimmt sind und soweit der Verbraucher auf Grund der Vorformulierung auf ihren Inhalt keinen Einfluss nehmen konnte;
3. bei der Beurteilung der unangemessenen Benachteiligung nach § 307 Abs. 1 und 2 sind auch die den Vertragsschluss begleitenden Umstände zu berücksichtigen.

(4) [1]Dieser Abschnitt findet keine Anwendung bei Verträgen auf dem Gebiet des Erb-,

Familien- und Gesellschaftsrechts sowie auf Tarifverträge, Betriebs- und Dienstvereinbarungen. [2]Bei der Anwendung auf Arbeitsverträge sind die im Arbeitsrecht geltenden Besonderheiten angemessen zu berücksichtigen; § 305 Abs. 2 und 3 ist nicht anzuwenden. [3]Tarifverträge, Betriebs- und Dienstvereinbarungen stehen Rechtsvorschriften im Sinne von § 307 Abs. 3 gleich.

Schuldverhältnisse aus Verträgen

▶ Begründung, Inhalt und Beendigung

§ 311. Rechtsgeschäftliche und rechtsgeschäftsähnliche Schuldverhältnisse. (1) Zur Begründung eines Schuldverhältnisses durch Rechtsgeschäft sowie zur Änderung des Inhalts eines Schuldverhältnisses ist ein Vertrag zwischen den Beteiligten erforderlich, soweit nicht das Gesetz ein anderes vorschreibt.

(2) Ein Schuldverhältnis mit Pflichten nach § 241 Abs. 2 entsteht auch durch

1. die Aufnahme von Vertragsverhandlungen,
2. die Anbahnung eines Vertrags, bei welcher der eine Teil im Hinblick auf eine etwaige rechtsgeschäftliche Beziehung dem anderen Teil die Möglichkeit zur Einwirkung auf seine Rechte, Rechtsgüter und Interessen gewährt oder ihm diese anvertraut, oder
3. ähnliche geschäftliche Kontakte.

(3) [1]Ein Schuldverhältnis mit Pflichten nach § 241 Abs. 2 kann auch zu Personen entstehen, die nicht selbst Vertragspartei werden sollen. [2]Ein solches Schuldverhältnis entsteht insbesondere, wenn der Dritte in besonderem Maße Vertrauen für sich in Anspruch nimmt und dadurch die Vertragsverhandlungen oder den Vertragsschluss erheblich beeinflusst.

§ 311 a. Leistungshindernis bei Vertragsschluss. (1) Der Wirksamkeit eines Vertrags steht es nicht entgegen, dass der Schuldner nach § 275 Abs. 1 bis 3 nicht zu leisten braucht und das Leistungshindernis schon bei Vertragsschluss vorliegt.

(2) [1]Der Gläubiger kann nach seiner Wahl Schadensersatz statt der Leistung oder Ersatz seiner Aufwendungen in dem in § 284 bestimmten Umfang verlangen. [2]Dies gilt nicht, wenn der Schuldner das Leistungshindernis bei Vertragsschluss nicht kannte und seine Unkenntnis auch nicht zu vertreten hat. [3]§ 281 Abs. 1 Satz 2 und 3 und Abs. 5 findet entsprechende Anwendung.

§ 311 b. Verträge über Grundstücke, das Vermögen und den Nachlass. (1) [1]Ein Vertrag, durch den sich der eine Teil verpflichtet, das Eigentum an einem Grundstück zu übertragen oder zu erwerben, bedarf der notariellen Beurkundung. [2]Ein ohne Beachtung dieser Form geschlossener Vertrag wird seinem ganzen Inhalt nach gültig, wenn die Auflassung und die Eintragung in das Grundbuch erfolgen.

(2) Ein Vertrag, durch den sich der eine Teil verpflichtet, sein künftiges Vermögen oder einen Bruchteil seines künftigen Vermögens zu übertragen oder mit einem Nießbrauch zu belasten, ist nichtig.

(3) Ein Vertrag, durch den sich der eine Teil verpflichtet, sein gegenwärtiges Vermögen oder einen Bruchteil seines gegenwärtigen Vermögens zu übertragen oder mit einem Nießbrauch zu belasten, bedarf der notariellen Beurkundung.

(4) [1]Ein Vertrag über den Nachlass eines noch lebenden Dritten ist nichtig. [2]Das Gleiche gilt von einem Vertrag über den Pflichtteil oder ein Vermächtnis aus dem Nachlass eines noch lebenden Dritten.

(5) [1]Absatz 4 gilt nicht für einen Vertrag, der unter künftigen gesetzlichen Erben über den gesetzlichen Erbteil oder den Pflichtteil eines von ihnen geschlossen wird. [2]Ein solcher Vertrag bedarf der notariellen Beurkundung.

§ 311 c. Erstreckung auf Zubehör. Verpflichtet sich jemand zur Veräußerung oder Belastung einer Sache, so erstreckt sich diese Verpflichtung im Zweifel auch auf das Zubehör der Sache.

§ 312. Anwendungsbereich. (1) Die Vorschriften der Kapitel 1 und 2 dieses Untertitels sind nur auf Verbraucherverträge im Sinne des § 310 Absatz 3 anzuwenden, die eine entgeltliche Leistung des Unternehmers zum Gegenstand haben.

(2) Von den Vorschriften der Kapitel 1 und 2 dieses Untertitels ist nur § 312a Absatz 1, 3, 4 und 6 auf folgende Verträge anzuwenden:

1. notariell beurkundete Verträge
   a) über Finanzdienstleistungen, die außerhalb von Geschäftsräumen geschlossen werden,
   b) die keine Verträge über Finanzdienstleistungen sind; für Verträge, für die das Gesetz die notarielle Beurkundung des Vertrags oder einer Vertragserklärung nicht vorschreibt, gilt dies nur, wenn der Notar darüber belehrt, dass die Informationspflichten nach § 312d Absatz 1 und das Widerrufsrecht nach § 312g Absatz 1 entfallen,
2. Verträge über die Begründung, den Erwerb oder die Übertragung von Eigentum oder anderen Rechten an Grundstücken,

3. Verträge über den Bau von neuen Gebäuden oder erhebliche Umbaumaßnahmen an bestehenden Gebäuden,
4. Verträge über Reiseleistungen nach § 651a, wenn diese
   a) im Fernabsatz geschlossen werden oder
   b) außerhalb von Geschäftsräumen geschlossen werden, wenn die mündlichen Verhandlungen, auf denen der Vertragsschluss beruht, auf vorhergehende Bestellung des Verbrauchers geführt worden sind,
5. Verträge über die Beförderung von Personen,
6. Verträge über Teilzeit-Wohnrechte, langfristige Urlaubsprodukte, Vermittlungen und Tauschsysteme nach den §§ 481 bis 481b,
7. Behandlungsverträge nach § 630a,
8. Verträge über die Lieferung von Lebensmitteln, Getränken oder sonstigen Haushaltsgegenständen des täglichen Bedarfs, die am Wohnsitz, am Aufenthaltsort oder am Arbeitsplatz eines Verbrauchers von einem Unternehmer im Rahmen häufiger und regelmäßiger Fahrten geliefert werden,
9. Verträge, die unter Verwendung von Warenautomaten und automatisierten Geschäftsräumen geschlossen werden,
10. Verträge, die mit Betreibern von Telekommunikationsmitteln mit Hilfe öffentlicher Münz- und Kartentelefone zu deren Nutzung geschlossen werden,
11. Verträge zur Nutzung einer einzelnen von einem Verbraucher hergestellten Telefon-, Internet- oder Telefaxverbindung,
12. außerhalb von Geschäftsräumen geschlossene Verträge, bei denen die Leistung bei Abschluss der Verhandlungen sofort erbracht und bezahlt wird und das vom Verbraucher zu zahlende Entgelt 40 Euro nicht überschreitet, und
13. Verträge über den Verkauf beweglicher Sachen auf Grund von Zwangsvollstreckungsmaßnahmen oder anderen gerichtlichen Maßnahmen.

...

(5) [1]Bei Vertragsverhältnissen über Bankdienstleistungen sowie Dienstleistungen im Zusammenhang mit einer Kreditgewährung, Versicherung, Altersversorgung von Einzelpersonen, Geldanlage oder Zahlung (Finanzdienstleistungen), die eine erstmalige Vereinbarung mit daran anschließenden aufeinanderfolgenden Vorgängen oder eine daran anschließende Reihe getrennter, in einem zeitlichen Zusammenhang stehender Vorgänge gleicher Art umfassen, sind die Vorschriften der Kapitel 1 und 2 dieses Untertitels nur auf die erste Vereinbarung anzuwenden. [2]§ 312a Absatz 1, 3, 4 und 6 ist daneben auf jeden Vorgang anzuwenden. [3]Wenn die in Satz 1 genannten Vorgänge ohne eine solche Vereinbarung aufeinanderfolgen, gelten die Vorschriften über Informationspflichten des Unternehmers nur für den ersten Vorgang. Findet jedoch länger als ein Jahr kein Vorgang der gleichen Art mehr statt, so gilt der nächste Vorgang als der erste Vorgang einer neuen Reihe im Sinne von Satz 3.

(6) Von den Vorschriften der Kapitel 1 und 2 dieses Untertitels ist auf Verträge über Versicherungen sowie auf Verträge über deren Vermittlung nur § 312a Absatz 3, 4 und 6 anzuwenden.

§ 312a. Allgemeine Pflichten und Grundsätze bei Verbraucherverträgen; Grenzen der Vereinbarung von Entgelten. (1) Ruft der Unternehmer oder eine Person, die in seinem Namen oder Auftrag handelt, den Verbraucher an, um mit diesem einen Vertrag zu schließen, hat der Anrufer zu Beginn des Gesprächs seine Identität und gegebenenfalls die Identität der Person, für die er anruft, sowie den geschäftlichen Zweck des Anrufs offenzulegen.

(2) [1]Der Unternehmer ist verpflichtet, den Verbraucher nach Maßgabe des Artikels 246 des Einführungsgesetzes zum Bürgerlichen Gesetzbuche zu informieren. [2]Der Unternehmer kann von dem Verbraucher Fracht-, Liefer- oder Versandkosten und sonstige Kosten nur verlangen, soweit er den Verbraucher über diese Kosten entsprechend den Anforderungen aus Artikel 246 Absatz 1 Nummer 3 des Einführungsgesetzes zum Bürgerlichen Gesetzbuche informiert hat. [3]Die Sätze 1 und 2 sind weder auf außerhalb von Geschäftsräumen geschlossene Verträge noch auf Fernabsatzverträge noch auf Verträge über Finanzdienstleistungen anzuwenden.

(3) [1]Eine Vereinbarung, die auf eine über das vereinbarte Entgelt für die Hauptleistung hinausgehende Zahlung des Verbrauchers gerichtet ist, kann ein Unternehmer mit einem Verbraucher nur ausdrücklich treffen. [2]Schließen der Unternehmer und der Verbraucher einen Vertrag im elektronischen Geschäftsverkehr, wird eine solche Vereinbarung nur Vertragsbestandteil, wenn der Unternehmer die Vereinbarung nicht durch eine Voreinstellung herbeiführt.

(4) Eine Vereinbarung, durch die ein Verbraucher verpflichtet wird, ein Entgelt dafür zu zahlen, dass er für die Erfüllung seiner vertraglichen Pflichten ein bestimmtes Zahlungsmittel nutzt, ist unwirksam, wenn
1. für den Verbraucher keine gängige und zumutbare unentgeltliche Zahlungsmöglichkeit besteht oder

2. das vereinbarte Entgelt über die Kosten hinausgeht, die dem Unternehmer durch die Nutzung des Zahlungsmittels entstehen.

(5) [1]Eine Vereinbarung, durch die ein Verbraucher verpflichtet wird, ein Entgelt dafür zu zahlen, dass der Verbraucher den Unternehmer wegen Fragen oder Erklärungen zu einem zwischen ihnen geschlossenen Vertrag über eine Rufnummer anruft, die der Unternehmer für solche Zwecke bereithält, ist unwirksam, wenn das vereinbarte Entgelt das Entgelt für die bloße Nutzung des Telekommunikationsdienstes übersteigt. [2]Ist eine Vereinbarung nach Satz 1 unwirksam, ist der Verbraucher auch gegenüber dem Anbieter des Telekommunikationsdienstes nicht verpflichtet, ein Entgelt für den Anruf zu zahlen. [3]Der Anbieter des Telekommunikationsdienstes ist berechtigt, das Entgelt für die bloße Nutzung des Telekommunikationsdienstes von dem Unternehmer zu verlangen, der die unwirksame Vereinbarung mit dem Verbraucher geschlossen hat.

(6) Ist eine Vereinbarung nach den Absätzen 3 bis 5 nicht Vertragsbestandteil geworden oder ist sie unwirksam, bleibt der Vertrag im Übrigen wirksam.

§ 312b. Außerhalb von Geschäftsräumen geschlossene Verträge. (1) [1]Außerhalb von Geschäftsräumen geschlossene Verträge sind Verträge,

1. die bei gleichzeitiger körperlicher Anwesenheit des Verbrauchers und des Unternehmers an einem Ort geschlossen werden, der kein Geschäftsraum des Unternehmers ist,
2. für die der Verbraucher unter den in Nummer 1 genannten Umständen ein Angebot abgegeben hat,
3. die in den Geschäftsräumen des Unternehmers oder durch Fernkommunikationsmittel geschlossen werden, bei denen der Verbraucher jedoch unmittelbar zuvor außerhalb der Geschäftsräume des Unternehmers bei gleichzeitiger körperlicher Anwesenheit des Verbrauchers und des Unternehmers persönlich und individuell angesprochen wurde, oder
4. die auf einem Ausflug geschlossen werden, der von dem Unternehmer oder mit seiner Hilfe organisiert wurde, um beim Verbraucher für den Verkauf von Waren oder die Erbringung von Dienstleistungen zu werben und mit ihm entsprechende Verträge abzuschließen.

[2]Dem Unternehmer stehen Personen gleich, die in seinem Namen oder Auftrag handeln.

...

§ 312c. Fernabsatzverträge. (1) Fernabsatzverträge sind Verträge, bei denen der Unternehmer oder eine in seinem Namen oder Auftrag handelnde Person und der Verbraucher für die Vertragsverhandlungen und den Vertragsschluss ausschließlich Fernkommunikationsmittel verwenden, es sei denn, dass der Vertragsschluss nicht im Rahmen eines für den Fernabsatz organisierten Vertriebs- oder Dienstleistungssystems erfolgt.

(2) Fernkommunikationsmittel im Sinne dieses Gesetzes sind alle Kommunikationsmittel, die zur Anbahnung oder zum Abschluss eines Vertrags eingesetzt werden können, ohne dass die Vertragsparteien gleichzeitig körperlich anwesend sind, wie Briefe, Kataloge, Telefonanrufe, Telekopien, E-Mails, über den Mobilfunkdienst versendete Nachrichten (SMS) sowie Rundfunk und Telemedien.

§ 312d. Informationspflichten. (1) [1]Bei außerhalb von Geschäftsräumen geschlossenen Verträgen und bei Fernabsatzverträgen ist der Unternehmer verpflichtet, den Verbraucher nach Maßgabe des Artikels 246a des Einführungsgesetzes zum Bürgerlichen Gesetzbuche zu informieren. [2]Die in Erfüllung dieser Pflicht gemachten Angaben des Unternehmers werden Inhalt des Vertrags, es sei denn, die Vertragsparteien haben ausdrücklich etwas anderes vereinbart.

(2) Bei außerhalb von Geschäftsräumen geschlossenen Verträgen und bei Fernabsatzverträgen über Finanzdienstleistungen ist der Unternehmer abweichend von Absatz 1 verpflichtet, den Verbraucher nach Maßgabe des Artikels 246b des Einführungsgesetzes zum Bürgerlichen Gesetzbuche zu informieren.

§ 312e. Verletzung von Informationspflichten über Kosten. Der Unternehmer kann von dem Verbraucher Fracht-, Liefer- oder Versandkosten und sonstige Kosten nur verlangen, soweit er den Verbraucher über diese Kosten entsprechend den Anforderungen aus § 312d Absatz 1 in Verbindung mit Artikel 246a § 1 Absatz 1 Satz 1 Nummer 4 des Einführungsgesetzes zum Bürgerlichen Gesetzbuche informiert hat.

§ 312f. Abschriften und Bestätigungen.

(1) [1]Bei außerhalb von Geschäftsräumen geschlossenen Verträgen ist der Unternehmer verpflichtet, dem Verbraucher alsbald auf Papier zur Verfügung zu stellen

1. eine Abschrift eines Vertragsdokuments, das von den Vertragsschließenden so unterzeichnet wurde, dass ihre Identität erkennbar ist, oder
2. eine Bestätigung des Vertrags, in der der Vertragsinhalt wiedergegeben ist.

[2]Wenn der Verbraucher zustimmt, kann für die Abschrift oder die Bestätigung des Vertrags

auch ein anderer dauerhafter Datenträger verwendet werden. ...(2) [1]Bei Fernabsatzverträgen ist der Unternehmer verpflichtet, dem Verbraucher eine Bestätigung des Vertrags, in der der Vertragsinhalt wiedergegeben ist, innerhalb einer angemessenen Frist nach Vertragsschluss, spätestens jedoch bei der Lieferung der Ware oder bevor mit der Ausführung der Dienstleistung begonnen wird, auf einem dauerhaften Datenträger zur Verfügung zu stellen.

...

§ 312g. Widerrufsrecht. (1) Dem Verbraucher steht bei außerhalb von Geschäftsräumen geschlossenen Verträgen und bei Fernabsatzverträgen ein Widerrufsrecht gemäß § 355 zu.

(2) [1]Das Widerrufsrecht besteht, soweit die Parteien nichts anderes vereinbart haben, nicht bei folgenden Verträgen:

1. Verträge zur Lieferung von Waren, die nicht vorgefertigt sind und für deren Herstellung eine individuelle Auswahl oder Bestimmung durch den Verbraucher maßgeblich ist oder die eindeutig auf die persönlichen Bedürfnisse des Verbrauchers zugeschnitten sind,
2. Verträge zur Lieferung von Waren, die schnell verderben können oder deren Verfallsdatum schnell überschritten würde,
3. Verträge zur Lieferung versiegelter Waren, die aus Gründen des Gesundheitsschutzes oder der Hygiene nicht zur Rückgabe geeignet sind, wenn ihre Versiegelung nach der Lieferung entfernt wurde,
4. Verträge zur Lieferung von Waren, wenn diese nach der Lieferung auf Grund ihrer Beschaffenheit untrennbar mit anderen Gütern vermischt wurden,
5. Verträge zur Lieferung alkoholischer Getränke, deren Preis bei Vertragsschluss vereinbart wurde, die aber frühestens 30 Tage nach Vertragsschluss geliefert werden können und deren aktueller Wert von Schwankungen auf dem Markt abhängt, auf die der Unternehmer keinen Einfluss hat,
6. Verträge zur Lieferung von Ton- oder Videoaufnahmen oder Computersoftware in einer versiegelten Packung, wenn die Versiegelung nach der Lieferung entfernt wurde,
7. Verträge zur Lieferung von Zeitungen, Zeitschriften oder Illustrierten mit Ausnahme von Abonnement-Verträgen,
8. Verträge zur Lieferung von Waren oder zur Erbringung von Dienstleistungen, einschließlich Finanzdienstleistungen, deren Preis von Schwankungen auf dem Finanzmarkt abhängt, auf die der Unternehmer keinen Einfluss hat und die innerhalb der Widerrufsfrist auftreten können, insbesondere Dienstleistungen im Zusammenhang mit Aktien, mit Anteilen an offenen Investmentvermögen im Sinne von § 1 Absatz 4 des Kapitalanlagegesetzbuchs und mit anderen handelbaren Wertpapieren, Devisen, Derivaten oder Geldmarktinstrumenten,
9. vorbehaltlich des Satzes 2 Verträge zur Erbringung von Dienstleistungen in den Bereichen Beherbergung zu anderen Zwecken als zu Wohnzwecken, Beförderung von Waren, Kraftfahrzeugvermietung, Lieferung von Speisen und Getränken sowie zur Erbringung weiterer Dienstleistungen im Zusammenhang mit Freizeitbetätigungen, wenn der Vertrag für die Erbringung einen spezifischen Termin oder Zeitraum vorsieht,

...

11. Verträge, bei denen der Verbraucher den Unternehmer ausdrücklich aufgefordert hat, ihn aufzusuchen, um dringende Reparatur- oder Instandhaltungsarbeiten vorzunehmen; dies gilt nicht hinsichtlich weiterer bei dem Besuch erbrachter Dienstleistungen, die der Verbraucher nicht ausdrücklich verlangt hat, oder hinsichtlich solcher bei dem Besuch gelieferter Waren, die bei der Instandhaltung oder Reparatur nicht unbedingt als Ersatzteile benötigt werden,

...

[2]Die Ausnahme nach Satz 1 Nummer 9 gilt nicht für Verträge über Reiseleistungen nach § 651a, wenn diese außerhalb von Geschäftsräumen geschlossen worden sind, es sei denn, die mündlichen Verhandlungen, auf denen der Vertragsschluss beruht, sind auf vorhergehende Bestellung des Verbrauchers geführt worden.

(3) [1]Das Widerrufsrecht besteht ferner nicht bei Verträgen, bei denen dem Verbraucher bereits auf Grund der §§ 495, 506 bis 512 ein Widerrufsrecht nach § 355 zusteht, und nicht bei außerhalb von Geschäftsräumen geschlossenen Verträgen, bei denen dem Verbraucher bereits nach § 305 Absatz 1 bis 6 des Kapitalanlagegesetzbuchs ein Widerrufsrecht zusteht.

§ 312i. Allgemeine Pflichten im elektronischen Geschäftsverkehr. (1) [1]Bedient sich ein Unternehmer zum Zwecke des Abschlusses eines Vertrags über die Lieferung von Waren oder über die Erbringung von Dienstleistungen der Telemedien (Vertrag im elektronischen Geschäftsverkehr), hat er dem Kunden

1. angemessene, wirksame und zugängliche technische Mittel zur Verfügung zu stellen, mit deren Hilfe der Kunde Eingabefehler vor Abgabe seiner Bestellung erkennen und berichtigen kann,
2. die in Artikel 246c des Einführungsgesetzes zum Bürgerlichen Gesetzbuche bestimmten Informationen rechtzeitig vor Abgabe von

dessen Bestellung klar und verständlich mitzuteilen,
3. den Zugang von dessen Bestellung unverzüglich auf elektronischem Wege zu bestätigen und
4. die Möglichkeit zu verschaffen, die Vertragsbestimmungen einschließlich der Allgemeinen Geschäftsbedingungen bei Vertragsschluss abzurufen und in wiedergabefähiger Form zu speichern.

[2]Bestellung und Empfangsbestätigung im Sinne von Satz 1 Nummer 3 gelten als zugegangen, wenn die Parteien, für die sie bestimmt sind, sie unter gewöhnlichen Umständen abrufen können.

(2) [1]Absatz 1 Satz 1 Nummer 1 bis 3 ist nicht anzuwenden, wenn der Vertrag ausschließlich durch individuelle Kommunikation geschlossen wird. [2]Absatz 1 Satz 1 Nummer 1 bis 3 und Satz 2 ist nicht anzuwenden, wenn zwischen Vertragsparteien, die nicht Verbraucher sind, etwas anderes vereinbart wird.

(3) Weitergehende Informationspflichten auf Grund anderer Vorschriften bleiben unberührt

§ 312j. Besondere Pflichten im elektronischen Geschäftsverkehr gegenüber Verbrauchern.

(1) Auf Webseiten für den elektronischen Geschäftsverkehr mit Verbrauchern hat der Unternehmer zusätzlich zu den Angaben nach § 312i Absatz 1 spätestens bei Beginn des Bestellvorgangs klar und deutlich anzugeben, ob Lieferbeschränkungen bestehen und welche Zahlungsmittel akzeptiert werden.

(2) Bei einem Verbrauchervertrag im elektronischen Geschäftsverkehr, der eine entgeltliche Leistung des Unternehmers zum Gegenstand hat, muss der Unternehmer dem Verbraucher die Informationen gemäß Artikel 246a § 1 Absatz 1 Satz 1 Nummer 1, 4, 5, 11 und 12 des Einführungsgesetzes zum Bürgerlichen Gesetzbuche, unmittelbar bevor der Verbraucher seine Bestellung abgibt, klar und verständlich in hervorgehobener Weise zur Verfügung stellen.

(3) [1]Der Unternehmer hat die Bestellsituation bei einem Vertrag nach Absatz 2 so zu gestalten, dass der Verbraucher mit seiner Bestellung ausdrücklich bestätigt, dass er sich zu einer Zahlung verpflichtet. [2]Erfolgt die Bestellung über eine Schaltfläche, ist die Pflicht des Unternehmers aus Satz 1 nur erfüllt, wenn diese Schaltfläche gut lesbar mit nichts anderem als den Wörtern „zahlungspflichtig bestellen" oder mit einer entsprechenden eindeutigen Formulierung beschriftet ist.

(4) Ein Vertrag nach Absatz 2 kommt nur zustande, wenn der Unternehmer seine Pflicht aus Absatz 3 erfüllt.

(5) [1]Die Absätze 2 bis 4 sind nicht anzuwenden, wenn der Vertrag ausschließlich durch individuelle Kommunikation geschlossen wird. [2]Die Pflichten aus den Absätzen 1 und 2 gelten weder für Webseiten, die Finanzdienstleistungen betreffen, noch für Verträge über Finanzdienstleistungen.

§ 312k. Abweichende Vereinbarungen und Beweislast. (1) [1]Von den Vorschriften dieses Untertitels darf, soweit nichts anderes bestimmt ist, nicht zum Nachteil des Verbrauchers oder Kunden abgewichen werden. [2]Die Vorschriften dieses Untertitels finden, soweit nichts anderes bestimmt ist, auch Anwendung, wenn sie durch anderweitige Gestaltungen umgangen werden.

(2) Der Unternehmer trägt gegenüber dem Verbraucher die Beweislast für die Erfüllung der in diesem Untertitel geregelten Informationspflichten.

§ 313. Störung der Geschäftsgrundlage.

(1) Haben sich Umstände, die zur Grundlage des Vertrags geworden sind, nach Vertragsschluss schwerwiegend verändert und hätten die Parteien den Vertrag nicht oder mit anderem Inhalt geschlossen, wenn sie diese Veränderung vorausgesehen hätten, so kann Anpassung des Vertrags verlangt werden, soweit einem Teil unter Berücksichtigung aller Umstände des Einzelfalls, insbesondere der vertraglichen oder gesetzlichen Risikoverteilung, das Festhalten am unveränderten Vertrag nicht zugemutet werden kann.

(2) Einer Veränderung der Umstände steht es gleich, wenn wesentliche Vorstellungen, die zur Grundlage des Vertrags geworden sind, sich als falsch herausstellen.

(3) [1]Ist eine Anpassung des Vertrags nicht möglich oder einem Teil nicht zumutbar, so kann der benachteiligte Teil vom Vertrag zurücktreten. [2]An die Stelle des Rücktrittsrechts tritt für Dauerschuldverhältnisse das Recht zur Kündigung.

§ 314. Kündigung von Dauerschuldverhältnissen aus wichtigem Grund. (1) [1]Dauerschuldverhältnisse kann jeder Vertragsteil aus wichtigem Grund ohne Einhaltung einer Kündigungsfrist kündigen. [2]Ein wichtiger Grund liegt vor, wenn dem kündigenden Teil unter Berücksichtigung aller Umstände des Einzelfalls und unter Abwägung der beiderseitigen Interessen die Fortsetzung des Vertragsverhältnisses bis zur vereinbarten Beendigung oder bis zum Ablauf einer Kündigungsfrist nicht zugemutet werden kann.

(2) [1]Besteht der wichtige Grund in der Verletzung einer Pflicht aus dem Vertrag, ist die Kündigung erst nach erfolglosem Ablauf einer

zur Abhilfe bestimmten Frist oder nach erfolgloser Abmahnung zulässig. [2]Für die Entbehrlichkeit der Bestimmung einer Frist zur Abhilfe und für die Entbehrlichkeit einer Abmahnung findet § 323 Absatz 2 Nummer 1 und 2 entsprechende Anwendung. [3]Die Bestimmung einer Frist zur Abhilfe und eine Abmahnung sind auch entbehrlich, wenn besondere Umstände vorliegen, die unter Abwägung der beiderseitigen Interessen die sofortige Kündigung rechtfertigen.

(3) Der Berechtigte kann nur innerhalb einer angemessenen Frist kündigen, nachdem er vom Kündigungsgrund Kenntnis erlangt hat.

(4) Die Berechtigung, Schadensersatz zu verlangen, wird durch die Kündigung nicht ausgeschlossen.

▶ Gegenseitiger Vertrag

§ 320. Einrede des nichterfüllten Vertrags. Wer aus einem gegenseitigen Vertrage verpflichtet ist, kann die ihm obliegende Leistung bis zur Bewirkung der Gegenleistung verweigern, es sei denn, dass er vorzuleisten verpflichtet ist. …

§ 321. Unsicherheitseinrede. (1) [1]Wer aus einem gegenseitigen Vertrag vorzuleisten verpflichtet ist, kann die ihm obliegende Leistung verweigern, wenn nach Abschluss des Vertrags erkennbar wird, dass sein Anspruch auf die Gegenleistung durch mangelnde Leistungsfähigkeit des anderen Teils gefährdet wird. [2]Das Leistungsverweigerungsrecht entfällt, wenn die Gegenleistung bewirkt oder Sicherheit für sie geleistet wird.

(2) [1]Der Vorleistungspflichtige kann eine angemessene Frist bestimmen, in welcher der andere Teil Zug um Zug gegen die Leistung nach seiner Wahl die Gegenleistung zu bewirken oder Sicherheit zu leisten hat. [2]Nach erfolglosem Ablauf der Frist kann der Vorleistungspflichtige vom Vertrag zurücktreten. [3]§ 323 findet entsprechende Anwendung.

§ 323. Rücktritt wegen nicht oder nicht vertragsgemäß erbrachter Leistung. (1) Erbringt bei einem gegenseitigen Vertrag der Schuldner eine fällige Leistung nicht oder nicht vertragsgemäß, so kann der Gläubiger, wenn er dem Schuldner erfolglos eine angemessene Frist zur Leistung oder Nacherfüllung bestimmt hat, vom Vertrag zurücktreten.

(2) Die Fristsetzung ist entbehrlich, wenn

1. der Schuldner die Leistung ernsthaft und endgültig verweigert,
2. der Schuldner die Leistung bis zu einem im Vertrag bestimmten Termin oder innerhalb einer im Vertrag bestimmten Frist nicht bewirkt, obwohl die termin- oder fristgerechte Leistung nach einer Mitteilung des Gläubigers an den Schuldner vor Vertragsschluss oder auf Grund anderer den Vertragsabschluss begleitenden Umstände für den Gläubiger wesentlich ist, oder
3. im Falle einer nicht vertragsgemäß erbrachten Leistung besondere Umstände vorliegen, die unter Abwägung der beiderseitigen Interessen den sofortigen Rücktritt rechtfertigen.

(3) Kommt nach der Art der Pflichtverletzung eine Fristsetzung nicht in Betracht, so tritt an deren Stelle eine Abmahnung.

(4) Der Gläubiger kann bereits vor dem Eintritt der Fälligkeit der Leistung zurücktreten, wenn offensichtlich ist, dass die Voraussetzungen des Rücktritts eintreten werden.

(5) [1]Hat der Schuldner eine Teilleistung bewirkt, so kann der Gläubiger vom ganzen Vertrag nur zurücktreten, wenn er an der Teilleistung kein Interesse hat. [2]Hat der Schuldner die Leistung nicht vertragsgemäß bewirkt, so kann der Gläubiger vom Vertrag nicht zurücktreten, wenn die Pflichtverletzung unerheblich ist.

(6) Der Rücktritt ist ausgeschlossen, wenn der Gläubiger für den Umstand, der ihn zum Rücktritt berechtigen würde, allein oder weit überwiegend verantwortlich ist oder wenn der vom Schuldner nicht zu vertretende Umstand zu einer Zeit eintritt, zu welcher der Gläubiger im Verzug der Annahme ist.

§ 324. Rücktritt wegen Verletzung einer Pflicht nach § 241 Abs. 2. Verletzt der Schuldner bei einem gegenseitigen Vertrag eine Pflicht nach § 241 Abs. 2, so kann der Gläubiger zurücktreten, wenn ihm ein Festhalten am Vertrag nicht mehr zuzumuten ist.

§ 325. Schadensersatz und Rücktritt. Das Recht, bei einem gegenseitigen Vertrag Schadensersatz zu verlangen, wird durch den Rücktritt nicht ausgeschlossen.

§ 326. Befreiung von der Gegenleistung und Rücktritt beim Ausschluss der Leistungspflicht. (1) [1]Braucht der Schuldner nach § 275 Abs. 1 bis 3 nicht zu leisten, entfällt der Anspruch auf die Gegenleistung; bei einer Teilleistung findet § 441 Abs. 3 entsprechende Anwendung. [2]Satz 1 gilt nicht, wenn der Schuldner im Fall der nicht vertragsgemäßen Leistung die Nacherfüllung nach § 275 Abs. 1 bis 3 nicht zu erbringen braucht.

(2) [1]Ist der Gläubiger für den Umstand, auf Grund dessen der Schuldner nach § 275 Abs. 1 bis 3 nicht zu leisten braucht, allein oder weit überwiegend verantwortlich oder tritt dieser vom Schuldner nicht zu vertretende Umstand zu einer Zeit ein, zu welcher der Gläubiger im Verzug der Annahme ist, so behält der Schuld-

ner den Anspruch auf die Gegenleistung. [2]Er muss sich jedoch dasjenige anrechnen lassen, was er infolge der Befreiung von der Leistung erspart oder durch anderweitige Verwendung seiner Arbeitskraft erwirbt oder zu erwerben böswillig unterlässt.

(3) [1]Verlangt der Gläubiger nach § 285 Herausgabe des für den geschuldeten Gegenstand erlangten Ersatzes oder Abtretung des Ersatzanspruchs, so bleibt er zur Gegenleistung verpflichtet. [2]Diese mindert sich jedoch nach Maßgabe des § 441 Abs. 3 insoweit, als der Wert des Ersatzes oder des Ersatzanspruchs hinter dem Wert der geschuldeten Leistung zurückbleibt.

(4) Soweit die nach dieser Vorschrift nicht geschuldete Gegenleistung bewirkt ist, kann das Geleistete nach den §§ 346 bis 348 zurückgefordert werden.

(5) Braucht der Schuldner nach § 275 Abs. 1 bis 3 nicht zu leisten, kann der Gläubiger zurücktreten; auf den Rücktritt findet § 323 mit der Maßgabe entsprechende Anwendung, dass die Fristsetzung entbehrlich ist.

▶ Vertragsstrafe

§ 339. Verwirkung der Vertragsstrafe. [1]Verspricht der Schuldner dem Gläubiger für den Fall, dass er seine Verbindlichkeit nicht oder nicht in gehöriger Weise erfüllt, die Zahlung einer Geldsumme als Strafe, so ist die Strafe verwirkt, wenn er in Verzug kommt. [2]Besteht die geschuldete Leistung in einem Unterlassen, so tritt die Verwirkung mit der Zuwiderhandlung ein.

§ 340. Strafversprechen für Nichterfüllung.

(1) [1]Hat der Schuldner die Strafe für den Fall versprochen, dass er seine Verbindlichkeit nicht erfüllt, so kann der Gläubiger die verwirkte Strafe statt der Erfüllung verlangen. [2]Erklärt der Gläubiger dem Schuldner, dass er die Strafe verlange, so ist der Anspruch auf Erfüllung ausgeschlossen.

(2) [1]Steht dem Gläubiger ein Anspruch auf Schadensersatz wegen Nichterfüllung zu, so kann er die verwirkte Strafe als Mindestbetrag des Schadens verlangen. [2]Die Geltendmachung eines weiteren Schadens ist nicht ausgeschlossen.

§ 341. Strafversprechen für nicht gehörige Erfüllung. (1) Hat der Schuldner die Strafe für den Fall versprochen, dass er seine Verbindlichkeit nicht in gehöriger Weise, insbesondere nicht zu der bestimmten Zeit, erfüllt, so kann der Gläubiger die verwirkte Strafe neben der Erfüllung verlangen. …

§ 343. Herabsetzung der Strafe. (1) [1]Ist eine verwirkte Strafe unverhältnismäßig hoch, so kann sie auf Antrag des Schuldners durch Urteil auf den angemessenen Betrag herabgesetzt werden. [2]Bei der Beurteilung der Angemessenheit ist jedes berechtigte Interesse des Gläubigers, nicht bloß das Vermögensinteresse, in Betracht zu ziehen. [3]Nach der Entrichtung der Strafe ist die Herabsetzung ausgeschlossen. …

▶ Rücktritt

§ 346. Wirkungen des Rücktritts. (1) Hat sich eine Vertragspartei vertraglich den Rücktritt vorbehalten oder steht ihr ein gesetzliches Rücktrittsrecht zu, so sind im Fall des Rücktritts die empfangenen Leistungen zurückzugewähren und die gezogenen Nutzungen herauszugeben.

(2) [1]Statt der Rückgewähr oder Herausgabe hat der Schuldner Wertersatz zu leisten, soweit
1. die Rückgewähr oder die Herausgabe nach der Natur des Erlangten ausgeschlossen ist,
2. er den empfangenen Gegenstand verbraucht, veräußert, belastet, verarbeitet oder umgestaltet hat,
3. der empfangene Gegenstand sich verschlechtert hat oder untergegangen ist; jedoch bleibt die durch die bestimmungsgemäße Ingebrauchnahme entstandene Verschlechterung außer Betracht.

[2]Ist im Vertrag eine Gegenleistung bestimmt, ist sie bei der Berechnung des Wertersatzes zugrunde zu legen; ist Wertersatz für den Gebrauchsvorteil eines Darlehens zu leisten, kann nachgewiesen werden, dass der Wert des Gebrauchsvorteils niedriger war.

(3) [1]Die Pflicht zum Wertersatz entfällt,
1. wenn sich der zum Rücktritt berechtigende Mangel erst während der Verarbeitung oder Umgestaltung des Gegenstandes gezeigt hat,
2. soweit der Gläubiger die Verschlechterung oder den Untergang zu vertreten hat oder der Schaden bei ihm gleichfalls eingetreten wäre,
3. wenn im Fall eines gesetzlichen Rücktrittsrechts die Verschlechterung oder der Untergang beim Berechtigten eingetreten ist, obwohl dieser diejenige Sorgfalt beobachtet hat, die er in eigenen Angelegenheiten anzuwenden pflegt.

[2]Eine verbleibende Bereicherung ist herauszugeben.

(4) Der Gläubiger kann wegen Verletzung einer Pflicht aus Absatz 1 nach Maßgabe der §§ 280 bis 283 Schadensersatz verlangen.

§ 347. Nutzungen und Verwendungen nach Rücktritt. (1) [1]Zieht der Schuldner Nutzungen entgegen den Regeln einer ordnungsmäßigen Wirtschaft nicht, obwohl ihm das möglich gewesen wäre, so ist er dem Gläubiger zum Wertersatz verpflichtet. [2]Im Fall eines gesetzlichen Rücktrittsrechts hat der Berechtigte hinsichtlich der Nutzungen nur für diejenige Sorgfalt einzustehen, die er in eigenen Angelegenheiten anzuwenden pflegt.

(2) [1]Gibt der Schuldner den Gegenstand zurück, leistet er Wertersatz oder ist seine Wertersatzpflicht gemäß § 346 Abs. 3 Nr. 1 oder 2 ausgeschlossen, so sind ihm notwendige Verwendungen zu ersetzen. [2]Andere Aufwendungen sind zu ersetzen, soweit der Gläubiger durch diese bereichert wird.

§ 348. Erfüllung Zug-um-Zug. Die sich aus dem Rücktritt ergebenden Verpflichtungen der Parteien sind Zug um Zug zu erfüllen. …

§ 350. Erlöschen des Rücktrittsrechts nach Fristsetzung. [1]Ist für die Ausübung des vertraglichen Rücktrittsrechts eine Frist nicht vereinbart, so kann dem Berechtigten von dem anderen Teil für die Ausübung eine angemessene Frist bestimmt werden. [2]Das Rücktrittsrecht erlischt, wenn nicht der Rücktritt vor dem Ablauf der Frist erklärt wird.

§ 352. Aufrechnung nach Nichterfüllung. Der Rücktritt wegen Nichterfüllung einer Verbindlichkeit wird unwirksam, wenn der Schuldner sich von der Verbindlichkeit durch Aufrechnung befreien konnte und unverzüglich nach dem Rücktritt die Aufrechnung erklärt.

▶ Widerrufsrecht bei Verbraucherverträgen

§ 355. Widerrufsrecht bei Verbraucherverträgen. (1) [1]Wird einem Verbraucher durch Gesetz ein Widerrufsrecht nach dieser Vorschrift eingeräumt, so sind der Verbraucher und der Unternehmer an ihre auf den Abschluss des Vertrags gerichteten Willenserklärungen nicht mehr gebunden, wenn der Verbraucher seine Willenserklärung fristgerecht widerrufen hat. [2]Der Widerruf erfolgt durch Erklärung gegenüber dem Unternehmer. [3]Aus der Erklärung muss der Entschluss des Verbrauchers zum Widerruf des Vertrags eindeutig hervorgehen. [4]Der Widerruf muss keine Begründung enthalten. [5]Zur Fristwahrung genügt die rechtzeitige Absendung des Widerrufs.

(2) [1]Die Widerrufsfrist beträgt 14 Tage. [2]Sie beginnt mit Vertragsschluss, soweit nichts anderes bestimmt ist.

(3) [1]Im Falle des Widerrufs sind die empfangenen Leistungen unverzüglich zurückzugewähren. [2]Bestimmt das Gesetz eine Höchstfrist für die Rückgewähr, so beginnt diese für den Unternehmer mit dem Zugang und für den Verbraucher mit der Abgabe der Widerrufserklärung. [3]Ein Verbraucher wahrt diese Frist durch die rechtzeitige Absendung der Waren. [4]Der Unternehmer trägt bei Widerruf die Gefahr der Rücksendung der Waren.

§ 356. Widerrufsrecht bei außerhalb von Geschäftsräumen geschlossenen Verträgen und Fernabsatzverträgen. (1) [1]Der Unternehmer kann dem Verbraucher die Möglichkeit einräumen, das Muster-Widerrufsformular nach Anlage 2 zu Artikel 246a § 1 Absatz 2 Satz 1 Nummer 1 des Einführungsgesetzes zum Bürgerlichen Gesetzbuche oder eine andere eindeutige Widerrufserklärung auf der Webseite des Unternehmers auszufüllen und zu übermitteln.[2]Macht der Verbraucher von dieser Möglichkeit Gebrauch, muss der Unternehmer dem Verbraucher den Zugang des Widerrufs unverzüglich auf einem dauerhaften Datenträger bestätigen.

(2) Die Widerrufsfrist beginnt

1. bei einem Verbrauchsgüterkauf,
   a) der nicht unter die Buchstaben b bis d fällt, sobald der Verbraucher oder ein von ihm benannter Dritter, der nicht Frachtführer ist, die Waren erhalten hat,
   b) bei dem der Verbraucher mehrere Waren im Rahmen einer einheitlichen Bestellung bestellt hat und die Waren getrennt geliefert werden, sobald der Verbraucher oder ein von ihm benannter Dritter, der nicht Frachtführer ist, die letzte Ware erhalten hat,
   c) bei dem die Ware in mehreren Teilsendungen oder Stücken geliefert wird, sobald der Verbraucher oder ein vom Verbraucher benannter Dritter, der nicht Frachtführer ist, die letzte Teilsendung oder das letzte Stück erhalten hat,
   d) der auf die regelmäßige Lieferung von Waren über einen festgelegten Zeitraum gerichtet ist, sobald der Verbraucher oder ein von ihm benannter Dritter, der nicht Frachtführer ist, die erste Ware erhalten hat,
2. bei einem Vertrag, der die nicht in einem begrenzten Volumen oder in einer bestimmten Menge angebotene Lieferung von Wasser, Gas oder Strom, die Lieferung von Fernwärme oder die Lieferung von nicht auf einem körperlichen Datenträger befindlichen digitalen Inhalten zum Gegenstand hat, mit Vertragsschluss.

(3) [1]Die Widerrufsfrist beginnt nicht, bevor der Unternehmer den Verbraucher entsprechend den Anforderungen des Artikels 246a § 1 Absatz 2 Satz 1 Nummer 1 oder des Artikels 246b § 2 Absatz 1 des Einführungsgesetzes zum

· Nach Vertrag widerrufserklärung.
→ 1 Monat

Bürgerlichen Gesetzbuche unterrichtet hat. [2]Das Widerrufsrecht erlischt spätestens zwölf Monate und 14 Tage nach dem in Absatz 2 oder § 355 Absatz 2 Satz 2 genannten Zeitpunkt. [3]Satz 2 ist auf Verträge über Finanzdienstleistungen nicht anwendbar.

(4) [1]Das Widerrufsrecht erlischt bei einem Vertrag zur Erbringung von Dienstleistungen auch dann, wenn der Unternehmer die Dienstleistung vollständig erbracht hat und mit der Ausführung der Dienstleistung erst begonnen hat, nachdem der Verbraucher dazu seine ausdrückliche Zustimmung gegeben hat und gleichzeitig seine Kenntnis davon bestätigt hat, dass er sein Widerrufsrecht bei vollständiger Vertragserfüllung durch den Unternehmer verliert. [2]Bei einem Vertrag über die Erbringung von Finanzdienstleistungen erlischt das Widerrufsrecht abweichend von Satz 1, wenn der Vertrag von beiden Seiten auf ausdrücklichen Wunsch des Verbrauchers vollständig erfüllt ist, bevor der Verbraucher sein Widerrufsrecht ausübt.

§ 356b. Widerrufsrecht bei Verbraucherdarlehensverträgen. (1) Die Widerrufsfrist beginnt auch nicht, bevor der Darlehensgeber dem Darlehensnehmer eine für diesen bestimmte Vertragsurkunde, den schriftlichen Antrag des Darlehensnehmers oder eine Abschrift der Vertragsurkunde oder seines Antrags zur Verfügung gestellt hat.

(2) Enthält die dem Darlehensnehmer nach Absatz 1 zur Verfügung gestellte Urkunde die Pflichtangaben nach § 492 Absatz 2 nicht, beginnt die Frist erst mit Nachholung dieser Angaben gemäß § 492 Absatz 6. In diesem Fall beträgt die Widerrufsfrist einen Monat.

(3) Die Widerrufsfrist beginnt im Falle des § 494 Absatz 7 erst, wenn der Darlehensnehmer die dort bezeichnete Abschrift des Vertrags erhalten hat.

§ 357. Rechtsfolgen des Widerrufs von außerhalb von Geschäftsräumen geschlossenen Verträgen und Fernabsatzverträgen mit Ausnahme von Verträgen über Finanzdienstleistungen. (1) Die empfangenen Leistungen sind spätestens nach 14 Tagen zurückzugewähren.

(2) [1]Der Unternehmer muss auch etwaige Zahlungen des Verbrauchers für die Lieferung zurückgewähren. [2]Dies gilt nicht, soweit dem Verbraucher zusätzliche Kosten entstanden sind, weil er sich für eine andere Art der Lieferung als die vom Unternehmer angebotene günstigste Standardlieferung entschieden hat.

(3) [1]Für die Rückzahlung muss der Unternehmer dasselbe Zahlungsmittel verwenden, das der Verbraucher bei der Zahlung verwendet hat. [2]Satz 1 gilt nicht, wenn ausdrücklich etwas anderes vereinbart worden ist und dem Verbraucher dadurch keine Kosten entstehen.

(4) [1]Bei einem Verbrauchsgüterkauf kann der Unternehmer die Rückzahlung verweigern, bis er die Waren zurückerhalten hat oder der Verbraucher den Nachweis erbracht hat, dass er die Waren abgesandt hat. [2]Dies gilt nicht, wenn der Unternehmer angeboten hat, die Waren abzuholen.

(5) Der Verbraucher ist nicht verpflichtet, die empfangenen Waren zurückzusenden, wenn der Unternehmer angeboten hat, die Waren abzuholen.

(6) [1]Der Verbraucher trägt die unmittelbaren Kosten der Rücksendung der Waren, wenn der Unternehmer den Verbraucher nach Artikel 246a § 1 Absatz 2 Satz 1 Nummer 2 des Einführungsgesetzes zum Bürgerlichen Gesetzbuche von dieser Pflicht unterrichtet hat. [2]Satz 1 gilt nicht, wenn der Unternehmer sich bereit erklärt hat, diese Kosten zu tragen. [3]Bei außerhalb von Geschäftsräumen geschlossenen Verträgen, bei denen die Waren zum Zeitpunkt des Vertragsschlusses zur Wohnung des Verbrauchers geliefert worden sind, ist der Unternehmer verpflichtet, die Waren auf eigene Kosten abzuholen, wenn die Waren so beschaffen sind, dass sie nicht per Post zurückgesandt werden können.

(7) Der Verbraucher hat Wertersatz für einen Wertverlust der Ware zu leisten, wenn

1. der Wertverlust auf einen Umgang mit den Waren zurückzuführen ist, der zur Prüfung der Beschaffenheit, der Eigenschaften und der Funktionsweise der Waren nicht notwendig war, und
2. der Unternehmer den Verbraucher nach Artikel 246a § 1 Absatz 2 Satz 1 Nummer 1 des Einführungsgesetzes zum Bürgerlichen Gesetzbuche über sein Widerrufsrecht unterrichtet hat.

§ 357a. Rechtsfolgen des Widerrufs von Verträgen über Finanzdienstleistungen. (1) Die empfangenen Leistungen sind spätestens nach 30 Tagen zurückzugewähren.

(2) [1]Im Falle des Widerrufs von außerhalb von Geschäftsräumen geschlossenen Verträgen oder Fernabsatzverträgen über Finanzdienstleistungen ist der Verbraucher zur Zahlung von Wertersatz für die vom Unternehmer bis zum Widerruf erbrachte Dienstleistung verpflichtet, wenn er

1. vor Abgabe seiner Vertragserklärung auf diese Rechtsfolge hingewiesen worden ist und
2. ausdrücklich zugestimmt hat, dass der Unternehmer vor Ende der Widerrufsfrist mit der Ausführung der Dienstleistung beginnt.

...

wenn wir → unter 40 € } Rücksenden
Verkäufer → über 40 € } zum Käufer

(3) [1]Im Falle des Widerrufs von Verbraucherdarlehensverträgen hat der Darlehensnehmer für den Zeitraum zwischen der Auszahlung und der Rückzahlung des Darlehens den vereinbarten Sollzins zu entrichten.

...

§ 358. Mit dem widerrufenen Vertrag verbundener Vertrag. (1) Hat der Verbraucher seine auf den Abschluss eines Vertrags über die Lieferung einer Ware oder die Erbringung einer anderen Leistung durch einen Unternehmer gerichtete Willenserklärung wirksam widerrufen, so ist er auch an seine auf den Abschluss eines mit diesem Vertrag verbundenen Darlehensvertrags gerichtete Willenserklärung nicht mehr gebunden.

(2) Hat der Verbraucher seine auf den Abschluss eines Verbraucherdarlehensvertrags gerichtete Willenserklärung auf Grund des § 495 Absatz 1 wirksam widerrufen, so ist er auch an seine auf den Abschluss eines mit diesem Verbraucherdarlehensvertrag verbundenen Vertrags über die Lieferung einer Ware oder die Erbringung einer anderen Leistung gerichtete Willenserklärung nicht mehr gebunden.

(3) [1]Ein Vertrag über die Lieferung einer Ware oder über die Erbringung einer anderen Leistung und ein Darlehensvertrag nach den Absätzen 1 oder 2 sind verbunden, wenn das Darlehen ganz oder teilweise der Finanzierung des anderen Vertrags dient und beide Verträge eine wirtschaftliche Einheit bilden. [2]Eine wirtschaftliche Einheit ist insbesondere anzunehmen, wenn der Unternehmer selbst die Gegenleistung des Verbrauchers finanziert, oder im Falle der Finanzierung durch einen Dritten, wenn sich der Darlehensgeber bei der Vorbereitung oder dem Abschluss des Darlehensvertrags der Mitwirkung des Unternehmers bedient.

...

§ 359. Einwendungen bei verbundenen Verträgen. (1) [1]Der Verbraucher kann die Rückzahlung des Darlehens verweigern, soweit Einwendungen aus dem verbundenen Vertrag ihn gegenüber dem Unternehmer, mit dem er den verbundenen Vertrag geschlossen hat, zur Verweigerung seiner Leistung berechtigen würden. [2]Dies gilt nicht bei Einwendungen, die auf einer zwischen diesem Unternehmer und dem Verbraucher nach Abschluss des Verbraucherdarlehensvertrags vereinbarten Vertragsänderung beruhen. [3]Kann der Verbraucher Nacherfüllung verlangen, so kann er die Rückzahlung des Darlehens erst verweigern, wenn die Nacherfüllung fehlgeschlagen ist.

(2) Absatz 1 ist nicht anzuwenden auf Darlehensverträge, die der Finanzierung des Erwerbs von Finanzinstrumenten dienen, oder wenn das finanzierte Entgelt weniger als 200 Euro beträgt.

§ 360. Zusammenhängende Verträge.
(1) [1]Hat der Verbraucher seine auf den Abschluss eines Vertrags gerichtete Willenserklärung wirksam widerrufen und liegen die Voraussetzungen für einen verbundenen Vertrag nicht vor, so ist er auch an seine auf den Abschluss eines damit zusammenhängenden Vertrags gerichtete Willenserklärung nicht mehr gebunden. [2]Auf die Rückabwicklung des zusammenhängenden Vertrags ist § 358 Absatz 4 Satz 1 bis 3 entsprechend anzuwenden. [3]Widerruft der Verbraucher einen Teilzeit-Wohnrechtevertrag oder einen Vertrag über ein langfristiges Urlaubsprodukt, hat er auch für den zusammenhängenden Vertrag keine Kosten zu tragen; § 357b Absatz 1 Satz 2 und 3 gilt entsprechend.

(2) [1]Ein zusammenhängender Vertrag liegt vor, wenn er einen Bezug zu dem widerrufenen Vertrag aufweist und eine Leistung betrifft, die von dem Unternehmer des widerrufenen Vertrags oder einem Dritten auf der Grundlage einer Vereinbarung zwischen dem Dritten und dem Unternehmer des widerrufenen Vertrags erbracht wird. [2]Ein Verbraucherdarlehensvertrag ist auch dann ein zusammenhängender Vertrag, wenn das Darlehen ausschließlich der Finanzierung des widerrufenen Vertrags dient und die Leistung des Unternehmers aus dem widerrufenen Vertrag in dem Verbraucherdarlehensvertrag genau angegeben ist.

§ 361. Weitere Ansprüche, abweichende Vereinbarungen und Beweislast. (1) Über die Vorschriften dieses Untertitels hinaus bestehen keine weiteren Ansprüche gegen den Verbraucher infolge des Widerrufs.

(2) [1]Von den Vorschriften dieses Untertitels darf, soweit nicht ein anderes bestimmt ist, nicht zum Nachteil des Verbrauchers abgewichen werden. [2]Die Vorschriften dieses Untertitels finden, soweit nichts anderes bestimmt ist, auch Anwendung, wenn sie durch anderweitige Gestaltungen umgangen werden.

(3) Ist der Beginn der Widerrufsfrist streitig, so trifft die Beweislast den Unternehmer.

Erlöschen der Schuldverhältnisse

► Erfüllung

§ 362. Erlöschen durch Leistung. (1) Das Schuldverhältnis erlischt, wenn die geschuldete Leistung an den Gläubiger bewirkt wird.

(2) Wird an einen Dritten zum Zwecke der Erfüllung geleistet, so findet die Vorschrift des § 185 Anwendung.

§ 363. Beweislast bei Annahme als Erfüllung. Hat der Gläubiger eine ihm als Erfüllung angebotene Leistung als Erfüllung angenommen, so trifft ihn die Beweislast, wenn er die Leistung deshalb nicht als Erfüllung gelten lassen will, weil sie eine andere als die geschuldete Leistung oder weil sie unvollständig gewesen sei.

§ 364. Annahme an Erfüllungs statt. (1) Das Schuldverhältnis erlischt, wenn der Gläubiger eine andere als die geschuldete Leistung an Erfüllungs statt annimmt.

(2) Übernimmt der Schuldner zum Zwecke der Befriedigung des Gläubigers diesem gegenüber eine neue Verbindlichkeit, so ist im Zweifel nicht anzunehmen, dass er die Verbindlichkeit an Erfüllungs statt übernimmt.

§ 368. Quittung. Der Gläubiger hat gegen Empfang der Leistung auf Verlangen ein schriftliches Empfangsbekenntnis (Quittung) zu erteilen. …

§ 369. Kosten der Quittung. (1) Die Kosten der Quittung hat der Schuldner zu tragen und vorzuschießen, sofern nicht aus dem zwischen ihm und dem Gläubiger bestehenden Rechtsverhältnisse sich ein anderes ergibt. …

§ 370. Leistung an den Überbringer der Quittung. Der Überbringer einer Quittung gilt als ermächtigt, die Leistung zu empfangen, sofern nicht die dem Leistenden bekannten Umstände der Annahme einer solchen Ermächtigung entgegenstehen.

§ 371. Rückgabe des Schuldscheins. [1]Ist über die Forderung ein Schuldschein ausgestellt worden, so kann der Schuldner neben der Quittung Rückgabe des Schuldscheins verlangen. [2]Behauptet der Gläubiger, zur Rückgabe außerstande zu sein, so kann der Schuldner das öffentlich beglaubigte Anerkenntnis verlangen, dass die Schuld erloschen sei.

▶ Hinterlegung

§ 372. Voraussetzungen. Geld, Wertpapiere und sonstige Urkunden sowie Kostbarkeiten kann der Schuldner bei einer dazu bestimmten öffentlichen Stelle für den Gläubiger hinterlegen, wenn der Gläubiger im Verzuge der Annahme ist. …

§ 374. Hinterlegungsort; Anzeigepflicht. (1) Die Hinterlegung hat bei der Hinterlegungsstelle des Leistungsorts zu erfolgen; hinterlegt der Schuldner bei einer anderen Stelle, so hat er dem Gläubiger den daraus entstehenden Schaden zu ersetzen.

(2) [1]Der Schuldner hat dem Gläubiger die Hinterlegung unverzüglich anzuzeigen; im Falle der Unterlassung ist er zum Schadensersatz verpflichtet. [2]Die Anzeige darf unterbleiben, wenn sie untunlich ist.

§ 376. Rücknahmerecht. (1) Der Schuldner hat das Recht, die hinterlegte Sache zurückzunehmen.

(2) Die Rücknahme ist ausgeschlossen:
1. wenn der Schuldner der Hinterlegungsstelle erklärt, dass er auf das Recht zur Rücknahme verzichte;
2. wenn der Gläubiger der Hinterlegungsstelle die Annahme erklärt;
3. wenn der Hinterlegungsstelle ein zwischen dem Gläubiger und dem Schuldner ergangenes rechtskräftiges Urteil vorgelegt wird, das die Hinterlegung für rechtmäßig erklärt.

§ 378. Wirkung der Hinterlegung bei ausgeschlossener Rücknahme. Ist die Rücknahme der hinterlegten Sache ausgeschlossen, so wird der Schuldner durch die Hinterlegung von seiner Verbindlichkeit in gleicher Weise befreit, wie wenn er zur Zeit der Hinterlegung an den Gläubiger geleistet hätte.

§ 379. Wirkung der Hinterlegung bei nicht ausgeschlossener Rücknahme. (1) Ist die Rücknahme der hinterlegten Sache nicht ausgeschlossen, so kann der Schuldner den Gläubiger auf die hinterlegte Sache verweisen.

(2) Solange die Sache hinterlegt ist, trägt der Gläubiger die Gefahr und ist der Schuldner nicht verpflichtet, Zinsen zu zahlen oder Ersatz für nicht gezogene Nutzungen zu leisten.

(3) Nimmt der Schuldner die hinterlegte Sache zurück, so gilt die Hinterlegung als nicht erfolgt.

§ 381. Kosten der Hinterlegung. Die Kosten der Hinterlegung fallen dem Gläubiger zur Last, sofern nicht der Schuldner die hinterlegte Sache zurücknimmt.

§ 382. Erlöschen des Gläubigerrechts. Das Recht des Gläubigers auf den hinterlegten Betrag erlischt mit dem Ablauf von dreißig Jahren nach dem Empfang der Anzeige von der Hinterlegung, wenn nicht der Gläubiger sich vorher bei der Hinterlegungsstelle meldet; der Schuldner ist zur Rücknahme berechtigt, auch wenn er auf das Recht zur Rücknahme verzichtet hat.

§ 383. Versteigerung hinterlegungsunfähiger Sachen. (1) [1]Ist die geschuldete bewegliche

Sache zur Hinterlegung nicht geeignet, so kann der Schuldner sie im Falle des Verzugs des Gläubigers am Leistungsort versteigern lassen und den Erlös hinterlegen. [2]Das Gleiche gilt in den Fällen des § 372 Satz 2, wenn der Verderb der Sache zu besorgen oder die Aufbewahrung mit unverhältnismäßigen Kosten verbunden ist.

(2) Ist von der Versteigerung am Leistungsort ein angemessener Erfolg nicht zu erwarten, so ist die Sache an einem geeigneten anderen Orte zu versteigern.

(3) [1]Die Versteigerung hat durch einen für den Versteigerungsort bestellten Gerichtsvollzieher oder zu Versteigerungen befugten anderen Beamten oder öffentlich angestellten Versteigerer öffentlich zu erfolgen (öffentliche Versteigerung). [2]Zeit und Ort der Versteigerung sind unter allgemeiner Bezeichnung der Sache öffentlich bekannt zu machen. …

§ 384. Androhung der Versteigerung.
(1) Die Versteigerung ist erst zulässig, nachdem sie dem Gläubiger angedroht worden ist; die Androhung darf unterbleiben, wenn die Sache dem Verderb ausgesetzt und mit dem Aufschube der Versteigerung Gefahr verbunden ist.

(2) Der Schuldner hat den Gläubiger von der Versteigerung unverzüglich zu benachrichtigen; im Falle der Unterlassung ist er zum Schadensersatz verpflichtet.

(3) Die Androhung und die Benachrichtigung dürfen unterbleiben, wenn sie untunlich sind.

§ 385. Freihändiger Verkauf. Hat die Sache einen Börsen- oder Marktpreis, so kann der Schuldner den Verkauf aus freier Hand durch einen zu solchen Verkäufen öffentlich ermächtigten Handelsmäkler oder durch eine zur öffentlichen Versteigerung befugte Person zum laufenden Preis bewirken.

§ 386. Kosten der Versteigerung. Die Kosten der Versteigerung oder des nach § 385 erfolgten Verkaufs fallen dem Gläubiger zur Last, sofern nicht der Schuldner den hinterlegten Erlös zurücknimmt.

► Aufrechnung

§ 387. Voraussetzungen. Schulden zwei Personen einander Leistungen, die ihrem Gegenstande nach gleichartig sind, so kann jeder Teil seine Forderung gegen die Forderung des anderen Teiles aufrechnen, sobald er die ihm gebührende Leistung fordern und die ihm obliegende Leistung bewirken kann.

§ 388. Erklärung der Aufrechnung. [1]Die Aufrechnung erfolgt durch Erklärung gegenüber dem anderen Teile. [2]Die Erklärung ist unwirksam, wenn sie unter einer Bedingung oder einer Zeitbestimmung abgegeben wird.

§ 389. Wirkung der Aufrechnung. Die Aufrechnung bewirkt, dass die Forderungen, soweit sie sich decken, als in dem Zeitpunkt erloschen gelten, in welchem sie zur Aufrechnung geeignet einander gegenübergetreten sind.

► Erlass

§ 397. Erlassvertrag, negatives Schuldanerkenntnis. (1) Das Schuldverhältnis erlischt, wenn der Gläubiger dem Schuldner durch Vertrag die Schuld erlässt.

(2) Das Gleiche gilt, wenn der Gläubiger durch Vertrag mit dem Schuldner anerkennt, dass das Schuldverhältnis nicht bestehe.

Übertragung einer Forderung

§ 398. Abtretung. [1]Eine Forderung kann von dem Gläubiger durch Vertrag mit einem anderen auf diesen übertragen werden (Abtretung). [2]Mit dem Abschluss des Vertrags tritt der neue Gläubiger an die Stelle des bisherigen Gläubigers.

§ 400. Ausschluss bei unpfändbaren Forderungen. Eine Forderung kann nicht abgetreten werden, soweit sie der Pfändung nicht unterworfen ist.

§ 401. Übergang der Neben- und Vorzugsrechte. (1) Mit der abgetretenen Forderung gehen die Hypotheken, Schiffshypotheken oder Pfandrechte, die für sie bestehen, sowie die Rechte aus einer für sie bestellten Bürgschaft auf den neuen Gläubiger über. …

§ 402. Auskunftspflicht; Urkundenauslieferung. Der bisherige Gläubiger ist verpflichtet, dem neuen Gläubiger die zur Geltendmachung der Forderung nötige Auskunft zu erteilen und ihm die zum Beweis der Forderung dienenden Urkunden, soweit sie sich in seinem Besitz befinden, auszuliefern.

§ 403. Pflicht zur Beurkundung. [1]Der bisherige Gläubiger hat dem neuen Gläubiger auf Verlangen eine öffentlich beglaubigte Urkunde über die Abtretung auszustellen. [2]Die Kosten hat der neue Gläubiger zu tragen und vorzuschießen.

§ 404. Einwendungen des Schuldners.
Der Schuldner kann dem neuen Gläubiger die Einwendungen entgegensetzen, die zur Zeit

der Abtretung der Forderung gegen den bisherigen Gläubiger begründet waren.

§ 406. Aufrechnung gegenüber dem neuen Gläubiger. Der Schuldner kann eine ihm gegen den bisherigen Gläubiger zustehende Forderung auch dem neuen Gläubiger gegenüber aufrechnen, es sei denn, dass er bei dem Erwerb der Forderung von der Abtretung Kenntnis hatte oder dass die Forderung erst nach der Erlangung der Kenntnis und später als die abgetretene Forderung fällig geworden ist.

§ 407. Rechtshandlungen gegenüber dem bisherigen Gläubiger. (1) Der neue Gläubiger muss eine Leistung, die der Schuldner nach der Abtretung an den bisherigen Gläubiger bewirkt, sowie jedes Rechtsgeschäft, das nach der Abtretung zwischen dem Schuldner und dem bisherigen Gläubiger in Ansehung der Forderung vorgenommen wird, gegen sich gelten lassen, es sei denn, dass der Schuldner die Abtretung bei der Leistung oder der Vornahme des Rechtsgeschäfts kennt.

(2) Ist in einem nach der Abtretung zwischen dem Schuldner und dem bisherigen Gläubiger anhängig gewordenen Rechtsstreit ein rechtskräftiges Urteil über die Forderung ergangen, so muss der neue Gläubiger das Urteil gegen sich gelten lassen, es sei denn, dass der Schuldner die Abtretung bei dem Eintritt der Rechtshängigkeit gekannt hat.

§ 408. Mehrfache Abtretung. (1) Wird eine abgetretene Forderung von dem bisherigen Gläubiger nochmals an einen Dritten abgetreten, so finden, wenn der Schuldner an den Dritten leistet oder wenn zwischen dem Schuldner und dem Dritten ein Rechtsgeschäft vorgenommen oder ein Rechtsstreit anhängig wird, zugunsten des Schuldners die Vorschrift des § 407 dem früheren Erwerber gegenüber entsprechende Anwendung.

(2) Das Gleiche gilt, wenn die bereits abgetretene Forderung durch gerichtlichen Beschluss einem Dritten überwiesen wird oder wenn der bisherige Gläubiger dem Dritten gegenüber anerkennt, dass die bereits abgetretene Forderung kraft Gesetzes auf den Dritten übergegangen sei.

§ 409. Abtretungsanzeige. (1) [1]Zeigt der Gläubiger dem Schuldner an, dass er die Forderung abgetreten habe, so muss er dem Schuldner gegenüber die angezeigte Abtretung gegen sich gelten lassen, auch wenn sie nicht erfolgt oder nicht wirksam ist. [2]Der Anzeige steht es gleich, wenn der Gläubiger eine Urkunde über die Abtretung dem in der Urkunde bezeichneten neuen Gläubiger ausgestellt hat und dieser sie dem Schuldner vorlegt.

(2) Die Anzeige kann nur mit Zustimmung desjenigen zurückgenommen werden, welcher als der neue Gläubiger bezeichnet worden ist.

§ 410. Aushändigung der Abtretungsurkunde. (1) [1]Der Schuldner ist dem neuen Gläubiger gegenüber zur Leistung nur gegen Aushändigung einer von dem bisherigen Gläubiger über die Abtretung ausgestellten Urkunde verpflichtet. [2]Eine Kündigung oder eine Mahnung des neuen Gläubigers ist unwirksam, wenn sie ohne Vorlegung einer solchen Urkunde erfolgt und der Schuldner sie aus diesem Grunde unverzüglich zurückweist.

(2) Diese Vorschriften finden keine Anwendung, wenn der bisherige Gläubiger dem Schuldner die Abtretung schriftlich angezeigt hat.

Schuldübernahme

§ 414. Vertrag zwischen Gläubiger und Übernehmer. Eine Schuld kann von einem Dritten durch Vertrag mit dem Gläubiger in der Weise übernommen werden, dass der Dritte an die Stelle des bisherigen Schuldners tritt.

Mehrheit von Schuldnern und Gläubigern

§ 420. Teilbare Leistung. Schulden mehrere eine teilbare Leistung oder haben mehrere eine teilbare Leistung zu fordern, so ist im Zweifel jeder Schuldner nur zu einem gleichen Anteile verpflichtet, jeder Gläubiger nur zu einem gleichen Anteile berechtigt.

§ 421. Gesamtschuldner. [1]Schulden mehrere eine Leistung in der Weise, dass jeder die ganze Leistung zu bewirken verpflichtet, der Gläubiger aber die Leistung nur einmal zu fordern berechtigt ist (Gesamtschuldner), so kann der Gläubiger die Leistung nach seinem Belieben von jedem der Schuldner ganz oder zu einem Teil fordern. [2]Bis zur Bewirkung der ganzen Leistung bleiben sämtliche Schuldner verpflichtet.

§ 422. Wirkung der Erfüllung. (1) [1]Die Erfüllung durch einen Gesamtschuldner wirkt auch für die übrigen Schuldner. [2]Das Gleiche gilt von der Leistung an Erfüllungs statt, der Hinterlegung und der Aufrechnung.

(2) Eine Forderung, die einem Gesamtschuldner zusteht, kann nicht von den übrigen Schuldnern aufgerechnet werden.

§ 426. Ausgleichungspflicht, Forderungsübergang. (1) [1]Die Gesamtschuldner sind im Verhältnis zueinander zu gleichen Anteilen verpflichtet, soweit nicht ein anderes bestimmt ist. [2]Kann von einem Gesamtschuldner der auf ihn entfallende Beitrag nicht erlangt werden, so ist der Ausfall von den übrigen zur Ausgleichung verpflichteten Schuldnern zu tragen.

(2) [1]Soweit ein Gesamtschuldner den Gläubiger befriedigt und von den übrigen Schuldnern Ausgleichung verlangen kann, geht die Forderung des Gläubigers gegen die übrigen Schuldner auf ihn über. [2]Der Übergang kann nicht zum Nachteile des Gläubigers geltend gemacht werden.

§ 427. Gemeinschaftliche vertragliche Verpflichtung. Verpflichten sich mehrere durch Vertrag gemeinschaftlich zu einer teilbaren Leistung, so haften sie im Zweifel als Gesamtschuldner.

§ 428. Gesamtgläubiger. [1]Sind mehrere eine Leistung in der Weise zu fordern berechtigt, dass jeder die ganze Leistung fordern kann, der Schuldner aber die Leistung nur einmal zu bewirken verpflichtet ist (Gesamtgläubiger), so kann der Schuldner nach seinem Belieben an jeden der Gläubiger leisten. [2]Dies gilt auch dann, wenn einer der Gläubiger bereits Klage auf die Leistung erhoben hat.

Einzelne Schuldverhältnisse

▶ Kauf, Tausch

Allgemeine Vorschriften

§ 433. Vertragstypische Pflichten beim Kaufvertrag. (1) [1]Durch den Kaufvertrag wird der Verkäufer einer Sache verpflichtet, dem Käufer die Sache zu übergeben und das Eigentum an der Sache zu verschaffen. [2]Der Verkäufer hat dem Käufer die Sache frei von Sach- und Rechtsmängeln zu verschaffen.

(2) Der Käufer ist verpflichtet, dem Verkäufer den vereinbarten Kaufpreis zu zahlen und die gekaufte Sache abzunehmen.

§ 434. Sachmangel. (1) [1]Die Sache ist frei von Sachmängeln, wenn sie bei Gefahrübergang die vereinbarte Beschaffenheit hat. [2]Soweit die Beschaffenheit nicht vereinbart ist, ist die Sache frei von Sachmängeln,

1. wenn sie sich für die nach dem Vertrag vorausgesetzte Verwendung eignet, sonst
2. wenn sie sich für die gewöhnliche Verwendung eignet und eine Beschaffenheit aufweist, die bei Sachen der gleichen Art üblich ist und die der Käufer nach der Art der Sache erwarten kann.

[3]Zu der Beschaffenheit nach Satz 2 Nr. 2 gehören auch Eigenschaften, die der Käufer nach den öffentlichen Äußerungen des Verkäufers, des Herstellers (§ 4 Abs. 1 und 2 des Produkthaftungsgesetzes) oder seines Gehilfen insbesondere in der Werbung oder bei der Kennzeichnung über bestimmte Eigenschaften der Sache erwarten kann, es sei denn, dass der Verkäufer die Äußerung nicht kannte und auch nicht kennen musste, dass sie im Zeitpunkt des Vertragsschlusses in gleichwertiger Weise berichtigt war oder dass sie die Kaufentscheidung nicht beeinflussen konnte.

(2) [1]Ein Sachmangel ist auch dann gegeben, wenn die vereinbarte Montage durch den Verkäufer oder dessen Erfüllungsgehilfen unsachgemäß durchgeführt worden ist. [2]Ein Sachmangel liegt bei einer zur Montage bestimmten Sache ferner vor, wenn die Montageanleitung mangelhaft ist, es sei denn, die Sache ist fehlerfrei montiert worden.

(3) Einem Sachmangel steht es gleich, wenn der Verkäufer eine andere Sache oder eine zu geringe Menge liefert.

§ 435. Rechtsmangel. [1]Die Sache ist frei von Rechtsmängeln, wenn Dritte in Bezug auf die Sache keine oder nur die im Kaufvertrag übernommenen Rechte gegen den Käufer geltend machen können. [2]Einem Rechtsmangel steht es gleich, wenn im Grundbuch ein Recht eingetragen ist, das nicht besteht.

§ 436. Öffentliche Lasten von Grundstücken.

(1) Soweit nicht anders vereinbart, ist der Verkäufer eines Grundstücks verpflichtet, Erschließungsbeiträge und sonstige Anliegerbeiträge für die Maßnahmen zu tragen, die bis zum Tage des Vertragsschlusses bautechnisch begonnen sind, unabhängig vom Zeitpunkt des Entstehens der Beitragsschuld.

(2) Der Verkäufer eines Grundstücks haftet nicht für die Freiheit des Grundstücks von anderen öffentlichen Abgaben und von anderen öffentlichen Lasten, die zur Eintragung in das Grundbuch nicht geeignet sind.

§ 437. Rechte des Käufers bei Mängeln.

Ist die Sache mangelhaft, kann der Käufer, wenn die Voraussetzungen der folgenden Vorschriften vorliegen und soweit nicht ein anderes bestimmt ist,

1. nach § 439 Nacherfüllung verlangen,
2. nach den §§ 440, 323 und 326 Abs. 5 von dem Vertrag zurücktreten oder nach § 441 den Kaufpreis mindern und

3. nach den §§ 440, 280, 281, 283 und 311 a Schadensersatz oder nach § 284 Ersatz vergeblicher Aufwendungen verlangen.

§ 438. Verjährung der Mängelansprüche.

(1) Die in § 437 Nr. 1 und 3 bezeichneten Ansprüche verjähren
1. in 30 Jahren, wenn der Mangel
   a) in einem dinglichen Recht eines Dritten, auf Grund dessen Herausgabe der Kaufsache verlangt werden kann, oder
   b) in einem sonstigen Recht, das im Grundbuch eingetragen ist,

   besteht,
2. in fünf Jahren
   a) bei einem Bauwerk und
   b) bei einer Sache, die entsprechend ihrer üblichen Verwendungsweise für ein Bauwerk verwendet worden ist und dessen Mangelhaftigkeit verursacht hat, und
3. im Übrigen in zwei Jahren.

(2) Die Verjährung beginnt bei Grundstücken mit der Übergabe, im Übrigen mit der Ablieferung der Sache.

(3) [1]Abweichend von Absatz 1 Nr. 2 und 3 und Absatz 2 verjähren die Ansprüche in der regelmäßigen Verjährungsfrist, wenn der Verkäufer den Mangel arglistig verschwiegen hat. [2]Im Falle des Absatzes 1 Nr. 2 tritt die Verjährung jedoch nicht vor Ablauf der dort bestimmten Frist ein.

(4) [1]Für das in § 437 bezeichnete Rücktrittsrecht gilt § 218. [2]Der Käufer kann trotz einer Unwirksamkeit des Rücktritts nach § 218 Abs. 1 die Zahlung des Kaufpreises insoweit verweigern, als er auf Grund des Rücktritts dazu berechtigt sein würde. [3]Macht er von diesem Recht Gebrauch, kann der Verkäufer vom Vertrag zurücktreten.

(5) Auf das in § 437 bezeichnete Minderungsrecht finden § 218 und Absatz 4 Satz 2 entsprechende Anwendung.

§ 439. Nacherfüllung. (1) Der Käufer kann als Nacherfüllung nach seiner Wahl die Beseitigung des Mangels oder die Lieferung einer mangelfreien Sache verlangen.

(2) Der Verkäufer hat die zum Zweck der Nacherfüllung erforderlichen Aufwendungen, insbesondere Transport-, Wege-, Arbeits- und Materialkosten zu tragen.

(3) [1]Der Verkäufer kann die vom Käufer gewählte Art der Nacherfüllung unbeschadet des § 275 Abs. 2 und 3 verweigern, wenn sie nur mit unverhältnismäßigen Kosten möglich ist. [2]Dabei sind insbesondere der Wert der Sache in mangelfreiem Zustand, die Bedeutung des Mangels und die Frage zu berücksichtigen, ob auf die andere Art der Nacherfüllung ohne erhebliche Nachteile für den Käufer zurückgegriffen werden könnte. [3]Der Anspruch des Käufers beschränkt sich in diesem Fall auf die andere Art der Nacherfüllung; das Recht des Verkäufers, auch diese unter den Voraussetzungen des Satzes 1 zu verweigern, bleibt unberührt.

(4) Liefert der Verkäufer zum Zweck der Nacherfüllung eine mangelfreie Sache, so kann er vom Käufer Rückgewähr der mangelhaften Sache nach Maßgabe der §§ 346 bis 348 verlangen.

§ 440. Besondere Bestimmungen für Rücktritt und Schadensersatz. [1]Außer in den Fällen des § 281 Abs. 2 und des § 323 Abs. 2 bedarf es der Fristsetzung auch dann nicht, wenn der Verkäufer beide Arten der Nacherfüllung gemäß § 439 Abs. 3 verweigert oder wenn die dem Käufer zustehende Art der Nacherfüllung fehlgeschlagen oder ihm unzumutbar ist. [2]Eine Nachbesserung gilt nach dem erfolglosen zweiten Versuch als fehlgeschlagen, wenn sich nicht insbesondere aus der Art der Sache oder des Mangels oder den sonstigen Umständen etwas anderes ergibt.

§ 441. Minderung. (1) [1]Statt zurückzutreten, kann der Käufer den Kaufpreis durch Erklärung gegenüber dem Verkäufer mindern. [2]Der Ausschlussgrund des § 323 Abs. 5 Satz 2 findet keine Anwendung.

(2) Sind auf der Seite des Käufers oder auf der Seite des Verkäufers mehrere beteiligt, so kann die Minderung nur von allen oder gegen alle erklärt werden.

(3) [1]Bei der Minderung ist der Kaufpreis in dem Verhältnis herabzusetzen, in welchem zur Zeit des Vertragsschlusses der Wert der Sache in mangelfreiem Zustand zu dem wirklichen Wert gestanden haben würde. [2]Die Minderung ist, soweit erforderlich, durch Schätzung zu ermitteln.

(4) [1]Hat der Käufer mehr als den geminderten Kaufpreis gezahlt, so ist der Mehrbetrag vom Verkäufer zu erstatten. [2]§ 346 Abs. 1 und § 347 Abs. 1 finden entsprechende Anwendung.

§ 442. Kenntnis des Käufers. (1) [1]Die Rechte des Käufers wegen eines Mangels sind ausgeschlossen, wenn er bei Vertragsschluss den Mangel kennt. [2]Ist dem Käufer ein Mangel infolge grober Fahrlässigkeit unbekannt geblieben, kann der Käufer Rechte wegen dieses Mangels nur geltend machen, wenn der Verkäufer den Mangel arglistig verschwiegen oder eine Garantie für die Beschaffenheit der Sache übernommen hat.

(2) Ein im Grundbuch eingetragenes Recht hat der Verkäufer zu beseitigen, auch wenn es der Käufer kennt.

§ 443. Garantie. (1) Geht der Verkäufer, der Hersteller oder ein sonstiger Dritter in einer Erklärung oder einschlägigen Werbung, die vor oder bei Abschluss des Kaufvertrags verfügbar war, zusätzlich zu der gesetzlichen Mängelhaftung insbesondere die Verpflichtung ein, den Kaufpreis zu erstatten, die Sache auszutauschen, nachzubessern oder in ihrem Zusammenhang Dienstleistungen zu erbringen, falls die Sache nicht diejenige Beschaffenheit aufweist oder andere als die Mängelfreiheit betreffende Anforderungen nicht erfüllt, die in der Erklärung oder einschlägigen Werbung beschrieben sind (Garantie), stehen dem Käufer im Garantiefall unbeschadet der gesetzlichen Ansprüche die Rechte aus der Garantie gegenüber demjenigen zu, der die Garantie gegeben hat (Garantiegeber).

(2) Soweit der Garantiegeber eine Garantie dafür übernommen hat, dass die Sache für eine bestimmte Dauer eine bestimmte Beschaffenheit behält (Haltbarkeitsgarantie), wird vermutet, dass ein während ihrer Geltungsdauer auftretender Sachmangel die Rechte aus der Garantie begründet.

§ 444. Haftungsausschluss. Auf eine Vereinbarung, durch welche die Rechte des Käufers wegen eines Mangels ausgeschlossen oder beschränkt werden, kann sich der Verkäufer nicht berufen, soweit er den Mangel arglistig verschwiegen oder eine Garantie für die Beschaffenheit der Sache übernommen hat.

§ 445. Haftungsbegrenzung bei öffentlichen Versteigerungen. Wird eine Sache auf Grund eines Pfandrechts in einer öffentlichen Versteigerung unter der Bezeichnung als Pfand verkauft, so stehen dem Käufer Rechte wegen eines Mangels nur zu, wenn der Verkäufer den Mangel arglistig verschwiegen oder eine Garantie für die Beschaffenheit der Sache übernommen hat.

§ 446. Gefahr- und Lastenübergang. [1]Mit der Übergabe der verkauften Sache geht die Gefahr des zufälligen Untergangs und der zufälligen Verschlechterung auf den Käufer über. [2]Von der Übergabe an gebühren dem Käufer die Nutzungen und trägt er die Lasten der Sache. [3]Der Übergabe steht es gleich, wenn der Käufer im Verzug der Annahme ist.

§ 447. Gefahrübergang beim Versendungskauf. (1) Versendet der Verkäufer auf Verlangen des Käufers die verkaufte Sache nach einem anderen Ort als dem Erfüllungsort, so geht die Gefahr auf den Käufer über, sobald der Verkäufer die Sache dem Spediteur, dem Frachtführer oder der sonst zur Ausführung der Versendung bestimmten Person oder Anstalt ausgeliefert hat.

(2) Hat der Käufer eine besondere Anweisung über die Art der Versendung erteilt und weicht der Verkäufer ohne dringenden Grund von der Anweisung ab, so ist der Verkäufer dem Käufer für den daraus entstehenden Schaden verantwortlich.

§ 448. Kosten der Übergabe und vergleichbare Kosten. (1) Der Verkäufer trägt die Kosten der Übergabe der Sache, der Käufer die Kosten der Abnahme und der Versendung der Sache nach einem anderen Ort als dem Erfüllungsort.

(2) Der Käufer eines Grundstücks trägt die Kosten der Beurkundung des Kaufvertrags und der Auflassung, der Eintragung ins Grundbuch und der zu der Eintragung erforderlichen Erklärungen.

§ 449. Eigentumsvorbehalt. (1) Hat sich der Verkäufer einer beweglichen Sache das Eigentum bis zur Zahlung des Kaufpreises vorbehalten, so ist im Zweifel anzunehmen, dass das Eigentum unter der aufschiebenden Bedingung vollständiger Zahlung des Kaufpreises übertragen wird (Eigentumsvorbehalt).

(2) Auf Grund des Eigentumsvorbehalts kann der Verkäufer die Sache nur herausverlangen, wenn er vom Vertrag zurückgetreten ist.

(3) Die Vereinbarung eines Eigentumsvorbehalts ist nichtig, soweit der Eigentumsübergang davon abhängig gemacht wird, dass der Käufer Forderungen eines Dritten, insbesondere eines mit dem Verkäufer verbundenen Unternehmens, erfüllt.

§ 450. Ausgeschlossene Käufer bei bestimmten Verkäufen. (1) Bei einem Verkauf im Wege der Zwangsvollstreckung dürfen der mit der Vornahme oder Leitung des Verkaufs Beauftragte und die von ihm zugezogenen Gehilfen einschließlich des Protokollführers den zu verkaufenden Gegenstand weder für sich persönlich oder durch einen anderen noch als Vertreter eines anderen kaufen.

(2) Absatz 1 gilt auch bei einem Verkauf außerhalb der Zwangsvollstreckung, wenn der Auftrag zu dem Verkauf auf Grund einer gesetzlichen Vorschrift erteilt worden ist, die den Auftraggeber ermächtigt, den Gegenstand für Rechnung eines anderen verkaufen zu lassen, insbesondere in den Fällen des Pfandverkaufs und des in den §§ 383 und 385 zugelassenen Verkaufs, sowie bei einem Verkauf aus einer Insolvenzmasse.

§ 451. Kauf durch ausgeschlossenen Käufer.

(1) [1]Die Wirksamkeit eines dem § 450 zuwider erfolgten Kaufs und der Übertragung des

gekauften Gegenstandes hängt von der Zustimmung der bei dem Verkauf als Schuldner, Eigentümer oder Gläubiger Beteiligten ab. [2]Fordert der Käufer einen Beteiligten zur Erklärung über die Genehmigung auf, so findet § 177 Abs. 2 entsprechende Anwendung.

(2) Wird infolge der Verweigerung der Genehmigung ein neuer Verkauf vorgenommen, so hat der frühere Käufer für die Kosten des neuen Verkaufs sowie für einen Mindererlös aufzukommen.

§ 452. Schiffskauf. Die Vorschriften dieses Untertitels über den Kauf von Grundstücken finden auf den Kauf von eingetragenen Schiffen und Schiffsbauwerken entsprechende Anwendung.

§ 453. Rechtskauf. (1) Die Vorschriften über den Kauf von Sachen finden auf den Kauf von Rechten und sonstigen Gegenständen entsprechende Anwendung.

(2) Der Verkäufer trägt die Kosten der Begründung und Übertragung des Rechts.

(3) Ist ein Recht verkauft, das zum Besitz einer Sache berechtigt, so ist der Verkäufer verpflichtet, dem Käufer die Sache frei von Sach- und Rechtsmängeln zu übergeben.

Besondere Arten des Kaufs

§ 454. Zustandekommen des Kaufvertrags.

(1) [1]Bei einem Kauf auf Probe oder auf Besichtigung steht die Billigung des gekauften Gegenstandes im Belieben des Käufers. [2]Der Kauf ist im Zweifel unter der aufschiebenden Bedingung der Billigung geschlossen.

(2) Der Verkäufer ist verpflichtet, dem Käufer die Untersuchung des Gegenstandes zu gestatten.

§ 455. Billigungsfrist. [1]Die Billigung eines auf Probe oder auf Besichtigung gekauften Gegenstandes kann nur innerhalb der vereinbarten Frist und in Ermangelung einer solchen nur bis zum Ablauf einer dem Käufer von dem Verkäufer bestimmten angemessenen Frist erklärt werden. [2]War die Sache dem Käufer zum Zwecke der Probe oder der Besichtigung übergeben, so gilt sein Schweigen als Billigung.

§ 456. Zustandekommen des Wiederkaufs.

(1) [1]Hat sich der Verkäufer in dem Kaufvertrag das Recht des Wiederkaufs vorbehalten, so kommt der Wiederkauf mit der Erklärung des Verkäufers gegenüber dem Käufer, dass er das Wiederkaufsrecht ausübe, zustande. [2]Die Erklärung bedarf nicht der für den Kaufvertrag bestimmten Form.

(2) Der Preis, zu welchem verkauft worden ist, gilt im Zweifel auch für den Wiederkauf.

§ 463. Voraussetzungen der Ausübung des Vorkaufsrechts. Wer in Ansehung eines Gegenstandes zum Vorkauf berechtigt ist, kann das Vorkaufsrecht ausüben, sobald der Verpflichtete mit einem Dritten einen Kaufvertrag über den Gegenstand geschlossen hat.

§ 464. Ausübung des Vorkaufrechts. (1) [1]Die Ausübung des Vorkaufsrechts erfolgt durch Erklärung gegenüber dem Verpflichteten. [2]Die Erklärung bedarf nicht der für den Kaufvertrag bestimmten Form.

(2) Mit der Ausübung des Vorkaufsrechts kommt der Kauf zwischen dem Berechtigten und dem Verpflichteten unter den Bestimmungen zustande, welche der Verpflichtete mit dem Dritten vereinbart hat.

§ 465. Unwirksame Vereinbarungen.

Eine Vereinbarung des Verpflichteten mit dem Dritten, durch welche der Kauf von der Nichtausübung des Vorkaufsrechts abhängig gemacht oder dem Verpflichteten für den Fall der Ausübung des Vorkaufsrechts der Rücktritt vorbehalten wird, ist dem Vorkaufsberechtigten gegenüber unwirksam.

§ 466. Nebenleistungen. [1]Hat sich der Dritte in dem Vertrag zu einer Nebenleistung verpflichtet, die der Vorkaufsberechtigte zu bewirken außerstande ist, so hat der Vorkaufsberechtigte statt der Nebenleistung ihren Wert zu entrichten. [2]Lässt sich die Nebenleistung nicht in Geld schätzen, so ist die Ausübung des Vorkaufsrechts ausgeschlossen; die Vereinbarung der Nebenleistung kommt jedoch nicht in Betracht, wenn der Vertrag mit dem Dritten auch ohne sie geschlossen sein würde.

§ 467. Gesamtpreis. [1]Hat der Dritte den Gegenstand, auf den sich das Vorkaufsrecht bezieht, mit anderen Gegenständen zu einem Gesamtpreis gekauft, so hat der Vorkaufsberechtigte einen verhältnismäßigen Teil des Gesamtpreises zu entrichten. [2]Der Verpflichtete kann verlangen, dass der Vorkauf auf alle Sachen erstreckt wird, die nicht ohne Nachteil für ihn getrennt werden können.

§ 468. Stundung des Kaufpreises. (1) Ist dem Dritten in dem Vertrag der Kaufpreis gestundet worden, so kann der Vorkaufsberechtigte die Stundung nur in Anspruch nehmen, wenn er für den gestundeten Betrag Sicherheit leistet.

(2) [1]Ist ein Grundstück Gegenstand des Vorkaufs, so bedarf es der Sicherheitsleistung insoweit nicht, als für den gestundeten Kaufpreis die Bestellung einer Hypothek an dem Grund-

stück vereinbart oder in Anrechnung auf den Kaufpreis eine Schuld, für die eine Hypothek an dem Grundstück besteht, übernommen worden ist. [2]Entsprechendes gilt, wenn ein eingetragenes Schiff oder Schiffsbauwerk Gegenstand des Vorkaufs ist.

§ 469. Mitteilungspflicht, Ausübungsfrist.
(1) [1]Der Verpflichtete hat dem Vorkaufsberechtigten den Inhalt des mit dem Dritten geschlossenen Vertrags unverzüglich mitzuteilen. [2]Die Mitteilung des Verpflichteten wird durch die Mitteilung des Dritten ersetzt.

(2) [1]Das Vorkaufsrecht kann bei Grundstücken nur bis zum Ablauf von zwei Monaten, bei anderen Gegenständen nur bis zum Ablauf einer Woche nach dem Empfang der Mitteilung ausgeübt werden. [2]Ist für die Ausübung eine Frist bestimmt, so tritt diese an die Stelle der gesetzlichen Frist.

§ 470. Verkauf an gesetzlichen Erben.
Das Vorkaufsrecht erstreckt sich im Zweifel nicht auf einen Verkauf, der mit Rücksicht auf ein künftiges Erbrecht an einen gesetzlichen Erben erfolgt.

§ 471. Verkauf bei Zwangsvollstreckung oder Insolvenz. Das Vorkaufsrecht ist ausgeschlossen, wenn der Verkauf im Wege der Zwangsvollstreckung oder aus einer Insolvenzmasse erfolgt.

§ 472. Mehrere Vorkaufsberechtigte.
[1]Steht das Vorkaufsrecht mehreren gemeinschaftlich zu, so kann es nur im Ganzen ausgeübt werden. [2]Ist es für einen der Berechtigten erloschen oder übt einer von ihnen sein Recht nicht aus, so sind die übrigen berechtigt, das Vorkaufsrecht im Ganzen auszuüben.

§ 473. Unübertragbarkeit. [1]Das Vorkaufsrecht ist nicht übertragbar und geht nicht auf die Erben des Berechtigten über, sofern nicht ein anderes bestimmt ist. [2]Ist das Recht auf eine bestimmte Zeit beschränkt, so ist es im Zweifel vererblich.

Verbrauchsgüterkauf

§ 474. Begriff des Verbrauchsgüterkaufs; anwendbare Vorschriften. (1) [1]Verbrauchsgüterkäufe sind Verträge, durch die ein Verbraucher von einem Unternehmer eine bewegliche Sache kauft. [2]Um einen Verbrauchsgüterkauf handelt es sich auch bei einem Vertrag, der neben dem Verkauf einer beweglichen Sache die Erbringung einer Dienstleistung durch den Unternehmer zum Gegenstand hat.

(2) [1]Für den Verbrauchsgüterkauf gelten ergänzend die folgenden Vorschriften dieses Untertitels. [2]Dies gilt nicht für gebrauchte Sachen, die in einer öffentlich zugänglichen Versteigerung verkauft werden, an der der Verbraucher persönlich teilnehmen kann.

(3) [1]Ist eine Zeit für die nach § 433 zu erbringenden Leistungen weder bestimmt noch aus den Umständen zu entnehmen, so kann der Gläubiger diese Leistungen abweichend von § 271 Absatz 1 nur unverzüglich verlangen. [2]Der Unternehmer muss die Sache in diesem Fall spätestens 30 Tage nach Vertragsschluss übergeben. [3]Die Vertragsparteien können die Leistungen sofort bewirken.

(4) § 447 Absatz 1 gilt mit der Maßgabe, dass die Gefahr des zufälligen Untergangs und der zufälligen Verschlechterung nur dann auf den Käufer übergeht, wenn der Käufer den Spediteur, den Frachtführer oder die sonst zur Ausführung der Versendung bestimmte Person oder Anstalt mit der Ausführung beauftragt hat und der Unternehmer dem Käufer diese Person oder Anstalt nicht zuvor benannt hat.

(5) Auf die in diesem Untertitel geregelten Kaufverträge ist § 439 Absatz 4 mit der Maßgabe anzuwenden, dass Nutzungen nicht herauszugeben oder durch ihren Wert zu ersetzen sind. Die §§ 445 und 447 Absatz 2 sind nicht anzuwenden.

§ 475. Abweichende Vereinbarungen.
(1) [1]Auf eine vor Mitteilung eines Mangels an den Unternehmer getroffene Vereinbarung, die zum Nachteil des Verbrauchers von den §§ 433 bis 435, 437, 439 bis 443, sowie von den Vorschriften dieses Untertitels abweicht, kann der Unternehmer sich nicht berufen. [2]Die in Satz 1 bezeichneten Vorschriften finden auch Anwendung, wenn sie durch anderweitige Gestaltungen umgangen werden.

(2) Die Verjährung der in § 437 bezeichneten Ansprüche kann vor Mitteilung eines Mangels an den Unternehmer nicht durch Rechtsgeschäft erleichtert werden, wenn die Vereinbarung zu einer Verjährungsfrist ab dem gesetzlichen Verjährungsbeginn von weniger als zwei Jahren, bei gebrauchten Sachen von weniger als einem Jahr führt.

(3) Die Absätze 1 und 2 gelten unbeschadet der §§ 307 bis 309 nicht für den Ausschluss oder die Beschränkung des Anspruchs auf Schadensersatz.

§ 476. Beweislastumkehr. Zeigt sich innerhalb von sechs Monaten seit Gefahrübergang ein Sachmangel, so wird vermutet, dass die Sache bereits bei Gefahrübergang mangelhaft war, es sei denn, diese Vermutung ist mit der Art der Sache oder des Mangels unvereinbar.

§ 477. Sonderbestimmungen für Garantien.

(1) [1]Eine Garantieerklärung (§ 443) muss einfach und verständlich abgefasst sein. [2]Sie muss enthalten

1. den Hinweis auf die gesetzlichen Rechte des Verbrauchers sowie darauf, dass sie durch die Garantie nicht eingeschränkt werden und
2. den Inhalt der Garantie und alle wesentlichen Angaben, die für die Geltendmachung der Garantie erforderlich sind, insbesondere die Dauer und den räumlichen Geltungsbereich des Garantieschutzes sowie Namen und Anschrift des Garantiegebers.

(2) Der Verbraucher kann verlangen, dass ihm die Garantieerklärung in Textform mitgeteilt wird.

(3) Die Wirksamkeit der Garantieverpflichtung wird nicht dadurch berührt, dass eine der vorstehenden Anforderungen nicht erfüllt wird.

§ 478. Rückgriff des Unternehmers.

(1) Wenn der Unternehmer die verkaufte neu hergestellte Sache als Folge ihrer Mangelhaftigkeit zurücknehmen musste oder der Verbraucher den Kaufpreis gemindert hat, bedarf es für die in § 437 bezeichneten Rechte des Unternehmers gegen den Unternehmer, der ihm die Sache verkauft hatte (Lieferant), wegen des vom Verbraucher geltend gemachten Mangels einer sonst erforderlichen Fristsetzung nicht.

(2) Der Unternehmer kann beim Verkauf einer neu hergestellten Sache von seinem Lieferanten Ersatz der Aufwendungen verlangen, die der Unternehmer im Verhältnis zum Verbraucher nach § 439 Abs. 2 zu tragen hatte, wenn der vom Verbraucher geltend gemachte Mangel bereits beim Übergang der Gefahr auf den Unternehmer vorhanden war.

(3) In den Fällen der Absätze 1 und 2 findet § 476 mit der Maßgabe Anwendung, dass die Frist mit dem Übergang der Gefahr auf den Verbraucher beginnt.

(4) [1]Auf eine vor Mitteilung eines Mangels an den Lieferanten getroffene Vereinbarung, die zum Nachteil des Unternehmers von den §§ 433 bis 435, 437, 439 bis 443, sowie von den Absätzen 1 bis 3 und von § 479 abweicht, kann sich der Lieferant nicht berufen, wenn dem Rückgriffsgläubiger kein gleichwertiger Ausgleich eingeräumt wird. [2]Satz 1 gilt unbeschadet des § 307 nicht für den Ausschluss oder die Beschränkung des Anspruchs auf Schadensersatz. [3]Die in Satz 1 bezeichneten Vorschriften finden auch Anwendung, wenn sie durch anderweitige Gestaltungen umgangen werden.

(5) Die Absätze 1 bis 4 finden auf die Ansprüche des Lieferanten und der übrigen Käufer in der Lieferkette gegen die jeweiligen Verkäufer entsprechende Anwendung, wenn die Schuldner Unternehmer sind.

(6) § 377 des Handelsgesetzbuchs bleibt unberührt.

§ 479. Verjährung von Rückgriffsansprüchen.

(1) Die in § 478 Abs. 2 bestimmten Aufwendungsersatzansprüche verjähren in zwei Jahren ab Ablieferung der Sache.

(2) [1]Die Verjährung der in den §§ 437 und 478 Abs. 2 bestimmten Ansprüche des Unternehmers gegen seinen Lieferanten wegen des Mangels einer an einen Verbraucher verkauften neu hergestellten Sache tritt frühestens zwei Monate nach dem Zeitpunkt ein, in dem der Unternehmer die Ansprüche des Verbrauchers erfüllt hat. [2]Diese Ablaufhemmung endet spätestens fünf Jahre nach dem Zeitpunkt, in dem der Lieferant die Sache dem Unternehmer abgeliefert hat.

(3) Die vorstehenden Absätze finden auf die Ansprüche des Lieferanten und der übrigen Käufer in der Lieferkette gegen die jeweiligen Verkäufer entsprechende Anwendung, wenn die Schuldner Unternehmer sind.

Tausch

§ 480. Tausch. Auf den Tausch finden die Vorschriften über den Kauf entsprechende Anwendung.

▶ Darlehensvertrag; Finanzierungshilfen und Ratenlieferungsverträge zwischen einem Unternehmer und einem Verbraucher

Darlehensvertrag

§ 488. Vertragstypische Pflichten beim Darlehensvertrag. (1) [1]Durch den Darlehensvertrag wird der Darlehensgeber verpflichtet, dem Darlehensnehmer einen Geldbetrag in der vereinbarten Höhe zur Verfügung zu stellen. [2]Der Darlehensnehmer ist verpflichtet, einen geschuldeten Zins zu zahlen und bei Fälligkeit das zur Verfügung gestellte Darlehen zurückzuzahlen.

(2) Die vereinbarten Zinsen sind, soweit nicht ein anderes bestimmt ist, nach dem Ablauf je eines Jahres und, wenn das Darlehen vor dem Ablauf eines Jahres zurückzuzahlen ist, bei der Rückzahlung zu entrichten.

(3) [1]Ist für die Rückzahlung des Darlehens eine Zeit nicht bestimmt, so hängt die Fälligkeit davon ab, dass der Darlehensgeber oder der Darlehensnehmer kündigt. [2]Die Kündigungsfrist beträgt drei Monate. [3]Sind Zinsen nicht ge-

Unterschied: Gewährleistung = gesetzlich | Garantie = mehr geben

schuldet, so ist der Darlehensnehmer auch ohne Kündigung zur Rückzahlung berechtigt.

§ 489. Ordentliches Kündigungsrecht des Darlehensnehmers. (1) Der Darlehensnehmer kann einen Darlehensvertrag mit gebundenem Sollzinssatz ganz oder teilweise kündigen,

1. wenn die Sollzinsbindung vor der für die Rückzahlung bestimmten Zeit endet und keine neue Vereinbarung über den Sollzinssatz getroffen ist, unter Einhaltung einer Kündigungsfrist von einem Monat frühestens für den Ablauf des Tages, an dem die Sollzinsbindung endet; ist eine Anpassung des Sollzinssatzes in bestimmten Zeiträumen bis zu einem Jahr vereinbart, so kann der Darlehensnehmer jeweils nur für den Ablauf des Tages, an dem die Sollzinsbindung endet, kündigen;
2. in jedem Fall nach Ablauf von zehn Jahren nach dem vollständigen Empfang unter Einhaltung einer Kündigungsfrist von sechs Monaten; wird nach dem Empfang des Darlehens eine neue Vereinbarung über die Zeit der Rückzahlung oder den Sollzinssatz getroffen, so tritt der Zeitpunkt dieser Vereinbarung an die Stelle des Zeitpunkts des Empfangs.

(2) Der Darlehensnehmer kann einen Darlehensvertrag mit veränderlichem Zinssatz jederzeit unter Einhaltung einer Kündigungsfrist von drei Monaten kündigen.

(3) Eine Kündigung des Darlehensnehmers gilt als nicht erfolgt, wenn er den geschuldeten Betrag nicht binnen zwei Wochen nach Wirksamwerden der Kündigung zurückzahlt.

(4) [1]Das Kündigungsrecht des Darlehensnehmers nach den Absätzen 1 und 2 kann nicht durch Vertrag ausgeschlossen oder erschwert werden. [2]Dies gilt nicht bei Darlehen an den Bund, ein Sondervermögen des Bundes, ein Land, eine Gemeinde, einen Gemeindeverband, die Europäischen Gemeinschaften oder ausländische Gebietskörperschaften.

(5) [1]Sollzinssatz ist der gebundene oder veränderliche periodische Prozentsatz, der pro Jahr auf das in Anspruch genommene Darlehen angewendet wird. [2]Der Sollzinssatz ist gebunden, wenn für die gesamte Vertragslaufzeit ein Sollzinssatz oder mehrere Sollzinssätze vereinbart sind, die als feststehende Prozentzahl ausgedrückt werden. [3]Ist für die gesamte Vertragslaufzeit keine Sollzinsbindung vereinbart, gilt der Sollzinssatz nur für diejenigen Zeiträume als gebunden, für die er durch eine feste Prozentzahl bestimmt ist.

§ 490. Außerordentliches Kündigungsrecht. (1) Wenn in den Vermögensverhältnissen des Darlehensnehmers oder in der Werthaltigkeit einer für das Darlehen gestellten Sicherheit eine wesentliche Verschlechterung eintritt oder einzutreten droht, durch die die Rückzahlung des Darlehens, auch unter Verwertung der Sicherheit, gefährdet wird, kann der Darlehensgeber den Darlehensvertrag vor Auszahlung des Darlehens im Zweifel stets, nach Auszahlung nur in der Regel fristlos kündigen.

(2) [1]Der Darlehensnehmer kann einen Darlehensvertrag, bei dem der Sollzinssatz gebunden und das Darlehen durch ein Grund- oder Schiffspfandrecht gesichert ist, unter Einhaltung der Fristen des § 489 Abs. 3 Satz 2 vorzeitig kündigen, wenn seine berechtigten Interessen dies gebieten und seit dem vollständigen Empfang des Darlehens sechs Monate abgelaufen sind. [2]Ein solches Interesse liegt insbesondere vor, wenn der Darlehensnehmer ein Bedürfnis nach einer anderweitigen Verwertung der zur Sicherung des Darlehens beliehenen Sache hat. [3]Der Darlehensnehmer hat dem Darlehensgeber denjenigen Schaden zu ersetzen, der diesem aus der vorzeitigen Kündigung entsteht (Vorfälligkeitsentschädigung).

(3) Die Vorschriften der §§ 313 und 314 bleiben unberührt.

▶ Besondere Vorschriften für Verbraucherdarlehensverträge[1]

§ 491. Verbraucherdarlehensvertrag. (1) Die Vorschriften dieses Kapitels gelten für entgeltliche Darlehensverträge zwischen einem Unternehmer als Darlehensgeber und einem Verbraucher als Darlehensnehmer (Verbraucherdarlehensvertrag), soweit in den Absätzen 2 oder 3 oder in den §§ 503 bis 505 nichts anderes bestimmt ist.

(2) Keine Verbraucherdarlehensverträge sind Verträge

1. bei denen der Nettodarlehensbetrag (Artikel 247 § 3 Abs. 2 des Einführungsgesetzes zum Bürgerlichen Gesetzbuche) weniger als 200 Euro beträgt,
2. bei denen sich die Haftung des Darlehensnehmers auf eine dem Darlehensgeber zum Pfand übergebene Sache beschränkt,
3. bei denen der Darlehensnehmer das Darlehen binnen drei Monaten zurückzuzahlen hat und nur geringe Kosten vereinbart sind,
4. die von Arbeitgebern mit ihren Arbeitnehmern als Nebenleistung zum Arbeitsvertrag zu einem niedrigeren als dem marktüblichen effektiven Jahreszins (§ 6 der Preisangaben-

---

1 Detailregelungen in Artikel 247 des Einführungsgesetzes zum BGB, s. S. 85.

verordnung) abgeschlossen werden und anderen Personen nicht angeboten werden,

5. die nur mit einem begrenzten Personenkreis auf Grund von Rechtsvorschriften in öffentlichem Interesse abgeschlossen werden, wenn im Vertrag für den Darlehensnehmer günstigere als marktübliche Bedingungen und höchstens der marktübliche Sollzinssatz vereinbart sind.

...

§ 491a. Vorvertragliche Informationspflichten bei Verbraucherdarlehensverträgen.
(1) Der Darlehensgeber hat den Darlehensnehmer bei einem Verbraucherdarlehensvertrag über die sich aus Artikel 247 des Einführungsgesetzes zum Bürgerlichen Gesetzbuche ergebenden Einzelheiten in der dort vorgesehenen Form zu unterrichten.

(2) [1]Der Darlehensnehmer kann vom Darlehensgeber einen Entwurf des Verbraucherdarlehensvertrags verlangen. [2]Dies gilt nicht, solange der Darlehensgeber zum Vertragsabschluss nicht bereit ist.

(3) [1]Der Darlehensgeber ist verpflichtet, dem Darlehensnehmer vor Abschluss eines Verbraucherdarlehensvertrags angemessene Erläuterungen zu geben, damit der Darlehensnehmer in die Lage versetzt wird, zu beurteilen, ob der Vertrag dem von ihm verfolgten Zweck und seinen Vermögensverhältnissen gerecht wird. [2]Hierzu sind gegebenenfalls die vorvertraglichen Informationen gemäß Absatz 1, die Hauptmerkmale der vom Darlehensgeber angebotenen Verträge sowie ihre vertragstypischen Auswirkungen auf den Darlehensnehmer, einschließlich der Folgen bei Zahlungsverzug, zu erläutern.

§ 492. Schriftform, Vertragsinhalt. (1) [1]Verbraucherdarlehensverträge sind, soweit nicht eine strengere Form vorgeschrieben ist, schriftlich abzuschließen. [2]Der Schriftform ist genügt, wenn Antrag und Annahme durch die Vertragsparteien jeweils getrennt schriftlich erklärt werden. [3]Die Erklärung des Darlehensgebers bedarf keiner Unterzeichnung, wenn sie mit Hilfe einer automatischen Einrichtung erstellt wird.

(2) Der Vertrag muss die für den Verbraucherdarlehensvertrag vorgeschriebenen Angaben nach Artikel 247 §§ 6 bis 13 des Einführungsgesetzes zum Bürgerlichen Gesetzbuche enthalten.

(3) [1]Nach Vertragsschluss stellt der Darlehensgeber dem Darlehensnehmer eine Abschrift des Vertrags zur Verfügung. [2]Ist ein Zeitpunkt für die Rückzahlung des Darlehens bestimmt, kann der Darlehensnehmer vom Darlehensgeber jederzeit einen Tilgungsplan nach Artikel 247 § 14 des Einführungsgesetzes zum Bürgerlichen Gesetzbuche verlangen.

(4) [1]Die Absätze 1 und 2 gelten auch für die Vollmacht, die ein Darlehensnehmer zum Abschluss eines Verbraucherdarlehensvertrags erteilt. [2]Satz 1 gilt nicht für die Prozessvollmacht und eine Vollmacht, die notariell beurkundet ist.

(5) Erklärungen des Darlehensgebers, die dem Darlehensnehmer gegenüber nach Vertragsabschluss abzugeben sind, müssen auf einem dauerhaften Datenträger erfolgen.

...

§ 493. Informationen während des Vertragsverhältnisses. (1) [1]Ist in einem Verbraucherdarlehensvertrag der Sollzinssatz gebunden und endet die Sollzinsbindung vor der für die Rückzahlung bestimmten Zeit, unterrichtet der Darlehensgeber den Darlehensnehmer spätestens drei Monate vor Ende der Sollzinsbindung darüber, ob er zu einer neuen Sollzinsbindungsabrede bereit ist. [2]Erklärt sich der Darlehensgeber hierzu bereit, muss die Unterrichtung den zum Zeitpunkt der Unterrichtung vom Darlehensgeber angebotenen Sollzinssatz enthalten.

(2) [1]Der Darlehensgeber unterrichtet den Darlehensnehmer spätestens drei Monate vor Beendigung eines Verbraucherdarlehensvertrags darüber, ob er zur Fortführung des Darlehensverhältnisses bereit ist. [2]Erklärt sich der Darlehensgeber zur Fortführung bereit, muss die Unterrichtung die zum Zeitpunkt der Unterrichtung gültigen Pflichtangaben gemäß § 491a Abs. 1 enthalten.

...

§ 494. Rechtsfolgen von Formmängeln.
(1) Der Verbraucherdarlehensvertrag und die auf Abschluss eines solchen Vertrags vom Verbraucher erteilte Vollmacht sind nichtig, wenn die Schriftform insgesamt nicht eingehalten ist oder wenn eine der in Artikel 247 §§ 6 und 9-13 des Einführungsgesetzes zum Bürgerlichen Gesetzbuche für den Verbraucherdarlehensvertrag vorgeschriebenen Angaben fehlt.

(2) [1]Ungeachtet eines Mangels nach Absatz 1 wird der Verbraucherdarlehensvertrag gültig, soweit der Darlehensnehmer das Darlehen empfängt oder in Anspruch nimmt. [2]Jedoch ermäßigt sich der dem Verbraucherdarlehensvertrag zugrunde gelegte Sollzinssatz auf den gesetzlichen Zinssatz, wenn die Angabe des Sollzinssatzes, des effektiven Jahreszinses oder des Gesamtbetrags fehlt.

(3) Ist der effektive Jahreszins zu niedrig angegeben, so vermindert sich der dem Verbraucherdarlehensvertrag zugrunde gelegte Soll-

zinssatz um den Prozentsatz, um den der effektive Jahreszins zu niedrig angegeben ist.
…

§ 495. Widerrufsrecht. (1) Dem Darlehensnehmer steht bei einem Verbraucherdarlehensvertrag ein Widerrufsrecht nach § 355 zu.
…

§ 496. Einwendungsverzicht, Wechsel- und Scheckverbot. (1) Eine Vereinbarung, durch die der Darlehensnehmer auf das Recht verzichtet, Einwendungen, die ihm gegenüber dem Darlehensgeber zustehen, gemäß § 404 einem Abtretungsgläubiger entgegenzusetzen oder eine ihm gegen den Darlehensgeber zustehende Forderung gemäß § 406 auch dem Abtretungsgläubiger gegenüber aufzurechnen, ist unwirksam.

(2) [1]Wird eine Forderung des Darlehensgebers aus einem Darlehensvertrag an einen Dritten abgetreten oder findet in der Person des Darlehensgebers ein Wechsel statt, ist der Darlehensnehmer unverzüglich darüber sowie über die Kontaktdaten des neuen Gläubigers nach Artikel 246b § 1 Absatz 1 Nummer 1, 3 und 4 des Einführungsgesetzes zum Bürgerlichen Gesetzbuche zu unterrichten. [2]Die Unterrichtung ist bei Abtretungen entbehrlich, wenn der bisherige Darlehensgeber mit dem neuen Gläubiger vereinbart hat, dass im Verhältnis zum Darlehensnehmer weiterhin allein der bisherige Darlehensgeber auftritt. [3]Fallen die Voraussetzungen des Satzes 2 fort, ist die Unterrichtung unverzüglich nachzuholen.

(3) [1]Der Darlehensnehmer darf nicht verpflichtet werden, für die Ansprüche des Darlehensgebers aus dem Verbraucherdarlehensvertrag eine Wechselverbindlichkeit einzugehen. [2]Der Darlehensgeber darf vom Darlehensnehmer zur Sicherung seiner Ansprüche aus dem Verbraucherdarlehensvertrag einen Scheck nicht entgegennehmen. [3]Der Darlehensnehmer kann vom Darlehensgeber jederzeit die Herausgabe eines Wechsels oder Schecks, der entgegen Satz 1 oder 2 begeben worden ist, verlangen. [4]Der Darlehensgeber haftet für jeden Schaden, der dem Darlehensnehmer aus einer solchen Wechsel- oder Scheckbegebung entsteht.

§ 497. Verzug des Darlehensnehmers.

(1) [1]Soweit der Darlehensnehmer mit Zahlungen, die er auf Grund des Verbraucherdarlehensvertrags schuldet, in Verzug kommt, hat er den geschuldeten Betrag gemäß § 288 Abs. 1 zu verzinsen. [2]Im Einzelfall kann der Darlehensgeber einen höheren oder der Darlehensnehmer einen niedrigeren Schaden nachweisen.

(2) [1]Die nach Eintritt des Verzugs anfallenden Zinsen sind auf einem gesonderten Konto zu verbuchen und dürfen nicht in ein Kontokorrent mit dem geschuldeten Betrag oder anderen Forderungen des Darlehensgebers eingestellt werden. [2]Hinsichtlich dieser Zinsen gilt § 289 Satz 2 mit der Maßgabe, dass der Darlehensgeber Schadensersatz nur bis zur Höhe des gesetzlichen Zinssatzes (§ 246) verlangen kann.

(3) [1]Zahlungen des Darlehensnehmers, die zur Tilgung der gesamten fälligen Schuld nicht ausreichen, werden abweichend von § 367 Abs. 1 zunächst auf die Kosten der Rechtsverfolgung, dann auf den übrigen geschuldeten Betrag (Absatz 1) und zuletzt auf die Zinsen (Absatz 2) angerechnet. [2]Der Darlehensgeber darf Teilzahlungen nicht zurückweisen. [3]Die Verjährung der Ansprüche auf Darlehensrückzahlung und Zinsen ist vom Eintritt des Verzugs nach Absatz 1 an bis zu ihrer Feststellung in einer in § 197 Abs. 1 Nr. 3 bis 5 bezeichneten Art gehemmt, jedoch nicht länger als zehn Jahre von ihrer Entstehung an. [4]Auf die Ansprüche auf Zinsen findet § 197 Abs. 2 keine Anwendung. [5]Die Sätze 1 bis 4 finden keine Anwendung, soweit Zahlungen auf Vollstreckungstitel geleistet werden, deren Hauptforderung auf Zinsen lautet.
…

§ 498. Gesamtfälligstellung bei Teilzahlungsdarlehen. (1) [1]Wegen Zahlungsverzugs des Darlehensnehmers kann der Darlehensgeber den Verbraucherdarlehensvertrag bei einem Darlehen, das in Teilzahlungen zu tilgen ist, nur kündigen, wenn

1. der Darlehensnehmer mit mindestens zwei aufeinander folgenden Teilzahlungen ganz oder teilweise und mit mindestens zehn Prozent, bei einer Laufzeit des Verbraucherdarlehensvertrags von mehr als drei Jahren mit fünf Prozent des Nennbetrags des Darlehens oder des Teilzahlungspreises in Verzug ist und
2. der Darlehensgeber dem Darlehensnehmer erfolglos eine zweiwöchige Frist zur Zahlung des rückständigen Betrags mit der Erklärung gesetzt hat, dass er bei Nichtzahlung innerhalb der Frist die gesamte Restschuld verlange.

[2]Der Darlehensgeber soll dem Darlehensnehmer spätestens mit der Fristsetzung ein Gespräch über die Möglichkeiten einer einverständlichen Regelung anbieten.

§ 499. Kündigungsrecht des Darlehensgebers; Leistungsverweigerung. (1) In einem Verbraucherdarlehensvertrag ist eine Vereinbarung über ein Kündigungsrecht des Darlehensgebers unwirksam, wenn eine bestimmte Vertragslaufzeit vereinbart wurde oder die Kündigungsfrist zwei Monate unterschreitet.

...

§ 500. Kündigungsrecht des Darlehensnehmers; vorzeitige Rückzahlung. (1) [1]Der Darlehensnehmer kann einen Verbraucherdarlehensvertrag, bei dem eine Zeit für die Rückzahlung nicht bestimmt ist, ganz oder teilweise kündigen, ohne eine Frist einzuhalten. [2]Eine Vereinbarung über eine Kündigungsfrist von mehr als einem Monat ist unwirksam.

(2) Der Darlehensnehmer kann seine Verbindlichkeiten aus einem Verbraucherdarlehensvertrag jederzeit ganz oder teilweise vorzeitig erfüllen. (strafgebühren)

§ 501. Kostenermäßigung. Soweit der Darlehensnehmer seine Verbindlichkeiten vorzeitig erfüllt oder die Restschuld vor der vereinbarten Zeit durch Kündigung fällig wird, vermindern sich die Gesamtkosten (§ 6 Abs. 3 der Preisangabenverordnung) um die Zinsen und sonstigen laufzeitabhängigen Kosten, die bei gestaffelter Berechnung auf die Zeit nach der Fälligkeit oder Erfüllung entfallen.

§ 502. Vorfälligkeitsentschädigung. (1) Der Darlehensgeber kann im Fall der vorzeitigen Rückzahlung eine angemessene Vorfälligkeitsentschädigung für den unmittelbar mit der vorzeitigen Rückzahlung zusammenhängenden Schaden verlangen, wenn der Darlehensnehmer zum Zeitpunkt der Rückzahlung Zinsen zu einem bei Vertragsabschluss vereinbarten, gebundenen Sollzinssatz schuldet.

...

§ 504. Eingeräumte Überziehungsmöglichkeit. (1) [1]Ist ein Verbraucherdarlehen in der Weise gewährt, dass der Darlehensgeber in einem Vertragsverhältnis über ein laufendes Konto dem Darlehensnehmer das Recht einräumt, sein Konto in bestimmter Höhe zu überziehen (Überziehungsmöglichkeit), hat der Darlehensgeber den Darlehensnehmer in regelmäßigen Zeitabständen über die Angaben zu unterrichten, die sich aus Artikel 247 § 16 des Einführungsgesetzes zum Bürgerlichen Gesetzbuche ergeben. [2]Ein Anspruch auf Vorfälligkeitsentschädigung aus § 502 ist ausgeschlossen. [3]§ 493 Abs. 3 ist nur bei einer Erhöhung des Sollzinssatzes anzuwenden und gilt entsprechend bei einer Erhöhung der vereinbarten sonstigen Kosten. [4]§ 499 Abs. 1 ist nicht anzuwenden.

§ 505. Geduldete Überziehung. (1) [1]Vereinbart ein Unternehmer in einem Vertrag mit einem Verbraucher über ein laufendes Konto ohne eingeräumte Überziehungsmöglichkeit ein Entgelt für den Fall, dass er eine Überziehung des Kontos duldet, müssen in diesem Vertrag die Angaben nach Artikel 247 § 17 Abs. 1 des Einführungsgesetzes zum Bürgerlichen Gesetzbuche auf einem dauerhaften Datenträger enthalten sein und dem Verbraucher in regelmäßigen Zeitabständen in Textform mitgeteilt werden. [2]Satz 1 gilt entsprechend, wenn ein Darlehensgeber mit einem Darlehensnehmer in einem Vertrag über ein laufendes Konto mit eingeräumter Überziehungsmöglichkeit ein Entgelt für den Fall vereinbart, dass er eine Überziehung des Kontos über die vertraglich bestimmte Höhe hinaus duldet.

(2) Kommt es im Fall des Absatzes 1 zu einer erheblichen Überziehung von mehr als einem Monat, unterrichtet der Darlehensgeber den Darlehensnehmer unverzüglich auf einem dauerhaften Datenträger über die sich aus Artikel 247 § 17 Abs. 2 des Einführungsgesetzes zum Bürgerlichen Gesetzbuche ergebenden Einzelheiten.

...

Finanzierungshilfen zwischen einem Unternehmer und einem Verbraucher

§ 507. Teilzahlungsgeschäfte. (1) [1]§ 494 Abs. 1 bis 3 und 6 Satz 3 ist auf Teilzahlungsgeschäfte nicht anzuwenden. [2]Gibt der Verbraucher sein Angebot zum Vertragsabschluss im Fernabsatz auf Grund eines Verkaufsprospekts oder eines vergleichbaren elektronischen Mediums ab, aus dem der Barzahlungspreis, der Sollzinssatz, der effektive Jahreszins, ein Tilgungsplan anhand beispielhafter Gesamtbeträge sowie die zu stellenden Sicherheiten und Versicherungen ersichtlich sind, ist auch § 492 Abs. 1 nicht anzuwenden, wenn der Unternehmer dem Verbraucher den Vertragsinhalt spätestens unverzüglich nach Vertragsabschluss auf einem dauerhaften Datenträger mitteilt.

(2) Das Teilzahlungsgeschäft ist nichtig, wenn die vorgeschriebene Schriftform des § 492 Abs. 1 nicht eingehalten ist oder im Vertrag eine der in Artikel 247 §§ 6, 12 und 13 des Einführungsgesetzes zum Bürgerlichen Gesetzbuche vorgeschriebenen Angaben fehlt.

...

§ 508. Rücktritt bei Teilzahlungsgeschäften. [1]Der Unternehmer kann von einem Teilzahlungsgeschäft wegen Zahlungsverzugs des Verbrauchers nur unter den in § 498 Satz 1 bezeichneten Voraussetzungen zurücktreten. [2]Dem Nennbetrag entspricht der Gesamtbetrag. [3]Der Verbraucher hat dem Unternehmer auch die infolge des Vertrags gemachten Aufwendungen zu ersetzen. [4]Bei der Bemessung der Vergütung von Nutzungen einer zurückzugewährenden Sache ist auf die inzwischen eingetretene Wertminderung Rücksicht zu nehmen. [5]Nimmt der Unternehmer die auf Grund des Teilzahlungsgeschäfts gelieferte Sache wieder an sich, gilt dies als Ausübung des Rücktrittsrechts, es sei denn, der Unternehmer einigt sich mit dem Verbraucher, diesem den gewöhnlichen Verkaufswert der Sache im Zeitpunkt der Wegnahme zu vergüten. [6]Satz 5 gilt entsprechend, wenn ein Vertrag über die Lieferung einer Sache mit einem Verbraucherdarlehensvertrag verbunden ist (§ 358 Abs. 3) und wenn der Darlehensgeber die Sache an sich nimmt; im Fall des Rücktritts bestimmt sich das Rechtsverhältnis zwischen dem Darlehensgeber und dem Verbraucher nach den Sätzen 3 und 4.

§ 509. Prüfung der Kreditwürdigkeit.
[1]Vor dem Abschluss eines Vertrags über eine entgeltliche Finanzierungshilfe hat der Unternehmer die Kreditwürdigkeit des Verbrauchers zu bewerten. [2]Grundlage für die Bewertung können Auskünfte des Verbrauchers und erforderlichenfalls Auskünfte von Stellen sein, die geschäftsmäßig personenbezogene Daten, die zur Bewertung der Kreditwürdigkeit von Verbrauchern genutzt werden dürfen, zum Zweck der Übermittlung erheben, speichern oder verändern. [3]Die Bestimmungen zum Schutz personenbezogener Daten bleiben unberührt.

Ratenlieferungsverträge zwischen einem Unternehmer und einem Verbraucher

§ 510. Ratenlieferungsverträge. (1) [1]Der Vertrag zwischen einem Verbraucher und einem Unternehmer bedarf der schriftlichen Form, wenn der Vertrag
1. die Lieferung mehrerer als zusammengehörend verkaufter Sachen in Teilleistungen zum Gegenstand hat und das Entgelt für die Gesamtheit der Sachen in Teilzahlungen zu entrichten ist,
2. die regelmäßige Lieferung von Sachen gleicher Art zum Gegenstand hat oder
3. die Verpflichtung zum wiederkehrenden Erwerb oder Bezug von Sachen zum Gegenstand hat.

[2]Dies gilt nicht, wenn dem Verbraucher die Möglichkeit verschafft wird, die Vertragsbestimmungen einschließlich der Allgemeinen Geschäftsbedingungen bei Vertragsschluss abzurufen und in wiedergabefähiger Form zu speichern. [3]Der Unternehmer hat dem Verbraucher den Vertragsinhalt in Textform mitzuteilen.

(2) Dem Verbraucher steht vorbehaltlich des Absatzes 3 bei Verträgen nach Absatz 1, die weder im Fernabsatz noch außerhalb von Geschäftsräumen geschlossen werden, ein Widerrufsrecht nach § 355 zu.

(3) [1]Das Widerrufsrecht nach Absatz 2 gilt nicht in dem in § 491 Absatz 2 und 3 bestimmten Umfang. [2]Dem in § 491 Absatz 2 Nummer 1 genannten Nettodarlehensbetrag entspricht die Summe aller vom Verbraucher bis zum frühestmöglichen Kündigungszeitpunkt zu entrichtenden Teilzahlungen.

Unabdingbarkeit, Anwendung auf Existenzgründer

§ 511. Abweichende Vereinbarungen.
[1]Von den Vorschriften der §§ 491 bis 510 darf, soweit nicht ein anderes bestimmt ist, nicht zum Nachteil des Verbrauchers abgewichen werden. [2]Diese Vorschriften finden auch Anwendung, wenn sie durch anderweitige Gestaltungen umgangen werden.
…

§ 512. Anwendung auf Existenzgründer.
Die §§ 491 bis 511 gelten auch für natürliche Personen, die sich ein Darlehen, einen Zahlungsaufschub oder eine sonstige Finanzierungshilfe für die Aufnahme einer gewerblichen oder selbständigen beruflichen Tätigkeit gewähren lassen oder zu diesem Zweck einen Ratenlieferungsvertrag schließen, es sei denn, der Nettodarlehensbetrag oder Barzahlungspreis übersteigt 75.000 Euro.

► Schenkung

§ 516. Begriff der Schenkung. (1) Eine Zuwendung, durch die jemand aus seinem Vermögen einen anderen bereichert, ist Schenkung, wenn beide Teile darüber einig sind, dass die Zuwendung unentgeltlich erfolgt.

(2) [1]Ist die Zuwendung ohne den Willen des anderen erfolgt, so kann ihn der Zuwendende unter Bestimmung einer angemessenen Frist zur Erklärung über die Annahme auffordern. [2]Nach dem Ablaufe der Frist gilt die Schenkung als angenommen, wenn nicht der andere sie vorher abgelehnt hat. …

§ 518. Form des Schenkungsversprechens.
(1) Zur Gültigkeit eines Vertrags, durch den eine Leistung schenkweise versprochen wird, ist die notarielle Beurkundung des Versprechens erforderlich. …

(2) Der Mangel der Form wird durch die Bewirkung der versprochenen Leistung geheilt.

§ 530. Widerruf der Schenkung. (1) Eine Schenkung kann widerrufen werden, wenn sich der Beschenkte durch eine schwere Verfehlung gegen den Schenker oder einen nahen Angehörigen des Schenkers groben Undanks schuldig macht. …

► Mietvertrag, Pachtvertrag

§ 535. Inhalt und Hauptpflichten des Mietvertrags. (1) [1]Durch den Mietvertrag wird der Vermieter verpflichtet, dem Mieter den Gebrauch der Mietsache während der Mietzeit zu gewähren. [2]Der Vermieter hat die Mietsache dem Mieter in einem zum vertragsgemäßen Gebrauch geeigneten Zustand zu überlassen und sie während der Mietzeit in diesem Zustand zu erhalten. [3]Er hat die auf der Mietsache ruhenden Lasten zu tragen.

(2) Der Mieter ist verpflichtet, dem Vermieter die vereinbarte Miete zu entrichten.

§ 536. Mietminderung bei Sach- und Rechtsmängeln. (1) [1]Hat die Mietsache zur Zeit der Überlassung an den Mieter einen Mangel, der ihre Tauglichkeit zum vertragsgemäßen Gebrauch aufhebt, oder entsteht während der Mietzeit ein solcher Mangel, so ist der Mieter für die Zeit, in der die Tauglichkeit aufgehoben ist, von der Entrichtung der Miete befreit. [2]Für die Zeit, während der die Tauglichkeit gemindert ist, hat er nur eine angemessen herabgesetzte Miete zu entrichten. [3]Eine unerhebliche Minderung der Tauglichkeit bleibt außer Betracht.

(1a) Für die Dauer von drei Monaten bleibt eine Minderung der Tauglichkeit außer Betracht, soweit diese auf Grund einer Maßnahme eintritt, die einer energetischen Modernisierung nach § 555b Nummer 1 dient.

…

§ 536 c. Während der Mietzeit auftretende Mängel; Mängelanzeige durch den Mieter.

(1) [1]Zeigt sich im Laufe der Mietzeit ein Mangel der Mietsache oder wird eine Maßnahme zum Schutz der Mietsache gegen eine nicht vorhergesehene Gefahr erforderlich, so hat der Mieter dies dem Vermieter unverzüglich anzuzeigen. [2]Das Gleiche gilt, wenn ein Dritter sich ein Recht an der Sache anmaßt.

(2) Unterlässt der Mieter die Anzeige, so ist er dem Vermieter zum Ersatz des daraus entstehenden Schadens verpflichtet. …

§ 538. Abnutzung der Mietsache durch vertragsgemäßen Gebrauch. Veränderungen oder Verschlechterungen der Mietsache, die durch den vertragsgemäßen Gebrauch herbeigeführt werden, hat der Mieter nicht zu vertreten.

§ 540. Gebrauchsüberlassung an Dritte.

(1) [1]Der Mieter ist ohne die Erlaubnis des Vermieters nicht berechtigt, den Gebrauch der Mietsache einem Dritten zu überlassen, insbesondere sie weiter zu vermieten. [2]Verweigert der Vermieter die Erlaubnis, so kann der Mieter das Mietverhältnis außerordentlich mit der gesetzlichen Frist kündigen, sofern nicht in der Person des Dritten ein wichtiger Grund vorliegt. …

§ 550. Form des Mietvertrags. [1]Wird der Mietvertrag für längere Zeit als ein Jahr nicht in schriftlicher Form geschlossen, so gilt er für unbestimmte Zeit. [2]Die Kündigung ist jedoch frühestens zum Ablauf eines Jahres nach Überlassung des Wohnraums zulässig.

§ 551. Begrenzung und Anlage von Mietsicherheiten. (1) Hat der Mieter dem Vermieter für die Erfüllung seiner Pflichten Sicherheit zu leisten, so darf diese vorbehaltlich des Absatzes 3 Satz 4 höchstens das Dreifache der auf einen Monat entfallenden Miete ohne die als Pauschale oder als Vorauszahlung ausgewiesenen Betriebskosten betragen.

(2) [1]Ist als Sicherheit eine Geldsumme bereitzustellen, so ist der Mieter zu drei gleichen monatlichen Teilzahlungen berechtigt. [2]Die erste Teilzahlung ist zu Beginn des Mietverhältnisses fällig. [3]Die weiteren Teilzahlungen werden zusammen mit den unmittelbar folgenden Mietzahlungen fällig.

(3) [1]Der Vermieter hat eine ihm als Sicherheit überlassene Geldsumme bei einem Kreditinstitut zu dem für Spareinlagen mit dreimonatiger Kündigungsfrist üblichen Zinssatz anzulegen. [2]Die Vertragsparteien können eine andere Anlageform vereinbaren. [3]In beiden Fällen muss die Anlage vom Vermögen des Vermieters getrennt erfolgen und stehen die Erträge dem Mieter zu. [4]Sie erhöhen die Sicherheit. [5]Bei Wohnraum in einem Studenten- oder Jugendwohnheim besteht für den Vermieter keine Pflicht, die Sicherheitsleistung zu verzinsen.

(4) Eine zum Nachteil des Mieters abweichende Vereinbarung ist unwirksam.

§ 553. Gestattung der Gebrauchsüberlassung an Dritte. (1) [1]Entsteht für den Mieter nach Abschluss des Mietvertrags ein berechtigtes Interesse, einen Teil des Wohnraums einem Dritten zum Gebrauch zu überlassen, so kann er von dem Vermieter die Erlaubnis hierzu verlangen. [2]Dies gilt nicht, wenn in der Person des Dritten ein wichtiger Grund vorliegt, der Wohnraum übermäßig belegt würde oder dem Vermieter die Überlassung aus sonstigen Gründen nicht zugemutet werden kann. …

§ 556 b. Fälligkeit der Miete, Aufrechnungs- und Zurückbehaltungsrecht. (1) Die Miete ist zu Beginn, spätestens bis zum dritten Werktag der einzelnen Zeitabschnitte zu entrichten, nach denen sie bemessen ist.
…

§ 558. Mieterhöhung bis zur ortsüblichen Vergleichsmiete. (1) [1]Der Vermieter kann die Zustimmung zu einer Erhöhung der Miete bis zur ortsüblichen Vergleichsmiete verlangen, wenn die Miete in dem Zeitpunkt, zu dem die Erhöhung eintreten soll, seit 15 Monaten unverändert ist. [2]Das Mieterhöhungsverlangen kann frühestens ein Jahr nach der letzten Mieterhöhung geltend gemacht werden. [3]Erhöhungen nach den §§ 559 bis 560 werden nicht berücksichtigt.
…

§ 559. Mieterhöhung bei Modernisierung.
(1) Hat der Vermieter Modernisierungsmaßnahmen im Sinne des § 555b Nummer 1, 3, 4, 5 oder 6 durchgeführt, so kann er die jährliche Miete um 11 Prozent der für die Wohnung aufgewendeten Kosten erhöhen.
(2) Kosten, die für Erhaltungsmaßnahmen erforderlich gewesen wären, gehören nicht zu den aufgewendeten Kosten nach Absatz 1; sie sind, soweit erforderlich, durch Schätzung zu ermitteln.
(3) Werden Modernisierungsmaßnahmen für mehrere Wohnungen durchgeführt, so sind die Kosten angemessen auf die einzelnen Wohnungen aufzuteilen.
(4) Die Mieterhöhung ist ausgeschlossen, soweit sie auch unter Berücksichtigung der voraussichtlichen künftigen Betriebskosten für den Mieter eine Härte bedeuten würde, die auch unter Würdigung der berechtigten Interessen des Vermieters nicht zu rechtfertigen ist. …

§ 562. Umfang des Vermieterpfandrechts.
(1) [1]Der Vermieter hat für seine Forderungen aus dem Mietverhältnis ein Pfandrecht an den eingebrachten Sachen des Mieters. [2]Es erstreckt sich nicht auf die Sachen, die der Pfändung nicht unterliegen.
(2) Für künftige Entschädigungsforderungen und für die Miete für eine spätere Zeit als das laufende und das folgende Mietjahr kann das Pfandrecht nicht geltend gemacht werden.

§ 566. Kauf bricht nicht Miete. (1) Wird der vermietete Wohnraum nach der Überlassung an den Mieter von dem Vermieter an einen Dritten veräußert, so tritt der Erwerber anstelle des Vermieters in die sich während der Dauer seines Eigentums aus dem Mietverhältnis ergebenden Rechte und Pflichten ein.
…

§ 568. Form und Inhalt der Kündigung.
(1) Die Kündigung des Mietverhältnisses bedarf der schriftlichen Form.
…

§ 573. Ordentliche Kündigung des Vermieters.
(1) [1]Der Vermieter kann nur kündigen, wenn er ein berechtigtes Interesse an der Beendigung des Mietverhältnisses hat. [2]Die Kündigung zum Zwecke der Mieterhöhung ist ausgeschlossen.
…

§ 573 c. Fristen der ordentlichen Kündigung.
(1) [1]Die Kündigung ist spätestens am dritten Werktag eines Kalendermonats zum Ablauf des übernächsten Monats zulässig. [2]Die Kündigungsfrist für den Vermieter verlängert sich nach fünf und acht Jahren seit der Überlassung des Wohnraums um jeweils drei Monate.
…

§ 581. Vertragstypische Pflichten beim Pachtvertrag. (1) [1]Durch den Pachtvertrag wird der Verpächter verpflichtet, dem Pächter den Gebrauch des verpachteten Gegenstandes und den Genuss der Früchte, soweit sie nach den Regeln einer ordnungsmäßigen Wirtschaft als Ertrag anzusehen sind, während der Pachtzeit zu gewähren. [2]Der Pächter ist verpflichtet, dem Verpächter die vereinbarte Pacht zu entrichten.
…

▶ Leihe

§ 598. Vertragstypische Pflichten bei der Leihe. Durch den Leihvertrag wird der Verleiher einer Sache verpflichtet, dem Entleiher den Gebrauch der Sache unentgeltlich zu gestatten.

§ 599. Haftung des Verleihers. Der Verleiher hat nur Vorsatz und grobe Fahrlässigkeit zu vertreten.

§ 602. Abnutzung der Sache. Veränderungen oder Verschlechterungen der geliehenen Sache, die durch den vertragsmäßigen Gebrauch herbeigeführt werden, hat der Entleiher nicht zu vertreten.

§ 603. Vertragsmäßiger Gebrauch. [1]Der Entleiher darf von der geliehenen Sache keinen anderen als den vertragsmäßigen Gebrauch machen. [2]Er ist ohne die Erlaubnis des Verleihers nicht berechtigt, den Gebrauch der Sache einem Dritten zu überlassen.

§ 604. Rückgabepflicht. (1) Der Entleiher ist verpflichtet, die geliehene Sache nach dem Ablaufe der für die Leihe bestimmten Zeit zurückzugeben.

(2) [1]Ist eine Zeit nicht bestimmt, so ist die Sache zurückzugeben, nachdem der Entleiher den sich aus dem Zwecke der Leihe ergebenden Gebrauch gemacht hat. [2]Der Verleiher kann die Sache schon vorher zurückfordern, wenn so viel Zeit verstrichen ist, dass der Entleiher den Gebrauch hätte machen können.

(3) Ist die Dauer der Leihe weder bestimmt noch aus dem Zwecke zu entnehmen, so kann der Verleiher die Sache jederzeit zurückfordern.

(4) Überlässt der Entleiher den Gebrauch der Sache einem Dritten, so kann der Verleiher sie nach der Beendigung der Leihe auch von dem Dritten zurückfordern.

(5) Die Verjährung des Anspruchs auf Rückgabe der Sache beginnt mit der Beendigung der Leihe.

▶ Sachdarlehensvertrag

§ 607. Vertragstypische Pflichten beim Sachdarlehensvertrag. (1) [1]Durch den Sachdarlehensvertrag wird der Darlehensgeber verpflichtet, dem Darlehensnehmer eine vereinbarte vertretbare Sache zu überlassen. [2]Der Darlehensnehmer ist zur Zahlung eines Darlehensentgelts und bei Fälligkeit zur Rückerstattung von Sachen gleicher Art, Güte und Menge verpflichtet.

(2) Die Vorschriften dieses Titels finden keine Anwendung auf die Überlassung von Geld.

§ 608. Kündigung. (1) Ist für die Rückerstattung der überlassenen Sache eine Zeit nicht bestimmt, hängt die Fälligkeit davon ab, dass der Darlehensgeber oder der Darlehensnehmer kündigt.

(2) Ein auf unbestimmte Zeit abgeschlossener Sachdarlehensvertrag kann, soweit nicht ein anderes vereinbart ist, jederzeit vom Darlehensgeber oder Darlehensnehmer ganz oder teilweise gekündigt werden.

§ 609. Entgelt. Ein Entgelt hat der Darlehensnehmer spätestens bei Rückerstattung der überlassenen Sache zu bezahlen.

▶ Dienstvertrag

§ 611. Vertragstypische Pflichten beim Dienstvertrag. (1) Durch den Dienstvertrag wird derjenige, welcher Dienste zusagt, zur Leistung der versprochenen Dienste, der andere Teil zur Gewährung der vereinbarten Vergütung verpflichtet.

(2) Gegenstand des Dienstvertrags können Dienste jeder Art sein.

§ 612. Vergütung. (1) Eine Vergütung gilt als stillschweigend vereinbart, wenn die Dienstleistung den Umständen nach nur gegen eine Vergütung zu erwarten ist.

(2) Ist die Höhe der Vergütung nicht bestimmt, so ist bei dem Bestehen einer Taxe die taxmäßige Vergütung, in Ermangelung einer Taxe die übliche Vergütung als vereinbart anzusehen.

(3) (weggefallen)

§ 612a. Maßregelungsverbot. Der Arbeitgeber darf einen Arbeitnehmer bei einer Vereinbarung oder einer Maßnahme nicht benachteiligen, weil der Arbeitnehmer in zulässiger Weise seine Rechte ausübt.

§ 613. Unübertragbarkeit. [1]Der zur Dienstleistung Verpflichtete hat die Dienste im Zweifel in Person zu leisten. [2]Der Anspruch auf die Dienste ist im Zweifel nicht übertragbar.

§ 613a. Rechte und Pflichten bei Betriebsübergang. (1) [1]Geht ein Betrieb oder Betriebsteil durch Rechtsgeschäft auf einen anderen Inhaber über, so tritt dieser in die Rechte und Pflichten aus den im Zeitpunkt des Übergangs bestehenden Arbeitsverhältnissen ein. [2]Sind diese Rechte und Pflichten durch Rechtsnormen eines Tarifvertrages oder durch eine Betriebsvereinbarung geregelt, so werden sie Inhalt des Arbeitsverhältnisses zwischen dem neuen Inhaber und dem Arbeitnehmer und dürfen nicht vor Ablauf eines Jahres nach dem Zeitpunkt des Übergangs zum Nachteil des Arbeitnehmers geändert werden. [3]Satz 2 gilt nicht, wenn die Rechte und Pflichten bei dem neuen Inhaber durch Rechtsnormen eines anderen Tarifvertrags oder durch eine andere Betriebsvereinbarung geregelt werden. [4]Vor Ablauf der Frist nach Satz 2 können die Rechte und Pflichten geändert werden, wenn der Tarifvertrag oder die Betriebsvereinbarung nicht mehr gilt oder bei fehlender beiderseitiger Tarifgebundenheit im Geltungsbereich eines anderen Tarifvertrags dessen Anwendung zwischen dem neuen Inhaber und dem Arbeitnehmer vereinbart wird.

(4) [1]Die Kündigung des Arbeitsverhältnisses eines Arbeitnehmers durch den bisherigen Arbeitgeber oder durch den neuen Inhaber wegen des Übergangs eines Betriebs oder eines Betriebsteils ist unwirksam. [2]Das Recht zur Kündigung des Arbeitsverhältnisses aus anderen Gründen bleibt unberührt.

(5) Der bisherige Arbeitgeber oder der neue Inhaber hat die von einem Übergang betroffenen Arbeitnehmer vor dem Übergang in Textform zu unterrichten über:
1. den Zeitpunkt oder den geplanten Zeitpunkt des Übergangs,
2. den Grund für den Übergang,
3. die rechtlichen, wirtschaftlichen und sozialen Folgen des Übergangs für die Arbeitnehmer und
4. die hinsichtlich der Arbeitnehmer in Aussicht genommenen Maßnahmen.

(6) [1]Der Arbeitnehmer kann dem Übergang des Arbeitsverhältnisses innerhalb eines Monats nach Zugang der Unterrichtung nach Absatz 5 schriftlich widersprechen. [2]Der Widerspruch kann gegenüber dem bisherigen Arbeitgeber oder dem neuen Inhaber erklärt werden.

§ 614. Fälligkeit der Vergütung. [1]Die Vergütung ist nach der Leistung der Dienste zu entrichten. [2]Ist die Vergütung nach Zeitabschnitten bemessen, so ist sie nach dem Ablauf der einzelnen Zeitabschnitte zu entrichten.

§ 615. Vergütung bei Annahmeverzug und bei Betriebsrisiko. [1]Kommt der Dienstberechtigte mit der Annahme der Dienste in Verzug, so kann der Verpflichtete für die infolge des Verzugs nicht geleisteten Dienste die vereinbarte Vergütung verlangen, ohne zur Nachleistung verpflichtet zu sein. [2]Er muss sich jedoch den Wert desjenigen anrechnen lassen, was er infolge des Unterbleibens der Dienstleistung erspart oder durch anderweitige Verwendung seiner Dienste erwirbt oder zu erwerben böswillig unterlässt. [3]Die Sätze 1 und 2 gelten entsprechend in den Fällen, in denen der Arbeitgeber das Risiko des Arbeitsausfalls trägt.

§ 616. Vorübergehende Verhinderung. [1]Der zur Dienstleistung Verpflichtete wird des Anspruchs auf die Vergütung nicht dadurch verlustig, dass er für eine verhältnismäßig nicht erhebliche Zeit durch einen in seiner Person liegenden Grund ohne sein Verschulden an der Dienstleistung verhindert wird. [2]Er muss sich jedoch den Betrag anrechnen lassen, welcher ihm für die Zeit der Verhinderung aus einer auf Grund gesetzlicher Verpflichtung bestehenden Kranken- oder Unfallversicherung zukommt.

§ 618. Pflicht zu Schutzmaßnahmen. (1) Der Dienstberechtigte hat Räume, Vorrichtungen oder Gerätschaften, die er zur Verrichtung der Dienste zu beschaffen hat, so einzurichten und zu unterhalten und Dienstleistungen, die unter seiner Anordnung oder seiner Leitung vorzunehmen sind, so zu regeln, dass der Verpflichtete gegen Gefahr für Leben und Gesundheit soweit geschützt ist, als die Natur der Dienstleistung es gestattet.

(3) Erfüllt der Dienstberechtigte die ihm in Ansehung des Lebens und der Gesundheit des Verpflichteten obliegenden Verpflichtungen nicht, so finden auf seine Verpflichtung zum Schadensersatz die für unerlaubte Handlungen geltenden Vorschriften der §§ 842 bis 846 entsprechende Anwendung.

§ 619 a. Beweislast bei Haftung des Arbeitnehmers. Abweichend von § 280 Abs. 1 hat der Arbeitnehmer dem Arbeitgeber Ersatz für den aus der Verletzung einer Pflicht aus dem Arbeitsverhältnis entstehenden Schaden nur zu leisten, wenn er die Pflichtverletzung zu vertreten hat.

§ 620. Beendigung des Dienstverhältnisses.
(1) Das Dienstverhältnis endigt mit dem Ablauf der Zeit, für die es eingegangen ist.

(2) Ist die Dauer des Dienstverhältnisses weder bestimmt noch aus der Beschaffenheit oder dem Zwecke der Dienste zu entnehmen, so kann jeder Teil das Dienstverhältnis nach Maßgabe der §§ 621 bis 623 kündigen.

(3) Für Arbeitsverträge, die auf bestimmte Zeit abgeschlossen werden, gilt das Teilzeit- und Befristungsgesetz.

§ 621. Kündigungsfristen bei Dienstverhältnissen. Bei einem Dienstverhältnis, das kein Arbeitsverhältnis im Sinne des § 622 ist, ist die Kündigung zulässig,
1. wenn die Vergütung nach Tagen bemessen ist, an jedem Tag für den Ablauf des folgenden Tages;
2. wenn die Vergütung nach Wochen bemessen ist, spätestens am ersten Werktag einer Woche für den Ablauf des folgenden Sonnabends;
3. wenn die Vergütung nach Monaten bemessen ist, spätestens am fünfzehnten eines Monats für den Schluss des Kalendermonats;
4. wenn die Vergütung nach Vierteljahren oder längeren Zeitabschnitten bemessen ist, unter Einhaltung einer Kündigungsfrist von sechs Wochen für den Schluss eines Kalendervierteljahres;
5. wenn die Vergütung nicht nach Zeitabschnitten bemessen ist, jederzeit; bei einem die Erwerbstätigkeit des Verpflichteten vollständig oder hauptsächlich in Anspruch nehmenden Dienstverhältnis ist jedoch eine Kündigungsfrist von zwei Wochen einzuhalten.

§ 622. Kündigungsfristen bei Arbeitsverhältnissen. (1) Das Arbeitsverhältnis eines Arbeiters oder eines Angestellten (Arbeitnehmers) kann mit einer Frist von vier Wochen zum

Fünfzehnten oder zum Ende eines Kalendermonats gekündigt werden.

(2) [1]Für eine Kündigung durch den Arbeitgeber beträgt die Kündigungsfrist, wenn das Arbeitsverhältnis in dem Betrieb oder Unternehmen

1. zwei Jahre bestanden hat, einen Monat zum Ende eines Kalendermonats,
2. fünf Jahre bestanden hat, zwei Monate zum Ende eines Kalendermonats,
3. acht Jahre bestanden hat, drei Monate zum Ende eines Kalendermonats,
4. zehn Jahre bestanden hat, vier Monate zum Ende eines Kalendermonats,
5. zwölf Jahre bestanden hat, fünf Monate zum Ende eines Kalendermonats,
6. fünfzehn Jahre bestanden hat, sechs Monate zum Ende eines Kalendermonats,
7. zwanzig Jahre bestanden hat, sieben Monate zum Ende eines Kalendermonats.

[2]Bei der Berechnung der Beschäftigungsdauer werden Zeiten, die vor der Vollendung des fünfundzwanzigsten Lebensjahres des Arbeitnehmers liegen, nicht berücksichtigt.

(3) Während einer vereinbarten Probezeit, längstens für die Dauer von sechs Monaten, kann das Arbeitsverhältnis mit einer Frist von zwei Wochen gekündigt werden.

(4) [1]Von den Absätzen 1 bis 3 abweichende Regelungen können durch Tarifvertrag vereinbart werden. [2]Im Geltungsbereich eines solchen Tarifvertrages gelten die abweichenden tarifvertraglichen Bestimmungen zwischen nichttarifgebundenen Arbeitgebern und Arbeitnehmern, wenn ihre Anwendung zwischen ihnen vereinbart ist.

(5) [1]Einzelvertraglich kann eine kürzere als die in Absatz 1 genannte Kündigungsfrist nur vereinbart werden,

1. wenn ein Arbeitnehmer zur vorübergehenden Aushilfe eingestellt ist; dies gilt nicht, wenn das Arbeitsverhältnis über die Zeit von drei Monaten hinaus fortgesetzt wird;
2. wenn der Arbeitgeber in der Regel nicht mehr als zwanzig Arbeitnehmer ausschließlich der zu ihrer Berufsbildung Beschäftigten beschäftigt und die Kündigungsfrist vier Wochen nicht unterschreitet. [2]Bei der Feststellung der Zahl der beschäftigten Arbeitnehmer sind teilzeitbeschäftigte Arbeitnehmer mit einer regelmäßigen wöchentlichen Arbeitszeit von nicht mehr als 20 Stunden mit 0,5 und nicht mehr als 30 Stunden mit 0,75 zu berücksichtigen.

[3]Die einzelvertragliche Vereinbarung längerer als der in den Absätzen 1 bis 3 genannten Kündigungsfristen bleibt hiervon unberührt.

(6) Für die Kündigung des Arbeitsverhältnisses durch den Arbeitnehmer darf keine längere Frist vereinbart werden als für die Kündigung durch den Arbeitgeber.

§ 623. Schriftform der Kündigung. Die Beendigung von Arbeitsverhältnissen durch Kündigung oder Auflösungsvertrag bedürfen zu ihrer Wirksamkeit der Schriftform; die elektronische Form ist ausgeschlossen.

§ 626. Fristlose Kündigung aus wichtigem Grund. (1) Das Dienstverhältnis kann von jedem Vertragsteil aus wichtigem Grund ohne Einhaltung einer Kündigungsfrist gekündigt werden, wenn Tatsachen vorliegen, auf Grund derer dem Kündigenden unter Berücksichtigung aller Umstände des Einzelfalles und unter Abwägung der Interessen beider Vertragsteile die Fortsetzung des Dienstverhältnisses bis zum Ablauf der Kündigungsfrist oder bis zu der vereinbarten Beendigung des Dienstverhältnisses nicht zugemutet werden kann.

(2) [1]Die Kündigung kann nur innerhalb von zwei Wochen erfolgen. [2]Die Frist beginnt mit dem Zeitpunkt, in dem der Kündigungsberechtigte von den für die Kündigung maßgebenden Tatsachen Kenntnis erlangt. [3]Der Kündigende muss dem anderen Teil auf Verlangen den Kündigungsgrund unverzüglich schriftlich mitteilen.

§ 630. Pflicht zur Zeugniserteilung. [1]Bei der Beendigung eines dauernden Dienstverhältnisses kann der Verpflichtete von dem anderen Teile ein schriftliches Zeugnis über das Dienstverhältnis und dessen Dauer fordern. [2]Das Zeugnis ist auf Verlangen auf die Leistungen und die Führung im Dienst zu erstrecken. [3]Die Erteilung des Zeugnisses in elektronischer Form ist ausgeschlossen. [4]Wenn der Verpflichtete ein Arbeitnehmer ist, findet § 109 der Gewerbeordnung Anwendung.

▶ Werkvertrag und ähnliche Verträge

§ 631. Vertragstypische Pflichten beim Werkvertrag. (1) Durch den Werkvertrag wird der Unternehmer zur Herstellung des versprochenen Werkes, der Besteller zur Entrichtung der vereinbarten Vergütung verpflichtet.

(2) Gegenstand des Werkvertrags kann sowohl die Herstellung oder Veränderung einer Sache als auch ein anderer durch Arbeit oder Dienstleistung herbeizuführender Erfolg sein.

§ 632. Vergütung. (1) Eine Vergütung gilt als stillschweigend vereinbart, wenn die Herstellung des Werkes den Umständen nach nur gegen eine Vergütung zu erwarten ist.

(2) Ist die Höhe der Vergütung nicht bestimmt, so ist bei dem Bestehen einer Taxe die

taxmäßige Vergütung, in Ermangelung einer Taxe die übliche Vergütung als vereinbart anzusehen.

(3) Ein Kostenanschlag ist im Zweifel nicht zu vergüten.

§ 632a. Abschlagszahlungen. (1) [1]Der Unternehmer kann von dem Besteller für eine vertragsgemäß erbrachte Leistung eine Abschlagszahlung in der Höhe verlangen, in der der Besteller durch die Leistung einen Wertzuwachs erlangt hat. [2]Wegen unwesentlicher Mängel kann die Abschlagszahlung nicht verweigert werden. [3]§ 641 Abs. 3 gilt entsprechend. [4]Die Leistungen sind durch eine Aufstellung nachzuweisen, die eine rasche und sichere Beurteilung der Leistungen ermöglichen muss. [5]Die Sätze 1 bis 4 gelten auch für erforderliche Stoffe oder Bauteile, die angeliefert oder eigens angefertigt und bereitgestellt sind, wenn dem Besteller nach seiner Wahl Eigentum an den Stoffen oder Bauteilen übertragen oder entsprechende Sicherheit hierfür geleistet wird.

…

§ 633. Sach- und Rechtsmangel. (1) Der Unternehmer hat dem Besteller das Werk frei von Sach- und Rechtsmängeln zu verschaffen.

(2) [1]Das Werk ist frei von Sachmängeln, wenn es die vereinbarte Beschaffenheit hat. [2]Soweit die Beschaffenheit nicht vereinbart ist, ist das Werk frei von Sachmängeln,

1. wenn es sich für die nach dem Vertrag vorausgesetzte, sonst
2. für die gewöhnliche Verwendung eignet und eine Beschaffenheit aufweist, die bei Werken der gleichen Art üblich ist und die der Besteller nach der Art des Werks erwarten kann.

[3]Einem Sachmangel steht es gleich, wenn der Unternehmer ein anderes als das bestellte Werk oder das Werk in zu geringer Menge herstellt.

(3) Das Werk ist frei von Rechtsmängeln, wenn Dritte in Bezug auf das Werk keine oder nur die im Vertrag übernommenen Rechte gegen den Besteller geltend machen können.

§ 634. Rechte des Bestellers bei Mängeln. Ist das Werk mangelhaft, kann der Besteller, wenn die Voraussetzungen der folgenden Vorschriften vorliegen und soweit nicht ein anderes bestimmt ist,

1. nach § 635 Nacherfüllung verlangen,
2. nach § 637 den Mangel selbst beseitigen und Ersatz der erforderlichen Aufwendungen verlangen,
3. nach den §§ 636, 323 und 326 Abs. 5 von dem Vertrag zurücktreten oder nach § 638 die Vergütung mindern und
4. nach den §§ 636, 280, 281, 283 und 311 a Schadensersatz oder nach § 284 Ersatz vergeblicher Aufwendungen verlangen.

§ 634 a. Verjährung der Mängelansprüche. (1) Die in § 634 Nr. 1, 2 und 4 bezeichneten Ansprüche verjähren

1. vorbehaltlich der Nummer 2 in zwei Jahren bei einem Werk, dessen Erfolg in der Herstellung, Wartung oder Veränderung einer Sache oder in der Erbringung von Planungs- oder Überwachungsleistungen hierfür besteht,
2. in fünf Jahren bei einem Bauwerk und einem Werk, dessen Erfolg in der Erbringung von Planungs- oder Überwachungsleistungen hierfür besteht, und
3. im Übrigen in der regelmäßigen Verjährungsfrist.

(2) Die Verjährung beginnt in den Fällen des Absatzes 1 Nr. 1 und 2 mit der Abnahme.

(3) [1]Abweichend von Absatz 1 Nr. 1 und 2 und Absatz 2 verjähren die Ansprüche in der regelmäßigen Verjährungsfrist, wenn der Unternehmer den Mangel arglistig verschwiegen hat. [2]Im Fall des Absatzes 1 Nr. 2 tritt die Verjährung jedoch nicht vor Ablauf der dort bestimmten Frist ein.

(4) [1]Für das in § 634 bezeichnete Rücktrittsrecht gilt § 218. [2]Der Besteller kann trotz einer Unwirksamkeit des Rücktritts nach § 218 Abs. 1 die Zahlung der Vergütung insoweit verweigern, als er auf Grund des Rücktritts dazu berechtigt sein würde. [3]Macht er von diesem Recht Gebrauch, kann der Unternehmer vom Vertrag zurücktreten.

(5) Auf das in § 634 bezeichnete Minderungsrecht finden § 218 und Absatz 4 Satz 2 entsprechende Anwendung.

§ 635. Nacherfüllung. (1) Verlangt der Besteller Nacherfüllung, so kann der Unternehmer nach seiner Wahl den Mangel beseitigen oder ein neues Werk herstellen.

(2) Der Unternehmer hat die zum Zwecke der Nacherfüllung erforderlichen Aufwendungen, insbesondere Transport-, Wege-, Arbeits- und Materialkosten zu tragen.

(3) Der Unternehmer kann die Nacherfüllung unbeschadet des § 275 Abs. 2 und 3 verweigern, wenn sie nur mit unverhältnismäßigen Kosten möglich ist.

(4) Stellt der Unternehmer ein neues Werk her, so kann er vom Besteller Rückgewähr des mangelhaften Werks nach Maßgabe der §§ 346 bis 348 verlangen.

§ 636. Besondere Bestimmungen für Rücktritt und Schadensersatz. Außer in den Fällen der §§ 281 Abs. 2 und 323 Abs. 2 bedarf es der Fristsetzung auch dann nicht, wenn der Unternehmer die Nacherfüllung gemäß § 635 Abs. 3 verweigert oder wenn die Nacherfüllung fehlgeschlagen oder dem Besteller unzumutbar ist.

§ 637. Selbstvornahme. (1) Der Besteller kann wegen eines Mangels des Werks nach erfolglosem Ablauf einer von ihm zur Nacherfüllung bestimmten angemessenen Frist den Mangel selbst beseitigen und Ersatz der erforderlichen Aufwendungen verlangen, wenn nicht der Unternehmer die Nacherfüllung zu Recht verweigert.

(2) [1]§ 323 Abs. 2 findet entsprechende Anwendung. [2]Der Bestimmung einer Frist bedarf es auch dann nicht, wenn die Nacherfüllung fehlgeschlagen oder dem Besteller unzumutbar ist.

(3) Der Besteller kann von dem Unternehmer für die zur Beseitigung des Mangels erforderlichen Aufwendungen Vorschuss verlangen.

§ 638. Minderung. (1) [1]Statt zurückzutreten, kann der Besteller die Vergütung durch Erklärung gegenüber dem Unternehmer mindern. [2]Der Ausschlussgrund des § 323 Abs. 5 Satz 2 findet keine Anwendung.

(2) Sind auf der Seite des Bestellers oder auf der Seite des Unternehmers mehrere beteiligt, so kann die Minderung nur von allen oder gegen alle erklärt werden.

(3) [1]Bei der Minderung ist die Vergütung in dem Verhältnis herabzusetzen, in welchem zur Zeit des Vertragsschlusses der Wert des Werks in mangelfreiem Zustand zu dem wirklichen Wert gestanden haben würde. [2]Die Minderung ist, soweit erforderlich, durch Schätzung zu ermitteln.

(4) [1]Hat der Besteller mehr als die geminderte Vergütung gezahlt, so ist der Mehrbetrag vom Unternehmer zu erstatten. [2]§ 346 Abs. 1 und § 347 Abs. 1 finden entsprechende Anwendung.

§ 639. Haftungsausschluss. Auf eine Vereinbarung, durch welche die Rechte des Bestellers wegen eines Mangels ausgeschlossen oder beschränkt werden, kann sich der Unternehmer nicht berufen, soweit er den Mangel arglistig verschwiegen oder eine Garantie für die Beschaffenheit des Werks übernommen hat.

§ 640. Abnahme. (1) [1]Der Besteller ist verpflichtet, das vertragsmäßig hergestellte Werk abzunehmen, sofern nicht nach der Beschaffenheit des Werkes die Abnahme ausgeschlossen ist. [2]Wegen unwesentlicher Mängel kann die Abnahme nicht verweigert werden. [3]Der Abnahme steht es gleich, wenn der Besteller das Werk nicht innerhalb einer ihm vom Unternehmer bestimmten angemessenen Frist abnimmt, obwohl er dazu verpflichtet ist.

(2) Nimmt der Besteller ein mangelhaftes Werk gemäß Absatz 1 Satz 1 ab, obschon er den Mangel kennt, so stehen ihm die in § 634 Nr. 1 bis 3 bezeichneten Rechte nur zu, wenn er sich seine Rechte wegen des Mangels bei der Abnahme vorbehält.

§ 641. Fälligkeit der Vergütung. (1) [1]Die Vergütung ist bei der Abnahme des Werkes zu entrichten. [2]Ist das Werk in Teilen abzunehmen und die Vergütung für die einzelnen Teile bestimmt, so ist die Vergütung für jeden Teil bei dessen Abnahme zu entrichten.

...

§ 641a. weggefallen.

§ 644. Gefahrtragung. (1) [1]Der Unternehmer trägt die Gefahr bis zur Abnahme des Werkes. [2]Kommt der Besteller in Verzug der Annahme, so geht die Gefahr auf ihn über. [3]Für den zufälligen Untergang und eine zufällige Verschlechterung des von dem Besteller gelieferten Stoffes ist der Unternehmer nicht verantwortlich.

(2) Versendet der Unternehmer das Werk auf Verlangen des Bestellers nach einem anderen Ort als dem Erfüllungsort, so finden die für den Kauf geltenden Vorschriften des § 446 entsprechende Anwendung.

§ 648 a. Bauhandwerkersicherung. (1) [1]Der Unternehmer eines Bauwerks, einer Außenanlage oder eines Teils davon kann vom Besteller Sicherheit für die auch in Zusatzaufträgen vereinbarte und noch nicht gezahlte Vergütung einschließlich dazugehöriger Nebenforderungen, die mit 10 vom Hundert des zu sichernden Vergütungsanspruchs anzusetzen sind, verlangen. [2]Satz 1 gilt in demselben Umfang auch für Anprüche, die an die Stelle der Vergütung treten. [3]Der Anspruch des Unternehmers auf Sicherheit wird nicht dadurch ausgeschlossen, dass der Besteller Erfüllung verlangen kann oder das Werk abgenommen hat. [4]Ansprüche, mit denen der Besteller gegen den Anspruch des Unternehmers auf Vergütung aufrechnen kann, bleiben bei der Berechnung der Vergütung unberücksichtigt, es sei denn, sie sind unstreitig oder rechtskräftig festgestellt. [5]Die Sicherheit ist auch dann als ausreichend anzusehen, wenn sich der Sicherungsgeber das Recht vorbehält, sein Versprechen im Falle einer wesentlichen Verschlechterung der Vermögensverhältnisse des Bestellers mit Wirkung für Vergütungsansprüche aus Bauleistungen zu wider-

rufen, die der Unternehmer bei Zugang der Widerrufserklärung noch nicht erbracht hat.
...

§ 649. Kündigungsrecht des Bestellers.
[1]Der Besteller kann bis zur Vollendung des Werkes jederzeit den Vertrag kündigen. [2]Kündigt der Besteller, so ist der Unternehmer berechtigt, die vereinbarte Vergütung zu verlangen; er muss sich jedoch dasjenige anrechnen lassen, was er infolge der Aufhebung des Vertrags an Aufwendungen erspart oder durch anderweitige Verwendung seiner Arbeitskraft erwirbt oder zu erwerben böswillig unterlässt. [3]Es wird vermutet, dass danach dem Unternehmer 5 vom Hundert der auf den noch nicht erbrachten Teil der Werkleistung entfallenden vereinbarten Vergütung zustehen.

§ 651. Anwendung des Kaufrechts. [1]Auf einen Vertrag, der die Lieferung herzustellender oder zu erzeugender beweglicher Sachen zum Gegenstand hat, finden die Vorschriften über den Kauf Anwendung. [2]§ 442 Abs. 1 Satz 1 findet bei diesen Verträgen auch Anwendung, wenn der Mangel auf den vom Besteller gelieferten Stoff zurückzuführen ist. [3]Soweit es sich bei den herzustellenden oder zu erzeugenden beweglichen Sachen um nicht vertretbare Sachen handelt, sind auch die §§ 642, 643, 645, 649 und 650 mit der Maßgabe anzuwenden, dass an die Stelle der Abnahme der nach den §§ 446 und 447 maßgebliche Zeitpunkt tritt.

§ 651a. Vertragstypische Pflichten beim Reisevertrag. (1) [1]Durch den Reisevertrag wird der Reiseveranstalter verpflichtet, dem Reisenden eine Gesamtheit von Reiseleistungen (Reise) zu erbringen. [2]Der Reisende ist verpflichtet, dem Reiseveranstalter den vereinbarten Reisepreis zu zahlen. ...

(3) [1]Der Reiseveranstalter hat dem Reisenden bei oder unverzüglich nach Vertragsschluss eine Urkunde über den Reisevertrag (Reisebestätigung) zur Verfügung zu stellen. [2]Die Reisebestätigung und ein Prospekt, den der Reiseveranstalter zur Verfügung stellt, müssen die in der Rechtsverordnung nach Artikel 238 des Einführungsgesetzes zum Bürgerlichen Gesetzbuche bestimmten Angaben enthalten.

(4) [1]Der Reiseveranstalter kann den Reisepreis nur erhöhen, wenn dies mit genauen Angaben zur Berechnung des neuen Preises im Vertrag vorgesehen ist und damit einer Erhöhung der Beförderungskosten, der Abgaben für bestimmte Leistungen, wie Hafen- oder Flughafengebühren, oder einer Änderung der für die betreffende Reise geltenden Wechselkurse Rechnung getragen wird. [2]Eine Preiserhöhung, die ab dem zwanzigsten Tag vor dem vereinbarten Abreisetermin verlangt wird, ist unwirksam. [3]§ 309 Nr. 1 bleibt unberührt.
...

► Mäklervertrag

§ 652. Entstehung des Lohnanspruchs.
(1) [1]Wer für den Nachweis der Gelegenheit zum Abschluss eines Vertrags oder für die Vermittlung eines Vertrags einen Mäklerlohn verspricht, ist zur Entrichtung des Lohnes nur verpflichtet, wenn der Vertrag infolge des Nachweises oder infolge der Vermittelung des Mäklers zustande kommt. [2]Wird der Vertrag unter einer aufschiebenden Bedingung geschlossen, so kann der Mäklerlohn erst verlangt werden, wenn die Bedingung eintritt.

(2) [1]Aufwendungen sind dem Mäkler nur zu ersetzen, wenn es vereinbart ist. [2]Dies gilt auch dann, wenn ein Vertrag nicht zustande kommt.

§ 653. Mäklerlohn. (1) Ein Mäklerlohn gilt als stillschweigend vereinbart, wenn die dem Mäkler übertragene Leistung den Umständen nach nur gegen eine Vergütung zu erwarten ist.

(2) Ist die Höhe der Vergütung nicht bestimmt, so ist bei dem Bestehen einer Taxe der taxmäßige Lohn, in Ermangelung einer Taxe der übliche Lohn als vereinbart anzusehen.

§ 655 a. Darlehensvermittlungsvertrag.
(1) [1]Für einen Vertrag, nach dem es ein Unternehmer unternimmt, einem Verbraucher gegen ein vom Verbraucher oder einem Dritten zu leistendes Entgelt einen Verbraucherdarlehensvertrag oder eine entgeltliche Finanzierungshilfe zu vermitteln oder ihm die Gelegenheit zum Abschluss eines solchen Vertrags nachzuweisen, gelten vorbehaltlich des Satzes 2 die folgenden Vorschriften. [2]Dies gilt nicht in dem in § 491 Abs. 2 bestimmten Umfang.
...

§ 655 b. Schriftform bei einem Vertrag mit einem Verbraucher. (1) [1]Der Darlehensvermittlungsvertrag mit einem Verbraucher bedarf der schriftlichen Form. [2]Der Vertrag darf nicht mit dem Antrag auf Hingabe des Darlehens verbunden werden. [3]Der Darlehensvermittler hat dem Verbraucher den Vertragsinhalt in Textform mitzuteilen.

(2) Ein Darlehensvermittlungsvertrag mit einem Verbraucher, der den Anforderungen des Absatzes 1 Satz 1 und 2 nicht genügt oder vor dessen Abschluss die Pflichten aus Artikel 247 § 13 Abs. 2 des Einführungsgesetzes zum Bürgerlichen Gesetzbuche nicht erfüllt worden sind, ist nichtig.

§ 655 c. Vergütung. [1]Der Verbraucher ist zur Zahlung der Vergütung nur verpflichtet, wenn infolge der Vermittlung oder des Nachweises des Darlehensvermittlers das Darlehen an den Verbraucher geleistet wird und ein Widerruf des Verbrauchers nach § 355 nicht mehr möglich ist. [2]Soweit der Verbraucherdarlehensvertrag mit Wissen des Darlehensvermittlers der vorzeitigen Ablösung eines anderen Darlehens (Umschuldung) dient, entsteht ein Anspruch auf die Vergütung nur, wenn sich der effektive Jahreszins nicht erhöht; bei der Berechnung des effektiven Jahreszinses für das abzulösende Darlehen bleiben etwaige Vermittlungskosten außer Betracht.

§ 655 d. Nebenentgelte. [1]Der Darlehensvermittler darf für Leistungen, die mit der Vermittlung des Verbraucherdarlehensvertrags oder dem Nachweis der Gelegenheit zum Abschluss eines Verbraucherdarlehensvertrags zusammenhängen, außer der Vergütung nach § 655 c Satz 1 ein Entgelt nicht vereinbaren. [2]Jedoch kann vereinbart werden, dass dem Darlehensvermittler entstandene, erforderliche Auslagen zu erstatten sind. [3]Dieser Anspruch darf die Höhe oder die Höchstbeträge, die der Darlehensvermittler dem Verbraucher gemäß Artikel 247 § 13 Absatz 2 Satz 1 Nummer 4 des Einführungsgesetzes zum Bürgerlichen Gesetzbuche mitgeteilt hat, nicht übersteigen.

§ 655 e. Abweichende Vereinbarungen, Anwendung auf Existenzgründer. (1) [1]Von den Vorschriften dieses Untertitels darf nicht zum Nachteil des Verbrauchers abgewichen werden. [2]Die Vorschriften dieses Untertitels finden auch Anwendung, wenn sie durch anderweitige Gestaltungen umgangen werden.

(2) Existenzgründer im Sinne des § 512 stehen Verbrauchern in diesem Untertitel gleich.

§ 656. Heiratsvermittlung. (1) [1]Durch das Versprechen eines Lohnes für den Nachweis der Gelegenheit zur Eingehung einer Ehe oder für die Vermittlung des Zustandekommens einer Ehe wird eine Verbindlichkeit nicht begründet. [2]Das auf Grund des Versprechens Geleistete kann nicht deshalb zurückgefordert werden, weil eine Verbindlichkeit nicht bestanden hat.

(2) Diese Vorschriften gelten auch für eine Vereinbarung, durch die der andere Teil zum Zwecke der Erfüllung des Versprechens dem Mäkler gegenüber eine Verbindlichkeit eingeht, insbesondere für ein Schuldanerkenntnis.

▶ Auslobung

§ 657. Bindendes Versprechen. Wer durch öffentliche Bekanntmachung eine Belohnung für die Vornahme einer Handlung, insbesondere für die Herbeiführung eines Erfolges, aussetzt, ist verpflichtet, die Belohnung demjenigen zu entrichten, welcher die Handlung vorgenommen hat, auch wenn dieser nicht mit Rücksicht auf die Auslobung gehandelt hat.

§ 661a. Gewinnzusagen. Ein Unternehmer, der Gewinnzusagen oder vergleichbare Mitteilungen an Verbraucher sendet und durch die Gestaltung dieser Zusendung den Eindruck erweckt, dass der Verbraucher einen Preis gewonnen hat, hat dem Verbraucher diesen Preis zu leisten.

▶ Auftrag, Geschäftsbesorgungsvertrag und Zahlungsdienste

§ 662. Vertragstypische Pflichten beim Auftrag. Durch die Annahme eines Auftrags verpflichtet sich der Beauftragte, ein ihm von dem Auftraggeber übertragenes Geschäft für diesen unentgeltlich zu besorgen.

§ 670. Ersatz von Aufwendungen. Macht der Beauftragte zum Zwecke der Ausführung des Auftrags Aufwendungen, die er den Umständen nach für erforderlich halten darf, so ist der Auftraggeber zum Ersatz verpflichtet.

§ 675. Entgeltliche Geschäftsbesorgung.

(1) Auf einen Dienstvertrag oder einen Werkvertrag, der eine Geschäftsbesorgung zum Gegenstand hat, finden, soweit in diesem Untertitel nichts Abweichendes bestimmt wird, die Vorschriften der §§ 663, 665 bis 670, 672 bis 674 und, wenn dem Verpflichteten das Recht zusteht, ohne Einhaltung einer Kündigungsfrist zu kündigen, auch die Vorschriften des § 671 Abs. 2 entsprechende Anwendung.

(2) Wer einem anderen einen Rat oder eine Empfehlung erteilt, ist, unbeschadet der sich aus einem Vertragsverhältnis, einer unerlaubten Handlung oder einer sonstigen gesetzlichen Bestimmung ergebenden Verantwortlichkeit, zum Ersatz des aus der Befolgung des Rates oder der Empfehlung entstehenden Schadens nicht verpflichtet.

▶ Zahlungsdienstevertrag

§ 675 f. Zahlungsdienstevertrag. (1) Durch einen Einzelzahlungsvertrag wird der Zahlungsdienstleister verpflichtet, für die Person, die einen Zahlungsdienst als Zahler, Zahlungsempfänger oder in beiden Eigenschaften in Anspruch nimmt (Zahlungsdienstnutzer), einen Zahlungsvorgang auszuführen.

(2) [1]Durch einen Zahlungsdiensterahmenvertrag wird der Zahlungsdienstleister verpflichtet, für den Zahlungsdienstnutzer ein-

zelne und aufeinander folgende Zahlungsvorgänge auszuführen sowie gegebenenfalls für den Zahlungsdienstnutzer ein auf dessen Namen oder die Namen mehrerer Zahlungsdienstnutzer lautendes Zahlungskonto zu führen. [2]Ein Zahlungsdiensterahmenvertrag kann auch Bestandteil eines sonstigen Vertrags sein oder mit einem anderen Vertrag zusammenhängen.

(3) [1]Zahlungsvorgang ist jede Bereitstellung, Übermittlung oder Abhebung eines Geldbetrags, unabhängig von der zugrunde liegenden Rechtsbeziehung zwischen Zahler und Zahlungsempfänger. [2]Zahlungsauftrag ist jeder Auftrag, den ein Zahler seinem Zahlungsdienstleister zur Ausführung eines Zahlungsvorgangs entweder unmittelbar oder mittelbar über den Zahlungsempfänger erteilt.

...

§ 675 i. Ausnahmen für Kleinbetragsinstrumente und elektronisches Geld. (1) [1]Ein Zahlungsdienstevertrag kann die Überlassung eines Kleinbetragsinstruments an den Zahlungsdienstnutzer vorsehen. [2]Ein Kleinbetragsinstrument ist ein Mittel,

1. mit dem nur einzelne Zahlungsvorgänge bis höchstens 30 Euro ausgelöst werden können,
2. das eine Ausgabenobergrenze von 150 Euro hat oder
3. das Geldbeträge speichert, die zu keiner Zeit 150 Euro übersteigen.

[3]In den Fällen der Nummern 2 und 3 erhöht sich die Betragsgrenze auf 200 Euro, wenn das Kleinbetragsinstrument nur für inländische Zahlungsvorgänge genutzt werden kann.

...

§ 675 j. Zustimmung und Widerruf der Zustimmung. (1) [1]Ein Zahlungsvorgang ist gegenüber dem Zahler nur wirksam, wenn er diesem zugestimmt hat (Autorisierung). [2]Die Zustimmung kann entweder als Einwilligung oder, sofern zwischen dem Zahler und seinem Zahlungsdienstleister zuvor vereinbart, als Genehmigung erteilt werden. [3]Art und Weise der Zustimmung sind zwischen dem Zahler und seinem Zahlungsdienstleister zu vereinbaren. [4]Insbesondere kann vereinbart werden, dass die Zustimmung mittels eines bestimmten Zahlungsauthentifizierungsinstruments erteilt werden kann.

...

§ 675 k. Nutzungsbegrenzung. (1) In Fällen, in denen die Zustimmung mittels eines Zahlungsauthentifizierungsinstruments erteilt wird, können der Zahler und der Zahlungsdienstleister Betragsobergrenzen für die Nutzung dieses Zahlungsauthentifizierungsinstruments vereinbaren.

...

§ 675 l. Pflichten des Zahlers in Bezug auf Zahlungsauthentifizierungsinstrumente. [1]Der Zahler ist verpflichtet, unmittelbar nach Erhalt eines Zahlungsauthentifizierungsinstruments alle zumutbaren Vorkehrungen zu treffen, um die personalisierten Sicherheitsmerkmale vor unbefugtem Zugriff zu schützen. [2]Er hat dem Zahlungsdienstleister oder einer von diesem benannten Stelle den Verlust, den Diebstahl, die missbräuchliche Verwendung oder die sonstige nicht autorisierte Nutzung eines Zahlungsauthentifizierungsinstruments unverzüglich anzuzeigen, nachdem er hiervon Kenntnis erlangt hat.

§ 675 m. Pflichten des Zahlungsdienstleisters in Bezug auf Zahlungsauthentifizierungsinstrumente; Risiko der Versendung. (1) Der Zahlungsdienstleister, der ein Zahlungsauthentifizierungsinstrument ausgibt, ist verpflichtet,

1. unbeschadet der Pflichten des Zahlungsdienstnutzers gemäß § 675l sicherzustellen, dass die personalisierten Sicherheitsmerkmale des Zahlungsauthentifizierungsinstruments nur der zur Nutzung berechtigten Person zugänglich sind,

...

§ 675 t. Wertstellungsdatum und Verfügbarkeit von Geldbeträgen. (1) [1]Der Zahlungsdienstleister des Zahlungsempfängers ist verpflichtet, dem Zahlungsempfänger den Zahlungsbetrag unverzüglich verfügbar zu machen, nachdem er auf dem Konto des Zahlungsdienstleisters eingegangen ist. [2]Sofern der Zahlungsbetrag auf einem Zahlungskonto des Zahlungsempfängers gutgeschrieben werden soll, ist die Gutschrift, auch wenn sie nachträglich erfolgt, so vorzunehmen, dass der Zeitpunkt, den der Zahlungsdienstleister für die Berechnung der Zinsen bei Gutschrift oder Belastung eines Betrags auf einem Zahlungskonto zugrunde legt (Wertstellungsdatum), spätestens der Geschäftstag ist, an dem der Zahlungsbetrag auf dem Konto des Zahlungsdienstleisters des Zahlungsempfängers eingegangen ist. [3]Satz 1 gilt auch dann, wenn der Zahlungsempfänger kein Zahlungskonto unterhält.

...

§ 675 u. Haftung des Zahlungsdienstleisters für nicht autorisierte Zahlungsvorgänge. [1]Im Fall eines nicht autorisierten Zahlungsvorgangs hat der Zahlungsdienstleister des Zahlers gegen diesen keinen Anspruch auf Erstattung seiner Aufwendungen. [2]Er ist verpflichtet, dem Zahler den Zahlungsbetrag unverzüglich zu erstatten und, sofern der Betrag einem Zahlungskonto belastet worden ist, dieses Zahlungskonto wieder auf den Stand zu bringen, auf dem es sich ohne die Belastung durch den nicht autorisierten Zahlungsvorgang befunden hätte.

§ 675 v. Haftung des Zahlers bei missbräuchlicher Nutzung eines Zahlungsauthentifizierungsinstruments. (1) [1]Beruhen nicht autorisierte Zahlungsvorgänge auf der Nutzung eines verlorengegangenen, gestohlenen oder sonst abhanden gekommenen Zahlungsauthentifizierungsinstruments, so kann der Zahlungsdienstleister des Zahlers von diesem den Ersatz des hierdurch entstandenen Schadens bis zu einem Betrag von 150 Euro verlangen. [2]Dies gilt auch, wenn der Schaden infolge einer sonstigen missbräuchlichen Verwendung eines Zahlungsauthentifizierungsinstruments entstanden ist und der Zahler die personalisierten Sicherheitsmerkmale nicht sicher aufbewahrt hat.

(2) Der Zahler ist seinem Zahlungsdienstleister zum Ersatz des gesamten Schadens verpflichtet, der infolge eines nicht autorisierten Zahlungsvorgangs entstanden ist, wenn er ihn in betrügerischer Absicht ermöglicht hat oder durch vorsätzliche oder grob fahrlässige Verletzung

1. einer oder mehrerer Pflichten gemäß § 675l oder
2. einer oder mehrerer vereinbarter Bedingungen für die Ausgabe und Nutzung des Zahlungsauthentifizierungsinstruments

herbeigeführt hat.

…

§ 675 x. Erstattungsanspruch bei einem vom oder über den Zahlungsempfänger ausgelösten autorisierten Zahlungsvorgang.

…

(4) Ein Anspruch des Zahlers auf Erstattung ist ausgeschlossen, wenn er ihn nicht innerhalb von acht Wochen ab dem Zeitpunkt der Belastung des betreffenden Zahlungsbetrags gegenüber seinem Zahlungsdienstleister geltend macht.

(5) Der Zahlungsdienstleister ist verpflichtet, innerhalb von zehn Geschäftstagen nach Zugang eines Erstattungsverlangens entweder den vollständigen Betrag des Zahlungsvorgangs zu erstatten oder dem Zahler die Gründe für die Ablehnung der Erstattung mitzuteilen. Im Fall der Ablehnung hat der Zahlungsdienstleister auf die Beschwerdemöglichkeit gemäß § 28 des Zahlungsdiensteaufsichtsgesetzes und auf die Möglichkeit, eine Schlichtungsstelle gemäß § 14 des Unterlassungsklagengesetzes anzurufen, hinzuweisen. …

…

▶ Geschäftsführung ohne Auftrag

§ 677. Pflichten des Geschäftsführers. Wer ein Geschäft für einen anderen besorgt, ohne von ihm beauftragt oder ihm gegenüber sonst dazu berechtigt zu sein, hat das Geschäft so zu führen, wie das Interesse des Geschäftsherrn mit Rücksicht auf dessen wirklichen oder mutmaßlichen Willen es erfordert.

§ 678. Geschäftsführung gegen den Willen des Geschäftsherrn. Steht die Übernahme der Geschäftsführung mit dem wirklichen oder dem mutmaßlichen Willen des Geschäftsherrn in Widerspruch und musste der Geschäftsführer dies erkennen, so ist er dem Geschäftsherrn zum Ersatze des aus der Geschäftsführung entstehenden Schadens auch dann verpflichtet, wenn ihm ein sonstiges Verschulden nicht zur Last fällt.

§ 680. Geschäftsführung zur Gefahrenabwehr. Bezweckt die Geschäftsführung die Abwendung einer dem Geschäftsherrn drohenden dringenden Gefahr, so hat der Geschäftsführer nur Vorsatz und grobe Fahrlässigkeit zu vertreten.

§ 681. Nebenpflichten des Geschäftsführers. Der Geschäftsführer hat die Übernahme der Geschäftsführung, sobald es tunlich ist, dem Geschäftsherrn anzuzeigen und, wenn nicht mit dem Aufschub Gefahr verbunden ist, dessen Entschließung abzuwarten. …

§ 683. Ersatz von Aufwendungen. Entspricht die Übernahme der Geschäftsführung dem Interesse und dem wirklichen oder dem mutmaßlichen Willen des Geschäftsherrn, so kann der Geschäftsführer wie ein Beauftragter Ersatz seiner Aufwendungen verlangen. …

§ 684. Herausgabe der Bereicherung. [1]Liegen die Voraussetzungen des § 683 nicht vor, so ist der Geschäftsherr verpflichtet, dem Geschäftsführer alles, was er durch die Geschäftsführung erlangt, nach den Vorschriften über die Herausgabe einer ungerechtfertigten Bereicherung herauszugeben. [2]Genehmigt der Geschäftsherr die Geschäftsführung, so steht dem Geschäftsführer der im § 683 bestimmte Anspruch zu.

▶ Verwahrung

§ 688. Vertragstypische Pflichten bei der Verwahrung. Durch den Verwahrungsvertrag wird der Verwahrer verpflichtet, eine ihm von dem Hinterleger übergebene bewegliche Sache aufzubewahren.

§ 689. Vergütung. Eine Vergütung für die Aufbewahrung gilt als stillschweigend vereinbart, wenn die Aufbewahrung den Umständen nach nur gegen eine Vergütung zu erwarten ist.

§ 690. Haftung bei unentgeltlicher Verwahrung. Wird die Aufbewahrung unentgeltlich übernommen, so hat der Verwahrer nur für diejenige Sorgfalt einzustehen, welche er in eigenen Angelegenheiten anzuwenden pflegt.

§ 691. Hinterlegung bei Dritten. [1]Der Verwahrer ist im Zweifel nicht berechtigt, die hinterlegte Sache bei einemDritten zu hinterlegen. [2]Ist die Hinterlegung bei einem Dritten gestattet, so hat der Verwahrer nur ein ihm bei dieser Hinterlegung zur Last fallendes Verschulden zu vertreten. [3]Für das Verschulden eines Gehilfen ist er nach § 278 verantwortlich.

§ 692. Änderung der Aufbewahrung. [1]Der Verwahrer ist berechtigt, die vereinbarte Art der Aufbewahrung zu ändern, wenn er den Umständen nach annehmen darf, dass der Hinterleger bei Kenntnis der Sachlage die Änderung billigen würde. [2]Der Verwahrer hat vor der Änderung dem Hinterleger Anzeige zu machen und dessen Entschließung abzuwarten, wenn nicht mit dem Aufschube Gefahr verbunden ist.

§ 693. Ersatz von Aufwendungen. Macht der Verwahrer zum Zwecke der Aufbewahrung Aufwendungen, die er den Umständen nach für erforderlich halten darf, so ist der Hinterleger zum Ersatze verpflichtet.

§ 694. Schadensersatzpflicht des Hinterlegers. Der Hinterleger hat den durch die Beschaffenheit der hinterlegten Sache dem Verwahrer entstehenden Schaden zu ersetzen, es sei denn, dass er die gefahrdrohende Beschaffenheit der Sache bei der Hinterlegung weder kennt noch kennen muss oder dass er sie dem Verwahrer angezeigt oder dieser sie ohne Anzeige gekannt hat.

§ 695. Rückforderungsrecht des Hinterlegers. [1]Der Hinterleger kann die hinterlegte Sache jederzeit zurückfordern, auch wenn für die Aufbewahrung eine Zeit bestimmt ist. [2]Die Verjährung des Anspruchs auf Rückgabe der Sache beginnt mit der Rückforderung.

§ 696. Rücknahmeanspruch des Verwahrers. [1]Der Verwahrer kann, wenn eine Zeit für die Aufbewahrung nicht bestimmt ist, jederzeit die Rücknahme der hinterlegten Sache verlangen. [2]Ist eine Zeit bestimmt, so kann er die vorzeitige Rücknahme nur verlangen, wenn ein wichtiger Grund vorliegt. [3]Die Verjährung des Anspruchs beginnt mit dem Verlangen auf Rücknahme.

§ 697. Rückgabeort. Die Rückgabe der hinterlegten Sache hat an dem Orte zu erfolgen, an welchem die Sache aufzubewahren war; der Verwahrer ist nicht verpflichtet, die Sache dem Hinterleger zu bringen.

§ 700. Unregelmäßiger Verwahrungsvertrag. Werden vertretbare Sachen in der Art hinterlegt, dass das Eigentum auf den Verwahrer übergehen und dieser verpflichtet sein soll, Sachen von gleicher Art, Güte und Menge zurückzugewähren, so finden bei Geld die Vorschriften über den Darlehensvertrag, bei anderen Sachen die Vorschriften über den Sachdarlehensvertrag Anwendung.

...

▶ Gesellschaft

§ 705. Inhalt des Gesellschaftsvertrags. Durch den Gesellschaftsvertrag verpflichten sich die Gesellschafter gegenseitig, die Erreichung eines gemeinsamen Zweckes in der durch den Vertrag bestimmten Weise zu fördern, insbesondere die vereinbarten Beiträge zu leisten.

§ 706. Beiträge der Gesellschafter. Die Gesellschafter haben in Ermangelung einer anderen Vereinbarung gleiche Beiträge zu leisten.

...

§ 707. Erhöhung des vereinbarten Beitrags. Zur Erhöhung des vereinbarten Beitrags oder zur Ergänzung der durch Verlust verminderten Einlage ist ein Gesellschafter nicht verpflichtet.

§ 708. Haftung der Gesellschafter. Ein Gesellschafter hat bei der Erfüllung der ihm obliegenden Verpflichtungen nur für diejenige Sorgfalt einzustehen, welche er in eigenen Angelegenheiten anzuwenden pflegt.

§ 709. Gemeinschaftliche Geschäftsführung. (1) Die Führung der Geschäfte der Gesellschaft steht den Gesellschaftern gemeinschaftlich zu; für jedes Geschäft ist die Zustimmung aller Gesellschafter erforderlich.

(2) Hat nach dem Gesellschaftsvertrag die Mehrheit der Stimmen zu entscheiden, so ist die Mehrheit im Zweifel nach der Zahl der Gesellschafter zu berechnen.

§ 710. Übertragung der Geschäftsführung. [1]Ist in dem Gesellschaftsvertrag die Führung der Geschäfte einem Gesellschafter oder mehreren Gesellschaftern übertragen, so sind die übrigen Gesellschafter von der Geschäftsführung ausgeschlossen. [2]Ist die Geschäftsführung mehreren Gesellschaftern übertragen, so findet die Vorschrift des § 709 entsprechende Anwendung.

§ 711. Widerspruchsrecht. [1]Steht nach dem Gesellschaftsvertrag die Führung der Geschäfte allen oder mehreren Gesellschaftern in der Art zu, dass jeder allein zu handeln berechtigt ist, so kann jeder der Vornahme eines Geschäfts durch den anderen widersprechen. [2]Im Falle des Widerspruchs muss das Geschäft unterbleiben.

§ 714. Vertretungsmacht. Soweit einem Gesellschafter nach dem Gesellschaftsvertrag die Befugnis zur Geschäftsführung zusteht, ist er im Zweifel auch ermächtigt, die anderen Gesellschafter Dritten gegenüber zu vertreten.

§ 716. Kontrollrecht der Gesellschafter.

(1) Ein Gesellschafter kann, auch wenn er von der Geschäftsführung ausgeschlossen ist, sich von den Angelegenheiten der Gesellschaft persönlich unterrichten, die Geschäftsbücher und die Papiere der Gesellschaft einsehen und sich aus ihnen eine Übersicht über den Stand des Gesellschaftsvermögens anfertigen.

…

§ 718. Gesellschaftsvermögen. (1) Die Beiträge der Gesellschafter und die durch die Geschäftsführung für die Gesellschaft erworbenen Gegenstände werden gemeinschaftliches Vermögen der Gesellschafter (Gesellschaftsvermögen).

(2) Zu dem Gesellschaftsvermögen gehört auch, was auf Grund eines zu dem Gesellschaftsvermögen gehörenden Rechts oder als Ersatz für die Zerstörung, Beschädigung oder Entziehung eines zu dem Gesellschaftsvermögen gehörenden Gegenstandes erworben wird.

§ 719. Gesamthänderische Bindung. (1) Ein Gesellschafter kann nicht über seinen Anteil an dem Gesellschaftsvermögen und an den einzelnen dazu gehörenden Gegenständen verfügen; er ist nicht berechtigt, Teilung zu verlangen.

(2) Gegen eine Forderung, die zum Gesellschaftsvermögen gehört, kann der Schuldner nicht eine ihm gegen einen einzelnen Gesellschafter zustehende Forderung aufrechnen.

§ 721. Gewinn- und Verlustverteilung.

(1) Ein Gesellschafter kann den Rechnungsabschluss und die Verteilung des Gewinns und Verlusts erst nach der Auflösung der Gesellschaft verlangen.

(2) Ist die Gesellschaft von längerer Dauer, so hat der Rechnungsabschluss und die Gewinnverteilung im Zweifel am Schluss jedes Geschäftsjahrs zu erfolgen.

§ 722. Anteile am Gewinn und Verlust.

(1) Sind die Anteile der Gesellschafter am Gewinn und Verluste nicht bestimmt, so hat jeder Gesellschafter ohne Rücksicht auf die Art und die Größe seines Beitrags einen gleichen Anteil am Gewinn und Verlust.

(2) Ist nur der Anteil am Gewinn oder am Verluste bestimmt, so gilt die Bestimmung im Zweifel für Gewinn und Verlust.

§ 723. Kündigung durch Gesellschafter.

(1) [1]Ist die Gesellschaft nicht für eine bestimmte Zeit eingegangen, so kann jeder Gesellschafter sie jederzeit kündigen. [2]Ist eine Zeitdauer bestimmt, so ist die Kündigung vor dem Ablaufe der Zeit zulässig, wenn ein wichtiger Grund vorliegt. [3]Ein wichtiger Grund liegt insbesondere vor,

1. wenn ein anderer Gesellschafter eine ihm nach dem Gesellschaftsvertrag obliegende wesentliche Verpflichtung vorsätzlich oder aus grober Fahrlässigkeit verletzt hat oder wenn die Erfüllung einer solchen Verpflichtung unmöglich wird;
2. wenn der Gesellschafter das 18. Lebensjahr vollendet hat.

[4]Der volljährig Gewordene kann die Kündigung nach Nummer 2 nur binnen drei Monaten von dem Zeitpunkt an erklären, in welchem er von seiner Gesellschafterstellung Kenntnis hatte oder haben musste. [5]Das Kündigungsrecht besteht nicht, wenn der Gesellschafter bezüglich des Gegenstandes der Gesellschaft zum selbständigen Betrieb eines Erwerbsgeschäftes gemäß § 112 ermächtigt war oder der Zweck der Gesellschaft allein der Befriedigung seiner persönlichen Bedürfnisse diente. [6]Unter den gleichen Voraussetzungen ist, wenn eine Kündigungsfrist bestimmt ist, die Kündigung ohne Einhaltung der Frist zulässig.

…

§ 726. Auflösung wegen Erreichens oder Unmöglichwerdens des Zwecks. Die Gesellschaft endigt, wenn der vereinbarte Zweck erreicht oder dessen Erreichung unmöglich geworden ist.

§ 727. Auflösung durch Tod eines Gesellschafters. (1) Die Gesellschaft wird durch den Tod eines der Gesellschafter aufgelöst, sofern nicht aus dem Gesellschaftsvertrage sich ein anderes ergibt.

…

§ 728. Auflösung durch Insolvenz der Gesellschaft oder eines Gesellschafters. (1) [1]Die Gesellschaft wird durch die Eröffnung des Insolvenzverfahrens über das Vermögen der Gesellschaft aufgelöst. [2]Wird das Verfahren auf

Antrag des Schuldners eingestellt oder nach der Bestätigung eines Insolvenzplans, der den Fortbestand der Gesellschaft vorsieht, aufgehoben, so können die Gesellschafter die Fortsetzung der Gesellschaft beschließen.

(2) [1]Die Gesellschaft wird durch die Eröffnung des Insolvenzverfahrens über das Vermögen eines Gesellschafters aufgelöst. [2]Die Vorschrift des § 727 Abs. 2 Satz 2, 3 findet Anwendung.

§ 736. Ausscheiden eines Gesellschafters, Nachhaftung. (1) Ist im Gesellschaftsvertrag bestimmt, dass, wenn ein Gesellschafter kündigt oder stirbt oder wenn das Insolvenzverfahren über sein Vermögen eröffnet wird, die Gesellschaft unter den übrigen Gesellschaftern fortbestehen soll, so scheidet bei dem Eintritt eines solchen Ereignisses der Gesellschafter, in dessen Person es eintritt, aus der Gesellschaft aus.

(2) Die für Personenhandelsgesellschaften geltenden Regelungen über die Begrenzung der Nachhaftung gelten sinngemäß.

▶ Unvollkommene Verbindlichkeiten

§ 762. Spiel, Wette. (1) [1]Durch Spiel oder durch Wette wird eine Verbindlichkeit nicht begründet. [2]Das auf Grund des Spieles oder der Wette Geleistete kann nicht deshalb zurückgefordert werden, weil eine Verbindlichkeit nicht bestanden hat.

...

§ 763. Lotterie- und Ausspielvertrag. [1]Ein Lotterievertrag oder ein Ausspielvertrag ist verbindlich, wenn die Lotterie oder die Ausspielung staatlich genehmigt ist. [2]Anderenfalls findet die Vorschrift des § 762 Anwendung.

▶ Bürgschaft

§ 765. Vertragstypische Pflichten bei der Bürgschaft. (1) Durch den Bürgschaftsvertrag verpflichtet sich der Bürge gegenüber dem Gläubiger eines Dritten, für die Erfüllung der Verbindlichkeit des Dritten einzustehen.

(2) Die Bürgschaft kann auch für eine künftige oder eine bedingte Verbindlichkeit übernommen werden.

§ 766. Schriftform der Bürgschaftserklärung. [1]Zur Gültigkeit des Bürgschaftsvertrags ist schriftliche Erteilung der Bürgschaftserklärung erforderlich. [2]Die Erteilung der Bürgschaftserklärung in elektronischer Form ist ausgeschlossen. [3]Soweit der Bürge die Hauptverbindlichkeit erfüllt, wird der Mangel der Form geheilt.

§ 767. Umfang der Bürgschaftsschuld. (1) [1]Für die Verpflichtung des Bürgen ist der jeweilige Bestand der Hauptverbindlichkeit maßgebend. [2]Dies gilt insbesondere auch, wenn die Hauptverbindlichkeit durch Verschulden oder Verzug des Hauptschuldners geändert wird. [3]Durch ein Rechtsgeschäft, das der Hauptschuldner nach der Übernahme der Bürgschaft vornimmt, wird die Verpflichtung des Bürgen nicht erweitert.

...

§ 768. Einreden des Bürgen. (1) [1]Der Bürge kann die dem Hauptschuldner zustehenden Einreden geltend machen. [2]Stirbt der Hauptschuldner, so kann sich der Bürge nicht darauf berufen, dass der Erbe für die Verbindlichkeit nur beschränkt haftet.

(2) Der Bürge verliert eine Einrede nicht dadurch, dass der Hauptschuldner auf sie verzichtet.

§ 769. Mitbürgschaft. Verbürgen sich mehrere für dieselbe Verbindlichkeit, so haften sie als Gesamtschuldner, auch wenn sie die Bürgschaft nicht gemeinschaftlich übernehmen.

§ 770. Einreden der Anfechtbarkeit und der Aufrechenbarkeit. (1) Der Bürge kann die Befriedigung des Gläubigers verweigern, solange dem Hauptschuldner das Recht zusteht, das seiner Verbindlichkeit zugrunde liegende Rechtsgeschäft anzufechten.

(2) Die gleiche Befugnis hat der Bürge, solange sich der Gläubiger durch Aufrechnung gegen eine fällige Forderung des Hauptschuldners befriedigen kann.

§ 771. Einrede der Vorausklage. [1]Der Bürge kann die Befriedigung des Gläubigers verweigern, solange nicht der Gläubiger eine Zwangsvollstreckung gegen den Hauptschuldner ohne Erfolg versucht hat (Einrede der Vorausklage). [2]Erhebt der Bürge die Einrede der Vorausklage, ist die Verjährung des Anspruchs des Gläubigers gegen den Bürgen gehemmt, bis der Gläubiger eine Zwangsvollstreckung gegen den Hauptschuldner ohne Erfolg versucht hat.

§ 772. Vollstreckungs- und Verwertungspflicht des Gläubigers. (1) Besteht die Bürgschaft für eine Geldforderung, so muss die Zwangsvollstreckung in die beweglichen Sachen des Hauptschuldners an seinem Wohnsitz und, wenn der Hauptschuldner an einem anderen Orte eine gewerbliche Niederlassung hat, auch an diesem Orte, in Ermangelung eines Wohnsitzes und einer gewerblichen Niederlassung an seinem Aufenthaltsort versucht werden.

(2) [1]Steht dem Gläubiger ein Pfandrecht oder ein Zurückbehaltungsrecht an einer beweglichen Sache des Hauptschuldners zu, so muss er auch aus dieser Sache Befriedigung suchen. [2]Steht dem Gläubiger ein solches Recht an der Sache auch für eine andere Forderung zu, so gilt dies nur, wenn beide Forderungen durch den Wert der Sache gedeckt werden.

§ 773. Ausschluss der Einrede der Vorausklage. (1) Die Einrede der Vorausklage ist ausgeschlossen:
1. wenn der Bürge auf die Einrede verzichtet, insbesondere wenn er sich als Selbstschuldner verbürgt hat;
2. wenn die Rechtsverfolgung gegen den Hauptschuldner infolge einer nach der Übernahme der Bürgschaft eingetretenen Änderung des Wohnsitzes, der gewerblichen Niederlassung oder des Aufenthaltsorts des Hauptschuldners wesentlich erschwert ist;
3. wenn über das Vermögen des Hauptschuldners das Insolvenzverfahren eröffnet ist;
4. wenn anzunehmen ist, dass die Zwangsvollstreckung in das Vermögen des Hauptschuldners nicht zur Befriedigung des Gläubigers führen wird.

(2) In den Fällen der Nummern 3, 4 ist die Einrede insoweit zulässig, als sich der Gläubiger aus einer beweglichen Sache des Hauptschuldners befriedigen kann, an der er ein Pfandrecht oder ein Zurückbehaltungsrecht hat; die Vorschrift des § 772 Abs. 2 Satz 2 findet Anwendung.

§ 774. Gesetzlicher Forderungsübergang. (1) Soweit der Bürge den Gläubiger befriedigt, geht die Forderung des Gläubigers gegen den Hauptschuldner auf ihn über. …

▶ Schuldversprechen, Schuldanerkenntnis

§ 780. Schuldversprechen. [1]Zur Gültigkeit eines Vertrags, durch den eine Leistung in der Weise versprochen wird, dass das Versprechen die Verpflichtung selbständig begründen soll (Schuldversprechen), ist, soweit nicht eine andere Form vorgeschrieben ist, schriftliche Erteilung des Versprechens erforderlich. [2]Die Erteilung des Versprechens in elektronischer Form ist ausgeschlossen.

§ 781. Schuldanerkenntnis. [1]Zur Gültigkeit eines Vertrags, durch den das Bestehen eines Schuldverhältnisses anerkannt wird (Schuldanerkenntnis), ist schriftliche Erteilung der Anerkennungserklärung erforderlich. [2]Die Erteilung der Anerkennungserklärung in elektronischer Form ist ausgeschlossen. [3]Ist für die Begründung des Schuldverhältnisses, dessen Bestehen anerkannt wird, eine andere Form vorgeschrieben, so bedarf der Anerkennungsvertrag dieser Form.

▶ Anweisung

§ 783. Rechte aus der Anweisung. Händigt jemand eine Urkunde, in der er einen anderen anweist, Geld, Wertpapiere oder andere vertretbare Sachen an einen Dritten zu leisten, dem Dritten aus, so ist dieser ermächtigt, die Leistung bei dem Angewiesenen im eigenen Namen zu erheben; der Angewiesene ist ermächtigt, für Rechnung des Anweisenden an den Anweisungsempfänger zu leisten.

§ 784. Annahme der Anweisung. (1) Nimmt der Angewiesene die Anweisung an, so ist er dem Anweisungsempfänger gegenüber zur Leistung verpflichtet; er kann ihm nur solche Einwendungen entgegensetzen, welche die Gültigkeit der Annahme betreffen oder sich aus dem Inhalte der Anweisung oder dem Inhalt der Annahme ergeben oder dem Angewiesenen unmittelbar gegen den Anweisungsempfänger zustehen.

(2) Die Annahme erfolgt durch einen schriftlichen Vermerk auf der Anweisung. …

§ 785. Aushändigung der Anweisung. Der Angewiesene ist nur gegen Aushändigung der Anweisung zur Leistung verpflichtet.

▶ Schuldverschreibung auf den Inhaber

§ 793. Rechte aus der Schuldverschreibung auf den Inhaber. (1) [1]Hat jemand eine Urkunde ausgestellt, in der er dem Inhaber der Urkunde eine Leistung verspricht (Schuldverschreibung auf den Inhaber), so kann der Inhaber von ihm die Leistung nach Maßgabe des Versprechens verlangen, es sei denn, dass er zur Verfügung über die Urkunde nicht berechtigt ist. [2]Der Aussteller wird jedoch auch durch die Leistung an einen nicht zur Verfügung berechtigten Inhaber befreit.

(2) [1]Die Gültigkeit der Unterzeichnung kann durch eine in die Urkunde aufgenommene Bestimmung von der Beobachtung einer besonderen Form abhängig gemacht werden. [2]Zur Unterzeichnung genügt eine im Wege der mechanischen Vervielfältigung hergestellte Namensunterschrift.

§ 794. Haftung des Ausstellers. (1) Der Aussteller wird aus einer Schuldverschreibung auf den Inhaber auch dann verpflichtet, wenn sie ihm gestohlen worden oder verloren gegangen oder wenn sie sonst ohne seinen Willen in den Verkehr gelangt ist.

…

§ 796. Einwendungen des Ausstellers. Der Aussteller kann dem Inhaber der Schuldverschreibung nur solche Einwendungen entgegensetzen, welche die Gültigkeit der Ausstellung betreffen oder sich aus der Urkunde ergeben oder dem Aussteller unmittelbar gegen den Inhaber zustehen.

§ 797. Leistungspflicht nur gegen Aushändigung. [1]Der Aussteller ist nur gegen Aushändigung der Schuldverschreibung zur Leistung verpflichtet. [2]Mit der Aushändigung erwirbt er das Eigentum an der Urkunde, auch wenn der Inhaber zur Verfügung über sie nicht berechtigt ist.

§ 799. Kraftloserklärung. (1) Eine abhanden gekommene oder vernichtete Schuldverschreibung auf den Inhaber kann, wenn nicht in der Urkunde das Gegenteil bestimmt ist, im Wege des Aufgebotsverfahrens für kraftlos erklärt werden.

…

► Ungerechtfertigte Bereicherung

§ 812. Herausgabeanspruch. (1) Wer durch die Leistung eines anderen oder in sonstiger Weise auf dessen Kosten etwas ohne rechtlichen Grund erlangt, ist ihm zur Herausgabe verpflichtet.

…

§ 816. Verfügung eines Nichtberechtigten. (1) Trifft ein Nichtberechtigter über einen Gegenstand eine Verfügung, die dem Berechtigten gegenüber wirksam ist, so ist er dem Berechtigten zur Herausgabe des durch die Verfügung Erlangten verpflichtet.

…

§ 818. Umfang des Bereicherungsanspruchs. (1) Die Verpflichtung zur Herausgabe erstreckt sich auf die gezogenen Nutzungen sowie auf dasjenige, was der Empfänger auf Grund eines erlangten Rechts oder als Ersatz für die Zerstörung, Beschädigung oder Entziehung des erlangten Gegenstands erwirbt.

(2) Ist die Herausgabe wegen der Beschaffenheit des Erlangten nicht möglich oder ist der Empfänger aus einem anderen Grunde zur Herausgabe außerstande, so hat er den Wert zu ersetzen.

(3) Die Verpflichtung zur Herausgabe oder zum Ersatz des Wertes ist ausgeschlossen, soweit der Empfänger nicht mehr bereichert ist.

(4) Von dem Eintritt der Rechtshängigkeit an haftet der Empfänger nach den allgemeinen Vorschriften.

§ 822. Herausgabepflicht Dritter. Wendet der Empfänger das Erlangte unentgeltlich einem Dritten zu, so ist, soweit infolgedessen die Verpflichtung des Empfängers zur Herausgabe der Bereicherung ausgeschlossen ist, der Dritte zur Herausgabe verpflichtet, wie wenn er die Zuwendung von dem Gläubiger ohne rechtlichen Grund erhalten hätte.

► Unerlaubte Handlungen

§ 823. Schadensersatzpflicht. (1) Wer vorsätzlich oder fahrlässig das Leben, den Körper, die Gesundheit, die Freiheit, das Eigentum oder ein sonstiges Recht eines anderen widerrechtlich verletzt, ist dem anderen zum Ersatze des daraus entstehenden Schadens verpflichtet.

(2) [1]Die gleiche Verpflichtung trifft denjenigen, welcher gegen ein den Schutz eines anderen bezweckendes Gesetz verstößt. [2]Ist nach dem Inhalte des Gesetzes ein Verstoß gegen dieses auch ohne Verschulden möglich, so tritt die Ersatzpflicht nur im Falle des Verschuldens ein.

§ 824. Kreditgefährdung. (1) Wer der Wahrheit zuwider eine Tatsache behauptet oder verbreitet, die geeignet ist, den Kredit eines anderen zu gefährden oder sonstige Nachteile für dessen Erwerb oder Fortkommen herbeizuführen, hat dem anderen den daraus entstehenden Schaden auch dann zu ersetzen, wenn er die Unwahrheit zwar nicht kennt, aber kennen muss.

…

§ 826. Sittenwidrige vorsätzliche Schädigung. Wer in einer gegen die guten Sitten verstoßenden Weise einem anderen vorsätzlich Schaden zufügt, ist dem anderen zum Ersatze des Schadens verpflichtet.

§ 827. Ausschluss und Minderung der Verantwortlichkeit. [1]Wer im Zustande der Bewusstlosigkeit oder in einem die freie Willensbestimmung ausschließenden Zustande krankhafter Störung der Geistestätigkeit einem anderen Schaden zufügt, ist für den Schaden nicht verantwortlich. [2]Hat er sich durch geistige Getränke oder ähnliche Mittel in einen vorübergehenden Zustand dieser Art versetzt, so ist er für einen Schaden, den er in diesem Zustande widerrechtlich verursacht, in gleicher Weise verantwortlich, wie wenn ihm Fahrlässigkeit zur Last fiele; die Verantwortlichkeit tritt nicht ein, wenn er ohne Verschulden in den Zustand geraten ist.

§ 828. Minderjährige. (1) Wer nicht das siebente Lebensjahr vollendet hat, ist für einen Schaden, den er einem anderen zufügt, nicht verantwortlich.

(2) [1]Wer das siebente, aber nicht das zehnte Lebensjahr vollendet hat, ist für den Schaden, den er bei einem Unfall mit einem Kraftfahrzeug, einer Schienenbahn oder einer Schwebebahn einem anderen zufügt, nicht verantwortlich. [2]Dies gilt nicht, wenn er die Verletzung vorsätzlich herbeigeführt hat.

(3) Wer das 18. Lebensjahr noch nicht vollendet hat, ist, sofern seine Verantwortlichkeit nicht nach Absatz 1 oder 2 ausgeschlossen ist, für den Schaden, den er einem anderen zufügt, nicht verantwortlich, wenn er bei der Begehung der schädigenden Handlung nicht die zur Erkenntnis der Verantwortlichkeit erforderliche Einsicht hat.

§ 829. Ersatzpflicht aus Billigkeitsgründen. Wer in einem der in den §§ 823 bis 826 bezeichneten Fälle für einen von ihm verursachten Schaden auf Grund der §§ 827, 828 nicht verantwortlich ist, hat gleichwohl, sofern der Ersatz des Schadens nicht von einem aufsichtspflichtigen Dritten erlangt werden kann, den Schaden insoweit zu ersetzen, als die Billigkeit nach den Umständen, insbesondere nach den Verhältnissen der Beteiligten, eine Schadloshaltung erfordert und ihm nicht die Mittel entzogen werden, deren er zum angemessenen Unterhalte sowie zur Erfüllung seiner gesetzlichen Unterhaltspflichten bedarf.

§ 831. Haftung für den Verrichtungsgehilfen. (1) [1]Wer einen anderen zu einer Verrichtung bestellt, ist zum Ersatze des Schadens verpflichtet, den der andere in Ausführung der Verrichtung einem Dritten widerrechtlich zufügt. [2]Die Ersatzpflicht tritt nicht ein, wenn der Geschäftsherr bei der Auswahl der bestellten Person und, sofern er Vorrichtungen oder Gerätschaften zu beschaffen oder die Ausführung der Verrichtung zu leiten hat, bei der Beschaffung oder der Leitung die im Verkehr erforderliche Sorgfalt beobachtet oder wenn der Schaden auch bei Anwendung dieser Sorgfalt entstanden sein würde.

(2) Die gleiche Verantwortlichkeit trifft denjenigen, welcher für den Geschäftsherrn die Besorgung eines der im Absatz 1 Satz 2 bezeichneten Geschäfte durch Vertrag übernimmt.

§ 832. Haftung des Aufsichtspflichtigen. (1) [1]Wer kraft Gesetzes zur Führung der Aufsicht über eine Person verpflichtet ist, die wegen Minderjährigkeit oder wegen ihres geistigen oder körperlichen Zustandes der Beaufsichtigung bedarf, ist zum Ersatze des Schadens verpflichtet, den diese Person einem Dritten widerrechtlich zufügt. [2]Die Ersatzpflicht tritt nicht ein, wenn er seiner Aufsichtspflicht genügt oder wenn der Schaden auch bei gehöriger Aufsichtsführung entstanden sein würde.

(2) Die gleiche Verantwortlichkeit trifft denjenigen, welcher die Führung der Aufsicht durch Vertrag übernimmt.

§ 836. Haftung des Grundstücksbesitzers. (1) [1]Wird durch den Einsturz eines Gebäudes oder eines anderen mit einem Grundstücke verbundenen Werkes oder durch die Ablösung von Teilen des Gebäudes oder des Werkes ein Mensch getötet, der Körper oder die Gesundheit eines Menschen verletzt oder eine Sache beschädigt, so ist der Besitzer des Grundstücks, sofern der Einsturz oder die Ablösung die Folge fehlerhafter Errichtung oder mangelhafter Unterhaltung ist, verpflichtet, dem Verletzten den daraus entstehenden Schaden zu ersetzen. [2]Die Ersatzpflicht tritt nicht ein, wenn der Besitzer zum Zwecke der Abwendung der Gefahr die im Verkehr erforderliche Sorgfalt beobachtet hat.

(2) Ein früherer Besitzer des Grundstücks ist für den Schaden verantwortlich, wenn der Einsturz oder die Ablösung innerhalb eines Jahres nach der Beendigung seines Besitzes eintritt, es sei denn, dass er während seines Besitzes die im Verkehr erforderliche Sorgfalt beobachtet hat oder ein späterer Besitzer durch Beobachtung dieser Sorgfalt die Gefahr hätte abwenden können.

(3) Besitzer im Sinne dieser Vorschriften ist der Eigenbesitzer.

§ 839. Haftung bei Amtspflichtverletzung. (1) [1]Verletzt ein Beamter vorsätzlich oder fahrlässig die ihm einem Dritten gegenüber obliegende Amtspflicht, so hat er dem Dritten den daraus entstehenden Schaden zu ersetzen. [2]Fällt dem Beamten nur Fahrlässigkeit zur Last, so kann er nur dann in Anspruch genommen werden, wenn der Verletzte nicht auf andere Weise Ersatz zu erlangen vermag.

...

§ 840. Haftung mehrerer. (1) Sind für den aus einer unerlaubten Handlung entstehenden Schaden mehrere nebeneinander verantwortlich, so haften sie als Gesamtschuldner.

(2) Ist neben demjenigen, welcher nach den §§ 831, 832 zum Ersatz des von einem anderen verursachten Schadens verpflichtet ist, auch der andere für den Schaden verantwortlich, so ist in ihrem Verhältnis zueinander der andere allein,

im Falle des § 829 der Aufsichtspflichtige allein verpflichtet.

(3) Ist neben demjenigen, welcher nach den §§ 833 bis 838 zum Ersatz des Schadens verpflichtet ist, ein Dritter für den Schaden verantwortlich, so ist in ihrem Verhältnis zueinander der Dritte allein verpflichtet.

§ 842. Umfang der Ersatzpflicht bei Verletzung einer Person. Die Verpflichtung zum Schadensersatze wegen einer gegen die Person gerichteten unerlaubten Handlung erstreckt sich auf die Nachteile, welche die Handlung für den Erwerb oder das Fortkommen des Verletzten herbeiführt.

§ 843. Geldrente oder Kapitalabfindung. (1) Wird infolge einer Verletzung des Körpers oder der Gesundheit die Erwerbsfähigkeit des Verletzten aufgehoben oder gemindert oder tritt eine Vermehrung seiner Bedürfnisse ein, so ist dem Verletzten durch Entrichtung einer Geldrente Schadensersatz zu leisten.

(3) Statt der Rente kann der Verletzte eine Abfindung in Kapital verlangen, wenn ein wichtiger Grund vorliegt.

(4) Der Anspruch wird nicht dadurch ausgeschlossen, dass ein anderer dem Verletzten Unterhalt zu gewähren hat.

§ 852. Herausgabeanspruch nach Eintritt der Verjährung. [1]Hat der Ersatzpflichtige durch eine unerlaubte Handlung auf Kosten des Verletzten etwas erlangt, so ist er auch nach Eintritt der Verjährung des Anspruchs auf Ersatz des aus einer unerlaubten Handlung entstandenen Schadens zur Herausgabe nach den Vorschriften über die Herausgabe einer ungerechtfertigten Bereicherung verpflichtet. [2]Dieser Anspruch verjährt in zehn Jahren von seiner Entstehung an, ohne Rücksicht auf die Entstehung in 30 Jahren von der Begehung der Verletzungshandlung oder dem sonstigen, den Schaden auslösenden Ereignis an.

Drittes Buch. Sachenrecht

Besitz

§ 854. Erwerb des Besitzes. (1) Der Besitz einer Sache wird durch die Erlangung der tatsächlichen Gewalt über die Sache erworben.

(2) Die Einigung des bisherigen Besitzers und des Erwerbers genügt zum Erwerb, wenn der Erwerber in der Lage ist, die Gewalt über die Sache auszuüben.

§ 855. Besitzdiener. Übt jemand die tatsächliche Gewalt über eine Sache für einen anderen in dessen Haushalt oder Erwerbsgeschäft oder in einem ähnlichen Verhältnis aus, vermöge dessen er den sich auf die Sache beziehenden Weisungen des anderen Folge zu leisten hat, so ist nur der andere Besitzer.

§ 856. Beendigung des Besitzes. (1) Der Besitz wird dadurch beendigt, dass der Besitzer die tatsächliche Gewalt über die Sache aufgibt oder in anderer Weise verliert. …

§ 858. Verbotene Eigenmacht. (1) Wer dem Besitzer ohne dessen Willen den Besitz entzieht oder ihn im Besitze stört, handelt, sofern nicht das Gesetz die Entziehung oder die Störung gestattet, widerrechtlich (verbotene Eigenmacht).

…

§ 859. Selbsthilfe des Besitzers. (1) Der Besitzer darf sich verbotener Eigenmacht mit Gewalt erwehren.

(2) Wird eine bewegliche Sache dem Besitzer mittels verbotener Eigenmacht weggenommen, so darf er sie dem auf frischer Tat betroffenen oder verfolgten Täter mit Gewalt wieder abnehmen.

…

§ 861. Anspruch wegen Besitzentziehung. (1) Wird der Besitz durch verbotene Eigenmacht dem Besitzer entzogen, so kann dieser die Wiedereinräumung des Besitzes von demjenigen verlangen, welcher ihm gegenüber fehlerhaft besitzt.

(2) Der Anspruch ist ausgeschlossen, wenn der entzogene Besitz dem gegenwärtigen Besitzer oder dessen Rechtsvorgänger gegenüber fehlerhaft war und in dem letzten Jahre vor der Entziehung erlangt worden ist.

§ 862. Anspruch wegen Besitzstörung. (1) [1]Wird der Besitzer durch verbotene Eigenmacht im Besitze gestört, so kann er von dem Störer die Beseitigung der Störung verlangen. [2]Sind weitere Störungen zu besorgen, so kann der Besitzer auf Unterlassung klagen.

(2) Der Anspruch ist ausgeschlossen, wenn der Besitzer dem Störer oder dessen Rechtsvorgänger gegenüber fehlerhaft besitzt und der Besitz in dem letzten Jahre vor der Störung erlangt worden ist.

§ 866. Mitbesitz. Besitzen mehrere eine Sache gemeinschaftlich, so findet in ihrem Verhältnisse zueinander ein Besitzschutz insoweit nicht statt, als es sich um die Grenzen des den einzelnen zustehenden Gebrauchs handelt.

§ 868. Mittelbarer Besitz. Besitzt jemand eine Sache als Nießbraucher, Pfandgläubiger, Pächter, Mieter, Verwahrer oder in einem ähnlichen Verhältnis, vermöge dessen er einem anderen gegenüber auf Zeit zum Besitze berechtigt oder verpflichtet ist, so ist auch der andere Besitzer (mittelbarer Besitz).

§ 869. Ansprüche des mittelbaren Besitzers. Wird gegen den Besitzer verbotene Eigenmacht verübt, so stehen die in den §§ 861, 862 bestimmten Ansprüche auch dem mittelbaren Besitzer zu. …

§ 870. Übertragung des mittelbaren Besitzes. Der mittelbare Besitz kann dadurch auf einen anderen übertragen werden, dass diesem der Anspruch auf Herausgabe der Sache abgetreten wird.

§ 872. Eigenbesitz. Wer eine Sache als ihm gehörend besitzt, ist Eigenbesitzer.

Allgemeine Vorschriften über Rechte an Grundstücken

§ 873. Erwerb durch Einigung und Eintragung. (1) Zur Übertragung des Eigentums an einem Grundstücke, zur Belastung eines Grundstücks mit einem Recht sowie zur Übertragung oder Belastung eines solchen Rechts ist die Einigung des Berechtigten und des anderen Teiles über den Eintritt der Rechtsänderung und die Eintragung der Rechtsänderung in das Grundbuch erforderlich, soweit nicht das Gesetz ein anderes vorschreibt.

(2) Vor der Eintragung sind die Beteiligten an die Einigung nur gebunden, wenn die Erklärungen notariell beurkundet oder vor dem Grundbuchamt abgegeben oder bei diesem eingereicht sind oder wenn der Berechtigte dem anderen Teil eine den Vorschriften der Grundbuchordnung entsprechende Eintragungsbewilligung ausgehändigt hat.

§ 875. Aufhebung eines Rechtes. (1) [1]Zur Aufhebung eines Rechtes an einem Grundstück ist, soweit nicht das Gesetz ein anderes vorschreibt, die Erklärung des Berechtigten, dass er das Recht aufgebe, und die Löschung des Rechts im Grundbuch erforderlich. [2]Die Erklärung ist dem Grundbuchamt oder demjenigen gegenüber abzugeben, zu dessen Gunsten sie erfolgt.

…

§ 879. Rangverhältnis mehrerer Rechte.

(1) [1]Das Rangverhältnis unter mehreren Rechten, mit denen ein Grundstück belastet ist, bestimmt sich, wenn die Rechte in derselben Abteilung des Grundbuchs eingetragen sind, nach der Reihenfolge der Eintragungen. [2]Sind die Rechte in verschiedenen Abteilungen eingetragen, so hat das unter Angabe eines früheren Tages eingetragene Recht den Vorrang; Rechte, die unter Angabe desselben Tages eingetragen sind, haben gleichen Rang.

…

§ 880. Rangänderung. (1) Das Rangverhältnis kann nachträglich geändert werden.

(2) [1]Zu der Rangänderung ist die Einigung des zurücktretenden und des vortretenden Berechtigten und die Eintragung der Änderung in das Grundbuch erforderlich; die Vorschriften des § 873 Abs. 2 und des § 878 finden Anwendung. [2]Soll eine Hypothek, eine Grundschuld oder eine Rentenschuld zurücktreten, so ist außerdem die Zustimmung des Eigentümers erforderlich. [3]Die Zustimmung ist dem Grundbuchamt oder einem der Beteiligten gegenüber zu erklären; sie ist unwiderruflich.

(3) Ist das zurücktretende Recht mit dem Recht eines Dritten belastet, so findet die Vorschrift des § 876 entsprechende Anwendung.

(4) Der dem vortretenden Recht eingeräumte Rang geht nicht dadurch verloren, dass das zurücktretende Recht durch Rechtsgeschäft aufgehoben wird.

(5) Rechte, die den Rang zwischen dem zurücktretenden und dem vortretenden Recht haben, werden durch die Rangänderung nicht berührt.

§ 881. Rangvorbehalt. (1) Der Eigentümer kann sich bei der Belastung des Grundstücks mit einem Recht die Befugnis vorbehalten, ein anderes, dem Umfang nach bestimmtes Recht mit dem Rang vor jenem Recht eintragen zu lassen.

(2) Der Vorbehalt bedarf der Eintragung in das Grundbuch; die Eintragung muss bei dem Recht erfolgen, das zurücktreten soll.

(3) Wird das Grundstück veräußert, so geht die vorbehaltene Befugnis auf den Erwerber über.

(4) Ist das Grundstück vor der Eintragung des Rechts, dem der Vorrang beigelegt ist, mit einem Recht ohne einen entsprechenden Vorbehalt belastet worden, so hat der Vorrang insoweit keine Wirkung, als das mit dem Vorbehalt eingetragene Recht infolge der inzwischen eingetretenen Belastung eine über den Vorbehalt hinausgehende Beeinträchtigung erleiden würde.

§ 883. Voraussetzungen und Wirkung der Vormerkung. (1) [1]Zur Sicherung des Anspruchs auf Einräumung oderAufhebung eines Rechtes an einem Grundstück oder an einem das Grundstück belastenden Rechte oder auf Änderung des Inhalts oder des Ranges eines solchen Rechtes kann eine Vormerkung in das Grundbuch eingetragen werden. [2]Die Eintragung einer Vormerkung ist auch zur Sicherung eines künftigen oder eines bedingten Anspruchs zulässig.

(2) [1]Eine Verfügung, die nach der Eintragung der Vormerkung über das Grundstück oder das Recht getroffen wird, ist insoweit unwirksam, als sie den Anspruch vereiteln oder beeinträchtigen würde. [2]Dies gilt auch, wenn die Verfügung im Wege der Zwangsvollstreckung oder der Arrestvollziehung oder durch den Insolvenzverwalter erfolgt.

(3) Der Rang des Rechts, auf dessen Einräumung der Anspruch gerichtet ist, bestimmt sich nach der Eintragung der Vormerkung.

§ 891. Gesetzliche Vermutung. (1) Ist im Grundbuche für jemand ein Recht eingetragen, so wird vermutet, dass ihm das Recht zustehe.

(2) Ist im Grundbuch ein eingetragenes Recht gelöscht, so wird vermutet, dass das Recht nicht bestehe.

§ 892. Öffentlicher Glaube des Grundbuchs.

(1) [1]Zugunsten desjenigen, welcher ein Recht an einem Grundstück oder ein Recht an einem solchen Rechte durch Rechtsgeschäft erwirbt, gilt der Inhalt des Grundbuchs als richtig, es sei denn, dass ein Widerspruch gegen die Richtigkeit eingetragen oder die Unrichtigkeit dem Erwerber bekannt ist. [2]Ist der Berechtigte in der Verfügung über ein im Grundbuch eingetragenes Recht zugunsten einer bestimmten Person beschränkt, so ist die Beschränkung dem Erwerber gegenüber nur wirksam, wenn sie aus dem Grundbuch ersichtlich oder dem Erwerber bekannt ist.

…

Eigentum

▶ Inhalt des Eigentums

§ 903. Befugnisse des Eigentümers. [1]Der Eigentümer einer Sache kann, soweit nicht das Gesetz oder Rechte Dritter entgegenstehen, mit der Sache nach Belieben verfahren und andere von jeder Einwirkung ausschließen. [2]Der Eigentümer eines Tieres hat bei der Ausübung seiner Befugnisse die besonderen Vorschriften zum Schutz der Tiere zu beachten.

§ 904. Notstand. [1]Der Eigentümer einer Sache ist nicht berechtigt, die Einwirkung eines anderen auf die Sache zu verbieten, wenn die Einwirkung zur Abwendung einer gegenwärtigen Gefahr notwendig und der drohende Schaden gegenüber dem aus der Einwirkung dem Eigentümer entstehenden Schaden unverhältnismäßig groß ist. [2]Der Eigentümer kann Ersatz des ihm entstehenden Schadens verlangen.

§ 905. Begrenzung des Eigentums. [1]Das Recht des Eigentümers eines Grundstücks erstreckt sich auf den Raum über der Oberfläche und auf den Erdkörper unter der Oberfläche. [2]Der Eigentümer kann jedoch Einwirkungen nicht verbieten, die in solcher Höhe oder Tiefe vorgenommen werden, dass er an der Ausschließung kein Interesse hat.

§ 906. Zuführung unwägbarer Stoffe.

(1) [1]Der Eigentümer eines Grundstücks kann die Zuführung von Gasen, Dämpfen, Gerüchen, Rauch, Ruß, Wärme, Geräusch, Erschütterungen und ähnliche von einem anderen Grundstück ausgehende Einwirkungen insoweit nicht verbieten, als die Einwirkung die Benutzung seines Grundstücks nicht oder nur unwesentlich beeinträchtigt. [2]Eine unwesentliche Beeinträchtigung liegt in der Regel vor, wenn die in Gesetzen oder Rechtsverordnungen festgelegten Grenz- oder Richtwerte von den nach diesen Vorschriften ermittelten und bewerteten Einwirkungen nicht überschritten werden. [3]Gleiches gilt für Werte in allen gemeinen Verwaltungsvorschriften, die nach § 48 des Bundes-Immissionsschutzgesetzes erlassen worden sind und den Stand der Technik wiedergeben.

(2) [1]Das Gleiche gilt insoweit, als eine wesentliche Beeinträchtigung durch eine ortsübliche Benutzung des anderen Grundstücks herbeigeführt wird und nicht durch Maßnahmen verhindert werden kann, die Benutzern dieser Art wirtschaftlich zumutbar sind. [2]Hat der Eigentümer hiernach eine Einwirkung zu dulden, so kann er von dem Benutzer des anderen Grundstücks einen angemessenen Ausgleich in Geld verlangen, wenn die Einwirkung eine ortsübliche Benutzung seines Grundstücks oder dessen Ertrag über das zumutbare Maß hinaus beeinträchtigt.

…

§ 907. Gefahrdrohende Anlagen. (1) [1]Der Eigentümer eines Grundstücks kann verlangen, dass auf den Nachbargrundstücken nicht Anlagen hergestellt oder gehalten werden, von denen mit Sicherheit vorauszusehen ist, dass ihr Bestand oder ihre Benutzung eine unzulässige Einwirkung auf sein Grundstück zur Folge hat. [2]Genügt eine Anlage den landesgesetzlichen

Vorschriften, die einen bestimmten Abstand von der Grenze oder sonstige Schutzmaßregeln vorschreiben, so kann die Beseitigung der Anlage erst verlangt werden, wenn die unzulässige Einwirkung tatsächlich hervortritt.

(2) Bäume und Sträucher gehören nicht zu den Anlagen im Sinne dieser Vorschriften.

§ 908. Drohender Gebäudeeinsturz. Droht einem Grundstücke die Gefahr, dass es durch den Einsturz eines Gebäudes oder eines anderen Werkes, das mit einem Nachbargrundstücke verbunden ist, oder durch die Ablösung von Teilen des Gebäudes oder des Werkes beschädigt wird, so kann der Eigentümer von demjenigen, welcher … für den eintretenden Schaden verantwortlich sein würde, verlangen, dass er die zur Abwendung der Gefahr erforderliche Vorkehrung trifft.

§ 909. Vertiefung. Ein Grundstück darf nicht in der Weise vertieft werden, dass der Boden des Nachbargrundstücks die erforderliche Stütze verliert, es sei denn, dass für eine genügende anderweitige Befestigung gesorgt ist.

§ 910. Überhang. (1) [1]Der Eigentümer eines Grundstücks kann Wurzeln eines Baumes oder eines Strauches, die von einem Nachbargrundstück eingedrungen sind, abschneiden und behalten. [2]Das Gleiche gilt von herüberragenden Zweigen, wenn der Eigentümer dem Besitzer des Nachbargrundstücks eine angemessene Frist zur Beseitigung bestimmt hat und die Beseitigung nicht innerhalb der Frist erfolgt.

(2) Dem Eigentümer steht dieses Recht nicht zu, wenn die Wurzeln oder die Zweige die Benutzung des Grundstücks nicht beeinträchtigen.

§ 911. Überfall. [1]Früchte, die von einem Baume oder einem Strauche auf ein Nachbargrundstück hinüberfallen, gelten als Früchte dieses Grundstücks. [2]Diese Vorschrift findet keine Anwendung, wenn das Nachbargrundstück dem öffentlichen Gebrauch dient.

§ 912. Überbau; Duldungspflicht. (1) Hat der Eigentümer eines Grundstücks bei der Errichtung eines Gebäudes über die Grenze gebaut, ohne dass ihm Vorsatz oder grobe Fahrlässigkeit zur Last fällt, so hat der Nachbar den Überbau zu dulden, es sei denn, dass er vor oder sofort nach der Grenzüberschreitung Widerspruch erhoben hat.

(2) [1]Der Nachbar ist durch eine Geldrente zu entschädigen. [2]Für die Höhe der Rente ist die Zeit der Grenzüberschreitung maßgebend.

§ 917. Notweg. (1) [1]Fehlt einem Grundstücke die zur ordnungsmäßigen Benutzung notwendige Verbindung mit einem öffentlichen Wege, so kann der Eigentümer von den Nachbarn verlangen, dass sie bis zur Hebung des Mangels die Benutzung ihrer Grundstücke zur Herstellung der erforderlichen Verbindung dulden. [2]Die Richtung des Notwegs und der Umfang des Benutzungsrechts werden erforderlichen Falles durch Urteil bestimmt.

(2) Die Nachbarn, über deren Grundstücke der Notweg führt, sind durch eine Geldrente zu entschädigen. …

§ 923. Grenzbaum. (1) Steht auf der Grenze ein Baum, so gebühren die Früchte und, wenn der Baum gefällt wird, auch der Baum den Nachbarn zu gleichen Teilen.

(2) [1]Jeder der Nachbarn kann die Beseitigung des Baumes verlangen. [2]Die Kosten der Beseitigung fallen den Nachbarn zu gleichen Teilen zur Last. [3]Der Nachbar, der die Beseitigung verlangt, hat jedoch die Kosten allein zu tragen, wenn der andere auf sein Recht an dem Baume verzichtet; er erwirbt in diesem Falle mit der Trennung das Alleineigentum. [4]Der Anspruch auf die Beseitigung ist ausgeschlossen, wenn der Baum als Grenzzeichen dient und den Umständen nach nicht durch ein anderes zweckmäßiges Grenzzeichen ersetzt werden kann.

(3) Diese Vorschriften gelten auch für einen auf der Grenze stehenden Strauch.

▶ Erwerb und Verlust des Eigentums an Grundstücken

§ 925. Auflassung. (1) [1]Die zur Übertragung des Eigentums an einem Grundstück nach § 873 erforderliche Einigung des Veräußerers und des Erwerbers (Auflassung) muss bei gleichzeitiger Anwesenheit beider Teile vor einer zuständigen Stelle erklärt werden. [2]Zur Entgegennahme der Auflassung ist, unbeschadet der Zuständigkeit weiterer Stellen, jeder Notar zuständig. [3]Eine Auflassung kann auch in einem gerichtlichen Vergleich oder in einem rechtskräftig bestätigten Insolvenzplan erklärt werden.

▶ Erwerb und Verlust des Eigentums an beweglichen Sachen

Übertragung

§ 929. Einigung und Übergabe. [1]Zur Übertragung des Eigentums an einer beweglichen Sache ist erforderlich, dass der Eigentümer die Sache dem Erwerber übergibt und beide darüber einig sind, dass das Eigentum übergehen soll. [2]Ist der Erwerber im Besitze der Sache, so genügt die Einigung über den Übergang des Eigentums.

§ 930. Besitzkonstitut. Ist der Eigentümer im Besitze der Sache, so kann die Übergabe dadurch ersetzt werden, dass zwischen ihm und dem Erwerber ein Rechtsverhältnis vereinbart wird, vermöge dessen der Erwerber den mittelbaren Besitz erlangt.

§ 931. Abtretung des Herausgabeanspruchs. Ist ein Dritter im Besitze der Sache, so kann die Übergabe dadurch ersetzt werden, dass der Eigentümer dem Erwerber den Anspruch auf Herausgabe der Sache abtritt.

§ 932. Gutgläubiger Erwerb vom Nichtberechtigten. (1) [1]Durch eine nach § 929 erfolgte Veräußerung wird der Erwerber auch dann Eigentümer, wenn die Sache nicht dem Veräußerer gehört, es sei denn, dass er zu der Zeit, zu der er nach diesen Vorschriften das Eigentum erwerben würde, nicht in gutem Glauben ist. [2]In dem Falle des § 929 Satz 2 gilt dies jedoch nur dann, wenn der Erwerber den Besitz von dem Veräußerer erlangt hatte.

(2) Der Erwerber ist nicht in gutem Glauben, wenn ihm bekannt oder infolge grober Fahrlässigkeit unbekannt ist, dass die Sache nicht dem Veräußerer gehört.

§ 933. Gutgläubiger Erwerb bei Besitzkonstitut. Gehört eine nach § 930 veräußerte Sache nicht dem Veräußerer, so wird der Erwerber Eigentümer, wenn ihm die Sache von dem Veräußerer übergeben wird, es sei denn, dass er zu dieser Zeit nicht in gutem Glauben ist.

§ 934. Gutgläubiger Erwerb bei Abtretung des Herausgabeanspruchs. Gehört eine nach § 931 veräußerte Sache nicht dem Veräußerer, so wird der Erwerber, wenn der Veräußerer mittelbarer Besitzer der Sache ist, mit der Abtretung des Anspruchs, anderenfalls dann Eigentümer, wenn er den Besitz der Sache von dem Dritten erlangt, es sei denn, dass er zur Zeit der Abtretung oder des Besitzerwerbes nicht in gutem Glauben ist.

§ 935. Kein gutgläubiger Erwerb von abhanden gekommenen Sachen. (1) [1]Der Erwerb des Eigentums auf Grund der §§ 932 bis 934 tritt nicht ein, wenn die Sache dem Eigentümer gestohlen worden, verloren gegangen oder sonst abhanden gekommen war. [2]Das Gleiche gilt, falls der Eigentümer nur mittelbarer Besitzer war, dann, wenn die Sache dem Besitzer abhanden gekommen war.

(2) Diese Vorschriften finden keine Anwendung auf Geld oder Inhaberpapiere sowie auf Sachen, die im Wege öffentlicher Versteigerung oder in einer Versteigerung nach § 979 Absatz 1a veräußert werden.

§ 936. Erlöschen von Rechten Dritter.

(1) [1]Ist eine veräußerte Sache mit dem Rechte eines Dritten belastet, so erlischt das Recht mit dem Erwerbe des Eigentums. [2]In dem Falle des § 929 Satz 2 gilt dies jedoch nur dann, wenn der Erwerber den Besitz von dem Veräußerer erlangt hatte.

...

Ersitzung

§ 937. Voraussetzungen, Ausschluss bei Kenntnis. (1) Wer eine bewegliche Sache zehn Jahre im Eigenbesitz hat, erwirbt das Eigentum (Ersitzung).

(2) Die Ersitzung ist ausgeschlossen, wenn der Erwerber bei dem Erwerbe des Eigenbesitzes nicht in gutem Glauben ist oder wenn er später erfährt, dass ihm das Eigentum nicht zusteht.

Verbindung, Vermischung, Verarbeitung

§ 946. Verbindung mit einem Grundstück. Wird eine bewegliche Sache mit einem Grundstücke dergestalt verbunden, dass sie wesentlicher Bestandteil des Grundstücks wird, so erstreckt sich das Eigentum an dem Grundstück auf diese Sache.

§ 947. Verbindung mit beweglichen Sachen.

(1) Werden bewegliche Sachen miteinander dergestalt verbunden, dass sie wesentliche Bestandteile einer einheitlichen Sache werden, so werden die bisherigen Eigentümer Miteigentümer dieser Sache; die Anteile bestimmen sich nach dem Verhältnisse des Wertes, den die Sachen zur Zeit der Verbindung haben.

(2) Ist eine der Sachen als die Hauptsache anzusehen, so erwirbt ihr Eigentümer das Alleineigentum.

§ 948. Vermischung. (1) Werden bewegliche Sachen miteinander untrennbar vermischt oder vermengt, so finden die Vorschriften des § 947 entsprechende Anwendung.

(2) Der Untrennbarkeit steht es gleich, wenn die Trennung der vermischten oder vermengten Sachen mit unverhältnismäßigen Kosten verbunden sein würde.

§ 949. Erlöschen von Rechten Dritter. [1]Erlischt nach den §§ 946 bis 948 das Eigentum an einer Sache, so erlöschen auch die sonstigen an der Sache bestehenden Rechte. [2]Erwirbt der Eigentümer der belasteten Sache Miteigentum, so bestehen die Rechte an dem Anteile fort, der an die Stelle der Sache tritt. [3]Wird der Eigentümer der belasteten Sache Alleineigentümer, so erstrecken sich die Rechte auf die hinzutretende Sache.

§ 950. Verarbeitung. (1) [1]Wer durch Verarbeitung oder Umbildung eines oder mehrerer Stoffe eine neue bewegliche Sache herstellt, erwirbt das Eigentum an der neuen Sache, sofern nicht der Wert der Verarbeitung oder der Umbildung erheblich geringer ist als der Wert des Stoffes. [2]Als Verarbeitung gilt auch das Schreiben, Zeichnen, Malen, Drucken, Gravieren oder eine ähnliche Bearbeitung der Oberfläche.

(2) Mit dem Erwerbe des Eigentums an der neuen Sache erlöschen die an dem Stoffe bestehenden Rechte.

§ 951. Entschädigung für Rechtsverlust.

(1) [1]Wer infolge der Vorschriften der §§ 946 bis 950 einen Rechtsverlust erleidet, kann von demjenigen, zudessen Gunsten die Rechtsänderung eintritt, Vergütung in Geld nach den Vorschriften über die Herausgabe einer ungerechtfertigten Bereicherung fordern. [2]Die Wiederherstellung des früheren Zustandes kann nicht verlangt werden.

(2) Die Vorschriften über die Verpflichtung zum Schadensersatze wegen unerlaubter Handlungen sowie die Vorschriften über den Ersatz von Verwendungen und über das Recht zur Wegnahme einer Einrichtung bleiben unberührt. …

§ 952. Eigentum an Schuldurkunden.

(1) [1]Das Eigentum an dem über eine Forderung ausgestellten Schuldscheine steht dem Gläubiger zu. [2]Das Recht eines Dritten an der Forderung erstreckt sich auf den Schuldschein.

(2) Das Gleiche gilt für Urkunden über andere Rechte, kraft deren eine Leistung gefordert werden kann, insbesondere für Hypotheken-, Grundschuld- und Rentenschuldbriefe.

Erwerb von Erzeugnissen und sonstigen Bestandteilen einer Sache

§ 953. Eigentum an getrennten Erzeugnissen und Bestandteilen. Erzeugnisse und sonstige Bestandteile einer Sache gehören auch nach der Trennung dem Eigentümer der Sache, soweit sich nicht aus den §§ 954 bis 957 ein anderes ergibt.

§ 954. Erwerb durch dinglich Berechtigten.

Wer vermöge eines Rechtes an einer fremden Sache befugt ist, sich Erzeugnisse oder sonstige Bestandteile der Sache anzueignen, erwirbt das Eigentum an ihnen, unbeschadet der Vorschriften der §§ 955 bis 957, mit der Trennung.

§ 955. Erwerb durch gutgläubigen Eigenbesitzer. (1) [1]Wer eine Sache im Eigenbesitze hat, erwirbt das Eigentum an den Erzeugnissen und sonstigen zu den Früchten der Sache gehörenden Bestandteilen, unbeschadet der Vorschriften der §§ 956, 957, mit der Trennung. [2]Der Erwerb ist ausgeschlossen, wenn der Eigenbesitzer nicht zum Eigenbesitz oder ein anderer vermöge eines Rechtes an der Sache zum Fruchtbezuge berechtigt ist und der Eigenbesitzer bei dem Erwerbe des Eigenbesitzes nicht in gutem Glauben ist oder vor der Trennung den Rechtsmangel erfährt.

(2) Dem Eigenbesitzer steht derjenige gleich, welcher die Sache zum Zwecke der Ausübung eines Nutzungsrechts an ihr besitzt.

…

§ 956. Erwerb durch persönlich Berechtigten.

(1) Gestattet der Eigentümer einem anderen, sich Erzeugnisse oder sonstige Bestandteile der Sache anzueignen, so erwirbt dieser das Eigentum an ihnen, wenn der Besitz der Sache ihm überlassen ist, mit der Trennung, anderenfalls mit der Besitzergreifung.

…

Aneignung

§ 958. Eigentumserwerb an beweglichen herrenlosen Sachen. (1) Wer eine herrenlose bewegliche Sache in Eigenbesitz nimmt, erwirbt das Eigentum an der Sache.

(2) Das Eigentum wird nicht erworben, wenn die Aneignung gesetzlich verboten ist oder wenn durch die Besitzergreifung das Aneignungsrecht eines anderen verletzt wird.

§ 959. Aufgabe des Eigentums. Eine bewegliche Sache wird herrenlos, wenn der Eigentümer in der Absicht, auf das Eigentum zu verzichten, den Besitz der Sache aufgibt.

§ 971. Finderlohn. (1) Der Finder kann von dem Empfangsberechtigten einen Finderlohn verlangen. Der Finderlohn beträgt von dem Werte der Sache bis zu 500 Euro fünf vom Hundert, von dem Mehrwert drei vom Hundert, bei Tieren drei vom Hundert. Hat die Sache nur für den Empfangsberechtigten einen Wert, so ist der Finderlohn nach billigem Ermessen zu bestimmen.

(2) Der Anspruch ist ausgeschlossen, wenn der Finder die Anzeigepflicht verletzt oder den Fund auf Nachfrage verheimlicht.

▶ Ansprüche aus dem Eigentum

§ 985. Herausgabeanspruch. Der Eigentümer kann von dem Besitzer die Herausgabe der Sache verlangen.

§ 986. Einwendungen des Besitzers. (1) Der Besitzer kann die Herausgabe der Sache verweigern, wenn er oder der mittelbare Besitzer, von dem er sein Recht zum Besitz ableitet, dem Eigentümer gegenüber zum Besitze berechtigt ist.

…

§ 987. Nutzungen nach Rechtshängigkeit.
(1) Der Besitzer hat dem Eigentümer die Nutzungen herauszugeben, die er nach dem Eintritte der Rechtshängigkeit zieht.

…

§ 989. Schadensersatz nach Rechtshängigkeit.
Der Besitzer ist von dem Eintritte der Rechtshängigkeit an dem Eigentümer für den Schaden verantwortlich, der dadurch entsteht, dass infolge seines Verschuldens die Sache verschlechtert wird, untergeht oder aus einem anderen Grunde von ihm nicht herausgegeben werden kann.

§ 1004. Beseitigungs- und Unterlassungsanspruch. (1) [1]Wird das Eigentum in anderer Weise als durch Entziehung oder Vorenthaltung des Besitzes beeinträchtigt, so kann der Eigentümer von dem Störer die Beseitigung der Beeinträchtigung verlangen. [2]Sind weitere Beeinträchtigungen zu besorgen, so kann der Eigentümer auf Unterlassung klagen.
(2) Der Anspruch ist ausgeschlossen, wenn der Eigentümer zur Duldung verpflichtet ist.

§ 1006. Eigentumsvermutung für Besitzer.
(1) [1]Zugunsten des Besitzers einer beweglichen Sache wird vermutet, dass er Eigentümer der Sache sei. [2]Dies gilt jedoch nicht einem früheren Besitzer gegenüber, dem die Sache gestohlen worden, verloren gegangen oder sonst abhanden gekommen ist, es sei denn, dass es sich um Geld oder Inhaberpapiere handelt.
(2) Zugunsten eines früheren Besitzers wird vermutet, dass er während der Dauer seines Besitzes Eigentümer der Sache gewesen sei.
(3) Im Falle eines mittelbaren Besitzes gilt die Vermutung für den mittelbaren Besitzer.

▶ Miteigentum

§ 1008. Miteigentum nach Bruchteilen.
Steht das Eigentum an einer Sache mehreren nach Bruchteilen zu, so gelten die Vorschriften der §§ 1009 bis 1011.

§ 1009. Belastung zugunsten eines Miteigentümers. (1) Die gemeinschaftliche Sache kann auch zugunsten eines Miteigentümers belastet werden.
(2) Die Belastung eines gemeinschaftlichen Grundstücks zugunsten des jeweiligen Eigentümers eines anderen Grundstücks sowie die Belastung eines anderen Grundstücks zugunsten der jeweiligen Eigentümer des gemeinschaftlichen Grundstücks wird nicht dadurch ausgeschlossen, dass das andere Grundstück einem Miteigentümer des gemeinschaftlichen Grundstücks gehört.

Dienstbarkeiten

▶ Grunddienstbarkeiten

§ 1018. Gesetzlicher Inhalt der Grunddienstbarkeit. Ein Grundstück kann zugunsten des jeweiligen Eigentümers eines anderen Grundstücks in der Weise belastet werden, dass dieser das Grundstück in einzelnen Beziehungen benutzen darf oder dass auf dem Grundstücke gewisse Handlungen nicht vorgenommen werden dürfen oder dass die Ausübung eines Rechtes ausgeschlossen ist, das sich aus dem Eigentum an dem belasteten Grundstücke dem anderen Grundstücke gegenüber ergibt (Grunddienstbarkeit).

▶ Nießbrauch

§ 1030. Gesetzlicher Inhalt des Nießbrauchs an Sachen. (1) Eine Sache kann in der Weise belastet werden, dass derjenige, zu dessen Gunsten die Belastung erfolgt, berechtigt ist, die Nutzungen der Sache zu ziehen (Nießbrauch).

…

§ 1068. Gesetzlicher Inhalt des Nießbrauchs an Rechten. (1) Gegenstand des Nießbrauchs kann auch ein Recht sein.

…

▶ Beschränkte persönliche Dienstbarkeit

§ 1090. Gesetzlicher Inhalt der beschränkten persönlichen Dienstbarkeit. (1) Ein Grundstück kann in der Weise belastet werden, dass derjenige, zu dessen Gunsten die Belastung erfolgt, berechtigt ist, das Grundstück in einzelnen Beziehungen zu benutzen, oder dass ihm eine sonstige Befugnis zusteht, die den Inhalt einer Grunddienstbarkeit bilden kann (beschränkte persönliche Dienstbarkeit).

§ 1093. Wohnungsrecht. (1) Als beschränkte persönliche Dienstbarkeit kann auch das Recht bestellt werden, ein Gebäude oder einen Teil eines Gebäudes unter Ausschluss des Eigentümers als Wohnung zu benutzen. …

(2) Der Berechtigte ist befugt, seine Familie sowie die zur standesmäßigen Bedienung und zur Pflege erforderlichen Personen in die Wohnung aufzunehmen.

(3) Ist das Recht auf einen Teil des Gebäudes beschränkt, so kann der Berechtigte die zum gemeinschaftlichen Gebrauche der Bewohner bestimmten Anlagen und Einrichtungen mitbenutzen.

Vorkaufsrecht

§ 1094. Gesetzlicher Inhalt des dinglichen Vorkaufsrechts. (1) Ein Grundstück kann in der Weise belastet werden, dass derjenige, zu dessen Gunsten die Belastung erfolgt, dem Eigentümer gegenüber zum Vorkaufe berechtigt ist.

…

§ 1098. Wirkung des Vorkaufsrechts.

(1) [1]Das Rechtsverhältnis zwischen dem Berechtigten und dem Verpflichteten bestimmt sich nach den Vorschriften der §§ 463–473. [2]Das Vorkaufsrecht kann auch dann ausgeübt werden, wenn das Grundstück von dem Insolvenzverwalter aus freier Hand verkauft wird.

(2) Dritten gegenüber hat das Vorkaufsrecht die Wirkung einer Vormerkung zur Sicherung des durch die Ausübung des Rechts entstehenden Anspruchs auf Übertragung des Eigentums.

(3) Steht ein nach § 1094 Abs. 1 begründetes Vorkaufsrecht einer juristischen Person oder einer rechtsfähigen Personengesellschaft zu, so gelten, wenn seine Übertragbarkeit nicht vereinbart ist, für die Übertragung des Rechts die Vorschriften der §§ 1059 a bis 1059 d entsprechend.

Reallasten

§ 1105. Gesetzlicher Inhalt der Reallast.

(1) [1]Ein Grundstück kann in der Weise belastet werden, dass an denjenigen, zu dessen Gunsten die Belastung erfolgt, wiederkehrende Leistungen aus dem Grundstücke zu entrichten sind (Reallast). [2]Als Inhalt der Reallast kann auch vereinbart werden, dass die zu entrichtenden Leistungen sich ohne weiteres an veränderte Verhältnisse anpassen, wenn anhand der in der Vereinbarung festgelegten Voraussetzungen Art und Umfang der Belastung des Grundstücks bestimmt werden können.

(2) Die Reallast kann auch zugunsten des jeweiligen Eigentümers eines anderen Grundstücks bestellt werden.

Hypothek, Grundschuld, Rentenschuld

▶ Hypothek

§ 1113. Gesetzlicher Inhalt der Hypothek.

(1) Ein Grundstück kann in der Weise belastet werden, dass an denjenigen, zu dessen Gunsten die Belastung erfolgt, eine bestimmte Geldsumme zur Befriedigung wegen einer ihm zustehenden Forderung aus dem Grundstücke zu zahlen ist (Hypothek).

…

§ 1115. Eintragung der Hypothek. (1) Bei der Eintragung der Hypothek müssen der Gläubiger, der Geldbetrag der Forderung und, wenn die Forderung verzinslich ist, der Zinssatz, wenn andere Nebenleistungen zu entrichten sind, ihr Geldbetrag im Grundbuch angegeben werden; im Übrigen kann zur Bezeichnung der Forderung auf die Eintragungsbewilligung Bezug genommen werden.

(2) Bei der Eintragung der Hypothek für ein Darlehen einer Kreditanstalt, deren Satzung von der zuständigen Behörde öffentlich bekannt gemacht worden ist, genügt zur Bezeichnung der außer den Zinsen satzungsgemäß zu entrichtenden Nebenleistungen die Bezugnahme auf die Satzung.

§ 1116. Brief- und Buchhypothek. (1) Über die Hypothek wird ein Hypothekenbrief erteilt.

(2) [1]Die Erteilung des Briefes kann ausgeschlossen werden. [2]Die Ausschließung kann auch nachträglich erfolgen. [3]Zu der Ausschließung ist die Einigung des Gläubigers und des Eigentümers sowie die Eintragung in das Grundbuch erforderlich; …

§ 1117. Erwerb der Briefhypothek. (1) [1]Der Gläubiger erwirbt, sofern nicht die Erteilung des Hypothekenbriefs ausgeschlossen ist, die Hypothek erst, wenn ihm der Brief von dem Eigentümer des Grundstücks übergeben wird. [2]Auf die Übergabe finden die Vorschriften des § 929 Satz 2 und der §§ 930, 931 Anwendung.

(2) Die Übergabe des Briefes kann durch die Vereinbarung ersetzt werden, dass der Gläubiger berechtigt sein soll, sich den Brief von dem Grundbuchamt aushändigen zu lassen.

(3) Ist der Gläubiger im Besitze des Briefes, so wird vermutet, dass die Übergabe erfolgt sei.

§ 1118. Haftung für Nebenforderungen.

Kraft der Hypothek haftet das Grundstück auch für die gesetzlichen Zinsen der Forderung sowie für die Kosten der Kündigung und der die Befriedigung aus dem Grundstücke bezweckenden Rechtsverfolgung.

§ 1132. Gesamthypothek. (1) [1]Besteht für die Forderung eine Hypothek an mehreren Grundstücken (Gesamthypothek), so haftet jedes Grundstück für die ganze Forderung. [2]Der Gläubiger kann die Befriedigung nach seinem Belieben aus jedem der Grundstücke ganz oder zu einem Teil suchen.
...

§ 1133. Gefährdung der Sicherheit der Hypothek. [1]Ist infolge einer Verschlechterung des Grundstücks die Sicherheit der Hypothek gefährdet, so kann der Gläubiger dem Eigentümer eine angemessene Frist zur Beseitigung der Gefährdung bestimmen. [2]Nach dem Ablaufe der Frist ist der Gläubiger berechtigt, sofort Befriedigung aus dem Grundstücke zu suchen, wenn nicht die Gefährdung durch Verbesserung des Grundstücks oder durch anderweitige Hypothekenbestellung beseitigt worden ist. ...

§ 1134. Unterlassungsklage. (1) Wirkt der Eigentümer oder ein Dritter auf das Grundstück in solcher Weise ein, dass eine die Sicherheit der Hypothek gefährdende Verschlechterung des Grundstücks zu besorgen ist, so kann der Gläubiger auf Unterlassung klagen.

(2) [1]Geht die Einwirkung von dem Eigentümer aus, so hat das Gericht auf Antrag des Gläubigers die zur Abwendung der Gefährdung erforderlichen Maßregeln anzuordnen. [2]Das Gleiche gilt, wenn die Verschlechterung deshalb zu besorgen ist, weil der Eigentümer die erforderlichen Vorkehrungen gegen Einwirkungen Dritter oder gegen andere Beschädigungen unterlässt.

§ 1136. Rechtsgeschäftliche Verfügungsbeschränkung. Eine Vereinbarung, durch die sich der Eigentümer dem Gläubiger gegenüber verpflichtet, das Grundstück nicht zu veräußern oder nicht weiter zu belasten, ist nichtig.

§ 1137. Einreden des Eigentümers. (1) Der Eigentümer kann gegen die Hypothek die dem persönlichen Schuldner gegen die Forderung sowie die nach § 770 einem Bürgen zustehenden Einreden geltend machen.
...

§ 1138. Öffentlicher Glaube des Grundbuchs. Die Vorschriften der §§ 891 bis 899 gelten für die Hypothek auch in Ansehung der Forderung und der dem Eigentümer nach § 1137 zustehenden Einreden.

§ 1142. Befriedigungsrecht des Eigentümers. (1) Der Eigentümer ist berechtigt, den Gläubiger zu befriedigen, wenn die Forderung ihm gegenüber fällig geworden oder wenn der persönliche Schuldner zur Leistung berechtigt ist.

§ 1144. Aushändigung der Urkunden. Der Eigentümer kann gegen Befriedigung des Gläubigers die Aushändigung des Hypothekenbriefs und der sonstigen Urkunden verlangen, die zur Berichtigung des Grundbuchs oder zur Löschung der Hypothek erforderlich sind.

§ 1147. Befriedigung durch Zwangsvollstreckung. Die Befriedigung des Gläubigers aus dem Grundstück und den Gegenständen, auf die sich die Hypothek erstreckt, erfolgt im Wege der Zwangsvollstreckung.

§ 1152. Teilhypothekenbrief. [1]Im Falle einer Teilung der Forderung kann, sofern nicht die Erteilung des Hypothekenbriefs ausgeschlossen ist, für jeden Teil ein Teilhypothekenbrief hergestellt werden; die Zustimmung des Eigentümers des Grundstücks ist nicht erforderlich. [2]Der Teilhypothekenbrief tritt für den Teil, auf den er sich bezieht, an die Stelle des bisherigen Briefes.

§ 1153. Übertragung von Hypothek und Forderung. (1) Mit der Übertragung der Forderung geht die Hypothek auf den neuen Gläubiger über.

(2) Die Forderung kann nicht ohne die Hypothek, die Hypothek kann nicht ohne die Forderung übertragen werden.

§ 1154. Abtretung der Forderung. (1) [1]Zur Abtretung der Forderung ist Erteilung der Abtretungserklärung in schriftlicher Form und Übergabe des Hypothekenbriefs erforderlich; die Vorschriften des § 1117 finden Anwendung. [2]Der bisherige Gläubiger hat auf Verlangen des neuen Gläubigers die Abtretungserklärung auf seine Kosten öffentlich beglaubigen zu lassen.

(2) Die schriftliche Form der Abtretungserklärung kann dadurch ersetzt werden, dass die Abtretung in das Grundbuch eingetragen wird.

(3) Ist die Erteilung des Hypothekenbriefs ausgeschlossen, so finden auf die Abtretung der Forderung die Vorschriften der §§ 873, 878 entsprechende Anwendung.

§ 1162. Aufgebot des Hypothekenbriefs. Ist der Hypothekenbrief abhanden gekommen oder vernichtet, so kann er im Wege des Aufgebotsverfahrens für kraftlos erklärt werden.

§ 1163. Eigentümerhypothek. (1) [1]Ist die Forderung, für welche die Hypothek bestellt ist, nicht zur Entstehung gelangt, so steht die Hypothek dem Eigentümer zu. [2]Erlischt die Forderung, so erwirbt der Eigentümer die Hypothek.

(2) Eine Hypothek, für welche die Erteilung des Hypothekenbriefs nicht ausgeschlossen ist, steht bis zur Übergabe des Briefes an den Gläubiger dem Eigentümer zu.

§ 1164. Übergang der Hypothek auf den Schuldner. (1) [1]Befriedigt der persönliche Schuldner den Gläubiger, so geht die Hypothek insoweit auf ihn über, als er von dem Eigentümer oder einem Rechtsvorgänger des Eigentümers Ersatz verlangen kann. [2]Ist dem Schuldner nur teilweise Ersatz zu leisten, so kann der Eigentümer die Hypothek, soweit sie auf ihn übergegangen ist, nicht zum Nachteil der Hypothek des Schuldners geltend machen.

(2) Der Befriedigung des Gläubigers steht es gleich, wenn sich Forderung und Schuld in einer Person vereinigen.

§ 1177. Eigentümergrundschuld, Eigentümerhypothek. (1) [1]Vereinigt sich die Hypothek mit dem Eigentum in einer Person, ohne dass dem Eigentümer auch die Forderung zusteht, so verwandelt sich die Hypothek in eine Grundschuld. [2]In Ansehung der Verzinslichkeit, des Zinssatzes, der Zahlungszeit, der Kündigung und des Zahlungsorts bleiben die für die Forderung getroffenen Bestimmungen maßgebend.

(2) Steht dem Eigentümer auch die Forderung zu, so bestimmen sich seine Rechte aus der Hypothek, solange die Vereinigung besteht, nach den für eine Grundschuld des Eigentümers geltenden Vorschriften.

§ 1179. Löschungsvormerkung. Verpflichtet sich der Eigentümer einem anderen gegenüber, die Hypothek löschen zu lassen, wenn sie sich mit dem Eigentum in einer Person vereinigt, so kann zur Sicherung des Anspruchs auf Löschung eine Vormerkung in das Grundbuch eingetragen werden, wenn demjenigen, zu dessen Gunsten die Eintragung vorgenommen werden soll,

1. ein anderes gleichrangiges oder nachrangiges Recht als eine Hypothek, Grundschuld oder Rentenschuld am Grundstück zusteht oder
2. ein Anspruch auf Einräumung eines solchen anderen Rechts oder auf Übertragung des Eigentums am Grundstück zusteht; der Anspruch kann auch ein künftiger oder bedingter sein.

§ 1179 a. Löschungsanspruch bei fremden Rechten. (1) [1]Der Gläubiger einer Hypothek kann von dem Eigentümer verlangen, dass dieser eine vorrangige oder gleichrangige Hypothek löschen lässt, wenn sie im Zeitpunkt der Eintragung der Hypothek des Gläubigers mit dem Eigentum in einer Person vereinigt ist oder eine solche Vereinigung später eintritt. [2]Ist das Eigentum nach der Eintragung der nach Satz 1 begünstigten Hypothek durch Sondernachfolge auf einen anderen übergegangen, so ist jeder Eigentümer wegen der zur Zeit seines Eigentums bestehenden Vereinigungen zur Löschung verpflichtet. [3]Der Löschungsanspruch ist in gleicher Weise gesichert, als wenn zu seiner Sicherung gleichzeitig mit der begünstigten Hypothek eine Vormerkung in das Grundbuch eingetragen worden wäre.

(2) [1]Die Löschung einer Hypothek, die nach § 1163 Abs. 1 Satz 1 mit dem Eigentum in einer Person vereinigt ist, kann nach Absatz 1 erst verlangt werden, wenn sich ergibt, dass die zu sichernde Forderung nicht mehr entstehen wird; der Löschungsanspruch besteht von diesem Zeitpunkt ab jedoch auch wegen der vorher bestehenden Vereinigungen. [2]Durch die Vereinigung einer Hypothek mit dem Eigentum nach § 1163 Abs. 2 wird ein Anspruch nach Absatz 1 nicht begründet.

(3) Liegen bei der begünstigten Hypothek die Voraussetzungen des § 1163 vor, ohne dass das Recht für den Eigentümer oder seinen Rechtsnachfolger im Grundbuch eingetragen ist, so besteht der Löschungsanspruch für den eingetragenen Gläubiger oder seinen Rechtsnachfolger.

(4) Tritt eine Hypothek im Range zurück, so sind auf die Löschung der ihr infolge der Rangänderung vorgehenden oder gleichstehenden Hypothek die Absätze 1 bis 3 mit der Maßgabe entsprechend anzuwenden, dass an die Stelle des Zeitpunkts der Eintragung des zurückgetretenen Rechts der Zeitpunkt der Eintragung der Rangänderung tritt.

(5) [1]Als Inhalt einer Hypothek, deren Gläubiger nach den vorstehenden Vorschriften ein Anspruch auf Löschung zusteht, kann der Ausschluss dieses Anspruchs vereinbart werden; der Ausschluss kann auf einen bestimmten Fall der Vereinigung beschränkt werden. [2]Der Ausschluss ist unter Bezeichnung der Hypotheken, die dem Löschungsanspruch ganz oder teilweise nicht unterliegen, im Grundbuch anzugeben; ist der Ausschluss nicht für alle Fälle der Vereinigung vereinbart, so kann zur näheren Bezeichnung der erfassten Fälle auf die Eintragungsbewilligung Bezug genommen werden. [3]Wird der Ausschluss aufgehoben, so entstehen dadurch nicht Löschungsansprüche für Vereinigungen, die nur vor dieser Aufhebung bestanden haben.

§ 1180. Auswechslung der Forderung.
(1) [1]An die Stelle der Forderung, für welche die Hypothek besteht, kann eine andere Forderung gesetzt werden. [2]Zu der Änderung ist die Einigung des Gläubigers und des Eigentümers sowie die Eintragung in das Grundbuch erforderlich; die Vorschriften des § 873 Abs. 2 und der §§ 876, 878 finden entsprechende Anwendung.
(2) [1]Steht die Forderung, die an die Stelle der bisherigen Forderung treten soll, nicht dem bisherigen Hypothekengläubiger zu, so ist dessen Zustimmung erforderlich; die Zustimmung ist dem Grundbuchamt oder demjenigen gegenüber zu erklären, zu dessen Gunsten sie erfolgt. [2]Die Vorschriften des § 875 Abs. 2 und des § 876 finden entsprechende Anwendung.

§ 1181. Erlöschen durch Befriedigung aus dem Grundstück. (1) Wird der Gläubiger aus dem Grundstücke befriedigt, so erlischt die Hypothek.
(2) Erfolgt die Befriedigung des Gläubigers aus einem der mit einer Gesamthypothek belasteten Grundstücke, so werden auch die übrigen Grundstücke frei.
…

§ 1184. Sicherungshypothek. (1) Eine Hypothek kann in der Weise bestellt werden, dass das Recht des Gläubigers aus der Hypothek sich nur nach der Forderung bestimmt und der Gläubiger sich zum Beweise der Forderung nicht auf die Eintragung berufen kann (Sicherungshypothek).
(2) Die Hypothek muss im Grundbuch als Sicherungshypothek bezeichnet werden.

§ 1185. Buchhypothek; unanwendbare Vorschriften. (1) Bei der Sicherungshypothek ist die Erteilung des Hypothekenbriefs ausgeschlossen.
…

§ 1186. Zulässige Umwandlungen. [1]Eine Sicherungshypothek kann in eine gewöhnliche Hypothek, eine gewöhnliche Hypothek kann in eine Sicherungshypothek umgewandelt werden. [2]Die Zustimmung der im Range gleich oder nachstehenden Berechtigten ist nicht erforderlich.

§ 1190. Höchstbetragshypothek. (1) [1]Eine Hypothek kann in der Weise bestellt werden, dass nur der Höchstbetrag, bis zu dem das Grundstück haften soll, bestimmt, im Übrigen die Feststellung der Forderung vorbehalten wird. [2]Der Höchstbetrag muss in das Grundbuch eingetragen werden.
(2) Ist die Forderung verzinslich, so werden die Zinsen in den Höchstbetrag eingerechnet.
(3) Die Hypothek gilt als Sicherungshypothek, auch wenn sie im Grundbuche nicht als solche bezeichnet ist.
…

▶ Grundschuld, Rentenschuld

Grundschuld

§ 1191. Gesetzlicher Inhalt der Grundschuld.
(1) Ein Grundstück kann in der Weise belastet werden, dass an denjenigen, zu dessen Gunsten die Belastung erfolgt, eine bestimmte Geldsumme aus dem Grundstück zu zahlen ist (Grundschuld).
(2) Die Belastung kann auch in der Weise erfolgen, dass Zinsen von der Geldsumme sowie andere Nebenleistungen aus dem Grundstück zu entrichten sind.

§ 1192. Anwendbare Vorschriften. (1) Auf die Grundschuld finden die Vorschriften über die Hypothek entsprechende Anwendung, soweit sich nicht daraus ein anderes ergibt, dass die Grundschuld nicht eine Forderung voraussetzt.
(1a) [1]Ist die Grundschuld zur Sicherung eines Anspruchs verschafft worden (Sicherungsgrundschuld), können Einreden, die dem Eigentümer auf Grund des Sicherungsvertrags mit dem bisherigen Gläubiger gegen die Grundschuld zustehen oder sich aus dem Sicherungsvertrag ergeben, auch jedem Erwerber der Grundschuld entgegengesetzt werden; § 1157 Satz 2 findet insoweit keine Anwendung. [2]Im Übrigen bleibt § 1157 unberührt.
(2) Für Zinsen der Grundschuld gelten die Vorschriften über die Zinsen einer Hypothekenforderung.

§ 1193. Kündigung. (1) [1]Das Kapital der Grundschuld wird erst nach vorgängiger Kündigung fällig. [2]Die Kündigung steht sowohl dem Eigentümer als dem Gläubiger zu. [3]Die Kündigungsfrist beträgt sechs Monate.
(2) Abweichende Bestimmungen sind zulässig.

§ 1195. Inhabergrundschuld. [1]Eine Grundschuld kann in der Weise bestellt werden, dass der Grundschuldbrief auf den Inhaber ausgestellt wird. [2]Auf einen solchen Brief finden die Vorschriften über Schuldverschreibungen auf den Inhaber entsprechende Anwendung.

§ 1196. Eigentümergrundschuld. (1) Eine Grundschuld kann auch für den Eigentümer bestellt werden.
(2) Zu der Bestellung ist die Erklärung des Eigentümers gegenüber dem Grundbuchamte,

dass die Grundschuld für ihn in das Grundbuch eingetragen werden soll, und die Eintragung erforderlich; …

§ 1198. Zulässige Umwandlungen. [1]Eine Hypothek kann in eine Grundschuld, eine Grundschuld kann in eine Hypothek umgewandelt werden. [2]Die Zustimmung der im Range gleich- oder nachstehenden Berechtigten ist nicht erforderlich.

Rentenschuld

§ 1199. Gesetzlicher Inhalt der Rentenschuld. (1) Eine Grundschuld kann in der Weise bestellt werden, dass in regelmäßig wiederkehrenden Terminen eine bestimmte Geldsumme aus dem Grundstücke zu zahlen ist (Rentenschuld).

(2) [1]Bei der Bestellung der Rentenschuld muss der Betrag bestimmt werden, durch dessen Zahlung die Rentenschuld abgelöst werden kann. [2]Die Ablösungssumme muss im Grundbuch angegeben werden.

§ 1201. Ablösungsrecht. (1) Das Recht zur Ablösung steht dem Eigentümer zu.

…

§ 1202. Kündigung. (1) [1]Der Eigentümer kann das Ablösungsrecht erst nach vorgängiger Kündigung ausüben. [2]Die Kündigungsfrist beträgt sechs Monate, wenn nicht ein anderes bestimmt ist.

…

§ 1203. Zulässige Umwandlungen. [1]Eine Rentenschuld kann in eine gewöhnliche Grundschuld, eine gewöhnliche Grundschuld kann in eine Rentenschuld umgewandelt werden. [2]Die Zustimmung der im Range gleich- oder nachstehenden Berechtigten ist nicht erforderlich.

Pfandrecht an beweglichen Sachen und an Rechten

▶ Pfandrecht an beweglichen Sachen

§ 1204. Gesetzlicher Inhalt des Pfandrechts an beweglichen Sachen. (1) Eine bewegliche Sache kann zur Sicherung einer Forderung in der Weise belastet werden, dass der Gläubiger berechtigt ist, Befriedigung aus der Sache zu suchen (Pfandrecht).

…

§ 1205. Bestellung. (1) [1]Zur Bestellung des Pfandrechts ist erforderlich, dass der Eigentümer die Sache dem Gläubiger übergibt und beide darüber einig sind, dass dem Gläubiger das Pfandrecht zustehen soll. [2]Ist der Gläubiger im Besitze der Sache, so genügt die Einigung über die Entstehung des Pfandrechts.

(2) Die Übergabe einer im mittelbaren Besitze des Eigentümers befindlichen Sache kann dadurch ersetzt werden, dass der Eigentümer den mittelbaren Besitz auf den Pfandgläubiger überträgt und die Verpfändung dem Besitzer anzeigt.

§ 1207. Verpfändung durch Nichtberechtigten. Gehört die Sache nicht dem Verpfänder, so finden auf die Verpfändung die für den Erwerb des Eigentums geltenden Vorschriften der §§ 932, 934, 935 entsprechende Anwendung.

§ 1208. Gutgläubiger Erwerb des Vorrangs. [1]Ist die Sache mit dem Rechte eines Dritten belastet, so geht das Pfandrecht dem Rechte vor, es sei denn, dass der Pfandgläubiger zur Zeit des Erwerbs des Pfandrechts in Ansehung des Rechtes nicht in gutem Glauben ist. [2]Die Vorschriften des § 932 Abs. 1 Satz 2, des § 935 und des § 936 Abs. 3 finden entsprechende Anwendung.

§ 1210. Umfang der Haftung des Pfandes. (1) Das Pfand haftet für die Forderung in deren jeweiligem Bestand, insbesondere auch für Zinsen und Vertragsstrafen. …

(2) Das Pfand haftet für die Ansprüche des Pfandgläubigers auf Ersatz von Verwendungen, für die dem Pfandgläubiger zu ersetzenden Kosten der Kündigung und der Rechtsverfolgung sowie für die Kosten des Pfandverkaufs.

§ 1212. Erstreckung auf getrennte Erzeugnisse. Das Pfandrecht erstreckt sich auf die Erzeugnisse, die von dem Pfande getrennt werden.

§ 1213. Nutzungspfand. (1) Das Pfandrecht kann in der Weise bestellt werden, dass der Pfandgläubiger berechtigt ist, die Nutzungen des Pfandes zu ziehen.

(2) Ist eine von Natur fruchttragende Sache dem Pfandgläubiger zum Alleinbesitz übergeben, so ist im Zweifel anzunehmen, dass der Pfandgläubiger zum Fruchtbezuge berechtigt sein soll.

§ 1214. Pflichten des nutzungsberechtigten Pfandgläubigers. (1) Steht dem Pfandgläubiger das Recht zu, die Nutzungen zu ziehen, so ist er verpflichtet, für die Gewinnung der Nutzungen zu sorgen und Rechenschaft abzulegen.

(2) Der Reinertrag der Nutzungen wird auf die geschuldete Leistung und, wenn Kosten

und Zinsen zu entrichten sind, zunächst auf diese angerechnet.

(3) Abweichende Bestimmungen sind zulässig.

§ 1215. Verwahrungspflicht. Der Pfandgläubiger ist zur Verwahrung des Pfandes verpflichtet.

§ 1217. Rechtsverletzung durch den Pfandgläubiger. (1) Verletzt der Pfandgläubiger die Rechte des Verpfänders in erheblichem Maße und setzt er das verletzende Verhalten ungeachtet einer Abmahnung des Verpfänders fort, so kann der Verpfänder verlangen, dass das Pfand auf Kosten des Pfandgläubigers hinterlegt oder, wenn es sich nicht zur Hinterlegung eignet, an einen gerichtlich zu bestellenden Verwahrer abgeliefert wird.

(2) [1]Statt der Hinterlegung oder der Ablieferung der Sache an einen Verwahrer kann der Verpfänder die Rückgabe des Pfandes gegen Befriedigung des Gläubigers verlangen. [2]Ist die Forderung unverzinslich und noch nicht fällig, so gebührt dem Pfandgläubiger nur die Summe, welche mit Hinzurechnung der gesetzlichen Zinsen für die Zeit von der Zahlung bis zur Fälligkeit dem Betrag der Forderung gleichkommt.

§ 1218. Rechte des Verpfänders bei drohendem Verderb. (1) Ist der Verderb des Pfandes oder eine wesentliche Minderung des Wertes zu besorgen, so kann der Verpfänder die Rückgabe des Pfandes gegen anderweitige Sicherheitsleistung verlangen; die Sicherheitsleistung durch Bürgen ist ausgeschlossen.

(2) Der Pfandgläubiger hat dem Verpfänder von dem drohenden Verderb unverzüglich Anzeige zu machen, sofern nicht die Anzeige untunlich ist.

§ 1219. Rechte des Pfandgläubigers bei drohendem Verderb. (1) Wird durch den drohenden Verderb des Pfandes oder durch eine zu besorgende wesentliche Minderung des Wertes die Sicherheit des Pfandgläubigers gefährdet, so kann dieser das Pfand öffentlich versteigern lassen.

(2) [1]Der Erlös tritt an die Stelle des Pfandes. [2]Auf Verlangen des Verpfänders ist der Erlös zu hinterlegen.

§ 1220. Androhung der Versteigerung.

(1) [1]Die Versteigerung des Pfandes ist erst zulässig, nachdem sie dem Verpfänder angedroht worden ist; die Androhung darf unterbleiben, wenn das Pfand dem Verderb ausgesetzt und mit dem Aufschub der Versteigerung Gefahr verbunden ist. [2]Im Falle der Wertminderung ist außer der Androhung erforderlich, dass der Pfandgläubiger dem Verpfänder zur Leistung anderweitiger Sicherheit eine angemessene Frist bestimmt hat und diese verstrichen ist.

(2) Der Pfandgläubiger hat den Verpfänder von der Versteigerung unverzüglich zu benachrichtigen; im Falle der Unterlassung ist er zum Schadensersatz verpflichtet.

…

§ 1221. Freihändiger Verkauf. Hat das Pfand einen Börsen- oder Marktpreis, so kann der Pfandgläubiger den Verkauf aus freier Hand durch einen zu solchen Verkäufen öffentlich ermächtigten Handelsmäkler oder durch eine zur öffentlichen Versteigerung befugte Person zum laufenden Preis bewirken.

§ 1223. Rückgabepflicht; Einlösungsrecht.

(1) Der Pfandgläubiger ist verpflichtet, das Pfand nach dem Erlöschen des Pfandrechts dem Verpfänder zurückzugeben.

…

§ 1224. Befriedigung durch Hinterlegung oder Aufrechnung. Die Befriedigung des Pfandgläubigers durch den Verpfänder kann auch durch Hinterlegung oder durch Aufrechnung erfolgen.

§ 1228. Befriedigung durch Pfandverkauf.

(1) Die Befriedigung des Pfandgläubigers aus dem Pfand erfolgt durch Verkauf.

(2) Der Pfandgläubiger ist zum Verkauf berechtigt, sobald die Forderung ganz oder zum Teil fällig ist. …

§ 1230. Auswahl unter mehreren Pfändern.
[1]Unter mehreren Pfändern kann der Pfandgläubiger, soweit nicht ein anderes bestimmt ist, diejenigen auswählen, welche verkauft werden sollen. [2]Er kann nur so viele Pfänder zum Verkauf bringen, als zu seiner Befriedigung erforderlich sind.

§ 1233. Ausführung des Verkaufs. (1) Der Verkauf des Pfandes ist nach den Vorschriften der §§ 1234 bis 1240 zu bewirken.

(2) Hat der Pfandgläubiger für sein Recht zum Verkauf einen vollstreckbaren Titel gegen den Eigentümer erlangt, so kann er den Verkauf auch nach den für den Verkauf einer gepfändeten Sache geltenden Vorschriften bewirken lassen.

§ 1234. Verkaufsandrohung; Wartefrist.

(1) Der Pfandgläubiger hat dem Eigentümer den Verkauf vorher anzudrohen und dabei den Geldbetrag zu bezeichnen, wegen dessen der Verkauf stattfinden soll. …

(2) [1]Der Verkauf darf nicht vor dem Ablauf eines Monats nach der Androhung erfolgen. [2]Ist

die Androhung untunlich, so wird der Monat von dem Eintritt der Verkaufsberechtigung an berechnet.

§ 1235. Öffentliche Versteigerung. (1) Der Verkauf des Pfandes ist im Wege öffentlicher Versteigerung zu bewirken.

(2) Hat das Pfand einen Börsen- oder Marktpreis, so findet die Vorschrift des § 1221 Anwendung.

§ 1236. Versteigerungsort. [1]Die Versteigerung hat an dem Orte zu erfolgen, an dem das Pfand aufbewahrt wird. [2]Ist von einer Versteigerung an dem Aufbewahrungsort ein angemessener Erfolg nicht zu erwarten, so ist das Pfand an einem geeigneten anderen Orte zu versteigern.

§ 1237. Öffentliche Bekanntmachung. [1]Zeit und Ort der Versteigerung sind unter allgemeiner Bezeichnung des Pfandes öffentlich bekannt zu machen. [2]Der Eigentümer und Dritte, denen Rechte an dem Pfande zustehen, sind besonders zu benachrichtigen; …

§ 1238. Verkaufsbedingungen. (1) Das Pfand darf nur mit der Bestimmung verkauft werden, dass der Käufer den Kaufpreis sofort bar zu entrichten hat und seiner Rechte verlustig sein soll, wenn dies nicht geschieht.

…

§ 1239. Mitbieten durch Gläubiger und Eigentümer. (1) Der Pfandgläubiger und der Eigentümer können bei der Versteigerung mitbieten.

…

§ 1241. Benachrichtigung des Eigentümers. Der Pfandgläubiger hat den Eigentümer von dem Verkauf des Pfandes und dem Ergebnis unverzüglich zu benachrichtigen, sofern nicht die Benachrichtigung untunlich ist.

§ 1242. Wirkungen der rechtmäßigen Veräußerung. (1) [1]Durch die rechtmäßige Veräußerung des Pfandes erlangt der Erwerber die gleichen Rechte, wie wenn er die Sache von dem Eigentümer erworben hätte. [2]Dies gilt auch dann, wenn dem Pfandgläubiger der Zuschlag erteilt wird.

(2) [1]Pfandrechte an der Sache erlöschen, auch wenn sie dem Erwerber bekannt waren. [2]Das Gleiche gilt von einem Nießbrauch, es sei denn, dass er allen Pfandrechten im Range vorgeht.

§ 1247. Erlös aus dem Pfand. [1]Soweit der Erlös aus dem Pfande dem Pfandgläubiger zu seiner Befriedigung gebührt, gilt die Forderung als von dem Eigentümer berichtigt. [2]Im Übrigen tritt der Erlös an die Stelle des Pfandes.

§ 1250. Übertragung der Forderung. (1) [1]Mit der Übertragung der Forderung geht das Pfandrecht auf den neuen Gläubiger über. [2]Das Pfandrecht kann nicht ohne die Forderung übertragen werden.

(2) Wird bei der Übertragung der Forderung der Übergang des Pfandrechts ausgeschlossen, so erlischt das Pfandrecht.

§ 1251. Wirkung des Pfandrechtsüberganges. (1) Der neue Pfandgläubiger kann von dem bisherigen Pfandgläubiger die Herausgabe des Pfandes verlangen.

(2) [1]Mit der Erlangung des Besitzes tritt der neue Pfandgläubiger an Stelle des bisherigen Pfandgläubigers in die mit dem Pfandrechte verbundenen Verpflichtungen gegen den Verpfänder ein. [2]Erfüllt er die Verpflichtungen nicht, so haftet für den von ihm zu ersetzenden Schaden der bisherige Pfandgläubiger wie ein Bürge, der auf die Einrede der Vorausklage verzichtet hat. [3]Die Haftung des bisherigen Pfandgläubigers tritt nicht ein, wenn die Forderung kraft Gesetzes auf den neuen Pfandgläubiger übergeht oder ihm aufgrund einer gesetzlichen Verpflichtung abgetreten wird.

§ 1252. Erlöschen mit der Forderung. Das Pfandrecht erlischt mit der Forderung, für die es besteht.

§ 1253. Erlöschen durch Rückgabe. (1) [1]Das Pfandrecht erlischt, wenn der Pfandgläubiger das Pfand dem Verpfänder oder dem Eigentümer zurückgibt. [2]Der Vorbehalt der Fortdauer des Pfandrechts ist unwirksam.

…

§ 1255. Aufhebung des Pfandrechts. (1) Zur Aufhebung des Pfandrechts durch Rechtsgeschäft genügt die Erklärung des Pfandgläubigers gegenüber dem Verpfänder oder dem Eigentümer, dass er das Pfandrecht aufgebe.

(2) [1]Ist das Pfandrecht mit dem Rechte eines Dritten belastet, so ist die Zustimmung des Dritten erforderlich. [2]Die Zustimmung ist demjenigen gegenüber zu erklären, zu dessen Gunsten sie erfolgt; sie ist unwiderruflich.

§ 1256. Zusammentreffen von Pfandrecht und Eigentum. (1) Das Pfandrecht erlischt, wenn es mit dem Eigentum in derselben Person zusammentrifft.

…

§ 1257. Gesetzliches Pfandrecht. Die Vorschriften über das durch Rechtsgeschäft bestellte Pfandrecht finden auf ein kraft Gesetzes entstandenes Pfandrecht entsprechende Anwendung.

§ 1259. Verwertung des gewerblichen Pfandes. Sind Eigentümer und Pfandgläubiger Unternehmer, juristische Personen des öffentlichen Rechts oder öffentlich-rechtliche Sondervermögen, können sie für die Verwertung des Pfandes, das einen Börsen- oder Marktpreis hat, schon bei der Verpfändung vereinbaren, dass der Pfandgläubiger den Verkauf aus freier Hand zum laufenden Preis selbst oder durch Dritte vornehmen kann oder dem Pfandgläubiger das Eigentum an der Sache bei Fälligkeit der Forderung zufallen soll. In diesem Fall gilt die Forderung in Höhe des am Tag der Fälligkeit geltenden Börsen- oder Marktpreises als von dem Eigentümer berichtigt. Die §§ 1229 und 1233 bis 1239 finden keine Anwendung.

▶ Pfandrecht an Rechten

§ 1273. Gesetzlicher Inhalt des Pfandrechts an Rechten. (1) Gegenstand des Pfandrechts kann auch ein Recht sein.

(2) [1]Auf das Pfandrecht an Rechten finden die Vorschriften über das Pfandrecht an beweglichen Sachen entsprechende Anwendung, soweit sich nicht aus den §§ 1274 bis 1296 ein anderes ergibt. [2]Die Anwendung der Vorschriften des § 1208 und des § 1213 Abs. 2 ist ausgeschlossen.

§ 1274. Bestellung. (1) [1]Die Bestellung des Pfandrechts an einem Recht erfolgt nach den für die Übertragung des Rechts geltenden Vorschriften. [2]Ist zur Übertragung des Rechts die Übergabe einer Sache erforderlich, so finden die Vorschriften der §§ 1205, 1206 Anwendung.

(2) Soweit ein Recht nicht übertragbar ist, kann ein Pfandrecht an dem Recht nicht bestellt werden.

§ 1279. Pfandrecht an einer Forderung. Für das Pfandrecht an einer Forderung gelten die besonderen Vorschriften der §§ 1280 bis 1290. …

§ 1280. Anzeige an den Schuldner. Die Verpfändung einer Forderung, zu deren Übertragung der Abtretungsvertrag genügt, ist nur wirksam, wenn der Gläubiger sie dem Schuldner anzeigt.

§ 1282. Leistung nach Fälligkeit. (1) Sind die Voraussetzungen des § 1228 Abs. 2 eingetreten, so ist der Pfandgläubiger zur Einziehung der Forderung berechtigt und kann der Schuldner nur an ihn leisten.

§ 1292. Verpfändung von Orderpapieren. Zur Verpfändung eines Wechsels oder eines anderen Papiers, das durch Indossament übertragen werden kann, genügt die Einigung des Gläubigers und des Pfandgläubigers und die Übergabe des indossierten Papiers.

§ 1293. Pfandrecht an Inhaberpapieren. Für das Pfandrecht an einem Inhaberpapier gelten die Vorschriften über das Pfandrecht an beweglichen Sachen.

§ 1294. Einziehung und Kündigung. Ist ein Wechsel, ein anderes Papier, das durch Indossament übertragen werden kann, oder ein Inhaberpapier Gegenstand des Pfandrechts, so ist, auch wenn die Voraussetzungen des § 1228 Abs. 2 noch nicht eingetreten sind, der Pfandgläubiger zur Einziehung und, falls Kündigung erforderlich ist, zur Kündigung berechtigt und kann der Schuldner nur an ihn leisten.

§ 1295. Freihändiger Verkauf von Orderpapieren. Hat ein verpfändetes Papier, das durch Indossament übertragen werden kann, einen Börsen- oder Marktpreis, so ist der Gläubiger nach dem Eintritte der Voraussetzungen des § 1228 Abs. 2 berechtigt, das Papier nach § 1221 verkaufen zu lassen. …

§ 1296. Erstreckung auf Zinsscheine. [1]Das Pfandrecht an einem Wertpapier erstreckt sich auf die zu dem Papiere gehörenden Zins-, Renten- oder Gewinnanteilscheine nur dann, wenn sie dem Pfandgläubiger übergeben sind. [2]Der Verpfänder kann, sofern nicht ein anderes bestimmt ist, die Herausgabe der Scheine verlangen, soweit sie vor dem Eintritte der Voraussetzungen des § 1228 Abs. 2 fällig werden.

Viertes Buch. Familienrecht

Verwandtschaft

§ 1629. Vertretung des Kindes. (1) [1]Die elterliche Sorge umfasst die Vertretung des Kindes. [2]Die Eltern vertreten das Kind gemeinschaftlich; ist eine Willenserklärung gegenüber dem Kind abzugeben, so genügt die Abgabe gegenüber einem Elternteil. [3]Ein Elternteil vertritt das Kind allein, soweit er die elterliche Sorge allein ausübt oder ihm die Entscheidung nach § 1628 übertragen ist. [4]Bei Gefahr im Verzug ist jeder Elternteil dazu berechtigt, alle Rechtshandlungen vorzunehmen, die zum

Wohl des Kindes notwendig sind; der andere Elternteil ist unverzüglich zu unterrichten.

(2) [1]Der Vater und die Mutter können das Kind insoweit nicht vertreten, als nach § 1795 ein Vormund von der Vertretung des Kindes ausgeschlossen ist. [2]Steht die elterliche Sorge für ein Kind den Eltern gemeinsam zu, so kann der Elternteil, in dessen Obhut sich das Kind befindet, Unterhaltsansprüche des Kindes gegen den anderen Elternteil geltend machen. [3]Das Familiengericht kann dem Vater und der Mutter nach § 1796 die Vertretung entziehen; dies gilt nicht für die Feststellung der Vaterschaft.

(2a) Der Vater und die Mutter können das Kind in einem gerichtlichen Verfahren nach § 1598a Abs. 2 nicht vertreten.

(3) [1]Sind die Eltern des Kindes miteinander verheiratet, so kann ein Elternteil, solange die Eltern getrennt leben oder eine Ehesache zwischen ihnen anhängig ist, Unterhaltsansprüche des Kindes gegen den anderen Elternteil nur im eigenen Namen geltend machen. [2]Eine von einem Elternteil erwirkte gerichtliche Entscheidung und ein zwischen den Eltern geschlossener gerichtlicher Vergleich wirken auch für und gegen das Kind.

§ 1629a. Beschränkung der Minderjährigenhaftung. (1) [1]Die Haftung für Verbindlichkeiten, die die Eltern im Rahmen ihrer gesetzlichen Vertretungsmacht oder sonstige vertretungsberechtigte Personen im Rahmen ihrer Vertretungsmacht durch Rechtsgeschäft oder eine sonstige Handlung mit Wirkung für das Kind begründet haben, oder die auf Grund eines während der Minderjährigkeit erfolgten Erwerbs von Todes wegen entstanden sind, beschränkt sich auf den Bestand des bei Eintritt der Volljährigkeit vorhandenen Vermögens des Kindes; dasselbe gilt für Verbindlichkeiten aus Rechtsgeschäften, die der Minderjährige gemäß §§ 107, 108 oder § 111 mit Zustimmung seiner Eltern vorgenommen hat oder für Verbindlichkeiten aus Rechtsgeschäften, zu denen die Eltern die Genehmigung des Familiengerichts erhalten haben. [2]Beruft sich der volljährig Gewordene auf die Beschränkung der Haftung, so finden die für die Haftung des Erben geltenden Vorschriften der §§ 1990, 1991 entsprechende Anwendung.

...

§ 1643. Genehmigungspflichtige Rechtsgeschäfte. (1) Zu Rechtsgeschäften für das Kind bedürfen die Eltern der Genehmigung des Familiengerichts in den Fällen, in denen nach § 1821 und nach § 1822 Nr. 1, 3, 5, 8 bis 11 ein Vormund der Genehmigung bedarf.

(2) Das Gleiche gilt für die Ausschlagung einer Erbschaft oder eines Vermächtnisses sowie für den Verzicht auf einen Pflichtteil. ...

...

Vormundschaft, Rechtliche Betreuung, Pflegschaft

► Vormundschaft

§ 1773. Voraussetzungen. (1) Ein Minderjähriger erhält einen Vormund, wenn er nicht unter elterlicher Sorge steht oder wenn die Eltern weder in den die Person noch in den das Vermögen betreffenden Angelegenheiten zur Vertretung des Minderjährigen berechtigt sind.

(2) Ein Minderjähriger erhält einen Vormund auch dann, wenn sein Familienstand nicht zu ermitteln ist.

§ 1776. Benennungsrecht der Eltern.

(1) Als Vormund ist berufen, wer von den Eltern des Mündels als Vormund benannt ist.

(2) Haben der Vater und die Mutter verschiedene Personen benannt, so gilt die Benennung durch den zuletzt verstorbenen Elternteil.

§ 1793. Aufgaben des Vormunds. (1) Der Vormund hat das Recht und die Pflicht, für die Person und das Vermögen des Mündels zu sorgen, insbesondere den Mündel zu vertreten. ...

(1a) Der Vormund hat mit dem Mündel persönlichen Kontakt zu halten. Er soll den Mündel in der Regel einmal im Monat in dessen üblicher Umgebung aufsuchen, es sei denn, im Einzelfall sind kürzere oder längere Besuchsabstände oder ein anderer Ort geboten.

...

§ 1822. Genehmigung für sonstige Geschäfte.

Der Vormund bedarf der Genehmigung des Familiengerichts:

1. zu einem Rechtsgeschäfte, durch das der Mündel zu einer Verfügung über sein Vermögen im Ganzen oder über eine ihm angefallene Erbschaft oder über seinen künftigen gesetzlichen Erbteil oder seinen künftigen Pflichtteil verpflichtet wird, sowie zu einer Verfügung über den Anteil des Mündels an einer Erbschaft;
2. zur Ausschlagung einer Erbschaft oder eines Vermächtnisses, zum Verzicht auf einen Pflichtteil sowie zu einem Erbteilungsvertrage;
3. zu einem Vertrage, der auf den entgeltlichen Erwerb oder die Veräußerung eines Erwerbsgeschäfts gerichtet ist, sowie zu einem Gesellschaftsvertrage, der zum Betrieb eines Erwerbsgeschäfts eingegangen wird;

4. zu einem Pachtvertrag über ein Landgut oder einen gewerblichen Betrieb;
5. zu einem Miet- oder Pachtvertrag oder einem anderen Vertrage, durch den der Mündel zu wiederkehrenden Leistungen verpflichtet wird, wenn das Vertragsverhältnis länger als ein Jahr nach dem Eintritt der Volljährigkeit des Mündels fortdauern soll;
6. zu einem Lehrvertrage, der für längere Zeit als ein Jahr geschlossen wird;
7. zu einem auf die Eingehung eines Dienst- oder Arbeitsverhältnisses gerichteten Vertrage, wenn der Mündel zu persönlichen Leistungen für längere Zeit als ein Jahr verpflichtet werden soll;
8. zu Aufnahme von Geld auf den Kredit des Mündels;
9. zur Ausstellung einer Schuldverschreibung auf den Inhaber oder zur Eingehung einer Verbindlichkeit aus einem Wechsel oder einem anderen Papiere, das durch Indossament übertragen werden kann;
10. zur Übernahme einer fremden Verbindlichkeit, insbesondere zur Eingehung einer Bürgschaft;
11. zur Erteilung einer Prokura;
12. zu einem Vergleich oder einem Schiedsvertrag, es sei denn, dass der Gegenstand des Streites oder der Ungewissheit in Geld schätzbar ist und den Wert von 3000 Euro nicht übersteigt oder der Vergleich einem schriftlichen oder protokollierten gerichtlichen Vergleichsvorschlag entspricht;
13. zu einem Rechtsgeschäfte, durch das die für eine Forderung des Mündels bestehende Sicherheit aufgehoben oder gemindert oder die Verpflichtung dazu begründet wird.

► Rechtliche Betreuung

§ 1896. Voraussetzungen. (1) [1]Kann ein Volljähriger auf Grund einer psychischen Krankheit oder einer körperlichen, geistigen oder seelischen Behinderung seine Angelegenheiten ganz oder teilweise nicht besorgen, so bestellt das Betreuungsgericht auf seinen Antrag oder von Amts wegen für ihn einen Betreuer. [2]Den Antrag kann auch ein Geschäftsunfähiger stellen. [3]Soweit der Volljährige auf Grund einer körperlichen Behinderung seine Angelegenheiten nicht besorgen kann, darf der Betreuer nur auf Antrag des Volljährigen bestellt werden, es sei denn, dass dieser seinen Willen nicht kundtun kann.

(1a) Gegen den freien Willen des Volljährigen darf ein Betreuer nicht bestellt werden.

(2) Ein Betreuer darf nur für Aufgabenkreise bestellt werden, in denen die Betreuung erforderlich ist. …

§ 1901. Umfang der Betreuung, Pflichten des Betreuers. (1) Die Betreuung umfasst alle Tätigkeiten, die erforderlich sind, um die Angelegenheiten des Betreuten nach Maßgabe der folgenden Vorschriften rechtlich zu besorgen.

(2) [1]Der Betreuer hat die Angelegenheiten des Betreuten so zu besorgen, wie es dessen Wohl entspricht. [2]Zum Wohl des Betreuten gehört auch die Möglichkeit, im Rahmen seiner Fähigkeiten sein Leben nach seinen eigenen Wünschen und Vorstellungen zu gestalten.

§ 1901 a. Patientenverfügung. (1) [1]Hat ein einwilligungsfähiger Volljähriger für den Fall seiner Einwilligungsunfähigkeit schriftlich festgelegt, ob er in bestimmte, zum Zeitpunkt der Festlegung noch nicht unmittelbar bevorstehende Untersuchungen seines Gesundheitszustands, Heilbehandlungen oder ärztliche Eingriffe einwilligt oder sie untersagt (Patientenverfügung), prüft der Betreuer, ob diese Festlegungen auf die aktuelle Lebens- und Behandlungssituation zutreffen. [2]Ist dies der Fall, hat der Betreuer dem Willen des Betreuten Ausdruck und Geltung zu verschaffen. [3]Eine Patientenverfügung kann jederzeit formlos widerrufen werdn.

…

§ 1902. Vertretung des Betreuten. In seinem Aufgabenkreis vertritt der Betreuer den Betreuten gerichtlich und außergerichtlich.

§ 1903. Einwilligungsvorbehalt. (1) [1]Soweit dies zur Abwendung einer erheblichen Gefahr für die Person oder das Vermögen des Betreuten erforderlich ist, ordnet das Betreuungsgericht an, dass der Betreute zu einer Willenserklärung, die den Aufgabenkreis des Betreuers betrifft, dessen Einwilligung bedarf (Einwilligungsvorbehalt). [2]Die §§ 108 bis 113, 131 Abs. 2 und § 210 gelten entsprechend.

(2) Ein Einwilligungsvorbehalt kann sich nicht erstrecken auf Willenserklärungen, die auf Eingehung einer Ehe oder Begründung einer Lebenspartnerschaft gerichtet sind, auf Verfügungen von Todes wegen und auf Willenserklärungen, zu denen ein beschränkt Geschäftsfähiger nach den Vorschriften des Buches vier und fünf nicht der Zustimmung seines gesetzlichen Vertreters bedarf.

(3) [1]Ist ein Einwilligungsvorbehalt angeordnet, so bedarf der Betreute dennoch nicht der Einwilligung seines Betreuers, wenn die Willenserklärung dem Betreuten lediglich einen rechtlichen Vorteil bringt. [2]Soweit das Gericht nichts anderes anordnet, gilt dies auch, wenn die Willenserklärung eine geringfügige Angelegenheit des täglichen Lebens betrifft.

…

Artikel 247 Informationspflichten bei Verbraucherdarlehensverträgen

§ 3. Inhalt der vorvertraglichen Information.

(1) Die Unterrichtung vor Vertragsschluss muss folgende Informationen enthalten:

1. den Namen und die Anschrift des Darlehensgebers,
2. die Art des Darlehens,
3. den effektiven Jahreszins,
4. den Nettodarlehensbetrag,
5. den Sollzinssatz,
6. die Vertragslaufzeit,
7. Betrag, Zahl und Fälligkeit der einzelnen Teilzahlungen,
8. den Gesamtbetrag,
9. die Auszahlungsbedingungen,
10. alle sonstigen Kosten, insbesondere in Zusammenhang mit der Auszahlung oder der Verwendung eines Zahlungsauthentifizierungsinstruments, mit dem sowohl Zahlungsvorgänge als auch Abhebungen getätigt werden können, sowie die Bedingungen, unter denen die Kosten angepasst werden können,
11. den Verzugszinssatz und die Art und Weise seiner etwaigen Anpassung sowie gegebenenfalls anfallende Verzugskosten,
12. einen Warnhinweis zu den Folgen ausbleibender Zahlungen,
13. das Bestehen oder Nichtbestehen eines Widerrufsrechts,
14. das Recht des Darlehensnehmers, das Darlehen vorzeitig zurückzuzahlen,
15. die sich aus § 491a Abs. 2 des Bürgerlichen Gesetzbuchs ergebenden Rechte,
16. die sich aus § 29 Abs. 7 des Bundesdatenschutzgesetzes ergebenden Rechte.

(2) Gesamtbetrag ist die Summe aus Nettodarlehensbetrag und Gesamtkosten. Nettodarlehensbetrag ist der Höchstbetrag, auf den der Darlehensnehmer aufgrund des Darlehensvertrags Anspruch hat. Die Gesamtkosten und der effektive Jahreszins sind nach § 6 der Preisangabenverordnung zu berechnen.

(3) Der Gesamtbetrag und der effektive Jahreszins sind anhand eines repräsentativen Beispiels zu erläutern. Dabei sind sämtliche in die Berechnung des effektiven Jahreszinses einfließenden Annahmen anzugeben und die vom Darlehensnehmer genannten Wünsche zu einzelnen Vertragsbedingungen zu berücksichtigen. Der Darlehensgeber hat darauf hinzuweisen, dass sich der effektive Jahreszins unter Umständen erhöht, wenn der Verbraucherdarlehensvertrag mehrere Auszahlungsmöglichkeiten mit unterschiedlichen Kosten oder Sollzinssätzen vorsieht und die Berechnung des effektiven Jahreszinses auf der Vermutung beruht, dass die für die Art des Darlehens übliche Auszahlungsmöglichkeit vereinbart werde.

(4) [1]Die Angabe zum Sollzinssatz muss die Bedingungen und den Zeitraum für seine Anwendung sowie die Art und Weise seiner Anpassung enthalten. [2]Ist der Sollzinssatz von einem Index oder Referenzzinssatz abhängig, sind diese anzugeben. [3]Sieht der Verbraucherdarlehensvertrag mehrere Sollzinssätze vor, sind die Angaben für alle Sollzinssätze zu erteilen. [4]Sind im Fall des Satzes 3 Teilzahlungen vorgesehen, ist anzugeben, in welcher Reihenfolge die ausstehenden Forderungen des Darlehensgebers, für die unterschiedliche Sollzinssätze gelten, durch die Teilzahlungen getilgt werden.

§ 16. Unterrichtung bei Überziehungsmöglichkeiten. Die Unterrichtung nach § 504 Abs. 1 Satz 1 des Bürgerlichen Gesetzbuchs muss folgende Angaben enthalten:

1. den genauen Zeitraum, auf den sie sich bezieht,
2. Datum und Höhe der an den Darlehensnehmer ausbezahlten Beträge,
3. Saldo und Datum der vorangegangenen Unterrichtung,
4. den neuen Saldo,
5. Datum und Höhe der Rückzahlungen des Darlehensnehmers,
6. den angewendeten Sollzinssatz,
7. die erhobenen Kosten und,
8. den gegebenenfalls zurückzuzahlenden Mindestbetrag.

§ 17. Angaben bei geduldeten Überziehungen.

(1) Die Unterrichtung nach § 505 Abs. 1 des Bürgerlichen Gesetzbuchs muss folgende Angaben enthalten:

1. den Sollzinssatz, die Bedingungen für seine Anwendung und, soweit vorhanden, Indizes oder Referenzzinssätze, auf die sich der Sollzinssatz bezieht,
2. sämtliche Kosten, die ab dem Zeitpunkt der Überziehung anfallen, sowie die Bedingungen, unter denen die Kosten angepasst werden können.

(2) Die Unterrichtung nach § 505 Abs. 2 des Bürgerlichen Gesetzbuchs muss folgende Angaben enthalten:

1. das Vorliegen einer Überziehung,
2. den Betrag der Überziehung,
3. den Sollzinssatz und
4. etwaige Vertragsstrafen, Kosten und Verzugszinsen.

Verordnung über Informations- und Nachweispflichten nach bürgerlichem Recht

In der Neufassung vom 05. August 2002, mit Änderungen bis zum 17. Januar 2011

§ 1 und 3. aufgehoben (ab 11. Juni 2010).

Informations -und Nachweispflichten von Reiseveranstaltern

§ 4. Prospektangaben. (1) Stellt der Reiseveranstalter über die von ihm veranstalteten Reisen einen Prospekt zur Verfügung, so muss dieser deutlich lesbare, klare und genaue Angaben enthalten über den Reisepreis, die Höhe einer zu leistenden Anzahlung, die Fälligkeit des Restbetrags und außerdem, soweit für die Reise von Bedeutung, über folgende Merkmale der Reise:

1. Bestimmungsort,
2. Transportmittel (Merkmale und Klasse),
3. Unterbringung (Art, Lage, Kategorie oder Komfort und Hauptmerkmale sowie - soweit vorhanden - ihre Zulassung und touristische Einstufung),
4. Mahlzeiten,
5. Reiseroute,
6. Pass- und Visumerfordernisse für Angehörige des Mitgliedstaates, in dem die Reise angeboten wird, sowie über gesundheitspolizeiliche Formalitäten, die für die Reise und den Aufenthalt erforderlich sind,
7. eine für die Durchführung der Reise erforderliche Mindestteilnehmerzahl sowie die Angabe, bis zu welchem Zeitpunkt vor dem vertraglich vereinbarten Reisebeginn dem Reisenden die Erklärung spätestens zugegangen sein muss, dass die Teilnehmerzahl nicht erreicht und die Reise nicht durchgeführt wird.

(2) [1]Die in dem Prospekt enthaltenen Angaben sind für den Reiseveranstalter bindend. [2]Er kann jedoch vor Vertragsschluss eine Änderung erklären, soweit er sich dies in dem Prospekt vorbehalten hat. [3]Der Vorbehalt einer Preisanpassung ist insbesondere aus folgenden Gründen zulässig:

1. aufgrund einer Erhöhung der Beförderungskosten, der Abgaben für bestimmte Leistungen, wie Hafen- oder Flughafengebühren, oder einer Änderung der für die betreffende Reise geltenden Wechselkurse nach Veröffentlichung des Prospektes,
2. wenn die vom Kunden gewünschte und im Prospekt ausgeschriebene Pauschalreise nur durch den Einkauf zusätzlicher Kontingente nach Veröffentlichung des Prospektes verfügbar ist.

[4]Der Reiseveranstalter und der Reisende können vom Prospekt abweichende Leistungen vereinbaren.

(3) Die Absätze 1 und 2 gelten entsprechend, soweit Angaben über die veranstalteten Reisen in einem von dem Reiseveranstalter zur Verfügung gestellten Bild- und Tonträger enthalten sind.

§ 5. Unterrichtung vor Vertragsschluss. Der Reiseveranstalter ist verpflichtet, den Reisenden, bevor dieser seine auf den Vertragsschluss gerichtete Willenserklärung (Buchung) abgibt, zu unterrichten über

1. Pass- und Visumerfordernisse, insbesondere über die Fristen zur Erlangung dieser Dokumente; diese Verpflichtung bezieht sich auf die Erfordernisse für Angehörige des Mitgliedstaates, in dem die Reise angeboten wird,
2. gesundheitspolizeiliche Formalitäten,

soweit diese Angaben nicht bereits in einem von dem Reiseveranstalter herausgegebenen und dem Reisenden zur Verfügung gestellten Prospekt enthalten und inzwischen keine Änderungen eingetreten sind.

§ 6. Reisebestätigung, Allgemeine Reisebedingungen. (1) Der Reiseveranstalter hat dem Reisenden bei oder unverzüglich nach Vertragsschluss eine Urkunde über den Reisevertrag (Reisebestätigung) auszuhändigen.

...

Zivilprozessordnung

Neufassung vom 5. Dezember 2005, mit Änderungen bis zum 10. Oktober 2013

Buch 1. Allgemeine Vorschriften

Gerichte

► Gerichtsstand

§ 12. Allgemeiner Gerichtsstand; Begriff. Das Gericht, bei dem eine Person ihren allgemeinen Gerichtsstand hat, ist für alle gegen sie zu erhebenden Klagen zuständig, sofern nicht für eine Klage ein ausschließlicher Gerichtsstand begründet ist.

§ 13. Allgemeiner Gerichtsstand des Wohnsitzes. Der allgemeine Gerichtsstand einer Person wird durch den Wohnsitz bestimmt.

§ 17. Allg. Gerichtsstand juristischer Personen. (1) [1]Der allgemeine Gerichtsstand der Gemeinden, der Korporationen sowie derjenigen Gesellschaften, Genossenschaften oder anderen Vereine und derjenigen Stiftungen, Anstalten und Vermögensmassen, die als solche verklagt werden können, wird durch ihren Sitz bestimmt. [2]Als Sitz gilt, wenn sich nichts anderes ergibt, der Ort, wo die Verwaltung geführt wird.

...

§ 24. Ausschließlicher dinglicher Gerichtsstand. (1) Für Klagen, durch die das Eigentum, eine dingliche Belastung oder die Freiheit von einer solchen geltend gemacht wird, für Grenzscheidungs-, Teilungs- und Besitzklagen ist, sofern es sich um unbewegliche Sachen handelt, das Gericht ausschließlich zuständig, in dessen Bezirk die Sache belegen ist.

(2) Bei den eine Grunddienstbarkeit, eine Reallast oder ein Vorkaufsrecht betreffenden Klagen ist die Lage des dienenden oder belasteten Grundstücks entscheidend.

§ 29. Besonderer Gerichtsstand des Erfüllungsortes. (1) Für Streitigkeiten aus einem Vertragsverhältnis und über dessen Bestehen ist das Gericht des Ortes zuständig, an dem die streitige Verpflichtung zu erfüllen ist.

(2) Eine Vereinbarung über den Erfüllungsort begründet die Zuständigkeit nur, wenn die Vertragsparteien Kaufleute, juristische Personen des öffentlichen Rechts oder öffentlich-rechtliche Sondervermögen sind.

§ 29a. Ausschließlicher Gerichtsstand bei Miet- oder Pachträumen. (1) Für Streitigkeiten über Ansprüche aus Miet- oder Pachtverhältnissen über Räume oder über das Bestehen solcher Verhältnisse ist das Gericht ausschließlich zuständig, in dessen Bezirk sich die Räume befinden.

...

§ 29c. Besonderer Gerichtsstand für Haustürgeschäfte. (1) [1]Für Klagen aus außerhalb von Geschäftsräumen geschlossenen Verträgen (§ 312b des Bürgerlichen Gesetzbuchs) ist das Gericht zuständig, in dessen Bezirk der Verbraucher zur Zeit der Klageerhebung seinen Wohnsitz, in Ermangelung eines solchen seinen gewöhnlichen Aufenthalt hat. [2] Für Klagen gegen den Verbraucher ist dieses Gericht ausschließlich zuständig. ...

► Vereinbarung über die Zuständigkeit der Gerichte

§ 38. Zugelassene Gerichtsstandsvereinbarung. (1) Ein an sich unzuständiges Gericht des ersten Rechtszuges wird durch ausdrückliche oder stillschweigende Vereinbarung der Parteien zuständig, wenn die Vertragsparteien Kaufleute, juristische Personen des öffentlichen Rechts oder öffentlich-rechtliche Sondervermögen sind.

(2) [1]Die Zuständigkeit eines Gerichts des ersten Rechtszuges kann ferner vereinbart werden, wenn mindestens eine der Vertragsparteien keinen allgemeinen Gerichtsstand im Inland hat. [2]Die Vereinbarung muss schriftlich abgeschlossen oder, falls sie mündlich getroffen wird, schriftlich bestätigt werden. [3]Hat eine der Parteien einen inländischen allgemeinen Gerichtsstand, so kann für das Inland nur ein Gericht gewählt werden, bei dem diese Partei ihren allgemeinen Gerichtsstand hat oder ein besonderer Gerichtsstand begründet ist.

(3) Im Übrigen ist eine Gerichtsstandsvereinbarung nur zulässig, wenn sie ausdrücklich und schriftlich

1. nach dem Entstehen der Streitigkeit oder
2. für den Fall geschlossen wird, dass die im Klageweg in Anspruch zu nehmende Partei nach Vertragsschluss ihren Wohnsitz oder gewöhnlichen Aufenthaltsort aus dem Geltungsbereich dieses Gesetzes verlegt oder ihr Wohnsitz oder gewöhnlicher Aufenthalt im Zeitpunkt der Klageerhebung nicht bekannt ist.

§ 39. Zuständigkeit infolge rügeloser Verhandlung. Die Zuständigkeit eines Gerichts des ersten Rechtszuges wird ferner dadurch begründet, dass der Beklagte, ohne die Unzuständigkeit geltend zu machen, zur Hauptsache mündlich verhandelt. …

§ 40. Unwirksame und unzulässige Gerichtsstandvereinbarung. (1) Die Vereinbarung hat keine rechtliche Wirkung, wenn sie nicht auf ein bestimmtes Rechtsverhältnis und die aus ihm entspringenden Rechtsstreitigkeiten sich bezieht.

(2) [1]Eine Vereinbarung ist unzulässig, wenn

1. der Rechtsstreit nichtvermögensrechtliche Ansprüche betrifft, die den Amtsgerichten ohne Rücksicht auf den Wert des Streitgegenstandes zugewiesen sind, oder
2. für die Klage ein ausschließlicher Gerichtsstand begründet ist.

[2]In diesen Fällen wird die Zuständigkeit eines Gerichts auch nicht durch rügeloses Verhandeln zur Hauptsache begründet.

Parteien

▶ Parteifähigkeit. Prozessfähigkeit

§ 50. Parteifähigkeit. (1) Parteifähig ist, wer rechtsfähig ist.

(2) Ein Verein, der nicht rechtsfähig ist, kann klagen und verklagt werden; in dem Rechtsstreit hat der Verein die Stellung eines rechtsfähigen Vereins.

§ 52. Umfang der Prozessfähigkeit. Eine Person ist insoweit prozessfähig, als sie sich durch Verträge verpflichten kann.

Sicherheitsleistung

§ 109. Rückgabe der Sicherheit. (1) Ist die Veranlassung für eine Sicherheitsleistung weggefallen, so hat auf Antrag das Gericht, das die Bestellung der Sicherheit angeordnet oder zugelassen hat, eine Frist zu bestimmen, binnen der ihm die Partei, zu deren Gunsten die Sicherheit geleistet ist, die Einwilligung in die Rückgabe der Sicherheit zu erklären oder die Erhebung der Klage wegen ihrer Ansprüche nachzuweisen hat.

(2) [1]Nach Ablauf der Frist hat das Gericht auf Antrag die Rückgabe der Sicherheit anzuordnen, wenn nicht inzwischen die Erhebung der Klage nachgewiesen ist; ist die Sicherheit durch eine Bürgschaft bewirkt worden, so ordnet das Gericht das Erlöschen der Bürgschaft an. [2]Die Anordnung wird erst mit der Rechtskraft wirksam.

(3) [1]Die Anträge und die Einwilligung in die Rückgabe der Sicherheit können vor der Geschäftsstelle zu Protokoll erklärt werden. [2]Die Entscheidungen ergehen durch Beschluss.

(4) Gegen den Beschluss, durch den der im Absatz 1 vorgesehene Antrag abgelehnt wird, steht dem Antragsteller, gegen die im Absatz 2 bezeichnete Entscheidung steht beiden Teilen die sofortige Beschwerde zu.

Verfahren

▶ Mündliche Verhandlung

§ 128. Grundsatz der Mündlichkeit, schriftliches Verfahren. (1) Die Parteien verhandeln über den Rechtsstreit vor dem erkennenden Gericht mündlich.

(2) Mit Zustimmung der Parteien, die nur bei einer wesentlichen Änderung der Prozeßlage widerruflich ist, kann das Gericht eine Entscheidung ohne mündliche Verhandlung treffen.

…

§ 129. Vorbereitende Schriftsätze. (1) In Anwaltsprozessen wird die mündliche Verhandlung durch Schriftsätze vorbereitet.

(2) In anderen Prozessen kann den Parteien durch richterliche Anordnung aufgegeben werden, die mündliche Verhandlung durch Schriftsätze oder zu Protokoll der Geschäftsstelle abzugebende Erklärungen vorzubereiten.

§ 129a. Anträge und Erklärungen zu Protokoll. (1) Anträge und Erklärungen, deren Abgabe vor dem Urkundsbeamten der Geschäftsstelle zulässig ist, können vor der Geschäftsstelle eines jeden Amtsgerichts zu Protokoll abgegeben werden.

(2) [1]Die Geschäftsstelle hat das Protokoll unverzüglich an das Gericht zu übermitteln, an das der Antrag oder die Erklärung gerichtet ist. [2]Die Wirkung einer Prozesshandlung tritt frühestens ein, wenn das Protokoll dort eingeht. [3]Die Übermittlung des Protokolls kann demjenigen, der den Antrag oder die Erklärung zu Protokoll abgegeben hat, mit seiner Zustimmung überlassen werden.

§ 130. Inhalt der Schriftsätze. Die vorbereitenden Schriftsätze sollen enthalten:

1. die Bezeichnung der Parteien und ihrer gesetzlichen Vertreter nach Namen, Stand oder Gewerbe, Wohnort und Parteistellung; die Bezeichnung des Gerichts und des Streitgegenstandes; die Zahl der Anlagen;
2. die Anträge, welche die Partei in der Gerichtssitzung zu stellen beabsichtigt;

3. die Angabe der zur Begründung der Anträge dienenden tatsächlichen Verhältnisse;
4. die Erklärung über die tatsächlichen Behauptungen des Gegners;
5. die Bezeichnung der Beweismittel, deren sich die Partei zum Nachweis oder zur Widerlegung tatsächlicher Behauptungen bedienen will, sowie die Erklärung über die von dem Gegner bezeichneten Beweismittel;
6. die Unterschrift der Person, die den Schriftsatz verantwortet, bei Übermittlung durch einen Telefaxdienst (Telekopie) die Wiedergabe der Unterschrift in der Kopie.

§ 130a. Elektronisches Dokument. (1) Vorbereitende Schriftsätze und deren Anlagen, schriftlich einzureichende Anträge und Erklärungen der Parteien sowie schriftlich einzureichende Auskünfte, Aussagen, Gutachten, Übersetzungen und Erklärungen Dritter können nach Maßgabe der folgenden Absätze als elektronisches Dokument bei Gericht eingereicht werden.

(2) Das elektronische Dokument muss für die Bearbeitung durch das Gericht geeignet sein. Die Bundesregierung bestimmt durch Rechtsverordnung mit Zustimmung des Bundesrates die für die Übermittlung und Bearbeitung geeigneten technischen Rahmenbedingungen.

(3) Das elektronische Dokument muss mit einer qualifizierten elektronischen Signatur der verantwortenden Person versehen sein oder von der verantwortenden Person signiert und auf einem sicheren Übermittlungsweg eingereicht werden.

...

§ 130b. Gerichtliches elektronisches Dokument. (1) Soweit dieses Gesetz dem Richter, dem Rechtspfleger, dem Urkundsbeamten der Geschäftsstelle oder dem Gerichtsvollzieher die handschriftliche Unterzeichnung vorschreibt, genügt dieser Form die Aufzeichnung als elektronisches Dokument, wenn die verantwortenden Personen am Ende des Dokuments ihren Namen hinzufügen und das Dokument mit einer qualifizierten elektronischen Signatur versehen.

§ 131. Beifügung von Urkunden. (1) Dem vorbereitenden Schriftsatz sind die in den Händen der Partei befindlichen Urkunden, auf die in dem Schriftsatz Bezug genommen wird, in Abschrift beizufügen.

...

▶ Verfahren bei Zustellungen

§ 166. Zustellung. (1) Zustellung ist die Bekanntgabe eines Dokumentes an eine Person in der in diesem Titel bestimmten Form.

(2) Dokumente, deren Zustellung vorgeschrieben oder vom Gericht angeordnet ist, sind von Amts wegen zuzustellen, soweit nicht anderes bestimmt ist.

§ 175. Zustellung durch Einschreiben mit Rückschein. Ein Schriftstück kann durch Einschreiben mit Rückschein zugestellt werden. Zum Nachweis der Zustellung genügt der Rückschein.

§ 182. Zustellungsurkunde. (1) [1]Zum Nachweis der Zustellung nach den §§ 171, 177 bis 181 ist eine Urkunde auf dem hierfür vorgesehenen Vordruck anzufertigen. [2]Für diese Zustellungsurkunde gilt § 418.

(2) Die Zustellungsurkunde muss enthalten:
1. die Bezeichnung der Person, der zugestellt werden soll,
2. die Bezeichnung der Person, an die der Brief oder das Schriftstück übergeben wurde,
3. im Falle des § 171 die Angabe, dass die Vollmachtsurkunde vorgelegen hat,
4. im Falle der §§ 178, 180 die Angabe des Grundes, der diese Zustellung rechtfertigt und wenn nach § 181 verfahren wurde, die Bemerkung, wie die schriftliche Mitteilung abgegeben wurde,
5. im Falle des § 179 die Erwähnung, wer die Annahme verweigert hat und dass der Brief am Ort der Zustellung zurückgelassen oder an den Absender zurückgesandt wurde,
6. die Bemerkung, dass der Tag der Zustellung auf dem Umschlag, der das zuzustellende Schriftstück enthält, vermerkt ist,
7. den Ort, das Datum und auf Anordnung der Geschäftsstelle auch die Uhrzeit der Zustellung,
8. Name, Vorname und Unterschrift des Zustellers sowie die Angabe des beauftragten Unternehmens oder der ersuchten Behörde.

(3) Die Zustellungsurkunde ist der Geschäftsstelle in Urschrift oder als elektronisches Dokument unverzüglich zurückzuleiten.

§ 185. Öffentliche Zustellung. Die Zustellung kann durch öffentliche Bekanntmachung (öffentliche Zustellung) erfolgen, wenn
1. der Aufenthaltsort einer Person unbekannt und eine Zustellung an einen Vertreter oder Zustellungsbevollmächtigten nicht möglich ist,
2. bei juristischen Personen, die zur Anmeldung einer inländischen Geschäftsanschrift zum Handelsregister verpflichtet sind, eine Zu-

stellung weder unter der eingetragenen Anschrift noch unter einer im Handelsregister eingetragenen Anschrift einer für Zustellungen empfangsberechtigten Person oder einer ohne Ermittlungen bekannten anderen inländischen Anschrift möglich ist,
3. eine Zustellung im Ausland nicht möglich ist oder keinen Erfolg verspricht oder
4. die Zustellung nicht erfolgen kann, weil der Ort der Zustellung die Wohnung einer Person ist, die nach den §§ 18 bis 20 des Gerichtsverfassungsgesetzes der Gerichtsbarkeit nicht unterliegt.

§ 190. Einheitliche Zustellungsformulare. Das Bundesministerium der Justiz wird ermächtigt, durch Rechtsverordnung mit Zustimmung des Bundesrates zur Vereinfachung und Vereinheitlichung der Zustellung Formulare einzuführen.

§ 192. Zustellung durch Gerichtsvollzieher.
(1) Die von den Parteien zu betreibenden Zustellungen erfolgen durch den Gerichtsvollzieher nach Maßgabe der §§ 193 und 194.

(2) [1]Die Partei übergibt dem Gerichtsvollzieher das zuzustellende Schriftstück mit den erforderlichen Abschriften. [2]Der Gerichtsvollzieher beglaubigt die Abschriften; er kann fehlende Abschriften selbst herstellen.

(3) [1]Im Verfahren vor dem Amtsgericht kann die Partei den Gerichtsvollzieher unter Vermittlung der Geschäftsstelle des Prozessgerichts mit der Zustellung beauftragen. [2]Insoweit hat diese den Gerichtsvollzieher mit der Zustellung zu beauftragen.

§ 193. Ausführung der Zustellung. (1) [1]Der Gerichtsvollzieher beurkundet auf der Urschrift des zuzustellenden Schriftstücks oder auf dem mit der Urschrift zu verbindenden hierfür vorgesehenen Vordruck die Ausführung der Zustellung nach § 182 Abs. 2 und vermerkt die Person, in deren Auftrag er zugestellt hat. [2]Bei Zustellung durch Aufgabe zur Post ist das Datum und die Anschrift, unter der die Aufgabe erfolgte, zu vermerken.

(2) Der Gerichtsvollzieher vermerkt auf dem zu übergebenden Schriftstück den Tag der Zustellung, sofern er nicht eine beglaubigte Abschrift der Zustellungsurkunde übergibt.

(3) Die Zustellungsurkunde ist der Partei zu übermitteln, für die zugestellt wurde.

§ 251. Ruhen des Verfahrens. [1]Das Gericht hat das Ruhen des Verfahrens anzuordnen, wenn beide Parteien dies beantragen und anzunehmen ist, dass wegen Schwebens von Vergleichsverhandlungen oder aus sonstigen wichtigen Gründen diese Anordnung zweckmäßig ist. [2]Die Anordnung hat auf den Lauf der im § 233 bezeichneten Fristen keinen Einfluss.

Buch 2. Verfahren im ersten Rechtszug

Verfahren vor den Landgerichten

► Verfahren bis zum Urteil

§ 253. Klageschrift. (1) Die Erhebung der Klage erfolgt durch Zustellung eines Schriftsatzes (Klageschrift).

(2) Die Klageschrift muss enthalten:
1. die Bezeichnung der Parteien und des Gerichts;
2. die bestimmte Angabe des Gegenstandes und des Grundes des erhobenen Anspruchs, sowie einen bestimmten Antrag.

(3) Die Klageschrift soll ferner enthalten:
1. die Angabe, ob der Klageerhebung der Versuch einer Mediation oder eines anderen Verfahrens der außergerichtlichen Konfliktbeilegung vorausgegangen ist, sowie eine Äußerung dazu, ob einem solchen Verfahren Gründe entgegenstehen;
2. die Angabe des Wertes des Streitgegenstandes, wenn hiervon die Zuständigkeit des Gerichts abhängt und der Streitgegenstand nicht in einer bestimmten Geldsumme besteht;
3. eine Äußerung dazu, ob einer Entscheidung der Sache durch den Einzelrichter Gründe entgegenstehen.

(4) Außerdem sind die allgemeinen Vorschriften über die vorbereitenden Schriftsätze auch auf die Klageschrift anzuwenden.

(5) Die Klageschrift sowie sonstige Anträge und Erklärungen einer Partei, die zugestellt werden sollen, sind bei dem Gericht schriftlich unter Beifügung der für ihre Zustellung oder Mitteilung erforderlichen Zahl von Abschriften einzureichen. Einer Beifügung von Abschriften bedarf es nicht, soweit die Klageschrift elektronisch eingereicht wird.

§ 271. Zustellung der Klageschrift. (1) Die Klageschrift ist unverzüglich zuzustellen.

(2) Mit der Zustellung ist der Beklagte aufzufordern, einen Rechtsanwalt zu bestellen, wenn er eine Verteidigung gegen die Klage beabsichtigt.

§ 272. Bestimmung der Verfahrensweise.
(1) Der Rechtsstreit ist in der Regel in einem umfassend vorbereiteten Termin zur mündlichen Verhandlung (Haupttermin) zu erledigen.
…

§ 274. Ladung der Parteien; Einlassungsfrist.
(1) Nach der Bestimmung des Termins zur mündlichen Verhandlung ist die Ladung der Parteien durch die Geschäftsstelle zu veranlassen.
(2) Die Ladung ist dem Beklagten mit der Klageschrift zuzustellen, wenn das Gericht einen frühen ersten Verhandlungstermin bestimmt.
(3) [1]Zwischen der Zustellung der Klageschrift und dem Termin zur mündlichen Verhandlung muss ein Zeitraum von mindestens zwei Wochen liegen (Einlassungsfrist). [2]Ist die Zustellung im Ausland vorzunehmen, so hat der Vorsitzende bei der Festsetzung des Termins die Einlassungsfrist zu bestimmen.

§ 276. Schriftliches Vorverfahren. (1) [1]Bestimmt der Vorsitzende keinen frühen ersten Termin zur mündlichen Verhandlung, so fordert er den Beklagten mit der Zustellung der Klage auf, wenn er sich gegen die Klage verteidigen wolle, dies binnen einer Notfrist von zwei Wochen nach Zustellung der Klageschrift dem Gericht schriftlich anzuzeigen; der Kläger ist von der Aufforderung zu unterrichten. [2]Zugleich ist dem Beklagten eine Frist von mindestens zwei weiteren Wochen zur schriftlichen Klageerwiderung zu setzen. [3]Ist die Zustellung der Klage im Ausland vorzunehmen, so bestimmt der Vorsitzende die Frist nach Satz 1.
…

§ 277. Klageerwiderung, Replik. (1) In der Klageerwiderung hat der Beklagte seine Verteidigungsmittel vorzubringen, soweit es nach der Prozesslage einer sorgfältigen und auf Förderung des Verfahrens bedachten Prozessführung entspricht. …

§ 278. Gütliche Streitbeilegung, Güteverhandlung, Vergleich. (1) Das Gericht soll in jeder Lage des Verfahrens auf eine gütliche Beilegung des Rechtsstreits oder einzelner Streitpunkte bedacht sein.
(2) [1]Der mündlichen Verhandlung geht zum Zwecke der gütlichen Beilegung des Rechtsstreits eine Güteverhandlung voraus, es sei denn, es hat bereits ein Einigungsversuch vor einer außergerichtlichen Gütestelle stattgefunden oder die Güteverhandlung erscheint erkennbar aussichtslos. [2]Das Gericht hat in der Güteverhandlung den Sach- und Streitstand mit den Parteien unter freier Würdigung aller Umstände zu erörtern und, soweit erforderlich, Fragen zu stellen. [3]Die erschienenen Parteien sollen hierzu persönlich gehört werden.
(3) [1]Für die Güteverhandlung sowie für weitere Güteversuche soll das persönliche Erscheinen der Parteien angeordnet werden. [2]§ 141 Abs. 1 Satz 2, Abs. 2 und 3 gilt entsprechend.
…

▶ Urteil

§ 300. Endurteil. (1) Ist der Rechtsstreit zur Endentscheidung reif, so hat das Gericht sie durch Endurteil zu erlassen. …

§ 306. Verzicht. Verzichtet der Kläger bei der mündlichen Verhandlung auf den geltend gemachten Anspruch, so ist er auf Grund des Verzichts mit dem Anspruch abzuweisen, wenn der Beklagte die Abweisung beantragt.

§ 307. Anerkenntnis. Erkennt eine Partei den gegen sie geltend gemachten Anspruch ganz oder zum Teil an, so ist sie dem Anerkenntnis gemäß zu verurteilen. Einer mündlichen Verhandlung bedarf es insoweit nicht.

§ 310. Termin der Urteilsverkündung.
(1) [1]Das Urteil wird in dem Termin, in dem die mündliche Verhandlung geschlossen wird, oder in einem sofort anzuberaumenden Termin verkündet. [2]Dieser wird nur dann über drei Wochen hinaus angesetzt, wenn wichtige Gründe, insbesondere der Umfang oder die Schwierigkeit der Sache, dies erfordern.
(3) Bei einem Anerkenntnisurteil und einem Versäumnisurteil, die nach §§ 307, 331 Abs. 3 ohne mündliche Verhandlung ergehen, wird die Verkündung durch die Zustellung des Urteils ersetzt. Dasselbe gilt bei einem Urteil, das den Einspruch gegen ein Versäumnisurteil verwirft (§ 341 Abs. 2).

§ 312. Anwesenheit der Parteien. (1) Die Wirksamkeit der Verkündung eines Urteils ist von der Anwesenheit der Parteien nicht abhängig. …

§ 313. Form und Inhalt des Urteils. (1) Das Urteil enthält:
1. die Bezeichnung der Parteien, ihrer gesetzlichen Vertreter und der Prozessbevollmächtigten;
2. die Bezeichnung des Gerichts und die Namen der Richter, die bei der Entscheidung mitgewirkt haben;
3. den Tag, an dem die mündliche Verhandlung geschlossen worden ist;
4. die Urteilsformel;
5. den Tatbestand;

6. die Entscheidungsgründe.
…

▶ Versäumnisurteil

§ 330. Versäumnisurteil gegen den Kläger. Erscheint der Kläger im Termin zur mündlichen Verhandlung nicht, so ist auf Antrag das Versäumnisurteil dahin zu erlassen, dass der Kläger mit der Klage abzuweisen sei.

§ 331. Versäumnisurteil gegen den Beklagten. (1) Beantragt der Kläger gegen den im Termin zur mündlichen Verhandlung nicht erschienenen Beklagten das Versäumnisurteil, so ist das tatsächliche mündliche Vorbringen des Klägers als zugestanden anzunehmen. …

(2) Soweit es den Klageantrag rechtfertigt, ist nach dem Antrag zu erkennen; soweit dies nicht der Fall, ist die Klage abzuweisen.

(3) Hat der Beklagte entgegen § 276 Abs. 1 Satz 1, Abs. 2 nicht rechtzeitig angezeigt, dass er sich gegen die Klage verteidigen wolle, so trifft auf Antrag des Klägers das Gericht die Entscheidung ohne mündliche Verhandlung; …

§ 338. Einspruch. [1]Der Partei, gegen die ein Versäumnisurteil erlassen ist, steht gegen das Urteil der Einspruch zu. [2]Hierauf ist die Partei zugleich mit der Zustellung des Urteils schriftlich hinzuweisen; dabei sind das Gericht, bei dem der Einspruch einzulegen ist, und die einzuhaltende Frist und Form mitzuteilen.

§ 339. Einspruchsfrist. (1) Die Einspruchsfrist beträgt zwei Wochen; sie ist eine Notfrist und beginnt mit der Zustellung des Versäumnisurteils.
…

§ 340. Einspruchsschrift. (1) Der Einspruch wird durch Einreichung der Einspruchsschrift bei dem Prozessgericht eingelegt.
…

§ 340a. Zustellung der Einspruchsschrift. [1]Die Einspruchsschrift ist der Gegenpartei zuzustellen. [2]Dabei ist mitzuteilen, wann das Versäumnisurteil zugestellt und Einspruch eingelegt worden ist. [3]Die erforderliche Zahl von Abschriften soll die Partei mit der Einspruchsschrift einreichen. Dies gilt nicht, wenn die Einspruchsschrift als elektronisches Dokument übermittelt wird.

§ 341a. Einspruchstermin. Wird der Einspruch nicht als unzulässig verworfen, so ist der Termin zur mündlichen Verhandlung über den Einspruch und die Hauptsache zu bestimmen und den Parteien bekanntzumachen.

§ 342. Wirkung des zulässigen Einspruchs. Ist der Einspruch zulässig, so wird der Prozess, soweit der Einspruch reicht, in die Lage zurückversetzt, in der er sich vor Eintritt der Versäumnis befand.

▶ Beweis durch Augenschein

§ 371. Beweis durch Augenschein. (1) Der Beweis durch Augenschein wird durch die Bezeichnung des Gegenstandes des Augenscheins und durch die Angabe der zu beweisenden Tatsachen angetreten.

(2) [1]Befindet sich der Gegenstand nach der Behauptung des Beweisführers im Besitz eines Dritten, so wird der Beweis außerdem durch den Antrag angetreten, zur Herbeischaffung des Gegenstandes eine Frist zu setzen oder eine Anordnung nach § 144 zu erlassen. [2]Die §§ 422 bis 432 gelten entsprechend.

(3) Vereitelt eine Partei die ihr zumutbare Einnahme des Augenscheins, so können die Behauptungen des Gegners über die Beschaffenheit des Gegenstandes als bewiesen angesehen werden.

§ 372. Beweisaufnahme. (1) Das Prozessgericht kann anordnen, dass bei der Einnahme des Augenscheins ein oder mehrere Sachverständige zuzuziehen seien.

(2) Es kann einem Mitglied des Prozessgerichts oder einem anderen Gericht die Einnahme des Augenscheins übertragen, auch die Ernennung der zuzuziehenden Sachverständigen überlassen.

▶ Zeugenbeweis

§ 373. Beweisantritt. Der Zeugenbeweis wird durch die Benennung der Zeugen und die Bezeichnung der Tatsachen, über welche die Vernehmung der Zeugen stattfinden soll, angetreten.

§ 391. Zeugenbeeidigung. Ein Zeuge ist … zu beeidigen, wenn das Gericht dies mit Rücksicht auf die Bedeutung der Aussage oder zur Herbeiführung einer wahrheitsgemäßen Aussage für geboten erachtet und die Parteien auf die Beeidigung nicht verzichten.

▶ Beweis durch Sachverständige

§ 402. Anwendbarkeit der Vorschriften für Zeugen. Für den Beweis durch Sachverständige gelten die Vorschriften über den Beweis durch Zeugen entsprechend, insoweit nicht in den nachfolgenden Paragraphen abweichende Vorschriften enthalten sind.

§ 403. Beweisantritt. Der Beweis wird durch die Bezeichnung der zu begutachtenden Punkte angetreten.

§ 404. Sachverständigenauswahl. (1) [1]Die Auswahl der zuzuziehenden Sachverständigen und die Bestimmung ihrer Anzahl erfolgt durch das Prozessgericht. [2]Es kann sich auf die Ernennung eines einzigen Sachverständigen beschränken. …

▶ Beweis durch Urkunden

§ 415. Beweiskraft öffentlicher Urkunden über Erklärungen. (1) Urkunden, die von einer öffentlichen Behörde innerhalb der Grenzen ihrer Amtsbefugnisse oder von einer mit öffentlichem Glauben versehenen Person innerhalb des ihr zugewiesenen Geschäftskreises in der vorgeschriebenen Form aufgenommen sind (öffentliche Urkunden), begründen, wenn sie über eine vor der Behörde oder der Urkundsperson abgegebene Erklärung errichtet sind, vollen Beweis des durch die Behörde oder die Urkundsperson beurkundeten Vorganges.

(2) Der Beweis, dass der Vorgang unrichtig beurkundet sei, ist zulässig.

§ 416. Beweiskraft von Privaturkunden. Privaturkunden begründen, sofern sie von den Ausstellern unterschrieben oder mittels notariell beglaubigten Handzeichens unterzeichnet sind, vollen Beweis dafür, dass die in ihnen enthaltenen Erklärungen von den Ausstellern abgegeben sind.

§ 417. Beweiskraft öffentlicher Urkunden über amtliche Anordnung, Verfügung oder Entscheidung. Die von einer Behörde ausgestellten, eine amtliche Anordnung, Verfügung oder Entscheidung enthaltenden öffentlichen Urkunden begründen vollen Beweis ihres Inhalts.

▶ Beweis durch Parteivernehmung

§ 445. Vernehmung des Gegners, Beweisantritt. (1) Eine Partei, die den ihr obliegenden Beweis mit anderen Beweismitteln nicht vollständig geführt oder andere Beweismittel nicht vorgebracht hat, kann den Beweis dadurch antreten, dass sie beantragt, den Gegner über die zu beweisenden Tatsachen zu vernehmen.

(2) Der Antrag ist nicht zu berücksichtigen, wenn er Tatsachen betrifft, deren Gegenteil das Gericht für erwiesen erachtet.

▶ Abnahme von Eiden und Bekräftigungen

§ 478. Eidesleistung in Person. Der Eid muss von dem Schwurpflichtigen in Person geleistet werden.

§ 496. Einreichung von Schriftsätzen; Erklärungen zu Protokoll. Die Klage, die Klageerwiderung sowie sonstige Anträge und Erklärungen einer Partei, die zugestellt werden sollen, sind bei dem Gericht schriftlich einzureichen oder mündlich zum Protokoll der Geschäftsstelle anzubringen.

Buch 3. Rechtsmittel

Berufung

§ 511. Statthaftigkeit der Berufung. (1) Die Berufung findet gegen die im ersten Rechtszug erlassenen Endurteile statt.

(2) Die Berufung ist nur zulässig, wenn
1. der Wert des Beschwerdegegenstandes sechshundert Euro übersteigt oder
2. das Gericht des ersten Rechtszuges die Berufung im Urteil zugelassen hat.

(3) Der Berufungskläger hat den Wert nach Absatz 2 Nr. 1 glaubhaft zu machen; zur Versicherung an Eides statt darf er nicht zugelassen werden.

(4) [1]Das Gericht des ersten Rechtszuges lässt die Berufung zu, wenn
1. die Rechtssache grundsätzliche Bedeutung hat oder die Fortbildung des Rechts oder die Sicherung einer einheitlichen Rechtsprechung eine Entscheidung des Berufungsgerichts erfordert und
2. die Partei durch das Urteil mit nicht mehr als 600 Euro beschwert ist.

[2]Das Berufungsgericht ist an die Zulassung gebunden.

§ 525. Allgemeine Verfahrensgrundsätze. [1]Auf das weitere Verfahren sind die im ersten Rechtszuge für das Verfahren vor den Landgerichten geltenden Vorschriften entsprechend anzuwenden, soweit sich nicht Abweichungen aus den Vorschriften dieses Abschnitts ergeben. [2]Einer Güteverhandlung bedarf es nicht.

Revision

§ 545. Revisionsgründe. (1) Die Revision kann nur darauf gestützt werden, dass die Entscheidung auf einer Verletzung des Rechts beruht.

(2) Die Revision kann nicht darauf gestützt werden, dass das Gericht des ersten Rechtszuges seine Zuständigkeit zu Unrecht angenommen oder verneint hat.

§ 546. Begriff der Rechtsverletzung. Das Recht ist verletzt, wenn eine Rechtsnorm nicht oder nicht richtig angewendet worden ist.

§ 549. Revisionseinlegung. (1) [1]Die Revision wird durch Einreichung der Revisionsschrift bei dem Revisionsgericht eingelegt. [2]Die Revisionsschrift muss enthalten:

1. die Bezeichnung des Urteils, gegen das die Revision gerichtet wird;
2. die Erklärung, dass gegen dieses Urteil Revision eingelegt werde.

[3]§ 544 Abs. 6 Satz 2 bleibt unberührt.

(3) Die allgemeinen Vorschriften über die vorbereitenden Schriftsätze sind auch auf die Revisionsschrift anzuwenden.

§ 550. Zustellung der Revisionsschrift.

(1) Mit der Revisionsschrift soll eine Ausfertigung oder beglaubigte Abschrift des angefochtenen Urteils vorgelegt werden, soweit dies nicht bereits nach § 544 Absatz 1 Satz 3 geschehen ist.

(2) Die Revisionsschrift ist der Gegenpartei zuzustellen.

Buch 5. Urkunden- und Wechselprozess

§ 592. Zulässigkeit. Ein Anspruch, welcher die Zahlung einer bestimmten Geldsumme oder die Leistung einer bestimmten Menge anderer vertretbarer Sachen oder Wertpapiere zum Gegenstand hat, kann im Urkundenprozess geltend gemacht werden, wenn die sämtlichen zur Begründung des Anspruchs erforderlichen Tatsachen durch Urkunden bewiesen werden können. …

§ 595. Keine Widerklage; Beweismittel.

(1) Widerklagen sind nicht statthaft.

(2) Als Beweismittel sind bezüglich der Echtheit oder Unechtheit einer Urkunde sowie bezüglich anderer als der im § 592 erwähnten Tatsachen nur Urkunden und Antrag auf Parteivernehmung zulässig.

(3) Der Urkundenbeweis kann nur durch Vorlegung der Urkunden angetreten werden.

§ 598. Zurückweisung von Einwendungen.

Einwendungen des Beklagten sind, wenn der dem Beklagten obliegende Beweis nicht mit den im Urkundenprozess zulässigen Beweismitteln angetreten oder mit solchen Beweismitteln nicht vollständig geführt ist, als im Urkundenprozess unstatthaft zurückzuweisen.

§ 602. Wechselprozess. Werden im Urkundenprozess Ansprüche aus Wechseln im Sinne des Wechselgesetzes geltend gemacht (Wechselprozess), so sind die nachfolgenden besonderen Vorschriften anzuwenden.

§ 603. Gerichtsstand. (1) Wechselklagen können sowohl bei dem Gericht des Zahlungsortes als bei dem Gericht angestellt werden, bei dem der Beklagte seinen allgemeinen Gerichtsstand hat. …

§ 604. Klageinhalt, Ladungsfrist. (1) Die Klage muss die Erklärung enthalten, dass im Wechselprozess geklagt werde.

(2) [1]Die Ladungsfrist beträgt mindestens vierundzwanzig Stunden, wenn die Ladung an dem Ort, der Sitz des Prozessgerichts ist, zugestellt wird. [2]In Anwaltsprozessen beträgt sie mindestens drei Tage, wenn die Ladung an einem anderen Ort zugestellt wird, der im Bezirk des Prozessgerichts liegt oder von dem ein Teil zu dessen Bezirk gehört.

(3) In den höheren Instanzen beträgt die Ladungsfrist mindestens vierundzwanzig Stunden, wenn die Zustellung der Berufungs- oder Revisionsschrift oder der Ladung an dem Ort erfolgt, der Sitz des höheren Gerichts ist; mindestens drei Tage, wenn die Zustellung an einem anderen Ort erfolgt, der ganz oder zum Teil in dem Landgerichtsbezirk liegt, in dem das höhere Gericht seinen Sitz hat; mindestens eine Woche, wenn die Zustellung sonst im Inland erfolgt.

§ 605. Beweisvorschriften. (1) Soweit es zur Erhaltung des wechselmäßigen Anspruchs der rechtzeitigen Protesterhebung nicht bedarf, ist als Beweismittel bezüglich der Vorlegung des Wechsels der Antrag auf Parteivernehmung zulässig.

(2) Zur Berücksichtigung einer Nebenforderung genügt, dass sie glaubhaft gemacht ist.

§ 605a. Scheckprozess. Werden im Urkundenprozess Ansprüche aus Schecks im Sinne des Scheckgesetzes geltend gemacht (Scheckprozess), so sind die §§ 602 bis 605 entsprechend anzuwenden.

Buch 7. Mahnverfahren

§ 688. Zulässigkeit. (1) Wegen eines Anspruchs, der die Zahlung einer bestimmten Geldsumme in Euro zum Gegenstand hat, ist auf Antrag des Antragstellers ein Mahnbescheid zu erlassen.

(2) Das Mahnverfahren findet nicht statt:
1. für Ansprüche eines Unternehmers aus einem Vertrag gemäß den §§ 491 bis 509 des Bürgerlichen Gesetzbuchs, wenn der gemäß § 492 Abs. 2 des Bürgerlichen Gesetzbuchs anzugebende effektive Jahreszins den bei Vertragsschluss geltenden Basiszinssatz nach § 247 des Bürgerlichen Gesetzbuchs um mehr als zwölf Prozentpunkte übersteigt;
2. wenn die Geltendmachung des Anspruchs von einer noch nicht erbrachten Gegenleistung abhängig ist;
3. wenn die Zustellung des Mahnbescheids durch öffentliche Bekanntmachung erfolgen müsste.

…

§ 689. Zuständigkeit, maschinelle Bearbeitung. (1) [1]Das Mahnverfahren wird von den Amtsgerichten durchgeführt. [2]Eine maschinelle Bearbeitung ist zulässig. [3]Bei dieser Bearbeitung sollen Eingänge spätestens an dem Arbeitstag erledigt sein, der dem Tag des Eingangs folgt. [4]Die Akten können elektronisch geführt werden (§ 298a).

(2) Ausschließlich zuständig ist das Amtsgericht, bei dem der Antragsteller seinen allgemeinen Gerichtsstand hat. …

§ 690. Mahnantrag. (1) Der Antrag muss auf den Erlass eines Mahnbescheids gerichtet sein und enthalten:
1. die Bezeichnung der Parteien, ihrer gesetzlichen Vertreter und der Prozessbevollmächtigten;
2. die Bezeichnung des Gerichts, bei dem der Antrag gestellt wird;
3. die Bezeichnung des Anspruchs unter bestimmter Angabe der verlangten Leistung; Haupt- und Nebenforderungen sind gesondert und einzeln zu bezeichnen, Ansprüche aus Verträgen gemäß den §§ 491 bis 509 des Bürgerlichen Gesetzbuchs, auch unter Angabe des Datums des Vertragsabschlusses und des gemäß § 492 Abs. 2 des Bürgerlichen Gesetzbuchs anzugebenden effektiven Jahreszinses;
4. die Erklärung, dass der Anspruch nicht von einer Gegenleistung abhängt oder dass die Gegenleistung erbracht ist;
5. die Bezeichnung des Gerichts, das für ein streitiges Verfahren zuständig ist.

(2) Der Antrag bedarf der handschriftlichen Unterzeichnung.

(3) Der Antrag kann in einer nur maschinell lesbaren Form übermittelt werden, wenn diese dem Gericht für seine maschinelle Bearbeitung geeignet erscheint. Wird der Antrag von einem Rechtsanwalt oder einer registrierten Person nach § 10 Abs. 1 Satz 1 Nr. 1 des Reichsdienstleistungsgesetzes gestellt, ist nur diese Form der Antragstellung zulässig. Der Antrag kann unter Nutzung des elektronischen Identitätsnachweises nach § 18 des Personalausweisgesetzes oder § 78 Absatz 5 des Aufenthaltsgesetzes gestellt werden. Der handschriftlichen Unterzeichnung bedarf es nicht, wenn in anderer Weise gewährleistet ist, dass der Antrag nicht ohne den Willen des Antragstellers übermittelt wird.

§ 692. Mahnbescheid. (1) Der Mahnbescheid enthält:
1. die in § 690 Abs. 1 Nr. 1 bis 5 bezeichneten Erfordernisse des Antrags;
2. den Hinweis, dass das Gericht nicht geprüft hat, ob dem Antragsteller der geltend gemachte Anspruch zusteht;
3. die Aufforderung, innerhalb von zwei Wochen seit der Zustellung des Mahnbescheids, soweit der geltend gemachte Anspruch als begründet angesehen wird, die behauptete Schuld nebst den geforderten Zinsen und der dem Betrag nach bezeichneten Kosten zu begleichen oder dem Gericht mitzuteilen, ob und in welchem Umfang dem geltend gemachten Anspruch widersprochen wird;
4. den Hinweis, dass ein dem Mahnbescheid entsprechender Vollstreckungsbescheid ergehen kann, aus dem der Antragsteller die Zwangsvollstreckung betreiben kann, falls der Antragsgegner nicht bis zum Fristablauf Widerspruch erhoben hat;
5. für den Fall, dass Formulare eingeführt sind, den Hinweis, dass der Widerspruch mit einem Formular der beigefügten Art erhoben werden soll, das auch bei jedem Amtsgericht erhältlich ist und ausgefüllt werden kann;
6. für den Fall des Widerspruchs die Ankündigung, an welches Gericht die Sache abgege-

ben wird, mit dem Hinweis, dass diesem Gericht die Prüfung seiner Zuständigkeit vorbehalten bleibt.

(2) An Stelle einer handschriftlichen Unterzeichnung genügt ein entsprechender Stempelabdruck.

§ 693. Zustellung des Mahnbescheids.

(1) Der Mahnbescheid wird dem Antragsgegner zugestellt.

(2) Die Geschäftsstelle setzt den Antragsteller von der Zustellung des Mahnbescheids in Kenntnis.

§ 694. Widerspruch gegen den Mahnbescheid.

(1) Der Antragsgegner kann gegen den Anspruch oder einen Teil des Anspruchs bei dem Gericht, das den Mahnbescheid erlassen hat, schriftlich Widerspruch erheben, solange der Vollstreckungsbescheid nicht verfügt ist.

(2) [1]Ein verspäteter Widerspruch wird als Einspruch behandelt. [2]Dies ist dem Antragsgegner, der den Widerspruch erhoben hat,mitzuteilen.

§ 695. Mitteilung des Widerspruchs; Abschriften. Das Gericht hat den Antragsteller von dem Widerspruch und dem Zeitpunkt seiner Erhebung in Kenntnis zu setzen. …

§ 696. Verfahren nach Widerspruch.

(1) [1]Wird rechtzeitig Widerspruch erhoben und beantragt eine Partei die Durchführung des streitigen Verfahrens, so gibt das Gericht, das den Mahnbescheid erlassen hat, den Rechtsstreit von Amts wegen an das Gericht ab, das in dem Mahnbescheid gemäß § 692 Abs. 1 Nr. 1 bezeichnet worden ist, wenn die Parteien übereinstimmend die Abgabe an ein anderes Gericht verlangen, an dieses. [2]Der Antrag kann in den Antrag auf Erlass des Mahnbescheids aufgenommen werden. [3]Die Abgabe ist den Parteien mitzuteilen; sie ist nicht anfechtbar. [4]Mit Eingang der Akten bei dem Gericht, an das er abgegeben wird, gilt der Rechtsstreit als dort anhängig. …

(2) [1]Ist das Mahnverfahren maschinell bearbeitet worden, so tritt, sofern die Akte nicht elektronisch übermittelt wird, an die Stelle der Akten ein maschinell erstellter Aktenausdruck. [2]Für diesen gelten die Vorschriften über die Beweiskraft öffentlicher Urkunden entsprechend. § 298 findet keine Anwendung.

(3) Die Streitsache gilt als mit Zustellung des Mahnbescheides rechtshängig geworden, wenn sie alsbald nach der Erhebung des Widerspruches abgegeben wird.

(4) [1]Der Antrag auf Durchführung des streitigen Verfahrens kann bis zum Beginn der mündlichen Verhandlung des Antragsgegners zur Hauptsache zurückgenommen werden. [2]Die Zurücknahme kann vor der Geschäftsstelle zu Protokoll erklärt werden. [3]Mit der Zurücknahme ist die Streitsache als nicht rechtshängig geworden anzusehen.

…

§ 697. Einleitung des Streitverfahrens.

(1) Die Geschäftsstelle des Gerichts, an das die Streitsache abgegeben wird, hat dem Antragsteller unverzüglich aufzugeben, seinen Anspruch binnen zwei Wochen in einer der Klageschrift entsprechenden Form zu begründen. § 270 Satz 2 gilt entsprechend.

(2) [1]Bei Eingang der Anspruchsbegründung ist wie nach Eingang einer Klage weiter zu verfahren. [2]Zur schriftlichen Klageerwiderung im Vorverfahren nach § 276 kann auch eine mit der Zustellung der Anspruchsbegründung beginnende Frist gesetzt werden.

(3) [1]Geht die Anspruchsbegründung nicht rechtzeitig ein, so wird bis zu ihrem Eingang Termin zur mündlichen Verhandlung nur auf Antrag des Antragsgegners bestimmt. [2]Mit der Terminbestimmung setzt der Vorsitzende dem Antragsteller eine Frist zur Begründung des Anspruchs; …

(4) [1]Der Antragsgegner kann den Widerspruch bis zum Beginn seiner mündlichen Verhandlung zur Hauptsache zurücknehmen, jedoch nicht nach Erlass eines Versäumnisurteils gegen ihn. [2]Die Zurücknahme kann zu Protokoll der Geschäftsstelle erklärt werden.

…

§ 699. Vollstreckungsbescheid. (1) [1]Auf der Grundlage des Mahnbescheids erlässt das Gericht auf Antrag einen Vollstreckungsbescheid, wenn der Antragsgegner nicht rechtzeitig Widerspruch erhoben hat. [2]Der Antrag kann nicht vor Ablauf der Widerspruchsfrist gestellt werden; er hat die Erklärung zu enthalten, ob und welche Zahlungen auf den Mahnbescheid geleistet worden sind; …

(3) [1]In den Vollstreckungsbescheid sind die bisher entstandenen Kosten des Verfahrens aufzunehmen. [2]Der Antragsteller braucht die Kosten nur zu berechnen, wenn das Mahnverfahren nicht maschinell bearbeitet wird; im Übrigen genügen die zur maschinellen Berechnung erforderlichen Angaben.

(4) Der Vollstreckungsbescheid wird dem Antragsgegner von Amts wegen zugestellt, wenn nicht der Antragsteller die Übermittlung an sich zur Zustellung im Parteibetrieb beantragt hat. …

§ 700. Einspruch gegen den Vollstreckungsbescheid. (1) Der Vollstreckungsbescheid steht einem für vorläufig vollstreckbar erklärten Versäumnisurteil gleich.

(2) Die Streitsache gilt als mit der Zustellung des Mahnbescheids rechtshängig geworden.

(3) Wird Einspruch eingelegt, so gibt das Gericht, das den Vollstreckungsbescheid erlassen hat, den Rechtsstreit von Amts wegen an das Gericht ab, das in dem Mahnbescheid gemäß § 692 Abs. 1 Nr. 1 bezeichnet worden ist, …

§ 701. Wegfall der Wirkung des Mahnbescheids. [1]Ist Widerspruch nicht erhoben und beantragt der Antragsteller den Erlass des Vollstreckungsbescheids nicht binnen einer sechsmonatigen Frist, die mit der Zustellung des Mahnbescheids beginnt, so fällt die Wirkung des Mahnbescheids weg. [2]Dasselbe gilt, wenn der Vollstreckungsbescheid rechtzeitig beantragt ist, der Antrag aber zurückgewiesen wird.

§ 702. Form von Anträgen und Erklärungen.

(1) [1]Im Mahnverfahren können die Anträge und Erklärungen vor dem Urkundsbeamten der Geschäftsstelle abgegeben werden. [2]Soweit Formulare eingeführt sind, werden diese ausgefüllt; der Urkundsbeamte vermerkt unter Angabe des Gerichts und des Datums, dass er den Antrag oder die Erklärung aufgenommen hat. [3]Auch soweit Vordrucke nicht eingeführt sind, ist für den Antrag auf Erlass eines Mahnbescheids oder eines Vollstreckungsbescheids bei dem für das Mahnverfahren zuständigen Gericht die Aufnahme eines Protokolls nicht erforderlich.

(2) Der Antrag auf Erlass eines Mahnbescheids oder eines Vollstreckungsbescheids wird dem Antragsgegner nicht mitgeteilt.

§ 703a. Urkunden-, Wechsel- und Scheckmahnverfahren. (1) Ist der Antrag des Antragstellers auf den Erlass eines Urkunden-, Wechsel- oder Scheckmahnbescheids gerichtet, so wird der Mahnbescheid als Urkunden-, Wechsel- oder Scheckmahnbescheid bezeichnet.

(2) [1]Für das Urkunden-, Wechsel- und Scheckmahnverfahren gelten folgende besondere Vorschriften:

1. die Bezeichnung als Urkunden-, Wechsel- oder Scheckmahnbescheid hat die Wirkung, dass die Streitsache, wenn rechtzeitig Widerspruch erhoben wird, im Urkunden-, Wechsel- oder Scheckprozess anhängig wird;
2. die Urkunden sollen in dem Antrag auf Erlass des Mahnbescheids und in dem Mahnbescheid bezeichnet werden; ist die Sache an das Streitgericht abzugeben, so müssen die Urkunden in Urschrift oder in Abschrift der Anspruchsbegründung beigefügt werden;
3. im Mahnverfahren ist nicht zu prüfen, ob die gewählte Prozessart statthaft ist;
4. beschränkt sich der Widerspruch auf den Antrag, dem Beklagten die Ausführung seiner Rechte vorzubehalten, so ist der Vollstreckungsbescheid unter diesem Vorbehalt zu erlassen. [2]Auf das weitere Verfahren ist die Vorschrift des § 600 entsprechend anzuwenden.

§ 703b. Sonderregelungen für maschinelle Bearbeitung. (1) Bei maschineller Bearbeitung werden Beschlüsse, Verfügungen, Ausfertigungen und Vollstreckungsklauseln mit dem Gerichtssiegel versehen; einer Unterschrift bedarf es nicht.

…

Buch 8. Zwangsvollstreckung

Allgemeine Vorschriften

§ 704. Vollstreckbare Endurteile. Die Zwangsvollstreckung findet statt aus Endurteilen, die rechtskräftig oder für vorläufig vollstreckbar erklärt sind.

§ 721. Räumungsfrist. (1) Wird auf Räumung von Wohnraum erkannt, so kann das Gericht auf Antrag oder von Amts wegen dem Schuldner eine den Umständen nach angemessene Räumungsfrist gewähren.

…

§ 725. Vollstreckungsklausel. Die Vollstreckungsklausel:

„Vorstehende Ausfertigung wird dem usw. (Bezeichnung der Partei) zum Zwecke der Zwangsvollstreckung erteilt"

ist der Ausfertigung des Urteils am Schluss beizufügen, von dem Urkundsbeamten der Geschäftsstelle zu unterschreiben und mit dem Gerichtssiegel zu versehen.

§ 740. Zwangsvollstreckung in das Gesamtgut. (1) Leben die Ehegatten in Gütergemeinschaft und verwaltet einer von ihnen das Gesamtgut allein, so ist zur Zwangsvollstreckung in das Gesamtgut ein Urteil gegen diesen Ehegatten erforderlich und genügend.

(2) Verwalten die Ehegatten das Gesamtgut gemeinschaftlich, so ist die Zwangsvollstreckung in das Gesamtgut nur zulässig, wenn beide Ehegatten zur Leistung verurteilt sind.

§ 753. Vollstreckung durch Gerichtsvollzieher. (1) Die Zwangsvollstreckung wird, soweit sie nicht den Gerichten zugewiesen ist, durch Gerichtsvollzieher durchgeführt, die sie im Auftrag des Gläubigers zu bewirken haben.

…

§ 754. Vollstreckungsauftrag und vollstreckbare Ausfertigung. (1) Durch den Vollstreckungsauftrag und die Übergabe der vollstreckbaren Ausfertigung wird der Gerichtsvollzieher ermächtigt, Leistungen des Schuldners entgegenzunehmen und diese zu quittieren sowie mit Wirkung für den Gläubiger Zahlungsvereinbarungen nach Maßgabe des § 802b zu treffen.

…

§ 755. Ermittlung des Aufenthaltsorts des Schuldners. (1) Ist der Wohnsitz oder gewöhnliche Aufenthaltsort des Schuldners nicht bekannt, darf der Gerichtsvollzieher auf Grund des Vollstreckungsauftrags und der Übergabe der vollstreckbaren Ausfertigung zur Ermittlung des Aufenthaltsorts des Schuldners bei der Meldebehörde die gegenwärtigen Anschriften sowie Angaben zur Haupt- und Nebenwohnung des Schuldners erheben.

…

§ 756. Zwangsvollstreckung bei Leistung Zug um Zug. Hängt die Vollstreckung von einer Zug um Zug zu bewirkenden Leistung des Gläubigers an den Schuldner ab, so darf der Gerichtsvollzieher die Zwangsvollstreckung nicht beginnen, bevor er dem Schuldner die diesem gebührende Leistung in einer den Verzug der Annahme begründenden Weise angeboten hat, sofern nicht der Beweis, dass der Schuldner befriedigt oder im Verzug der Annahme ist, durch öffentliche oder öffentlich beglaubigte Urkunden geführt wird und eine Abschrift dieser Urkunden bereits zugestellt ist oder gleichzeitig zugestellt wird.

…

§ 757. Übergabe des Titels und Quittung.
(1) Der Gerichtsvollzieher hat nach Empfang der Leistungen dem Schuldner die vollstreckbare Ausfertigung nebst einer Quittung auszuliefern, bei teilweiser Leistung diese auf der vollstreckbaren Ausfertigung zu vermerken und dem Schuldner Quittung zu erteilen.

…

§ 758. Durchsuchung; Gewaltanwendung.
(1) Der Gerichtsvollzieher ist befugt, die Wohnung und die Behältnisse des Schuldners zu durchsuchen, soweit der Zweck der Vollstreckung dies erfordert.

(2) Er ist befugt, die verschlossenen Haustüren, Zimmertüren und Behältnisse öffnen zu lassen.

(3) Er ist, wenn er Widerstand findet, zur Anwendung von Gewalt befugt und kann zu diesem Zweck die Unterstützung der polizeilichen Vollzugsorgane nachsuchen.

§ 759. Zuziehung von Zeugen. Wird bei einer Vollstreckungshandlung Widerstand geleistet oder ist bei einer in der Wohnung des Schuldners vorzunehmenden Vollstreckungshandlung weder der Schuldner noch ein erwachsener Familienangehöriger, eine in der Familie beschäftigte Person oder ein erwachsener ständiger Mitbewohner anwesend, so hat der Gerichtsvollzieher zwei erwachsene Personen oder einen Gemeinde- oder Polizeibeamten als Zeugen zuzuziehen.

§ 766. Erinnerung gegen Art und Weise der Zwangsvollstreckung. (1) Über Anträge, Einwendungen und Erinnerungen, welche die Art und Weise der Zwangsvollstreckung oder das vom Gerichtsvollzieher bei ihr zu beobachtende Verfahren betreffen, entscheidet das Vollstreckungsgericht. Es ist befugt, die im § 732 Abs. 2 bezeichneten Anordnungen zu erlassen.

(2) Dem Vollstreckungsgericht steht auch die Entscheidung zu, wenn ein Gerichtsvollzieher sich weigert, einen Vollstreckungsauftrag zu übernehmen oder eine Vollstreckungshandlung dem Auftrag gemäß auszuführen, oder wenn wegen der von dem Gerichtsvollzieher in Ansatz gebrachten Kosten Erinnerungen erhoben werden.

§ 767. Vollstreckungsabwehrklage. (1) Einwendungen, die den durch das Urteil festgestellten Anspruch selbst betreffen, sind von dem Schuldner im Wege der Klage bei dem Prozessgericht des ersten Rechtszuges geltend zu machen.

(2) Sie sind nur insoweit zulässig, als die Gründe, auf denen sie beruhen, erst nach dem Schluss der mündlichen Verhandlung, in der Einwendungen nach den Vorschriften dieses Gesetzes spätestens hätten geltend gemacht werden müssen, entstanden sind und durch Einspruch nicht mehr geltend gemacht werden können.

(3) Der Schuldner muss in der von ihm zu erhebenden Klage alle Einwendungen geltend machen, die er zur Zeit der Erhebung der Klage geltend zu machen imstande war.

§ 771. Drittwiderspruchsklage. (1) Behauptet ein Dritter, dass ihm an dem Gegenstand der Zwangsvollstreckung ein die Veräußerung hinderndes Recht zustehe, so ist der Widerspruch gegen die Zwangsvollstreckung im Wege der

Klage bei dem Gericht geltend zu machen, in dessen Bezirk die Zwangsvollstreckung erfolgt.

…

§ 793. Sofortige Beschwerde. Gegen Entscheidungen, die im Zwangsvollstreckungsverfahren ohne mündliche Verhandlung ergehen können, findet sofortige Beschwerde statt.

§ 794. Weitere Vollstreckungstitel. (1) Die Zwangsvollstreckung findet ferner statt:

1. aus Vergleichen, die zwischen den Parteien oder zwischen einer Partei und einem Dritten zur Beilegung des Rechtsstreits seinem ganzen Umfang nach oder in Betreff eines Teiles des Streitgegenstandes vor einem deutschen Gericht oder vor einer durch die Landesjustizverwaltung eingerichteten oder anerkannten Gütestelle abgeschlossen sind, sowie aus Vergleichen, die gemäß § 118 Abs. 1 Satz 3 oder § 492 Abs. 3 zu richterlichem Protokoll genommen sind;
2. aus Kostenfestsetzungsbeschlüssen;
3. aus Entscheidungen, gegen die das Rechtsmittel der Beschwerde stattfindet,
4. aus Vollstreckungsbescheiden;

4a. aus Entscheidungen, die Schiedssprüche für vollstreckbar erklären, sofern die Entscheidungen rechtskräftig oder für vorläufig vollstreckbar erklärt sind;

4b. aus Beschlüssen nach § 796b oder § 796c;

5. aus Urkunden, die von einem deutschen Gericht oder von einem deutschen Notar innerhalb der Grenzen seiner Amtsbefugnisse in der vorgeschriebenen Form aufgenommen sind, sofern die Urkunde über einen Anspruch errichtet ist, der einer vergleichsweisen Regelung zugänglich, nicht auf Abgabe einer Willenserklärung gerichtet ist und nicht den Bestand eines Mietverhältnisses über Wohnraum betrifft, und der Schuldner sich in der Urkunde wegen des zu bezeichnenden Anspruchs der sofortigen Zwangsvollstreckung unterworfen hat,
6. aus für vollstreckbar erklärten Europäischen Zahlungsbefehlen.

(2) Soweit nach den Vorschriften der §§ 737, 743, des § 745 Abs. 2 und des § 748 Abs. 2 die Verurteilung eines Beteiligten zur Duldung der Zwangsvollstreckung erforderlich ist, wird sie dadurch ersetzt, dass der Beteiligte in einer nach Absatz 1 Nr. 5 aufgenommenen Urkunde die sofortige Zwangsvollstreckung in die seinem Recht unterworfenen Gegenstände bewilligt.

§ 798. Wartefrist. Aus einem Kostenfestsetzungsbeschluss, der nicht auf das Urteil gesetzt ist, aus Beschlüssen nach § 794 Abs. 1 Nr. 2a und § 794 Abs. 1 Nr. 4b sowie aus den nach § 794 Abs. 1 Nr. 5 aufgenommenen Urkunden darf die Zwangsvollstreckung nur beginnen, wenn der Schuldtitel mindestens zwei Wochen vorher zugestellt ist.

§ 800. Vollstreckbare Urkunde gegen den jeweiligen Grundstückseigentümer. (1) [1]Der Eigentümer kann sich in einer nach § 794 Abs. 1 Nr. 5 aufgenommenen Urkunde in Ansehung einer Hypothek, einer Grundschuld oder einer Rentenschuld der sofortigen Zwangsvollstreckung in der Weise unterwerfen, dass die Zwangsvollstreckung aus der Urkunde gegen den jeweiligen Eigentümer des Grundstücks zulässig sein soll. [2]Die Unterwerfung bedarf in diesem Fall der Eintragung in das Grundbuch.

(2) Bei der Zwangsvollstreckung gegen einen späteren Eigentümer, der im Grundbuch eingetragen ist, bedarf es nicht der Zustellung der den Erwerb des Eigentums nachweisenden öffentlichen oder öffentlich beglaubigten Urkunde.

(3) Ist die sofortige Zwangsvollstreckung gegen den jeweiligen Eigentümer zulässig, so ist für die im § 797 Abs. 5 bezeichneten Klagen das Gericht zuständig, in dessen Bezirk das Grundstück belegen ist.

Zwangsvollstreckung wegen Geldforderungen

▶ Allgemeine Vorschriften (gültig ab 1. Januar 2013)

§ 802 a. Grundsätze der Vollstreckung; Regelbefugnisse des Gerichtsvollziehers. (1) Der Gerichtsvollzieher wirkt auf eine zügige, vollständige und Kosten sparende Beitreibung von Geldforderungen hin.

…

§ 802 b. Gütliche Erledigung; Vollstreckungsaufschub bei Zahlungsvereinbarung.

(1) Der Gerichtsvollzieher soll in jeder Lage des Verfahrens auf eine gütliche Erledigung bedacht sein.

(2) [1]Hat der Gläubiger eine Zahlungsvereinbarung nicht ausgeschlossen, so kann der Gerichtsvollzieher dem Schuldner eine Zahlungsfrist einräumen oder eine Tilgung durch Teilleistungen (Ratenzahlung) gestatten, sofern der Schuldner glaubhaft darlegt, die nach Höhe und Zeitpunkt festzusetzenden Zahlungen erbringen zu können. [2]Soweit ein Zahlungsplan nach Satz 1 festgesetzt wird, ist die Vollstreckung aufgeschoben. [3]Die Tilgung soll binnen zwölf Monaten abgeschlossen sein.

…

§ 802 c. Vermögensauskunft des Schuldners.
(1) [1]Der Schuldner ist verpflichtet, zum Zwecke der Vollstreckung einer Geldforderung auf Verlangen des Gerichtsvollziehers Auskunft über sein Vermögen nach Maßgabe der folgenden Vorschriften zu erteilen sowie seinen Geburtsnamen, sein Geburtsdatum und seinen Geburtsort anzugeben. [2]Handelt es sich bei dem Vollstreckungsschuldner um eine juristische Person oder um eine Personenvereinigung, so hat er seine Firma, die Nummer des Registerblatts im Handelsregister und seinen Sitz anzugeben.
…
(3) [1]Der Schuldner hat zu Protokoll an Eides statt zu versichern, dass er die Angaben nach Absatz 1 und 2 nach bestem Wissen und Gewissen richtig und vollständig gemacht habe. [2]Die Vorschriften der §§ 478 bis 480, 483 gelten entsprechend.

§ 802 g. Erzwingungshaft. (1) [1]Auf Antrag des Gläubigers erlässt das Gericht gegen den Schuldner, der dem Termin zur Abgabe der Vermögensauskunft unentschuldigt fernbleibt oder die Abgabe der Vermögensauskunft gemäß § 802c ohne Grund verweigert, zur Erzwingung der Abgabe einen Haftbefehl. [2]In dem Haftbefehl sind der Gläubiger, der Schuldner und der Grund der Verhaftung zu bezeichnen. [3]Einer Zustellung des Haftbefehls vor seiner Vollziehung bedarf es nicht.
…

▶ Zwangsvollstreckung in das bewegliche Vermögen

Allgemeine Vorschriften

§ 803. Pfändung. (1) [1]Die Zwangsvollstreckung in das bewegliche Vermögen erfolgt durch Pfändung. [2]Sie darf nicht weiter ausgedehnt werden, als es zur Befriedigung des Gläubigers und zur Deckung der Kosten der Zwangsvollstreckung erforderlich ist.
(2) Die Pfändung hat zu unterbleiben, wenn sich von der Verwertung der zu pfändenden Gegenstände ein Überschuss über die Kosten der Zwangsvollstreckung nicht erwarten lässt.

§ 804. Pfändungspfandrecht. (1) Durch die Pfändung erwirbt der Gläubiger ein Pfandrecht an dem gepfändeten Gegenstande.
(2) Das Pfandrecht gewährt dem Gläubiger im Verhältnis zu anderen Gläubigern dieselben Rechte wie ein durch Vertrag erworbenes Faustpfandrecht; es geht Pfand- und Vorzugsrechten vor, die für den Fall eines Insolvenzverfahrens den Faustpfandrechten nicht gleichgestellt sind.
(3) Das durch eine frühere Pfändung begründete Pfandrecht geht demjenigen vor, das durch eine spätere Pfändung begründet wird.

§ 805. Klage auf vorzugsweise Befriedigung.
(1) Der Pfändung einer Sache kann ein Dritter, der sich nicht im Besitz der Sache befindet, auf Grund eines Pfand- oder Vorzugsrechts nicht widersprechen; er kann jedoch seinen Anspruch auf vorzugsweise Befriedigung aus dem Erlös im Wege der Klage geltend machen, ohne Rücksicht darauf, ob seine Forderung fällig ist oder nicht.
…

§ 806. Keine Gewährleistung bei Pfandveräußerung. Wird ein Gegenstand auf Grund der Pfändung veräußert, so steht dem Erwerber wegen eines Mangels im Recht oder wegen eines Mangels der veräußerten Sache ein Anspruch auf Gewährleistung nicht zu.

§ 807. Eidesstattliche Versicherung. (1) Der Schuldner ist nach Erteilung des Auftrags nach § 900 Abs. 1 verpflichtet, ein Verzeichnis seines Vermögens vorzulegen und für seine Forderungen den Grund und die Beweismittel zu bezeichnen, wenn
1. die Pfändung zu einer vollständigen Befriedigung des Gläubigers nicht geführt hat,
2. der Gläubiger glaubhaft macht, dass er durch die Pfändung seine Befriedigung nicht vollständig erlangen könne,
3. der Schuldner die Durchsuchung (§ 758) verweigert hat oder
4. der Gerichtsvollzieher den Schuldner wiederholt in seiner Wohnung nicht angetroffen hat, nachdem er einmal die Vollstreckung mindestens zwei Wochen vorher angekündigt hatte; dies gilt nicht, wenn der Schuldner seine Abwesenheit genügend entschuldigt und den Grund glaubhaft macht.

(2) [1]Aus dem Vermögensverzeichnis müssen auch ersichtlich sein
1. die in den letzten zwei Jahren vor dem ersten zur Abgabe der eidesstattlichen Versicherung anberaumten Termin vorgenommenen entgeltlichen Veräußerungen des Schuldners an eine nahestehende Person (§ 138 der Insolvenzordnung);
2. die in den letzten vier Jahren vor dem ersten zur Abgabe der eidesstattlichen Versicherung anberaumten Termin von dem Schuldner vorgenommenen unentgeltlichen Leistungen, sofern sie sich nicht auf gebräuchliche Gelegenheitsgeschenke geringen Werts richteten.

[2]Sachen, die nach § 811 Abs. 1 Nr. 1, 2 der Pfändung offensichtlich nicht unterworfen sind, brauchen in dem Vermögensverzeichnis nicht

angegeben zu werden, es sei denn, dass eine Austauschpfändung in Betracht kommt.

(3) [1]Der Schuldner hat zu Protokoll an Eides Statt zu versichern, dass er die von ihm verlangten Angaben nach bestem Wissen und Gewissen richtig und vollständig gemacht habe. [2]Die Vorschriften der §§ 478 bis 480, 483 gelten entsprechend.

Zwangsvollstreckung in körperliche Sachen

§ 808. Pfändung beim Schuldner. (1) Die Pfändung der im Gewahrsam des Schuldners befindlichen körperlichen Sachen wird dadurch bewirkt, dass der Gerichtsvollzieher sie in Besitz nimmt.

(2) [1]Andere Sachen als Geld, Kostbarkeiten und Wertpapiere sind im Gewahrsam des Schuldners zu belassen, sofern nicht hierdurch die Befriedigung des Gläubigers gefährdet wird. [2]Werden die Sachen im Gewahrsam des Schuldners belassen, so ist die Wirksamkeit der Pfändung dadurch bedingt, dass durch Anlegung von Siegeln oder auf sonstige Weise die Pfändung ersichtlich gemacht ist.

(3) Der Gerichtsvollzieher hat den Schuldner von der erfolgten Pfändung in Kenntnis zu setzen.

§ 809. Pfändung beim Gläubiger oder bei Dritten. Die vorstehenden Vorschriften sind auf die Pfändung von Sachen, die sich im Gewahrsam des Gläubigers oder eines zur Herausgabe bereiten Dritten befinden, entsprechend anzuwenden.

§ 811. Unpfändbare Sachen. Folgende Sachen sind der Pfändung nicht unterworfen:

1. die dem persönlichen Gebrauch oder dem Haushalt dienenden Sachen, insbesondere Kleidungsstücke, Wäsche, Betten, Haus- und Küchengerät, soweit der Schuldner ihrer zu einer seiner Berufstätigkeit und seiner Verschuldung angemessenen, bescheidenen Lebens- und Haushaltsführung bedarf; ferner Gartenhäuser, Wohnlauben und ähnliche Wohnzwecken dienende Einrichtungen, die der Zwangsvollstreckung in das bewegliche Vermögen unterliegen und deren der Schuldner oder seine Familie zur ständigen Unterkunft bedarf;
2. die für den Schuldner, seine Familie und seine Hausangehörigen, die ihm im Haushalt helfen, auf vier Wochen erforderlichen Nahrungs-, Feuerungs- und Beleuchtungsmittel oder, soweit für diesen Zeitraum solche Vorräte nicht vorhanden und ihre Beschaffung auf anderem Wege nicht gesichert ist, der zur Beschaffung erforderliche Geldbetrag;

5. bei Personen, die aus ihrer körperlichen oder geistigen Arbeit oder sonstigen persönlichen Leistungen ihren Erwerb ziehen, die zur Fortsetzung dieser Erwerbstätigkeit erforderlichen Gegenstände.
8. bei Personen, die wiederkehrende Einkünfte der in den §§ 850 bis 850 b dieses Gesetzes oder der in § 54 Abs. 3 bis 5 des Ersten Buches Sozialgesetzbuch bezeichneten Art oder laufende Kindergeldleistungen beziehen, ein Geldbetrag, der dem der Pfändung nicht unterworfenen Teil der Einkünfte für die Zeit von der Pfändung bis zu dem nächsten Zahlungstermin entspricht; …

§ 811a. Austauschpfändung. (1) Die Pfändung einer nach § 811 Abs. 1 Nr. 1, 5 und 6 unpfändbaren Sache kann zugelassen werden, wenn der Gläubiger dem Schuldner vor der Wegnahme der Sache ein Ersatzstück, das dem geschützten Verwendungszweck genügt, oder den zur Beschaffung eines solchen Ersatzstückes erforderlichen Geldbetrag überlässt; ist dem Gläubiger die rechtzeitige Ersatzbeschaffung nicht möglich oder nicht zuzumuten, so kann die Pfändung mit der Maßgabe zugelassen werden, dass dem Schuldner der zur Ersatzbeschaffung erforderliche Geldbetrag aus dem Vollstreckungserlös überlassen wird (Austauschpfändung).

…

§ 812. Pfändung von Hausrat. Gegenstände, die zum gewöhnlichen Hausrat gehören und im Haushalt des Schuldners gebraucht werden, sollen nicht gepfändet werden, wenn ohne weiteres ersichtlich ist, dass durch ihre Verwertung nur ein Erlös erzielt werden würde, der zu dem Wert außer allem Verhältnis steht.

§ 814. Öffentliche Versteigerung. Die gepfändeten Sachen sind von dem Gerichtsvollzieher öffentlich zu versteigern. …

§ 815. Gepfändetes Geld. (1) Gepfändetes Geld ist dem Gläubiger abzuliefern.

…

§ 816. Zeit und Ort der Versteigerung.

(1) Die Versteigerung der gepfändeten Sachen darf nicht vor Ablauf einer Woche seit dem Tage der Pfändung geschehen, sofern nicht der Gläubiger und der Schuldner über eine frühere Versteigerung sich einigen oder diese erforderlich ist, um die Gefahr einer beträchtlichen Wertverringerung der zu versteigernden Sache abzuwenden oder um unverhältnismäßige Kosten einer längeren Aufbewahrung zu vermeiden.

(2) Die Versteigerung erfolgt in der Gemeinde, in der die Pfändung geschehen ist,

oder an einem anderen Ort im Bezirk des Vollstreckungsgerichts, sofern nicht der Gläubiger und der Schuldner über einen dritten Ort sich einigen.

(3) Zeit und Ort der Versteigerung sind unter allgemeiner Bezeichnung der zu versteigernden Sachen öffentlich bekanntzumachen.

(4) Bei der Versteigerung gelten die Vorschriften des § 1239 Abs. 1 Satz 1, Abs. 2 des Bürgerlichen Gesetzbuchs entsprechend.

§ 817. Zuschlag und Ablieferung. (1) Dem Zuschlag an den Meistbietenden soll ein dreimaliger Aufruf vorausgehen; die Vorschriften des § 156 des Bürgerlichen Gesetzbuchs sind anzuwenden.

(2) Die Ablieferung einer zugeschlagenen Sache darf nur gegen bare Zahlung geschehen.

…

§ 818. Einstellung der Versteigerung.
Die Versteigerung wird eingestellt, sobald der Erlös zur Befriedigung des Gläubigers und zur Deckung der Kosten der Zwangsvollstreckung hinreicht.

§ 819. Wirkung des Erlösempfanges.
Die Empfangnahme des Erlöses durch den Gerichtsvollzieher gilt als Zahlung von seiten des Schuldners, …

§ 821. Verwertung von Wertpapieren.
Gepfändete Wertpapiere sind, wenn sie einen Börsen- oder Marktpreis haben, von dem Gerichtsvollzieher aus freier Hand zum Tageskurs zu verkaufen und, wenn sie einen solchen Preis nicht haben, nach den allgemeinen Bestimmungen zu versteigern.

Zwangsvollstreckung in Forderungen und andere Vermögensrechte

§ 828. Zuständigkeit des Vollstreckungsgerichts. (1) Die gerichtlichen Handlungen, welche die Zwangsvollstreckung in Forderungen und andere Vermögensrechte zum Gegenstand haben, erfolgen durch das Vollstreckungsgericht.

(2) Als Vollstreckungsgericht ist das Amtsgericht, bei dem der Schuldner im Inland seinen allgemeinen Gerichtsstand hat, und sonst das Amtsgericht zuständig, bei dem nach § 23 gegen den Schuldner Klage erhoben werden kann.

…

§ 829. Pfändung von Geldforderungen.
(1) [1]Soll eine Geldforderung gepfändet werden, so hat das Gericht dem Drittschuldner zu verbieten, an den Schuldner zu zahlen. [2]Zugleich hat das Gericht an den Schuldner das Gebot zu erlassen, sich jeder Verfügung über die Forderung, insbesondere ihrer Einziehung, zu enthalten. …

(2) Der Gläubiger hat den Beschluss dem Drittschuldner zustellen zu lassen. …

(3) Mit der Zustellung des Beschlusses an den Drittschuldner ist die Pfändung als bewirkt anzusehen.

…

§ 830. Pfändung einer Hypothekenforderung.
(1) [1]Zur Pfändung einer Forderung, für die eine Hypothek besteht, ist außer dem Pfändungsbeschluss die Übergabe des Hypothekenbriefes an den Gläubiger erforderlich. [2]Wird die Übergabe im Wege der Zwangsvollstreckung erwirkt, so gilt sie als erfolgt, wenn der Gerichtsvollzieher den Brief zum Zwecke der Ablieferung an den Gläubiger wegnimmt. [3]Ist die Erteilung des Hypothekenbriefes ausgeschlossen, so ist die Eintragung der Pfändung in das Grundbuch erforderlich; die Eintragung erfolgt auf Grund des Pfändungsbeschlusses.

…

§ 831. Pfändung indossabler Papiere.
Die Pfändung von Forderungen aus Wechseln und anderen Papieren, die durch Indossament übertragen werden können, wird dadurch bewirkt, dass der Gerichtsvollzieher diese Papiere in Besitz nimmt.

§ 832. Pfändungsumfang bei fortlaufenden Bezügen. Das Pfandrecht, das durch die Pfändung einer Gehaltsforderung oder einer ähnlichen in fortlaufenden Bezügen bestehenden Forderung erworben wird, erstreckt sich auch auf die nach der Pfändung fällig werdenden Beträge.

§ 835. Überweisung einer Geldforderung.
(1) Die gepfändete Geldforderung ist dem Gläubiger nach seiner Wahl zur Einziehung oder an Zahlungs statt zum Nennwert zu überweisen.

(2) Im letzteren Falle geht die Forderung auf den Gläubiger mit der Wirkung über, dass er, soweit die Forderung besteht, wegen seiner Forderung an den Schuldner als befriedigt anzusehen ist. …

§ 836. Wirkung der Überweisung. (1) Die Überweisung ersetzt die förmlichen Erklärungen des Schuldners, von denen nach den Vorschriften des bürgerlichen Rechts die Berechtigung zur Einziehung der Forderung abhängig ist.

…

§ 840. Erklärungspflicht des Drittschuldners. (1) Auf Verlangen des Gläubigers hat der Drittschuldner binnen zwei Wochen, von der Zustellung des Pfändungsbeschlusses an gerechnet, dem Gläubiger zu erklären:
1. ob und inwieweit er die Forderung als begründet anerkenne und Zahlung zu leisten bereit sei;
2. ob und welche Ansprüche andere Personen an die Forderung machen;
3. ob und wegen welcher Ansprüche die Forderung bereits für andere Gläubiger gepfändet sei;
4. ob innerhalb der letzten zwölf Monate im Hinblick auf das Konto, dessen Guthaben gepfändet worden ist, eine Pfändung nach § 833a Abs. 2 aufgehoben oder die Unpfändbarkeit des Guthabens angeordnet worden ist, und
5. ob es sich bei dem Konto, dessen Guthaben gepfändet worden ist, um ein Pfändungsschutzkonto im Sinne von § 850k Abs. 7 handelt.

(2) [1]Die Aufforderung zur Abgabe dieser Erklärungen muss in die Zustellungsurkunde aufgenommen werden. [2]Der Drittschuldner haftet dem Gläubiger für den aus der Nichterfüllung seiner Verpflichtung entstehenden Schaden.

(3) [1]Die Erklärungen des Drittschuldners können bei Zustellung des Pfändungsbeschlusses oder innerhalb der im ersten Absatz bestimmten Frist an den Gerichtsvollzieher erfolgen. [2]Im ersteren Fall sind sie in die Zustellungsurkunde aufzunehmen und von dem Drittschuldner zu unterschreiben.

§ 850. Pfändungsschutz für Arbeitseinkommen. (1) Arbeitseinkommen, das in Geld zahlbar ist, kann nur nach Maßgabe der §§ 850 a bis 850 i gepfändet werden.
...

§ 850 a. Unpfändbare Bezüge. Unpfändbar sind
1. zur Hälfte die für die Leistung von Mehrarbeitsstunden gezahlten Teile des Arbeitseinkommens;
2. die für die Dauer eines Urlaubs über das Arbeitseinkommen hinaus gewährten Bezüge, Zuwendungen aus Anlass eines besonderen Betriebsereignisses und Treugelder, soweit sie den Rahmen des Üblichen nicht übersteigen;
3. Aufwandsentschädigungen, Auslösungsgelder und sonstige soziale Zulagen für auswärtige Beschäftigungen, das Entgelt für selbstgestelltes Arbeitsmaterial, Gefahrenzulagen sowie Schmutz- und Erschwerniszulagen, soweit diese Bezüge den Rahmen des Üblichen nicht übersteigen;
4. Weihnachtsvergütungen bis zum Betrag der Hälfte des monatlichen Arbeitseinkommens, höchstens aber bis zum Betrag von 500 Euro;
5. Heirats- und Geburtsbeihilfen, sofern die Vollstreckung wegen anderer als der aus Anlass der Heirat oder der Geburt entstandenen Ansprüche betrieben wird;
6. Erziehungsgelder, Studienbeihilfen und ähnliche Bezüge;
7. Sterbe- und Gnadenbezüge aus Arbeits- oder Dienstverhältnissen;
8. Blindenzulagen.

§ 850 b. Bedingt pfändbare Bezüge. (1) Unpfändbar sind ferner
1. Renten, die wegen einer Verletzung des Körpers oder der Gesundheit zu entrichten sind;
2. Unterhaltsrenten, die auf gesetzlicher Vorschrift beruhen, sowie die wegen Entziehung einer solchen Forderung zu entrichtenden Renten;
3. fortlaufende Einkünfte, die ein Schuldner aus Stiftungen oder sonst auf Grund der Fürsorge und Freigebigkeit eines Dritten oder auf Grund eines Altenteils oder Auszugsvertrags bezieht;
4. Bezüge aus Witwen-, Waisen-, Hilfs- und Krankenkassen, die ausschließlich oder zu einem wesentlichen Teil zu Unterstützungszwecken gewährt werden, ferner Ansprüche aus Lebensversicherungen, die nur auf den Todesfall des Versicherungsnehmers abgeschlossen sind, wenn die Versicherungssumme 3 579 Euro nicht übersteigt.

(2) Diese Bezüge können nach den für Arbeitseinkommen geltenden Vorschriften gepfändet werden, wenn die Vollstreckung in das sonstige bewegliche Vermögen des Schuldners zu einer vollständigen Befriedigung des Gläubigers nicht geführt hat oder voraussichtlich nicht führen wird und wenn nach den Umständen des Falles, insbesondere nach der Art des beizutreibenden Anspruchs und der Höhe der Bezüge, die Pfändung der Billigkeit entspricht.

(3) Das Vollstreckungsgericht soll vor seiner Entscheidung die Beteiligten hören.

§ 850 c. Pfändungsgrenzen für Arbeitseinkommen. (Pfändungsschutz-Tabelle: Anlage zu § 850c, nach § 1088)

(1) [1]Arbeitseinkommen ist unpfändbar, wenn es, je nach dem Zeitraum, für den es gezahlt wird, nicht mehr als
1 045,04 Euro monatlich,
240,50 Euro wöchentlich oder
48,10 Euro täglich beträgt.
[2]Gewährt der Schuldner auf Grund einer gesetzlichen Verpflichtung seinem Ehegatten, einem früheren Ehegatten, seinem Lebenspartner, einem früheren Lebenspartner oder einem

Verwandten oder ... einem Elternteil Unterhalt, so erhöht sich der Betrag, bis zu dessen Höhe Arbeitseinkommen unpfändbar ist, auf bis zu 2 314,82 Euro monatlich, 532,73 Euro wöchentlich oder 106,55 Euro täglich ...

(2) [1]Übersteigt das Arbeitseinkommen den Betrag, bis zu dessen Höhe es je nach der Zahl der Personen, denen der Schuldner Unterhalt gewährt, nach Absatz 1 unpfändbar ist, so ist es hinsichtlich des überschießenden Betrages zu einem Teil unpfändbar, ...

...

(2a) [1]Die unpfändbaren Beträge nach Absatz 1 und Absatz 2 Satz 2 ändern sich jeweils zum 1. Juli eines jeden zweiten Jahres, erstmalig zum 1. Juli 2003, entsprechend der im Vergleich zum jeweiligen Vorjahreszeitraum sich ergebenden prozentualen Entwicklung des Grundfreibetrages nach § 32a Abs. 1 Nr. 1 des Einkommensteuergesetzes; der Berechnung ist die am 1. Januar des jeweiligen Jahres geltende Fassung des § 32a Abs. 1 Nr. 1 des Einkommensteuergesetzes zugrunde zu legen. [2]Das Bundesministerium der Justiz gibt die maßgebenden Beträge rechtzeitig im Bundesgesetzblatt bekannt.

§ 850 k. Pfändungsschutzkonto. (1) [1]Wird das Guthaben auf dem Pfändungsschutzkonto des Schuldners bei einem Kreditinstitut gepfändet, kann der Schuldner jeweils bis zum Ende des Kalendermonats über Guthaben in Höhe des monatlichen Freibetrages nach § 850c Abs. 1 Satz 1 in Verbindung mit § 850c Abs. 2a verfügen; insoweit wird es nicht von der Pfändung erfasst. [2]Zum Guthaben im Sinne des Satzes 1 gehört auch das Guthaben, das bis zum Ablauf der Frist des § 835 Absatz 4 nicht an den Gläubiger geleistet oder hinterlegt werden darf. [3]Soweit der Schuldner in dem jeweiligen Kalendermonat nicht über Guthaben in Höhe des nach Satz 1 pfändungsfreien Betrages verfügt hat, wird dieses Guthaben in dem folgenden Kalendermonat zusätzlich zu dem nach Satz 1 geschützten Guthaben nicht von der Pfändung erfasst. [4]Die Sätze 1 bis 3 gelten entsprechend, wenn das Guthaben auf einem Girokonto des Schuldners gepfändet ist, das vor Ablauf von vier Wochen seit der Zustellung des Überweisungsbeschlusses an den Drittschuldner in ein Pfändungsschutzkonto umgewandelt wird.

(2) [1]Die Pfändung des Guthabens gilt im Übrigen als mit der Maßgabe ausgesprochen, dass in Erhöhung des Freibetrages nach Absatz 1 folgende Beträge nicht von der Pfändung erfasst sind:

1. die pfändungsfreien Beträge nach § 850c Abs. 1 Satz 2 in Verbindung mit § 850c Abs. 2a Satz 1, wenn
   a) der Schuldner einer oder mehreren Personen aufgrund gesetzlicher Verpflichtung Unterhalt gewährt oder
   b) der Schuldner Geldleistungen nach dem Zweiten oder Zwölften Buch Sozialgesetzbuch für mit ihm in einer Gemeinschaft im Sinne des § 7 Abs. 3 des Zweiten Buches Sozialgesetzbuch oder der §§ 19, 20, 36 Satz 1 oder 43 des Zwölften Buches Sozialgesetzbuch lebende Personen, denen er nicht aufgrund gesetzlicher Vorschriften zum Unterhalt verpflichtet ist, entgegennimmt;
2. einmalige Geldleistungen im Sinne des § 54 Abs. 2 des Ersten Buches Sozialgesetzbuch und Geldleistungen zum Ausgleich des durch einen Körper- oder Gesundheitsschaden bedingten Mehraufwandes im Sinne des § 54 Abs. 3 Nr. 3 des Ersten Buches Sozialgesetzbuch;
3. das Kindergeld oder andere Geldleistungen für Kinder, es sei denn, dass wegen einer Unterhaltsforderung eines Kindes, für das die Leistungen gewährt oder bei dem es berücksichtigt wird, gepfändet wird.

[2]Für die Beträge nach Satz 1 gilt Absatz 1 Satz 3 entsprechend.

...

§ 851 c. Pfändungsschutz bei Altersrenten.

(1) Ansprüche auf Leistungen, die auf Grund von Verträgen gewährt werden, dürfen nur wie Arbeitseinkommen gepfändet werden, wenn

1. die Leistung in regelmäßigen Zeitabständen lebenslang und nicht vor Vollendung des 60. Lebensjahres oder nur bei Eintritt der Berufsunfähigkeit gewährt wird,
2. über die Ansprüche aus dem Vertrag nicht verfügt werden darf,
3. die Bestimmung von Dritten mit Ausnahme von Hinterbliebenen als Berechtigte ausgeschlossen ist und
4. die Zahlung einer Kapitalleistung, ausgenommen eine Zahlung für den Todesfall, nicht vereinbart wurde.

(2) [1]Um dem Schuldner den Aufbau einer angemessenen Alterssicherung zu ermöglichen, kann er unter Berücksichtigung der Entwicklung auf dem Kapitalmarkt, des Sterblichkeitsrisikos und der Höhe der Pfändungsfreigrenze, nach seinem Lebensalter gestaffelt, jährlich einen bestimmten Betrag unpfändbar auf der Grundlage eines in Absatz 1 bezeichneten Vertrags bis zu einer Gesamtsumme von 256 000 Euro ansammeln. [2]Der Schuldner darf vom 18. bis zum vollendeten 29. Lebensjahr 2 000 Euro, vom 30. bis zum vollendeten 39. Lebensjahr 4 000 Euro, vom 40. bis zum vollendeten 47. Lebensjahr 4 500 Euro, vom 48. bis zum

vollendeten 53. Lebensjahr 6 000 Euro, vom 54. bis zum vollendeten 59. Lebensjahr 8 000 Euro und vom 60. bis zum vollendeten 67. Lebensjahr 9 000 Euro jährlich ansammeln. [3]Übersteigt der Rückkaufwert der Alterssicherung den unpfändbaren Betrag, sind drei Zehntel des überschießenden Betrags unpfändbar. [4]Satz 3 gilt nicht für den Teil des Rückkaufwerts, der den dreifachen Wert des in Satz 1 genannten Betrags übersteigt.

…

§ 851 d. Pfändungsschutz bei steuerlich gefördertem Altersvorsorgevermögen. (0)Monatliche Leistungen in Form einer lebenslangen Rente oder monatlicher Ratenzahlungen im Rahmen eines Auszahlungsplans nach § 1 Abs. 1 Satz 1 Nr. 4 des Altersvorsorgeverträge-Zertifizierungsgesetzes aus steuerlich gefördertem Altersvorsorgevermögen sind wie Arbeitseinkommen pfändbar.

▶ Zwangsvollstreckung in das unbewegliche Vermögen

§ 864. Gegenstand der Immobiliarvollstreckung. (1) Der Zwangsvollstreckung in das unbewegliche Vermögen unterliegen außer den Grundstücken die Berechtigungen, für welche die sich auf Grundstücke beziehenden Vorschriften gelten, die im Schiffsregister eingetragenen Schiffe und die Schiffsbauwerke, die im Schiffsbauregister eingetragen sind oder in dieses Register eingetragen werden können.

(2) Die Zwangsvollstreckung in den Bruchteil eines Grundstücks, einer Berechtigung der im Absatz 1 bezeichneten Art oder eines Schiffes oder Schiffsbauwerks ist nur zulässig, wenn der Bruchteil in dem Anteil eines Miteigentümers besteht oder wenn sich der Anspruch des Gläubigers auf ein Recht gründet, mit dem der Bruchteil als solcher belastet ist.

§ 866. Arten der Vollstreckung. (1) Die Zwangsvollstreckung in ein Grundstück erfolgt durch Eintragung einer Sicherungshypothek für die Forderung, durch Zwangsversteigerung und durch Zwangsverwaltung.

…

§ 867. Zwangshypothek. (1) [1]Die Sicherungshypothek wird auf Antrag des Gläubigers in das Grundbuch eingetragen; die Eintragung ist auf dem vollstreckbaren Titel zu vermerken. [2]Mit der Eintragung entsteht die Hypothek. [3]Das Grundstück haftet auch für die dem Schuldner zur Last fallenden Kosten der Eintragung.

…

§ 868. Erwerb der Zwangshypothek durch den Eigentümer. (1) Wird durch eine vollstreckbare Entscheidung die zu vollstreckende Entscheidung oder ihre vorläufige Vollstreckbarkeit aufgehoben oder die Zwangsvollstreckung für unzulässig erklärt oder deren Einstellung angeordnet, so erwirbt der Eigentümer des Grundstücks die Hypothek.

(2) Das Gleiche gilt, wenn durch eine gerichtliche Entscheidung die einstweilige Einstellung der Vollstreckung und zugleich die Aufhebung der erfolgten Vollstreckungsmaßregeln angeordnet wird oder wenn die zur Abwendung der Vollstreckung nachgelassene Sicherheitsleistung oder Hinterlegung erfolgt.

§ 869. Zwangsversteigerung und Zwangsverwaltung. Die Zwangsversteigerung und die Zwangsverwaltung werden durch ein besonderes Gesetz geregelt.

Eidesstattliche Versicherung und Haft

§ 899. Zuständigkeit. (1) Für die Abnahme der eidesstattlichen Versicherung in den Fällen der §§ 807, 836 und 883 ist der Gerichtsvollzieher bei dem Amtsgericht zuständig, in dessen Bezirk der Schuldner im Zeitpunkt der Auftragserteilung seinen Wohnsitz oder in Ermangelung eines solchen seinen Aufenthaltsort hat.

(2) [1]Ist das angegangene Gericht nicht zuständig, gibt es die Sache auf Antrag des Gläubigers an das zuständige Gericht ab. [2]Die Abgabe ist nicht bindend.

§ 900. Verfahren zur Abnahme der eidesstattlichen Versicherung. (1) [1]Das Verfahren beginnt mit dem Auftrag des Gläubigers zur Bestimmung eines Termins zur Abgabe der eidesstattlichen Versicherung. [2]Der Gerichtsvollzieher hat für die Ladung des Schuldners zu dem Termin Sorge zu tragen. [3]Er hat ihm die Ladung zuzustellen, auch wenn dieser einen Prozessbevollmächtigten bestellt hat; einer Mitteilung an den Prozessbevollmächtigten bedarf es nicht. [4]Dem Gläubiger ist die Terminsbestimmung nach Maßgabe des § 357 Abs. 2 mitzuteilen.

§ 901. Erlass eines Haftbefehls. [1]Gegen den Schuldner, der in dem zur Abgabe der eidesstattlichen Versicherung bestimmten Termin nicht erscheint oder die Abgabe der eidesstattlichen Versicherung ohne Grund verweigert, hat das Gericht zur Erzwingung der Abgabe auf Antrag einen Haftbefehl zu erlassen. [2]In dem Haftbefehl sind der Gläubiger, der Schuldner und der Grund der Verhaftung zu bezeichnen. [3]Einer Zustellung des Haftbefehls vor seiner Vollziehung bedarf es nicht.

§ 902. Eidesstattliche Versicherung des Verhafteten. (1) [1]Der verhaftete Schuldner kann zu jeder Zeit bei dem zuständigen Gerichtsvollzieher des Amtsgerichts des Haftortes verlangen, ihm die eidesstattliche Versicherung abzunehmen. [2]Dem Verlangen ist ohne Verzug stattzugeben. [3]Dem Gläubiger ist die Teilnahme zu ermöglichen, wenn er dies beantragt hat und die Versicherung gleichwohl ohne Verzug abgenommen werden kann.

(2) Nach Abgabe der eidesstattlichen Versicherung wird der Schuldner aus der Haft entlassen und der Gläubiger hiervon in Kenntnis gesetzt.

(3) [1]Kann der Schuldner vollständige Angaben nicht machen, weil er die dazu notwendigen Unterlagen nicht bei sich hat, so kann der Gerichtsvollzieher einen neuen Termin bestimmen und die Vollziehung des Haftbefehls bis zu diesem Termin aussetzen. [2]§ 900 Abs. 1 Satz 2 bis 4 gilt entsprechend.

§ 909. Verhaftung. (1) [1]Die Verhaftung des Schuldners erfolgt durch einen Gerichtsvollzieher. [2]Dem Schuldner ist der Haftbefehl bei der Verhaftung in beglaubigter Abschrift zu übergeben.

(2) Die Vollziehung des Haftbefehls ist unstatthaft, wenn seit dem Tage, an dem der Haftbefehl erlassen wurde, drei Jahre vergangen sind.

§ 911. Erneuerung der Haft nach Entlassung. Gegen den Schuldner, der ohne sein Zutun auf Antrag des Gläubigers aus der Haft entlassen ist, findet auf Antrag desselben Gläubigers eine Erneuerung der Haft nicht statt.

§ 913. Haftdauer. [1]Die Haft darf die Dauer von sechs Monaten nicht übersteigen. [2]Nach Ablauf der sechs Monate wird der Schuldner von Amts wegen aus der Haft entlassen.

§ 914. Wiederholte Verhaftung. (1) Ein Schuldner, gegen den wegen Verweigerung der Abgabe der eidesstattlichen Versicherung nach § 807 dieses Gesetzes oder nach § 284 der Abgabenordnung eine Haft von sechs Monaten vollstreckt ist, kann auch auf Antrag eines anderen Gläubigers von neuem zur Abgabe einer solchen eidesstattlichen Versicherung durch Haft nur angehalten werden, wenn glaubhaft gemacht wird, dass der Schuldner später Vermögen erworben hat oder dass ein bisher bestehendes Arbeitsverhältnis mit dem Schuldner aufgelöst ist.

(2) Diese Vorschrift ist nicht anzuwenden, wenn seit der Beendigung der Haft drei Jahre verstrichen sind.

§ 915. Schuldnerverzeichnis. (1) [1]Das Vollstreckungsgericht führt ein Verzeichnis der Personen, die in einem bei ihm anhängigen Verfahren die eidesstattliche Versicherung nach § 807 abgegeben haben oder gegen die nach § 901 die Haft angeordnet ist. [2]In dieses Schuldnerverzeichnis sind auch die Personen aufzunehmen, die eine eidesstattliche Versicherung nach § 284 der Abgabenordnung oder vor einer Verwaltungsvollstreckungsbehörde abgegeben haben. [3]Die Vollstreckung einer Haft ist in dem Verzeichnis zu vermerken, wenn sie sechs Monate gedauert hat. [4]Geburtsdaten der Personen sind, soweit bekannt, einzutragen.

(3) [1]Personenbezogene Informationen aus dem Schuldnerverzeichnis dürfen nur für Zwecke der Zwangsvollstreckung verwendet werden, sowie um gesetzliche Pflichten zur Prüfung der wirtschaftlichen Zuverlässigkeit zu erfüllen, um Voraussetzungen für die Gewährung von öffentlichen Leistungen zu prüfen oder um wirtschaftliche Nachteile abzuwenden, die daraus entstehen können, dass Schuldner ihren Zahlungsverpflichtungen nicht nachkommen, oder soweit dies zur Verfolgung von Straftaten erforderlich ist. [2]Die Informationen dürfen nur für den Zweck verwendet werden, für den sie übermittelt worden sind. [3]Nichtöffentliche Stellen sind darauf bei der Übermittlung hinzuweisen.

§ 915a. Löschung. (1) Eine Eintragung im Schuldnerverzeichnis wird nach Ablauf von drei Jahren seit dem Ende des Jahres gelöscht, in dem die eidesstattliche Versicherung abgegeben, die Haft angeordnet oder die sechsmonatige Haftvollstreckung beendet worden ist. …

(2) Eine Eintragung im Schuldnerverzeichnis wird vorzeitig gelöscht, wenn

1. Die Befriedigung des Gläubigers, der gegen den Schuldner das Verfahren zur Abnahme der eidesstattlichen Versicherung betrieben hat, nachgewiesen worden ist oder
2. der Wegfall des Eintragungsgrundes dem Vollstreckungsgericht bekannt geworden ist.

§ 915 b. Auskunft; Löschungsfiktion. (1) [1]Der Urkundsbeamte der Geschäftsstelle erteilt auf Antrag Auskunft, welche Angaben über eine bestimmte Person in dem Schuldnerverzeichnis eingetragen sind, wenn dargelegt wird, dass die Auskunft für einen der in § 915 Abs. 3 bezeichneten Zwecke erforderlich ist. [2]Ist eine Eintragung vorhanden, so ist auch das Datum des in Absatz 2 genannten Ereignisses mitzuteilen.

…

Arrest und einstweilige Verfügung

§ 916. Arrestanspruch. (1) Der Arrest findet zur Sicherung der Zwangsvollstreckung in das bewegliche oder unbewegliche Vermögen wegen einer Geldforderung oder wegen eines Anspruchs statt, der in eine Geldforderung übergehen kann.

...

Europäisches Mahnverfahren nach der Verordnung (EG) Nr. 1896/2006

Titel 1. Allgemeine Vorschriften.

§ 1087. Zuständigkeit. Für die Bearbeitung von Anträgen auf Erlass und Überprüfung sowie die Vollstreckbarerklärung eines Europäischen Zahlungsbefehls nach der Verordnung (EG) Nr. 1896/2006 des Europäischen Parlaments und des Rates vom 12. Dezember 2006 zur Einführung eines Europäischen Mahnverfahrens (ABl. EU Nr. L 399 S. 1) ist das Amtsgericht Wedding in Berlin ausschließlich zuständig.

§ 1088. Maschinelle Bearbeitung. (1) [1]Der Antrag auf Erlass des Europäischen Zahlungsbefehls und der Einspruch können in einer nur maschinell lesbaren Form bei Gericht eingereicht werden, wenn diese dem Gericht für seine maschinelle Bearbeitung geeignet erscheint. [2]§ 130a Abs. 5 Satz 1 gilt entsprechend.

...

Pfändungsgrenzen für Arbeitseinkommen

Anlage zu § 850 c ZPO (Pfändungsschutz – Tabelle)

Nettolohn monatlich	Pfändbarer Betrag bei Unterhaltspflicht für ... Personen					
	0	1	2	3	4	5 und mehr
in Euro						
bis 1.049,99	–	–	–	–	–	–
1.050,00 bis 1.059,99	3,47	–	–	–	–	–
1.060,00 bis 1.069,99	10,47	–	–	–	–	–
1.070,00 bis 1.079,99	17,47	–	–	–	–	–
1.080,00 bis 1.089,99	24,47	–	–	–	–	–
1.090,00 bis 1.099,99	31,47	–	–	–	–	–
1.100,00 bis 1.109,99	38,47	–	–	–	–	–
1.110,00 bis 1.119,99	45,47	–	–	–	–	–
1.120,00 bis 1.129,99	52,47	–	–	–	–	–
1.130,00 bis 1.139,99	59,47	–	–	–	–	–
1.140,00 bis 1.149,99	66,47	–	–	–	–	–
1.150,00 bis 1.159,99	73,47	–	–	–	–	–
1.160,00 bis 1.169,99	80,47	–	–	–	–	–
1.170,00 bis 1.179,99	87,47	–	–	–	–	–
1.180,00 bis 1.189,99	94,47	–	–	–	–	–
1.190,00 bis 1.199,99	101,47	–	–	–	–	–
1.200,00 bis 1.209,99	108,47	–	–	–	–	–
1.210,00 bis 1.219,99	115,47	–	–	–	–	–
1.220,00 bis 1.229,99	122,47	–	–	–	–	–

Nettolohn monatlich	Pfändbarer Betrag bei Unterhaltspflicht für ... Personen					
	0	1	2	3	4	5 und mehr
	in Euro					
1.230,00 bis 1.239,99	129,47	–	–	–	–	–
1.240,00 bis 1.249,99	136,47	–	–	–	–	–
1.250,00 bis 1.259,99	143,47	–	–	–	–	–
1.260,00 bis 1.269,99	150,47	–	–	–	–	–
1.270,00 bis 1.279,99	157,47	–	–	–	–	–
1.280,00 bis 1.289,99	164,47	–	–	–	–	–
1.290,00 bis 1.299,99	171,47	–	–	–	–	–
1.300,00 bis 1.309,99	178,47	–	–	–	–	–
1.310,00 bis 1.319,99	185,47	–	–	–	–	–
1.320,00 bis 1.329,99	192,47	–	–	–	–	–
1.330,00 bis 1.339,99	199,47	–	–	–	–	–
1.340,00 bis 1.349,99	206,47	–	–	–	–	–
1.350,00 bis 1.359,99	213,47	–	–	–	–	–
1.360,00 bis 1.369,99	220,47	–	–	–	–	–
1.370,00 bis 1.379,99	227,47	–	–	–	–	–
1.380,00 bis 1.389,99	234,47	–	–	–	–	–
1.390,00 bis 1.399,99	241,47	–	–	–	–	–
1.400,00 bis 1.409,99	248,47	–	–	–	–	–
1.410,00 bis 1.419,99	255,47	–	–	–	–	–
1.420,00 bis 1.429,99	262,47	–	–	–	–	–
1.430,00 bis 1.439,99	269,47	–	–	–	–	–
1.440,00 bis 1.449,99	276,47	0,83	–	–	–	–
1.450,00 bis 1.459,99	283,47	5,83	–	–	–	–
1.460,00 bis 1.469,99	290,47	10,83	–	–	–	–
1.470,00 bis 1.479,99	297,47	15,83	–	–	–	–
1.480,00 bis 1.489,99	304,47	20,83	–	–	–	–
1.490,00 bis 1.499,99	311,47	25,83	–	–	–	–
1.500,00 bis 1.509,99	318,47	30,83	–	–	–	–
1.510,00 bis 1.519,99	325,47	35,83	–	–	–	–
1.520,00 bis 1.529,99	332,47	40,83	–	–	–	–
1.530,00 bis 1.539,99	339,47	45,83	–	–	–	–
1.540,00 bis 1.549,99	346,47	50,83	–	–	–	–
1.550,00 bis 1.559,99	353,47	55,83	–	–	–	–
1.560,00 bis 1.569,99	360,47	60,83	–	–	–	–
1.570,00 bis 1.579,99	367,47	65,83	–	–	–	–
1.580,00 bis 1.589,99	374,47	70,83	–	–	–	–

Nettolohn monatlich	Pfändbarer Betrag bei Unterhaltspflicht für ... Personen					
	0	1	2	3	4	5 und mehr
	in Euro					
1.590,00 bis 1.599,99	381,47	75,83	–	–	–	–
1.600,00 bis 1.609,99	388,47	80,83	–	–	–	–
1.610,00 bis 1.619,99	395,47	85,83	–	–	–	–
1.620,00 bis 1.629,99	402,47	90,83	–	–	–	–
1.630,00 bis 1.639,99	409,47	95,83	–	–	–	–
1.640,00 bis 1.649,99	416,47	100,83	–	–	–	–
1.650,00 bis 1.659,99	423,47	105,83	–	–	–	–
1.660,00 bis 1.669,99	430,47	110,83	1,02	–	–	–
1.670,00 bis 1.679,99	437,47	115,83	5,02	–	–	–
1.680,00 bis 1.689,99	444,47	120,83	9,02	–	–	–
1.690,00 bis 1.699,99	451,47	125,83	13,02	–	–	–
1.700,00 bis 1.709,99	458,47	130,83	17,02	–	–	–
1.710,00 bis 1.719,99	465,47	135,83	21,02	–	–	–
1.720,00 bis 1.729,99	472,47	140,83	25,02	–	–	–
1.730,00 bis 1.739,99	479,47	145,83	29,02	–	–	–
1.740,00 bis 1.749,99	486,47	150,83	33,02	–	–	–
1.750,00 bis 1.759,99	493,47	155,83	37,02	–	–	–
1.760,00 bis 1.769,99	500,47	160,83	41,02	–	–	–
1.770,00 bis 1.779,99	507,47	165,83	45,02	–	–	–
1.780,00 bis 1.789,99	514,47	170,83	49,02	–	–	–
1.790,00 bis 1.799,99	521,47	175,83	53,02	–	–	–
1.800,00 bis 1.809,99	528,47	180,83	57,02	–	–	–
1.810,00 bis 1.819,99	535,47	185,83	61,02	–	–	–
1.820,00 bis 1.829,99	542,47	190,83	65,02	–	–	–
1.830,00 bis 1.839,99	549,47	195,83	69,02	–	–	–
1.840,00 bis 1.849,99	556,47	200,83	73,02	–	–	–
1.850,00 bis 1.859,99	563,47	205,83	77,02	–	–	–
1.860,00 bis 1.869,99	570,47	210,83	81,02	–	–	–
1.870,00 bis 1.879,99	577,47	215,83	85,02	–	–	–
1.880,00 bis 1.889,99	584,47	220,83	89,02	1,03	–	–
1.890,00 bis 1.899,99	591,47	225,83	93,02	4,03	–	–
1.900,00 bis 1.909,99	598,47	230,83	97,02	7,03	–	–
1.910,00 bis 1.919,99	605,47	235,83	101,02	10,03	–	–
1.920,00 bis 1.929,99	612,47	240,83	105,02	13,03	–	–
1.930,00 bis 1.939,99	619,47	245,83	109,02	16,03	–	–
1.940,00 bis 1.949,99	626,47	250,83	113,02	19,03	–	–

Nettolohn monatlich	Pfändbarer Betrag bei Unterhaltspflicht für ... Personen					
	0	1	2	3	4	5 und mehr
	in Euro					
1.950,00 bis 1.959,99	633,47	255,83	117,02	22,03	–	–
1.960,00 bis 1.969,99	640,47	260,83	121,02	25,03	–	–
1.970,00 bis 1.979,99	647,47	265,83	125,02	28,03	–	–
1.980,00 bis 1.989,99	654,47	270,83	129,02	31,03	–	–
1.990,00 bis 1.999,99	661,47	275,83	133,02	34,03	–	–
2.000,00 bis 2.009,99	668,47	280,83	137,02	37,03	–	–
2.010,00 bis 2.019,99	675,47	285,83	141,02	40,03	–	–
2.020,00 bis 2.029,99	682,47	290,83	145,02	43,03	–	–
2.030,00 bis 2.039,99	689,47	295,83	149,02	46,03	–	–
2.040,00 bis 2.049,99	696,47	300,83	153,02	49,03	–	–
2.050,00 bis 2.059,99	703,47	305,83	157,02	52,03	–	–
2.060,00 bis 2.069,99	710,47	310,83	161,02	55,03	–	–
2.070,00 bis 2.079,99	717,47	315,83	165,02	58,03	–	–
2.080,00 bis 2.089,99	724,47	320,83	169,02	61,03	–	–
2.090,00 bis 2.099,99	731,47	325,83	173,02	64,03	–	–
2.100,00 bis 2.109,99	738,47	330,83	177,02	67,03	0,86	–
2.110,00 bis 2.119,99	745,47	335,83	181,02	70,03	2,86	–
2.120,00 bis 2.129,99	752,47	340,83	185,02	73,03	4,86	–
2.130,00 bis 2.139,99	759,47	345,83	189,02	76,03	6,86	–
2.140,00 bis 2.149,99	766,47	350,83	193,02	79,03	8,86	–
2.150,00 bis 2.159,99	773,47	355,83	197,02	82,03	10,86	–
2.160,00 bis 2.169,99	780,47	360,83	201,02	85,03	12,86	–
2.170,00 bis 2.179,99	787,47	365,83	205,02	88,03	14,86	–
2.180,00 bis 2.189,99	794,47	370,83	209,02	91,03	16,86	–
2.190,00 bis 2.199,99	801,47	375,83	213,02	94,03	18,86	–
2.200,00 bis 2.209,99	808,47	380,83	217,02	97,03	20,86	–
2.210,00 bis 2.219,99	815,47	385,83	221,02	100,03	22,86	–
2.220,00 bis 2.229,99	822,47	390,83	225,02	103,03	24,86	–
2.230,00 bis 2.239,99	829,47	395,83	229,02	106,03	26,86	–
2.240,00 bis 2.249,99	836,47	400,83	233,02	109,03	28,86	–
2.250,00 bis 2.259,99	843,47	405,83	237,02	112,03	30,86	–
2.260,00 bis 2.269,99	850,47	410,83	241,02	115,03	32,86	–
2.270,00 bis 2.279,99	857,47	415,83	245,02	118,03	34,86	–
2.280,00 bis 2.289,99	864,47	420,83	249,02	121,03	36,86	–
2.290,00 bis 2.299,99	871,47	425,83	253,02	124,03	38,86	–
2.300,00 bis 2.309,99	878,47	430,83	257,02	127,03	40,86	–

Nettolohn monatlich	Pfändbarer Betrag bei Unterhaltspflicht für ... Personen					
	0	1	2	3	4	5 und mehr
in Euro						
2.310,00 bis 2.319,99	885,47	435,83	261,02	130,03	42,86	–
2.320,00 bis 2.329,99	892,47	440,83	265,02	133,03	44,86	0,52
2.330,00 bis 2.339,99	899,47	445,83	269,02	136,03	46,86	1,52
2.340,00 bis 2.349,99	906,47	450,83	273,02	139,03	48,86	2,52
2.350,00 bis 2.359,99	913,47	455,83	277,02	142,03	50,86	3,52
2.360,00 bis 2.369,99	920,47	460,83	281,02	145,03	52,86	4,52
2.370,00 bis 2.379,99	927,47	465,83	285,02	148,03	54,86	5,52
2.380,00 bis 2.389,99	934,47	470,83	289,02	151,03	56,86	6,52
2.390,00 bis 2.399,99	941,47	475,83	293,02	154,03	58,86	7,52
2.400,00 bis 2.409,99	948,47	480,83	297,02	157,03	60,86	8,52
2.410,00 bis 2.419,99	955,47	485,83	301,02	160,03	62,86	9,52
2.420,00 bis 2.429,99	962,47	490,83	305,02	163,03	64,86	10,52
2.430,00 bis 2.439,99	969,47	495,83	309,02	166,03	66,86	11,52
2.440,00 bis 2.449,99	976,47	500,83	313,02	169,03	68,86	12,52
2.450,00 bis 2.459,99	983,47	505,83	317,02	172,03	70,86	13,52
2.460,00 bis 2.469,99	990,47	510,83	321,02	175,03	72,86	14,52
2.470,00 bis 2.479,99	997,47	515,83	325,02	178,03	74,86	15,52
2.480,00 bis 2.489,99	1.004,47	520,83	329,02	181,03	76,86	16,52
2.490,00 bis 2.499,99	1.011,47	525,83	333,02	184,03	78,86	17,52
2.500,00 bis 2.509,99	1.018,47	530,83	337,02	187,03	80,86	18,52
2.510,00 bis 2.519,99	1.025,47	535,83	341,02	190,03	82,86	19,52
2.520,00 bis 2.529,99	1.032,47	540,83	345,02	193,03	84,86	20,52
2.530,00 bis 2.539,99	1.039,47	545,83	349,02	196,03	86,86	21,52
2.540,00 bis 2.549,99	1.046,47	550,83	353,02	199,03	88,86	22,52
2.550,00 bis 2.559,99	1.053,47	555,83	357,02	202,03	90,86	23,52
2.560,00 bis 2.569,99	1.060,47	560,83	361,02	205,03	92,86	24,52
2.570,00 bis 2.579,99	1.067,47	565,83	365,02	208,03	94,86	25,52
2.580,00 bis 2.589,99	1.074,47	570,83	369,02	211,03	96,86	26,52
2.590,00 bis 2.599,99	1.081,47	575,83	373,02	214,03	98,86	27,52
2.600,00 bis 2.609,99	1.088,47	580,83	377,02	217,03	100,86	28,52
2.610,00 bis 2.619,99	1.095,47	585,83	381,02	220,03	102,86	29,52
2.620,00 bis 2.629,99	1.102,47	590,83	385,02	223,03	104,86	30,52
2.630,00 bis 2.639,99	1.109,47	595,83	389,02	226,03	106,86	31,52
2.640,00 bis 2.649,99	1.116,47	600,83	393,02	229,03	108,86	32,52
2.650,00 bis 2.659,99	1.123,47	605,83	397,02	232,03	110,86	33,52
2.660,00 bis 2.669,99	1.130,47	610,83	401,02	235,03	112,86	34,52

Nettolohn monatlich	Pfändbarer Betrag bei Unterhaltspflicht für ... Personen					
	0	1	2	3	4	5 und mehr
in Euro						
2.670,00 bis 2.679,99	1.137,47	615,83	405,02	238,03	114,86	35,52
2.680,00 bis 2.689,99	1.144,47	620,83	409,02	241,03	116,86	36,52
2.690,00 bis 2.699,99	1.151,47	625,83	413,02	244,03	118,86	37,52
2.700,00 bis 2.709,99	1.158,47	630,83	417,02	247,03	120,86	38,52
2.710,00 bis 2.719,99	1.165,47	635,83	421,02	250,03	122,86	39,52
2.720,00 bis 2.729,99	1.172,47	640,83	425,02	253,03	124,86	40,52
2.730,00 bis 2.739,99	1.179,47	645,83	429,02	256,03	126,86	41,52
2.740,00 bis 2.749,99	1.186,47	650,83	433,02	259,03	128,86	42,52
2.750,00 bis 2.759,99	1.193,47	655,83	437,02	262,03	130,86	43,52
2.760,00 bis 2.769,99	1.200,47	660,83	441,02	265,03	132,86	44,52
2.770,00 bis 2.779,99	1.207,47	665,83	445,02	268,03	134,86	45,52
2.780,00 bis 2.789,99	1.214,47	670,83	449,02	271,03	136,86	46,52
2.790,00 bis 2.799,99	1.221,47	675,83	453,02	274,03	138,86	47,52
2.800,00 bis 2.809,99	1.228,47	680,83	457,02	277,03	140,86	48,52
2.810,00 bis 2.819,99	1.235,47	685,83	461,02	280,03	142,86	49,52
2.820,00 bis 2.829,99	1.242,47	690,83	465,02	283,03	144,86	50,52
2.830,00 bis 2.839,99	1.249,47	695,83	469,02	286,03	146,86	51,52
2.840,00 bis 2.849,99	1.256,47	700,83	473,02	289,03	148,86	52,52
2.850,00 bis 2.859,99	1.263,47	705,83	477,02	292,03	150,86	53,52
2.860,00 bis 2.869,99	1.270,47	710,83	481,02	295,03	152,86	54,52
2.870,00 bis 2.879,99	1.277,47	715,83	485,02	298,03	154,86	55,52
2.880,00 bis 2.889,99	1.284,47	720,83	489,02	301,03	156,86	56,52
2.890,00 bis 2.899,99	1.291,47	725,83	493,02	304,03	158,86	57,52
2.900,00 bis 2.909,99	1.298,47	730,83	497,02	307,03	160,86	58,52
2.910,00 bis 2.919,99	1.305,47	735,83	501,02	310,03	162,86	59,52
2.920,00 bis 2.929,99	1.312,47	740,83	505,02	313,03	164,86	60,52
2.930,00 bis 2.939,99	1.319,47	745,83	509,02	316,03	166,86	61,52
2.940,00 bis 2.949,99	1.326,47	750,83	513,02	319,03	168,86	62,52
2.950,00 bis 2.959,99	1.333,47	755,83	517,02	322,03	170,86	63,52
2.960,00 bis 2.969,99	1.340,47	760,83	521,02	325,03	172,86	64,52
2.970,00 bis 2.979,99	1.347,47	765,83	525,02	328,03	174,86	65,52
2.980,00 bis 2.989,99	1.354,47	770,83	529,02	331,03	176,86	66,52
2.990,00 bis 2.999,99	1.361,47	775,83	533,02	334,03	178,86	67,52
3.000,00 bis 3.009,99	1.368,47	780,83	537,02	337,03	180,86	68,52
3.010,00 bis 3.019,99	1.375,47	785,83	541,02	340,03	182,86	69,52
3.020,00 bis 3.029,99	1.382,47	790,83	545,02	343,03	184,86	70,52

Nettolohn monatlich	Pfändbarer Betrag bei Unterhaltspflicht für ... Personen					
	0	1	2	3	4	5 und mehr
in Euro						
3.030,00 bis 3.039,99	1.389,47	795,83	549,02	346,03	186,86	71,52
3.040,00 bis 3.049,99	1.396,47	800,83	553,02	349,03	188,86	72,52
3.050,00 bis 3.059,99	1.403,47	805,83	557,02	352,03	190,86	73,52
3.060,00 bis 3.069,99	1.410,47	810,83	561,02	355,03	192,86	74,52
3.070,00 bis 3.079,99	1.417,47	815,83	565,02	358,03	194,86	75,52
3.080,00 bis 3.089,99	1.424,47	820,83	569,02	361,03	196,86	76,52
3.090,00 bis 3.099,99	1.431,47	825,83	573,02	364,03	198,86	77,52
3.100,00 bis 3.109,99	1.438,47	830,83	577,02	367,03	200,86	78,52
3.110,00 bis 3.119,99	1.445,47	835,83	581,02	370,03	202,86	79,52
3.120,00 bis 3.129,99	1.452,47	840,83	585,02	373,03	204,86	80,52
3.130,00 bis 3.139,99	1.459,47	845,83	589,02	376,03	206,86	81,52
3.140,00 bis 3.149,99	1.466,47	850,83	593,02	379,03	208,86	82,52
3.150,00 bis 3.159,99	1.473,47	855,83	597,02	382,03	210,86	83,52
3.160,00 bis 3.169,99	1.480,47	860,83	601,02	385,03	212,86	84,52
3.170,00 bis 3.179,99	1.487,47	865,83	605,02	388,03	214,86	85,52
3.180,00 bis 3.189,99	1.494,47	870,83	609,02	391,03	216,86	86,52
3.190,00 bis 3.199,99	1.501,47	875,83	613,02	394,03	218,86	87,52
3.200,00 bis 3.203,67	1.508,47	880,83	617,02	397,03	220,86	88,52
Der Mehrbetrag über 3.203,67 Euro ist voll pfändbar.						

Gesetz über Rahmenbedingungen für elektronische Signaturen

Vom 16. Mai 2001, mit Änderungen bis zum 7. August 2013

Allgemeine Bestimmungen

§ 1. Zweck und Anwendungsbereich.

(1) Zweck des Gesetzes ist es, Rahmenbedingungen für elektronische Signaturen zu schaffen.

(2) Soweit nicht bestimmte elektronische Signaturen durch Rechtsvorschrift vorgeschrieben sind, ist ihre Verwendung freigestellt.

(3) [1]Rechtsvorschriften können für die öffentlich-rechtliche Verwaltungstätigkeit bestimmen, dass der Einsatz qualifizierter elektronischer Signaturen zusätzlichen Anforderungen unterworfen wird. [2]Diese Anforderungen müssen objektiv, verhältnismäßig und nichtdiskriminierend sein und dürfen sich nur auf die spezifischen Merkmale der betreffenden Anwendung beziehen.

§ 2. Begriffsbestimmungen. Im Sinne dieses Gesetzes sind

1. „elektronische Signaturen" Daten in elektronischer Form, die anderen elektronischen Daten beigefügt oder logisch mit ihnen verknüpft sind und die zur Authentifizierung dienen,
2. „fortgeschrittene elektronische Signaturen" elektronische Signaturen nach Nummer 1, die
   a) ausschließlich dem Signaturschlüssel-Inhaber zugeordnet sind,
   b) die Identifizierung des Signaturschlüssel-Inhabers ermöglichen,
   c) mit Mitteln erzeugt werden, die der Signaturschlüssel-Inhaber unter seiner alleinigen Kontrolle halten kann, und
   d) mit den Daten, auf die sie sich beziehen, so verknüpft sind, dass eine nachträgliche Veränderung der Daten erkannt werden kann,
3. „qualifizierte elektronische Signaturen" elektronische Signaturen nach Nummer 2, die
   a) auf einem zum Zeitpunkt ihrer Erzeugung gültigen qualifizierten Zertifikat beruhen und
   b) mit einer sicheren Signaturerstellungseinheit erzeugt werden,
4. „Signaturschlüssel" einmalige elektronische Daten wie private kryptographische Schlüssel, die zur Erstellung einer elektronischen Signatur verwendet werden,
5. „Signaturprüfschlüssel" elektronische Daten wie öffentliche kryptographische Schlüssel, die zur Überprüfung einer elektronischen Signatur verwendet werden,
6. „Zertifikate" elektronische Bescheinigungen, mit denen Signaturprüfschlüssel einer Person zugeordnet werden und die Identität dieser Person bestätigt wird,
7. „qualifizierte Zertifikate" elektronische Bescheinigungen nach Nummer 6 für natürliche Personen, die die Voraussetzungen des § 7 erfüllen und von Zertifizierungsdiensteanbietern ausgestellt werden, die mindestens die Anforderungen nach den §§ 4 bis 14 oder § 23 dieses Gesetzes und der sich darauf beziehenden Vorschriften der Rechtsverordnung nach § 24 erfüllen,
8. „Zertifizierungsdiensteanbieter" natürliche oder juristische Personen, die qualifizierte Zertifikate oder qualifizierte Zeitstempel ausstellen,
9. „Signaturschlüssel-Inhaber" natürliche Personen, die Signaturschlüssel besitzen; bei qualifizierten elektronischen Signaturen müssen ihnen die zugehörigen Signaturprüfschlüssel durch qualifizierte Zertifikate zugeordnet sein
10. „sichere Signaturerstellungseinheiten" Software- oder Hardwareeinheiten zur Speicherung und Anwendung des jeweiligen Signaturschlüssels, die mindestens die Anforderungen nach § 17 oder § 23 dieses Gesetzes und der sich darauf beziehenden Vorschriften der Rechtsverordnung nach § 24 erfüllen und die für qualifizierte elektronische Signaturen bestimmt sind,
11. „Signaturanwendungskomponenten" Software- und Hardwareprodukte, die dazu bestimmt sind,
    a) Daten dem Prozess der Erzeugung oder Prüfung qualifizierter elektronischer Signaturen zuzuführen oder
    b) qualifizierte elektronische Signaturen zu prüfen oder qualifizierte Zertifikate nachzuprüfen und die Ergebnisse anzuzeigen,
12. „technische Komponenten für Zertifizierungsdienste" Software- oder Hardwareprodukte, die dazu bestimmt sind,
    a) Signaturschlüssel zu erzeugen und in eine sichere Signaturerstellungseinheit zu übertragen,
    b) qualifizierte Zertifikate öffentlich nachprüfbar und gegebenenfalls abrufbar zu halten oder
    c) qualifizierte Zeitstempel zu erzeugen,
13. „Produkte für qualifizierte elektronische Signaturen" sichere Signaturerstellungseinheiten, Signaturanwendungskomponenten

und technische Komponenten für Zertifizierungsdienste,

14. „qualifizierte Zeitstempel" elektronische Bescheinigungen eines Zertifizierungsdiensteanbieters, der mindestens die Anforderungen nach den §§ 4 bis 14 sowie § 17 oder § 23 dieses Gesetzes und der sich darauf beziehenden Vorschriften der Rechtsverordnung nach § 24 erfüllt, darüber, dass ihm bestimmte elektronische Daten zu einem bestimmten Zeitpunkt vorgelegen haben,
15. „freiwillige Akkreditierung" Verfahren zur Erteilung einer Erlaubnis für den Betrieb eines Zertifizierungsdienstes, mit der besondere Rechte und Pflichten verbunden sind.

§ 3. Zuständige Behörde. Die Aufgaben der zuständigen Behörde nach diesem Gesetz und der Rechtsverordnung nach § 24 obliegen der Bundesagentur für Elektrizität, Gas, Telekommunikation, Post und Eisenbahnen.

Zertifizierungsdiensteanbieter

§ 4. Allgemeine Anforderungen. (1) Der Betrieb eines Zertifizierungsdienstes ist im Rahmen der Gesetze genehmigungsfrei.

(2) [1]Einen Zertifizierungsdienst darf nur betreiben, wer die für den Betrieb erforderliche Zuverlässigkeit und Fachkunde sowie eine Deckungsvorsorge nach § 12 nachweist und die weiteren Voraussetzungen für den Betrieb eines Zertifizierungsdienstes nach diesem Gesetz und der Rechtsverordnung nach § 24 Nr. 1, 3 und 4 gewährleistet. [2]Die erforderliche Zuverlässigkeit besitzt, wer die Gewähr dafür bietet, als Zertifizierungsdiensteanbieter die für den Betrieb maßgeblichen Rechtsvorschriften einzuhalten. [3]Die erforderliche Fachkunde liegt vor, wenn die im Betrieb eines Zertifizierungsdienstes tätigen Personen über die für diese Tätigkeit notwendigen Kenntnisse, Erfahrungen und Fertigkeiten verfügen. [4]Die weiteren Voraussetzungen für den Betrieb eines Zertifizierungsdienstes liegen vor, wenn die Maßnahmen zur Erfüllung der Sicherheitsanforderungen nach diesem Gesetz und der Rechtsverordnung nach § 24 Nr. 1, 3 und 4 der zuständigen Behörde in einem Sicherheitskonzept aufgezeigt und geeignet und praktisch umgesetzt sind.

...

§ 5. Vergabe von qualifizierten Zertifikaten.

(1) [1]Der Zertifizierungsdiensteanbieter hat Personen, die ein qualifiziertes Zertifikat beantragen, zuverlässig zu identifizieren. [2]Er darf dazu mit Einwilligung des Antragstellers personenbezogene Daten nutzen, die der Zertifizierungsdiensteanbieter zu einem früheren Zeitpunkt erhoben hat, sofern diese Daten eine zuverlässige Identifizierung des Antragstellers nach Satz 1 gewährleisten. [3]Er hat die Zuordnung eines Signaturprüfschlüssels zu einer identifizierten Person durch ein qualifiziertes Zertifikat zu bestätigen und dieses jederzeit für jeden über öffentlich erreichbare Kommunikationsverbindungen nachprüfbar und abrufbar zu halten. [4]Ein qualifiziertes Zertifikat darf nur mit Zustimmung des Signaturschlüssel-Inhabers abrufbar gehalten werden.

(2) [1]Ein qualifiziertes Zertifikat kann auf Verlangen eines Antragstellers Angaben über seine Vertretungsmacht für eine dritte Person sowie berufsbezogene oder sonstige Angaben zu seiner Person (Attribute) enthalten. [2]Hinsichtlich der Angaben über die Vertretungsmacht ist die Einwilligung der dritten Person nachzuweisen; berufsbezogene oder sonstige Angaben zur Person sind durch die für die berufsbezogenen oder sonstigen Angaben zuständige Stelle zu bestätigen. [3]Angaben über die Vertretungsmacht für eine dritte Person dürfen nur bei Nachweis der Einwilligung nach Satz 2, berufsbezogene oder sonstige Angaben des Antragstellers zur Person nur bei Vorlage der Bestätigung nach Satz 2 in ein qualifiziertes Zertifikat aufgenommen werden. [4]Weitere personenbezogene Angaben dürfen in ein qualifiziertes Zertifikat nur mit Einwilligung des Betroffenen aufgenommen werden.

(3) [1]Der Zertifizierungsdiensteanbieter hat auf Verlangen eines Antragstellers in einem qualifizierten Zertifikat an Stelle seines Namens ein Pseudonym aufzuführen. [2]Enthält ein qualifiziertes Zertifikat Angaben über eine Vertretungsmacht für eine dritte Person oder berufsbezogene oder sonstige Angaben zur Person, ist eine Einwilligung der dritten Person oder der für die berufsbezogenen oder sonstigen Angaben zuständigen Stelle zur Verwendung des Pseudonyms erforderlich.

(4) [1]Der Zertifzierungsdiensteanbieter hat Vorkehrungen zu treffen, damit Daten für qualifizierte Zertifikate nicht unbemerkt gefälscht oder verfälscht werden können. [2]Er hat weiter Vorkehrungen zu treffen, um die Geheimhaltung der Signaturschlüssel zu gewährleisten. [3]Eine Speicherung von Signaturschlüsseln außerhalb der sicheren Signaturerstellungseinheit ist unzulässig.

(5) Der Zertifizierungsdiensteanbieter hat für die Ausübung der Zertifizierungstätigkeit zuverlässiges Personal und Produkte für qualifizierte elektronische Signaturen, die mindestens die Anforderungen nach den §§ 4 bis 14 sowie § 17 oder § 23 dieses Gesetzes und der Rechtsverordnung nach § 24 erfüllen, einzusetzen.

(6) Der Zertifizierungsdiensteanbieter hat sich in geeigneter Weise zu überzeugen, dass der Antragsteller die zugehörige sichere Signaturerstellungseinheit besitzt.

§ 6. Unterrichtungspflicht. (1) [1]Der Zertifizierungsdiensteanbieter hat den Antragsteller nach § 5 Abs. 1 über die Maßnahmen zu unterrichten, die erforderlich sind, um zur Sicherheit von qualifizierten elektronischen Signaturen und zu deren zuverlässiger Prüfung beizutragen. [2]Er hat den Antragsteller darauf hinzuweisen, dass Daten mit einer qualifizierten elektronischen Signatur bei Bedarf neu zu signieren sind, bevor der Sicherheitswert der vorhandenen Signatur durch Zeitablauf geringer wird.

(2) Der Zertifizierungsdiensteanbieter hat den Antragsteller darüber zu unterrichten, dass eine qualifizierte elektronische Signatur im Rechtsverkehr die gleiche Wirkung hat wie eine eigenhändige Unterschrift, wenn durch Gesetz nicht ein anderes bestimmt ist.

(3) [1]Zur Unterrichtung nach Absatz 1 und 2 ist dem Antragsteller eine Belehrung in Textform zu übermitteln, deren Kenntnisnahme dieser als Voraussetzung für die Ausstellung des qualifizierten Zertifikats in Textform zu bestätigen hat. [2]Soweit ein Antragsteller bereits zu einem früheren Zeitpunkt nach den Absätzen 1 und 2 unterrichtet worden ist, kann eine erneute Unterrichtung unterbleiben.

§ 7. Inhalt von qualifizierten Zertifikaten.

(1) Ein qualifiziertes Zertifikat muss folgende Angaben enthalten und eine qualifizierte elektronische Signatur tragen:

1. den Namen des Signaturschlüssel-Inhabers, der im Falle einer Verwechslungsmöglichkeit mit einem Zusatz zu versehen ist, oder ein dem Signaturschlüssel-Inhaber zugeordnetes unverwechselbares Pseudonym, das als solches kenntlich sein muss,
2. den zugeordneten Signaturprüfschlüssel, ...

§ 11. Haftung. (1) [1]Verletzt ein Zertifizierungsdiensteanbieter die Anforderungen dieses Gesetzes oder der Rechtsverordnung nach § 24 oder versagen seine Produkte für qualifizierte elektronische Signaturen oder sonstige technische Sicherungseinrichtungen, so hat er einem Dritten den Schaden zu ersetzen, den dieser dadurch erleidet, dass er auf die Angaben in einem qualifizierten Zertifikat, einem qualifizierten Zeitstempel oder einer Auskunft nach § 5 Abs. 1 Satz 3 vertraut. [2]Die Ersatzpflicht tritt nicht ein, wenn der Dritte die Fehlerhaftigkeit der Angabe kannte oder kennen musste.

(2) Die Ersatzpflicht tritt nicht ein, wenn der Zertifizierungsdiensteanbieter nicht schuldhaft gehandelt hat.

...

Handelsgesetzbuch

Vom 10. Mai 1897, mit Änderungen bis zum 4. Oktober 2013

Erstes Buch. Handelsstand

Kaufleute

§ 1. Istkaufmann. (1) Kaufmann im Sinne dieses Gesetzbuchs ist, wer ein Handelsgewerbe betreibt.

(2) Handelsgewerbe ist jeder Gewerbebetrieb, es sei denn, daß das Unternehmen nach Art oder Umfang einen in kaufmännischer Weise eingerichteten Geschäftsbetrieb nicht erfordert.

§ 2. Kannkaufmann. [1]Ein gewerbliches Unternehmen, dessen Gewerbebetrieb nicht schon nach § 1 Abs. 2 Handelsgewerbe ist, gilt als Handelsgewerbe im Sinne dieses Gesetzbuchs, wenn die Firma des Unternehmens in das Handelsregister eingetragen ist. [2]Der Unternehmer ist berechtigt, aber nicht verpflichtet, die Eintragung nach den für die Eintragung kaufmännischer Firmen geltenden Vorschriften herbeizuführen. [3]Ist die Eintragung erfolgt, so findet eine Löschung der Firma auch auf Antrag des Unternehmers statt, sofern nicht die Voraussetzung des § 1 Abs. 2 eingetreten ist.

§ 3. Land- und Forstwirtschaft; Kannkaufmann. (1) Auf den Betrieb der Land- und Forstwirtschaft finden die Vorschriften des § 1 keine Anwendung.

(2) Für ein land- oder forstwirtschaftliches Unternehmen, das nach Art und Umfang einen in kaufmännischer Weise eingerichteten Geschäftsbetrieb erfordert, gilt § 2 mit der Maßgabe, daß nach Eintragung in das Handelsregister eine Löschung der Firma nur nach den allgemeinen Vorschriften stattfindet, welche für die Löschung kaufmännischer Firmen gelten.

(3) Ist mit dem Betrieb der Land- oder Forstwirtschaft ein Unternehmen verbunden, das nur ein Nebengewerbe des land- oder forstwirtschaftlichen Unternehmens darstellt, so finden auf das im Nebengewerbe betriebene Unternehmen die Vorschriften der Absätze 1 und 2 entsprechende Anwendung.

§ 4. Minderkaufmann. *(aufgehoben)*

§ 5. Kaufmann kraft Eintragung. Ist eine Firma im Handelsregister eingetragen, so kann gegenüber demjenigen, welcher sich auf die Eintragung beruft, nicht geltend gemacht werden, daß das unter der Firma betriebene Gewerbe kein Handelsgewerbe sei.

§ 6. Handelsgesellschaften; Formkaufmann. (1) Die in betreff der Kaufleute gegebenen Vorschriften finden auch auf die Handelsgesellschaften Anwendung.

(2) Die Rechte und Pflichten eines Vereins, dem das Gesetz ohne Rücksicht auf den Gegenstand des Unternehmens die Eigenschaft eines Kaufmanns beilegt, bleiben unberührt, auch wenn die Voraussetzungen des § 1 Abs. 2 nicht vorliegen.

Handelsregister; Unternehmensregister

§ 8. Handelsregister. Das Handelsregister wird von den Gerichten elektronsich geführt.

§ 8a. Eintragungen in das Handelsregister; Verordnungsermächtigung. (1) Eine Eintragung in das Handelsregister wird wirksam, sobald sie in den für die Handelsregistereintragungen bestimmten Datenspeicher aufgenommen ist und auf Dauer inhaltlich unverändert in lesbarer Form wiedergegeben werden kann.

(2) Die Landesregierungen werden ermächtigt, durch Rechtsverordnung nähere Bestimmungen über die elektronische Führung des Handelsregisters, die elektronische Anmeldung, die elektronische Einreichung von Dokumenten sowie deren Aufbewahrung zu treffen. …

§ 8b. Unternehmensregister. (1) Das Unternehmensregister wird vorbehaltlich einer Regelung nach § 9a Abs. 1 vom Bundesministerium der Justiz elektronisch geführt.

(2) Über die Internetseite des Unternehmensregisters sind zugänglich:

1. Eintragungen im Handelsregister und deren Bekanntmachung und zum Handelsregister eingereichte Dokumente;
2. Eintragungen im Genossenschaftsregister und deren Bekanntmachung und zum Genossenschaftsregister eingereichte Dokumente;
3. Eintragungen im Partnerschaftsregister und deren Bekanntmachung und zum Partnerschaftsregister eingereichte Dokumente;
4. Unterlagen der Rechnungslegung nach den §§ 325 und 339 soweit sie bekannt gemacht wurden;
5. gesellschaftsrechtliche Bekanntmachungen im Bundesanzeiger;

2

6. im Aktionärsforum veröffentlichte Eintragungen nach § 127a des Aktiengesetzes;
7. Veröffentlichungen von Unternehmen nach dem Wertpapierhandelsgesetz oder dem Vermögensanlagengesetz im Bundesanzeiger, von Bietern, Gesellschaften, Vorständen und Aufsichtsräten nach dem Wertpapiererwerbs- und Übernahmegesetz im elektronischen Bundesanzeiger sowie Veröffentlichungen nach der Börsenzulassungs-Verordnung im elektronischen Bundesanzeiger;
8. Bekanntmachungen und Veröffentlichungen von Kapitalverwaltungsgesellschaften und extern verwalteten Investmentgesellschaften nach dem Investmentgesetz und dem Investmentsteuergesetz im Bundesanzeiger;
9. Veröffentlichungen nach den §§ 15, 25 und 26 des Werkpapierhandelsgesetzes sowie nach den §§ 61 und 66 der Börsenzulassungs-Verordnung, sofern die Veröffentlichung nicht bereits über Nummer 7 in das Unternehmensregister eingestellt wird;
10. Mitteilungen über kapitalmarktrechtliche Veröffentlichungen an die Bundesanstalt für Finanzdienstleistungsaufsicht, sofern die Veröffentlichung selbst nicht bereits über Nummer 7 oder Nummer 9 in das Unternehmensregister eingestellt wird;
11. Bekanntmachungen der Insolvenzgerichte nach § 9 der Insolvenzordnung, ausgenommen Verfahren nach dem Neunten Teil der Insolvenzordnung.

(3) Zur Einstellung in das Unternehmensregister sind dem Unternehmensregister zu übermitteln:

1. die Daten nach Absatz 2 Nr. 4 bis 8 und die nach § 326 Absatz 2 von einer Kleinstkapitalgesellschaft hinterlegten Bilanzen durch den Betreiber des Bundesanzeigers;
2. die Daten nach Absatz 2 Nr. 9 und 10 durch den jeweils Veröffentlichungspflichtigen oder den von ihm mit der Veranlassung der Veröffentlichung beauftragten Dritten.

§ 9. Einsichtnahme in das Handelsregister und das Unternehmensregister. (1) Die Einsichtnahme in das Handelsregister sowie in die zum Handelsregister eingereichten Dokumente ist jedem zu Informationszwecken gestattet. …

(2) Sind Dokumente nur in Papierform vorhanden, kann die elektronische Übermittlung nur für solche Schriftstücke verlangt werden, die weniger als zehn Jahre vor dem Zeitpunkt der Antragstellung zum Handelsregister eingereicht wurden.

(3) [1]Die Übereinstimmung der übermittelten Daten mit dem Inhalt des Handelsregisters und den zum Handelsregister eingereichten Dokumenten wird auf Antrag durch das Gericht beglaubigt. [2]Dafür ist eine qualifizierte elektronische Signatur nach dem Signaturgesetz zu verwenden.

§ 10. Bekanntmachung der Eintragungen.

(1)[1]Das Gericht macht die Eintragungen in das Handelsregister in dem von der Landesjustizverwaltung bestimmten elektronischen Informations- und Kommunikationssystem in der zeitlichen Folge ihrer Eintragung nach Tagen geordnet bekannt; § 9 Abs. 1 Satz 4 und 5 gilt entsprechend. [2]Soweit nicht ein Gesetz etwas anderes vorschreibt, werden die Eintragungen ihrem ganzen Inhalt nach veröffentlicht.

§ 12. Anmeldung zur Eintragung und Einreichungen. (1) Anmeldungen zur Eintragung in das Handelsregister sind elektronisch in öffentlich beglaubigter Form einzureichen. Die gleiche Form ist für eine Vollmacht zur Anmeldung erforderlich. …

(2) Dokumente sind elektronisch einzureichen. …

§ 14. Festsetzung von Zwangsgeld. [1]Wer seiner Pflicht zur Anmeldung oder zur Einreichung von Dokumenten zum Handelsregister nicht nachkommt, ist hierzu von dem Registergericht durch Festsetzung von Zwangsgeld anzuhalten. [2]Das einzelne Zwangsgeld darf den Betrag von fünftausend Euro nicht übersteigen.

§ 15. Publizität des Handelsregisters.

(1) Solange eine in das Handelsregister einzutragende Tatsache nicht eingetragen und bekanntgemacht ist, kann sie von demjenigen, in dessen Angelegenheiten sie einzutragen war, einem Dritten nicht entgegengesetzt werden, es sei denn, daß sie diesem bekannt war.

(2) [1]Ist die Tatsache eingetragen und bekanntgemacht worden, so muß ein Dritter sie gegen sich gelten lassen. [2]Dies gilt nicht bei Rechtshandlungen, die innerhalb von fünfzehn Tagen nach der Bekanntmachung vorgenommen werden, sofern der Dritte beweist, daß er die Tatsache weder kannte noch kennen mußte.

(3) Ist eine einzutragende Tatsache unrichtig bekanntgemacht, so kann sich ein Dritter demjenigen gegenüber, in dessen Angelegenheiten die Tatsache einzutragen war, auf die bekanntgemachte Tatsache berufen, es sei denn, daß er die Unrichtigkeit kannte.

(4) Für den Geschäftsverkehr mit einer in das Handelsregister eingetragenen Zweigniederlassung eines Unternehmens mit Sitz oder Hauptniederlassung im Ausland ist im Sinne dieser Vorschriften die Eintragung und Bekanntmachung durch das Gericht der Zweigniederlassung entscheidend. …

Handelsfirma

§ 17. Begriff. (1) Die Firma eines Kaufmanns ist der Name, unter dem er seine Geschäfte betreibt und die Unterschrift abgibt.

(2) Ein Kaufmann kann unter seiner Firma klagen und verklagt werden.

§ 18. Firma des Einzelkaufmanns. (1) Die Firma muß zur Kennzeichnung des Kaufmanns geeignet sein und Unterscheidungskraft besitzen.

(2) [1]Die Firma darf keine Angaben enthalten, die geeignet sind, über geschäftliche Verhältnisse, die für die angesprochenen Verkehrskreise wesentlich sind, irrezuführen. [2]Im Verfahren vor dem Registergericht wird die Eignung zur Irreführung nur berücksichtigt, wenn sie ersichtlich ist.

§ 19. Bezeichnung der Firma eines Einzelkaufmanns, einer OHG oder KG. (1) Die Firma muß, auch wenn sie nach den §§ 21, 22, 24 oder nach anderen gesetzlichen Vorschriften fortgeführt wird, enthalten:
1. bei Einzelkaufleuten die Bezeichnung „eingetragener Kaufmann", „eingetragene Kauffrau" oder eine allgemein verständliche Abkürzung dieser Bezeichnung, insbesondere „e.K.", „e.Kfm." oder „e.Kfr.";
2. bei einer offenen Handelsgesellschaft die Bezeichnung „offene Handelsgesellschaft" oder eine allgemein verständliche Abkürzung dieser Bezeichnung;
3. bei einer Kommanditgesellschaft die Bezeichnung „Kommanditgesellschaft" oder eine allgemein verständliche Abkürzung dieser Bezeichnung.

(2) Wenn in einer offenen Handelsgesellschaft oder Kommanditgesellschaft keine natürliche Person persönlich haftet, muß die Firma, auch wenn sie nach den §§ 21, 22, 24 oder nach anderen gesetzlichen Vorschriften fortgeführt wird, eine Bezeichnung enthalten, welche die Haftungsbeschränkung kennzeichnet.

§ 21. Fortführung bei Namensänderung. Wird ohne eine Änderung der Person der in der Firma enthaltene Name des Geschäftsinhabers oder eines Gesellschafters geändert, so kann die bisherige Firma fortgeführt werden.

§ 22. Fortführung bei Erwerb des Handelsgeschäfts. (1) Wer ein bestehendes Handelsgeschäft unter Lebenden oder von Todes wegen erwirbt, darf für das Geschäft die bisherige Firma, auch wenn sie den Namen des bisherigen Geschäftsinhabers enthält, mit oder ohne Beifügung eines das Nachfolgeverhältnis andeutenden Zusatzes fortführen, wenn der bisherige Geschäftsinhaber oder dessen Erben in die Fortführung der Firma ausdrücklich willigen.

(2) Wird ein Handelsgeschäft auf Grund eines Nießbrauchs eines Pachtvertrags oder eines ähnlichen Verhältnisses übernommen, so finden diese Vorschriften entsprechende Anwendung.

2

§ 23. Veräußerungsverbot. Die Firma kann nicht ohne das Handelsgeschäft, für welches sie geführt wird, veräußert werden.

§ 24. Fortführung bei Änderungen im Gesellschafterbestand. (1) Wird jemand in ein bestehendes Handelsgeschäft als Gesellschafter aufgenommen oder tritt ein neuer Gesellschafter in eine Handelsgesellschaft ein oder scheidet aus einer solchen ein Gesellschafter aus, so kann ungeachtet dieser Veränderung die bisherige Firma fortgeführt werden, auch wenn sie den Namen des bisherigen Geschäftsinhabers oder Namen von Gesellschaftern enthält.

(2) Bei dem Ausscheiden eines Gesellschafters, dessen Name in der Firma enthalten ist, bedarf es zur Fortführung der Firma der ausdrücklichen Einwilligung des Gesellschafters oder seiner Erben.

§ 25. Haftung des Erwerbers bei Firmenfortführung. (1) [1]Wer ein unter Lebenden erworbenes Handelsgeschäft unter der bisherigen Firma mit oder ohne Beifügung eines das Nachfolgeverhältnis andeutenden Zusatzes fortführt, haftet für alle im Betriebe des Geschäfts begründeten Verbindlichkeiten des früheren Inhabers. [2]Die in dem Betriebe begründeten Forderungen gelten den Schuldnern gegenüber als auf den Erwerber übergegangen, falls der bisherige Inhaber oder seine Erben in die Fortführung der Firma gewilligt haben.

(2) Eine abweichende Vereinbarung ist einem Dritten gegenüber nur wirksam, wenn sie in das Handelsregister eingetragen und bekanntgemacht oder von dem Erwerber oder dem Veräußerer dem Dritten mitgeteilt worden ist.

(3) Wird die Firma nicht fortgeführt, so haftet der Erwerber eines Handelsgeschäfts für die früheren Geschäftsverbindlichkeiten nur, wenn ein besonderer Verpflichtungsgrund vorliegt, insbesondere wenn die Übernahme der Verbindlichkeiten in handelsüblicher Weise von dem Erwerber bekanntgemacht worden ist.

§ 26. Verjährung gegen den früheren Inhaber; Fristen. (1) [1]Ist der Erwerber des Handelsgeschäfts auf Grund der Fortführung der Firma oder auf Grund der in § 25 Abs. 3 bezeichneten

2

Kundmachung für die früheren Geschäftsverbindlichkeiten haftbar, so haftet der frühere Geschäftsinhaber für diese Verbindlichkeiten nur, wenn sie vor Ablauf von fünf Jahren fällig und daraus Ansprüche gegen ihn in einer in § 197 Abs. 1 Nr. 3 bis 5 des Bürgerlichen Gesetzbuchs bezeichneten Art festgestellt sind oder eine gerichtliche oder behördliche Vollstreckungshandlung vorgenommen oder beantragt wird; bei öffentlich-rechtlichen Verbindlichkeiten genügt der Erlaß eines Verwaltungsakts. [2]Die Frist beginnt im Falle des § 25 Abs. 1 mit dem Ende des Tages, an dem der neue Inhaber der Firma in das Handelsregister des Gerichts der Hauptniederlassung eingetragen wird, im Falle des § 25 Abs. 3 mit dem Ende des Tages, an dem die Übernahme kundgemacht wird. [3]Die für die Verjährung geltenden §§ 204, 206, 210, 211 und 212 Abs. 2 und 3 des Bürgerlichen Gesetzbuches sind entsprechend anzuwenden.

§ 27. Haftung des Erben bei Geschäftsfortführung. (1) Wird ein zu einem Nachlasse gehörendes Handelsgeschäft von dem Erben fortgeführt, so finden auf die Haftung des Erben für die früheren Geschäftsverbindlichkeiten die Vorschriften des § 25 entsprechende Anwendung.

(2) [1]Die unbeschränkte Haftung nach § 25 Abs. 1 tritt nicht ein, wenn die Fortführung des Geschäfts vor dem Ablaufe von drei Monaten nach dem Zeitpunkt, in welchem der Erbe von dem Anfalle der Erbschaft Kenntnis erlangt hat, eingestellt wird. [2]Auf den Lauf der Frist finden die für die Verjährung geltenden Vorschriften des § 210 des Bürgerlichen Gesetzbuchs entsprechende Anwendung. [3]Ist bei dem Ablaufe der drei Monate das Recht zur Ausschlagung der Erbschaft noch nicht verloren, so endigt die Frist nicht vor dem Ablaufe der Ausschlagungsfrist.

§ 28. Eintritt in das Geschäft eines Einzelkaufmanns. (1) [1]Tritt jemand als persönlich haftender Gesellschafter oder als Kommanditist in das Geschäft eines Einzelkaufmanns ein, so haftet die Gesellschaft, auch wenn sie die frühere Firma nicht fortführt, für alle im Betriebe des Geschäfts entstandenen Verbindlichkeiten des früheren Geschäftsinhabers. [2]Die in dem Betriebe begründeten Forderungen gelten den Schuldnern gegenüber als auf die Gesellschaft übergegangen.

(2) Eine abweichende Vereinbarung ist einem Dritten gegenüber nur wirksam, wenn sie in das Handelsregister eingetragen und bekanntgemacht oder von einem Gesellschafter dem Dritten mitgeteilt worden ist.

§ 29. Anmeldung der Firma. Jeder Kaufmann ist verpflichtet, seine Firma und den Ort und die inländische Geschäftsanschrift seiner Handelsniederlassung bei dem Gericht, in dessen Bezirke sich die Niederlassung befindet, zur Eintragung in das Handelsregister anzumelden.

§ 30. Unterscheidbarkeit. (1) Jede neue Firma muß sich von allen an demselben Ort oder in derselben Gemeinde bereits bestehenden und in das Handelsregister oder in das Genossenschaftsregister eingetragenen Firmen deutlich unterscheiden.

(2) Hat ein Kaufmann mit einem bereits eingetragenen Kaufmanne die gleichen Vornamen und den gleichen Familiennamen und will auch er sich dieser Namen als seiner Firma bedienen, so muß er der Firma einen Zusatz beifügen, durch den sie sich von der bereits eingetragenen Firma deutlich unterscheidet.

(3) Besteht an dem Orte oder in der Gemeinde, wo eine Zweigniederlassung errichtet wird, bereits eine gleiche eingetragene Firma, so muß der Firma für die Zweigniederlassung ein der Vorschrift des Absatzes 2 entsprechender Zusatz beigefügt werden.

§ 31. Änderung der Firma; Erlöschen. (1) Eine Änderung der Firma oder ihrer Inhaber, die Verlegung der Niederlassung an einen anderen Ort sowie die Änderung der inländischen Geschäftsanschrift ist nach den Vorschriften des § 29 zur Eintragung in das Handelsregister anzumelden.

(2) Das gleiche gilt, wenn die Firma erlischt.

§ 32. Insolvenz. (1) [1]Wird über das Vermögen eines Kaufmanns das Insolvenzverfahren eröffnet, so ist dies von Amts wegen in das Handelsregister einzutragen. [2]Das gleiche gilt für

1. die Aufhebung des Eröffnungsbeschlusses,
2. die Bestellung eines vorläufigen Insolvenzverwalters, wenn zusätzlich dem Schuldner ein allgemeines Verfügungsverbot auferlegt oder angeordnet wird, daß Verfügungen des Schuldners nur mit Zustimmung des vorläufigen Insolvenzverwalters wirksam sind, und die Aufhebung einer derartigen Sicherungsmaßnahme,
3. die Anordnung der Eigenverwaltung durch den Schuldner und deren Aufhebung sowie die Anordnung der Zustimmungsbedürftigkeit bestimmter Rechtsgeschäfte des Schuldners,
4. die Einstellung und die Aufhebung des Verfahrens und
5. die Überwachung der Erfüllung eines Insolvenzplans und die Aufhebung der Überwachung.

§ 33. Juristische Person. (1) Eine juristische Person, deren Eintragung in das Handelsregister mit Rücksicht auf den Gegenstand oder auf die Art und den Umfang ihres Gewerbebetriebes zu erfolgen hat, ist von sämtlichen Mitgliedern des Vorstandes zur Eintragung anzumelden.

(2) [1]Der Anmeldung sind die Satzung der juristischen Person und die Urkunden über die Bestellung des Vorstandes in Urschrift oder in öffentlich beglaubigter Abschrift beizufügen; ferner ist anzugeben, welche Vertretungsmacht die Vorstandsmitglieder haben. [2]Bei der Eintragung sind die Firma und der Sitz der juristischen Person, der Gegenstand des Unternehmens, die Mitglieder des Vorstandes und ihre Vertretungsmacht anzugeben. ...

(3) Die Errichtung einer Zweigniederlassung ist durch den Vorstand anzumelden.

...

§ 34. Anmeldung und Eintragung von Änderungen. (1) Jede Änderung der ... Satzung, die Auflösung der juristischen Person, falls sie nicht die Folge der Eröffnung des Insolvenzverfahrens ist, sowie die Personen der Liquidatoren, ihre Vertretungsmacht, jeder Wechsel der Liquidatoren und jede Änderung ihrer Vertretungsmacht sind zur Eintragung in das Handelsregister anzumelden.

§ 37. Unzulässiger Firmengebrauch.

(1) Wer eine nach den Vorschriften dieses Abschnitts ihm nicht zustehende Firma gebraucht, ist von dem Registergerichte zur Unterlassung des Gebrauchs der Firma durch Festsetzung von Ordnungsgeld anzuhalten.

(2) [1]Wer in seinen Rechten dadurch verletzt wird, daß ein anderer eine Firma unbefugt gebraucht, kann von diesem die Unterlassung des Gebrauchs der Firma verlangen. [2]Ein nach sonstigen Vorschriften begründeter Anspruch auf Schadensersatz bleibt unberührt.

§ 37a. Angaben auf Geschäftsbriefen.

(1) Auf allen Geschäftsbriefen des Kaufmanns, gleichviel welcher Form, die an einen bestimmten Empfänger gerichtet werden, müssen seine Firma, die Bezeichnung nach § 19 Abs. 1 Nr. 1, der Ort seiner Handelsniederlassung, das Registergericht und die Nummer, unter der die Firma in das Handelsregister eingetragen ist, angegeben werden.

(2) Der Angaben nach Absatz 1 bedarf es nicht bei Mitteilungen oder Berichten, die im Rahmen einer bestehenden Geschäftsverbindung ergehen und für die üblicherweise Vordrucke verwendet werden, in denen lediglich die im Einzelfall erforderlichen besonderen Angaben eingefügt zu werden brauchen.

(3) [1]Bestellscheine gelten als Geschäftsbriefe im Sinne des Absatzes 1. [2]Absatz 2 ist auf sie nicht anzuwenden.

(4) [1]Wer seiner Pflicht nach Absatz 2 nicht nachkommt, ist hierzu von dem Registergericht durch Festsetzung von Zwangsgeld anzuhalten. [2]§ 14 Satz 2 gilt entsprechend.

Prokura und Handlungsvollmacht

§ 48. Erteilung der Prokura; Gesamtprokura.

(1) Die Prokura kann nur von dem Inhaber des Handelsgeschäfts oder seinem gesetzlichen Vertreter und nur mittels ausdrücklicher Erklärung erteilt werden.

(2) Die Erteilung kann an mehrere Personen gemeinschaftlich erfolgen (Gesamtprokura).

§ 49. Umfang der Prokura. (1) Die Prokura ermächtigt zu allen Arten von gerichtlichen und außergerichtlichen Geschäften und Rechtshandlungen, die der Betrieb eines Handelsgewerbes mit sich bringt.

(2) Zur Veräußerung und Belastung von Grundstücken ist der Prokurist nur ermächtigt, wenn ihm diese Befugnis besonders erteilt ist.

§ 50. Beschränkung des Umfanges. (1) Eine Beschränkung des Umfanges der Prokura ist Dritten gegenüber unwirksam.

(2) Dies gilt insbesondere von der Beschränkung, daß die Prokura nur für gewisse Geschäfte oder gewisse Arten von Geschäften oder nur unter gewissen Umständen oder für eine gewisse Zeit oder an einzelnen Orten ausgeübt werden soll.

(3) [1]Eine Beschränkung der Prokura auf den Betrieb einer von mehreren Niederlassungen des Geschäftsinhabers ist Dritten gegenüber nur wirksam, wenn die Niederlassungen unter verschiedenen Firmen betrieben werden. [2]Eine Verschiedenheit der Firmen im Sinne dieser Vorschrift wird auch dadurch begründet, daß für eine Zweigniederlassung der Firma ein Zusatz beigefügt wird, der sie als Firma der Zweigniederlassung bezeichnet.

§ 51. Zeichnung des Prokuristen. Der Prokurist hat in der Weise zu zeichnen, daß er der Firma seinen Namen mit einem die Prokura andeutenden Zusatze beifügt.

§ 52. Widerruflichkeit; Unübertragbarkeit; Tod des Inhabers. (1) Die Prokura ist ohne Rücksicht auf das der Erteilung zugrunde liegende Rechtsverhältnis jederzeit widerruflich, unbeschadet des Anspruchs auf die vertragsmäßige Vergütung.

(2) Die Prokura ist nicht übertragbar.

2

(3) Die Prokura erlischt nicht durch den Tod des Inhabers des Handelsgeschäfts.

§ 53. Anmeldung der Erteilung und des Erlöschens; Zeichnung des Prokuristen. (1) [1]Die Erteilung der Prokura ist von dem Inhaber des Handelsgeschäfts zur Eintragung in das Handelsregister anzumelden. [2]Ist die Prokura als Gesamtprokura erteilt, so muß auch dies zur Eintragung angemeldet werden.

(2) Das Erlöschen der Prokura ist in gleicher Weise wie die Erteilung zur Eintragung anzumelden.

§ 54. Handlungsvollmacht. (1) Ist jemand ohne Erteilung der Prokura zum Betrieb eines Handelsgewerbes oder zur Vornahme einer bestimmten zu einem Handelsgewerbe gehörigen Art von Geschäften oder zur Vornahme einzelner zu einem Handelsgewerbe gehöriger Geschäfte ermächtigt, so erstreckt sich die Vollmacht (Handlungsvollmacht) auf alle Geschäfte und Rechtshandlungen, die der Betrieb eines derartigen Handelsgewerbes oder die Vornahme derartiger Geschäfte gewöhnlich mit sich bringt.

(2) Zur Veräußerung oder Belastung von Grundstücken, zur Eingehung von Wechselverbindlichkeiten, zur Aufnahme von Darlehen und zur Prozeßführung ist der Handlungsbevollmächtigte nur ermächtigt, wenn ihm eine solche Befugnis besonders erteilt ist.

(3) Sonstige Beschränkungen der Handlungsvollmacht braucht ein Dritter nur dann gegen sich gelten zu lassen, wenn er sie kannte oder kennen mußte.

§ 55. Abschlußvertreter. (1) Die Vorschriften des § 54 finden auch Anwendung auf Handlungsbevollmächtigte, die Handelsvertreter sind oder die als Handlungsgehilfen damit betraut sind, außerhalb des Betriebes des Prinzipals Geschäfte in dessen Namen abzuschließen.

(2) Die ihnen erteilte Vollmacht zum Abschluß von Geschäften bevollmächtigt sie nicht, abgeschlossene Verträge zu ändern, insbesondere Zahlungsfristen zu gewähren.

(3) Zur Annahme von Zahlungen sind sie nur berechtigt, wenn sie dazu bevollmächtigt sind.

(4) Sie gelten als ermächtigt, die Anzeige von Mängeln einer Ware, die Erklärung, daß eine Ware zur Verfügung gestellt werde, sowie ähnliche Erklärungen, durch die ein Dritter seine Rechte aus mangelhafter Leistung geltend macht oder sie vorbehält, entgegenzunehmen; sie können die dem Unternehmer (Prinzipal) zustehenden Rechte auf Sicherung des Beweises geltend machen.

§ 56. Angestellte in Laden oder Warenlager. Wer in einem Laden oder in einem offenen Warenlager angestellt ist, gilt als ermächtigt zu Verkäufen und Empfangnahmen, die in einem derartigen Laden oder Warenlager gewöhnlich geschehen.

§ 57. Zeichnung des Handlungsbevollmächtigten. Der Handlungsbevollmächtigte hat sich bei der Zeichnung jedes eine Prokura andeutenden Zusatzes zu enthalten; er hat mit einem das Vollmachtsverhältnis ausdrückenden Zusatze zu zeichnen.

§ 58. Unübertragbarkeit der Handlungsvollmacht. Der Handlungsbevollmächtigte kann ohne Zustimmung des Inhabers des Handelsgeschäfts seine Handlungsvollmacht auf einen anderen nicht übertragen.

Handlungsgehilfen und Handlungslehrlinge

§ 59. Handlungsgehilfe. [1]Wer in einem Handelsgewerbe zur Leistung kaufmännischer Dienste gegen Entgelt angestellt ist (Handlungsgehilfe), hat soweit nicht besondere Vereinbarungen über die Art und den Umfang seiner Dienstleistungen oder über die ihm zukommende Vergütung getroffen sind, die dem Ortsgebrauch entsprechenden Dienste zu leisten sowie die dem Ortsgebrauch entsprechende Vergütung zu beanspruchen. [2]In Ermangelung eines Ortsgebrauchs gelten die den Umständen nach angemessenen Leistungen als vereinbart.

§ 60. Gesetzliches Wettbewerbsverbot.
(1) Der Handlungsgehilfe darf ohne Einwilligung des Prinzipals weder ein Handelsgewerbe betreiben noch in dem Handelszweig des Prinzipals für eigene oder fremde Rechnung Geschäfte machen.

(2) Die Einwilligung zum Betrieb eines Handelsgewerbes gilt als erteilt, wenn dem Prinzipal bei der Anstellung des Gehilfen bekannt ist, daß er das Gewerbe betreibt, und der Prinzipal die Aufgabe des Betriebs nicht ausdrücklich vereinbart.

§ 61. Verletzung des Wettbewerbsverbots.
(1) Verletzt der Handlungsgehilfe die ihm nach § 60 obliegende Verpflichtung, so kann der Prinzipal Schadensersatz fordern; er kann statt dessen verlangen, daß der Handlungsgehilfe die für eigene Rechnung gemachten Geschäfte als für Rechnung des Prinzipals eingegangen gelten lasse und die aus Geschäften für fremde Rechnung bezogene Vergütung herausgebe oder seinen Anspruch auf die Vergütung abtrete.

(2) Die Ansprüche verjähren in drei Monaten von dem Zeitpunkt an, in welchem der Prinzipal Kenntnis von dem Abschlusse des Geschäfts erlangt oder ohne grobe Fahrlässigkeit erlangen müsste; sie verjähren ohne Rücksicht auf diese Kenntnis oder grob fahrlässige Unkenntnis in fünf Jahren von dem Abschlusse des Geschäfts an.

§ 62. Fürsorgepflicht des Arbeitgebers.

(1) Der Prinzipal ist verpflichtet, die Geschäftsräume und die für den Geschäftsbetrieb bestimmten Vorrichtungen und Gerätschaften so einzurichten und zu unterhalten, auch den Geschäftsbetrieb und die Arbeitszeit so zu regeln, daß der Handlungsgehilfe gegen eine Gefährdung seiner Gesundheit, soweit die Natur des Betriebs es gestattet, geschützt und die Aufrechterhaltung der guten Sitten und des Anstandes gesichert ist.

(2) Ist der Handlungsgehilfe in die häusliche Gemeinschaft aufgenommen, so hat der Prinzipal in Ansehung des Wohn- und Schlafraums, der Verpflegung sowie der Arbeits- und Erholungszeit diejenigen Einrichtungen und Anordnungen zu treffen, welche mit Rücksicht auf die Gesundheit, die Sittlichkeit und die Religion des Handlungsgehilfen erforderlich sind.

(3) Erfüllt der Prinzipal die ihm in Ansehung des Lebens und der Gesundheit des Handlungsgehilfen obliegenden Verpflichtungen nicht, so finden auf seine Verpflichtung zum Schadensersatze die für unerlaubte Handlungen geltenden Vorschriften der §§ 842 bis 846 des Bürgerlichen Gesetzbuchs entsprechende Anwendung.

(4) Die dem Prinzipal hiernach obliegenden Verpflichtungen können nicht im voraus durch Vertrag aufgehoben oder beschränkt werden.

§ 63. Dienstverhinderung. *(aufgehoben)*

§ 64. Gehaltszahlung. [1]Die Zahlung des dem Handlungsgehilfen zukommenden Gehalts hat am Schlusse jedes Monats zu erfolgen. [2]Eine Vereinbarung, nach der die Zahlung des Gehalts später erfolgen soll, ist nichtig.

§ 65. Provision. Ist bedungen, daß der Handlungsgehilfe für Geschäfte, die von ihm geschlossen oder vermittelt werden, Provision erhalten solle, so sind die für die Handelsvertreter geltenden Vorschriften des § 87 Abs. 1 und 3 sowie der §§ 87 a bis 87 c anzuwenden.

§ 74. Vertragliches Wettbewerbsverbot; bezahlte Karenz. (1) Eine Vereinbarung zwischen dem Prinzipal und dem Handlungsgehilfen, die den Gehilfen für die Zeit nach Beendigung des Dienstverhältnisses in seiner gewerblichen Tätigkeit beschränkt (Wettbewerbsverbot), bedarf der Schriftform und der Aushändigung einer vom Prinzipal unterzeichneten, die vereinbarten Bestimmungen enthaltenden Urkunde an den Gehilfen.

(2) Das Wettbewerbsverbot ist nur verbindlich, wenn sich der Prinzipal verpflichtet, für die Dauer des Verbots eine Entschädigung zu zahlen, die für jedes Jahr des Verbots mindestens die Hälfte der von dem Handlungsgehilfen zuletzt bezogenen vertragsmäßigen Leistungen erreicht.

2

§ 74a. Unverbindliches oder nichtiges Verbot.

(1) [1]Das Wettbewerbsverbot ist insoweit unverbindlich, als es nicht zum Schutze eines berechtigten geschäftlichen Interesses des Prinzipals dient. [2]Es ist ferner unverbindlich, soweit es unter Berücksichtigung der gewährten Entschädigung nach Ort, Zeit oder Gegenstand eine unbillige Erschwerung des Fortkommens des Gehilfen enthält. [3]Das Verbot kann nicht auf einen Zeitraum von mehr als zwei Jahren von der Beendigung des Dienstverhältnisses an erstreckt werden.

(2) [1]Das Verbot ist nichtig, wenn der Gehilfe zur Zeit des Abschlusses minderjährig ist oder wenn sich der Prinzipal die Erfüllung auf Ehrenwort oder unter ähnlichen Versicherungen versprechen läßt. [2]Nichtig ist auch die Vereinbarung, durch die ein Dritter an Stelle des Gehilfen die Verpflichtung übernimmt, daß sich der Gehilfe nach der Beendigung des Dienstverhältnisses in seiner gewerblichen Tätigkeit beschränken werde.

(3) Unberührt bleiben die Vorschriften des § 138 des Bürgerlichen Gesetzbuchs über die Nichtigkeit von Rechtsgeschäften, die gegen die guten Sitten verstoßen.

§ 74b. Zahlung und Berechnung der Entschädigung. (1) Die nach § 74 Abs. 2 dem Handlungsgehilfen zu gewährende Entschädigung ist am Schlusse jedes Monats zu zahlen.

(2) Soweit die dem Gehilfen zustehenden vertragsmäßigen Leistungen in einer Provision oder in anderen wechselnden Bezügen bestehen, sind sie bei der Berechnung der Entschädigung nach dem Durchschnitt der letzten drei Jahre in Ansatz zu bringen.

§ 75. Unwirksamwerden des Wettbewerbsverbots. (1) Löst der Gehilfe das Dienstverhältnis gemäß den Vorschriften der §§ 70 und 71 wegen vertragswidrigen Verhaltens des Prinzipals auf, so wird das Wettbewerbverbot unwirksam, wenn der Gehilfe vor Ablauf eines Monats nach der Kündigung schriftlich erklärt, daß er sich an die Vereinbarung nicht gebunden erachte.

2

(2) [1]In gleicher Weise wird das Wettbewerbverbot unwirksam, wenn der Prinzipal das Dienstverhältnis kündigt, es sei denn, daß für die Kündigung ein erheblicher Anlaß in der Person des Gehilfen vorliegt oder daß sich der Prinzipal bei der Kündigung bereit erklärt, während der Dauer der Beschränkung dem Gehilfen die vollen zuletzt von ihm bezogenen vertragsmäßigen Leistungen zu gewähren. [2]Im letzteren Falle finden die Vorschriften des § 74 b entsprechende Anwendung.

§ 75c. Vertragsstrafe. (1) [1]Hat der Handlungsgehilfe für den Fall, daß er die in der Vereinbarung übernommene Verpflichtung nicht erfüllt, eine Strafe versprochen, so kann der Prinzipal Ansprüche nur nach Maßgabe der Vorschriften des § 340 des Bürgerlichen Gesetzbuchs geltend machen. [2]Die Vorschriften des Bürgerlichen Gesetzbuchs über die Herabsetzung einer unverhältnismäßig hohen Vertragsstrafe bleiben unberührt.

§ 83. Andere Arbeitnehmer. Hinsichtlich der Personen, welche in dem Betrieb eines Handelsgewerbes andere als kaufmännische Dienste leisten, bewendet es bei den für das Arbeitsverhältnis dieser Personen geltenden Vorschriften.

Handelsvertreter

§ 84. Begriff des Handelsvertreters.
(1) [1]Handelsvertreter ist, wer als selbständiger Gewerbetreibender ständig damit betraut ist, für einen anderen Unternehmer (Unternehmer) Geschäfte zu vermitteln oder in dessen Namen abzuschließen. [2]Selbständig ist, wer im wesentlichen frei seine Tätigkeit gestalten und seine Arbeitszeit bestimmen kann.

(2) Wer, ohne selbständig im Sinne des Absatzes 1 zu sein, ständig damit betraut ist, für einen Unternehmer Geschäfte zu vermitteln oder in dessen Namen abzuschließen, gilt als Angestellter.

(3) Der Unternehmer kann auch ein Handelsvertreter sein.

(4) Die Vorschriften dieses Abschnittes finden auch Anwendung, wenn das Unternehmen des Handelsvertreters nach Art oder Umfang einen in kaufmännischer Weise eingerichteten Geschäftsbetrieb nicht erfordert.

§ 85. Vertragsurkunde. [1]Jeder Teil kann verlangen, daß der Inhalt des Vertrages sowie spätere Vereinbarungen zu dem Vertrag in eine vom anderen Teil unterzeichnete Urkunde aufgenommen werden. [2]Dieser Anspruch kann nicht ausgeschlossen werden.

§ 86. Pflichten des Handelsvertreters.
(1) Der Handelsvertreter hat sich um die Vermittlung oder den Abschluß von Geschäften zu bemühen; er hat hierbei das Interesse des Unternehmers wahrzunehmen.

(2) Er hat dem Unternehmer die erforderlichen Nachrichten zu geben, namentlich ihm von jeder Geschäftsvermittlung und von jedem Geschäftsabschluß unverzüglich Mitteilung zu machen.

(3) Er hat seine Pflichten mit der Sorgfalt eines ordentlichen Kaufmanns wahrzunehmen.

(4) Von den Absätzen 1 und 2 abweichende Vereinbarungen sind unwirksam.

§ 86a. Pflichten des Unternehmers. (1) Der Unternehmer hat dem Handelsvertreter die zur Ausübung seiner Tätigkeit erforderlichen Unterlagen, wie Muster, Zeichnungen, Preislisten, Werbedrucksachen, Geschäftsbedingungen, zur Verfügung zu stellen.

(2) [1]Der Unternehmer hat dem Handelsvertreter die erforderlichen Nachrichten zu geben. [2]Er hat ihm unverzüglich die Annahme oder Ablehnung eines vom Handelsvertreter vermittelten oder ohne Vertretungsmacht abgeschlossenen Geschäfts und die Nichtausführung eines von ihm vermittelten oder abgeschlossenen Geschäfts mitzuteilen. [3]Er hat ihn unverzüglich zu unterrichten, wenn er Geschäfte voraussichtlich nur in erheblich geringerem Umfange abschließen kann oder will, als der Handelsvertreter unter gewöhnlichen Umständen erwarten konnte.

(3) Von den Absätzen 1 und 2 abweichende Vereinbarungen sind unwirksam.

§ 86b. Delkredereprovision. (1) [1]Verpflichtet sich ein Handelsvertreter, für die Erfüllung der Verbindlichkeit aus einem Geschäft einzustehen, so kann er eine besondere Vergütung (Delkredereprovision) beanspruchen; der Anspruch kann im voraus nicht ausgeschlossen werden. [2]Die Verpflichtung kann nur für ein bestimmtes Geschäft oder für solche Geschäfte mit bestimmten Dritten übernommen werden, die der Handelsvertreter vermittelt oder abschließt. [3]Die Übernahme bedarf der Schriftform.

(2) Der Anspruch auf die Delkredereprovision entsteht mit dem Abschluß des Geschäfts.

§ 87. Provisionspflichtige Geschäfte.
(1) [1]Der Handelsvertreter hat Anspruch auf Provision für alle während des Vertragsverhältnisses abgeschlossenen Geschäfte, die auf seine Tätigkeit zurückzuführen sind oder mit Dritten abgeschlossen werden, die er als Kunden für Geschäfte der gleichen Art geworben hat. [2]Ein Anspruch auf Provision besteht für ihn nicht, wenn und soweit die Provision nach Absatz 3

dem ausgeschiedenen Handelsvertreter zusteht.

(2) [1]Ist dem Handelsvertreter ein bestimmter Bezirk oder ein bestimmter Kundenkreis zugewiesen, so hat er Anspruch auf Provision auch für die Geschäfte, die ohne seine Mitwirkung mit Personen seines Bezirkes oder seines Kundenkreises während des Vertragsverhältnisses abgeschlossen sind. [2]Dies gilt nicht, wenn und soweit die Provision nach Absatz 3 dem ausgeschiedenen Handelsvertreter zusteht.

(3) [1]Für ein Geschäft, das erst nach Beendigung des Vertragsverhältnisses abgeschlossen ist, hat der Handelsvertreter Anspruch auf Provision nur, wenn

1. er das Geschäft vermittelt hat oder es eingeleitet und so vorbereitet hat, daß der Abschluß überwiegend auf seine Tätigkeit zurückzuführen ist, und das Geschäft innerhalb einer angemessenen Frist nach Beendigung des Vertragsverhältnisses abgeschlossen worden ist oder
2. vor Beendigung des Vertragsverhältnisses das Angebot des Dritten zum Abschluß eines Geschäfts, für das der Handelsvertreter nach Absatz 1 Satz 1 oder Absatz 2 Satz 1 Anspruch auf Provision hat, dem Handelsvertreter oder dem Unternehmer zugegangen ist.

[2]Der Anspruch auf Provision nach Satz 1 steht dem nachfolgenden Handelsvertreter anteilig zu, wenn wegen besonderer Umstände eine Teilung der Provision der Billigkeit entspricht.

(4) Neben dem Anspruch auf Provision für abgeschlossene Geschäfte hat der Handelsvertreter Anspruch auf Inkassoprovision für die von ihm auftragsgemäß eingezogenen Beträge.

§ 87a. Fälligkeit der Provision. (1) Der Handelsvertreter hat Anspruch auf Provision, sobald und soweit der Unternehmer das Geschäft ausgeführt hat.

(2) Steht fest, daß der Dritte nicht leistet, so entfällt der Anspruch auf Provision; bereits empfangene Beträge sind zurückzugewähren.

(3) [1]Der Handelsvertreter hat auch dann einen Anspruch auf Provision, wenn feststeht, daß der Unternehmer das Geschäft ganz oder teilweise nicht oder nicht so ausführt, wie es abgeschlossen worden ist. [2]Der Anspruch entfällt im Falle der Nichtausführung, wenn und soweit diese auf Umständen beruht, die vom Unternehmer nicht zu vertreten sind.

(4) Der Anspruch auf Provision wird am letzten Tag des Monats fällig, in dem nach § 87 c Abs. 1 über den Anspruch abzurechnen ist.

§ 87b. Höhe der Provision. (1) Ist die Höhe der Provision nicht bestimmt, so ist der übliche Satz als vereinbart anzusehen.

(2) [1]Die Provision ist von dem Entgelt zu berechnen, das der Dritte oder der Unternehmer zu leisten hat. [2]Nachlässe bei Barzahlung sind nicht abzuziehen; dasselbe gilt für Nebenkosten, namentlich für Fracht, Verpackung, Zoll, Steuern, es sei denn, daß die Nebenkosten dem Dritten besonders in Rechnung gestellt sind. [3]Die Umsatzsteuer, die lediglich auf Grund der steuerrechtlichen Vorschriften in der Rechnung gesondert ausgewiesen ist, gilt nicht als besonders in Rechnung gestellt.

§ 87c. Abrechnung über die Provision.

(1) [1]Der Unternehmer hat über die Provision, auf die der Handelsvertreter Anspruch hat, monatlich abzurechnen; der Abrechnungszeitraum kann auf höchstens drei Monate erstreckt werden. [2]Die Abrechnung hat unverzüglich, spätestens bis zum Ende des nächsten Monats, zu erfolgen.

(2) Der Handelsvertreter kann bei der Abrechnung einen Buchauszug über alle Geschäfte verlangen, für die ihm nach § 87 Provision gebührt.

(3) Der Handelsvertreter kann außerdem Mitteilung über alle Umstände verlangen, die für den Provisionsanspruch, seine Fälligkeit und seine Berechnung wesentlich sind.

(4) Wird der Buchauszug verweigert oder bestehen begründete Zweifel an der Richtigkeit oder Vollständigkeit der Abrechnung oder des Buchauszuges, so kann der Handelsvertreter verlangen, daß nach Wahl des Unternehmers entweder ihm oder einem von ihm zu bestimmenden Wirtschaftsprüfer oder vereidigten Buchsachverständigen Einsicht in die Geschäftsbücher oder die sonstigen Urkunden soweit gewährt wird, wie dies zur Feststellung der Richtigkeit oder Vollständigkeit der Abrechnung oder des Buchauszuges erforderlich ist.

(5) Diese Rechte des Handelsvertreters können nicht ausgeschlossen oder beschränkt werden.

§ 87d. Ersatz von Aufwendungen. Der Handelsvertreter kann den Ersatz seiner im regelmäßigen Geschäftsbetrieb entstandenen Aufwendungen nur verlangen, wenn dies handelsüblich ist.

§ 88. Verjährung der Ansprüche. *(aufgehoben)*

§ 89. Kündigung des Vertrages. (1) [1]Ist das Vertragsverhältnis auf unbestimmte Zeit eingegangen, so kann es im ersten Jahr der Vertragsdauer mit einer Frist von einem Monat, im zweiten Jahr mit einer Frist von zwei Monaten und im dritten bis fünften Jahr mit einer Frist von drei Monaten gekündigt werden. [2]Nach einer

Vertragsdauer von fünf Jahren kann das Vertragsverhältnis mit einer Frist von sechs Monaten gekündigt werden. [3]Die Kündigung ist nur für den Schluß eines Kalendermonats zulässig, sofern keine abweichende Vereinbarung getroffen ist.

2 (2) [1]Die Kündigungsfristen nach Absatz 1 Satz 1 und 2 können durch Vereinbarung verlängert werden; die Frist darf für den Unternehmer nicht kürzer sein als für den Handelsvertreter. [2]Bei Vereinbarung einer kürzeren Frist für den Unternehmer gilt die für den Handelsvertreter vereinbarte Frist.

(3) [1]Ein für eine bestimmte Zeit eingegangenes Vertragsverhältnis, das nach Ablauf der vereinbarten Laufzeit von beiden Teilen fortgesetzt wird, gilt als auf unbestimmte Zeit verlängert. [2]Für die Bestimmung der Kündigungsfristen nach Absatz 1 Satz 1 und 2 ist die Gesamtdauer des Vertragsverhältnisses maßgeblich.

§ 89a. Fristlose Kündigung. (1) [1]Das Vertragsverhältnis kann von jedem Teil aus wichtigem Grunde ohne Einhaltung einer Kündigungsfrist gekündigt werden. [2]Dieses Recht kann nicht ausgeschlossen oder beschränkt werden.

(2) Wird die Kündigung durch ein Verhalten veranlaßt, das der andere Teil zu vertreten hat, so ist dieser zum Ersatz des durch die Aufhebung des Vertragsverhältnisses entstehenden Schadens verpflichtet.

§ 89b. Ausgleichsanspruch. (1) Der Handelsvertreter kann von dem Unternehmer nach Beendigung des Vertragsverhältnisses einen angemessenen Ausgleich verlangen, wenn und soweit

1. der Unternehmer aus der Geschäftsverbindung mit neuen Kunden, die der Handelsvertreter geworben hat, auch nach Beendigung des Vertragsverhältnisses erhebliche Vorteile hat,
2. der Handelsvertreter infolge der Beendigung des Vertragsverhältnisses Ansprüche auf Provision verliert, die er bei Fortsetzung desselben aus bereits abgeschlossenen oder künftig zustande kommenden Geschäften mit den von ihm geworbenen Kunden hätte, und
3. die Zahlung eines Ausgleichs unter Berücksichtigung aller Umstände der Billigkeit entspricht.

(2) Der Ausgleich beträgt höchstens eine nach dem Durchschnitt der letzten fünf Jahre der Tätigkeit des Handelsvertreters berechnete Jahresprovision oder sonstige Jahresvergütung; bei kürzerer Dauer des Vertragsverhältnisses ist der Durchschnitt während der Dauer der Tätigkeit maßgebend.

(3) Der Anspruch besteht nicht, wenn

1. der Handelsvertreter das Vertragsverhältnis gekündigt hat, es sei denn, daß ein Verhalten des Unternehmers hierzu begründeten Anlaß gegeben hat oder dem Handelsvertreter eine Fortsetzung seiner Tätigkeit wegen seines Alters oder wegen Krankheit nicht zugemutet werden kann, oder
2. der Unternehmer das Vertragsverhältnis gekündigt hat und für die Kündigung ein wichtiger Grund wegen schuldhaften Verhaltens des Handelsvertreters vorlag oder
3. aufgrund einer Vereinbarung zwischen dem Unternehmer und dem Handelsvertreter ein Dritter anstelle des Handelsvertreters in das Vertragsverhältnis eintritt; die Vereinbarung kann nicht vor Beendigung des Vertragsverhältnisses getroffen werden.

(4) [1]Der Anspruch kann im voraus nicht ausgeschlossen werden. [2]Er ist innerhalb eines Jahres nach Beendigung des Vertragsverhältnisses geltend zu machen.

§ 90. Geschäfts- und Betriebsgeheimnisse. Der Handelsvertreter darf Geschäfts- und Betriebsgeheimnisse, die ihm anvertraut oder als solche durch seine Tätigkeit für den Unternehmer bekanntgeworden sind, auch nach Beendigung des Vertragsverhältnisses nicht verwerten oder anderen mitteilen, soweit dies nach den gesamten Umständen der Berufsauffassung eines ordentlichen Kaufmannes widersprechen würde.

§ 90a. Wettbewerbsabrede. (1) [1]Eine Vereinbarung, die den Handelsvertreter nach Beendigung des Vertragsverhältnisses in seiner gewerblichen Tätigkeit beschränkt (Wettbewerbsabrede), bedarf der Schriftform und der Aushändigung einer vom Unternehmer unterzeichneten, die vereinbarten Bestimmungen enthaltenden Urkunde an den Handelsvertreter. [2]Die Abrede kann nur für längstens zwei Jahre von der Beendigung des Vertragsverhältnisses an getroffen werden; sie darf sich nur auf den dem Handelsvertreter zugewiesenen Bezirk oder Kundenkreis und nur auf die Gegenstände erstrecken, hinsichtlich deren sich der Handelsvertreter um die Vermittlung oder den Abschluß von Geschäften für den Unternehmer zu bemühen hat. [3]Der Unternehmer ist verpflichtet, den Handelsvertreter für die Dauer der Wettbewerbsbeschränkung eine angemessene Entschädigung zu zahlen.

(2) Der Unternehmer kann bis zum Ende des Vertragsverhältnisses schriftlich auf die Wettbewerbsbeschränkung mit der Wirkung verzichten, daß er mit dem Ablauf von sechs Monaten seit der Erklärung von der Verpflichtung zur Zahlung der Entschädigung frei wird.

(3) Kündigt ein Teil das Vertragsverhältnis aus wichtigem Grund wegen schuldhaften Verhaltens des anderen Teils, so kann er sich durch schriftliche Erklärung binnen einem Monat nach der Kündigung von der Wettbewerbsabrede lossagen.

(4) Abweichende für den Handelsvertreter nachteilige Vereinbarungen können nicht getroffen werden.

§ 91. Vollmachten des Handelsvertreters.

(1) § 55 gilt auch für einen Handelsvertreter, der zum Abschluß von Geschäften von einem Unternehmen bevollmächtigt ist, der nicht Kaufmann ist.

(2) [1]Ein Handelsvertreter gilt, auch wenn ihm keine Vollmacht zum Abschluß von Geschäften erteilt ist, als ermächtigt, die Anzeige von Mängeln einer Ware, die Erklärung, daß eine Ware zur Verfügung gestellt werde, sowie ähnliche Erklärungen, durch die ein Dritter seine Rechte aus mangelhafter Leistung geltend macht oder sich vorbehält, entgegenzunehmen; er kann die dem Unternehmer zustehenden Rechte auf Sicherung des Beweises geltend machen. [2]Eine Beschränkung dieser Rechte braucht ein Dritter gegen sich nur gelten zu lassen, wenn er sie kannte oder kennen mußte.

§ 91a. Mangel der Vertretungsmacht.

(1) Hat ein Handelsvertreter, der nur mit der Vermittlung von Geschäften betraut ist, ein Geschäft im Namen des Unternehmers abgeschlossen, und war dem Dritten der Mangel an Vertretungsmacht nicht bekannt, so gilt das Geschäft als von dem Unternehmer genehmigt, wenn dieser nicht unverzüglich, nachdem er von dem Handelsvertreter oder dem Dritten über Abschluß und wesentlichen Inhalt benachrichtigt worden ist, dem Dritten gegenüber das Geschäft ablehnt.

(2) Das gleiche gilt, wenn ein Handelsvertreter, der mit dem Abschluß von Geschäften betraut ist, ein Geschäft im Namen des Unternehmers abgeschlossen hat, zu dessen Abschluß er nicht bevollmächtigt ist.

§ 92. Versicherungs- und Bausparkassenvertreter. (1) Versicherungsvertreter ist, wer als Handelsvertreter damit betraut ist, Versicherungsverträge zu vermitteln oder abzuschließen.

Handelsmakler

§ 93. Begriff. (1) Wer gewerbsmäßig für andere Personen, ohne von ihnen aufgrund eines Vertragsverhältnisses ständig damit betraut zu sein, die Vermittlung von Verträgen über Anschaffung oder Veräußerung von Waren oder Wertpapieren, über Versicherungen, Güterbeförderungen, Schiffsmiete oder sonstige Gegenstände des Handelsverkehrs übernimmt, hat die Rechte und Pflichten eines Handelsmaklers. 2

(2) Auf die Vermittlung anderer als der bezeichneten Geschäfte, insbesondere auf die Vermittlung von Geschäften über unbewegliche Sachen, finden, auch wenn die Vermittlung durch einen Handelsmakler erfolgt, die Vorschriften dieses Abschnitts keine Anwendung.

(3) Die Vorschriften dieses Abschnittes finden auch Anwendung, wenn das Unternehmen des Handelsmaklers nach Art oder Umfang einen in kaufmännischer Weise eingerichteten Geschäftsbetrieb nicht erfordert.

§ 94. Schlußnote. (1) Der Handelsmakler hat, sofern nicht die Parteien ihm dies erlassen oder der Ortsgebrauch mit Rücksicht auf die Gattung der Ware davon entbindet, unverzüglich nach dem Abschlusse des Geschäfts jeder Partei eine von ihm unterzeichnete Schlußnote zuzustellen, welche die Parteien, den Gegenstand und die Bedingungen des Geschäfts, insbesondere bei Verkäufen von Waren oder Wertpapieren deren Gattung und Menge sowie den Preis und die Zeit der Lieferung, enthält.

(2) Bei Geschäften, die nicht sofort erfüllt werden sollen, ist die Schlußnote den Parteien zu ihrer Unterschrift zuzustellen und jeder Partei die von der anderen unterschriebene Schlußnote zu übersenden.

(3) Verweigert eine Partei die Annahme oder Unterschrift der Schlußnote, so hat der Handelsmakler davon der anderen Partei unverzüglich Anzeige zu machen.

§ 95. Vorbehaltene Aufgabe. (1) Nimmt eine Partei eine Schlußnote an, in der sich der Handelsmakler die Bezeichnung der anderen Partei vorbehalten hat, so ist sie an das Geschäft mit der Partei, welche ihr nachträglich bezeichnet wird, gebunden, es sei denn, daß gegen diese begründete Einwendungen zu erheben sind.

(2) Die Bezeichnung der anderen Partei hat innerhalb der ortsüblichen Frist, in Ermangelung einer solchen innerhalb einer den Umständen nach angemessenen Frist zu erfolgen.

(3) [1]Unterbleibt die Bezeichnung oder sind gegen die bezeichnete Person oder Firma begründete Einwendungen zu erheben, so ist die

2

Partei befugt, den Handelsmakler auf die Erfüllung des Geschäfts in Anspruch zu nehmen. [2]Der Anspruch ist ausgeschlossen, wenn sich die Partei auf die Aufforderung des Handelsmaklers nicht unverzüglich darüber erklärt, ob sie Erfüllung verlange.

§ 96. Aufbewahrung von Proben. [1]Der Handelsmakler hat, sofern nicht die Parteien ihm dies erlassen oder der Ortsgebrauch mit Rücksicht auf die Gattung der Ware davon entbindet, von jeder durch seine Vermittlung nach Probe verkauften Ware die Probe, falls sie ihm übergeben ist, so lange aufzubewahren, bis die Ware ohne Einwendung gegen ihre Beschaffenheit angenommen oder das Geschäft in anderer Weise erledigt wird. [2]Er hat die Probe durch ein Zeichen kenntlich zu machen.

§ 97. Keine Inkassovollmacht. Der Handelsmakler gilt nicht als ermächtigt, eine Zahlung oder eine andere im Vertrage bedungene Leistung in Empfang zu nehmen.

§ 98. Haftung gegenüber beiden Parteien. Der Handelsmakler haftet jeder der beiden Parteien für den durch sein Verschulden entstehenden Schaden.

§ 99. Lohnanspruch gegen beide Parteien. Ist unter den Parteien nichts darüber vereinbart, wer den Maklerlohn bezahlen soll, so ist er in Ermangelung eines abweichenden Ortsgebrauchs von jeder Partei zur Hälfte zu entrichten.

§ 100. Tagebuch. (1) [1]Der Handelsmakler ist verpflichtet, ein Tagebuch zu führen und in dieses alle abgeschlossenen Geschäfte täglich einzutragen. [2]Die Eintragungen sind nach der Zeitfolge zu bewirken; sie haben die in § 94 Abs. 1 bezeichneten Angaben zu enthalten. [3]Das Eingetragene ist von dem Handelsmakler täglich zu unterzeichnen oder gemäß § 126 a des Bürgerlichen Gesetzbuches elektronisch zu signieren.

§ 101. Auszüge aus dem Tagebuch. Der Handelsmakler ist verpflichtet, den Parteien jederzeit auf Verlangen Auszüge aus dem Tagebuche zu geben, die von ihm unterzeichnet sind und alles enthalten, was von ihm in Ansehung des vermittelten Geschäfts eingetragen ist.

§ 102. Vorlegung im Rechtsstreit. Im Laufe eines Rechtsstreits kann das Gericht auch ohne Antrag einer Partei die Vorlegung des Tagebuchs anordnen, um es mit der Schlußnote, den Auszügen oder anderen Beweismitteln zu vergleichen.

§ 103. Ordnungswidrigkeiten. (1) Ordnungswidrig handelt, wer als Handelsmakler
1. vorsätzlich oder fahrlässig ein Tagebuch über die abgeschlossenen Geschäfte zu führen unterläßt oder das Tagebuch in einer Weise führt, die dem § 100 Abs. 1 widerspricht oder
2. ein solches Tagebuch vor Ablauf der gesetzlichen Aufbewahrungsfrist vernichtet.

(2) Die Ordnungswidrigkeit kann mit einer Geldbuße bis zu fünftausend Euro geahndet werden.

Zweites Buch. Handelsgesellschaften und Stille Gesellschaft

Offene Handelsgesellschaft

▶ Errichtung der Gesellschaft

§ 105. Begriff der OHG; Anwendbarkeit des BGB. (1) Eine Gesellschaft, deren Zweck auf den Betrieb eines Handelsgewerbes unter gemeinschaftlicher Firma gerichtet ist, ist eine offene Handelsgesellschaft, wenn bei keinem der Gesellschafter die Haftung gegenüber den Gesellschaftsgläubigern beschränkt ist.

(2) [1]Eine Gesellschaft, deren Gewerbebetrieb nicht schon nach § 1 Abs. 2 Handelsgewerbe ist oder die nur eigenes Vermögen verwaltet, ist offene Handelsgesellschaft, wenn die Firma des Unternehmens in das Handelsregister eingetragen ist. [2]§ 2 Satz 2 und 3 gilt entsprechend.

(3) Auf die offene Handelsgesellschaft finden, soweit nicht in diesem Abschnitt ein anderes vorgeschrieben ist, die Vorschriften des Bürgerlichen Gesetzbuchs über die Gesellschaft Anwendung.

§ 106. Anmeldung zum Handelsregister. (1) Die Gesellschaft ist bei dem Gericht, in dessen Bezirke sie ihren Sitz hat, zur Eintragung in das Handelsregister anzumelden.

(2) Die Anmeldung hat zu enthalten:
1. den Namen, Vornamen, Geburtsdatum und Wohnort jedes Gesellschafters;
2. die Firma der Gesellschaft, den Ort, an dem sie ihren Sitz hat, und die inländische Geschäftsanschrift;
3. (aufgehoben)
4. die Vertretungsmacht der Gesellschafter.

§ 107. Anzumeldende Änderungen. Wird die Firma einer Gesellschaft geändert, der Sitz der

Gesellschaft an einen anderen Ort verlegt, die inländische Geschäftsanschrift geändert, tritt ein neuer Gesellschafter in die Gesellschaft ein oder ändert sich die Vertretungsmacht eines Gesellschafters, so ist dies ebenfalls zur Eintragung in das Handelsregister anzumelden.

§ 108. Anmeldung durch alle Gesellschafter; Aufbewahrung der Unterschriften. Die Anmeldungen sind von sämtlichen Gesellschaftern zu bewirken.

▶ Rechtsverhältnisse der Gesellschafter untereinander

§ 109. Gesellschaftsvertrag. Das Rechtsverhältnis der Gesellschafter untereinander richtet sich zunächst nach dem Gesellschaftsvertrage; die Vorschriften der §§ 110 bis 122 finden nur insoweit Anwendung, als nicht durch den Gesellschaftsvertrag ein anderes bestimmt ist.

§ 110. Ersatz für Aufwendungen und Verluste. (1) Macht der Gesellschafter in den Gesellschaftsangelegenheiten Aufwendungen, die er den Umständen nach für erforderlich halten darf, oder erleidet er unmittelbar durch seine Geschäftsführung oder aus Gefahren, die mit ihr untrennbar verbunden sind, Verluste, so ist ihm die Gesellschaft zum Ersatze verpflichtet.

(2) Aufgewendetes Geld hat die Gesellschaft von der Zeit der Aufwendung an zu verzinsen.

§ 111. Verzinsungspflicht. (1) Ein Gesellschafter, der seine Geldeinlage nicht zur rechten Zeit einzahlt oder eingenommenes Gesellschaftsgeld nicht zur rechten Zeit an die Gesellschaftskasse abliefert oder unbefugt Geld aus der Gesellschaftskasse für sich entnimmt, hat Zinsen von dem Tage an zu entrichten, an welchem die Zahlung oder die Ablieferung hätte geschehen sollen oder die Herausnahme des Geldes erfolgt ist.

(2) Die Geltendmachung eines weiteren Schadens ist nicht ausgeschlossen.

§ 112. Wettbewerbsverbot. (1) Ein Gesellschafter darf ohne Einwilligung der anderen Gesellschafter weder in dem Handelszweige der Gesellschaft Geschäfte machen noch an einer anderen gleichartigen Handelsgesellschaft als persönlich haftender Gesellschafter teilnehmen.

(2) Die Einwilligung zur Teilnahme an einer anderen Gesellschaft gilt als erteilt, wenn den übrigen Gesellschaftern bei Eingehung der Gesellschaft bekannt ist, daß der Gesellschafter an einer anderen Gesellschaft als persönlich haftender Gesellschafter teilnimmt, und gleichwohl die Aufgabe dieser Beteiligung nicht ausdrücklich bedungen wird.

§ 113. Verletzung des Wettbewerbsverbots. (1) Verletzt ein Gesellschafter die ihm nach § 112 obliegende Verpflichtung, so kann die Gesellschaft Schadensersatz fordern; sie kann statt dessen von dem Gesellschafter verlangen, daß er die für eigene Rechnung gemachten Geschäfte als für Rechnung der Gesellschaft eingegangen gelten lasse und die aus Geschäften für fremde Rechnung bezogene Vergütung herausgebe oder seinen Anspruch auf die Vergütung abtrete.

(2) Über die Geltendmachung dieser Ansprüche beschließen die übrigen Gesellschafter.

(3) Die Ansprüche verjähren in drei Monaten von dem Zeitpunkt an, in welchem die übrigen Gesellschafter von dem Abschlusse des Geschäfts oder von der Teilnahme des Gesellschafters an der anderen Gesellschaft Kenntnis erlangen oder ohne grobe Fahrlässigkeit erlangen müssten; sie verjähren ohne Rücksicht auf diese Kenntnis oder grob fahrlässige Unkenntnis in fünf Jahren von ihrer Entstehung an.

§ 114. Geschäftsführung. (1) Zur Führung der Geschäfte der Gesellschaft sind alle Gesellschafter berechtigt und verpflichtet.

(2) Ist im Gesellschaftsvertrage die Geschäftsführung einem Gesellschafter oder mehreren Gesellschaftern übertragen, so sind die übrigen Gesellschafter von der Geschäftsführung ausgeschlossen.

§ 115. Geschäftsführung durch mehrere Gesellschafter. (1) Steht die Geschäftsführung allen oder mehreren Gesellschaftern zu, so ist jeder von ihnen allein zu handeln berechtigt; widerspricht jedoch ein anderer geschäftsführender Gesellschafter der Vornahme einer Handlung, so muß diese unterbleiben.

(2) Ist im Gesellschaftsvertrage bestimmt, daß die Gesellschafter, denen die Geschäftsführung zusteht, nur zusammen handeln können, so bedarf es für jedes Geschäft der Zustimmung aller geschäftsführenden Gesellschafter, es sei denn, daß Gefahr im Verzug ist.

§ 116. Umfang der Geschäftsführungsbefugnis. (1) Die Befugnis zur Geschäftsführung erstreckt sich auf alle Handlungen, die der gewöhnliche Betrieb des Handelsgewerbes der Gesellschaft mit sich bringt.

(2) Zur Vornahme von Handlungen, die darüber hinausgehen, ist ein Beschluß sämtlicher Gesellschafter erforderlich.

(3) [1]Zur Bestellung eines Prokuristen bedarf es der Zustimmung aller geschäftsführenden

Gesellschafter, es sei denn, daß Gefahr im Verzug ist. [2]Der Widerruf der Prokura kann von jedem der zur Erteilung oder zur Mitwirkung bei der Erteilung befugten Gesellschafter erfolgen.

2

§ 117. Entziehung der Geschäftsführungsbefugnis. Die Befugnis zur Geschäftsführung kann einem Gesellschafter auf Antrag der übrigen Gesellschafter durch gerichtliche Entscheidung entzogen werden, wenn ein wichtiger Grund vorliegt; ein solcher Grund ist insbesondere grobe Pflichtverletzung oder Unfähigkeit zur ordnungsmäßigen Geschäftsführung.

§ 118. Kontrollrecht der Gesellschafter.
(1) Ein Gesellschafter kann, auch wenn er von der Geschäftsführung ausgeschlossen ist, sich von den Angelegenheiten der Gesellschaft persönlich unterrichten, die Handelsbücher und die Papiere der Gesellschaft einsehen und sich aus ihnen eine Bilanz und einen Jahresabschluß anfertigen.

§ 119. Beschlußfassung. (1) Für die von den Gesellschaftern zu fassenden Beschlüsse bedarf es der Zustimmung aller zur Mitwirkung bei der Beschlußfassung berufenen Gesellschafter.

(2) Hat nach dem Gesellschaftsvertrage die Mehrheit der Stimmen zu entscheiden, so ist die Mehrheit im Zweifel nach der Zahl der Gesellschafter zu berechnen.

§ 120. Gewinn und Verlust. (1) Am Schlusse jedes Geschäftsjahrs wird auf Grund der Bilanz der Gewinn oder der Verlust des Jahres ermittelt und für jeden Gesellschafter sein Anteil daran berechnet.

(2) Der einem Gesellschafter zukommende Gewinn wird dem Kapitalanteile des Gesellschafters zugeschrieben; der auf einen Gesellschafter entfallende Verlust sowie das während des Geschäftsjahrs auf den Kapitalanteil entnommene Geld wird davon abgeschrieben.

§ 121. Verteilung von Gewinn und Verlust.
(1) [1]Von dem Jahresgewinne gebührt jedem Gesellschafter zunächst ein Anteil in Höhe von vier vom Hundert seines Kapitalanteils. [2]Reicht der Jahresgewinn hierzu nicht aus, so bestimmen sich die Anteile nach einem entsprechend niedrigeren Satze.

(2) [1]Bei der Berechnung des nach Absatz 1 einem Gesellschafter zukommenden Gewinnanteils werden Leistungen, die der Gesellschafter im Laufe des Geschäftsjahrs als Einlage gemacht hat, nach dem Verhältnisse der seit der Leistung abgelaufenen Zeit berücksichtigt. [2]Hat der Gesellschafter im Laufe des Geschäftsjahrs Geld auf seinen Kapitalanteil entnommen, so werden die entnommenen Beträge nach dem Verhältnisse der bis zur Entnahme abgelaufenen Zeit berücksichtigt.

(3) Derjenige Teil des Jahresgewinns, welcher die nach den Absätzen 1 und 2 zu berechnenden Gewinnanteile übersteigt, sowie der Verlust eines Geschäftsjahrs wird unter die Gesellschafter nach Köpfen verteilt.

§ 122. Entnahmen. (1) Jeder Gesellschafter ist berechtigt, aus der Gesellschaftskasse Geld bis zum Betrage von vier vom Hundert seines für das letzte Geschäftsjahr festgestellten Kapitalanteils zu seinen Lasten zu erheben und, soweit es nicht zum offenbaren Schaden der Gesellschaft gereicht, auch die Auszahlung seines den bezeichneten Betrag übersteigenden Anteils am Gewinne des letzten Jahres zu verlangen.

(2) Im übrigen ist ein Gesellschafter nicht befugt, ohne Einwilligung der anderen Gesellschafter seinen Kapitalanteil zu vermindern.

▶ Rechtsverhältnis der Gesellschafter zu Dritten

§ 123. Wirksamkeit im Verhältnis zu Dritten.
(1) Die Wirksamkeit der offenen Handelsgesellschaft tritt im Verhältnisse zu Dritten mit dem Zeitpunkt ein, in welchem die Gesellschaft in das Handelsregister eingetragen wird.

(2) Beginnt die Gesellschaft ihre Geschäfte schon vor der Eintragung, so tritt die Wirksamkeit mit dem Zeitpunkte des Geschäftsbeginns ein, soweit nicht aus § 2 oder § 105 Abs. 2 sich ein anderes ergibt.

(3) Eine Vereinbarung, daß die Gesellschaft erst mit einem späteren Zeitpunkt ihren Anfang nehmen soll, ist Dritten gegenüber unwirksam.

§ 124. Rechtliche Selbständigkeit; Zwangsvollstreckung in Gesellschaftsvermögen.
(1) Die offene Handelsgesellschaft kann unter ihrer Firma Rechte erwerben und Verbindlichkeiten eingehen, Eigentum und andere dingliche Rechte an Grundstücken erwerben, vor Gericht klagen und verklagt werden.

(2) Zur Zwangsvollstreckung in das Gesellschaftsvermögen ist ein gegen die Gesellschaft gerichteter vollstreckbarer Schuldtitel erforderlich.

§ 125. Vertretung der Gesellschaft. (1) Zur Vertretung der Gesellschaft ist jeder Gesellschafter ermächtigt, wenn er nicht durch den Gesellschaftsvertrag von der Vertretung ausgeschlossen ist.

(2) [1]Im Gesellschaftsvertrage kann bestimmt werden, daß alle oder mehrere Gesellschafter nur in Gemeinschaft zur Vertretung der Gesellschaft ermächtigt sein sollen (Gesamtver-

tretung). [2]Die zur Gesamtvertretung berechtigten Gesellschafter können einzelne von ihnen zur Vornahme bestimmter Geschäfte oder bestimmter Arten von Geschäften ermächtigen. [3]Ist der Gesellschaft gegenüber eine Willenserklärung abzugeben, so genügt die Abgabe gegenüber einem der zur Mitwirkung bei der Vertretung befugten Gesellschafter.

(3) [1]Im Gesellschaftsvertrage kann bestimmt werden, daß die Gesellschafter, wenn nicht mehrere zusammen handeln, nur in Gemeinschaft mit einem Prokuristen zur Vertretung der Gesellschaft ermächtigt sein sollen. [2]Die Vorschriften des Absatzes 2 Satz 2 und 3 finden in diesem Falle entsprechende Anwendung.

(4) *(aufgehoben)*

§ 125a. Angaben auf Geschäftsbriefen.

(1) [1]Auf allen Geschäftsbriefen der Gesellschaft, gleichviel welcher Form, die an einen bestimmten Empfänger gerichtet werden, müssen die Rechtsform und der Sitz der Gesellschaft, das Registergericht und die Nummer, unter der die Gesellschaft in das Handelsregister eingetragen ist, angegeben werden. [2]Bei einer Gesellschaft, bei der kein Gesellschafter eine natürliche Person ist, sind auf den Geschäftsbriefen der Gesellschaft ferner die Firmen der Gesellschafter anzugeben sowie für die Gesellschafter die nach § 35 a des Gesetzes betreffend die Gesellschaften mit beschränkter Haftung oder § 80 des Aktiengesetzes für Geschäftsbriefe vorgeschriebenen Angaben zu machen. [3]Die Angaben nach Satz 2 sind nicht erforderlich, wenn zu den Gesellschaftern der Gesellschaft eine offene Handelsgesellschaft oder Kommanditgesellschaft gehört, bei der ein persönlich haftender Gesellschafter eine natürliche Person ist.

(2) Für Vordrucke und Bestellscheine ist § 37 a Abs. 2 und 3, für Zwangsgelder gegen die zur Vertretung der Gesellschaft ermächtigten Gesellschafter oder deren organschaftliche Vertreter und die Liquidatoren ist § 37 a Abs. 4 entsprechend anzuwenden.

§ 126. Umfang der Vertretungsmacht.

(1) Die Vertretungsmacht der Gesellschafter erstreckt sich auf alle gerichtlichen und außergerichtlichen Geschäfte und Rechtshandlungen einschließlich der Veräußerung und Belastung von Grundstücken sowie der Erteilung und des Widerrufs einer Prokura.

(2) Eine Beschränkung des Umfanges der Vertretungsmacht ist Dritten gegenüber unwirksam; dies gilt insbesondere von der Beschränkung, daß sich die Vertretung nur auf gewisse Geschäfte oder Arten von Geschäften erstrecken oder daß sie nur unter gewissen Umständen oder für eine gewisse Zeit oder an einzelnen Orten stattfinden soll.

§ 127. Entziehung der Vertretungsmacht.

Die Vertretungsmacht kann einem Gesellschafter auf Antrag der übrigen Gesellschafter durch gerichtliche Entscheidung entzogen werden, wenn ein wichtiger Grund vorliegt; ein solcher Grund ist insbesondere grobe Pflichtverletzung oder Unfähigkeit zur ordnungsgemäßen Vertretung der Gesellschaft.

§ 128. Persönliche Haftung der Gesellschafter.

[1]Die Gesellschafter haften für die Verbindlichkeiten der Gesellschaft den Gläubigern als Gesamtschuldner persönlich. [2]Eine entgegenstehende Vereinbarung ist Dritten gegenüber unwirksam.

§ 129. Einwendungen des Gesellschafters.

(1) Wird ein Gesellschafter wegen einer Verbindlichkeit der Gesellschaft in Anspruch genommen, so kann er Einwendungen, die nicht in seiner Person begründet sind, nur insoweit geltend machen, als sie von der Gesellschaft erhoben werden können.

(2) Der Gesellschafter kann die Befriedigung des Gläubigers verweigern, solange der Gesellschaft das Recht zusteht, das ihrer Verbindlichkeit zugrunde liegende Rechtsgeschäft anzufechten.

(3) Die gleiche Befugnis hat der Gesellschafter, solange sich der Gläubiger durch Aufrechnung gegen eine fällige Forderung der Gesellschaft befriedigen kann.

(4) Aus einem gegen die Gesellschaft gerichteten vollstreckbaren Schuldtitel findet die Zwangsvollstreckung gegen die Gesellschafter nicht statt.

§ 130. Haftung des eintretenden Gesellschafters. (1) Wer in eine bestehende Gesellschaft eintritt, haftet gleich den anderen Gesellschaftern nach Maßgabe der §§ 128 und 129 für die vor seinem Eintritte begründeten Verbindlichkeiten der Gesellschaft, ohne Unterschied, ob die Firma eine Änderung erleidet oder nicht.

(2) Eine entgegenstehende Vereinbarung ist Dritten gegenüber unwirksam.

§ 130a. Antragspflicht bei Zahlungsunfähigkeit oder Überschuldung. (1) [1]Nachdem bei einer Gesellschaft, bei der kein Gesellschafter eine natürliche Person ist, die Zahlungsunfähigkeit eingetreten ist oder sich ihre Überschuldung ergeben hat, dürfen die organschaftlichen Vertreter der zur Vertretung der Gesellschaft ermächtigten Gesellschafter und die Liquidatoren für die Gesellschaft keine Zahlungen leisten. [2]Dies gilt nicht von Zahlungen, die auch nach diesem Zeitpunkt mit der Sorgfalt eines

2

ordentlichen und gewissenhaften Geschäftsleiters vereinbar sind. …

(2) [1]Wird entgegen Absatz 1 die Eröffnung des Insolvenzverfahrens nicht oder nicht rechtzeitig beantragt oder werden entgegen Absatz 2 Zahlungen geleistet, nachdem die Zahlungsunfähigkeit der Gesellschaft eingetreten ist oder sich ihre Überschuldung ergeben hat, so sind die organschaftlichen Vertreter der zur Vertretung der Gesellschaft ermächtigten Gesellschafter und die Liquidatoren der Gesellschaft gegenüber zum Ersatz des daraus entstehenden Schadens als Gesamtschuldner verpflichtet. [2]Ist dabei streitig, ob sie die Sorgfalt eines ordentlichen und gewissenhaften Geschäftsleiters angewandt haben, so trifft sie die Beweislast. [3]Die Ersatzpflicht kann durch Vereinbarung mit den Gesellschaftern weder eingeschränkt noch ausgeschlossen werden.

▶ Auflösung der Gesellschaft und Ausscheiden von Gesellschaftern

§ 131. Auflösungsgründe. (1) Die offene Handelsgesellschaft wird aufgelöst:
1. durch den Ablauf der Zeit, für welche sie eingegangen ist;
2. durch Beschluß der Gesellschafter;
3. durch die Eröffnung des Insolvenzverfahrens über das Vermögen der Gesellschaft;
4. durch gerichtliche Entscheidung.

(3) [1]Folgende Gründe führen mangels abweichender vertraglicher Bestimmung zum Ausscheiden eines Gesellschafters:
1. Tod des Gesellschafters,
2. Eröffnung des Insolvenzverfahrens über das Vermögen des Gesellschafters,
3. Kündigung des Gesellschafters,
4. Kündigung durch den Privatgläubiger des Gesellschafters,
5. Eintritt von weiteren im Gesellschaftsvertrag vorgesehenen Fällen,
6. Beschluß der Gesellschafter.

[2]Der Gesellschafter scheidet mit dem Eintritt des ihn betreffenden Ereignisses aus, im Falle der Kündigung aber nicht vor Ablauf der Kündigungsfrist.

§ 132. Kündigung eines Gesellschafters. Die Kündigung eines Gesellschafters kann, wenn die Gesellschaft für unbestimmte Zeit eingegangen ist, nur für den Schluß eines Geschäftsjahrs erfolgen; sie muß mindestens sechs Monate vor diesem Zeitpunkte stattfinden.

§ 133. Auflösung durch gerichtliche Entscheidung. (1) Auf Antrag eines Gesellschafters kann die Auflösung der Gesellschaft vor dem Ablaufe der für ihre Dauer bestimmten Zeit oder bei einer für unbestimmte Zeit eingegangenen Gesellschaft ohne Kündigung durch gerichtliche Entscheidung ausgesprochen werden, wenn ein wichtiger Grund vorliegt.

(2) Ein solcher Grund ist insbesondere vorhanden, wenn ein anderer Gesellschafter eine ihm nach dem Gesellschaftsvertrag obliegende wesentliche Verpflichtung vorsätzlich oder aus grober Fahrlässigkeit verletzt oder wenn die Erfüllung einer solchen Verpflichtung unmöglich wird.

(3) Eine Vereinbarung, durch welche das Recht des Gesellschafters, die Auflösung der Gesellschaft zu verlangen, ausgeschlossen oder diesen Vorschriften zuwider beschränkt wird, ist nichtig.

§ 137. Tod oder Konkurs eines Gesellschafters. *(aufgehoben)*

§ 138. Ausscheiden eines Gesellschafters. *(aufgehoben)*

§ 139. Fortsetzung mit den Erben. (1) Ist im Gesellschaftsvertrag bestimmt, daß im Falle des Todes eines Gesellschafters die Gesellschaft mit dessen Erben fortgesetzt werden soll, so kann jeder Erbe sein Verbleiben in der Gesellschaft davon abhängig machen, daß ihm unter Belassung des bisherigen Gewinnanteils die Stellung eines Kommanditisten eingeräumt und der auf ihn fallende Teil der Einlage des Erblassers als seine Kommanditeinlage anerkannt wird.

(2) Nehmen die übrigen Gesellschafter einen dahingehenden Antrag des Erben nicht an, so ist dieser befugt, ohne Einhaltung einer Kündigungsfrist sein Ausscheiden aus der Gesellschaft zu erklären.

§ 140. Ausschließung eines Gesellschafters. (1) [1]Tritt in der Person eines Gesellschafters ein Umstand ein, der nach § 133 für die übrigen Gesellschafter das Recht begründet, die Auflösung der Gesellschaft zu verlangen, so kann vom Gericht anstatt der Auflösung die Ausschließung dieses Gesellschafters aus der Gesellschaft ausgesprochen werden, sofern die übrigen Gesellschafter dies beantragen. [2]Der Ausschließungsklage steht nicht entgegen, daß nach der Ausschließung nur ein Gesellschafter verbleibt.

(2) Für die Auseinandersetzung zwischen der Gesellschaft und dem ausgeschlossenen Gesellschafter ist die Vermögenslage der Gesellschaft in dem Zeitpunkte maßgebend, in welchem die Klage auf Ausschließung erhoben ist.

§ 141. Fortbestehung bei Gläubigerkündigung oder Konkurs. *(aufgehoben)*

§ 142. Übernahme des Geschäfts durch einen Gesellschafter. *(aufgehoben)*

§ 143. Anmeldung von Auflösung und Ausscheiden. (1) [1]Die Auflösung der Gesellschaft ist von sämtlichen Gesellschaftern zur Eintragung in das Handelsregister anzumelden. [2]Dies gilt nicht in den Fällen der Eröffnung oder der Ablehnung der Eröffnung des Insolvenzverfahrens über das Vermögen der Gesellschaft (§ 131 Abs. 1 Nr. 3 und Abs. 2 Nr. 1). [3]In diesen Fällen hat das Gericht die Auflösung und ihren Grund von Amts wegen einzutragen. [4]Im Falle der Löschung der Gesellschaft (§ 131 Abs. 2 Nr. 2) entfällt die Eintragung der Auflösung.

(2) Absatz 1 Satz 1 gilt entsprechend für das Ausscheiden eines Gesellschafters aus der Gesellschaft.

▶ Liquidation der Gesellschaft

§ 145. Notwendigkeit der Liquidation.

(1) Nach der Auflösung der Gesellschaft findet die Liquidation statt, sofern nicht eine andere Art der Auseinandersetzung von den Gesellschaftern vereinbart oder über das Vermögen der Gesellschaft das Insolvenzverfahren eröffnet ist.

(2) Ist die Gesellschaft durch Kündigung des Gläubigers eines Gesellschafters oder durch die Eröffnung des Insolvenzverfahrens über das Vermögen eines Gesellschafters aufgelöst, so kann die Liquidation nur mit Zustimmung des Gläubigers oder des Insolvenzverwalters unterbleiben.

§ 155. Verteilung des Gesellschaftsvermögens. (1) Das nach Berichtigung der Schulden verbleibende Vermögen der Gesellschaft ist von den Liquidatoren nach dem Verhältnisse der Kapitalanteile, wie sie sich auf Grund der Schlußbilanz ergeben, unter die Gesellschafter zu verteilen.

▶ Verjährung. Zeitliche Begrenzung der Haftung

§ 159. Ansprüche gegen einen Gesellschafter.

(1) Die Ansprüche gegen einen Gesellschafter aus Verbindlichkeiten der Gesellschaft verjähren in fünf Jahren nach der Auflösung der Gesellschaft, sofern nicht der Anspruch gegen die Gesellschaft einer kürzeren Verjährung unterliegt.

§ 160. Haftung des ausscheidenden Gesellschafters. (1) [1]Scheidet ein Gesellschafter der Gesellschaft aus, so haftet er für ihre bis dahin begründeten Verbindlichkeiten, wenn sie vor Ablauf von fünf Jahren nach dem Ausscheiden fällig und daraus Ansprüche gegen ihn in einer in § 197 Abs. 1 Nr. 3 bis 5 des Bürgerlichen Gesetzbuchs bezeichneten Art festgestellt sind oder eine gerichtliche oder behördliche Vollstreckungshandlung vorgenommen oder beantragt wird; bei öffentlichrechtlichen Verbindlichkeiten genügt der Erlaß eines Verwaltungsakts. [2]Die Frist beginnt mit dem Ende des Tages, an dem das Ausscheiden in das Handelsregister des für den Sitz der Gesellschaft zuständigen Gerichts eingetragen wird. [3]Die für die Verjährung geltenden §§ 204, 206, 210, 211 und 212 Abs. 2 und 3 des Bürgerlichen Gesetzbuches sind entsprechend anzuwenden.

2

Kommanditgesellschaft

§ 161. Begriff der KG; Anwendbarkeit der OHG-Vorschriften. (1) Eine Gesellschaft, deren Zweck auf den Betrieb eines Handelsgewerbes unter gemeinschaftlicher Firma gerichtet ist, ist eine Kommanditgesellschaft, wenn bei einem oder bei einigen von den Gesellschaftern die Haftung gegenüber den Gesellschaftsgläubigern auf den Betrag einer bestimmten Vermögenseinlage beschränkt ist (Kommanditisten), während bei dem anderen Teile der Gesellschafter eine Beschränkung der Haftung nicht stattfindet (persönlich haftende Gesellschafter).

(2) Soweit nicht in diesem Abschnitt ein anderes vorgeschrieben ist, finden auf die Kommanditgesellschaft die für die offene Handelsgesellschaft geltenden Vorschriften Anwendung.

§ 162. Anmeldung zum Handelsregister.

(1) Die Anmeldung der Gesellschaft hat außer den in § 106 Abs. 2 vorgesehenen Angaben die Bezeichnung der Kommanditisten und den Betrag der Einlage eines jeden von ihnen zu enthalten. Ist eine Gesellschaft bürgerlichen Rechts Kommanditist, so sind auch deren Gesellschafter entsprechend § 106 Abs. 2 und spätere Änderungen in der Zusammensetzung der Gesellschafter zur Eintragung anzumelden.

(2) Bei der Bekanntmachung der Eintragung der Gesellschaft sind keine Angaben zu den Kommanditisten zu machen; die Vorschriften des § 15 sind insoweit nicht anzuwenden.

(3) Diese Vorschriften finden im Falle des Eintritts eines Kommanditisten in eine bestehende Handelsgesellschaft und im Falle des Ausscheidens eines Kommanditisten aus einer Kommanditgesellschaft entsprechende Anwendung.

§ 163. Rechtsverhältnis der Gesellschafter untereinander. Für das Verhältnis der Gesell-

2

schafter untereinander gelten in Ermangelung abweichender Bestimmungen des Gesellschaftsvertrags die besonderen Vorschriften der §§ 164 bis 169.

§ 164. Geschäftsführung. [1]Die Kommanditisten sind von der Führung der Geschäfte der Gesellschaft ausgeschlossen; sie können einer Handlung der persönlich haftenden Gesellschafter nicht widersprechen, es sei denn, daß die Handlung über den gewöhnlichen Betrieb des Handelsgewerbes der Gesellschaft hinausgeht. [2]Die Vorschriften des § 116 Abs. 3 bleiben unberührt.

§ 165. Wettbewerbsverbot. Die §§ 112 und 113 finden auf die Kommanditisten keine Anwendung.

§ 166. Kontrollrecht. (1) Der Kommanditist ist berechtigt, die abschriftliche Mitteilung des Jahresabschlusses zu verlangen und dessen Richtigkeit unter Einsicht der Bücher und Papiere zu prüfen.

(2) Die in § 118 dem von der Geschäftsführung ausgeschlossenen Gesellschafter eingeräumten weiteren Rechte stehen dem Kommanditisten nicht zu.

(3) Auf Antrag eines Kommanditisten kann das Gericht, wenn wichtige Gründe vorliegen, die Mitteilung einer Bilanz und eines Jahresabschlusses oder sonstiger Aufklärungen sowie die Vorlegung der Bücher und Papiere jederzeit anordnen.

§ 167. Gewinn und Verlust. (1) Die Vorschriften des § 120 über die Berechnung des Gewinns oder Verlustes gelten auch für den Kommanditisten.

(2) Jedoch wird der einem Kommanditisten zukommende Gewinn seinem Kapitalanteil nur so lange zugeschrieben, als dieser den Betrag der bedungenen Einlage nicht erreicht.

(3) An dem Verluste nimmt der Kommanditist nur bis zum Betrage seines Kapitalanteils und seiner noch rückständigen Einlage teil.

§ 168. Verteilung von Gewinn und Verlust.

(1) Die Anteile der Gesellschafter am Gewinne bestimmen sich, soweit der Gewinn den Betrag von vier vom Hundert der Kapitalanteile nicht übersteigt, nach den Vorschriften des § 121 Abs. 1 und 2.

(2) In Ansehung des Gewinns, welcher diesen Betrag übersteigt, sowie in Ansehung des Verlustes gilt, soweit nicht ein anderes vereinbart ist, ein den Umständen nach angemessenes Verhältnis der Anteile als bedungen.

§ 169. Gewinnauszahlung. (1) [1]§ 122 findet auf den Kommanditisten keine Anwendung. [2]Dieser hat nur Anspruch auf Auszahlung des ihm zukommenden Gewinns; er kann auch die Auszahlung des Gewinns nicht fordern, solange sein Kapitalanteil durch Verlust unter den auf die bedungene Einlage geleisteten Betrag herabgemindert ist oder durch die Auszahlung unter diesen Betrag herabgemindert werden würde.

(2) Der Kommanditist ist nicht verpflichtet, den bezogenen Gewinn wegen späterer Verluste zurückzuzahlen.

§ 170. Vertretung der KG. Der Kommanditist ist zur Vertretung der Gesellschaft nicht ermächtigt.

§ 171. Haftung des Kommanditisten. (1) Der Kommanditist haftet den Gläubigern der Gesellschaft bis zur Höhe seiner Einlage unmittelbar; die Haftung ist ausgeschlossen, soweit die Einlage geleistet ist.

§ 172. Umfang der Haftung. (1) Im Verhältnisse zu den Gläubigern der Gesellschaft wird nach der Eintragung in das Handelsregister die Einlage eines Kommanditisten durch den in der Eintragung angegebenen Betrag bestimmt.

(3) Eine Vereinbarung der Gesellschafter, durch die einem Kommanditisten die Einlage erlassen oder gestundet wird, ist den Gläubigern gegenüber unwirksam.

(4) [1]Soweit die Einlage eines Kommanditisten zurückbezahlt wird, gilt sie den Gläubigern gegenüber als nicht geleistet. [2]Das gleiche gilt, soweit ein Kommanditist Gewinnanteile entnimmt, während sein Kapitalanteil durch Verlust unter den Betrag der geleisteten Einlage herabgemindert ist, oder soweit durch die Entnahme der Kapitalanteil unter den bezeichneten Betrag herabgemindert wird. Bei der Berechnung des Kapitalanteils nach Satz 2 sind Beträge im Sinn des § 268 Abs. 8 nicht zu berücksichtigen.

§ 172a. Rückgewähr von Darlehen. [1]Bei einer Kommanditgesellschaft, bei der kein persönlich haftender Gesellschafter eine natürliche Person ist, gelten die §§ 32a, 32 b des Gesetzes betreffend die Gesellschaften mit beschränkter Haftung sinngemäß mit der Maßgabe, daß an die Stelle der Gesellschafter der Gesellschaft mit beschränkter Haftung die Gesellschafter oder Mitglieder der persönlich haftenden Gesellschafter der Kommanditgesellschaft sowie die Kommanditisten treten. [2]Dies gilt nicht, wenn zu den persönlich haftenden Gesellschaftern eine offene Handelsgesellschaft oder Kommanditgesellschaft gehört, bei der ein persönlich haftender Gesellschafter eine natürliche Person ist.

§ 173. Haftung bei Eintritt als Kommanditist.
(1) Wer in eine bestehende Handelsgesellschaft als Kommanditist eintritt, haftet nach Maßgabe der §§ 171 und 172 für die vor seinem Eintritt begründeten Verbindlichkeiten der Gesellschaft, ohne Unterschied, ob die Firma eine Änderung erleidet oder nicht.
(2) Eine entgegenstehende Vereinbarung ist Dritten gegenüber unwirksam.

§ 175. Anmeldung zur Eintragung der Änderung einer Einlage. [1]Die Erhöhung sowie die Herabsetzung einer Einlage ist durch die sämtlichen Gesellschafter zur Eintragung in das Handelsregister anzumelden. [2]§ 162 Abs. 2 gilt entsprechend.

§ 176. Haftung vor Eintragung. (1) [1]Hat die Gesellschaft ihre Geschäfte begonnen, bevor sie in das Handelsregister des Gerichts, in dessen Bezirke sie ihren Sitz hat, eingetragen ist, so haftet jeder Kommanditist, der dem Geschäftsbeginn zugestimmt hat, für die bis zur Eintragung begründeten Verbindlichkeiten der Gesellschaft gleich einem persönlich haftenden Gesellschafter, es sei denn, daß seine Beteiligung als Kommanditist dem Gläubiger bekannt war. [2]Diese Vorschrift kommt nicht zur Anwendung, soweit sich aus § 2 oder § 105 Abs. 2 ein anderes ergibt.
(2) Tritt ein Kommanditist in eine bestehende Handelsgesellschaft ein, so findet die Vorschrift des Absatzes 1 Satz 1 für die in der Zeit zwischen seinem Eintritt und dessen Eintragung in das Handelsregister begründeten Verbindlichkeiten der Gesellschaft entsprechende Anwendung.

§ 177. Tod des Kommanditisten. Beim Tod eines Kommanditisten wird die Gesellschaft mangels abweichender vertraglicher Bestimmungen mit den Erben fortgesetzt.

Stille Gesellschaft

§ 230. Begriff und Wesen der stillen Gesellschaft. (1) Wer sich als stiller Gesellschafter an dem Handelsgewerbe, das ein anderer betreibt, mit einer Vermögenseinlage beteiligt, hat die Einlage so zu leisten, daß sie in das Vermögen des Inhabers des Handelsgeschäfts übergeht.
(2) Der Inhaber wird aus den in dem Betriebe geschlossenen Geschäften allein berechtigt und verpflichtet.

§ 231. Gewinn und Verlust. (1) Ist der Anteil des stillen Gesellschafters am Gewinn und Verluste nicht bestimmt, so gilt ein den Umständen nach angemessener Anteil als bedungen.
(2) Im Gesellschaftsvertrage kann bestimmt werden, daß der stille Gesellschafter nicht am Verluste beteiligt sein soll; seine Beteiligung am Gewinne kann nicht ausgeschlossen werden.

§ 232. Gewinn- und Verlustrechnung.
(1) Am Schlusse jedes Geschäftsjahrs wird der Gewinn und Verlust berechnet und der auf den stillen Gesellschafter fallende Gewinn ihm ausbezahlt.
(2) [1]Der stille Gesellschafter nimmt an dem Verluste nur bis zum Betrage seiner eingezahlten oder rückständigen Einlage teil. [2]Er ist nicht verpflichtet, den bezogenen Gewinn wegen späterer Verluste zurückzuzahlen; jedoch wird, solange seine Einlage durch Verlust vermindert ist, der jährliche Gewinn zur Deckung des Verlustes verwendet.

§ 233. Kontrollrecht des stillen Gesellschafters. (1) Der stille Gesellschafter ist berechtigt, die abschriftliche Mitteilung des Jahresabschlusses zu verlangen und dessen Richtigkeit unter Einsicht der Bücher und Papiere zu prüfen.

§ 234. Kündigung der Gesellschaft; Tod des stillen Gesellschafters. (1) [1]Auf die Kündigung der Gesellschaft durch einen der Gesellschafter oder durch einen Gläubiger des stillen Gesellschafters finden die Vorschriften der §§ 132, 134 und 135 entsprechende Anwendung. [2]Die Vorschriften des § 723 des Bürgerlichen Gesetzbuchs über das Recht, die Gesellschaft aus wichtigen Gründen ohne Einhaltung einer Frist zu kündigen, bleiben unberührt.
(2) Durch den Tod des stillen Gesellschafters wird die Gesellschaft nicht aufgelöst.

§ 235. Auseinandersetzung. (1) Nach der Auflösung der Gesellschaft hat sich der Inhaber des Handelsgeschäfts mit dem stillen Gesellschafter auseinanderzusetzen und dessen Guthaben in Geld zu berichtigen.
(2) [1]Die zur Zeit der Auflösung schwebenden Geschäfte werden von dem Inhaber des Handelsgeschäfts abgewickelt. [2]Der stille Gesellschafter nimmt teil an dem Gewinn und Verluste, der sich aus diesen Geschäften ergibt.
(3) Er kann am Schlusse jedes Geschäftsjahrs Rechenschaft über die inzwischen beendigten Geschäfte, Auszahlung des ihm gebührenden Betrags und Auskunft über den Stand der noch schwebenden Geschäfte verlangen.

§ 236. Insolvenz des Inhabers. (1) Wird über das Vermögen des Inhabers des Handelsgeschäfts das Insolvenzverfahren eröffnet, so kann der stille Gesellschafter wegen der Einlage, soweit sie den Betrag des auf ihn fallenden Anteils am Verlust übersteigt, seine Forderung als Insolvenzgläubiger geltend machen.

(2) Ist die Einlage rückständig, so hat sie der stille Gesellschafter bis zu dem Betrage, welcher zur Deckung seines Anteils am Verlust erforderlich ist, zur Insolvenzmasse einzuzahlen.

2

Drittes Buch. Handelsbücher

Vorschriften für alle Kaufleute

▶ Buchführung und Inventar

§ 238. Buchführungspflicht. (1) [1]Jeder Kaufmann ist verpflichtet, Bücher zu führen und in diesen seine Handelsgeschäfte und die Lage seines Vermögens nach den Grundsätzen ordnungsmäßiger Buchführung ersichtlich zu machen. [2]Die Buchführung muß so beschaffen sein, daß sie einem sachverständigen Dritten innerhalb angemessener Zeit einen Überblick über die Geschäftsvorfälle und über die Lage des Unternehmens vermitteln kann. [3]Die Geschäftsvorfälle müssen sich in ihrer Entstehung und Abwicklung verfolgen lassen.

(2) Der Kaufmann ist verpflichtet, eine mit der Urschrift übereinstimmende Wiedergabe der abgesandten Handelsbriefe (Kopie, Abdruck, Abschrift oder sonstige Wiedergabe des Wortlauts auf einem Schrift-, Bild- oder anderen Datenträger) zurückzubehalten.

§ 239. Führung der Handelsbücher. (1) [1]Bei der Führung der Handelsbücher und bei den sonst erforderlichen Aufzeichnungen hat sich der Kaufmann einer lebenden Sprache zu bedienen. [2]Werden Abkürzungen, Ziffern, Buchstaben oder Symbole verwendet, muß im Einzelfall deren Bedeutung eindeutig festliegen.

(2) Die Eintragungen in Büchern und die sonst erforderlichen Aufzeichnungen müssen vollständig, richtig, zeitgerecht und geordnet vorgenommen werden.

(3) [1]Eine Eintragung oder eine Aufzeichnung darf nicht in einer Weise verändert werden, daß der ursprüngliche Inhalt nicht mehr feststellbar ist. [2]Auch solche Veränderungen dürfen nicht vorgenommen werden, deren Beschaffenheit es ungewiß läßt, ob sie ursprünglich oder erst später gemacht worden sind.

(4) [1]Die Handelsbücher und die sonst erforderlichen Aufzeichnungen können auch in der geordneten Ablage von Belegen bestehen oder auf Datenträgern geführt werden, soweit diese Formen der Buchführung einschließlich des dabei angewandten Verfahrens den Grundsätzen ordnungsmäßiger Buchführung entsprechen. [2]Bei der Führung der Handelsbücher und der sonst erforderlichen Aufzeichnungen auf Datenträgern muß insbesondere sichergestellt sein, daß die Daten während der Dauer der Aufbewahrungsfrist verfügbar sind und jederzeit innerhalb angemessener Frist lesbar gemacht werden können. [3]Absätze 1 bis 3 gelten sinngemäß.

§ 240. Inventar. (1) Jeder Kaufmann hat zu Beginn seines Handelsgewerbes seine Grundstücke, seine Forderungen und Schulden, den Betrag seines baren Geldes sowie seine sonstigen Vermögensgegenstände genau zu verzeichnen und dabei den Wert der einzelnen Vermögensgegenstände und Schulden anzugeben.

(2) [1]Er hat demnächst für den Schluß eines jeden Geschäftsjahrs ein solches Inventar aufzustellen. [2]Die Dauer des Geschäftsjahres darf zwölf Monate nicht überschreiten. [3]Die Aufstellung des Inventars ist innerhalb der einem ordnungsmäßigen Geschäftsgang entsprechenden Zeit zu bewirken.

(3) [1]Vermögensgegenstände des Sachanlagevermögens sowie Roh-, Hilfs- und Betriebsstoffe können, wenn sie regelmäßig ersetzt werden und ihr Gesamtwert für das Unternehmen von nachrangiger Bedeutung ist, mit einer gleichbleibenden Menge und einem gleichbleibenden Wert angesetzt werden, sofern ihr Bestand in seiner Größe, seinem Wert und seiner Zusammensetzung nur geringen Veränderungen unterliegt. [2]Jedoch ist in der Regel alle drei Jahre eine körperliche Bestandsaufnahme durchzuführen.

(4) Gleichartige Vermögensgegenstände des Vorratsvermögens sowie andere gleichartige oder annähernd gleichwertige bewegliche Vermögensgegenstände und Schulden können jeweils zu einer Gruppe zusammengefaßt und mit dem gewogenen Durchschnittswert angesetzt werden.

§ 241. Inventurvereinfachungsverfahren. (1) [1]Bei der Aufstellung des Inventars darf der Bestand der Vermögensgegenstände nach Art, Menge und Wert auch mit Hilfe anerkannter mathematisch-statistischer Methoden auf Grund von Stichproben ermittelt werden. [2]Das Verfahren muß den Grundsätzen ordnungsmäßiger Buchführung entsprechen. [3]Der Aussagewert des auf diese Weise aufgestellten Inventars muß dem Aussagewert eines auf Grund einer körperlichen Bestandsaufnahme aufgestellten Inventars gleichkommen.

(2) Bei der Aufstellung des Inventars für den Schluß eines Geschäftsjahrs bedarf es einer körperlichen Bestandsaufnahme der Vermögensgegenstände für diesen Zeitpunkt nicht, soweit durch Anwendung eines den Grundsätzen ordnungsmäßiger Buchführung entsprechenden anderen Verfahrens gesichert ist, daß der Bestand der Vermögensgegenstände nach Art, Menge und Wert auch ohne die körperliche Bestandsaufnahme für diesen Zeitpunkt festgestellt werden kann.

(3) In dem Inventar für den Schluß eines Geschäftsjahrs brauchen Vermögensgegenstände nicht verzeichnet zu werden, wenn

1. der Kaufmann ihren Bestand auf Grund einer körperlichen Bestandsaufnahme oder auf Grund eines nach Absatz 2 zulässigen anderen Verfahrens nach Art, Menge und Wert in einem besonderen Inventar verzeichnet hat, das für einen Tag innerhalb der letzten drei Monate vor oder der ersten beiden Monate nach dem Schluß des Geschäftsjahrs aufgestellt ist, und
2. auf Grund des besonderen Inventars durch Anwendung eines den Grundsätzen ordnungsmäßiger Buchführung entsprechenden Fortschreibungs- oder Rückrechnungsverfahrens gesichert ist, daß der am Schluß des Geschäftsjahrs vorhandene Bestand der Vermögensgegenstände für diesen Zeitpunkt ordnungsgemäß bewertet werden kann.

§ 241a. Befreiung von der Pflicht zur Buchführung und Erstellung eines Inventars. [1]Einzelkaufleute, die an den Abschlussstichtagen von zwei aufeinander folgenden Geschäftsjahren nicht mehr als 500 000 Euro Umsatzerlöse und 50 000 Euro Jahresüberschuss aufweisen, brauchen die §§ 238 bis 241 nicht anzuwenden. [2]Im Fall der Neugründung treten die Rechtsfolgen schon ein, wenn die Werte des Satzes 1 am ersten Abschlussstichtag nach der Neugründung nicht überschritten werden.

▶ Eröffnungsbilanz und Jahresabschluß

Allgemeine Vorschriften

§ 242. Pflicht zur Aufstellung. (1) [1]Der Kaufmann hat zu Beginn seines Handelsgewerbes und für den Schluß eines jeden Geschäftsjahrs einen das Verhältnis seines Vermögens und seiner Schulden darstellenden Abschluß (Eröffnungsbilanz, Bilanz) aufzustellen. [2]Auf die Eröffnungsbilanz sind die für den Jahresabschluß geltenden Vorschriften entsprechend anzuwenden, soweit sie sich auf die Bilanz beziehen.

(2) Er hat für den Schluß eines jeden Geschäftsjahrs eine Gegenüberstellung der Aufwendungen und Erträge des Geschäftsjahrs (Gewinn- und Verlustrechnung) aufzustellen.

(3) Die Bilanz und die Gewinn- und Verlustrechnung bilden den Jahresabschluß.

(4) [1]Die Absätze 1 bis 3 sind auf Einzelkaufleute im Sinn des § 241a nicht anzuwenden. [2]Im Fall der Neugründung treten die Rechtsfolgen nach Satz 1 schon ein, wenn die Werte des § 241a Satz 1 am ersten Abschlussstichtag nach der Neugründung nicht überschritten werden.

2

§ 243. Aufstellungsgrundsatz. (1) Der Jahresabschluß ist nach den Grundsätzen ordnungsmäßiger Buchführung aufzustellen.

(2) Er muß klar und übersichtlich sein.

(3) Der Jahresabschluß ist innerhalb der einem ordnungsmäßigen Geschäftsgang entsprechenden Zeit aufzustellen.

§ 244. Sprache. Währungseinheit. Der Jahresabschluß ist in deutscher Sprache und in Euro aufzustellen.

§ 245. Unterzeichnung. [1]Der Jahresabschluß ist vom Kaufmann unter Angabe des Datums zu unterzeichnen. [2]Sind mehrere persönlich haftende Gesellschafter vorhanden, so haben sie alle zu unterzeichnen.

Ansatzvorschriften

§ 246. Vollständigkeit. Verrechnungsverbot. (1) [1]Der Jahresabschluss hat sämtliche Vermögensgegenstände, Schulden, Rechnungsabgrenzungsposten sowie Aufwendungen und Erträge zu enthalten, soweit gesetzlich nichts anderes bestimmt ist. [2]Vermögensgegenstände sind in der Bilanz des Eigentümers aufzunehmen; ist ein Vermögensgegenstand nicht dem Eigentümer, sondern einem anderen wirtschaftlich zuzurechnen, hat dieser ihn in seiner Bilanz auszuweisen. [3]Schulden sind in die Bilanz des Schuldners aufzunehmen. [4]Der Unterschiedsbetrag, um den die für die Übernahme eines Unternehmens bewirkte Gegenleistung den Wert der einzelnen Vermögensgegenstände des Unternehmens abzüglich der Schulden im Zeitpunkt der Übernahme übersteigt (entgeltlich erworbener Geschäfts- oder Firmenwert), gilt als zeitlich begrenzt nutzbarer Vermögensgegenstand.

(2) [1]Posten der Aktivseite dürfen nicht mit Posten der Passivseite, Aufwendungen nicht mit Erträgen, Grundstücksrechte nicht mit Grundstückslasten verrechnet werden. [2]Vermögensgegenstände, die dem Zugriff aller übrigen Gläubiger entzogen sind und ausschließlich der Erfüllung von Schulden aus Altersversorgungs-

2 verpflichtungen oder vergleichbaren langfristig fälligen Verpflichtungen dienen, sind mit diesen Schulden zu verrechnen; entsprechend ist mit den zugehörigen Aufwendungen und Erträgen aus der Abzinsung und aus dem zu verrechnenden Vermögen zu verfahren. [3]Übersteigt der beizulegende Zeitwert der Vermögensgegenstände den Betrag der Schulden, ist der übersteigende Betrag unter einem gesonderten Posten zu aktivieren.

(3) [1]Die auf den vorhergehenden Jahresabschluss angewandten Ansatzmethoden sind beizubehalten. [2]§ 252 Abs. 2 ist entsprechend anzuwenden.

§ 247. Inhalt der Bilanz. (1) In der Bilanz sind das Anlage- und das Umlaufvermögen, das Eigenkapital, die Schulden sowie die Rechnungsabgrenzungsposten gesondert auszuweisen und hinreichend aufzugliedern.

(2) Beim Anlagevermögen sind nur die Gegenstände auszuweisen, die bestimmt sind, dauernd dem Geschäftsbetrieb zu dienen.

§ 248. Bilanzierungsverbote und -wahlrechte.

(1) In die Bilanz dürfen nicht als Aktivposten aufgenommen werden:

1. Aufwendungen für die Gründung eines Unternehmens,
2. Aufwendungen für die Beschaffung des Eigenkapitals und
3. Aufwendungen für den Abschluss von Versicherungsverträgen.

(2) [1]Selbst geschaffene immaterielle Vermögensgegenstände des Anlagevermögens können als Aktivposten in die Bilanz aufgenommen werden. [2]Nicht aufgenommen werden dürfen selbst geschaffene Marken, Drucktitel, Verlagsrecht, Kundenlisten oder vergleichbare immaterielle Vermögensgegenstände des Anlagevermögens.

§ 249. Rückstellungen. (1) [1]Rückstellungen sind für ungewisse Verbindlichkeiten und für drohende Verluste aus schwebenden Geschäften zu bilden. [2]Ferner sind Rückstellungen zu bilden für

1. im Geschäftsjahr unterlassene Aufwendungen für Instandhaltung, die im folgenden Geschäftsjahr innerhalb von drei Monaten, oder für Abraumbeseitigung, die im folgenden Geschäftsjahr nachgeholt werden,
2. Gewährleistungen, die ohne rechtliche Verpflichtung erbracht werden.

(2) [1]Für andere als die in Absatz 1 bezeichneten Zwecke dürfen Rückstellungen nicht gebildet werden. [2]Rückstellungen dürfen nur aufgelöst werden, soweit der Grund hierfür entfallen ist.

§ 250. Rechnungsabgrenzungsposten.

(1) Als Rechnungsabgrenzungsposten sind auf der Aktivseite Ausgaben vor dem Abschlußstichtag auszuweisen, soweit sie Aufwand für eine bestimmte Zeit nach diesem Tag darstellen.

(2) Auf der Passivseite sind als Rechnungsabgrenzungsposten Einnahmen vor dem Abschlußstichtag auszuweisen, soweit sie Ertrag für eine bestimmte Zeit nach diesem Tag darstellen.

(3) [1]Ist der Erfüllungsbetrag einer Verbindlichkeit höher als der Ausgabebetrag, so darf der Unterschiedsbetrag in den Rechnungsabgrenzungsposten auf der Aktivseite aufgenommen werden. [2]Der Unterschiedsbetrag ist durch planmäßige jährliche Abschreibungen zu tilgen, die auf die gesamte Laufzeit der Verbindlichkeit verteilt werden können.

§ 251. Haftungsverhältnisse. [1]Unter der Bilanz sind, sofern sie nicht auf der Passivseite auszuweisen sind, Verbindlichkeiten aus der Begebung und Übertragung von Wechseln, aus Bürgschaften, Wechsel- und Scheckbürgschaften und aus Gewährleistungsverträgen sowie Haftungsverhältnisse aus der Bestellung von Sicherheiten für fremde Verbindlichkeiten zu vermerken; sie dürfen in einem Betrag angegeben werden. [2]Haftungsverhältnisse sind auch anzugeben, wenn ihnen gleichwertige Rückgriffsforderungen gegenüberstehen.

Bewertungsvorschriften

§ 252. Allgemeine Bewertungsgrundsätze.

(1) Bei der Bewertung der im Jahresabschluß ausgewiesenen Vermögensgegenstände und Schulden gilt insbesondere folgendes:

1. Die Wertansätze in der Eröffnungsbilanz des Geschäftsjahrs müssen mit denen der Schlußbilanz des vorhergehenden Geschäftsjahrs übereinstimmen.
2. Bei der Bewertung ist von der Fortführung der Unternehmenstätigkeit auszugehen, sofern dem nicht tatsächliche oder rechtliche Gegebenheiten entgegenstehen.
3. Die Vermögensgegenstände und Schulden sind zum Abschlußstichtag einzeln zu bewerten.
4. Es ist vorsichtig zu bewerten, namentlich sind alle vorhersehbaren Risiken und Verluste, die bis zum Abschlußstichtag entstanden sind, zu berücksichtigen, selbst wenn diese erst zwischen dem Abschlußstichtag und dem Tag der Aufstellung des Jahresabschlusses bekanntgeworden sind; Gewinne sind nur zu berücksichtigen, wenn sie am Abschlußstichtag realisiert sind.

5. Aufwendungen und Erträge des Geschäftsjahrs sind unabhängig von den Zeitpunkten der entsprechenden Zahlungen im Jahresabschluß zu berücksichtigen.
6. Die auf den vorhergehenden Jahresabschluß angewandten Bewertungsmethoden sind beizubehalten.

(2) Von den Grundsätzen des Absatzes 1 darf nur in begründeten Ausnahmefällen abgewichen werden.

§ 253. Zugangs- und Folgebewertung.

(1) [1]Vermögensgegenstände sind höchstens mit den Anschaffungs- oder Herstellungskosten, vermindert um die Abschreibungen nach den Absätzen 3 bis 5, anzusetzen. [2]Verbindlichkeiten sind zu ihrem Erfüllungsbetrag und Rückstellungen in Höhe des nach vernünftiger kaufmännischer Beurteilung notwendigen Erfüllungsbetrages anzusetzen. [3]Soweit sich die Höhe von Altersversorgungsverpflichtungen ausschließlich nach dem beizulegenden Zeitwert von Wertpapieren im Sinn des § 266 Abs. 2 A. III. 5 bestimmt, sind Rückstellungen hierfür zum beizulegenden Zeitwert dieser Wertpapiere anzusetzen, soweit er einen garantierten Mindestbetrag übersteigt. [4]Nach § 246 Abs. 2 Satz 2 zu verrechnende Vermögensgegenstände sind mit ihrem beizulegenden Zeitwert zu bewerten. Kleinstkapitalgesellschaften (§ 267a) dürfen eine Bewertung zum beizulegenden Zeitwert nur vornehmen, wenn sie von keiner der in § 264 Absatz 1 Satz 5, § 266 Absatz 1 Satz 4, § 275 Absatz 5 und § 326 Absatz 2 vorgesehenen Erleichterungen Gebrauch machen. In diesem Fall erfolgt die Bewertung der Vermögensgegenstände nach Satz 1, auch soweit eine Verrechnung nach § 246 Absatz 2 Satz 2 vorgesehen ist.

(2) [1]Rückstellungen mit einer Restlaufzeit von mehr als einem Jahr sind mit dem ihrer Restlaufzeit entsprechenden durchschnittlichen Marktzinssatz der vergangenen sieben Geschäftsjahre abzuzinsen. [2]Abweichend von Satz 1 dürfen Rückstellungen für Altersversorgungsverpflichtungen oder vergleichbare langfristig fällige Verpflichtungen pauschal mit dem durchschnittlichen Marktzinssatz abgezinst werden, der sich bei einer angenommenen Restlaufzeit von 15 Jahren ergibt. [3]Die Sätze 1 und 2 gelten entsprechend für auf Rentenverpflichtungen beruhende Verbindlichkeiten, für die eine Gegenleistung nicht mehr zu erwarten ist. [4]Der nach den Sätzen 1 und 2 anzuwendende Abzinsungszinssatz wird von der Deutschen Bundesbank nach Maßgabe einer Rechtsverordnung ermittelt und monatlich bekannt gegeben. [5]In der Rechtsverordnung nach Satz 4, die nicht der Zustimmung des Bundesrates bedarf, bestimmt das Bundesministerium der Justiz im Benehmen mit der Deutschen Bundesbank das Nähere zur Ermittlung der Abzinsungszinssätze, insbesondere die Ermittlungsmethodik und deren Grundlagen, sowie die Form der Bekanntgabe.

(3) [1]Bei Vermögensgegenständen des Anlagevermögens, deren Nutzung zeitlich begrenzt ist, sind die Anschaffungs- oder die Herstellungskosten um planmäßige Abschreibungen zu vermindern. [2]Der Plan muss die Anschaffungs- oder Herstellungskosten auf die Geschäftsjahre verteilen, in denen der Vermögensgegenstand voraussichtlich genutzt werden kann. [3]Ohne Rücksicht darauf, ob ihre Nutzung zeitlich begrenzt ist, sind bei Vermögensgegenständen des Anlagevermögens bei voraussichtlich dauernder Wertminderung außerplanmäßige Abschreibungen vorzunehmen, um diese mit dem niedrigeren Wert anzusetzen, der ihnen am Abschlussstichtag beizulegen ist. [4]Bei Finanzanlagen können außerplanmäßige Abschreibungen auch bei voraussichtlich nicht dauernder Wertminderung vorgenommen werden.

(4) [1]Bei Vermögensgegenständen des Umlaufvermögens sind Abschreibungen vorzunehmen, um diese mit einem niedrigeren Wert anzusetzen, der sich aus einem Börsen- oder Marktpreis am Abschlussstichtag ergibt. [2]Ist ein Börsen- oder Marktpreis nicht festzustellen und übersteigen die Anschaffungs- oder Herstellungskosten den Wert, der den Vermögensgegenständen am Abschlussstichtag beizulegen ist, so ist auf diesen Wert abzuschreiben.

(5) [1]Ein niedrigerer Wertansatz nach Absatz 3 Satz 3 oder 4 und Absatz 4 darf nicht beibehalten werden, wenn die Gründe dafür nicht mehr bestehen. [2]Ein niedrigerer Wertansatz eines entgeltlich erworbenen Geschäfts- oder Firmenwertes ist beizubehalten.

§ 254. Bildung von Bewertungseinheiten.

[1]Werden Vermögensgegenstände, Schulden, schwebende Geschäfte oder mit hoher Wahrscheinlichkeit erwartete Transaktionen zum Ausgleich gegenläufiger Wertänderungen oder Zahlungsströme aus dem Eintritt vergleichbarer Risiken mit Finanzinstrumenten zusammengefasst (Bewertungseinheit), sind § 249 Abs. 1, § 252 Abs. 1 Nr. 3 und 4, § 253 Abs. 1 Satz 1 und § 256a in dem Umfang und für den Zeitraum nicht anzuwenden, in dem die gegenläufigen Wertänderungen oder Zahlungsströme sich ausgleichen. [2]Als Finanzinstrumente im Sinn des Satzes 1 gelten auch Termingeschäfte über den Erwerb oder die Veräußerung von Waren.

§ 255. Bewertungsmaßstäbe. (1) [1]Anschaffungskosten sind die Aufwendungen, die geleistet werden, um einen Vermögensgegenstand

zu erwerben und ihn in einen betriebsbereiten Zustand zu versetzen, soweit sie dem Vermögensgegenstand einzeln zugeordnet werden können. [2]Zu den Anschaffungskosten gehören auch die Nebenkosten sowie die nachträglichen Anschaffungskosten. [3]Anschaffungspreis-
2 minderungen sind abzusetzen.

(2) [1]Herstellungskosten sind die Aufwendungen, die durch den Verbrauch von Gütern und die Inanspruchnahme von Diensten für die Herstellung eines Vermögensgegenstands, seine Erweiterung oder für eine über seinen ursprünglichen Zustand hinausgehende wesentliche Verbesserung entstehen. [2]Dazu gehören die Materialkosten, die Fertigungskosten und die Sonderkosten der Fertigung sowie angemessene Teile der Materialgemeinkosten, der Fertigungsgemeinkosten und des Werteverzehrs des Anlagevermögens, soweit dieser durch die Fertigung veranlasst ist. [3]Bei der Berechnung der Herstellungskosten dürfen angemessene Teile der Kosten der allgemeinen Verwaltung sowie angemessene Aufwendungen für soziale Einrichtungen des Betriebs, für freiwillige soziale Leistungen und für die betriebliche Altersversorgung einbezogen werden, soweit diese auf den Zeitraum der Herstellung entfallen. [4]Forschungs- und Vertriebskosten dürfen nicht einbezogen werden.

(2a) [1]Herstellungskosten eines selbst geschaffenen immateriellen Vermögensgegenstands des Anlagevermögens sind die bei dessen Entwicklung anfallenden Aufwendungen nach Absatz 2. [2]Entwicklung ist die Anwendung von Forschungsergebnissen oder von anderem Wissen für die Neuentwicklung von Gütern oder Verfahren oder die Weiterentwicklung von Gütern oder Verfahren mittels wesentlicher Änderungen. [3]Forschung ist die eigenständige und planmäßige Suche nach neuen wissenschaftlichen oder technischen Erkenntnissen oder Erfahrungen allgemeiner Art, über deren technische Verwertbarkeit und wirtschaftliche Erfolgsaussichten grundsätzlich keine Aussagen gemacht werden können. [4]Können Forschung und Entwicklung nicht verlässlich voneinander unterschieden werden, ist eine Aktivierung ausgeschlossen.

(3) [1]Zinsen für Fremdkapital gehören nicht zu den Herstellungskosten. [2]Zinsen für Fremdkapital, das zur Finanzierung der Herstellung eines Vermögensgegenstands verwendet wird, dürfen angesetzt werden, soweit sie auf den Zeitraum der Herstellung entfallen; in diesem Falle gelten sie als Herstellungskosten des Vermögensgegenstands.

(4) [1]Der beizulegende Zeitwert entspricht dem Marktpreis. [2]Soweit kein aktiver Markt besteht, anhand dessen sich der Marktpreis ermitteln lässt, ist der beizulegende Zeitwert mit Hilfe allgemein anerkannter Bewertungsmethoden zu bestimmen. [3]Lässt sich der beizulegende Zeitwert weder nach Satz 1 noch nach Satz 2 ermitteln, sind die Anschaffungs- oder Herstellungskosten gemäß § 253 Abs. 4 fortzuführen. [4]Der zuletzt nach Satz 1 oder 2 ermittelte beizulegende Zeitwert gilt als Anschaffungs- oder Herstellungskosten im Sinn des Satzes 3.

§ 256. Bewertungsvereinfachungsverfahren. [1]Soweit es den Grundsätzen ordnungsmäßiger Buchführung entspricht, kann für den Wertansatz gleichartiger Vermögensgegenstände des Vorratsvermögens unterstellt werden, daß die zuerst oder daß die zuletzt angeschafften oder hergestellten Vermögensgegenstände zuerst verbraucht oder veräußert worden sind. [2]§ 240 Abs. 3 und 4 ist auch auf den Jahresabschluß anwendbar.

§ 256a. Währungsumrechnung. [1]Auf fremde Währung lautende Vermögensgegenstände und Verbindlichkeiten sind zum Devisenkassamittelkurs am Abschlussstichtag umzurechnen. [2]Bei einer Restlaufzeit von einem Jahr oder weniger sind § 253 Abs. 1 Satz 1 und § 252 Abs. 1 Nr. 4 Halbsatz 2 nicht anzuwenden.

▶ Aufbewahrung und Vorlage

§ 257. Aufbewahrung von Unterlagen. Aufbewahrungsfristen. (1) Jeder Kaufmann ist verpflichtet, die folgenden Unterlagen geordnet aufzubewahren:
1. Handelsbücher, Inventare, Eröffnungsbilanzen, Jahresabschlüsse, Lageberichte, Konzernabschlüsse, Einzelabschlüsse nach § 325 Abs. 2a, Konzernlageberichte sowie die zu ihrem Verständnis erforderlichen Arbeitsanweisungen und sonstigen Organisationsunterlagen,
2. die empfangenen Handelsbriefe,
3. Wiedergaben der abgesandten Handelsbriefe,
4. Belege für Buchungen in den von ihm nach § 238 Abs. 1 zu führenden Büchern (Buchungsbelege).

(2) Handelsbriefe sind nur Schriftstücke, die ein Handelsgeschäft betreffen.

(3) [1]Mit Ausnahme der Eröffnungsbilanzen und Abschlüsse können die in Absatz 1 aufgeführten Unterlagen auch als Wiedergabe auf einem Bildträger oder auf anderen Datenträgern aufbewahrt werden, wenn dies den Grundsätzen ordnungsmäßiger Buchführung entspricht und sichergestellt ist, daß die Wiedergabe oder die Daten
1. mit den empfangenen Handelsbriefen und den Buchungsbelegen bildlich und mit den

anderen Unterlagen inhaltlich übereinstimmen, wenn sie lesbar gemacht werden,
2. während der Dauer der Aufbewahrungsfrist verfügbar sind und jederzeit innerhalb angemessener Frist lesbar gemacht werden können.

[2]Sind Unterlagen auf Grund des § 239 Abs. 4 Satz 1 auf Datenträgern hergestellt worden, können statt des Datenträgers die Daten auch ausgedruckt aufbewahrt werden; die ausgedruckten Unterlagen können auch nach Satz 1 aufbewahrt werden.

(4) Die in Absatz 1 Nr. 1 und 4 aufgeführten Unterlagen sind zehn Jahre und die sonstigen in Absatz 1 aufgeführten Unterlagen sechs Jahre aufzubewahren.

(5) Die Aufbewahrungsfrist beginnt mit dem Schluß des Kalenderjahrs, in dem die letzte Eintragung in das Handelsbuch gemacht, das Inventar aufgestellt, die Eröffnungsbilanz oder der Jahresabschluß festgestellt, der Einzelabschluss nach § 325 Abs. 2a oder der Konzernabschluß aufgestellt, der Handelsbrief empfangen oder abgesandt worden oder der Buchungsbeleg entstanden ist.

§ 258. Vorlegung im Rechtsstreit. (1) Im Laufe eines Rechtsstreits kann das Gericht auf Antrag oder von Amts wegen die Vorlegung der Handelsbücher einer Partei anordnen.

(2) Die Vorschriften der Zivilprozeßordnung über die Verpflichtung des Prozeßgegners zur Vorlegung von Urkunden bleiben unberührt.

§ 259. Auszug bei Vorlegung im Rechtsstreit. [1]Werden in einem Rechtsstreit Handelsbücher vorgelegt, so ist von ihrem Inhalt, soweit er den Streitpunkt betrifft, unter Zuziehung der Parteien Einsicht zu nehmen und geeignetenfalls ein Auszug zu fertigen. [2]Der übrige Inhalt der Bücher ist dem Gericht insoweit offenzulegen, als es zur Prüfung ihrer ordnungsmäßigen Führung notwendig ist.

§ 260. Vorlegung bei Auseinandersetzungen. Bei Vermögensauseinandersetzungen, insbesondere in Erbschafts-, Gütergemeinschafts- und Gesellschaftsteilungssachen, kann das Gericht die Vorlegung der Handelsbücher zur Kenntnisnahme von ihrem ganzen Inhalt anordnen.

§ 261. Vorlegung von Unterlagen auf Bild- oder Datenträgern. Wer aufzubewahrende Unterlagen nur in der Form einer Wiedergabe auf einem Bildträger oder auf anderen Datenträgern vorlegen kann, ist verpflichtet, auf seine Kosten diejenigen Hilfsmittel zur Verfügung zu stellen, die erforderlich sind, um die Unterlagen lesbar zu machen; soweit erforderlich, hat er die Unterlagen auf seine Kosten auszudrucken oder ohne Hilfsmittel lesbare Reproduktionen beizubringen.

▶ Landesrecht

§ 263. Vorbehalt landesrechtlicher Vorschriften. Unberührt bleiben bei Unternehmen ohne eigene Rechtspersönlichkeit einer Gemeinde, eines Gemeindeverbands oder eines Zweckverbands landesrechtliche Vorschriften, die von den Vorschriften dieses Abschnitts abweichen.

2

Ergänzende Vorschriften für Kapitalgesellschaften (Aktiengesellschaften, Kommanditgesellschaften auf Aktien und Gesellschaften mit beschränkter Haftung) sowie bestimmte Personenhandelsgesellschaften

▶ Jahresabschluß der Kapitalgesellschaft und Lagebericht

Allgemeine Vorschriften

§ 264. Pflicht zur Aufstellung. (1) [1]Die gesetzlichen Vertreter einer Kapitalgesellschaft haben den Jahresabschluß (§ 242) um einen Anhang zu erweitern, der mit der Bilanz und der Gewinn- und Verlustrechnung eine Einheit bildet, sowie einen Lagebericht aufzustellen. [2]Die gesetzlichen Vertreter einer kapitalmarktorientierten Kapitalgesellschaft, die nicht zur Aufstellung eines Konzernabschlusses verpflichtet ist, haben den Jahresabschluss um eine Kapitalflussrechnung und einen Eigenkapitalspiegel zu erweitern, die mit der Bilanz, Gewinn- und Verlustrechnung und dem Anhang eine Einheit bilden; sie können den Jahresabschluss um eine Segmentberichterstattung erweitern. [3]Der Jahresabschluß und der Lagebericht sind von den gesetzlichen Vertretern in den ersten drei Monaten des Geschäftsjahrs für das vergangene Geschäftsjahr aufzustellen. [4]Kleine Kapitalgesellschaften (§ 267 Abs. 1) brauchen den Lagebericht nicht aufzustellen; sie dürfen den Jahresabschluß auch später aufstellen, wenn dies einem ordnungsgemäßen Geschäftsgang entspricht, jedoch innerhalb der ersten sechs Monate des Geschäftsjahres. [5]Kleinstkapitalgesellschaften (§ 267a) brauchen den Jahresabschluss nicht um einen Anhang zu erweitern, wenn sie
1. die in den §§ 251 und 268 Absatz 7 genannten Angaben,
2. die in § 285 Nummer 9 Buchstabe c genannten Angaben und

3. im Falle einer Aktiengesellschaft oder Kommanditgesellschaft auf Aktien die in § 160 Absatz 1 Satz 1 Nummer 2 des Aktiengesetzesgenannten Angaben

unter der Bilanz angeben.

2 (2) [1]Der Jahresabschluß der Kapitalgesellschaft hat unter Beachtung der Grundsätze ordnungsmäßiger Buchführung ein den tatsächlichen Verhältnissen entsprechendes Bild der Vermögens-, Finanz- und Ertragslage der Kapitalgesellschaft zu vermitteln. [2]Führen besondere Umstände dazu, daß der Jahresabschluß ein den tatsächlichen Verhältnissen entsprechendes Bild im Sinne des Satzes 1 nicht vermittelt, so sind im Anhang zusätzliche Angaben zu machen. … [4]Macht eine Kleinstkapitalgesellschaft von der Erleichterung nach Absatz 1 Satz 5 Gebrauch, sind nach Satz 2 erforderliche zusätzliche Angaben unter der Bilanz zu machen. [5]Es wird vermutet, dass ein unter Berücksichtigung der Erleichterungen für Kleinstkapitalgesellschaften aufgestellter Jahresabschluss den Erfordernissen des Satzes 1 entspricht.

§ 264a. Anwendung auf bestimmte offene Handelsgesellschaften und Kommanditgesellschaften. (1) Die Vorschriften des Ersten bis Fünften Unterabschnitts des Zweiten Abschnitts sind auch anzuwenden auf offene Handelsgesellschaften und Kommanditgesellschaften, bei denen nicht wenigstens ein persönlich haftender Gesellschafter

1. eine natürliche Person oder
2. eine offene Handelsgesellschaft, Kommanditgesellschaft oder andere Personengesellschaft mit einer natürlichen Person als persönlich haftendem Gesellschafter

ist oder sich die Verbindung von Gesellschaften dieser Art fortsetzt.

(2) In den Vorschriften dieses Abschnitts gelten als gesetzliche Vertreter einer offenen Handelsgesellschaft und Kommanditgesellschaft nach Absatz 1 die Mitglieder des vertretungsberechtigten Organs der vertretungsberechtigten Gesellschaften.

§ 264b. Befreiung von der Pflicht zur Aufstellung eines Jahresabschlusses nach den für Kapitalgesellschaften geltenden Vorschriften. Eine Personenhandelsgesellschaft im Sinne des § 264 a Abs. 1 ist von der Verpflichtung befreit, einen Jahresabschluss und einen Lagebericht nach den Vorschriften dieses Abschnitts aufzustellen, prüfen zu lassen und offen zu legen, wenn

1. sie in den Konzernabschluss eines Mutterunternehmens mit Sitz in einem Mitgliedstaat der Europäischen Union oder einem anderen Vertragsstaat des Abkommens über den Europäischen Wirtschaftsraum oder in den Konzernabschluss eines anderen Unternehmens, das persönlich haftender Gesellschafter dieser Personenhandelsgesellschaft ist, einbezogen ist;
2. der Konzernabschluss sowie der Konzernlagebericht im Einklang mit der Richtlinie 83/349/EWG des Rates vom 13. Juni 1983 … nach dem für das den Konzernabschluss aufstellende Unternehmen maßgeblichen Recht aufgestellt, von einem zugelassenen Abschlussprüfer geprüft und offen gelegt worden ist und
3. die Befreiung der Personenhandelsgesellschaft
   a) im Anhang des von dem Mutterunternehmen aufgestellten und nach § 325 durch Einreichung beim Betreiber des Bundesanzeigers offen gelegten Konzernabschlusses angegeben und
   b) zusätzlich im Bundesanzeiger für die Personenhandelsgesellschaft unter Bezugnahme auf diese Vorschrift und unter Angabe des Mutterunternehmens mitgeteilt worden ist.

§ 264c. Besondere Bestimmungen für offene Handelsgesellschaften und Kommanditgesellschaften im Sinne des § 264a. (1) [1]Ausleihungen, Forderungen und Verbindlichkeiten gegenüber Gesellschaftern sind in der Regel als solche jeweils gesondert auszuweisen oder im Anhang anzugeben. [2]Werden sie unter anderen Posten ausgewiesen, so muss diese Eigenschaft vermerkt werden.

(2) [1]§ 266 Abs. 3 Buchstabe A ist mit der Maßgabe anzuwenden, dass als Eigenkapital die folgenden Posten gesondert auszuweisen sind:

I Kapitalanteile
II Rücklagen
III. Gewinnvortrag/Verlustvortrag
IV. Jahresüberschuss/Jahresfehlbetrag.

[2]Anstelle des Postens „Gezeichnetes Kapital" sind die Kapitalanteile der persönlich haftenden Gesellschafter auszuweisen; sie dürfen auch zusammengefasst ausgewiesen werden. [3]Der auf den Kapitalanteil eines persönlich haftenden Gesellschafters für das Geschäftsjahr entfallende Verlust ist von dem Kapitalanteil abzuschreiben. [4]Soweit der Verlust den Kapitalanteil übersteigt, ist er auf der Aktivseite unter der Bezeichnung „Einzahlungsverpflichtungen persönlich haftender Gesellschafter" unter den Forderungen gesondert auszuweisen, soweit eine Zahlungsverpflichtung besteht. [5]Besteht keine Zahlungsverpflichtung, so ist der Betrag als „Nicht durch Vermögenseinlagen gedeckter Verlustanteil persönlich haftender Gesellschafter" zu bezeichnen und gemäß § 268 Abs. 3 auszuweisen. [6]Die Sätze 2 bis 5 sind auf

die Einlagen von Kommanditisten entsprechend anzuwenden, wobei diese insgesamt gesondert gegenüber den Kapitalanteilen der persönlich haftenden Gesellschafter auszuweisen sind. [7]Eine Forderung darf jedoch nur ausgewiesen werden, soweit eine Einzahlungsverpflichtung besteht; dasselbe gilt, wenn ein Kommanditist Gewinnanteile entnimmt, während sein Kapitalanteil durch Verlust unter den Betrag der geleisteten Einlage herabgemindert ist, oder soweit durch die Entnahme der Kapitalanteil unter den bezeichneten Betrag herabgemindert wird. [8]Als Rücklagen sind nur solche Beträge auszuweisen, die auf Grund einer gesellschaftsrechtlichen Vereinbarung gebildet worden sind. [9]Im Anhang ist der Betrag der im Handelsregister gemäß § 172 Abs. 1 eingetragenen Einlagen anzugeben, soweit diese nicht geleistet sind.

(3) [1]Das sonstige Vermögen der Gesellschafter (Privatvermögen) darf nicht in die Bilanz und die auf das Privatvermögen entfallenden Aufwendungen und Erträge dürfen nicht in die Gewinn- und Verlustrechnung aufgenommen werden. [2]In der Gewinn- und Verlustrechnung darf jedoch nach dem Posten „Jahresüberschuss/Jahresfehlbetrag“ ein dem Steuersatz der Komplementärgesellschaft entsprechender Steueraufwand der Gesellschafter offen abgesetzt oder hinzugerechnet werden.

(4) [1]Anteile an Komplementärgesellschaften sind in der Bilanz auf der Aktivseite unter den Posten A.III.1 oder A.III.3 auszuweisen. [2]§ 272 Abs. 4 ist mit der Maßgabe anzuwenden, dass für diese Anteile die Höhe des aktivierten Betrags nach dem Posten „Eigenkapital“ ein Sonderposten unter der Bezeichnung „Ausgleichsposten für aktivierte eigene Anteile“ zu bilden ist.

...

§ 264d. Kapitalmarktorientierte Kapitalgesellschaft. Eine Kapitalgesellschaft ist kapitalmarktorientiert, wenn sie einen organisierten Markt im Sinn des § 2 Abs. 5 des Wertpapierhandelsgesetzes durch von ihr ausgegebene Wertpapiere im Sinn des § 3 Abs. 1 Satz 1 des Wertpapierhandelsgesetzes in Anspruch nimmt oder die Zulassung solcher Wertpapiere zum Handel an einem organisierten Markt beantragt hat.

§ 265. Allgemeine Grundsätze für die Gliederung. (1) [1]Die Form der Darstellung, insbesondere die Gliederung der aufeinanderfolgenden Bilanzen und Gewinn- und Verlustrechnungen, ist beizubehalten, soweit nicht in Ausnahmefällen wegen besonderer Umstände Abweichungen erforderlich sind. [2]Die Abweichungen sind im Anhang anzugeben und zu begründen.

(2) [1]In der Bilanz sowie in der Gewinn- und Verlustrechnung ist zu jedem Posten der entsprechende Betrag des vorhergehenden Geschäftsjahrs anzugeben. [2]Sind die Beträge nicht vergleichbar, so ist dies im Anhang anzugeben und zu erläutern. [3]Wird der Vorjahresbetrag angepaßt, so ist auch dies im Anhang anzugeben und zu erläutern.

(3) Fällt ein Vermögensgegenstand oder eine Schuld unter mehrere Posten der Bilanz, so ist die Mitzugehörigkeit zu anderen Posten bei dem Posten, unter dem der Ausweis erfolgt ist, zu vermerken oder im Anhang anzugeben, wenn dies zur Aufstellung eines klaren und übersichtlichen Jahresabschlusses erforderlich ist.

(4) [1]Sind mehrere Geschäftszweige vorhanden und bedingt dies die Gliederung des Jahresabschlusses nach verschiedenen Gliederungsvorschriften, so ist der Jahresabschluß nach der für einen Geschäftszweig vorgeschriebenen Gliederung aufzustellen und nach der für die anderen Geschäftszweige vorgeschriebenen Gliederung zu ergänzen. [2]Die Ergänzung ist im Anhang anzugeben und zu begründen.

(5) [1]Eine weitere Untergliederung der Posten ist zulässig; dabei ist jedoch die vorgeschriebene Gliederung zu beachten. [2]Neue Posten dürfen hinzugefügt werden, wenn ihr Inhalt nicht von einem vorgeschriebenen Posten gedeckt wird.

(6) Gliederung und Bezeichnung der mit arabischen Zahlen versehenen Posten der Bilanz und der Gewinn- und Verlustrechnung sind zu ändern, wenn dies wegen Besonderheiten der Kapitalgesellschaft zur Aufstellung eines klaren und übersichtlichen Jahresabschlusses erforderlich ist.

(7) Die mit arabischen Zahlen versehenen Posten der Bilanz und der Gewinn- und Verlustrechnung können, wenn nicht besondere Formblätter vorgeschrieben sind, zusammengefaßt ausgewiesen werden, wenn

1. sie einen Betrag enthalten, der für die Vermittlung eines den tatsächlichen Verhältnissen entsprechenden Bildes im Sinne des § 264 Abs. 2 nicht erheblich ist, oder
2. dadurch die Klarheit der Darstellung vergrößert wird; in diesem Falle müssen die zusammengefaßten Posten jedoch im Anhang gesondert ausgewiesen werden.

(8) Ein Posten der Bilanz oder der Gewinn- und Verlustrechnung, der keinen Betrag ausweist, braucht nicht aufgeführt zu werden, es sei denn, daß im vorhergehenden Geschäftsjahr unter diesem Posten ein Betrag ausgewiesen wurde.

2

Bilanz

§ 266. Gliederung der Bilanz. (1) [1]Die Bilanz ist in Kontoform aufzustellen. [2]Dabei haben große und mittelgroße Kapitalgesellschaften (§ 267 Abs. 3, 2) auf der Aktivseite die in Absatz 2 und auf der Passivseite die in Absatz 3 bezeichneten Posten gesondert und in der vorgeschriebenen Reihenfolge auszuweisen. [3]Kleine Kapitalgesellschaften (§ 267 Abs. 1) brauchen nur eine verkürzte Bilanz aufzustellen, in die nur die in den Absätzen 2 und 3 mit Buchstaben und römischen Zahlen bezeichneten Posten gesondert und in der vorgeschriebenen Reihenfolge aufgenommen werden. [4]Kleinstkapitalgesellschaften (§ 267a) brauchen nur eine verkürzte Bilanz aufzustellen, in die nur die in den Absätzen 2 und 3 mit Buchstaben bezeichneten Posten gesondert und in der vorgeschriebenen Reihenfolge aufgenommen werden.

(2) Aktivseite

A. Anlagevermögen:
- I. Immaterielle Vermögensgegenstände:
  1. Selbst geschaffene gewerbliche Schutzrechte und ähnliche Rechte und Werte;
  2. entgeltlich erworbene Konzessionen, gewerbliche Schutzrechte und ähnliche Rechte und Werte sowie Lizenzen an solchen Werten;
  3. Geschäfts- oder Firmenwert;
  4. geleistete Anzahlungen;
- II. Sachanlagen:
  1. Grundstücke, grundstücksgleiche Rechte und Bauten einschließlich der Bauten auf fremden Grundstücken;
  2. technische Anlagen und Maschinen;
  3. andere Anlagen, Betriebs- und Geschäftsausstattung;
  4. geleistete Anzahlungen und Anlagen im Bau;
- III. Finanzanlagen:
  1. Anteile an verbundenen Unternehmen;
  2. Ausleihungen an verbundene Unternehmen;
  3. Beteiligungen;
  4. Ausleihungen an Unternehmen, mit denen ein Beteiligungsverhältnis besteht;
  5. Wertpapiere des Anlagevermögens;
  6. sonstige Ausleihungen.

B. Umlaufvermögen:
- I. Vorräte:
  1. Roh-, Hilfs- und Betriebsstoffe;
  2. unfertige Erzeugnisse, unfertige Leistungen;
  3. fertige Erzeugnisse und Waren;
  4. geleistete Anzahlungen;
- II. Forderungen und sonstige Vermögensgegenstände;
  1. Forderungen aus Lieferungen und Leistungen;
  2. Forderungen gegen verbundene Unternehmen;
  3. Forderungen gegen Unternehmen, mit denen ein Beteiligungsverhältnis besteht;
  4. sonstige Vermögensgegenstände;
- III. Wertpapiere:
  1. Anteile an verbundenen Unternehmen;
  2. sonstige Wertpapiere;
- IV. Kassenbestand, Bundesbankguthaben, Guthaben bei Kreditinstituten und Schecks.

C. Rechnungsabgrenzungsposten.

D. Aktive latente Steuern.

E. Aktiver Unterschiedsbetrag aus der Vermögensverrechnung.

(3) Passivseite

A. Eigenkapital:
- I. Gezeichnetes Kapital;
- II. Kapitalrücklage;
- III. Gewinnrücklagen:
  1. gesetzliche Rücklage;
  2. Rücklage für Anteile an einem herrschenden oder mehrheitlich beteiligten Unternehmen;
  3. satzungsmäßige Rücklagen;
  4. andere Gewinnrücklagen;
- IV. Gewinnvortrag/Verlustvortrag;
- V. Jahresüberschuß/Jahresfehlbetrag.

B. Rückstellungen:
1. Rückstellungen für Pensionen und ähnliche Verpflichtungen;
2. Steuerrückstellungen;
3. sonstige Rückstellungen.

C. Verbindlichkeiten:
1. Anleihen, davon konvertibel;
2. Verbindlichkeiten gegenüber Kreditinstituten;
3. erhaltene Anzahlungen auf Bestellungen;
4. Verbindlichkeiten aus Lieferungen und Leistungen;
5. Verbindlichkeiten aus der Annahme gezogener Wechsel und der Ausstellung eigener Wechsel;
6. Verbindlichkeiten gegenüber verbundenen Unternehmen;
7. Verbindlichkeiten gegenüber Unternehmen, mit denen ein Beteiligungsverhältnis besteht;
8. sonstige Verbindlichkeiten, davon aus Steuern, davon im Rahmen der sozialen Sicherheit.

D. Rechnungsabgrenzungsposten.

E. Passive latente Steuern

§ 267. Umschreibung der Größenklassen.

(1) Kleine Kapitalgesellschaften sind solche, die mindestens zwei der drei nachstehenden Merkmale nicht überschreiten:
1. 4 840 000 Euro Bilanzsumme nach Abzug eines auf der Aktivseite ausgewiesenen Fehlbetrags (§ 268 Abs. 3).
2. 9 680 000 Euro Umsatzerlöse in den zwölf Monaten vor dem Abschlußstichtag.
3. Im Jahresdurchschnitt fünfzig Arbeitnehmer.

(2) Mittelgroße Kapitalgesellschaften sind solche, die mindestens zwei der drei in Absatz 1 bezeichneten Merkmale überschreiten und jeweils mindestens zwei der drei nachstehenden Merkmale nicht überschreiten:
1. 19 250 000 Euro Bilanzsumme nach Abzug eines auf der Aktivseite ausgewiesenen Fehlbetrags (§ 268 Abs. 3).
2. 38 500 000 Euro Umsatzerlöse in den zwölf Monaten vor dem Abschlußstichtag.
3. Im Jahresdurchschnitt zweihundertfünfzig Arbeitnehmer.

(3) [1]Große Kapitalgesellschaften sind solche, die mindestens zwei der drei in Absatz 2 bezeichneten Merkmale überschreiten. [2]Eine Kapitalgesellschaft im Sinne des § 264d gilt stets als große.

(4) [1]Die Rechtsfolgen der Merkmale nach den Absätzen 1 bis 3 Satz 1 treten nur ein, wenn sie an den Abschlußstichtagen von zwei aufeinanderfolgenden Geschäftsjahren über- oder unterschritten werden. [2]Im Falle der Umwandlung oder Neugründung treten die Rechtsfolgen schon ein, wenn die Voraussetzungen des Absatzes 1, 2 oder 3 am ersten Abschlußstichtag nach der Umwandlung oder Neugründung vorliegen.

(5) Als durchschnittliche Zahl der Arbeitnehmer gilt der vierte Teil der Summe aus den Zahlen der jeweils am 31. März, 30. Juni, 30. September und 31. Dezember beschäftigten Arbeitnehmer einschließlich der im Ausland beschäftigten Arbeitnehmer, jedoch ohne die zu ihrer Berufsausbildung Beschäftigten.

(6) Informations- und Auskunftsrechte der Arbeitnehmervertretung nach anderen Gesetzen bleiben unberührt.

§ 267a. Kleinstkapitalgesellschaften.

(1) Kleinstkapitalgesellschaften sind kleine Kapitalgesellschaften, die mindestens zwei der drei nachstehenden Merkmale nicht überschreiten:
1. 350 000 Euro Bilanzsumme nach Abzug eines auf der Aktivseite ausgewiesenen Fehlbetrags (§ 268 Absatz 3);
2. 700 000 Euro Umsatzerlöse in den zwölf Monaten vor dem Abschlussstichtag;
3. im Jahresdurchschnitt zehn Arbeitnehmer.

Die Bilanzsumme setzt sich aus den Posten zusammen, die in den Buchstaben A bis E des § 266 Absatz 2 aufgeführt sind, wobei bei Ausübung des in § 274a Nummer 5 geregelten Wahlrechts der betreffende Buchstabe nicht berücksichtigt wird. § 267 Absatz 4 bis 6 gilt entsprechend.

(2) Die in diesem Gesetz für kleine Kapitalgesellschaften (§ 267 Absatz 1) vorgesehenen besonderen Regelungen gelten für Kleinstkapitalgesellschaften entsprechend, soweit nichts anderes geregelt ist.

§ 268. Vorschriften zu einzelnen Posten der Bilanz. Bilanzvermerke. (1) [1]Die Bilanz darf auch unter Berücksichtigung der vollständigen oder teilweisen Verwendung des Jahresergebnisses aufgestellt werden. [2]Wird die Bilanz unter Berücksichtigung der teilweisen Verwendung des Jahresergebnisses aufgestellt, so tritt an die Stelle der Posten „Jahresüberschuß/Jahresfehlbetrag" und „Gewinnvortrag/Verlustvortrag" der Posten „Bilanzgewinn/Bilanzverlust"; ein vorhandener Gewinn- oder Verlustvortrag ist in den Posten „Bilanzgewinn/Bilanzverlust" einzubeziehen und in der Bilanz oder im Anhang gesondert anzugeben.

(2) [1]In der Bilanz oder im Anhang ist die Entwicklung der einzelnen Posten des Anlagevermögens darzustellen. [2]Dabei sind, ausgehend von den gesamten Anschaffungs- und Herstellungskosten, die Zugänge, Abgänge, Umbuchungen und Zuschreibungen des Geschäftsjahrs sowie die Abschreibungen in ihrer gesamten Höhe gesondert aufzuführen. [3]Die Abschreibungen des Geschäftsjahrs sind entweder in der Bilanz bei dem betreffenden Posten zu vermerken oder im Anhang in einer der Gliederung des Anlagevermögens entsprechenden Aufgliederung anzugeben.

(3) Ist das Eigenkapital durch Verluste aufgebraucht und ergibt sich ein Überschuß der Passivposten über die Aktivposten, so ist dieser Betrag am Schluß der Bilanz auf der Aktivseite gesondert unter der Bezeichnung „Nicht durch Eigenkapital gedeckter Fehlbetrag" auszuweisen.

(4) [1]Der Betrag der Forderungen mit einer Restlaufzeit von mehr als einem Jahr ist bei jedem gesondert ausgewiesenen Posten zu vermerken. [2]Werden unter dem Posten „sonstige Vermögensgegenstände" Beträge für Vermögensgegenstände ausgewiesen, die erst nach dem Abschlußstichtag rechtlich entstehen, so müssen Beträge, die einen größeren Umfang haben, im Anhang erläutert werden.

(5) [1]Der Betrag der Verbindlichkeiten mit einer Restlaufzeit bis zu einem Jahr ist bei jedem gesondert ausgewiesenen Posten zu vermerken. [2]Erhaltene Anzahlungen auf Bestel-

2

lungen sind, soweit Anzahlungen auf Vorräte nicht von dem Posten „Vorräte" offen abgesetzt werden, unter den Verbindlichkeiten gesondert auszuweisen. [3]Sind unter dem Posten „Verbindlichkeiten" Beträge für Verbindlichkeiten ausgewiesen, die erst nach dem Abschlußstichtag rechtlich entstehen, so müssen Beträge, die einen größeren Umfang haben, im Anhang erläutert werden.

(6) Ein nach § 250 Abs. 3 in den Rechnungsabgrenzungsposten auf der Aktivseite aufgenommener Unterschiedsbetrag ist in der Bilanz gesondert auszuweisen oder im Anhang anzugeben.

(7) Die in § 251 bezeichneten Haftungsverhältnisse sind jeweils gesondert unter der Bilanz oder im Anhang unter Angabe der gewährten Pfandrechte und sonstigen Sicherheiten anzugeben; bestehen solche Verpflichtungen gegenüber verbundenen Unternehmen, so sind sie gesondert anzugeben.

(8) [1]Werden selbst geschaffene immaterielle Vermögensgegenstände des Anlagevermögens in der Bilanz ausgewiesen, so dürfen Gewinne nur ausgeschüttet werden, wenn die nach der Ausschüttung verbleibenden frei verfügbaren Rücklagen zuzüglich eines Gewinnvortrags und abzüglich eines Verlustvortrags mindestens den insgesamt angesetzten Beträgen abzüglich der hierfür gebildeten passiven latenten Steuern entsprechen. [2]Werden aktive latente Steuern in der Bilanz ausgewiesen, ist Satz 1 auf den Betrag anzuwenden, um den die aktiven latenten Steuern die passiven latenten Steuern übersteigen. [3]Bei Vermögensgegenständen im Sinn des § 246 Abs. 2 Satz 2 ist Satz 1 auf den Betrag abzüglich der hierfür gebildeten passiven latenten Steuern anzuwenden, der die Anschaffungskosten übersteigt.

§ 269. *(aufgehoben)*

§ 270. Bildung bestimmter Posten. (1) Einstellungen in die Kapitalrücklage und deren Auflösung sind bereits bei der Aufstellung der Bilanz vorzunehmen.

(2) Wird die Bilanz unter Berücksichtigung der vollständigen oder teilweisen Verwendung des Jahresergebnisses aufgestellt, so sind Entnahmen aus Gewinnrücklagen sowie Einstellungen in Gewinnrücklagen, die nach Gesetz, Gesellschaftsvertrag oder Satzung vorzunehmen sind oder auf Grund solcher Vorschriften beschlossen worden sind, bereits bei der Aufstellung der Bilanz zu berücksichtigen.

§ 271. Beteiligungen. Verbundene Unternehmen. (1) [1]Beteiligungen sind Anteile an anderen Unternehmen, die bestimmt sind, dem eigenen Geschäftsbetrieb durch Herstellung einer dauernden Verbindung zu jenen Unternehmen zu dienen. [2]Dabei ist es unerheblich, ob die Anteile in Wertpapieren verbrieft sind oder nicht. [3]Als Beteiligung gelten im Zweifel Anteile an einer Kapitalgesellschaft, die insgesamt den fünften Teil des Nennkapitals dieser Gesellschaft überschreiten. [4]Auf die Berechnung ist § 16 Abs. 2 und 4 des Aktiengesetzes entsprechend anzuwenden. [5]Die Mitgliedschaft in einer eingetragenen Genossenschaft gilt nicht als Beteiligung im Sinne dieses Buches.

(2) Verbundene Unternehmen im Sinne dieses Buches sind solche Unternehmen, die als Mutter- oder Tochterunternehmen (§ 290) in den Konzernabschluß eines Mutterunternehmens nach den Vorschriften über die Vollkonsolidierung einzubeziehen sind, das als oberstes Mutterunternehmen den am weitestgehenden Konzernabschluß nach dem Zweiten Unterabschnitt aufzustellen hat, auch wenn die Aufstellung unterbleibt, oder das einen befreienden Konzernabschluß nach § 291 oder nach einer nach § 292 erlassenen Rechtsverordnung aufstellt oder aufstellen könnte; Tochterunternehmen, die nach § 296 nicht einbezogen werden, sind ebenfalls verbundene Unternehmen.

§ 272. Eigenkapital. (1) [1]Gezeichnetes Kapital ist das Kapital, auf das die Haftung der Gesellschafter für die Verbindlichkeiten der Kapitalgesellschaft gegenüber den Gläubigern beschränkt ist. [2]Es ist mit dem Nennbetrag anzusetzen. [3]Die nicht eingeforderten ausstehenden Einlagen auf das gezeichnete Kapital sind von dem Posten „Gezeichnetes Kapital" offen abzusetzen; der verbleibende Betrag ist als Posten „Eingefordertes Kapital" in der Hauptspalte der Passivseite auszuweisen; der eingeforderte, aber noch nicht eingezahlte Betrag ist unter den Forderungen gesondert auszuweisen und entsprechend zu bezeichnen.

(1a) [1]Der Nennbetrag oder, falls ein solcher nicht vorhanden ist, der rechnerische Wert von erworbenen eigenen Anteilen ist in der Vorspalte offen von dem Posten „Gezeichnetes Kapital" abzusetzen. [2]Der Unterschiedsbetrag zwischen dem Nennbetrag oder dem rechnerischen Wert und den Anschaffungskosten der eigenen Anteile ist mit den frei verfügbaren Rücklagen zu verrechnen. [3]Aufwendungen, die Anschaffungsnebenkosten sind, sind Aufwand des Geschäftsjahrs.

(1b) [1]Nach der Veräußerung der eigenen Anteile entfällt der Ausweis nach Absatz 1a Satz 1. [2]Ein den Nennbetrag oder den rechnerischen Wert übersteigender Differenzbetrag aus dem Veräußerungserlös ist bis zur Höhe des mit den frei verfügbaren Rücklagen verrechneten Betrages in die jeweiligen Rücklagen einzustellen. [3]Ein darüber hinausgehender Differenzbetrag ist in die Kapitalrücklage gemäß Absatz 2 Nr. 1 einzustellen. [4]Die Nebenkosten der Veräußerung sind Aufwand des Geschäftsjahrs.

(2) Als Kapitalrücklage sind auszuweisen
1. der Betrag, der bei der Ausgabe von Anteilen einschließlich von Bezugsanteilen über den Nennbetrag oder, falls ein Nennbetrag nicht vorhanden ist, über den rechnerischen Wert hinaus erzielt wird;
2. der Betrag, der bei der Ausgabe von Schuldverschreibungen für Wandlungsrechte und Optionsrechte zum Erwerb von Anteilen erzielt wird;
3. der Betrag von Zuzahlungen, die Gesellschafter gegen Gewährung eines Vorzugs für ihre Anteile leisten;
4. der Betrag von anderen Zuzahlungen, die Gesellschafter in das Eigenkapital leisten.

(3) [1]Als Gewinnrücklagen dürfen nur Beträge ausgewiesen werden, die im Geschäftsjahr oder in einem früheren Geschäftsjahr aus dem Ergebnis gebildet worden sind. [2]Dazu gehören aus dem Ergebnis zu bildende gesetzliche oder auf Gesellschaftsvertrag oder Satzung beruhende Rücklagen und andere Gewinnrücklagen.

(4) [1]Für Anteile an einem herrschenden oder mit Mehrheit beteiligten Unternehmen ist eine Rücklage zu bilden. [2]In die Rücklage ist ein Betrag einzustellen, der dem auf der Aktivseite der Bilanz für die Anteile an dem herrschenden oder mit Mehrheit beteiligten Unternehmen angesetzten Betrag entspricht. [3]Die Rücklage, die bereits bei der Aufstellung der Bilanz zu bilden ist, darf aus vorhandenen frei verfügbaren Rücklagen gebildet werden. [4]Die Rücklage ist aufzulösen, soweit die Anteile an dem herrschenden oder mit Mehrheit beteiligten Unternehmen veräußert, ausgegeben oder eingezogen werden oder auf der Aktivseite ein niedrigerer Betrag angesetzt wird.

§ 273. *(aufgehoben)*

§ 274. Latente Steuern. (1) [1]Bestehen zwischen den handelsrechtlichen Wertansätzen von Vermögensgegenständen, Schulden und Rechnungsabgrenzungsposten und ihren steuerlichen Wertansätzen Differenzen, die sich in späteren Geschäftsjahren voraussichtlich abbauen, so ist eine sich daraus insgesamt ergebende Steuerbelastung als passive latente Steuern (§ 266 Abs. 3 E.) in der Bilanz anzusetzen. [2]Eine sich daraus insgesamt ergebende Steuerentlastung kann als aktive latente Steuern (§ 266 Abs. 2 D.) in der Bilanz angesetzt werden. Die sich ergebende Steuerbe- und die sich ergebende Steuerentlastung können auch unverrechnet angesetzt werden. [3]Steuerliche Verlustbeträge sind bei der Berechnung aktiver latenter Steuern in Höhe der innerhalb der nächsten fünf Jahre zu erwartenden Verlustverrechnung zu berücksichtigen.

(2) [1]Die Beträge der sich ergebenden Steuerbe- und -entlastung sind mit den unternehmensindividuellen Steuersätzen im Zeitpunkt des Abbaus der Differenzen zu bewerten und nicht abzuzinsen. [2]Die ausgewiesenen Posten sind aufzulösen, sobald die Steuerbe- oder -entlastung eintritt oder mit ihr nicht mehr zu rechnen ist. [3]Der Aufwand oder Ertrag aus der Veränderung bilanzierter latenter Steuern ist in der Gewinn- und Verlustrechnung gesondert unter dem Posten „Steuern vom Einkommen und vom Ertrag" auszuweisen.

2

§ 274a. Größenabhängige Erleichterungen. Kleine Kapitalgesellschaften sind von der Anwendung der folgenden Vorschriften befreit:
1. § 268 Abs. 2 über die Aufstellung eines Anlagengitters,
2. § 268 Abs. 4 Satz 2 über die Pflicht zur Erläuterung bestimmter Forderungen im Anhang,
3. § 268 Abs. 5 Satz 3 über die Erläuterung bestimmter Verbindlichkeiten im Anhang,
4. § 268 Abs. 6 über den Rechnungsabgrenzungsposten nach § 250 Abs. 3,
5. § 274 über die Steuerabgrenzung.

Gewinn- und Verlustrechnung

§ 275. Gliederung. (1) [1]Die Gewinn- und Verlustrechnung ist in Staffelform nach dem Gesamtkostenverfahren oder dem Umsatzkostenverfahren aufzustellen. [2]Dabei sind die in Absatz 2 oder 3 bezeichneten Posten in der angegebenen Reihenfolge gesondert auszuweisen.

(2) Bei Anwendung des Gesamtkostenverfahrens sind auszuweisen:
1. Umsatzerlöse
2. Erhöhung oder Verminderung des Bestands an fertigen und unfertigen Erzeugnissen
3. andere aktivierte Eigenleistungen
4. sonstige betriebliche Erträge
5. Materialaufwand:
   a) Aufwendungen für Roh-, Hilfs- und Betriebsstoffe und für bezogene Waren
   b) Aufwendungen für bezogene Leistungen
6. Personalaufwand:
   a) Löhne und Gehälter
   b) soziale Abgaben und Aufwendungen für Altersversorgung und für Unterstützung, davon für Altersversorgung
7. Abschreibungen:
   a) auf immaterielle Vermögensgegenstände des Anlagevermögens und Sachanlagen
   b) auf Vermögensgegenstände des Umlaufvermögens, soweit diese die in der Kapi-

2

talgesellschaft üblichen Abschreibungen überschreiten
8. sonstige betriebliche Aufwendungen
9. Erträge aus Beteiligungen, davon aus verbundenen Unternehmen
10. Erträge aus anderen Wertpapieren und Ausleihungen des Finanzanlagevermögens, davon aus verbundenen Unternehmen
11. sonstige Zinsen und ähnliche Erträge, davon aus verbundenen Unternehmen
12. Abschreibungen auf Finanzanlagen und auf Wertpapiere des Umlaufvermögens
13. Zinsen und ähnliche Aufwendungen, davon an verbundene Unternehmen
14. Ergebnis der gewöhnlichen Geschäftstätigkeit
15. außerordentliche Erträge
16. außerordentliche Aufwendungen
17. außerordentliches Ergebnis
18. Steuern vom Einkommen und vom Ertrag
19. sonstige Steuern
20. Jahresüberschuß/Jahresfehlbetrag.

(3) Bei Anwendung des Umsatzkostenverfahrens sind auszuweisen:
1. Umsatzerlöse
2. Herstellungskosten der zur Erzielung der Umsatzerlöse erbrachten Leistungen
3. Bruttoergebnis vom Umsatz
4. Vertriebskosten
5. allgemeine Verwaltungskosten
6. sonstige betriebliche Erträge
7. sonstige betriebliche Aufwendungen
8. Erträge aus Beteiligungen, davon aus verbundenen Unternehmen
9. Erträge aus anderen Wertpapieren und Ausleihungen des Finanzanlagevermögens, davon aus verbundenen Unternehmen
10. sonstige Zinsen und ähnliche Erträge, davon aus verbundenen Unternehmen
11. Abschreibungen auf Finanzanlagen und auf Wertpapiere des Umlaufvermögens
12. Zinsen und ähnliche Aufwendungen, davon an verbundene Unternehmen
13. Ergebnis der gewöhnlichen Geschäftstätigkeit
14. außerordentliche Erträge
15. außerordentliche Aufwendungen
16. außerordentliches Ergebnis
17. Steuern vom Einkommen und vom Ertrag
18. sonstige Steuern
19. Jahresüberschuß/Jahresfehlbetrag

(4) Veränderungen der Kapital- und Gewinnrücklagen dürfen in der Gewinn- und Verlustrechnung erst nach dem Posten „Jahresüberschuß/Jahresfehlbetrag" ausgewiesen werden.

(5) Kleinstkapitalgesellschaften (§ 267a) können anstelle der Staffelungen nach den Absätzen 2 und 3 die Gewinn- und Verlustrechnung wie folgt darstellen:
1. Umsatzerlöse,
2. sonstige Erträge,
3. Materialaufwand,
4. Personalaufwand,
5. Abschreibungen,
6. sonstige Aufwendungen,
7. Steuern,
8. Jahresüberschuss/Jahresfehlbetrag.

§ 276. Größenabhängige Erleichterungen. [1]Kleine und mittelgroße Kapitalgesellschaften (§ 267 Abs. 1, 2) dürfen die Posten § 275 Abs. 2 Nr. 1 bis 5 oder Abs. 3 Nr. 1 bis 3 und 6 zu einem Posten unter der Bezeichnung „Rohergebnis" zusammenfassen. [2]Kleine Kapitalgesellschaften brauchen außerdem die in § 277 Abs. 4 Satz 2 und 3 verlangten Erläuterungen zu den Posten „außerordentliche Erträge" und „außerordentliche Aufwendungen" nicht zu machen. [3]Die Erleichterungen nach Satz 1 oder 2 gelten nicht für Kleinstkapitalgesellschaften (§ 267a), die von der Regelung des § 275 Absatz 5 Gebrauch machen.

§ 277. Vorschriften zu einzelnen Posten der Gewinn- und Verlustrechnung. (1) Als Umsatzerlöse sind die Erlöse aus dem Verkauf und der Vermietung oder Verpachtung von für die gewöhnliche Geschäftstätigkeit der Kapitalgesellschaft typischen Erzeugnissen und Waren sowie aus von für die gewöhnliche Geschäftstätigkeit der Kapitalgesellschaft typischen Dienstleistungen nach Abzug von Erlösschmälerungen und der Umsatzsteuer auszuweisen.

(2) Als Bestandsveränderungen sind sowohl Änderungen der Menge als auch solche des Wertes zu berücksichtigen; Abschreibungen jedoch nur, soweit diese die in der Kapitalgesellschaft sonst üblichen Abschreibungen nicht überschreiten.

(3) [1]Außerplanmäßige Abschreibungen nach § 253 Abs. 3 Satz 3 und 4 sind jeweils gesondert auszuweisen oder im Anhang anzugeben. [2]Erträge und Aufwendungen aus Verlustübernahme und auf Grund einer Gewinngemeinschaft, eines Gewinnabführungs- oder eines Teilgewinnabführungsvertrags erhaltene oder abgeführte Gewinne sind jeweils gesondert unter entsprechender Bezeichnung auszuweisen.

(4) [1]Unter den Posten „außerordentliche Erträge" und „außerordentliche Aufwendungen" sind Erträge und Aufwendungen auszuweisen, die außerhalb der gewöhnlichen Geschäftstätigkeit der Kapitalgesellschaft anfallen. [2]Die Posten sind hinsichtlich ihres Betrags und ihrer Art im Anhang zu erläutern, soweit die ausgewiesenen Beträge für die Beurteilung der Ertragslage nicht von untergeordneter Bedeutung sind. [3]Satz 2 gilt entsprechend für alle Aufwen-

dungen und Erträge, die einem anderen Geschäftsjahr zuzurechnen sind.

(5) [1]Erträge aus der Abzinsung sind in der Gewinn- und Verlustrechnung gesondert unter dem Posten „Sonstige Zinsen und ähnliche Erträge" und Aufwendungen gesondert unter dem Posten „Zinsen und ähnliche Aufwendungen" auszuweisen. [2]Erträge aus der Währungsumrechnung sind in der Gewinn- und Verlustrechnung gesondert unter dem Posten „Sonstige betriebliche Erträge" und Aufwendungen aus der Währungsumrechnung gesondert unter dem Posten „Sonstige betriebliche Aufwendungen" auszuweisen.

§ 278. Steuern. [1]Die Steuern vom Einkommen und vom Ertrag sind auf der Grundlage des Beschlusses über die Verwendung des Ergebnisses zu berechnen; liegt ein solcher Beschluß im Zeitpunkt der Feststellung des Jahresabschlusses nicht vor, so ist vom Vorschlag über die Verwendung des Ergebnisses auszugehen. [2]Weicht der Beschluß über die Verwendung des Ergebnisses vom Vorschlag ab, so braucht der Jahresabschluß nicht geändert zu werden.

Bewertungsvorschriften

(weggefallen)

§ 279 bis 283. *(weggefallen)*

Anhang

§ 284. Erläuterung der Bilanz und der Gewinn- und Verlustrechnung. Wertansatz des Eigenkapitals. (1) In den Anhang sind diejenigen Angaben aufzunehmen, die zu den einzelnen Posten der Bilanz oder der Gewinn- und Verlustrechnung vorgeschrieben oder die im Anhang zu machen sind, weil sie in Ausübung eines Wahlrechts nicht in die Bilanz oder in die Gewinn- und Verlustrechnung aufgenommen wurden.

(2) Im Anhang müssen

1. die auf die Posten der Bilanz und der Gewinn- und Verlustrechnung angewandten Bilanzierungs- und Bewertungsmethoden angegeben werden;
2. die Grundlagen für die Umrechnung in Euro angegeben werden, soweit der Jahresabschluß Posten enthält, denen Beträge zugrunde liegen, die auf fremde Währung lauten oder ursprünglich auf fremde Währung lauteten;
3. Abweichungen von Bilanzierungs- und Bewertungsmethoden angegeben und begründet werden; deren Einfluß auf die Vermögens-, Finanz- und Ertragslage ist gesondert darzustellen;
4. bei Anwendung einer Bewertungsmethode nach § 240 Abs. 4, § 256 Satz 1 die Unterschiedsbeträge pauschal für die jeweilige Gruppe ausgewiesen werden, wenn die Bewertung im Vergleich zu einer Bewertung auf der Grundlage des letzten vor dem Abschlußstichtag bekannten Börsenkurses oder Marktpreises einen erheblichen Unterschied aufweist;
5. Angaben über die Einbeziehung von Zinsen für Fremdkapital in die Herstellungskosten gemacht werden.

§ 285. Sonstige Pflichtangaben. Ferner sind im Anhang anzugeben:

1. zu den in der Bilanz ausgewiesenen Verbindlichkeiten
   a) der Gesamtbetrag der Verbindlichkeiten mit einer Restlaufzeit von mehr als fünf Jahren,
   b) der Gesamtbetrag der Verbindlichkeiten, die durch Pfandrechte oder ähnliche Rechte gesichert sind, unter Angabe von Art und Form der Sicherheiten;
2. die Aufgliederung der in Nummer 1 verlangten Angaben für jeden Posten der Verbindlichkeiten nach dem vorgeschriebenen Gliederungsschema;
3. Art und Zweck sowie Risiken und Vorteile von nicht in der Bilanz enthaltenen Geschäften, soweit dies für die Beurteilung der Finanzlage notwendig ist;

3a. der Gesamtbetrag der sonstigen finanziellen Verpflichtungen, die nicht in der Bilanz enthalten und nicht nach § 251 oder Nummer 3 anzugeben sind, sofern diese Angabe für die Beurteilung der Finanzlage von Bedeutung ist; davon sind Verpflichtungen gegenüber verbundenen Unternehmen gesondert anzugeben;

4. die Aufgliederung der Umsatzerlöse nach Tätigkeitsbereichen sowie nach geographisch bestimmten Märkten, soweit sich, unter Berücksichtigung der Organisation des Verkaufs von für die gewöhnliche Geschäftstätigkeit der Kapitalgesellschaft typischen Erzeugnissen und der für die gewöhnliche Geschäftstätigkeit der Kapitalgesellschaft typischen Dienstleistungen, die Tätigkeitsbereiche und geographisch bestimmten Märkte untereinander erheblich unterscheiden;
5. *(weggefallen)*
6. in welchem Umfang die Steuern vom Einkommen und vom Ertrag das Ergebnis der gewöhnlichen Geschäftstätigkeit und das außerordentliche Ergebnis belasten;
7. die durchschnittliche Zahl der während des Geschäftsjahrs beschäftigten Arbeitnehmer getrennt nach Gruppen;

2

2

8. bei Anwendung des Umsatzkostenverfahrens (§ 275 Abs. 3)
   a) der Materialaufwand des Geschäftsjahrs, gegliedert nach § 275 Abs. 2 Nr. 5,
   b) der Personalaufwand des Geschäftsjahrs, gegliedert nach § 275 Abs. 2 Nr. 6;
9. für die Mitglieder des Geschäftsführungsorgans, eines Aufsichtsrats, eines Beirats oder einer ähnlichen Einrichtung jeweils für jede Personengruppe
   a) die für die Tätigkeit im Geschäftsjahr gewährten Gesamtbezüge (Gehälter, Gewinnbeteiligungen, Bezugsrechte und sonstige aktienbasierte Vergütungen, Aufwandsentschädigungen, Versicherungsentgelte, Provisionen und Nebenleistungen jeder Art). In die Gesamtbezüge sind auch Bezüge einzurechnen, die nicht ausgezahlt, sondern in Ansprüche anderer Art umgewandelt oder zur Erhöhung anderer Ansprüche verwendet werden. Außer den Bezügen für das Geschäftsjahr sind die weiteren Bezüge anzugeben, die im Geschäftsjahr gewährt, bisher aber in keinem Jahresabschluß angegeben worden sind …
   b) die Gesamtbezüge (Abfindungen, Ruhegehälter, Hinterbliebenenbezüge und Leistungen verwandter Art) der früheren Mitglieder der bezeichneten Organe und ihrer Hinterbliebenen. Buchstabe a Satz 2 und 3 ist entsprechend anzuwenden. Ferner ist der Betrag der für diese Personengruppe gebildeten Rückstellungen für laufende Pensionen und Anwartschaften auf Pensionen und der Betrag der für diese Verpflichtungen nicht gebildeten Rückstellungen anzugeben;
   c) die gewährten Vorschüsse und Kredite unter Angabe der Zinssätze, der wesentlichen Bedingungen und der gegebenenfalls im Geschäftsjahr zurückgezahlten Beträge sowie die zugunsten dieser Personen eingegangenen Haftungsverhältnisse;
10. alle Mitglieder des Geschäftsführungsorgans und eines Aufsichtsrats, auch wenn sie im Geschäftsjahr oder später ausgeschieden sind, mit dem Familiennamen und mindestens einem ausgeschriebenen Vornamen, einschließlich des ausgeübten Berufs und bei börsennotierten Gesellschaften auch der Mitgliedschaft in Aufsichtsräten und anderen Kontrollgremien im Sinne des § 125 Abs. 1 Satz 5 des Aktiengesetzes. Der Vorsitzende eines Aufsichtsrats, seine Stellvertreter und ein etwaiger Vorsitzender des Geschäftsführungsorgans sind als solche zu bezeichnen;
11. Name und Sitz anderer Unternehmen, von denen die Kapitalgesellschaft oder eine für Rechnung der Kapitalgesellschaft handelnde Person mindestens den fünften Teil der Anteile besitzt; außerdem sind die Höhe des Anteils am Kapital, das Eigenkapital und das Ergebnis des letzten Geschäftsjahrs dieser Unternehmen anzugeben, für das ein Jahresabschluß vorliegt; auf die Berechnung der Anteile ist § 16 Abs. 2 und 4 des Aktiengesetzes entsprechend anzuwenden; ferner sind von börsennotierten Kapitalgesellschaften zusätzlich alle Beteiligungen an großen Kapitalgesellschaften anzugeben, die fünf vom Hundert der Stimmrechte überschreiten; …
12. Rückstellungen, die in der Bilanz unter dem Posten „sonstige Rückstellungen" nicht gesondert ausgewiesen werden, sind zu erläutern, wenn sie einen nicht unerheblichen Umfang haben;
13. die Gründe, welche die Annahme einer betrieblichen Nutzungsdauer eines entgeltlich erworbenen Geschäfts- oder Firmenwertes von mehr als fünf Jahren rechtfertigen;
14. Name und Sitz des Mutterunternehmens der Kapitalgesellschaft, das den Konzernabschluß für den größten Kreis von Unternehmen aufstellt, und ihres Mutterunternehmens, das den Konzernabschluß für den kleinsten Kreis von Unternehmen aufstellt, sowie im Falle der Offenlegung der von diesen Mutterunternehmen aufgestellten Konzernabschlüsse der Ort, wo diese erhältlich sind;
15. soweit es sich um den Anhang des Jahresabschlusses einer Personenhandelsgesellschaft im Sinne des § 264a Abs. 1 handelt, Name und Sitz der Gesellschaften, die persönlich haftende Gesellschafter sind, sowie deren gezeichnetes Kapital;
16. dass die nach § 161 des Aktiengesetzes vorgeschriebene Erklärung abgegeben und wo sie öffentlich zugänglich gemacht worden ist;
17. das von dem Abschlussprüfer für das Geschäftsjahr berechnete Gesamthonorar, aufgeschlüsselt in das Honorar für
   a) die Abschlussprüfungsleistungen,
   b) andere Bestätigungsleistungen,
   c) Steuerberatungsleistungen,
   d) sonstige Leistungen,

   soweit die Angaben nicht in einem das Unternehmen einbeziehenden Konzernabschluss enthalten sind:
18. für zu den Finanzanlagen (§ 266 Abs. 2 A. III.) gehörende Finanzinstrumente, die über ihrem beizulegenden Zeitwert ausgewiesen werden, da eine außerplanmäßige Ab-

schreibung nach § 253 Abs. 3 Satz 4 unterblieben ist.
a) der Buchwert und der beizulegende Zeitwert der einzelnen Vermögensgegenstände oder angemessener Gruppierungen sowie
b) die Gründe für das Unterlassen der Abschreibung einschließlich der Anhaltspunkte, die darauf hindeuten, dass die Wertminderung voraussichtlich nicht von Dauer ist;

19. für jede Kategorie nicht zum beizulegenden Zeitwert bilanzierter derivativer Finanzinstrumente
a) deren Art und Umfang,
b) deren beizulegender Zeitwert, soweit er sich nach § 255 Abs. 4 verlässlich ermitteln lässt, unter Angabe der angewandten Bewertungsmethode,
c) deren Buchwert und der Bilanzposten, in welchem der Buchwert, soweit vorhanden, erfasst ist, sowie
d) die Gründe dafür; warum der beizulegende Zeitwert nicht bestimmt werden kann;

20. für gemäß § 340e Abs. 3 Satz 1 mit dem beizulegenden Zeitwert bewertete Finanzinstrumente
a) die grundlegenden Annahmen, die der Bestimmung des beizulegenden Zeitwertes mit Hilfe allgemein anerkannter Bewertungsmethoden zugrunde gelegt wurden, sowie
b) Umfang und Art jeder Kategorie derivativer Finanzinstrumente einschließlich der wesentlichen Bedingungen, welche die Höhe, den Zeitpunkt und die Sicherheit künftiger Zahlungsströme beeinflussen können;

21. zumindest die nicht zu marktüblichen Bedingungen zustande gekommenen Geschäfte, soweit sie wesentlich sind, mit nahe stehenden Unternehmen und Personen, einschließlich Angaben zur Art der Beziehung, zum Wert der Geschäfte sowie weiterer Angaben, die für die Beurteilung der Finanzlage notwendig sind; ausgenommen sind Geschäfte mit und zwischen mittel- oder unmittelbar in 100-prozentigem Anteilsbesitz stehenden in einen Konzernabschluss einbezogenen Unternehmen; Angaben über Geschäfte können nach Geschäftsarten zusammengefasst werden, sofern die getrennte Angabe für die Beurteilung der Auswirkungen auf die Finanzlage nicht notwendig ist;

22. im Fall der Aktivierung nach § 248 Abs. 2 der Gesamtbetrag der Forschungs- und Entwicklungskosten des Geschäftsjahrs sowie der davon auf die selbst geschaffenen immateriellen Vermögensgegenstände des Anlagevermögens entfallende Betrag;

23. bei Anwendung des § 254,
a) mit welchem Betrag jeweils Vermögensgegenstände, Schulden, schwebende Geschäfte und mit hoher Wahrscheinlichkeit vorgesehene Transaktionen zur Absicherung welcher Risiken in welche Arten von Bewertungseinheiten einbezogen sind sowie die Höhe der mit Bewertungseinheiten abgesicherten Risiken,
b) für die jeweils abgesicherten Risiken, warum, in welchem Umfang und für welchen Zeitraum sich die gegenläufigen Wertänderungen oder Zahlungsströme künftig voraussichtlich ausgleichen einschließlich der Methode der Ermittlung,
c) eine Erläuterung der mit hoher Wahrscheinlichkeit erwarteten Transaktionen, die in Bewertungseinheiten einbezogen wurden,

soweit die Angaben nicht im Lagebericht gemacht werden;

24. zu den Rückstellungen für Pensionen und ähnliche Verpflichtungen das angewandte versicherungsmathematische Berechnungsverfahren sowie die grundlegenden Annahmen der Berechnung, wie Zinssatz, erwartete Lohn- und Gehaltssteigerungen und zugrunde gelegte Sterbetafeln;

25. im Fall der Verrechnung von Vermögensgegenständen und Schulden nach § 246 Abs. 2 Satz 2 die Anschaffungskosten und der beizulegende Zeitwert der verrechneten Vermögensgegenstände, der Erfüllungsbetrag der verrechneten Schulden sowie die verrechneten Aufwendungen und Erträge; Nummer 20 Buchstabe a ist entsprechend anzuwenden;

26. zu Anteilen an Sondervermögen im Sinn des § 1 Absatz 10 des Kapitalanlagegesetzbuchs oder Anlageaktien an Investmentaktiengesellschaften mit veränderlichem Kapital im Sinn der §§ 108 bis 123 des Kapitalanlagegesetzbuchs oder vergleichbaren EU-Investmentvermögen oder vergleichbaren ausländischen Investmentvermögen von mehr als dem zehnten Teil, aufgegliedert nach Anlagezielen, deren Wert im Sinn der §§ 168, 278 des Kapitalanlagegesetzbuchs oder des § 36 des Investmentgesetzes in der bis zum 21. Juli 2013 geltenden Fassung oder vergleichbarer ausländischer Vorschriften über die Ermittlung des Marktwertes, die Differenz zum Buchwert und die für das Geschäftsjahr erfolgte Ausschüttung sowie Beschränkungen in der Möglichkeit der täglichen Rückgabe; darüber hinaus die Gründe dafür, dass eine Abschreibung gemäß § 253 Abs. 3 Satz 4 unterblieben ist, ein-

2

schließlich der Anhaltspunkte, die darauf hindeuten, dass die Wertminderung voraussichtlich nicht von Dauer ist; Nummer 18 ist insoweit nicht anzuwenden;

27. für nach § 251 unter der Bilanz oder nach § 268 Abs. 7 Halbsatz 1 im Anhang ausgewiesene Verbindlichkeiten und Haftungsverhältnisse die Gründe der Einschätzung des Risikos der Inanspruchnahme;
28. der Gesamtbetrag der Beträge im Sinn des § 268 Abs. 8, aufgegliedert in Beträge aus der Aktivierung selbst geschaffener immaterieller Vermögensgegenstände des Anlagevermögens, Beträge aus der Aktivierung latenter Steuern und aus der Aktivierung von Vermögensgegenständen zum beizulegenden Zeitwert;
29. auf welchen Differenzen oder steuerlichen Verlustvorträgen die latenten Steuern beruhen und mit welchen Steuersätzen die Bewertung erfolgt ist.

§ 286. Unterlassen von Angaben. (1) Die Berichterstattung hat insoweit zu unterbleiben, als es für das Wohl der Bundesrepublik Deutschland oder eines ihrer Länder erforderlich ist.

(2) Die Aufgliederung der Umsatzerlöse nach § 285 Nr. 4 kann unterbleiben, soweit die Aufgliederung nach vernünftiger kaufmännischer Beurteilung geeignet ist, der Kapitalgesellschaft oder einem Unternehmen, von dem die Kapitalgesellschaft mindestens den fünften Teil der Anteile besitzt, einen erheblichen Nachteil zuzufügen.

(3) [1]Die Angaben nach § 285 Nr. 11 und 11 a können unterbleiben, soweit sie

1. für die Darstellung der Vermögens-, Finanz- und Ertragslage der Kapitalgesellschaft nach § 264 Abs. 2 von untergeordneter Bedeutung sind oder
2. nach vernünftiger kaufmännischer Beurteilung geeignet sind, der Kapitalgesellschaft oder dem anderen Unternehmen einen erheblichen Nachteil zuzufügen.

[2]Die Angabe des Eigenkapitals und des Jahresergebnisses kann unterbleiben, wenn das Unternehmen, über das zu berichten ist, seinen Jahresabschluß nicht offenzulegen hat und die berichtende Kapitalgesellschaft weniger als die Hälfte der Anteile besitzt. …

(4) Bei Gesellschaften, die keine börsennotierten Aktiengesellschaften sind, können die in § 285 Nr. 9 Buchstabe a und b verlangten Angaben über die Gesamtbezüge der dort bezeichneten Personen unterbleiben, wenn sich anhand dieser Angaben die Bezüge eines Mitglieds dieser Organe feststellen lassen.

…

§ 287. *(aufgehoben)*

§ 288. Größenabhängige Erleichterungen. (1) Kleine Kapitalgesellschaften (§ 267 Abs. 1) brauchen die Angaben nach § 284 Abs. 2 Nr. 4, § 285 Nr. 2 bis 8 Buchstabe a, Nr. 9 Buchstabe a und b sowie Nr. 12, 17, 19, 21, 22 und 29 nicht zu machen.

(2) [1]Mittelgroße Kapitalgesellschaften (§ 267 Abs. 2) brauchen bei der Angabe nach § 285 Nr. 3 die Risiken und Vorteile nicht darzustellen. [2]Sie brauchen die Angaben nach § 285 Nr. 4 und 29 nicht zu machen. [3]Soweit sie die Angaben nach § 285 Nr. 17 nicht machen, sind sie verpflichtet, diese der Wirtschaftsprüferkammer auf deren schriftliche Anforderung zu übermitteln. [4]Sie brauchen die Angaben nach § 285 Nr. 21 nur zu machen, soweit sie Aktiengesellschaft sind; die Angabe kann auf Geschäfte beschränkt werden, die direkt oder indirekt mit dem Hauptgesellschafter oder Mitgliedern des Geschäftsführungs-, Aufsichts- oder Verwaltungsorgans abgeschlossen wurden.

Lagebericht

§ 289. (1) [1]Im Lagebericht sind der Geschäftsverlauf einschließlich des Geschäftsergebnisses und die Lage der Kapitalgesellschaft so darzustellen, dass ein den tatsächlichen Verhältnissen entsprechendes Bild vermittelt wird. [2]Er hat eine ausgewogene und umfassende, dem Umfang und der Komplexität der Geschäftstätigkeit entsprechende Analyse des Geschäftsverlaufs und der Lage der Gesellschaft zu enthalten. [3]In die Analyse sind die für die Geschäftstätigkeit bedeutsamsten finanziellen Leistungsindikatoren einzubeziehen und unter Bezugnahme auf die im Jahresabschluss ausgewiesenen Beträge und Angaben zu erläutern. [4]Ferner ist im Lagebericht die voraussichtliche Entwicklung mit ihren wesentlichen Chancen und Risiken zu beurteilen und zu erläutern; zugrunde liegende Annahmen sind anzugeben. …

(2) [1]Der Lagebericht soll auch eingehen auf:

1. Vorgänge von besonderer Bedeutung, die nach dem Schluß des Geschäftsjahrs eingetreten sind;
2. a) die Risikomanagementziele und -methoden der Gesellschaft einschließlich ihrer Methoden zur Absicherung aller wichtigen Arten von Transaktionen, die im Rahmen der Bilanzierung von Sicherungsgeschäften erfasst werden, sowie
   b) die Preisänderungs-, Ausfall- und Liquiditätsrisiken sowie die Risiken aus Zahlungsstromschwankungen, denen die Gesellschaft ausgesetzt ist,

jeweils in Bezug auf die Verwendung von Finanzinstrumenten durch die Gesellschaft und

sofern dies für die Beurteilung der Lage oder der voraussichtlichen Entwicklung von Belang ist;
3. den Bereich Forschung und Entwicklung,
4. bestehende Zweigniederlassungen der Gesellschaft;
5. die Grundzüge des Vergütungssystems der Gesellschaft für die in § 285 Nr. 9 genannten Gesamtbezüge, soweit es sich um eine börsennotierte Aktiengesellschaft handelt. [2]Werden dabei auch Angaben entsprechend § 285 Nr. 9 Buchstabe a Satz 5 bis 8 gemacht, können diese im Anhang unterbleiben.

(3) Bei einer großen Kapitalgesellschaft (§ 267 Abs. 3) gilt Absatz 1 Satz 3 entsprechend für nichtfinanzielle Leistungsindikatoren, wie Informationen über Umwelt- und Arbeitnehmerbelange, soweit sie für das Verständnis des Geschäftsverlaufs oder der Lage von Bedeutung sind.

(4) [1]Aktiengesellschaften und Kommanditgesellschaften auf Aktien, die einen organisierten Markt im Sinne des § 2 Abs. 7 des Wertpapiererwerbs- und Übernahmegesetzes durch von ihnen ausgegebene stimmberechtigte Aktien in Anspruch nehmen, haben im Lagebericht anzugeben:
1. die Zusammensetzung des gezeichneten Kapitals; bei verschiedenen Aktiengattungen sind für jede Gattung die damit verbundenen Rechte und Pflichten und der Anteil am Gesellschaftskapital anzugeben, soweit die Angaben nicht im Anhang zu machen sind;
2. Beschränkungen, die Stimmrechte oder die Übertragung von Aktien betreffen, auch wenn sie sich aus Vereinbarungen zwischen Gesellschaftern ergeben können, soweit sie dem Vorstand der Gesellschaft bekannt sind;
3. direkte oder indirekte Beteiligungen am Kapital, die 10 vom Hundert der Stimmrechte überschreiten, soweit die Angaben nicht im Anhang zu machen sind;
4. die Inhaber von Aktien mit Sonderrechten, die Kontrollbefugnisse verleihen; die Sonderrechte sind zu beschreiben;
5. die Art der Stimmrechtskontrolle, wenn Arbeitnehmer am Kapital beteiligt sind und ihre Kontrollrechte nicht unmittelbar ausüben;
6. die gesetzlichen Vorschriften und Bestimmungen der Satzung über die Ernennung und Abberufung der Mitglieder des Vorstands und über die Änderung der Satzung;
7. die Befugnisse des Vorstands insbesondere hinsichtlich der Möglichkeit, Aktien auszugeben oder zurückzukaufen;
8. wesentliche Vereinbarungen der Gesellschaft, die unter der Bedingung eines Kontrollwechsels infolge eines Übernahmeangebots stehen, und die hieraus folgenden Wirkungen; die Angabe kann unterbleiben, soweit sie geeignet ist, der Gesellschaft einen erheblichen Nachteil zuzufügen; die Angabepflicht nach anderen gesetzlichen Vorschriften bleibt unberührt;
9. Entschädigungsvereinbarungen der Gesellschaft, die für den Fall eines Übernahmeangebots mit den Mitgliedern des Vorstands oder Arbeitnehmern getroffen sind, soweit die Angaben nicht im Anhang zu machen sind.

[2]Sind Angaben nach Satz 1 im Anhang zu machen, ist im Lagebericht darauf zu verweisen.

(5) Kapitalgesellschaften im Sinn des § 264d haben im Lagebericht die wesentlichen Merkmale des internen Kontroll- und des Risikomanagementsystems im Hinblick auf den Rechnungslegungsprozess zu beschreiben.

§ 289a. Erklärung zur Unternehmensführung.

(1) [1]Börsennotierte Aktiengellschaften sowie Aktiengesellschaften, die ausschließlich andere Wertpapiere als Aktien zum Handel an einem organisierten Markt im Sinne des § 2 Abs. 5 des Wertpapierhandelsgesetzes ausgegeben haben und deren ausgegebene Aktien auf eigene Veranlassung über ein multilaterales Handelssystem im Sinn des § 2 Abs. 3 Satz 1 Nr. 8 des Wertpapierhandelsgesetzes gehandelt werden, haben eine Erklärung zur Unternehmensführung in ihren Lagebericht aufzunehmen, die dort einen gesonderten Abschnitt bildet. [2]Sie kann auch auf der Internetseite der Gesellschaft öffentlich zugänglich gemacht werden. [3]In diesem Fall ist in den Lagebericht eine Bezugnahme aufzunehmen, welche die Angabe der Internetseite enthält.

(2) In die Erklärung zur Unternehmensführung sind aufzunehmen
1. die Erklärung gemäß § 161 des Aktiengesetzes;
2. relevante Angaben zu Unternehmensführungspraktiken, die über die gesetzlichen Anforderungen hinaus angewandt werden, nebst Hinweis, wo sie öffentlich zugänglich sind;
3. eine Beschreibung der Arbeitsweise von Vorstand und Aufsichtsrat sowie der Zusammensetzung und Arbeitsweise von deren Ausschüssen; sind die Informationen auf der Internetseite der Gesellschaft öffentlich zugänglich, kann darauf verwiesen werden.

► Konzernabschluß und Konzernlagebericht

Anwendungsbereich

§ 290. Pflicht zur Aufstellung. (1) [1]Die gesetzlichen Vertreter einer Kapitalgesellschaft

2

(Mutterunternehmen) mit Sitz im Inland haben in den ersten fünf Monaten des Konzerngeschäftsjahrs für das vergangene Konzerngeschäftsjahr einen Konzernabschluss und einen Konzernlagebericht aufzustellen, wenn diese auf ein anderes Unternehmen (Tochterunternehmen) unmittel- oder mittelbar einen beherrschenden Einfluss ausüben kann. [2]Ist das Mutterunternehmen eine Kapitalgesellschaft im Sinn des § 325 Abs. 4 Satz 1, sind der Konzernabschluss sowie der Konzernlagebericht in den ersten vier Monaten des Konzerngeschäftsjahrs für das vergangene Konzerngeschäftsjahr aufzustellen.

(2) [1]Beherrschender Einfluss eines Mutterunternehmens besteht stets, wenn

1. ihm bei einem anderen Unternehmen die Mehrheit der Stimmrechte der Gesellschafter zusteht;
2. ihm bei einem anderen Unternehmen das Recht zusteht, die Mehrheit der Mitglieder des die Finanz- und Geschäftspolitik bestimmenden Verwaltungs-, Leitungs- oder Aufsichtsorgans zu bestellen oder abzuberufen, und es gleichzeitig Gesellschafter ist;
3. ihm das Recht zusteht, die Finanz- und Geschäftspolitik auf Grund eines mit einem anderen Unternehmen geschlossenen Beherrschungsvertrages oder auf Grund einer Bestimmung in der Satzung des anderen Unternehmens zu bestimmen, oder
4. es bei wirtschaftlicher Betrachtung die Mehrheit der Risiken und Chancen eines Unternehmens trägt, das zur Erreichung eines eng begrenzten und genau definierten Ziels des Mutterunternehmens dient (Zweckgesellschaft). [2]Neben Unternehmen können Zweckgesellschaften auch sonstige juristische Personen des Privatrechts oder unselbständige Sondervermögen des Privatrechts sein, ausgenommen Spezial-Sondervermögen im Sinn des § 2 Absatz 3 des Investmentgesetzes oder vergleichbare ausländische Investmentvermögen oder als Sondervermögen aufgelegte offene inländische Spezial-AIF mit festen Anlagebedingungen im Sinn des § 284 des Kapitalanlagegesetzbuchs oder vergleichbare EU-Investmentvermögen oder ausländische Investmentvermögen, die den als Sondervermögen aufgelegten offenen inländischen Spezial-AIF mit festen Anlagebedingungen im Sinn des § 284 des Kapitalanlagegesetzbuchs vergleichbar sind.

(3) [1]Als Rechte, die einem Mutterunternehmen nach Absatz 2 zustehen, gelten auch die einem Tochterunternehmen zustehenden Rechte und die den für Rechnung des Mutterunternehmens oder von Tochterunternehmen handelnden Personen zustehenden Rechte. [2]Den einem Mutterunternehmen an einem anderen Unternehmen zustehenden Rechten werden die Rechte hinzugerechnet, über die es oder ein Tochterunternehmen auf Grund einer Vereinbarung mit anderen Gesellschaftern dieses Unternehmens verfügen kann. [3]Abzuziehen sind Rechte, die

1. mit Anteilen verbunden sind, die von dem Mutterunternehmen oder von Tochterunternehmen für Rechnung einer anderen Person gehalten werden, oder
2. mit Anteilen verbunden sind, die als Sicherheit gehalten werden, sofern diese Rechte nach Weisung des Sicherungsgebers oder, wenn ein Kreditinstitut die Anteile als Sicherheit für ein Darlehen hält, im Interesse des Sicherungsgebers ausgeübt werden.

(4) [1]Welcher Teil der Stimmrechte einem Unternehmen zusteht, bestimmt sich für die Berechnung der Mehrheit nach Absatz 2 Nr. 1 nach dem Verhältnis der Zahl der Stimmrechte, die es aus den ihm gehörenden Anteilen ausüben kann, zur Gesamtzahl aller Stimmrechte. [2]Von der Gesamtzahl aller Stimmrechte sind die Stimmrechte aus eigenen Anteilen abzuziehen, die dem Tochterunternehmen selbst, einem seiner Tochterunternehmen oder einer anderen Person für Rechnung dieser Unternehmen gehören.

(5) Ein Mutterunternehmen ist von der Pflicht, einen Konzernabschluss und einen Konzernlagebericht aufzustellen, befreit, wenn es nur Tochterunternehmen hat, die gemäß § 296 nicht in den Konzernabschluss einbezogen werden brauchen.

Inhalt und Form des Konzernabschlusses

§ 297. Inhalt. (1) [1]Der Konzernabschluß besteht aus der Konzernbilanz, der Konzern-Gewinn- und Verlustrechnung, Konzernanhang, der Kapitalflussrechnung und dem Eigenkapitalspiegel. [2]Er kann um eine Segmentberichterstattung erweitert werden.

(2) [1]Der Konzernabschluß ist klar und übersichtlich aufzustellen. [2]Er hat unter Beachtung der Grundsätze ordnungsmäßiger Buchführung ein den tatsächlichen Verhältnissen entsprechendes Bild der Vermögens-, Finanz- und Ertragslage des Konzerns zu vermitteln. [3]Führen besondere Umstände dazu, daß der Konzernabschluß ein den tatsächlichen Verhältnissen entsprechendes Bild im Sinne des Satzes 2 nicht vermittelt, so sind im Konzernanhang zusätzliche Angaben zu machen. …

(3) [1]Im Konzernabschluß ist die Vermögens-, Finanz- und Ertragslage der einbezogenen Unternehmen so darzustellen, als ob diese Unternehmen insgesamt ein einziges Unter-

nehmen wären. [2]Die auf den vorhergehenden Konzernabschluß angewandten Konsolidierungsmethoden sollen beibehalten werden. [3]Abweichungen von Satz 2 sind in Ausnahmefällen zulässig. [4]Sie sind im Konzernanhang anzugeben und zu begründen. [5]Ihr Einfluß auf die Vermögens-, Finanz- und Ertragslage des Konzerns ist anzugeben.

Vollkonsolidierung

§ 300. Konsolidierungsgrundsätze. Vollständigkeitsgebot. (1) [1]In dem Konzernabschluß ist der Jahresabschluß des Mutterunternehmens mit den Jahresabschlüssen der Tochterunternehmen zusammenzufassen. [2]An die Stelle der dem Mutterunternehmen gehörenden Anteile an den einbezogenen Tochterunternehmen treten die Vermögensgegenstände, Schulden und Sonderposten der Tochterunternehmen, soweit sie nach dem Recht des Mutterunternehmens bilanzierungsfähig sind und die Eigenart des Konzernabschlusses keine Abweichungen bedingt oder in den folgenden Vorschriften nichts anderes bestimmt ist.

(2) [1]Die Vermögensgegenstände, Schulden und Rechnungsabgrenzungsposten sowie die Erträge und Aufwendungen der in den Konzernabschluß einbezogenen Unternehmen sind unabhängig von ihrer Berücksichtigung in den Jahresabschlüssen dieser Unternehmen vollständig aufzunehmen, soweit nach dem Recht des Mutterunternehmens nicht ein Bilanzierungsverbot oder ein Bilanzierungswahlrecht besteht. [2]Nach dem Recht des Mutterunternehmens zulässige Bilanzierungswahlrechte dürfen im Konzernabschluß unabhängig von ihrer Ausübung in den Jahresabschlüssen der in den Konzernabschluß einbezogenen Unternehmen ausgeübt werden. [3]Ansätze, die auf der Anwendung von für Kreditinstitute oder Versicherungsunternehmen wegen der Besonderheiten des Geschäftszweigs geltenden Vorschriften beruhen, dürfen beibehalten werden; auf die Anwendung dieser Ausnahme ist im Konzernanhang hinzuweisen.

Konzernanhang

§ 313. Erläuterung der Konzernbilanz und der Konzern-Gewinn- und Verlustrechnung. Angaben zum Beteiligungsbesitz. (1) [1]In den Konzernanhang sind diejenigen Angaben aufzunehmen, die zu einzelnen Posten der Konzernbilanz oder der Konzern-Gewinn- und Verlustrechnung vorgeschrieben oder die im Konzernanhang zu machen sind, weil sie in Ausübung eines Wahlrechts nicht in die Konzernbilanz oder in die Konzern-Gewinn- und Verlustrechnung aufgenommen wurden. [2]Im Konzernanhang müssen

1. die auf die Posten der Konzernbilanz und der Konzern-Gewinn- und Verlustrechnung angewandten Bilanzierungs- und Bewertungsmethoden angegeben werden;
2. die Grundlagen für die Umrechnung in Euro angegeben werden, sofern der Konzernabschluß Posten enthält, denen Beträge zugrunde liegen, die auf fremde Währung lauten oder ursprünglich auf fremde Währung lauteten;
3. Abweichungen von Bilanzierungs-, Bewertungs- und Konsolidierungsmethoden angegeben und begründet werden; deren Einfluß auf die Vermögens-, Finanz- und Ertragslage des Konzerns ist gesondert darzustellen.

Konzernlagebericht

§ 315. (1) [1]Im Konzernlagebericht sind der Geschäftsverlauf einschließlich des Geschäftsergebnisses und die Lage des Konzerns so darzustellen, dass ein den tatsächlichen Verhältnissen entsprechendes Bild vermittelt wird. [2]Er hat eine ausgewogene und umfassende, dem Umfang und der Komplexität der Geschäftstätigkeit entsprechende Analyse des Geschäftsverlaufs und der Lage des Konzerns zu enthalten. [3]In die Analyse sind die für die Geschäftstätigkeit bedeutsamsten finanziellen Leistungsindikatoren einzubeziehen und unter Bezugnahme auf die im Konzernabschluss ausgewiesenen Beträge und Angaben zu erläutern. [4]Satz 3 gilt entsprechend für nichtfinanzielle Leistungsindikatoren, wie Informationen über Umwelt- und Arbeitnehmerbelange, soweit sie für das Verständnis des Geschäftsverlaufs oder der Lage von Bedeutung sind. [5]Ferner ist im Konzernlagebericht die voraussichtliche Entwicklung mit ihren wesentlichen Chancen und Risiken zu beurteilen und zu erläutern; zugrunde liegende Annahmen sind anzugeben. …

(2) [1]Der Konzernlagebericht soll auch eingehen auf:

1. Vorgänge von besonderer Bedeutung, die nach dem Schluß des Konzerngeschäftsjahrs eingetreten sind;
2. a) die Risikomanagementziele und -methoden des Konzerns einschließlich seiner Methoden zur Absicherung aller wichtigen Arten von Transaktionen, die im Rahmen der Bilanzierung von Sicherungsgeschäften erfasst werden, sowie
   b) die Preisänderungs-, Ausfall- und Liquiditätsrisiken sowie die Risiken aus Zahlungsstromschwankungen, denen der Konzern ausgesetzt ist,

jeweils in Bezug auf die Verwendung von Finanzinstrumenten durch den Konzern und so-

2

fern dies für die Beurteilung der Lage oder der voraussichtlichen Entwicklung von Belang ist;
3. den Bereich Forschung und Entwicklung des Konzerns;
4. die Grundzüge des Vergütungssystems für die in § 314 Abs. 1 Nr. 6 genannten Gesamtbezüge, soweit das Mutterunternehmen eine börsennotierte Aktiengesellschaft ist. [2]Werden dabei auch Angaben entsprechend § 314 Abs. 1 Nr. 6 Buchstabe a Satz 5 bis 8 gemacht, können diese im Konzernanhang unterbleiben;
5. die wesentlichen Merkmale des internen Kontroll- und des Risikomanagementsystems im Hinblick auf den Konzernrechnungslegungsprozess, sofern eines der in den Konzernabschluss einbezogenen Tochterunternehmen oder das Mutterunternehmen kapitalmarktorientiert im Sinn des § 264d ist.

(3) § 298 Abs. 3 über die Zusammenfassung von Konzernanhang und Anhang ist entsprechend anzuwenden.

(4) [1]Mutterunternehmen, die einen organisierten Markt im Sinne des § 2 Abs. 7 des Wertpapiererwerbs- und Übernahmegesetzes durch von ihnen ausgegebene stimmberechtigte Aktien in Anspruch nehmen, haben im Konzernlagebericht anzugeben:
1. die Zusammensetzung des gezeichneten Kapitals; bei verschiedenen Aktiengattungen sind für jede Gattung die damit verbundenen Rechte und Pflichten und der Anteil am Gesellschaftskapital anzugeben, soweit die Angaben nicht im Konzernanhang zu machen sind;
2. Beschränkungen, die Stimmrechte oder die Übertragung von Aktien betreffen, auch wenn sie sich aus Vereinbarungen zwischen Gesellschaftern ergeben können, soweit sie dem Vorstand des Mutterunternehmens bekannt sind;
3. direkte oder indirekte Beteiligungen am Kapital, die 10 vom Hundert der Stimmrechte überschreiten, soweit die Angaben nicht im Konzernanhang zu machen sind;
4. die Inhaber von Aktien mit Sonderrechten, die Kontrollbefugnisse verleihen; die Sonderrechte sind zu beschreiben;
5. die Art der Stimmrechtskontrolle, wenn Arbeitnehmer am Kapital beteiligt sind und ihre Kontrollrechte nicht unmittelbar ausüben;
6. die gesetzlichen Vorschriften und Bestimmungen der Satzung über die Ernennung und Abberufung der Mitglieder des Vorstands und über die Änderung der Satzung;
7. die Befugnisse des Vorstands insbesondere hinsichtlich der Möglichkeit, Aktien auszugeben oder zurückzukaufen;
8. wesentliche Vereinbarungen des Mutterunternehmens, die unter der Bedingung eines Kontrollwechsels infolge eines Übernahmeangebots stehen, und die hieraus folgenden Wirkungen; die Angabe kann unterbleiben, soweit sie geeignet ist, dem Mutterunternehmen einen erheblichen Nachteil zuzufügen; die Angabepflicht nach anderen gesetzlichen Vorschriften bleibt unberührt;
9. Entschädigungsvereinbarungen des Mutterunternehmens, die für den Fall eines Übernahmeangebots mit den Mitgliedern des Vorstands oder Arbeitnehmern getroffen sind, soweit die Angaben nicht im Konzernanhang zu machen sind.

[2]Sind Angaben nach Satz 1 im Konzernanhang zu machen, ist im Konzernlagebericht darauf zu verweisen.

§ 315a. Konzernabschluss nach internationalen Rechnungslegungsstandards. (1) Ist ein Mutterunternehmen, das nach den Vorschriften des Ersten Titels einen Konzernabschluss aufzustellen hat, nach Artikel 4 der Verordnung (EG) Nr. 1606/2002 des Europäischen Parlaments und des Rates vom 19. Juli 2002 in der jeweils geltenden Fassung verpflichtet, die nach den Artikeln 2, 3 und 6 der genannten Verordnung übernommenen internationalen Rechnungslegungsstandards anzuwenden, so sind von den Vorschriften des Zweiten bis Achten Titels nur § 294 Abs. 3, § 297 Abs. 2 Satz 4, § 298 Abs. 1, dieser jedoch nur in Verbindung mit den §§ 244 und 245, ferner § 313 Abs. 2 und 3, § 314 Abs. 1 Nr. 4, 6, 8 und 9, Abs. 2 Satz 2 sowie die Bestimmungen des Neunten Titels und die Vorschriften außerhalb dieses Unterabschnitts, die den Konzernabschluss oder den Konzernlagebericht betreffen, anzuwenden.

(2) Mutterunternehmen, die nicht unter Absatz 1 fallen, haben ihren Konzernabschluss nach den dort genannten internationalen Rechnungslegungsstandards und Vorschriften aufzustellen, wenn für sie bis zum jeweiligen Bilanzstichtag die Zulassung eines Wertpapiers im Sinne des § 2 Abs. 1 Satz 1 des Wertpapierhandelsgesetzes zum Handel an einem organisierten Markt im Sinne des § 2 Abs. 5 des Wertpapierhandelsgesetzes im Inland beantragt worden ist.

(3) [1]Mutterunternehmen, die nicht unter Absatz 1 oder 2 fallen, dürfen ihren Konzernabschluss nach den in Absatz 1 genannten internationalen Rechnungslegungsstandards und Vorschriften aufstellen. [2]Ein Unternehmen, das von diesem Wahlrecht Gebrauch macht, hat die in Absatz 1 genannten Standards und Vorschriften vollständig zu befolgen.

► Prüfung

§ 316. Pflicht zur Prüfung. (1) [1]Der Jahresabschluß und der Lagebericht von Kapitalgesellschaften, die nicht kleine im Sinne des § 267 Abs. 1 sind, sind durch einen Abschlußprüfer zu prüfen. [2]Hat keine Prüfung stattgefunden, so kann der Jahresabschluß nicht festgestellt werden.

(2) Der Konzernabschluß und der Konzernlagebericht von Kapitalgesellschaften sind durch einen Abschlußprüfer zu prüfen. ...

(3) [1]Werden der Jahresabschluß, der Konzernabschluß, der Lagebericht oder der Konzernlagebericht nach Vorlage des Prüfungsberichts geändert, so hat der Abschlußprüfer diese Unterlagen erneut zu prüfen, soweit es die Änderung erfordert. [2]Über das Ergebnis der Prüfung ist zu berichten; der Bestätigungsvermerk ist entsprechend zu ergänzen.

§ 317. Gegenstand und Umfang der Prüfung.

(1) [1]In die Prüfung des Jahresabschlusses ist die Buchführung einzubeziehen. [2]Die Prüfung des Jahresabschlusses und des Konzernabschlusses hat sich darauf zu erstrecken, ob die gesetzlichen Vorschriften und sie ergänzende Bestimmungen des Gesellschaftsvertrags oder der Satzung beachtet worden sind. [3]Die Prüfung ist so anzulegen, daß Unrichtigkeiten und Verstöße gegen die in Satz 2 aufgeführten Bestimmungen, die sich auf die Darstellung des sich nach § 264 Abs. 2 ergebenden Bildes der Vermögens-, Finanz- und Ertragslage des Unternehmens wesentlich auswirken, bei gewissenhafter Berufsausübung erkannt werden.

(2) [1]Der Lagebericht und der Konzernlagebericht sind darauf zu prüfen, ob der Lagebericht mit dem Jahresabschluß, gegebenenfalls auch mit dem Einzelabschluss nach § 325 Abs. 2a und der Konzernlagebericht mit dem Konzernabschluß sowie mit den bei der Prüfung gewonnenen Erkenntnissen des Abschlußprüfers in Einklang stehen und ob der Lagebericht insgesamt eine zutreffende Vorstellung von der Lage des Unternehmens und der Konzernlagebericht insgesamt eine zutreffende Vorstellung von der Lage des Konzerns vermittelt. [2]Dabei ist auch zu prüfen, ob die Chancen und Risiken der künftigen Entwicklung zutreffend dargestellt sind. ...

§ 318. Bestellung und Abberufung des Abschlußprüfers. (1) [1]Der Abschlußprüfer des Jahresabschlusses wird von den Gesellschaftern gewählt; den Abschlußprüfer des Konzernabschlusses wählen die Gesellschafter des Mutterunternehmens. [2]Bei Gesellschaften mit beschränkter Haftung und bei offenen Handelsgesellschaften im Sinne des § 264 a Abs. 1 kann der Gesellschaftsvertrag etwas anderes bestimmen. [3]Der Abschlußprüfer soll jeweils vor Ablauf des Geschäftsjahrs gewählt werden, auf das sich seine Prüfungstätigkeit erstreckt. [4]Die gesetzlichen Vertreter, bei Zuständigkeit des Aufsichtsrats dieser, haben unverzüglich nach der Wahl den Prüfungsauftrag zu erteilen. [5]Der Prüfungsauftrag kann nur widerrufen werden, wenn nach Absatz 3 ein anderer Prüfer bestellt worden ist.

2

(2) [1]Als Abschlußprüfer des Konzernabschlusses gilt, wenn kein anderer Prüfer bestellt wird, der Prüfer als bestellt, der für die Prüfung des in den Konzernabschluß einbezogenen Jahresabschlusses des Mutterunternehmens bestellt worden ist. [2]Erfolgt die Einbeziehung auf Grund eines Zwischenabschlusses, so gilt, wenn kein anderer Prüfer bestellt wird, der Prüfer als bestellt, der für die Prüfung des letzten vor dem Konzernabschlußstichtag aufgestellten Jahresabschlusses des Mutterunternehmens bestellt worden ist.

...

§ 319. Auswahl der Abschlußprüfer.

(1) [1]Abschlußprüfer können Wirtschaftsprüfer und Wirtschaftsprüfungsgesellschaften sein. [2]Abschlußprüfer von Jahresabschlüssen und Lageberichten mittelgroßer Gesellschaften mit beschränkter Haftung (§ 267 Abs. 2) oder von mittelgroßen Personengesellschaften im Sinne des § 264 a Abs. 1 können auch vereidigte Buchprüfer und Buchprüfungsgesellschaften sein.

...

§ 320. Vorlagepflicht. Auskunftsrecht.

(1) [1]Die gesetzlichen Vertreter der Kapitalgesellschaft haben dem Abschlußprüfer den Jahresabschluß und den Lagebericht unverzüglich nach der Aufstellung vorzulegen. [2]Sie haben ihm zu gestatten, die Bücher und Schriften der Kapitalgesellschaft sowie die Vermögensgegenstände und Schulden, namentlich die Kasse und die Bestände an Wertpapieren und Waren, zu prüfen.

...

§ 321. Prüfungsbericht. (1) [1]Der Abschlußprüfer hat über Art und Umfang sowie über das Ergebnis der Prüfung schriftlich und mit der gebotenen Klarheit zu berichten. [2]In dem Bericht ist vorweg zu der Beurteilung der Lage des Unternehmens oder Konzerns durch die gesetzlichen Vertreter Stellung zu nehmen, wobei insbesondere auf die Beurteilung des Fortbestandes und der künftigen Entwicklung des Unternehmens unter Berücksichtigung des Lageberichts und bei der Prüfung des Konzernabschlusses von Mutterunternehmen auch des

2

Konzerns unter Berücksichtigung des Konzernlageberichts einzugehen ist, soweit die geprüften Unterlagen und der Lagebericht oder der Konzernlagebericht eine solche Beurteilung erlauben. [3]Außerdem hat der Abschlussprüfer über bei Durchführung der Prüfung festgestellte Unrichtigkeiten oder Verstöße gegen gesetzliche Vorschriften sowie Tatsachen zu berichten, die den Bestand des geprüften Unternehmens oder des Konzerns gefährden oder seine Entwicklung wesentlich beeinträchtigen können oder die schwerwiegende Verstöße der gesetzlichen Vertreter oder von Arbeitnehmern gegen Gesetz, Gesellschaftsvertrag oder die Satzung erkennen lassen.

(2) Im Hauptteil des Prüfungsberichts ist darzustellen, ob die Buchführung und die weiteren geprüften Unterlagen, der Jahresabschluß, der Lagebericht, der Konzernabschluß und der Konzernlagebericht den gesetzlichen Vorschriften und den ergänzenden Bestimmungen des Gesellschaftsvertrags oder der Satzung entsprechen. ...

(3) In einem besonderen Abschnitt des Prüfungsberichts sind Gegenstand, Art und Umfang der Prüfung zu erläutern.

...

§ 322. Bestätigungsvermerk. (1) [1]Der Abschlußprüfer hat das Ergebnis der Prüfung in einem Bestätigungsvermerk zum Jahresabschluß und zum Konzernabschluß zusammenzufassen.

(2) ...[2]Die Beurteilung des Prüfungsergebnisses soll allgemeinverständlich und problemorientiert unter Berücksichtigung des Umstandes erfolgen, daß die gesetzlichen Vertreter den Abschluß zu verantworten haben. [3]Auf Risiken, die den Fortbestand des Unternehmens gefährden, ist gesondert einzugehen. ...

§ 324a. Anwendung auf den Einzelabschluss nach § 325 Abs. 2a. (1) [1]Die Bestimmungen dieses Unterabschnitts, die sich auf den Jahresabschluss beziehen, sind auf einen Einzelabschluss nach § 325 Abs. 2a entsprechend anzuwenden. [2]An Stelle des § 316 Abs. 1 Satz 2 gilt § 316 Abs. 2 Satz 2 entsprechend.

▶ Offenlegung. Prüfung durch den Betreiber des Bundesanzeigers

§ 325. Offenlegung. (1) [1]Die gesetzlichen Vertreter von Kapitalgesellschaften haben für diese den Jahresabschluss beim Betreiber des Bundesanzeigers elektronisch einzureichen. [2]Er ist unverzüglich nach seiner Vorlage an die Gesellschafter, jedoch spätestens vor Ablauf des zwölften Monats des dem Abschlussstichtag nachfolgenden Geschäftsjahrs, mit dem Bestätigungsvermerk oder dem Vermerk über dessen Versagung einzureichen. [3]Gleichzeitig sind der Lagebericht, der Bericht des Aufsichtsrats, die nach § 161 des Aktiengesetzes vorgeschriebene Erklärung und, soweit sich dies aus dem eingereichten Jahresabschluss nicht ergibt, der Vorschlag für die Verwendung des Ergebnisses und der Beschluss über seine Verwendung unter Angabe des Jahresüberschusses oder Jahresfehlbetrags elektronisch einzureichen. [4]Angaben über die Ergebnisverwendung brauchen von Gesellschaften mit beschränkter Haftung nicht gemacht zu werden, wenn sich anhand dieser Angaben die Gewinnanteile von natürlichen Personen feststellen lassen, die Gesellschafter sind. Werden zur Wahrung der Frist nach Satz 2 oder Absatz 4 Satz 1 der Jahresabschluss und der Lagebericht ohne die anderen Unterlagen eingereicht, sind der Bericht und der Vorschlag nach ihrem Vorliegen, die Beschlüsse nach der Beschlussfassung und der Vermerk nach der Erteilung unverzüglich einzureichen. [5]Wird der Jahresabschluss bei nachträglicher Prüfung oder Feststellung geändert, ist auch die Änderung nach Satz 1 einzureichen. [6]Die Rechnungslegungsunterlagen sind in einer Form einzureichen, die ihre Bekanntmachung nach Absatz 2 ermöglicht.

(2) Die gesetzlichen Vertreter der Kapitalgesellschaft haben für diese die in Absatz 1 bezeichneten Unterlagen jeweils unverzüglich nach der Einreichung im Bundesanzeiger bekannt machen zu lassen.

(2a) [1]Bei der Offenlegung nach Absatz 2 kann an die Stelle des Jahresabschlusses ein Einzelabschluss treten, der nach den in § 315a Abs. 1 bezeichneten internationalen Rechnungslegungsstandards aufgestellt worden ist. [2]Ein Unternehmen, das von diesem Wahlrecht Gebrauch macht, hat die dort genannten Standards vollständig zu befolgen. ... [4]Der Lagebericht nach § 289 muss in dem erforderlichen Umfang auch auf den Abschluss nach Satz 1 Bezug nehmen. ... [6]Kann wegen der Anwendung des § 286 Abs. 1 auf den Anhang die in Satz 2 genannte Voraussetzung nicht eingehalten werden, so entfällt das Wahlrecht nach Satz 1.

(2b) Die befreiende Wirkung der Offenlegung des Einzelabschlusses nach Absatz 2a tritt ein, wenn

1. statt des vom Abschlussprüfer zum Jahresabschluss erteilten Bestätigungsvermerks oder des Vermerks über dessen Versagung der entsprechende Vermerk zum Abschluss nach Absatz 2a in die Offenlegung nach Absatz 2 einbezogen wird,
2. der Vorschlag für die Verwendung des Ergebnisses und gegebenenfalls der Beschluss über seine Verwendung unter Angabe des Jahresüberschusses oder Jahresfehlbetrags

in die Offenlegung nach Absatz 2 einbezogen werden und

3. der Jahresabschluss mit dem Bestätigungsvermerk oder dem Vermerk über dessen Versagung nach Absatz 1 Satz 1 bis 4 offen gelegt wird.

(3) Die Absätze 1, 2 und 4 Satz 1 gelten entsprechend für die gesetzlichen Vertreter einer Kapitalgesellschaft, die einen Konzernabschluss und einen Konzernlagebericht aufzustellen haben.

(4) [1]Bei einer Kapitalgesellschaft im Sinn des § 264d, die keine Kapitalgesellschaft im Sinn des § 327a ist, beträgt die Frist nach Absatz 1 Satz 2 längstens vier Monate. [2]Für die Wahrung der Fristen nach Satz 1 und Absatz 1 Satz 2 ist der Zeitpunkt der Einreichung der Unterlagen maßgebend.

§ 326. Größenabhängige Erleichterungen für kleine Kapitalgesellschaften und Kleinstkapitalgesellschaften bei der Offenlegung.

(1) [1]Auf kleine Kapitalgesellschaften (§ 267 Abs. 1) ist § 325 Abs. 1 mit der Maßgabe anzuwenden, daß die gesetzlichen Vertreter nur die Bilanz und den Anhang einzureichen haben. [2]Der Anhang braucht die die Gewinn- und Verlustrechnung betreffenden Angaben nicht zu enthalten.

...

§ 327. Größenabhängige Erleichterungen für mittelgroße Kapitalgesellschaften bei der Offenlegung. Auf mittelgroße Kapitalgesellschaften (§ 267 Abs. 2) ist § 325 Abs. 1 mit der Maßgabe anzuwenden, daß die gesetzlichen Vertreter

1. die Bilanz nur in der für kleine Kapitalgesellschaften nach § 266 Abs. 1 Satz 3 vorgeschriebenen Form beim Betreiber des Bundesanzeigers einreichen müssen. In der Bilanz oder im Anhang sind jedoch die folgenden Posten des § 266 Abs. 2 und 3 zusätzlich gesondert anzugeben:

   Auf der Aktivseite
   A I 1 Selbst geschaffene gewerbliche Schutzrechte und ähnliche Rechte und Werte;
   A I 2 Geschäfts- oder Firmenwert;
   A II 1 Grundstücke, grundstücksgleiche Rechte und Bauten einschließlich der Bauten auf fremden Grundstücken;
   A II 2 technische Anlagen und Maschinen;
   A II 3 andere Anlagen, Betriebs- und Geschäftsausstattung;
   A II 4 geleistete Anzahlungen und Anlagen im Bau;
   A III 1 Anteile an verbundenen Unternehmen;
   A III 2 Ausleihungen an verbundene Unternehmen;
   A III 3 Beteiligungen;
   A III 4 Ausleihungen an Unternehmen, mit denen ein Beteiligungsverhältnis besteht;
   B II 2 Forderungen gegen verbundene Unternehmen;
   2
   B II 3 Forderungen gegen Unternehmen, mit denen ein Beteiligungsverhältnis besteht;
   B III 1 Anteile an verbundenen Unternehmen.

   Auf der Passivseite
   C 1 Anleihen, davon konvertibel;
   C 2 Verbindlichkeiten gegenüber Kreditinstituten;
   C 6 Verbindlichkeiten gegenüber verbundenen Unternehmen;
   C 7 Verbindlichkeiten gegenüber Unternehmen, mit denen ein Beteiligungsverhältnis besteht;

2. den Anhang ohne die Angaben nach § 285 Satz 1 Nr. 2, 5 und 8 Buchstabe a, Nr. 12 zum Handelsregister einreichen dürfen.

Ergänzende Vorschriften für eingetragene Genossenschaften

§ 336. Pflicht zur Aufstellung von Jahresabschluß und Lagebericht. (1) [1]Der Vorstand einer Genossenschaft hat den Jahresabschluß (§ 242) um einen Anhang zu erweitern, der mit der Bilanz und der Gewinn- und Verlustrechnung eine Einheit bildet, sowie einen Lagebericht aufzustellen. [2]Der Jahresabschluß und der Lagebericht sind in den ersten fünf Monaten des Geschäftsjahrs für das vergangene Geschäftsjahr aufzustellen.

(2) [1]Auf den Jahresabschluß und den Lagebericht sind, soweit in den folgenden Vorschriften nichts anderes bestimmt ist, § 264 Abs. 1 Satz 4 Halbsatz 1, Abs. 2, §§ 265 bis 289 über den Jahresabschluß und den Lagebericht entsprechend anzuwenden; § 277 Abs. 3 Satz 1, § 285 Nr. 6 und 17 brauchen jedoch nicht angewendet zu werden. [2]Sonstige Vorschriften, die durch den Geschäftszweig bedingt sind, bleiben unberührt.

(3) § 330 Abs. 1 über den Erlaß von Rechtsverordnungen ist entsprechend anzuwenden.

§ 337. Vorschriften zur Bilanz. (1) [1]An Stelle des gezeichneten Kapitals ist der Betrag der Geschäftsguthaben der Mitglieder auszuweisen. [2]Dabei ist der Betrag der Geschäftsguthaben der mit Ablauf des Geschäftsjahrs ausgeschiedenen Mitglieder gesondert anzugeben. [3]Werden rückständige fällige Einzahlungen auf

2

Geschäftsanteile in der Bilanz als Geschäftsguthaben ausgewiesen, so ist der entsprechende Betrag auf der Aktivseite unter der Bezeichnung „Rückständige fällige Einzahlungen auf Geschäftsanteile" einzustellen. [4]Werden rückständige fällige Einzahlungen nicht als Geschäftsguthaben ausgewiesen, so ist der Betrag bei dem Posten „Geschäftsguthaben" zu vermerken. [5]In beiden Fällen ist der Betrag mit dem Nennwert anzusetzen. [6]Ein in der Satzung bestimmtes Mindestkapital ist gesondert anzugeben.

(2) An Stelle der Gewinnrücklagen sind die Ergebnisrücklagen auszuweisen und wie folgt aufzugliedern:
1. Gesetzliche Rücklage;
2. andere Ergebnisrücklagen; die Ergebnisrücklage nach § 73 Abs. 3 des Gesetzes betreffend die Erwerbs- und Wirtschaftsgenossenschaften und die Beträge, die aus dieser Ergebnisrücklage an ausgeschiedene Genossen auszuzahlen sind, müssen vermerkt werden.

(3) Bei den Ergebnisrücklagen sind in der Bilanz oder im Anhang gesondert aufzuführen:
1. Die Beträge, welche die Generalversammlung aus dem Bilanzgewinn des Vorjahrs eingestellt hat;
2. die Beträge, die aus dem Jahresüberschuß des Geschäftsjahrs eingestellt werden;
3. die Beträge, die für das Geschäftsjahr entnommen werden.

§ 338. Vorschriften zum Anhang. (1) [1]Im Anhang sind auch Angaben zu machen über die Zahl der im Laufe des Geschäftsjahrs eingetretenen oder ausgeschiedenen sowie die Zahl der am Schluß des Geschäftsjahrs der Genossenschaft angehörenden Mitglieder. [2]Ferner sind der Gesamtbetrag, um welchen in diesem Jahr die Geschäftsguthaben sowie die Haftsummen der Mitglieder sich vermehrt oder vermindert haben, und der Betrag der Haftsummen anzugeben, für welche am Jahresschluß alle Mitglieder zusammen aufzukommen haben.

§ 339. Offenlegung. (1) Der Vorstand hat unverzüglich nach der Generalversammlung über den Jahresabschluß, jedoch spätestens vor Ablauf des zwölften Monats des dem Abschlussstichtag nachfolgenden Geschäftsjahrs, den festgestellten Jahresabschluß, den Lagebericht und den Bericht des Aufsichtsrats beim Betreiber des elektronischen Bundesanzeigers elektronisch einzureichen.

Viertes Buch. Handelsgeschäfte

Allgemeine Vorschriften

§ 343. Begriff der Handelsgeschäfte. (1) Handelsgeschäfte sind alle Geschäfte eines Kaufmanns, die zum Betriebe seines Handelsgewerbes gehören.

§ 344. Vermutung für das Handelsgeschäft. (1) Die von einem Kaufmanne vorgenommenen Rechtsgeschäfte gelten im Zweifel als zum Betriebe seines Handelsgewerbes gehörig.

(2) Die von einem Kaufmanne gezeichneten Schuldscheine gelten als im Betriebe seines Handelsgewerbes gezeichnet, sofern nicht aus der Urkunde sich das Gegenteil ergibt.

§ 345. Einseitige Handelsgeschäfte. Auf ein Rechtsgeschäft, das für einen der beiden Teile ein Handelsgeschäft ist, kommen die Vorschriften über Handelsgeschäfte für beide Teile gleichmäßig zur Anwendung, soweit nicht aus diesen Vorschriften sich ein anderes ergibt.

§ 346. Handelsbräuche. Unter Kaufleuten ist in Ansehung der Bedeutung und Wirkung von Handlungen und Unterlassungen auf die im Handelsverkehre geltenden Gewohnheiten und Gebräuche Rücksicht zu nehmen.

§ 347. Sorgfaltspflicht. (1) Wer aus einem Geschäfte, das auf seiner Seite ein Handelsgeschäft ist, einem anderen zur Sorgfalt verpflichtet ist, hat für die Sorgfalt eines ordentlichen Kaufmanns einzustehen.

(2) Unberührt bleiben die Vorschriften des Bürgerlichen Gesetzbuchs, nach welchen der Schuldner in bestimmten Fällen nur grobe Fahrlässigkeit zu vertreten oder nur für diejenige Sorgfalt einzustehen hat, welche er in eigenen Angelegenheiten anzuwenden pflegt.

§ 348. Vertragsstrafe. Eine Vertragsstrafe, die von einem Kaufmann im Betriebe seines Handelsgewerbes versprochen ist, kann nicht auf Grund der Vorschriften des § 343 des Bürgerlichen Gesetzbuchs herabgesetzt werden.

§ 349. Keine Einrede der Vorausklage. [1]Dem Bürgen steht, wenn die Bürgschaft für ihn ein Handelsgeschäft ist, die Einrede der Vorausklage nicht zu. [2]Das gleiche gilt unter der bezeichneten Voraussetzung für denjenigen, welcher aus einem Kreditauftrag als Bürge haftet.

§ 350. Formfreiheit. Auf eine Bürgschaft, ein Schuldversprechen oder ein Schuldanerkenntnis finden, sofern die Bürgschaft auf der Seite des Bürgen, das Versprechen oder das Anerkenntnis auf der Seite des Schuldners ein Handelsgeschäft ist, die Formvorschriften des § 766 Satz 1 und 2, des § 780 und des § 781 Satz 1 und 2 des Bürgerlichen Gesetzbuches keine Anwendung.

§ 351. Minderkaufleute. *(aufgehoben)*

§ 352. Gesetzlicher Zinssatz. (1) [1]Die Höhe der gesetzlichen Zinsen, mit Ausnahme der Verzugszinsen, ist bei beiderseitigen Handelsgeschäften fünf vom Hundert für das Jahr. [2]Das gleiche gilt, wenn für eine Schuld aus einem solchen Handelsgeschäfte Zinsen ohne Bestimmung des Zinsfußes versprochen sind.

(2) Ist in diesem Gesetzbuche die Verpflichtung zur Zahlung von Zinsen ohne Bestimmung der Höhe ausgesprochen, so sind darunter Zinsen zu fünf vom Hundert für das Jahr zu verstehen.

§ 353. Fälligkeitszinsen. [1]Kaufleute untereinander sind berechtigt, für ihre Forderungen aus beiderseitigen Handelsgeschäften vom Tage der Fälligkeit an Zinsen zu fordern. [2]Zinsen von Zinsen können auf Grund dieser Vorschrift nicht gefordert werden.

§ 354. Provision; Lagergeld; Zinsen. (1) Wer in Ausübung seines Handelsgewerbes einem anderen Geschäfte besorgt oder Dienste leistet, kann dafür auch ohne Verabredung Provision und, wenn es sich um Aufbewahrung handelt, Lagergeld nach den an dem Orte üblichen Sätzen fordern.

(2) Für Darlehen, Vorschüsse, Auslagen und andere Verwendungen kann er vom Tage der Leistung an Zinsen berechnen.

§ 354a. Abtretung einer Geldforderung.

(1) [1]Ist die Abtretung einer Geldforderung durch Vereinbarung mit dem Schuldner gemäß § 399 des Bürgerlichen Gesetzbuchs ausgeschlossen und ist das Rechtsgeschäft, das diese Forderung begründet hat, für beide Teile ein Handelsgeschäft, oder ist der Schuldner eine juristische Person des öffentlichen Rechts oder ein öffentlich-rechtliches Sondervermögen, so ist die Abtretung gleichwohl wirksam. [2]Der Schuldner kann jedoch mit befreiender Wirkung an den bisherigen Gläubiger leisten. [3]Abweichende Vereinbarungen sind unwirksam.

(2) Absatz 1 ist nicht auf eine Forderung an einen Darlehensvertrag anzuwenden, deren Gläubiger ein Kreditinstitut im Sinne des Kreditwesengesetzes ist.

§ 355. Laufende Rechnung, Kontokorrent.

(1) Steht jemand mit einem Kaufmanne derart in Geschäftsverbindung, daß die aus der Verbindung entspringenden beiderseitigen Ansprüche und Leistungen nebst Zinsen in Rechnung gestellt und in regelmäßigen Zeitabschnitten durch Verrechnung und Feststellung des für den einen oder anderen Teil sich ergebenden Überschusses ausgeglichen werden (laufende Rechnung, Kontokorrent), so kann derjenige, welchem bei dem Rechnungsabschluß ein Überschuß gebührt, von dem Tage des Abschlusses an Zinsen von dem Überschusse verlangen, auch soweit in der Rechnung Zinsen enthalten sind.

(2) Der Rechnungsabschluß geschieht jährlich einmal, sofern nicht ein anderes bestimmt ist.

(3) Die laufende Rechnung kann im Zweifel auch während der Dauer einer Rechnungsperiode jederzeit mit der Wirkung gekündigt werden, daß derjenige, welchem nach der Rechnung ein Überschuß gebührt, dessen Zahlung beanspruchen kann.

§ 356. Sicherheiten. Wird eine Forderung, die durch Pfand, Bürgschaft oder in anderer Weise gesichert ist, in die laufende Rechnung aufgenommen, so wird der Gläubiger durch die Anerkennung des Rechnungsabschlusses nicht gehindert, aus der Sicherheit insoweit Befriedigung zu suchen, als sein Guthaben aus der laufenden Rechnung und die Forderung sich decken.

§ 357. Pfändung des Saldos. [1]Hat der Gläubiger eines Beteiligten die Pfändung und Überweisung des Anspruchs auf dasjenige erwirkt, was seinem Schuldner als Überschuß aus der laufenden Rechnung zukommt, so können dem Gläubiger gegenüber Schuldposten, die nach der Pfändung durch neue Geschäfte entstehen, nicht in Rechnung gestellt werden. [2]Geschäfte, die auf Grund eines schon vor der Pfändung bestehenden Rechtes oder einer schon vor diesem Zeitpunkte bestehenden Verpflichtung des Drittschuldners vorgenommen werden, gelten nicht als neue Geschäfte im Sinne dieser Vorschrift.

§ 358. Zeit der Leistung. Bei Handelsgeschäften kann die Leistung nur während der gewöhnlichen Geschäftszeit bewirkt und gefordert werden.

§ 359. Vereinbarte Zeit der Leistung; „acht Tage". (1) Ist als Zeit der Leistung das Frühjahr oder der Herbst oder ein in ähnlicher Weise bestimmter Zeitpunkt vereinbart, so entscheidet im Zweifel der Handelsgebrauch des Ortes der Leistung.

(2) Ist eine Frist von acht Tagen vereinbart, so sind hierunter im Zweifel volle acht Tage zu verstehen.

2

§ 360. Gattungsschuld. Wird eine nur der Gattung nach bestimmte Ware geschuldet, so ist Handelsgut mittlerer Art und Güte zu leisten.

§ 361. Maß, Gewicht, Währung, Zeitrechnung und Entfernungen. Maß, Gewicht, Währung, Zeitrechnung und Entfernungen, die an dem Orte gelten, wo der Vertrag erfüllt werden soll, sind im Zweifel als die vertragsmäßigen zu betrachten.

§ 362. Schweigen des Kaufmanns auf Anträge.

(1) [1]Geht einem Kaufmanne, dessen Gewerbebetrieb die Besorgung von Geschäften für andere mit sich bringt, ein Antrag über die Besorgung solcher Geschäfte von jemand zu, mit dem er in Geschäftsverbindung steht, so ist er verpflichtet, unverzüglich zu antworten; sein Schweigen gilt als Annahme des Antrags. [2]Das gleiche gilt, wenn einem Kaufmann ein Antrag über die Besorgung von Geschäften von jemand zugeht, dem gegenüber er sich zur Besorgung solcher Geschäfte erboten hat.

(2) Auch wenn der Kaufmann den Antrag ablehnt, hat er die mitgesendeten Waren auf Kosten des Antragstellers, soweit er für diese Kosten gedeckt ist und soweit es ohne Nachteil für ihn geschehen kann, einstweilen vor Schaden zu bewahren.

§ 363. Kaufmännische Orderpapiere.

(1) [1]Anweisungen, die auf einen Kaufmann über die Leistung von Geld, Wertpapieren oder anderen vertretbaren Sachen ausgestellt sind, ohne daß darin die Leistung von einer Gegenleistung abhängig gemacht ist, können durch Indossament übertragen werden, wenn sie an Order lauten. [2]Dasselbe gilt von Verpflichtungsscheinen, die von einem Kaufmann über Gegenstände der bezeichneten Art an Order ausgestellt sind, ohne daß darin die Leistung von einer Gegenleistung abhängig gemacht ist.

(2) Ferner können Konnossemente der Verfrachter, Ladescheine der Frachtführer, Lagerscheine sowie Transportversicherungspolicen durch Indossament übertragen werden, wenn sie an Order lauten.

§ 364. Indossament. (1) Durch das Indossament gehen alle Rechte aus dem indossierten Papier auf den Indossatar über.

(2) Dem legitimierten Besitzer der Urkunde kann der Schuldner nur solche Einwendungen entgegensetzen, welche die Gültigkeit seiner Erklärung in der Urkunde betreffen oder sich aus dem Inhalte der Urkunde ergeben oder ihm unmittelbar gegen den Besitzer zustehen.

(3) Der Schuldner ist nur gegen Aushändigung der quittierten Urkunde zur Leistung verpflichtet.

§ 366. Gutgläubiger Erwerb von beweglichen Sachen. (1) Veräußert oder verpfändet ein Kaufmann im Betriebe seines Handelsgewerbes eine ihm nicht gehörige bewegliche Sache, so finden die Vorschriften des Bürgerlichen Gesetzbuchs zugunsten derjenigen, welche Rechte von einem Nichtberechtigten herleiten, auch dann Anwendung, wenn der gute Glaube des Erwerbers die Befugnis des Veräußerers oder Verpfänders, über die Sache für den Eigentümer zu verfügen, betrifft.

(2) Ist die Sache mit dem Rechte eines Dritten belastet, so finden die Vorschriften des Bürgerlichen Gesetzbuchs zugunsten derjenigen, welche Rechte von einem Nichtberechtigten herleiten, auch dann Anwendung, wenn der gute Glaube die Befugnis des Veräußerers oder Verpfänders, ohne Vorbehalt des Rechtes über die Sache zu verfügen, betrifft.

(3) [1]Das gesetzliche Pfandrecht des Kommissionärs, des Frachtführers oder Verfrachters, des Spediteurs und des Lagerhalters steht hinsichtlich des Schutzes des guten Glaubens einem gemäß Absatz 1 durch Vertrag erworbenen Pfandrecht gleich. [2]Satz 1 gilt jedoch nicht für das gesetzliche Pfandrecht an Gut, das nicht Gegenstand des Vertrages ist, aus dem die durch das Pfandrecht zu sichernde Forderung herrührt.

§ 367. Gutgläubiger Erwerb gewisser Wertpapiere. (1) [1]Wird ein Inhaberpapier, das dem Eigentümer gestohlen worden, verlorengegangen oder sonst abhanden gekommen ist, an einen Kaufmann, der Bankier- oder Geldwechslergeschäfte betreibt, veräußert oder verpfändet, so gilt dessen guter Glaube als ausgeschlossen, wenn zur Zeit der Veräußerung oder Verpfändung der Verlust des Papiers im Bundesanzeiger bekanntgemacht und seit dem Ablauf des Jahres, in dem die Veröffentlichung erfolgt ist, nicht mehr als ein Jahr verstrichen war. [2]Für die Veröffentlichungen vor dem 1. Januar 2007 tritt an die Stelle des Bundesanzeigers der Bundesanzeiger in Papierform. [3]Inhaberpapieren stehen an Order lautende Anleiheschuldverschreibungen sowie Namensaktien und Zwischenscheine gleich, falls sie mit einem Blankoindossament versehen sind.

(2) Der gute Glaube des Erwerbers wird durch die Veröffentlichung nach Absatz 1 nicht ausgeschlossen, wenn der Erwerber die Veröffentlichung infolge besonderer Umstände nicht

kannte und seine Unkenntnis nicht auf grober Fahrlässigkeit beruht.

(3) Auf Zins-, Renten- und Gewinnanteilscheine, die nicht später als in dem nächsten auf die Veräußerung oder Verpfändung folgenden Einlösungstermin fällig werden, auf unverzinsliche Inhaberpapiere, die auf Sicht zahlbar sind, und auf Banknoten sind diese Vorschriften nicht anzuwenden.

§ 368. Pfandverkauf. (1) Bei dem Verkauf eines Pfandes tritt, wenn die Verpfändung auf der Seite des Pfandgläubigers und des Verpfänders ein Handelsgeschäft ist, an die Stelle der in § 1234 des Bürgerlichen Gesetzbuchs bestimmten Frist von einem Monat eine solche von einer Woche.

(2) Diese Vorschrift ist auf das gesetzliche Pfandrecht des Kommissionärs, des Frachtführers oder Verfrachters, des Spediteurs und des Lagerhalters entsprechend anzuwenden, auf das Pfandrecht des Frachtführers, Verfrachters und Spediteurs auch dann, wenn nur auf ihrer Seite der Vertrag ein Handelsgeschäft ist.

§ 369. Kaufmännisches Zurückbehaltungsrecht. (1) [1]Ein Kaufmann hat wegen der fälligen Forderungen, welche ihm gegen einen anderen Kaufmann aus den zwischen ihnen geschlossenen beiderseitigen Handelsgeschäften zustehen, ein Zurückbehaltungsrecht an den beweglichen Sachen und Wertpapieren des Schuldners, welche mit dessen Willen auf Grund von Handelsgeschäften in seinen Besitz gelangt sind, sofern er sie noch im Besitze hat, insbesondere mittels Konnossements, Ladescheins oder Lagerscheins darüber verfügen kann. [2]Das Zurückbehaltungsrecht ist auch dann begründet, wenn das Eigentum an dem Gegenstande von dem Schuldner auf den Gläubiger übergegangen oder von einem Dritten für den Schuldner auf den Gläubiger übertragen, aber auf den Schuldner zurückzuübertragen ist.

(2) Einem Dritten gegenüber besteht das Zurückbehaltungsrecht insoweit, als dem Dritten die Einwendungen gegen den Anspruch des Schuldners auf Herausgabe des Gegenstandes entgegengesetzt werden können.

§ 371. Befriedigungsrecht. (1) [1]Der Gläubiger ist kraft des Zurückbehaltungsrechts befugt, sich aus dem zurückbehaltenen Gegenstande für seine Forderung zu befriedigen. [2]Steht einem Dritten ein Recht an dem Gegenstande zu, gegen welches das Zurückbehaltungsrecht nach § 369 Abs. 2 geltend gemacht werden kann, so hat der Gläubiger in Ansehung der Befriedigung aus dem Gegenstande den Vorrang.

(2) [1]Die Befriedigung erfolgt nach den für das Pfandrecht geltenden Vorschriften des Bürgerlichen Gesetzbuchs. [2]An die Stelle der in § 1234 des Bürgerlichen Gesetzbuchs bestimmten Frist von einem Monate tritt eine solche von einer Woche.

2

Handelskauf

§ 373. Annahmeverzug des Käufers. (1) Ist der Käufer mit der Annahme der Ware im Verzuge, so kann der Verkäufer die Ware auf Gefahr und Kosten des Käufers in einem öffentlichen Lagerhaus oder sonst in sicherer Weise hinterlegen.

(2) [1]Er ist ferner befugt, nach vorgängiger Androhung die Ware öffentlich versteigern zu lassen; er kann, wenn die Ware einen Börsen- oder Marktpreis hat, nach vorgängiger Androhung den Verkauf auch aus freier Hand durch einen zu solchen Verkäufen öffentlich ermächtigten Handelsmakler oder durch eine zur öffentlichen Versteigerung befugte Person zum laufenden Preise bewirken. [2]Ist die Ware dem Verderb ausgesetzt und Gefahr im Verzuge, so bedarf es der vorgängigen Androhung nicht; dasselbe gilt, wenn die Androhung aus anderen Gründen untunlich ist.

(3) Der Selbsthilfeverkauf erfolgt für Rechnung des säumigen Käufers.

(4) Der Verkäufer und der Käufer können bei der öffentlichen Versteigerung mitbieten.

(5) [1]Im Falle der öffentlichen Versteigerung hat der Verkäufer den Käufer von der Zeit und dem Orte der Versteigerung vorher zu benachrichtigen; von dem vollzogenen Verkaufe hat er bei jeder Art des Verkaufs dem Käufer unverzüglich Nachricht zu geben. [2]Im Falle der Unterlassung ist er zum Schadensersatze verpflichtet. [3]Die Benachrichtigungen dürfen unterbleiben, wenn sie untunlich sind.

§ 374. Vorschriften des BGB über Annahmeverzug. Durch die Vorschriften des § 373 werden die Befugnisse nicht berührt, welche dem Verkäufer nach dem Bürgerlichen Gesetzbuche zustehen, wenn der Käufer im Verzuge der Annahme ist.

§ 375. Bestimmungskauf. (1) Ist bei dem Kaufe einer beweglichen Sache dem Käufer die nähere Bestimmung über Form, Maß oder ähnliche Verhältnisse vorbehalten, so ist der Käufer verpflichtet, die vorbehaltene Bestimmung zu treffen.

(2) [1]Ist der Käufer mit der Erfüllung dieser Verpflichtung in Verzug, so kann der Verkäufer die Bestimmung statt des Käufers vornehmen oder gemäß den §§ 280, 281 des Bürgerlichen Gesetzbuchs Schadensersatz statt der Leistung

2

verlangen oder gemäß § 323 des Bürgerlichen Gesetzbuchs vom Vertrag zurücktreten. [2]Im ersteren Falle hat der Verkäufer die von ihm getroffene Bestimmung dem Käufer mitzuteilen und ihm zugleich eine angemessene Frist zur Vornahme einer anderweitigen Bestimmung zu setzen. [3]Wird eine solche innerhalb der Frist von dem Käufer nicht vorgenommen, so ist die von dem Verkäufer getroffene Bestimmung maßgebend.

§ 376. Fixhandelskauf. (1) [1]Ist bedungen, daß die Leistung des einen Teiles genau zu einer festbestimmten Zeit oder innerhalb einer festbestimmten Frist bewirkt werden soll, so kann der andere Teil, wenn die Leistung nicht zu der bestimmten Zeit oder nicht innerhalb der bestimmten Frist erfolgt, von dem Vertrage zurücktreten oder, falls der Schuldner im Verzug ist, statt der Erfüllung Schadensersatz wegen Nichterfüllung verlangen. [2]Erfüllung kann er nur beanspruchen, wenn er sofort nach dem Ablaufe der Zeit oder der Frist dem Gegner anzeigt, daß er auf Erfüllung bestehe.

(2) Wird Schadensersatz wegen Nichterfüllung verlangt und hat die Ware einen Börsen- oder Marktpreis, so kann der Unterschied des Kaufpreises und des Börsen- oder Marktpreises zur Zeit und am Orte der geschuldeten Leistung gefordert werden.

§ 377. Untersuchungs- und Rügepflicht.

(1) Ist der Kauf für beide Teile ein Handelsgeschäft, so hat der Käufer die Ware unverzüglich nach der Ablieferung durch den Verkäufer, soweit dies nach ordnungsmäßigem Geschäftsgange tunlich ist, zu untersuchen und, wenn sich ein Mangel zeigt, dem Verkäufer unverzüglich Anzeige zu machen.

(2) Unterläßt der Käufer die Anzeige, so gilt die Ware als genehmigt, es sei denn, daß es sich um einen Mangel handelt, der bei der Untersuchung nicht erkennbar war.

(3) Zeigt sich später ein solcher Mangel, so muß die Anzeige unverzüglich nach der Entdeckung gemacht werden; anderenfalls gilt die Ware auch in Ansehung dieses Mangels als genehmigt.

(4) Zur Erhaltung der Rechte des Käufers genügt die rechtzeitige Absendung der Anzeige.

(5) Hat der Verkäufer den Mangel arglistig verschwiegen, so kann er sich auf diese Vorschriften nicht berufen.

§ 378. Untersuchungs- und Rügepflicht bei Falschlieferung oder Mengenfehlern. *(aufgehoben)*

§ 379. Einstweilige Aufbewahrung; Notverkauf. (1) Ist der Kauf für beide Teile ein Handelsgeschäft, so ist der Käufer, wenn er die ihm von einem anderen Orte übersendete Ware beanstandet, verpflichtet, für ihre einstweilige Aufbewahrung zu sorgen.

(2) Er kann die Ware, wenn sie dem Verderb ausgesetzt und Gefahr im Verzug ist, unter Beobachtung der Vorschriften des § 373 verkaufen lassen.

§ 380. Taragewicht. (1) Ist der Kaufpreis nach dem Gewichte der Ware zu berechnen, so kommt das Gewicht der Verpackung (Taragewicht) in Abzug, wenn nicht aus dem Vertrag oder dem Handelsgebrauche des Ortes, an welchem der Verkäufer zu erfüllen hat, sich ein anderes ergibt.

(2) Ob und in welcher Höhe das Taragewicht nach einem bestimmten Ansatz oder Verhältnisse statt nach genauer Ausmittelung abzuziehen ist, sowie, ob und wieviel als Gutgewicht zugunsten des Käufers zu berechnen ist oder als Vergütung für schadhafte oder unbrauchbare Teile (Refaktie) gefordert werden kann, bestimmt sich nach dem Vertrag oder dem Handelsgebrauche des Ortes, an welchem der Verkäufer zu erfüllen hat.

§ 381. Kauf von Wertpapieren; Werklieferungsvertrag. (1) Die in diesem Abschnitte für den Kauf von Waren getroffenen Vorschriften gelten auch für den Kauf von Wertpapieren.

(2) Sie finden auch auf einen Vertrag Anwendung, der die Lieferung herzustellender oder zu erzeugender beweglicher Sachen zum Gegenstand hat.

Kommissionsgeschäft

§ 383. Kommissionär; Kommissionsvertrag.

(1) Kommissionär ist, wer es gewerbsmäßig übernimmt, Waren oder Wertpapiere für Rechnung eines anderen (des Kommittenten) in eigenem Namen zu kaufen oder zu verkaufen.

(2) Die Vorschriften dieses Abschnitts finden auch Anwendung, wenn das Unternehmen des Kommissionärs nach Art oder Umfang einen in kaufmännischer Weise eingerichteten Geschäftsbetrieb nicht erfordert und die Firma des Unternehmens nicht nach § 2 in das Handelsregister eingetragen ist …

§ 384. Pflichten des Kommissionärs. (1) Der Kommissionär ist verpflichtet, das übernommene Geschäft mit der Sorgfalt eines ordentlichen Kaufmanns auszuführen; er hat hierbei das Interesse des Kommittenten wahrzunehmen und dessen Weisungen zu befolgen.

(2) Er hat dem Kommittenten die erforderlichen Nachrichten zu geben, insbesondere von der Ausführung der Kommission unverzüglich

Anzeige zu machen; er ist verpflichtet, dem Kommittenten über das Geschäft Rechenschaft abzulegen und ihm dasjenige herauszugeben, was er aus der Geschäftsbesorgung erlangt hat.

(3) Der Kommissionär haftet dem Kommittenten für die Erfüllung des Geschäfts, wenn er ihm nicht zugleich mit der Anzeige von der Ausführung der Kommission den Dritten namhaft macht, mit dem er das Geschäft abgeschlossen hat.

§ 385. Weisungen des Kommittenten.

Handelt der Kommissionär nicht gemäß den Weisungen des Kommittenten, so ist er diesem zum Ersatze des Schadens verpflichtet; der Kommittent braucht das Geschäft nicht für seine Rechnung gelten zu lassen.

§ 386. Preisgrenzen. (1) Hat der Kommissionär unter dem ihm gesetzten Preise verkauft oder hat er den ihm für den Einkauf gesetzten Preis überschritten, so muß der Kommittent, falls er das Geschäft als nicht für seine Rechnung abgeschlossen zurückweisen will, dies unverzüglich auf die Anzeige von der Ausführung des Geschäfts erklären; anderenfalls gilt die Abweichung von der Preisbestimmung als genehmigt.

(2) [1]Erbietet sich der Kommissionär zugleich mit der Anzeige von der Ausführung des Geschäfts zur Deckung des Preisunterschieds, so ist der Kommittent zur Zurückweisung nicht berechtigt. [2]Der Anspruch des Kommittenten auf den Ersatz eines den Preisunterschied übersteigenden Schadens bleibt unberührt.

§ 387. Vorteilhafterer Abschluß.

(1) Schließt der Kommissionär zu vorteilhafteren Bedingungen ab, als sie ihm von dem Kommittenten gesetzt worden sind, so kommt dies dem Kommittenten zustatten.

(2) Dies gilt insbesondere, wenn der Preis, für welchen der Kommissionär verkauft, den von dem Kommittenten bestimmten niedrigsten Preis übersteigt oder wenn der Preis, für welchen er einkauft, den von dem Kommittenten bestimmten höchsten Preis nicht erreicht.

§ 388. Beschädigtes oder mangelhaftes Kommissionsgut. (1) Befindet sich das Gut, welches dem Kommissionär zugesendet ist, bei der Ablieferung in einem beschädigten oder mangelhaften Zustande, der äußerlich erkennbar ist, so hat der Kommissionär die Rechte gegen den Frachtführer oder Schiffer zu wahren, für den Beweis des Zustandes zu sorgen und dem Kommittenten unverzüglich Nachricht zu geben; im Falle der Unterlassung ist er zum Schadensersatze verpflichtet.

(2) Ist das Gut dem Verderb ausgesetzt oder treten später Veränderungen an dem Gute ein, die dessen Entwertung befürchten lassen, und ist keine Zeit vorhanden, die Verfügung des Kommittenten einzuholen, oder ist der Kommittent in der Erteilung der Verfügung säumig, so kann der Kommissionär den Verkauf des Gutes nach Maßgabe der Vorschriften des § 373 bewirken.

§ 389. Hinterlegung; Selbsthilfeverkauf.

Unterläßt der Kommittent über das Gut zu verfügen, obwohl er dazu nach Lage der Sache verpflichtet ist, so hat der Kommissionär die nach § 373 dem Verkäufer zustehenden Rechte.

§ 390. Haftung des Kommissionärs für das Gut.

(1) Der Kommissionär ist für den Verlust und die Beschädigung des in seiner Verwahrung befindlichen Gutes verantwortlich, es sei denn, daß der Verlust oder die Beschädigung auf Umständen beruht, die durch die Sorgfalt eines ordentlichen Kaufmanns nicht abgewendet werden konnten.

(2) Der Kommissionär ist wegen der Unterlassung der Versicherung des Gutes nur verantwortlich, wenn er von dem Kommittenten angewiesen war, die Versicherung zu bewirken.

§ 391. Untersuchungs- und Rügepflicht; Aufbewahrung; Notverkauf. [1]Ist eine Einkaufskommission erteilt, die für beide Teile ein Handelsgeschäft ist, so finden in bezug auf die Verpflichtung des Kommittenten, das Gut zu untersuchen und dem Kommissionär von den entdeckten Mängeln Anzeige zu machen, sowie in bezug auf die Sorge für die Aufbewahrung des beanstandeten Gutes und auf den Verkauf bei drohendem Verderbe die für den Käufer geltenden Vorschriften der §§ 377 bis 379 entsprechende Anwendung. [2]Der Anspruch des Kommittenten auf Abtretung der Rechte, die dem Kommissionär gegen den Dritten zustehen, von welchem er das Gut für Rechnung des Kommittenten gekauft hat, wird durch eine verspätete Anzeige des Mangels nicht berührt.

§ 392. Forderungen aus dem Kommissionsgeschäft. (1) Forderungen aus einem Geschäfte, das der Kommissionär abgeschlossen hat, kann der Kommittent dem Schuldner gegenüber erst nach der Abtretung geltend machen.

(2) Jedoch gelten solche Forderungen, auch wenn sie nicht abgetreten sind, im Verhältnisse zwischen dem Kommittenten und dem Kommissionär oder dessen Gläubigern als Forderungen des Kommittenten.

§ 393. Vorschuß; Kredit. (1) Wird von dem Kommissionär ohne Zustimmung des Kommit-

2

tenten einem Dritten ein Vorschuß geleistet oder Kredit gewährt, so handelt der Kommissionär auf eigene Gefahr.

(2) Insoweit jedoch der Handelsgebrauch am Orte des Geschäfts die Stundung des Kaufpreises mit sich bringt, ist in Ermangelung einer anderen Bestimmung des Kommittenten auch der Kommissionär dazu berechtigt.

§ 394. Delkredere. (1) Der Kommissionär hat für die Erfüllung der Verbindlichkeit des Dritten, mit dem er das Geschäft für Rechnung des Kommittenten abschließt, einzustehen, wenn dies von ihm übernommen oder am Orte seiner Niederlassung Handelsgebrauch ist.

(2) [1]Der Kommissionär, der für den Dritten einzustehen hat, ist dem Kommittenten für die Erfüllung im Zeitpunkte des Verfalls unmittelbar insoweit verhaftet, als die Erfüllung aus dem Vertragsverhältnisse gefordert werden kann. [2]Er kann eine besondere Vergütung (Delkredereprovision) beanspruchen.

§ 396. Provision des Kommissionärs; Ersatz von Aufwendungen. (1) [1]Der Kommissionär kann die Provision fordern, wenn das Geschäft zur Ausführung gekommen ist. [2]Ist das Geschäft nicht zur Ausführung gekommen, so hat er gleichwohl den Anspruch auf die Auslieferungsprovision, sofern eine solche ortsgebräuchlich ist; auch kann er die Provision verlangen, wenn die Ausführung des von ihm abgeschlossenen Geschäfts nur aus einem in der Person des Kommittenten liegenden Grunde unterblieben ist.

(2) Zu dem von dem Kommittenten für Aufwendungen des Kommissionärs nach den §§ 670 und 675 des Bürgerlichen Gesetzbuchs zu leistenden Ersatz gehört auch die Vergütung für die Benutzung der Lagerräume und der Beförderungsmittel des Kommissionärs.

§ 397. Pfandrecht des Kommissionärs.
[1]Der Kommissionär hat wegen der auf das Gut verwendeten Kosten, der Provision, der auf das Gut gegebenen Vorschüsse und Darlehen sowie der mit Rücksicht auf das Gut gezeichneten Wechsel oder in anderer Weise eingegangenen Verbindlichkeiten ein Pfandrecht an dem Kommissionsgut des Kommittenten oder eines Dritten, der dem Kauf oder Verkauf des Gutes zugestimmt hat. [2]An dem Gut des Kommittenten hat der Kommissionär auch ein Pfandrecht wegen aller Forderungen aus laufender Rechnung in Kommissionsgeschäften. [3]Das Pfandrecht nach den Sätzen 1 und 2 besteht jedoch nur an Kommissionsgut, das der Kommissionär im Besitz hat oder über das er mittels Konnossements, Ladescheins oder Lagerscheins verfügen kann.

§ 398. Befriedigung aus eigenem Kommissionsgut. Der Kommissionär kann sich, auch wenn er Eigentümer des Kommissionsguts ist, für die in § 397 bezeichneten Ansprüche nach Maßgabe der für das Pfandrecht geltenden Vorschriften aus dem Gute befriedigen.

§ 399. Befriedigung aus Forderungen.
Aus den Forderungen, welche durch das für Rechnung des Kommittenten geschlossene Geschäft begründet sind, kann sich der Kommissionär für die in § 397 bezeichneten Ansprüche vor dem Kommittenten und dessen Gläubigern befriedigen.

§ 400. Selbsteintritt des Kommissionärs.
(1) Die Kommission zum Einkauf oder zum Verkaufe von Waren, die einen Börsen- oder Marktpreis haben, sowie von Wertpapieren, bei denen ein Börsen- oder Marktpreis amtlich festgestellt wird, kann, wenn der Kommittent nicht ein anderes bestimmt hat, von dem Kommissionär dadurch ausgeführt werden, daß er das Gut, welches er einkaufen soll, selbst als Verkäufer liefert oder das Gut, welches er verkaufen soll, selbst als Käufer übernimmt.

(2) [1]Im Falle einer solchen Ausführung der Kommission beschränkt sich die Pflicht des Kommissionärs, Rechenschaft über die Abschließung des Kaufes oder Verkaufs abzulegen, auf den Nachweis, daß bei dem berechneten Preise der zur Zeit der Ausführung der Kommission bestehende Börsen- oder Marktpreis eingehalten ist. [2]Als Zeit der Ausführung gilt der Zeitpunkt, in welchem der Kommissionär die Anzeige von der Ausführung zur Absendung an den Kommittenten abgegeben hat.

(5) Bei Wertpapieren und Waren, für welche der Börsen- oder Marktpreis amtlich festgestellt wird, kann der Kommissionär im Falle der Ausführung der Kommission durch Selbsteintritt dem Kommittenten keinen ungünstigeren Preis als den amtlich festgestellten in Rechnung stellen.

§ 403. Provision bei Selbsteintritt. Der Kommissionär, der das Gut selbst als Verkäufer liefert oder als Käufer übernimmt, ist zu der gewöhnlichen Provision berechtigt und kann die bei Kommissionsgeschäften sonst regelmäßig vorkommenden Kosten berechnen.

§ 404. Gesetzliches Pfandrecht. Die Vorschriften der §§ 397 und 398 finden auch im Falle der Ausführung der Kommission durch Selbsteintritt Anwendung.

§ 405. Ausführungsanzeige und Selbsteintritt; Widerruf der Kommission. (1) Zeigt der Kommissionär die Ausführung der Kommission an, ohne ausdrücklich zu bemerken, daß er selbst eintreten wolle, so gilt dies als Erklärung, daß die Ausführung durch Abschluß des Geschäfts mit einem Dritten für Rechnung des Kommittenten erfolgt sei.

(2) Eine Vereinbarung zwischen dem Kommittenten und dem Kommissionär, daß die Erklärung darüber, ob die Kommission durch Selbsteintritt oder durch Abschluß mit einem Dritten ausgeführt sei, später als am Tage der Ausführungsanzeige abgegeben werden dürfe, ist nichtig.

(3) Widerruft der Kommittent die Kommission und geht der Widerruf dem Kommissionär zu, bevor die Ausführungsanzeige zur Absendung abgegeben ist, so steht dem Kommissionär das Recht des Selbsteintritts nicht mehr zu.

§ 406. Ähnliche Geschäfte. (1) [1]Die Vorschriften dieses Abschnitts kommen auch zur Anwendung, wenn ein Kommissionär im Betriebe seines Handelsgewerbes ein Geschäft anderer als der in § 383 bezeichneten Art für Rechnung eines anderen in eigenem Namen zu schließen übernimmt. [2]Das gleiche gilt, wenn ein Kaufmann, der nicht Kommissionär ist, im Betriebe seines Handelsgewerbes ein Geschäft in der bezeichneten Weise zu schließen übernimmt.

(2) Als Einkaufs- und Verkaufskommission im Sinne dieses Abschnitts gilt auch eine Kommission, welche die Lieferung einer nicht vertretbaren beweglichen Sache, die aus einem von dem Unternehmer zu beschaffenden Stoffe herzustellen ist, zum Gegenstande hat.

Frachtgeschäft

▶ Allgemeine Vorschriften

§ 407. Frachtvertrag. (1) Durch den Frachtvertrag wird der Frachtführer verpflichtet, das Gut zum Bestimmungsort zu befördern und dort an den Empfänger abzuliefern.

(2) Der Absender wird verpflichtet, die vereinbarte Fracht zu zahlen.

(3) Die Vorschriften dieses Unterabschnitts gelten, wenn

1. das Gut zu Lande, auf Binnengewässern oder mit Luftfahrzeugen befördert werden soll und
2. die Beförderung zum Betrieb eines gewerblichen Unternehmens gehört. Erfordert das Unternehmen nach Art oder Umfang einen in kaufmännischer Weise eingerichteten Geschäftsbetrieb nicht und ist die Firma des Unternehmens auch nicht nach § 2 in das Handelsregister eingetragen, so sind in Ansehung des Frachtgeschäfts auch insoweit die Vorschriften des Ersten Abschnitts des Vierten Buches ergänzend anzuwenden; dies gilt jedoch nicht für die §§ 348 bis 350.

§ 408. Frachtbrief. (1) [1]Der Frachtführer kann die Ausstellung eines Frachtbriefs mit folgenden Angaben verlangen:

1. Ort und Tag der Ausstellung;
2. Name und Anschrift des Absenders;
3. Name und Anschrift des Frachtführers;
4. Stelle und Tag der Übernahme des Gutes sowie die für die Ablieferung vorgesehene Stelle;
5. Name und Anschrift des Empfängers und eine etwaige Meldeadresse;
6. die übliche Bezeichnung der Art des Gutes und die Art der Verpackung, bei gefährlichen Gütern ihre nach den Gefahrgutvorschriften vorgesehene, sonst ihre allgemein anerkannte Bezeichnung;
7. Anzahl, Zeichen und Nummern der Frachtstücke;
8. das Rohgewicht oder die anders angegebene Menge des Gutes;
9. die vereinbarte Fracht und die bis zur Ablieferung anfallenden Kosten sowie einen Vermerk über die Frachtzahlung;
10. den Betrag einer bei der Ablieferung des Gutes einzuziehenden Nachnahme;
11. Weisungen für die Zoll- und sonstige amtliche Behandlung des Gutes;
12. eine Vereinbarung über die Beförderung in offenem, nicht mit Planen gedecktem Fahrzeug oder auf Deck.

[2]In den Frachtbrief können weitere Angaben eingetragen werden, die die Parteien für zweckmäßig halten.

(2) [1]Der Frachtbrief wird in drei Originalausfertigungen ausgestellt, die vom Absender unterzeichnet werden. [2]Der Absender kann verlangen, daß auch der Frachtführer den Frachtbrief unterzeichnet. [3]Nachbildungen der eigenhändigen Unterschriften durch Druck oder Stempel genügen. [4]Eine Ausfertigung ist für den Absender bestimmt, eine begleitet das Gut, eine behält der Frachtführer.

§ 409. Beweiskraft des Frachtbriefs. (1) Der von beiden Parteien unterzeichnete Frachtbrief dient bis zum Beweis des Gegenteils als Nachweis für Abschluß und Inhalt des Frachtvertrages sowie für die Übernahme des Gutes durch den Frachtführer.

(2) Der von beiden Parteien unterzeichnete Frachtbrief begründet ferner die Vermutung, daß das Gut und seine Verpackung bei der Übernahme durch den Frachtführer in äußerlich gutem Zustand waren und daß die Anzahl der Frachtstücke und ihre Zeichen und Nummern mit den Angaben im Frachtbrief übereinstimmen.

§ 410. Gefährliches Gut. (1) Soll gefährliches Gut befördert werden, so hat der Absender dem Frachtführer rechtzeitig in Textform die genaue Art der Gefahr und, soweit erforderlich, zu ergreifende Vorsichtsmaßnahmen mitzuteilen.

2 (2) Der Frachtführer kann, sofern ihm nicht bei Übernahme des Gutes die Art der Gefahr bekannt war oder jedenfalls mitgeteilt worden ist,

1. gefährliches Gut ausladen, einlagern, zurückbefördern oder, soweit erforderlich, vernichten oder unschädlich machen, ohne dem Absender deshalb ersatzpflichtig zu werden, und
2. vom Absender wegen dieser Maßnahmen Ersatz der erforderlichen Aufwendungen verlangen.

§ 411. Verpackung. Kennzeichnung. [1]Der Absender hat das Gut, soweit dessen Natur unter Berücksichtigung der vereinbarten Beförderung eine Verpackung erfordert, so zu verpacken, daß es vor Verlust und Beschädigung geschützt ist und daß auch dem Frachtführer keine Schäden entstehen. [2]Der Absender hat das Gut ferner, soweit dessen vertragsgemäße Behandlung dies erfordert, zu kennzeichnen.

§ 412. Verladen und Entladen. (1) [1]Soweit sich aus den Umständen oder der Verkehrssitte nicht etwas anderes ergibt, hat der Absender das Gut beförderungssicher zu laden, zu stauen und zu befestigen (verladen) sowie zu entladen. [2]Der Frachtführer hat für die betriebssichere Verladung zu sorgen.

(2) Für die Lade- und Entladezeit, die sich mangels abweichender Vereinbarung nach einer den Umständen des Falles angemessenen Frist bemißt, kann keine besondere Vergütung verlangt werden.

(3) Wartet der Frachtführer auf Grund vertraglicher Vereinbarung oder aus Gründen, die nicht seinem Risikobereich zuzurechnen sind, über die Lade- oder Entladezeit hinaus, so hat er Anspruch auf eine angemessene Vergütung (Standgeld).

§ 413. Begleitpapiere. (1) Der Absender hat dem Frachtführer alle Urkunden zur Verfügung zu stellen und Auskünfte zu erteilen, die für eine amtliche Behandlung, insbesondere eine Zollabfertigung vor der Ablieferung des Gutes erforderlich sind.

(2) [1]Der Frachtführer ist für den Schaden verantwortlich, der durch Verlust oder Beschädigung der ihm übergebenen Urkunden oder durch deren unrichtige Verwendung verursacht worden ist, es sei denn, daß der Verlust, die Beschädigung oder die unrichtige Verwendung auf Umständen beruht, die der Frachtführer nicht vermeiden und deren Folgen er nicht abwenden konnte. [2]Seine Haftung ist jedoch auf den Betrag begrenzt, der bei Verlust des Gutes zu zahlen wäre.

§ 414. Verschuldensunabhängige Haftung des Absenders in besonderen Fällen. (1) Der Absender hat, auch wenn ihn kein Verschulden trifft, dem Frachtführer Schäden und Aufwendungen zu ersetzen, die verursacht werden durch

1. ungenügende Verpackung oder Kennzeichnung,
2. Unrichtigkeit oder Unvollständigkeit der in den Frachtbrief aufgenommenen Angaben,
3. Unterlassen der Mitteilung über die Gefährlichkeit des Gutes oder
4. Fehlen, Unvollständigkeit oder Unrichtigkeit der in § 413 Abs. 1 genannten Urkunden oder Auskünfte.

(2) Hat bei der Verursachung der Schäden oder Aufwendungen ein Verhalten des Frachtführers mitgewirkt, so hängen die Verpflichtung zum Ersatzes sowie der Umfang des zu leistenden Ersatzes davon ab, inwieweit dieses Verhalten zu den Schäden und Aufwendungen beigetragen hat.

(3) Ist der Absender ein Verbraucher, so hat er dem Frachtführer Schäden und Aufwendungen nach den Absätzen 1 und 2 nur zu ersetzen, soweit ihn ein Verschulden trifft.

§ 418. Nachträgliche Weisungen. (1) [1]Der Absender ist berechtigt, über das Gut zu verfügen. [2]Er kann insbesondere verlangen, daß der Frachtführer das Gut nicht weiterbefördert oder es an einem anderen Bestimmungsort, an einer anderen Ablieferungsstelle oder an einen anderen Empfänger abliefert. [3]Der Frachtführer ist nur insoweit zur Befolgung solcher Weisungen verpflichtet, als deren Ausführung weder Nachteile für den Betrieb seines Unternehmens noch Schäden für die Absender oder Empfänger anderer Sendungen mit sich zu bringen droht. [4]Er kann vom Absender Ersatz seiner durch die Ausführung der Weisung entstehenden Aufwendungen sowie eine angemessene Vergütung verlangen; der Frachtführer kann die Befolgung der Weisung von einem Vorschuß abhängig machen.

(2) [1]Das Verfügungsrecht des Absenders erlischt nach Ankunft des Gutes an der Ablieferungsstelle. [2]Von diesem Zeitpunkt an steht das Verfügungsrecht nach Absatz 1 dem Empfänger zu. [3]Macht der Empfänger von diesem Recht Gebrauch, so hat er dem Frachtführer die entstehenden Mehraufwendungen zu ersetzen sowie eine angemessene Vergütung zu zahlen;

der Frachtführer kann die Befolgung der Weisung von einem Vorschuß abhängig machen.

§ 419. Beförderungs- und Ablieferungshindernisse. (1) [1]Wird nach Übernahme des Gutes erkennbar, dass die Beförderung oder Ablieferung nicht vertragsgemäß durchgeführt werden kann, so hat der Frachtführer Weisungen des nach § 418 oder § 446 Verfügungsberechtigten einzuholen. …

§ 420. Zahlung. Frachtberechnung. (1) [1]Die Fracht ist bei Ablieferung des Gutes zu zahlen. [2]Der Frachtführer hat über die Fracht hinaus einen Anspruch auf Ersatz von Aufwendungen, soweit diese für das Gut gemacht wurden und er sie den Umständen nach für erforderlich halten durfte.

§ 421. Rechte des Empfängers. Zahlungspflicht. (1) [1]Nach Ankunft des Gutes an der Ablieferungsstelle ist der Empfänger berechtigt, vom Frachtführer zu verlangen, ihm das Gut gegen Erfüllung der Verpflichtungen aus dem Frachtvertrag abzuliefern. [2]Ist das Gut beschädigt oder verspätet abgeliefert worden oder verlorengegangen, so kann der Empfänger die Ansprüche aus dem Frachtvertrag im eigenen Namen gegen den Frachtführer geltend machen; der Absender bleibt zur Geltendmachung dieser Ansprüche befugt. [3]Dabei macht es keinen Unterschied, ob Empfänger oder Absender im eigenen oder fremden Interesse handeln.

§ 422. Nachnahme. (1) Haben die Parteien vereinbart, daß das Gut nur gegen Einziehung einer Nachnahme an den Empfänger abgeliefert werden darf, so ist anzunehmen, daß der Betrag in bar oder in Form eines gleichwertigen Zahlungsmittels einzuziehen ist.

(3) Wird das Gut dem Empfänger ohne Einziehung der Nachnahme abgeliefert, so haftet der Frachtführer, auch wenn ihn kein Verschulden trifft, dem Absender für den daraus entstehenden Schaden, jedoch nur bis zur Höhe des Betrages der Nachnahme.

§ 423. Lieferfrist. Der Frachtführer ist verpflichtet, das Gut innerhalb der vereinbarten Frist oder mangels Vereinbarung innerhalb der Frist abzuliefern, die einem sorgfältigen Frachtführer unter Berücksichtigung der Umstände vernünftigerweise zuzubilligen ist (Lieferfrist).

§ 424. Verlustvermutung. (1) Der Anspruchsberechtigte kann das Gut als verloren betrachten, wenn es weder innerhalb der Lieferfrist noch innerhalb eines weiteren Zeitraums abgeliefert wird, der der Lieferfrist entspricht, mindestens aber zwanzig Tage, bei einer grenzüberschreitenden Beförderung dreißig Tage beträgt.

§ 425. Haftung für Güter- und Verspätungsschäden. Schadensteilung. (1) Der Frachtführer haftet für den Schaden, der durch Verlust oder Beschädigung des Gutes in der Zeit von der Übernahme zur Beförderung bis zur Ablieferung oder durch Überschreitung der Lieferfrist entsteht.

(2) Hat bei der Entstehung des Schadens ein Verhalten des Absenders oder des Empfängers oder ein besonderer Mangel des Gutes mitgewirkt, so hängen die Verpflichtung zum Ersatz sowie der Umfang des zu leistenden Ersatzes davon ab, inwieweit diese Umstände zu dem Schaden beigetragen haben.

§ 426. Haftungsausschluß. Der Frachtführer ist von der Haftung befreit, soweit der Verlust, die Beschädigung oder die Überschreitung der Lieferfrist auf Umständen beruht, die der Frachtführer auch bei größter Sorgfalt nicht vermeiden und deren Folgen er nicht abwenden konnte.

§ 427. Besondere Haftungsausschlußgründe.

(1) Der Frachtführer ist von seiner Haftung befreit, soweit der Verlust, die Beschädigung oder die Überschreitung der Lieferfrist auf eine der folgenden Gefahren zurückzuführen ist:

1. vereinbarte oder der Übung entsprechende Verwendung von offenen, nicht mit Planen gedeckten Fahrzeugen oder Verladung auf Deck;
2. ungenügende Verpackung durch den Absender; …

§ 428. Haftung für andere. [1]Der Frachtführer hat Handlungen und Unterlassungen seiner Leute in gleichem Umfange zu vertreten wie eigene Handlungen und Unterlassungen, wenn die Leute in Ausübung ihrer Verrichtungen handeln. [2]Gleiches gilt für Handlungen und Unterlassungen anderer Personen, deren er sich bei Ausführung der Beförderung bedient.

§ 429. Wertersatz. (1) Hat der Frachtführer für gänzlichen oder teilweisen Verlust des Gutes Schadenersatz zu leisten, so ist der Wert am Ort und zur Zeit der Übernahme zur Beförderung zu ersetzen.

§ 430. Schadensfeststellungskosten. Bei Verlust oder Beschädigung des Gutes hat der Frachtführer über den nach § 429 zu leistenden Ersatz hinaus die Kosten der Feststellung des Schadens zu tragen.

§ 431. Haftungshöchstbetrag. (1) Die nach den §§ 429 und 430 zu leistende Entschädigung

2

2

wegen Verlust oder Beschädigung ist auf einen Betrag von 8,33 Rechnungseinheiten für jedes Kilogramm des Rohgewichts des Gutes begrenzt.

§ 435. Wegfall der Haftungsbefreiungen und -begrenzungen. Die in diesem Unterabschnitt und im Frachtvertrag vorgesehenen Haftungsbefreiungen und Haftungsbegrenzungen gelten nicht, wenn der Schaden auf eine Handlung oder Unterlassung zurückzuführen ist, die der Frachtführer oder eine in § 428 genannte Person vorsätzlich oder leichtfertig und in dem Bewußtsein, daß ein Schaden mit Wahrscheinlichkeit eintreten werde, begangen hat.

§ 437. Ausführender Frachtführer. (1) [1]Wird die Beförderung ganz oder teilweise durch einen Dritten ausgeführt (ausführender Frachtführer), so haftet dieser für den Schaden, der durch Verlust oder Beschädigung des Gutes oder durch Überschreitung der Lieferfrist während der durch ihn ausgeführten Beförderung entsteht, so als wäre er der Frachtführer. [2]Vertragliche Vereinbarungen mit dem Absender oder Empfänger, durch die der Frachtführer seine Haftung erweitert, wirken gegen den ausführenden Frachtführer nur, soweit er ihnen schriftlich zugestimmt hat.

§ 439. Verjährung. (1) [1]Ansprüche aus einer Beförderung, die den Vorschriften dieses Unterabschnitts unterliegt, verjähren in einem Jahr. [2]Bei Vorsatz oder bei einem dem Vorsatz nach § 435 gleichstehenden Verschulden beträgt die Verjährungsfrist drei Jahre.

(2) [1]Die Verjährung beginnt mit Ablauf des Tages, an dem das Gut abgeliefert wurde. [2]Ist das Gut nicht abgeliefert worden, beginnt die Verjährung mit dem Ablauf des Tages, an dem das Gut hätte abgeliefert werden müssen.

§ 440. Pfandrecht des Frachtführers. (1) Der Frachtführer hat für alle Forderungen aus dem Frachtvertrag ein Pfandrecht an dem ihm zur Beförderung übergebenen Gut des Absenders oder eines Dritten, der der Beförderung des Gutes zugestimmt hat. An dem Gut des Absenders hat der Frachtführer auch ein Pfandrecht für alle unbestrittenen Forderungen aus anderen mit dem Absender abgeschlossenen Fracht-, Seefracht-, Speditions- und Lagerverträgen. Das Pfandrecht nach den Sätzen 1 und 2 erstreckt sich auf die Begleitpapiere.

(2) Das Pfandrecht besteht, solange der Frachtführer das Gut in seinem Besitz hat, insbesondere solange er mittels Konnossements, Ladescheins oder Lagerscheins darüber verfügen kann.

(3) Das Pfandrecht besteht auch nach der Ablieferung fort, wenn der Frachtführer es innerhalb von drei Tagen nach der Ablieferung gerichtlich geltend macht und das Gut noch im Besitz des Empfängers ist.

(4) [1]Die in § 1234 Abs. 1 des Bürgerlichen Gesetzbuchs bezeichnete Androhung des Pfandverkaufs sowie die in den §§ 1237 und 1241 des Bürgerlichen Gesetzbuchs vorgesehenen Benachrichtigungen sind an den Empfänger zu richten. [2]Ist dieser nicht zu ermitteln oder verweigert er die Annahme des Gutes, so haben die Androhung und die Benachrichtigung gegenüber dem Absender zu erfolgen.

§ 443. Ladeschein. Verordnungsermächtigung. (1) [1]Über die Verpflichtung zur Ablieferung des Gutes kann von dem Frachtführer ein Ladeschein ausgestellt werden, der die in § 408 Abs. 1 genannten Angaben enthalten soll. [2]Der Ladeschein ist vom Frachtführer zu unterzeichnen; eine Nachbildung der eigenhändigen Unterschrift durch Druck oder durch Stempel genügt.

§ 444. Wirkung des Ladescheins. Legitimation. (1) Der Ladeschein begründet die Vermutung, dass der Frachtführer das Gut so übernommen hat, wie es im Ladeschein beschrieben ist; § 409 Absatz 2 und 3 Satz 1 gilt entsprechend.

§ 445. Ablieferung gegen Rückgabe des Ladescheins. (1) Nach Ankunft des Gutes an der Ablieferungsstelle ist der legitimierte Besitzer des Ladescheins berechtigt, vom Frachtführer die Ablieferung des Gutes zu verlangen. Macht er von diesem Recht Gebrauch, ist er entsprechend § 421 Absatz 2 und 3 zur Zahlung der Fracht und einer sonstigen Vergütung verpflichtet.

…

§ 446. Befolgung von Weisungen. (1) Das Verfügungsrecht nach den §§ 418 und 419 steht, wenn ein Ladeschein ausgestellt worden ist, ausschließlich dem legitimierten Besitzer des Ladescheins zu. Der Frachtführer darf Weisungen nur gegen Vorlage des Ladescheins ausführen. Weisungen des legitimierten Besitzers des Ladescheins darf er jedoch nicht ausführen, wenn ihm bekannt oder infolge grober Fahrlässigkeit unbekannt ist, dass der legitimierte Besitzer des Ladescheins nicht der aus dem Ladeschein Berechtigte ist.

…

§ 447. Einwendungen. Dem aus dem Ladeschein Berechtigten kann der Frachtführer nur solche Einwendungen entgegensetzen, die die Gültigkeit der Erklärungen im Ladeschein betreffen oder sich aus dem Inhalt des Ladescheins ergeben oder dem Frachtführer unmittelbar gegenüber dem aus dem Ladeschein Berechtigten zustehen. Eine Vereinbarung, auf die im Ladeschein lediglich verwiesen wird, ist nicht Inhalt des Ladescheins.

…

§ 448. Traditionswirkung des Ladescheins. Die Begebung des Ladescheins an den darin benannten Empfänger hat, sofern der Frachtführer das Gut im Besitz hat, für den Erwerb von Rechten an dem Gut dieselben Wirkungen wie die Übergabe des Gutes. Gleiches gilt für die Übertragung des Ladescheins an Dritte.

§ 450. Anwendung von Seefrachtrecht. Hat der Frachtvertrag die Beförderung des Gutes ohne Umladung sowohl auf Binnen- als auch auf Seegewässern zum Gegenstand, so ist auf den Vertrag Seefrachtrecht anzuwenden, wenn die auf Seegewässern zurückzulegende Strecke die größere ist.

▶ Beförderung von Umzugsgut

§ 451. Umzugsvertrag. Hat der Frachtvertrag die Beförderung von Umzugsgut zum Gegenstand, so sind auf den Vertrag die Vorschriften des Ersten Unterabschnitts anzuwenden, soweit die folgenden besonderen Vorschriften oder anzuwendende internationale Übereinkommen nichts anderes bestimmen.

▶ Beförderung mit verschiedenartigen Beförderungsmitteln

§ 452. Frachtvertrag über eine Beförderung mit verschiedenartigen Beförderungsmitteln. [1]Wird die Beförderung des Gutes auf Grund eines einheitlichen Frachtvertrags mit verschiedenartigen Beförderungsmitteln durchgeführt und wären, wenn über jeden Teil der Beförderung mit jeweils einem Beförderungsmittel (Teilstrecke) zwischen den Vertragsparteien ein gesonderter Vertrag abgeschlossen worden wäre, mindestens zwei dieser Verträge verschiedenen Rechtsvorschriften unterworfen, so sind auf den Vertrag die Vorschriften des Ersten Unterabschnitts anzuwenden, soweit die folgenden besonderen Vorschriften oder anzuwendende internationale Übereinkommen nichts anderes bestimmen. [2]Dies gilt auch dann, wenn ein Teil der Beförderung über See durchgeführt wird.

Speditionsgeschäft

§ 453. Speditionsvertrag. (1) Durch den Speditionsvertrag wird der Spediteur verpflichtet, die Versendung des Gutes zu besorgen.

(2) Der Versender wird verpflichtet, die vereinbarte Vergütung zu zahlen.

(3) [1]Die Vorschriften dieses Abschnitts gelten nur, wenn die Besorgung der Versendung zum Betrieb eines gewerblichen Unternehmens gehört. [2]Erfordert das Unternehmen nach Art oder Umfang einen in kaufmännischer Weise eingerichteten Geschäftsbetrieb nicht und ist die Firma des Unternehmens auch nicht nach § 2 in das Handelsregister eingetragen, so sind in Ansehung des Speditionsgeschäfts auch insoweit die Vorschriften des Ersten Abschnitts des Vierten Buches ergänzend anzuwenden; dies gilt jedoch nicht für die §§ 348 bis 350.

§ 454. Besorgung der Versendung. (1) Die Pflicht, die Versendung zu besorgen, umfaßt die Organisation der Beförderung, insbesondere
1. die Bestimmung des Beförderungsmittels und des Beförderungsweges,
2. die Auswahl ausführender Unternehmer, den Abschluß der für die Versendung erforderlichen Fracht-, Lager- und Speditionsverträge sowie die Erteilung von Informationen und Weisungen an die ausführenden Unternehmer und
3. die Sicherung von Schadenersatzansprüchen des Versenders.

(2) [1]Zu den Pflichten des Spediteurs zählt ferner die Ausführung sonstiger vereinbarter auf die Beförderung bezogener Leistungen wie die Versicherung und Verpackung des Gutes, seine Kennzeichnung und die Zollbehandlung. [2]Der Spediteur schuldet jedoch nur den Abschluß der zur Erbringung dieser Leistungen erforderlichen Verträge, wenn sich dies aus der Vereinbarung ergibt.

(3) Der Spediteur schließt die erforderlichen Verträge im eigenen Namen oder, sofern er hierzu bevollmächtigt ist, im Namen des Versenders ab.

(4) Der Spediteur hat bei Erfüllung seiner Pflichten das Interesse des Versenders wahrzunehmen und dessen Weisungen zu befolgen.

§ 455. Behandlung des Gutes. Begleitpapiere. Mitteilungs- und Auskunftspflichten.

(1) [1]Der Versender ist verpflichtet, das Gut, soweit erforderlich, zu verpacken und zu kennzeichnen und Urkunden zur Verfügung zu stellen sowie alle Auskünfte zu erteilen, deren der Spediteur zur Erfüllung seiner Pflichten bedarf. [2]Soll gefährliches Gut versendet werden, so hat der Versender dem Spediteur rechtzeitig in Textform die genaue Art der Gefahr und, soweit

2

erforderlich, zu ergreifende Vorsichtsmaßnahmen mitzuteilen.

(2) [1]Der Versender hat, auch wenn ihn kein Verschulden trifft, dem Spediteur Schäden und Aufwendungen zu ersetzen, die verursacht werden durch

1. ungenügende Verpackung oder Kennzeichnung,
2. Unterlassen der Mitteilung über die Gefährlichkeit des Gutes oder
3. Fehlen, Unvollständigkeit oder Unrichtigkeit der Urkunden oder Auskünfte, die für eine amtliche Behandlung des Gutes erforderlich sind.

[2]§ 414 Abs. 2 ist entsprechend anzuwenden.

(3) Ist der Versender ein Verbraucher, so hat er dem Spediteur Schäden und Aufwendungen nach Absatz 2 nur zu ersetzen, soweit ihn ein Verschulden trifft.

§ 456. Fälligkeit der Vergütung. Die Vergütung ist zu zahlen, wenn das Gut dem Frachtführer oder Verfrachter übergeben worden ist.

§ 458. Selbsteintritt. [1]Der Spediteur ist befugt, die Beförderung des Gutes durch Selbsteintritt auszuführen. [2]Macht er von dieser Befugnis Gebrauch, so hat er hinsichtlich der Beförderung die Rechte und Pflichten eines Frachtführers oder Verfrachters. [3]In diesem Fall kann er neben der Vergütung für seine Tätigkeit als Spediteur die gewöhnliche Fracht verlangen.

§ 459. Spedition zu festen Kosten. [1]Soweit als Vergütung ein bestimmter Betrag vereinbart ist, der Kosten für die Beförderung einschließt, hat der Spediteur hinsichtlich der Beförderung die Rechte und Pflichten eines Frachtführers oder Verfrachters. [2]In diesem Fall hat er Anspruch auf Ersatz seiner Aufwendungen nur, soweit dies üblich ist.

§ 460. Sammelladung. (1) Der Spediteur ist befugt, die Versendung des Gutes zusammen mit Gut eines anderen Versenders auf Grund eines für seine Rechnung über eine Sammelladung geschlossenen Frachtvertrages zu bewirken.

(2) [1]Macht der Spediteur von dieser Befugnis Gebrauch, so hat er hinsichtlich der Beförderung in Sammelladung die Rechte und Pflichten eines Frachtführers oder Verfrachters. [2]In diesem Fall kann der Spediteur eine den Umständen nach angemessene Vergütung verlangen, höchstens aber die für die Beförderung des einzelnen Gutes gewöhnliche Fracht.

§ 461. Haftung des Spediteurs. (1) [1]Der Spediteur haftet für den Schaden, der durch Verlust oder Beschädigung des in seiner Obhut befindlichen Gutes entsteht. [2]Die §§ 426, 427, 429, 430, 431 Abs. 1, 2 und 4, die §§ 432, 434 bis 436 sind entsprechend anzuwenden.

(2) [1]Für Schaden, der nicht durch Verlust oder Beschädigung des in der Obhut des Spediteurs befindlichen Gutes entstanden ist, haftet der Spediteur, wenn er eine ihm nach § 454 obliegende Pflicht verletzt. [2]Von dieser Haftung ist er befreit, wenn der Schaden durch die Sorgfalt eines ordentlichen Kaufmanns nicht abgewendet werden konnte.

(3) Hat bei der Entstehung des Schadens ein Verhalten des Versenders oder ein besonderer Mangel des Gutes mitgewirkt, so hängen die Verpflichtung zum Ersatz sowie der Umfang des zu leistenden Ersatzes davon ab, inwieweit diese Umstände zu dem Schaden beigetragen haben.

§ 462. Haftung für andere. [1]Der Spediteur hat Handlungen und Unterlassungen seiner Leute in gleichem Umfang zu vertreten wie eigene Handlungen und Unterlassungen, wenn die Leute in Ausübung ihrer Verrichtungen handeln. [2]Gleiches gilt für Handlungen und Unterlassungen anderer Personen, deren er sich bei Erfüllung seiner Pflicht, die Versendung zu besorgen, bedient.

§ 464. Pfandrecht des Spediteurs. Der Spediteur hat für alle Forderungen aus dem Speditionsvertrag ein Pfandrecht an dem ihm zur Versendung übergebenen Gut des Versenders oder eines Dritten, der der Versendung des Gutes zugestimmt hat. An dem Gut des Versenders hat der Spediteur auch ein Pfandrecht für alle unbestrittenen Forderungen aus anderen mit dem Versender abgeschlossenen Speditions-, Fracht-, Seefracht- und Lagerverträgen. § 440 Absatz 1 Satz 3 und Absatz 2 bis 4 ist entsprechend anzuwenden.

§ 466. Abweichende Vereinbarungen über die Haftung. (1) Soweit der Speditionsvertrag nicht die Versendung von Briefen oder briefähnlichen Sendungen zum Gegenstand hat, kann von den Haftungsvorschriften in § 455 Absatz 2 und 3, § 461 Absatz 1 sowie in den §§ 462 und 463 nur durch Vereinbarung abgewichen werden, die im Einzelnen ausgehandelt wird, auch wenn sie für eine Mehrzahl von gleichartigen Verträgen zwischen denselben Vertragsparteien getroffen wird.

Lagergeschäft

§ 467. Lagervertrag. (1) Durch den Lagervertrag wird der Lagerhalter verpflichtet, das Gut zu lagern und aufzubewahren.

(2) Der Einlagerer wird verpflichtet, die vereinbarte Vergütung zu zahlen.

(3) Die Vorschriften dieses Abschnitts gelten nur, wenn die Lagerung und Aufbewahrung zum Betrieb eines gewerblichen Unternehmens gehören.

§ 468. Behandlung des Gutes. Begleitpapiere. Mitteilungs- und Auskunftspflichten.

(1) [1]Der Einlagerer ist verpflichtet, dem Lagerhalter, wenn gefährliches Gut eingelagert werden soll, rechtzeitig in Textform die genaue Art der Gefahr und, soweit erforderlich, zu ergreifende Vorsichtsmaßnahmen mitzuteilen. [2]Er hat ferner das Gut, soweit erforderlich, zu verpacken und zu kennzeichnen und Urkunden zur Verfügung zu stellen sowie alle Auskünfte zu erteilen, die der Lagerhalter zur Erfüllung seiner Pflichten benötigt.

§ 469. Sammellagerung. (1) Der Lagerhalter ist nur berechtigt, vertretbare Sachen mit anderen Sachen gleicher Art und Güte zu vermischen, wenn die beteiligten Einlagerer ausdrücklich einverstanden sind.

(2) Ist der Lagerhalter berechtigt, Gut zu vermischen, so steht zum Zeitpunkt der Einlagerung ab den Eigentümern der eingelagerten Sachen Miteigentum nach Bruchteilen zu.

(3) Der Lagerhalter kann jedem Einlagerer den ihm gebührenden Anteil ausliefern, ohne daß er hierzu der Genehmigung der übrigen Beteiligten bedarf.

§ 470. Empfang des Gutes. Befindet sich Gut, das dem Lagerhalter zugesandt ist, beim Empfang in einem beschädigten oder mangelhaften Zustand, der äußerlich erkennbar ist, so hat der Lagerhalter Schadenersatzansprüche des Einlagerers zu sichern und dem Einlagerer unverzüglich Nachricht zu geben.

§ 471. Erhaltung des Gutes. (1) [1]Der Lagerhalter hat dem Einlagerer die Besichtigung des Gutes, die Entnahme von Proben und die zur Erhaltung des Gutes notwendigen Handlungen während der Geschäftsstunden zu gestatten. [2]Er ist jedoch berechtigt und im Falle der Sammellagerung auch verpflichtet, die zur Erhaltung des Gutes erforderlichen Arbeiten selbst vorzunehmen.

(2) Sind nach dem Empfang Veränderungen an dem Gut entstanden oder zu befürchten, die den Verlust oder die Beschädigung des Gutes oder Schäden des Lagerhalters erwarten lassen, so hat der Lagerhalter dies dem Einlagerer oder, wenn ein Lagerschein ausgestellt ist, dem letzten ihm bekannt gewordenen legitimierten Besitzer des Scheins unverzüglich anzuzeigen und dessen Weisungen einzuholen.

§ 472. Versicherung. Einlagerung bei einem Dritten. (1) [1]Der Lagerhalter ist verpflichtet, das Gut auf Verlangen des Einlagerers zu versichern. [2]Ist der Einlagerer ein Verbraucher, so hat ihn der Lagerhalter auf die Möglichkeit hinzuweisen, das Gut zu versichern.

(2) Der Lagerhalter ist nur berechtigt, das Gut bei einem Dritten einzulagern, wenn der Einlagerer ihm dies ausdrücklich gestattet hat.

2

§ 473. Dauer der Lagerung. (1) [1]Der Einlagerer kann das Gut jederzeit herausverlangen. [2]Ist der Lagervertrag auf unbestimmte Zeit geschlossen, so kann er den Vertrag jedoch nur unter Einhaltung einer Kündigungsfrist von einem Monat kündigen, es sei denn, es liegt ein wichtiger Grund vor, der zur Kündigung des Vertrags ohne Einhaltung der Kündigungsfrist berechtigt.

(2) [1]Der Lagerhalter kann die Rücknahme des Gutes nach Ablauf der vereinbarten Lagerzeit oder bei Einlagerung auf unbestimmte Zeit nach Kündigung des Vertrags unter Einhaltung einer Kündigungsfrist von einem Monat verlangen. [2]Liegt ein wichtiger Grund vor, so kann der Lagerhalter auch vor Ablauf der Lagerzeit und ohne Einhaltung einer Kündigungsfrist die Rücknahme des Gutes verlangen.

(3) Ist ein Lagerschein ausgestellt, so sind die Kündigung und das Rücknahmeverlangen an den letzten dem Lagerhalter bekannt gewordenen legitimierten Besitzer des Lagerscheins zu richten.

§ 474. Aufwendungsersatz. Der Lagerhalter hat Anspruch auf Ersatz seiner für das Gut gemachten Aufwendungen, soweit er sie den Umständen nach für erforderlich halten durfte.

§ 475. Haftung für Verlust oder Beschädigung. [1]Der Lagerhalter haftet für den Schaden, der durch Verlust oder Beschädigung des Gutes in der Zeit von der Übernahme zur Lagerung bis zur Auslieferung entsteht, es sei denn, daß der Schaden durch die Sorgfalt eines ordentlichen Kaufmanns nicht abgewendet werden konnte. [2]Dies gilt auch dann, wenn der Lagerhalter gemäß § 472 Abs. 2 das Gut bei einem Dritten einlagert.

§ 475a. Verjährung. [1]Auf die Verjährung von Ansprüchen aus einer Lagerung, die den Vorschriften dieses Abschnitts unterliegt, findet § 439 entsprechende Anwendung. [2]Im Falle des gänzlichen Verlusts beginnt die Verjährung mit Ablauf des Tages, an dem der Lagerhalter dem Einlagerer oder, wenn ein Lagerschein ausgestellt ist, dem letzten ihm bekannt gewordenen legitimierten Besitzer des Lagerscheins den Verlust anzeigt.

2

§ 475b. Pfandrecht des Lagerhalters. (1) Der Lagerhalter hat für alle Forderungen aus dem Lagervertrag ein Pfandrecht an dem ihm zur Lagerung übergebenen Gut des Einlagerers oder eines Dritten, der der Lagerung zugestimmt hat. An dem Gut des Einlagerers hat der Lagerhalter auch ein Pfandrecht für alle unbestrittenen Forderungen aus anderen mit dem Einlagerer abgeschlossenen Lager-, Fracht-, Seefracht- und Speditionsverträgen. Das Pfandrecht erstreckt sich auch auf die Forderung aus einer Versicherung sowie auf die Begleitpapiere.

§ 475c. Lagerschein. Verordnungsermächtigung. (1) Über die Verpflichtung zur Auslieferung des Gutes kann von dem Lagerhalter, nachdem er das Gut erhalten hat, ein Lagerschein ausgestellt werden, der die folgenden Angaben enthalten soll:
1. Ort und Tag der Ausstellung des Lagerscheins;
2. Name und Anschrift des Einlagerers;
3. Name und Anschrift des Lagerhalters;
4. Ort und Tag der Einlagerung;
5. die übliche Bezeichnung der Art des Gutes und die Art der Verpackung, bei gefährlichen Gütern ihre nach den Gefahrgutvorschriften vorgesehene, sonst ihre allgemein anerkannte Bezeichnung;
6. Anzahl, Zeichen und Nummer der Packstücke;
7. Rohgewicht oder die anders angegebene Menge des Gutes;
8. im Falle der Sammellagerung einen Vermerk hierüber.

(2) In den Lagerschein können weitere Angaben eingetragen werden, die der Lagerhalter für zweckmäßig hält.

(3) [1]Der Lagerschein ist vom Lagerhalter zu unterzeichnen. [2]Eine Nachbildung der eigenhändigen Unterschrift durch Druck oder Stempel genügt.

§ 475d. Wirkung des Lagerscheins. Legitimation. (1) [1]Der Lagerschein begründet die Vermutung, dass das Gut und seine Verpackung in Bezug auf den äußerlich erkennbaren Zustand sowie auf Anzahl, Zeichen und Nummern der Packstücke wie im Lagerschein beschrieben übernommen worden sind. …

§ 475e. Auslieferung gegen Rückgabe des Lagerscheins. (1) Der legitimierte Besitzer des Lagerscheins ist berechtigt, vom Lagerhalter die Auslieferung des Gutes zu verlangen.

(2) Ist ein Lagerschein ausgestellt, so ist der Lagerhalter zur Auslieferung des Gutes nur gegen Rückgabe des Lagerscheins, auf dem die Auslieferung bescheinigt ist, verpflichtet. Der Lagerhalter ist nicht verpflichtet, die Echtheit der Indossamente zu prüfen. Er darf das Gut jedoch nicht dem legitimierten Besitzer des Lagerscheins ausliefern, wenn ihm bekannt oder infolge grober Fahrlässigkeit unbekannt ist, dass der legitimierte Besitzer des Lagerscheins nicht der aus dem Lagerschein Berechtigte ist.

(3) Die Auslieferung eines Teils des Gutes erfolgt gegen Abschreibung auf dem Lagerschein. Der Abschreibungsvermerk ist vom Lagerhalter zu unterschreiben.

(4) Der Lagerhalter haftet dem aus dem Lagerschein Berechtigten für den Schaden, der daraus entsteht, daß er das Gut ausgeliefert hat, ohne sich den Lagerschein zurückgeben zu lassen oder ohne einen Abschreibungsvermerk einzutragen.

§ 475 f. Einwendungen. Dem aus dem Lagerschein Berechtigten kann der Lagerhalter nur solche Einwendungen entgegensetzen, die die Gültigkeit der Erklärungen im Lagerschein betreffen oder sich aus dem Inhalt des Lagerscheins ergeben oder dem Lagerhalter unmittelbar gegenüber dem aus dem Lagerschein Berechtigten zustehen. Eine Vereinbarung, auf die im Lagerschein lediglich verwiesen wird, ist nicht Inhalt des Lagerscheins.

§ 475g. Traditionswirkung des Lagerscheins. Die Begebung des Lagerscheins an denjenigen, der darin als der zum Empfang des Gutes Berechtigte benannt ist, hat, sofern der Lagerhalter das Gut im Besitz hat, für den Erwerb von Rechten an dem Gut dieselben Wirkungen wie die Übergabe des Gutes. Gleiches gilt für die Übertragung des Lagerscheins an Dritte.

§ 475h. Abweichende Vereinbarungen. Ist der Einlagerer ein Verbraucher, so kann nicht zu dessen Nachteil von den §§ 475a und 475e Abs. 4 abgewichen werden.

Gesetz über Partnerschaftsgesellschaften Angehöriger Freier Berufe (Partnerschaftsgesellschaftsgesetz)

Vom 25. Juli 1994, mit Änderungen bis zum 15. Juli 2013

§ 1. Voraussetzungen der Partnerschaft.

(1) [1]Die Partnerschaft ist eine Gesellschaft, in der sich Angehörige Freier Berufe zur Ausübung ihrer Berufe zusammenschließen. [2]Sie übt kein Handelsgewerbe aus. [3]Angehörige einer Partnerschaft können nur natürliche Personen sein.

(2) [1]Die Freien Berufe haben im allgemeinen auf der Grundlage besonderer beruflicher Qualifikation oder schöpferischer Begabung die persönliche, eigenverantwortliche und fachlich unabhängige Erbringung von Dienstleistungen höherer Art im Interesse der Auftraggeber und der Allgemeinheit zum Inhalt. [2]Ausübung eines Freien Berufs im Sinne dieses Gesetzes ist die selbständige Berufstätigkeit der Ärzte, Zahnärzte, Tierärzte, Heilpraktiker, Krankengymnasten, Hebammen, Heilmasseure, Diplom-Psychologen, Mitglieder der Rechtsanwaltskammern, Patentanwälte, Wirtschaftsprüfer, Steuerberater, beratenden Volks- und Betriebswirte, vereidigten Buchprüfer (vereidigte Buchrevisoren), Steuerbevollmächtigten, Ingenieure, Architekten, Handelschemiker, Lotsen, hauptberuflichen Sachverständigen, Journalisten, Bildberichterstatter, Dolmetscher, Übersetzer und ähnlicher Berufe sowie der Wissenschaftler, Künstler, Schriftsteller, Lehrer und Erzieher.

(3) Die Berufsausübung in der Partnerschaft kann in Vorschriften über einzelne Berufe ausgeschlossen oder von weiteren Voraussetzungen abhängig gemacht werden.

(4) Auf die Partnerschaft finden, soweit in diesem Gesetz nichts anderes bestimmt ist, die Vorschriften des Bürgerlichen Gesetzbuchs über die Gesellschaft Anwendung.

§ 2. Name der Partnerschaft. (1) [1]Der Name der Partnerschaft muß den Namen mindestens eines Partners, den Zusatz „und Partner“ oder „Partnerschaft“ sowie die Berufsbezeichnungen aller in der Partnerschaft vertretenen Berufe enthalten. [2]Die Beifügung von Vornamen ist nicht erforderlich. [3]Die Namen anderer Personen als der Partner dürfen nicht in den Namen der Partnerschaft aufgenommen werden.

(2) § 18 Abs. 2, §§ 21, 22 Abs. 1, §§ 23, 24, 30, 31 Abs. 2, §§ 32 und 37 des Handelsgesetzbuchs sind entsprechend anzuwenden; § 24 Abs. 2 des Handelsgesetzbuchs gilt auch bei Umwandlung einer Gesellschaft bürgerlichen Rechts in eine Partnerschaft.

§ 3. Partnerschaftsvertrag. (1) Der Partnerschaftsvertrag bedarf der Schriftform.

(2) Der Partnerschaftsvertrag muß enthalten
1. den Namen und den Sitz der Partnerschaft;
2. den Namen und den Vornamen sowie den in der Partnerschaft ausgeübten Beruf und den Wohnort jedes Partners;
3. den Gegenstand der Partnerschaft.

§ 4. Anmeldung der Partnerschaft. (1) [1]Auf die Anmeldung der Partnerschaft in das Partnerschaftsregister sind § 106 Abs. 1 und § 108 des Handelsgesetzbuchs entsprechend anzuwenden. [2]Die Anmeldung hat die in § 3 Abs. 2 vorgeschriebenen Angaben, das Geburtsdatum jedes Partners und die Vertretungsmacht der Partner zu enthalten. [3]Änderungen dieser Angaben sind gleichfalls zur Eintragung in das Partnerschaftsregister anzumelden.

(2) [1]In der Anmeldung ist die Zugehörigkeit jedes Partners zu dem Freien Beruf, den er in der Partnerschaft ausübt, anzugeben. [2]Das Registergericht legt bei der Eintragung die Angaben der Partner zugrunde, es sei denn, ihm ist deren Unrichtigkeit bekannt.

...

§ 5. Inhalt der Eintragung; anzuwendende Vorschriften. (1) Die Eintragung hat die in § 3 Abs. 2 genannten Angaben, das Geburtsdatum jedes Partners und die Vertretungsmacht der Partner zu enthalten.

(2) Auf das Partnerschaftsregister und die registerrechtliche Behandlung von Zweigniederlassungen sind die §§ 8, 8a, 9, 10 bis 12, 13, 13d, 13h und 14 des Handelsgesetzbuchs über das Handelsregister entsprechend anzuwenden; eine Pflicht zur Anmeldung einer inländischen Geschäftsanschrift besteht nicht.

§ 6. Rechtsverhältnis der Partner untereinander. (1) Die Partner erbringen ihre beruflichen Leistungen unter Beachtung des für sie geltenden Berufsrechts.

(2) Einzelne Partner können im Partnerschaftsvertrag nur von der Führung der sonstigen Geschäfte ausgeschlossen werden.

(3) [1]Im übrigen richtet sich das Rechtsverhältnis der Partner untereinander nach dem Partnerschaftsvertrag. [2]Soweit der Partnerschaftsvertrag keine Bestimmungen enthält, sind die §§ 110 bis 116 Abs. 2, §§ 117 bis 119 des Handelsgesetzbuchs entsprechend anzuwenden.

2

§ 7. Wirksamkeit im Verhältnis zu Dritten; rechtliche Selbständigkeit; Vertretung.

(1) Die Partnerschaft wird im Verhältnis zu Dritten mit ihrer Eintragung in das Partnerschaftsregister wirksam.

(2) § 124 des Handelsgesetzbuchs ist entsprechend anzuwenden.

(3) Auf die Vertretung der Partnerschaft sind die Vorschriften des § 125 Abs. 1 und 2 sowie der §§ 126 und 127 des Handelsgesetzbuchs entsprechend anzuwenden.

...

§ 8. Haftung für Verbindlichkeiten der Partnerschaft. (1) [1]Für Verbindlichkeiten der Partnerschaft haften dem Gläubigern neben dem Vermögen der Partnerschaft die Partner als Gesamtschuldner. [2]Die §§ 129 und 130 des Handelsgesetzbuchs sind entsprechend anzuwenden.

(2) Waren nur einzelne Partner mit der Bearbeitung eines Auftrags befaßt, so haften nur sie gemäß Absatz 1 für berufliche Fehler neben der Partnerschaft; ausgenommen sind Bearbeitungsbeiträge von untergeordneter Bedeutung.

(3) Durch Gesetz kann für einzelne Berufe eine Beschränkung der Haftung für Ansprüche aus Schäden wegen fehlerhafter Berufsausübung auf einen bestimmten Höchstbetrag zugelassen werden, wenn zugleich eine Pflicht zum Abschluß einer Berufshaftpflichtversicherung der Partner oder der Partnerschaft begründet wird.

...

§ 9. Ausscheiden eines Partners; Auflösung der Partnerschaft. (1) Auf das Ausscheiden eines Partners und die Auflösung der Partnerschaft sind, soweit im folgenden nichts anderes bestimmt ist, die §§ 131 bis 144 des Handelsgesetzbuchs entsprechend anzuwenden.

(2) Verliert ein Partner eine erforderliche Zulassung zu dem Freien Beruf, den er in der Partnerschaft ausübt, so scheidet er mit deren Verlust aus der Partnerschaft aus.

(3) [1]Die Beteiligung an einer Partnerschaft ist nicht vererblich. [2]Der Partnerschaftsvertrag kann jedoch bestimmen, daß sie an Dritte vererblich ist, die Partner im Sinne des § 1 Abs. 1 und 2 sein können. [3]§ 139 des Handelsgesetzbuchs ist nur insoweit anzuwenden, als der Erbe der Beteiligung befugt ist, seinen Austritt aus der Partnerschaft zu erklären.

§ 10. Liquidation der Partnerschaft; Nachhaftung. (1) Für die Liquidation der Partnerschaft sind die Vorschriften über die Liquidation der offenen Handelsgesellschaft entsprechend anwendbar.

(2) Nach der Auflösung der Partnerschaft oder nach dem Ausscheiden des Partners bestimmt sich die Haftung der Partner aus Verbindlichkeiten der Partnerschaft nach den §§ 159, 160 des Handelsgesetzbuchs.

Gewerbeordnung

Vom 25. Juli 1994, mit Änderungen bis zum 6. September 2013

Allgemeine Bestimmungen

§ 1. Grundsatz der Gewerbefreiheit. (1) Der Betrieb eines Gewerbes ist jedermann gestattet, soweit nicht durch dieses Gesetz Ausnahmen oder Beschränkungen vorgeschrieben oder zugelassen sind.

(2) Wer gegenwärtig zum Betrieb eines Gewerbes berechtigt ist, kann von demselben nicht deshalb ausgeschlossen werden, weil er den Erfordernissen dieses Gesetzes nicht genügt.

§ 3. Betrieb verschiedener Gewerbe. [1]Der gleichzeitige Betrieb verschiedener Gewerbe sowie desselben Gewerbes in mehreren Betriebs- oder Verkaufsstätten ist gestattet. [2]Eine Beschränkung der Handwerker auf den Verkauf der selbstverfertigten Waren findet nicht statt.

§ 6. Anwendungsbereich. (1) [1]Dieses Gesetz findet keine Anwendung auf die Fischerei, die Errichtung und Verlegung von Apotheken, die Erziehung von Kindern gegen Entgelt, das Unterrichtswesen, auf die Tätigkeit der Rechtsanwälte und Notare, der Rechtsbeistände, der Wirtschaftsprüfer und Wirtschaftsprüfungsgesellschaften, der vereidigten Buchprüfer und Buchprüfungsgesellschaften, der Steuerberater und Steuerberatungsgesellschaften sowie der Steuerbevollmächtigten, auf den Gewerbebetrieb der Auswandererberater und das Seelotswesen. [2]Auf das Bergwesen findet dieses Gesetz nur insoweit Anwendung, als es ausdrückliche Bestimmungen enthält; das gleiche gilt … für den Gewerbebetrieb der Versicherungsunternehmen, die Ausübung der ärztlichen und anderen Heilberufe, den Verkauf von Arzneimitteln, den Vertrieb von Lotterielosen und die Viehzucht.

Stehendes Gewerbe

§ 14. Anzeigepflicht; Verordnungsermächtigung. (1) [1]Wer den selbständigen Betrieb eines stehenden Gewerbes, einer Zweigniederlassung oder einer unselbständigen Zweigstelle anfängt, muss dies der zuständigen Behörde gleichzeitig anzeigen. [2]Das Gleiche gilt, wenn

1. der Betrieb verlegt wird,
2. der Gegenstand des Gewerbes gewechselt oder auf Waren oder Leistungen ausgedehnt wird, die bei Gewerbebetrieben der angemeldeten Art nicht geschäftsüblich sind, oder
3. der Betrieb aufgegeben wird.

[3]Steht die Aufgabe des Betriebes eindeutig fest und ist die Abmeldung nicht innerhalb eines angemessenen Zeitraums erfolgt, kann die Behörde die Abmeldung von Amts wegen vornehmen. 2

…

§ 15. Empfangsbescheinigung, Betrieb ohne Zulassung. (1) Die Behörde bescheinigt innerhalb dreier Tage den Empfang der Anzeige.

(2) [1]Wird ein Gewerbe, zu dessen Ausübung eine Erlaubnis, Genehmigung, Konzession oder Bewilligung (Zulassung) erforderlich ist, ohne diese Zulassung betrieben, so kann die Fortsetzung des Betriebes von der zuständigen Behörde verhindert werden. [2]Das gleiche gilt, wenn ein Gewerbe von einer ausländischen juristischen Person begonnen wird, deren Rechtsfähigkeit im Inland nicht anerkannt wird.

§ 15a. *(weggefallen)*

§ 15b. *(weggefallen)*

§ 35. Gewerbeuntersagung wegen Unzuverlässigkeit. (1) [1]Die Ausübung eines Gewerbes ist von der zuständigen Behörde ganz oder teilweise zu untersagen, wenn Tatsachen vorliegen, welche die Unzuverlässigkeit des Gewerbetreibenden oder einer mit der Leitung des Gewerbebetriebes beauftragten Person in bezug auf dieses Gewerbe dartun, sofern die Untersagung zum Schutze der Allgemeinheit oder der im Betrieb Beschäftigten erforderlich ist. [2]Die Untersagung kann auch auf die Tätigkeit als Vertretungsberechtigter eines Gewerbetreibenden oder als mit der Leitung eines Gewerbebetriebes beauftragte Person sowie auf einzelne andere oder auf alle Gewerbe erstreckt werden, soweit die festgestellten Tatsachen die Annahme rechtfertigen, daß der Gewerbetreibende auch für diese Tätigkeiten oder Gewerbe unzuverlässig ist. [3]Das Untersagungsverfahren kann fortgesetzt werden, auch wenn der Betrieb des Gewerbes während des Verfahrens aufgegeben wird.

(2) Dem Gewerbetreibenden kann auf seinen Antrag von der zuständigen Behörde gestattet werden, den Gewerbebetrieb durch einen Stellvertreter (§ 45) fortzuführen, der die Gewähr für eine ordnungsgemäße Führung des Gewerbebetriebes bietet.

2

Messen, Ausstellungen, Märkte

§ 64. Messe. (1) Eine Messe ist eine zeitlich begrenzte, im allgemeinen regelmäßig wiederkehrende Veranstaltung, auf der eine Vielzahl von Ausstellern das wesentliche Angebot eines oder mehrerer Wirtschaftszweige ausstellt und überwiegend nach Muster an gewerbliche Wiederverkäufer, gewerbliche Verbraucher oder Großabnehmer vertreibt.

§ 65. Ausstellung. Eine Ausstellung ist eine zeitlich begrenzte Veranstaltung, auf der eine Vielzahl von Ausstellern ein repräsentatives Angebot eines oder mehrerer Wirtschaftszweige oder Wirtschaftsgebiete ausstellt und vertreibt oder über dieses Angebot zum Zweck der Absatzförderung informiert.

§ 66. Großmarkt. Ein Großmarkt ist eine Veranstaltung, auf der eine Vielzahl von Anbietern bestimmte Waren oder Waren aller Art im wesentlichen an gewerbliche Wiederverkäufer, gewerbliche Verbraucher oder Großabnehmer vertreibt.

§ 67. Wochenmarkt. (1) Ein Wochenmarkt ist eine regelmäßig wiederkehrende, zeitlich begrenzte Veranstaltung, auf der eine Vielzahl von Anbietern eine oder mehrere der folgenden Warenarten feilbietet:

1. Lebensmittel im Sinne des § 2 Absatz 2 des Lebensmittel- und Futtermittelgesetzbuches mit Ausnahme alkoholischer Getränke; zugelassen sind alkoholische Getränke, soweit sie aus selbstgewonnenen Erzeugnissen des Weinbaus, der Landwirtschaft oder des Obst- und Gartenbaus hergestellt werden; der Zukauf von Alkohol zur Herstellung von Likören und Geisten aus Obst, Pflanzen und anderen landwirtschaftlichen Ausgangserzeugnissen, bei denen die Ausgangsstoffe nicht selbst vergoren werden, durch den Urproduzenten ist zulässig.
2. Produkte des Obst- und Gartenbaues, der Land- und Forstwirtschaft und der Fischerei;
3. rohe Naturerzeugnisse mit Ausnahme des größeren Viehs.

Arbeitnehmer

§ 105. Freie Gestaltung des Arbeitsvertrages. [1]Arbeitgeber und Arbeitnehmer können Abschluss, Inhalt und Form des Arbeitsvertrages frei vereinbaren, soweit nicht zwingende gesetzliche Vorschriften, Bestimmungen eines anwendbaren Tarifvertrages oder einer Betriebsvereinbarung entgegenstehen. [2]Soweit die Vertragsbedingungen wesentlich sind, richtet sich ihr Nachweis nach den Bestimmungen des Nachweisgesetzes.

§ 106. Weisungsrecht des Arbeitgebers. [1]Der Arbeitgeber kann Inhalt, Ort und Zeit der Arbeitsleistung nach billigem Ermessen näher bestimmen, soweit diese Arbeitsbedingungen nicht durch den Arbeitsvertrag, Bestimmungen einer Betriebsvereinbarung, eines anwendbaren Tarifvertrages oder gesetzliche Vorschriften festgelegt sind. [2]Dies gilt auch hinsichtlich der Ordnung und des Verhaltens der Arbeitnehmer im Betrieb. [3]Bei der Ausübung des Ermessens hat der Arbeitgeber auch auf Behinderungen des Arbeitnehmers Rücksicht zu nehmen.

§ 107. Berechnung und Zahlung des Arbeitsentgelts. (1) Das Arbeitsentgelt ist in Euro zu berechnen und auszuzahlen.

(2) [1]Arbeitgeber und Arbeitnehmer können Sachbezüge als Teil des Arbeitsentgelts vereinbaren, wenn dies dem Interesse des Arbeitnehmers oder der Eigenart des Arbeitsverhältnisses entspricht. [2]Der Arbeitgeber darf dem Arbeitnehmer keine Waren auf Kredit überlassen. [3]Er darf ihm nach Vereinbarung Waren in Anrechnung auf das Arbeitsentgelt überlassen, wenn die Anrechnung zu den durchschnittlichen Selbstkosten erfolgt. [4]Die geleisteten Gegenstände müssen mittlerer Art und Güte sein, soweit nicht ausdrücklich eine andere Vereinbarung getroffen worden ist. [5]Der Wert der vereinbarten Sachbezüge oder die Anrechnung der überlassenen Waren auf das Arbeitsentgelt darf die Höhe des pfändbaren Teils des Arbeitsentgelts nicht übersteigen.

(3) [1]Die Zahlung eines regelmäßigen Arbeitsentgelts kann nicht für die Fälle ausgeschlossen werden, in denen der Arbeitnehmer für seine Tätigkeit von Dritten ein Trinkgeld erhält. [2]Trinkgeld ist ein Geldbetrag, den ein Dritter ohne rechtliche Verpflichtung dem Arbeitnehmer zusätzlich zu einer dem Arbeitgeber geschuldeten Leistung zahlt.

§ 108. Abrechnung des Arbeitsentgelts. (1) [1]Dem Arbeitnehmer ist bei Zahlung des Arbeitsentgelts eine Abrechnung in Textform zu erteilen. [2]Die Abrechnung muss mindestens Angaben über Abrechnungszeitraum und Zusammensetzung des Arbeitsentgelts enthalten. [3]Hinsichtlich der Zusammensetzung sind insbesondere Angaben über Art und Höhe der Zuschläge, Zulagen, sonstige Vergütungen, Art und Höhe der Abzüge, Abschlagszahlungen sowie Vorschüsse erforderlich.

(2) Die Verpflichtung zur Abrechnung entfällt, wenn sich die Angaben gegenüber der

letzten ordnungsgemäßen Abrechnung nicht geändert haben.

§ 109. Zeugnis. (1) [1]Der Arbeitnehmer hat bei Beendigung eines Arbeitsverhältnisses Anspruch auf ein schriftliches Zeugnis. [2]Das Zeugnis muss mindestens Angaben zu Art und Dauer der Tätigkeit (einfaches Zeugnis) enthalten. [3]Der Arbeitnehmer kann verlangen, dass sich die Angaben darüber hinaus auf Leistung und Verhalten im Arbeitsverhältnis (qualifiziertes Zeugnis) erstrecken.

(2) [1]Das Zeugnis muss klar und verständlich formuliert sein. [2]Es darf keine Merkmale oder Formulierungen enthalten, die den Zweck haben, eine andere als aus der äußeren Form oder aus dem Wortlaut ersichtliche Aussage über den Arbeitnehmer zu treffen.

(3) Die Erteilung des Zeugnisses in elektronischer Form ist ausgeschlossen.

§ 110. Wettbewerbsverbot. [1]Arbeitgeber und Arbeitnehmer können die berufliche Tätigkeit des Arbeitnehmers für die Zeit nach Beendigung des Arbeitsverhältnisses durch Vereinbarung beschränken (Wettbewerbsverbot). [2]Die §§ 74 bis 75 f des Handelsgesetzbuches sind entsprechend anzuwenden.

Gewerbezentralregister

§ 149. Einrichtung eines Gewerbezentralregisters. (1) Das Bundesamt für Justiz (Registerbehörde) führt ein Gewerbezentralregister.

2

Gesetz über die Haftung für fehlerhafte Produkte

In der Fassung vom 15. Dezember 1989, mit Änderungen bis zum 19. Juli 2002

§ 1. Haftung. (1) [1]Wird durch den Fehler eines Produkts jemand getötet, sein Körper oder seine Gesundheit verletzt oder eine Sache beschädigt, so ist der Hersteller des Produkts verpflichtet, dem Geschädigten den daraus entstehenden Schaden zu ersetzen. [2]Im Falle der Sachbeschädigung gilt dies nur, wenn eine andere Sache als das fehlerhafte Produkt beschädigt wird und diese andere Sache ihrer Art nach gewöhnlich für den privaten Ge- oder Verbrauch bestimmt und hierzu von dem Geschädigten hauptsächlich verwendet worden ist.

(2) Die Ersatzpflicht des Herstellers ist ausgeschlossen, wenn

1. er das Produkt nicht in den Verkehr gebracht hat,
2. nach den Umständen davon auszugehen ist, daß das Produkt den Fehler, der den Schaden verursacht hat, noch nicht hatte, als der Hersteller es in den Verkehr brachte,
3. er das Produkt weder für den Verkauf oder eine andere Form des Vertriebs mit wirtschaftlichem Zweck hergestellt noch im Rahmen seiner beruflichen Tätigkeit hergestellt oder vertrieben hat,
4. der Fehler darauf beruht, daß das Produkt in dem Zeitpunkt, in dem der Hersteller es in den Verkehr brachte, dazu zwingenden Rechtsvorschriften entsprochen hat, oder
5. der Fehler nach dem Stand der Wissenschaft und Technik in dem Zeitpunkt, in dem der Hersteller das Produkt in den Verkehr brachte, nicht erkannt werden konnte.

(3) [1]Die Ersatzpflicht des Herstellers eines Teilprodukts ist ferner ausgeschlossen, wenn der Fehler durch die Konstruktion des Produkts, in welches das Teilprodukt eingearbeitet wurde, oder durch die Anleitungen des Herstellers des Produkts verursacht worden ist. [2]Satz 1 ist auf den Hersteller eines Grundstoffs entsprechend anzuwenden.

(4) [1]Für den Fehler, den Schaden und den ursächlichen Zusammenhang zwischen Fehler und Schaden trägt der Geschädigte die Beweislast. [2]Ist streitig, ob die Ersatzpflicht gemäß Absatz 2 oder 3 ausgeschlossen ist, so trägt der Hersteller die Beweislast.

§ 2. Produkt. Produkt im Sinne dieses Gesetzes ist jede bewegliche Sache, auch wenn sie einen Teil einer anderen beweglichen Sache oder einer unbeweglichen Sache bildet, sowie Elektrizität.

§ 3. Fehler. (1) Ein Produkt hat einen Fehler, wenn es nicht die Sicherheit bietet, die unter Berücksichtigung aller Umstände, inbesondere

a) seiner Darbietung,
b) des Gebrauchs, mit dem billigerweise gerechnet werden kann,
c) des Zeitpunkts, in dem es in den Verkehr gebracht wurde, berechtigterweise erwartet werden kann.

(2) Ein Produkt hat nicht allein deshalb einen Fehler, weil später ein verbessertes Produkt in den Verkehr gebracht wurde.

§ 4. Hersteller. (1) [1]Hersteller im Sinne dieses Gesetzes ist, wer das Endprodukt, einen Grundstoff oder ein Teilprodukt hergestellt hat. [2]Als Hersteller gilt auch jeder, der sich durch das Anbringen seines Namens, seiner Marke oder eines anderen unterscheidungskräftigen Kennzeichens als Hersteller ausgibt.

(2) [1]Als Hersteller gilt ferner, wer ein Produkt zum Zweck des Verkaufs, der Vermietung, des Mietkaufs oder einer anderen Form des Vertriebs mit wirtschaftlichem Zweck im Rahmen seiner geschäftlichen Tätigkeit in den Geltungsbereich des Abkommens über den Europäischen Wirtschaftsraum einführt oder verbringt. [2]Satz 1 gilt für das Einführen oder das Verbringen in den Geltungsbereich des Vertrages zur Gründung der Europäischen Wirtschaftsgemeinschaft aus einem Staat, der Mitglied der Europäischen Freihandelsassoziation ist, entsprechend.

(3) [1]Kann der Hersteller des Produkts nicht festgestellt werden, so gilt jeder Lieferant als dessen Hersteller, es sei denn, daß er dem Geschädigten innerhalb eines Monats, nachdem ihm dessen diesbezügliche Aufforderung zugegangen ist, den Hersteller oder diejenige Person benennt, die ihm das Produkt geliefert hat. [2]Dies gilt auch für ein eingeführtes Produkt, wenn sich bei diesem die in Absatz 2 genannte Person nicht feststellen läßt, selbst wenn der Name des Herstellers bekannt ist.

§ 5. Mehrere Ersatzpflichtige. [1]Sind für denselben Schaden mehrere Hersteller nebeneinander zum Schadensersatz verpflichtet, so haften sie als Gesamtschuldner. [2]Im Verhältnis der Ersatzpflichtigen zueinander hängt, soweit nichts anderes bestimmt ist, die Verpflichtung zum Ersatz sowie der Umfang des zu leistenden Ersatzes von den Umständen, insbesondere davon ab, inwieweit der Schaden vorwiegend von dem einen oder dem anderen Teil verursacht worden ist; im übrigen gelten die §§ 421 bis 425 sowie § 426 Abs. 1 Satz 2 und Abs. 2 des Bürgerlichen Gesetzbuchs.

§ 6. Haftungsminderung. (1) Hat bei der Entstehung des Schadens ein Verschulden des Geschädigten mitgewirkt, so gilt § 254 des Bürgerlichen Gesetzbuchs; im Falle der Sachbeschädigung steht das Verschulden desjenigen, der die tatsächliche Gewalt über die Sache ausübt, dem Verschulden des Geschädigten gleich.

(2) [1]Die Haftung des Herstellers wird nicht gemindert, wenn der Schaden durch einen Fehler des Produkts und zugleich durch die Handlung eines Dritten verursacht worden ist. [2]§ 5 Satz 2 gilt entsprechend.

§ 7. Umfang der Ersatzpflicht bei Tötung.

(1) [1]Im Falle der Tötung ist Ersatz der Kosten einer versuchten Heilung sowie des Vermögensnachteils zu leisten, den der Getötete dadurch erlitten hat, daß während der Krankheit seine Erwerbsfähigkeit aufgehoben oder gemindert war oder seine Bedürfnisse vermehrt waren. [2]Der Ersatzpflichtige hat außerdem die Kosten der Beerdigung demjenigen zu ersetzen, der diese Kosten zu tragen hat.

(2) [1]Stand der Getötete zur Zeit der Verletzung zu einem Dritten in einem Verhältnis, aus dem er diesem gegenüber kraft Gesetzes unterhaltspflichtig war oder unterhaltspflichtig werden konnte, und ist dem Dritten infolge der Tötung das Recht auf Unterhalt entzogen, so hat der Ersatzpflichtige dem Dritten insoweit Schadenersatz zu leisten, als der Getötete während der mutmaßlichen Dauer seines Lebens zur Gewährung des Unterhalts verpflichtet gewesen wäre. [2]Die Ersatzpflicht tritt auch ein, wenn der Dritte zur Zeit der Verletzung gezeugt, aber noch nicht geboren war.

§ 8. Umfang der Ersatzpflicht bei Körperverletzung. [1]Im Falle der Verletzung des Körpers oder der Gesundheit ist Ersatz der Kosten der Heilung sowie des Vermögensnachteils zu leisten, den der Verletzte dadurch erleidet, daß infolge der Verletzung zeitweise oder dauernd seine Erwerbsfähigkeit aufgehoben oder gemindert ist oder seine Bedürfnisse vermehrt sind. [2]Wegen des Schadens, der nicht Vermögensschaden ist, kann auch eine billige Entschädigung in Geld gefordert werden.

§ 9. Schadensersatz durch Geldrente.

(1) Der Schadensersatz wegen Aufhebung oder Minderung der Erwerbsfähigkeit und wegen vermehrter Bedürfnisse des Verletzten sowie der nach § 7 Abs. 2 einem Dritten zu gewährende Schadensersatz ist für die Zukunft durch eine Geldrente zu leisten.

(2) § 843 Abs. 2 bis 4 des Bürgerlichen Gesetzbuchs ist entsprechend anzuwenden.

§ 10. Haftungshöchstbetrag. (1) Sind Personenschäden durch ein Produkt oder gleiche Produkte mit demselben Fehler verursacht worden, so haftet der Ersatzpflichtige nur bis zu einem Höchstbetrag von 85 Millionen Euro.

(2) Übersteigen die den mehreren Geschädigten zu leistenden Entschädigungen den in Absatz 1 vorgesehenen Höchstbetrag, so verringern sich die einzelnen Entschädigungen in dem Verhältnis, in dem ihr Gesamtbetrag zu dem Höchstbetrag steht.

§ 11. Selbstbeteiligung bei Sachbeschädigung. Im Falle der Sachbeschädigung hat der Geschädigte einen Schaden bis zu einer Höhe von 500 Euro selbst zu tragen.

§ 12. Verjährung. (1) Der Anspruch nach § 1 verjährt in drei Jahren von dem Zeitpunkt an, in dem der Ersatzberechtigte von dem Schaden, dem Fehler und von der Person des Ersatzpflichtigen Kenntnis erlangt hat oder hätte erlangen müssen.

(2) Schweben zwischen dem Ersatzpflichtigen und dem Ersatzberechtigten Verhandlungen über den zu leistenden Schadensersatz, so ist die Verjährung gehemmt, bis die Fortsetzung der Verhandlungen verweigert wird.

(3) Im übrigen sind die Vorschriften des Bürgerlichen Gesetzbuchs über die Verjährung anzuwenden.

§ 13. Erlöschen von Ansprüchen. (1) [1]Der Anspruch nach § 1 erlischt zehn Jahre nach dem Zeitpunkt, in dem der Hersteller das Produkt, das den Schaden verursacht hat, in den Verkehr gebracht hat. [2]Dies gilt nicht, wenn über den Anspruch ein Rechtsstreit oder ein Mahnverfahren anhängig ist.

(2) [1]Auf den rechtskräftig festgestellten Anspruch oder auf den Anspruch aus einem anderen Vollstreckungstitel ist Absatz 1 Satz 1 nicht anzuwenden. [2]Gleiches gilt für den Anspruch, der Gegenstand eines außergerichtlichen Vergleichs ist oder der durch rechtsgeschäftliche Erklärung anerkannt wurde.

§ 14. Unabdingbarkeit. [1]Die Ersatzpflicht des Herstellers nach diesem Gesetz darf im voraus weder ausgeschlossen noch beschränkt werden. [2]Entgegenstehende Vereinbarungen sind nichtig.

§ 15. Arzneimittelhaftung; Haftung nach anderen Rechtsvorschriften. (1) Wird infolge der Anwendung eines zum Gebrauch bei Menschen bestimmten Arzneimittels, das im Geltungsbereich des Arzneimittelgesetzes an den Verbraucher abgegeben wurde und der Pflicht zur Zulassung unterliegt oder durch Rechtsverordnung von der Zulassung befreit worden ist, jemand getötet, sein Körper oder seine Gesundheit verletzt, so sind die Vorschriften des Produkthaftungsgesetzes nicht anzuwenden.

(2) Eine Haftung aufgrund anderer Vorschriften bleibt unberührt.

§ 16. Übergangsvorschrift. Dieses Gesetz ist nicht auf Produkte anwendbar, die vor seinem Inkrafttreten in den Verkehr gebracht worden sind.

Gesetz über den Ladenschluss

In der Fassung vom 2. Juni 2003
mit Änderungen bis zum 31. Oktober 2006

Begriffsbestimmungen

§ 1. Verkaufsstellen. (1) Verkaufsstellen im Sinne dieses Gesetzes sind
1. Ladengeschäfte aller Art, Apotheken, Tankstellen und Bahnhofsverkaufsstellen,
2. sonstige Verkaufsstände und -buden, Kioske, Basare und ähnliche Einrichtungen, falls in ihnen ebenfalls von einer festen Stelle aus ständig Waren zum Verkauf an jedermann feilgehalten werden. Dem Feilhalten steht das Zeigen von Mustern, Proben und ähnlichem gleich, wenn Warenbestellungen in der Einrichtung entgegengenommen werden,
3. Verkaufsstellen von Genossenschaften.

(2) Zur Herbeiführung einer einheitlichen Handhabung des Gesetzes kann das Bundesministerium für Wirtschaft und Soziales durch Rechtsverordnung mit Zustimmung des Bundesrates bestimmen, welche Einrichtungen Verkaufsstellen gemäß Absatz 1 sind.

§ 2. Feiertage. Feiertage im Sinne dieses Gesetzes sind die gesetzlichen Feiertage.

Ladenschlusszeiten

§ 3. Allgemeine Ladenschlusszeiten. [1]Verkaufsstellen müssen zu folgenden Zeiten für den geschäftlichen Verkehr mit den Kunden geschlossen sein:
1. an Sonn- und Feiertagen,
2. montags bis samstags bis 6 Uhr und ab 20 Uhr,
3. am 24. Dezember, wenn dieser Tag auf einen Werktag fällt, bis 6 Uhr und ab 14 Uhr.

[2]Verkaufsstellen für Bäckerwaren dürfen abweichend von Satz 1 den Beginn der Ladenöffnungszeit an Werktagen auf 5.30 Uhr vorverlegen. [3]Die beim Ladenschluss anwesenden Kunden dürfen noch bedient werden.

§ 4. Apotheken. (1) [1]Abweichend von den Vorschriften des § 3 dürfen Apotheken an allen Tagen während des ganzen Tages geöffnet sein. [2]An Werktagen während der allgemeinen Ladenschlusszeiten (§ 3) und an Sonn- und Feiertagen ist nur die Abgabe von Arznei-, Krankenpflege-, Säuglingspflege- und Säuglingsnährmitteln, hygienischen Artikeln sowie Desinfektionsmitteln gestattet.

§ 5. Zeitungen und Zeitschriften. (0) Abweichend von den Vorschriften des § 3 dürfen Kioske für den Verkauf von Zeitungen und Zeitschriften an Sonn- und Feiertagen von 11 Uhr bis 13 Uhr geöffnet sein.

§ 6. Tankstellen. (1) Abweichend von den Vorschriften des § 3 dürfen Tankstellen an allen Tagen während des ganzen Tages geöffnet sein.

(2) An Werktagen während der allgemeinen Ladenschlusszeiten (§ 3) und an Sonn- und Feiertagen ist nur die Abgabe von Ersatzteilen für Kraftfahrzeuge, soweit dies für die Erhaltung oder Wiederherstellung der Fahrbereitschaft notwendig ist, sowie die Abgabe von Betriebsstoffen und von Reisebedarf gestattet.

§ 8. Verkaufsstellen auf Personenbahnhöfen. (1) [1]Abweichend von den Vorschriften des § 3 dürfen Verkaufsstellen auf Personenbahnhöfen von Eisenbahnen und Magnetschwebebahnen, soweit sie den Bedürfnissen des Reiseverkehrs zu dienen bestimmt sind, an allen Tagen während des ganzen Tages geöffnet sein, am 24. Dezember jedoch nur bis 17.00 Uhr. [2]Während der allgemeinen Ladenschlusszeiten ist der Verkauf von Reisebedarf zulässig.

(2a) Die Landesregierungen werden ermächtigt, durch Rechtsverordnung zu bestimmen, daß in Städten mit über 200000 Einwohnern zur Versorgung der Berufspendler und der anderen Reisenden mit Waren des täglichen Ge- und Verbrauchs sowie mit Geschenkartikeln
1. Verkaufsstellen auf Personenbahnhöfen des Schienenfernverkehrs und
2. Verkaufsstellen innerhalb einer baulichen Anlage, die einen Personenbahnhof des Schienenfernverkehrs mit einem Verkehrsknotenpunkt des Nah- und Stadtverkehrs verbindet,

an Werktagen von 6 bis 22 Uhr geöffnet sein dürfen; sie haben dabei die Größe der Verkaufsfläche auf das für diesen Zweck erforderliche Maß zu begrenzen.

§ 9. Verkaufsstellen auf Flughäfen und in Fährhäfen. (1) [1]Abweichend von den Vorschriften des § 3 dürfen Verkaufsstellen auf Flughäfen an allen Tagen während des ganzen Tages geöffnet sein, am 24. Dezember jedoch nur bis 17 Uhr. [2]An Werktagen während der allgemeinen Ladenschlusszeiten (§ 3) und an Sonn- und Feiertagen ist nur die Abgabe von Reisebedarf an Reisende gestattet.

(3) Die Landesregierungen werden ermächtigt, durch Rechtsverordnung abweichend von Absatz 1 Satz 2 zu bestimmen, daß auf interna-

2

tionalen Verkehrsflughäfen und in internationalen Fährhäfen Waren des täglichen Ge- und Verbrauchs sowie Geschenkartikel an Werktagen während der allgemeinen Ladenschlusszeiten (§ 3) und an Sonn- und Feiertagen auch an andere Personen als an Reisende abgegeben werden dürfen; sie haben dabei die Größe der Verkaufsflächen auf das für diesen Zweck erforderliche Maß zu begrenzen.

§ 11. Verkauf in ländlichen Gebieten an Sonntagen. Die Landesregierungen oder die von ihnen bestimmten Stellen können durch Rechtsverordnung bestimmen, dass und unter welchen Voraussetzungen und Bedingungen in ländlichen Gebieten während der Zeit der Feldbestellung und der Ernte abweichend von den Vorschriften des § 3 alle oder bestimmte Arten von Verkaufsstellen an Sonn- und Feiertagen bis zur Dauer von zwei Stunden, geöffnet sein dürfen, falls dies zur Befriedigung dringender Kaufbedürfnisse der Landbevölkerung erforderlich ist.

§ 12. Verkauf bestimmter Waren an Sonntagen. (1) Das Bundesministerium für Wirtschaft und Soziales bestimmt im Einvernehmen mit den Bundesministerien für Verbraucherschutz, Ernährung und Landwirtschaft durch Rechtsverordnung mit Zustimmung des Bundesrates, dass und wie lange an Sonn- und Feiertagen abweichend von der Vorschrift des § 3 Abs. 1 Nr. 1 Verkaufsstellen für die Abgabe von Milch und Milcherzeugnissen im Sinne des § 4 Abs. 2 des Milch- und Fettgesetzes in der Fassung vom 10. Dezember 1952, Bäcker- und Konditorwaren, frischen Früchten, Blumen und Zeitungen geöffnet sein dürfen.

§ 14. Weitere Verkaufssonntage. (1) [1]Abweichend von der Vorschrift des § 3 Abs. 1 Nr. 1 dürfen Verkaufsstellen aus Anlass von Märkten, Messen oder ähnlichen Veranstaltungen an jährlich höchstens vier Sonn- und Feiertagen geöffnet sein. [2]Diese Tage werden von den Landesregierungen oder den von ihnen bestimmten Stellen durch Rechtsverordnung freigegeben.

(2) [1]Bei der Freigabe kann die Offenhaltung auf bestimmte Bezirke und Handelszweige beschränkt werden. [2]Der Zeitraum, während dessen die Verkaufsstellen geöffnet sein dürfen, ist anzugeben. [3]Er darf fünf zusammenhängende Stunden nicht überschreiten, muß spätestens um achtzehn Uhr enden und soll außerhalb der Zeit des Hauptgottesdienstes liegen.

(3) Sonn- und Feiertage im Dezember dürfen nicht freigegeben werden.

§ 15. Sonntagsverkauf am 24. Dezember. Abweichend von der Vorschrift des § 3 Abs. 1 Nr. 1 dürfen, wenn der 24. Dezember auf einen Sonntag fällt,

1. Verkaufsstellen, die gemäß § 12 oder den hierauf gestützten Vorschriften an Sonn- und Feiertagen geöffnet sein dürfen,
2. Verkaufsstellen, die überwiegend Lebens- und Genussmittel feilhalten,
3. alle Verkaufsstellen für die Abgabe von Weihnachtsbäumen während höchstens drei Stunden bis längstens vierzehn Uhr geöffnet sein. Die Öffnungszeiten werden von den Landesregierungen oder den von ihnen bestimmten Stellen durch Rechtsverordnung festgesetzt.

Besonderer Schutz der Arbeitnehmer

§ 17. (1) In Verkaufsstellen dürfen Arbeitnehmer an Sonn- und Feiertagen nur während der ausnahmsweise zugelassenen Öffnungszeiten (§§ 4 bis 15 und die hierauf gestützten Vorschriften) und, falls dies zur Erledigung von Vorbereitungs- und Abschlussarbeiten unerlässlich ist, während insgesamt weiterer dreißig Minuten beschäftigt werden.

(2) Die Dauer der Beschäftigungszeit des einzelnen Arbeitnehmers an Sonn- und Feiertagen darf acht Stunden nicht überschreiten.

Bestimmungen für einzelne Gewerbezweige und für den Marktverkehr

§ 19. Marktverkehr. (1) Während der allgemeinen Ladenschlusszeiten (§ 3) dürfen auf behördlich genehmigten Groß- und Wochenmärkten Waren zum Verkauf an den letzten Verbraucher nicht feilgehalten werden; jedoch kann die nach Landesrecht zuständige Verwaltungsbehörde in den Grenzen einer gemäß §§ 10 bis 15 oder den hierauf gestützten Vorschriften zulässigen Offenhaltung der Verkaufsstellen einen geschäftlichen Verkehr auf Groß- und Wochenmärkten zulassen.

(2) Am 24. Dezember dürfen nach vierzehn Uhr Waren auch im sonstigen Marktverkehr nicht feilgehalten werden.

§ 20. Sonstiges gewerbliches Feilhalten. (1) [1]Während der allgemeinen Ladenschlusszeiten (§ 3) ist auch das gewerbliche Feilhalten von Waren zum Verkauf an jedermann außerhalb von Verkaufsstellen verboten; dies gilt nicht für Volksbelustigungen, die den Vorschriften des Titels III der Gewerbeordnung unterliegen und von der nach Landesrecht zuständigen Behörde genehmigt worden sind, sowie für das Feilhalten von Tageszeitungen an Werktagen. ²Dem Feilhalten steht das Zeigen von Mustern, Proben und ähnlichem gleich, wenn dazu Räume benutzt werden, die für diesen Zweck besonders bereitgestellt sind, und dabei Warenbestellungen entgegengenommen werden.

Durchführung des Gesetzes

§ 21. Auslage des Gesetzes, Verzeichnisse.
(1) ¹Der Inhaber einer Verkaufsstelle, in der regelmäßig mindestens ein Arbeitnehmer beschäftigt wird, ist verpflichtet
1. einen Abdruck dieses Gesetzes und der auf Grund dieses Gesetzes erlassenen Rechtsverordnungen mit Ausnahme der Vorschriften, die Verkaufsstellen anderer Art betreffen, an geeigneter Stelle in der Verkaufsstelle auszulegen oder auszuhängen,
2. ein Verzeichnis über Namen, Tag, Beschäftigungsart und -dauer der an Sonn- und Feiertagen beschäftigten Arbeitnehmer …
als Ersatz für die Beschäftigung an diesen Tagen gewährte Freizeit zu führen; dies gilt nicht für die pharmazeutisch vorgebildeten Arbeitnehmer in Apotheken. ²Die Landesregierungen können durch Rechtsverordnung eine einheitliche Form für das Verzeichnis vorschreiben.

(2) Die Verpflichtung nach Absatz 1 Nr. 2 obliegt auch den in § 20 genannten Gewerbetreibenden.

§ 22. Aufsicht und Auskunft. (1) Die Aufsicht über die Ausführung der Vorschriften dieses Gesetzes und der auf Grund dieses Gesetzes erlassenen Vorschriften üben, soweit es sich nicht um Wochenmärkte (§ 19) handelt, die nach Landesrecht für den Arbeitsschutz zuständigen Verwaltungsbehörden aus; ob und inwieweit andere Dienststellen an der Aufsicht beteiligt werden, bestimmen die obersten Landesbehörden.

2

§ 23. Ausnahmen im öffentlichen Interesse.
¹Die obersten Landesbehörden können in Einzelfällen befristete Ausnahmen von den Vorschriften der §§ 3 bis 15 und 19 bis 21 dieses Gesetzes bewilligen, wenn die Ausnahmen im öffentlichen Interesse dringend nötig werden. ²Die Bewilligung kann jederzeit widerrufen werden. ³Die Landesregierungen werden ermächtigt, durch Rechtsverordnung die zuständigen Behörden abweichend von Satz 1 zu bestimmen. ⁴Sie können diese Ermächtigung auf oberste Landesbehörde übertragen.

Schlussbestimmungen

§ 27. Vorbehalt für die Landesgesetzgebung.
Unberührt bleiben die landesrechtlichen Vorschriften, durch die der Gewerbebetrieb und die Beschäftigung von Arbeitnehmern in Verkaufsstellen an anderen Festtagen als an Sonn- und Feiertagen beschränkt werden.

§ 28. Bestimmung der zuständigen Behörden.
Soweit in diesem Gesetz auf die nach Landesrecht zuständige Verwaltungsbehörde verwiesen wird, bestimmt die Landesregierung durch Verordnung, welche Behörden zuständig sind.

Gesetz zur Ordnung des Handwerks (Handwerksordnung)

In der Neufassung vom 24. September 1998, mit Änderungen bis zum 25. Juli 2013

I. Teil. Ausübung eines Handwerks und eines handwerksähnlichen Gewerbes

Berechtigung zum selbständigen Betrieb eines zulassungspflichtigen Handwerks

§ 1. [Handwerksbetrieb; Eintragung in die Handwerksrolle]. (1) [1]Der selbständige Betrieb eines zulassungspflichtigen Handwerks als stehendes Gewerbe ist nur den in der Handwerksrolle eingetragenen natürlichen und juristischen Personen und Personengesellschaften gestattet. [2]Personengesellschaften im Sinne dieses Gesetzes sind Personenhandelsgesellschaften und Gesellschaften des Bürgerlichen Rechts.

(2) Ein Gewerbebetrieb ist ein Betrieb eines zulassungspflichtigen Handwerks, wenn er handwerksmäßig betrieben wird und ein Gewerbe vollständig umfaßt, das in der Anlage A aufgeführt ist, oder Tätigkeiten ausgeübt werden, die für dieses Gewerbe wesentlich sind (wesentliche Tätigkeiten). ...

§ 4. [Fortführung des Betriebes nach dem Tode des selbständigen Handwerkers oder eines leitenden Gesellschafters]. (1) [1]Nach dem Tod des Inhabers eines Betriebes dürfen der Ehegatte, der Lebenspartner, der Erbe, der Testamentsvollstrecker, Nachlaßverwalter, Nachlaßinsolvenzverwalter oder Nachlaßpfleger den Betrieb fortführen, ohne die Voraussetzungen für die Eintragung in die Handwerksrolle zu erfüllen. [2]Sie haben dafür Sorge zu tragen, dass unverzüglich ein Betriebsleiter (§ 7 Abs. 1) bestellt wird. ...

§ 5. [Arbeiten in anderen Handwerken]. Wer ein Handwerk nach § 1 betreibt, kann hierbei auch Arbeiten in anderen Handwerken nach § 1 Abs. 1 ausführen, wenn sie mit dem Leistungsangebot seines Handwerks technisch oder fachlich zusammenhängen oder es wirtschaftlich ergänzen.

Handwerksrolle

§ 6. [Handwerksrolle; Einsichtsrecht]. (1) Die Handwerkskammer hat ein Verzeichnis zu führen, in welches die Inhaber von Betrieben zulassungspflichtiger Handwerke ihres Bezirks ... mit dem von ihnen zu betreibenden Handwerk oder bei Ausübung mehrerer Handwerke mit diesen Handwerken einzutragen sind (Handwerksrolle).

(2) [1]Eine Einzelauskunft aus der Handwerksrolle ist jedem zu erteilen, der ein berechtigtes Interesse glaubhaft darlegt. [2]Eine listenmäßige Übermittlung von Daten aus der Handwerksrolle an nicht-öffentliche Stellen ist unbeschadet des Absatzes 4 zulässig, wenn sie zur Erfüllung der Aufgaben der Handwerkskammer erforderlich ist oder wenn der Auskunftbegehrende ein berechtigtes Interesse an der Kenntnis der zu übermittelnden Daten glaubhaft darlegt und kein Grund zu der Annahme besteht, daß der Betroffene ein schutzwürdiges Interesse an dem Ausschluß der Übermittlung hat. ...

§ 7. [Eintragungen]. (1) [1]Als Inhaber eines Betriebs eines zulassungspflichtigen Handwerks wird eine natürliche oder juristische Person oder eine Personengesellschaft in die Handwerksrolle eingetragen, wenn der Betriebsleiter die Voraussetzungen für die Eintragung in die Handwerksrolle mit dem zu betreibenden Handwerk oder einem mit diesem verwandten Handwerk erfüllt. [2]Das Bundesministerium für Wirtschaft und Technologie bestimmt durch Rechtsverordnung mit Zustimmung des Bundesrates, welche zulassungspflichtigen Handwerke sich so nahestehen, daß die Beherrschung des einen zulassungspflichtigen Handwerks die fachgerechte Ausübung wesentlicher Tätigkeiten des anderen zulassungspflichtigen Handwerks ermöglicht (verwandte zulassungspflichtige Handwerke). ...

§ 8. [Ausnahmebewilligung]. (1) In Ausnahmefällen ist eine Bewilligung zur Eintragung in die Handwerksrolle (Ausnahmebewilligung) zu erteilen, wenn die zur selbständigen Ausübung des von dem Antragsteller zu betreibenden zulassungspflichtigen Handwerks notwendigen Kenntnisse und Fertigkeiten nachgewiesen sind; dabei sind auch seine bisherigen beruflichen Erfahrungen und Tätigkeiten zu berücksichtigen.

...

§ 10. [Handwerkskarte]. (1) Die Eintragung in die Handwerksrolle erfolgt auf Antrag oder von Amts wegen. ...

(2) Über die Eintragung in die Handwerksrolle hat die Handwerkskammer eine Bescheinigung auszustellen (Handwerkskarte) …

§ 11. [Mitteilungspflicht der Handwerkskammer]. Die Handwerkskammer hat dem Gewerbetreibenden die beabsichtigte Eintragung in die Handwerksrolle gegen Empfangsbescheinigung mitzuteilen; gleichzeitig und in gleicher Weise hat sie dies der Industrie- und Handelskammer mitzuteilen, wenn der Gewerbetreibende dieser angehört.

§ 17. [Auskunftspflicht und -verweigerungsrecht; Betriebsüberwachung]. (1) Die in der Handwerksrolle eingetragenen oder in diese einzutragenden Gewerbetreibenden sind verpflichtet, der Handwerkskammer die für die Prüfung der Eintragungsvoraussetzungen erforderliche Auskunft über Art und Umfang ihres Betriebs, über die Betriebsstätte, über die Zahl der im Betrieb beschäftigten gelernten und ungelernten Personen und über handwerkliche Prüfungen des Betriebsinhabers und des Betriebsleiters sowie über die vertragliche und praktische Ausgestaltung des Betriebsleiterverhältnisses zu erteilen sowie auf Verlangen hierüber Nachweise vorzulegen.

(2) [1]Die Beauftragten der Handwerkskammer sind … befugt, zu dem in Absatz 1 bezeichneten Zweck Grundstücke und Geschäftsräume des Auskunftspflichtigen zu betreten und dort Prüfungen und Besichtigungen vorzunehmen. [2]Der Auskunftspflichtige hat diese Maßnahmen zu dulden. [3]Das Grundrecht der Unverletzlichkeit der Wohnung (Artikel 13 des Grundgesetzes) wird insoweit eingeschränkt.

(3) Der Auskunftspflichtige kann die Auskunft auf solche Fragen verweigern, deren Beantwortung ihn selbst oder einen der in § 383 Abs. 1 Nr. 1 bis 3 der Zivilprozeßordnung bezeichneten Angehörigen der Gefahr strafgerichtlicher Verfolgung oder eines Verfahrens nach dem Gesetz über Ordnungswidrigkeiten aussetzen würde.

…

Zulassungsfreie Handwerke und handwerksähnliches Gewerbe

§ 18. [Handwerksähnliche Gewerbe; Anzeigepflicht]. (1) [1]Wer den selbständigen Betrieb eines zulassungsfreien Handwerks oder eines handwerksähnlichen Gewerbes als stehendes Gewerbe beginnt oder beendet, hat dies unverzüglich der Handwerkskammer, in deren Bezirk seine gewerbliche Niederlassung liegt, anzuzeigen. [2]Bei juristischen Personen sind auch die Namen der gesetzlichen Vertreter, bei Personengesellschaften die Namen der vertretungsberechtigten Gesellschafter anzuzeigen.

§ 19. [Verzeichnis der Inhaber handwerksähnlicher Betriebe]. (1) [1]Die Handwerkskammer hat ein Verzeichnis zu führen, in welches die Inhaber eines Betriebs eines zulassungsfreien Handwerks oder eines handwerksähnlichen Gewerbes … mit dem von ihnen betriebenen Gewerbe oder bei Ausübung mehrerer Gewerbe mit diesen Gewerben einzutragen sind. [2]§ 6 Abs. 2 bis 5 gilt entsprechend.

2

II. Teil. Berufsbildung im Handwerk

Berechtigung zum Einstellen und Ausbilden

§ 21. [Persönliche und fachliche Eignung].

(1) Lehrlinge (Auszubildende) dürfen nur eingestellt und ausgebildet werden, wenn

1. die Ausbildungsstätte nach Art und Einrichtung für die Berufsausbildung geeignet ist, und
2. die Zahl der Lehrlinge (Auszubildenden) in einem angemessenen Verhältnis zur Zahl der Ausbildungsplätze oder zur Zahl der beschäftigten Fachkräfte steht, es sei denn, dass anderenfalls die Berufsausbildung nicht gefährdet wird.

(2) Eine Ausbildungsstätte, in der die erforderlichen beruflichen Fertigkeiten, Kenntnisse und Fähigkeiten nicht in vollem Umfang vermittelt werden können, gilt als geeignet, wenn diese durch Ausbildungsmaßnahmen außerhalb der Ausbildungsstätte vermittelt werden.

§ 22. [Eignung der Ausbildungsstätte].

(1) Lehrlinge (Auszubildende) darf nur einstellen, wer persönlich geeignet ist. Lehrlinge (Auszubildende) darf nur ausbilden, wer persönlich und fachlich geeignet ist.

(2) Wer fachlich nicht geeignet ist oder wer nicht selbst ausbildet, darf Lehrlinge (Auszubildende) nur dann einstellen, wenn er persönlich und fachlich geeignete Ausbilder bestellt, die die Ausbildungsinhalte unmittelbar, verantwortlich und in wesentlichem Umfang vermitteln.

(3) Unter der Verantwortung des Ausbilders kann bei der Berufsausbildung mitwirken, wer selbst nicht Ausbilder ist, aber abweichend von den besonderen Voraussetzungen des § 22b die für die Vermittlung von Ausbildungsinhalten

2

erforderlichen beruflichen Fertigkeiten, Kenntnisse und Fähigkeiten besitzt und persönlich geeignet ist.

§ 23. [Eignungsfeststellung]. (1) Die Handwerkskammer hat darüber zu wachen, daß die Eignung der Ausbildungsstätte sowie die persönliche und fachliche Eignung vorliegen.

(2) [1]Werden Mängel der Eignung festgestellt, so hat die Handwerkskammer, falls der Mangel zu beheben und eine Gefährdung des Lehrlings (Auszubildenden) nicht zu erwarten ist, den Ausbildenden aufzufordern, innerhalb einer von ihr gesetzten Frist den Mangel zu beseitigen. [2]Ist der Mangel der Eignung nicht zu beheben oder ist eine Gefährdung des Lehrlings (Auszubildenden) zu erwarten oder wird der Mangel nicht innerhalb der gesetzten Frist beseitigt, so hat die Handwerkskammer der nach Landesrecht zuständigen Behörde dies mitzuteilen.

§ 24. [Untersagung des Einstellens und Ausbildens]. (1) Die nach Landesrecht zuständige Behörde kann für eine bestimmte Ausbildungsstätte das Einstellen und Ausbilden untersagen, wenn die Voraussetzungen nach § 21 nicht oder nicht mehr vorliegen.

(2) Die nach Landesrecht zuständige Behörde hat das Einstellen und Ausbilden zu untersagen, wenn die persönliche oder fachliche Eignung nicht oder nicht mehr vorliegt.

(3) Vor der Untersagung sind die Beteiligten und die Handwerkskammer zu hören. Dies gilt nicht in den Fällen des § 22a Nr. 1.

Ausbildungsordnung, Änderung der Ausbildungszeit

§ 25. [Ausbildungsordnung]. (1) Als Grundlage für eine geordnete und einheitliche Berufsausbildung kann das Bundesministerium für Wirtschaft und Technologie im Einvernehmen mit dem Bundesministerium für Bildung und Forschung durch Rechtsverordnung, die nicht der Zustimmung des Bundesrates bedarf, für Gewerbe der Anlage A und der Anlage B Ausbildungsberufe staatlich anerkennen und hierfür Ausbildungsordnungen nach § 26 erlassen. Dabei können in einem Gewerbe mehrere Ausbildungsberufe staatlich anerkannt werden, soweit dies wegen der Breite des Gewerbes erforderlich ist; die in diesen Berufen abgelegten Gesellenprüfungen sind Prüfungen im Sinne des § 49 Abs. 1 oder § 51a Abs. 5 Satz 1.

(2) Für einen anerkannten Ausbildungsberuf darf nur nach der Ausbildungsordnung ausgebildet werden.

(3) In anderen als anerkannten Ausbildungsberufen dürfen Jugendliche unter 18 Jahren nicht ausgebildet werden, soweit die Berufsausbildung nicht auf den Besuch weiterführender Bildungsgänge vorbereitet.

...

§ 26. [Inhalt von Ausbildungsordnungen].

(1) Die Ausbildungsordnung hat festzulegen

1. die Bezeichnung des Ausbildungsberufes, der anerkannt wird; sie kann von der Gewerbebezeichnung abweichen, muss jedoch inhaltlich von der Gewerbebezeichnung
2. die Ausbildungsdauer; sie soll nicht mehr als drei und nicht weniger als zwei Jahre betragen,
3. die beruflichen Fertigkeiten, Kenntnisse und Fähigkeiten, die mindestens Gegenstand der Berufsausbildung sind (Ausbildungsberufsbild),
4. eine Anleitung zur sachlichen und zeitlichen Gliederung der Vermittlung der beruflichen Fertigkeiten, Kenntnisse und Fähigkeiten
5. die Prüfungsanforderungen.

(2) [1]Die Ausbildungsordnung kann vorsehen,

1. dass die Berufsausbildung in sachlich und zeitlich besonders gegliederten, aufeinander aufbauenden Stufen erfolgt; nach den einzelnen Stufen soll ein Ausbildungsabschluss vorgesehen werden, der sowohl zu einer qualifizierten beruflichen Tätigkeit im Sinne des § 1 Abs. 3 des Berufsbildungsgesetzes befähigt, als auch die Fortsetzung der Berufsausbildung in weiteren Stufen ermöglicht (Stufenausbildung),
2. dass die Gesellenprüfung in zwei zeitlich auseinander fallenden Teilen durchgeführt wird,
3. dass abweichend von § 25 Abs. 4 die Berufsausbildung in diesem Ausbildungsberuf unter Anrechnung der bereits zurückgelegten Ausbildungszeit fortgesetzt werden kann, wenn die Vertragsparteien dies vereinbaren,
4. dass auf die durch die Ausbildungsordnung geregelte Berufsausbildung eine andere, einschlägige Berufsausbildung unter Berücksichtigung der hierbei erworbenen beruflichen Fertigkeiten, Kenntnisse und Fähigkeiten angerechnet werden kann,
5. dass über das in Absatz 1 Nr. 3 beschriebene Ausbildungsberufsbild hinaus zusätzliche berufliche Fertigkeiten, Kenntnisse und Fähigkeiten vermittelt werden können, die die berufliche Handlungsfähigkeit ergänzen oder erweitern,
6. dass Teile der Berufsausbildung in geeigneten Einrichtungen außerhalb der Ausbildungsstätte durchgeführt werden, wenn und soweit es die Berufsausbildung erfordert (überbetriebliche Berufsausbildung),

7. dass Lehrlinge (Auszubildende) einen schriftlichen Ausbildungsnachweis zu führen haben.

[2]Im Rahmen der Ordnungsverfahren soll stets geprüft werden, ob Regelungen nach Nummer 1, 2 und 4 sinnvoll und möglich sind.

§ 27a. [Anrechenbare Ausbildungszeit].
(1) [1]Die Landesregierungen können nach Anhörung des Landesausschusses für Berufsbildung durch Rechtsverordnung bestimmen, dass der Besuch eines Bildungsganges berufsbildender Schulen oder die Berufsausbildung in einer sonstigen Einrichtung ganz oder teilweise auf die Ausbildungszeit angerechnet wird. [2]Die Ermächtigung kann durch Rechtsverordnung auf oberste Landesbehörden weiter übertragen werden. [3]Die Rechtsverordnung kann vorsehen, dass die Anrechnung eines gemeinsamen Antrags der Lehrlinge (Auszubildenden) und Ausbildenden bedarf.

(2) …

§ 27b. [Verkürzung und Verlängerung der Ausbildungszeit]. (1) [1]Auf gemeinsamen Antrag des Lehrlings (Auszubildenen) und des Ausbildenden hat die Handwerkskammer die Ausbildungszeit zu kürzen, wenn zu erwarten ist, dass das Ausbildungsziel in der gekürzten Zeit erreicht wird. [2]Bei berechtigtem Interesse kann sich der Antrag auch auf die Verkürzung der täglichen oder wöchentlichen Ausbildungszeit richten (Teilzeitberufsausbildung).

(2) [1]In Ausnahmefällen kann die Handwerkskammer auf Antrag des Lehrlings (Auszubildenden) die Ausbildungszeit verlängern, wenn die Verlängerung erforderlich ist, um das Ausbildungsziel zu erreichen. [2]Vor der Entscheidung nach Satz 1 ist der Ausbildende zu hören.

(3) Für die Entscheidung über die Verkürzung oder Verlängerung der Ausbildungszeit kann der Hauptausschuss des Bundesinstituts für Berufsbildung Richtlinien erlassen.

Verzeichnis der Berufsausbildungsverhältnisse

§ 28. [Einrichten, Führen, Datenschutz].
(1) Die Handwerkskammer hat zur Regelung, Überwachung, Förderung und zum Nachweis der Berufsausbildung in anerkannten Ausbildungsberufen ein Verzeichnis der in ihrem Bezirk bestehenden Berufsausbildungsverhältnisse nach Maßgabe der Anlage D Abschnitt III zu diesem Gesetz einzurichten und zu führen (Lehrlingsrolle).

(2) [1]Die nach Absatz 1 gespeicherten Daten dürfen an öffentliche und nicht-öffentliche Stellen übermittelt werden, soweit dies zu den in Absatz 1 genannten Zwecken erforderlich ist. [2]Werden Daten an nicht-öffentliche Stellen übermittelt, so ist der Betroffene hiervon zu benachrichtigen, es sei denn, daß er von der Übermittlung auf andere Weise Kenntnis erlangt.

(3) Der Empfänger darf die übermittelten Daten nur für den Zweck verarbeiten oder nutzen, zu dessen Erfüllung sie ihm übermittelt werden. Bei Übermittlungen an nicht-öffentliche Stellen hat die übermittelnde Stelle den Empfänger hiervon zu unterrichten.

(4) Für das Verändern und Sperren der Daten in der Lehrlingsrolle gelten die Datenschutzgesetze der Länder.

(5) Die Eintragungen sind am Ende des Kalenderjahres, in dem das Berufsausbidungsverhältnis beendet wird, in der Lehrlingsrolle zu löschen.

(6) Die nach Absatz 5 gelöschten Daten sind in einer gesonderten Datei zu speichern, solange und soweit dies für den Nachweis der Berufsausbildung erforderlich ist, höchstens jedoch 60 Jahre. …

Prüfungswesen

§ 31. [Gesellenprüfung]. (1) [1]In den anerkannten Ausbildungsberufen (Gewerbe der Anlage A oder der Anlage B) sind Gesellenprüfungen durchzuführen. [2]Die Prüfung kann im Falle des Nichtbestehens zweimal wiederholt werden. [3]Sofern die Gesellenprüfung in zwei zeitlich auseinander fallenden Teilen durchgeführt wird, ist der erste Teil der Gesellenprüfung nicht eigenständig wiederholbar.

(2) [1]Dem Prüfling ist ein Zeugnis auszustellen. [2]Dem Ausbildenden werden auf dessen Verlangen die Ergebnisse der Gesellenprüfung des Lehrlings (Auszubildenden) übermittelt. [3]Sofern die Gesellenprüfung in zwei zeitlich auseinander fallenden Teilen durchgeführt wird, ist das Ergebnis der Prüfungsleistung im ersten Teil der Gesellenprüfung dem Prüfling schriftlich mitzuteilen.

(3) [1]Dem Zeugnis ist auf Antrag des Lehrlings (Auszubildenden) eine englischsprachige und eine französischsprachige Übersetzung beizufügen. [2]Auf Antrag des Lehrlings (Auszubildenden) kann das Ergebnis berufsschulischer Leistungsfeststellungen auf dem Zeugnis ausgewiesen werden.

(4) Die Prüfung ist für den Lehrling (Auszubildenden) gebührenfrei.

§ 32. [Prüfungsgegenstand]. [1]Durch die Gesellenprüfung ist festzustellen, ob der Prüfling die berufliche Handlungsfähigkeit im Sinne des § 1 Abs. 3 des Berufsbildungsgesetzes erworben hat. [2]In ihr soll der Prüfling nachweisen, dass er die erforderlichen beruflichen Fertigkeiten beherrscht, die notwendigen beruflichen Kenntnisse und Fähigkeiten besitzt und mit dem im Berufsschulunterricht wesentlichen Lehrstoff vertraut ist. [3]Die Ausbildungsordnung ist zugrunde zu legen.

§ 33. [Gesellenprüfungsausschüsse].
(1) [1]Für die Abnahme der Gesellenprüfung errichtet die Handwerkskammer Prüfungsausschüsse. [2]Mehrere Handwerkskammern können bei einer von ihnen gemeinsame Prüfungsausschüsse errichten. [3]Die Handwerkskammer kann Handwerksinnungen ermächtigen, Gesellenprüfungsausschüsse zu errichten, wenn die Leistungsfähigkeit der Handwerksinnung die ordnungsgemäße Durchführung der Prüfung sicherstellt. …

§ 36. [Zulassung zur Gesellenprüfung].
(1) Zur Gesellenprüfung ist zuzulassen,
1. wer die Ausbildungszeit zurückgelegt hat oder wessen Ausbildungszeit nicht später als zwei Monate nach dem Prüfungstermin endet,
2. wer an vorgeschriebenen Zwischenprüfungen teilgenommen sowie vorgeschriebene schriftliche Ausbildungsnachweise geführt hat und
3. wessen Berufsausbildungsverhältnis in die Lehrlingsrolle eingetragen oder aus einem Grunde nicht eingetragen ist, den weder der Lehrling (Auszubildende) noch dessen gesetzlicher Vertreter zu vertreten hat.

(2) [1]Zur Gesellenprüfung ist ferner zuzulassen, wer in einer berufsbildenden Schule oder einer sonstigen Berufsbildungseinrichtung ausgebildet worden ist, wenn dieser Bildungsgang der Berufsausbildung in einem anerkannten Ausbildungsberuf (Gewerbe der Anlage A oder der Anlage B) entspricht. [2]Ein Bildungsgang entspricht der Berufsausbildung in einem anerkannten Ausbildungsberuf, wenn er
1. nach Inhalt, Anforderung und zeitlichem Umfang der jeweiligen Ausbildungsordnung gleichwertig ist,
2. systematisch, insbesondere im Rahmen einer sachlichen und zeitlichen Gliederung durchgeführt wird, und
3. durch Lernortkooperation einen angemessenen Anteil an fachpraktischer Ausbildung gewährleistet.

§ 39. [Zwischenprüfung]. (1) [1]Während der Berufsausbildung ist zur Ermittlung des Ausbildungsstandes mindestens eine Zwischenprüfung entsprechend der Ausbildungsordnung durchzuführen. [2]§§ 31 bis 33 gelten entsprechend.

(2) Sofern die Ausbildungsordnung vorsieht, dass die Gesellenprüfung in zwei zeitlich auseinander fallenden Teilen durchgeführt wird, findet Absatz 1 keine Anwendung.

Regelung und Überwachung der Berufsausbildung

§ 41. [Regelung der Berufsausbildung].
[1]Während der Berufsausbildung ist zur Ermittlung des Ausbildungsstands eine Zwischenprüfung entsprechend der Ausbildungsordnung durchzuführen. [2]Die §§ 31 bis 33 gelten entsprechend.

§ 41a. [Überwachung der Berufsausbildung].
(1) [1]Die Handwerkskammer überwacht die Durchführung
1. der Berufsausbildungsvorbereitung,
2. der Berufsausbildung und
3. der beruflichen Umschulung

und fördert diese durch Beratung der an der Berufsausbildung beteiligten Personen. [2]Sie hat zu diesem Zweck Berater zu bestellen. [3]§ 111 ist anzuwenden.

(2) Ausbildende, Umschulende und Anbieter von Maßnahmen der Berufsausbildungsvorbereitung sind auf Verlangen verpflichtet, die für die Überwachung notwendigen Auskünfte zu erteilen und Unterlagen vorzulegen sowie die Besichtigung der Ausbildungsstätten zu gestatten.

(3) [1]Die Durchführung von Auslandsaufenthalten nach § 2 Abs. 3 des Berufsbildungsgesetzes überwacht und fördert die Handwerkskammer in geeigneter Weise. [2]Beträgt die Dauer eines Ausbildungsabschnitts im Ausland mehr als vier Wochen, ist hierfür ein mit der Handwerkskammer abgestimmter Plan erforderlich.

(4) Die Handwerkskammer teilt der Aufsichtsbehörde nach dem Jugendarbeitsschutzgesetz Wahrnehmungen mit, die für die Durchführung des Jugendarbeitsschutzgesetzes von Bedeutung sein können.

Berufsbildungsausschuß

§ 43. [Ausschuß]. (1) [1]Die Handwerkskammer errichtet einen Berufsbildungsausschuß. [2]Ihm gehören sechs Arbeitgeber, sechs Arbeitnehmer und sechs Lehrer an berufsbildenden Schulen an, die Lehrer mit beratender Stimme.

(2) [1]Die Vertreter der Arbeitgeber werden von der Gruppe der Arbeitgeber, die Vertreter der Arbeitnehmer von der Gruppe der Vertreter der Gesellen und der anderen Arbeitnehmer mit einer abgeschlossenen Berufsausbildung in der Vollversammlung gewählt. [2]Die Lehrer an berufsbildenden Schulen werden von der nach

Landesrecht zuständigen Behörde als Mitglieder berufen. [3]Die Amtszeit der Mitglieder beträgt längstens fünf Jahre.

…

§ 44. [Aufgaben]. (1) Der Berufsbildungsausschuß ist in allen wichtigen Angelegenheiten der beruflichen Bildung zu unterrichten und zu hören.

…

2

III. Teil. Meisterprüfung, Meistertitel

Meisterprüfung in einem zulassungspflichtigen Handwerk

§ 46. [Meisterprüfung]. (1) [1]Der Prüfling ist von der Ablegung einzelner Teile der Meisterprüfung befreit, wenn er eine dem jeweiligen Teil der Meisterprüfung vergleichbare Prüfung … vor einer öffentlichen oder staatlich anerkannten Bildungseinrichtung oder vor einem staatlichen Prüfungsausschuss erfolgreich abgelegt hat. [2]Er ist von der Ablegung der Teile III und IV befreit, wenn er die Meisterprüfung in einem anderen zulassungspflichtigen oder zulassungsfreien Handwerk oder in einem handwerksähnlichen Gewerbe bestanden hat.

(2) Prüflinge, die andere deutsche staatliche oder staatlich anerkannte Prüfungen mit Erfolg abgelegt haben, sind auf Antrag durch den Meisterprüfungsausschuss von einzelnen Teilen der Meisterprüfung zu befreien, wenn bei diesen Prüfungen mindestens die gleichen Anforderungen gestellt werden wie in der Meisterprüfung. …

(3) Der Prüfling ist auf Antrag von der Ablegung der Prüfung in gleichartigen Prüfungsbereichen, Prüfungsfächern oder Handlungsfeldern durch den Meisterprüfungsausschuss zu befreien, wenn er die Meisterprüfung in einem anderen zulassungspflichtigen oder zulassungsfreien Handwerk oder handwerksähnlichen Gewerbe bestanden hat oder eine andere vergleichbare Prüfung vor einer öffentlichen oder staatlich anerkannten Bildungseinrichtung oder vor einem staatlichen Prüfungsausschuss erfolgreich abgelegt hat.

…

§ 47. [Meisterprüfungsausschüsse]. (1) [1]Die Meisterprüfung wird durch Meisterprüfungsausschüsse abgenommen. [2]Für die Handwerke werden Meisterprüfungsausschüsse als staatliche Prüfungsbehörden am Sitz der Handwerkskammer für ihren Bezirk errichtet. [3]Die oberste Landesbehörde kann in besonderen Fällen die Errichtung eines Meisterprüfungsausschusses für mehrere Handwerkskammerbezirke anordnen und hiermit die für den Sitz des Meisterprüfungsausschusses zuständige höhere Verwaltungsbehörde beauftragen. [4]Soll der Meisterprüfungsausschuß für Handwerkskammerbezirke mehrerer Länder zuständig sein, so bedarf es hierfür des Einvernehmens der beteiligten obersten Landesbehörden. [5]Die Landesregierungen werden ermächtigt, durch Rechtsverordnung zu bestimmen, daß abweichend von Satz 3 an Stelle der obersten Landesbehörde die höhere Verwaltungsbehörde zuständig ist. [6]Sie können diese Ermächtigung auf oberste Landesbehörden übertragen.

…

Meistertitel

§ 51. [Meistertitel]. Die Ausbildungsbezeichnung Meister/Meisterin in Verbindung mit einem zulassungspflichtigen Handwerk oder in Verbindung mit einer anderen Ausbildungsbezeichnung, die auf eine Tätigkeit in einem oder mehreren zulassungspflichtigen Handwerken hinweist, darf nur führen, wer für dieses zulassungspflichtige Handwerk oder für diese zulassungspflichtigen Handwerke die Meisterprüfung bestanden hat.

IV. Teil. Organisation des Handwerks

Handwerksinnungen

§ 52. [Bildung von Handwerksinnungen, Innungsbezirke]. (1) [1]Inhaber von Betrieben des gleichen zulassungspflichtigen Handwerks oder des gleichen zulassungsfreien Handwerks oder des gleichen handwerksähnlichen Gewerbes oder solcher Handwerke oder handwerksähnlicher Gewerbe, die sich fachlich oder wirtschaftlich nahe stehen, können zur Förderung ihrer gemeinsamen gewerblichen Interessen innerhalb eines bestimmten Bezirks zu einer Handwerksinnung zusammentreten. [2]Voraussetzung ist, dass für das jeweilige Gewerbe eine Ausbildungsordnung erlassen worden ist. [3]Für jedes Gewerbe kann in dem gleichen Bezirk nur eine Handwerksinnung gebildet werden; sie ist allein berechtigt, die Bezeichnung Innung in Verbindung mit dem Gewerbe zu führen, für das sie errichtet ist.

§ 53. [Rechtsform der Handwerksinnung]. [1]Die Handwerksinnung ist eine Körperschaft des öffentlichen Rechts. [2]Sie wird mit Genehmigung der Satzung rechtsfähig.

2

§ 54. [Aufgabe der Innung]. (1) Aufgabe der Handwerksinnung ist, die gemeinsamen gewerblichen Interessen ihrer Mitglieder zu fördern.
Insbesondere hat sie
1. den Gemeingeist und die Berufsehre zu pflegen,
2. ein gutes Verhältnis zwischen Meistern, Gesellen und Lehrlingen anzustreben,
3. entsprechend den Vorschriften der Handwerkskammer die Lehrlingsausbildung zu regeln und zu überwachen sowie für die berufliche Ausbildung der Lehrlinge zu sorgen und ihre charakterliche Entwicklung zu fördern,
4. die Gesellenprüfungen abzunehmen und hierfür Gesellenprüfungsausschüsse zu errichten, sofern sie von der Handwerkskammer dazu ermächtigt ist,
5. das handwerkliche Können der Meister und Gesellen zu fördern; zu diesem Zweck kann sie insbesondere Fachschulen errichten oder unterstützen und Lehrgänge veranstalten,
6. bei der Verwaltung der Berufsschulen gemäß den bundes- und landesrechtlichen Bestimmungen mitzuwirken,
7. das Genossenschaftswesen im Handwerk zu fördern,
8. über Angelegenheiten der in ihr vertretenen Handwerke den Behörden Gutachten und Auskünfte zu erstatten,
9. die sonstigen handwerklichen Organisationen und Einrichtungen in der Erfüllung ihrer Aufgaben zu unterstützen,
10. die von der Handwerkskammer innerhalb ihrer Zuständigkeit erlassenen Vorschriften und Anordnungen durchzuführen.

...

(3) Die Handwerksinnung kann
1. Tarifverträge abschließen, soweit und solange solche Verträge nicht durch den Innungsverband für den Bereich der Handwerksinnung geschlossen sind,
2. für ihre Mitglieder und deren Angehörige Unterstützungskassen für Fälle der Krankheit, des Todes, der Arbeitsunfähigkeit oder sonstiger Bedürftigkeit errichten,
3. bei Streitigkeiten zwischen den Innungsmitgliedern und ihren Auftraggebern auf Antrag vermitteln.

...

§ 55. [Satzung]. (1) Die Aufgaben der Handwerksinnung, ihre Verwaltung und die Rechtsverhältnisse ihrer Mitglieder sind, soweit gesetzlich nichts darüber bestimmt ist, durch die Satzung zu regeln.

(2) Die Satzung muß Bestimmungen enthalten über
1. den Namen, den Sitz und den Bezirk der Handwerksinnung sowie die Handwerke, für welche die Handwerksinnung errichtet ist,
2. die Aufgaben der Handwerksinnung,
3. den Eintritt, den Austritt und den Ausschluß der Mitglieder,
4. die Rechte und Pflichten der Mitglieder sowie die Bemessungsgrundlage für die Erhebung der Mitgliedsbeiträge,
5. die Einberufung der Innungsversammlung, das Stimmrecht in ihr und die Art der Beschlußfassung,
6. die Bildung des Vorstandes,
7. die Bildung des Gesellenausschusses,
8. die Beurkundung der Beschlüsse der Innungsversammlung und des Vorstands,
9. die Aufstellung des Haushaltsplanes sowie die Aufstellung und Prüfung der Jahresrechnung,
10. die Voraussetzungen für die Änderung der Satzung und für die Auflösung der Handwerksinnung sowie den Erlaß und die Änderung der Nebensatzungen,
11. die Verwendung des bei der Auflösung der Handwerksinnung verbleibenden Vermögens.

§ 58. [Innungsmitglieder]. (1) Mitglied bei der Handwerksinnung kann jeder Inhaber eines Betriebs eines Handwerks oder eines handwerksähnlichen Gewerbes werden, der das Gewerbe ausübt, für welches die Handwerksinnung gebildet ist. ...

(2) Übt der Inhaber eines Betriebs eines Handwerks oder eines handwerksähnlichen Gewerbes mehrere Gewerbe aus, so kann er allen für diese Gewerbe gebildeten Handwerksinnungen angehören.

(3) Dem Inhaber eines Betriebs eines Handwerks oder eines handwerksähnlichen Gewerbes, das den gesetzlichen und satzungsmäßigen Vorschriften entspricht, darf der Eintritt in die Handwerksinnung nicht versagt werden.

(4) Von der Erfüllung der gesetzlichen und satzungsmäßigen Bedingungen kann zugunsten einzelner nicht abgesehen werden.

§ 60. [Organe der Innung]. Die Organe der Handwerksinnung sind
1. die Innungsversammlung,
2. der Vorstand,
3. die Ausschüsse.

§ 61. [Innungsversammlung]. (1) [1]Die Innungsversammlung beschließt über alle Angelegenheiten der Handwerksinnung, soweit sie nicht vom Vorstand oder den Ausschüssen wahrzunehmen sind. [2]Die Innungsversammlung besteht aus den Mitgliedern der Handwerksinnung. [3]Die Satzung kann bestimmen, daß die Innungsversammlung aus Vertretern besteht, die von den Mitgliedern der Handwerksinnung aus ihrer Mitte gewählt werden (Vertreterversammlung); es kann auch bestimmt werden, daß nur einzelne Obliegenheiten der Innungsversammlung durch eine Vertreterversammlung wahrgenommen werden.

§ 63. [Stimmrecht]. [1]Stimmberechtigt in der Innungsversammlung sind die Mitglieder der Handwerksinnung im Sinne des § 58 Abs. 1. [2]Für eine juristische Person oder eine Personengesellschaft kann nur eine Stimme abgegeben werden, auch wenn mehrere vertretungsberechtigte Personen vorhanden sind.

...

§ 68. [Gesellenausschuß]. (1) [1]Im Interesse eines guten Verhältnisses zwischen den Innungsmitgliedern und den bei ihnen beschäftigten Gesellen (§ 54 Abs. 1 Nr. 2) wird bei der Handwerksinnung ein Gesellenausschuß errichtet. [2]Der Gesellenausschuß hat die Gesellenmitglieder der Ausschüsse zu wählen, bei denen die Mitwirkung der Gesellen durch Gesetz oder Satzung vorgesehen ist.

...

§ 75. [Aufsicht über Handwerksinnung]. [1]Die Aufsicht über die Handwerksinnung führt die Handwerkskammer, in deren Bezirk die Handwerksinnung ihren Sitz hat. [2]Die Aufsicht erstreckt sich darauf, daß Gesetz und Satzung beachtet, insbesondere daß die der Handwerksinnung übertragenen Aufgaben erfüllt werden.

Innungsverbände

§ 79. [Landesinnungsverband]. (1) Der Landesinnungsverband ist der Zusammenschluß von Handwerksinnungen des gleichen Handwerks oder sich fachlich oder wirtschaftlich nahestehender Handwerke im Bezirk eines Landes.

...

§ 80. [Rechtsform; Satzung]. [1]Der Landesinnungsverband ist eine juristische Person des privaten Rechts; er wird mit Genehmigung der Satzung rechtsfähig. [2]Die Satzung und ihre Änderung bedürfen der Genehmigung durch die oberste Landesbehörde. ... [3]Die Satzung muß den Bestimmungen des § 55 Abs. 2 entsprechen.

§ 81. [Aufgaben des Landesinnungsverbandes]. (1) Der Landesinnungsverband hat die Aufgabe,

1. die Interessen des Handwerks wahrzunehmen, für das er gebildet ist,
2. die angeschlossenen Handwerksinnungen in der Erfüllung ihrer gesetzlichen und satzungsmäßigen Aufgaben zu unterstützen,
3. den Behörden Anregungen und Vorschläge zu unterbreiten sowie ihnen auf Verlangen Gutachten zu erstatten.

(2) Er ist befugt, Fachschulen und Fachkurse einzurichten oder zu fördern.

§ 85. [Bundesinnungsverband]. (1) Der Bundesinnungsverband ist der Zusammenschluß von Landesinnungsverbänden des gleichen Handwerks oder sich fachlich oder wirtschaftlich nahestehender Handwerke im Bundesgebiet.

...

Kreishandwerkerschaften

§ 86. [Kreishandwerkerschaft]. [1]Die Handwerksinnungen, die in einem Stadt- oder Landkreis ihren Sitz haben, bilden die Kreishandwerkerschaft. [2]Die Handwerkskammer kann eine andere Abgrenzung zulassen.

§ 87. [Aufgaben]. Die Kreishandwerkerschaft hat die Aufgabe,

1. die Gesamtinteressen des selbständigen Handwerks und des handwerksähnlichen Gewerbes sowie die gemeinsamen Interessen der Handwerksinnungen ihres Bezirks wahrzunehmen,
2. die Handwerksinnungen bei der Erfüllung ihrer Aufgaben zu unterstützen,
3. Einrichtungen zur Förderung und Vertretung der gewerblichen, wirtschaftlichen und sozialen Interessen der Mitglieder der Handwerksinnungen zu schaffen oder zu unterstützen,
4. die Behörden bei den das selbständige Handwerk und das handwerksähnliche Gewerbe ihres Bezirks berührenden Maßnahmen zu unterstützen und ihnen Anregungen, Auskünfte und Gutachten zu erteilen,
5. die Geschäfte der Handwerksinnungen auf deren Ansuchen zu führen,
6. die von der Handwerkskammer innerhalb ihrer Zuständigkeit erlassenen Vorschriften und Anordnungen durchzuführen; die Handwerkskammer hat sich an den hierdurch entstehenden Kosten angemessen zu beteiligen.

2

2

§ 88. [Mitgliederversammlung]. [1]Die Mitgliederversammlung der Kreishandwerkerschaft besteht aus Vertretern der Handwerksinnungen. [2]Die Vertreter oder ihre Stellvertreter üben das Stimmrecht für die von ihnen vertretenen Handwerksinnungen aus. [3]Jede Handwerksinnung hat eine Stimme. [4]Die Satzung kann bestimmen, daß den Handwerksinnungen entsprechend der Zahl ihrer Mitglieder bis höchstens zwei Zusatzstimmen zuerkannt und die Stimmen einer Handwerksinnung uneinheitlich abgegeben werden können.

Handwerkskammern

§ 90. [Handwerkskammern]. (1) Zur Vertretung der Interessen des Handwerks werden Handwerkskammern errichtet; sie sind Körperschaften des öffentlichen Rechts.

(2) Zur Handwerkskammer gehören die Inhaber eines Betriebs eines Handwerks und eines handwerksähnlichen Gewerbes des Handwerkskammerbezirks sowie die Gesellen, andere Arbeitnehmer mit einer abgeschlossenen Berufsausbildung und die Lehrlinge dieser Gewerbetreibenden.

§ 91. [Aufgaben]. (1) Aufgabe der Handwerkskammer ist insbesondere,

1. die Interessen des Handwerks zu fördern und für einen gerechten Ausgleich der Interessen der einzelnen Handwerke und ihrer Organisationen zu sorgen,
2. die Behörden in der Förderung des Handwerks durch Anregungen, Vorschläge und durch Erstattung von Gutachten zu unterstützen und regelmäßig Berichte über die Verhältnisse des Handwerks zu erstatten,
3. die Handwerksrolle (§ 6) zu führen,
4. die Berufsausbildung zu regeln (§ 41), Vorschriften hierfür zu erlassen, ihre Durchführung zu überwachen (§ 41a) sowie eine Lehrlingsrolle (§ 28 Satz 1) zu führen,

4 a. Vorschriften für Prüfungen im Rahmen einer beruflichen Fortbildung oder Umschulung zu erlassen und Prüfungsausschüsse hierfür zu errichten,

5. Gesellenprüfungsordnungen für die einzelnen Handwerke zu erlassen (§ 38), Prüfungsausschüsse für die Abnahme der Gesellenprüfungen zu errichten oder Handwerksinnungen zu der Errichtung von Gesellenprüfungsausschüssen zu ermächtigen (§ 37) und die ordnungsmäßige Durchführung der Gesellenprüfungen zu überwachen,
6. Meisterprüfungsordnungen für die einzelnen Handwerke zu erlassen (§ 50) und die Geschäfte des Meisterprüfungsausschusses (§ 47 Abs. 2) zu führen,
7. die technische und betriebswirtschaftliche Fortbildung der Meister und Gesellen zur Erhaltung und Steigerung der Leistungsfähigkeit des Handwerks in Zusammenarbeit mit den Innungsverbänden zu fördern, die erforderlichen Einrichtungen hierfür zu schaffen oder zu unterstützen und zu diesem Zweck eine Gewerbeförderungsstelle zu unterhalten,
8. Sachverständige zur Erstattung von Gutachten über Waren, Leistungen und Preise von Handwerkern zu bestellen und zu vereidigen,
9. die wirtschaftlichen Interessen des Handwerks und die ihnen dienenden Einrichtungen, insbesondere das Genossenschaftswesen zu fördern,
10. die Formgestaltung im Handwerk zu fördern,
11. Vermittlungsstellen zur Beilegung von Streitigkeiten zwischen Inhabern eines Betriebs eines Handwerks und ihren Auftraggebern einzurichten,
12. Ursprungszeugnisse über in Handwerksbetrieben gefertigte Erzeugnisse und andere dem Wirtschaftsverkehr dienende Bescheinigungen auszustellen, soweit nicht Rechtsvorschriften diese Aufgaben anderen Stellen zuweisen,
13. Die Maßnahmen zur Unterstützung notleidender Handwerker sowie Gesellen und anderer Arbeitnehmer mit einer abgeschlossenen Berufsausbildung zu treffen oder zu unterstützen.

(3) Die Handwerkskammer soll in allen wichtigen das Handwerk und das handwerksähnliche Gewerbe berührenden Angelegenheiten gehört werden.

…

§ 92. [Organe der Handwerkskammer]. Die Organe der Handwerkskammer sind

1. die Mitgliederversammlung (Vollversammlung),
2. der Vorstand,
3. die Ausschüsse.

§ 105. [Satzung der Handwerkskammer]. (1) [1]Für die Handwerkskammer ist von der obersten Landesbehörde eine Satzung zu erlassen. [2]Über eine Änderung der Satzung beschließt die Vollversammlung; der Beschluß bedarf der Genehmigung durch die oberste Landesbehörde.

…

§ 109. [Befugnisse des Vorstands; Vertretungsrecht]. [1]Dem Vorstand obliegt die Verwaltung der Handwerkskammer; Präsident und Hauptgeschäftsführer vertreten die Handwerkskammer gerichtlich und außergerichtlich. [2]Das Nähere regelt die Satzung, die auch bestimmen kann, daß die Handwerkskammer durch zwei Vorstandsmitglieder vertreten wird.

Gesetz zur vorläufigen Regelung des Rechts der Industrie- und Handelskammern

Vom 18. Dezember 1956, mit Änderungen bis zum 25. Juli 2013

§ 1. [Aufgaben]. (1) Die Industrie- und Handelskammern haben, soweit nicht die Zuständigkeit der Organisationen des Handwerks nach Maßgabe des Gesetzes zur Ordnung des Handwerks (Handwerksordnung) vom 17. September 1953 (Bundesgesetzbl. I S. 1411) gegeben ist, die Aufgabe, das Gesamtinteresse der ihnen zugehörigen Gewerbetreibenden ihres Bezirkes wahrzunehmen, für die Förderung der gewerblichen Wirtschaft zu wirken und dabei die wirtschaftlichen Interessen einzelner Gewerbezweige oder Betriebe abwägend und ausgleichend zu berücksichtigen; dabei obliegt es ihnen insbesondere, durch Vorschläge, Gutachten und Berichte die Behörden zu unterstützen und zu beraten sowie für Wahrung von Anstand und Sitte des ehrbaren Kaufmanns zu wirken.

(2) Die Industrie- und Handelskammern können Anlagen und Einrichtungen, die der Förderung der gewerblichen Wirtschaft oder einzelner Gewerbezweige dienen, begründen, unterhalten und unterstützen sowie Maßnahmen zur Förderung und Durchführung der kaufmännischen und gewerblichen Berufsbildung unter Beachtung der geltenden Rechtsvorschriften, insbesondere des Berufsbildungsgesetzes, treffen.

(3) Den Industrie- und Handelskammern obliegt die Ausstellung von Ursprungszeugnissen und anderen dem Wirtschaftsverkehr dienenden Bescheinigungen, soweit nicht Rechtsvorschriften diese Aufgaben anderen Stellen zuweisen.

…

(4) Weitere Aufgaben können den Industrie- und Handelskammern durch Gesetz oder Rechtsverordnung übertragen werden.

(5) Nicht zu den Aufgaben der Industrie- und Handelskammern gehört die Wahrnehmung sozialpolitischer und arbeitsrechtlicher Interessen.

§ 2. [Mitglieder]. (1) Zur Industrie- und Handelskammer gehören, sofern sie zur Gewerbesteuer veranlagt sind, natürliche Personen, Handelsgesellschaften, andere Personenmehrheiten und juristische Personen des privaten und des öffentlichen Rechts, welche im Bezirk der Industrie- und Handelskammer eine Betriebsstätte unterhalten (Kammerzugehörige).

(2) Absatz 1 gilt für natürliche Personen und Gesellschaften, welche ausschließlich einen freien Beruf ausüben oder welche Land- oder Forstwirtschaft oder ein damit verbundenes Nebengewerbe betreiben, nur, soweit sie in das Handelsregister eingetragen sind.

(3) Natürliche und juristische Personen und Personengesellschaften, die in der Handwerksrolle oder in dem Verzeichnis der handwerksähnlichen Gewerbe eingetragen sind, gehören mit ihrem nichthandwerklichen oder nichthandwerksähnlichen Betriebsteil der Industrie- und Handelskammer an.

§ 3. [Rechtsform. Beiträge]. (1) Die Industrie- und Handelskammer ist Körperschaft des öffentlichen Rechts.

(2) [1]Die Kosten der Errichtung und Tätigkeit der Industrie- und Handelskammer werden, soweit sie nicht anderweitig gedeckt sind, nach Maßgabe des Wirtschaftsplan durch Beiträge der Kammerzugehörigkeit gemäß einer Beitragsordnung aufgebracht. [2]Der Wirtschaftsplan ist jährlich nach den Grundsätzen einer sparsamen und wirtschaftlichen Finanzgebarung unter pfleglicher Behandlung der Leistungsfähigkeit der Kammerzugehörigkeit aufzustellen und auszuführen.

(3) [1]Als Beiträge erhebt die Industrie- und Handelskammer Grundbeiträge und Umlagen. [2]Der Grundbeitrag kann gestaffelt werden; dabei sollen insbesondere Art, Umfang und Leistungskraft des Gewerbebetriebes berücksichtigt werden. [3]Natürliche Personen und Personengesellschaften, die nicht in das Handelsregister eingetragen sind, und eingetragene Vereine, wenn nach Art oder Umfang ein in kaufmännischer Weise eingerichteter Geschäftsbetrieb nicht erforderlich ist, sind vom Beitrag freigestellt, soweit ihr Gewerbeertrag nach dem Gewerbesteuergesetz oder soweit für das Bemessungsjahr ein Gewerbesteuermessbetrag nicht festgesetzt wird, ihr nach dem Einkommensteuergesetz ermittelter Gewinn aus Gewerbebetrieb 5.200 Euro nicht übersteigt.

…

§ 4. [Beschlußfassung]. [1]Über die Angelegenheiten der Industrie- und Handelskammer beschließt, soweit nicht die Satzung etwas anderes bestimmt, die Vollversammlung. [2]Der ausschließlichen Beschlußfassung durch die Vollversammlung unterliegen

1. die Satzung,
2. die Wahl-, Beitrags-, Sonderbeitrags- und Gebührenordnung,
3. die Feststellung des Haushaltsplanes,
4. die Festsetzung des Maßstabes für die Beiträge und Sonderbeiträge,

5. die Erteilung der Entlastung sowie
6. …

§ 5. [Vollversammlung]. (1) Die Mitglieder der Vollversammlung werden von den Kammerzugehörigen gewählt.

(2) [1]Wählbar sind natürliche Personen, die das Kammerwahlrecht auszuüben berechtigt sind, am Wahltag volljährig sind und entweder selbst Kammerzugehörige sind oder allein oder zusammen mit anderen zur gesetzlichen Vertretung einer kammerzugehörigen juristischen Person, Handelsgesellschaft oder Personenmehrheit befugt sind. [2]Wählbar sind auch besonders bestellte Bevollmächtigte und in das Handelsregister eingetragene Prokuristen von Kammerzugehörigen.

…

§ 6. [Präsident]. (1) Die Vollversammlung wählt aus ihrer Mitte den Präsidenten (Präses) und die von der Satzung zu bestimmende Zahl von weiteren Mitgliedern des Präsidiums.

(2) [1]Der Präsident (Präses) ist der Vorsitzende des Präsidiums. [2]Er beruft die Vollversammlung ein und führt in ihr den Vorsitz.

§ 7. [Vertretungsmacht]. (1) Die Vollversammlung bestellt den Hauptgeschäftsführer.

(2) Präsident (Präses) und Hauptgeschäftsführer vertreten nach näherer Bestimmung der Satzung die Industrie- und Handelskammer rechtsgeschäftlich und gerichtlich.

§ 8. [Ausschüsse]. Werden bei den Industrie- und Handelskammern zur Durchführung anderer als der in § 58 des Berufsbildungsgesetzes genannten Aufgaben Ausschüsse gebildet, so kann die Satzung bestimmen, daß in diese Ausschüsse auch Personen berufen werden, die nach § 5 Abs. 2 nicht wählbar sind.

2

§ 11. [Aufsicht]. (1) Die Industrie- und Handelskammern unterliegen der Aufsicht des Landes darüber, daß sie sich bei Ausübung ihrer Tätigkeit im Rahmen der für sie geltenden Rechtsvorschriften (einschließlich der Satzung, der Wahl-, Beitrags-, Sonderbeitrags- und Gebührenordnung) halten. …

(2) Die Beschlüsse der Vollversammlung über die Satzung nach § 4 Satz 2 Nr. 1 und § 3 Abs. 3 Satz 3, Wahl-, Beitrags-, Sonderbeitrags- und Gebührenordnung, die Übertragung von Aufgaben an eine andere Industrie- und Handelskammer und die Bildung öffentlich-rechtlicher Zusammenschlüsse (§ 1 Abs. 4a) sowie über einen 0,8 vom Hundert der Bemessungsgrundlagen nach § 3 Abs. 3 Satz 6 übersteigenden Umlagesatz bedürfen der Genehmigung.

Aktiengesetz

In der Fassung vom 6. September 1965, mit Änderungen bis zum 23. Juli 2013

Erstes Buch. Aktiengesellschaft

Allgemeine Vorschriften

§ 1. Wesen der Aktiengesellschaft. (1) [1]Die Aktiengesellschaft ist eine Gesellschaft mit eigener Rechtspersönlichkeit. [2]Für die Verbindlichkeiten der Gesellschaft haftet den Gläubigern nur das Gesellschaftsvermögen.

(2) Die Aktiengesellschaft hat ein in Aktien zerlegtes Grundkapital.

§ 2. Gründerzahl. An der Feststellung des Gesellschaftsvertrags (der Satzung) müssen sich eine oder mehrere Personen beteiligen, welche die Aktien gegen Einlagen übernehmen.

§ 3. Formkaufmann; Börsennotierung.

(1) Die Aktiengesellschaft gilt als Handelsgesellschaft, auch wenn der Gegenstand des Unternehmens nicht im Betrieb eines Handelsgewerbes besteht.

(2) Börsennotiert im Sinne dieses Gesetzes sind Gesellschaften, deren Aktien an einem Markt gehandelt werden, der von staatlich anerkannten Stellen geregelt und überwacht wird, regelmäßig stattfindet und für das Publikum mittelbar oder unmittelbar zugänglich ist.

§ 4. Firma. (1) Die Firma der Aktiengesellschaft muß, auch wenn sie nach § 22 des Handelsgesetzbuchs oder nach anderen gesetzlichen Vorschriften fortgeführt wird, die Bezeichnung „Aktiengesellschaft" oder eine allgemein verständliche Abkürzung dieser Bezeichnung enthalten.

§ 5. Sitz. Sitz der Gesellschaft ist der Ort im Inland, den die Satzung bestimmt.

§ 6. Grundkapital. Das Grundkapital muß auf einen Nennbetrag in Euro lauten.

§ 7. Mindestnennbetrag des Grundkapitals.

Der Mindestnennbetrag des Grundkapitals ist fünfzigtausend Euro.

§ 8. Form und Mindestbeträge der Aktien.

(1) Die Aktien können entweder als Nennbetragsaktien oder als Stückaktien begründet werden.

(2) [1]Nennbetragsaktien müssen auf mindestens einen Euro lauten. [2]Aktien über einen geringeren Nennbetrag sind nichtig. [3]Für den Schaden aus der Ausgabe sind die Ausgeber den Inhabern als Gesamtschuldner verantwortlich. [4]Höhere Aktiennennbeträge müssen auf volle Euro lauten.

(3) [1]Stückaktien lauten auf keinen Nennbetrag. [2]Die Stückaktien einer Gesellschaft sind am Grundkapital in gleichem Umfang beteiligt. [3]Der auf die einzelne Aktie entfallende anteilige Betrag des Grundkapitals darf einen Euro nicht unterschreiten. [4]Absatz 2 Satz 2 und 3 findet entsprechende Anwendung.

(4) Der Anteil am Grundkapital bestimmt sich bei Nennbetragsaktien nach dem Verhältnis ihres Nennbetrags zum Grundkapital, bei Stückaktien nach der Zahl der Aktien.

(5) Die Aktien sind unteilbar.

(6) Diese Vorschriften gelten auch für Anteilscheine, die den Aktionären vor der Ausgabe der Aktien erteilt werden (Zwischenscheine).

§ 9. Ausgabebetrag der Aktien. (1) Für einen geringeren Betrag als den Nennbetrag oder den auf die einzelne Stückaktie entfallenden anteiligen Betrag des Grundkapitals dürfen Aktien nicht ausgegeben werden (geringster Ausgabebetrag).

(2) Für einen höheren Betrag ist die Ausgabe zulässig.

§ 10. Aktien und Zwischenscheine. (1) Die Aktien können auf den Inhaber oder auf Namen lauten.

(2) [1]Sie müssen auf Namen lauten, wenn sie vor der vollen Leistung des Ausgabebetrags ausgegeben werden. [2]Der Betrag der Teilleistungen ist in der Aktie anzugeben.

(3) Zwischenscheine müssen auf Namen lauten.

(4) [1]Zwischenscheine auf den Inhaber sind nichtig. [2]Für den Schaden aus der Ausgabe sind die Ausgeber den Inhabern als Gesamtschuldner verantwortlich.

(5) In der Satzung kann der Anspruch des Aktionärs auf Verbriefung seines Anteils ausgeschlossen oder eingeschränkt werden.

§ 11. Aktien besonderer Gattung. [1]Die Aktien können verschiedene Rechte gewähren, namentlich bei der Verteilung des Gewinns und des Gesellschaftsvermögens. [2]Aktien mit gleichen Rechten bilden eine Gattung.

§ 12. Stimmrecht. Keine Mehrstimmrechte.

(1) [1]Jede Aktie gewährt das Stimmrecht. [2]Vorzugsaktien können nach den Vorschriften

des Gesetzes als Aktien ohne Stimmrecht ausgegeben werden.

(2) Mehrstimmrechte sind unzulässig.

§ 13. Unterzeichnung der Aktien. [1]Zur Unterzeichnung von Aktien und Zwischenscheinen genügt eine vervielfältigte Unterschrift. [2]Die Gültigkeit der Unterzeichnung kann von der Beachtung einer besonderen Form abhängig gemacht werden. [3]Die Formvorschrift muß in der Urkunde enthalten sein.

§ 14. Zuständigkeit. Gericht im Sinne dieses Gesetzes ist, wenn nichts anderes bestimmt ist, das Gericht des Sitzes der Gesellschaft.

3

§ 15. Verbundene Unternehmen. Verbundene Unternehmen sind rechtlich selbständige Unternehmen, die im Verhältnis zueinander in Mehrheitsbesitz stehende Unternehmen und mit Mehrheit beteiligte Unternehmen (§ 16), abhängige und herrschende Unternehmen (§ 17), Konzernunternehmen (§ 18), wechselseitig beteiligte Unternehmen (§ 19) oder Vertragsteile eines Unternehmensvertrags (§§ 291, 292) sind.

§ 16. In Mehrheitsbesitz stehende Unternehmen und mit Mehrheit beteiligte Unternehmen. (1) Gehört die Mehrheit der Anteile eines rechtlich selbständigen Unternehmens einem anderen Unternehmen oder steht einem anderen Unternehmen die Mehrheit der Stimmrechte zu (Mehrheitsbeteiligung), so ist das Unternehmen ein in Mehrheitsbesitz stehendes Unternehmen, das andere Unternehmen ein an ihm mit Mehrheit beteiligtes Unternehmen.

§ 17. Abhängige und herrschende Unternehmen. (1) Abhängige Unternehmen sind rechtlich selbständige Unternehmen, auf die ein anderes Unternehmen (herrschendes Unternehmen) unmittelbar oder mittelbar einen beherrschenden Einfluß ausüben kann.

(2) Von einem in Mehrheitsbesitz stehenden Unternehmen wird vermutet, daß es von dem an ihm mit Mehrheit beteiligten Unternehmen abhängig ist.

§ 18. Konzern und Konzernunternehmen.

(1) [1]Sind ein herrschendes und ein oder mehrere abhängige Unternehmen unter der einheitlichen Leitung des herrschenden Unternehmens zusammengefaßt, so bilden sie einen Konzern; die einzelnen Unternehmen sind Konzernunternehmen. [2]Unternehmen, zwischen denen ein Beherrschungsvertrag (§ 291) besteht oder von denen das eine in das andere eingegliedert ist (§ 319), sind als unter einheitlicher Leitung zusammengefaßt anzusehen. [3]Von einem abhängigen Unternehmen wird vermutet, daß es mit dem herrschenden Unternehmen einen Konzern bildet.

(2) Sind rechtlich selbständige Unternehmen, ohne daß das eine Unternehmen von dem anderen abhängig ist, unter einheitlicher Leitung zusammengefaßt, so bilden sie auch einen Konzern; die einzelnen Unternehmen sind Konzernunternehmen.

§ 19. Wechselseitig beteiligte Unternehmen.

(1) [1]Wechselseitig beteiligte Unternehmen sind Unternehmen mit Sitz im Inland in der Rechtsform einer Kapitalgesellschaft, die dadurch verbunden sind, daß jedem Unternehmen mehr als der vierte Teil der Anteile des anderen Unternehmens gehört. [2]Für die Feststellung, ob einem Unternehmen mehr als der vierte Teil der Anteile des anderen Unternehmens gehört, gilt § 16 Abs. 2 Satz 1, Abs. 4.

(2) Gehört einem wechselseitig beteiligten Unternehmen an dem anderen Unternehmen eine Mehrheitsbeteiligung oder kann das eine auf das andere Unternehmen unmittelbar oder mittelbar einen beherrschenden Einfluß ausüben, so ist das eine als herrschendes, das andere als abhängiges Unternehmen anzusehen.

(3) Gehört jedem der wechselseitig beteiligten Unternehmen an dem anderen Unternehmen eine Mehrheitsbeteiligung oder kann jedes auf das andere unmittelbar oder mittelbar einen beherrschenden Einfluß ausüben, so gelten beide Unternehmen als herrschend und als abhängig.

§ 20. Mitteilungspflichten. (1) [1]Sobald einem Unternehmen mehr als der vierte Teil der Aktien einer Aktiengesellschaft mit Sitz im Inland gehört, hat es dies der Gesellschaft unverzüglich schriftlich mitzuteilen. [2]Für die Feststellung, ob dem Unternehmen mehr als der vierte Teil der Aktien gehört, gilt § 16 Abs. 2 Satz 1, Abs. 4.

(2) Für die Mitteilungspflicht nach Absatz 1 rechnen zu den Aktien, die dem Unternehmen gehören, auch Aktien,

1. deren Übereignung das Unternehmen, ein von ihm abhängiges Unternehmen oder ein anderer für Rechnung des Unternehmens oder eines von diesem abhängigen Unternehmens verlangen kann;
2. zu deren Abnahme das Unternehmen, ein von ihm abhängiges Unternehmen oder ein anderer für Rechnung des Unternehmens oder eines von diesem abhängigen Unternehmens verpflichtet ist.

(3) Ist das Unternehmen eine Kapitalgesellschaft, so hat es, sobald ihm ohne Hinzurechnung der Aktien nach Absatz 2 mehr als der vierte Teil der Aktien gehört, auch dies der Gesellschaft unverzüglich schriftlich mitzuteilen.

(4) Sobald dem Unternehmen eine Mehrheitsbeteiligung (§ 16 Abs. 1) gehört, hat es auch dies der Gesellschaft unverzüglich schriftlich mitzuteilen.

(5) Besteht die Beteiligung in der nach Absatz 1, 3 oder 4 mitteilungspflichtigen Höhe nicht mehr, so ist dies der Gesellschaft unverzüglich schriftlich mitzuteilen.

(6) [1]Die Gesellschaft hat das Bestehen einer Beteiligung, die ihr nach Absatz 1 oder 4 mitgeteilt worden ist, unverzüglich in den Gesellschaftsblättern bekanntzumachen; dabei ist das Unternehmen anzugeben, dem die Beteiligung gehört. [2]Wird der Gesellschaft mitgeteilt, daß die Beteiligung in der nach Absatz 1 oder 4 mitteilungspflichtigen Höhe nicht mehr besteht, so ist auch dies unverzüglich in den Gesellschaftsblättern bekanntzumachen.

(7) [1]Rechte aus Aktien, die einem nach Absatz 1 oder 4 mitteilungspflichtigen Unternehmen gehören, bestehen für die Zeit, für die das Unternehmen die Mitteilungspflicht nicht erfüllt, weder für das Unternehmen noch für ein von ihm abhängiges Unternehmen oder für einen anderen, der für Rechnung des Unternehmens oder eines von diesem abhängigen Unternehmens handelt. [2]Dies gilt nicht für Ansprüche nach § 58 Abs. 4 und § 271, wenn die Mitteilung nicht vorsätzlich unterlassen wurde und nachgeholt worden ist.

...

§ 21. Mitteilungspflichten der Gesellschaft.
(1) [1]Sobald der Gesellschaft mehr als der vierte Teil der Anteile einer anderen Kapitalgesellschaft mit Sitz im Inland gehört, hat sie dies dem Unternehmen, an dem die Beteiligung besteht, unverzüglich schriftlich mitzuteilen. [2]Für die Feststellung, ob der Gesellschaft mehr als der vierte Teil der Anteile gehört, gilt § 16 Abs. 2 Satz 1, Abs. 4 sinngemäß.

(2) Sobald der Gesellschaft eine Mehrheitsbeteiligung (§ 16 Abs. 1) an einem anderen Unternehmen gehört, hat sie dies dem Unternehmen, an dem die Mehrheitsbeteiligung besteht, unverzüglich schriftlich mitzuteilen.

...

Gründung der Gesellschaft

§ 23. Feststellung der Satzung. (1) [1]Die Satzung muß durch notarielle Beurkundung festgestellt werden. [2]Bevollmächtigte bedürfen einer notariell beglaubigten Vollmacht.

(2) In der Urkunde sind anzugeben
1. die Gründer;
2. bei Nennbetragsaktien der Nennbetrag, bei Stückaktien die Zahl, der Ausgabebetrag und, wenn mehrere Gattungen bestehen, die Gattung der Aktien, die jeder Gründer übernimmt;
3. der eingezahlte Betrag des Grundkapitals.

(3) Die Satzung muß bestimmen
1. die Firma und den Sitz der Gesellschaft;
2. den Gegenstand des Unternehmens; namentlich ist bei Industrie- und Handelsunternehmen die Art der Erzeugnisse und Waren, die hergestellt und gehandelt werden sollen, näher anzugeben;
3. die Höhe des Grundkapitals;
4. die Nennbeträge der Aktien und die Zahl der Aktien jeden Nennbetrags sowie, wenn mehrere Gattungen bestehen, die Gattung der Aktien und die Zahl der Aktien jeder Gattung;
5. ob die Aktien auf den Inhaber oder auf den Namen ausgestellt werden;
6. die Zahl der Mitglieder des Vorstands oder die Regeln, nach denen diese Zahl festgelegt wird.

(4) Die Satzung muß ferner Bestimmungen über die Form der Bekanntmachungen der Gesellschaft enthalten.

(5) [1]Die Satzung kann von den Vorschriften dieses Gesetzes nur abweichen, wenn es ausdrücklich zugelassen ist. [2]Ergänzende Bestimmungen der Satzung sind zulässig, es sei denn, daß dieses Gesetz eine abschließende Regelung enthält.

§ 24. Umwandlung von Aktien. Die Satzung kann bestimmen, daß auf Verlangen eines Aktionärs seine Inhaberaktie in eine Namensaktie oder seine Namensaktie in eine Inhaberaktie umzuwandeln ist.

§ 25. Bekanntmachungen der Gesellschaft.
[1]Bestimmt das Gesetz oder die Satzung, daß eine Bekanntmachung der Gesellschaft durch die Gesellschaftsblätter erfolgen soll, so ist sie in den Bundesanzeiger einzurücken. [2]Daneben kann die Satzung andere Blätter oder elektronische Informationsmedien als Gesellschaftsblätter bezeichnen.

§ 26. Sondervorteile. Gründungsaufwand.
(1) Jeder einem einzelnen Aktionär oder einem Dritten eingeräumte besondere Vorteil muß in der Satzung unter Bezeichnung des Berechtigten festgesetzt werden.

§ 27. Sacheinlagen. Sachübernahmen. Rückzahlung von Einlagen. (1) Sollen Aktionäre Einlagen machen, die nicht durch Einzahlung des Ausgabebetrags der Aktien zu leisten sind (Sacheinlagen), oder soll die Gesellschaft vorhandene oder herzustellende Anlagen oder andere Vermögensgegenstände übernehmen (Sachübernahmen), so müssen in der Satzung

3

festgesetzt werden der Gegenstand der Sacheinlage oder der Sachübernahme, die Person, von der die Gesellschaft den Gegenstand erwirbt, und der Nennbetrag, bei Stückaktien die Zahl der bei der Sacheinlage zu gewährenden Aktien oder die bei der Sachübernahme zu gewährende Vergütung.

…

§ 28. Gründer. Die Aktionäre, die die Satzung festgestellt haben, sind die Gründer der Gesellschaft.

§ 29. Errichtung der Gesellschaft. Mit der Übernahme aller Aktien durch die Gründer ist
3 die Gesellschaft errichtet.

§ 30. Bestellung des Aufsichtsrats, des Vorstands und des Abschlußprüfers. (1) [1]Die Gründer haben den ersten Aufsichtsrat der Gesellschaft und den Abschlußprüfer für das erste Voll- oder Rumpfgeschäftsjahr zu bestellen. [2]Die Bestellung bedarf notarieller Beurkundung.

(2) Auf die Zusammensetzung und die Bestellung des ersten Aufsichtsrats sind die Vorschriften über die Bestellung von Aufsichtsratsmitgliedern der Arbeitnehmer nicht anzuwenden.

(3) [1]Die Mitglieder des ersten Aufsichtsrats können nicht für längere Zeit als bis zur Beendigung der Hauptversammlung bestellt werden, die über die Entlastung für das erste Voll- oder Rumpfgeschäftsjahr beschließt. [2]Der Vorstand hat rechtzeitig vor Ablauf der Amtszeit des ersten Aufsichtsrats bekanntzumachen, nach welchen gesetzlichen Vorschriften der nächste Aufsichtsrat nach seiner Ansicht zusammenzusetzen ist; §§ 96 bis 99 sind anzuwenden.

(4) Der Aufsichtsrat bestellt den ersten Vorstand.

§ 31. Bestellung des Aufsichtsrats bei Sachgründung. (1) [1]Ist in der Satzung als Gegenstand einer Sacheinlage oder Sachübernahme die Einbringung oder Übernahme eines Unternehmens oder eines Teils eines Unternehmens festgesetzt worden, so haben die Gründer nur so viele Aufsichtsratsmitglieder zu bestellen, wie nach den gesetzlichen Vorschriften, die nach ihrer Ansicht nach der Einbringung oder Übernahme für die Zusammensetzung des Aufsichtsrats maßgebend sind, von der Hauptversammlung ohne Bindung an Wahlvorschläge zu wählen sind. [2]Sie haben jedoch, wenn dies nur zwei Aufsichtsratsmitglieder sind, drei Aufsichtsratsmitglieder zu bestellen.

(2) Der nach Absatz 1 Satz 1 bestellte Aufsichtsrat ist, soweit die Satzung nichts anderes bestimmt, beschlußfähig, wenn die Hälfte, mindestens jedoch drei seiner Mitglieder an der Beschlußfassung teilnehmen.

§ 32. Gründungsbericht. (1) Die Gründer haben einen schriftlichen Bericht über den Hergang der Gründung zu erstatten (Gründungsbericht).

(3) Im Gründungsbericht ist ferner anzugeben, ob und in welchem Umfang bei der Gründung für Rechnung eines Mitglieds des Vorstands oder des Aufsichtsrats Aktien übernommen worden sind und ob und in welcher Weise ein Mitglied des Vorstands oder des Aufsichtsrats sich einen besonderen Vorteil oder für die Gründung oder ihre Vorbereitung eine Entschädigung oder Belohnung ausbedungen hat.

§ 33. Gründungsprüfung. Allgemeines.
(1) Die Mitglieder des Vorstands und des Aufsichtsrats haben den Hergang der Gründung zu prüfen.

§ 34. Umfang der Gründungsprüfung.
(1) Die Prüfung durch die Mitglieder des Vorstands und des Aufsichtsrats sowie die Prüfung durch die Gründungsprüfer haben sich namentlich darauf zu erstrecken

1. ob die Angaben der Gründer über die Übernahme der Aktien, über die Einlagen auf das Grundkapital und über die Festsetzung nach §§ 26 und 27 richtig und vollständig sind;
2. ob der Wert der Sacheinlagen oder Sachübernahmen den geringsten Ausgabebetrag der dafür zu gewährenden Aktien oder den Wert der dafür zu gewährenden Leistungen erreicht.

…

§ 36. Anmeldung der Gesellschaft. (1) Die Gesellschaft ist bei dem Gericht von allen Gründern und Mitgliedern des Vorstands und des Aufsichtsrats zur Eintragung in das Handelsregister anzumelden.

(2) Die Anmeldung darf erst erfolgen, wenn auf jede Aktie, soweit nicht Sacheinlagen vereinbart sind, der eingeforderte Betrag ordnungsgemäß eingezahlt worden ist (§ 54 Abs. 3) und, soweit er nicht bereits zur Bezahlung der bei der Gründung angefallenen Steuern und Gebühren verwandt wurde, endgültig zur freien Verfügung des Vorstands steht.

§ 36a. Leistung der Einlagen. (1) Bei Bareinlagen muß der eingeforderte Betrag (§ 36 Abs. 2) mindestens ein Viertel des geringsten Ausgabebetrags und bei Ausgabe der Aktien für einen höheren als diesen auch den Mehrbetrag umfassen.

(2) Sacheinlagen sind vollständig zu leisten.

§ 37. Inhalt der Anmeldung. (1) [1]In der Anmeldung ist zu erklären, daß die Voraussetzungen des § 36 Abs. 2 und des § 36 a erfüllt sind; dabei sind der Betrag, zu dem die Aktien ausgegeben werden, und der darauf eingezahlte Betrag anzugeben. [2]Es ist nachzuweisen, daß der eingezahlte Betrag endgültig zur freien Verfügung des Vorstands steht. [3]Ist der Betrag gemäß § 54 Abs. 3 durch Gutschrift auf ein Konto eingezahlt worden, so ist der Nachweis durch eine Bestätigung des kontoführenden Instituts zu führen. [4]Für die Richtigkeit der Bestätigung ist das Institut der Gesellschaft verantwortlich. [5]Sind von dem eingezahlten Betrag Steuern und Gebühren bezahlt worden, so ist dies nach Art und Höhe der Beträge nachzuweisen.

(3) In der Anmeldung ist ferner anzugeben:
1. eine inländische Geschäftsanschrift,
2. Art und Umfang der Vertretungsbefugnis der Vorstandsmitglieder.

(4) Der Anmeldung sind beizufügen
1. die Satzung und die Urkunden, in denen die Satzung festgestellt worden ist und die Aktien von den Gründern übernommen worden sind;
2. im Fall der §§ 26 und 27 die Verträge, die den Festsetzungen zugrunde liegen oder zu ihrer Ausführung geschlossen worden sind, und eine Berechnung des der Gesellschaft zur Last fallenden Gründungsaufwands; in der Berechnung sind die Vergütungen nach Art und Höhe und die Empfänger einzeln anzuführen;
3. die Urkunden über die Bestellung des Vorstands und des Aufsichtsrats;
3a. eine Liste der Mitglieder des Aufsichtsrats, aus welcher Name, Vorname, ausgeübter Beruf und Wohnort der Mitglieder ersichtlich ist;
4. der Gründungsbericht und die Prüfungsberichte der Mitglieder des Vorstands und des Aufsichtsrats sowie der Gründungsprüfer nebst ihren urkundlichen Unterlagen.

(5) Für die Einreichung von Unterlagen nach diesem Gesetz gilt § 12 Abs. 2 des Handelsgesetzbuches entsprechend.

(6) Die eingereichten Schriftstücke werden beim Gericht in Urschrift, Ausfertigung oder öffentlich beglaubigter Abschrift aufbewahrt.

§ 38. Prüfung durch das Gericht. (1) [1]Das Gericht hat zu prüfen, ob die Gesellschaft ordnungsgemäß errichtet und angemeldet ist. [2]Ist dies nicht der Fall, so hat es die Eintragung abzulehnen.

§ 39. Inhalt der Eintragung. (1) [1]Bei der Eintragung der Gesellschaft sind die Firma und der Sitz der Gesellschaft, eine inländische Geschäftsanschrift, der Gegenstand des Unternehmens, die Höhe des Grundkapitals, der Tag der Feststellung der Satzung und die Vorstandsmitglieder anzugeben. … [2]Ferner ist einzutragen, welche Vertretungsbefugnis die Vorstandsmitglieder haben.

§ 40. *aufgehoben.*

§ 41. Handeln im Namen der Gesellschaft vor der Eintragung. Verbotene Aktienausgabe.
(1) [1]Vor der Eintragung in das Handelsregister besteht die Aktiengesellschaft als solche nicht. [2]Wer vor der Eintragung der Gesellschaft in ihrem Namen handelt, haftet persönlich; handeln mehrere, so haften sie als Gesamtschuldner.

§ 42. Einpersonen-Gesellschaft. Gehören alle Aktien allein oder neben der Gesellschaft einem Aktionär, ist unverzüglich eine entsprechende Mitteilung unter Angabe von Name, Vorname, Geburtsdatum und Wohnort des alleinigen Aktionärs zum Handelsregister einzureichen.

3

Rechtsverhältnisse der Gesellschaft und der Gesellschafter

§ 53a. Gleichbehandlung der Aktionäre.
Aktionäre sind unter gleichen Voraussetzungen gleich zu behandeln.

§ 54. Hauptverpflichtung der Aktionäre.
(1) Die Verpflichtung der Aktionäre zur Leistung der Einlagen wird durch den Ausgabebetrag der Aktien begrenzt.

(2) Soweit nicht in der Satzung Sacheinlagen festgesetzt sind, haben die Aktionäre den Ausgabebetrag der Aktien einzuzahlen.

(3) [1]Der vor der Anmeldung der Gesellschaft eingeforderte Betrag kann nur in gesetzlichen Zahlungsmitteln oder durch Gutschrift auf ein Konto bei einem Kreditinstitut oder einem nach § 53 Abs. 1 Satz 1 oder § 53 b Abs. 1 Satz 1 oder Abs. 7 des Gesetzes über das Kreditwesen tätigen Unternehmen der Gesellschaft oder des Vorstands zu seiner freien Verfügung eingezahlt werden. [2]Forderungen des Vorstands aus diesen Einzahlungen gelten als Forderungen der Gesellschaft.

(4) [1]Der Anspruch der Gesellschaft auf Leistung der Einlagen verjährt in zehn Jahren von seiner Entstehung an. [2]Wird das Insolvenzverfahren über das Vermögen der Gesellschaft eröffnet, so tritt die Verjährung nicht vor Ablauf von sechs Monaten ab dem Zeitpunkt der Eröffnung ein.

§ 55. Nebenverpflichtungen der Aktionäre.
(1) Ist die Übertragung der Aktien an die Zustimmung der Gesellschaft gebunden, so

kann die Satzung Aktionären die Verpflichtung auferlegen, neben den Einlagen auf das Grundkapital wiederkehrende, nicht in Geld bestehende Leistungen zu erbringen.

§ 57. Keine Rückgewähr, keine Verzinsung der Einlagen. (1) [1]Den Aktionären dürfen die Einlagen nicht zurückgewährt werden. [2]Als Rückgewähr gilt nicht die Zahlung des Erwerbspreises beim zulässigen Erwerb eigener Aktien. …

(2) Den Aktionären dürfen Zinsen weder zugesagt noch ausgezahlt werden.

(3) Vor Auflösung der Gesellschaft darf unter die Aktionäre nur der Bilanzgewinn verteilt werden.

3

§ 58. Verwendung des Jahresüberschusses. (1) [1]Die Satzung kann nur für den Fall, daß die Hauptversammlung den Jahresabschluß feststellt, bestimmen, daß Beträge aus dem Jahresüberschuß in andere Gewinnrücklagen einzustellen sind. [2]Auf Grund einer solchen Satzungsbestimmung kann höchstens die Hälfte des Jahresüberschusses in andere Gewinnrücklagen eingestellt werden. [3]Dabei sind Beträge, die in die gesetzliche Rücklage einzustellen sind, und ein Verlustvortrag vorab vom Jahresüberschuß abzuziehen.

(2) [1]Stellen Vorstand und Aufsichtsrat den Jahresabschluß fest, so können sie einen Teil des Jahresüberschusses, höchstens jedoch die Hälfte, in andere Gewinnrücklagen einstellen. [2]Die Satzung kann Vorstand und Aufsichtsrat zur Einstellung eines größeren oder kleineren Teils des Jahresüberschusses ermächtigen. [3]Auf Grund einer solchen Satzungsbestimmung dürfen Vorstand und Aufsichtsrat keine Beträge in andere Gewinnrücklagen einstellen, wenn die anderen Gewinnrücklagen die Hälfte des Grundkapitals übersteigen oder soweit sie nach der Einstellung die Hälfte übersteigen würden. [4]Absatz 1 Satz 3 gilt sinngemäß.

(2a) [1]Unbeschadet der Absätze 1 und 2 können Vorstand und Aufsichtsrat den Eigenkapitalanteil von Wertaufholungen bei Vermögensgegenständen des Anlage- und Umlaufvermögens und von bei der steuerrechtlichen Gewinnermittlung gebildeten Passivposten, die nicht im Sonderposten mit Rücklageanteil ausgewiesen werden dürfen, in andere Gewinnrücklagen einstellen. [2]Der Betrag dieser Rücklagen ist entweder in der Bilanz gesondert auszuweisen oder im Anhang anzugeben.

(3) [1]Die Hauptversammlung kann im Beschluß über die Verwendung des Bilanzgewinns weitere Beträge in Gewinnrücklagen einstellen oder als Gewinn vortragen. [2]Sie kann ferner, wenn die Satzung sie hierzu ermächtigt, auch eine andere Verwendung als nach Satz 1 oder als die Verteilung unter die Aktionäre beschließen.

(4) Die Aktionäre haben Anspruch auf den Bilanzgewinn, soweit er nicht nach Gesetz oder Satzung, durch Hauptversammlungsbeschluß nach Absatz 3 oder als zusätzlicher Aufwand auf Grund des Gewinnverwendungsbeschlusses von der Verteilung unter die Aktionäre ausgeschlossen ist.

(5) Sofern die Satzung dies vorsieht, kann die Hauptversammlung auch eine Sachausschüttung beschließen.

§ 60. Gewinnverteilung. (1) Die Anteile der Aktionäre am Gewinn bestimmen sich nach ihren Anteilen am Grundkapital.

§ 63. Folgen nicht rechtzeitiger Einzahlung. (1) [1]Die Aktionäre haben die Einlagen nach Aufforderung durch den Vorstand einzuzahlen. [2]Die Aufforderung ist, wenn die Satzung nichts anderes bestimmt, in den Gesellschaftsblättern bekanntzumachen.

(2) [1]Aktionäre, die den eingeforderten Betrag nicht rechtzeitig einzahlen, haben ihn vom Eintritt der Fälligkeit an mit fünf vom Hundert für das Jahr zu verzinsen. [2]Die Geltendmachung eines weiteren Schadens ist nicht ausgeschlossen.

(3) Für den Fall nicht rechtzeitiger Einzahlung kann die Satzung Vertragsstrafen festsetzen.

§ 67. Eintragung im Aktienregister. (1) Namensaktien sind unter Angabe des Namens, Geburtsdatums und der Adresse des Inhabers sowie der Stückzahl oder der Aktiennummer und bei Nennbetragsaktien des Betrags in das Aktienregister der Gesellschaft einzutragen. …

(2) [1]Im Verhältnis zur Gesellschaft gilt als Aktionär nur, wer als solcher im Aktienregister eingetragen ist. [2]Jedoch bestehen Stimmrechte aus Eintragungen nicht, die eine nach Absatz 1 Satz 3 bestimmte satzungsmäßige Höchstgrenze überschreiten oder hinsichtlich derer eine satzungsmäßige Pflicht zur Offenlegung, dass die Aktien einem anderen gehören, nicht erfüllt wird. [3]Ferner bestehen Stimmrechte aus Aktien nicht, solange ein Auskunftsverlangen gemäß Absatz 4 Satz 2 oder Satz 3 nach Fristablauf nicht erfüllt ist.

(3) Geht die Namensaktie auf einen anderen über, so erfolgen Löschung und Neueintragung im Aktienregister auf Mitteilung und Nachweis.

(4) [1]Die bei Übertragung oder Verwahrung von Namensaktien mitwirkenden Kreditinstitute sind verpflichtet, der Gesellschaft die für die Führung des Aktienregisters erforderlichen Angaben gegen Erstattung der notwendigen

Kosten zu übermitteln. [2]Der Eingetragene hat der Gesellschaft auf ihr Verlangen innerhalb einer angemessenen Frist mitzuteilen, inwieweit ihm die Aktien, als deren Inhaber er im Aktienregister eingetragen ist, auch gehören; soweit dies nicht der Fall ist, hat er die in Absatz 1 Satz 1 genannten Angaben zu demjenigen zu übermitteln, für den er die Aktien hält. …

§ 68. Übertragung von Namensaktien; Vinkulierung. (1) [1]Namensaktien können auch durch Indossament übertragen werden. [2]Für die Form des Indossaments, den Rechtsausweis des Inhabers und seine Verpflichtung zur Herausgabe gelten sinngemäß Artikel 12, 13 und 16 des Wechselgesetzes.

(2) [1]Die Satzung kann die Übertragung an die Zustimmung der Gesellschaft binden. [2]Die Zustimmung erteilt der Vorstand. [3]Die Satzung kann jedoch bestimmen, daß der Aufsichtsrat oder die Hauptversammlung über die Erteilung der Zustimmung beschließt. [4]Die Satzung kann die Gründe bestimmen, aus denen die Zustimmung verweigert werden darf.

(3) Bei Übertragung durch Indossament ist die Gesellschaft verpflichtet, die Ordnungsmäßigkeit der Reihe der Indossamente, nicht aber die Unterschriften zu prüfen.

(4) Diese Vorschriften gelten sinngemäß für Zwischenscheine.

§ 71. Erwerb eigener Aktien. (1) Die Gesellschaft darf eigene Aktien nur erwerben,

1. wenn der Erwerb notwendig ist, um einen schweren, unmittelbar bevorstehenden Schaden von der Gesellschaft abzuwenden,
2. wenn die Aktien Personen, die im Arbeitsverhältnis zu der Gesellschaft oder einem mit ihr verbundenen Unternehmen stehen oder standen, zum Erwerb angeboten werden sollen,
3. wenn der Erwerb geschieht, um Aktionäre nach § 305 Abs. 2, § 320 b oder nach § 29 Abs. 1, § 125 Satz 1 in Verbindung mit § 29 Abs. 1, § 207 Abs. 1 Satz 1 des Umwandlungsgesetzes abzufinden,
4. wenn der Erwerb unentgeltlich geschieht oder ein Kreditinstitut mit dem Erwerb eine Einkaufskommission ausführt,
5. durch Gesamtrechtsnachfolge,
6. auf Grund eines Beschlusses der Hauptversammlung zur Einziehung nach den Vorschriften über die Herabsetzung des Grundkapitals,
7. wenn sie ein Kreditinstitut, Finanzdienstleistungsinstitut oder Finanzunternehmen ist, aufgrund eines Beschlusses der Hauptversammlung zum Zwecke des Wertpapierhandels. Der Beschluß muß bestimmen, daß der Handelsbestand der zu diesem Zweck zu erwerbenden Aktien fünf vom Hundert des Grundkapitals am Ende jeden Tages nicht übersteigen darf; er muß den niedrigsten und höchsten Gegenwert festlegen. Die Ermächtigung darf höchstens 5 Jahre gelten; oder
8. aufgrund einer höchstens 18 Monate geltenden Ermächtigung der Hauptversammlung, die den niedrigsten und höchsten Gegenwert sowie den Anteil am Grundkapital, der zehn von Hundert nicht übersteigen darf, festlegt. Als Zweck ist der Handel in eigenen Aktien ausgeschlossen. § 53 a ist auf Erwerb und Veräußerung anzuwenden. Erwerb und Veräußerung über die Börse genügen dem. Eine andere Veräußerung kann die Hauptversammlung beschließen; § 186 Abs. 3, 4 und § 193 Abs. 2 Nr. 4 sind in diesem Fall entsprechend anzuwenden. Die Hauptversammlung kann den Vorstand ermächtigen, die eigenen Aktien ohne weiteren Hauptversammlungsbeschluß einzuziehen.

(2) [1]Auf die zu den Zwecken nach Absatz 1 Nr. 1 bis 3, 7 und 8 erworbenen Aktien dürfen zusammen mit anderen Aktien der Gesellschaft, welche die Gesellschaft bereits erworben hat und noch besitzt, mehr als zehn vom Hundert des Grundkapitals nicht entfallen. [2]Dieser Erwerb ist ferner nur zulässig, wenn die Gesellschaft im Zeitpunkt des Erwerbs eine Rücklage in Höhe der Aufwendungen für den Erwerb bilden könnte, ohne das Grundkapital oder eine nach Gesetz oder Satzung zu bildende Rücklage zu mindern, die nicht zu Zahlungen an die Aktionäre verwandt werden darf. [3]In den Fällen des Absatzes 1 Nr. 1, 2, 4, 7 und 8 ist der Erwerb nur zulässig, wenn auf die Aktien der Ausgabebetrag voll geleistet ist.

§ 72. Kraftloserklärung von Aktien im Aufgebotsverfahren. (1) Ist eine Aktie oder ein Zwischenschein abhanden gekommen oder vernichtet, so kann die Urkunde im Aufgebotsverfahren nach dem Gesetz über das Verfahren in Familiensachen und in den Angelegenheiten der freiwilligen Gerichtsbarkeit für kraftlos erklärt werden.

(2) Sind Gewinnanteilscheine auf den Inhaber ausgegeben, so erlischt mit der Kraftloserklärung der Aktie oder des Zwischenscheins auch der Anspruch aus den noch nicht fälligen Gewinnanteilscheinen.

Verfassung der Aktiengesellschaft

▶ Vorstand

§ 76. Leitung der Aktiengesellschaft.

(1) Der Vorstand hat unter eigener Verantwortung die Gesellschaft zu leiten.

3

(2) [1]Der Vorstand kann aus einer oder mehreren Personen bestehen. [2]Bei Gesellschaften mit einem Grundkapital von mehr als drei Millionen Euro hat er aus mindestens zwei Personen zu bestehen, es sei denn, die Satzung bestimmt, daß er aus einer Person besteht. [3]Die Vorschriften über die Bestellung eines Arbeitsdirektors bleiben unberührt.

§ 77. Geschäftsführung. (1) Besteht der Vorstand aus mehreren Personen, so sind sämtliche Vorstandsmitglieder nur gemeinschaftlich zur Geschäftsführung befugt.

§ 78. Vertretung. (1) Der Vorstand vertritt die Gesellschaft gerichtlich und außergerichtlich. …

(2) [1]Besteht der Vorstand aus mehreren Personen, so sind, wenn die Satzung nichts anderes bestimmt, sämtliche Vorstandsmitglieder nur gemeinschaftlich zur Vertretung der Gesellschaft befugt. [2]Ist eine Willenserklärung gegenüber der Gesellschaft abzugeben, so genügt die Abgabe gegenüber einem Vorstandsmitglied. …

(3) Die Satzung kann auch bestimmen, daß einzelne Vorstandsmitglieder allein oder in Gemeinschaft mit einem Prokuristen zur Vertretung der Gesellschaft befugt sind.

§ 80. Angaben auf Geschäftsbriefen.

(1) [1]Auf allen Geschäftsbriefen, gleichviel welcher Form, die an einen bestimmten Empfänger gerichtet werden, müssen die Rechtsform und der Sitz der Gesellschaft, das Registergericht des Sitzes der Gesellschaft und die Nummer, unter der die Gesellschaft in das Handelsregister eingetragen ist, sowie alle Vorstandsmitglieder und der Vorsitzende des Aufsichtsrats mit dem Familiennamen und mindestens einem ausgeschriebenen Vornamen angegeben werden. [2]Der Vorsitzende des Vorstands ist als solcher zu bezeichnen. [3]Werden Angaben über das Kapital der Gesellschaft gemacht, so müssen in jedem Fall das Grundkapital sowie, wenn auf die Aktien der Ausgabebetrag nicht vollständig eingezahlt ist, der Gesamtbetrag der ausstehenden Einlagen angegeben werden.

§ 81. Änderung des Vorstands und der Vertretungsbefugnis seiner Mitglieder. (1) Jede Änderung des Vorstands oder der Vertretungsbefugnis eines Vorstandsmitglieds hat der Vorstand zur Eintragung in das Handelsregister anzumelden.

§ 83. Vorbereitung und Ausführung von Hauptversammlungsbeschlüssen. (1) Der Vorstand ist auf Verlangen der Hauptversammlung verpflichtet, Maßnahmen, die in die Zuständigkeit der Hauptversammlung fallen, vorzubereiten.

§ 84. Bestellung und Abberufung des Vorstands. (1) [1]Vorstandsmitglieder bestellt der Aufsichtsrat auf höchstens fünf Jahre. [2]Eine wiederholte Bestellung oder Verlängerung der Amtszeit, jeweils für höchstens fünf Jahre, ist zulässig.

(2) Werden mehrere Personen zu Vorstandsmitgliedern bestellt, so kann der Aufsichtsrat ein Mitglied zum Vorsitzenden des Vorstands ernennen.

(3) Der Aufsichtsrat kann die Bestellung zum Vorstandsmitglied und die Ernennung zum Vorsitzenden des Vorstands widerrufen, wenn ein wichtiger Grund vorliegt.

§ 85. Bestellung durch das Gericht.

(1) [1]Fehlt ein erforderliches Vorstandsmitglied, so hat in dringenden Fällen das Gericht auf Antrag eines Beteiligten das Mitglied zu bestellen. [2]Gegen die Entscheidung ist die Beschwerde zulässig.

§ 86. Gewinnbeteiligung der Vorstandsmitglieder. *(aufgehoben)*

§ 87. Grundsätze für die Bezüge der Vorstandsmitglieder. (1) [1]Der Aufsichtsrat hat bei der Festsetzung der Gesamtbezüge des einzelnen Vorstandsmitglieds (Gehalt, Gewinnbeteiligungen, Aufwandsentschädigungen, Versicherungsentgelte, Provisionen, anreizorientierte Vergütungszusagen wie zum Beispiel Aktienbezugsrechte und Nebenleistungen jeder Art) dafür zu sorgen, dass diese in einem angemessenen Verhältnis zu den Aufgaben und Leistungen des Vorstandsmitglieds sowie zur Lage der Gesellschaft stehen und die übliche Vergütung nicht ohne besondere Gründe übersteigen. [2]Die Vergütungsstruktur ist bei börsennotierten Gesellschaften auf eine nachhaltige Unternehmensentwicklung auszurichten. [3]Variable Vergütungsbestandteile sollen daher eine mehrjährige Bemessungsgrundlage haben; für außerordentliche Entwicklungen soll der Aufsichtsrat eine Begrenzungsmöglichkeit vereinbaren. [4]Satz 1 gilt sinngemäß für Ruhegehalt, Hinterbliebenenbezüge und Leistungen verwandter Art.

(2) [1]Verschlechtert sich die Lage der Gesellschaft nach der Festsetzung so, dass die Weitergewährung der Bezüge nach Absatz 1 unbillig für die Gesellschaft wäre, so soll der Aufsichtsrat oder im Falle des § 85 Absatz 3 das Gericht auf Antrag des Aufsichtsrats die Bezüge auf die angemessene Höhe herabsetzen. [2]Ruhegehalt, Hinterbliebenenbezüge und Leistungen verwandter Art können nur in den ersten drei Jah-

ren nach Ausscheiden aus der Gesellschaft nach Satz 1 herabgesetzt werden. [3]Durch eine Herabsetzung wird der Anstellungsvertrag im übrigen nicht berührt. [4]Das Vorstandsmitglied kann jedoch seinen Anstellungsvertrag für den Schluß des nächsten Kalendervierteljahrs mit einer Kündigungsfrist von sechs Wochen kündigen.

§ 88. Wettbewerbsverbot. (1) [1]Die Vorstandsmitglieder dürfen ohne Einwilligung des Aufsichtsrats weder ein Handelsgewerbe betreiben noch im Geschäftszweig der Gesellschaft für eigene oder fremde Rechnung Geschäfte machen. [2]Sie dürfen ohne Einwilligung auch nicht Mitglied des Vorstands oder Geschäftsführer oder persönlich haftender Gesellschafter einer anderen Handelsgesellschaft sein. [3]Die Einwilligung des Aufsichtsrats kann nur für bestimmte Handelsgewerbe oder Handelsgesellschaften oder für bestimmte Arten von Geschäften erteilt werden.

(2) [1]Verstößt ein Vorstandsmitglied gegen dieses Verbot, so kann die Gesellschaft Schadenersatz fordern. [2]Sie kann statt dessen von dem Mitglied verlangen, daß es die für eigene Rechnung gemachten Geschäfte als für Rechnung der Gesellschaft eingegangen gelten läßt und die aus Geschäften für fremde Rechnung bezogene Vergütung herausgibt oder seinen Anspruch auf die Vergütung abtritt.

(3) [1]Die Ansprüche der Gesellschaft verjähren in drei Monaten seit dem Zeitpunkt, in dem die übrigen Vorstandsmitglieder und die Aufsichtsratsmitglieder von der zum Schadensersatz verpflichtenden Handlung Kenntnis erlangen oder ohne grobe Fahrlässigkeit erlangen müssten. [2]Sie verjähren ohne Rücksicht auf diese Kenntnis oder grob fahrlässige Unkenntnis in fünf Jahren von ihrer Entstehung an.

§ 89. Kreditgewährung an Vorstandsmitglieder. (1) Die Gesellschaft darf ihren Vorstandsmitgliedern Kredit nur auf Grund eines Beschlusses des Aufsichtsrats gewähren.

§ 90. Berichte an den Aufsichtsrat. (1) [1]Der Vorstand hat dem Aufsichtsrat zu berichten über

1. die beabsichtigte Geschäftspolitik und andere grundsätzliche Fragen der Unternehmensplanung (insbesondere die Finanz-, Investitions- und Personalplanung), …
2. die Rentabilität der Gesellschaft, insbesondere die Rentabilität des Eigenkapitals;
3. den Gang der Geschäfte, insbesondere den Umsatz, und die Lage der Gesellschaft;
4. Geschäfte, die für die Rentabilität oder Liquidität der Gesellschaft von erheblicher Bedeutung sein können.

…

[2]Außerdem ist dem Vorsitzenden des Aufsichtsrats aus sonstigen wichtigen Anlässen zu berichten; als wichtiger Anlaß ist auch ein dem Vorstand bekanntgewordener geschäftlicher Vorgang bei einem verbundenen Unternehmen anzusehen, der auf die Lage der Gesellschaft von erheblichem Einfluß sein kann.

(3) Der Aufsichtsrat kann vom Vorstand jederzeit einen Bericht verlangen über Angelegenheiten der Gesellschaft, über ihre rechtlichen und geschäftlichen Beziehungen zu verbundenen Unternehmen sowie über geschäftliche Vorgänge bei diesen Unternehmen, die auf die Lage der Gesellschaft von erheblichem Einfluß sein können. …

(4) Die Berichte haben den Grundsätzen einer gewissenhaften und getreuen Rechenschaft zu entsprechen. …

(5) Jedes Aufsichtsratsmitglied hat das Recht, von den Berichten Kenntnis zu nehmen. …

§ 91. Organisation; Buchführung. (1) Der Vorstand hat dafür zu sorgen, daß die erforderlichen Handelsbücher geführt werden.

(2) Der Vorstand hat geeignete Maßnahmen zu treffen, insbesondere ein Überwachungssystem einzurichten, damit den Fortbestand der Gesellschaft gefährdende Entwicklungen früh erkannt werden.

§ 92. Vorstandspflichten bei Verlust, Überschuldung oder Zahlungsunfähigkeit.

(1) Ergibt sich bei Aufstellung der Jahresbilanz oder einer Zwischenbilanz oder ist bei pflichtmäßigem Ermessen anzunehmen, daß ein Verlust in Höhe der Hälfte des Grundkapitals besteht, so hat der Vorstand unverzüglich die Hauptversammlung einzuberufen und ihr dies anzuzeigen.

(2) Nachdem die Zahlungsunfähigkeit der Gesellschaft eingetreten ist oder sich ihre Überschuldung ergeben hat, darf der Vorstand keine Zahlungen leisten. …

§ 93. Sorgfaltspflicht und Verantwortlichkeit der Vorstandsmitglieder. (1) [1]Die Vorstandsmitglieder haben bei ihrer Geschäftsführung die Sorgfalt eines ordentlichen und gewissenhaften Geschäftsleiters anzuwenden. … [3]Über vertrauliche Angaben und Geheimnisse der Gesellschaft, namentlich Betriebs- oder Geschäftsgeheimnisse, die den Vorstandsmitgliedern durch ihre Tätigkeit im Vorstand bekanntgeworden sind, haben sie Stillschweigen zu bewahren. …

(2) [1]Vorstandsmitglieder, die ihre Pflichten verletzen, sind der Gesellschaft zum Ersatz des daraus entstehenden Schadens als Gesamt-

3

schuldner verpflichtet. [2]Ist streitig, ob sie die Sorgfalt eines ordentlichen und gewissenhaften Geschäftsleiters angewandt haben, so trifft sie die Beweislast. [3]Schließt die Gesellschaft eine Versicherung zur Absicherung eines Vorstandsmitglieds gegen Risiken aus dessen beruflicher Tätigkeit für die Gesellschaft ab, ist ein Selbstbehalt von mindestens 10 Prozent des Schadens bis mindestens zur Höhe des Eineinhalbfachen der festen jährlichen Vergütung des Vorstandsmitglieds vorzusehen.

► Aufsichtsrat

3

§ 95. Zahl der Aufsichtsratsmitglieder.
[1]Der Aufsichtsrat besteht aus drei Mitgliedern. [2]Die Satzung kann eine bestimmte höhere Zahl festsetzen. [3]Die Zahl muß durch drei teilbar sein. [4]Die Höchstzahl der Aufsichtsratsmitglieder beträgt bei Gesellschaften mit einem Grundkapital
bis zu 1 500 000 Euro neun,
von mehr als 1 500 000 Euro fünfzehn,
von mehr als 10 000 000 Euro einundzwanzig.

§ 96. Zusammensetzung des Aufsichtsrats.
(1) Der Aufsichtsrat setzt sich zusammen
bei Gesellschaften, für die das Mitbestimmungsgesetz gilt, aus Aufsichtsratsmitgliedern der Aktionäre und der Arbeitnehmer,
bei Gesellschaften, für die das Montan-Mitbestimmungsgesetz gilt, aus Aufsichtsratsmitgliedern der Aktionäre und der Arbeitnehmer und aus weiteren Mitgliedern,
bei Gesellschaften, für die die §§ 5 bis 13 des Mitbestimmungsergänzungsgesetzes gelten, aus Aufsichtsratsmitgliedern der Aktionäre und der Arbeitnehmer und aus einem weiteren Mitglied,
bei Gesellschaften, für die das Drittelbeteiligungsgesetz gilt, aus Aufsichtsratsmitgliedern der Aktionäre und der Arbeitnehmer,
bei Gesellschaften, für die das Gesetz über die Mitbestimmung der Arbeitnehmer bei einer grenzüberschreitenden Verschmelzung gilt, aus Aufsichtsratsmitgliedern der Aktionäre und der Arbeitnehmer,
bei den übrigen Gesellschaften nur aus Aufsichtsratsmitgliedern der Aktionäre.

§ 100. Persönliche Voraussetzungen für Aufsichtsratsmitglieder. (1) Mitglied des Aufsichtsrats kann nur eine natürliche, unbeschränkt geschäftsfähige Person sein.
(2) Mitglied des Aufsichtsrats kann nicht sein, wer
1. bereits in zehn Handelsgesellschaften, die gesetzlich einen Aufsichtsrat zu bilden haben, Aufsichtsratsmitglied ist,
2. gesetzlicher Vertreter eines von der Gesellschaft abhängigen Unternehmens ist,
3. gesetzlicher Vertreter einer anderen Kapitalgesellschaft ist, deren Aufsichtsrat ein Vorstandsmitglied der Gesellschaft angehört, oder
4. in den letzten zwei Jahren Vorstandsmitglied derselben börsennotierten Aktiengesellschaft war, es sei denn, seine Wahl erfolgt auf Vorschlag von Aktionären, die mehr als 25 Prozent der Stimmrechte an der Gesellschaft halten.

...

§ 101. Bestellung der Aufsichtsratsmitglieder.
(1) Die Mitglieder des Aufsichtsrats werden von der Hauptversammlung gewählt, soweit sie nicht in den Aufsichtsrat zu entsenden oder als Aufsichtsratsmitglieder der Arbeitnehmer nach dem Mitbestimmungsgesetz, dem Mitbestimmungsergänzungsgesetz, dem Drittelbeteiligungsgesetz oder dem Gesetz über die Mitbestimmung der Arbeitnehmer bei einer grenzüberschreitenden Verschmelzung zu wählen sind.

§ 102. Amtszeit der Aufsichtsratsmitglieder.
(1) [1]Aufsichtsratsmitglieder können nicht für längere Zeit als bis zur Beendigung der Hauptversammlung bestellt werden, die über die Entlastung für das vierte Geschäftsjahr nach dem Beginn der Amtszeit beschließt. [2]Das Geschäftsjahr, in dem die Amtszeit beginnt, wird nicht mitgerechnet.
(2) Das Amt des Ersatzmitglieds erlischt spätestens mit Ablauf der Amtszeit des weggefallenen Aufsichtsratsmitglieds.

§ 103. Abberufung der Aufsichtsratsmitglieder. (1) [1]Aufsichtsratsmitglieder, die von der Hauptversammlung ohne Bindung an einen Wahlvorschlag gewählt worden sind, können von ihr vor Ablauf der Amtszeit abberufen werden. [2]Der Beschluß bedarf einer Mehrheit, die mindestens drei Viertel der abgegebenen Stimmen umfaßt. [3]Die Satzung kann eine andere Mehrheit und weitere Erfordernisse bestimmen.

§ 105. Unvereinbarkeit der Zugehörigkeit zum Vorstand und zum Aufsichtsrat. (1) Ein Aufsichtsratsmitglied kann nicht zugleich Vorstandsmitglied, dauernd Stellvertreter von Vorstandsmitgliedern, Prokurist oder zum gesamten Geschäftsbetrieb ermächtigter Handlungsbevollmächtigter der Gesellschaft sein.

§ 106. Bekanntmachung der Änderungen im Aufsichtsrat. Der Vorstand hat bei jeder Änderung in den Personen der Aufsichtsratsmitglieder unverzüglich eine Liste der Mitglieder des Aufsichtsrats, aus welcher Name, Vorname, ausgeübter Beruf und Wohnort der Mitglieder ersichtlich ist, zum Handelsregister einzureichen.

§ 107. Innere Ordnung des Aufsichtsrats.

(1) [1]Der Aufsichtsrat hat nach näherer Bestimmung der Satzung aus seiner Mitte einen Vorsitzenden und mindestens einen Stellvertreter zu wählen. [2]Der Vorstand hat zum Handelsregister anzumelden, wer gewählt ist. [3]Der Stellvertreter hat nur dann die Rechte und Pflichten des Vorsitzenden, wenn dieser verhindert ist.

(2) Über die Sitzungen des Aufsichtsrats ist eine Niederschrift anzufertigen, die der Vorsitzende zu unterzeichnen hat.

§ 110. Einberufung des Aufsichtsrats.

(1) Jedes Aufsichtsratsmitglied oder der Vorstand kann unter Angabe des Zwecks und der Gründe verlangen, daß der Vorsitzende des Aufsichtsrats unverzüglich den Aufsichtsrat einberuft.

(3) Der Aufsichtsrat muss zwei Sitzungen im Kalenderhalbjahr abhalten. …

§ 111. Aufgaben und Rechte des Aufsichtsrats.

(1) Der Aufsichtsrat hat die Geschäftsführung zu überwachen.

(2) [1]Der Aufsichtsrat kann die Bücher und Schriften der Gesellschaft sowie die Vermögensgegenstände, namentlich die Gesellschaftskasse und die Bestände an Wertpapieren und Waren, einsehen und prüfen. [2]Er kann damit auch einzelne Mitglieder oder für bestimmte Aufgaben besondere Sachverständige beauftragen.

(3) [1]Der Aufsichtsrat hat eine Hauptversammlung einzuberufen, wenn das Wohl der Gesellschaft es fordert. [2]Für den Beschluß genügt die einfache Mehrheit.

(4) [1]Maßnahmen der Geschäftsführung können dem Aufsichtsrat nicht übertragen werden. [2]Die Satzung oder der Aufsichtsrat hat jedoch zu bestimmen, daß bestimmte Arten von Geschäften nur mit seiner Zustimmung vorgenommen werden dürfen. [3]Verweigert der Aufsichtsrat seine Zustimmung, so kann der Vorstand verlangen, daß die Hauptversammlung über die Zustimmung beschließt.

(5) Die Aufsichtsratsmitglieder können ihre Aufgaben nicht durch andere wahrnehmen lassen.

§ 112. Vertretung der Gesellschaft gegenüber Vorstandsmitgliedern. Vorstandsmitgliedern gegenüber vertritt der Aufsichtsrat die Gesellschaft gerichtlich und außergerichtlich. …

§ 113. Vergütung der Aufsichtsratsmitglieder.

(1) [1]Den Aufsichtsratsmitgliedern kann für ihre Tätigkeit eine Vergütung gewährt werden. [2]Sie kann in der Satzung festgesetzt oder von der Hauptversammlung bewilligt werden. [3]Sie soll in einem angemessenen Verhältnis zu den Aufgaben der Aufsichtsratsmitglieder und zur Lage der Gesellschaft stehen. [4]Ist die Vergütung in der Satzung festgesetzt, so kann die Hauptversammlung eine Satzungsänderung, durch welche die Vergütung herabgesetzt wird, mit einfacher Stimmenmehrheit beschließen.

(3) [1]Wird den Aufsichtsratsmitgliedern ein Anteil am Jahresgewinn der Gesellschaft gewährt, so berechnet sich der Anteil nach dem Bilanzgewinn, vermindert um einen Betrag von mindestens vier vom Hundert der auf den geringsten Ausgabebetrag der Aktien geleisteten Einlagen. [2]Entgegenstehende Festsetzungen sind nichtig.

§ 115. Kreditgewährung an Aufsichtsratsmitglieder. (1) [1]Die Gesellschaft darf ihren Aufsichtsratsmitgliedern Kredit nur mit Einwilligung des Aufsichtsrats gewähren. [2]Eine herrschende Gesellschaft darf Kredite an Aufsichtsratsmitglieder eines abhängigen Unternehmens nur mit Einwilligung ihres Aufsichtsrats, eine abhängige Gesellschaft darf Kredite an Aufsichtsratsmitglieder des herrschenden Unternehmens nur mit Einwilligung des Aufsichtsrats des herrschenden Unternehmens gewähren.

§ 116. Sorgfaltspflicht und Verantwortlichkeit der Aufsichtsratsmitglieder. Für die Sorgfaltspflicht und Verantwortlichkeit der Aufsichtsratsmitglieder gilt § 93 mit Ausnahme des Absatzes 2 Satz 3 über die Sorgfaltspflicht und Verantwortlichkeit der Vorstandsmitglieder sinngemäß. Die Aufsichtsratsmitglieder sind insbesondere zur Verschwiegenheit über erhaltene vertrauliche Berichte und vertrauliche Beratungen verpflichtet. Sie sind namentlich zum Ersatz verpflichtet, wenn sie eine unangemessene Vergütung festsetzen (§ 87 Absatz 1).

…

▶ Hauptversammlung

Rechte der Hauptversammlung

§ 118. Allgemeines. (1) [1]Die Aktionäre üben ihre Rechte in den Angelegenheiten der Gesellschaft in der Hauptversammlung aus, soweit das Gesetz nichts anderes bestimmt. [2]Die Satzung kann vorsehen oder den Vorstand dazu ermächtigen vorzusehen, dass die Aktionäre an der Hauptversammlung auch ohne Anwesenheit an deren Ort und ohne einen Bevollmächtigten teilnehmen und sämtliche oder einzelne

3

ihrer Rechte ganz oder teilweise im Wege elektronischer Kommunikation ausüben können.

(2) Die Satzung kann vorsehen oder den Vorstand dazu ermächtigen vorzusehen, dass Aktionäre ihre Stimmen, auch ohne an der Versammlung teilzunehmen, schriftlich oder im Wege elektronischer Kommunikation abgeben dürfen (Briefwahl).

(3) Die Mitglieder des Vorstands und des Aufsichtsrats sollen an der Hauptversammlung teilnehmen. …

§ 119. Rechte der Hauptversammlung.

(1) Die Hauptversammlung beschließt in den im Gesetz und in der Satzung ausdrücklich bestimmten Fällen, namentlich über

3

1. die Bestellung der Mitglieder des Aufsichtsrats, soweit sie nicht in den Aufsichtsrat zu entsenden oder als Aufsichtsratsmitglieder der Arbeitnehmer nach dem Mitbestimmungsgesetz, dem Mitbestimmungsergänzungsgesetz, dem Drittelbeteiligungsgesetz oder dem Gesetz über die Mitbestimmung der Arbeitnehmer bei einer grenzüberschreitenden Verschmelzung zu wählen sind;
2. die Verwendung des Bilanzgewinns;
3. die Entlastung der Mitglieder des Vorstands und des Aufsichtsrats;
4. die Bestellung des Abschlußprüfers;
5. Satzungsänderungen;
6. Maßnahmen der Kapitalbeschaffung und der Kapitalherabsetzung;
7. die Bestellung von Prüfern zur Prüfung von Vorgängen bei der Gründung oder der Geschäftsführung;
8. die Auflösung der Gesellschaft.

(2) Über Fragen der Geschäftsführung kann die Hauptversammlung nur entscheiden, wenn der Vorstand es verlangt.

§ 120. Entlastung; Votum zum Vergütungssystem. (1) Die Hauptversammlung beschließt alljährlich in den ersten acht Monaten des Geschäftsjahrs über die Entlastung der Mitglieder des Vorstands und über die Entlastung der Mitglieder des Aufsichtsrats.

(2) [1]Durch die Entlastung billigt die Hauptversammlung die Verwaltung der Gesellschaft durch die Mitglieder des Vorstands und des Aufsichtsrats. [2]Die Entlastung enthält keinen Verzicht auf Ersatzansprüche.

…

(4) [1]Die Hauptversammlung der börsennotierten Gesellschaft kann über die Billigung des Systems zur Vergütung der Vorstandsmitglieder beschließen. [2]Der Beschluss begründet weder Rechte noch Pflichten; …

Einberufung der Hauptversammlung

§ 121. Allgemeines. (1) Die Hauptversammlung ist in den durch Gesetz oder Satzung bestimmten Fällen sowie dann einzuberufen, wenn das Wohl der Gesellschaft es fordert.

(2) Die Hauptversammlung wird durch den Vorstand einberufen, der darüber mit einfacher Mehrheit beschließt.

(3) [1]Die Einberufung muß die Firma, den Sitz der Gesellschaft, Zeit und Ort der Hauptversammlung enthalten. [2]Zudem ist die Tagesordnung anzugeben …

(4) [1]Die Einberufung ist in den Gesellschaftsblättern bekannt zu machen. [2]Sind die Aktionäre der Gesellschaft namentlich bekannt, so kann die Hauptversammlung mit eingeschriebenem Brief einberufen werden, wenn die Satzung nichts anderes bestimmt; der Tag der Absendung gilt als Tag der Bekanntmachung. [3]Die §§ 125 bis 127 gelten sinngemäß.

(5) [1]Wenn die Satzung nichts anderes bestimmt, soll die Hauptversammlung am Sitz der Gesellschaft stattfinden. [2]Sind die Aktien der Gesellschaft an einer deutschen Börse zum Handel im regulierten Markt zugelassen, so kann, wenn die Satzung nichts anderes bestimmt, die Hauptversammlung auch am Sitz der Börse stattfinden.

(6) Sind alle Aktionäre erschienen oder vertreten, kann die Hauptversammlung Beschlüsse ohne Einhaltung der Bestimmungen dieses Unterabschnitts fassen, soweit kein Aktionär der Beschlußfassung widerspricht.

§ 122. Einberufung auf Verlangen einer Minderheit. (1) Die Hauptversammlung ist einzuberufen, wenn Aktionäre, deren Anteile zusammen den zwanzigsten Teil des Grundkapitals erreichen, die Einberufung schriftlich unter Angabe des Zwecks und der Gründe verlangen; das Verlangen ist an den Vorstand zu richten.

§ 124. Bekanntmachung von Ergänzungsverlangen; Vorschläge zur Beschlussfassung.

Hat die Minderheit nach § 122 Abs. 2 verlangt, dass Gegenstände auf die Tagesordnung gesetzt werden, so sind diese entweder bereits mit der Tagesordnung oder andernfalls unverzüglich nach dem Zugang des Verlangens bekannt zu machen. …

§ 125. Mitteilungen für die Aktionäre und an Aufsichtsratsmitglieder. (1) [1]Der Vorstand hat mindestens 21 Tage vor der Versammlung den Kreditinstituten und den Vereinigungen von Aktionären, die in der letzten Hauptversammlung Stimmrechte für Aktionäre ausgeübt oder die die Mitteilung verlangt haben, die Einberufung der Hauptversammlung und die Bekanntmachung der Tagesordnung mitzuteilen. ... [3]In der Mitteilung ist auf die Möglichkeiten der Ausübung des Stimmrechts durch einen Bevollmächtigten, auch durch eine Vereinigung von Aktionären, hinzuweisen. [4]Bei börsennotierten Gesellschaften sind einem Vorschlag zur Wahl von Aufsichtsratsmitgliedern Angaben zu deren Mitgliedschaft in anderen gesetzlich zu bildenden Aufsichtsräten beizufügen; Angaben zu ihrer Mitgliedschaft in vergleichbaren in- und ausländischen Kontrollgremien von Wirtschaftsunternehmen sollen beigefügt werden.

§ 127a. Aktionärsforum. (1) Aktionäre oder Aktionärsvereinigungen können im Aktionärsforum des Bundesanzeigers andere Aktionäre auffordern, gemeinsam oder in Vertretung einen Antrag oder ein Verlangen nach diesem Gesetz zu stellen oder in einer Hauptversammlung das Stimmrecht auszuüben.

(2) Die Aufforderung hat folgende Angaben zu enthalten:
1. den Namen und eine Anschrift des Aktionärs oder der Aktionärsvereinigung,
2. die Firma der Gesellschaft,
3. den Antrag, das Verlangen oder einen Vorschlag für die Ausübung des Stimmrechts zu einem Tagesordnungspunkt,
4. den Tag der betroffenen Hauptversammlung.

(3) Die Aufforderung kann auf eine Begründung auf der Internetseite des Auffordernden und dessen elektronische Adresse hinweisen.

(4) Die Gesellschaft kann im Bundesanzeiger auf eine Stellungnahme zu der Aufforderung auf ihrer Internetseite hinweisen.

§ 128. Übermittlung der Mitteilung. (1) [1]Hat ein Kreditinstitut zu Beginn des 21. Tages vor der Versammlung für Aktionäre Inhaberaktien der Gesellschaft in Verwahrung oder wird es für Namensaktien, die ihm nicht gehören, im Aktienregister eingetragen, so hat es die Mitteilungen nach § 125 Abs. 1 unverzüglich an die Aktionäre zu übermitteln. [2]Die Satzung der Gesellschaft kann die Übermittlung auf den Weg elektronischer Kommunikation beschränken; in diesem Fall ist das Kreditinstitut auch aus anderen Gründen nicht zu mehr verpflichtet.

Verhandlungsniederschrift. Auskunftsrecht

§ 129. Geschäftsordnung; Verzeichnis der Teilnehmer. (1) [1]Die Hauptversammlung kann sich mit einer Mehrheit, die mindestens drei Viertel des bei der Beschlußfassung vertretenen Grundkapitals umfaßt, eine Geschäftsordnung mit Regeln für die Vorbereitung und Durchführung der Hauptversammlung geben. [2]In der Hauptversammlung ist ein Verzeichnis der erschienenen oder vertretenen Aktionäre und der Vertreter von Aktionären mit Angabe ihres Namens und Wohnorts sowie bei Nennbetragsaktien des Betrags, bei Stückaktien der Zahl der von jedem vertretenen Aktien unter Angabe ihrer Gattung aufzustellen.

(2) [1]Sind einem Kreditinstitut oder einer in § 135 Abs. 8 bezeichneten Person Vollmachten zur Ausübung des Stimmrechts erteilt worden und übt der Bevollmächtigte das Stimmrecht im Namen dessen, den es angeht, aus, so sind bei Nennbetragsaktien der Betrag, bei Stückaktien die Zahl und die Gattung der Aktien, für die ihm Vollmachten erteilt worden sind, zur Aufnahme in das Verzeichnis gesondert anzugeben. [2]Die Namen der Aktionäre, welche Vollmachten erteilt haben, brauchen nicht angegeben zu werden.

3

§ 130. Niederschrift. (1) [1]Jeder Beschluß der Hauptversammlung ist durch eine über die Verhandlung notariell aufgenommene Niederschrift zu beurkunden. ... [3]Bei nichtbörsennotierten Gesellschaften reicht eine vom Vorsitzenden des Aufsichtsrats zu unterzeichnende Niederschrift aus, soweit keine Beschlüsse gefaßt werden, für die das Gesetz eine Dreiviertel- oder größere Mehrheit bestimmt.

§ 131. Auskunftsrecht des Aktionärs.
(1) Jedem Aktionär ist auf Verlangen in der Hauptversammlung vom Vorstand Auskunft über Angelegenheiten der Gesellschaft zu geben, soweit sie zur sachgemäßen Beurteilung des Gegenstands der Tagesordnung erforderlich ist. ...

§ 132. Gerichtliche Entscheidung über das Auskunftsrecht. (1) Ob der Vorstand die Auskunft zu geben hat, entscheidet auf Antrag ausschließlich das Landgericht, in dessen Bezirk die Gesellschaft ihren Sitz hat.

Stimmrecht

§ 133. Grundsatz der einfachen Stimmenmehrheit. (1) Die Beschlüsse der Hauptversammlung bedürfen der Mehrheit der abgegebenen Stimmen (einfache Stimmenmehrheit), soweit nicht Gesetz oder Satzung eine größere Mehrheit oder weitere Erfordernisse bestimmen.

(2) Für Wahlen kann die Satzung andere Bestimmungen treffen.

§ 134. Stimmrecht. (1) [1]Das Stimmrecht wird nach Aktiennennbeträgen, bei Stückaktien nach deren Zahl ausgeübt. [2]Für den Fall, daß einem Aktionär mehrere Aktien gehören, kann bei einer nichtbörsennotierten Gesellschaft die

Satzung das Stimmrecht durch Festsetzung eines Höchstbetrags oder von Abstufungen beschränken. [3]Die Satzung kann außerdem bestimmen, daß zu den Aktien, die dem Aktionär gehören, auch die Aktien rechnen, die einem anderen für seine Rechnung gehören.

(3) [1]Das Stimmrecht kann durch einen Bevollmächtigten ausgeübt werden. [2]Für die Vollmacht ist die schriftliche Form erforderlich und genügend. ...

§ 135. Ausübung des Stimmrechts durch Kreditinstitute und geschäftsmäßig Handelnde.

(1) [1]Ein Kreditinstitut darf das Stimmrecht für Aktien, die ihm nicht gehören und als deren Inhaber es nicht im Aktienregister eingetragen ist, nur ausüben, wenn es bevollmächtigt ist. [2]Die Vollmacht darf nur einem bestimmten Kreditinstitut erteilt werden und ist von diesem nachprüfbar festzuhalten. [3]Die Vollmachtserklärung muss vollständig sein und darf nur mit der Stimmrechtsausübung verbundene Erklärungen enthalten. [4]Erteilt der Aktionär keine ausdrücklichen Weisungen, so kann eine generelle Vollmacht nur die Berechtigung des Kreditinstituts zur Stimmrechtsausübung

1. entsprechend eigenen Abstimmungsvorschlägen (Absätze 2 und 3) oder
2. entsprechend den Vorschlägen des Vorstands oder des Aufsichtsrats oder für den Fall voneinander abweichender Vorschläge den Vorschlägen des Aufsichtsrats (Absatz 4)

vorsehen. [5]Bietet das Kreditinstitut die Stimmrechtsausübung gemäß Satz 4 Nr. 1 oder Nr. 2 an, so hat es sich zugleich zu erbieten, im Rahmen des Zumutbaren und bis auf Widerruf einer Aktionärsvereinigung oder einem sonstigen Vertreter nach Wahl des Aktionärs die zur Stimmrechtsausübung erforderlichen Unterlagen zuzuleiten. [6]Das Kreditinstitut hat den Aktionär jährlich und deutlich hervorgehoben auf die Möglichkeiten des jederzeitigen Widerrufs der Vollmacht und der Änderung des Bevollmächtigten hinzuweisen. [7]Die Erteilung von Weisungen zu den einzelnen Tagesordnungspunkten, die Erteilung und der Widerruf einer generellen Vollmacht nach Satz 4 und eines Auftrags nach Satz 5 einschließlich seiner Änderung sind dem Aktionär durch ein Formblatt oder Bildschirmformular zu erleichtern.

(2) [1]Ein Kreditinstitut, das das Stimmrecht auf Grund einer Vollmacht nach Absatz 1 Satz 4 Nr. 1 ausüben will, hat dem Aktionär rechtzeitig eigene Vorschläge für die Ausübung des Stimmrechts zu den einzelnen Gegenständen der Tagesordnung zugänglich zu machen. [2]Bei diesen Vorschlägen hat sich das Kreditinstitut vom Interesse des Aktionärs leiten zu lassen und organisatorische Vorkehrungen dafür zu treffen, dass Eigeninteressen aus anderen Geschäftsbereichen nicht einfließen; es hat ein Mitglied der Geschäftsleitung zu benennen, das die Einhaltung dieser Pflichten sowie die ordnungsgemäße Ausübung des Stimmrechts und deren Dokumentation zu überwachen hat. [3]Zusammen mit seinen Vorschlägen hat das Kreditinstitut darauf hinzuweisen, dass es das Stimmrecht entsprechend den eigenen Vorschlägen ausüben werde, wenn der Aktionär nicht rechtzeitig eine andere Weisung erteilt. [4]Gehört ein Vorstandsmitglied oder ein Mitarbeiter des Kreditinstituts dem Aufsichtsrat der Gesellschaft oder ein Vorstandsmitglied oder ein Mitarbeiter der Gesellschaft dem Aufsichtsrat des Kreditinstituts an, so hat das Kreditinstitut hierauf hinzuweisen. [5]Gleiches gilt, wenn das Kreditinstitut an der Gesellschaft eine Beteiligung hält, die nach § 21 des Wertpapierhandelsgesetzes meldepflichtig ist, oder einem Konsortium angehörte, das die innerhalb von fünf Jahren zeitlich letzte Emission von Wertpapieren der Gesellschaft übernommen hat.

(3) [1]Hat der Aktionär dem Kreditinstitut keine Weisung für die Ausübung des Stimmrechts erteilt, so hat das Kreditinstitut im Falle des Absatzes 1 Satz 4 Nr. 1 das Stimmrecht entsprechend seinen eigenen Vorschlägen auszuüben, es sei denn, dass es den Umständen nach annehmen darf, dass der Aktionär bei Kenntnis der Sachlage die abweichende Ausübung des Stimmrechts billigen würde. [2]Ist das Kreditinstitut bei der Ausübung des Stimmrechts von einer Weisung des Aktionärs oder, wenn der Aktionär keine Weisung erteilt hat, von seinem eigenen Vorschlag abgewichen, so hat es dies dem Aktionär mitzuteilen und die Gründe anzugeben. [3]In der eigenen Hauptversammlung darf das bevollmächtigte Kreditinstitut das Stimmrecht auf Grund der Vollmacht nur ausüben, soweit der Aktionär eine ausdrückliche Weisung zu den einzelnen Gegenständen der Tagesordnung erteilt hat. [4]Gleiches gilt in der Versammlung einer Gesellschaft, an der es mit mehr als 20 Prozent des Grundkapitals unmittelbar oder mittelbar beteiligt ist.

(4) [1]Ein Kreditinstitut, das in der Hauptversammlung das Stimmrecht auf Grund einer Vollmacht nach Absatz 1 Satz 4 Nr. 2 ausüben will, hat den Aktionären die Vorschläge des Vorstands und des Aufsichtsrats zugänglich zu machen, sofern dies nicht anderweitig erfolgt. [2]Absatz 2 Satz 3 sowie Absatz 3 Satz 1 bis 3 gelten entsprechend.

(5) [1]Wenn die Vollmacht dies gestattet, darf das Kreditinstitut Personen, die nicht seine Angestellten sind, unterbevollmächtigen. [2]Wenn es die Vollmacht nicht anders bestimmt, übt das Kreditinstitut das Stimmrecht im Namen dessen aus, den es angeht. [3]Ist die Briefwahl bei der Gesellschaft zugelassen, so darf das bevoll-

mächtigte Kreditinstitut sich ihrer bedienen. [4]Zum Nachweis seiner Stimmberechtigung gegenüber der Gesellschaft genügt bei börsennotierten Gesellschaften die Vorlegung eines Berechtigungsnachweises gemäß § 123 Abs. 3; im Übrigen sind die in der Satzung für die Ausübung des Stimmrechts vorgesehenen Erfordernisse zu erfüllen.

(6) [1]Ein Kreditinstitut darf das Stimmrecht für Namensaktien, die ihm nicht gehören, als deren Inhaber es aber im Aktienregister eingetragen ist, nur auf Grund einer Ermächtigung ausüben. [2]Auf die Ermächtigung sind die Absätze 1 bis 5 entsprechend anzuwenden.

(7) Die Wirksamkeit der Stimmabgabe wird durch einen Verstoß gegen Absatz 1 Satz 2 bis 7, die Absätze 2 bis 6 nicht beeinträchtigt.

(8) Die Absätze 1 bis 7 gelten sinngemäß für Aktionärsvereinigungen und für Personen, die sich geschäftsmäßig gegenüber Aktionären zur Ausübung des Stimmrechts in der Hauptversammlung erbieten; dies gilt nicht, wenn derjenige, der das Stimmrecht ausüben will, gesetzlicher Vertreter, Ehegatte oder Lebenspartner des Aktionärs oder mit ihm bis zum vierten Grad verwandt oder verschwägert ist.

(9) Die Verpflichtung des Kreditinstituts zum Ersatz eines aus der Verletzung der Absätze 1 bis 6 entstehenden Schadens kann im Voraus weder ausgeschlossen noch beschränkt werden.

(10) § 125 Abs. 5 gilt entsprechend.

§ 136. Ausschluß des Stimmrechts. (1) [1]Niemand kann für sich oder für einen andern das Stimmrecht ausüben, wenn darüber Beschluß gefaßt wird, ob er zu entlasten oder von einer Verbindlichkeit zu befreien ist oder ob die Gesellschaft gegen ihn einen Anspruch geltend machen soll. [2]Für Aktien, aus denen der Aktionär nach Satz 1 das Stimmrecht nicht ausüben kann, kann das Stimmrecht auch nicht durch einen anderen ausgeübt werden.

(2) [1]Ein Vertrag, durch den sich ein Aktionär verpflichtet, nach Weisung der Gesellschaft, des Vorstands oder des Aufsichtsrats der Gesellschaft oder nach Weisung eines abhängigen Unternehmens das Stimmrecht auszuüben, ist nichtig. [2]Ebenso ist ein Vertrag nichtig, durch den sich ein Aktionär verpflichtet, für die jeweiligen Vorschläge des Vorstands oder des Aufsichtsrats der Gesellschaft zu stimmen.

Vorzugsaktien ohne Stimmrecht

§ 139. Wesen. (1) Für Aktien, die mit einem nachzuzahlenden Vorzug bei der Verteilung des Gewinns ausgestattet sind, kann das Stimmrecht ausgeschlossen werden (Vorzugsaktien ohne Stimmrecht).

(2) Vorzugsaktien ohne Stimmrecht dürfen nur bis zur Hälfte des Grundkapitals ausgegeben werden.

§ 140. Rechte der Vorzugsaktionäre.

(1) Die Vorzugsaktien ohne Stimmrecht gewähren mit Ausnahme des Stimmrechts die jedem Aktionär aus der Aktie zustehenden Rechte.

(2) Wird der Vorzugsbetrag in einem Jahr nicht oder nicht vollständig gezahlt und der Rückstand im nächsten Jahr nicht neben dem vollen Vorzug dieses Jahres nachgezahlt, so haben die Vorzugsaktionäre das Stimmrecht, bis die Rückstände nachgezahlt sind.

3

Sonderprüfung

§ 142. Bestellung der Sonderprüfer. (1) Zur Prüfung von Vorgängen bei der Gründung oder der Geschäftsführung, namentlich auch bei Maßnahmen der Kapitalbeschaffung und Kapitalherabsetzung, kann die Hauptversammlung mit einfacher Stimmenmehrheit Prüfer (Sonderprüfer) bestellen.

Rechnungslegung. Gewinnverwendung

▶ Jahresabschluß und Lagebericht. Entsprechenserklärung

§ 150. Gesetzliche Rücklage, Kapitalrücklage.

(1) In der Bilanz des nach den §§ 242, 264 des Handelsgesetzbuchs aufzustellenden Jahresabschlusses ist eine gesetzliche Rücklage zu bilden.

(2) In diese ist der zwanzigste Teil des um einen Verlustvortrag aus dem Vorjahr geminderten Jahresüberschusses einzustellen, bis die gesetzliche Rücklage und die Kapitalrücklagen nach § 272 Abs. 2 Nr. 1 bis 3 des Handelsgesetzbuchs zusammen den zehnten oder den in der Satzung bestimmten höheren Teil des Grundkapitals erreichen.

(3) Übersteigen die gesetzliche Rücklage und die Kapitalrücklagen nach § 272 Abs. 2 Nr. 1 bis 3 des Handelsgesetzbuchs zusammen nicht den zehnten oder den in der Satzung bestimmten höheren Teil des Grundkapitals, so dürfen sie nur verwandt werden

1. zum Ausgleich eines Jahresfehlbetrags, soweit er nicht durch einen Gewinnvortrag aus dem Vorjahr gedeckt ist und nicht durch Auflösung anderer Gewinnrücklagen ausgeglichen werden kann;
2. zum Ausgleich eines Verlustvortrags aus dem Vorjahr, soweit er nicht durch einen Jahresüberschuß gedeckt ist und nicht durch Auflö-

sung anderer Gewinnrücklagen ausgeglichen werden kann.

(4) [1]Übersteigen die gesetzliche Rücklage und die Kapitalrücklagen nach § 272 Abs. 2 Nr. 1 bis 3 des Handelsgesetzbuchs zusammen den zehnten oder den in der Satzung bestimmten höheren Teil des Grundkapitals, so darf der übersteigende Betrag verwandt werden

1. zum Ausgleich eines Jahresfehlbetrags, soweit er nicht durch einen Gewinnvortrag aus dem Vorjahr gedeckt ist;
2. zum Ausgleich eines Verlustvortrags aus dem Vorjahr, soweit er nicht durch einen Jahresüberschuß gedeckt ist;
3. zur Kapitalerhöhung aus Gesellschaftsmitteln nach den §§ 207 bis 220.

3

[2]Die Verwendung nach den Nummern 1 und 2 ist nicht zulässig, wenn gleichzeitig Gewinnrücklagen zur Gewinnausschüttung aufgelöst werden.

§ 152. Vorschriften zur Bilanz. (1) [1]Das Grundkapital ist in der Bilanz als gezeichnetes Kapital auszuweisen. [2]Dabei ist der auf jede Aktiengattung entfallende Betrag des Grundkapitals gesondert anzugeben. [3]Bedingtes Kapital ist mit dem Nennbetrag zu vermerken. [4]Bestehen Mehrstimmrechtsaktien, so sind beim gezeichneten Kapital die Gesamtstimmenzahl der Mehrstimmrechtsaktien und die der übrigen Aktien zu vermerken.

(2) Zu dem Posten „Kapitalrücklage" sind in der Bilanz oder im Anhang gesondert anzugeben

1. der Betrag, der während des Geschäftsjahrs eingestellt wurde;
2. der Betrag, der für das Geschäftsjahr entnommen wird.

(3) Zu den einzelnen Posten der Gewinnrücklagen sind in der Bilanz oder im Anhang jeweils gesondert anzugeben

1. die Beträge, die die Hauptversammlung aus dem Bilanzgewinn des Vorjahrs eingestellt hat;
2. die Beträge, die aus dem Jahresüberschuß des Geschäftsjahrs eingestellt werden;
3. die Beträge, die für das Geschäftsjahr entnommen werden.

(4) Die Absätze 1 und 2 sind nicht anzuwenden auf Aktiengesellschaften, die Kleinstkapitalgesellschaften im Sinne des § 267a des Handelsgesetzbuchs sind, wenn sie von der Erleichterung nach § 275 Absatz 5 des Handelsgesetzbuchs Gebrauch machen.

§ 158. Vorschriften zur Gewinn- und Verlustrechnung. (1) [1]Die Gewinn- und Verlustrechnung ist nach dem Posten „Jahresüberschuß/ Jahresfehlbetrag" in Fortführung der Numerierung um die folgenden Posten zu ergänzen:

1. Gewinnvortrag/Verlustvortrag aus dem Vorjahr
2. Entnahmen aus der Kapitalrücklage
3. Entnahmen aus Gewinnrücklagen
   a) aus der gesetzlichen Rücklage
   b) aus der Rücklage für Anteile an einem herrschenden oder mehrheitlich beteiligten Unternehmen
   c) aus satzungsmäßigen Rücklagen
   d) aus anderen Gewinnrücklagen
4. Einstellungen in Gewinnrücklagen
   a) in die gesetzliche Rücklage
   b) in die Rücklage für eigene Aktien
   c) in satzungsmäßige Rücklagen
   d) in andere Gewinnrücklagen
5. Bilanzgewinn/Bilanzverlust.

[2]Die Angaben nach Satz 1 können auch im Anhang gemacht werden.

(2) [1]Von dem Ertrag aus einem Gewinnabführungs- oder Teilgewinnabführungsvertrag ist ein vertraglich zu leistender Ausgleich für außenstehende Gesellschafter abzusetzen; übersteigt dieser den Ertrag, so ist der übersteigende Betrag unter den Aufwendungen aus Verlustübernahme auszuweisen. [2]Andere Beträge dürfen nicht abgesetzt werden.

§ 160. Vorschriften zum Anhang. (1) In jedem Anhang sind auch Angaben zu machen über

1. den Bestand und den Zugang an Aktien, die ein Aktionär für Rechnung der Gesellschaft oder eines abhängigen oder eines im Mehrheitsbesitz der Gesellschaft stehenden Unternehmens oder ein abhängiges oder im Mehrheitsbesitz der Gesellschaft stehendes Unternehmen als Gründer oder Zeichner oder in Ausübung eines bei einer bedingten Kapitalerhöhung eingeräumten Umtausch- oder Bezugrechts übernommen hat; sind solche Aktien im Geschäftsjahr verwertet worden, so ist auch über die Verwertung unter Angabe des Erlöses und die Verwendung des Erlöses zu berichten;
2. den Bestand an eigenen Aktien der Gesellschaft, die sie, ein abhängiges oder im Mehrheitsbesitz der Gesellschaft stehendes Unternehmen oder ein anderer für Rechnung der Gesellschaft oder eines abhängigen oder eines im Mehrheitsbesitz der Gesellschaft stehenden Unternehmens erworben oder als Pfand genommen hat; dabei sind die Zahl dieser Aktien und der auf sie entfallende Betrag des Grundkapitals sowie deren Anteil am Grundkapital, für erworbene Aktien ferner der Zeitpunkt des Erwerbs und die Gründe für den Erwerb anzugeben. Sind solche Aktien im Geschäftsjahr erworben oder

veräußert worden, so ist auch über den Erwerb oder die Veräußerung unter Angabe der Zahl dieser Aktien, des auf sie entfallenden Betrags des Grundkapitals, des Anteils am Grundkapital und des Erwerbs- oder Veräußerungspreises, sowie über die Verwendung des Erlöses zu berichten;
3. die Zahl und bei Nennbetragsaktien den Nennbetrag der Aktien jeder Gattung, sofern sich diese Angaben nicht aus der Bilanz ergeben; davon sind Aktien, die bei einer bedingten Kapitalerhöhung oder einem genehmigten Kapital im Geschäftsjahr gezeichnet wurden, jeweils gesondert anzugeben;
4. das genehmigte Kapital;
5. die Zahl der Bezugsrechte gemäß § 192 Abs. 2 Nr. 3, der Wandelschuldverschreibungen und vergleichbaren Wertpapiere unter Angabe der Rechte, die sie verbriefen;
6. Genußrechte, Rechte aus Besserungsscheinen und ähnliche Rechte unter Angabe der Art und Zahl der jeweiligen Rechte sowie der im Geschäftsjahr neu entstandenen Rechte;
7. das Bestehen einer wechselseitigen Beteiligung unter Angabe des Unternehmens;
8. das Bestehen einer Beteiligung, die nach § 20 Abs. 1 oder 4 dieses Gesetzes oder nach § 21 Abs. 1 oder Abs. 1 a des Wertpapierhandelsgesetzes mitgeteilt worden ist; dabei ist der nach § 20 Abs. 6 dieses Gesetzes oder der nach § 26 Abs. 1 des Wertpapierhandelsgesetzes veröffentlichte Inhalt der Mitteilung anzugeben.

(2) Die Berichterstattung hat insoweit zu unterbleiben, als es für das Wohl der Bundesrepublik Deutschland oder eines ihrer Länder erforderlich ist.

(3) Absatz 1 ist nicht anzuwenden auf Aktiengesellschaften, die Kleinstkapitalgesellschaften im Sinne des § 267a des Handelsgesetzbuchs sind, wenn sie von der Erleichterung nach § 264 Absatz 1 Satz 5 des Handelsgesetzbuchs Gebrauch machen.

§ 161. Erklärung zum Corporate Governance Kodex[1]. [1]Vorstand und Aufsichtsrat der börsennotierten Gesellschaft erklären jährlich, dass den vom Bundesministerium der Justiz im amtlichen Teil des Bundesanzeigers bekannt gemachten Empfehlungen der „Regierungskommission Deutscher Corporate Governance Kodex" entsprochen wurde und wird oder welche Empfehlungen nicht angewendet wurden oder werden und warum nicht. [2]Gleiches gilt für Vorstand und Aufsichtsrat einer Gesellschaft, die ausschließlich andere Wertpapiere als Aktien zum Handel an einem organisierten Markt im Sinne des § 2 Abs. 5 des Wertpapierhandelsgesetzes ausgegeben hat und deren ausgegebene Aktien auf eigene Veranlassung über ein multilaterales Handelssystem im Sinn des § 2 Abs. 3 Satz 1 Nr. 8 des Wertpapierhandelsgesetzes gehandelt werden.

(2) Die Erklärung ist auf der Internetseite der Gesellschaft dauerhaft öffentlich zugänglich zu machen.

▶ Prüfung des Jahresabschlusses

Prüfung durch den Aufsichtsrat

§ 170. Vorlage an den Aufsichtsrat. (1) Der Vorstand hat den Jahresabschluß und den Lagebericht unverzüglich nach ihrer Aufstellung dem Aufsichtsrat vorzulegen. …

(2) [1]Zugleich hat der Vorstand dem Aufsichtsrat den Vorschlag vorzulegen, den er der Hauptversammlung für die Verwendung des Bilanzgewinns machen will. [2]Der Vorschlag ist, sofern er keine abweichende Gliederung bedingt, wie folgt zu gliedern:
1. Verteilung an die Aktionäre …
2. Einstellung in Gewinnrücklagen …
3. Gewinnvortrag …
4. Bilanzgewinn …

3

§ 171. Prüfung durch den Aufsichtsrat.
(1) [1]Der Aufsichtsrat hat den Jahresabschluß, den Lagebericht und den Vorschlag für die Verwendung des Bilanzgewinns zu prüfen, … [2]Ist der Jahresabschluß oder der Konzernabschluss durch einen Abschlußprüfer zu prüfen, so hat dieser an den Verhandlungen des Aufsichtsrats oder des Prüfungsausschusses über diese Vorlagen teilzunehmen und über wesentliche Ergebnisse seiner Prüfung, insbesondere wesentliche Schwächen des internen Kontroll- und des Risikomanagements bezogen auf den Rechnungslegungsprozess, zu berichten. …

(2) [1]Der Aufsichtsrat hat über das Ergebnis der Prüfung schriftlich an die Hauptversammlung zu berichten. [2]In dem Bericht hat der Aufsichtsrat auch mitzuteilen, in welcher Art und in welchem Umfang er die Geschäftsführung der Gesellschaft während des Geschäftsjahrs geprüft hat; bei börsennotierten Gesellschaften hat er insbesondere anzugeben, welche Ausschüsse gebildet worden sind, sowie die Zahl seiner Sitzungen und die der Ausschüsse mitzuteilen. [3]Ist der Jahresabschluß durch einen Abschlußprüfer zu prüfen, so hat der Aufsichtsrat ferner zu dem Ergebnis der Prüfung des Jahresabschlusses durch den Abschlußprüfer Stellung

1 Die jeweils aktuelle Fassung des Deutschen Corporate Governance Kodex kann unter der Internetadresse http://www.corporate-governance-code.de abgerufen werden.

zu nehmen. [4]Am Schluß des Berichts hat der Aufsichtsrat zu erklären, ob nach dem abschließenden Ergebnis seiner Prüfung Einwendungen zu erheben sind und ob er den vom Vorstand aufgestellten Jahresabschluß billigt. …

(3) [1]Der Aufsichtsrat hat seinen Bericht innerhalb eines Monats, nachdem ihm die Vorlagen zugegangen sind, dem Vorstand zuzuleiten. [2]Wird der Bericht dem Vorstand nicht innerhalb der Frist zugeleitet, hat der Vorstand dem Aufsichtsrat unverzüglich eine weitere Frist von nicht mehr als einem Monat zu setzen. [3]Wird der Bericht dem Vorstand nicht vor Ablauf der weiteren Frist zugeleitet, gilt der Jahresabschluß als vom Aufsichtsrat nicht gebilligt; …

3

(4) Die Absätze 1 bis 3 gelten auch hinsichtlich eines Einzelabschlusses nach § 325 Abs. 2a des Handelsgesetzbuchs. Der Vorstand darf den in Satz 1 genannten Abschluss erst nach dessen Billigung durch den Aufsichtsrat offen legen.

▶ Feststellung des Jahresabschlusses. Gewinnverwendung

Feststellung des Jahresabschlusses

§ 172. Feststellung durch Vorstand und Aufsichtsrat. Billigt der Aufsichtsrat den Jahresabschluß, so ist dieser festgestellt, sofern nicht Vorstand und Aufsichtsrat beschließen, die Feststellung des Jahresabschlusses der Hauptversammlung zu überlassen.

§ 173. Feststellung durch die Hauptversammlung. (1) Haben Vorstand und Aufsichtsrat beschlossen, die Feststellung des Jahresabschlusses der Hauptversammlung zu überlassen, oder hat der Aufsichtsrat den Jahresabschluß nicht gebilligt, so stellt die Hauptversammlung den Jahresabschluß fest. …

(2) [1]Auf den Jahresabschluß sind bei der Feststellung die für seine Aufstellung geltenden Vorschriften anzuwenden. [2]Die Hauptversammlung darf bei der Feststellung des Jahresabschlusses nur die Beträge in Gewinnrücklagen einstellen, die nach Gesetz oder Satzung einzustellen sind.

Gewinnverwendung

§ 174. (1) [1]Die Hauptversammlung beschließt über die Verwendung des Bilanzgewinns. [2]Sie ist hierbei an den festgestellten Jahresabschluß gebunden.

(2) In dem Beschluß ist die Verwendung des Bilanzgewinns im einzelnen darzulegen, namentlich sind anzugeben

1. der Bilanzgewinn;
2. der an die Aktionäre auszuschüttende Betrag oder Sachwert;
3. die in Gewinnrücklagen einzustellenden Beträge;
4. ein Gewinnvortrag;
5. der zusätzliche Aufwand auf Grund des Beschlusses.

(3) Der Beschluß führt nicht zu einer Änderung des festgestellten Jahresabschlusses.

Ordentliche Hauptversammlung

§ 175. Einberufung. (1) [1]Unverzüglich nach Eingang des Berichts des Aufsichtsrats hat der Vorstand die Hauptversammlung zur Entgegennahme des festgestellten Jahresabschlusses und des Lageberichts eines vom Aufsichtsrat gebilligten Einzelabschlusses nach § 325 Abs. 2a des Handelsgesetzbuches sowie zur Beschlußfassung über die Verwendung eines Bilanzgewinns … einzuberufen. [2]Die Hauptversammlung hat in den ersten acht Monaten des Geschäftsjahrs stattzufinden.

Satzungsänderung. Maßnahmen der Kapitalbeschaffung und Kapitalherabsetzung

▶ Satzungsänderung

§ 179. Beschluß der Hauptversammlung.

(1) [1]Jede Satzungsänderung bedarf eines Beschlusses der Hauptversammlung. [2]Die Befugnis zu Änderungen, die nur die Fassung betreffen, kann die Hauptversammlung dem Aufsichtsrat übertragen.

(2) [1]Der Beschluß der Hauptversammlung bedarf einer Mehrheit, die mindestens drei Viertel des bei der Beschlußfassung vertretenen Grundkapitals umfaßt. [2]Die Satzung kann eine andere Kapitalmehrheit, für eine Änderung des Gegenstands des Unternehmens jedoch nur eine größere Kapitalmehrheit bestimmen. [3]Sie kann weitere Erfordernisse aufstellen.

§ 181. Eintragung der Satzungsänderung.

(1) Der Vorstand hat die Satzungsänderung zur Eintragung in das Handelsregister anzumelden.

▶ Maßnahmen der Kapitalbeschaffung

Kapitalerhöhung gegen Einlagen

§ 182. Voraussetzungen. (1) [1]Eine Erhöhung des Grundkapitals gegen Einlagen kann nur mit einer Mehrheit beschlossen werden, die mindestens drei Viertel des bei der Beschlußfassung vertretenen Grundkapitals umfaßt. [2]Die Satzung kann eine andere Kapitalmehrheit, für die Ausgabe von Vorzugsaktien ohne Stimmrecht jedoch nur eine größere Kapitalmehrheit bestimmen. [3]Sie kann weitere Erfordernisse aufstellen. [4]Die Kapitalerhöhung kann nur durch Ausgabe neuer Aktien ausgeführt werden. [5]Bei Gesellschaften mit Stückaktien muß sich die Zahl der Aktien in demselben Verhältnis wie das Grundkapital erhöhen.

§ 183. Kapitalerhöhung mit Sacheinlagen; Rückzahlung von Einlagen. (1) Wird eine Sacheinlage (§ 27 Abs. 1 und 2) gemacht, so müssen ihr Gegenstand, die Person, von der die Gesellschaft den Gegenstand erwirbt, und der Nennbetrag, bei Stückaktien die Zahl der bei der Sacheinlage zu gewährenden Aktien im Beschluß über die Erhöhung des Grundkapitals festgesetzt werden.

§ 183a. Kapitalerhöhung mit Sacheinlagen ohne Prüfung. (1) Von der Prüfung der Sacheinlagen (§ 183 Abs. 3) kann unter den Voraussetzungen des § 331 abgesehen werden. …

§ 184. Anmeldung des Beschlusses. (1) [1]Der Vorstand und der Vorsitzende des Aufsichtsrats haben den Beschluss über die Erhöhung des Grundkapitals zur Eintragung in das Handelsregister anzumelden. [2]In der Anmeldung ist anzugeben, welche Einlagen auf das bisherige Grundkapital noch nicht geleistet sind und warum sie nicht erlangt werden können. [3]Soll von einer Prüfung der Sacheinlage abgesehen werden und ist das Datum des Beschlusses der Kapitalerhöhung vorab bekannt gemacht worden (§ 183a Abs. 2), müssen die Anmeldungen in der Anmeldung nur noch versichern, dass ihnen seit der Bekanntmachung keine Umstände im Sinne von § 37a Abs. 2 bekannt geworden sind.

(2) Der Anmeldung sind der Bericht über die Prüfung von Sacheinlagen (§ 183 Abs. 3) oder die in § 37a Abs. 3 bezeichneten Anlagen beizufügen.

§ 185. Zeichnung der neuen Aktien. (1) [1]Die Zeichnung der neuen Aktien geschieht durch schriftliche Erklärung (Zeichnungsschein), aus der die Beteiligung nach der Zahl und bei Nennbetragsaktien dem Nennbetrag und, wenn mehrere Gattungen ausgegeben werden, der Gattung der Aktien hervorgehen muß. [2]Der Zeichnungsschein soll doppelt ausgestellt werden.

§ 186. Bezugsrecht. (1) Jedem Aktionär muß auf sein Verlangen ein seinem Anteil an dem bisherigen Grundkapital entsprechender Teil der neuen Aktien zugeteilt werden.

(2) [1]Der Vorstand hat den Ausgabebetrag oder die Grundlagen für seine Festlegung und zugleich eine Bezugsfrist gemäß Absatz 1 in den Gesellschaftsblättern bekannt zu machen. [2]Sind nur die Grundlagen der Festlegung angegeben, so hat er spätestens drei Tage vor Ablauf der Bezugsfrist den Ausgabebetrag in den Gesellschaftsblättern und über ein elektronisches Informationsmedium bekannt zu machen.

(3) [1]Das Bezugsrecht kann ganz oder zum Teil nur im Beschluß über die Erhöhung des Grundkapitals ausgeschlossen werden. [2]In diesem Fall bedarf der Beschluß neben den in Gesetz oder Satzung für die Kapitalerhöhung aufgestellten Erfordernissen einer Mehrheit, die mindestens drei Viertel des bei der Beschlußfassung vertretenen Grundkapitals umfaßt. [3]Die Satzung kann eine größere Kapitalmehrheit und weitere Erfordernisse bestimmen. [4]Ein Ausschluß des Bezugsrechts ist insbesondere dann zulässig, wenn die Kapitalerhöhung gegen Bareinlagen zehn vom Hundert des Grundkapitals nicht übersteigt und der Ausgabebetrag den Börsenpreis nicht wesentlich unterschreitet.

3

(4) Ein Beschluß, durch den das Bezugsrecht ganz oder zum Teil ausgeschlossen wird, darf nur gefaßt werden, wenn die Ausschließung ausdrücklich und ordnungsgemäß bekanntgemacht worden ist.

(5) Als Ausschluß des Bezugsrechts ist es nicht anzusehen, wenn nach dem Beschluß die neuen Aktien von einem Kreditinstitut oder einem nach § 53 Abs. 1, Satz 1 oder § 53 b Abs. 1 Satz 1 oder Abs. 7 des Gesetzes über das Kreditwesen tätigen Unternehmen mit der Verpflichtung übernommen werden sollen, sie den Aktionären zum Bezug anzubieten. …

§ 187. Zusicherung von Rechten auf den Bezug neuer Aktien. (1) Rechte auf den Bezug neuer Aktien können nur unter Vorbehalt des Bezugsrechts der Aktionäre zugesichert werden.

(2) Zusicherungen vor dem Beschluß über die Erhöhung des Grundkapitals sind der Gesellschaft gegenüber unwirksam.

§ 188. Anmeldung und Eintragung der Durchführung. (1) Der Vorstand und der Vorsitzende des Aufsichtsrats haben die Durchführung der Erhöhung des Grundkapitals zur Eintragung in das Handelsregister anzumelden.

§ 189. Wirksamwerden der Kapitalerhöhung. Mit der Eintragung der Durchführung der Erhöhung des Grundkapitals ist das Grundkapital erhöht.

§ 190. *(aufgehoben).*

§ 191. Verbotene Ausgabe von Aktien und Zwischenscheinen. [1]Vor der Eintragung der Durchführung der Erhöhung des Grundkapitals können die neuen Anteilsrechte nicht übertragen, neue Aktien und Zwischenscheine nicht ausgegeben werden. [2]Die vorher ausgegebenen neuen Aktien und Zwischenscheine sind nichtig. [3]Für den Schaden aus der Ausgabe sind die Ausgeber den Inhabern als Gesamtschuldner verantwortlich.

Bedingte Kapitalerhöhung

3

§ 192. Voraussetzungen. (1) Die Hauptversammlung kann eine Erhöhung des Grundkapitals beschließen, die nur so weit durchgeführt werden soll, wie von einem Umtausch- oder Bezugsrecht Gebrauch gemacht wird, das die Gesellschaft auf die neuen Aktien (Bezugsaktien) einräumt (bedingte Kapitalerhöhung).

(2) Die bedingte Kapitalerhöhung soll nur zu folgenden Zwecken beschlossen werden:

1. zur Gewährung von Umtausch- oder Bezugsrechten an Gläubiger von Wandelschuldverschreibungen;
2. zur Vorbereitung des Zusammenschlusses mehrerer Unternehmen;
3. zur Gewährung von Bezugsrechten an Arbeitnehmer und Mitglieder der Geschäftsführung der Gesellschaft oder eines verbundenen Unternehmens im Wege des Zustimmungs- oder Ermächtigungsbeschlusses.

(3) [1]Der Nennbetrag des bedingten Kapitals darf die Hälfte und der Nennbetrag des nach Absatz 2 Nr. 3 beschlossenen Kapitals den zehnten Teil des Grundkapitals, das zur Zeit der Beschlußfassung über die bedingte Kapitalerhöhung vorhanden ist, nicht übersteigen. [2]§ 182 Abs. 1 Satz 5 gilt sinngemäß.

(4) Ein Beschluß der Hauptversammlung, der dem Beschluß über die bedingte Kapitalerhöhung entgegensteht, ist nichtig.

(5) Die folgenden Vorschriften über das Bezugsrecht gelten sinngemäß für das Umtauschrecht.

§ 193. Erfordernisse des Beschlusses.

(1) [1]Der Beschluß über die bedingte Kapitalerhöhung bedarf einer Mehrheit, die mindestens drei Viertel des bei der Beschlußfassung vertretenen Grundkapitals umfaßt. [2]Die Satzung kann eine größere Kapitalmehrheit und weitere Erfordernisse bestimmen. [3]§ 182 Abs. 2 und § 187 Abs. 2 gelten.

(2) Im Beschluß müssen auch festgestellt werden.

1. der Zweck der bedingten Kapitalerhöhung;
2. der Kreis der Bezugsberechtigten;
3. der Ausgabebetrag oder die Grundlagen, nach denen dieser Betrag errechnet wird; ...
4. bei Beschlüssen nach § 192 Abs. 2 Nr. 3 auch die Aufteilung der Bezugsrechte auf die Mitglieder der Geschäftsführung und Arbeitnehmer, Erfolgsziele, Erwerbs- und Ausübungszeiträume und Wartezeit für die erstmalige Ausübung (mindestens vier Jahre).

§ 194. Bedingte Kapitalerhöhung mit Sacheinlagen; Rückzahlung von Einlagen. (1) [1]Wird eine Sacheinlage gemacht, so müssen ihr Gegenstand, die Person, von der die Gesellschaft den Gegenstand erwirbt, und der Nennbetrag, bei Stückaktien die Zahl der bei der Sacheinlage zu gewährenden Aktien im Beschluß über die bedingte Kapitalerhöhung festgesetzt werden. [2]Als Sacheinlage gilt nicht die Hingabe von Schuldverschreibungen im Umtausch gegen Bezugsaktien. [3]Der Beschluß darf nur gefaßt werden, wenn die Einbringung von Sacheinlagen ausdrücklich und ordnungsgemäß bekanntgemacht worden ist.

§ 195. Anmeldung des Beschlusses. (1) Der Vorstand und der Vorsitzende des Aufsichtsrats haben den Beschluß über die bedingte Kapitalerhöhung zur Eintragung in das Handelsregister anzumelden.

§ 197. Verbotene Aktienausgabe. [1]Vor der Eintragung des Beschlusses über die bedingte Kapitalerhöhung können die Bezugsaktien nicht ausgegeben werden. [2]Ein Anspruch des Bezugsberechtigten entsteht vor diesem Zeitpunkt nicht. [3]Die vorher ausgegebenen Bezugsaktien sind nichtig. [4]Für den Schaden aus der Ausgabe sind die Ausgeber den Inhabern als Gesamtschuldner verantwortlich.

§ 198. Bezugserklärung. (1) [1]Das Bezugsrecht wird durch schriftliche Erklärung ausgeübt. [2]Die Erklärung (Bezugserklärung) soll doppelt ausgestellt werden. [3]Sie hat die Beteiligung nach der Zahl und bei Nennbetragsaktien dem Nennbetrag und, wenn mehrere Gattungen ausgegeben werden, der Gattung der Aktien, die Feststellungen nach § 193 Abs. 2, die nach § 194 bei der Einbringung von Sacheinlagen vorgesehenen Festsetzungen sowie den Tag anzugeben, an dem der Beschluß über die bedingte Kapitalerhöhung gefaßt worden ist.

(2) [1]Die Bezugserklärung hat die gleiche Wirkung wie eine Zeichnungserklärung. [2]Bezugserklärungen, deren Inhalt nicht dem Absatz 1 entspricht oder die Beschränkungen der Verpflichtung des Erklärenden enthalten, sind nichtig.

§ 199. Ausgabe der Bezugsaktien. (1) Der Vorstand darf die Bezugsaktien nur in Erfüllung des im Beschluß über die bedingte Kapitalerhöhung festgesetzten Zwecks und nicht vor der vollen Leistung des Gegenwerts ausgeben, der sich aus dem Beschluß ergibt.

§ 200. Wirksamwerden der bedingten Kapitalerhöhung. Mit der Ausgabe der Bezugsaktien ist das Grundkapital erhöht.

§ 201. Anmeldung der Ausgabe von Bezugsaktien. (1) Der Vorstand hat innerhalb eines Monats nach Ablauf des Geschäftsjahrs zur Eintragung in das Handelsregister anzumelden, in welchem Umfang im abgelaufenen Geschäftsjahr Bezugsaktien ausgegeben worden sind.

Genehmigtes Kapital

§ 202. Voraussetzungen. (1) Die Satzung kann den Vorstand für höchstens fünf Jahre nach Eintragung der Gesellschaft ermächtigen, das Grundkapital bis zu einem bestimmten Nennbetrag (genehmigtes Kapital) durch Ausgabe neuer Aktien gegen Einlagen zu erhöhen.

(2) [1]Die Ermächtigung kann auch durch Satzungsänderung für höchstens fünf Jahre nach Eintragung der Satzungsänderung erteilt werden. [2]Der Beschluß der Hauptversammlung bedarf einer Mehrheit, die mindestens drei Viertel des bei der Beschlußfassung vertretenen Grundkapitals umfaßt. [3]Die Satzung kann eine größere Kapitalmehrheit und weitere Erfordernisse bestimmen. [4]§ 182 Abs. 2 gilt.

(3) [1]Der Nennbetrag des genehmigten Kapitals darf die Hälfte des Grundkapitals, das zur Zeit der Ermächtigung vorhanden ist, nicht übersteigen. [2]Die neuen Aktien sollen nur mit Zustimmung des Aufsichtsrats ausgegeben werden. [3]§ 182 Abs. 1 Satz 5 gilt sinngemäß.

(4) Die Satzung kann auch vorsehen, daß die neuen Aktien an Arbeitnehmer der Gesellschaft ausgegeben werden.

§ 203. Ausgabe der neuen Aktien. (1) [1]Für die Ausgabe der neuen Aktien gelten sinngemäß, soweit sich aus den folgenden Vorschriften nichts anderes ergibt, §§ 185 bis 191 über die Kapitalerhöhung gegen Einlagen. [2]An die Stelle des Beschlusses über die Erhöhung des Grundkapitals tritt die Ermächtigung der Satzung zur Ausgabe neuer Aktien.

(2) [1]Die Ermächtigung kann vorsehen, daß der Vorstand über den Ausschluß des Bezugsrechts entscheidet. [2]Wird eine Ermächtigung, die dies vorsieht, durch Satzungsänderung erteilt, so gilt § 186 Abs. 4 sinngemäß.

(3) Die neuen Aktien sollen nicht ausgegeben werden, solange ausstehende Einlagen auf das bisherige Grundkapital noch erlangt werden können.

§ 204. Bedingungen der Aktienausgabe.

(1) [1]Über den Inhalt der Aktienrechte und die Bedingungen der Aktienausgabe entscheidet der Vorstand, soweit die Ermächtigung keine Bestimmungen enthält. [2]Die Entscheidung des Vorstands bedarf der Zustimmung des Aufsichtsrats; gleiches gilt für die Entscheidung des Vorstands nach § 203 Abs. 2 über den Ausschluß des Bezugsrechts.

(2) Sind Vorzugsaktien ohne Stimmrecht vorhanden, so können Vorzugsaktien, die bei der Verteilung des Gewinns oder des Gesellschaftsvermögens ihnen vorgehen oder gleichstehen, nur ausgegeben werden, wenn die Ermächtigung es vorsieht.

(3) [1]Weist ein Jahresabschluß, der mit einem uneingeschränkten Bestätigungsvermerk versehen ist, einen Jahresüberschuß aus, so können Aktien an Arbeitnehmer der Gesellschaft auch in der Weise ausgegeben werden, daß die auf sie zu leistende Einlage aus dem Teil des Jahresüberschusses gedeckt wird, den nach § 58 Abs. 2 Vorstand und Aufsichtsrat in andere Gewinnrücklagen einstellen können. [2]Für die Ausgabe der neuen Aktien gelten die Vorschriften über eine Kapitalerhöhung gegen Bareinlagen, ausgenommen § 188 Abs. 2.

§ 205. Ausgabe gegen Sacheinlagen; Rückzahlung von Einlagen. (1) Gegen Sacheinlagen dürfen Aktien nur ausgegeben werden, wenn die Ermächtigung es vorsieht.

(2) [1]Der Gegenstand der Sacheinlage, die Person, von der die Gesellschaft den Gegenstand erwirbt, und der Nennbetrag, bei Stückaktien die Zahl der bei der Sacheinlage zu gewährenden Aktien sind, wenn sie nicht in der Ermächtigung festgesetzt sind, vom Vorstand festzusetzen und in den Zeichnungsschein aufzunehmen. [2]Der Vorstand soll die Entscheidung nur mit Zustimmung des Aufsichtsrats treffen.

Kapitalerhöhung aus Gesellschaftsmitteln

§ 207. Voraussetzungen. (1) Die Hauptversammlung kann eine Erhöhung des Grundkapitals durch Umwandlung der Kapitalrücklage und von Gewinnrücklagen in Grundkapital beschließen.

(2) [1]Für den Beschluß und für die Anmeldung des Beschlusses gelten § 182 Abs. 1, § 184 Abs. 1 sinngemäß. [2]Gesellschaften mit Stückaktien können ihr Grundkapital auch ohne Ausgabe von Aktien erhöhen; der Beschluß über die Kapitalerhöhung muß die Art der Erhöhung angeben.

(3) Dem Beschluß ist eine Bilanz zugrunde zu legen.

§ 208. Umwandlungsfähigkeit von Kapital- und Gewinnrücklagen. (1) [1]Die Kapitalrücklage und die Gewinnrücklagen, die in Grundkapital umgewandelt werden sollen, müssen in der letzten Jahresbilanz und, wenn dem Beschluß eine andere Bilanz zugrunde gelegt wird, auch in dieser Bilanz unter „Kapitalrücklage" oder „Gewinnrücklagen" oder im letzten Beschluß über die Verwendung des Jahresüberschusses oder des Bilanzgewinns als Zuführung zu diesen Rücklagen ausgewiesen sein. [2]Vorbehaltlich des Absatzes 2 können andere Gewinnrücklagen und deren Zuführungen in voller Höhe, die Kapitalrücklage und die gesetzliche Rücklage sowie deren Zuführungen nur, soweit sie zusammen den zehnten oder den in der Satzung bestimmten höheren Teil des bisherigen Grundkapitals übersteigen, in Grundkapital umgewandelt werden.

(2) [1]Die Kapitalrücklage und die Gewinnrücklagen sowie deren Zuführungen können nicht umgewandelt werden, soweit in der zugrunde gelegten Bilanz ein Verlust einschließlich eines Verlustvortrags ausgewiesen ist. [2]Gewinnrücklagen und deren Zuführungen, die für einen bestimmten Zweck bestimmt sind, dürfen nur umgewandelt werden, soweit dies mit ihrer Zweckbestimmung vereinbar ist.

§ 209. Zugrunde gelegte Bilanz. (1) Dem Beschluß kann die letzte Jahresbilanz zugrunde gelegt werden, wenn die Jahresbilanz geprüft und die festgestellte Jahresbilanz mit dem uneingeschränkten Bestätigungsvermerk des Abschlußprüfers versehen ist und wenn ihr Stichtag höchstens acht Monate vor der Anmeldung des Beschlusses zur Eintragung in das Handelsregister liegt.

§ 210. Anmeldung und Eintragung des Beschlusses. (1) [1]Der Anmeldung des Beschlusses zur Eintragung in das Handelsregister ist die der Kapitalerhöhung zugrunde gelegte Bilanz mit Bestätigungsvermerk, im Fall des § 209 Abs. 2 bis 6 außerdem die letzte Jahresbilanz, sofern sie noch nicht nach § 325 Abs. 1 des Handelsgesetzbuches eingereicht ist, beizufügen. [2]Die Anmeldenden haben dem Gericht gegenüber zu erklären, daß nach ihrer Kenntnis seit dem Stichtag der zugrunde gelegten Bilanz bis zum Tag der Anmeldung keine Vermögensminderung eingetreten ist, die der Kapitalerhöhung entgegenstünde, wenn sie am Tag der Anmeldung beschlossen worden wäre.

§ 211. Wirksamwerden der Kapitalerhöhung. Mit der Eintragung des Beschlusses über die Erhöhung des Grundkapitals ist das Grundkapital erhöht.

§ 212. Aus der Kapitalerhöhung Berechtigte. [1]Neue Aktien stehen den Aktionären im Verhältnis ihrer Anteile am bisherigen Grundkapital zu. [2]Ein entgegenstehender Beschluß der Hauptversammlung ist nichtig.

Wandelschuldverschreibungen. Gewinnschuldverschreibungen

§ 221. (1) [1]Schuldverschreibungen, bei denen den Gläubigern ein Umtausch- oder Bezugsrecht auf Aktien eingeräumt wird (Wandelschuldverschreibungen), und Schuldverschreibungen, bei denen die Rechte der Gläubiger mit Gewinnanteilen von Aktionären in Verbindung gebracht werden (Gewinnschuldverschreibungen), dürfen nur auf Grund eines Beschlusses der Hauptversammlung ausgegeben werden. [2]Der Beschluß bedarf einer Mehrheit, die mindestens drei Viertel des bei der Beschlußfassung vertretenen Grundkapitals umfaßt. [3]Die Satzung kann eine andere Kapitalmehrheit und weitere Erfordernisse bestimmen. [4]§ 182 Abs. 2 gilt.

(2) Eine Ermächtigung des Vorstandes zur Ausgabe von Wandelschuldverschreibungen kann höchstens für fünf Jahre erteilt werden.

(3) Absatz 1 gilt sinngemäß für die Gewährung von Genußrechten.

(4) Auf Wandelschuldverschreibungen, Gewinnschuldverschreibungen und Genußrechte haben die Aktionäre ein Bezugsrecht. …

▶ Maßnahmen der Kapitalherabsetzung

Ordentliche Kapitalherabsetzung

§ 222. Voraussetzungen. (1) [1]Eine Herabsetzung des Grundkapitals kann nur mit einer Mehrheit beschlossen werden, die mindestens drei Viertel des bei der Beschlußfassung vertretenen Grundkapitals umfaßt. [2]Die Satzung kann eine größere Kapitalmehrheit und weitere Erfordernisse bestimmen.

(2) [1]Sind mehrere Gattungen von stimmberechtigten Aktien vorhanden, so bedarf der Beschluß der Hauptversammlung zu seiner Wirksamkeit der Zustimmung der Aktionäre jeder Gattung. [2]Über die Zustimmung haben die Aktionäre jeder Gattung einen Sonderbeschluß zu fassen. [3]Für diesen gilt Absatz 1.

(3) In dem Beschluß ist festzusetzen, zu welchem Zweck die Herabsetzung stattfindet, namentlich ob Teile des Grundkapitals zurückgezahlt werden sollen.

(4) [1]Die Herabsetzung des Grundkapitals erfordert bei Gesellschaften mit Nennbetragsaktien die Herabsetzung des Nennbetrags der Aktien. [2]Soweit der auf die einzelne Aktie ent-

fallende anteilige Betrag des herabgesetzten Grundkapitals den Mindestbetrag nach § 8 Abs. 2 Satz 1 oder Abs. 3 Satz 3 unterschreiten würde, erfolgt die Herabsetzung durch Zusammenlegung der Aktien. [3]Der Beschluß muß die Art der Herabsetzung angeben.

§ 223. Anmeldung des Beschlusses. Der Vorstand und der Vorsitzende des Aufsichtsrats haben den Beschluß über die Herabsetzung des Grundkapitals zur Eintragung in das Handelsregister anzumelden.

§ 224. Wirksamwerden der Kapitalherabsetzung. Mit der Eintragung des Beschlusses über die Herabsetzung des Grundkapitals ist das Grundkapital herabgesetzt.

§ 225. Gläubigerschutz. (1) [1]Den Gläubigern, deren Forderungen begründet worden sind, bevor die Eintragung des Beschlusses bekanntgemacht worden ist, ist, wenn sie sich binnen sechs Monaten nach der Bekanntmachung zu diesem Zweck melden, Sicherheit zu leisten, soweit sie nicht Befriedigung verlangen können. [2]Die Gläubiger sind in der Bekanntmachung der Eintragung auf dieses Recht hinzuweisen. [3]Das Recht, Sicherheitsleistung zu verlangen, steht Gläubigern nicht zu, die im Fall des Insolvenzverfahrens ein Recht auf vorzugsweise Befriedigung aus einer Deckungsmasse haben, die nach gesetzlicher Vorschrift zu ihrem Schutz errichtet und staatlich überwacht ist.

(2) [1]Zahlungen an die Aktionäre dürfen auf Grund der Herabsetzung des Grundkapitals erst geleistet werden, nachdem seit der Bekanntmachung der Eintragung sechs Monate verstrichen sind und nachdem den Gläubigern, die sich rechtzeitig gemeldet haben, Befriedigung oder Sicherheit gewährt worden ist. [2]Auch eine Befreiung der Aktionäre von der Verpflichtung zur Leistung von Einlagen wird nicht vor dem bezeichneten Zeitpunkt und nicht vor Befriedigung oder Sicherstellung der Gläubiger wirksam, die sich rechtzeitig gemeldet haben.

(3) Das Recht der Gläubiger, Sicherheitsleistung zu verlangen, ist unabhängig davon, ob Zahlungen an die Aktionäre auf Grund der Herabsetzung des Grundkapitals geleistet werden.

§ 227. Anmeldung der Durchführung.

(1) Der Vorstand hat die Durchführung der Herabsetzung des Grundkapitals zur Eintragung in das Handelsregister anzumelden.

(2) Anmeldung und Eintragung der Durchführung der Herabsetzung des Grundkapitals können mit Anmeldung und Eintragung des Beschlusses über die Herabsetzung verbunden werden.

Vereinfachte Kapitalherabsetzung

§ 229. Voraussetzungen. (1) [1]Eine Herabsetzung des Grundkapitals, die dazu dienen soll, Wertminderungen auszugleichen, sonstige Verluste zu decken oder Beträge in die Kapitalrücklage einzustellen, kann in vereinfachter Form vorgenommen werden. [2]Im Beschluß ist festzusetzen, daß die Herabsetzung zu diesen Zwecken stattfindet.

(2) [1]Die vereinfachte Kapitalherabsetzung ist nur zulässig, nachdem der Teil der gesetzlichen Rücklage und der Kapitalrücklage, um den diese zusammen über zehn vom Hundert des nach der Herabsetzung verbleibenden Grundkapitals hinausgehen, sowie die Gewinnrücklagen vorweg aufgelöst sind. [2]Sie ist nicht zulässig, solange ein Gewinnvortrag vorhanden ist.

§ 230. Verbot von Zahlungen an die Aktionäre. [1]Die Beträge, die aus der Auflösung der Kapital- oder Gewinnrücklagen und aus der Kapitalherabsetzung gewonnen werden, dürfen nicht zu Zahlungen an die Aktionäre und nicht dazu verwandt werden, die Aktionäre von der Verpflichtung zur Leistung von Einlagen zu befreien. [2]Sie dürfen nur verwandt werden, um Wertminderungen auszugleichen, sonstige Verluste zu decken und Beträge in die Kapitalrücklage oder in die gesetzliche Rücklage einzustellen. [3]Auch eine Verwendung zu einem dieser Zwecke ist nur zulässig, soweit sie im Beschluß als Zweck der Herabsetzung angegeben ist.

§ 231. Beschränkte Einstellung in die Kapitalrücklage und in die gesetzliche Rücklage. [1]Die Einstellung der Beträge, die aus der Auflösung von anderen Gewinnrücklagen gewonnen werden, in die gesetzliche Rücklage und der Beträge, die aus der Kapitalherabsetzung gewonnen werden, in die Kapitalrücklage ist nur zulässig, soweit die Kapitalrücklage und die gesetzliche Rücklage zusammen zehn vom Hundert des Grundkapitals nicht übersteigen. [2]Als Grundkapital gilt dabei der Nennbetrag, der sich durch die Herabsetzung ergibt, mindestens aber der in § 7 bestimmte Mindestnennbetrag. [3]Bei der Bemessung der zulässigen Höhe bleiben Beträge, die in der Zeit nach der Beschlußfassung über die Kapitalherabsetzung in die Kapitalrücklage einzustellen sind, auch dann außer Betracht, wenn ihre Zahlung auf einem Beschluß beruht, der zugleich mit dem Beschluß über die Kapitalherabsetzung gefaßt wird.

3

§ 232. Einstellung von Beträgen in die Kapitalrücklage bei zu hoch angenommenen Verlusten. Ergibt sich bei Aufstellung der Jahresbilanz für das Geschäftsjahr, in dem der Beschluß über die Kapitalherabsetzung gefaßt wurde, oder für eines der beiden folgenden Geschäftsjahre, daß Wertminderungen und sonstige Verluste in der bei der Beschlußfassung angenommenen Höhe tatsächlich nicht eingetreten oder ausgeglichen waren, so ist der Unterschiedsbetrag in die Kapitalrücklage einzustellen.

§ 233. Gewinnausschüttung. Gläubigerschutz. (1) [1]Gewinn darf nicht ausgeschüttet werden, bevor die gesetzliche Rücklage und die Kapitalrücklage zusammen zehn vom Hundert des Grundkapitals erreicht haben. [2]Als Grundkapital gilt dabei der Nennbetrag, der sich durch die Herabsetzung ergibt, mindestens aber der in § 7 bestimmte Mindestnennbetrag.

(2) [1]Die Zahlung eines Gewinnanteils von mehr als vier vom Hundert ist erst für ein Geschäftsjahr zulässig, das später als zwei Jahre nach der Beschlußfassung über die Kapitalherabsetzung beginnt. [2]Dies gilt nicht, wenn die Gläubiger, deren Forderungen vor der Bekanntmachung der Eintragung des Beschlusses begründet worden waren, befriedigt oder sichergestellt sind, soweit sie sich binnen sechs Monaten nach der Bekanntmachung des Jahresabschlusses, auf Grund dessen die Gewinnverteilung beschlossen ist, zu diesem Zweck gemeldet haben. [3]Einer Sicherstellung der Gläubiger bedarf es nicht, die im Fall des Insolvenzverfahrens ein Recht auf vorzugsweise Befriedigung aus einer Deckungsmasse haben, die nach gesetzlicher Vorschrift zu ihrem Schutz errichtet und staatlich überwacht ist. [4]Die Gläubiger sind in der Bekanntmachung nach § 325 Abs. 2 des Handelsgesetzbuchs auf die Befriedigung oder Sicherstellung hinzuweisen.

(3) Die Beträge, die aus der Auflösung von Kapital- und Gewinnrücklagen und aus der Kapitalherabsetzung gewonnen sind, dürfen auch nach diesen Vorschriften nicht als Gewinn ausgeschüttet werden.

§ 236. Offenlegung. Die Offenlegung des Jahresabschlusses nach § 325 des Handelsgesetzbuchs darf im Fall des § 234 erst nach Eintragung des Beschlusses über die Kapitalherabsetzung, im Fall des § 235 erst ergehen, nachdem die Beschlüsse über die Kapitalherabsetzung und Kapitalerhöhung und die Durchführung der Kapitalerhöhung eingetragen worden sind.

3

Kapitalherabsetzung durch Einziehung von Aktien. Ausnahme für Stückaktien

§ 237. Voraussetzungen. (1) [1]Aktien können zwangsweise oder nach Erwerb durch die Gesellschaft eingezogen werden. [2]Eine Zwangseinziehung ist nur zulässig, wenn sie in der ursprünglichen Satzung oder durch eine Satzungsänderung vor Übernahme oder Zeichnung der Aktien angeordnet oder gestattet war.

(2) [1]Bei der Einziehung sind die Vorschriften über die ordentliche Kapitalherabsetzung zu befolgen. [2]In der Satzung oder in dem Beschluß der Hauptversammlung sind die Voraussetzungen für eine Zwangseinziehung und die Einzelheiten ihrer Durchführung festzulegen. [3]Für die Zahlung des Entgelts, das Aktionären bei einer Zwangseinziehung oder bei einem Erwerb von Aktien zum Zwecke der Einziehung gewährt wird, und für die Befreiung dieser Aktionäre von der Verpflichtung zur Leistung von Einlagen gilt § 225 Abs. 2 sinngemäß.

(3) Die Vorschriften über die ordentliche Kapitalherabsetzung brauchen nicht befolgt zu werden, wenn Aktien, auf die der Ausgabebetrag voll geleistet ist,

1. der Gesellschaft unentgeltlich zur Verfügung gestellt oder
2. zu Lasten des Bilanzgewinns oder einer anderen Gewinnrücklage, soweit sie zu diesem Zweck verwandt werden können, eingezogen werden oder
3. Stückaktien sind und der Beschluss der Hauptversammlung bestimmt, dass sich durch die Einziehung der Anteil der übrigen Aktien am Grundkapital gemäß § 8 Abs. 3 erhöht; …

(4) [1]Auch in den Fällen des Absatzes 3 kann die Kapitalherabsetzung durch Einziehung nur von der Hauptversammlung beschlossen werden. [2]Für den Beschluß genügt die einfache Stimmenmehrheit. [3]Die Satzung kann eine größere Mehrheit und weitere Erfordernisse bestimmen. [4]Im Beschluß ist der Zweck der Kapitalherabsetzung festzusetzen. [5]Der Vorstand und der Vorsitzende des Aufsichtsrats haben den Beschluß zur Eintragung in das Handelsregister anzumelden.

(5) In den Fällen des Absatzes 3 Nr. 1 und 2 ist in die Kapitalrücklage ein Betrag einzustellen, der dem auf die eingezogenen Aktien entfallenden Betrag des Grundkapitals gleichkommt.

(6) [1]Soweit es sich um eine durch die Satzung angeordnete Zwangseinziehung handelt, bedarf es eines Beschlusses der Hauptversammlung nicht. [2]In diesem Fall tritt für die Anwendung der Vorschriften über die ordentliche Kapitalherabsetzung an die Stelle des Haupt-

versammlungsbeschlusses die Entscheidung des Vorstands über die Einziehung.

Nichtigkeit von Hauptversammlungsbeschlüssen und des festgestellten Jahresabschlusses. Sonderprüfung wegen unzulässiger Unterbewertung

▶ Nichtigkeit von Hauptversammlungsbeschlüssen

Allgemeines

§ 243. Anfechtungsgründe. (1) Ein Beschluß der Hauptversammlung kann wegen Verletzung des Gesetzes oder der Satzung durch Klage angefochten werden.

Auflösung und Nichtigerklärung der Gesellschaft

▶ Auflösung

Auflösungsgründe und Anmeldung

§ 262. Auflösungsgründe. (1) Die Aktiengesellschaft wird aufgelöst

1. durch Ablauf der in der Satzung bestimmten Zeit;
2. durch Beschluß der Hauptversammlung; dieser bedarf einer Mehrheit, die mindestens drei Viertel des bei der Beschlußfassung vertretenen Grundkapitals umfaßt; die Satzung kann eine größere Kapitalmehrheit und weitere Erfordernisse bestimmen;
3. durch die Eröffnung des Insolvenzverfahrens über das Vermögen der Gesellschaft;
4. mit der Rechtskraft des Beschlusses, durch den die Eröffnung des Insolvenzverfahrens mangels einer den Kosten des Verfahrens entsprechenden Insolvenzmasse abgelehnt wird; …

§ 263. Anmeldung und Eintragung der Auflösung. Der Vorstand hat die Auflösung der Gesellschaft zur Eintragung in das Handelsregister anzumelden.

3

§ 271. Verteilung des Vermögens. (1) Das nach der Berichtigung der Verbindlichkeiten verbleibende Vermögen der Gesellschaft wird unter die Aktionäre verteilt.

(2) Das Vermögen ist nach den Anteilen am Grundkapital zu verteilen, wenn nicht Aktien mit verschiedenen Rechten bei der Verteilung des Gesellschaftsvermögens vorhanden sind.

(3) [1]Sind die Einlagen auf das Grundkapital nicht auf alle Aktien in demselben Verhältnis geleistet, so werden die geleisteten Einlagen erstattet und ein Überschuß nach den Anteilen am Grundkapital verteilt. [2]Reicht das Vermögen zur Erstattung der Einlagen nicht aus, so haben die Aktionäre den Verlust nach ihren Anteilen am Grundkapital zu tragen; die noch ausstehenden Einlagen sind, soweit nötig, einzuziehen.

Zweites Buch. Kommanditgesellschaft auf Aktien

§ 278. Wesen der Kommanditgesellschaft auf Aktien. (1) Die Kommanditgesellschaft auf Aktien ist eine Gesellschaft mit eigener Rechtspersönlichkeit, bei der mindestens ein Gesellschafter den Gesellschaftsgläubigern unbeschränkt haftet (persönlich haftender Gesellschafter) und die übrigen an dem in Aktien zerlegten Grundkapital beteiligt sind, ohne persönlich für die Verbindlichkeiten der Gesellschaft zu haften (Kommanditaktionäre).

(2) Das Rechtsverhältnis der persönlich haftenden Gesellschafter untereinander und gegenüber der Gesamtheit der Kommanditaktionäre sowie gegenüber Dritten, namentlich die Befugnis der persönlich haftenden Gesellschafter zur Geschäftsführung und zur Vertretung der Gesellschaft, bestimmt sich nach den Vorschriften des Handelsgesetzbuchs über die Kommanditgesellschaft.

(3) Im übrigen gelten für die Kommanditgesellschaft auf Aktien, soweit sich aus den folgenden Vorschriften oder aus dem Fehlen eines Vorstands nichts anderes ergibt, die Vorschriften des Ersten Buchs über die Aktiengesellschaft sinngemäß.

§ 279. Firma. (1) Die Firma der Kommanditgesellschaft auf Aktien muß, auch wenn sie nach § 22 des Handelsgesetzbuchs oder nach anderen gesetzlichen Vorschriften fortgeführt wird, die Bezeichnung „Kommanditgesellschaft auf Aktien" oder eine allgemein verständliche Abkürzung dieser Bezeichnung enthalten.

(2) Wenn in der Gesellschaft keine natürliche Person persönlich haftet, muß die Firma, auch wenn sie nach § 22 des Handelsgesetz-

buchs oder nach anderen gesetzlichen Vorschriften fortgeführt wird, eine Bezeichnung enthalten, welche die Haftungsbeschränkung kennzeichnet.

§ 280. Feststellung der Satzung. Gründer.
(1) Die Satzung muß durch notarielle Beurkundung festgestellt werden.

Drittes Buch. Verbundene Unternehmen

Unternehmensverträge

▶ Arten von Unternehmensverträgen

§ 291. Beherrschungsvertrag. Gewinnabführungsvertrag. (1) [1]Unternehmensverträge sind Verträge, durch die eine Aktiengesellschaft oder Kommanditgesellschaft auf Aktien die Leitung ihrer Gesellschaft einem anderen Unternehmen unterstellt (Beherrschungsvertrag) oder sich verpflichtet, ihren ganzen Gewinn an ein anderes Unternehmen abzuführen (Gewinnabführungsvertrag). [2]Als Vertrag über die Abführung des ganzen Gewinns gilt auch ein Vertrag, durch den eine Aktiengesellschaft oder Kommanditgesellschaft auf Aktien es übernimmt, ihr Unternehmen für Rechnung eines anderen Unternehmens zu führen.

3

(2) Stellen sich Unternehmen, die voneinander nicht abhängig sind, durch Vertrag unter einheitliche Leitung, ohne daß dadurch eines von ihnen von einem anderen vertragschließenden Unternehmen abhängig wird, so ist dieser Vertrag kein Beherrschungsvertrag.

(3) Leistungen der Gesellschaft bei Bestehen eines Beherrschungs- oder eines Gewinnabführungsvertrags gelten nicht als Verstoß gegen die §§ 57, 58 und 60.

§ 292. Andere Unternehmensverträge.
(1) Unternehmensverträge sind ferner Verträge, durch die eine Aktiengesellschaft oder Kommanditgesellschaft auf Aktien
1. sich verpflichtet, ihren Gewinn oder den Gewinn einzelner ihrer Betriebe ganz oder zum Teil mit dem Gewinn anderer Unternehmen oder einzelner Betriebe anderer Unternehmen zur Aufteilung eines gemeinschaftlichen Gewinns zusammenzulegen (Gewinngemeinschaft),
2. sich verpflichtet, einen Teil ihres Gewinns oder den Gewinn einzelner ihrer Betriebe ganz oder zum Teil an einen anderen abzuführen (Teilgewinnabführungsvertrag),
3. den Betrieb ihres Unternehmens einem anderen verpachtet oder sonst überläßt (Betriebspachtvertrag, Betriebsüberlassungsvertrag).

▶ Abschluß, Änderung und Beendigung von Unternehmensverträgen

§ 293. Zustimmung der Hauptversammlung.
(1) [1]Ein Unternehmensvertrag wird nur mit Zustimmung der Hauptversammlung wirksam. [2]Der Beschluß bedarf einer Mehrheit, die mindestens drei Viertel des bei der Beschlußfassung vertretenen Grundkapitals umfaßt. [3]Die Satzung kann eine größere Kapitalmehrheit und weitere Erfordernisse bestimmen. [4]Auf den Beschluß sind die Bestimmungen des Gesetzes und der Satzung über Satzungsänderungen nicht anzuwenden.

(2) [1]Ein Beherrschungs- oder ein Gewinnabführungsvertrag wird, wenn der andere Vertragsteil eine Aktiengesellschaft oder Kommanditgesellschaft auf Aktien ist, nur wirksam, wenn auch die Hauptversammlung dieser Gesellschaft zustimmt. [2]Für den Beschluß gilt Absatz 1 Satz 2 bis 4 sinngemäß.

§ 294. Eintragung. Wirksamwerden. (1) Der Vorstand der Gesellschaft hat das Bestehen und die Art des Unternehmensvertrags sowie den Namen des anderen Vertragsteils zur Eintragung in das Handelsregister anzumelden; beim Bestehen einer Vielzahl von Teilgewinnabführungsverträgen kann anstelle des Namens des anderen Vertragsteils auch hier eine andere Bezeichnung eingetragen werden, die den jeweiligen Teilgewinnabführungsvertrag konkret bestimmt. …

(2) Der Vertrag wird erst wirksam, wenn sein Bestehen in das Handelsregister des Sitzes der Gesellschaft eingetragen worden ist.

Leitungsmacht und Verantwortlichkeit bei Abhängigkeit von Unternehmen

§ 308. Leitungsmacht. (1) Besteht ein Beherrschungsvertrag, so ist das herrschende Unternehmen berechtigt, dem Vorstand der Gesellschaft hinsichtlich der Leitung der Gesellschaft Weisungen zu erteilen.

Eingegliederte Gesellschaften

§ 319. Eingliederung. (1) [1]Die Hauptversammlung einer Aktiengesellschaft kann die Eingliederung der Gesellschaft in eine andere Aktiengesellschaft mit Sitz im Inland (Hauptgesellschaft) beschließen, wenn sich alle Aktien der Gesellschaft in der Hand der zukünftigen Hauptgesellschaft befinden. [2]Auf den Beschluß sind die Bestimmungen des Gesetzes und der Satzung über Satzungsänderungen nicht anzuwenden.

Rechnungslegung im Konzern

§§ 329 bis 393. *(aufgehoben)*

3

Gesetz über das Statut der Europäischen Gesellschaft (SE) (SE – Ausführungsgesetz – SEAG)

Vom 22. Dezember 2004, mit Änderungen bis zum 30. Juli 2009

Abschnitt 1 Allgemeine Vorschriften

§ 1. Anzuwendende Vorschriften. Soweit nicht die Verordnung (EG) Nr. 2157/2001 des Rates vom 8. Oktober 2001 über das Statut der Europäischen Gesellschaft (SE) (Abl. EG Nr. L 294 S. 1) (Verordnung) gilt, sind auf eine Europäische Gesellschaft (SE) mit Sitz im Inland und auf die an der Gründung einer Europäischen Gesellschaft beteiligten Gesellschaften mit Sitz im Inland die folgenden Vorschriften anzuwenden.

3

§ 2. Sitz. *(weggefallen)*

§ 3. Eintragung. Die SE wird gemäß den für Aktiengesellschaften geltenden Vorschriften im Handelsregister eingetragen.

§ 4. Zuständigkeiten. Für die Eintragung der SE und für die in Artikel 9 Abs. 8, Artikel 25 Abs. 2 sowie den Artikeln 26 und 64 Abs. 4 der Verordnung bezeichneten Aufgaben ist das nach den §§ 376 und 377 des Gesetzes über das Verfahren in Familiensachen und in den Angelegenheiten der freiwilligen Gerichtsbarkeit bestimmte Gericht zuständig.

Abschnitt 2 Gründung einer SE

Verschmelzung

§ 5. Bekanntmachung. [1]Die nach Artikel 21 der Verordnung bekannt zu machenden Angaben sind dem Register bei Einrichung des Verschmelzungsplans mitzuteilen. [2]Das Gericht hat diese Angaben zusammen mit dem nach § 61 Satz 2 des Umwandlungsgesetzes vorgeschriebenen Hinweis bekannt zu machen.

§ 6. Verbesserung des Umtauschverhältnisses. (1) Unter den Voraussetzungen des Artikels 25 Abs. 3 Satz 1 der Verordnung kann eine Klage gegen den Verschmelzungsbeschluss einer übertragenden Gesellschaft nicht darauf gestützt werden, dass das Umtauschverhältnis der Anteile nicht angemessen ist.

(2) Ist bei der Gründung einer SE durch Verschmelzung nach dem Verfahren der Verordnung das Umtauschverhältnis der Anteile nicht angemessen, so kann jeder Aktionär einer übertragenden Gesellschaft, dessen Recht, gegen die Wirksamkeit des Verschmelzungsbeschlusses Klage zu erheben, nach Absatz 1 ausgeschlossen ist, von der SE einen Ausgleich durch bare Zuzahlung verlangen.

(3) [1]Die bare Zuzahlung ist nach Ablauf des Tages, an dem die Verschmelzung im Sitzstaat der SE nach den dort geltenden Vorschriften eingetragen und bekannt gemacht worden ist, mit jährlich 2 Prozentpunkten über dem Basiszinssatz zu verzinsen. [2]Die Geltendmachung eines weiteren Schadens ist nicht ausgeschlossen.

§ 7. Abfindungsangebot im Verschmelzungsplan. (1) [1]Bei der Gründung einer SE, die ihren Sitz im Ausland haben soll, durch Verschmelzung nach dem Verfahren der Verordnung hat eine übertragende Gesellschaft im Verschmelzungsplan oder in seinem Entwurf jedem Aktionär, der gegen den Verschmelzungsbeschluss der Gesellschaft Widerspruch zur Niederschrift erklärt, den Erwerb seiner Aktien gegen eine angemessene Barabfindung anzubieten. [2]Die Vorschriften des Aktiengesetzes über den Erwerb eigener Aktien gelten entsprechend, jedoch ist § 71 Abs. 4 Satz 2 des Aktiengesetzes insoweit nicht anzuwenden. [3]Die Bekanntmachung des Verschmelzungsplans als Gegenstand der Beschlussfassung muss den Wortlaut dieses Angebots enthalten. [4]Die Gesellschaft hat die Kosten für eine Übertragung zu tragen. [5]§ 29 Abs. 2 des Umwandlungsgesetzes findet entsprechende Anwendung.

(2) [1]Die Barabfindung muss die Verhältnisse der Gesellschaft im Zeitpunkt der Beschlussfassung über die Verschmelzung berücksichtigen. [2]Die Barabfindung ist nach Ablauf des Tages, an dem die Verschmelzung im Sitzstaat der SE nach den dort geltenden Vorschriften eingetragen und bekannt gemacht worden ist, mit jährlich 5 Prozentpunkten über dem Basiszinssatz nach § 247 des Bürgerlichen Gesetzbuches zu verzinsen. [3]Die Geltendmachung eines weiteren Schadens ist nicht ausgeschlossen.

§ 8. Gläubigerschutz. [1]Liegt der künftige Sitz der SE im Ausland, ist § 13 Abs. 1 und 2 entsprechend anzuwenden. [2]Das zuständige Gericht stellt die Bescheinigung nach Artikel 25 Abs. 2 der Verordnung nur aus, wenn die Vorstandsmitglieder einer übertragenden Gesellschaft die Versicherung abgeben, dass allen Gläubigern, die nach Satz 1 einen Anspruch auf Sicherheitsleistung haben, eine angemessene Sicherheit geleistet wurde.

Gründung einer Holding-SE

§ 9. Abfindungsangebot im Gründungsplan.
(1) [1]Bei der Gründung einer Holding-SE nach dem Verfahren der Verordnung, die ihren Sitz im Ausland haben soll oder die ihrerseits abhängig im Sinne des § 17 des Aktiengesetze ist, hat eine die Gründung anstrebende Aktiengesellschaft im Gründungsplan jedem Anteilsinhaber, der gegen den Zustimmungsbeschluss dieser Gesellschaft zum Gründungsplan Widerspruch zur Niederschrift erklärt, den Erwerb seiner Anteile gegen eine angemessene Barabfindung anzubieten. [2]Die Vorschriften des Aktiengesetzes über den Erwerb eigener Aktien gelten entsprechend, jedoch ist § 71 Abs. 4 Satz 2 des Aktiengesetzes insoweit nicht anzuwenden. [3]Die Bekanntmachung des Gründungsplans als Gegenstand der Beschlussfassung muss den Wortlaut dieses Angebots enthalten. [4]Die Gesellschaft hat die Kosten für eine Übertragung zu tragen. [5]§ 29 Abs. 2 des Umwandlungsgesetzes findet entsprechende Anwendung.

(2) § 7 Abs. 2 bis 7 findet entsprechende Anwendung, wobei an die Stelle der Eintragung und Bekanntmachung der Verschmelzung die Eintragung und Bekanntmachung der neu gegründeten Holding-SE tritt.

§ 10. Zustimmungsbeschluss; Negativerklärung. Der Zustimmungsbeschluss gemäß Artikel 32 Abs. 6 der Verordnung bedarf einer Mehrheit, die bei einer Aktiengesellschaft mindestens drei Viertel des bei der Beschlussfassung vertretenen Grundkapitals und bei einer Gesellschaft mit beschränkter Haftung mindestens drei Viertel der abgegebenen Stimmen umfasst.

3

§ 11. Verbesserung des Umtauschverhältnisses. Ist bei der Gründung einer Holding-SE nach dem Verfahren der Verordnung das Umtauschverhältnis der Anteile nicht angemessen, so kann jeder Anteilsinhaber der die Gründung anstrebenden Gesellschaft von der Holding-SE einen Ausgleich durch bare Zuzahlung verlangen.

Abschnitt 3 Sitzverlegung

§ 12. Abfindungsangebot im Verlegungsplan.
[1]Verlegt eine SE nach Maßgabe von Artikel 8 der Verordnung ihren Sitz, hat sie jedem Aktionär, der gegen den Verlegungsbeschluss Widerspruch zur Niederschrift erklärt, den Erwerb seiner Aktien gegen eine angemessene Barabfindung anzubieten. [2]Die Vorschriften des Aktiengesetzes über den Erwerb eigener Aktien gelten entsprechend, jedoch ist § 71 Abs. 4 Satz 2 des Aktiengesetzes insoweit nicht anzuwenden. [3]Die Bekanntmachung des Verlegungsplans als Gegenstand der Beschlussfassung muss den Wortlaut dieses Angebots enthalten. [4]Die Gesellschaft hat die Kosten für eine Übertragung zu tragen. [5]§ 29 Abs. 2 des Umwandlungsgesetzes findet entsprechende Anwendung.

§ 13. Gläubigerschutz. [1]Verlegt eine SE nach Maßgabe von Artikel 8 der Verordnung ihren Sitz, ist den Gläubigern der Gesellschaft, wenn sie binnen zwei Monaten nach dem Tag, an dem der Verlegungsplan offen gelegt worden ist, ihren Anspruch nach Grund und Höhe schriftlich anmelden, Sicherheit zu leisten, soweit sie nicht Befriedigung verlangen können. [2]Dieses Recht steht den Gläubigern jedoch nur zu, wenn sie glaubhaft machen, dass durch die Sitzverlegung die Erfüllung ihrer Forderungen gefährdet wird. [3]Die Gläubiger sind im Verlegungsplan auf dieses Recht hinzuweisen.

Abschnitt 4 Aufbau der SE

Dualistisches System

§ 15. Wahrnehmung der Geschäftsleitung durch Mitglieder des Aufsichtsorgans.
[1]Die Abstellung eines Mitglieds des Aufsichtsorgans zur Wahrnehmung der Aufgaben eines Mitglieds des Leitungsorgans nach Artikel 39 Abs. 3 Satz 2 der Verordnung ist nur für einen im Voraus begrenzten Zeitraum, höchstens für ein Jahr, zulässig. [2]Eine wiederholte Bestellung oder Verlängerung der Amtszeit ist zulässig, wenn dadurch die Amtszeit insgesamt ein Jahr nicht übersteigt.

§ 16. Zahl der Mitglieder des Leitungsorgans.
[1]Bei Gesellschaften mit einem Grundkapital von mehr als 3 Millionen Euro hat das Leitungsorgan aus mindestens zwei Personen zu bestehen, es sei denn, die Satzung bestimmt, dass es

aus einer Person bestehen soll. ²§ 38 Abs. 2 des SE-Beteiligungsgesetzes bleibt unberührt.

§ 17. Zahl der Mitglieder und Zusammensetzung des Aufsichtsorgans. (1) ¹Das Aufsichtsorgan besteht aus drei Mitgliedern. ²Die Satzung kann eine bestimmte höhere Zahl festsetzen. ³Die Zahl muss durch drei teilbar sein. ⁴Die Höchstzahl beträgt bei Gesellschaften mit einem Grundkapital

bis zu	1 500 000 Euro	neun,
von mehr als	1 500 00 Euro	fünfzehn,
von mehr als	10 000 000 Euro	einundzwanzig.

3

(2) Die Beteiligung der Arbeitnehmer nach dem SE-Beteiligungsgesetz bleibt unberührt.

(3) ¹Für Verfahren entsprechend den §§ 98, 99 oder 104 des Aktiengesetzes ist auch der SE-Betriebsrat antragsberechtigt. ²Für Klagen entsprechend § 250 des Aktiengesetzes ist auch der SE-Betriebsrat parteifähig; § 252 des Aktiengesetzes gilt entsprechend.

(4) ¹§ 251 des Aktiengesetzes findet mit der Maßgabe Anwendung, dass das gesetzeswidrige Zustandekommen von Wahlvorschlägen für die Arbeitnehmervertreter im Aufsichtsorgan nur nach den Vorschriften der Mitgliedstaaten über die Besetzung der ihnen zugewiesenen Sitze geltend gemacht werden kann. ²Für die Arbeitnehmervertreter aus dem Inland gilt § 37 Abs. 2 des SE-Beteiligungsgesetzes.

§ 18. Informationsverlangen einzelner Mitglieder des Aufsichtsorgans. Jedes einzelne Mitglied des Aufsichtsorgans kann vom Leitungsorgan jegliche Information nach Artikel 41 Abs. 3 Satz 1 der Verordnung, jedoch nur an das Aufsichtsorgan, verlangen.

§ 19. Festlegung zustimmungsbedürftiger Geschäfte durch das Aufsichtsorgan. Das Aufsichtsorgan kann selbst bestimmte Arten von Geschäften von seiner Zustimmung abhängig machen.

Monistisches System

§ 20. Anzuwendende Vorschriften. Wählt eine SE gemäß Artikel 38 Buchstabe b der Verordnung in ihrer Satzung das monistische System mit einem Verwaltungsorgan (Verwaltungsrat), so gelten anstelle der §§ 76 bis 116 des Aktiengesetzes die nachfolgenden Vorschriften.

...

Hauptversammlung

§ 50. Einberufung und Ergänzung der Tagesordnung auf Verlangen einer Minderheit.

(1) Die Einberufung der Hauptversammlung und die Aufstellung ihrer Tagesordnung nach Artikel 55 der Verordnung kann von einem oder mehreren Aktionären beantragt werden, sofern sein oder ihr Anteil am Grundkapital mindestens 5 Prozent beträgt.

(2) Die Ergänzung der Tagesordnung für eine Hauptversammlung durch einen oder mehrere Punkte kann von einem oder mehreren Aktionären beantragt werden, sofern sein oder ihr Anteil 5 Prozent des Grundkapitals oder den anteiligen Betrag von 500 000 Euro erreicht.

§ 51. Satzungsänderungen. ¹Die Satzung kann bestimmen, dass für einen Beschluss der Hauptversammlung über die Änderung der Satzung die einfache Mehrheit der abgegebenen Stimmen ausreicht, sofern mindestens die Hälfte des Grundkapitals vertreten ist. ²Dies gilt nicht für die Änderung des Gegenstands des Unternehmens, für einen Beschluss gemäß Artikel 8 Abs. 6 der Verordnung sowie Fälle, für die eine höhere Kapitalmehrheit gesetzlich zwingend vorgeschrieben ist.

Abschnitt 5 Auflösung

§ 52. Auflösung der SE bei Auseinanderfallen von Sitz und Hauptverwaltung. (1) ¹Erfüllt eine SE nicht mehr die Verpflichtung nach Artikel 7 der Verordnung, so gilt dies als Mangel der Satzung im Sinne des § 262 Abs. 1 Nr. 5 des Aktiengesetzes. ²Das Registergericht fordert die SE auf, innerhalb einer bestimmten Frist den vorschriftswidrigen Zustand zu beenden, indem sie

1. entweder ihre Hauptverwaltung wieder im Sitzstaat errichtet oder
2. ihren Sitz nach dem Verfahren des Artikels 8 der Verordnung verlegt.

(2) Wird innerhalb der nach Absatz 1 bestimmten Frist der Aufforderung nicht genügt, so hat das Gericht den Mangel der Satzung festzustellen.

(3) Gegen Verfügungen, durch welche eine Feststellung nach Absatz 2 getroffen wird, findet die sofortige Beschwerde statt.

Gesetz betreffend die Gesellschaften mit beschränkter Haftung

In der Fassung vom 20. April 1892, mit Änderungen bis zum 23. Juli 2013

Errichtung der Gesellschaft

§ 1. Zweck; Gründerzahl. Gesellschaften mit beschränkter Haftung können nach Maßgabe der Bestimmungen dieses Gesetzes zu jedem gesetzlich zulässigen Zweck durch eine oder mehrere Personen errichtet werden.

§ 2. Form des Gesellschaftsvertrags][1].

(1) [1]Der Gesellschaftsvertrag bedarf notarieller Form. [2]Er ist von sämtlichen Gesellschaftern zu unterzeichnen.

(1a) [1]Die Gesellschaft kann in einem vereinfachten Verfahren gegründet werden, wenn sie höchstens drei Gesellschafter und einen Geschäftsführer hat. [2]Für die Gründung im vereinfachten Verfahren ist das in der Anlage bestimmte Musterprotokoll zu verwenden. [3]Darüber hinaus dürfen keine vom Gesetz abweichenden Bestimmungen getroffen werden. [4]Das Musterprotokoll gilt zugleich als Gesellschafterliste. [5]Im Übrigen finden auf das Musterprotokoll die Vorschriften dieses Gesetzes über den Gesellschaftsvertrag entsprechende Anwendung.

(2) Die Unterzeichnung durch Bevollmächtigte ist nur auf Grund einer notariell errichteten oder beglaubigten Vollmacht zulässig.

§ 3. Inhalt des Gesellschaftsvertrags.

(1) Der Gesellschaftsvertrag muß enthalten:

1. die Firma und den Sitz der Gesellschaft,
2. den Gegenstand des Unternehmens,
3. den Betrag des Stammkapitals,
4. die Zahl und die Nennbeträge der Geschäftsanteile, die jeder Gesellschafter gegen Einlage auf das Stammkapital (Stammeinlage) übernimmt.

(2) Soll das Unternehmen auf eine gewisse Zeit beschränkt sein oder sollen den Gesellschaftern außer der Leistung von Kapitaleinlagen noch andere Verpflichtungen gegenüber der Gesellschaft auferlegt werden, so bedürfen auch diese Bestimmungen der Aufnahme in den Gesellschaftsvertrag.

§ 4. Firma. [1]Die Firma der Gesellschaft muß, auch wenn sie nach § 22 des Handelsgesetzbuchs oder nach anderen gesetzlichen Vorschriften fortgeführt wird, die Bezeichnung „Gesellschaft mit beschränkter Haftung" oder eine allgemein verständliche Abkürzung dieser Bezeichnung enthalten. [2]Verfolgt die Gesellschaft ausschließlich und unmittelbar steuerbegünstigte Zwecke nach den §§ 51 bis 68 der Abgabenordnung kann die Abkürzung „gGmbH" lauten.

§ 4a. Sitz der Gesellschaft. Sitz der Gesellschaft ist der Ort im Inland, den der Gesellschaftsvertrag bestimmt.

§ 5. Stammkapital; Geschäftsanteil. (1) Das Stammkapital der Gesellschaft muß mindestens fünfundzwanzigtausend Euro betragen.

(2) [1]Der Nennbetrag jedes Geschäftsanteils muss auf volle Euro lauten. [2]Ein Gesellschafter kann bei Errichtung der Gesellschaft mehrere Geschäftsanteile übernehmen.

(3) [1]Die Höhe der Nennbeträge der einzelnen Geschäftsanteile kann verschieden bestimmt werden. [2]Die Summe der Nennbeträge aller Geschäftsanteile muss mit dem Stammkapital übereinstimmen.

(4) [1]Sollen Sacheinlagen geleistet werden, so müssen der Gegenstand der Sacheinlage und der Nennbetrag des Geschäftsanteils, auf den sich die Sacheinlage bezieht, im Gesellschaftsvertrag festgesetzt werden. [2]Die Gesellschafter haben in einem Sachgründungsbericht die für die Angemessenheit der Leistungen für Sacheinlagen wesentlichen Umstände darzulegen und beim Übergang eines Unternehmens auf die Gesellschaft die Jahresergebnisse der beiden letzten Geschäftsjahre anzugeben.

§ 5a. Unternehmergesellschaft[1]. (1) Eine Gesellschaft, die mit einem Stammkapital gegründet wird, das den Betrag des Mindeststammkapitals nach § 5 Abs. 1 unterschreitet, muss in der Firma abweichend von § 4 die Bezeichnung „Unternehmergesellschaft (haftungsbeschränkt)" oder „UG (haftungsbeschränkt)" führen.

(2) [1]Abweichend von § 7 Abs. 2 darf die Anmeldung erst erfolgen, wenn das Stammkapital in voller Höhe eingezahlt ist. [2]Sacheinlagen sind ausgeschlossen.

(3) [1]In der Bilanz des nach den §§ 242, 264 des Handelsgesetzbuchs aufzustellenden Jahresabschlusses ist eine gesetzliche Rücklage zu bilden, in die ein Viertel des um einen Verlustvortrag aus dem Vorjahr geminderten Jahresüberschusses einzustellen ist. [2]Die Rücklage darf nur verwandt werden

1. für Zwecke des § 57c;

---

1 Das Musterprotokoll zur Gründung im vereinfachten Verfahren (Unternehmergesellschaft) ist am Schluss dieses Gesetzes abgedruckt.

3

2. zum Ausgleich eines Jahresfehlbetrags, soweit er nicht durch einen Gewinnvortrag aus dem Vorjahr gedeckt ist;
3. zum Ausgleich eines Verlustvortrags aus dem Vorjahr, soweit er nicht durch einen Jahresüberschuss gedeckt ist.

(4) Abweichend von § 49 Abs. 3 muss die Versammlung der Gesellschafter bei drohender Zahlungsunfähigkeit unverzüglich einberufen werden.

(5) Erhöht die Gesellschaft ihr Stammkapital so, dass es den Betrag des Mindeststammkapitals nach § 5 Abs. 1 erreicht oder übersteigt, finden die Absätze 1 bis 4 keine Anwendung mehr; die Firma nach Absatz 1 darf beibehalten werden.

3

§ 6. Geschäftsführer. (1) Die Gesellschaft muß einen oder mehrere Geschäftsführer haben.

(2) [1]Geschäftsführer kann nur eine natürliche, unbeschränkt geschäftsfähige Person sein. [2]Geschäftsführer kann nicht sein, wer

1. als Betreuter bei der Besorgung seiner Vermögensangelegenheiten ganz oder teilweise einem Einwilligungsvorbehalt (§ 1903 des Bürgerlichen Gesetzbuchs) unterliegt,
2. aufgrund eines gerichtlichen Urteils oder einer vollziehbaren Entscheidung einer Verwaltungsbehörde einen Beruf, einen Berufszweig, ein Gewerbe oder einen Gewerbezweig nicht ausüben darf, sofern der Unternehmensgegenstand ganz oder teilweise mit dem Gegenstand des Verbots übereinstimmt,
3. wegen einer oder mehrerer vorsätzlich begangener Straftaten
   a) des Unterlassens der Stellung des Antrags auf Eröffnung des Insolvenzverfahrens (Insolvenzverschleppung),
   b) nach den §§ 283 bis 283d des Strafgesetzbuchs (Insolvenzstraftaten),
   c) der falschen Angaben nach § 82 dieses Gesetzes oder § 399 des Aktiengesetzes,
   d) der unrichtigen Darstellung nach § 400 des Aktiengesetzes, § 331 des Handelsgesetzbuchs, § 313 des Umwandlungsgesetzes oder § 17 des Publizitätsgesetzes
   oder
   e) nach den §§ 263 bis 264a oder den §§ 265b bis 266a des Strafgesetzbuchs zu einer Freiheitsstrafe

von mindestens einem Jahr verurteilt worden ist; dieser Ausschluss gilt für die Dauer von fünf Jahren seit der Rechtskraft des Urteils, wobei die Zeit nicht eingerechnet wird, in welcher der Täter auf behördliche Anordnung in einer Anstalt verwahrt worden ist. [2]Satz 2 Nr. 3 gilt entsprechend bei einer Verurteilung im Ausland wegen einer Tat, die mit den in Satz 2 Nr. 3 genannten Taten vergleichbar ist.

(3) [1]Zu Geschäftsführern können Gesellschafter oder andere Personen bestellt werden. [2]Die Bestellung erfolgt entweder im Gesellschaftsvertrag oder nach Maßgabe der Bestimmungen des dritten Abschnitts.

(4) Ist im Gesellschaftsvertrag bestimmt, daß sämtliche Gesellschafter zur Geschäftsführung berechtigt sein sollen, so gelten nur die der Gesellschaft bei Festsetzung dieser Bestimmung angehörenden Personen als die bestellten Geschäftsführer.

(5) Gesellschafter, die vorsätzlich oder grob fahrlässig einer Person, die nicht Geschäftsführer sein kann, die Führung der Geschäfte überlassen, haften der Gesellschaft solidarisch für den Schaden, der dadurch entsteht, dass diese Person die ihr gegenüber der Gesellschaft bestehenden Obliegenheiten verletzt.

§ 7. Anmeldung der Gesellschaft. (1) Die Gesellschaft ist bei dem Gericht, in dessen Bezirk sie ihren Sitz hat, zur Eintragung in das Handelsregister anzumelden.

(2) [1]Die Anmeldung darf erst erfolgen, wenn auf jeden Geschäftsanteil, soweit nicht Sacheinlagen vereinbart sind, ein Viertel des Nennbetrags eingezahlt ist. [2]Insgesamt muß auf das Stammkapital mindestens soviel eingezahlt sein, daß der Gesamtbetrag der eingezahlten Geldeinlagen zuzüglich des Gesamtnennbetrags der Geschäftsanteile, für die Sacheinlagen zu leisten sind, die Hälfte des Mindeststammkapitals gemäß § 5 Abs. 1 erreicht.

(3) Die Sacheinlagen sind vor der Anmeldung der Gesellschaft zur Eintragung in das Handelsregister so an die Gesellschaft zu bewirken, daß sie endgültig zur freien Verfügung der Geschäftsführer stehen.

§ 8. Inhalt der Anmeldung. (1) Der Anmeldung müssen beigefügt sein:

1. der Gesellschaftsvertrag und im Fall des § 2 Abs. 2 die Vollmachten der Vertreter, welche den Gesellschaftsvertrag unterzeichnet haben, oder eine beglaubigte Abschrift dieser Urkunden,
2. die Legitimation der Geschäftsführer, sofern dieselben nicht im Gesellschaftsvertrag bestellt sind,
3. eine von den Anmeldenden unterschriebene Liste der Gesellschafter, aus welcher Name, Vorname, Geburtsdatum und Wohnort der letzteren sowie die Nennbeträge und die laufenden Nummern der von einem jeden derselben übernommenen Geschäftsanteile ersichtlich sind,
4. im Fall des § 5 Abs. 4 die Verträge, die den Festsetzungen zugrunde liegen oder zu ihrer Ausführung geschlossen worden sind, und der Sachgründungsbericht,

5. wenn Sacheinlagen vereinbart sind, Unterlagen darüber, daß der Wert der Sacheinlagen den Nennbetrag der dafür übernommenen Geschäftsanteile erreicht.

(2) In der Anmeldung ist die Versicherung abzugeben, daß die in § 7 Abs. 2 und 3 bezeichneten Leistungen auf die Geschäftsanteile bewirkt sind und daß der Gegenstand der Leistungen sich endgültig in der freien Verfügung der Geschäftsführer befindet. Das Gericht kann bei erheblichen Zweifeln an der Richtigkeit der Versicherung Nachweise (unter anderem Einzahlungsbelege) verlangen.

...

§ 9. Geldeinlage statt Sacheinlage. (1) Erreicht der Wert einer Sacheinlage im Zeitpunkt der Anmeldung der Gesellschaft zur Eintragung in das Handelsregister nicht den Nennbetrag des dafür übernommenen Geschäftsanteils, hat der Gesellschafter in Höhe des Fehlbetrags eine Einlage in Geld zu leisten. ...

(2) Der Anspruch der Gesellschaft nach Absatz 1 Satz 1 verjährt in zehn Jahren seit der Eintragung der Gesellschaft in das Handelsregister.

§ 9a. Ersatzansprüche der Gesellschaft.

(1) Werden zum Zweck der Errichtung der Gesellschaft falsche Angaben gemacht, so haben die Gesellschafter und Geschäftsführer der Gesellschaft als Gesamtschuldner fehlende Einzahlungen zu leisten, eine Vergütung, die nicht unter den Gründungsaufwand aufgenommen ist, zu ersetzen und für den sonst entstehenden Schaden Ersatz zu leisten.

(2) Wird die Gesellschaft von Gesellschaftern durch Einlagen oder Gründungsaufwand vorsätzlich oder aus grober Fahrlässigkeit geschädigt, so sind ihr alle Gesellschafter als Gesamtschuldner zum Ersatz verpflichtet.

(3) Von diesen Verpflichtungen ist ein Gesellschafter oder ein Geschäftsführer befreit, wenn er die die Ersatzpflicht begründenden Tatsachen weder kannte noch bei Anwendung der Sorgfalt eines ordentlichen Geschäftsmannes kennen mußte.

(4) [1]Neben den Gesellschaftern sind in gleicher Weise Personen verantwortlich, für deren Rechnung die Gesellschafter Geschäftsanteile übernommen haben. [2]Sie können sich auf ihre eigene Unkenntnis nicht wegen solcher Umstände berufen, die ein für ihre Rechnung handelnder Gesellschafter kannte oder bei Anwendung der Sorgfalt eines ordentlichen Geschäftsmannes kennen mußte.

§ 9c. Ablehnung der Eintragung. (1) [1]Ist die Gesellschaft nicht ordnungsgemäß errichtet und angemeldet, so hat das Gericht die Eintragung abzulehnen. [2]Dies gilt auch, wenn Sacheinlagen nicht unwesentlich überbewertet worden sind.

§ 10. Eintragung in das Handelsregister.

(1) [1]Bei der Eintragung in das Handelsregister sind die Firma und der Sitz der Gesellschaft, eine inländische Geschäftsanschrift, der Gegenstand des Unternehmens, die Höhe des Stammkapitals, der Tag des Abschlusses des Gesellschaftsvertrages und die Personen der Geschäftsführer anzugeben. [2]Ferner ist einzutragen, welche Vertretungsbefugnis die Geschäftsführer haben.

§ 11. Rechtszustand vor der Eintragung.

(1) Vor der Eintragung in das Handelsregister des Sitzes der Gesellschaft besteht die Gesellschaft mit beschränkter Haftung als solche nicht.

(2) Ist vor der Eintragung im Namen der Gesellschaft gehandelt worden, so haften die Handelnden persönlich und solidarisch.

§ 12. Bekanntmachung der Gesellschaft.

(1) [1]Bestimmt das Gesetz oder der Gesellschaftsvertrag, dass von der Gesellschaft etwas bekannt zu machen ist, so erfolgt die Bekanntmachung im Bundesanzeiger (Gesellschaftsblatt). [2]Daneben kann der Gesellschaftsvertrag andere öffentliche Blätter oder elektronische Informationsmedien als Gesellschaftsblätter bezeichnen.

Rechtsverhältnisse der Gesellschafter

§ 13. Juristische Person; Handelsgesellschaft.

(1) Die Gesellschaft mit beschränkter Haftung als solche hat selbständig ihre Rechte und Pflichten; sie kann Eigentum und andere dingliche Rechte an Grundstücken erwerben, vor Gericht klagen und verklagt werden.

(2) Für die Verbindlichkeiten der Gesellschaft haftet den Gläubigern derselben nur das Gesellschaftsvermögen.

(3) Die Gesellschaft gilt als Handelsgesellschaft im Sinne des Handelsgesetzbuchs.

§ 14. Einlagepflicht. [1]Auf jeden Geschäftsanteil ist eine Einlage zu leisten. [2]Die Höhe der zu leistenden Einlage richtet sich nach dem bei der Errichtung der Gesellschaft im Gesellschaftsvertrag festgesetzten Nennbetrag des Geschäftsanteils. [3]Im Fall der Kapitalerhöhung bestimmt sich die Höhe der zu leistenden Einlage nach dem in der Übernahmeerklärung festgesetzten Nennbetrag des Geschäftsanteils.

§ 15. Übertragung von Geschäftsanteilen.

(1) Die Geschäftsanteile sind veräußerlich und vererblich.

(2) Erwirbt ein Gesellschafter zu seinem ursprünglichen Geschäftsanteil weitere Geschäftsanteile, so behalten dieselben ihre Selbständigkeit.

(3) Zur Abtretung von Geschäftsanteilen durch Gesellschafter bedarf es eines in notarieller Form geschlossenen Vertrages.

§ 16. Rechtsstellung bei Wechsel der Gesellschafter oder Veränderung des Umfangs ihrer Beteiligung; Erwerb vom Nichtberechtigten.

(1) [1]Im Verhältnis zur Gesellschaft gilt im Fall einer Veränderung in den Personen der Gesellschafter oder des Umfangs ihrer Beteiligung als Inhaber eines Geschäftsanteils nur, wer als solcher in der im Handelsregister aufgenommenen Gesellschafterliste (§ 40) eingetragen ist. [2]Eine vom Erwerber in Bezug auf das Gesellschaftsverhältnis vorgenommene Rechtshandlung gilt als von Anfang an wirksam, wenn die Liste unverzüglich nach Vornahme der Rechtshandlung in das Handelsregister aufgenommen wird.

3

…

§ 19. Leistung der Einlage. (1) Die Einzahlungen auf die Geschäftsanteile sind nach dem Verhältnis der Geldeinlagen zu leisten.

(2) [1]Von der Verpflichtung zur Leistung der Einlagen können die Gesellschafter nicht befreit werden. [2]Gegen den Anspruch der Gesellschaft ist die Aufrechnung nur zulässig mit einer Forderung aus der Überlassung von Vermögensgegenständen, deren Anrechnung auf die Einlagenverpflichtung nach § 5 Abs. 4 Satz 1 vereinbart worden ist. [3]An dem Gegenstand einer Sacheinlage kann wegen Forderungen, welche sich nicht auf den Gegenstand beziehen, kein Zurückbehaltungsrecht geltend gemacht werden.

(3) Durch eine Kapitalherabsetzung können die Gesellschafter von der Verpflichtung zur Leistung von Einlagen höchstens in Höhe des Betrags befreit werden, um den das Stammkapital herabgesetzt worden ist.

(4) [1]Ist eine Geldeinlage eines Gesellschafters bei wirtschaftlicher Betrachtung und aufgrund einer im Zusammenhang mit der Übernahme der Geldeinlage getroffenen Abrede vollständig oder teilweise als Sacheinlage zu bewerten (verdeckte Sacheinlage), so befreit dies den Gesellschafter nicht von seiner Einlageverpflichtung. [2]Jedoch sind die Verträge über die Sacheinlage und die Rechtshandlungen zu ihrer Ausführung nicht unwirksam. [3]Auf die fortbestehende Geldeinlagepflicht des Gesellschafters wird der Wert des Vermögensgegenstandes im Zeitpunkt der Anmeldung der Gesellschaft zur Eintragung in das Handelsregister oder im Zeitpunkt seiner Überlassung an die Gesellschaft, falls diese später erfolgt, angerechnet. [4]Die Anrechnung erfolgt nicht vor Eintragung der Gesellschaft in das Handelsregister. [5]Die Beweislast für die Werthaltigkeit des Vermögensgegenstandes trägt der Gesellschafter.

(5) [1]Ist vor der Einlage eine Leistung an den Gesellschafter vereinbart worden, die wirtschaftlich einer Rückzahlung der Einlage entspricht und die nicht als verdeckte Sacheinlage im Sinne von Absatz 4 zu beurteilen ist, so befreit dies den Gesellschafter von seiner Einlageverpflichtung nur dann, wenn die Leistung durch einen vollwertigen Rückgewähranspruch gedeckt ist, der jederzeit fällig ist oder durch fristlose Kündigung durch die Gesellschaft fällig werden kann. [2]Eine solche Leistung oder die Vereinbarung einer solchen Leistung ist in der Anmeldung nach § 8 anzugeben.

(6) Der Anspruch der Gesellschaft auf Leistung der Einlagen verjährt in zehn Jahren von seiner Entstehung an. Wird das Insolvenzverfahren über das Vermögen der Gesellschaft eröffnet, so tritt die Verjährung nicht vor Ablauf von sechs Monaten ab dem Zeitpunkt der Eröffnung ein.

§ 20. Verzugszinsen. Ein Gesellschafter, welcher den auf die Stammeinlage eingeforderten Betrag nicht zur rechten Zeit einzahlt, ist zur Entrichtung von Verzugszinsen von Rechts wegen verpflichtet.

§ 21. Kaduzierung. (1) [1]Im Fall verzögerter Einzahlung kann an den säumigen Gesellschafter eine erneute Aufforderung zur Zahlung binnen einer zu bestimmenden Nachfrist unter Androhung seines Ausschlusses mit dem Geschäftsanteil, auf welchen die Zahlung zu erfolgen hat, erlassen werden. [2]Die Aufforderung erfolgt mittels eingeschriebenen Briefes. [3]Die Nachfrist muß mindestens einen Monat betragen.

(2) [1]Nach fruchtlosem Ablauf der Frist ist der säumige Gesellschafter seines Geschäftsanteils und der geleisteten Teilzahlungen zugunsten der Gesellschaft verlustig zu erklären. [2]Die Erklärung erfolgt mittels eingeschriebenen Briefes.

(3) Wegen des Ausfalls, welchen die Gesellschaft an dem rückständigen Betrag oder den später auf den Geschäftsanteil eingeforderten Beträgen der Stammeinlage erleidet, bleibt ihr der ausgeschlossene Gesellschafter verhaftet.

§ 23. Versteigerung des Geschäftsanteils. [1]Ist die Zahlung des rückständigen Betrages von Rechtsvorgängern nicht zu erlangen, so kann die Gesellschaft den Geschäftsanteil im Wege öffentlicher Versteigerung verkaufen lassen. [2]Eine andere Art des Verkaufs ist nur mit Zustimmung des ausgeschlossenen Gesellschafters zulässig.

§ 24. Aufbringung von Fehlbeträgen.
[1]Soweit eine Stammeinlage weder von den Zahlungspflichtigen eingezogen, noch durch Verkauf des Geschäftsanteils gedeckt werden kann, haben die übrigen Gesellschafter den Fehlbetrag nach Verhältnis ihrer Geschäftsanteile aufzubringen. [2]Beiträge, welche von einzelnen Gesellschaftern nicht zu erlangen sind, werden nach dem bezeichneten Verhältnis auf die übrigen verteilt.

§ 25. Zwingende Vorschriften. Von den in den §§ 21 bis 24 bezeichneten Rechtsfolgen können die Gesellschafter nicht befreit werden.

§ 26. Nachschußpflicht. (1) Im Gesellschaftsvertrag kann bestimmt werden, daß die Gesellschafter über die Nennbeträge der Geschäftsanteile hinaus die Einforderung von weiteren Einzahlungen (Nachschüssen) beschließen können.

(2) Die Einzahlung der Nachschüsse hat nach Verhältnis der Geschäftsanteile zu erfolgen.

(3) Die Nachschußpflicht kann im Gesellschaftsvertrag auf einen bestimmten, nach Verhältnis der Geschäftsanteile festzusetzenden Betrag beschränkt werden.

§ 27. Unbeschränkte Nachschußpflicht.
(1) [1]Ist die Nachschußpflicht nicht auf einen bestimmten Betrag beschränkt, so hat jeder Gesellschafter, falls er die Stammeinlage vollständig eingezahlt hat, das Recht, sich von der Zahlung des auf den Geschäftsanteil eingeforderten Nachschusses dadurch zu befreien, daß er innerhalb eines Monats nach der Aufforderung zur Einzahlung den Geschäftsanteil der Gesellschaft zur Befriedigung aus demselben zur Verfügung stellt. [2]Ebenso kann die Gesellschaft, wenn der Gesellschafter binnen der angegebenen Frist weder von der bezeichneten Befugnis Gebrauch macht, noch die Einzahlung leistet, demselben mittels eingeschriebenen Briefes erklären, daß sie den Geschäftsanteil als zur Verfügung gestellt betrachte.

(2) [1]Die Gesellschaft hat den Geschäftsanteil innerhalb eines Monats nach der Erklärung des Gesellschafters oder der Gesellschaft im Wege öffentlicher Versteigerung verkaufen zu lassen. [2]Eine andere Art des Verkaufs ist nur mit Zustimmung des Gesellschafters zulässig. [3]Ein nach Deckung der Verkaufskosten und des rückständigen Nachschusses verbleibender Überschuß gebührt dem Gesellschafter.

(3) [1]Ist die Befriedigung der Gesellschaft durch den Verkauf nicht zu erlangen, so fällt der Geschäftsanteil der Gesellschaft zu. [2]Dieselbe ist befugt, den Anteil für eigene Rechnung zu veräußern.

(4) Im Gesellschaftsvertrag kann die Anwendung der vorstehenden Bestimmungen auf den Fall beschränkt werden, daß die auf den Geschäftsanteil eingeforderten Nachschüsse einen bestimmten Betrag überschreiten.

§ 28. Beschränkte Nachschußpflicht. (1) [1]Ist die Nachschußpflicht auf einen bestimmten Betrag beschränkt, so finden, wenn im Gesellschaftsvertrag nicht ein anderes festgesetzt ist, im Fall verzögerter Einzahlung von Nachschüssen die auf die Einzahlung der Stammeinlagen bezüglichen Vorschriften der §§ 21 bis 23 entsprechende Anwendung. [2]Das gleiche gilt im Fall des § 27 Abs. 4 auch bei unbeschränkter Nachschußpflicht, soweit die Nachschüsse den im Gesellschaftsvertrag festgesetzten Betrag nicht überschreiten. 3

§ 29. Ergebnisverwendung. (1) [1]Die Gesellschafter haben Anspruch auf den Jahresüberschuß zuzüglich eines Gewinnvortrags und abzüglich eines Verlustvortrags, soweit der sich ergebende Betrag nicht nach Gesetz oder Gesellschaftsvertrag, durch Beschluß nach Absatz 2 oder als zusätzlicher Aufwand auf Grund des Beschlusses über die Verwendung des Ergebnisses von der Verteilung unter die Gesellschafter ausgeschlossen ist. [2]Wird die Bilanz unter Berücksichtigung der teilweisen Ergebnisverwendung aufgestellt oder werden Rücklagen aufgelöst, so haben die Gesellschafter abweichend von Satz 1 Anspruch auf den Bilanzgewinn.

(2) Im Beschluß über die Verwendung des Ergebnisses können die Gesellschafter, wenn der Gesellschaftsvertrag nichts anderes bestimmt, Beträge in Gewinnrücklagen einstellen oder als Gewinn vortragen.

(3) [1]Die Verteilung erfolgt nach Verhältnis der Geschäftsanteile. [2]Im Gesellschaftsvertrag kann ein anderer Maßstab der Verteilung festgesetzt werden.

§ 30. Kapitalerhöhung. (1) Das zur Erhaltung des Stammkapitals erforderliche Vermögen der Gesellschaft darf an die Gesellschafter nicht ausgezahlt werden. ...

3

Vertretung und Geschäftsführung

§ 35. Vertretung der Gesellschaft. (1) Die Gesellschaft wird durch die Geschäftsführer gerichtlich und außergerichtlich vertreten. …

(2) [1]Sind mehrere Geschäftsführer bestellt, sind sie alle nur gemeinschaftlich zur Vertretung der Gesellschaft befugt, es sei denn, dass der Gesellschaftsvertrag etwas anderes bestimmt. [2]Ist der Gesellschaft gegenüber eine Willenserklärung abzugeben, genügt die Abgabe gegenüber einem Vertreter der Gesellschaft nach Absatz 1. [3]An die Vertreter der Gesellschaft nach Absatz 1 können unter der im Handelsregister eingetragenen Geschäftsanschrift Willenserklärungen abgegeben und Schriftstücke für die Gesellschaft zugestellt werden. [4]Unabhängig hiervon können die Abgabe und die Zustellung auch unter der eingetragenen Anschrift der empfangsberechtigten Person nach § 10 Abs. 2 Satz 2 erfolgen.

(3) Befinden sich alle Geschäftsanteile der Gesellschaft in der Hand eines Gesellschafters oder daneben in der Hand der Gesellschaft und ist er zugleich deren alleiniger Geschäftsführer, so ist auf seine Rechtsgeschäfte mit der Gesellschaft § 181 des Bürgerlichen Gesetzbuchs anzuwenden. …

§ 35a. Angaben auf Geschäftsbriefen.

(1) [1]Auf allen Geschäftsbriefen gleichviel welcher Art, die an einen bestimmten Empfänger gerichtet werden, müssen die Rechtsform und der Sitz der Gesellschaft, das Registergericht des Sitzes der Gesellschaft und die Nummer, unter der die Gesellschaft in das Handelsregister eingetragen ist, sowie alle Geschäftsführer und, sofern die Gesellschaft einen Aufsichtsrat gebildet und dieser einen Vorsitzenden hat, der Vorsitzende des Aufsichtsrats mit dem Familiennamen und mindestens einem ausgeschriebenen Vornamen angegeben werden. [2]Werden Angaben über das Kapital der Gesellschaft gemacht, so müssen in jedem Falle das Stammkapital sowie, wenn nicht alle in Geld zu leistenden Einlagen eingezahlt sind, der Gesamtbetrag der ausstehenden Einlagen angegeben werden.

(2) Der Angaben nach Absatz 1 Satz 1 bedarf es nicht bei Mitteilungen oder Berichten, die im Rahmen einer bestehenden Geschäftsverbindung ergehen und für die üblicherweise Vordrucke verwendet werden, in denen lediglich die im Einzelfall erforderlichen besonderen Angaben eingefügt zu werden brauchen.

(3) [1]Bestellscheine gelten als Geschäftsbriefe im Sinne des Absatzes 1. [2]Absatz 2 ist auf sie nicht anzuwenden.

(4) Auf allen Geschäftsbriefen und Bestellscheinen, die von einer Zweigniederlassung einer Gesellschaft mit beschränkter Haftung mit Sitz im Ausland verwendet werden, müssen das Register, bei dem die Zweigniederlassung geführt wird, und die Nummer des Registereintrags angegeben werden; …

§ 36. Wirkung der Vertretung. *(aufgehoben)*

§ 37. Beschränkung der Vertretungsbefugnis.

(1) Die Geschäftsführer sind der Gesellschaft gegenüber verpflichtet, die Beschränkungen einzuhalten, welche für den Umfang ihrer Befugnis, die Gesellschaft zu vertreten, durch den Gesellschaftsvertrag oder, soweit dieser nicht ein anderes bestimmt, durch die Beschlüsse der Gesellschafter festgesetzt sind.

(2) [1]Gegen dritte Personen hat eine Beschränkung der Befugnis der Geschäftsführer, die Gesellschaft zu vertreten, keine rechtliche Wirkung. [2]Dies gilt insbesondere für den Fall, daß die Vertretung sich nur auf gewisse Geschäfte oder Arten von Geschäften erstrecken oder nur unter gewissen Umständen oder für eine gewisse Zeit oder an einzelnen Orten stattfinden soll, oder daß die Zustimmung der Gesellschafter oder eines Organs der Gesellschaft für einzelne Geschäfte erfordert ist.

§ 38. Widerruf der Bestellung. (1) Die Bestellung der Geschäftsführer ist zu jeder Zeit widerruflich, unbeschadet der Entschädigungsansprüche aus bestehenden Verträgen.

(2) [1]Im Gesellschaftsvertrag kann die Zulässigkeit des Widerrufs auf den Fall beschränkt werden, daß wichtige Gründe denselben notwendig machen. [2]Als solche Gründe sind insbesondere grobe Pflichtverletzung oder Unfähigkeit zur ordnungsmäßigen Geschäftsführung anzusehen.

§ 41. Buchführung. Die Geschäftsführer sind verpflichtet, für die ordnungsmäßige Buchführung der Gesellschaft zu sorgen.

§ 42. Bilanz. (1) In der Bilanz des nach den §§ 242, 264 des Handelsgesetzbuchs aufzustellenden Jahresabschlusses ist das Stammkapital als gezeichnetes Kapital auszuweisen.

(2) [1]Das Recht der Gesellschaft zur Einziehung von Nachschüssen der Gesellschafter ist in der Bilanz insoweit zu aktivieren, als die Einziehung bereits beschlossen ist und den Gesellschaftern ein Recht, durch Verweisung auf den Geschäftsanteil sich von der Zahlung der Nachschüsse zu befreien, nicht zusteht. [2]Der nachzuschießende Betrag ist auf der Aktivseite unter den Forderungen gesondert unter der Bezeichnung „Eingeforderte Nachschüsse“ auszuweisen, soweit mit der Zahlung gerechnet werden kann. [3]Ein dem Aktivposten entsprechender

Betrag ist auf der Passivseite in dem Posten „Kapitalrücklage“ gesondert auszuweisen.

(3) Ausleihungen, Forderungen und Verbindlichkeiten gegenüber Gesellschaftern sind in der Regel als solche jeweils gesondert auszuweisen oder im Anhang anzugeben; werden sie unter anderen Posten ausgewiesen, so muß diese Eigenschaft vermerkt werden.

§ 42a. Vorlage des Jahresabschlusses und des Lageberichts. (1) [1]Die Geschäftsführer haben den Jahresabschluß und den Lagebericht unverzüglich nach der Aufstellung den Gesellschaftern zum Zwecke der Feststellung des Jahresabschlusses vorzulegen. [2]Ist der Jahresabschluß durch einen Abschlußprüfer zu prüfen, so haben die Geschäftsführer ihn zusammen mit dem Lagebericht und dem Prüfungsbericht des Abschlußprüfers unverzüglich nach Eingang des Prüfungsberichts vorzulegen. [3]Hat die Gesellschaft einen Aufsichtsrat, so ist dessen Bericht über das Ergebnis seiner Prüfung ebenfalls unverzüglich vorzulegen.

(2) [1]Die Gesellschafter haben spätestens bis zum Ablauf der ersten acht Monate oder, wenn es sich um eine kleine Gesellschaft handelt (§ 267 Abs. 1 des Handelsgesetzbuchs), bis zum Ablauf der ersten elf Monate des Geschäftsjahrs über die Feststellung des Jahresabschlusses und über die Ergebnisverwendung zu beschließen. [2]Der Gesellschaftsvertrag kann die Frist nicht verlängern. [3]Auf den Jahresabschluß sind bei der Feststellung die für seine Aufstellung geltenden Vorschriften anzuwenden.

(3) Hat ein Abschlußprüfer den Jahresabschluß geprüft, so hat er auf Verlangen eines Gesellschafters an den Verhandlungen über die Feststellung des Jahresabschlusses teilzunehmen.

(4) [1]Ist die Gesellschaft zur Aufstellung eines Konzernabschlusses und eines Konzernlageberichts verpflichtet, so sind die Absätze 1 bis 3 entsprechend anzuwenden. [2]Das Gleiche gilt hinsichtlich eines Einzelabschlusses …

§ 43. Haftung der Geschäftsführer. (1) Die Geschäftsführer haben in den Angelegenheiten der Gesellschaft die Sorgfalt eines ordentlichen Geschäftsmannes anzuwenden.

(2) Geschäftsführer, welche ihre Obliegenheiten verletzen, haften der Gesellschaft solidarisch für den entstandenen Schaden.

§ 45. Rechte der Gesellschafter. (1) Die Rechte, welche den Gesellschaftern in den Angelegenheiten der Gesellschaft, insbesondere in bezug auf die Führung der Geschäfte zustehen, sowie die Ausübung derselben bestimmen sich, soweit nicht gesetzliche Vorschriften entgegenstehen, nach dem Gesellschaftsvertrag.

§ 46. Aufgabenkreis der Gesellschafter. Der Bestimmung der Gesellschafter unterliegen:

1. die Feststellung des Jahresabschlusses und die Verwendung des Ergebnisses;

1a. die Entscheidung über die Offenlegung eines Einzelabschlusses nach internationalen Rechnungslegungsstandards (§ 325 Abs. 2a des Handelsgesetzbuchs) und über die Billigung des von den Geschäftsführern aufgestellten Abschlusses;

1b. die Billigung eines von den Geschäftsführern aufgestellten Konzernabschlusses;

2. die Einforderung der Einlagen;
3. die Rückzahlung von Nachschüssen;
4. die Teilung, die Zusammenlegung sowie die Einziehung von Geschäftsanteilen;
5. die Bestellung und die Abberufung von Geschäftsführern sowie die Entlastung derselben;
6. die Maßregeln zur Prüfung und Überwachung der Geschäftsführung;
7. die Bestellung von Prokuristen und von Handlungsbevollmächtigten zum gesamten Geschäftsbetrieb;
8. die Geltendmachung von Ersatzansprüchen, welche der Gesellschaft aus der Gründung oder Geschäftsführung gegen Geschäftsführer oder Gesellschafter zustehen, sowie die Vertretung der Gesellschaft in Prozessen, welche sie gegen die Geschäftsführer zu führen hat.

§ 47. Abstimmung. (1) Die von den Gesellschaftern in den Angelegenheiten der Gesellschaft zu treffenden Bestimmungen erfolgen durch Beschlußfassung nach der Mehrheit der abgegebenen Stimmen.

(2) Jeder Euro eines Geschäftsanteils gewähren eine Stimme.

(3) Vollmachten bedürfen zu ihrer Gültigkeit der Textform.

(4) [1]Ein Gesellschafter, welcher durch die Beschlußfassung entlastet oder von einer Verbindlichkeit befreit werden soll, hat hierbei kein Stimmrecht und darf ein solches auch nicht für andere ausüben. [2]Dasselbe gilt von einer Beschlußfassung, welche die Vornahme eines Rechtsgeschäfts oder die Einleitung oder Erledigung eines Rechtsstreits gegenüber einem Gesellschafter betrifft.

§ 48. Gesellschafterversammlung. (1) Die Beschlüsse der Gesellschafter werden in Versammlungen gefaßt.

(2) Der Abhaltung einer Versammlung bedarf es nicht, wenn sämtliche Gesellschafter in Textform mit der zu treffenden Bestimmung oder mit der schriftlichen Abgabe der Stimmen sich einverstanden erklären.

3

§ 51a. Auskunfts- und Einsichtsrecht.
(1) Die Geschäftsführer haben jedem Gesellschafter auf Verlangen unverzüglich Auskunft über die Angelegenheiten der Gesellschaft zu geben und die Einsicht der Bücher und Schriften zu gestatten.

(2) [1]Die Geschäftsführer dürfen die Auskunft und die Einsicht verweigern, wenn zu besorgen ist, daß der Gesellschafter sie zu gesellschaftsfremden Zwecken verwenden und dadurch der Gesellschaft oder einem verbundenen Unternehmen einen nicht unerheblichen Nachteil zufügen wird. [2]Die Verweigerung bedarf eines Beschlusses der Gesellschafter.

(3) Von diesen Vorschriften kann im Gesellschaftsvertrag nicht abgewichen werden.

§ 51b. Gerichtliche Entscheidung über das Auskunfts- und Einsichtsrecht. [1]Für die gerichtliche Entscheidung über das Auskunfts- und Einsichtsrecht findet § 132 Abs. 1, 3 und 4 des Aktiengesetzes entsprechende Anwendung. [2]Antragsberechtigt ist jeder Gesellschafter, dem die verlangte Auskunft nicht gegeben oder die verlangte Einsicht nicht gestattet worden ist.

§ 52. Aufsichtsrat. (1) Ist nach dem Gesellschaftsvertrag ein Aufsichtsrat zu bestellen, so sind § 90 Abs. 3, 4, 5 Satz 1 und 2, § 95 Satz 1, § 100 Abs. 1 und 2 Nr. 2 und Abs. 5, § 101 Abs. 1 Satz 1, § 103 Abs. 1 Satz 1 und 2, §§ 105, 107 Abs. 4, §§ 110 bis 114, 116 des Aktiengesetzes in Verbindung mit § 93 Abs. 1 und 2 Satz 1 und 2 des Aktiengesetzes, § 124 Abs. 3 Satz 2, §§ 170, 171 des Aktiengesetzes entsprechend anzuwenden, soweit nicht im Gesellschaftsvertrag ein anderes bestimmt ist.

Abänderungen des Gesellschaftsvertrages

§ 53. Form der Satzungsänderung.
(1) Eine Abänderung des Gesellschaftsvertrages kann nur durch Beschluß der Gesellschafter erfolgen.

(2) [1]Der Beschluß muß notariell beurkundet werden, derselbe bedarf einer Mehrheit von drei Vierteilen der abgegebenen Stimmen. [2]Der Gesellschaftsvertrag kann noch andere Erfordernisse aufstellen.

(3) Eine Vermehrung der den Gesellschaftern nach dem Gesellschaftsvertrag obliegenden Leistungen kann nur mit Zustimmung sämtlicher beteiligter Gesellschafter beschlossen werden.

§ 58. Herabsetzung des Stammkapitals.
(1) Eine Herabsetzung des Stammkapitals kann nur unter Beobachtung der nachstehenden Bestimmungen erfolgen:

1. der Beschluß auf Herabsetzung des Stammkapitals muß von den Geschäftsführern in den Gesellschaftsblättern bekanntgemacht werden; …
2. die Gläubiger, welche sich bei der Gesellschaft melden und der Herabsetzung nicht zustimmen, sind wegen der erhobenen Ansprüche zu befriedigen oder sicherzustellen;
3. die Anmeldung des Herabsetzungsbeschlusses zur Eintragung in das Handelsregister erfolgt nicht vor Ablauf eines Jahres seit dem Tage, an welchem die Aufforderung der Gläubiger in den öffentlichen Blättern stattgefunden hat, …

§ 58a. Vereinfachte Kapitalherabsetzung.
(1) Eine Herabsetzung des Stammkapitals, die dazu dienen soll, Wertminderungen auszugleichen oder sonstige Verluste zu decken, kann als vereinfachte Kapitalherabsetzung vorgenommen werden.

(2) [1]Die vereinfachte Kapitalherabsetzung ist nur zulässig, nachdem der Teil der Kapital- und Gewinnrücklagen, der zusammen über zehn vom Hundert des nach der Herabsetzung verbleibenden Stammkapitals hinausgeht, vorweg aufgelöst ist. [2]Sie ist nicht zulässig, solange ein Gewinnvortrag vorhanden ist.

(3) Im Beschluß über die vereinfachte Kapitalherabsetzung sind die Nennbeträge der Geschäftsanteile dem herabgesetzten Stammkapital anzupassen. …

§ 58b. Auflösung der Kapital- und Gewinnrücklage. (1) Die Beträge, die aus der Auflösung der Kapital- oder Gewinnrücklagen und aus der Kapitalherabsetzung gewonnen werden, dürfen nur verwandt werden, um Wertminderungen auszugleichen und sonstige Verluste zu decken.

(2) [1]Daneben dürfen die gewonnenen Beträge in die Kapitalrücklage eingestellt werden, soweit diese zehn vom Hundert des Stammkapitals nicht übersteigt. [2]Als Stammkapital gilt dabei der Nennbetrag, der sich durch die Herabsetzung ergibt, mindestens aber der nach § 5 Abs. 1 zulässige Mindestnennbetrag.

§ 58d. Gewinnausschüttung. (1) [1]Gewinn darf vor Ablauf des fünften nach der Beschlußfassung über die Kapitalherabsetzung beginnenden Geschäftsjahrs nur ausgeschüttet werden, wenn die Kapital- und Gewinnrücklagen zusammen zehn vom Hundert des Stammkapitals erreichen. [2]Als Stammkapital gilt dabei der Nennbetrag, der sich durch die Herabsetzung ergibt, mindestens aber der nach § 5 Abs. 1 zulässige Mindestnennbetrag.

(2) Die Zahlung eines Gewinnanteils von mehr als vier vom Hundert ist erst für ein Ge-

schäftsjahr zulässig, das später als zwei Jahre nach der Beschlußfassung über die Kapitalherabsetzung beginnt. …

Auflösung und Nichtigkeit der Gesellschaft

§ 60. Auflösungsgründe. (1) Die Gesellschaft mit beschränkter Haftung wird aufgelöst:
1. durch Ablauf der im Gesellschaftsvertrag bestimmten Zeit;
2. durch Beschluß der Gesellschafter; derselbe bedarf, sofern im Gesellschaftsvertrag nicht ein anderes bestimmt ist, einer Mehrheit von drei Vierteilen der abgegebenen Stimmen;
3. durch gerichtliches Urteil oder durch Entscheidung des Verwaltungsgerichts oder der Verwaltungsbehörde in den Fällen der §§ 61 und 62;
4. durch die Eröffnung des Insolvenzverfahrens; wird das Verfahren auf Antrag des Schuldners eingestellt oder nach Bestätigung eines Insolvenzplans, der den Fortbestand der Gesellschaft vorsieht, aufgehoben, so können die Gesellschafter die Fortsetzung der Gesellschaft beschließen;
5. mit der Rechtskraft des Beschlusses, durch den die Eröffnung des Insolvenzverfahrens mangels Masse abgelehnt worden ist;
6. mit der Rechtskraft einer Verfügung des Registergerichts, durch welche nach § 399 des Gesetzes über das Verfahren in Familiensachen und in den Angelegenheiten der freiwilligen Gerichtsbarkeit ein Mangel des Gesellschaftsvertrags festgestellt worden ist.

(2) Im Gesellschaftsvertrag können weitere Auflösungsgründe festgesetzt werden.

§ 66. Liquidatoren. (1) In den Fällen der Auflösung außer dem Fall des Insolvenzverfahrens erfolgt die Liquidation durch die Geschäftsführer, wenn nicht dieselbe durch den Gesellschaftsvertrag oder durch Beschluß der Gesellschafter anderen Personen übertragen wird.

§ 70. Aufgaben der Liquidatoren. Die Liquidatoren haben die laufenden Geschäfte zu beendigen, die Verpflichtungen der aufgelösten Gesellschaft zu erfüllen, die Forderungen derselben einzuziehen und das Vermögen der Gesellschaft in Geld umzusetzen; sie haben die Gesellschaft gerichtlich und außergerichtlich zu vertreten.

§ 72. Vermögensverteilung. [1]Das Vermögen der Gesellschaft wird unter die Gesellschafter nach Verhältnis ihrer Geschäftsanteile verteilt. [2]Durch den Gesellschaftsvertrag kann ein anderes Verhältnis für die Verteilung bestimmt werden.

3

Anlage. (zu § 2 Abs. 1a)

a) Musterprotokoll
für die Gründung einer Einpersonengesellschaft
UR.Nr. ....
Heute, den ....
erschien vor mir, ...
Notar/in mit dem Amtssitz in
....
Herr/Frau[1] ....
....
....
.... [2].

1. Der Erschienene errichtet hiermit nach § 2 Abs. 1a GmbHG eine Gesellschaft mit beschränkter Haftung unter der Firma .... mit dem Sitz in ....
2. Gegenstand des Unternehmens ist ....
3. Das Stammkapital der Gesellschaft beträgt .... € (i.W. .... Euro) und wird vollständig von Herrn/Frau[1]) .... (Geschäftsanteil Nr. 1) übernommen. Die Einlage ist in Geld zu erbringen, und zwar sofort in voller Höhe/zu 50 Prozent sofort, im Übrigen sobald die Gesellschafterversammlung ihre Einforderung beschließt[3].
4. Zum Geschäftsführer der BGesellschaft wird Herr/Frau[4] ...., geboren am ...., wohnhaft in ...., bestellt. Der Geschäftsführer ist von den Beschränkungen des § 181 des Bürgerlichen Gesetzbuches befreit.
5. Die Gesellschaft trägt die mit der Gründung verbundenen Kosten bis zu einem Gesamtbetrag von 300 €, höchstens jedoch bis zum Betrag ihres Stammkapitals. Darüber hinausgehende Kosten trägt der Gesellschafter.
6. Von dieser Urkunde erhält eine Ausfertigung der Gesellschafter, beglaubigte Ablichtungen die Gesellschaft und das Registergericht (in elektronischer Form) sowie eine einfache Abschrift das Finanzamt – Körperschaftsteuerstelle –,
7. Der Erschienene wurde vom Notar/von der Notarin insbesondere auf Folgendes hingewiesen:

---

1 Nicht Zutreffendes streichen. Bei juristischen Personen ist die Anrede Herr/Frau wegzulassen.
2 Hier sind neben der Bezeichnung des Gesellschafters und den Angaben zur notariellen Identitätsfeststellung ggf. der Güterstand und die Zustimmung des Ehegatten sowie die Angaben zu einer etwaigen Vertretung zu vermerken.
3 Nicht Zutreffendes streichen. Bei der Unternehmergesellschaft muss die zweite Alternative gestrichen werden.
4 Nicht Zutreffendes streichen.

Hinweise:
b) Musterprotokoll für die Gründung einer Mehrpersonengesellschaft mit bis zu drei Gesellschaftern
UR. Nr. ……………………………………………………………………………
Heute, den ……………………………………………………………………………
erschien vor mir, ……………………………………………………………………………
Notar/in mit dem Amtssitz in
……………………………………………………………………………
Herr/Frau[1] ……………………………………………………………………………
……………………………………………………………………………
…………………………………………………………………………… [2]).
Herr/Frau[1]) ……………………………………………………………………………
……………………………………………………………………………
…………………………………………………………………………… [2]).
Herr/Frau[1]) ……………………………………………………………………………
……………………………………………………………………………
…………………………………………………………………………… [2]).

1. Die Erschienenen errichten hiermit nach § 2 Abs. 1a GmbHG eine Gesellschaft mit beschränkter Haftung unter der Firma ……………………………………………
   ……………………………………………………………………………
   mit dem Sitz in ……………………………………………………………………………
2. Gegenstand des Unternehmens ist ……………………………………………
3. Das Stammkapital der Gesellschaft beträgt .. € (i.W. .. Euro) und wird wie folgt übernommen.:
   Herr/Frau[1]) ……. übernimmt einen Geschäftsanteil mit einem Nennbetrag in Höhe von ……. € (i.W. ……. Euro) (Geschäftsanteil Nr. 1),
   Herr/Frau[1]) ……. übernimmt einen Geschäftsanteil mit einem Nennbetrag in Höhe von ……. € (i.W. ……. Euro) (Geschäftsanteil Nr. 1),
   Herr/Frau[1]) ……. übernimmt einen Geschäftsanteil mit einem Nennbetrag in Höhe von ……. € (i.W. ……. Euro) (Geschäftsanteil Nr. 1),
   Die Einlagen sind in Geld zu erbringen, und zwar sofort in voller Höhe/zu 50 Prozent sofort, im Übrigen sobald die Gesellschafterversammlung ihre Einforderung beschließt[3].
4. Zum Geschäftsführer der BGesellschaft wird Herr/Frau[4] ……………………………………………
   ……………………………………………………………………………,
   geboren am ……., wohnhaft in ……., bestellt. Der Geschäftsführer ist von den Beschränkungen des § 181 des Bürgerlichen Gesetzbuches befreit.
5. Die Gesellschaft trägt die mit der Gründung verbundenen Kosten bis zu einem Gesamtbetrag von 300 €, höchstens jedoch bis zum Betrag ihres Stammkapitals. Darüber hinausgehende Kosten tragen die Gesellschafter im Verhältnis der Nennbeträge ihrer Geschäftsanteile.
6. Von dieser Urkunde erhält eine Ausfertigung jeder Gesellschafter, beglaubigte Ablichtungen die Gesellschaft und das Registergericht (in elektronischer Form) sowie eine einfache Abschrift das Finanzamt – Körperschaftsteuerstelle –,
7. Die Erschienenen wurden vom Notar/von der Notarin insbesondere auf Folgendes hingewiesen:

Hinweise:

---

1 Nicht Zutreffendes streichen. Bei juristischen Personen ist die Anrede Herr/Frau wegzulassen.
2 Hier sind neben der Bezeichnung des Gesellschafters und den Angaben zur notariellen Identitätsfeststellung ggf. der Güterstand und die Zustimmung des Ehegatten sowie die Angaben zu einer etwaigen Vertretung zu vermerken.
3 Nicht Zutreffendes streichen. Bei der Unternehmergesellschaft muss die zweite Alternative gestrichen werden.
4 Nicht Zutreffendes streichen.

Umwandlungsgesetz

Vom 28. Oktober 1994, in der berichtigten Fassung vom 23. März 2002, mit Änderungen bis zum 22. Dezember 2011

Erstes Buch. Möglichkeiten von Umwandlungen

§ 1. Arten der Umwandlung; gesetzliche Beschränkungen. (1) Rechtsträger mit Sitz im Inland können umgewandelt werden
1. durch Verschmelzung
2. durch Spaltung (Aufspaltung, Abspaltung, Ausgliederung);
3. durch Vermögensübertragung;
4. durch Formwechsel.

Zweites Buch. Verschmelzung

3

Allgemeine Verschmelzung

▶ Möglichkeit der Verschmelzung

§ 2. Arten der Verschmelzung. Rechtsträger können unter Auflösung ohne Abwicklung verschmolzen werden
1. im Wege der Aufnahme durch Übertragung des Vermögens eines Rechtsträgers oder mehrerer Rechtsträger (übertragende Rechtsträger) als Ganzes auf einen anderen bestehenden Rechtsträger (übernehmender Rechtsträger) oder
2. im Wege der Neugründung durch Übertragung der Vermögen zweier oder mehrerer Rechtsträger (übertragende Rechtsträger) jeweils als Ganzes auf einen neuen, von ihnen dadurch gegründeten Rechtsträger gegen

Gewährung von Anteilen oder Mitgliedschaften des übernehmenden oder neuen Rechtsträgers an die Anteilsinhaber (Gesellschafter, Partner, Aktionäre oder Mitglieder) der übertragenden Rechtsträger.

§ 3. Verschmelzungsfähige Rechtsträger.
(1) An Verschmelzungen können als übertragende, übernehmende oder neue Rechtsträger beteiligt sein:
1. Personenhandelsgesellschaften (offene Handelsgesellschaften, Kommanditgesellschaften) und Partnerschaftsgesellschaften;
2. Kapitalgesellschaften (Gesellschaften mit beschränkter Haftung, Aktiengesellschaften, Kommanditgesellschaften auf Aktien);
3. eingetragene Genossenschaften;
4. eingetragene Vereine (§ 21 des Bürgerlichen Gesetzbuchs);
5. genossenschaftliche Prüfungsverbände;
6. Versicherungsvereine auf Gegenseitigkeit.

(2) An einer Verschmelzung können ferner beteiligt sein:
1. wirtschaftliche Vereine (§ 22 des Bürgerlichen Gesetzbuchs), soweit sie übertragender Rechtsträger sind;
2. natürliche Personen, die als Alleingesellschafter einer Kapitalgesellschaft deren Vermögen übernehmen.

▶ Verschmelzung durch Aufnahme

§ 4. Verschmelzungsvertrag. (1) [1]Die Vertretungsorgane der an der Verschmelzung beteiligten Rechtsträger schließen einen Verschmelzungsvertrag. [2]§ 311 b Abs. 2 des Bürgerlichen Gesetzbuchs gilt für ihn nicht.

(2) Soll der Vertrag nach einem der nach § 13 erforderlichen Beschlüsse geschlossen werden, so ist vor diesem Beschluß ein schriftlicher Entwurf des Vertrags aufzustellen.

§ 5. Inhalt des Verschmelzungsvertrags.
(1) Der Vertrag oder sein Entwurf muß mindestens folgende Angaben enthalten:
1. den Namen oder die Firma und den Sitz der an der Verschmelzung beteiligten Rechtsträger;
2. die Vereinbarung über die Übertragung des Vermögens jedes übertragenden Rechtsträgers als Ganzes gegen Gewährung von Anteilen oder Mitgliedschaften an dem übernehmenden Rechtsträger;
3. das Umtauschverhältnis der Anteile und gegebenenfalls die Höhe der baren Zuzahlung oder Angaben über die Mitgliedschaft bei dem übernehmenden Rechtsträger;
4. die Einzelheiten für die Übertragung der Anteile des übernehmenden Rechtsträgers oder über den Erwerb der Mitgliedschaft bei dem übernehmenden Rechtsträger;
5. den Zeitpunkt, von dem an diese Anteile oder die Mitgliedschaften einen Anspruch auf einen Anteil am Bilanzgewinn gewähren, sowie alle Besonderheiten in bezug auf diesen Anspruch;
6. den Zeitpunkt, von dem an die Handlungen der übertragenden Rechtsträger als für Rechnung des übernehmenden Rechtsträgers vorgenommen gelten (Verschmelzungsstichtag);

7. die Rechte, die der übernehmende Rechtsträger einzelnen Anteilsinhabern sowie den Inhabern besonderer Rechte wie Anteile ohne Stimmrecht, Vorzugsaktien, Mehrstimmrechtsaktien, Schuldverschreibungen und Genußrechte gewährt, oder die für diese Personen vorgesehenen Maßnahmen;
8. jeden besonderen Vorteil, der einem Mitglied eines Vertretungsorgans oder eines Aufsichtsorgans der an der Verschmelzung beteiligten Rechtsträger, einem geschäftsführenden Gesellschafter, einem Partner, einem Abschlußprüfer oder einem Verschmelzungsprüfer gewährt wird;
9. die Folgen der Verschmelzung für die Arbeitnehmer und ihre Vertretungen sowie die insoweit vorgesehenen Maßnahmen.

§ 6. Form des Verschmelzungsvertrags. Der Verschmelzungsvertrag muß notariell beurkundet werden.

§ 13. Beschlüsse über den Verschmelzungsvertrag. (1) [1]Der Verschmelzungsvertrag wird nur wirksam, wenn die Anteilsinhaber der beteiligten Rechtsträger ihm durch Beschluß (Verschmelzungsbeschluß) zustimmen. [2]Der Beschluß kann nur in einer Versammlung der Anteilsinhaber gefaßt werden.

§ 16. Anmeldung der Verschmelzung. (1) Die Vertretungsorgane jedes der an der Verschmelzung beteiligten Rechtsträger haben die Verschmelzung zur Eintragung in das Register (Handelsregister, Partnerschaftsregister, Genossenschaftsregister oder Vereinsregister) des Sitzes ihres Rechtsträgers anzumelden. …

§ 18. Firma oder Name des übernehmenden Rechtsträgers. (1) Der übernehmende Rechtsträger darf die Firma eines der übertragenden Rechtsträger, dessen Handelsgeschäft er durch die Verschmelzung erwirbt, mit oder ohne Beifügung eines das Nachfolgeverhältnis andeutenden Zusatzes fortführen.

Drittes Buch. Spaltung

§ 123. Arten der Spaltung. (1) Ein Rechtsträger (übertragender Rechtsträger) kann unter Auflösung ohne Abwicklung sein Vermögen aufspalten
1. zur Aufnahme durch gleichzeitige Übertragung der Vermögensteile jeweils als Gesamtheit auf andere bestehende Rechtsträger (übernehmende Rechtsträger) oder
2. zur Neugründung durch gleichzeitige Übertragung der Vermögensteile jeweils als Gesamtheit auf andere, von ihm dadurch gegründete neue Rechtsträger

gegen Gewährung von Anteilen oder Mitgliedschaften dieser Rechtsträger an die Anteilsinhaber des übertragenden Rechtsträgers (Aufspaltung).

Viertes Buch. Vermögensübertragung

§ 174. Arten der Vermögensübertragung. (1) Ein Rechtsträger (übertragender Rechtsträger) kann unter Auflösung ohne Abwicklung sein Vermögen als Ganzes auf einen anderen bestehenden Rechtsträger (übernehmender Rechtsträger) gegen Gewährung einer Gegenleistung an die Anteilsinhaber des übertragenden Rechtsträgers, die nicht in Anteilen oder Mitgliedschaften besteht, übertragen (Vollübertragung).

(2) Ein Rechtsträger (übertragender Rechtsträger) kann
1. unter Auflösung ohne Abwicklung sein Vermögen aufspalten durch gleichzeitige Übertragung der Vermögensteile jeweils als Gesamtheit auf andere bestehende Rechtsträger,
2. von seinem Vermögen einen Teil oder mehrere Teile abspalten durch Übertragung dieses Teils oder dieser Teile jeweils als Gesamtheit auf einen oder mehrere bestehende Rechtsträger oder
3. aus seinem Vermögen einen Teil oder mehrere Teile ausgliedern durch Übertragung dieses Teils oder dieser Teile jeweils als Gesamtheit auf einen oder mehrere bestehende Rechtsträger. …

Fünftes Buch. Formwechsel

§ 190. Allgemeiner Anwendungsbereich. (1) Ein Rechtsträger kann durch Formwechsel eine andere Rechtsform erhalten.

(2) Soweit nicht in diesem Buch etwas anderes bestimmt ist, gelten die Vorschriften über den Formwechsel nicht für Änderungen der

Rechtsform, die in anderen Gesetzen vorgesehen oder zugelassen sind.

§ 191. Einbezogene Rechtsträger. (1) Formwechselnde Rechtsträger können sein:
1. Personenhandelsgesellschaften (§ 3 Abs. 1 Nr. 1) und Partnerschaftsgesellschaften;
2. Kapitalgesellschaften (§ 3 Abs. 1 Nr. 2);
3. eingetragene Genossenschaften;
4. rechtsfähige Vereine;
5. Versicherungsvereine auf Gegenseitigkeit;
6. Körperschaften und Anstalten des öffentlichen Rechts.

(2) Rechtsträger neuer Rechtsform können sein:
1. Gesellschaften des bürgerlichen Rechts;
2. Personenhandelsgesellschaften und Partnerschaftsgesellschaften;
3. Kapitalgesellschaften;
4. eingetragene Genossenschaften.

Gesetz über die Rechnungslegung von bestimmten Unternehmen und Konzernen

Vom 15. August 1969, mit Änderungen bis zum 4. Oktober 2013

§ 1. Zur Rechnungslegung verpflichtete Unternehmen. (1) Ein Unternehmen hat nach diesem Abschnitt Rechnung zu legen, wenn für den Tag des Ablaufs eines Geschäftsjahrs (Abschlußstichtag) und für die zwei darauf folgenden Abschlußstichtage jeweils mindestens zwei der drei nachstehenden Merkmale zutreffen:

1. Die Bilanzsumme einer auf den Abschlußstichtag aufgestellten Jahresbilanz übersteigt 65 Millionen Euro.
2. Die Umsatzerlöse des Unternehmens in den zwölf Monaten vor dem Abschlußstichtag übersteigen 130 Millionen Euro.
3. Das Unternehmen hat in den zwölf Monaten vor dem Abschlußstichtag durchschnittlich mehr als fünftausend Arbeitnehmer beschäftigt.

§ 3. Geltungsbereich. (1) Dieser Abschnitt ist nur anzuwenden auf Unternehmen in der Rechtsform

1. einer Personenhandelsgesellschaft für die kein Abschluss nach § 264 a oder § 264 b des Handelsgesetzbuchs aufgestellt wird, oder des Einzelkaufmanns,
3. des Vereins, dessen Zweck auf einen wirtschaftlichen Geschäftsbetrieb gerichtet ist,
4. der rechtsfähigen Stiftung des bürgerlichen Rechts, wenn sie ein Gewerbe betreibt,
5. einer Körperschaft, Stiftung oder Anstalt des öffentlichen Rechts, die Kaufmann nach § 1 des Handelsgesetzbuchs sind oder als Kaufmann im Handelsregister eingetragen sind; auf Sparkassen, die einem Sparkassen- und Giroverband angehören, sind jedoch nur die §§ 1, 9 Abs. 1 anzuwenden.

(2) Dieser Abschnitt gilt nicht für

1. Unternehmen in der Rechtsform der Genossenschaft oder des Versicherungsvereins auf Gegenseitigkeit,

1a. Unternehmen ohne eigene Rechtspersönlichkeit einer Gemeinde, eines Gemeindeverbandes oder eines Zweckverbandes,

2. Verwertungsgesellschaften nach dem Gesetz über die Wahrnehmung von Urheberrechten und verwandten Schutzrechten vom 9. September 1965 …
3. Versicherungsunternehmen im Sinne des Absatzes 1 Nr. 5, die nach dem Versicherungsaufsichtsgesetz zur Rechnungslegung verpflichtet sind oder die keine privatrechtlichen Versicherungsverträge abschließen. Dieser Abschnitt gilt ferner nicht für die in § 2 Abs. 1 Nr. 1, 2 und 4 des Gesetzes über das Kreditwesen genannten Unternehmen.

(3) Dieser Abschnitt gilt nicht für Unternehmen in Abwicklung.

§ 4. Gesetzliche Vertreter; Aufsichtsrat; Feststellung; Gericht. (1) [1]Im Sinne dieses Gesetzes sind gesetzliche Vertreter eines Unternehmens

1. bei einer juristischen Person die Mitglieder des vertretungsberechtigten Organs,
2. bei einer Personenhandelsgesellschaft der oder die vertretungsberechtigten Gesellschafter, [2]Die Vorschriften für die gesetzlichen Vertreter des Unternehmens gelten, wenn es sich um das Unternehmen eines Einzelkaufmanns handelt, sinngemäß für den Einzelkaufmann oder seinen gesetzlichen Vertreter.

(2) Die Vorschriften dieses Gesetzes für den Aufsichtsrat gelten sinngemäß für ein entsprechendes Überwachungsorgan.

(3) Als Feststellung des Jahresabschlusses ist die Billigung des Jahresabschlusses durch die zuständige Stelle, und wenn es sich um das Unternehmen eines Einzelkaufmanns handelt, die Billigung des Jahresabschlusses durch den Inhaber anzusehen.

(4) Gericht im Sinne dieses Gesetzes ist das Gericht des Sitzes (der Hauptniederlassung) des Unternehmens.

§ 5. Aufstellung von Jahresabschluß und Lagebericht. (1) [1]Die gesetzlichen Vertreter des Unternehmens haben den Jahresabschluß (§ 242 des Handelsgesetzbuchs) in den ersten drei Monaten des Geschäftsjahrs für das vergangene Geschäftsjahr aufzustellen. [2]Für den Inhalt des Jahresabschlusses, seine Gliederung und für die einzelnen Posten des Jahresabschlusses gelten §§ 265, 266, 268 bis 275, 277 und 278 des Handelsgesetzbuchs sinngemäß. [3]Sonstige Vorschriften, die durch die Rechtsform oder den Geschäftszweig bedingt sind, bleiben unberührt.

(2) [1]Die gesetzlichen Vertreter eines Unternehmens, das nicht in der Rechtsform einer Personenhandelsgesellschaft oder des Einzelkaufmanns geführt wird, haben den Jahresabschluß um einen Anhang zu erweitern, der mit der Bilanz und der Gewinn- und Verlustrechnung eine Einheit bildet, sowie einen Lagebericht aufzustellen. [2]Für den Anhang gelten die §§ 284 285 Satz 1 Nr. 1 bis 5, 7 bis 13, 17 bis 19, §§ 286, 287 des Handelsgesetzbuchs und für den Lagebericht § 289 des Handelsgesetzbuchs sinngemäß.

§ 6. Prüfung durch die Abschlußprüfer.
(1) Der Jahresabschluß und der Lagebericht sind durch einen Abschlußprüfer zu prüfen.

§ 9. Offenlegung des Jahresabschlusses und des Lageberichts; Prüfung durch den Betreiber des Bundesanzeigers. (1) [1]Die gesetzlichen Vertreter des Unternehmens haben für dieses den Jahresabschluß und die sonst in § 325 Abs. 1 des Handelsgesetzbuchs bezeichneten Unterlagen, soweit sie aufzustellen sind, in sinngemäßer Anwendung des § 325 Abs. 1, 2, 2a, 2b, 4 bis 6, § 328 des Handelsgesetzbuchs offenzulegen. [2]§ 329 Abs. 1 und 4 des Handelsgesetzbuchs über die Prüfungspflicht des Registergerichts gilt sinngemäß.

3

Rechnungslegung von Konzernen

§ 11. Zur Rechnungslegung verpflichtete Mutterunternehmen. (1) Stehen in einem Konzern die Unternehmen unter der einheitlichen Leitung eines Unternehmens mit Sitz (Hauptniederlassung) im Inland, so hat dieses Unternehmen (Mutterunternehmen) nach den folgenden Vorschriften Rechnung zu legen, wenn für drei aufeinanderfolgende Konzernabschlußstichtage jeweils mindestens zwei der drei folgenden Merkmale zutreffen:
1. Die Bilanzsumme einer auf den Konzernabschlußstichtag aufgestellen Konzernbilanz übersteigt 65 Millionen Euro.
2. Die Umsatzerlöse einer auf den Konzernabschlußstichtag aufgestellten Konzern- Gewinn- und Verlustrechnung in den zwölf Monaten vor dem Abschlußstichtag übersteigen 130 Millionen Euro.
3. Die Konzernunternehmen mit Sitz im Inland haben in den zwölf Monaten vor dem Konzernabschlußstichtag insgesamt durchschnittlich mehr als fünftausend Arbeitnehmer beschäftigt.

International Accounting Standard (IAS)[1] / International Financial Reporting Standards (IFRS)[1]

Amtsblatt der Europäischen Union (ABl. EG) Nr. L 320 vom 3. November 2008[2] mit Änderungen bis zum 1. Juli 2013

Liste der geltenden Standards

In Klammern und kursiv: In die Auswahl dieser Sammlung nicht aufgenommen.
In der untenstehenden Aufstellung fehlende IAS wurden zwischenzeitlich ersetzt oder zurückgenommen.

(IFRS 1 Erstmalige Anwendung der International Financial Reporting Standards)
(IFRS 2 Anteilsbasierte Vergütung)
(IFRS 3 Unternehmenszusammenschlüsse)
(IFRS 4 Versicherungsverträge)
(IFRS 5 Zur Veräußerung gehaltene langfristige Vermögenswerte und aufgegebene Geschäftsbereiche)
(IFRS 6 Exploration und Evaluierung von Bodenschätzen)
(IFRS 7 Finanzinstrumente: Angaben)
(IFRS 8 Geschäftssegmente)
IAS 1 Darstellung des Abschlusses
IAS 2 Vorräte
IAS 7 Kapitalflussrechnungen
IAS 8 Rechnungslegungsmethoden, Änderung von rechnungslegungsbezogenen Schätzungen und Fehler
(IAS 10 Ereignisse nach dem Bilanzstichtag)
IAS 11 Fertigungsaufträge
(IAS 12 Ertragsteuern)
IAS 16 Sachanlagen
(IAS 17 Leasingverhältnisse)
IAS 18 Umsatzerlöse
(IAS 19 Leistungen an Arbeitnehmer)
(IAS 20 Bilanzierung und Darstellung von Zuwendungen der öffentlichen Hand)
(IAS 21 Auswirkungen von Wechselkursänderungen)
IAS 23 Fremdkapitalkosten
(IAS 24 Angaben über Beziehungen zu nahestehenden Unternehmen und Personen)
(IAS 26 Bilanzierung und Berichterstattung von Altersversorgungsplänen)
(IAS 27 Konzern- und Einzelabschlüsse)
(IAS 28 Anteile an assoziierten Unternehmen)
(IAS 29 Rechnungslegung in Hochinflationsländern)
(IAS 31 Anteile an Gemeinschaftsunternehmen)
(IAS 32 Finanzinstrumente: Darstellung)
(IAS 33 Ergebnis je Aktie)
(IAS 34 Zwischenberichterstattung)
IAS 36 Wertminderung von Vermögenswerten
IAS 37 Rückstellungen, Eventualschulden, und Eventualforderungen
IAS 38 Immaterielle Vermögenswerte
(IAS 39 Finanzinstrumente: Ansatz und Bewertung; wird künftig durch IFRS 9 ersetzt)
(IAS 40 Als Finanzinvestition gehaltene Immobilien)
(IAS 41 Landwirtschaft)

International Accounting Standards (IAS)

3

IAS 1: Darstellung des Abschlusses

Vollständiger Abschluss

10. Ein vollständiger Abschluss besteht aus:
(a) einer Bilanz zum Abschlussstichtag;
(b) einer Darstellung von Gewinn oder Verlust und sonstigem Ergebnis für die Periode;
(c) einer Eigenkapitalveränderungsrechnung für die Periode;
(d) einer Kapitalflussrechnung für die Periode;
(e) dem Anhang, der eine zusammenfassende Darstellung der wesentlichen Rechnungslegungsmethoden und sonstige Erläuterungen enthält; und
(f) eine Bilanz zu Beginn der frühesten Vergleichsperiode, wenn ein Unternehmen eine Rechnungslegungsmethode rückwirkend anwendet oder Posten im Abschluss rückwirkend anpasst oder umgliedert.

Ein Unternehmen kann für die Darstellungen andere Bezeichnungen als die in diesem Stan-

---

1 IAS: Bezeichnung für die weiterhin gültigen alten Standards
IFRS: Bezeichnung für die neuen Standards
Nach einer EU-Verordnung vom 19. Juli 2002 haben europäische Unternehmen, deren Wertpapiere zu einem Handel auf einem europäischen Kapitalmarkt zugelassen sind, ihre Konzernabschlüsse für Geschäftsjahre, die am oder nach dem 1.1.2005 beginnen, nach IAS aufzustellen. Andere Unternehmen haben nach dem Bilanzkontrollgesetz v. 15.12.2004 ein Wahlrecht, nach IAS abzuschließen.

2 In manchen nichtamtlichen Veröffentlichungen weichen Nummerierung und Gliederung innerhalb der Standards teilweise von der im Amtsblatt der EU ab.

dard vorgesehenen verwenden. So kann es beispielsweise anstelle der Bezeichnung „Darstellung von Gewinn oder Verlust und sonstigem Ergebnis" die Bezeichnung "Gesamtergebnisrechnung" verwenden.

Allgemeine Merkmale

Vermittlung eines den tatsächlichen Verhältnissen entsprechenden Bilds und Übereinstimmung mit den IFRS

15. Abschlüsse haben die Vermögens-, Finanz- und Ertragslage sowie die Cashflows eines Unternehmens den tat-sächlichen Verhältnissen entsprechend darzustellen. Eine den tatsächlichen Verhältnissen entsprechende Darstellung erfordert, dass die Auswirkungen der Geschäftsvorfälle sowie der sonstigen Ereignisse und Bedingungen übereinstimmend mit den im Rahmenkonzept enthaltenen Definitionen und Erfassungskriterien für Vermögenswerte, Schulden, Erträge und Aufwendungen glaubwürdig dargestellt werden. Die Anwendung der IFRS, gegebenenfalls um zusätzliche Angaben ergänzt, führt annahmegemäß zu Abschlüssen, die ein den tatsächlichen Verhältnissen entsprechendes Bild vermitteln

3

Unternehmensfortführung

25. Bei der Aufstellung eines Abschlusses hat das Management die Fähigkeit des Unternehmens, den Geschäftsbetrieb fortzuführen, einzuschätzen. Ein Abschluss ist solange auf der Grundlage der Annahme der Unternehmensfortführung aufzustellen, bis das Management entweder beabsichtigt, das Unternehmen aufzulösen oder das Geschäft einzustellen oder bis das Management keine realistische Alternative mehr hat, als so zu handeln. Wenn dem Management bei seiner Einschätzung wesentliche Unsicherheiten bekannt sind, die sich auf Ereignisse oder Bedingungen beziehen und die erhebliche Zweifel an der Fortführungsfähigkeit des Unternehmens aufwerfen, sind diese Unsicherheiten anzugeben. Wird der Abschluss nicht auf der Grundlage der Annahme der Unterneh-mensfortführung aufgestellt, ist diese Tatsache gemeinsam mit den Grundlagen, auf denen der Abschluss basiert, und dem Grund, warum von einer Fortführung des Unternehmens nicht ausgegangen wird, anzugeben.

Konzept der Periodenabgrenzung

27. Ein Unternehmen hat seinen Abschluss, mit Ausnahme der Kapitalflussrechnung, nach dem Konzept der Periodenabgrenzung aufzustellen.

Wesentlichkeit und Zusammenfassung von Posten

29. Ein Unternehmen hat jede wesentliche Gruppe gleichartiger Posten gesondert darzustellen. Posten einer nicht ähnlichen Art oder Funktion werden gesondert dargestellt, sofern sie nicht unwesentlich sind.

Saldierung von Posten

32. Ein Unternehmen darf Vermögenswerte und Schulden sowie Erträge und Aufwendungen nicht miteinander saldieren, sofern nicht die Saldierung von einem IFRS vorgeschrieben oder gestattet wird.

Vergleichsinformationen

38. Sofern die IFRS nichts anderes erlauben oder vorschreiben, hat ein Unternehmen für alle im Abschluss der aktuel-le Periode enthaltenen quantitativen Informationen Vergleichsinformationen hinsichtlich der vorangegangenen Pe-riode anzugeben. Vergleichsinformationen sind in die verbalen und beschreibenden Informationen einzubeziehen, wenn sie für das Verständnis des Abschlusses der aktuellen Periode von Bedeutung sind.

Darstellungsstetigkeit

45. Ein Unternehmen hat die Darstellung und den Ausweis von Posten im Abschluss von einer Periode zur nächsten beizubehalten, es sei denn,

(a) aufgrund einer wesentlichen Änderung des Tätigkeitsfelds des Unternehmens oder eine Überprüfung der Darstellung seines Abschlusses zeigt sich, dass eine Änderung der Darstellung oder der Gliederung unter Berücksichtigung der in IAS 8 enthaltenen Kriterien zur Auswahl bzw. zur Anwendung der Rechnungslegungsmethoden zu einer besser geeigneten Darstellungsform führt; oder

(b) ein IFRS schreibt eine geänderte Darstellung vor.

Bilanz

Informationen, die in der Bilanz darzustellen sind

54. In der Bilanz sind zumindest nachfolgende Posten darzustellen:

(a) Sachanlagen;

(b) als Finanzinvestitionen gehaltene Immobilien;

(c) immaterielle Vermögenswerte;

(d) finanzielle Vermögenswerte (ohne die Beträge, die unter (e), (h) und (i) ausgewiesen werden);

(e) nach der Equity-Methode bilanzierte Finanzanlagen;
(f) biologische Vermögenswerte;
(g) Vorräte;
(h) Forderungen aus Lieferungen und Leistungen und sonstige Forderungen;
(i) Zahlungsmittel und Zahlungsmitteläquivalente;
(j) die Summe der Vermögenswerte, die gemäß IFRS 5 Zur Veräußerung gehaltene langfristige Vermögenswerte und aufgegebene Geschäftsbereiche als zur Veräußerung gehalten eingestuft werden, und der Vermögenswerte, die zu einer als zur Veräußerung gehalten eingestuften Veräußerungsgruppe gehören;
(k) Verbindlichkeiten aus Lieferungen und Leistungen und sonstige Verbindlichkeiten;
(l) Rückstellungen;
(m) finanzielle Verbindlichkeiten (ohne die Beträge, die unter (k) und (l) ausgewiesen werden);
(n) Steuerschulden und -erstattungsansprüche gemäß IAS 12 Ertragsteuern;
(o) latente Steueransprüche und -schulden gemäß IAS 12;
(p) die Schulden, die den Veräußerungsgruppen zugeordnet sind, die gemäß IFRS 5 als zur Veräußerung gehalten eingestuft werden;
(q) nicht beherrschende Anteile, die im Eigenkapital dargestellt werden; sowie
(r) gezeichnetes Kapital und Rücklagen, die den Eigentümern der Muttergesellschaft zuzuordnen sind.

Informationen, die entweder in der Bilanz oder im Anhang darzustellen sind

77. Ein Unternehmen hat weitere Unterposten entweder in der Bilanz oder in den Anhangangaben in einer für die Geschäftstätigkeit des Unternehmens geeigneten Weise anzugeben.

Darstellung von Gewinn oder Verlust und sonstigem Ergebnis

81A. Die Darstellung von Gewinn oder Verlust und sonstigem Ergebnis (Gesamtergebnisrechnung) muss neben den Abschnitten „Gewinn oder Verlust" und „sonstiges Ergebnis" Folgendes zeigen:
(a) den Gewinn oder Verlust;
(b) das sonstige Ergebnis insgesamt;
(c) das Gesamtergebnis für die Periode, d. h. die Summe aus Gewinn oder Verlust und sonstigem Ergebnis.
Legt ein Unternehmen eine gesonderte Gewinn- und Verlustrechnung vor, so sieht es in der Gesamtergebnisrechnung von dem Abschnitt „Gewinn oder Verlust" ab.

Informationen, die im Abschnitt „Gewinn oder Verlust" oder in der gesonderten Gewinn- und Verlustrechnung auszuweisen sind

82. Zusätzlich zu den in anderen IFRS vorgeschriebenen Posten sind im Abschnitt „Gewinn oder Verlust" oder in der gesonderten Gewinn- und Verlustrechnung für die betreffende Periode die folgenden Posten auszuweisen:
(a) Umsatzerlöse;
(b) Finanzierungsaufwendungen;
(c) Gewinn- oder Verlustanteil von assoziierten Unternehmen und Gemeinschaftsunternehmen, die nach der Equity-Methode bilanziert werden;
(d) Steueraufwendungen;
(e) ein gesonderter Betrag für die Gesamtsumme der aufgegebenen Geschäftsbereiche (siehe IFRS 5).

3

Gewinn oder Verlust der Periode

88. Ein Unternehmen hat alle Ertrags- und Aufwandsposten der Periode im Gewinn oder Verlust zu erfassen, es sei denn, ein IFRS schreibt etwas anderes vor.

Informationen, die in der/den Darstellung/en von Gewinn oder Verlust und sonstigem Ergebnis oder im Anhang auszuweisen sind

97. Wenn Ertrags- oder Aufwandsposten wesentlich sind, hat ein Unternehmen Art und Betrag dieser Posten gesondert anzugeben.

Eigenkapitalveränderungsrechnung

Informationen, die in der Eigenkapitalveränderungsrechnung darzustellen sind

106. Ein Unternehmen hat gemäß Paragraph 10 eine Eigenkapitalveränderungsrechnung zu erstellen. Diese muss Folgendes enthalten:
(a) das Gesamtergebnis in der Berichtsperiode, wobei die Beträge, die den Eigentümern des Mutterunternehmens und den nicht beherrschenden Anteilen insgesamt zuzurechnen sind, getrennt auszuweisen sind;
(b) für jede Eigenkapitalkomponente die Auswirkungen einer rückwirkenden Anwendung oder rückwirkenden Anpassung, die gemäß IAS 8 bilanziert wurden, und
(c) [gestrichen]
(d) für jede Eigenkapitalkomponente eine Überleitungsrechnung für die Buchwerte zu Beginn und am Ende der Berichtsperiode, wobei Veränderungen gesondert auszuweisen sind, die zurückzuführen sind auf
(i) Gewinn oder Verlust,
(ii) sonstiges Ergebnis und
(iii) Transaktionen mit Eigentümern, die in dieser Eigenschaft handeln, wobei Einzahlun-

gen von Eigentümern und Ausschüttungen an Eigentümer sowie Veränderungen bei Eigentumsanteilen an Tochterunternehmen, die keinen Verlust der Beherrschung nach sich ziehen, gesondert auszuweisen sind.

Kapitalflussrechnung

111. Die Kapitalflussrechnung bietet den Adressaten eine Grundlage für die Beurteilung der Fähigkeit des Unternehmens, Zahlungsmittel und Zahlungsmitteläquivalente zu erwirtschaften, sowie des Bedarfs des Unternehmens, diese Cashflows zu verwenden. IAS 7 legt die Anforderungen für die Darstellung und Angabe von Informationen zu Cashflows fest.

3

Anhangangaben

Struktur

112. Der Anhang soll:
(a) Informationen über die Grundlagen der Aufstellung des Abschlusses und die spezifischen Rechnungslegungsmethoden, die gemäß den Paragraphen 117—124 angewandt worden sind, darlegen;
(b) die nach IFRS erforderlichen Informationen offen legen, die nicht in den anderen Abschlussbestandteilen ausgewiesen sind, und
(c) Informationen liefern, die nicht in anderen Abschlussbestandteilen ausgewiesen werden, für das Verständnis derselben jedoch relevant sind.

113. Ein Unternehmen hat die Anhangangaben, soweit durchführbar, systematisch darzustellen. Jeder Posten in der Bilanz, der Gesamtergebnisrechnung, der gesonderten Gesamtergebnisrechnung (falls erstellt), der Eigenkapitalveränderungsrechnung und der Kapitalflussrechnung muss mit einem Querverweis auf sämtliche zugehörigen Informationen im Anhang versehen sein.

Angabe der Rechnungslegungsmethoden

117. Ein Unternehmen hat in der zusammenfassenden Darstellung der maßgeblichen Rechnungslegungsmethoden Folgendes anzugeben:
(a) die bei der Aufstellung des Abschlusses herangezogene(n) Bewertungsgrundlage(n), und
(b) sonstige angewandte Rechnungslegungsmethoden, die für das Verständnis des Abschlusses relevant sind.

IAS 2: Vorräte

ANWENDUNGSBEREICH

2. Dieser Standard ist auf alle Vorräte anzuwenden, mit folgenden Ausnahmen:
(a) Unfertige Erzeugnisse im Rahmen von Fertigungsaufträgen einschließlich damit unmittelbar zusammenhängender Dienstleistungsverträge (siehe IAS 11, Fertigungsaufträge);
(b) Finanzinstrumente;
...

DEFINITIONEN

6. Die folgenden Begriffe werden in diesem Standard mit der angegebenen Bedeutung verwendet:
Vorräte sind Vermögenswerte,
(a) die zum Verkauf im normalen Geschäftsgang gehalten werden;
(b) die sich in der Herstellung für einen solchen Verkauf befinden; oder
(c) die als Roh-, Hilfs- und Betriebsstoffe dazu bestimmt sind, bei der Herstellung oder der Erbringung von Dienstleistungen verbraucht zu werden.
Der *Nettoveräußerungswert* ist der geschätzte, im normalen Geschäftsgang erzielbare Verkaufserlös abzüglich der geschätzten Kosten bis zur Fertigstellung und der geschätzten notwendigen Vertriebskosten.
Der *beizulegende Wert* ist der Betrag, zu dem zwischen sachverständigen, vertragswilligen und voneinander unabhängigen Geschäftspartnern ein Vermögenswert getauscht oder eine Schuld beglichen werden könnte.

BEWERTUNG VON VORRÄTEN

9. Vorräte sind mit dem niedrigeren Wert aus Anschaffungs- oder Herstellungskosten und Nettoveräußerungswert zu bewerten.

Anschaffungs- oder Herstellungskosten von Vorräten

10. In die Anschaffungs- oder Herstellungskosten von Vorräten sind alle Kosten des Erwerbes und der Herstellung sowie sonstige Kosten einzubeziehen, die angefallen sind, um die Vorräte an ihren derzeitigen Ort und in ihren derzeitigen Zustand zu versetzen.

Kosten des Erwerbes

11. Die Kosten des Erwerbs von Vorräten umfassen den Erwerbspreis, Einfuhrzölle und andere Steuern (sofern es sich nicht um solche handelt, die das Unternehmen später von den Steuerbehörden zurückerlangen kann), Transport- und Abwicklungskosten sowie sonstige Kosten, die dem Erwerb von Fertigerzeugnissen, Materialien und Leistungen unmittelbar zugerechnet werden können. Skonti, Rabatte und andere vergleichbare Beträge werden bei der Ermittlung der Kosten des Erwerbs abgezogen.

Herstellungskosten

12. Die Herstellungskosten von Vorräten umfassen die Kosten, die den Produktionseinheiten direkt zuzurechnen sind, wie beispielsweise Fertigungslöhne. Weiterhin umfassen sie systematisch zugerechnete fixe und variable Produktionsgemeinkosten, die bei der Verarbeitung der Ausgangsstoffe zu Fertigerzeugnissen anfallen. Fixe Produktionsgemeinkosten sind solche nicht direkt der Produktion zurechenbaren Kosten, die unabhängig vom Produktionsvolumen relativ konstant anfallen, wie beispielsweise Abschreibungen und Instandhaltungskosten von Betriebsgebäuden und -einrichtungen sowie die Kosten des Managements und der Verwaltung. Variable Produktionsgemeinkosten sind solche nicht direkt zurechenbaren Kosten der Produktion, die unmittelbar oder nahezu unmittelbar mit dem Produktionsvolumen variieren, wie beispielsweise Materialgemeinkosten und Fertigungsgemeinkosten.

13. Die Zurechnung fixer Produktionsgemeinkosten zu den Herstellungskosten basiert auf der normalen Kapazität der Produktionsanlagen. …

…

Sonstige Kosten

15. Sonstige Kosten werden nur insoweit in die Anschaffungs- oder Herstellungskosten der Vorräte einbezogen, als sie angefallen sind, um die Vorräte an ihren derzeitigen Ort und in ihren derzeitigen Zustand zu versetzen. Beispielsweise kann es sachgerecht sein, nicht produktionsbezogene Gemeinkosten oder die Kosten der Produktentwicklung für bestimmte Kunden in die Herstellungskosten der Vorräte einzubeziehen.

16. Beispiele für Kosten, die aus den Anschaffungs- oder Herstellungskosten von Vorräten ausgeschlossen sind und in der Periode ihres Anfalls als Aufwand behandelt werden, sind:

(a) anormale Beträge für Materialabfälle, Fertigungslöhne oder andere Produktionskosten;

(b) Lagerkosten, soweit diese nicht im Produktionsprozess vor einer weiteren Produktionsstufe erforderlich sind;

(c) Verwaltungsgemeinkosten, die nicht dazu beitragen, die Vorräte an ihren derzeitigen Ort und in ihren derzeitigen Zustand zu versetzen; und

(d) Vertriebskosten.

17. IAS 23 *Fremdkapitalkosten* identifiziert die bestimmten Umständen, bei denen Fremdkapitalkosten in die Anschaffungs- oder Herstellungskosten von Vorräten einbezogen werden.

…

Herstellungskosten der Vorräte eines Dienstleistungsunternehmens

3

19. Sofern Dienstleistungsunternehmen Vorräte haben, werden sie mit den Herstellungskosten bewertet. Diese Kosten bestehen in erster Linie aus Löhnen und Gehältern sowie sonstigen Kosten des Personals, das unmittelbar für die Leistungserbringung eingesetzt ist; sie umfassen darüber hinaus die entsprechenden Kosten des Aufsichtspersonals und zurechenbare Gemeinkosten. Löhne und Gehälter sowie sonstige Kosten des Vertriebspersonals und des Personals der allgemeinen Verwaltung werden nicht einbezogen, sondern in der Periode ihres Anfalls als Aufwand erfasst …

Kosten-Zuordnungsverfahren

23. Die Anschaffungs- oder Herstellungskosten solcher Vorräte, die normalerweise nicht austauschbar sind, und solcher Erzeugnisse, Waren oder Leistungen, die für spezielle Projekte hergestellt und ausgesondert werden, sind durch Einzelzuordnung ihrer individuellen Anschaffungs- oder Herstellungskosten zu bestimmen.

25. Die Anschaffungs- oder Herstellungskosten von Vorräten, die nicht in Paragraph 23 behandelt sind, sind nach dem First-in-First-out-Verfahren (FIFO) oder nach der Durchschnittsmethode zu ermitteln. …

Nettoveräußerungswert

28. Die Anschaffungs- oder Herstellungskosten von Vorräten sind unter Umständen nicht werthaltig, wenn die Vorräte beschädigt, ganz oder teilweise veraltet sind oder wenn ihr Verkaufspreis zurückgegangen ist. Die Anschaffungs- oder Herstellungskosten von Vorräten können nicht zu erzielen sein, wenn die geschätzten Kosten der Fertigstellung oder die geschätzten, bis zum Verkauf anfallenden Kosten gestiegen sind. Die Abwertung der Vorräte auf den niedrigeren Nettoveräußerungswert folgt der Ansicht, dass Vermögenswerte nicht mit höheren

Beträgen angesetzt werden dürfen, als bei ihrem Verkauf oder Gebrauch voraussichtlich zu realisieren sind.

29. Wertminderungen von Vorräten auf den Nettoveräußerungswert erfolgen im Regelfall in Form von Einzelwertberichtigung. In einigen Fällen kann es jedoch sinnvoll sein, ähnliche oder miteinander zusammenhängende Vorräte zusammenzufassen. ...

Erfassung als Aufwand

34. Wenn Vorräte verkauft worden sind, ist der Buchwert dieser Vorräte in der Berichtsperiode als Aufwand zu erfassen, in der die zugehörigen Erträge realisiert sind. Alle Wertminderungen von Vorräten auf den Nettoveräußerungswert sowie alle Verluste bei den Vorräten sind in der Periode als Aufwand zu erfassen, in der die Wertminderungen vorgenommen worden oder die Verluste eingetreten sind. Alle Wertaufholungen bei Vorräten, die sich aus einer Erhöhung des Nettoveräußerungswertes ergeben, sind als Verminderung des Materialaufwandes in der Periode zu erfassen, in der die Wertaufholung eintritt.

3

IAS 7: Kapitalflussrechnung

ANWENDUNGSBEREICH

1. Ein Unternehmen hat eine Kapitalflussrechnung gemäß den Anforderungen dieses Standards zu erstellen und als integralen Bestandteil des Abschlusses für jede Periode darzustellen, für die Abschlüsse aufgestellt werden.

DEFINITIONEN

6. Folgende Begriffe werden in diesem Standard mit der angegebenen Bedeutung verwendet: *Zahlungsmittel* umfassen Barmittel und Sichteinlagen.

Zahlungsmitteläquivalente sind kurzfristige, äußerst liquide Finanzinvestitionen, die jederzeit in bestimmte Zahlungsmittelbeträge umgewandelt werden können und nur unwesentlichen Wertschwankungsrisiken unterliegen.

Cashflows sind Zuflüsse und Abflüsse von Zahlungsmitteln und Zahlungsmitteläquivalenten.

Betriebliche Tätigkeiten sind die wesentlichen erlöswirksamen Tätigkeiten des Unternehmens sowie andere Aktivitäten, die nicht den Investitions- oder Finanzierungstätigkeiten zuzuordnen sind.

Investitionstätigkeiten sind der Erwerb und die Veräußerung langfristiger Vermögenswerte und sonstiger Finanzinvestitionen, die nicht zu den Zahlungsmitteläquivalenten gehören.

Finanzierungstätigkeiten sind Aktivitäten, die sich auf den Umfang und die Zusammensetzung der Eigenkapitalposten und der Ausleihungen des Unternehmens auswirken.

DARSTELLUNG DER KAPITALFLUSSRECHNUNG

10. Die Kapitalflussrechnung hat Cashflows während der Periode zu enthalten, die nach betrieblichen Tätigkeiten, Investitions- und Finanzierungstätigkeiten gegliedert werden.

11. Ein Unternehmen stellt die Cashflows aus betrieblicher Tätigkeit, Investitions- und Finanzierungstätigkeit in einer Weise dar, die seiner jeweiligen wirtschaftlichen Betätigung möglichst angemessen ist. Die Klassifizierung nach Tätigkeitsbereichen liefert Informationen, anhand derer die Adressaten die Auswirkungen dieser Tätigkeiten auf die Vermögens- und Finanzlage des Unternehmens und die Höhe der Zahlungsmittel und Zahlungsmitteläquivalente beurteilen können. Weiterhin können diese Informationen eingesetzt werden, um die Beziehungen zwischen diesen Tätigkeiten zu bewerten.

12. Ein einziger Geschäftsvorfall umfasst unter Umständen Cashflows, die unterschiedlichen Tätigkeiten zuzurechnen sind. Wenn die Rückzahlung eines Darlehens beispielsweise sowohl Zinsen als auch Tilgung umfasst, kann der Zinsanteil unter Umständen als betriebliche Tätigkeit, der Tilgungsanteil als Finanzierungstätigkeit eingestuft werden.

Betriebliche Tätigkeit

13. Die Cashflows aus der betrieblichen Tätigkeit sind ein Schlüsselindikator dafür, in welchem Ausmaß es durch die Unternehmenstätigkeit gelungen ist, Zahlungsmittelüberschüsse zu erwirtschaften, die ausreichen, um Verbindlichkeiten zu tilgen, die Leistungsfähigkeit des Unternehmens zu erhalten, Dividenden zu zahlen und Investitionen zu tätigen, ohne dabei auf Quellen der Außenfinanzierung angewiesen zu sein. Informationen über die spezifischen Bestandteile der Cashflows aus betrieblicher Tätigkeit sind in Verbindung mit anderen Informationen von Nutzen, um künftige Cashflows aus betrieblicher Tätigkeit zu prognostizieren.

14. Cashflows aus der betrieblichen Tätigkeit stammen in erster Linie aus der erlöswirksamen Tätigkeit des Unternehmens. Daher resultieren sie im Allgemeinen aus Geschäftsvorfällen und anderen Ereignissen, die als Ertrag oder Aufwand das Periodenergebnis beeinflussen. Im Folgenden werden Beispiele für Cashflows aus der betrieblichen Tätikgeit angeführt:

(a) Zahlungseingänge aus dem Verkauf von Gütern und der Erbringung von Dienstleistungen;
(b) Zahlngseingänge aus Nutzungsentgelten, Honoraren, Provisionen und anderen Erlösen;
(c) Auszahlungen an Lieferanten von Gütern und Dienstleistungen;
(d) Auszahlungen an und für Beschäftigte;
...
(f) Zahlungen oder Rückerstattungen von Ertragsteuern, es sei denn, die Zahlungen können der Finanzierungs- und Investitionstätigkeit zugeordnet werden; ...
Einige Geschäftsvorfälle, wie beispielsweise der Verkauf eines Postens aus dem Anlagevermögen, führen zu einem Gewinn bzw. Verlust, der sich auf das Periodenergebnis auswirkt. Die entsprechenden Cashflows sind jedoch Cashflows aus dem Bereich der Investitionstätigkeit.
...

Investitionstätigkeit

16. Die gesonderte Angabe der Cashflows aus der Investitionstätigkeit ist von Bedeutung, da die Cashflows das Ausmaß angeben, in dem Aufwendungen für Ressourcen getätigt wurden, die künftige Erträge und Cashflows erwirtschaften sollen. Im Folgenden werden Beispiele für Cashflows aus Investitionstätigkeit angeführt:
(a) Auszahlungen für die Beschaffung von Sachanlagen, immateriellen und anderen langfristigen Vermögenswerten. Hierzu zählen auch Auszahlungen für aktivierte Entwicklungskosten und für selbst erstellte Sachanlagen;
(b) Einzahlungen aus dem Verkauf von Sachanlagen, immateriellen und anderen langfristigen Vermögenswerten;
(c) Auszahlungen für den Erwerb von Eigenkapital oder Schuldinstrumenten anderer Unternehmen und von Anteilen an Joint Ventures (sofern diese Titel nicht als Zahlungsmitteläquivalente betrachtet werden oder zu Handelszwecken gehalten werden);
(d) Einzahlungen aus der Veräußerung von Eigenkapital- oder Schuldinstrumenten anderer Unternehmen und von Anteilen an Joint Ventures (sofern diese Titel nicht als Zahlungsmitteläquivalente betrachtet werden oder zu Handelszwecken gehalten werden);
(e) Auszahlungen für Dritten gewährte Kredite und Darlehen (mit Ausnahme der von einer Finanzinstitution gewährten Kredite und Darlehen);
(f) Einzahlungen aus der Tilgung von Dritten gewährten Krediten und Darlehen (mit Ausnahme der von einer Finanzinstitution gewährten Kredite und Darlehen);

...

Finanzierungstätigkeit

17. Die gesonderte Angabe der Cashflows aus der Finanzierungstätigkeit ist von Bedeutung, da sie nützlich sind für die Abschätzung zukünftiger Ansprüche der Kapitalgeber gegenüber dem Unternehmen. Im Folgenden werden Beispiele für Cashflows aus der Finanzierungstätigkeit angeführt:
(a) Einzahlungen aus der Ausgabe von Anteilen oder anderen Eigenkapitalinstrumenten;
(b) Auszahlungen an Eigentümer zum Erwerb oder Rückerwerb von (eigenen) Anteilen an dem Unternehmen; 3
(c) Einzahlungen aus der Ausgabe von Schuldverschreibungen, Schuldscheinen und Rentenpapieren sowie aus der Aufnahme von Darlehen und Hypotheken oder aus der Aufnahme anderer kurz- oder langfristiger Ausleihungen;
(d) Auszahlungen für die Rückzahlung von Ausleihungen; und
(e) Auszahlungen von Leasingnehmern zur Tilgung von Verbindlichkeiten aus Finanzierungs-Leasingverträgen.

DARSTELLUNG DER CASHFLOWS AUS DER BETRIEBLICHEN TÄTIGKEIT

18. Ein Unternehmen hat Cashflows aus der betrieblichen Tätigkeit in einer der beiden folgenden Formen darzustellen:
(a) direkte Darstellung, wobei die Hauptklassen der Bruttoeinzahlungen und Bruttoauszahlungen angegeben werden; oder
(b) indirekte Darstellung, wobei das Periodenergebnis um Auswirkungen von nicht zahlungswirksamen Geschäftsvorfällen, Abgrenzungen oder Rückstellungen von vergangenen oder künftigen betrieblichen Ein- oder Auszahlungen sowie um Ertrags- und Aufwandsposten, die dem Investitions- oder Finanzierungsbereich zuzurechnen sind, berichtigt wird.
19. Unternehmen wird empfohlen, die Cashflows aus der betrieblichen Tätigkeit nach der direkten Methode darzustellen. Die direkte Darstellung stellt Informationen zur Verfügung, welche die Abschätzung künftiger Cashflows erleichtern und bei Anwendung der indirekten Darstellungsform nicht verfügbar sind. Bei Anwendung der direkten Methode können Informationen über die Hauptgruppen der Bruttoeinzahlungen und Bruttoauszahlungen folgendermaßen erhalten werden:
(a) aus der Buchhaltung des Unternehmens; oder

(b) durch Korrekturen der Umsatzerlöse und der Umsatzkosten (Zinsen und ähnliche Erträge sowie Zinsaufwendungen und ähnliche Aufwendungen bei einer Finanzinstitution) sowie anderer Posten der Gewinn- und Verlustrechnung, um

(i) Bestandsveränderungen der Periode bei den Vorräten und bei den Forderungen und Verbindlichkeiten aus Lieferungen und Leistungen;

(ii) andere zahlungsunwirksame Posten; und

(iii) andere Posten, die Cashflows in den Bereichen der Investition oder der Finanzierung darstellen.

3

20. Bei Anwendung der indirekten Methode wird der Netto-Cashflow aus der betrieblichen Tätigkeit durch Korrektur des Periodenergebnisses um die folgenden Größen ermittelt:

(a) Bestandsveränderungen der Periode bei den Vorräten und den Forderungen und Verbindlichkeiten aus Lieferungen und Leistungen;

(b) zahlungsunwirksame Posten, wie beispielsweise Abschreibungen, Rückstellungen, latente Steuern, unrealisierte Fremdwährungsgewinne und -verluste, nicht ausgeschüttete Gewinne von assoziierten Unternehmen und Minderheitsanteile; sowie

(c) alle anderen Posten, die Cashflows in dem Bereich der Investition oder Finanzierung darstellen.

Alternativ kann der Netto-Cashflow aus betrieblicher Tätigkeit auch in der indirekten Darstellungsform durch Gegenüberstellung der Aufwendungen und Erträge aus der Gewinn- und Verlustrechnung sowie der Änderungen der Vorräte und der Forderungen und Verbindlichkeiten aus Lieferungen und Leistungen ermittelt werden.

DARSTELLUNG DER CASHFLOWS AUS INVESTITIONS- UND FINANZIERUNGSTÄTIGKEIT

21. Ein Unternehmen hat die Hauptgruppen der Bruttoeinzahlungen und Bruttoauszahlungen separat auszuweisen, die aus Investitions- und Finanzierungstätigkeiten entstehen, …

ZINSEN UND DIVIDENDEN

31. Cashflows aus erhaltenen und gezahlten Zinsen und Dividenden sind jeweils gesondert anzugeben. Jede Ein- und Auszahlung ist stetig von Periode zu Periode entweder als betriebliche Tätigkeit, Investitions- oder Finanzierungstätigkeit einzustufen.

32. Der Gesamtbetrag der während einer Periode gezahlten Zinsen wird in der Kapitalflussrechnung angegeben unabhängig davon, ob der Betrag als Aufwand in der Gewinn- und Verlustrechnung erfasst oder gemäß der alternativ zulässigen Methode aus IAS 23, *Fremdkapitalkosten*, aktiviert wird.

33. Gezahlte Zinsen sowie erhaltene Zinsen und Dividenden werden bei einer Finanzinstitution im Normalfall als Cashflows aus der betrieblichen Tätigkeit klassifiziert. Im Hinblick auf andere Unternehmen besteht jedoch kein Einvernehmen über die Zuordnung dieser Cashflows. Gezahlte Zinsen und erhaltene Zinsen und Dividenden können als Cashflows aus betrieblicher Tätigkeit klassifiziert werden, da sie in die Ermittlung des Periodenergebnisses eingehen. Alternativ können gezahlte Zinsen und erhaltene Zinsen und Dividenden als Cashflows aus Finanzierungs- bzw. Investitionstätigkeit klassifiziert werden, da sie Finanzierungsaufwendungen oder Erträge aus Investitionen sind.

34. Gezahlte Dividenden können dem Finanzierungsbereich zugeordnet werden, da es sich um Finanzierungsaufwendungen handelt. Alternativ können gezahlte Dividenden als Bestandteil der Cashflows aus der betrieblichen Tätigkeit klassifiziert werden, damit die Fähigkeit eines Unternehmens, Dividenden aus laufenden Cashflows zu zahlen, leichter beurteilt werden kann.

ERTRAGSTEUERN

35. Cashflows aus Ertragsteuern sind gesondert anzugeben und als Cashflows aus der betrieblichen Tätigkeit zu klassifizieren, es sei denn, sie können bestimmten Finanzierungs- und Investitionsaktivitäten zugeordnet werden.

IAS 8: Rechnungslegungsmethoden, Änderungen von rechnungslegungsbezogenen Schätzungen und Fehler

ANWENDUNGSBEREICH

3. Dieser Standard ist bei der Auswahl und Anwendung von Bilanzierungs- und Bewertungsmethoden sowie zur Berücksichtigung von Änderungen der Bilanzierungs- und Bewertungsmethoden, Änderungen von Schätzungen und Korrekturen von Fehlern aus früheren Perioden anzuwenden.

RECHNUNGLEGUNGSMETHODEN

Auswahl und Anwendung der Rechnungslegungsmethoden

7. Bezieht sich ein IFRS ausdrücklich auf einen Geschäftsvorfall oder auf sonstige Ereignisse oder Bedingungen, so ist bzw. sind die Rechnungslegungsmethoden für den entsprechenden Posten zu ermitteln, indem der IFRS angewandt wird.

10. Beim Fehlen eines IFRS, der/die ausdrücklich auf einen Geschäftsvorfall oder sonstige Ereignisse oder Bedingungen zutrifft, hat das Management darüber zu entscheiden, welche Bilanzierungs- und Bewertungsmethode zu entwickeln und anzuwenden ist, um zu Informationen zu führen, die:

(a) für die Bedürfnisse der wirtschaftlichen Entscheidungsfindung der Adressaten von Bedeutung sind und

(b) zuverlässig sind, in dem Sinne, dass der Abschluss:

(i) die Vermögens-, Finanz- und Ertragslage sowie die Cashflows des Unternehmens den tatsächlichen Verhältnissen entsprechend darstellt;

(ii) den wirtschaftlichen Gehalt von Geschäftsvorfällen und sonstigen Ereignissen und Bedingungen widerspiegelt und nicht nur deren rechtliche Form,

(iii) neutral ist, das heißt frei von verzerrenden Einflüssen;

(iv) vorsichtig ist; und

(v) in allen wesentlichen Gesichtspunkten vollständig ist.

Stetigkeit der Rechnungslegungsmethoden

13. Ein Unternehmen hat seine Rechnungslegungsmethoden für ähnliche Geschäftsvorfälle, sonstige Ereignisse und Bedingungen stetig auszuwählen und anzuwenden, es sei denn, ein Standard oder eine Interpretation erlaubt bzw. schreibt die Kategorisierung von Sachverhalten vor, für die andere Bilanzierungs- und Bewertungsmethoden zutreffend sind. Sofern ein Standard oder eine Interpretation eine derartige Kategorisierung vorschreibt oder erlaubt, so ist eine geeignete Bilanzierungs- und Bewertungsmethode auszuwählen und stetig für jede Kategorie anzuwenden.

Änderungen von Rechnungslegungsmethoden

14. Ein Unternehmen darf eine Rechnungslegungsmethode nur dann ändern, wenn die Änderung:

(a) aufgrund eines Standards oder einer Interpretation erforderlich ist, oder

(b) dazu führt, dass der Abschluss zuverlässige und relevantere Informationen über die Auswirkungen von Geschäftsvorfällen, sonstigen Ereignissen oder Bedingungen auf die Vermögens-, Finanz- oder Ertragslage oder Cashflows des Unternehmens vermittelt

15. Die Adressaten der Abschlüsse müssen in der Lage sein, die Abschlüsse eines Unternehmens im Zeitablauf vergleichen zu können, um Tendenzen in der Vermögens-, Finanz- und Ertragslage sowie des Cashflows zu erkennen. Daher sind in jeder Periode und von einer Periode auf die nächste stets die gleichen Bilanzierungs- und Bewertungsmethoden anzuwenden, es sei denn, die Änderung einer Bilanzierungs- und Bewertungsmethode entspricht einem der in Paragraph 14 enthaltenen Kriterien.

IAS 11: Fertigungsaufträge

3

DEFINITIONEN

3. Folgende Begriffe werden in diesem Standard mit der angegebenen Bedeutung verwendet:

Ein *Fertigungsauftrag* ist ein Vertrag über die kundenspezifische Fertigung einzelner Gegenstände oder einer Anzahl von Gegenständen, die hinsichtlich Design, Technologie und Funktion oder hinsichtlich ihrer Verwendung aufeinander abgestimmt oder voneinander abhängig sind.

Ein *Festpreisvertrag* ist ein Fertigungsauftrag, für den der Auftragnehmer einen festen Preis bzw. einen festgelegten Preis pro Outputeinheit vereinbart, wobei diese an eine Preisgleitklausel gekoppelt sein können.

Ein *Kostenzuschlagsvertrag* ist ein Fertigungsauftrag, bei dem der Auftragnehmer abrechenbare oder anderweitig festgelegte Kosten zuzüglich eines vereinbarten Prozentsatzes dieser Kosten oder ein festes Entgelt vergütet bekommt.

4. Ein Fertigungsauftrag kann für die Fertigung eines einzelnen Gegenstandes, beispielsweise einer Brücke, eines Gebäudes, eines Dammes, einer Pipeline, einer Straße, eines Schiffes oder eines Tunnels, geschlossen werden. Ein Fertigungsauftrag kann sich auch auf die Fertigung von einer Anzahl von Leistungen beziehen, die hinsichtlich Design, Technologie und Funktion oder hinsichtlich ihrer Verwendung aufeinander abgestimmt oder voneinander abhängig sind; Beispiele für solche Verträge sind diejenigen über den Bau von Raffinerien oder anderen komplexen Anlagen oder Ausrüstungen.

5. Im Sinne dieses Standards umfassen die Fertigungsaufträge:

(a) Verträge über die Erbringung von Dienstleistungen, die direkt im Zusammenhang mit der Fertigung eines Vermögenswertes stehen, beispielsweise Dienstleistungen von Projektleitern und Architekten; und

(b) Verträge über den Abriss oder die Restaurierung von Vermögenswerten sowie die Wiederherstellung der Umwelt nach dem Abriss der Vermögenswerte.

ERFASSUNG VON AUFTRAGSERLÖSEN UND AUFTRAGSKOSTEN

22. Ist das Ergebnis eines Fertigungsauftrages verlässlich zu schätzen, so sind die Auftragserlöse und Auftragskosten in Verbindung mit diesem Fertigungsauftrag entsprechend dem Leistungsfortschritt am Bilanzstichtag jeweils als Erträge und Aufwendungen zu erfassen. Ein erwarteter Verlust durch den Fertigungsauftrag ist gemäß Paragraph 36 sofort als Aufwand zu erfassen.

3

23. Im Falle eines Festpreisvertrages kann das Ergebnis eines Fertigungsauftrages verlässlich geschätzt werden, wenn alle folgenden Kriterien erfüllt sind:

(a) die gesamten Auftragserlöse können verlässlich bewertet werden;

(b) es ist wahrscheinlich, dass der wirtschaftliche Nutzen aus dem Vertrag dem Unternehmen zufließt;

(c) sowohl die bis zur Fertigstellung des Auftrages noch anfallenden Kosten als auch der Grad der erreichten Fertigstellung können am Bilanzstichtag verlässlich bewertet werden; und

(d) die dem Vertrag zurechenbaren Kosten können eindeutig bestimmt und verlässlich bewertet werden, so dass die bislang entstandenen Kosten mit früheren Schätzungen verglichen werden können.

24. Im Falle eines Kostenzuschlagsvertrages kann das Ergebnis eines Fertigungsauftrages verlässlich geschätzt werden, wenn alle folgenden Kriterien erfüllt sind:

(a) Es ist wahrscheinlich, dass der wirtschaftliche Nutzen aus dem Vertrag dem Unternehmen zufließt; und

(b) die dem Vertrag zurechenbaren Auftragskosten können eindeutig bestimmt und verlässlich bewertet werden, unabhängig davon, ob sie gesondert abrechenbar sind.

25. Die Erfassung von Erträgen und Aufwendungen gemäß dem Leistungsfortschritt wird häufig als Gewinnrealisierung nach dem Fertigstellungsgrad bezeichnet. Gemäß dieser Methode werden die entsprechend dem Fertigstellungsgrad angefallenen Auftragskosten den Auftragserlösen zugeordnet. Hieraus ergibt sich eine Erfassung von Erträgen, Aufwendungen und Ergebnis entsprechend dem Leistungsfortschritt. Diese Methode liefert nützliche Informationen zum Stand der Vertragsarbeit sowie zur Leistung während einer Periode.

26. Gemäß der Gewinnrealisierungsmethode nach dem Fertigstellungsgrad werden die Auftragserlöse in der Gewinn- und Verlustrechnung in den Berichtsperioden, in denen die Leistung erbracht wird, als Ertrag erfasst. Auftragskosten werden in der Gewinn- und Verlustrechnung im Regelfall in der Periode als Aufwand erfasst, in der die dazugehörige Leistung erbracht wird. Doch jeder erwartete Überschuss der gesamten Auftragskosten über die gesamten Auftragserlöse für den Auftrag wird gemäß Paragraph 36 sofort als Aufwand erfasst. …

30. Der Fertigstellungsgrad eines Auftrages kann mittels verschiedener Verfahren bestimmt werden. Das Unternehmen setzt die Methode ein, mit der die erbrachte Leistung verlässlich bewertet wird. Je nach Vertragsart umfassen diese Methoden:

(a) das Verhältnis der bis zum Stichtag angefallenen Auftragskosten zu den am Stichtag geschätzten gesamten Auftragskosten;

(b) eine Begutachtung der erbrachten Leistung; oder

(c) die Vollendung eines physischen Teiles des Vertragswerkes.

Vom Kunden erhaltene Abschlagszahlungen und Anzahlungen spiegeln die erbrachte Leistung häufig nicht wider.

31. Wird der Leistungsfortschritt entsprechend den angefallenen Auftragskosten bestimmt, sind nur diejenigen Auftragskosten, die die erbrachte Leistung widerspiegeln, in diesen Kosten zu berücksichtigen. Beispiele für hier nicht zu berücksichtigende Kosten sind:

(a) Kosten für zukünftige Tätigkeiten in Verbindung mit dem Auftrag, beispielsweise Kosten für Materialien, die zwar an den Erfüllungsort geliefert oder dort zum Gebrauch gelagert, jedoch noch nicht installiert, gebraucht oder verwertet worden sind, mit Ausnahme von Materialien, die speziell für diesen Auftrag angefertigt wurden; und

(b) Vorauszahlungen an Subunternehmen für zu erbringende Leistungen im Rahmen des Untervertrages.

…

32. Sofern das Ergebnis eines Fertigungsauftrages nicht verlässlich geschätzt werden kann:

(a) ist der Erlös nur in Höhe der angefallenen Auftragskosten zu erfassen, die wahrscheinlich einbringbar sind; und

(b) sind die Auftragskosten in der Periode, in der sie anfallen, als Aufwand zu erfassen. Ein erwarteter Verlust durch den Fertigungsauftrag ist gemäß Paragraph 36 sofort als Aufwand zu erfassen.

…

34. Auftragskosten, die wahrscheinlich nicht gedeckt werden, werden sofort als Aufwand erfasst. …

ERFASSUNG ERWARTETER VERLUSTE

36. Ist es wahrscheinlich, dass die gesamten Auftragskosten die gesamten Auftragserlöse übersteigen werden, sind die erwarteten Verluste sofort als Aufwand zu erfassen.

IAS 16: Sachanlagen

DEFINITION

6. Die folgenden Begriffe werden in diesem Standard mit der angegebenen Bedeutung verwendet:

Der *Buchwert* ist der Betrag, mit dem ein Vermögenswert nach Abzug aller kumulierten Abschreibungen und kumulierten Wertminderungsaufwendungen erfasst wird.

Anschaffungs- oder Herstellungskosten sind der zum Erwerb oder zur Herstellung eines Vermögenswertes entrichtete Betrag an Zahlungsmitteln oder Zahlungsmitteläquivalenten bzw. der beizulegende Zeitwert einer anderen Entgeltform zum Zeitpunkt des Erwerbes oder der Herstellung.

Der *Abschreibungsbetrag* ist die Differenz zwischen Anschaffungs- oder Herstellungskosten eines Vermögenswertes oder eines Ersatzbetrages und dem Restwert.

Abschreibung ist die systematische Verteilung des Abschreibungsvolumens eines Vermögenswertes über dessen Nutzungsdauer.

Der *unternehmensspezifische Wert* ist der Barwert der Cashflows, von denen ein Unternehmen erwartet, dass sie aus der fortgesetzten Nutzung eines Vermögenswertes und seinem Abgang am Ende seiner Nutzungsdauer oder nach Begleichung einer Schuld entstehen.

Der *beizulegende Zeitwert* ist der Betrag, zu dem ein Vermögenswert zwischen sachverständigen, vertragswilligen und voneinander unabhängigen Geschäftspartnern getauscht werden könnte.

Ein *Wertminderungsaufwand* ist der Betrag, um den der Buchwert eines Vermögenswertes seinen erzielbaren Betrag übersteigt.

Sachanlagen umfassen materielle Vermögenswerte,

(a) die für Zwecke der Herstellung oder der Lieferung von Gütern und Dienstleistungen, zur Vermietung an Dritte oder für Verwaltungszwecke gehalten werden; und die

(b) erwartungsgemäß länger als eine Periode genutzt werden.

Der *erzielbare Betrag* ist der höhere der beiden Beträge aus Nettoveräußerungspreis und Nutzungswert eines Vermögenswertes.

Der *Restwert* eines Vermögenswertes ist der geschätzte Betrag, den ein Unternehmen derzeit bei Abgang des Vermögenswertes nach Abzug des bei Abgang voraussichtlich anfallenden Aufwandes erhalten würde, wenn der Vermögenswert alters- und zustandsmäßig schon am Ende seiner Nutzungsdauer angelangt wäre.

Die *Nutzungsdauer* ist:

(a) der Zeitraum, in dem ein Vermögenswert voraussichtlich von einem Unternehmen nutzbar ist; oder

(b) die voraussichtlich durch den Vermögenswert im Unternehmen zu erzielende Anzahl an Produktionseinheiten oder ähnlichen Maßgrößen. 3

ERFASSUNG

7. Die Anschaffungs- oder Herstellungskosten einer Sachanlage sind als Vermögenswert anzusetzen, ausschließlich wenn:

(a) es wahrscheinlich ist, dass ein mit der Sachanlage verbundener künftiger wirtschaftlicher Nutzen dem Unternehmen zufließen wird; und wenn

(b) die Anschaffungs- oder Herstellungskosten der Sachanlage verlässlich bewertet werden können.

…

BEWERTUNG BEI ERSTMALIGEM ANSATZ

15. Eine Sachanlage, die als Vermögenswert anzusetzen ist, ist bei der erstmaligen Ansatz mit seinen Anschaffungs- oder Herstellungskosten zu bewerten.

Bestandteile der Anschaffungs- oder Herstellungskosten

16. Die Anschaffungs- oder Herstellungskosten einer Sachanlage umfassen:

(a) den Erwerbspreis, einschließlich Einfuhrzölle und nicht erstattungsfähiger Umsatzsteuern nach Abzug von Rabatten, Boni und Skonti;

(b) alle direkt zurechenbaren Kosten, die anfallen, um den Vermögenswert zu dem Standort und in den erforderlichen, vom Management beabsichtigten, betriebsbereiten Zustand zu bringen;

(c) die erstmalig geschätzten Kosten für den Abbruch und das Abräumen des Gegenstandes und die Wiederherstellung des Standortes, an dem er sich befindet, die Verpflichtung, die ein Unternehmen entweder bei Erwerb des Gegen-

3

standes oder als Folge eingeht, wenn es während einer gewissen Periode ihn zu anderen Zwecken als zur Herstellung von Vorräten benutzt hat.

17. Beispiele für direkt zurechenbare Kosten sind:

(a) Aufwendungen für Leistungen an Arbeitnehmer (wie in IAS 19 *Leistungen* an *Arbeitnehmer* beschrieben), die direkt auf Grund der Herstellung oder Anschaffung der Sachanlage anfallen;
(b) Kosten der Standortvorbereitung;
(c) Kosten der erstmaligen Lieferung und Verbringung;
(d) Installations- und Montagekosten;
(e) Kosten für Testläufe, ob der Vermögenswert ordentlich funktioniert, nach Abzug der Nettoerträge vom Verkauf aller Gegenstände, die während der Vermögenswert zum Standort und in den betriebsbereiten Zustand gebracht wurde, hergestellt wurden (wie auf der Testanlage gefertigte Muster) und
(f) Honorare.

...

19. Beispiele für Kosten, die nicht zu den Anschaffungs- oder Herstellungskosten von Sachanlagen gehören, sind:

(a) Kosten für die Eröffnung einer neuen Betriebsstätte;
(b) Kosten für die Einführung eines neuen Produktes oder einer neuen Dienstleistung (einschließlich Kosten für Werbung und verkaufsfördernde Maßnahmen);
(c) Kosten für die Geschäftsführung in einem neuen Standort oder mit einer neuen Kundengruppe (einschließlich Schulungskosten) und
(d) Verwaltungs- und andere Gemeinkosten.

...

22. Die Ermittlung der Herstellungskosten für selbsterstellte Vermögenswerte folgt denselben Grundsätzen, die auch beim Erwerb von Vermögenswerten angewendet werden.

Bewertung der Anschaffungs- und Herstellungskosten

23. Die Anschaffungs- oder Herstellungskosten einer Sachanlage entsprechen dem Gegenwert bei Barzahlung am Erfassungstermin. Wird die Zahlung über das normale Zahlungsziel hinausgeschoben, wird die Differenz zwischen dem Gegenwert des Barpreises und der zu leistenden Gesamtzahlung über den Zeitraum des Zahlungsziels als Zinsen erfasst, wenn diese Zinsen nicht gemäß der alternativ zulässigen Methode gemäß IAS 23 im Buchwert der Sachanlage aktiviert werden.

...

FOLGEBEWERTUNG

29. Ein Unternehmen wählt als Bilanzierungs- und Bewertungsmethoden entweder das Anschaffungskostenmodell nach Paragraph 30 oder das Neubewertungsmodell nach Paragraph 31 aus und wendet dann diese Methode auf eine gesamte Gruppe von Sachanlagen an.

Anschaffungskostenmodell

30. Nach dem Ansatz als Vermögenswert ist eine Sachanlage zu ihren Anschaffungskosten abzüglich der kumulierten Abschreibungen und kumulierten Wertminderungsaufwendungen anzusetzen.

Neubewertungsmodell

31. Eine Sachanlage, deren beizulegender Zeitwert verlässlich bestimmt werden kann, ist nach dem Ansatz als Vermögenswert zu einem Neubewertungsbetrag anzusetzen, der seinem beizulegenden Zeitwert am Tage der Neubewertung abzüglich nachfolgender kumulierter planmäßiger Abschreibungen und nachfolgender kumulierter Wertminderungsaufwendungen entspricht. Neubewertungen sind in hinreichend regelmäßigen Abständen vorzunehmen, um sicherzustellen, dass der Buchwert nicht wesentlich von dem abweicht, der unter Verwendung des beizulegenden Zeitwertes zum Bilanzstichtag ermittelt werden würde.

34. Die Häufigkeit der Neubewertungen hängt von den Änderungen des beizulegenden Zeitwerts der Sachanlagen ab, die neu bewertet werden. Eine erneute Bewertung ist erforderlich, wenn beizulegender Zeitwert und Buchwert eines neu bewerteten Vermögenswertes wesentlich voneinander abweichen. Bei manchen Sachanlagen kommt es zu signifikanten Schwankungen des beizulegenden Zeitwerts, die eine jährliche Neubewertung erforderlich machen. Derart häufige Neubewertungen sind für Sachanlagen nicht erforderlich, bei denen sich der beizulegende Zeitwert nur geringfügig ändert. Stattdessen kann es hier notwendig sein, den Gegenstand nur alle drei oder fünf Jahre neu zu bewerten.

35. Im Rahmen der Neubewertung einer Sachanlage wird die kumulierte Abschreibung am Tag der Neubewertung auf eine der folgenden Arten behandelt:

(a) Anpassung entweder proportional zur Änderung des Bruttobuchwertes des Vermögenswerts, so dass sein Buchwert nach der Neubewertung gleich dem Neubewertungsbetrag ist. Diese Methode wird häufig verwendet, wenn ein Vermögenswert nach einem Indexverfahren zu fortgeführten Wiederbeschaffungskosten neu bewertet wird (siehe IFRS 13).

(b) Ausbuchung des Vermögenswerts gegen den Bruttobuchwert und Anpassung des Nettobetrags an den Neubewertungsbetrag. Diese Methode wird häufig für Gebäude benutzt.

Der Korrekturbetrag, der aus der Berichtigung oder der Verrechnung der kumulierten Abschreibung resultiert, ist Bestandteil der Erhöhung oder Senkung des Buchwerts, der gemäß den Paragraphen 39 und 40 zu behandeln ist.

36. Wird eine Sachanlage neu bewertet, ist die ganze Gruppe der Sachanlagen, zu denen der Gegenstand gehört, neu zu bewerten. ...

...

39. Führt eine Neubewertung zu einer Erhöhung des Buchwertes eines Vermögenswertes, ist die Wertsteigerung direkt in das Eigenkapital unter die Position Neubewertungsrücklage einzustellen. Allerdings wird der Wertzuwachs in dem Umfang erfolgswirksam erfasst, soweit er eine in der Vergangenheit erfolgswirksam erfasste Abwertung desselben Vermögenswertes auf Grund einer Neubewertung rückgängig macht.

40. Führt eine Neubewertung zu einer Verringerung des Buchwertes eines Vermögenswertes, ist die Wertminderung erfolgswirksam zu erfassen. Eine Verminderung ist jedoch direkt vom Eigenkapital unter der Position Neubewertungsrücklage abzusetzen, soweit sie das Guthaben der entsprechenden Neubewertungsrücklage nicht übersteigt. Durch die im sonstigen Ergebnis erfasste Verminderung reduziert sich der Betrag, der im Eigenkapital unter der Position Neubewertungsrücklage kumuliert wird.

41. Bei einer Sachanlage kann die Neubewertungsrücklage im Eigenkapital direkt den Gewinnrücklagen zugeführt werden, sofern der Vermögenswert ausgebucht ist. Bei Stilllegung oder Veräußerung des Vermögenswertes kann es zu einer Übertragung der gesamten Rücklage kommen. Ein Teil der Rücklage kann allerdings schon bei Nutzung des Vermögenswertes durch das Unternehmen übertragen werden. In diesem Fall ist die übertragene Rücklage die Differenz zwischen der Abschreibung auf den neu bewerteten Buchwert und der Abschreibung auf Basis historischer Anschaffungs- oder Herstellungskosten. Übertragungen von der Neubewertungsrücklage in die Gewinnrücklagen erfolgen erfolgsneutral.

Abschreibung

43. Jeder Teil einer Sachanlage mit einem bedeutsamen Anschaffungswert im Verhältnis zum gesamten Wert des Gegenstandes wird getrennt abgeschrieben.

44. Ein Unternehmen ordnet den erstmalig angesetzten Betrag einer Sachanlage zu ihren bedeutsamen Teilen zu und schreibt jedes dieser Teile getrennt ab.

...

48. Der Abschreibungsbetrag für jede Periode ist erfolgswirksam zu erfassen, soweit er nicht in die Buchwerte anderer Vermögenswerte einzubeziehen ist.

49. Der Abschreibungsbetrag einer Periode ist in der Regel im Periodenergebnis zu erfassen. Manchmal wird jedoch der zukünftige wirtschaftliche Nutzen eines Vermögenswertes durch die Erstellung anderer Vermögenswerte verbraucht. In diesem Fall stellt der Abschreibungsbetrag einen Teil der Herstellungskosten des anderen Vermögenswertes dar und wird in dessen Buchwert einbezogen. ...

3

Abschreibungsbetrag und Abschreibungszeitraum

50. Der Abschreibungsbetrag eines Vermögenswertes ist planmäßig über seine Nutzungsdauer zu verteilen.

51. Der Restwert und die Nutzungsdauer eines Vermögenswertes sind mindestens zum Ende jedes Geschäftsjahres zu überprüfen, und wenn die Erwartungen von früheren Einschätzungen abweichen, sind Änderungen gemäß IAS 8 ... darzustellen.

...

53. Der Abschreibungsbetrag eines Vermögenswertes wird nach Abzug seines Restwertes ermittelt. In der Praxis ist der Restwert oft unbedeutend und daher für die Berechnung des Abschreibungsvolumens unwesentlich.

...

55. Die Abschreibung eines Vermögenswertes beginnt, wenn er zur Verfügung steht, d.h. wenn er sich an seinem Standort und in dem vom Management beabsichtigten betriebsbereiten Zustand befindet. Die Abschreibung eines Vermögenswertes endet an dem Tag, an dem der Vermögenswert gemäß IFRS 5 als zur Veräußerung gehalten klassifiziert (oder in eine als zur Veräußerung gehalten klassifizierte Veräußerungsgruppe aufgenommen) wird, spätestens jedoch an dem Tag, an dem er ausgebucht wird. Demzufolge hört die Abschreibung nicht auf, wenn der Vermögenswert nicht mehr genutzt wird oder aus dem aktiven Gebrauch ausgeschieden ist, sofern der Vermögenswert nicht vollkommen abgeschrieben ist. Allerdings kann der Abschreibungsbetrag gemäß den üblichen Abschreibungsmethoden gleich Null sein, wenn keine Produktion läuft.

56. Der zukünftige wirtschaftliche Nutzen eines Vermögenswertes wird vom Unternehmen grundsätzlich durch dessen Nutzung ver-

3

braucht. Wenn der Vermögenswert ungenutzt bleibt, können jedoch andere Faktoren, wie technische und gewerbliche Veralterung und Verschleiß, den erwarteten Nutzen mindern. …

57. Die Nutzungsdauer eines Vermögenswertes wird nach der voraussichtlichen Nutzbarkeit für das Unternehmen definiert. …

58. Grundstücke und Gebäude sind getrennte Vermögenswerte und als solche zu bilanzieren, auch wenn sie zusammen erworben wurden. Grundstücke haben mit einigen Ausnahmen, wie Steinbrüche und Müllgruben, eine unbegrenzte Nutzungsdauer und werden deshalb nicht abgeschrieben. Gebäude haben eine begrenzte Nutzungsdauer und stellen daher abschreibungsfähige Vermögenswerte dar. Eine Wertsteigerung eines Grundstückes, auf dem ein Gebäude steht, berührt nicht die Bestimmung des Abschreibungsbetrags des Gebäudes.

Abschreibungsmethode

60. Die Abschreibungsmethode hat dem erwarteten Verlauf des Verbrauchs des künftigen wirtschaftlichen Nutzens des Vermögenswertes durch das Unternehmen zu entsprechen.

61. Die Abschreibungsmethode für Vermögenswerte ist mindestens am Ende eines jeden Geschäftsjahres zu überprüfen. Sofern erhebliche Änderungen in dem erwarteten künftigen wirtschaftlichen Nutzenverlauf der Vermögenswerte eingetreten sind, ist die Methode anzupassen, um den geänderten Verlauf widerzuspiegeln. …

62. Für die planmäßige Abschreibung kommt eine Vielzahl an Methoden in Betracht, um das Abschreibungsvolumen eines Vermögenswertes systematisch über seine Nutzungsdauer zu verteilen. Zu diesen Methoden zählen die lineare und degressive Abschreibung sowie die leistungsabhängige Abschreibung. Die lineare Abschreibung ergibt einen konstanten Betrag über die Nutzungsdauer, sofern sich der Restwert des Vermögenswertes nicht ändert. Die degressive Abschreibungsmethode führt zu einem im Laufe der Nutzungsdauer abnehmenden Abschreibungsbetrag. Die leistungsabhängige Abschreibungsmethode ergibt einen Abschreibungsbetrag auf der Grundlage der voraussichtlichen Nutzung oder Leistung. Das Unternehmen wählt die Methode aus, die am genauesten den erwarteten Verlauf des Verbrauchs des zukünftigen wirtschaftlichen Nutzens des Vermögenswertes widerspiegelt. Diese Methode ist von Periode zu Periode stetig anzuwenden, es sei denn, dass sich der erwartete Verlauf des Verbrauchs jenes künftigen wirtschaftlichen Nutzens ändert.

Wertminderung

63. Um festzustellen, ob ein Gegenstand der Sachanlagen wertgemindert ist, wendet ein Unternehmen IAS 36 *Wertminderung von Vermögenswerten* an. Dieser Standard erklärt, wie ein Unternehmen den Buchwert seiner Vermögenswerteüberprüft, wie es den erzielbaren Betrag eines Vermögenswerts ermittelt, und wann es einen Wertminderungsaufwand erfasst oder dessen Erfassung aufhebt.

AUSBUCHUNG

67. Buchwert einer Sachanlage ist auszubuchen:
(a) bei Abgang oder
(b) wenn kein weiterer wirtschaftlicher Nutzen von seiner Nutzung oder seinem Abgang zu erwarten ist.

68. Die aus der Ausbuchung einer Sachanlage resultierenden Gewinne oder Verluste sind im Gewinn oder Verlust zu erfassen, wenn der Gegenstand ausgebucht ist … Gewinne sind nicht als Erlöse auszuweisen.

…

71. Der Gewinn oder Verlust aus der Ausbuchung einer Sachanlage ist als Differenz zwischen dem Nettoveräußerungserlös, sofern vorhanden, und dem Buchwert des Gegenstandes zu bestimmen.

…

ANGABEN

73. Für jede Gruppe von Sachanlagen sind im Abschluss folgende Angaben erforderlich:
(a) die Bewertungsgrundlagen für die Bestimmung des Bruttobuchwertes der Anschaffungs- oder Herstellungskosten;
(b) die verwendeten Abschreibungsmethoden;
(c) die zugrunde gelegten Nutzungsdauern oder Abschreibungssätze;
(d) der Bruttobuchwert und die kumulierten Abschreibungen (zusammengefasst mit den kumulierten Wertminderungsaufwendungen) zu Beginn und zum Ende der Periode; und
(e) eine Überleitung des Buchwertes zu Beginn und zum Ende der Periode unter gesonderter Angabe der:
(i) Zugänge;
(ii) Vermögenswerte, die gemäß IFRS 5 als zur Veräußerung gehalten klassifiziert werden … und andere Abgänge;
(iii) Erwerbe durch Unternehmenszusammenschlüsse;
(iv) Erhöhungen oder Verminderungen auf Grund von Neubewertungen gemäß den Paragraphen 31, 39, und 40 und von direkt im Eigen-

kapital erfassten oder aufgehobenen Wertminderungsaufwendungen gemäß IAS 36;
(v) bei Gewinnen bzw. Verlusten gemäß IAS 36 erfasste Wertminderungsaufwendungen;
(vi) bei Gewinnen bzw. Verlusten gemäß IAS 36 aufgehobene Wertminderungsaufwendungen;
(vii) Abschreibungen;
(viii) Nettoumrechnungsdifferenzen auf Grund der Umrechnung von Abschlüssen von der funktionalen Währung in eine andere Darstellungswährung, einschließlich der Umrechnung einer ausländischen Betriebsstätte in die Darstellungswährung des berichtenden Unternehmens; und
(ix) andere Änderungen.

IAS 18: Umsatzerlöse

DEFINITIONEN

7. Folgende Begriffe werden in diesem Standard mit der angegebenen Bedeutung verwendet:
Umsatzerlös ist der aus der gewöhnlichen Tätigkeit eines Unternehmens resultierende Bruttozufluss wirtschaftlichen Nutzens während der Berichtsperiode, der zu einer Erhöhung des Eigenkapitals führt, soweit er nicht aus Einlagen der Anteilseigner stammt.
Der *beizulegende Zeitwert* ist der Betrag, zu dem zwischen sachverständigen, vertragswilligen und voneinander unabhängigen Geschäftspartnern ein Vermögenswert getauscht oder eine Schuld beglichen werden könnte.
19. Umsatzerlös und Aufwand aus demselben Geschäftsvorfall oder Ereignis werden zum selben Zeitpunkt erfasst; dieser Vorgang wird allgemein als Zuordnung von Aufwendungen zu Umsatzerlösen bezeichnet. …

IAS 23: Fremdkapitalkosten

DEFINITIONEN

5. In diesem Standard werden die folgenden Begriffe mit der angegebenen Bedeutung verwendet:
Fremdkapitalkosten sind Zinsen und weitere im Zusammenhang mit der Aufnahme von Fremdkapital angefallene Kosten eines Unternehmens.
Ein *qualifizierter Vermögenswert* ist ein Vermögenswert, für den ein beträchtlicher Zeitraum erforderlich ist, um ihn in seinen beabsichtigten gebrauchs- oder verkaufsfähigen Zustand zu versetzen.

ANSATZ

8. Fremdkapitalkosten, die direkt dem Erwerb, dem Bau oder der Herstellung eines qualifizierten Vermögenswerts zugeordnet werden können, sind als Teil der Anschaffungs- oder Herstellungskosten dieses Vermögenswerts zu aktivieren. Andere Fremdkapitalkosten sind in der Periode ihres Anfalls als Aufwand zu erfassen.
9. Fremdkapitalkosten, die direkt dem Erwerb, dem Bau oder der Herstellung eines qualifizierten Vermögenswerts zugeordnet werden können, gehören zu den Anschaffungs- oder Herstellungskosten dieses Vermögenswerts. Solche Fremdkapitalkosten werden als Teil der Anschaffungs- oder Herstellungskosten des Vermögenswerts aktiviert, wenn wahrscheinlich ist, dass dem Unternehmen hieraus künftiger wirtschaftlicher Nutzen erwächst und die Kosten verlässlich bewertet werden können. …

Aktivierbare Fremdkapitalkosten

10. Die Fremdkapitalkosten, die direkt dem Erwerb, dem Bau oder der Herstellung eines qualifizierten Vermögenswertes zugeordnet werden können, sind solche Fremdkapitalkosten, die vermieden worden wären, wenn die Ausgaben für den qualifizierten Vermögenswert nicht getätigt worden wären. Wenn ein Unternehmen speziell für die Beschaffung eines bestimmten qualifizierten Vermögenswertes Mittel aufnimmt, können die Fremdkapitalkosten, die sich direkt auf diesen qualifizierten Vermögenswert beziehen, ohne weiteres bestimmt werden.

IAS 36: Wertminderung von Vermögenswerten

DEFINITIONEN

Identifizierung eines Vermögenswertes, der wertgemindert sein könnte

9. Ein Unternehmen hat an jedem Bilanzstichtag einzuschätzen, ob irgendein Anhaltspunkt dafür vorliegt, dass ein Vermögenswert wertgemindert sein könnte. Wenn ein solcher Anhaltspunkt vorliegt, hat das Unternehmen den erzielbaren Betrag des Vermögenswertes zu schätzen.

3

BEWERTUNG DES ERZIELBAREN BETRAGS

18. Dieser Standard definiert den erzielbaren Betrag als den höheren der beiden Beträge aus beizulegendem Zeitwert abzügliche der Verkaufskosten und Nutzungswert eines Vermögenswertes …

…

22. Der erzielbare Betrag ist für einen einzelnen Vermögenswert zu bestimmen, es sei denn, ein Vermögenswert erzeugt keine Mittelzuflüsse aus der fortgesetzten Nutzung, die weitestgehend unabhängig von denen anderer Vermögenswerte oder anderer Gruppen von Vermögenswerten sind. Wenn dies der Fall ist, ist der erzielbare Betrag für die zahlungsmittelgenerierende Einheit zu bestimmen, zu der der Vermögenswert gehört (siehe Paragraphen 65 bis 103), es sei denn, dass entweder:

(a) der beizulegende Zeitwert abzüglich der Verkaufskosten höher ist als sein Buchwert; oder

(b) der Nutzungswert des Vermögenswertes Schätzungen zufolge nahezu dem Zeitwert abzüglich der Verkaufskosten entspricht, und der der beizulegende Zeitwert abzüglich der Verkaufskosten ermittelt werden kann.

Nutzungswert

31. Die Schätzung des Nutzungswertes eines Vermögenswertes umfasst die folgenden Schritte:

(a) die Schätzung der künftigen Cashflows aus der fortgesetzten Nutzung des Vermögenswertes und aus seiner letztendlichen Veräußerung, sowie

(b) die Anwendung eines angemessenen Abzinsungssatzes für diese künftigen Cashflows.

Zusammensetzung der Schätzungen der künftigen Cashflows

39. In die Schätzungen der künftigen Cashflows sind die folgenden Elemente einzubeziehen:

(a) Prognosen der Mittelzuflüsse aus der fortgesetzten Nutzung des Vermögenswertes;

(b) Prognosen der Mittelabflüsse, die notwendigerweise entstehen, um Mittelzuflüsse aus der fortgesetzten Nutzung eines Vermögenswertes zu erzielen (einschließlich der Mittelabflüsse zur Vorbereitung des Vermögenswertes für seine Nutzung) die direkt oder auf einer vernünftigen und stetigen Basis, dem Vermögenswert zugeordnet werden können; und

(c) Netto-Cashflows, die ggf. für den Abgang des Vermögenswertes am Ende seiner Nutzungsdauer eingehen (oder gezahlt werden).

Abzinsungssatz

55. Bei dem Abzinsungssatz (den Abzinsungssätzen) muss es sich um einen Zinssatz (Zinssätze) vor Steuern handeln, der (die) die gegenwärtigen Marktbewertungen folgender Faktoren widerspiegelt (widerspiegeln):

(a) den Zinseffekt; und

(b) die speziellen Risiken eines Vermögenswertes, für die die geschätzten künftigen Cashflows nicht angepasst wurden.

ERFASSUNG UND BEWERTUNG EINES WERTMINDERUNGSAUFWANDS

59. Dann, und nur dann, wenn der erzielbare Betrag eines Vermögenswertes geringer ist als sein Buchwert, ist der Buchwert des Vermögenswerts auf seinen erzielbaren Betrag zu verringern. Diese Verringerung stellt einen Wertminderungsaufwand dar.

WERTAUFHOLUNG

110. Ein Unternehmen hat an jedem Berichtsstichtag zu prüfen, ob irgendein Anhaltspunkt vorliegt, dass ein Wertminderungsaufwand, der für einen Vermögenswert mit Ausnahme von einem Geschäfts- oder Firmenwert in früheren Berichtsperioden erfasst worden ist, nicht länger besteht oder sich vermindert haben könnte. Wenn ein solcher Anhaltspunkt vorliegt, hat das Unternehmen den erzielbaren Betrag dieses Vermögenswertes zu schätzen.

114. Ein in früheren Berichtsperioden für einen Vermögenswert mit Ausnahme von einem Geschäfts- oder Firmenwert erfasster Wertminderungsaufwand ist dann, und nur dann, aufzuheben, wenn sich seit der Erfassung des letzten Wertminderungsaufwands eine Änderung in den Schätzungen ergeben hat, die bei der Bestimmung des erzielbaren Betrages herangezogen wurden. Wenn dies der Fall ist, ist der Buchwert des Vermögenswertes auf seinen erzielbaren Betrag zu erhöhen, es sei denn, es ist anders in Paragraph 117 beschrieben. Diese Erhöhung ist eine Wertaufholung.

Wertaufholung für einen einzelnen Vermögenswert

117. Der infolge einer Wertaufholung erhöhte Buchwert eines Vermögenswertes mit Ausnahme von einem Geschäfts- oder Firmenwert darf nicht den Buchwert übersteigen, der bestimmt worden wäre (abzüglich der Amortisationen oder Abschreibungen), wenn in den früheren Jahren kein Wertminderungsaufwand erfasst worden wäre.

120. Eine Wertaufholung eines neu bewerteten Vermögenswerts wird im sonstigen Ergebnis mit einer entsprechenden Erhöhung der Neubewertungsrücklage für diesen Vermögensgegenstand erfasst. Bis zu dem Betrag jedoch zu dem ein Wertminderungsaufwand für denselben neu bewerteten Vermögenswert vorher im Gewinn oder Verlust erfasst wurde, wird eine Wertaufholung ebenso im Gewinn oder Verlust erfasst.

IAS 37: Rückstellungen, Eventualverbindlichkeiten und Eventualforderungen

DEFINITIONEN

10. Folgende Begriffe werden in diesem Standard mit der angegebenen Bedeutung verwendet:

Eine *Rückstellung* ist eine Schuld, die bezüglich ihrer Fälligkeit oder ihrer Höhe ungewiss ist.

Eine *Schuld* ist eine gegenwärtige Verpflichtung des Unternehmens, die aus Ereignissen der Vergangenheit entsteht und deren Erfüllung für das Unternehmen erwartungsgemäß mit einem Abfluss von Ressourcen mit wirtschaftlichem Nutzen verbunden ist.

Ein *verpflichtendes Ereignis* ist ein Ereignis, das eine rechtliche oder faktische Verpflichtung schafft, auf Grund derer das Unternehmen keine realistische Alternative zur Erfüllung der Verpflichtung hat.

Eine *rechtliche Verpflichtung* ist eine Verpflichtung, die sich ableitet aus

(a) einem Vertrag (auf Grund seiner expliziten oder impliziten Bedingungen);

(b) Gesetzen; oder

(c) sonstigen unmittelbaren Auswirkungen der Gesetze.

Eine *faktische Verpflichtung* ist eine aus den Aktivitäten eines Unternehmens entstehende Verpflichtung, wenn:

(a) das Unternehmen durch sein bisher übliches Geschäftsgebaren, öffentlich angekündigte Maßnahmen oder eine ausreichend spezifische, aktuelle Aussage anderen Parteien gegenüber die Übernahme gewisser Verpflichtungen angedeutet hat; und

(b) das Unternehmen dadurch bei den anderen Parteien eine gerechtfertigte Erwartung geweckt hat, dass es diesen Verpflichtungen nachkommt.

Eine *Eventualverbindlichkeit* ist:

(a) eine mögliche Verpflichtung, die aus vergangenen Ereignissen resultiert und deren Existenz durch das Eintreten oder Nichteintreten eines oder mehrerer unsicherer künftiger Ereignisse erst noch bestätigt wird, die nicht vollständig unter der Kontrolle des Unternehmens stehen, oder

(b) eine gegenwärtige Verpflichtung, die auf vergangenen Ereignissen beruht, jedoch nicht erfasst wird, weil:

(i) ein Abfluss von Ressourcen mit wirtschaftlichem Nutzen zur Erfüllung dieser Verpflichtung nicht wahrscheinlich ist, oder

(ii) die Höhe der Verpflichtung nicht ausreichend verlässlich geschätzt werden kann.

Eine *Eventualforderung* ist ein möglicher Vermögenswert, der aus vergangenen Ereignissen resultiert und dessen Existenz durch das Eintreten oder Nichteintreten eines oder mehrerer unsicherer künftiger Ereignisse erst noch bestätigt wird, die nicht vollständig unter der Kontrolle des Unternehmens stehen.

Ein *belastender Vertrag* ist ein Vertrag, bei dem die unvermeidbaren Kosten zur Erfüllung der vertraglichen Verpflichtungen höher sind als der erwartete wirtschaftliche Nutzen.

Eine *Restrukturierungsmaßnahme* ist ein Programm, das vom Management geplant und kontrolliert wird und entweder

(a) das von dem Unternehmen abgedeckte Geschäftsfeld; oder

(b) die Art, in der dieses Geschäft durchgeführt wird; wesentlich verändert.

ERFASSUNG

Rückstellungen

14. Eine Rückstellung ist dann anzusetzen, wenn

(a) ein Unternehmen aus einem Ereignis der Vergangenheit eine gegenwärtige Verpflichtung (rechtlich oder faktisch) hat;

(b) der Abfluss von Ressourcen mit wirtschaftlichem Nutzen zur Erfüllung dieser Verpflichtung wahrscheinlich ist; und

(c) eine verlässliche Schätzung der Höhe der Verpflichtung möglich ist.

Sind diese Bedingungen nicht erfüllt, ist keine Rückstellung anzusetzen.

Eventualverbindlichkeiten

27. Ein Unternehmen darf keine Eventualschuld ansetzen.

Eventualforderungen

31. Ein Unternehmen darf keine Eventualforderungen ansetzen.

Barwert

45. Bei einer wesentlichen Wirkung des Zinseffektes ist im Zusammenhang mit der Erfüllung der Verpflichtung eine Rückstellung in Höhe des Barwertes der erwarteten Ausgaben anzusetzen.

Künftige betriebliche Verluste

63. Im Zusammenhang mit künftigen betrieblichen Verlusten sind keine Rückstellungen anzusetzen.

Belastende Verträge

3

66. Hat ein Unternehmen einen belastenden Vertrag, ist die gegenwärtige vertragliche Verpflichtung als Rückstellung anzusehen und zu bewerten.

IAS 38: Immaterielle Vermögenswerte[1]

DEFINITIONEN

8. Die folgenden Begriffe werden in diesem Standard mit der angegebenen Bedeutung verwendet:

Ein *aktiver Markt* ist ein Markt, der die nachstehenden Bedingungen kumulativ erfüllt:

(a) die auf dem Markt gehandelten Produkte sind homogen;

(b) vertragswillige Käufer und Verkäufer können in der Regel jederzeit gefunden werden; und

(c) Preise stehen der Öffentlichkeit zur Verfügung.

Abschreibung (Amortisation) ist die systematische Verteilung des gesamten Abschreibungsvolumens eines immateriellen Vermögenswertes über dessen Nutzungsdauer.

Ein *Vermögenswert* ist eine Ressource:

(a) die auf Grund von Ereignissen der Vergangenheit von einem Unternehmen beherrscht wird; und

(b) von der erwartet wird, dass dem Unternehmen durch sie künftiger wirtschaftlicher Nutzen zufließt.

Der *Buchwert* ist der Betrag, mit dem ein Vermögenswert in der Bilanz nach Abzug aller der auf ihn entfallenden kumulierten Abschreibungen und kumulierten Wertminderungsaufwendungen angesetzt wird.

Die *Anschaffungs- oder Herstellungskosten* sind der zum Erwerb oder zur Herstellung eines Vermögenswertes entrichtete Betrag an Zahlungsmitteln oder Zahlungsmitteläquivalenten bzw. der beizulegende Zeitwert einer anderen Entgeltform zum Zeitpunkt des Erwerbes bzw. der Herstellung, oder wenn zutreffend der diesem Vermögenswert beim erstmaligen Ansatz zugewiesene Betrag in Übereinstimmung mit den spezifischen Anforderungen anderer IFRS, wie z.B. IFRS 2 *Anteilsbasierte Vergütung*.

Das *Abschreibungsbetrag* ist die Differenz zwischen Anschaffungs- oder Herstellungskosten eines Vermögenswertes oder eines Ersatzbetrages und dem Restwert.

Entwicklung ist die Anwendung von Forschungsergebnissen oder von anderem Wissen auf einen Plan oder Entwurf für die Produktion von neuen oder beträchtlich verbesserten Materialien, Vorrichtungen, Produkten, Verfahren, Systemen oder Dienstleistungen. Die Entwicklung findet dabei vor Beginn der kommerziellen Produktion oder Nutzung statt.

Der *unternehmensspezifische Wert* ist der Barwert der Cashflows, von denen ein Unternehmen erwartet, dass sie aus der fortgesetzten Nutzung eines Vermögenswertes und seinem Abgang am Ende seiner Nutzungsdauer oder bei Begleichung einer Schuld entstehen.

Der beizulegende Zeitwert ist der Betrag, zu dem zwischen sachverständigen, vertragswilligen und voneinander unabhängigen Geschäftspartnern ein Vermögenswert getauscht werden könnte.

Ein *Wertminderungsaufwand* ist der Betrag, um den der Buchwert eines Vermögenswertes seinen erzielbaren Betrag übersteigt.

Ein *immaterieller Vermögenswert* ist ein identifizierbarer, nicht monetärer Vermögenswert ohne physische Substanz.

Monetäre Vermögenswerte sind im Bestand befindliche Geldmittel und Vermögenswerte, für die das Unternehmen einen festen oder bestimmbaren Geldbetrag erhält.

Forschung ist die eigenständige und planmäßige Suche mit der Aussicht, zu neuen wissenschaftlichen oder technischen Erkenntnissen zu gelangen.

Der *Restwert* eines immateriellen Vermögenswertes ist der geschäftzte Betrag, den ein Unternehmen gegenwärtig bei Abgang des Vermögenswertes nach Abzug der geschätzten Veräußerungskosten erhalten würde, wenn der Vermögenswert alters- und zustandsgemäß schon am Ende seiner Nutzungsdauer angelangt wäre.

Die *Nutzungsdauer* ist:

(a) der Zeitraum, über den ein Vermögenswert voraussichtlich von einem Unternehmen nutzbar ist; oder

(b) die voraussichtlich durch den Vermögenswert im Unternehmen zu erzielende Anzahl an

---

1 Wird künftig durch den „in Arbeit befindlichen" IFRS 9 Finanzinstrumente ersetzt.

Produktionseinheiten oder ähnlichen Maßgrößen.

ERFASSUNG UND BEWERTUNG

21. Ein immaterieller Vermögenswert ist dann anzusetzen, aber nur dann, wenn:
(a) es wahrscheinlich ist, dass dem Unternehmen der künftige wirtschaftliche Nutzen aus dem Vermögenswert zufließen wird; und
(b) die Anschaffungs- oder Herstellungskosten des Vermögenswertes verlässlich bewertet werden können.
24. Ein immaterieller Vermögenswert ist bei Zugang mit seinen Anschaffungs- oder Herstellungskosten zu bewerten.

Selbst geschaffener Geschäfts- oder Firmenwert

48. Ein selbst geschaffener Geschäfts- oder Firmenwert darf nicht aktiviert werden.

Forschungsphase

54. Ein aus der Forschung (oder der Forschungsphase eines internen Projektes) entstehender immaterieller Vermögenswert darf nicht aktiviert werden. Forschungskosten (oder die Forschungsphase eines internen Projektes) sind in der Periode als Aufwand zu erfassen, in der sie anfallen.

Entwicklungsphase

57. Ein aus der Entwicklung (oder der Entwicklungsphase eines internen Projektes) entstehender immaterieller Vermögenswert ist dann, aber nur dann, zu aktivieren, wenn ein Unternehmen alle folgenden Nachweise erfüllen kann:
(a) die technische Realisierbarkeit der Fertigstellung des immateriellen Vermögenswertes, damit er zur internen Nutzung oder zum Verkauf zur Verfügung stehen wird;
(b) seine Absicht, den immateriellen Vermögenswert fertig zu stellen sowie ihn zu nutzen oder zu verkaufen;
(c) seine Fähigkeit, den immateriellen Vermögenswert zu nutzen oder zu verkaufen;
(d) wie der immaterielle Vermögenswert einen voraussichtlichen künftigen wirtschaftlichen Nutzen erzielen wird. Nachgewiesen werden muss von dem Unternehmen u.a. die Existenz eines Marktes für die Produkte des immateriellen Vermögenswertes oder den immateriellen Vermögenswert an sich oder, falls er intern genutzt werden soll, der Nutzen des immateriellen Vermögenswertes;
(e) die Verfügbarkeit adäquater technischer, finanzieller und sonstiger Ressourcen, um die Entwicklung abschließen und den immateriellen Vermögenswert nutzen oder verkaufen zu können; und
(f) seine Fähigkeit, die dem immateriellen Vermögenswert während seiner Entwicklung zurechenbaren Ausgaben verlässlich zu bewerten.
63. Selbst geschaffene Markennamen, Drucktitel, Verlagsrechte, Kundenlisten sowie ihrem Wesen nach ähnliche Sachverhalte dürfen nicht als immaterielle Vermögenswerte angesetzt werden.

IMMATERIELLE VERMÖGENSGEGENSTÄNDE MIT BEGRENZTER NUTZUNGSDAUER

3

Amortisationsperiode und Amortisationsmethode

97. Der Abschreibungsbetrag eines immateriellen Vermögenswertes mit einer begrenzten Nutzungsdauer ist planmäßig über seine Nutzungsdauer zu verteilen. Die Abschreibung beginnt, sobald der Vermögenswert verwendet werden kann, d.h. wenn er sich an seinem Standort und in dem vom Management beabsichtigten betriebsbereiten Zustand befindet. Die Abschreibung ist zu dem früheren der Zeitpunkte einzustellen, an dem der Vermögenswert gemäß IFRS 5. Langfristige zur Veräußerung gehaltene Vermögenswerte und aufgegebene Geschäftsbereiche als zum Verkauf gehalten eingestuft (oder in eine Veräußerungsgruppe eingeschlossen wird, die als zum Verkauf gehalten eingestuft ist) oder ausgebucht wird. Die Abschreibungsmethode hat dem erwarteten Verbrauch des zukünftigen wirtschaftlichen Nutzens des Vermögenswertes durch das Unternehmen zu entsprechen. Kann dieser Verlauf nicht verlässlich bestimmt werden, ist die lineare Abschreibungsmethode anzuwenden. Die für jede Periode anfallenden Abschreibungen sind erfolgswirksam zu erfassen, es sei denn, dieser oder ein anderer Standard erlaubt oder fordert, dass sie in den Buchwert eines anderen Vermögenswertes einzubeziehen sind.

IAS 39: Finanzinstrumente: Ansatz und Bewertung

ANWENDUNGSBEREICH

2. Dieser Standard ist auf alle Arten von Finanzinstrumenten anzuwenden, ausgenommen davon sind:
(a) Anteile an Tochterunternehmen, assoziierten Unternehmen und Gemeinschaftsunternehmen, ...

(b) Rechte und Verpflichtungen aus Leasingverhältnissen ...
(c) Rechte und Verpflichtungen eines Arbeitgebers aus Altersversorgungsplänen ...
(d) Finanzinstrumente, die von dem Unternehmen emittiert wurden, und die die Definition eines Eigenkapitalinstruments gemäß IAS 32 (einschließlich Optionen und Optionsscheine) erfüllen. ...
(e) Rechte und Verpflichtungen aus einem Versicherungsvertrag ...
...

DEFINITIONEN

3

8. Die in IAS 32 definierten Begriffe werden in diesem Standard mit der in Paragraph 11 des IAS 32 angegebenen Bedeutung verwendet. IAS 32 definiert die folgenden Begriffe: Finanzinstrument, finanzieller Vermögenswert, finanzielle Verbindlichkeit, Eigenkapitalinstrument ...

9. Die folgenden Begriffe werden in diesem Standard mit der angegebenen Bedeutung verwendet:

Definition eines Derivats

Ein *Derivat* ist ein Finanzinstrument oder ein anderer Vertrag, der in den Anwendungsbereich des vorliegenden Standards (siehe Paragraphen 2-7) fällt und alle der drei nachstehenden Merkmale aufweist:

(a) sein Wert verändert sich infolge einer Änderung eines bestimmten Zinssatzes, Preises eines Finanzinstruments, Rohstoffpreises, Wechselkurses, Preis- oder Zinsindexes, Bonitätsratings oder Kreditindexes oder einer ähnlichen Variablen (auch „Basis" genannt);
(b) es erfordert keine Anschaffungsauszahlung oder eine, die im Vergleich zu anderen Vertragsformen, von denen zu erwarten ist, dass sie in ähnlicher Weise auf Änderungen der Marktbedingungen reagieren, geringer ist; und
(c) es wird zu einem späteren Zeitpunkt beglichen.
...

Definitionen in Bezug auf Ansatz und Bewertung

Als *fortgeführte Anschaffungskosten eines finanziellen Vermögenswertes oder einer finanziellen Verbindlichkeit* wird der Betrag bezeichnet, mit dem ein finanzieller Vermögenswert oder eine finanzielle Verbindlichkeit beim erstmaligen Ansatz bewertet wurde, abzüglich Tilgungen, zuzüglich oder abzüglich der kumulierten Amortisation einer etwaigen Differenz zwischen dem ursprünglichen Betrag und dem bei Endfälligkeit rückzahlbaren Betrag unter Anwendung der Effektivzinsmethode sowie abzüglich etwaiger Minderung (entweder direkt oder mithilfe eines Wertberichtigungskontos) für Wertminderungen oder Uneinbringlichkeit.

Die *Effektivzinsmethode* ist eine Methode zur Berechnung der fortgeführten Anschaffungskosten eines finanziellen Vermögenswertes oder einer finanziellen Verbindlichkeit (oder einer Gruppe von finanziellen Vermögenswerten oder finanziellen Verbindlichkeiten) und der Allokation von Zinserträgen und Zinsaufwendungen auf die jeweiligen Perioden.

Der *Effektivzinssatz* ist derjenige Kalkulationszinssatz, mit dem die geschätzten künftigen Ein- und Auszahlungen über die erwartete Laufzeit des Finanzinstruments oder eine kürzere Periode, sofern zutreffend, exakt auf den Nettobuchwert des finanziellen Vermögenswertes oder der finanziellen Verbindlichkeit abgezinst werden. ...

Unter *Ausbuchung* versteht man die Entfernung eines finanziellen Vermögenswertes oder einer finanziellen Verbindlichkeit aus der Bilanz eines Unternehmens.

Der *beizulegende Zeitwert* ist der Betrag, zu dem zwischen sachverständigen, vertragswilligen und voneinander unabhängigen Geschäftspartnern ein Vermögenswert getauscht oder eine Schuld beglichen werden könnte.

Unter einem *marktüblichen Kauf oder Verkauf* versteht man einen Kauf oder Verkauf eines finanziellen Vermögenswertes im Rahmen eines Vertrags, dessen Bedingungen die Lieferung des Vermögenswertes innerhalb eines Zeitraums vorsehen, der üblicherweise durch Vorschriften oder Konventionen des jeweiligen Marktes festgelegt wird.

Transaktionskosten sind zusätzlich anfallende Kosten, die dem Erwerb, der Emission oder der Veräußerung eines finanziellen Vermögenswertes oder einer finanziellen Verbindlichkeit unmittelbar zurechenbar sind ... Zusätzlich anfallende Kosten sind solche, die nicht entstanden wären, wenn das Unternehmen das Finanzinstrument nicht erworben, emittiert oder veräußert hätte.

ANSATZ UND AUSBUCHUNG

Erstmaliger Ansatz

14. Ein Unternehmen hat einen finanziellen Vermögenswert oder eine finanzielle Verbindlichkeit dann und nur dann in seiner Bilanz anzusetzen, wenn das Unternehmen Vertragspartei der Regelungen des Finanzinstruments wird. (Zum marktüblichen Erwerb eines finanziellen Vermögenswertes siehe Paragraph 38.)

BEWERTUNG

Erstmalige Bewertung finanzieller Vermögenswerte und finanzieller Verbindlichkeiten

43. Bei dem erstmaligen Ansatz eines finanziellen Vermögenswertes oder einer finanziellen Verbindlichkeit hat ein Unternehmen diese zu ihrem beizulegenden Zeitwert zu bewerten, im Falle eines finanziellen Vermögenswertes oder einer finanziellen Verbindlichkeit, die nicht erfolgswirksam zum beizulegenden Zeitwert bewertet werden, unter Einschluss von Transaktionskosten, die direkt dem Erwerb des finanziellen Vermögenswertes oder der Emission der finanziellen Verbindlichkeit zuzurechnen sind.

44. Bilanziert ein Unternehmen einen Vermögenswert, der in den folgenden Perioden zu Anschaffungskosten oder fortgeführten Anschaffungskosten bewertet wird, zum Erfüllungstag, wird der Vermögenswert erstmalig zu seinem beizulegenden Zeitwert am Handelstag erfasst …

Folgebewertung finanzieller Vermögenswerte

45. Zum Zwecke der Folgebewertung eines finanziellen Vermögenswertes nach dessen erstmaligem Ansatz stuft der vorliegende Standard finanzielle Vermögenswerte in die folgenden vier in Paragraph 9 definierten Kategorien ein:

(a) finanzielle Vermögenswerte, die erfolgswirksam zum beizulegenden Zeitwert bewertet werden;

(b) bis zur Endfälligkeit gehaltene Finanzinvestitionen;

(c) Kredite und Forderungen; und

(d) zur Veräußerung verfügbare finanzielle Vermögenswerte.

46. Mit Ausnahme der nachfolgend genannten finanziellen Vermögenswerte hat ein Unternehmen finanzielle Vermögenswerte, einschließlich derivativer Finanzinstrumente mit positivem Marktwert, nach dem erstmaligen Ansatz mit deren beizulegendem Zeitwert ohne Abzug von Transaktionskosten, die beim Verkauf oder einer anders gearteten Veräußerung anfallen könnten, zu bewerten:

(a) Kredite und Forderungen in der Definition von Paragraph 9, die zu fortgeführten Anschaffungskosten unter Anwendung der Effektivzinsmethode bewertet werden;

(b) bis zur Endfälligkeit gehaltene Finanzinvestitionen in der Definition von Paragraph 9, die zu fortgeführten Anschaffungskosten unter Anwendung der Effektivzinsmethode bewertet werden; und

(c) Finanzinvestitionen in Eigenkapitalinstrumente, für die kein auf einem aktiven Markt notierter Preis vorliegt und deren beizulegender Zeitwert nicht verlässlich ermittelt werden kann, sowie Derivate auf solche nicht notierte Eigenkapitalinstrumente, die nur durch Andienung erfüllt werden können; diese sind mit den Anschaffungskosten
zu bewerten …

…

Folgebewertung finanzieller Verbindlichkeiten

47. Nach ihrem erstmaligen Ansatz sind alle finanziellen Verbindlichkeiten unter Anwendung der Effektivzinsmethode mit den fortgeführten Anschaffungskosten zu bewerten. Davon ausgenommen sind: 3

(a) Finanzielle Verbindlichkeiten, die erfolgswirksam zum beizulegenden Zeitwert bewertet werden. Solche Verbindlichkeiten, einschließlich derivativer Finanzinstrumente mit negativem Marktwert, sind zum beizulegenden Zeitwert zu bewerten, mit Ausnahme einer derivativen Verbindlichkeit auf ein nicht notiertes Eigenkapitalinstrument, dessen beizulegender Zeitwert nicht verlässlich ermittelt werden kann, und das nur durch Andienung erfüllt werden kann; diese ist mit den Anschaffungskosten zu bewerten.

(b) Finanzielle Verbindlichkeiten, die entstehen, wenn die Übertragung eines finanziellen Vermögenswertes nicht zu einer Ausbuchung berechtigt, oder … .

…

Gewinne und Verluste

55. Ein Gewinn oder Verlust aus einer Änderung des beizulegenden Zeitwertes eines finanziellen Vermögenswertes oder einer finanziellen Verbindlichkeit, die nicht Teil einer Sicherungsbeziehung sind (siehe die Paragraphen 89-102), ist wie folgt zu erfassen:

(a) Ein Gewinn oder Verlust aus einem finanziellen Vermögenswert bzw. einer finanziellen Verbindlichkeit, der/die erfolgswirksam zum beizulegenden Zeitwert bewertet wird, ist im Periodenergebnis zu erfassen.

(b) Ein Gewinn oder Verlust aus einem zur Veräußerung verfügbaren finanziellen Vermögenswert ist in der Aufstellung über die Veränderung des Eigenkapitals (siehe IAS 1 Darstellung des Abschlusses) solange im sonstigen Ergebnis zu erfassen … bis der finanzielle Vermögenswert ausgebucht wird. …

…

IAS 40: Als Finanzinvestition gehaltene Immobilien

ANWENDUNGSBEREICH

2. Dieser Standard ist für den Ansatz und die Bewertung von als Finanzinvestition gehaltenen Immobilien sowie für die Angaben zu diesen Immobilien anzuwenden.
3. Dieser Standard bezieht sich u. a. auf die Bewertung von als Finanzinvestition gehaltenen Immobilien im Abschluss eines Leasingnehmers, die als Finanzierungsleasingverhältnis bilanziert werden, sowie die Bewertung als Finanzinvestition gehaltener Immobilien im Abschluss eines Leasinggebers, die im Rahmen eines Operating-Leasingverhältnisses an einen Leasingnehmer vermietet wurden. …

3

DEFINITIONEN

5. Die folgenden Begriffe werden in diesem Standard mit der angegebenen Bedeutung verwendet:
Der *Buchwert* ist der Betrag, mit dem ein Vermögenswert in der Bilanz erfasst wird. *Anschaffungs- oder Herstellungskosten* sind der zum Erwerb oder zur Herstellung eines Vermögenswerts entrichtete Betrag an Zahlungsmitteln oder Zahlungsmitteläquivalenten oder der beizulegende Zeitwert einer anderen Entgeltform zum Zeitpunkt des Erwerbs oder der Herstellung oder, falls zutreffend, der Betrag, der diesem Vermögenswert beim erstmaligen Ansatz gemäß den besonderen Bestimmungen anderer IFRS, wie IFRS 2 *Anteilsbasierte Vergütung*, beigelegt wird. Der *beizulegende Zeitwert* ist der Betrag, zu dem ein Vermögenswert zwischen sachverständigen, vertragswilligen und voneinander unabhängigen Geschäftspartnern getauscht werden könnte.
Als Finanzinvestition gehaltene Immobilien sind Immobilien (Grundstücke oder Gebäude — oder Teile von Gebäuden — oder beides), die (vom Eigentümer oder vom Leasingnehmer im Rahmen eines Finanzierungsleasingverhältnisses) zur Erzielung von Mieteinnahmen und/ oder zum Zwecke der Wertsteigerung gehalten werden und nicht
(a) zur Herstellung oder Lieferung von Gütern bzw. zur Erbringung von Dienstleistungen oder für Verwaltungszwecke;
oder
(b) im Rahmen der gewöhnlichen Geschäftstätigkeit des Unternehmens verkauft werden.
Vom Eigentümer selbst genutzte Immobilien sind Immobilien, die (vom Eigentümer oder vom Leasingnehmer im Rahmen eines Finanzierungsleasingverhältnisses) zum Zwecke der Herstellung oder der Lieferung von Gütern bzw. der Erbringung von Dienstleistungen oder für Verwaltungszwecke gehalten werden.
…
7. Als Finanzinvestition gehaltene Immobilien werden zur Erzielung von Mieteinnahmen und/ oder zum Zwecke der Wertsteigerung gehalten. Daher erzeugen als Finanzinvestition gehaltene Immobilien Cashflows, die weitgehend unabhängig von den anderen vom Unternehmen gehaltenen Vermögenswerten anfallen. Darin unterscheiden sich als Finanzinvestition gehaltene Immobilien von vom Eigentümer selbstgenutzten Immobilien. Die Herstellung oder die Lieferung von Gütern bzw. die Erbringung von Dienstleistungen (oder die Nutzung der Immobilien für Verwaltungszwecke) führt zu Cashflows, die nicht nur den als Finanzinvestition gehaltenen Immobilien, sondern auch anderen Vermögenswerten, die im Herstellungs- oder Lieferprozess genutzt werden, zuzurechnen sind. IAS 16 *Sachanlagen* ist auf die vom Eigentümer selbst genutzten Immobilien anzuwenden.
8. Beispiele für als Finanzinvestition gehaltene Immobilien sind:
(a) Grundstücke, die langfristig zum Zwecke der Wertsteigerung und nicht kurzfristig zum Verkauf im Rahmen der gewöhnlichen Geschäftstätigkeit gehalten werden;
(b) Grundstücke, die für eine gegenwärtig unbestimmte künftige Nutzung gehalten werden. (Legt ein Unternehmen nicht fest, ob das Grundstück zur Selbstnutzung oder kurzfristig zum Verkauf im Rahmen der gewöhnlichen Geschäftstätigkeit gehalten wird, ist das Grundstück als zum Zwecke der Wertsteigerung gehalten zu behandeln);
(c) ein Gebäude, welches sich im Besitz des Unternehmens befindet (oder vom Unternehmen im Rahmen eines Finanzierungsleasingverhältnisses gehalten wird) und im Rahmen eines oder mehrerer Operating- Leasingverhältnisse vermietet wird;
(d) ein leer stehendes Gebäude, welches zur Vermietung im Rahmen eines oder mehrerer Operating-Leasingverhältnisse gehalten wird;
(e) Immobilien, die für die künftige Nutzung als Finanzinvestition erstellt oder entwickelt werden.
…

ERFASSUNG

16. Als Finanzinvestition gehaltene Immobilien sind dann, und nur dann, als Vermögenswert anzusetzen, wenn
(a) es wahrscheinlich ist, dass dem Unternehmen der künftige wirtschaftliche Nutzen, der

mit den als Finanzinvestition gehaltenen Immobilien verbunden ist, zufließen wird; und

(b) die Anschaffungs- oder Herstellungskosten der als Finanzinvestition gehaltenen Immobilien verlässlich bewertet werden können.

17. Nach diesem Ansatz bewertet ein Unternehmen alle Anschaffungs- oder Herstellungskosten der als Finanzinvestition gehaltenen Immobilien zum Zeitpunkt ihres Anfalls. Hierzu zählen die anfänglich anfallenden Kosten für den Erwerb von als Finanzinvestition gehaltenen Immobilien sowie die späteren Kosten für den Ausbau, die teilweise Ersetzung oder Instandhaltung einer Immobilie.

BEWERTUNG BEI ERSTMALIGEM ANSATZ

20. Als Finanzinvestition gehaltene Immobilien sind bei Zugang mit ihren Anschaffungs- oder Herstellungskosten zu bewerten. Die Transaktionskosten sind in die erstmalige Bewertung mit einzubeziehen.

21. Die Kosten der erworbenen als Finanzinvestition gehaltenen Immobilien umfassen den Erwerbspreis und die direkt zurechenbaren Kosten. Zu den direkt zurechenbaren Kosten zählen beispielsweise Honorare und Gebühren für Rechtsberatung, auf die Übertragung der Immobilien anfallende Steuern und andere Transaktionskosten.

FOLGEBEWERTUNG

Rechnungslegungsmethode

30. Mit den in den IAS 32A und 34 dargelegten Ausnahmen hat ein Unternehmen als seine Rechnungslegungsmethoden entweder das Modell des beizulegenden Zeitwerts gemäß den Paragraphen 33-55 oder das Anschaffungskostenmodell gemäß Paragraph 56 zu wählen und diese Methode auf alle als Finanzinvestition gehaltene Immobilien anzuwenden.

Modell des beizulegenden Zeitwerts

33. Nach dem erstmaligen Ansatz hat ein Unternehmen, welches das Modell des beizulegenden Zeitwertes gewählt hat, alle als Finanzinvestition gehaltenen Immobilien mit Ausnahme der in IAS 53 beschriebenen Fälle mit dem beizulegenden Zeitwert zu bewerten.

3

Anschaffungskostenmodell

56. Sofern sich ein Unternehmen nach dem erstmaligen Ansatz für das Anschaffungskostenmodell entscheidet, hat es seine gesamten als Finanzinvestition gehaltenen Immobilien nach den Vorschriften des IAS 16 für dieses Modell zu bewerten, ausgenommen solche, die gemäß IFRS 5 *Zur Veräußerung gehaltene langfristige Vermögenswerte und aufgegebene Geschäftsbereiche* als zur Veräußerung gehalten eingestuft werden (oder zu einer als zur Veräußerung gehalten eingestuften Veräußerungsgruppe gehören).

ABGÄNGE

66. Eine als Finanzinvestition gehaltene Immobilie ist bei ihrem Abgang oder dann, wenn sie dauerhaft nicht mehr genutzt werden soll und ein zukünftiger wirtschaftlicher Nutzen aus ihrem Abgang nicht mehr erwartet wird, auszubuchen (und damit aus der Bilanz zu entfernen).

Gesetz betreffend die Erwerbs- und Wirtschaftsgenossenschaften (Genossenschaftsgesetz)

In der Neufassung vom 16. Oktober 2006 mit Änderungen bis zum 15. Juli 2013

Errichtung der Genossenschaft

3

§ 1. Wesen der Genossenschaft. (1) Gesellschaften von nicht geschlossener Mitgliederzahl, deren Zweck darauf gerichtet ist, den Erwerb oder die Wirtschaft ihrer Mitglieder oder deren soziale oder kulturelle Belange durch gemeinschaftlichen Geschäftsbetrieb zu fördern (Genossenschaften), erwerben die Rechte einer „ingetragenen Genossenschaft" nach Maßgabe dieses Gesetzes.

(2) Eine Beteiligung an Gesellschaften und sonstigen Personenvereinigungen einschließlich der Körperschaften des öffentlichen Rechts ist zulässig, wenn sie

1. der Förderung des Erwerbes oder der Wirtschaft der Mitglieder der Genossenschaft oder derer sozialer und kultureller Belange oder,
2. ohne den alleinigen oder überwiegenden Zweck der Genossenschaft zu bilden, gemeinnützigen Bestrebungen der Genossenschaft

zu dienen bestimmt ist.

§ 2. Haftung für Verbindlichkeiten. Für die Verbindlichkeiten der Genossenschaft haftet den Gläubigern nur das Vermögen der Genossenschaft.

§ 3. Firma der Genossenschaft. [1]Die Firma der Genossenschaft muss auch wenn sie nach § 22 des Handelsgesetzbuchs oder nach anderen gesetzlichen Vorschriften fortgeführt wird, die Bezeichnung „eingetragene Genossenschaft" oder die Abkürzung „eG" enthalten. [2]§ 30 des Handelsgesetzbuchs gilt entsprechend.

§ 4. Mindestzahl der Mitglieder. Die Zahl der Genossen muss mindestens drei betragen.

§ 5. Form des Satzung. Die Satzung der Genossenschaft bedarf der schriftlichen Form.

§ 6. Mindestinhalt der Satzung. Die Satzung muss enthalten:

1. die Firma und den Sitz der Genossenschaft;
2. den Gegenstand des Unternehmens;
3. Bestimmungen darüber, ob die Mitglieder für den Fall, dass die Gläubiger im Insolvenzverfahren der Genossenschaft nicht befriedigt werden, Nachschüsse zur Insolvenzmasse unbeschränkt, beschränkt auf eine bestimmte Summe (Haftsumme) oder überhaupt nicht zu leisten haben;
4. Bestimmungen über die Form für die Einberufung der Generalversammlung der Mitglieder sowie für die Beurkundung ihrer Beschlüsse und über den Vorsitz in der Versammlung; die Berufung der Generalversammlung muss durch unmittelbare Benachrichtigung sämtlicher Mitglieder oder durch Bekanntmachung in einem öffentlichen Blatt erfolgen; das Gericht kann hiervon Ausnahmen zulassen; die Bekanntmachung im Bundesanzeiger genügt nicht;
5. Bestimmungen über die Form, der Bekanntmachungen der Genossenschaft ...

§ 7. Weiterer zwingender Satzungsinhalt]. Die Satzung muss ferner bestimmen:

1. den Betrag, bis zu welchem sich die einzelnen Mitglieder mit Einlagen beteiligen können (Geschäftsanteil), sowie die Einzahlungen auf den Geschäftsanteil, zu welchen jedes Mitglied verpflichtet ist; diese müssen bis zu einem Gesamtbetrage von mindestens einem Zehntel des Geschäftsanteils nach Betrag und Zeit bestimmt sein;
2. die Bildung einer gesetzlichen Rücklage, welche zur Deckung eines aus der Bilanz sich ergebenden Verlustes zu dienen hat, sowie die Art dieser Bildung, insbesondere den Teil des Jahresüberschusses, welcher in diese Rücklage einzustellen ist, und den Mindestbetrag der letzteren, bis zu dessen Erreichung die Einstellung zu erfolgen hat.

§ 7a. Mehrere Geschäftsanteile; Sacheinlagen. (1) [1]Die Satzung kann bestimmen, daß sich ein Mitglied mit mehr als einem Geschäftsanteil beteiligen darf. [2]Die Satzung kann eine Höchstzahl festsetzen und weitere Voraussetzungen aufstellen.

(2) [1]Die Satzung kann auch bestimmen, dass die Mitglieder sich mit mehreren Geschäftsanteilen zu beteiligen haben (Pflichtbeteiligung). [2]Die Pflichtbeteiligung muss für alle Mitglieder gleich sein oder sich nach dem Umfang der Inanspruchnahme von Einrichtungen oder anderen Leistungen der Genossenschaft durch die Mitglieder oder nach bestimmten wirtschaftlichen Merkmalen der Betriebe der Mitglieder richten.

§ 8. Satzungsvorbehalt für einzelne Bestimmungen. (1) Der Aufnahme in die Satzung bedürfen Bestimmungen, nach welchen:

1. die Genossenschaft auf eine bestimmte Zeit beschränkt wird;
2. Erwerb und Fortdauer der Mitgliedschaft an den Wohnsitz innerhalb eines bestimmten Bezirks geknüpft wird;
3. das Geschäftsjahr, insbesondere das erste, auf ein mit dem Kalenderjahr nicht zusammenfallendes Jahr oder auf eine kürzere Dauer als auf ein Jahr bemessen wird;
4. die Generalversammlung über bestimmte Gegenstände nicht mit einfacher, sondern mit einer größeren Mehrheit oder nach weiteren Erfordernissen beschließen kann;
5. die Ausdehnung des Geschäftsbetriebes auf Personen, welche nicht Mitglieder der Genossenschaft sind, zugelassen wird.

(2) [1]Die Satzung kann bestimmen, dass Personen, die für die Nutzung oder Produktion der Güter und die Nutzung oder Erbringung der Dienste der Genossenschaft nicht in Frage kommen, als investierende Mitglieder zugelassen werden können. [2]Sie muss durch geeignete Regelungen sicherstellen, dass investierende Mitglieder die anderen Mitglieder in keinem Fall überstimmen können und dass Beschlüsse der Generalversammlung, für die nach Gesetz oder Satzung eine Mehrheit von mindestens drei Vierteln der abgegebenen Stimmen vorgeschrieben ist, durch investierende Mitglieder nicht verhindert werden können. [3]Die Zulassung eines investierenden Mitglieds bedarf der Zustimmung der Generalversammlung; abweichend hiervon kann die Satzung die Zustimmung des Aufsichtrats vorschreiben. [4]Die Zahl der investierenden Mitglieder im Aufsichtsrat darf ein Viertel der Aufsichtsratsmitglieder nicht überschreiten.

§ 8a. Mindestkapital. In der Satzung kann ein Mindestkapital der Genossenschaft bestimmt werden, das durch die Auszahlung des Auseinandersetzungsguthabens von Mitgliedern, die ausgeschieden sind oder einzelne Geschäftsanteile gekündigt haben, nicht unterschritten werden darf.

§ 9. Vorstand; Aufsichtsrat. (1) [1]Die Genossenschaft muss einen Vorstand und einen Aufsichtsrat haben. [2]Bei Genossenschaften mit nicht mehr als 20 Mitgliedern kann durch Bestimmung in der Satzung auf einen Aufsichtsrat verzichtet werden. [3]In diesem Fall nimmt die Generalversammlung die Rechte und Pflichten des Aufsichtsrats wahr. …

(2) Die Mitglieder des Vorstandes und des Aufsichtsrats müssen Mitglieder und natürliche Personen sein. …

§ 10. Genossenschaftsregister. (1) Die Satzung sowie die Mitglieder des Vorstandes sind in das Genossenschaftsregister bei dem Gericht einzutragen, in dessen Bezirk die Genossenschaft ihren Sitz hat.

§ 11. Anmeldung zur Eintragung. (1) Der Vorstand hat die Genossenschaft bei dem Gericht zur Eintragung in das Genossenschaftsregister anzumelden.

(2) Der Anmeldung sind beizufügen:
1. die Satzung, die von den Mitgliedern unterzeichnet sein muss;
2. eine Abschrift der Urkunden über die Bestellung des Vorstands und des Aufsichtsrats;
3. die Bescheinigung eines Prüfungsverbandes, dass die Genossenschaft zum Beitritt zugelassen ist, sowie eine gutachtliche Äußerung des Prüfungsverbandes, ob nach den persönlichen oder wirtschaftlichen Verhältnissen, insbesondere der Vermögenslage der Genossenschaft, eine Gefährdung der Belange der Genossen oder der Gläubiger der Genossenschaft zu besorgen ist.

(3) In der Anmeldung ist ferner anzugeben, welche Vertretungsbefugnis die Vorstandsmitglieder haben.

(4) Für die Einreichung von Unterlagen nach diesem Gesetz gilt § 12 Abs. 2 des Handelsgesetzbuches entsprechend.

§ 12. Veröffentlichung der Satzung. (1) Die eingetragene Satzung ist von dem Gericht im Auszug zu veröffentlichen.

(2) Die Veröffentlichung muss enthalten:
1. das Datum der Satzung,
2. die Firma und den Sitz der Genossenschaft,
3. den Gegenstand des Unternehmens,
4. die Mitglieder des Vorstands sowie deren Vertretungsbefugnis,
5. die Zeitdauer der Genossenschaft, falls diese auf eine bestimmte Zeit beschränkt ist.

§ 13. Rechtszustand vor der Eintragung. Vor der Eintragung in das Genossenschaftsregister ihres Sitzes hat die Genossenschaft die Rechte einer eingetragenen Genossenschaft nicht.

§ 15. Beitrittserklärung. (1) Nach der Anmeldung der Satzung zum Genossenschaftsregister wird die Mitgliedschaft durch eine schriftliche, unbedingte Beitrittserklärung und die Zulassung des Beitritts durch die Genossenschaft erworben.

(2) [1]Das Mitglied ist unverzüglich in die Mitgliederliste einzutragen und hiervon unverzüglich zu benachrichtigen. [2]Lehnt die Genossenschaft die Zulassung ab, hat sie dies dem Antragsteller unverzüglich unter Rückgabe seiner Beitrittserklärung mitzuteilen.

3

§ 16. Änderung der Satzung. (1) Eine Abänderung der Satzung oder die Fortsetzung einer auf bestimmte Zeit beschränkten Genossenschaft kann nur durch die Generalversammlung beschlossen werden.

(2) [1]Für folgende Änderungen der Satzung bedarf es einer Mehrheit, die mindestens drei Viertel der abgegebenen Stimmen umfasst:
1. Änderung des Gegenstandes des Unternehmens,
2. Erhöhung des Geschäftsanteils,
3. Einführung oder Erweiterung einer Pflichtbeteiligung mit mehreren Geschäftsanteilen,
4. Einführung oder Erweiterung der Verpflichtung der Mitglieder zur Leistung von Nachschüssen,
5. Verlängerung der Kündigungsfrist auf eine längere Frist als zwei Jahre,
6. Einführung oder Erweiterung der Beteiligung ausscheidender Mitglieder an der Ergebnisrücklage nach § 73 Abs. 3,
7. Einführung oder Erweiterung von Mehrstimmrechten,
8. Zerlegung von Geschäftsanteilen.

[2]... Die Satzung kann eine größere Mehrheit und weitere Erfordernisse bestimmen.

(3) [1]Zu einer Änderung der Satzung, durch die eine Verpflichtung der Mitglieder zur Inanspruchnahme von Einrichtungen oder anderen Leistungen der Genossenschaft oder zur Leistung von Sachen oder Diensten eingeführt oder erweitert wird, bedarf es einer Mehrheit, die mindestens neun Zehntel der abgegebenen Stimmen umfaßt. [2] ...

(4) Zu sonstigen Änderungen der Satzung bedarf es einer Mehrheit, die mindestens drei Viertel der abgegebenen Stimmen umfasst, sofern nicht die Satzung andere Erfordernisse aufstellt.

(6) Der Beschluss hat keine rechtliche Wirkung, bevor er in das Genossenschaftsregister des Sitzes der Genossenschaft eingetragen ist.

Rechtsverhältnisse der Genossenschaft und ihrer Mitglieder

§ 17. Juristische Person; Formkaufmann. (1) Die eingetragene Genossenschaft als solche hat selbständig ihre Rechte und Pflichten; sie kann Eigentum und andere dingliche Rechte an Grundstücken erwerben, vor Gericht klagen und verklagt werden.

(2) Genossenschaften gelten als Kaufleute im Sinne des Handelsgesetzbuchs.

§ 18. Rechtsverhältnis zwischen Genossenschaft und Mitgliedern. [1]Das Rechtsverhältnis der Genossenschaft und der Mitglieder richtet sich zunächst nach der Satzung. [2]Diese darf von den Bestimmungen dieses Gesetzes nur insoweit abweichen, als dies ausdrücklich für zulässig erklärt ist.

§ 19. Gewinn- und Verlustverteilung. (1) [1]Der bei Feststellung des Jahresabschlusses für die Mitglieder sich ergebende Gewinn oder Verlust des Geschäftsjahres ist auf diese zu verteilen. [2]Die Verteilung geschieht für das erste Geschäftsjahr nach dem Verhältnis ihrer auf den Geschäftsanteil geleisteten Einzahlungen, für jedes folgende nach dem Verhältnis ihrer durch die Zuschreibung von Gewinn oder die Abschreibung von Verlust zum Schluss des vorhergegangenen Geschäftsjahres ermittelten Geschäftsguthaben. [3]Die Zuschreibung des Gewinns erfolgt so lange, als nicht der Geschäftsanteil erreicht ist.

(2) [1]Die Satzung kann einen anderen Maßstab für die Verteilung von Gewinn und Verlust aufstellen und bestimmen, inwieweit der Gewinn vor Erreichung des Geschäftsanteils an die Genossen auszuzahlen ist. [2]Bis zur Wiederergänzung eines durch Verlust verminderten Guthabens findet eine Auszahlung des Gewinns nicht statt.

§ 20. Ausschluß der Gewinnverteilung. [1]Durch die Satzung kann festgesetzt werden, dass der Gewinn nicht verteilt, sondern der gesetzlichen Rücklage und anderen Ergebnisrücklagen zugeschrieben wird. [2]Die Satzung kann ferner bestimmen, dass der Vorstand einen Teil des Jahresüberschusses höchstens jedoch die Hälfte in die Ergebnisrücklagen einstellen kann.

§ 21. Verbot der Verzinsung der Geschäftsguthaben. (1) Für das Geschäftsguthaben werden vorbehaltlich des § 21 a Zinsen von bestimmter Höhe nicht vergütet, auch wenn das Mitglied Einzahlungen in höheren als den geschuldeten Beträgen geleistet hat.

(2) Auch können Mitglieder, welche mehr als die geschuldeten Einzahlungen geleistet haben, im Fall eines Verlustes andere Genossen nicht aus dem Grunde in Anspruch nehmen, dass von letzteren nur diese Einzahlungen geleistet sind.

§ 22. Herabsetzung des Geschäftsanteils; Verbot der Auszahlung des Geschäftsguthabens. (1) Werden der Geschäftsanteil oder die auf ihn zu leistenden Einzahlungen herabgesetzt oder die für die Einzahlungen festgesetzten Fristen verlängert, so ist der wesentliche Inhalt des Beschlusses der Generalversammlung durch das Gericht bei der Bekanntmachung der Eintragung in das Genossenschaftsregister anzugeben.

(2) [1]Den Gläubigern der Genossenschaft ist, wenn sie sich binnen sechs Monaten nach der Bekanntmachung bei der Genossenschaft zu diesem Zweck melden, Sicherheit zu leisten, soweit sie nicht Befriedigung verlangen können. [2]In der Bekanntmachung ist darauf hinzuweisen.

(3) Mitglieder, die zur Zeit der Eintragung des Beschlusses der Genossenschaft angehörten, können sich auf die Änderung erst berufen, wenn die Bekanntmachung erfolgt ist und die Gläubiger, die sich rechtzeitig gemeldet haben, wegen der erhobenen Ansprüche befriedigt oder sichergestellt sind.

(4) [1]Das Geschäftsguthaben eines Mitglieds darf, solange es nicht ausgeschieden ist, von der Genossenschaft nicht ausgezahlt oder im geschäftlichen Betrieb zum Pfand genommen, eine geschuldete Einzahlung darf nicht erlassen werden. [2]Die Genossenschaft darf den Mitgliedern keinen Kredit zum Zweck der Leistung von Einzahlungen auf den Geschäftsanteil gewähren.

(5) Gegen eine geschuldete Einzahlung kann das Mitglied nicht aufrechnen.

§ 23. Haftung der Mitglieder. (1) Für die Verbindlichkeiten der Genossenschaft haften die Mitglieder nach Maßgabe dieses Gesetzes.

(2) Wer in die Genossenschaft eintritt, haftet auch für die vor seinem Eintritt eingegangenen Verbindlichkeiten.

(3) Ein den vorstehenden Bestimmungen zuwiderlaufender Vertrag ist ohne rechtliche Wirkung.

Verfassung der Genossenschaft

§ 24. Vorstand. (1) Die Genossenschaft wird durch den Vorstand gerichtlich und außergerichtlich vertreten. …

(2) [1]Der Vorstand besteht aus zwei Personen und wird von der Generalversammlung gewählt und abberufen. [2]Die Satzung kann eine höhere Personenzahl sowie eine andere Art der Bestellung und Abberufung bestimmen. [3]Bei Genossenschaften mit nicht mehr als 20 Mitgliedern kann die Satzung bestimmen, dass der Vorstand aus einer Person besteht.

(3) [1]Die Mitglieder des Vorstandes können besoldet oder unbesoldet sein. [2]Ihre Bestellung ist zu jeder Zeit widerruflich, unbeschadet der Entschädigungsansprüche aus bestehenden Verträgen.

§ 25. Vertretung; Zeichnung durch Vorstandsmitglieder. (1) [1]Die Mitglieder des Vorstands sind nur gemeinschaftlich zur Vertretung der Genossenschaft befugt. [2]Die Satzung kann Abweichendes bestimmen. [3]Ist eine Willenserklärung gegenüber der Genossenschaft abzugeben, so genügt die Abgabe gegenüber einem Vorstandsmitglied.

(2) [1]Die Satzung kann auch bestimmen, dass einzelne Vorstandsmitglieder allein oder in Gemeinschaft mit einem Prokuristen zur Vertretung der Genossenschaft befugt sind. [2]Absatz 1 Satz 3 gilt in diesen Fällen sinngemäß.

(3) [1]Zur Gesamtvertretung befugte Vorstandsmitglieder können einzelne von ihnen zur Vornahme bestimmter Geschäfte oder bestimmter Arten von Geschäften ermächtigen. [2]Dies gilt sinngemäß, falls ein einzelnes Vorstandsmitglied oder im Fall des § 24 Abs. 1 Satz 2 gegenüber einem Aufsichtsratsmitglied in Gemeinschaft mit einem Prokuristen zur Vertretung der Genossenschaft befugt ist. 3

§ 26. Vertretungsbefugnis des Vorstandes.

(1) Die Genossenschaft wird durch die von dem Vorstand in ihrem Namen geschlossenen Rechtsgeschäfte berechtigt und verpflichtet; …

§ 27. Beschränkung der Vertretungsbefugnis.

(1) [1]Der Vorstand hat die Genossenschaft unter eigener Verantwortung zu leiten. [2]Er hat dabei die Beschränkungen zu beachten, die durch die Satzung festgesetzt worden sind.

(2) Gegen dritte Personen hat eine Beschränkung der Befugnis des Vorstandes, die Genossenschaft zu vertreten, keine rechtliche Wirkung. …

§ 29. Publizität des Genossenschaftsregisters.

(1) Solange eine Änderung des Vorstands oder der Vertretungsbefugnis eines Vorstandsmitglieds nicht in das Genossenschaftsregister eingetragen und bekanntgemacht ist, kann sie von der Genossenschaft einem Dritten nicht entgegengesetzt werden, es sei denn, dass sie diesem bekannt war.

(2) [1]Ist die Änderung eingetragen und bekanntgemacht worden, so muss ein Dritter sie gegen sich gelten lassen. [2]Dies gilt nicht bei Rechtshandlungen, die innerhalb von fünfzehn Tagen nach der Bekanntmachung vorgenommen werden, sofern der Dritte beweist, dass er die Änderung weder kannte noch kennen musste.

(3) Ist die Änderung unrichtig bekanntgemacht, so kann sich ein Dritter auf die Bekanntmachung der Änderung berufen, es sei denn, dass er die Unrichtigkeit kannte.

§ 30. Mitgliedsliste. (1) Der Vorstand ist verpflichtet, die Mitgliederliste zu führen.

(2) [1]In die Mitgliederliste ist jedes Mitglied der Genossenschaft mit folgenden Angaben einzutragen:

1. Familienname, Vornamen und Anschrift, bei juristischen Personen und Personenhandelsgesellschaften Firma und Anschrift, bei anderen Personenvereinigungen Bezeichnung und Anschrift der Vereinigung oder Familiennamen, Vornamen und Anschriften ihrer Mitglieder,
2. Zahl der von ihm übernommenen weiteren Geschäftsanteile,
3. Ausscheiden aus der Genossenschaft.

[2]Der Zeitpunkt, zu dem die eingetragene Angabe wirksam wird oder geworden ist, sowie die die Eintragung begründenden Tatsachen sind anzugeben.

(3) [1]Die Unterlagen, aufgrund deren die Eintragung in die Mitgliederliste erfolgt, sind drei Jahre aufzubewahren. [2]Die Frist beginnt mit dem Schluß des Kalenderjahres, in dem das Mitglied aus der Genossenschaft ausgeschieden ist.

3

§ 33. Buchführung; Jahresabschluss und Lagebericht. (1) [1]Der Vorstand hat dafür zu sorgen, dass die erforderlichen Bücher der Genossenschaft ordnungsgemäß geführt werden. [2]Der Jahresabschluss und der Lagebericht sind unverzüglich nach ihrer Aufstellung dem Aufsichtsrat und mit dessen Bemerkungen der Generalversammlung vorzulegen.

(2) Mit einer Verletzung der Vorschriften über die Gliederung der Bilanz und der Gewinn- und Verlustrechnung sowie mit einer Nichtbeachtung von Formblättern kann, wenn hierdurch die Klarheit des Jahresabschlusses nur unwesentlich beeinträchtigt wird, eine Anfechtung nicht begründet werden.

(3) Ergibt sich bei Aufstellung der Jahresbilanz oder einer Zwischenbilanz oder ist bei pflichtgemäßem Ermessen anzunehmen, dass ein Verlust besteht, der durch die Hälfte des Gesamtbetrages der Geschäftsguthaben und die Rücklagen nicht gedeckt ist, so hat der Vorstand unverzüglich die Generalversammlung einzuberufen und ihr dies anzuzeigen.

§ 34. Sorgfaltspflicht und Verantwortlichkeit der Vorstandsmitglieder. (1) [1]Die Vorstandsmitglieder haben bei ihrer Geschäftsführung die Sorgfalt eines ordentlichen und gewissenhaften Geschäftsleiters einer Genossenschaft anzuwenden. [2]Über vertrauliche Angaben und Geheimnisse der Genossenschaft, namentlich Betriebs- oder Geschäftsgeheimnisse, die ihnen durch die Tätigkeit im Vorstand bekanntgeworden sind, haben sie Stillschweigen zu bewahren.

(2) [1]Vorstandsmitglieder, die ihre Pflichten verletzen, sind der Genossenschaft zum Ersatz des daraus entstehenden Schadens als Gesamtschuldner verpflichtet. [2]Ist streitig, ob sie die Sorgfalt eines ordentlichen und gewissenhaften Geschäftsleiters einer Genossenschaft angewandt haben, tragen sie die Beweislast.

§ 36. Aufsichtsrat. (1) [1]Der Aufsichtsrat besteht, sofern nicht die Satzung eine höhere Zahl festsetzt, aus drei von der Generalversammlung zu wählenden Mitgliedern. [2]Die zu einer Beschlussfassung erforderliche Zahl ist durch das Statut zu bestimmen.

(2) Die Mitglieder des Aufsichtsrats dürfen keine nach dem Geschäftsergebnis bemessene Vergütung beziehen.

§ 37. Unvereinbarkeit von Ämtern. (1) Die Mitglieder des Aufsichtsrats dürfen nicht zugleich Vorstandsmitglieder, dauernde Stellvertreter der Vorstandsmitglieder, Prokuristen oder zum Betrieb des gesamten Geschäfts ermächtigte Handlungsbevollmächtigte der Genossenschaft sein. …

§ 38. Aufgaben des Aufsichtsrats. (1) [1]Der Aufsichtsrat hat den Vorstand bei dessen Geschäftsführung zu überwachen. [2]Er kann zu diesem Zweck von dem Vorstand jederzeit Auskünfte über alle Angelegenheiten der Genossenschaft verlangen und die Bücher und Schriften der Genossenschaft sowie den Bestand der Genossenschaftskasse und die Bestände an Wertpapieren und Waren einsehen und prüfen. [3]Er kann einzelne seiner Mitglieder beauftragen, die Einsichtnahme und Prüfung durchzuführen. [4]Auch ein einzelnes Mitglied des Aufsichtsrats kann Auskünfte, jedoch nur an den Aufsichtsrat, verlangen. [5]Der Aufsichtsrat hat den Jahresabschluss, den Lagebericht und den Vorschlag für die Verwendung des Jahresüberschusses oder die Deckung des Jahresfehlbetrags zu prüfen; über das Ergebnis der Prüfung hat er der Generalversammlung vor der Feststellung des Jahresabschlusses zu berichten.

(1a) …

(2) Der Aufsichtsrat hat eine Generalversammlung einzuberufen, wenn dies im Interesse der Genossenschaft erforderlich ist. …

(3) Weitere Aufgaben des Aufsichtsrats werden durch die Satzung bestimmt.

(4) Die Mitglieder des Aufsichtsrats können ihre Aufgaben nicht durch andere Personen wahrnehmen lassen.

§ 39. Vertretungsbefugnis des Aufsichtsrats. (1) Der Aufsichtsrat vertritt die Genossenschaft gegenüber den Vorstandsmitgliedern gerichtlich und außergerichtlich. …

§ 41. Sorgfaltspflicht und Verantwortlichkeit der Aufsichtsratsmitglieder. Für die Sorgfaltspflicht und Verantwortlichkeit der Aufsichtsratsmitglieder gilt § 34 über die Verantwortlichkeit der Vorstandsmitglieder sinngemäß.

§ 42. Prokura; Handlungsvollmacht.
(1) [1]Die Genossenschaft kann Prokura nach Maßgabe der §§ 48 bis 53 des Handelsgesetzbuchs erteilen. [2]An die Stelle der Eintragung in das Handelsregister tritt die Eintragung in das Genossenschaftsregister. [3]§ 28 Satz 3 und § 29 gelten entsprechend.

(2) [1]Die Genossenschaft kann auch Handlungsvollmacht erteilen. [2]§ 54 des Handelsgesetzbuchs ist anzuwenden.

§ 43. Generalversammlung; Stimmrechte der Mitglieder. (1) Die Mitglieder üben ihre Rechte in den Angelegenheiten der Genossenschaft in der Generalversammlung aus, soweit das Gesetz nichts anderes bestimmt.

(2) [1]Die Generalversammlung beschließt mit der Mehrheit der abgegebenen Stimmen (einfache Stimmenmehrheit), soweit nicht Gesetz oder Satzung eine größere Mehrheit oder weitere Erfordernisse bestimmen. [2]Für Wahlen kann die Satzung eine abweichende Regelung treffen.

(3) [1]Jedes Mitglied hat eine Stimme. [2]Die Satzung kann die Gewährung von Mehrstimmrechten vorsehen. [3]Die Voraussetzungen für die Gewährung von Mehrstimmrechten müssen in der Satzung mit folgender Maßgabe bestimmt werden: …

§ 43a. Vertreterversammlung. (1) Bei Genossenschaften mit mehr als 1500 Mitgliedern kann die Satzung bestimmen, daß die Generalversammlung aus Vertretern der Mitglieder (Vertreterversammlung) besteht. …

(2) Als Vertreter kann jede natürliche, unbeschränkt geschäftsfähige Person, die Mitglied der Genossenschaft ist und nicht dem Vorstand oder Aufsichtsrat angehört, gewählt werden. …

(3) [1]Die Vertreterversammlung besteht aus mindestens fünfzig Vertretern, die von den Mitgliedern der Genossenschaft gewählt werden. [2]Die Vertreter können nicht durch Bevollmächtigte vertreten werden. [3]Mehrstimmrechte können ihnen nicht eingeräumt werden.

(4) Die Vertreter werden in allgemeiner, unmittelbarer, gleicher und geheimer Wahl gewählt; Mehrstimmrechte bleiben unberührt. …

(5) [1]Fällt ein Vertreter vor Ablauf der Amtszeit weg, muss ein Ersatzvertreter an seine Stelle treten. [2]Seine Amtszeit erlischt spätestens mit Ablauf der Amtszeit des weggefallenen Vertreters. [3]Auf die Wahl des Ersatzvertreters sind die für den Vertreter geltenden Vorschriften anzuwenden.

(6) [1]Eine Liste mit den Namen und Anschriften der gewählten Vertreter und Ersatzvertreter ist mindestens zwei Wochen lang in dem Geschäftsraum der Genossenschaft und ihrer Niederlassungen zur Einsichtnahme für die Mitglieder auszulegen. [2]Die Auslegung ist in einem öffentlichen Blatt bekanntzumachen. [3]Die Auslegungsfrist beginnt mit der Bekanntmachung. [4]…

§ 44. Einberufung der Generalversammlung.
(1) Die Generalversammlung wird durch den Vorstand einberufen, soweit nicht nach der Satzung oder diesem Gesetze auch andere Personen dazu befugt sind.

§ 47. Niederschrift. (1) Über die Beschlüsse der Generalversammlung ist eine Niederschrift anzufertigen. …

§ 48. Zuständigkeit der Generalversammlung.
(1) [1]Die Generalversammlung stellt den Jahresabschluss fest. [2]Sie beschließt über die Verwendung des Jahresüberschusses oder die Deckung eines Jahresfehlbetrags sowie über die Entlastung des Vorstands und des Aufsichtsrats. [3]Die Generalversammlung hat in den ersten sechs Monaten des Geschäftsjahres stattzufinden.

(2) [1]Auf den Jahresabschluss sind bei der Feststellung die für seine Aufstellung geltenden Vorschriften anzuwenden. [2]Wird der Jahresabschluss bei der Feststellung geändert und ist die Prüfung nach § 53 bereits abgeschlossen, so werden vor der erneuten Prüfung gefasste Beschlüsse über die Feststellung des Jahresabschlusses und über die Ergebnisverwendung erst wirksam, wenn auf Grund einer erneuten Prüfung ein hinsichtlich der Änderung uneingeschränkter Bestätigungsvermerk erteilt worden ist.

(3) [1]Der Jahresabschluss, der Lagebericht sowie der Bericht des Aufsichtsrats sollen mindestens eine Woche vor der Versammlung in dem Geschäftsraum der Genossenschaft oder an einer anderen durch den Vorstand bekanntzumachenden geeigneten Stelle zur Einsichtnahme der Mitglieder ausgelegt oder ihnen sonst zur Kenntnis gebracht werden. [2]Jedes Mitglied ist berechtigt, auf seine Kosten eine Abschrift des Jahresabschlusses, des Lageberichts und des Berichts des Aufsichtsrats zu verlangen.

Prüfung und Prüfungsverbände

§ 53. Zweijährliche oder jährliche Pflichtprüfung. (1) [1]Zwecks Feststellung der wirtschaftlichen Verhältnisse und der Ordnungsmäßigkeit der Geschäftsführung sind die Einrichtungen, die Vermögenslage sowie die Geschäftsführung der Genossenschaft einschließlich der Führung der Mitgliedsliste mindestens in jedem zweiten Geschäftsjahr zu prüfen. [2]Bei Genossenschaften, deren Bilanzsumme 2 Millionen Euro übersteigt, muß die Prüfung in jedem Geschäftsjahr stattfinden.

(2) [1]Im Rahmen der Prüfung nach Absatz 1 ist bei Genossenschaften, deren Bilanzsumme eine Million Euro und und deren Umsatzerlöse 2 Millionen Euro übersteigen, der Jahresabschluss unter Einbeziehung der Buchführung und des Lageberichts zu prüfen. [2]§ 316 Abs. 3, § 317 Abs. 1 Satz 2 und 3, Abs. 2 des Handelsgesetzbuchs sind entsprechend anzuwenden. …

3

§ 54. Pflichtmitgliedschaft im Prüfungsverband. Die Genossenschaft muß einem Verband angehören, dem das Prüfungsrecht verliehen ist (Prüfungsverband).

§ 55. Prüfung durch den Verband. (1) [1]Die Genossenschaft wird durch den Verband geprüft, dem sie angehört. [2]Der Verband bedient sich zum Prüfen der von ihm angestellten Prüfer. [3]Diese sollen im genossenschaftlichen Prüfungswesen ausreichend vorgebildet und erfahren sein.

§ 59. Prüfungsbescheinigung; Befassung der Generalversammlung. (1) Der Vorstand hat eine Bescheinigung des Verbandes, dass die Prüfung stattgefunden hat, zum Genossenschaftsregister einzureichen und den Prüfungsbericht bei der Berufung der nächsten Generalversammlung als Gegenstand der Beschlußfassung anzukündigen.

(2) In der Generalversammlung hat sich der Aufsichtsrat über wesentliche Feststellungen oder Beanstandungen der Prüfung zu erklären.

Beendigung der Mitgliedschaft

§ 65. Kündigung des Mitglieds. (1) Jedes Mitglied hat das Recht, seine Mitgliedschaft durch Kündigung zu beenden.

(2) [1]Die Kündigung kann nur zum Schluss eines Geschäftsjahres und mindestens drei Monate vor dessen Ablauf in schriftlicher Form erklärt werden. [2]In der Satzung kann eine längere, höchstens fünfjährige Kündigungsfrist bestimmt werden. [3]Bei Genossenschaften, bei denen alle Mitglieder als Unternehmer im Sinne des § 14 des Bürgerlichen Gesetzbuchs Mitglied sind, kann die Satzung zum Zweck der Sicherung der Finanzierung des Anlagevermögens eine Kündigungsfrist bis zu zehn Jahre bestimmen.

§ 68. Ausschluss eines Mitglieds. (1) [1]Die Gründe, aus denen ein Mitglied aus der Genossenschaft ausgeschlossen werden kann, müssen in der Satzung bestimmt sein. [2]Ein Ausschluss ist nur zum Schluss eines Geschäftsjahres zulässig.

(2) [1]Der Beschluss, durch den das Mitglied ausgeschlossen wird, ist dem Mitglied vom Vorstand unverzüglich durch eingeschriebenen Brief mitzuteilen. [2]Das Mitglied verliert ab dem Zeitpunkt der Absendung der Mitteilung das Recht auf Teilnahme an der Generalversammlung oder der Vertreterversammlung sowie seine Mitgliedschaft im Vorstand oder Aufsichtsrat.

§ 73. Auseinandersetzung mit ausgeschiedenem Mitglied. (1) [1]Nach Beendigung der Mitgliedschaft erfolgt eine Auseinandersetzung der Genossenschaft mit dem ausgeschiedenen Mitglied. [2]Sie bestimmt sich nach der Vermögenslage der Genossenschaft und der Zahl ihrer Mitglieder zum Zeitpunkt der Beendigung der Mitgliedschaft.

(2) [1]Die Auseinandersetzung erfolgt unter Zugrundelegung der Bilanz. [2]Das Geschäftsguthaben des Mitglieds ist vorbehaltlich des Absatzes 4 und des § 8 a Abs. 2 binnen sechs Monaten nach Beendigung der Mitgliedschaft auszuzahlen. [3]Auf die Rücklagen und das sonstige Vermögen der Genossenschaft hat das Mitglied vorbehaltlich des Absatzes 3 keinen Anspruch. [4]Reicht das Vermögen einschließlich der Rücklagen und aller Geschäftsguthaben zur Deckung der Schulden der Genossenschaft nicht aus, hat das ehemalige Mitglied von dem Fehlbetrag den ihn betreffenden Anteil an die Genossenschaft zu zahlen, soweit es im Fall des Insolvenzverfahrens Nachschüsse an die Genossenschaft zu leisten gehabt hätte; der Anteil wird nach der Kopfzahl der Mitglieder berechnet, soweit nicht die Satzung eine abweichende Berechnung bestimmt.

(3) [1]Die Satzung kann Mitgliedern, die ihren Geschäftsanteil voll eingezahlt haben, für den Fall der Beendigung der Mitgliedschaft einen Anspruch auf Auszahlung eines Anteils an einer zu diesem Zweck aus dem Jahresüberschuss zu bildenden Ergebnisrücklage einräumen. [2]Die Satzung kann den Anspruch von einer Mindestdauer der Mitgliedschaft abhängig machen sowie weitere Erfordernisse aufstellen und Beschränkungen des Anspruchs vorsehen. [3]Absatz 2 Satz 2 ist entsprechend anzuwenden.

§ 76. Übertragung des Geschäftsguthabens. (1) Jedes Mitglied kann sein Geschäftsguthaben jederzeit durch schriftliche Vereinbarung einem anderen ganz oder teilweise übertragen und hierdurch seine Mitgliedschaft ohne Auseinandersetzung beenden oder die Anzahl seiner Geschäftsanteile verringern, sofern der Erwerber, im Fall einer vollständigen Übertragung anstelle des Mitglieds, der Genossenschaft beitritt oder bereits Mitglied der Genossenschaft ist und das bisherige Geschäftsguthaben dieses Mitglieds mit dem ihm zuzuschreibenden Betrag den Geschäftsanteil nicht übersteigt. …

§ 77. Tod eines Mitglieds. (1) [1]Mit dem Tod eines Mitglieds geht die Mitgliedschaft auf den Erben über. [2]Sie endet mit dem Schluss des Geschäftsjahres, in dem der Erbfall eingetreten ist. [3]Mehrere Erben können das Stimmrecht in der Generalversammlung nur durch einen gemeinschaftlichen Vertreter ausüben.

(2) Die Satzung kann bestimmen, dass im Falle des Todes eines Mitglieds dessen Mitgliedschaft in der Genossenschaft durch dessen Erben fortgesetzt wird.

Auflösung und Nichtigkeit der Genossenschaft

§ 78. Auflösung durch Beschluss der Generalversammlung. (1) Die Genossenschaft kann durch Beschluss der Generalversammlung jederzeit aufgelöst werden; der Beschluss bedarf einer Mehrheit, die mindestens drei Viertel der abgegebenen Stimmen umfaßt.

§ 79. Auflösung durch Zeitablauf. Ist die Genossenschaft nach der Satzung auf eine bestimmte Zeit beschränkt, ist sie mit dem Ablauf der bestimmten Zeit aufgelöst.

§ 80. Auflösung durch das Gericht. (1) [1]Hat die Genossenschaft weniger als drei Mitglieder, hat das Registergericht auf Antrag des Vorstands und, wenn der Antrag nicht binnen sechs Monaten erfolgt, von Amts wegen nach Anhörung des Vorstands die Auflösung der Genossenschaft auszusprechen. [2]Bei der Bestimmung der Mindestmitgliederzahl nach Satz 1 bleiben investierende Mitglieder außer Betracht.

(2) [1]Der gerichtliche Beschluss ist der Genossenschaft zuzustellen. [2]Gegen den Beschluss steht der Genossenschaft die sofortige Beschwerde nach der Zivilprozessordnung zu. [3]Mit der Rechtskraft des Beschlusses ist die Genossenschaft aufgelöst.

§ 82. Eintragung der Auflösung. (1) Die Auflösung der Genossenschaft ist von dem Gericht unverzüglich in das Genossenschaftsregister einzutragen.

(2) [1]Sie muss von den Liquidatoren durch die für die Bekanntmachungen der Genossenschaft bestimmten Blätter bekanntgemacht werden. [2]Durch die Bekanntmachung sind zugleich die Gläubiger aufzufordern, sich bei der Genossenschaft zu melden.

§ 83. Bestellung und Abberufung der Liquidatoren. (1) Die Liquidation erfolgt durch den Vorstand, wenn sie nicht durch die Satzung oder durch Beschluß der Generalversammlung anderen Personen übertragen wird.

§ 91. Verteilung des Vermögens. (1) Die Verteilung des Vermögens unter die einzelnen Mitglieder erfolgt bis zum Gesamtbetrag ihrer auf Grund der ersten Eröffnungsbilanz ermittelten Geschäftsguthaben nach dem Verhältnis der letzteren. …

3

Insolvenzverfahren, Nachschusspflicht der Mitglieder

§ 98. Voraussetzungen für die Eröffnung des Insolvenzverfahrens. Abweichend von § 19 Abs. 1 der Insolvenzordnung ist bei einer Genossenschaft die Überschuldung nur dann Grund für die Eröffnung des Insolvenzverfahrens, wenn

1. die Mitglieder Nachschüsse bis zu einer Haftsumme zu leisten haben und die Überschuldung ein Viertel des Gesamtbetrages der Haftsummen aller Genossen übersteigt,
2. die Mitglieder keine Nachschüsse zu leisten haben oder
3. die Genossenschaft aufgelöst ist.

§ 99. Zahlungsverbot bei Zahlungsunfähigkeit oder Überschuldung. [1]Der Vorstand darf keine Zahlung mehr leisten, sobald die Genossenschaft zahlungsunfähig geworden ist oder sich eine Überschuldung ergeben hat, die für die Genossenschaft nach § 98 Grund für die Eröffnung des Insolvenzverfahrens ist. [2]Dies gilt nicht für Zahlungen, die auch nach diesem Zeitpunkt mit der Sorgfalt eines ordentlichen und gewissenhaften Geschäftsleiters einer Genossenschaft vereinbar sind.

§ 105. Nachschusspflicht der Mitglieder. (1) [1]Soweit die Ansprüche der Massegläubiger oder die bei der Schlussverteilung nach § 196 der Insolvenzordnung berücksichtigten Forderungen der Insolvenzgläubiger aus dem vorhandenen Vermögen der Genossenschaft nicht berichtigt werden, sind die Mitglieder verpflichtet, Nachschüsse zur Insolvenzmasse zu leisten, es sei denn, dass die Nachschusspflicht durch die Satzung ausgeschlossen ist. [2]Im Fall eines rechtskräftig bestätigten Insolvenzplans besteht die Nachschusspflicht insoweit, als sie im gestaltenden Teil des Plans vorgesehen ist.

(2) Die Nachschüsse sind von den Mitgliedern nach Köpfen zu leisten, es sei denn, dass die Satzung ein anderes Beitragsverhältnis bestimmt.

(3) Beiträge, zu deren Leistung einzelne Mitglieder nicht in der Lage sind, werden auf die übrigen Mitglieder verteilt.

(4) [1]Zahlungen, die Mitglieder über die von ihnen nach den vorstehenden Vorschriften geschuldeten Beiträge hinaus leisten, sind ihnen nach der Befriedigung der Gläubiger aus den Nachschüssen zu erstatten. [2]Das Gleiche gilt für Zahlungen der Mitglieder auf Grund des § 87 a Abs. 2 nach Erstattung der in Satz 1 bezeichneten Zahlungen.

(5) Gegen die Nachschüsse kann das Mitglied eine Forderung an die Genossenschaft aufrechnen, sofern die Voraussetzungen vorliegen, unter denen es als Insolvenzgläubiger Befriedigung wegen der Forderung aus den Nachschüssen zu beanspruchen hat.

Haftsumme

§ 119. Bestimmung der Haftsumme. Bestimmt die Satzung, dass die Mitglieder beschränkt auf eine Haftsumme Nachschüsse zur Insolvenzmasse zu leisten haben, so darf die Haftsumme in der Satzung nicht niedriger als der Geschäftsanteil festgesetzt werden.

§ 121. Haftsumme bei mehreren Geschäftsanteilen. [1]Ist ein Mitglied mit mehr als einem Geschäftsanteil beteiligt, so erhöht sich die Haftsumme, wenn sie niedriger als der Gesamtbetrag der Geschäftsanteile ist, auf den Gesamtbetrag. [2]Die Satzung kann einen noch höheren Betrag festsetzen. [3]Sie kann auch bestimmen, dass durch die Beteiligung mit weiteren Geschäftsanteilen eine Erhöhung der Haftsumme nicht eintritt.

Insolvenzordnung

Vom 5. Oktober 1994, mit Änderungen bis zum 31. August 2013

Allgemeine Vorschriften

§ 1. Ziele des Insolvenzverfahrens. [1]Das Insolvenzverfahren dient dazu, die Gläubiger eines Schuldners gemeinschaftlich zu befriedigen, indem das Vermögen des Schuldners verwertet und der Erlös verteilt oder in einem Insolvenzplan eine abweichende Regelung insbesondere zum Erhalt des Unternehmens getroffen wird. [2]Dem redlichen Schuldner wird Gelegenheit gegeben, sich von seinen restlichen Verbindlichkeiten zu befreien.

§ 2. Amtsgericht als Insolvenzgericht.
(1) Für das Insolvenzverfahren ist das Amtsgericht, in dessen Bezirk ein Landgericht seinen Sitz hat, als Insolvenzgericht für den Bezirk dieses Landgerichts ausschließlich zuständig.

§ 3. Örtliche Zuständigkeit. (1) [1]Örtlich zuständig ist ausschließlich das Insolvenzgericht, in dessen Bezirk der Schuldner seinen allgemeinen Gerichtsstand hat. [2]Liegt der Mittelpunkt einer selbständigen wirtschaftlichen Tätigkeit des Schuldners an einem anderen Ort, so ist ausschließlich das Insolvenzgericht zuständig, in dessen Bezirk dieser Ort liegt.

(2) Sind mehrere Gerichte zuständig, so schließt das Gericht, bei dem zuerst die Eröffnung des Insolvenzverfahrens beantragt worden ist, die übrigen aus.

§ 4. Anwendbarkeit der Zivilprozeßordnung.
Für das Insolvenzverfahren gelten, soweit dieses Gesetz nichts anderes bestimmt, die Vorschriften der Zivilprozeßordnung entsprechend.

§ 5. Verfahrensgrundsätze. (1) [1]Das Insolvenzgericht hat von Amts wegen alle Umstände zu ermitteln, die für das Insolvenzverfahren von Bedeutung sind. [2]Es kann zu diesem Zweck insbesondere Zeugen und Sachverständige vernehmen.

(2) Sind die Vermögensverhältnisse des Schuldners überschaubar und ist die Zahl der Gläubiger oder die Höhe der Verbindlichkeiten gering, wird das Verfahren schriftlich durchgeführt. Das Insolvenzgericht kann anordnen, dass das Verfahren oder einzelne seiner Teile mündlich durchgeführt werden. …

(3) Die Entscheidungen des Gerichts können ohne mündliche Verhandlung ergehen ….

(4) Tabellen und Verzeichnisse können maschinell hergestellt und bearbeitet werden. …

§ 6. Sofortige Beschwerde. (1) Die Entscheidungen des Insolvenzgerichts unterliegen nur in den Fällen einem Rechtsmittel, in denen dieses Gesetz die sofortige Beschwerde vorsieht. Die sofortige Beschwerde ist bei dem Insolvenzgericht einzulegen.

(2) Die Beschwerdefrist beginnt mit der Verkündung der Entscheidung oder, wenn diese nicht verkündet wird, mit deren Zustellung.

(3) [1]Die Entscheidung über die Beschwerde wird erst mit der Rechtskraft wirksam. [2]Das Beschwerdegericht kann jedoch die sofortige Wirksamkeit der Entscheidung anordnen.

§ 9. Öffentliche Bekanntmachung. (1) [1]Die öffentliche Bekanntmachung erfolgt durch eine zentrale und länderübergreifende Veröffentlichung im Internet[1] diese kann Auszugsweise geschehen. [2]Dabei ist der Schuldner genau zu bezeichnen, insbesondere sind seine Anschrift und sein Geschäftszweig anzugeben. [3]Die Bekanntmachung gilt als bewirkt, sobald nach dem Tag der Veröffentlichung zwei weitere Tage verstrichen sind.

3

Eröffnung des Insolvenzverfahrens. Erfaßtes Vermögen und Verfahrensbeteiligte

▶ Eröffnungsvoraussetzungen und Eröffnungsverfahren

§ 11. Zulässigkeit des Insolvenzverfahrens.
(1) [1]Ein Insolvenzverfahren kann über das Vermögen jeder natürlichen und jeder juristischen Person eröffnet werden. [2]Der nicht rechtsfähige Verein steht insoweit einer juristischen Person gleich.

(2) Ein Insolvenzverfahren kann ferner eröffnet werden:
1. über das Vermögen einer Gesellschaft ohne Rechtspersönlichkeit (offene Handelsgesellschaft, Kommanditgesellschaft, Partnerschaftsgesellschaft, Gesellschaft des Bürgerlichen Rechts, Partenreederei, Europäische wirtschaftliche Interessenvereinigung);

1) Die Insolvenzordnung ersetzt mit Wirkung vom 01. Januar 1999 die Konkursordnung und die Vergleichsordnung.

§ 13. Eröffnungsantrag. (1) [1]Das Insolvenzverfahren wird nur auf schriftlichen Antrag eröffnet. [2]Antragsberechtigt sind die Gläubiger und der Schuldner. …

---

1 www.insolvenzbekanntmachungen.de

(2) Der Antrag kann zurückgenommen werden, bis das Insolvenzverfahren eröffnet oder der Antrag rechtskräftig abgewiesen ist.

§ 14. Antrag eines Gläubigers. (1) Der Antrag eines Gläubigers ist zulässig, wenn der Gläubiger ein rechtliches Interesse an der Eröffnung des Insolvenzverfahrens hat und seine Forderung und den Eröffnungsgrund glaubhaft macht. …

(2) Ist der Antrag zulässig, so hat das Insolvenzgericht den Schuldner zu hören.

…

3

§ 15. Antragsrecht bei juristischen Personen und Gesellschaften ohne Rechtspersönlichkeit. (1) Zum Antrag auf Eröffnung eines Insolvenzverfahrens über das Vermögen einer juristischen Person oder einer Gesellschaft ohne Rechtspersönlichkeit ist außer den Gläubigern jedes Mitglied des Vertretungsorgans, bei einer Gesellschaft ohne Rechtspersönlichkeit oder bei einer Kommanditgesellschaft auf Aktien jeder persönlich haftende Gesellschafter, sowie jeder Abwickler berechtigt. …

§ 15a. Antragspflicht bei juristischen Personen und Gesellschaften ohne Rechtspersönlichkeit. (1) [1]Wird eine juristische Person zahlungsunfähig oder überschuldet, haben die Mitglieder des Vertretungsorgans oder die Abwickler ohne schuldhaftes Zögern, spätestens aber drei Wochen nach Eintritt der Zahlungsunfähigkeit oder Überschuldung, einen Eröffnungsantrag zu stellen. [2]Das Gleiche gilt für die organschaftlichen Vertreter der zur Vertretung der Gesellschaft ermächtigten Gesellschafter oder die Abwickler bei einer Gesellschaft ohne Rechtspersönlichkeit, bei der kein persönlich haftender Gesellschafter eine natürliche Person ist; dies gilt nicht, wenn zu den persönlich haftenden Gesellschaftern eine andere Gesellschaft gehört, bei der ein persönlich haftender Gesellschafter eine natürliche Person ist.

…

§ 16. Eröffnungsgrund. Die Eröffnung des Insolvenzverfahrens setzt voraus, daß ein Eröffnungsgrund gegeben ist.

§ 17. Zahlungsunfähigkeit. (1) Allgemeiner Eröffnungsgrund ist die Zahlungsunfähigkeit.

(2) [1]Der Schuldner ist zahlungsunfähig, wenn er nicht in der Lage ist, die fälligen Zahlungspflichten zu erfüllen. [2]Zahlungsunfähigkeit ist in der Regel anzunehmen, wenn der Schuldner seine Zahlungen eingestellt hat.

§ 18. Drohende Zahlungsunfähigkeit.

(1) Beantragt der Schuldner die Eröffnung des Insolvenzverfahrens, so ist auch die drohende Zahlungsunfähigkeit Eröffnungsgrund.

(2) Der Schuldner droht zahlungsunfähig zu werden, wenn er voraussichtlich nicht in der Lage sein wird, die bestehenden Zahlungspflichten im Zeitpunkt der Fälligkeit zu erfüllen.

§ 19. Überschuldung. (1) Bei einer juristischen Person ist auch die Überschuldung Eröffnungsgrund.

(2) Überschuldung liegt vor, wenn das Vermögen des Schuldners die bestehenden Verbindlichkeiten nicht mehr deckt, es sei denn, die Fortführung des Unternehmens ist nach den Umständen überwiegend wahrscheinlich. …

§ 21. Anordnung von Sicherungsmaßnahmen.

(1) Das Insolvenzgericht hat alle Maßnahmen zu treffen, die erforderlich erscheinen, um bis zur Entscheidung über den Antrag eine den Gläubigern nachteilige Veränderung in der Vermögenslage des Schuldners zu verhüten. …

§ 22. Rechtsstellung des vorläufigen Insolvenzverwalters. (1) [1]Wird ein vorläufiger Insolvenzverwalter bestellt und dem Schuldner ein allgemeines Verfügungsverbot auferlegt, so geht die Verwaltungs- und Verfügungsbefugnis über das Vermögen des Schuldners auf den vorläufigen Insolvenzverwalter über. [2]In diesem Fall hat der vorläufige Insolvenzverwalter:

1. das Vermögen des Schuldners zu sichern und zu erhalten;
2. ein Unternehmen, das der Schuldner betreibt, bis zur Entscheidung über die Eröffnung des Insolvenzverfahrens fortzuführen, soweit nicht das Insolvenzgericht einer Stillegung zustimmt, um eine erhebliche Verminderung des Vermögens zu vermeiden;
3. zu prüfen, ob das Vermögen des Schuldners die Kosten des Verfahrens decken wird; das Gericht kann ihn zusätzlich beauftragen, als Sachverständiger zu prüfen, ob ein Eröffnungsgrund vorliegt und welche Aussichten für eine Fortführung des Unternehmens des Schuldners bestehen.

§ 26. Abweisung mangels Masse. (1) [1]Das Insolvenzgericht weist den Antrag auf Eröffnung des Insolvenzverfahrens ab, wenn das Vermögen des Schuldners voraussichtlich nicht ausreichen wird, um die Kosten des Verfahrens zu decken. [2]Die Abweisung unterbleibt, wenn ein ausreichender Geldbetrag vorgeschossen wird. …

(2) Das Gericht ordnet die Eintragung des Schuldners, bei dem der Eröffnungsantrag

mangels Masse abgewiesen worden ist, in das Schuldnerverzeichnis nach § 882b der Zivilprozessordnung an und übermittelt die Anordnung unverzüglich elektronisch dem zentralen Vollstreckungsgericht.

…

§ 27. Eröffnungsbeschluß. (1) [1]Wird das Insolvenzverfahren eröffnet, so ernennt das Insolvenzgericht einen Insolvenzverwalter. …

(2) Der Eröffnungsbeschluß enthält:

1. Firma oder Namen und Vornamen, Geburtsdatum, Registergericht und Registernummer, unter der der Schuldner in das Handelsregister eingetragen ist, Geschäftszweig oder Beschäftigung, gewerbliche Niederlassung oder Wohnung des Schuldners;
2. Namen und Anschrift des Insolvenzverwalters;
3. die Stunde der Eröffnung;
4. …

(3) Ist die Stunde der Eröffnung nicht angegeben, so gilt als Zeitpunkt der Eröffnung die Mittagsstunde des Tages, an dem der Beschluß erlassen worden ist.

…

§ 28. Aufforderung an die Gläubiger und die Schuldner. (1) [1]Im Eröffnungsbeschluß sind die Gläubiger aufzufordern, ihre Forderungen innerhalb einer bestimmten Frist unter Beachtung des § 174 beim Insolvenzverwalter anzumelden. [2]Die Frist ist auf einen Zeitraum von mindestens zwei Wochen und höchstens drei Monaten festzusetzen.

(2) [1]Im Eröffnungsbeschluß sind die Gläubiger aufzufordern, dem Verwalter unverzüglich mitzuteilen, welche Sicherungsrechte sie an beweglichen Sachen oder an Rechten des Schuldners in Anspruch nehmen. [2]Der Gegenstand, an dem das Sicherungsrecht beansprucht wird, die Art und der Entstehungsgrund des Sicherungsrechts sowie die gesicherte Forderung sind zu bezeichnen. [3]Wer die Mitteilung schuldhaft unterläßt oder verzögert, haftet für den daraus entstehenden Schaden.

(3) Im Eröffnungsbeschluß sind die Personen, die Verpflichtungen gegenüber dem Schuldner haben, aufzufordern, nicht mehr an den Schuldner zu leisten, sondern an den Verwalter.

§ 29. Terminbestimmungen. (1) Im Eröffnungsbeschluß bestimmt das Insolvenzgericht Termine für:

1. eine Gläubigerversammlung, in der auf der Grundlage eines Berichts des Insolvenzverwalters über den Fortgang des Insolvenzverfahrens beschlossen wird (Berichtstermin); der Termin soll nicht über sechs Wochen und darf nicht über drei Monate hinaus angesetzt werden;
2. eine Gläubigerversammlung, in der die angemeldeten Forderungen geprüft werden (Prüfungstermin); der Zeitraum zwischen dem Ablauf der Anmeldefrist und dem Prüfungstermin soll mindestens eine Woche und höchstens zwei Monate betragen.

(2) Die Termine können verbunden werden. …

§ 30. Bekanntmachung des Eröffnungsbeschlusses. (1) Die Geschäftsstelle des Insolvenzgerichts hat den Eröffnungsbeschluß sofort öffentlich bekanntzumachen.

(2) Den Gläubigern und Schuldnern des Schuldners und dem Schuldner selbst ist der Beschluß besonders zuzustellen.

3

§ 31. Handels-, Genossenschafts-, Partnerschafts- und Vereinsregister. Ist der Schuldner im Handels-, Genossenschafts-, Partnerschafts- oder Vereinsregister eingetragen, so hat die Geschäftsstelle des Insolvenzgerichts dem Registergericht zu übermitteln:

1. im Falle der Eröffnung des Insolvenzverfahrens eine Ausfertigung des Eröffnungsbeschlusses;
2. im Falle der Abweisung des Eröffnungsantrags mangels Masse eine Ausfertigung des abweisenden Beschlusses, wenn der Schuldner eine juristische Person oder eine Gesellschaft ohne Rechtspersönlichkeit ist, die durch die Abweisung mangels Masse aufgelöst wird.

§ 32. Grundbuch. (1) Die Eröffnung des Insolvenzverfahrens ist in das Grundbuch einzutragen:

1. bei Grundstücken, als deren Eigentümer der Schuldner eingetragen ist;
2. bei den für den Schuldner eingetragenen Rechten an Grundstücken und an eingetragenen Rechten, wenn nach der Art des Rechts und den Umständen zu befürchten ist, daß ohne die Eintragung die Insolvenzgläubiger benachteiligt würden.

(2) [1]Soweit dem Insolvenzgericht solche Grundstücke oder Rechte bekannt sind, hat es das Grundbuchamt von Amts wegen um die Eintragung zu ersuchen. [2]Die Eintragung kann auch vom Insolvenzverwalter beim Grundbuchamt beantragt werden.

(3) [1]Werden ein Grundstück oder ein Recht, bei denen die Eröffnung des Verfahrens eingetragen worden ist, vom Verwalter freigegeben oder veräußert, so hat das Insolvenzgericht auf Antrag das Grundbuchamt um Löschung der Eintragung zu ersuchen. [2]Die Löschung kann

auch vom Verwalter beim Grundbuchamt beantragt werden.

§ 34. Rechtsmittel. (1) Wird die Eröffnung des Insolvenzverfahrens abgelehnt, so steht dem Antragsteller und, wenn die Abweisung des Antrags nach § 26 erfolgt, dem Schuldner die sofortige Beschwerde zu.

(2) Wird das Insolvenzverfahren eröffnet, so steht dem Schuldner die sofortige Beschwerde zu.

▶ Insolvenzmasse. Einteilung der Gläubiger

3

§ 35. Begriff der Insolvenzmasse. (1) Das Insolvenzverfahren erfaßt das gesamte Vermögen, das dem Schuldner zur Zeit der Eröffnung des Verfahrens gehört und das er während des Verfahrens erlangt (Insolvenzmasse).

...

§ 36. Unpfändbare Gegenstände. (1) Gegenstände, die nicht der Zwangsvollstreckung unterliegen, gehören nicht zur Insolvenzmasse. ...

(2) Zur Insolvenzmasse gehören jedoch

1. die Geschäftsbücher des Schuldners; gesetzliche Pflichten zur Aufbewahrung von Unterlagen bleiben unberührt;
2. die Sachen, die nach § 811 Abs. 1 Nr. 4 und 9 der Zivilprozeßordnung nicht der Zwangsvollstreckung unterliegen.

(3) Sachen, die zum gewöhnlichen Hausrat gehören und im Haushalt des Schuldners gebraucht werden, gehören nicht zur Insolvenzmasse, wenn ohne weiteres ersichtlich ist, daß durch ihre Verwertung nur ein Erlös erzielt werden würde, der zu dem Wert außer allem Verhältnis steht.

§ 38. Begriff der Insolvenzgläubiger. Die Insolvenzmasse dient zur Befriedigung der persönlichen Gläubiger, die einen zur Zeit der Eröffnung des Insolvenzverfahrens begründeten Vermögensanspruch gegen den Schuldner haben (Insolvenzgläubiger).

§ 39. Nachrangige Insolvenzgläubiger. (1) Im Rang nach den übrigen Forderungen der Insolvenzgläubiger werden in folgender Rangfolge, bei gleichem Rang nach dem Verhältnis ihrer Beträge, berichtigt:

1. die seit der Eröffnung des Insolvenzverfahrens laufenden Zinsen und Säumniszuschläge Forderungen der Insolvenzgläubiger;
2. die Kosten, die den einzelnen Insolvenzgläubigern durch ihre Teilnahme am Verfahren erwachsen;
3. Geldstrafen, Geldbußen, Ordnungsgelder und Zwangsgelder sowie solche Nebenfolgen einer Straftat oder Ordnungswidrigkeit, die zu einer Geldzahlung verpflichten;
4. Forderungen auf eine unentgeltliche Leistung des Schuldners;
5. nach Maßgabe der Absätze 4 und 5 Forderungen auf Rückgewähr des kapitalersetzenden Darlehens eines Gesellschafters oder gleichgestellte Forderungen.

...

§ 41. Nicht fällige Forderungen. (1) Nicht fällige Forderungen gelten als fällig.

(2) [1]Sind sie unverzinslich, so sind sie mit dem gesetzlichen Zinssatz abzuzinsen. [2]Sie vermindern sich dadurch auf den Betrag, der bei Hinzurechnung der gesetzlichen Zinsen für die Zeit von der Eröffnung des Insolvenzverfahrens bis zur Fälligkeit dem vollen Betrag der Forderung entspricht.

§ 47. Aussonderung. [1]Wer auf Grund eines dinglichen oder persönlichen Rechts geltend machen kann, daß ein Gegenstand nicht zur Insolvenzmasse gehört, ist kein Insolvenzgläubiger. [2]Sein Anspruch auf Aussonderung des Gegenstands bestimmt sich nach den Gesetzen, die außerhalb des Insolvenzverfahrens gelten.

§ 49. Abgesonderte Befriedigung aus unbeweglichen Gegenständen. Gläubiger, denen ein Recht auf Befriedigung aus Gegenständen zusteht, die der Zwangsvollstreckung in das unbewegliche Vermögen unterliegen (unbewegliche Gegenstände), sind nach Maßgabe des Gesetzes über die Zwangsversteigerung und die Zwangsverwaltung zur abgesonderten Befriedigung berechtigt.

§ 50. Abgesonderte Befriedigung der Pfandgläubiger. (1) Gläubiger, die an einem Gegenstand der Insolvenzmasse ein rechtsgeschäftliches Pfandrecht, ein durch Pfändung erlangtes Pfandrecht oder ein gesetzliches Pfandrecht haben, sind nach Maßgabe der §§ 166 bis 173 für Hauptforderung, Zinsen und Kosten zur abgesonderten Befriedigung aus dem Pfandgegenstand berechtigt.

§ 51. Sonstige Absonderungsberechtigte. Den in § 50 genannten Gläubigern stehen gleich:

1. Gläubiger, denen der Schuldner zur Sicherung eines Anspruchs eine bewegliche Sache übereignet oder ein Recht übertragen hat;
2. Gläubiger, denen ein Zurückbehaltungsrecht an einer Sache zusteht, weil sie etwas zum Nutzen der Sache verwendet haben, soweit ihre Forderung aus der Verwendung den noch vorhandenen Vorteil nicht übersteigt;

3. Gläubiger, denen nach dem Handelsgesetzbuch ein Zurückbehaltungsrecht zusteht;
4. Bund, Länder, Gemeinden und Gemeindeverbände, soweit ihnen zoll- und steuerpflichtige Sachen nach gesetzlichen Vorschriften als Sicherheit für öffentliche Abgaben dienen.

§ 53. Massegläubiger. Aus der Insolvenzmasse sind die Kosten des Insolvenzverfahrens und die sonstigen Masseverbindlichkeiten vorweg zu berichtigen.

§ 54. Kosten des Insolvenzverfahrens.
Kosten des Insolvenzverfahrens sind:
1. die Gerichtskosten für das Insolvenzverfahren;
2. die Vergütungen und die Auslagen des vorläufigen Insolvenzverwalters, des Insolvenzverwalters und der Mitglieder des Gläubigerausschusses.

§ 55. Sonstige Masseverbindlichkeiten.
(1) Masseverbindlichkeiten sind weiter die Verbindlichkeiten:
1. die durch Handlungen des Insolvenzverwalters oder in anderer Weise durch die Verwaltung, Verwertung und Verteilung der Insolvenzmasse begründet werden, ohne zu den Kosten des Insolvenzverfahrens zu gehören;
2. aus gegenseitigen Verträgen, soweit deren Erfüllung zur Insolvenzmasse verlangt wird oder für die Zeit nach der Eröffnung des Insolvenzverfahrens erfolgen muß;
3. aus einer ungerechtfertigten Bereicherung der Masse.

▶ Insolvenzverwalter. Organe der Gläubiger

§ 56. Bestellung des Insolvenzverwalters.
(1) Zum Insolvenzverwalter ist eine für den jeweiligen Einzelfall geeignete, insbesondere geschäftskundige und von den Gläubigern und dem Schuldner unabhängige natürliche Person zu bestellen. …
(2) [1]Der Verwalter erhält eine Urkunde über seine Bestellung. [2]Bei Beendigung seines Amtes hat er die Urkunde dem Insolvenzgericht zurückzugeben.

§ 58. Aufsicht des Insolvenzgerichts.
(1) [1]Der Insolvenzverwalter steht unter der Aufsicht des Insolvenzgerichts. [2]Das Gericht kann jederzeit einzelne Auskünfte oder einen Bericht über den Sachstand und die Geschäftsführung von ihm verlangen.

§ 60. Haftung des Insolvenzverwalters.
(1) [1]Der Insolvenzverwalter ist allen Beteiligten zum Schadenersatz verpflichtet, wenn er schuldhaft die Pflichten verletzt, die ihm nach diesem Gesetz obliegen. [2]Er hat für die Sorgfalt eines ordentlichen und gewissenhaften Insolvenzverwalters einzustehen.

§ 66. Rechnungslegung. (1) Der Insolvenzverwalter hat bei der Beendigung seines Amtes einer Gläubigerversammlung Rechnung zu legen. …

§ 77. Feststellung des Stimmrechts. (1) [1]Ein Stimmrecht gewähren die Forderungen, die angemeldet und weder vom Insolvenzverwalter noch von einem stimmberechtigten Gläubiger bestritten worden sind. [2]Nachrangige Gläubiger sind nicht stimmberechtigt.

3

Wirkungen der Eröffnung des Insolvenzverfahrens

▶ Allgemeine Wirkungen

§ 80. Übergang des Verwaltungs- und Verfügungsrechts. (1) Durch die Eröffnung des Insolvenzverfahrens geht das Recht des Schuldners, das zur Insolvenzmasse gehörende Vermögen zu verwalten und über es zu verfügen, auf den Insolvenzverwalter über.

§ 81. Verfügungen des Schuldners. (1) Hat der Schuldner nach der Eröffnung des Insolvenzverfahrens über einen Gegenstand der Insolvenzmasse verfügt, so ist diese Verfügung unwirksam.

§ 88. Vollstreckung vor Verfahrenseröffnung.
(1) Hat ein Insolvenzgläubiger im letzten Monat vor dem Antrag auf Eröffnung des Insolvenzverfahrens oder nach diesem Antrag durch Zwangsvollstreckung eine Sicherung an dem zur Insolvenzmasse gehörenden Vermögen des Schuldners erlangt, so wird diese Sicherung mit der Eröffnung des Verfahrens unwirksam.
…

§ 89. Vollstreckungsverbot. (1) Zwangsvollstreckungen für einzelne Insolvenzgläubiger sind während der Dauer des Insolvenzverfahrens weder in die Insolvenzmasse noch in das sonstige Vermögen des Schuldners zulässig.

§ 94. Erhaltung einer Aufrechnungslage.
Ist ein Insolvenzgläubiger zur Zeit der Eröffnung des Insolvenzverfahrens kraft Gesetzes oder auf Grund einer Vereinbarung zur Aufrechnung berechtigt, so wird dieses Recht durch das Verfahren nicht berührt.

§ 97. Auskunfts- und Mitwirkungspflichten des Schuldners. (1) [1]Der Schuldner ist verpflichtet, dem Insolvenzgericht, dem Insolvenzverwalter, dem Gläubigerausschuß und auf Anordnung des Gerichts der Gläubigerversammlung über alle das Verfahren betreffenden Verhältnisse Auskunft zu geben. [2]Er hat auch Tatsachen zu offenbaren, die geeignet sind, eine Verfolgung wegen einer Straftat oder einer Ordnungswidrigkeit herbeizuführen. [3]Jedoch darf eine Auskunft, die der Schuldner gemäß seiner Verpflichtung nach Satz 1 erteilt, in einem Strafverfahren oder in einem Verfahren nach dem Gesetz über Ordnungswidrigkeiten gegen den Schuldner oder einen in § 52 Abs. 1 der Strafprozeßordnung bezeichneten Angehörigen des Schuldners nur mit Zustimmung des Schuldners verwendet werden.

3

(2) Der Schuldner hat den Verwalter bei der Erfüllung von dessen Aufgaben zu unterstützen.

(3) [1]Der Schuldner ist verpflichtet, sich auf Anordnung des Gerichts jederzeit zur Verfügung zu stellen, um seine Auskunfts- und Mitwirkungspflichten zu erfüllen. [2]Er hat alle Handlungen zu unterlassen, die der Erfüllung dieser Pflichten zuwiderlaufen.

§ 98. Durchsetzung der Pflichten des Schuldners. (1) [1]Wenn es zur Herbeiführung wahrheitsgemäßer Aussagen erforderlich erscheint, ordnet das Insolvenzgericht an, daß der Schuldner zu Protokoll an Eides Statt versichert, er habe die von ihm verlangte Auskunft nach bestem Wissen und Gewissen richtig und vollständig erteilt. [2]Die §§ 478 bis 480, 483 der Zivilprozeßordnung gelten entsprechend.

(2) Das Gericht kann den Schuldner zwangsweise vorführen und nach Anhörung in Haft nehmen lassen,

1. wenn der Schuldner eine Auskunft oder die eidesstattliche Versicherung oder die Mitwirkung bei der Erfüllung der Aufgaben des Insolvenzverwalters verweigert;
2. wenn der Schuldner sich der Erfüllung seiner Auskunfts- und Mitwirkungspflichten entziehen will, insbesondere Anstalten zur Flucht trifft, oder
3. wenn dies zur Vermeidung von Handlungen des Schuldners, die der Erfüllung seiner Auskunfts- und Mitwirkungspflichten zuwiderlaufen, insbesondere zur Sicherung der Insolvenzmasse, erforderlich ist.

§ 99. Postsperre. (1) [1]Soweit dies erforderlich erscheint, um für die Gläubiger nachteilige Rechtshandlungen des Schuldners aufzuklären oder zu verhindern, ordnet das Insolvenzgericht auf Antrag des Insolvenzverwalters oder von Amts wegen durch begründeten Beschluß an, dass die in dem Beschluss bezeichneten Unternehmen bestimmte oder alle Postsendungen für den Schuldner dem Verwalter zuzuleiten haben. [2]Die Anordnung ergeht nach Anhörung des Schuldners, sofern dadurch nicht wegen besonderer Umstände des Einzelfalls der Zweck der Anordnung gefährdet wird. [3]Unterbleibt die vorherige Anhörung des Schuldners, so ist dies in dem Beschluß gesondert zu begründen und die Anhörung unverzüglich nachzuholen.

(2) [1]Der Verwalter ist berechtigt, die ihm zugeleiteten Sendungen zu öffnen. [2]Sendungen, deren Inhalt nicht die Insolvenzmasse betrifft, sind dem Schuldner unverzüglich zuzuleiten. [3]Die übrigen Sendungen kann der Schuldner einsehen.

§ 100. Unterhalt aus der Insolvenzmasse. (1) Die Gläubigerversammlung beschließt, ob und in welchem Umfang dem Schuldner und seiner Familie Unterhalt aus der Insolvenzmasse gewährt werden soll.

▶ Erfüllung der Rechtsgeschäfte. Mitwirkung des Betriebsrats

§ 103. Wahlrecht des Insolvenzverwalters. (1) Ist ein gegenseitiger Vertrag zur Zeit der Eröffnung des Insolvenzverfahrens vom Schuldner und vom anderen Teil nicht oder nicht vollständig erfüllt, so kann der Insolvenzverwalter anstelle des Schuldners den Vertrag erfüllen und die Erfüllung vom anderen Teil verlangen.

(2) [1]Lehnt der Verwalter die Erfüllung ab, so kann der andere Teil eine Forderung wegen der Nichterfüllung nur als Insolvenzgläubiger geltend machen. [2]Fordert der andere Teil den Verwalter zur Ausübung seines Wahlrechts auf, so hat der Verwalter unverzüglich zu erklären, ob er die Erfüllung verlangen will. [3]Unterläßt er dies, so kann er auf der Erfüllung nicht bestehen.

§ 107. Eigentumsvorbehalt. (1) Hat vor der Eröffnung des Insolvenzverfahrens der Schuldner eine bewegliche Sache unter Eigentumsvorbehalt verkauft und dem Käufer den Besitz an der Sache übertragen, so kann der Käufer die Erfüllung des Kaufvertrages verlangen.

§ 108. Fortbestehen bestimmter Schuldverhältnisse. (1) [1]Miet- und Pachtverhältnisse des Schuldners über unbewegliche Gegenstände oder Räume sowie Dienstverhältnisse des Schuldners bestehen mit Wirkung für die Insolvenzmasse fort. [2]Dies gilt auch für Miet- und Pachtverhältnisse, die der Schuldner als Vermieter oder Verpächter eingegangen war und die sonstige Gegenstände betreffen, die einem Dritten, der ihre Anschaffung oder Herstellung finanziert hat, zur Sicherheit übertragen wurden.

(2) Ein vom Schuldner als Darlehensgeber eingegangenes Darlehensverhältnis besteht mit Wirkung für die Masse fort, soweit dem Darlehensnehmer der geschuldete Gegenstand zur Verfügung gestellt wurde.

(3) Ansprüche für die Zeit vor der Eröffnung des Insolvenzverfahrens kann der andere Teil nur als Insolvenzgläubiger geltend machen.

§ 113. Kündigung eines Dienstverhältnisses. [1]Ein Dienstverhältnis, bei dem der Schuldner der Dienstberechtigte ist, kann vom Insolvenzverwalter und vom anderen Teil ohne Rücksicht auf eine vereinbarte Vertragsdauer oder einen vereinbarten Ausschluß des Rechts zur ordentlichen Kündigung gekündigt werden. [2]Die Kündigungsfrist beträgt drei Monate zum Monatsende, wenn nicht eine kürzere Frist maßgeblich ist. [3]Kündigt der Verwalter, so kann der andere Teil wegen der vorzeitigen Beendigung des Dienstverhältnisses als Insolvenzgläubiger Schadenersatz verlangen.

§ 123. Umfang des Sozialplans. (1) In einem Sozialplan, der nach der Eröffnung des Insolvenzverfahrens aufgestellt wird, kann für den Ausgleich oder die Milderung der wirtschaftlichen Nachteile, die den Arbeitnehmern infolge der geplanten Betriebsänderung entstehen, ein Gesamtbetrag von bis zu zweieinhalb Monatsverdiensten (§ 10 Abs. 3 des Kündigungsschutzgesetzes) der von einer Entlassung betroffenen Arbeitnehmer vorgesehen werden.

(2) [1]Die Verbindlichkeiten aus einem solchen Sozialplan sind Masseverbindlichkeiten. [2]Jedoch darf, wenn nicht ein Insolvenzplan zustande kommt, für die Berichtigung von Sozialplanforderungen nicht mehr als ein Drittel der Masse verwendet werden, die ohne einen Sozialplan für die Verteilung an die Insolvenzgläubiger zur Verfügung stünde. [3]Übersteigt der Gesamtbetrag aller Sozialplanforderungen diese Grenze, so sind die einzelnen Forderungen anteilig zu kürzen.

► Insolvenzanfechtung

§ 129. Grundsatz. (1) Rechtshandlungen, die vor der Eröffnung des Insolvenzverfahrens vorgenommen worden sind und die Insolvenzgläubiger benachteiligen, kann der Insolvenzverwalter nach Maßgabe der §§ 130 bis 146 anfechten.

(2) Eine Unterlassung steht einer Rechtshandlung gleich.

§ 130. Kongruente Deckung. (1) Anfechtbar ist eine Rechtshandlung, die einem Insolvenzgläubiger eine Sicherung oder Befriedigung gewährt oder ermöglicht hat,

1. wenn sie in den letzten drei Monaten vor dem Antrag auf Eröffnung des Insolvenzverfahrens vorgenommen worden ist, wenn zur Zeit der Handlung der Schuldner zahlungsunfähig war und wenn der Gläubiger zu dieser Zeit die Zahlungsunfähigkeit kannte oder
2. wenn sie nach dem Eröffnungsantrag vorgenommen worden ist und wenn der Gläubiger zur Zeit der Handlung die Zahlungsunfähigkeit oder den Eröffnungsantrag kannte.

...

(2) Der Kenntnis der Zahlungsunfähigkeit oder des Eröffnungsantrags steht die Kenntnis von Umständen gleich, die zwingend auf die Zahlungsunfähigkeit oder den Eröffnungsantrag schließen lassen.

(3) Gegenüber einer Person, die dem Schuldner zur Zeit der Handlung nahestand (§ 138), wird vermutet, daß sie die Zahlungsunfähigkeit oder den Eröffnungsantrag kannte.

§ 131. Inkongruente Deckung. (1) Anfechtbar ist eine Rechtshandlung, die einem Insolvenzgläubiger eine Sicherung oder Befriedigung gewährt oder ermöglicht hat, die er nicht oder nicht in der Art oder nicht zu der Zeit zu beanspruchen hatte,

1. wenn die Handlung im letzten Monat vor dem Antrag auf Eröffnung des Insolvenzverfahrens oder nach diesem Antrag vorgenommen worden ist.
2. wenn die Handlung innerhalb des zweiten oder dritten Monats vor dem Eröffnungsantrag vorgenommen worden ist und der Schuldner zur Zeit der Handlung zahlungsunfähig war oder
3. wenn die Handlung innerhalb des zweiten oder dritten Monats vor dem Eröffnungsantrag vorgenommen worden ist und dem Gläubiger zur Zeit der Handlung bekannt war, daß sie die Insolvenzgläubiger benachteiligte.

§ 133. Vorsätzliche Benachteiligung. (1) [1]Anfechtbar ist eine Rechtshandlung, die der Schuldner in den letzten zehn Jahren vor dem Antrag auf Eröffnung des Insolvenzverfahrens oder nach diesem Antrag mit dem Vorsatz, seine Gläubiger zu benachteiligen, vorgenommen hat, wenn der andere Teil zur Zeit der Handlung den Vorsatz des Schuldners kannte. [2]Diese Kenntnis wird vermutet, wenn der andere Teil wußte, daß die Zahlungsunfähigkeit des Schuldners drohte und daß die Handlung die Gläubiger benachteiligte.

(2) [1]Anfechtbar ist ein vom Schuldner mit einer nahestehenden Person (§ 138) geschlossener entgeltlicher Vertrag, durch den die Insol-

3

venzgläubiger unmittelbar benachteiligt werden. [2]Die Anfechtung ist ausgeschlossen, wenn der Vertrag früher als zwei Jahre vor dem Eröffnungsantrag geschlossen worden ist oder wenn dem anderen Teil zur Zeit des Vertragsschlusses ein Vorsatz des Schuldners, die Gläubiger zu benachteiligen, nicht bekannt war.

§ 134. Unentgeltliche Leistung. (1) Anfechtbar ist eine unentgeltliche Leistung des Schuldners, es sei denn, sie ist früher als vier Jahre vor dem Antrag auf Eröffnung des Insolvenzverfahrens vorgenommen worden.

§ 138. Nahestehende Personen. (1) Ist der Schuldner eine natürliche Person, so sind nahestehende Personen:

1. der Ehegatte des Schuldners, auch wenn die Ehe erst nach der Rechtshandlung geschlossen oder im letzten Jahr vor der Handlung aufgelöst worden ist;

1a. der Lebenspartner des Schuldners, auch wenn die Lebenspartnerschaft erst nach der Rechtshandlung eingegangen oder im letzten Jahr vor der Handlung aufgelöst worden ist;

2. Verwandte des Schuldners oder des in Nummer 1 bezeichneten Ehegatten in auf- und absteigender Linie und voll- und halbbürtige Geschwister des Schuldners oder des in Nummer 1 bezeichneten Ehegatten sowie die Ehegatten dieser Personen;

3. Personen, die in häuslicher Gemeinschaft mit dem Schuldner leben oder im letzten Jahr vor der Handlung in häuslicher Gemeinschaft mit dem Schuldner gelebt haben. …

Verwaltung und Verwertung der Insolvenzmasse

▶ Sicherung der Insolvenzmasse

§ 148. Übernahme der Insolvenzmasse.
(1) Nach der Eröffnung des Insolvenzverfahrens hat der Insolvenzverwalter das gesamte zur Insolvenzmasse gehörende Vermögen sofort in Besitz und Verwaltung zu nehmen.

§ 151. Verzeichnis der Massegegenstände.
(1) [1]Der Insolvenzverwalter hat ein Verzeichnis der einzelnen Gegenstände der Insolvenzmasse aufzustellen. [2]Der Schuldner ist hinzuzuziehen, wenn dies ohne eine nachteilige Verzögerung möglich ist.
(2) Bei jedem Gegenstand ist dessen Wert anzugeben.

§ 152. Gläubigerverzeichnis. (1) Der Insolvenzverwalter hat ein Verzeichnis aller Gläubiger des Schuldners aufzustellen, die ihm aus den Büchern und Geschäftspapieren des Schuldners, durch sonstige Angaben des Schuldners, durch die Anmeldung ihrer Forderungen oder auf andere Weise bekannt geworden sind.
(2) [1]In dem Verzeichnis sind die absonderungsberechtigten Gläubiger und die einzelnen Rangklassen der nachrangigen Insolvenzgläubiger gesondert aufzuführen. [2]Bei jedem Gläubiger sind die Anschrift sowie der Grund und der Betrag seiner Forderung anzugeben. [3]Bei den absonderungsberechtigten Gläubigern sind zusätzlich der Gegenstand, an dem das Absonderungsrecht besteht, und die Höhe des mutmaßlichen Ausfalls zu bezeichnen; § 151 Abs. 2 Satz 2 gilt entsprechend.

§ 153. Vermögensübersicht. (1) Der Insolvenzverwalter hat auf den Zeitpunkt der Eröffnung des Insolvenzverfahrens eine geordnete Übersicht aufzustellen, in der die Gegenstände der Insolvenzmasse und die Verbindlichkeiten des Schuldners aufgeführt und einander gegenübergestellt werden.

▶ Entscheidung über die Verwertung

§ 156. Berichtstermin. (1) [1]Im Berichtstermin hat der Insolvenzverwalter über die wirtschaftliche Lage des Schuldners und ihre Ursachen zu berichten. [2]Er hat darzulegen, ob Aussichten bestehen, das Unternehmen des Schuldners im ganzen oder in Teilen zu erhalten, welche Möglichkeiten für einen Insolvenzplan bestehen und welche Auswirkungen jeweils für die Befriedigung der Gläubiger eintreten würden.
(2) [1]Dem Schuldner, dem Gläubigerausschuß, dem Betriebsrat und dem Sprecherausschuß der leitenden Angestellten ist im Berichtstermin Gelegenheit zu geben, zu dem Bericht des Verwalters Stellung zu nehmen. [2]Ist der Schuldner Handels- oder Gewerbetreibender oder Landwirt, so kann auch der zuständigen amtlichen Berufsvertretung der Industrie, des Handels, des Handwerks oder der Landwirtschaft im Termin Gelegenheit zur Äußerung gegeben werden.

§ 157. Entscheidung über den Fortgang des Verfahrens. [1]Die Gläubigerversammlung beschließt im Berichtstermin, ob das Unternehmen des Schuldners stillgelegt oder vorläufig fortgeführt werden soll. [2]Sie kann den Verwalter beauftragen, einen Insolvenzplan auszuarbeiten, und ihm das Ziel des Plans vorgeben. [3]Sie kann ihre Entscheidungen in späteren Terminen ändern.

▶ Gegenstände mit Absonderungsrechten

§ 165. Verwertung unbeweglicher Gegenstände. Der Insolvenzverwalter kann beim zuständigen Gericht die Zwangsversteigerung oder die Zwangsverwaltung eines unbeweglichen Gegenstands der Insolvenzmasse betreiben, auch wenn an dem Gegenstand ein Absonderungsrecht besteht.

§ 166. Verwertung beweglicher Gegenstände.
(1) Der Insolvenzverwalter darf eine bewegliche Sache, an der ein Absonderungsrecht besteht, freihändig verwerten, wenn er die Sache in seinem Besitz hat.
(2) Der Verwalter darf eine Forderung, die der Schuldner zur Sicherung eines Anspruchs abgetreten hat, einziehen oder in anderer Weise verwerten.

§ 167. Unterrichtung des Gläubigers.
(1) [1]Ist der Insolvenzverwalter nach § 166 Abs. 1 zur Verwertung einer beweglichen Sache berechtigt, so hat er dem absonderungsberechtigten Gläubiger auf dessen Verlangen Auskunft über den Zustand der Sache zu erteilen. [2]Anstelle der Auskunft kann er dem Gläubiger gestatten, die Sache zu besichtigen.
(2) [1]Ist der Verwalter nach § 166 Abs. 2 zur Einziehung einer Forderung berechtigt, so hat er dem absonderungsberechtigten Gläubiger auf dessen Verlangen Auskunft über die Forderung zu erteilen. [2]Anstelle der Auskunft kann er dem Gläubiger gestatten, Einsicht in die Bücher und Geschäftspapiere des Schuldners zu nehmen.

§ 168. Mitteilung der Veräußerungsabsicht.
(1) [1]Bevor der Insolvenzverwalter einen Gegenstand, zu dessen Verwertung er nach § 166 berechtigt ist, an einen Dritten veräußert, hat er dem absonderungsberechtigten Gläubiger mitzuteilen, auf welche Weise der Gegenstand veräußert werden soll. [2]Er hat dem Gläubiger Gelegenheit zu geben, binnen einer Woche auf eine andere, für den Gläubiger günstigere Möglichkeit der Verwertung des Gegenstands hinzuweisen.

§ 170. Verteilung des Erlöses. (1) [1]Nach der Verwertung einer beweglichen Sache oder einer Forderung durch den Insolvenzverwalter sind aus dem Verwertungserlös die Kosten der Feststellung und der Verwertung des Gegenstands vorweg für die Insolvenzmasse zu entnehmen. [2]Aus dem verbleibenden Betrag ist unverzüglich der absonderungsberechtigte Gläubiger zu befriedigen.
(2) Überläßt der Insolvenzverwalter einen Gegenstand, zu dessen Verwertung er nach § 166 berechtigt ist, dem Gläubiger zur Verwertung, so hat dieser aus dem von ihm erzielten Verwertungserlös einen Betrag in Höhe der Kosten der Feststellung sowie des Umsatzsteuerbetrages (§ 171 Abs. 2 Satz 3) vorweg an die Masse abzuführen.

Befriedigung der Insolvenzgläubiger. Einstellung des Verfahrens

▶ Feststellung der Forderungen

3

§ 174. Anmeldung der Forderungen.
(1) [1]Die Insolvenzgläubiger haben ihre Forderungen schriftlich beim Insolvenzverwalter anzumelden. [2]Der Anmeldung sollen die Urkunden, aus denen sich die Forderung ergibt, in Abdruck beigefügt werden. …
(2) Bei der Anmeldung sind der Grund und der Betrag der Forderung anzugeben. …
(3) [1]Die Forderungen nachrangiger Gläubiger sind nur anzumelden, soweit das Insolvenzgericht besonders zur Anmeldung dieser Forderungen auffordert. [2]Bei der Anmeldung solcher Forderungen ist auf den Nachrang hinzuweisen und die dem Gläubiger zustehende Rangstelle zu bezeichnen.

§ 176. Verlauf des Prüfungstermins. [1]Im Prüfungstermin werden die angemeldeten Forderungen ihrem Betrag und ihrem Rang nach geprüft. [2]Die Forderungen, die vom Insolvenzverwalter, vom Schuldner oder von einem Insolvenzgläubiger bestritten werden, sind einzeln zu erörtern.

§ 178. Voraussetzungen und Wirkungen der Feststellung. (1) [1]Eine Forderung gilt als festgestellt, soweit gegen sie im Prüfungstermin oder im schriftlichen Verfahren (§ 177) ein Widerspruch weder vom Insolvenzverwalter noch von einem Insolvenzgläubiger erhoben wird oder soweit ein erhobener Widerspruch beseitigt ist. [2]Ein Widerspruch des Schuldners steht der Feststellung der Forderung nicht entgegen.

▶ Verteilung

§ 187. Befriedigung der Insolvenzgläubiger.
(1) Mit der Befriedigung der Insolvenzgläubiger kann erst nach dem allgemeinen Prüfungstermin begonnen werden.
(2) [1]Verteilungen an die Insolvenzgläubiger können stattfinden, sooft hinreichende Barmittel in der Insolvenzmasse vorhanden sind. [2]Nachrangige Insolvenzgläubiger sollen bei

Abschlagsverteilungen nicht berücksichtigt werden.

(3) [1]Die Verteilungen werden vom Insolvenzverwalter vorgenommen. [2]Vor jeder Verteilung hat er die Zustimmung des Gläubigerausschusses einzuholen, wenn ein solcher bestellt ist.

§ 195. Festsetzung des Bruchteils. (1) [1]Für eine Abschlagsverteilung bestimmt der Gläubigerausschuß auf Vorschlag des Insolvenzverwalters den zu zahlenden Bruchteil. [2]Ist kein Gläubigerausschuß bestellt, so bestimmt der Verwalter den Bruchteil.

3 (2) Der Verwalter hat den Bruchteil den berücksichtigten Gläubigern mitzuteilen.

§ 196. Schlußverteilung. (1) Die Schlußverteilung erfolgt, sobald die Verwertung der Insolvenzmasse mit Ausnahme eines laufenden Einkommens beendet ist.

(2) Die Schlußverteilung darf nur mit Zustimmung des Insolvenzgerichts vorgenommen werden.

§ 200. Aufhebung des Insolvenzverfahrens.

(1) Sobald die Schlußverteilung vollzogen ist, beschließt das Insolvenzgericht die Aufhebung des Insolvenzverfahrens.

(2) Der Beschluß und der Grund der Aufhebung sind öffentlich bekanntzumachen.

► Einstellung des Verfahrens

§ 207. Einstellung mangels Masse. (1) Stellt sich nach der Eröffnung des Insolvenzverfahrens heraus, daß die Insolvenzmasse nicht ausreicht, um die Kosten des Verfahrens zu decken, so stellt das Insolvenzgericht das Verfahren ein. …

§ 208. Anzeige der Masseunzulänglichkeit.

(1) [1]Sind die Kosten des Insolvenzverfahrens gedeckt, reicht die Insolvenzmasse jedoch nicht aus, um die fälligen sonstigen Masseverbindlichkeiten zu erfüllen, so hat der Insolvenzverwalter dem Insolvenzgericht anzuzeigen, daß Masseunzulänglichkeit vorliegt. [2]Gleiches gilt, wenn die Masse voraussichtlich nicht ausreichen wird, um die bestehenden sonstigen Masseverbindlichkeiten im Zeitpunkt der Fälligkeit zu erfüllen.

§ 209. Befriedigung der Massegläubiger.

(1) Der Insolvenzverwalter hat die Masseverbindlichkeiten nach folgender Rangordnung zu berichtigen, bei gleichem Rang nach dem Verhältnis ihrer Beträge:

1. die Kosten des Insolvenzverfahrens;
2. die Masseverbindlichkeiten, die nach der Anzeige der Masseunzulänglichkeit begründet worden sind, ohne zu den Kosten des Verfahrens zu gehören;
3. die übrigen Masseverbindlichkeiten, unter diesen zuletzt der nach den §§ 100, 101 Abs. 1 Satz 3 bewilligte Unterhalt.

Restschuldbefreiung

§ 286. Grundsatz. Ist der Schuldner eine natürliche Person, so wird er nach Maßgabe der §§ 287 bis 303 von den im Insolvenzverfahren nicht erfüllten Verbindlichkeiten gegenüber den Insolvenzgläubigern befreit.

§ 287. Antrag des Schuldners. (1) [1]Die Restschuldbefreiung setzt einen Antrag des Schuldners voraus, der mit seinem Antrag auf Eröffnung des Insolvenzverfahrens verbunden werden soll. …

(2) Dem Antrag ist die Erklärung beizufügen, daß der Schuldner seine pfändbaren Forderungen auf Bezüge aus einem Dienstverhältnis oder an deren Stelle tretende laufende Bezüge für die Zeit von sechs Jahren nach der Eröffnung des Insolvenzverfahrens (Abtretungsfrist) an einen vom Gericht zu bestimmenden Treuhänder abtritt.

(3) Vereinbarungen des Schuldners sind insoweit unwirksam, als sie die Abtretungserklärung nach Absatz 2 vereiteln oder beeinträchtigen würden.

…

§ 287a. Entscheidung des Insolvenzgerichts.

(1) Ist der Antrag auf Restschuldbefreiung zulässig, so stellt das Insolvenzgericht durch Beschluss fest, dass der Schuldner Restschuldbefreiung erlangt, wenn er den Obliegenheiten nach § 295 nachkommt und die Voraussetzungen für eine Versagung nach den §§ 290, 297 bis 298 nicht vorliegen. Der Beschluss ist öffentlich bekannt zu machen. Gegen den Beschluss steht dem Schuldner die sofortige Beschwerde zu.

(2) Der Antrag auf Restschuldbefreiung ist unzulässig, wenn

1. dem Schuldner in den letzten zehn Jahren vor dem Antrag auf Eröffnung des Insolvenzverfahrens oder nach diesem Antrag Restschuldbefreiung erteilt oder wenn ihm die Restschuldbefreiung in den letzten fünf Jahren vor dem Antrag auf Eröffnung des Insolvenzverfahrens oder nach diesem Antrag nach § 297 versagt worden ist oder
2. dem Schuldner in den letzten drei Jahren vor dem Antrag auf Eröffnung des Insolvenzverfahrens oder nach diesem Antrag Restschuldbefreiung nach § 290 Absatz 1 Nummer 5, 6 oder 7 oder nach § 296 versagt worden ist; dies gilt auch im Falle des § 297a, wenn die

nachträgliche Versagung auf Gründe nach § 290 Absatz 1 Nummer 5, 6 oder 7 gestützt worden ist.

In diesen Fällen hat das Gericht dem Schuldner Gelegenheit zu geben, den Eröffnungsantrag vor der Entscheidung über die Eröffnung zurückzunehmen.

§ 289. Einstellung des Insolvenzverfahrens.

Im Fall der Einstellung des Insolvenzverfahrens kann Restschuldbefreiung nur erteilt werden, wenn nach Anzeige der Masseunzulänglichkeit die Insolvenzmasse nach § 209 verteilt worden ist und die Einstellung nach § 211 erfolgt.

§ 290. Versagung der Restschuldbefreiung.

(1) Die Restschuldbefreiung ist durch Beschluss zu versagen, wenn dies von einem Insolvenzgläubiger, der seine Forderung angemeldet hat, beantragt worden ist und wenn

1. der Schuldner in den letzten fünf Jahren vor dem Antrag auf Eröffnung des Insolvenzverfahrens oder nach diesem Antrag wegen einer Straftat nach den §§ 283 bis 283c des Strafgesetzbuchs rechtskräftig zu einer Geldstrafe von mehr als 90 Tagessätzen oder einer Freiheitsstrafe von mehr als drei Monaten verurteilt worden ist.
2. der Schuldner in den letzten drei Jahren vor dem Antrag auf Eröffnung des Insolvenzverfahrens oder nach diesem Antrag vorsätzlich oder grob fahrlässig schriftlich unrichtige oder unvollständige Angaben über seine wirtschaftlichen Verhältnisse gemacht hat, um einen Kredit zu erhalten, Leistungen aus öffentlichen Mitteln zu beziehen oder Leistungen an öffentliche Kassen zu vermeiden,
3. *(aufgehoben)*
4. der Schuldner in den letzten drei Jahren vor dem Antrag auf Eröffnung des Insolvenzverfahrens oder nach diesem Antrag vorsätzlich oder grob fahrlässig die Befriedigung der Insolvenzgläubiger dadurch beeinträchtigt hat, daß er unangemessene Verbindlichkeiten begründet oder Vermögen verschwendet oder ohne Aussicht auf eine Besserung seiner wirtschaftlichen Lage die Eröffnung des Insolvenzverfahrens verzögert hat,
5. der Schuldner Auskunfts- oder Mitwirkungspflichten nach diesem Gesetz vorsätzlich oder grob fahrlässig verletzt hat,
6. der Schuldner in der nach § 287 Absatz 1 Satz 3 vorzulegenden Erklärung und in den nach § 305 Absatz Nummer 3 vorzulegenden Verzeichnissen seines Vermögens und seines Einkommens, seiner Gläubiger und der gegen ihn gerichteten Forderungen vorsätzlich oder grob fahrlässig unrichtige oder unvollständige Angaben gemacht hat,
7. der Schuldner seine Erwerbsobliegenheit nach § 287b verletzt und dadurch die Befriedigung der Insolvenzgläubiger beeinträchtigt; dies gilt nicht, wenn den Schuldner kein Verschulden trifft; § 296 Absatz 2 Satz 2 und 3 gilt entsprechend.

(2) Der Antrag des Gläubigers kann bis zum Schlusstermin oder bis zur Entscheidung nach § 211 Absatz 1 schriftlich gestellt werden; er ist nur zulässig, wenn ein Versagungsgrund glaubhaft gemacht wird. Die Entscheidung über den Versagungsantrag erfolgt nach dem gemäß Satz 1 maßgeblichen Zeitpunkt.

(3) Gegen den Beschluss steht dem Schuldner und jedem Insolvenzgläubiger, der die Versagung der Restschuldbefreiung beantragt hat, die sofortige Beschwerde zu. Der Beschluss ist öffentlich bekannt zu machen.

§ 291. *(aufgehoben)*.

§ 295. Obliegenheiten des Schuldners.

(1) Dem Schuldner obliegt es, in dem Zeitraum zwischen Beendigung des Insolvenzverfahrens und dem Ende der Abtretungsfrist

1. eine angemessene Erwerbstätigkeit auszuüben und, wenn er ohne Beschäftigung ist, sich um eine solche zu bemühen und keine zumutbare Tätigkeit abzulehnen;
2. Vermögen, das er von Todes wegen oder mit Rücksicht auf ein künftiges Erbrecht erwirbt, zur Hälfte des Wertes an den Treuhänder herauszugeben;
3. jeden Wechsel des Wohnsitzes oder der Beschäftigungsstelle unverzüglich dem Insolvenzgericht und dem Treuhänder anzuzeigen, keine von der Abtretungserklärung erfaßten Bezüge und kein von Nummer 2 erfaßtes Vermögen zu verheimlichen und dem Gericht und dem Treuhänder auf Verlangen Auskunft über seine Erwerbstätigkeit oder seine Bemühungen um eine solche sowie über seine Bezüge und sein Vermögen zu erteilen;
4. Zahlungen zur Befriedigung der Insolvenzgläubiger nur an den Treuhänder zu leisten und keinem Insolvenzgläubiger einen Sondervorteil zu verschaffen.

(2) Soweit der Schuldner eine selbständige Tätigkeit ausübt, obliegt es ihm, die Insolvenzgläubiger durch Zahlungen an den Treuhänder so zu stellen, wie wenn er ein angemessenes Dienstverhältnis eingegangen wäre.

§ 296. Verstoß gegen Obliegenheiten.

(1) [1]Das Insolvenzgericht versagt die Restschuldbefreiung auf Antrag eines Insolvenzgläubigers, wenn der Schuldner in dem Zeitraum zwischen Beendigung des Insolvenzverfahrens und dem Ende der Abtretungsfrist eine

3

seiner Obliegenheiten verletzt und dadurch die Befriedigung der Insolvenzgläubiger beeinträchtigt; dies gilt nicht, wenn den Schuldner kein Verschulden trifft. [2]Der Antrag kann nur binnen eines Jahres nach dem Zeitpunkt gestellt werden, in dem die Obliegenheitsverletzung dem Gläubiger bekanntgeworden ist. [3]Er ist nur zulässig, wenn die Voraussetzungen der Sätze 1 und 2 glaubhaft gemacht werden.

§ 297. Insolvenzstraftaten. (1) Das Insolvenzgericht versagt die Restschuldbefreiung auf Antrag eines Insolvenzgläubigers, wenn der Schuldner in dem Zeitraum zwischen Schlußtermin und Aufhebung des Insolvenzverfahrens oder in dem Zeitraum zwischen Beendigung des Insolvenzverfahrens und dem Ende der Abtretungsfrist wegen einer Straftat nach den §§ 283 bis 283 c des Strafgesetzbuchs rechtskräftig zu einer Geldstrafe von mehr als 90 Tagessätzen oder einer Freiheitsstrafe von mehr als drei Monaten verurteilt wird.

3

§ 303. Widerruf der Restschuldbefreiuung.

(1) Auf Antrag eines Insolvenzgläubigers widerruft das Insolvenzgericht die Erteilung der Restschuldbefreiung, wenn

1. sich nachträglich herausstellt, dass der Schuldner eine seiner Obliegenheiten vorsätzlich verletzt und dadurch die Befriedigung der Insolvenzgläubiger erheblich beeinträchtigt hat,
2. sich nachträglich herausstellt, dass der Schuldner während der Abtretungsfrist nach Maßgabe von § 297 Absatz 1 verurteilt worden ist, oder wenn der Schuldner erst nach Erteilung der Restschuldbefreiung wegen einer bis zum Ende der Abtretungsfrist begangenen Straftat nach Maßgabe von § 297 Absatz 1 verurteilt wird oder
3. der Schuldner nach Erteilung der Restschuldbefreiung Auskunfts- oder Mitwirkungspflichten vorsätzlich oder grob fahrlässig verletzt hat, die ihm nach diesem Gesetz während des Insolvenzverfahrens obliegen.

(2) Der Antrag des Gläubigers ist nur zulässig, wenn er innerhalb eines Jahres nach der Rechtskraft der Entscheidung über die Restschuldbefreiung gestellt wird; ein Widerruf nach Absatz 1 Nummer 3 kann bis zu sechs Monate nach rechtskräftiger Aufhebung des Insolvenzverfahrens beantragt werden. …

Verbraucherinsolvenzverfahren und sonstige Kleinverfahren

▶ Anwendungsbereich

§ 304. Grundsatz. (1) Ist der Schuldner eine natürliche Person, die keine selbständige wirtschaftliche Tätigkeit ausübt oder ausgeübt hat, so gelten für das Verfahren die allgemeinen Vorschriften, soweit in diesem Teil nichts anderes bestimmt ist. …

▶ Schuldenbereinigungsplan

§ 305. Eröffnungsantrag des Schuldners.

(1) Mit dem schriftlich einzureichenden Antrag auf Eröffnung des Insolvenzverfahrens oder unverzüglich nach diesem Antrag hat der Schuldner vorzulegen:

1. eine Bescheinigung, die von einer geeigneten Person oder Stelle auf der Grundlage persönlicher Beratung und eingehender Prüfung der Einkommens- und Vermögensverhältnisse des Schuldners ausgestellt ist und aus der sich ergibt, daß eine außergerichtliche Einigung mit den Gläubigern über die Schuldenbereinigung auf der Grundlage eines Plans innerhalb der letzten sechs Monate vor dem Eröffnungsantrag erfolglos versucht worden ist; der Plan ist beizufügen und die wesentlichen Gründe für sein Scheitern sind darzulegen; die Länder können bestimmen, welche Personen oder Stellen als geeignet anzusehen sind;
2. den Antrag auf Erteilung von Restschuldbefreiung (§ 287) oder die Erklärung, daß Restschuldbefreiung nicht beantragt werden soll;
3. ein Verzeichnis des vorhandenen Vermögens und des Einkommens (Vermögensverzeichnis), eine Zusammenfassung des wesentlichen Inhalts dieses Verzeichnisses (Vermögensübersicht), ein Verzeichnis der Gläubiger und ein Verzeichnis der gegen ihn gerichteten Forderungen; den Verzeichnissen und der Vermögensübersicht ist die Erklärung beizufügen, dass die enthaltenen Angaben richtig und vollständig sind;
4. einen Schuldenbereinigungsplan; dieser kann alle Regelungen enthalten, die unter Berücksichtigung der Gläubigerinteressen sowie der Vermögens-, Einkommens- und Familienverhältnisse des Schuldners geeignet sind, zu einer angemessenen Schuldenbereinigung zu führen; in den Plan ist aufzunehmen, ob und inwieweit Bürgschaften, Pfandrechte und andere Sicherheiten der Gläubiger vom Plan berührt werden sollen.

(2) [1]In dem Verzeichnis der Forderungen nach Absatz 1 Nr. 3 kann auch auf beigefügte Forderungsaufstellungen der Gläubiger Bezug genommen werden. [2]Auf Aufforderung des Schuldners sind die Gläubiger verpflichtet, auf ihre Kosten dem Schuldner zur Vorbereitung des Forderungsverzeichnisses eine schriftliche Aufstellung ihrer gegen diesen gerichteten Forderungen zu erteilen; insbesondere haben sie

ihm die Höhe ihrer Forderungen und deren Aufgliederung in Hauptforderung, Zinsen und Kosten anzugeben. [3]Die Aufforderung des Schuldners muß einen Hinweis auf einen bereits bei Gericht eingereichten oder in naher Zukunft beabsichtigten Antrag auf Eröffnung eines Insolvenzverfahrens enthalten.

(3) [1]Hat der Schuldner die amtlichen Formulare nach Absatz 5 nicht vollständig ausgefüllt abgegeben, fordert ihn das Insolvenzgericht auf, das Fehlende unverzüglich zu ergänzen. [2]Kommt der Schuldner dieser Aufforderung nicht binnen eines Monats nach, so gilt sein Antrag auf Eröffnung des Insolvenzverfahrens als zurückgenommen. ...

§ 306. Ruhen des Verfahrens. (1) Das Verfahren über den Antrag auf Eröffnung des Insolvenzverfahrens ruht bis zur Entscheidung über den Schuldenbereinigungsplan. Dieser Zeitraum soll drei Monate nicht überschreiten. ...

§ 307. Zustellung an die Gläubiger. (1) [1]Das Insolvenzgericht stellt den vom Schuldner genannten Gläubigern den Schuldenbereinigungsplan sowie die Vermögensübersicht zu und fordert die Gläubiger zugleich auf, binnen einer Notfrist von einem Monat zu den in § 305 Abs. 1 Nr. 3 genannten Verzeichnissen und zu dem Schuldenbereinigungsplan Stellung zu nehmen; ... [2]Zugleich ist jedem Gläubiger mit ausdrücklichem Hinweis auf die Rechtsfolgen des § 308 Abs. 3 Satz 2 Gelegenheit zu geben, binnen der Frist nach Satz 1 die Angaben über seine Forderungen in dem beim Insolvenzgericht zur Einsicht niedergelegten Forderungsverzeichnis zu überprüfen und erforderlichenfalls zu ergänzen. [3]Auf die Zustellung nach Satz 1 ist § 8 Abs. 1 Satz 2, 3, Abs. 2 und 3 nicht anzuwenden.

(2) [1]Geht binnen der Frist nach Absatz 1 Satz 1 bei Gericht die Stellungnahme eines Gläubigers nicht ein, so gilt dies als Einverständnis mit dem Schuldenbereinigungsplan. [2]Darauf ist in der Aufforderung hinzuweisen.

(3) [1]Nach Ablauf der Frist nach Absatz 1 Satz 1 ist dem Schuldner Gelegenheit zu geben, den Schuldenbereinigungsplan binnen einer vom Gericht zu bestimmenden Frist zu ändern oder zu ergänzen, wenn dies auf Grund der Stellungnahme eines Gläubigers erforderlich oder zur Förderung einer einverständlichen Schuldenbereinigung sinnvoll erscheint. [2]Die Änderungen oder Ergänzungen sind den Gläubigern zuzustellen, soweit dies erforderlich ist. [3]Absatz 1 Satz 1, 3 und Absatz 2 gelten entsprechend.

§ 308. Annahme des Schuldenbereinigungsplans. (1) [1]Hat kein Gläubiger Einwendungen gegen den Schuldenbereinigungsplan erhoben oder wird die Zustimmung nach § 309 ersetzt, so gilt der Schuldenbereinigungsplan als angenommen; das Insolvenzgericht stellt dies durch Beschluß fest. [2]Der Schuldenbereinigungsplan hat die Wirkung eines Vergleichs im Sinne des § 794 Abs. 1 Nr. 1 der Zivilprozeßordnung. [3]Den Gläubigern und dem Schuldner ist eine Ausfertigung des Schuldenbereinigungsplans und des Beschlusses nach Satz 1 zuzustellen.

(2) Die Anträge auf Eröffnung des Insolvenzverfahrens und auf Erteilung von Restschuldbefreiung gelten als zurückgenommen.

(3) [1]Soweit Forderungen in dem Verzeichnis des Schuldners nicht enthalten sind und auch nicht nachträglich bei dem Zustandekommen des Schuldenbereinigungsplans berücksichtigt worden sind, können die Gläubiger von dem Schuldner Erfüllung verlangen. [2]Dies gilt nicht, soweit ein Gläubiger die Angaben über seine Forderung in dem beim Insolvenzgericht zur Einsicht niedergelegten Forderungsverzeichnis nicht innerhalb der gesetzten Frist ergänzt hat, obwohl ihm der Schuldenbereinigungsplan übersandt wurde und die Forderung vor dem Ablauf der Frist entstanden war; insoweit erlischt die Forderung.

§ 309. Ersetzung der Zustimmung. (1) [1]Hat dem Schuldenbereinigungsplan mehr als die Hälfte der benannten Gläubiger zugestimmt und beträgt die Summe der Ansprüche der zustimmenden Gläubiger mehr als die Hälfte der Summe der Ansprüche der benannten Gläubiger, so ersetzt das Insolvenzgericht auf Antrag eines Gläubigers oder des Schuldners die Einwendungen eines Gläubigers gegen den Schuldenbereinigungsplan durch eine Zustimmung. [2]Dies gilt nicht, wenn

1. der Gläubiger, der Einwendungen erhoben hat, im Verhältnis zu den übrigen Gläubigern nicht angemessen beteiligt wird, oder
2. dieser Gläubiger durch den Schuldenbereinigungsplan voraussichtlich wirtschaftlich schlechter gestellt wird, als er bei Durchführung des Verfahrens über die Anträge auf Eröffnung des Insolvenzverfahrens und Erteilung von Restschuldbefreiung stünde; hierbei ist im Zweifel zugrunde zu legen, daß die Einkommens-, Vermögens- und Familienverhältnisse des Schuldners zum Zeitpunkt des Antrags nach Satz 1 während der gesamten Dauer des Verfahrens maßgeblich bleiben.

(2) [1]Vor der Entscheidung ist der Gläubiger zu hören. [2]Die Gründe, die gemäß Absatz 1 Satz 2 einer Ersetzung seiner Einwendungen durch eine Zustimmung entgegenstehen, hat er glaubhaft zu machen. [3]Gegen den Beschluß steht dem Antragsteller und dem Gläubiger,

dessen Zustimmung ersetzt wird, die sofortige Beschwerde zu. …

(3) Macht ein Gläubiger Tatsachen glaubhaft, aus denen sich ernsthafte Zweifel ergeben, ob eine vom Schuldner angegebene Forderung besteht oder sich auf einen höheren oder niedrigeren Betrag richtet als angegeben, und hängt vom Ausgang des Streits ab, ob der Gläubiger im Verhältnis zu den übrigen Gläubigern angemessen beteiligt wird (Absatz 1 Satz 2 Nr. 1), so kann die Zustimmung dieses Gläubigers nicht ersetzt werden.

§ 310. Kosten. Die Gläubiger haben gegen den Schuldner keinen Anspruch auf Erstattung der Kosten, die ihnen im Zusammenhang mit dem Schuldenbereinigungsplan entstehen.

Gesetz über die Anfechtung von Rechtshandlungen eines Schuldners außerhalb des Insolvenzverfahrens

Vom 5. Oktober 1994 mit Änderungen bis zum 9. Dezember 2010

§ 1. Grundsatz. (1) Rechtshandlungen eines Schuldners, die seine Gläubiger benachteiligen, können außerhalb des Insolvenzverfahrens nach Maßgabe der folgenden Bestimmungen angefochten werden.

(2) Eine Unterlassung steht einer Rechtshandlung gleich.

§ 2. Anfechtungsberechtigte. Zur Anfechtung ist jeder Gläubiger berechtigt, der einen vollstreckbaren Schuldtitel erlangt hat und dessen Forderung fällig ist, wenn die Zwangsvollstreckung in das Vermögen des Schuldners nicht zu einer vollständigen Befriedigung des Gläubigers geführt hat oder wenn anzunehmen ist, daß sie nicht dazu führen würde.

§ 3. Vorsätzliche Benachteiligung. (1) [1]Anfechtbar ist eine Rechtshandlung, die der Schuldner in den letzten zehn Jahren vor der Anfechtung mit dem Vorsatz, seine Gläubiger zu benachteiligen, vorgenommen hat, wenn der andere Teil zur Zeit der Handlung den Vorsatz des Schuldners kannte. [2]Diese Kenntnis wird vermutet, wenn der andere Teil wußte, daß die Zahlungsunfähigkeit des Schuldners drohte und daß die Handlung die Gläubiger benachteiligte.

(2) [1]Anfechtbar ist ein vom Schuldner mit einer nahestehenden Person (§ 138 der Insolvenzordnung) geschlossener entgeltlicher Vertrag, durch den seine Gläubiger unmittelbar benachteiligt werden. [2]Die Anfechtung ist ausgeschlossen, wenn der Vertrag früher als zwei Jahre vor der Anfechtung geschlossen worden ist oder wenn dem anderen Teil zur Zeit des Vertragsschlusses ein Vorsatz des Schuldners, die Gläubiger zu benachteiligen, nicht bekannt war.

§ 4. Unentgeltliche Leistung. (1) Anfechtbar ist eine unentgeltliche Leistung des Schuldners, es sei denn, sie ist früher als vier Jahre vor der Anfechtung vorgenommen worden.

(2) Richtet sich die Leistung auf ein gebräuchliches Gelegenheitsgeschenk geringen Werts, so ist sie nicht anfechtbar.

§ 5. Rechtshandlungen des Erben. Hat der Erbe aus dem Nachlaß Pflichtteilsansprüche, Vermächtnisse oder Auflagen erfüllt, so kann ein Nachlaßgläubiger, der im Insolvenzverfahren über den Nachlaß dem Empfänger der Leistung im Rang vorgehen oder gleichstehen würde, die Leistung in gleicher Weise anfechten wie eine unentgeltliche Leistung des Erben.

§ 6. Gesellschafterdarlehen. (1) [1]Anfechtbar ist eine Rechtshandlung, die für die Forderung eines Gesellschafters auf Rückgewähr eines Darlehens im Sinne des § 39 Abs. 1 Nr. 5 der Insolvenzordnung oder für eine gleichgestellte Forderung

1. Sicherung gewährt hat, wenn die Handlung in den letzten zehn Jahren vor Erlangen des vollstreckbaren Schuldtitels oder danach vorgenommen worden worden ist, oder
2. Befriedigung gewährt hat, wenn die Handlung im letzten Jahr vor Erlangung des vollstreckbaren Schuldtitels oder danach vorgenommen worden ist.

[2]Wurde ein Antrag auf Eröffnung eines Insolvenzverfahrens nach § 26 Abs. 1 der Insolvenzordnung abgewiesen, bevor der Gläubiger einen vollstreckbaren Schuldtitel erlangt hat, so beginnt die Anfechtungsfrist mit dem Antrag auf Eröffnung des Insolvenzverfahrens.

3

§ 7. Berechnung der Fristen. (1) Die in den §§ 3 und 4 bestimmten Fristen sind von dem Zeitpunkt zurückzurechnen, in dem die Anfechtbarkeit gerichtlich geltend gemacht wird.

(2) Hat der Gläubiger, bevor er einen vollstreckbaren Schuldtitel erlangt hatte oder seine Forderung fällig war, dem Anfechtungsgegner seine Absicht, die Rechtshandlung anzufechten, schriftlich mitgeteilt, so wird die Frist vom Zeitpunkt des Zugangs der Mitteilung zurückgerechnet, wenn schon zu dieser Zeit der Schuldner unfähig war, den Gläubiger zu befriedigen, und wenn bis zum Ablauf von zwei Jahren seit diesem Zeitpunkt die Anfechtbarkeit gerichtlich geltend gemacht wird.

§ 16. Eröffnung des Insolvenzverfahrens.

(1) [1]Wird über das Vermögen des Schuldners das Insolvenzverfahren eröffnet, so ist der Insolvenzverwalter berechtigt, die von den Insolvenzgläubigern erhobenen Anfechtungsansprüche zu verfolgen. [2]Aus dem Erstrittenen sind dem Gläubiger die Kosten des Rechtsstreits vorweg zu erstatten.

(2) Hat ein Insolvenzgläubiger bereits vor der Eröffnung des Insolvenzverfahrens auf Grund seines Anfechtungsanspruchs Sicherung oder Befriedigung erlangt, so gilt § 130 der Insolvenzordnung entsprechend.

§ 17. Unterbrechung des Verfahrens.

(1) Ist das Verfahren über den Anfechtungsanspruch im Zeitpunkt der Eröffnung des Insolvenzverfahrens noch rechtshängig, so wird es unterbrochen.

§ 18. Beendigung des Insolvenzverfahrens.

(1) Nach der Beendigung des Insolvenzverfahrens können Anfechtungsansprüche, die der Insolvenzverwalter geltend machen konnte, von den einzelnen Gläubigern nach diesem Gesetz verfolgt werden, soweit nicht dem Anspruch entgegenstehende Einreden gegen den Insolvenzverwalter erlangt sind.

Gesetz gegen Wettbewerbsbeschränkungen (GWB)

In der Fassung vom 26. Juni 2013, mit Änderungen bis zum 7. August 2013

Erster Teil. Wettbewerbsbeschränkungen

Wettbewerbsbeschränkende Vereinbarungen, Beschlüsse und abgestimmte Verhaltensweisen

§ 1. Verbot wettbewerbsbeschränkender Vereinbarungen. Vereinbarungen zwischen Unternehmen, Beschlüsse von Unternehmensvereinigungen und aufeinander abgestimmte Verhaltensweisen, die eine Verhinderung, Einschränkung oder Verfälschung des Wettbewerbs bezwecken oder bewirken, sind verboten.

§ 2. Freigestellte Vereinbarungen. (1) Vom Verbot des § 1 freigestellt sind Vereinbarungen zwischen Unternehmen, Beschlüsse von Unternehmensvereinigungen oder aufeinander abgestimmte Verhaltensweisen, die unter angemessener Beteiligung der Verbraucher an dem entstehenden Gewinn zur Verbesserung der Warenerzeugung oder -verteilung oder zur Förderung des technischen oder wirtschaftlichen Fortschritts beitragen, ohne dass den beteiligten Unternehmen
1. Beschränkungen auferlegt werden, die für die Verwirklichung dieser Ziele nicht unerlässlich sind, oder
2. Möglichkeiten eröffnet werden, für einen wesentlichen Teil der betreffenden Waren den Wettbewerb auszuschalten.

(2) Bei der Anwendung von Absatz 1 gelten die Verordnungen des Rates oder der Europäischen Kommission über die Anwendung von Artikel 101 Absatz 3 des Vertrages über die Arbeitsweise der Europäischen Union auf bestimmte Gruppen von Vereinbarungen, Beschlüsse von Unternehmensvereinigungen und aufeinander abgestimmte Verhaltensweisen (Gruppenfreistellungsverordnungen) entsprechend. Dies gilt auch, soweit die dort genannten Vereinbarungen, Beschlüsse und Verhaltensweisen nicht geeignet sind, den Handel zwischen den Mitgliedstaaten der Europäischen Union zu beeinträchtigen.

§ 3. Mittelstandskartelle. Vereinbarungen zwischen miteinander im Wettbewerb stehenden Unternehmen und Beschlüsse von Unternehmensvereinigungen, die die Rationalisierung wirtschaftlicher Vorgänge durch zwischenbetriebliche Zusammenarbeit zum Gegenstand haben, erfüllen die Voraussetzungen des § 2 Absatz 1, wenn
1. dadurch der Wettbewerb auf dem Markt nicht wesentlich beeinträchtigt wird und
2. die Vereinbarung oder der Beschluss dazu dient, die Wettbewerbsfähigkeit kleiner oder mittlerer Unternehmen zu verbessern.

§ 4-17. (weggefallen).

Marktbeherrschung, sonstiges wettbewerbsbeschränkendes Verhalten

§ 18. Marktbeherrschung. (1) Ein Unternehmen ist marktbeherrschend, soweit es als Anbieter oder Nachfrager einer bestimmten Art von Waren oder gewerblichen Leistungen auf dem sachlich und räumlich relevanten Markt
1. ohne Wettbewerber ist,
2. keinem wesentlichen Wettbewerb ausgesetzt ist oder
3. eine im Verhältnis zu seinen Wettbewerbern überragende Marktstellung hat.

(2) Der räumlich relevante Markt im Sinne dieses Gesetzes kann weiter sein als der Geltungsbereich dieses Gesetzes.

(3) Bei der Bewertung der Marktstellung eines Unternehmens im Verhältnis zu seinen Wettbewerbern ist insbesondere Folgendes zu berücksichtigen:
1. sein Marktanteil,
2. seine Finanzkraft,
3. sein Zugang zu den Beschaffungs- oder Absatzmärkten,
4. Verflechtungen mit anderen Unternehmen,
5. rechtliche oder tatsächliche Schranken für den Marktzutritt anderer Unternehmen,
6. der tatsächliche oder potenzielle Wettbewerb durch Unternehmen, die innerhalb oder außerhalb des Geltungsbereichs dieses Gesetzes ansässig sind,
7. die Fähigkeit, sein Angebot oder seine Nachfrage auf andere Waren oder gewerbliche Leistungen umzustellen, sowie
8. die Möglichkeit der Marktgegenseite, auf andere Unternehmen auszuweichen.

(4) Es wird vermutet, dass ein Unternehmen marktbeherrschend ist, wenn es einen Marktanteil von mindestens 40 Prozent hat.

(5) Zwei oder mehr Unternehmen sind marktbeherrschend, soweit
1. zwischen ihnen für eine bestimmte Art von Waren oder gewerblichen Leistungen ein wesentlicher Wettbewerb nicht besteht und

2. sie in ihrer Gesamtheit die Voraussetzungen des Absatzes 1 erfüllen.

(6) Eine Gesamtheit von Unternehmen gilt als marktbeherrschend, wenn sie
1. aus drei oder weniger Unternehmen besteht, die zusammen einen Marktanteil von 50 Prozent erreichen, oder
2. aus fünf oder weniger Unternehmen besteht, die zusammen einen Marktanteil von zwei Dritteln erreichen.

(7) Die Vermutung des Absatzes 6 kann widerlegt werden, wenn die Unternehmen nachweisen, dass
1. die Wettbewerbsbedingungen zwischen ihnen wesentlichen Wettbewerb erwarten lassen oder
2. die Gesamtheit der Unternehmen im Verhältnis zu den übrigen Wettbewerbern keine überragende Marktstellung hat.

§ 19. Verbotenes Verhalten von marktbeherrschenden Unternehmen. (1) Die missbräuchliche Ausnutzung einer marktbeherrschenden Stellung durch ein oder mehrere Unternehmen ist verboten.

4

(2) Ein Missbrauch liegt insbesondere vor, wenn ein marktbeherrschendes Unternehmen als Anbieter oder Nachfrager einer bestimmten Art von Waren oder gewerblichen Leistungen
1. ein anderes Unternehmen unmittelbar oder mittelbar unbillig behindert oder ohne sachlich gerechtfertigten Grund unmittelbar oder mittelbar anders behandelt als gleichartige Unternehmen;
2. Entgelte oder sonstige Geschäftsbedingungen fordert, die von denjenigen abweichen, die sich bei wirksamem Wettbewerb mit hoher Wahrscheinlichkeit ergeben würden; hierbei sind insbesondere die Verhaltensweisen von Unternehmen auf vergleichbaren Märkten mit wirksamem Wettbewerb zu berücksichtigen;
3. ungünstigere Entgelte oder sonstige Geschäftsbedingungen fordert, als sie das marktbeherrschende Unternehmen selbst auf vergleichbaren Märkten von gleichartigen Abnehmern fordert, es sei denn, dass der Unterschied sachlich gerechtfertigt ist;
4. sich weigert, einem anderen Unternehmen gegen angemessenes Entgelt Zugang zu den eigenen Netzen oder anderen Infrastruktureinrichtungen zu gewähren, wenn es dem anderen Unternehmen aus rechtlichen oder tatsächlichen Gründen ohne die Mitbenutzung nicht möglich ist, auf dem vor- oder nachgelagerten Markt als Wettbewerber des marktbeherrschenden Unternehmens tätig zu werden; dies gilt nicht, wenn das marktbeherrschende Unternehmen nachweist, dass die Mitbenutzung aus betriebsbedingten oder sonstigen Gründen nicht möglich oder nicht zumutbar ist;
5. seine Marktstellung dazu ausnutzt, andere Unternehmen dazu aufzufordern oder zu veranlassen, ihm ohne sachlich gerechtfertigten Grund Vorteile zu gewähren.

(3) Absatz 1 in Verbindung mit Absatz 2 Nummer 1 und Nummer 5 gilt auch für Vereinigungen von miteinander im Wettbewerb stehenden Unternehmen im Sinne der §§ 2, 3 und 28 Absatz 1, § 30 Absatz 2a und § 31 Absatz 1 Nummer 1, 2 und 4. Absatz 1 in Verbindung mit Absatz 2 Nummer 1 gilt auch für Unternehmen, die Preise nach § 28 Absatz 2 oder § 30 Absatz 1 Satz 1 oder § 31 Absatz 1 Nummer 3 binden.

§ 20. Verbotenes Verhalten von Unternehmen mit relativer oder überlegener Marktmacht.

(1) [1]§ 19 Absatz 1 in Verbindung mit Absatz 2 Nummer 1 gilt auch für Unternehmen und Vereinigungen von Unternehmen, soweit von ihnen kleine oder mittlere Unternehmen als Anbieter oder Nachfrager einer bestimmten Art von Waren oder gewerblichen Leistungen in der Weise abhängig sind, dass ausreichende und zumutbare Möglichkeiten, auf andere Unternehmen auszuweichen, nicht bestehen (relative Marktmacht). [2]Es wird vermutet, dass ein Anbieter einer bestimmten Art von Waren oder gewerblichen Leistungen von einem Nachfrager abhängig im Sinne des Satzes 1 ist, wenn dieser Nachfrager bei ihm zusätzlich zu den verkehrsüblichen Preisnachlässen oder sonstigen Leistungsentgelten regelmäßig besondere Vergünstigungen erlangt, die gleichartigen Nachfragern nicht gewährt werden.

(2) § 19 Absatz 1 in Verbindung mit Absatz 2 Nummer 5 gilt auch für Unternehmen und Vereinigungen von Unternehmen im Verhältnis zu den von ihnen abhängigen Unternehmen.

(3) [1]Unternehmen mit gegenüber kleinen und mittleren Wettbewerbern überlegener Marktmacht dürfen ihre Marktmacht nicht dazu ausnutzen, solche Wettbewerber unmittelbar oder mittelbar unbillig zu behindern. [2]Eine unbillige Behinderung im Sinne des Satzes 1 liegt insbesondere vor, wenn ein Unternehmen
1. Lebensmittel im Sinne des § 2 Absatz 2 des Lebensmittel- und Futtermittelgesetzbuches unter Einstandspreis oder
2. andere Waren oder gewerbliche Leistungen nicht nur gelegentlich unter Einstandspreis oder
3. von kleinen oder mittleren Unternehmen, mit denen es auf dem nachgelagerten Markt beim Vertrieb von Waren oder gewerblichen Leistungen im Wettbewerb steht, für deren Lieferung einen höheren Preis fordert, als es selbst auf diesem Markt anbietet,

es sei denn, dies ist jeweils sachlich gerechtfertigt. [3]Das Anbieten von Lebensmitteln unter Einstandspreis ist sachlich gerechtfertigt, wenn es geeignet ist, den Verderb oder die drohende Unverkäuflichkeit der Waren beim Händler durch rechtzeitigen Verkauf zu verhindern sowie in vergleichbar schwerwiegenden Fällen. [4]Werden Lebensmittel an gemeinnützige Einrichtungen zur Verwendung im Rahmen ihrer Aufgaben abgegeben, liegt keine unbillige Behinderung vor.

(4) Ergibt sich auf Grund bestimmter Tatsachen nach allgemeiner Erfahrung der Anschein, dass ein Unternehmen seine Marktmacht im Sinne des Absatzes 3 ausgenutzt hat, so obliegt es diesem Unternehmen, den Anschein zu widerlegen und solche anspruchsbegründenden Umstände aus seinem Geschäftsbereich aufzuklären, deren Aufklärung dem betroffenen Wettbewerber oder einem Verband nach § 33 Absatz 2 nicht möglich, dem in Anspruch genommenen Unternehmen aber leicht möglich und zumutbar ist.

(5) Wirtschafts- und Berufsvereinigungen sowie Gütezeichengemeinschaften dürfen die Aufnahme eines Unternehmens nicht ablehnen, wenn die Ablehnung eine sachlich nicht gerechtfertigte ungleiche Behandlung darstellen und zu einer unbilligen Benachteiligung des Unternehmens im Wettbewerb führen würde.

§ 21. Boykottverbot, Verbot sonstigen wettbewerbsbeschränkenden Verhaltens. (1) Unternehmen und Vereinigungen von Unternehmen dürfen nicht ein anderes Unternehmen oder Vereinigungen von Unternehmen in der Absicht, bestimmte Unternehmen unbillig zu beeinträchtigen, zu Liefersperren oder Bezugssperren auffordern.

(2) Unternehmen und Vereinigungen von Unternehmen dürfen anderen Unternehmen keine Nachteile androhen oder zufügen und keine Vorteile versprechen oder gewähren, um sie zu einem Verhalten zu veranlassen, das nach folgenden Vorschriften nicht zum Gegenstand einer vertraglichen Bindung gemacht werden darf:

1. nach diesem Gesetz,
2. nach Artikel 101 oder 102 des Vertrages über die Arbeitsweise der Europäischen Union oder
3. nach einer Verfügung der Europäischen Kommission oder der Kartellbehörde, die auf Grund dieses Gesetzes oder auf Grund der Artikel 101 oder 102 des Vertrages über die Arbeitsweise der Europäischen Union ergangenen ist.

(3) Unternehmen und Vereinigungen von Unternehmen dürfen andere Unternehmen nicht zwingen,

1. einer Vereinbarung oder einem Beschluss im Sinne der §§ 2, 3 oder 28 Absatz 1 beizutreten oder
2. sich mit anderen Unternehmen im Sinne des § 37 zusammenzuschließen oder
3. in der Absicht, den Wettbewerb zu beschränken, sich im Markt gleichförmig zu verhalten.

(4) Es ist verboten, einem Anderen wirtschaftlichen Nachteil zuzufügen, weil dieser ein Einschreiten der Kartellbehörde beantragt oder angeregt hat.

Anwendung des europäischen Wettbewerbsrechts

§ 22. Verhältnis dieses Gesetzes zu den Artikeln 101 und 102 des Vertrages über die Arbeitsweise der Europäischen Union. (1) [1]Auf Vereinbarungen zwischen Unternehmen, Beschlüsse von Unternehmensvereinigungen und aufeinander abgestimmte Verhaltensweisen im Sinne des Artikels 101 Absatz 1 des Vertrages über die Arbeitsweise der Europäischen Union, die den Handel zwischen den Mitgliedstaaten der Europäischen Union im Sinne dieser Bestimmung beeinträchtigen können, können auch die Vorschriften dieses Gesetzes angewandt werden. [2]Ist dies der Fall, ist daneben gemäß Artikel 3 Absatz 1 Satz 1 der Verordnung (EG) Nr. 1/2003 des Rates vom 16. Dezember 2002 zur Durchführung der in den Artikeln 81 und 82 des Vertrages niedergelegten Wettbewerbsregeln (ABl. EG 2003 Nr. L 1 S. 1) auch Artikel 101 des Vertrages über die Arbeitsweise der Europäischen Union anzuwenden.

(2) [1]Die Anwendung der Vorschriften dieses Gesetzes darf gemäß Artikel 3 Absatz 2 Satz 1 der Verordnung (EG) Nr. 1/2003 nicht zum Verbot von Vereinbarungen zwischen Unternehmen, Beschlüssen von Unternehmensvereinigungen und aufeinander abgestimmten Verhaltensweisen führen, welche zwar den Handel zwischen den Mitgliedstaaten der Europäischen Union zu beeinträchtigen geeignet sind, aber

1. den Wettbewerb im Sinne des Artikels 101 Absatz 1 des Vertrages über die Arbeitsweise der Europäischen Union nicht beschränken oder
2. die Bedingungen des Artikels 101 Absatz 3 des Vertrages über die Arbeitsweise der Europäischen Union erfüllen oder
3. durch eine Verordnung zur Anwendung des Artikels 101 Absatz 3 des Vertrages über die Arbeitsweise der Europäischen Union erfasst sind.

[2]Die Vorschriften des Zweiten Abschnitts bleiben unberührt. [3]In anderen Fällen richtet sich der Vorrang von Artikel 101 des Vertrages über

4

die Arbeitsweise der Europäischen Union nach dem insoweit maßgeblichen Recht der Europäischen Union.

(3) [1]Auf Handlungen, die einen nach Artikel 102 des Vertrages über die Arbeitsweise der Europäischen Union verbotenen Missbrauch darstellen, können auch die Vorschriften dieses Gesetzes angewandt werden. [2]Ist dies der Fall, ist daneben gemäß Artikel 3 Absatz 1 Satz 2 der Verordnung (EG) Nr. 1/2003 auch Artikel 102 des Vertrages über die Arbeitsweise der Europäischen Union anzuwenden. [3]Die Anwendung weitergehender Vorschriften dieses Gesetzes bleibt unberührt.

(4) [1]Die Absätze 1 bis 3 gelten unbeschadet des Rechts der Europäischen Union nicht, soweit die Vorschriften über die Zusammenschlusskontrolle angewandt werden. [2]Vorschriften, die überwiegend ein von den Artikeln 101 und 102 des Vertrages über die Arbeitsweise der Europäischen Union abweichendes Ziel verfolgen, bleiben von den Vorschriften dieses Abschnitts unberührt.

4

§ 23. *(weggefallen)*.

Wettbewerbsregeln

§ 24. Begriff, Antrag auf Anerkennung.
(1) Wirtschafts- und Berufsvereinigungen können für ihren Bereich Wettbewerbsregeln aufstellen.

(2) Wettbewerbsregeln sind Bestimmungen, die das Verhalten von Unternehmen im Wettbewerb regeln zu dem Zweck, einem den Grundsätzen des lauteren oder der Wirksamkeit eines leistungsgerechten Wettbewerbs zuwiderlaufenden Verhalten im Wettbewerb entgegenzuwirken und ein diesen Grundsätzen entsprechendes Verhalten im Wettbewerb anzuregen.

(3) Wirtschafts- und Berufsvereinigungen können bei der Kartellbehörde die Anerkennung von Wettbewerbsregeln beantragen.

Sonderregeln für bestimmte Wirtschaftsbereiche

§ 28. Landwirtschaft. (1) [1]§ 1 gilt nicht für Vereinbarungen von landwirtschaftlichen Erzeugerbetrieben sowie für Vereinbarungen und Beschlüsse von Vereinigungen von landwirtschaftlichen Erzeugerbetrieben und Vereinigungen von solchen Erzeugervereinigungen über

1. die Erzeugung oder den Absatz landwirtschaftlicher Erzeugnisse oder
2. die Benutzung gemeinschaftlicher Einrichtungen für die Lagerung, Be- oder Verarbeitung landwirtschaftlicher Erzeugnisse, sofern sie keine Preisbindung enthalten und den Wettbewerb nicht ausschließen. [2]Als landwirtschaftliche Erzeugerbetriebe gelten auch Pflanzen- und Tierzuchtbetriebe und die auf der Stufe dieser Betriebe tätigen Unternehmen.

…

§ 29. Energiewirtschaft. [1]Einem Unternehmen ist es verboten, als Anbieter von Elektrizität oder leitungsgebundenem Gas (Versorgungsunternehmen) auf einem Markt, auf dem es allein oder zusammen mit anderen Versorgungsunternehmen eine marktbeherrschende Stellung hat, diese Stellung missbräuchlich auszunutzen, indem es

1. Entgelte oder sonstige Geschäftsbedingungen fordert, die ungünstiger sind als diejenigen anderer Versorgungsunternehmen oder von Unternehmen auf vergleichbaren Märkten, es sei denn, das Versorgungsunternehmen weist nach, dass die Abweichung sachlich gerechtfertigt ist, wobei die Umkehr der Darlegungs- und Beweislast nur in Verfahren vor den Kartellbehörden gilt, oder
2. Entgelte fordert, die die Kosten in unangemessener Weise überschreiten.

[2]Kosten, die sich ihrem Umfang nach im Wettbewerb nicht einstellen würden, dürfen bei der Feststellung eines Missbrauchs im Sinne des Satzes 1 nicht berücksichtigt werden. [3]Die §§ 19 und 20 bleiben unberührt.

§ 30. Preisbindung bei Zeitungen und Zeitschriften. (1) [1]§ 1 gilt nicht für vertikale Preisbindungen, durch die ein Unternehmen, das Zeitungen oder Zeitschriften herstellt, die Abnehmer dieser Erzeugnisse rechtlich oder wirtschaftlich bindet, bei der Weiterveräußerung bestimmte Preise zu vereinbaren oder ihren Abnehmern die gleiche Bindung bis zur Weiterveräußerung an den letzten Verbraucher aufzuerlegen. [2]Zu Zeitungen und Zeitschriften zählen auch Produkte, die Zeitungen oder Zeitschriften reproduzieren oder substituieren und bei Würdigung der Gesamtumstände als überwiegend verlagstypisch anzusehen sind, sowie kombinierte Produkte, bei denen eine Zeitung oder eine Zeitschrift im Vorder-grund steht.

…

§ 31. Verträge der Wasserwirtschaft.
(1) Das Verbot wettbewerbsbeschränkender Vereinbarungen nach § 1 gilt nicht für Verträge von Unternehmen der öffentlichen Versorgung mit Wasser (Wasserversorgungsunternehmen) …

Befugnisse der Kartellbehörden, Sanktionen

§ 32. Abstellung und nachträgliche Feststellung von Zuwiderhandlungen. (1) Die Kartellbehörde kann Unternehmen oder Vereinigungen von Unternehmen verpflichten, eine Zuwiderhandlung gegen eine Vorschrift dieses Gesetzes oder gegen Artikel 101 oder 102 des Vertrages über die Arbeitsweise der Europäischen Union abzustellen.

...

§ 33. Unterlassungsanspruch, Schadensersatzpflicht. (1) [1]Wer gegen eine Vorschrift dieses Gesetzes, gegen Artikel 101 oder 102 des Vertrages über die Arbeitsweise der Europäischen Union oder eine Verfügung der Kartellbehörde verstößt, ist dem Betroffenen zur Beseitigung und bei Wiederholungsgefahr zur Unterlassung verpflichtet. [2]Der Anspruch auf Unterlassung besteht bereits dann, wenn eine Zuwiderhandlung droht. [3]Betroffen ist, wer als Mitbewerber oder sonstiger Marktbeteiligter durch den Verstoß beeinträchtigt ist.

...

§ 34. Vorteilsabschöpfung durch die Kartellbehörde. (1) Hat ein Unternehmen vorsätzlich oder fahrlässig gegen eine Vorschrift dieses Gesetzes, gegen Artikel 101 oder 102 des Vertrages über die Arbeitsweise der Europäischen Union oder eine Verfügung der Kartellbehörde verstoßen und dadurch einen wirtschaftlichen Vorteil erlangt, kann die Kartellbehörde die Abschöpfung des wirtschaftlichen Vorteils anordnen und dem Unternehmen die Zahlung eines entsprechenden Geldbetrags auferlegen.

...

Zusammenschlusskontrolle

§ 35. Geltungsbereich der Zusammenschlusskontrolle. (1) Die Vorschriften über die Zusammenschlusskontrolle finden Anwendung, wenn im letzten Geschäftsjahr vor dem Zusammenschluss

1. die beteiligten Unternehmen insgesamt weltweit Umsatzerlöse von mehr als 500 Millionen Euro und
2. im Inland mindestens ein beteiligtes Unternehmen Umsatzerlöse von mehr als 25 Millionen Euro und ein anderes beteiligtes Unternehmen Umsatzerlöse von mehr als 5 Millionen Euro erzielt haben.

(2) [1]Absatz 1 gilt nicht, soweit sich ein Unternehmen, das nicht im Sinne des § 36 Absatz 2 abhängig ist und im letzten Geschäftsjahr weltweit Umsatzerlöse von weniger als 10 Millionen Euro erzielt hat, mit einem anderen Unternehmen zusammenschließt. [2]Absatz 1 gilt auch nicht für Zusammenschlüsse durch die Zusammenlegung öffentlicher Einrichtungen und Betriebe, die mit einer kommunalen Gebietsreform einhergehen.

...

§ 36. Grundsätze für die Beurteilung von Zusammenschlüssen. (1) [1]Ein Zusammenschluss, durch den wirksamer Wettbewerb erheblich behindert würde, insbesondere von dem zu erwarten ist, dass er eine marktbeherrschende Stellung begründet oder verstärkt, ist vom Bundeskartellamt zu untersagen. [2]Dies gilt nicht, wenn

1. die beteiligten Unternehmen nachweisen, dass durch den Zusammenschluss auch Verbesserungen der Wettbewerbsbedingungen eintreten und diese Verbesserungen die Behinderung des Wettbewerbs überwiegen, oder
2. die Untersagungsvoraussetzungen des Satzes 1 auf einem Markt vorliegen, auf dem seit mindestens fünf Jahren Waren oder gewerbliche Leistungen angeboten werden und auf dem im letzten Kalenderjahr weniger als 15 Millionen Euro umgesetzt wurden, oder
3. die marktbeherrschende Stellung eines Zeitungs- oder Zeitschriftenverlags verstärkt wird, der einen kleinen oder mittleren Zeitungs- oder Zeitschriftenverlag übernimmt, falls nachgewiesen wird, dass der übernommene Verlag in den letzten drei Jahren einen erheblichen Jahresfehlbetrag im Sinne des § 275 Absatz 2 Nummer 20 des Handelsgesetzbuchs hatte und er ohne den Zusammenschluss in seiner Existenz gefährdet wäre. Ferner muss nachgewiesen werden, dass vor dem Zusammenschluss kein anderer Erwerber gefunden wurde, der eine wettbewerbskonformere Lösung sichergestellt hätte.

(2) [3]Ist ein beteiligtes Unternehmen ein abhängiges oder herrschendes Unternehmen im Sinne des § 17 des Aktiengesetzes oder ein Konzernunternehmen im Sinne des § 18 des Aktiengesetzes, sind die so verbundenen Unternehmen als einheitliches Unternehmen anzusehen. Wirken mehrere Unternehmen derart zusammen, dass sie gemeinsam einen beherrschenden Einfluss auf ein anderes Unternehmen ausüben können, gilt jedes von ihnen als herrschendes.

...

§ 37. Zusammenschluss. (1) [1]Ein Zusammenschluss liegt in folgenden Fällen vor:

1. Erwerb des Vermögens eines anderen Unternehmens ganz oder zu einem wesentlichen Teil;

2. Erwerb der unmittelbaren oder mittelbaren Kontrolle durch ein oder mehrere Unternehmen über die Gesamtheit oder Teile eines oder mehrerer anderer Unternehmen. [2]Die Kontrolle wird durch Rechte, Verträge oder andere Mittel begründet, die einzeln oder zusammen unter Berücksichtigung aller tatsächlichen und rechtlichen Umstände die Möglichkeit gewähren, einen bestimmenden Einfluss auf die Tätigkeit eines Unternehmens auszuüben, insbesondere durch
   a) Eigentums- oder Nutzungsrechte an einer Gesamtheit oder an Teilen des Vermögens des Unternehmens,
   b) Rechte oder Verträge, die einen bestimmenden Einfluss auf die Zusammensetzung, die Beratungen oder Beschlüsse der Organe des Unternehmens gewähren;
3. Erwerb von Anteilen an einem anderen Unternehmen, wenn die Anteile allein oder zusammen mit sonstigen, dem Unternehmen bereits gehörenden Anteilen
   a) 50 vom Hundert oder
   b) 25 vom Hundert

   des Kapitals oder der Stimmrechte des anderen Unternehmens erreichen. [2]Zu den Anteilen, die dem Unternehmen gehören, rechnen auch die Anteile, die einem anderen für Rechnung dieses Unternehmens gehören und, wenn der Inhaber des Unternehmens ein Einzelkaufmann ist, auch die Anteile, die sonstiges Vermögen des Inhabers sind. [3]Erwerben mehrere Unternehmen gleichzeitig oder nacheinander Anteile im vorbezeichneten Umfang an einem anderen Unternehmen, gilt dies hinsichtlich der Märkte, auf denen das andere Unternehmen tätig ist, auch als Zusammenschluss der sich beteiligenden Unternehmen untereinander;
4. jede sonstige Verbindung von Unternehmen, auf Grund deren ein oder mehrere Unternehmen unmittelbar oder mittelbar einen wettbewerblich erheblichen Einfluss auf ein anderes Unternehmen ausüben können.

(2) Ein Zusammenschluss liegt auch dann vor, wenn die beteiligten Unternehmen bereits vorher zusammengeschlossen waren, es sei denn, der Zusammenschluss führt nicht zu einer wesentlichen Verstärkung der bestehenden Unternehmensverbindung.

(3) [1]Erwerben Kreditinstitute, Finanzinstitute oder Versicherungsunternehmen Anteile an einem anderen Unternehmen zum Zwecke der Veräußerung, gilt dies nicht als Zusammenschluss, solange sie das Stimmrecht aus den Anteilen nicht ausüben und sofern die Veräußerung innerhalb eines Jahres erfolgt. [2]Diese Frist kann vom Bundeskartellamt auf Antrag verlängert werden, wenn glaubhaft gemacht wird, dass die Veräußerung innerhalb der Frist unzumutbar war.

§ 38. Berechnung der Umsatzerlöse und der Marktanteile. (1) [1]Für die Ermittlung der Umsatzerlöse gilt § 277 Absatz 1 des Handelsgesetzbuchs. [2]Umsatzerlöse aus Lieferungen und Leistungen zwischen verbundenen Unternehmen (Innenumsatzerlöse) sowie Verbrauchsteuern bleiben außer Betracht.

(2) Für den Handel mit Waren sind nur drei Viertel der Umsatzerlöse in Ansatz zu bringen.

(3) Für den Verlag, die Herstellung und den Vertrieb von Zeitungen, Zeitschriften und deren Bestandteilen ist das Achtfache, für die Herstellung, den Vertrieb und die Veranstaltung von Rundfunkprogrammen und den Absatz von Rundfunkwerbezeiten ist das Zwanzigfache der Umsatzerlöse in Ansatz zu bringen.

(4) [1]An die Stelle der Umsatzerlöse tritt bei Kreditinstituten, Finanzinstituten, Bausparkassen sowie bei externen Kapitalverwaltungsgesellschaften im Sinne des § 17 Absatz 2 Nummer 1 des Kapitalanlagegesetzbuchs der Gesamtbetrag der in § 34 Absatz 2 Satz 1 Nummer 1 Buchstabe a bis e der Kreditinstituts-Rechnungslegungsverordnung in der jeweils geltenden Fassung genannten Erträge abzüglich der Umsatzsteuer und sonstiger direkt auf diese Erträge erhobener Steuern. [2]Bei Versicherungsunternehmen sind die Prämieneinnahmen des letzten abgeschlossenen Geschäftsjahres maßgebend. [3]Prämieneinnahmen sind die Einnahmen aus dem Erst- und Rückversicherungsgeschäft einschließlich der in Rückdeckung gegebenen Anteile.

(5) [1]Wird ein Zusammenschluss durch den Erwerb von Teilen eines oder mehrerer Unternehmen bewirkt, so ist unabhängig davon, ob diese Teile eigene Rechtspersönlichkeit besitzen, auf Seiten des Veräußerers nur der Umsatz oder der Marktanteil zu berücksichtigen, der auf die veräußerten Teile entfällt. [2]Dies gilt nicht, sofern beim Veräußerer die Kontrolle im Sinne des § 37 Absatz 1 Nummer 2 oder 25 Prozent oder mehr der Anteile verbleiben. [3]Zwei oder mehr Erwerbsvorgänge im Sinne von Satz 1, die innerhalb von zwei Jahren zwischen denselben Personen oder Unternehmen getätigt werden, werden als ein einziger Zusammenschluss behandelt, wenn dadurch erstmals die Umsatzschwellen des § 35 erreicht werden; als Zeitpunkt des Zusammenschlusses gilt der letzte Erwerbsvorgang.

§ 39. Anmelde- und Anzeigepflicht. (1) [1]Zusammenschlüsse sind vor dem Vollzug beim Bundeskartellamt gemäß den Absätzen 2 und 3 anzumelden. [2]Für den Empfang elektronischer Anmeldungen wird ausschließlich die vom Bundeskartellamt eingerichtete zentrale De-Mail-Adresse im Sinne des De-Mail-Gesetzes oder, für E-Mails mit qualifizierter elektronischer Signatur, die vom Bundeskartellamt eingerichtete zentrale E-Mail-Adresse bestimmt. [3]Die beiden Zugänge sind über die Internetseite des Bundeskartellamts erreichbar.

(2) Zur Anmeldung sind verpflichtet:
1. die am Zusammenschluss beteiligten Unternehmen,
2. in den Fällen des § 37 Absatz 1 Nummer 1 und 3 auch der Veräußerer.

(3) In der Anmeldung ist die Form des Zusammenschlusses anzugeben. …

§ 42. Ministererlaubnis. (1) [1]Der Bundesminister für Wirtschaft und Technologie erteilt auf Antrag die Erlaubnis zu einem vom Bundeskartellamt untersagten Zusammenschluss, wenn im Einzelfall die Wettbewerbsbeschränkung von gesamtwirtschaftlichen Vorteilen des Zusammenschlusses aufgewogen wird oder der Zusammenschluss durch ein überragendes Interesse der Allgemeinheit gerechtfertigt ist. [2]Hierbei ist auch die Wettbewerbsfähigkeit der beteiligten Unternehmen auf Märkten außerhalb des Geltungsbereichs dieses Gesetzes zu berücksichtigen. [3]Die Erlaubnis darf nur erteilt werden, wenn durch das Ausmaß der Wettbewerbsbeschränkung die marktwirtschaftliche Ordnung nicht gefährdet wird.

(2) Die Erlaubnis kann mit Bedingungen und Auflagen verbunden werden. § 40 Absatz 3 Satz 2 und Absatz 3a gilt entsprechend.

…

(4) [1]Der Bundesminister für Wirtschaft und Technologie soll über den Antrag innerhalb von vier Monaten entscheiden. [2]Vor der Entscheidung ist eine Stellungnahme der Monopolkommission einzuholen und den obersten Landesbehörden, in deren Gebiet die beteiligten Unternehmen ihren Sitz haben, Gelegenheit zur Stellungnahme zu geben.

Monopolkommission

§ 44. Aufgaben. (1) [1]Die Monopolkommission erstellt alle zwei Jahre ein Gutachten, in dem sie den Stand und die absehbare Entwicklung der Unternehmenskonzentration in der Bundesrepublik Deutschland beurteilt, die Anwendung der Vorschriften über die Zusammenschlusskontrolle würdigt sowie zu sonstigen aktuellen wettbewerbspolitischen Fragen Stellung nimmt. [2]Das Gutachten soll die Verhältnisse in den letzten beiden abgeschlossenen Kalenderjahren einbeziehen und bis zum 30. Juni des darauf folgenden Jahres abgeschlossen sein. [3]Die Bundesregierung kann die Monopolkommission mit der Erstattung zusätzlicher Gutachten beauftragen. [4]Darüber hinaus kann die Monopolkommission nach ihrem Ermessen Gutachten erstellen.

(2) [1]Die Monopolkommission ist nur an den durch dieses Gesetz begründeten Auftrag gebunden und in ihrer Tätigkeit unabhängig. [2]Vertritt eine Minderheit bei der Abfassung der Gutachten eine abweichende Auffassung, so kann sie diese in dem Gutachten zum Ausdruck bringen.

(3) [1]Die Monopolkommission leitet ihre Gutachten der Bundesregierung zu. [2]Die Bundesregierung legt Gutachten nach Absatz 1 Satz 1 den gesetzgebenden Körperschaften unverzüglich vor und nimmt zu ihnen in angemessener Frist Stellung. [3]Die Gutachten werden von der Monopolkommission veröffentlicht. [4]Bei Gutachten nach Absatz 1 Satz 1 erfolgt dies zu dem Zeitpunkt, zu dem sie von der Bundesregierung der gesetzgebenden Körperschaft vorgelegt werden.

§ 45. Mitglieder. (1) [1]Die Monopolkommission besteht aus fünf Mitgliedern, die über besondere volkswirtschaftliche, betriebswirtschaftliche, sozialpolitische, technologische oder wirtschaftsrechtliche Kenntnisse und Erfahrungen verfügen müssen. [2]Die Monopolkommission wählt aus ihrer Mitte einen Vorsitzenden.

4

(2) [1]Die Mitglieder der Monopolkommission werden auf Vorschlag der Bundesregierung durch den Bundespräsidenten für die Dauer von vier Jahren berufen. [2]Wiederberufungen sind zulässig. [3]Die Bundesregierung hört die Mitglieder der Kommission an, bevor sie neue Mitglieder vorschlägt. [4]Die Mitglieder sind berechtigt, ihr Amt durch Erklärung gegenüber dem Bundespräsidenten niederzulegen. [5]Scheidet ein Mitglied vorzeitig aus, so wird ein neues Mitglied für die Dauer der Amtszeit des ausgeschiedenen Mitglieds berufen.

(3) [1]Die Mitglieder der Monopolkommission dürfen weder der Regierung oder einer gesetzgebenden Körperschaft des Bundes oder eines Landes noch dem öffentlichen Dienst des Bundes, eines Landes oder einer sonstigen juristischen Person des öffentlichen Rechts, es sei denn als Hochschullehrer oder als Mitarbeiter eines wissenschaftlichen Instituts, angehören. [2]Ferner dürfen sie weder einen Wirtschaftsverband noch eine Arbeitgeber- oder Arbeitnehmerorganisation repräsentieren oder zu diesen in einem ständigen Dienst- oder Geschäftsbesorgungsverhältnis stehen. [3]Sie dürfen auch nicht während des letzten Jahres vor der Berufung zum Mitglied der Monopolkommission eine derartige Stellung innegehabt haben.

§ 46. Beschlüsse, Organisation, Rechte und Pflichten der Mitglieder. (1) Die Beschlüsse der Monopolkommission bedürfen der Zustimmung von mindestens drei Mitgliedern.

(2) [1]Die Monopolkommission hat eine Geschäftsordnung und verfügt über eine Geschäftsstelle. [2]Diese hat die Aufgabe, die Monopolkommission wissenschaftlich, administrativ und technisch zu unterstützen.

(2a) Die Monopolkommission kann Einsicht in die von der Kartellbehörde geführten Akten einschließlich Betriebs- und Geschäftsgeheimnisse und personenbezogener Daten nehmen, soweit dies zur ordnungsgemäßen Erfüllung ihrer Aufgaben erforderlich ist.

(3) [1]Die Mitglieder der Monopolkommission und die Angehörigen der Geschäftsstelle sind zur Verschwiegenheit über die Beratungen und die von der Monopolkommission als vertraulich bezeichneten Beratungsunterlagen verpflichtet. [2]Die Pflicht zur Verschwiegenheit bezieht sich auch auf Informationen, die der Monopolkommission gegeben und als vertraulich bezeichnet werden oder die gemäß Absatz 2a erlangt worden sind.

(4) Die Mitglieder der Monopolkommission erhalten eine pauschale Entschädigung sowie Ersatz ihrer Reisekosten. Diese werden vom Bundesministerium für Wirtschaft und Technologie im Einvernehmen mit dem Bundesministerium des Innern festgesetzt. Die Kosten der Monopolkommission trägt der Bund.

Zweiter Teil. Kartellbehörden

4

Allgemeine Vorschriften

§ 48. Zuständigkeit. (1) Kartellbehörden sind das Bundeskartellamt, das Bundesministerium für Wirtschaft und Technologie und die nach Landesrecht zuständigen obersten Landesbehörden.

...

Bundeskartellamt

§ 51. Sitz, Organisation. (1) [1]Das Bundeskartellamt ist eine selbstständige Bundesoberbehörde mit dem Sitz in Bonn. [2]Es gehört zum Geschäftsbereich des Bundesministeriums für Wirtschaft und Technologie.

...

Dritter Teil. Verfahren und Rechtsschutz bei überlangen Gerichtsverfahren

Bußgeldverfahren

§ 81. Bußgeldvorschriften. (1) Ordnungswidrig handelt, wer gegen den Vertrag über die Arbeitsweise der Europäischen Union in der Fassung der Bekanntmachung vom 9. Mai 2008 (ABl. C 115 vom 9.5.2008, S. 47) verstößt, indem er vorsätzlich oder fahrlässig

1. entgegen Artikel 101 Absatz 1 eine Vereinbarung trifft, einen Beschluss fasst oder Verhaltensweisen aufeinander abstimmt oder
2. entgegen Artikel 102 Satz 1 eine beherrschende Stellung missbräuchlich ausnutzt.

(2) Ordnungswidrig handelt, wer vorsätzlich oder fahrlässig

1. einer Vorschrift der §§ 1, 19, 20 Absatz 1 bis 3 Satz 1 oder Absatz 5, § 21 Absatz 3 oder 4, § 29 Satz 1 oder § 41 Absatz 1 Satz 1 über das Verbot einer dort genannten Vereinbarung, eines dort genannten Beschlusses, einer aufeinander abgestimmten Verhaltensweise, der missbräuchlichen Ausnutzung einer marktbeherrschenden Stellung, einer Marktstellung oder einer überlegenen Marktmacht, einer unbilligen Behinderung oder unterschiedlichen Behandlung, der Ablehnung der Aufnahme eines Unternehmens, der Ausübung eines Zwangs, der Zufügung eines wirtschaftlichen Nachteils oder des Vollzugs eines Zusammenschlusses zuwiderhandelt,

...

(4) [1]Die Ordnungswidrigkeit kann in den Fällen des Absatzes 1, des Absatzes 2 Nummer 1, 2 Buchstabe a und Nummer 5 und des Absatzes 3 mit einer Geldbuße bis zu einer Million Euro geahndet werden. [2]Gegen ein Unternehmen oder eine Unternehmensvereinigung kann über Satz 1 hinaus eine höhere Geldbuße verhängt werden; die Geldbuße darf 10 vom Hundert des im der Behördenentscheidung vorausgegangenen Geschäftsjahr erzielten Gesamtumsatzes des Unternehmens oder der Unternehmensvereinigung nicht übersteigen. [3]Bei der Ermittlung des Gesamtumsatzes ist der weltweite Umsatz aller natürlichen und juristischen Personen zugrunde zu legen, die als wirt-

schaftliche Einheit operieren. [4]Die Höhe des Gesamtumsatzes kann geschätzt werden. [5]In den übrigen Fällen kann die Ordnungswidrigkeit mit einer Geldbuße bis zu hunderttausend Euro geahndet werden. [6]Bei der Festsetzung der Höhe der Geldbuße ist sowohl die Schwere der Zuwiderhandlung als auch deren Dauer zu berücksichtigen.

...

Vierter Teil. Vergabe öffentlicher Aufträge

Vergabeverfahren

§ 97. Allgemeine Grundsätze. (1) Öffentliche Auftraggeber beschaffen Waren, Bau- und Dienstleistungen nach Maßgabe der folgenden Vorschriften im Wettbewerb und im Wege transparenter Vergabeverfahren.

(2) Die Teilnehmer an einem Vergabeverfahren sind gleich zu behandeln, es sei denn, eine Benachteiligung ist auf Grund dieses Gesetzes ausdrücklich geboten oder gestattet.

(3) [1]Mittelständische Interessen sind bei der Vergabe öffentlicher Aufträge vornehmlich zu berücksichtigen. [2]Leistungen sind in der Menge aufgeteilt (Teillose) und getrennt nach Art oder Fachgebiet (Fachlose) zu vergeben. [3]Mehrere Teil- oder Fachlose dürfen zusammen vergeben werden, wenn wirtschaftliche oder technische Gründe dies erfordern. [4]Wird ein Unternehmen, das nicht öffentlicher Auftraggeber ist, mit der Wahrnehmung oder Durchführung einer öffentlichen Aufgabe betraut, verpflichtet der Auftraggeber das Unternehmen, sofern es Unteraufträge an Dritte vergibt, nach den Sätzen 1 bis 3 zu verfahren.

(4) [1]Aufträge werden an fachkundige, leistungsfähige sowie gesetzestreue und zuverlässige Unternehmen vergeben. [2]Für die Auftragsausführung können zusätzliche Anforderungen an Auftragnehmer gestellt werden, die insbesondere soziale, umweltbezogene oder innovative Aspekte betreffen, wenn sie im sachlichen Zusammenhang mit dem Auftragsgegenstand stehen und sich aus der Leistungsbeschreibung ergeben. [3]Andere oder weitergehende Anforderungen dürfen an Auftragnehmer nur gestellt werden, wenn dies durch Bundes- oder Landesgesetz vorgesehen ist.

(4a) Auftraggeber können Präqualifikationssysteme einrichten oder zulassen, mit denen die Eignung von Unternehmen nachgewiesen werden kann.

(5) Der Zuschlag wird auf das wirtschaftlichste Angebot erteilt.

...

4

Sonstige Regelungen

§ 126. Anspruch auf Ersatz des Vertrauensschadens. [1]Hat der Auftraggeber gegen eine den Schutz von Unternehmen bezweckende Vorschrift verstoßen und hätte das Unternehmen ohne diesen Verstoß bei der Wertung der Angebote eine echte Chance gehabt, den Zuschlag zu erhalten, die aber durch den Rechtsverstoß beeinträchtigt wurde, so kann das Unternehmen Schadensersatz für die Kosten der Vorbereitung des Angebots oder der Teilnahme an einem Vergabeverfahren verlangen. [2]Weiterreichende Ansprüche auf Schadensersatz bleiben unberührt.

Gesetz gegen den unlauteren Wettbewerb

In der Neufassung der Bekanntmachung vom 1. Oktober 2013

Allgemeine Bestimmungen

§ 1. Zweck des Gesetzes. Dieses Gesetz dient dem Schutz der Mitbewerber, der Verbraucherinnen und der Verbraucher sowie der sonstigen Marktteilnehmer vor unlauteren geschäftlichen Handlungen. Es schützt zugleich das Interesse der Allgemeinheit an einem unverfälschten Wettbewerb.

§ 2. Definitionen. (1) Im Sinne dieses Gesetzes bedeutet

1. „geschäftliche Handlung" jedes Verhalten einer Person zugunsten des eigenen oder eines fremden Unternehmens vor, bei oder nach einem Geschäftsabschluss, das mit der Förderung des Absatzes oder des Bezugs von Waren oder Dienstleistungen oder mit dem Abschluss oder der Durchführung eines Vertrags über Waren oder Dienstleistungen objektiv zusammenhängt; als Waren gelten auch Grundstücke, als Dienstleistungen auch Rechte und Verpflichtungen;
2. „Marktteilnehmer" neben Mitbewerbern und Verbrauchern alle Personen, die als Anbieter oder Nachfrager von Waren oder Dienstleistungen tätig sind;
3. „Mitbewerber" jeder Unternehmer, der mit einem oder mehreren Unternehmern als Anbieter oder Nachfrager von Waren oder Dienstleistungen in einem konkreten Wettbewerbsverhältnis steht;
4. „Nachricht" jede Information, die zwischen einer endlichen Zahl von Beteiligten über einen öffentlich zugänglichen elektronischen Kommunikationsdienst ausgetauscht oder weitergeleitet wird; dies schließt nicht Informationen ein, die als Teil eines Rundfunkdienstes über ein elektronisches Kommunikationsnetz an die Öffentlichkeit weitergeleitet werden, soweit die Informationen nicht mit dem identifizierbaren Teilnehmer oder Nutzer, der sie erhält, in Verbindung gebracht werden können;
5. „Verhaltenskodex" Vereinbarungen oder Vorschriften über das Verhalten von Unternehmern, zu welchem diese sich in Bezug auf Wirtschaftszweige oder einzelne geschäftliche Handlungen verpflichtet haben, ohne dass sich solche Verpflichtungen aus Gesetzes- oder Verwaltungsvorschriften ergeben;
6. „Unternehmer" jede natürliche oder juristische Person, die geschäftliche Handlungen im Rahmen ihrer gewerblichen, handwerklichen oder beruflichen Tätigkeit vornimmt, und jede Person, die im Namen oder Auftrag einer solchen Person handelt;
7. „fachliche Sorgfalt" der Standard an Fachkenntnissen und Sorgfalt, von dem billigerweise angenommen werden kann, dass ein Unternehmer ihn in seinem Tätigkeitsbereich gegenüber Verbrauchern nach Treu und Glauben unter Berücksichtigung der Marktgepflogenheiten einhält.

(2) Für den Verbraucherbegriff und den Unternehmerbegriff gelten die §§ 13 und 14 des Bürgerlichen Gesetzbuchs entsprechend.

4

§ 3. Verbot unlauterer geschäftlicher Handlungen. (1) Unlautere geschäftliche Handlungen sind unzulässig, wenn sie geeignet sind, die Interessen von Mitbewerbern, Verbrauchern oder sonstigen Marktteilnehmern spürbar zu beeinträchtigen.

(2) [1]Geschäftliche Handlungen gegenüber Verbrauchern sind jedenfalls dann unzulässig, wenn sie nicht der für den Unternehmer geltenden fachlichen Sorgfalt entsprechen und dazu geeignet sind, die Fähigkeit des Verbrauchers, sich auf Grund von Informationen zu entscheiden, spürbar zu beeinträchtigen und ihn damit zu einer geschäftlichen Entscheidung zu veranlassen, die er andernfalls nicht getroffen hätte. [2]Dabei ist auf den durchschnittlichen Verbraucher oder, wenn sich die geschäftliche Handlung an eine bestimmte Gruppe von Verbrauchern wendet, auf ein durchschnittliches Mitglied dieser Gruppe abzustellen. [3]Auf die Sicht eines durchschnittlichen Mitglieds einer auf Grund von geistigen oder körperlichen Gebrechen, Alter oder Leichtgläubigkeit besonders schutzbedürftigen und eindeutig identifizierbaren Gruppe von Verbrauchern ist abzustellen, wenn für den Unternehmer vorhersehbar ist, dass seine geschäftliche Handlung nur diese Gruppe betrifft.

(3) Die im Anhang dieses Gesetzes aufgeführten geschäftlichen Handlungen gegenüber Verbrauchern sind stets unzulässig.

§ 4. Beispiele unlauterer geschäftlicher Handlungen. Unlauter handelt insbesondere, wer

1. geschäftliche Handlungen vornimmt, die geeignet sind, die Entscheidungsfreiheit der Verbraucher oder sonstiger Marktteilnehmer durch Ausübung von Druck, in menschenverachtender Weise oder durch sonstigen unangemessenen unsachlichen Einfluss zu beeinträchtigen;
2. geschäftliche Handlungen vornimmt, die geeignet sind, geistige oder körperliche Ge-

brechen, das Alter, die geschäftliche Unerfahrenheit, die Leichtgläubigkeit, die Angst oder die Zwangslage von Verbrauchern auszunutzen;

3. den Werbecharakter von geschäftlichen Handlungen verschleiert;
4. bei Verkaufsförderungsmaßnahmen wie Preisnachlässen, Zugaben oder Geschenken die Bedingungen für ihre Inanspruchnahme nicht klar und eindeutig angibt;
5. bei Preisausschreiben oder Gewinnspielen mit Werbecharakter die Teilnahmebedingungen nicht klar und eindeutig angibt;
6. die Teilnahme von Verbrauchern an einem Preisausschreiben oder Gewinnspiel von dem Erwerb einer Ware oder der Inanspruchnahme einer Dienstleistung abhängig macht, es sei denn, das Preisausschreiben oder Gewinnspiel ist naturgemäß mit der Ware oder der Dienstleistung verbunden;
7. die Kennzeichen, Waren, Dienstleistungen, Tätigkeiten oder persönlichen oder geschäftlichen Verhältnisse eines Mitbewerbers herabsetzt oder verunglimpft;
8. über die Waren, Dienstleistungen oder das Unternehmen eines Mitbewerbers oder über den Unternehmer oder ein Mitglied der Unternehmensleitung Tatsachen behauptet oder verbreitet, die geeignet sind, den Betrieb des Unternehmens oder den Kredit des Unternehmers zu schädigen, sofern die Tatsachen nicht erweislich wahr sind; handelt es sich um vertrauliche Mitteilungen und hat der Mitteilende oder der Empfänger der Mitteilung an ihr ein berechtigtes Interesse, so ist die Handlung nur dann unlauter, wenn die Tatsachen der Wahrheit zuwider behauptet oder verbreitet wurden;
9. Waren oder Dienstleistungen anbietet, die eine Nachahmung der Waren oder Dienstleistungen eines Mitbewerbers sind, wenn er
   a) eine vermeidbare Täuschung der Abnehmer über die betriebliche Herkunft herbeiführt,
   b) die Wertschätzung der nachgeahmten Ware oder Dienstleistung unangemessen ausnutzt oder beeinträchtigt oder
   c) die für die Nachahmung erforderlichen Kenntnisse oder Unterlagen unredlich erlangt hat;
10. Mitbewerber gezielt behindert;
11. einer gesetzlichen Vorschrift zuwiderhandelt, die auch dazu bestimmt ist, im Interesse der Marktteilnehmer das Marktverhalten zu regeln.

§ 5. Irreführende geschäftliche Handlungen.

(1) Unlauter handelt, wer eine irreführende geschäftliche Handlung vornimmt. Eine geschäftliche Handlung ist irreführend, wenn sie unwahre Angaben enthält oder sonstige zur Täuschung geeignete Angaben über folgende Umstände enthält:

1. die wesentlichen Merkmale der Ware oder Dienstleistung wie Verfügbarkeit, Art, Ausführung, Vorteile, Risiken, Zusammensetzung, Zubehör, Verfahren und Zeitpunkt der Herstellung, Lieferung oder Erbringung, Zwecktauglichkeit, Verwendungsmöglichkeit, Menge, Beschaffenheit, Kundendienst und Beschwerdeverfahren, geographische oder betriebliche Herkunft, von der Verwendung zu erwartende Ergebnisse oder die Ergebnisse oder wesentlichen Bestandteile von Tests der Waren oder Dienstleistungen;
2. den Anlass des Verkaufs wie das Vorhandensein eines besonderen Preisvorteils, den Preis oder die Art und Weise, in der er berechnet wird, oder die Bedingungen, unter denen die Ware geliefert oder die Dienstleistung erbracht wird;
3. die Person, Eigenschaften oder Rechte des Unternehmers wie Identität, Vermögen einschließlich der Rechte des geistigen Eigentums, den Umfang von Verpflichtungen, Befähigung, Status, Zulassung, Mitgliedschaften oder Beziehungen, Auszeichnungen oder Ehrungen, Beweggründe für die geschäftliche Handlung oder die Art des Vertriebs;
4. Aussagen oder Symbole, die im Zusammenhang mit direktem oder indirektem Sponsoring stehen oder sich auf eine Zulassung des Unternehmers oder der Waren oder Dienstleistungen beziehen;
5. die Notwendigkeit einer Leistung, eines Ersatzteils, eines Austauschs oder einer Reparatur;
6. die Einhaltung eines Verhaltenskodexes, auf den sich der Unternehmer verbindlich verpflichtet hat, wenn er auf diese Bindung hinweist, oder
7. Rechte des Verbrauchers, insbesondere solche auf Grund von Garantieversprechen oder Gewährleistungsrechte bei Leistungsstörungen.

(2) Eine geschäftliche Handlung ist auch irreführend, wenn sie im Zusammenhang mit der Vermarktung von Waren oder Dienstleistungen einschließlich vergleichender Werbung eine Verwechslungsgefahr mit einer anderen Ware oder Dienstleistung oder mit der Marke oder einem anderen Kennzeichen eines Mitbewerbers hervorruft.

(3) Angaben im Sinne von Absatz 1 Satz 2 sind auch Angaben im Rahmen vergleichender Werbung sowie bildliche Darstellungen und

sonstige Veranstaltungen, die darauf zielen und geeignet sind, solche Angaben zu ersetzen.

(4) [1]Es wird vermutet, dass es irreführend ist, mit der Herabsetzung eines Preises zu werben, sofern der Preis nur für eine unangemessen kurze Zeit gefordert worden ist. [2]Ist streitig, ob und in welchem Zeitraum der Preis gefordert worden ist, so trifft die Beweislast denjenigen, der mit der Preisherabsetzung geworben hat.

§ 5a. Irreführung durch Unterlassen.

(1) Bei der Beurteilung, ob das Verschweigen einer Tatsache irreführend ist, sind insbesondere deren Bedeutung für die geschäftliche Entscheidung nach der Verkehrsauffassung sowie die Eignung des Verschweigens zur Beeinflussung der Entscheidung zu berücksichtigen.

(2) Unlauter handelt, wer die Entscheidungsfähigkeit von Verbrauchern im Sinne des § 3 Abs. 2 dadurch beeinflusst, dass er eine Information vorenthält, die im konkreten Fall unter Berücksichtigung aller Umstände einschließlich der Beschränkungen des Kommunikationsmittels wesentlich ist.

4

(3) Werden Waren oder Dienstleistungen unter Hinweis auf deren Merkmale und Preis in einer dem verwendeten Kommunikationsmittel angemessenen Weise so angeboten, dass ein durchschnittlicher Verbraucher das Geschäft abschließen kann, gelten folgende Informationen als wesentlich im Sinne des Absatzes 2, sofern sie sich nicht unmittelbar aus den Umständen ergeben:

1. alle wesentlichen Merkmale der Ware oder Dienstleistung in dem dieser und dem verwendeten Kommunikationsmittel angemessenen Umfang;
2. die Identität und Anschrift des Unternehmers, gegebenenfalls die Identität und Anschrift des Unternehmers, für den er handelt;
3. der Gesamtpreis oder in Fällen, in denen ein solcher Preis auf Grund der Beschaffenheit der Ware oder Dienstleistung nicht im Voraus berechnet werden kann, die Art der Preisberechnung sowie gegebenenfalls alle zusätzlichen Fracht-, Liefer- und Zustellkosten oder in Fällen, in denen diese Kosten nicht im Voraus berechnet werden können, die Tatsache, dass solche zusätzlichen Kosten anfallen können;
4. Zahlungs-, Liefer- und Leistungsbedingungen sowie Verfahren zum Umgang mit Beschwerden, soweit sie von Erfordernissen der fachlichen Sorgfalt abweichen, und
5. das Bestehen eines Rechts zum Rücktritt oder Widerruf.

...

§ 6. Vergleichende Werbung. (1) Vergleichende Werbung ist jede Werbung, die unmittelbar oder mittelbar einen Mitbewerber oder die von einem Mitbewerber angebotenen Waren oder Dienstleistungen erkennbar macht.

(2) Unlauter handelt, wer vergleichend wirbt, wenn der Vergleich

1. sich nicht auf Waren oder Dienstleistungen für den gleichen Bedarf oder dieselbe Zweckbestimmung bezieht,
2. nicht objektiv auf eine oder mehrere wesentliche, relevante, nachprüfbare und typische Eigenschaften oder den Preis dieser Waren oder Dienstleistungen bezogen ist,
3. im geschäftlichen Verkehr zu einer Gefahr von Verwechslungen zwischen dem Werbenden und einem Mitbewerber oder zwischen den von diesen angebotenen Waren oder Dienstleistungen oder den von ihnen verwendeten Kennzeichen führt,
4. den Rat des von einem Mitbewerber verwendeten Kennzeichens in unlauterer Weise ausnutzt oder beeinträchtigt,
5. die Waren, Dienstleistungen, Tätigkeiten oder persönlichen oder geschäftlichen Verhältnisse eines Mitbewerbers herabsetzt oder verunglimpft oder
6. eine Ware oder Dienstleistung als Imitation oder Nachahmung einer unter einem geschützten Kennzeichen vertriebenen Ware oder Dienstleistung darstellt.

§ 7. Unzumutbare Belästigungen. (1) Eine geschäftliche Handlung, durch die ein Marktteilnehmer in unzumutbarer Weise belästigt wird, ist unzulässig. Dies gilt insbesondere für Werbung, obwohl erkennbar ist, dass der angesprochene Marktteilnehmer diese Werbung nicht wünscht.

(2) Eine unzumutbare Belästigung ist stets anzunehmen

1. bei Werbung unter Verwendung eines in den Nummern 2 und 3 nicht aufgeführten, für den Fernabsatz geeigneten Mittels der kommerziellen Kommunikation, durch die ein Verbraucher hartnäckig angesprochen wird, obwohl er dies erkennbar nicht wünscht;
2. bei Werbung mit einem Telefonanruf gegenüber einem Verbrauchern ohne dessen vorherige ausdrückliche Einwilligung oder gegenüber einem sonstigen Marktteilnehmer ohne dessen zumindest mutmaßliche Einwilligung;
3. bei Werbung unter Verwendung einer automatischen Anrufmaschine, eines Faxgerätes oder elektronischer Post, ohne dass eine vorherige ausdrückliche Einwilligung des Adressaten vorliegt, oder
4. bei Werbung mit einer Nachricht
   a) bei der die Identität des Absenders, in dessen Auftrag die Nachricht übermittelt

wird, verschleiert oder verheimlicht wird oder
b) bei der gegen § 6 Absatz 1 des Telemediengesetzes verstoßen wird oder in der der Empfänger aufgefordert wird, eine Website aufzurufen, die gegen diese Vorschrift verstößt, oder
c) bei der keine gültige Adresse vorhanden ist, an die der Empfänger eine Aufforderung zur Einstellung solcher Nachrichten richten kann, ohne dass hierfür andere als die Übermittlungskosten nach den Basistarifen entstehen.

(3) Abweichend von Absatz 2 Nr. 3 ist eine unzumutbare Belästigung bei einer Werbung unter Verwendung elektronischer Post nicht anzunehmen, wenn
1. ein Unternehmer im Zusammenhang mit dem Verkauf einer Ware oder Dienstleistung von dem Kunden dessen elektronische Postadresse erhalten hat,
2. der Unternehmer die Adresse zur Direktwerbung für eigene ähnliche Waren oder Dienstleistungen verwendet,
3. der Kunde der Verwendung nicht widersprochen hat und
4. der Kunde bei Erhebung der Adresse und bei jeder Verwendung klar und deutlich darauf hingewiesen wird, dass er der Verwendung jederzeit widersprechen kann, ohne dass hierfür andere als die Übermittlungskosten nach den Basistarifen entstehen.

Rechtsfolgen

§ 8. Beseitigung und Unterlassung. (1) [1]Wer eine nach § 3 oder § 7 unzulässige geschäftliche Handlung vornimmt, kann auf Beseitigung und bei Wiederholungsgefahr auf Unterlassung in Anspruch genommen werden. [2]Der Anspruch auf Unterlassung besteht bereits dann, wenn eine derartige Zuwiderhandlung gegen § 3 oder § 7 droht.

(2) Werden die Zuwiderhandlungen in einem Unternehmen von einem Mitarbeiter oder Beauftragten begangen, so sind der Unterlassungsanspruch und der Beseitigungsanspruch auch gegen den Inhaber des Unternehmens begründet.

(3) Die Ansprüche aus Absatz 1 stehen zu:
1. jedem Mitbewerber;
2. rechtsfähigen Verbänden zur Förderung gewerblicher oder selbständiger beruflicher Interessen, …
3. qualifizierten Einrichtungen, …
4. den Industrie- und Handelskammern oder den Handwerkskammern.

(4) Die Geltendmachung der in Absatz 1 bezeichneten Ansprüche ist unzulässig, wenn sie unter Berücksichtigung der gesamten Umstände missbräuchlich ist, insbesondere wenn sie vorwiegend dazu dient, gegen den Zuwiderhandelnden einen Anspruch auf Ersatz von Aufwendungen oder Kosten der Rechtsverfolgung entstehen zu lassen.

…

§ 9. Schadensersatz. (1) Wer vorsätzlich oder fahrlässig eine nach § 3 oder § 7 unzulässige geschäftliche Handlung vornimmt, ist den Mitbewerbern zum Ersatz des daraus entstehenden Schadens verpflichtet. Gegen verantwortliche Personen von periodischen Druckschriften kann der Anspruch auf Schadensersatz nur bei einer vorsätzlichen Zuwiderhandlung geltend gemacht werden.

§ 10. Gewinnabschöpfung. (1) Wer vorsätzlich eine nach § 3 oder § 7 unzulässige geschäftliche Handlung vornimmt, zuwiderhandelt und hierdurch zu Lasten einer Vielzahl von Abnehmern einen Gewinn erzielt, kann von den gemäß § 8 Abs. 3 Nr. 2 bis 4 zur Geltendmachung eines Unterlassungsanspruchs Berechtigten auf Herausgabe dieses Gewinns an den Bundeshaushalt in Anspruch genommen werden.

…

§ 11. Verjährung. (1) Die Ansprüche aus §§ 8, 9 und 12 Abs. 1 Satz 2 verjähren in sechs Monaten.

(2) Die Verjährungsfrist beginnt, wenn
1. der Anspruch entstanden ist und
2. der Gläubiger von den den Anspruch begründenden Umständen und der Person des Schuldners Kenntnis erlangt oder ohne grobe Fahrlässigkeit erlangen müsste.

(3) Schadensersatzansprüche verjähren ohne Rücksicht auf die Kenntnis oder grob fahrlässige Unkenntnis in zehn Jahren von ihrer Entstehung, spätestens in 30 Jahren von der den Schaden auslösenden Handlung an.

(4) Andere Ansprüche verjähren ohne Rücksicht auf die Kenntnis oder grob fahrlässige Unkenntnis in drei Jahren von der Entstehung an.

Verfahrensvorschriften

§ 12. Anspruchsdurchsetzung, Veröffentlichungsbefugnis, Streitwertminderung. (1) [1]Die zur Geltendmachung eines Unterlassungsanspruchs Berechtigten sollen den Schuldner vor der Einleitung eines gerichtlichen Verfahrens abmahnen und ihm Gelegenheit geben, den Streit durch Abgabe einer mit einer angemessenen Vertragsstrafe bewehrten Unterlassungsverpflichtung beizulegen. [2]Soweit die Abmahnung berechtigt ist, kann der

4

Ersatz der erforderlichen Aufwendungen verlangt werden.

(2) Zur Sicherung der in diesem Gesetz bezeichneten Ansprüche auf Unterlassung können einstweilige Verfügungen … erlassen werden.

(3) Ist auf Grund dieses Gesetzes Klage auf Unterlassung erhoben worden, so kann das Gericht der obsiegenden Partei die Befugnis zusprechen, das Urteil auf Kosten der unterliegenden Partei öffentlich bekannt zu machen, wenn sie ein berechtigtes Interesse dartut. …

§ 13. Sachliche Zuständigkeit. (1) Für alle bürgerlichen Rechtsstreitigkeiten, mit denen ein Anspruch auf Grund dieses Gesetzes geltend gemacht wird, sind die Landgerichte ausschließlich zuständig. …

(2) [1]Die Landesregierungen werden ermächtigt, durch Rechtsverordnung für die Bezirke mehrerer Landgerichte eines von ihnen als Gericht für Wettbewerbsstreitsachen zu bestimmen, wenn dies der Rechtspflege in Wettbewerbsstreitsachen, insbesondere der Sicherung einer einheitlichen Rechtsprechung, dienlich ist. [2]Die Landesregierungen können die Ermächtigung auf die Landesjustizverwaltungen übertragen.

4

§ 14. Örtliche Zuständigkeit. (1) [1]Für Klagen auf Grund dieses Gesetzes ist das Gericht zuständig, in dessen Bezirk der Beklagte seine gewerbliche oder selbständige berufliche Niederlassung oder in Ermangelung einer solchen seinen Wohnsitz hat. [2]Hat der Beklagte auch keinen Wohnsitz, so ist sein inländischer Aufenthaltsort maßgeblich.

…

§ 15. Einigungsstellen. (1) Die Landesregierungen errichten bei Industrie- und Handelskammern Einigungsstellen zur Beilegung von bürgerlichen Rechtsstreitigkeiten, in denen ein Anspruch auf Grund dieses Gesetzes geltend gemacht wird (Einigungsstellen).

…

Strafvorschriften

§ 16. Strafbare Werbung. (1) Wer in der Absicht, den Anschein eines besonders günstigen Angebots hervorzurufen, in öffentlichen Bekanntmachungen oder in Mitteilungen, die für einen größeren Kreis von Personen bestimmt sind, durch unwahre Angaben irreführend wirbt, wird mit Freiheitsstrafe bis zu zwei Jahren oder mit Geldstrafe bestraft.

(2) Wer es im geschäftlichen Verkehr unternimmt, Verbraucher zur Abnahme von Waren, Dienstleistungen oder Rechten durch das Versprechen zu veranlassen, sie würden entweder vom Veranstalter selbst oder von einem Dritten besondere Vorteile erlangen, wenn sie andere zum Abschluss gleichartiger Geschäfte veranlassen, die ihrerseits nach der Art dieser Werbung derartige Vorteile für eine entsprechende Werbung weiterer Abnehmer erlangen sollen, wird mit Freiheitsstrafe bis zu zwei Jahren oder mit Geldstrafe bestraft.

§ 17. Verrat von Geschäfts- und Betriebsgeheimnissen. (1) Wer als eine bei einem Unternehmen beschäftigte Person ein Geschäfts- oder Betriebsgeheimnis, das ihr im Rahmen des Dienstverhältnisses anvertraut worden oder zugänglich geworden ist, während der Geltungsdauer des Dienstverhältnisses unbefugt an jemand zu Zwecken des Wettbewerbs, aus Eigennutz, zugunsten eines Dritten oder in der Absicht, dem Inhaber des Unternehmens Schaden zuzufügen, mitteilt, wird mit Freiheitsstrafe bis zu drei Jahren oder mit Geldstrafe bestraft.

(2) Ebenso wird bestraft, wer zu Zwecken des Wettbewerbs, aus Eigennutz, zugunsten eines Dritten oder in der Absicht, dem Inhaber des Unternehmens Schaden zuzufügen,

1. sich ein Geschäfts- oder Betriebsgeheimnis durch
   a) Anwendung technischer Mittel,
   b) Herstellung einer verkörperten Wiedergabe des Geheimnisses oder
   c) Wegnahme einer Sache, in der das Geheimnis verkörpert ist,

   unbefugt verschafft oder sichert oder
2. ein Geschäfts- oder Betriebsgeheimnis, das er durch eine der in Absatz 1 bezeichneten Mitteilungen oder durch eine eigene oder fremde Handlung nach Nummer 1 erlangt oder sich sonst unbefugt verschafft oder gesichert hat, unbefugt verwertet oder jemandem mitteilt.

(3) Der Versuch ist strafbar.

(4) [1]In besonders schweren Fällen ist die Strafe Freiheitsstrafe bis zu fünf Jahren oder Geldstrafe. [2]Ein besonders schwerer Fall liegt in der Regel vor, wenn der Täter

1. gewerbsmäßig handelt,
2. bei der Mitteilung weiß, dass das Geheimnis im Ausland verwertet werden soll, oder
3. eine Verwertung nach Absatz 2 Nr. 2 im Ausland selbst vornimmt.

…

§ 18. Verwertung von Vorlagen. (1) Wer die ihm im geschäftlichen Verkehr anvertrauten Vorlagen oder Vorschriften technischer Art, insbesondere Zeichnungen, Modelle, Schablonen, Schnitte, Rezepte, zu Zwecken des Wettbewerbs oder aus Eigennutz unbefugt verwertet oder jemandem mitteilt, wird mit Freiheitsstrafe bis zu zwei Jahren oder mit Geldstrafe bestraft.

(2) Der Versuch ist strafbar.

...

§ 19. Verleiten und Erbieten zum Verrat.

(1) Wer zu Zwecken des Wettbewerbs oder aus Eigennutz jemanden zu bestimmen versucht, eine Straftat nach § 17 oder § 18 zu begehen oder zu einer solchen Straftat anzustiften, wird mit Freiheitsstrafe bis zu zwei Jahren oder mit Geldstrafe bestraft.

(2) Ebenso wird bestraft, wer zu Zwecken des Wettbewerbs oder aus Eigennutz sich bereit erklärt oder das Erbieten eines anderen annimmt oder mit einem anderen verabredet, eine Straftat nach § 17 oder § 18 zu begehen oder zu ihr anzustiften.

...

Anhang. (zu § 3 Abs. 3). Unzulässige geschäftliche Handlungen im Sinne des § 3 Abs. 3 sind

1. die unwahre Angabe eines Unternehmers, zu den Unterzeichnern eines Verhaltenskodexes zu gehören;
2. die Verwendung von Gütezeichen, Qualitätskennzeichen oder Ähnlichem ohne die erforderliche Genehmigung;
3. die unwahre Angabe, ein Verhaltenskodex sei von einer öffentlichen oder anderen Stelle gebilligt;
4. die unwahre Angabe, ein Unternehmer, eine von ihm vorgenommene geschäftliche Handlung oder eine Ware oder Dienstleistung sei von einer öffentlichen oder privaten Stelle bestätigt, gebilligt oder genehmigt worden, oder die unwahre Angabe, den Bedingungen für die Bestätigung, Billigung oder Genehmigung werde entsprochen;
5. Waren- oder Dienstleistungsangebote im Sinne des § 5a Abs. 3 zu einem bestimmten Preis, wenn der Unternehmer nicht darüber aufklärt, dass er hinreichende Gründe für die Annahme hat, er werde nicht in der Lage sein, diese oder gleichartige Waren oder Dienstleistungen für einen angemessenen Zeitraum in angemessener Menge zum genannten Preis bereitzustellen oder bereitstellen zu lassen (Lockangebote). Ist die Bevorratung kürzer als zwei Tage, obliegt es dem Unternehmer, die Angemessenheit nachzuweisen;
6. Waren- oder Dienstleistungsangebote im Sinne des § 5a Abs. 3 zu einem bestimmten Preis, wenn der Unternehmer sodann in der Absicht, stattdessen eine andere Ware oder Dienstleistung abzusetzen, eine fehlerhafte Ausführung der Ware oder Dienstleistung vorführt oder sich weigert zu zeigen, was er beworben hat, oder sich weigert, Bestellungen dafür anzunehmen oder die beworbene Leistung innerhalb einer vertretbaren Zeit zu erbringen;
7. die unwahre Angabe, bestimmte Waren oder Dienstleistungen seien allgemein oder zu bestimmten Bedingungen nur für einen sehr begrenzten Zeitraum verfügbar, um den Verbraucher zu einer sofortigen geschäftlichen Entscheidung zu veranlassen, ohne dass dieser Zeit und Gelegenheit hat, sich auf Grund von Informationen zu entscheiden;
8. Kundendienstleistungen in einer anderen Sprache als derjenigen, in der die Verhandlungen vor dem Abschluss des Geschäfts geführt worden sind, wenn die ursprünglich verwendete Sprache nicht Amtssprache des Mitgliedstaats ist, in dem der Unternehmer niedergelassen ist; dies gilt nicht, soweit Verbraucher vor dem Abschluss des Geschäfts darüber aufgeklärt werden, dass diese Leistungen in einer anderen als der ursprünglich verwendeten Sprache erbracht werden;
9. die unwahre Angabe oder das Erwecken des unzutreffenden Eindrucks, eine Ware oder Dienstleistung sei verkehrsfähig;
10. die unwahre Angabe oder das Erwecken des unzutreffenden Eindrucks, gesetzlich bestehende Rechte stellten eine Besonderheit des Angebots dar;
11. der vom Unternehmer finanzierte Einsatz redaktioneller Inhalte zu Zwecken der Verkaufsförderung, ohne dass sich dieser Zusammenhang aus dem Inhalt oder aus der Art der optischen oder akustischen Darstellung eindeutig ergibt (als Information getarnte Werbung);
12. unwahre Angaben über Art und Ausmaß einer Gefahr für die persönliche Sicherheit des Verbrauchers oder seiner Familie für den Fall, dass er die angebotene Ware nicht erwirbt oder die angebotene Dienstleistung nicht in Anspruch nimmt;
13. Werbung für eine Ware oder Dienstleistung, die der Ware oder Dienstleistung eines Mitbewerbers ähnlich ist, wenn dies in der Absicht geschieht, über die betriebliche Herkunft der beworbenen Ware oder Dienstleistung zu täuschen;
14. die Einführung, der Betrieb oder die Förderung eines Systems zur Verkaufsförderung, das den Eindruck vermittelt, allein oder hauptsächlich durch die Einführung weiterer Teilnehmer in das System könne eine Vergütung erlangt werden (Schneeball- oder Pyramidensystem);

15. die unwahre Angabe, der Unternehmer werde demnächst sein Geschäft aufgeben oder seine Geschäftsräume verlegen;
16. die Angabe, durch eine bestimmte Ware oder Dienstleistung ließen sich die Gewinnchancen bei einem Glücksspiel erhöhen;
17. die unwahre Angabe oder das Erwecken des unzutreffenden Eindrucks, der Verbraucher habe bereits einen Preis gewonnen oder werde ihn gewinnen oder werde durch eine bestimmte Handlung einen Preis gewinnen oder einen sonstigen Vorteil erlangen, wenn es einen solchen Preis oder Vorteil tatsächlich nicht gibt, oder wenn jedenfalls die Möglichkeit, einen Preis oder sonstigen Vorteil zu erlangen, von der Zahlung eines Geldbetrags oder der Übernahme von Kosten abhängig gemacht wird;
18. die unwahre Angabe, eine Ware oder Dienstleistung könne Krankheiten, Funktionsstörungen oder Missbildungen heilen;
19. eine unwahre Angabe über die Marktbedingungen oder Bezugsquellen, um den Verbraucher dazu zu bewegen, eine Ware oder Dienstleistung zu weniger günstigen Bedingungen als den allgemeinen Marktbedingungen abzunehmen oder in Anspruch zu nehmen;
20. das Angebot eines Wettbewerbs oder Preisausschreibens, wenn weder die in Aussicht gestellten Preise noch ein angemessenes Äquivalent vergeben werden;
21. das Angebot einer Ware oder Dienstleistung als „gratis", „umsonst", „kostenfrei" oder dergleichen, wenn hierfür gleichwohl Kosten zu tragen sind; dies gilt nicht für Kosten, die im Zusammenhang mit dem Eingehen auf das Waren- oder Dienstleistungsangebot oder für die Abholung oder Lieferung der Ware oder die Inanspruchnahme der Dienstleistung unvermeidbar sind;
22. die Übermittlung von Werbematerial unter Beifügung einer Zahlungsaufforderung, wenn damit der unzutreffende Eindruck vermittelt wird, die beworbene Ware oder Dienstleistung sei bereits bestellt;
23. die unwahre Angabe oder das Erwecken des unzutreffenden Eindrucks, der Unternehmer sei Verbraucher oder nicht für Zwecke seines Geschäfts, Handels, Gewerbes oder Berufs tätig;
24. die unwahre Angabe oder das Erwecken des unzutreffenden Eindrucks, es sei im Zusammenhang mit Waren oder Dienstleistungen in einem anderen Mitgliedstaat der Europäischen Union als dem des Warenverkaufs oder der Dienstleistung ein Kundendienst verfügbar;
25. das Erwecken des Eindrucks, der Verbraucher könne bestimmte Räumlichkeiten nicht ohne vorherigen Vertragsabschluss verlassen;
26. bei persönlichem Aufsuchen in der Wohnung die Nichtbeachtung einer Aufforderung des Besuchten, diese zu verlassen oder nicht zu ihr zurückzukehren, es sei denn, der Besuch ist zur rechtmäßigen Durchsetzung einer vertraglichen Verpflichtung gerechtfertigt;
27. Maßnahmen, durch die der Verbraucher von der Durchsetzung seiner vertraglichen Rechte aus einem Versicherungsverhältnis dadurch abgehalten werden soll, dass von ihm bei der Geltendmachung seines Anspruchs die Vorlage von Unterlagen verlangt wird, die zum Nachweis dieses Anspruchs nicht erforderlich sind, oder dass Schreiben zur Geltendmachung eines solchen Anspruchs systematisch nicht beantwortet werden;
28. die in eine Werbung einbezogene unmittelbare Aufforderung an Kinder, selbst die beworbene Ware zu erwerben oder die beworbene Dienstleistung in Anspruch zu nehmen oder ihre Eltern oder andere Erwachsene dazu zu veranlassen;
29. die Aufforderung zur Bezahlung nicht bestellter Waren oder Dienstleistungen oder eine Aufforderung zur Rücksendung oder Aufbewahrung nicht bestellter Sachen, sofern es sich nicht um eine nach den Vorschriften über Vertragsabschlüsse im Fernabsatz zulässige Ersatzlieferung handelt, und
30. die ausdrückliche Angabe, dass der Arbeitsplatz oder Lebensunterhalt des Unternehmers gefährdet sei, wenn der Verbraucher die Ware oder Dienstleistung nicht abnehme.

4

Gesetz über die Preisangaben

In der Fassung vom 3. Dezember 1984, mit Änderungen bis zum 7. September 2007

§ 1. [1]Zum Zwecke der Unterrichtung und des Schutzes der Verbraucher und zur Förderung des Wettbewerbs sowie zur Durchführung von diesen Zwecken dienenden Rechtsakten der Organe der Europäischen Gemeinschaften wird der Bundesminister für Wirtschaft und Technologie ermächtigt, durch Rechtsverordnung mit Zustimmung des Bundesrates zu bestimmen, daß und auf welche Art und Weise beim Anbieten von Waren oder Leistungen gegenüber Letztverbrauchern oder bei der Werbung für Waren oder Leistungen gegenüber Letztverbrauchern Preise und die Verkaufs- oder Leistungseinheiten sowie Gütebezeichnungen, auf die sich die Preise beziehen, anzugeben sind. [2]Bei Leistungen der elektronischen Informations- und Kommunikationsdienste können auch Bestimmungen über die Angabe des Preisstandes fortlaufender Leistungen getroffen werden.

§ 2. (aufgehoben)

§ 3. (1) [1]Soweit es erforderlich ist, um die Einhaltung einer auf Grund dieses Gesetzes erlassenen Rechtsverordnung zu überwachen, können die hierfür zuständigen Behörden von dem zur Preisangabe Verpflichteten Auskünfte verlangen. [2]Sie können zu diesem Zweck auch seine Grundstücke, Geschäftsräume und Betriebsanlagen während der Geschäfts- und Betriebszeiten betreten und dort Besichtigungen und Prüfungen vornehmen sowie Einblick in geschäftliche Unterlagen verlangen.

Preisangabenverordnung

In der Fassung der Bekanntmachung vom 18. Oktober 2002, mit Änderungen bis zum 20. September 2013

§ 1. Grundvorschriften. (1) [1]Wer Letztverbrauchern gewerbs- oder geschäftsmäßig oder regelmäßig in sonstiger Weise Waren oder Leistungen anbietet oder als Anbieter von Waren oder Leistungen gegenüber Letztverbrauchern unter Angabe von Preisen wirbt, hat die Preise anzugeben, die einschließlich der Umsatzsteuer und sonstiger Preisbestandteile zu zahlen sind (Gesamtpreise). [2]Soweit es der allgemeinen Verkehrsauffassung entspricht, sind auch die Verkaufs- oder Leistungseinheit und die Gütebezeichnung anzugeben, auf die sich die Preise beziehen. [3]Auf die Bereitschaft, über den angegebenen Preis zu verhandeln, kann hingewiesen werden, soweit es der allgemeinen Verkehrsauffassung entspricht und Rechtsvorschriften nicht entgegenstehen.

(2) [1]Wer Letztverbrauchern gewerbs- oder geschäftsmäßig oder regelmäßig in sonstiger Weise Waren oder Leistungen zum Abschluss eines Fernabsatzvertrages anbietet, hat zusätzlich zu Absatz 1 und § 2 Absatz 2 anzugeben,

1. dass die für Waren oder Leistungen geforderten Preise die Umsatzsteuer und sonstige Preisbestandteile enthalten und
2. ob zusätzlich Fracht-, Liefer- oder Versandkosten oder sonstige Kosten anfallen.

Fallen zusätzliche Fracht-, Liefer- oder Versandkosten oder sonstige Kosten an, so ist deren Höhe anzugeben, soweit diese Kosten vernünftigerweise im Voraus berechnet werden können.

(6) [1]Die Angaben nach dieser Verordnung müssen der allgemeinen Verkehrsauffassung und den Grundsätzen von Preisklarheit und Preiswahrheit entsprechen. [2]Wer zu Angaben nach dieser Verordnung verpflichtet ist, hat diese dem Angebot oder der Werbung eindeutig zuzuordnen sowie leicht erkennbar und deutlich lesbar oder sonst gut wahrnehmbar zu machen. [3]Bei der Aufgliederung von Preisen sind die Endpreise hervorzuheben.

§ 2. Grundpreis. (1) [1]Wer Letztverbrauchern gewerbs- oder geschäftsmäßig oder regelmäßig in sonstiger Weise Waren in Fertigpackungen, offenen Packungen oder als Verkaufseinheiten ohne Umhüllung nach Gewicht, Volumen, Länge oder Fläche anbietet, hat neben dem Gesamtpreis auch den Preis je Mengeneinheit einschließlich der Umsatzsteuer und sonstiger Preisbestandteile (Grundpreis) in unmittelbarer Nähe des Gesamtpreises gemäß Absatz 3 Satz 1, 2, 4 oder 5 anzugeben. [2]Dies gilt auch für denjenigen, der als Anbieter dieser Waren gegenüber Letztverbrauchern unter Angabe von Preisen wirbt. [3]Auf die Angabe des Grundpreises kann verzichtet werden, wenn dieser mit dem Gesamtpreis identisch ist.

(2) Wer Letztverbrauchern gewerbs- oder geschäftsmäßig oder regelmäßig in sonstiger Weise unverpackte Waren, die in deren Anwesenheit oder auf deren Veranlassung abgemessen werden (lose Ware), nach Gewicht, Volumen, Länge oder Fläche anbietet oder als Anbieter dieser Waren gegenüber Letztverbrauchern unter Angabe von Preisen wirbt, hat lediglich den Grundpreis gemäß Absatz 3 anzugeben.

(3) [1]Die Mengeneinheit für den Grundpreis ist jeweils 1 Kilogramm, 1 Liter, 1 Kubikmeter, 1 Meter oder 1 Quadratmeter der Ware. [2]Bei Waren, deren Nenngewicht oder Nennvolumen üblicherweise 250 Gramm oder Milliliter nicht übersteigt, dürfen als Mengeneinheit für den Grundpreis 100 Gramm oder Milliliter verwendet werden. [3]Bei nach Gewicht oder nach Volumen angebotener loser Ware ist als Mengeneinheit für den Grundpreis entsprechend der allgemeinen Verkehrsauffassung entweder 1 Kilogramm oder 100 Gramm oder 1 Liter oder 100 Milliliter zu verwenden. [4]Bei Waren, die üblicherweise in Mengen von 100 Liter und mehr, 50 Kilogramm und mehr oder 100 Meter und mehr abgegeben werden, ist für den Grundpreis die Mengeneinheit zu verwenden, die der allgemeinen Verkehrsauffassung entspricht. [5]Bei Waren, bei denen das Abtropfgewicht anzugeben ist, ist der Grundpreis auf das angegebene Abtropfgewicht zu beziehen.

(4) [1]Bei Haushaltswaschmitteln kann als Mengeneinheit für den Grundpreis eine übliche Anwendung verwendet werden. [2]Dies gilt auch für Wasch- und Reinigungsmittel, sofern sie einzeln portioniert sind und die Zahl der Portionen zusätzlich zur Gesamtfüllmenge angegeben ist.

§ 3. Elektrizität, Gas, Fernwärme und Wasser. [1]Wer Letztverbrauchern gewerbs- oder geschäftsmäßig oder regelmäßig in sonstiger Weise Elektrizität, Gas, Fernwärme oder Wasser leitungsgebunden anbietet oder als Anbieter dieser Waren gegenüber Letztverbrauchern unter Angabe von Preisen wirbt, hat den verbrauchsabhängigen Preis je Mengeneinheit einschließlich der Umsatzsteuer und aller spezifischen Verbrauchssteuern (Arbeits- oder Mengenpreis) gemäß Satz 2 im Angebot oder in der Werbung anzugeben. [2]Als Mengeneinheit für

4

den Arbeitspreis bei Elektrizität, Gas und Fernwärme ist 1 Kilowattstunde und für den Mengenpreis bei Wasser 1 Kubikmeter zu verwenden. …

§ 4. Handel. (1) Waren, die in Schaufenstern, Schaukästen, innerhalb oder außerhalb des Verkaufsraumes auf Verkaufsständen oder in sonstiger Weise sichtbar ausgestellt werden, und Waren, die vom Verbraucher unmittelbar entnommen werden können, sind durch Preisschilder oder Beschriftung der Ware auszuzeichnen.

(2) Waren, die nicht unter den Voraussetzungen des Absatzes 1 im Verkaufsraum zum Verkauf bereitgehalten werden, sind entweder nach Absatz 1 auszuzeichnen oder dadurch, dass die Behältnisse oder Regale, in denen sich die Waren befinden, beschriftet werden oder dass Preisverzeichnisse angebracht oder zur Einsichtnahme aufgelegt werden.

(3) Waren, die nach Musterbüchern angeboten werden, sind dadurch auszuzeichnen, dass die Preise für die Verkaufseinheit auf den Mustern oder damit verbundenen Preisschildern oder Preisverzeichnissen angegeben werden.

(4) Waren, die nach Katalogen oder Warenlisten oder auf Bildschirmen angeboten werden, sind dadurch auszuzeichnen, dass die Preise unmittelbar bei den Abbildungen oder Beschreibungen der Waren oder in mit den Katalogen oder Warenlisten im Zusammenhang stehenden Preisverzeichnissen angegeben werden.

(5) Auf Angebote von Waren, deren Preise üblicherweise aufgrund von Tarifen oder Gebührenregelungen bemessen werden, ist § 5 Abs. 1 und 2 entsprechend anzuwenden.

§ 5. Leistungen. (1) [1]Wer Leistungen anbietet, hat ein Preisverzeichnis mit den Preisen für seine wesentlichen Leistungen oder in den Fällen des § 1 Abs. 3 mit seinen Verrechnungssätzen aufzustellen. [2]Dieses ist im Geschäftslokal oder am sonstigen Ort des Leistungsangebots und, sofern vorhanden, zusätzlich im Schaufenster oder Schaukasten anzubringen.

(2) Werden entsprechend der allgemeinen Verkehrsauffassung die Preise und Verrechnungssätze für sämtliche angebotenen Leistungen in Preisverzeichnisse aufgenommen, so sind diese zur Einsichtnahme am Ort des Leistungsangebots bereitzuhalten, wenn das Anbringen der Preisverzeichnisse wegen ihres Umfangs nicht zumutbar ist.

(3) Werden die Leistungen in Fachabteilungen von Handelsbetrieben angeboten, so genügt das Anbringen der Preisverzeichnisse in den Fachabteilungen.

§ 6. Kredite. (1) [1]Bei Krediten sind als Preis die Gesamtkosten als jährlicher Vomhundertsatz des Kredits anzugeben und als „effektiver Jahreszins" zu bezeichnen. [2]Satz 1 gilt auch beim Angebot eines Sollzinses für die Vertragslaufzeit nach Ablauf einer Sollzinsbindung.

(2) [1]Der anzugebende Vomhundertsatz gemäß Absatz 1 ist mit der in der Anlage angegebenen mathematischen Formel und nach den in der Anlage zugrunde gelegten Vorgehensweisen zu berechnen. [2]Er beziffert den Zinssatz, mit dem sich der Kredit bei regelmäßigem Kreditverlauf, ausgehend von den tatsächlichen Zahlungen des Kreditgebers und des Kreditnehmers, auf der Grundlage taggenauer Verrechnung aller Leistungen abrechnen lässt. [3]Es gilt die exponentielle Verzinsung auch im unterjährigen Bereich. [4]Ist im Vertrag eine Anpassung des Sollzinssatzes oder anderer preisbestimmender Faktoren vorbehalten (§ 1 Abs. 5), sind die zum Zeitpunkt des Angebots oder der Werbung geltenden preisbestimmenden Faktoren zugrunde zu legen. [5]Der anzugebende Vomhundertsatz ist mit der im Kreditgewerbe üblichen Genauigkeit zu berechnen.

(3) In die Berechnung des anzugebenden Vomhundertsatzes sind als Gesamtkosten die vom Kreditnehmer zu entrichtenden Zinsen und alle sonstigen Kosten einschließlich etwaiger Vermittlungskosten, die der Kreditnehmer im Zusammenhang mit dem Kreditvertrag zu entrichten hat und die dem Kreditgeber bekannt sind, mit Ausnahme folgender Kosten einzubeziehen:

1. Kosten, die vom Kreditnehmer bei Nichterfüllung seiner Verpflichtungen aus dem Kreditvertrag zu tragen sind;
2. Kosten mit Ausnahme des Kaufpreises, die vom Kreditnehmer beim Erwerb von Waren oder Dienstleistungen unabhängig davon zu tragen sind, ob es sich um ein Bar- oder Kreditgeschäft handelt;
3. Kosten für die Führung eines Kontos, auf dem sowohl Zahlungen als auch in Anspruch genommene Kreditbeträge verbucht werden, Kosten für die Verwendung eines Zahlungsauthentifizierungsinstruments, mit dem sowohl Zahlungen getätigt als auch Kreditbeträge in Anspruch genommen werden können, sowie sonstige Kosten für Zahlungsgeschäfte, es sei denn, die Kontoeröffnung ist Voraussetzung für die Kreditvergabe oder die mit dem Konto verbundenen Kosten sind weder im Kreditvertrag noch in einem anderen mit dem Verbraucher geschlossenen Vertrag klar und getrennt ausgewiesen;
4. Kosten für solche Versicherungen und für solche anderen Zusatzleistungen, die keine Voraussetzung für die Kreditvergabe oder für

die Kreditvergabe zu den vorgesehenen Vertragsbedingungen sind;
5. Notarkosten;
6. Kosten für Sicherheiten bei Immobiliardarlehensverträgen im Sinne des § 503 des Bürgerlichen Gesetzbuchs.

(4) Ist eine Änderung des Sollzinssatz oder sonstiger in die Berechnung des anzugebenden Vomhundertsatzes einzubeziehender Kosten vorbehalten und ist ihre zahlenmäßige Bestimmung im Zeitpunkt der Berechnung des anzugebenden Vomhundertsatzes nicht möglich, so wird bei der Berechnung von der Annahme ausgegangen, dass der Zinssatz und die sonstigen Kosten gemessen an der ursprünglichen Höhe fest bleiben und bis zum Ende des Kreditvertrages gelten.

(5) Erforderlichenfalls ist bei der Berechnung des anzugebenden Vomhundertsatzes von den in der Anlage niedergelegten Annahmen auszugehen.

(6) Wird die Gewährung eines Kredits allgemein von einer Mitgliedschaft oder vom Abschluss einer Versicherung abhängig gemacht, so ist dies anzugeben.

4

(7) [1]Bei Bauspardarlehen ist bei der Berechnung des anzugebenden Vomhundertsatzes davon auszugehen, dass im Zeitpunkt der Kreditauszahlung das vertragliche Mindestspargutheben angespart ist. [2]Von der Abschlussgebühr ist im Zweifel lediglich der Teil zu berücksichtigen, der auf den Darlehensanteil der Bausparsumme entfällt. [3]Bei Krediten, die der Vor- oder Zwischenfinanzierung von Leistungen einer Bausparkasse aus Bausparverträgen dienen und deren preisbestimmende Faktoren bis zur Zuteilung unveränderbar sind, ist als Laufzeit von den Zuteilungsfristen auszugehen, die sich aus der Zielbewertungszahl für Bausparverträge gleicher Art ergeben.

§ 7. Gaststättengewerbe, Beherbergungsbetriebe. (1) [1]In Gaststätten und ähnlichen Betrieben, in denen Speisen oder Getränke angeboten werden, sind die Preise in Preisverzeichnissen anzugeben. [2]Die Preisverzeichnisse sind entweder auf Tischen aufzulegen oder jedem Gast vor Entgegennahme von Bestellungen und auf Verlangen bei Abrechnung vorzulegen oder gut lesbar anzubringen. [3]Werden Speisen und Getränke gemäß § 4 Abs. 1 angeboten, so muss die Preisangabe dieser Vorschrift entsprechen.

(2) [1]Neben dem Eingang der Gaststätte ist ein Preisverzeichnis anzubringen, aus dem die Preise für die wesentlichen angebotenen Speisen und Getränke ersichtlich sind. [2]Ist der Gaststättenbetrieb Teil eines Handelsbetriebes, so genügt das Anbringen des Preisverzeichnisses am Eingang des Gaststättenteils.

(3) In Beherbergungsbetrieben ist beim Eingang oder bei der Anmeldestelle des Betriebes an gut sichtbarer Stelle ein Verzeichnis anzubringen oder auszulegen, aus dem die Preise der im Wesentlichen angebotenen Zimmer und gegebenenfalls der Frühstückspreis ersichtlich sind.

(4) Kann in Gaststätten- und Beherbungsbetrieben eine Telekommunikationsanlage benutzt werden, so ist der bei Benutzung geforderte Preis je Minute oder je Benutzung in der Nähe der Telekommunikationsanlage anzugeben.

(5) Die in den Preisverzeichnissen aufgeführten Preise müssen das Bedienungsgeld und sonstige Zuschläge einschließen.

§ 8. Tankstellen, Parkplätze. (1) [1]An Tankstellen sind die Kraftstoffpreise so auszuzeichnen, dass sie
1. für den auf der Straße heranfahrenden Kraftfahrer,
2. auf Bundesautobahnen für den in den Tankstellenbereich einfahrenden Kraftfahrer

deutlich lesbar sind. [2]Dies gilt nicht für Kraftstoffmischungen, die erst in der Tankstelle hergestellt werden.

§ 9. Ausnahmen. (1) Die Vorschriften dieser Verordnung sind nicht anzuwenden
1. auf Angebote oder Werbung gegenüber Letztverbrauchern, die die Ware oder Leistung in ihrer selbständigen beruflichen oder gewerblichen oder in ihrer behördlichen oder dienstlichen Tätigkeit verwenden; für Handelsbetriebe gilt dies nur, wenn sie sicherstellen, dass als Letztverbraucher ausschließlich die in Halbsatz 1 genannten Personen Zutritt haben, und wenn sie durch geeignete Maßnahmen dafür Sorge tragen, dass diese Personen nur die in ihrer jeweiligen Tätigkeit verwendbaren Waren kaufen;
2. auf Leistungen von Gebietskörperschaften des öffentlichen Rechts, soweit es sich nicht um Leistungen handelt, für die Benutzungsgebühren oder privat-rechtliche Entgelte zu entrichten sind;
3. auf Waren und Leistungen, soweit für sie auf Grund von Rechtsvorschriften eine Werbung untersagt ist;
4. auf mündliche Angebote, die ohne Angabe von PReisen abgegeben werden;
5. auf Warenangebote bei Versteigerungen.

(2) § 1 Abs. 1 und § 2 Abs. 1 sind nicht anzuwenden auf individuelle Preisnachlässe sowie auf nach Kalendertagen zeitlich begrenzte und durch Werbung bekannt gemachte generelle Preisnachlässe.

(3) § 1 Abs. 2 ist nicht anzuwenden auf die in § 312b Absatz 2 Nummer 2, 3, 6, 9 und 10 und Absatz 6 des Bürgerlichen Gesetzbuchs genannten Verträge

…

4

Patentgesetz

In der Fassung vom 16. Dezember 1980, mit Änderungen bis zum 19. Oktober 2013

Das Patent

§ 1. [Voraussetzungen der Erteilung]. (1) Patente werden für Erfindungen auf allen Gebieten der Technik erteilt, sofern sie neu sind, auf einer erfinderischen Tätigkeit beruhen und gewerblich anwendbar sind.

(2) [1]Patente werden für Erfindungen im Sinne von Absatz 1 auch dann erteilt, wenn sie ein Erzeugnis, das aus biologischem Material besteht oder dieses enthält, oder wenn sie ein Verfahren, mit dem biologisches Material hergestellt oder bearbeitet wird oder bei dem es verwendet wird, zum Gegenstand haben. [2]Biologisches Material, das mit Hilfe eines technischen Verfahrens aus seiner natürlichen Umgebung isoliert oder hergestellt wird, kann auch dann Gegenstand einer Erfindung sein, wenn es in der Natur schon vorhanden war.

4

(3) Als Erfindungen im Sinne des Absatzes 1 werden insbesondere nicht angesehen:

1. Entdeckungen sowie wissenschaftliche Theorien und mathematische Methoden;
2. ästhetische Formschöpfungen;
3. Pläne, Regeln und Verfahren für gedankliche Tätigkeiten, für Spiele oder für geschäftliche Tätigkeiten sowie Programme für Datenverarbeitungsanlagen;
4. die Wiedergabe von Informationen.

§ 1a. [Menschlicher Körper]. (1) Der menschliche Körper in den einzelnen Phasen seiner Entstehung und Entwicklung, einschließlich der Keimzellen, sowie die bloße Entdeckung eines seiner Bestandteile, einschließlich der Sequenz oder Teilsequenz eines Gens, können keine patentierbaren Erfindungen sein.

(2) Ein isolierter Bestandteil des menschlichen Körpers oder ein auf andere Weise durch ein technisches Verfahren gewonnener Bestandteil, einschließlich der Sequenz oder Teilsequenz eines Gens, kann eine patentierbare Erfindung sein, selbst wenn der Aufbau dieses Bestandteils mit dem Aufbau eines natürlichen Bestandteils identisch ist.

§ 2. [Keine Erteilung]. (1) Für Erfindungen, deren gewerbliche Verwertung gegen die öffentliche Ordnung oder die guten Sitten verstoßen würde, werden keine Patente erteilt; ein solcher Verstoß kann nicht allein aus der Tatsache hergeleitet werden, dass die Verwertung durch Gesetz oder Verwaltungsvorschrift verboten ist.

(2) Insbesondere werden Patente nicht erteilt für

1. Verfahren zum Klonen von menschlichen Lebewesen;
2. Verfahren zur Veränderung der genetischen Identität der Keimbahn des menschlichen Lebewesens;
3. die Verwendung von menschlichen Embryonen zu industriellen oder kommerziellen Zwecken;
4. Verfahren zur Veränderung der genetischen Identität von Tieren, die geeignet sind, Leiden dieser Tiere ohne wesentlichen medizinischen Nutzen für den Menschen oder das Tier zu verursachen, sowie die mit Hilfe solcher Verfahren erzeugten Tiere.

§ 3. [Begriff der Neuheit]. (1) [1]Eine Erfindung gilt als neu, wenn sie nicht zum Stand der Technik gehört. [2]Der Stand der Technik umfaßt alle Kenntnisse, die vor dem für den Zeitrang der Anmeldung maßgeblichen Tag durch schriftliche oder mündliche Beschreibung, durch Benutzung oder in sonstiger Weise der Öffentlichkeit zugänglich gemacht worden sind.

§ 6. [Recht des Erfinders]. [1]Das Recht auf das Patent hat der Erfinder oder sein Rechtsnachfolger. [2]Haben mehrere gemeinsam eine Erfindung gemacht, so steht ihnen das Recht auf das Patent gemeinschaftlich zu. [3]Haben mehrere die Erfindung unabhängig voneinander gemacht, so steht das Recht dem zu, der die Erfindung zuerst beim Patentamt angemeldet hat.

§ 9. [Wirkung des Patents]. [1]Das Patent hat die Wirkung, daß allein der Patentinhaber befugt ist, die patentierte Erfindung zu benutzen. [2]Jedem Dritten ist es verboten, ohne seine Zustimmung

1. ein Erzeugnis, das Gegenstand des Patents ist, herzustellen, anzubieten, in Verkehr zu bringen oder zu gebrauchen oder zu den genannten Zwecken entweder einzuführen oder zu besitzen;
2. ein Verfahren, das Gegenstand des Patents ist, anzuwenden oder, wenn der Dritte weiß oder es auf Grund der Umstände offensichtlich ist, daß die Anwendung des Verfahrens ohne Zustimmung des Patentinhabers verboten ist, zur Anwendung im Geltungsbereich dieses Gesetzes anzubieten;
3. das durch ein Verfahren, das Gegenstand des Patents ist, unmittelbar hergestellte Erzeugnis anzubieten, in Verkehr zu bringen oder zu gebrauchen oder zu den genannten Zwecken entweder einzuführen oder zu besitzen.

§ 10. [Verbotene Verwendung von Mitteln zur Benutzung der Erfindung]. (1) Das Patent hat ferner die Wirkung, daß es jedem Dritten verboten ist, ohne Zustimmung des Patentinhabers im Geltungsbereich dieses Gesetzes anderen als zur Benutzung der patentierten Erfindung berechtigten Personen Mittel, die sich auf ein wesentliches Element der Erfindung beziehen, zur Benutzung der Erfindung im Geltungsbereich dieses Gesetzes anzubieten oder zu liefern, wenn der Dritte weiß oder es auf Grund der Umstände offensichtlich ist, daß diese Mittel dazu geeignet und bestimmt sind, für die Benutzung der Erfindung verwendet zu werden.

§ 14. [Schutzbereich]. [1]Der Schutzbereich des Patents und der Patentanmeldung wird durch die Patentansprüche bestimmt. [2]Die Beschreibung und die Zeichnungen sind jedoch zur Auslegung der Patentansprüche heranzuziehen.

§ 16. [Schutzdauer]. Das Patent dauert zwanzig Jahre, die mit dem Tag beginnen, der auf die Anmeldung der Erfindung folgt.

§ 17. [Gebühren]. (1) Für jede Anmeldung und jedes Patent ist für das dritte und jedes folgende Jahr, gerechnet vom Anmeldetag an, eine Jahresgebühr zu entrichten.

§ 19. [Zahlung der Jahresgebühren].
(aufgehoben)

§ 20. [Erlöschen des Patents]. (1) Das Patent erlischt, wenn
1. der Patentinhaber darauf durch schriftliche Erklärung an das Patentamt verzichtet oder
2. die Jahresgebühr … nicht rechtzeitig … gezahlt wird.

§ 21. [Widerruf des Patents]. (1) Das Patent wird widerrufen (§ 61), wenn sich ergibt, daß
1. der Gegenstand des Patents nach den §§ 1 bis 5 nicht patentfähig ist,
2. das Patent die Erfindung nicht so deutlich und vollständig offenbart, daß ein Fachmann sie ausführen kann,
3. der wesentliche Inhalt des Patents den Beschreibungen, Zeichnungen, Modellen, Gerätschaften oder Einrichtungen eines anderen oder einem von diesem angewendeten Verfahren ohne dessen Einwilligung entnommen worden ist (widerrechtliche Entnahme),
4. der Gegenstand des Patents über den Inhalt der Anmeldung in der Fassung hinausgeht, in der sie bei der für die Einreichung der Anmeldung zuständigen Behörde ursprünglich eingereicht worden ist; das gleiche gilt, wenn das Patent auf einer Teilanmeldung oder einer nach § 7 Abs. 2 eingereichten neuen Anmeldung beruht und der Gegenstand des Patents über den Inhalt der früheren Anmeldung in der Fassung hinausgeht, in der sie bei der für die Einreichung der früheren Anmeldung zuständigen Behörde ursprünglich eingereicht worden ist.

(3) Mit dem Widerruf gelten die Wirkung des Patents und der Anmeldung als von Anfang an nicht eingetreten.

§ 23. [Lizenzbereitschaft]. (1) Erklärt sich der Patentanmelder oder der im Register (§ 30 Abs. 1) als Patentinhaber Eingetragene dem Patentamt gegenüber schriftlich bereit, jedermann die Benutzung der Erfindung gegen angemessene Vergütung zu gestatten, so ermäßigen sich die für das Patent nach Eingang der Erklärung fällig werdenden Jahresgebühren auf die Hälfte. …

Patentamt

§ 26. [Besetzung]. (1) [1]Das deutsche Patent- und Markenamt ist eine selbständige Bundesbehörde im Geschäftsbereich des Bundesministeriums der Justiz. [2]Es hat seinen Sitz in München.

(2) [1]Das Patentamt besteht aus einem Präsidenten und weiteren Mitgliedern. [2]Sie müssen die Befähigung zum Richteramt nach dem Deutschen Richtergesetz besitzen (rechtskundige Mitglieder) oder in einem Zweig der Technik sachverständig sein (technische Mitglieder). [3]Die Mitglieder werden auf Lebenszeit berufen.

4

§ 30. [Patentrolle]. (1) [1]Das Patentamt führt ein Register, das die die Bezeichnung der Patentanmeldungen, in deren Akten jedermann Einsicht gewährt wird, und der erteilten Patente und ergänzender Schutzzertifikate (§ 16a) sowie Namen und Wohnort der Anmelder oder Patentinhaber und ihrer etwa nach § 25 bestellten Vertreter, … angibt, … [2]Auch sind darin Anfang, Ablauf, Erlöschen, Anordnung der Beschränkung, Widerruf, Erklärung der Nichtigkeit der Patente und ergänzender Schutzzertifikate (§ 16a) sowie die Erhebung eines Einspruchs und einer Nichtigkeitsklage zu vermerken.

§ 31. [Akteneinsicht]. (1) Das Patentamt gewährt jedermann auf Antrag Einsicht in die Akten sowie in die zu den Akten gehörenden Modelle und Probestücke, wenn und soweit ein berechtigtes Interesse glaubhaft gemacht wird. Jedoch steht die Einsicht in das Register und die Akten von Patenten einschließlich der Akten von Beschränkungs- oder Widerrufsverfahren (§ 64) jedermann frei.

§ 32. [Offenlegungsschrift; Patentschrift; Patentblatt]. (1) Das Patentamt veröffentlicht
1. die Offenlegungsschriften,
2. die Patentschriften und
3. das Patentblatt.

...

Verfahren vor dem Patentamt

§ 34. [Anmeldung einer Erfindung]. (1) Eine Erfindung ist zur Erteilung eines Patents beim Patentamt anzumelden.

(2) Die Anmeldung kann auch über ein Patentinformationszentrum eingereicht werden, wenn diese Stelle durch Bekanntmachung des Bundesministeriums der Justiz im Bundesgesetzblatt dazu bestimmt ist, Patentanmeldungen entgegenzunehmen. Eine Anmeldung, die ein Staatsgeheimnis (§ 93 Strafgesetzbuch) enthalten kann, darf bei einem Patentinformationszentrum nicht eingereicht werden.

4

(3) Die Anmeldung muß enthalten:
1. den Namen des Anmelders;
2. einen Antrag auf Erteilung des Patents, in dem die Erfindung kurz und genau bezeichnet ist;
3. einen oder mehrere Patentansprüche, in denen angegeben ist, was als patentfähig unter Schutz gestellt werden soll;
4. eine Beschreibung der Erfindung;
5. die Zeichnungen, auf die sich die Patentansprüche oder die Beschreibung beziehen.

(4) Die Erfindung ist in der Anmeldung so deutlich und vollständig zu offenbaren, daß ein Fachmann sie ausführen kann.

§ 36. [Anmeldungsunterlagen]. (1) Der Anmeldung ist eine Zusammenfassung beizufügen, die noch bis zum Ablauf von fünfzehn Monaten nach dem Anmeldetag oder, sofern für die Anmeldung ein früherer Zeitpunkt als maßgebend in Anspruch genommen wird, bis zum Ablauf von fünfzehn Monaten nach diesem Zeitpunkt nachgereicht werden kann.

(2) [1]Die Zusammenfassung dient ausschließlich der technischen Unterrichtung. [2]Sie muß enthalten:
1. die Bezeichnung der Erfindung;
2. eine Kurzfassung der in der Anmeldung enthaltenen Offenbarung, die das technische Gebiet der Erfindung angeben und so gefaßt sein soll, daß sie ein klares Verständnis des technischen Problems, seiner Lösung und der hauptsächlichen Verwendungsmöglichkeit der Erfindung erlaubt;
3. eine in der Kurzfassung erwähnte Zeichnung; sind mehrere Zeichnungen erwähnt, so ist die Zeichnung beizufügen, die die Erfindung nach Auffassung des Anmelders am deutlichsten kennzeichnet.

§ 44. [Prüfungsantrag]. (1) Das Patentamt prüft auf Antrag, ob die Anmeldung den Anforderungen der §§ 34, 37 und 38 genügt und ob der Gegenstand der Anmeldung nach den §§ 1 bis 5 patentfähig ist.

§ 45. [Beseitigung von Mängeln]. (1) Genügt die Anmeldung den Anforderungen ... nicht ..., so fordert die Prüfungsstelle den Anmelder auf, die Mängel innerhalb einer bestimmten Frist zu beseitigen.

§ 48. [Zurückweisung der Anmeldung]. Die Prüfungsstelle weist die Anmeldung zurück, wenn die nach § 45 Abs. 1 gerügten Mängel nicht beseitigt werden ...

§ 49. [Beschluß der Erteilung des Patents]. (1) Genügt die Anmeldung den Anforderungen der §§ 34, 37 und 38, sind nach § 45 Abs. 1 gerügte Mängel der Zusammenfassung beseitigt und ist der Gegenstand der Anmeldung nach den §§ 1 bis 5 patentfähig, so beschließt die Prüfungsstelle die Erteilung des Patents.

(2) Der Erteilungsbeschluß wird auf Antrag des Anmelders bis zum Ablauf einer Frist von fünfzehn Monaten ausgesetzt, die mit dem Tag der Einreichung der Anmeldung beim Patentamt oder, falls für die Anmeldung ein früherer Zeitpunkt als maßgebend in Anspruch genommen wird, mit diesem Zeitpunkt beginnt.

§ 58. [Veröffentlichung der Patenterteilung]. (1) [1]Die Erteilung des Patents wird im Patentblatt veröffentlicht. [2]Gleichzeitig wird die Patentschrift veröffentlicht. [3]Mit der Veröffentlichung im Patentblatt treten die gesetzlichen Wirkungen des Patents ein.

§ 59. [Einspruch]. (1) [1]Innerhalb von neun Monaten nach der Veröffentlichung der Erteilung kann jeder, im Falle der widerrechtlichen Entnahme nur der Verletzte, gegen das Patent Einspruch erheben. [2]Der Einspruch ist schriftlich zu erklären und zu begründen. [3]Er kann nur auf die Behauptung gestützt werden, daß einer der in § 21 genannten Widerrufsgründe vorliege. [4]Die Tatsachen, die den Einspruch rechtfertigen, sind im einzelnen anzugeben.

§ 142. [Strafvorschriften]. (1) [1]Mit Freiheitsstrafe bis zu drei Jahren oder mit Geldstrafe wird bestraft, wer ohne die erforderliche Zustimmung des Patentinhabers oder des Inhabers eines ergänzenden Schutzzertifikats ...

1. ein Erzeugnis, das Gegenstand des Patents oder des ergänzenden Schutzzertifikats ist (§ 9 Satz 2 Nr. 1), herstellt oder anbietet, in Verkehr bringt, gebraucht oder zu einem der genannten Zwecke entweder einführt oder besitzt oder
2. ein Verfahren, das Gegenstand des Patents oder des ergänzenden Schutzzertifikats ist (§ 9 Satz 2 Nr. 2), anwendet oder zur Anwendung im Geltungsbereich dieses Gesetzes anbietet.

[2]Satz 1 Nr. 1 ist auch anzuwenden, wenn es sich um ein Erzeugnis handelt, das durch ein Verfahren, das Gegenstand des Patents ist, unmittelbar hergestellt worden ist (§ 9 Satz 2 Nr. 3).

(2) Handelt der Täter gewerbsmäßig, so ist die Strafe Freiheitsstrafe bis zu fünf Jahren oder Geldstrafe.

(3) Die Tat wird nur auf Antrag verfolgt.

(5) Wird auf Strafe erkannt, so ist, wenn der Verletzte dies beantragt und ein berechtigtes Interesse daran dartut, anzuordnen, daß die Verurteilung auf Verlangen öffentlich bekanntgemacht wird.

4

Gebrauchsmustergesetz (GebrMG)

In der Fassung vom 28. August 1986, mit Änderungen bis zum 19. Oktober 2013

§ 1. [Voraussetzungen des Schutzes].
(1) Als Gebrauchsmuster werden Erfindungen geschützt, die neu sind, auf einem erfinderischen Schritt beruhen und gewerblich anwendbar sind.

§ 3. [Begriff der Neuheit]. (1) [1]Der Gegenstand eines Gebrauchsmusters gilt als neu, wenn er nicht zum Stand der Technik gehört. [2]Der Stand der Technik umfaßt alle Kenntnisse, die vor dem für den Zeitrang der Anmeldung maßgeblichen Tag durch schriftliche Beschreibung oder durch eine im Geltungsbereich dieses Gesetzes erfolgte Benutzung der Öffentlichkeit zugänglich gemacht worden sind.
(2) Der Gegenstand eines Gebrauchsmusters gilt als gewerblich anwendbar, wenn er auf irgendeinem gewerblichen Gebiet einschließlich der Landwirtschaft hergestellt oder benutzt werden kann.

4

§ 4. [Anmeldung]. (1) [1]Erfindungen, für die der Schutz als Gebrauchsmuster verlangt wird, sind beim Patentamt anzumelden. [2]Für jeden Gegenstand ist eine besondere Anmeldung erforderlich.
(2) Die Anmeldung kann auch über ein Patentinformationszentrum eingereicht werden, …
(3) Die Anmeldung muß enthalten:
1. den Namen des Anmelders;
2. einen Antrag auf Eintragung des Gebrauchsmusters, in dem der Gegenstand des Gebrauchsmusters kurz und genau bezeichnet ist;
3. einen oder mehrere Schutzansprüche, in denen angegeben ist, was als schutzfähig unter Schutz gestellt werden soll;
4. eine Beschreibung des Gegenstandes des Gebrauchsmusters;
5. die Zeichnungen, auf die sich die Schutzansprüche oder die Beschreibung beziehen.

§ 8. [Rolle für Gebrauchsmuster]. (1) [1]Entspricht die Anmeldung den Anforderungen des §§ 4, 4a, 4b so verfügt das Patentamt die Eintragung in das Register für Gebrauchsmuster. [2]Eine Prüfung des Gegenstandes der Anmeldung auf Neuheit, erfinderischen Schritt und gewerbliche Anwendbarkeit findet nicht statt.
(5) Die Einsicht in das Register sowie in die Akten eingetragener Gebrauchsmuster einschließlich der Akten von Löschungsverfahren steht jedermann frei.

§ 11. [Wirkung der Eintragung]. (1) [1]Die Eintragung eines Gebrauchsmusters hat die Wirkung, daß allein der Inhaber befugt ist, den Gegenstand des Gebrauchsmusters zu benutzen. [2]Jedem Dritten ist es verboten, ohne seine Zustimmung ein Erzeugnis, das Gegenstand des Gebrauchsmusters ist, herzustellen, anzubieten, in Verkehr zu bringen oder zu gebrauchen oder zu den genannten Zwecken entweder einzuführen oder zu besitzen.

§ 23. [Schutzdauer]. (1) Die Schutzdauer eines eingetragenen Gebrauchsmusters beginnt mit dem Anmeldetag und endet zehn Jahre nach Ablauf des Monats, in den der Anmeldetag fällt.
(2) Die Aufrechterhaltung des Schutzes wird durch Zahlung einer Aufrechterhaltungsgebühr für das vierte bis sechste, siebte und achte sowie für das neunte und zehnte Jahr, gerechnet vom Anmeldetag an, bewirkt. Die Aufrechterhaltung wird im Register vermerkt.
…

§ 25. [Strafvorschriften]. (1) Mit Freiheitsstrafe bis zu einem Jahr oder mit Geldstrafe wird bestraft, wer ohne die erforderliche Zustimmung des Inhabers des Gebrauchsmusters.
1. ein Erzeugnis, das Gegenstand des Gebrauchsmusters ist (§ 11 Abs. 1 Satz 2), herstellt, anbietet, in Verkehr bringt, gebraucht oder zu einem der genannten Zwecke entweder einführt oder besitzt oder
2. das Recht aus einem Patent entgegen § 14 ausübt.

Gesetz über den Schutz von Marken und sonstigen Kennzeichen

Vom 25. Oktober 1994, mit Änderungen bis zum 19. Oktober 2013

Anwendungsbereich

§ 1. Geschützte Marken und sonstige Kennzeichen. Nach diesem Gesetz werden geschützt:
1. Marken,
2. geschäftliche Bezeichnungen,
3. geographische Herkunftsangaben.

Marken und geschäftliche Bezeichnungen; Vorrang und Zeitrang

§ 3. Als Marke schutzfähige Zeichen.

(1) Als Marke können alle Zeichen, insbesondere Wörter einschließlich Personennamen, Abbildungen, Buchstaben, Zahlen, Hörzeichen, dreidimensionale Gestaltungen einschließlich der Form einer Ware oder ihrer Verpackung sowie sonstige Aufmachungen einschließlich Farben und Farbzusammenstellungen geschützt werden, die geeignet sind, Waren oder Dienstleistungen eines Unternehmens von denjenigen anderer Unternehmen zu unterscheiden.

(2) Dem Schutz als Marke nicht zugänglich sind Zeichen, die ausschließlich aus einer Form bestehen,
1. die durch die Art der Ware selbst bedingt ist,
2. die zur Erreichung einer technischen Wirkung erforderlich ist oder
3. die der Ware einen wesentlichen Wert verleiht.

§ 4. Entstehung des Markenschutzes.

Der Markenschutz entsteht
1. durch die Eintragung eines Zeichens als Marke in das vom Patentamt geführte Register,
2. durch die Benutzung eines Zeichens im geschäftlichen Verkehr, soweit das Zeichen innerhalb beteiligter Verkehrskreise als Marke Verkehrsgeltung erworben hat, oder
3. durch die im Sinne des Artikels 6bis der Pariser Verbandsübereinkunft zum Schutz des gewerblichen Eigentums (Pariser Verbandsübereinkunft) notorische Bekanntheit einer Marke

§ 5. Geschäftliche Bezeichnungen. (1) Als geschäftliche Bezeichnung werden Unternehmenskennzeichen und Werktitel geschützt.

(2) [1]Unternehmenskennzeichen sind Zeichen, die im geschäftlichen Verkehr als Name, als Firma oder als besondere Bezeichnung eines Geschäftsbetriebs oder eines Unternehmens benutzt werden. [2]Der besonderen Bezeichnung eines Geschäftsbetriebs stehen solche Geschäftsabzeichen und sonstige zur Unterscheidung des Geschäftsbetriebs von anderen Geschäftsbetrieben bestimmte Zeichen gleich, die innerhalb beteiligter Verkehrskreise als Kennzeichen des Geschäftsbetriebs gelten.

(3) Werktitel sind die Namen oder besonderen Bezeichnungen von Druckschriften, Filmwerken, Tonwerken, Bühnenwerken oder sonstigen vergleichbaren Werken.

Voraussetzungen für den Schutz von Marken durch Eintragung

§ 7. Inhaberschaft. Inhaber von eingetragenen und angemeldeten Marken können sein:
1. natürliche Personen,
2. juristische Personen oder
3. Personengesellschaften, sofern sie mit der Fähigkeit ausgestattet sind, Rechte zu erwerben und Verbindlichkeiten einzugehen.

4

§ 8. Absolute Schutzhindernisse. (1) Von der Eintragung sind als Marke schutzfähige Zeichen im Sinne des § 3 ausgeschlossen, die sich nicht graphisch darstellen lassen.

(2) Von der Eintragung ausgeschlossen sind Marken,
1. denen für die Waren oder Dienstleistungen jegliche Unterscheidungskraft fehlt,
2. die ausschließlich aus Zeichen oder Angaben bestehen, die im Verkehr zur Bezeichnung der Art, der Beschaffenheit, der Menge, der Bestimmung, des Wertes, der geographischen Herkunft, der Zeit der Herstellung der Waren oder der Erbringung der Dienstleistungen oder zur Bezeichnung sonstiger Merkmale der Waren oder Dienstleistungen dienen können,
3. die ausschließlich aus Zeichen oder Angaben bestehen, die im allgemeinen Sprachgebrauch oder in den redlichen und ständigen Verkehrsgepflogenheiten zur Bezeichnung der Waren oder Dienstleistungen üblich geworden sind,
4. die geeignet sind, das Publikum insbesondere über die Art, die Beschaffenheit oder die geographische Herkunft der Waren oder Dienstleistungen zu täuschen,
5. die gegen die öffentliche Ordnung oder die gegen die guten Sitten verstoßen. …

4

Schutzinhalt. Rechtsverletzungen

§ 14. Ausschließliches Recht des Inhabers einer Marke; Unterlassungsanspruch; Schadensersatzanspruch. (1) Der Erwerb des Markenschutzes nach § 4 gewährt dem Inhaber der Marke ein ausschließliches Recht.

(2) Dritten ist es untersagt, ohne Zustimmung des Inhabers der Marke im geschäftlichen Verkehr

1. ein mit der Marke identisches Zeichen für Waren oder Dienstleistungen zu benutzen, die mit denjenigen identisch sind, für die sie Schutz genießt,
2. ein Zeichen zu benutzen, wenn wegen der Identität oder Ähnlichkeit des Zeichens mit der Marke und der Identität oder Ähnlichkeit der durch die Marke und das Zeichen erfaßten Waren oder Dienstleistungen für das Publikum die Gefahr von Verwechslungen besteht, einschließlich der Gefahr, daß das Zeichen mit der Marke gedanklich in Verbindung gebracht wird, ...

§ 15. Ausschließliches Recht des Inhabers einer geschäftlichen Bezeichnung; Unterlassungsanspruch; Schadensersatzanspruch. (1) Der Erwerb des Schutzes einer geschäftlichen Bezeichnung gewährt ihrem Inhaber ein ausschließliches Recht.

(2) Dritten ist es untersagt, die geschäftliche Bezeichnung oder ein ähnliches Zeichen im geschäftlichen Verkehr unbefugt in einer Weise zu benutzen, die geeignet ist, Verwechslungen mit der geschützten Bezeichnung hervorzurufen.

(3) Handelt es sich bei der geschäftlichen Bezeichnung um eine im Inland bekannte geschäftliche Bezeichnung, so ist es Dritten ferner untersagt, die geschäftliche Bezeichnung oder ein ähnliches Zeichen im geschäftlichen Verkehr zu benutzen, wenn keine Gefahr von Verwechslungen im Sinne des Absatzes 2 besteht, soweit die Benutzung des Zeichens die Unterscheidungskraft oder die Wertschätzung der geschäftlichen Bezeichnung ohne rechtfertigenden Grund in unlauterer Weise ausnutzt oder beeinträchtigt.

Marken als Gegenstand des Vermögens

§ 27. Rechtsübergang. (1) Das durch die Eintragung, die Benutzung oder die notorische Bekanntheit einer Marke begründete Recht kann für alle oder für einen Teil der Waren oder Dienstleistungen, für die die Marke Schutz genießt, auf andere übertragen werden oder übergehen.

(2) Gehört die Marke zu einem Geschäftsbetrieb oder zu einem Teil eines Geschäftsbetriebs, so wird das durch die Eintragung, die Benutzung oder die notorische Bekanntheit der Marke begründete Recht im Zweifel von der Übertragung oder dem Übergang des Geschäftsbetriebs oder des Teils des Geschäftsbetriebs, zu dem die Marke gehört, erfaßt.

§ 29. Dingliche Rechte; Zwangsvollstreckung; Insolvenzverfahren. (1) Das durch die Eintragung, die Benutzung oder die notorische Bekanntheit einer Marke begründete Recht kann

1. verpfändet werden oder Gegenstand eines sonstigen dinglichen Rechts sein oder
2. Gegenstand von Maßnahmen der Zwangsvollstreckung sein.

§ 30. Lizenzen. (1) Das durch die Eintragung, die Benutzung oder die notorische Bekanntheit einer Marke begründete Recht kann für alle oder für einen Teil der Waren oder Dienstleistungen, für die die Marke Schutz genießt, Gegenstand von ausschließlichen oder nicht ausschließlichen Lizenzen für das Gebiet der Bundesrepublik Deutschland insgesamt oder einen Teil dieses Gebiets sein.

Eintragungsverfahren

§ 32. Erfordernisse der Anmeldung. (1) Die Anmeldung zur Eintragung einer Marke in das Register ist beim Patentamt einzureichen. ...

(2) Die Anmeldung muß enthalten:

1. Angaben, die es erlauben, die Identität des Anmelders festzustellen,
2. eine Wiedergabe der Marke und
3. ein Verzeichnis der Waren oder Dienstleistungen, für die die Eintragung beantragt wird.

§ 41. Eintragung. [1]Entspricht die Anmeldung den Anmeldungserfordernissen und wird sie nicht gemäß § 37 zurückgewiesen, so wird die angemeldete Marke in das Register eingetragen. [2]Die Eintragung wird veröffentlicht.

Berichtigung; Teilung; Schutzdauer und Verlängerung

§ 47. Schutzdauer und Aufrechterhaltung. (1) Die Schutzdauer einer eingetragenen Marke beginnt mit dem Anmeldetag (§ 33 Abs. 1) und endet nach zehn Jahren am letzten Tag des Monats, der durch seine Benennung dem Monat entspricht in den der Anmeldetag fällt.

(2) Die Schutzdauer kann um jeweils zehn Jahre verlängert werden.

(3) Die Verlängerung der Schutzdauer wird dadurch bewirkt, daß eine Verlängerungsgebühr ... gezahlt wird.

Kollektivmarken

§ 97. Kollektivmarken. (1) Als Kollektivmarken können alle als Marke schutzfähigen Zeichen im Sinne des § 3 eingetragen werden, die geeignet sind, die Waren oder Dienstleistungen der Mitglieder des Inhabers der Kollektivmarke von denjenigen anderer Unternehmen nach ihrer betrieblichen oder geographischen Herkunft, ihrer Art, ihrer Qualität oder ihren sonstigen Eigenschaften zu unterscheiden.

(2) Auf Kollektivmarken sind die Vorschriften dieses Gesetzes anzuwenden, soweit in diesem Teil nicht etwas anderes bestimmt ist.

§ 98. Inhaberschaft. Inhaber von angemeldeten oder eingetragenen Kollektivmarken können nur rechtsfähige Verbände sein. ...

Schutz geographischer Herkunftsangaben

§ 126. Als geographische Herkunftsangaben geschützte Namen, Angaben oder Zeichen.

(1) Geographische Herkunftsangaben im Sinne dieses Gesetzes sind die Namen von Orten, Gegenden, Gebieten oder Ländern sowie sonstige Angaben oder Zeichen, die im geschäftlichen Verkehr zur Kennzeichnung der geographischen Herkunft von Waren oder Dienstleistungen benutzt werden.

§ 127. Schutzinhalt. (1) Geographische Herkunftsangaben dürfen im geschäftlichen Verkehr nicht für Waren oder Dienstleistungen benutzt werden, die nicht aus dem Ort, der Gegend, dem Gebiet oder dem Land stammen, das durch die geographische Herkunftsangabe bezeichnet wird, wenn bei der Benutzung solcher Namen, Angaben oder Zeichen für Waren oder Dienstleistungen anderer Herkunft eine Gefahr der Irreführung über die geographische Herkunft besteht.

Gesetz über den rechtlichen Schutz von Mustern und Modellen

vom 12. März 2004, mit Änderungen bis zum 19. Oktober 2013

Schutzvoraussetzungen

§ 1. Begriffsbestimmungen. Im Sinne dieses Gesetzes

1. ist ein Muster die zweidimensionale oder dreidimensionale Erscheinungsform eines ganzen Erzeugnisses oder eines Teils davon, die sich insbesondere aus den Merkmalen der Linien, Konturen, Farben, der Gestalt, Oberflächenstruktur oder der Werkstoffe des Erzeugnisses selbst oder seiner Verzierung ergibt;
2. ist ein Erzeugnis jeder industrielle oder handwerkliche Gegenstand, einschließlich Verpackung, Ausstattung, grafischer Symbole und typografischer Schriftzeichen sowie von Einzelteilen, die zu einem komplexen Erzeugnis zusammengebaut werden sollen; ein Computerprogramm gilt nicht als Erzeugnis;
3. ist ein komplexes Erzeugnis ein Erzeugnis aus mehreren Bauelementen, die sich ersetzen lassen, so dass das Erzeugnis auseinander- und wieder zusammengebaut werden kann;
4. ist eine bestimmungsgemäße Verwendung die Verwendung durch den Endbenutzer, ausgenommen Maßnahmen der Instandhaltung, Wartung oder Reparatur;
5. gilt als Rechtsinhaber der in das Register eingetragene Inhaber des Geschmacksmusters.

§ 2. Geschmacksmusterschutz. (1) Als Geschmacksmuster wird ein Muster geschützt, das neu ist und Eigenart hat.

(2) [1]Ein Muster gilt als neu, wenn vor dem Anmeldetag kein identisches Muster offenbart worden ist. [2]Muster gelten als identisch, wenn sich ihre Merkmale nur in unwesentlichen Einzelheiten unterscheiden.

(3) [1]Ein Muster hat Eigenart, wenn sich der Gesamteindruck, den es beim informierten Benutzer hervorruft, von dem Gesamteindruck unterscheidet, den ein anderes Muster bei diesem Benutzer hervorruft, das vor dem Anmeldetag offenbart worden ist. [2]Bei der Beurteilung der Eigenart wird der Grad der Gestaltungsfreiheit des Entwerfers bei der Entwicklung des Musters berücksichtigt.

Berechtigte

§ 7. Recht auf das Geschmacksmuster.

(1) [1]Das Recht auf das Geschmacksmuster steht dem Entwerfer oder seinem Rechtsnachfolger zu. [2]Haben mehrere Personen gemeinsam ein Muster entworfen, so steht ihnen das Recht auf das Geschmacksmuster gemeinschaftlich zu.

(2) Wird ein Muster von einem Arbeitnehmer in Ausübung seiner Aufgaben oder nach den Weisungen seines Arbeitgebers entworfen, so steht das Recht an dem Geschmacksmuster dem Arbeitgeber zu, sofern vertraglich nichts anderes vereinbart wurde.

Eintragungsverfahren

§ 11. Anmeldung. (1) [1]Die Anmeldung zur Eintragung eines Geschmacksmusters in das Register ist beim Deutschen Patent- und Markenamt einzureichen. [2]Die Anmeldung kann auch über ein Patentinformationszentrum eingereicht werden, wenn diese Stelle durch Bekanntmachung des Bundesministeriums der Justiz im Bundesgesetzblatt dazu bestimmt ist, Geschmacksmusteranmeldungen entgegenzunehmen.

(2) Die Anmeldung muss enthalten:

1. einen Antrag auf Eintragung,
2. Angaben, die es erlauben, die Identität des Anmelders festzustellen,
3. eine zur Bekanntmachung geeignete Wiedergabe des Musters und
4. eine Angabe der Erzeugnisse, in die das Geschmacksmuster aufgenommen oder bei denen es verwendet werden soll.

Wird ein Antrag nach § 21 Abs. 1 Satz 1 gestellt, kann die Wiedergabe durch einen flächenmäßigen Musterabschnitt ersetzt werden.

…

§ 19. Führung des Registers und Eintragung.

(1) Das Register für Geschmacksmuster wird vom Deutschen Patent- und Markenamt geführt.

(2) Das Deutsche Patent- und Markenamt trägt die eintragungspflichtigen Angaben des Anmelders in das Register ein, ohne dessen Berechtigung zur Anmeldung und die Richtigkeit der in der Anmeldung gemachten Angaben zu prüfen, und bestimmt, welche Warenklassen einzutragen sind.

§ 20. Bekanntmachung. (1) [1]Die Eintragung in das Register wird mit einer Wiedergabe des Geschmacksmusters durch das Deutsche Patent- und Markenamt bekannt gemacht. [2]Sie erfolgt ohne Gewähr für die Vollständigkeit der Abbildung und die Erkennbarkeit der Erscheinungsmerkmale des Musters.

§ 22. Einsichtnahme in das Register. (1) [1]Die Einsicht in das Register steht jedermann frei. [2]Das Recht, die Wiedergabe eines Geschmacksmusters die vom Deutschen Patent- und Markenamt über Geschmacksmuster geführten Akten einzusehen, besteht, wenn

1. die Wiedergabe bekannt gemacht worden ist,
2. der Anmelder oder Rechtsinhaber seine Zustimmung erteilt hat oder
3. ein berechtigtes Interesse glaubhaft gemacht wird.

Entstehung und Dauer des Schutzes

§ 27. Entstehung und Dauer des Schutzes.

(1) Der Schutz entsteht mit der Eintragung in das Register.

(2) Die Schutzdauer des Geschmacksmusters beträgt 25 Jahre, gerechnet ab dem Anmeldetag.

§ 28. Aufrechterhaltung. (1) [1]Die Aufrechterhaltung des Schutzes wird durch Zahlung einer Aufrechterhaltungsgebühr jeweils für das 6. bis 10., 11. bis 15., 16. bis 20. und für das 21. bis 25. Jahr der Schutzdauer bewirkt. [2]Sie wird in das Register eingetragen und bekannt gemacht.

(2) Wird bei Geschmacksmustern, die auf Grund einer Sammelanmeldung eingetragen worden sind, die Aufrechterhaltungsgebühr ohne nähere Angaben nur für einen Teil der Geschmacksmuster gezahlt, so werden diese in der Reihenfolge der Anmeldung berücksichtigt.

(3) Wird der Schutz nicht aufrechterhalten, so endet die Schutzdauer.

Geschmacksmuster als Gegenstand des Vermögens

§ 29. Rechtsnachfolge. (1) Das Recht an einem Geschmacksmuster kann auf andere übertragen werden oder übergehen.

(2) Gehört das Geschmacksmuster zu einem Unternehmen oder zu einem Teil eines Unternehmens, so wird das Geschmacksmuster im Zweifel von der Übertragung oder dem Übergang des Unternehmens oder des Teils des Unternehmens, zu dem das Geschmacksmuster gehört, erfasst.

(3) Der Übergang des Rechts an dem Geschmacksmuster wird auf Antrag des Rechtsinhabers oder des Rechtsnachfolgers in das Register eingetragen, wenn er dem Deutschen Patent- und Markenamt nachgewiesen wird.

Nichtigkeit und Löschung

§ 36. Löschung. (1) Die Eintragung eines Geschmacksmusters wird gelöscht

1. bei Beendigung der Schutzdauer;
2. bei Verzicht auf Antrag des Rechtsinhabers, wenn die Zustimmung anderer im Register eingetragener Inhaber von Rechten am Geschmacksmuster sowie des Klägers im Falle eines Verfahrens nach § 9 vorgelegt wird;
3. auf Antrag eines Dritten, wenn dieser mit dem Antrag eine öffentliche oder öffentlich beglaubigte Urkunde mit Erklärungen nach Nummer 2 vorlegt;
4. bei Einwilligung nach § 9 oder § 34 in die Löschung;
5. wegen Nichtigkeit bei Vorlage eines rechtskräftigen Urteils.

(2) Verzichtet der Rechtsinhaber nach Absatz 1 Nr. 2 und 3 nur teilweise auf das Geschmacksmuster, erklärt er nach Absatz 1 Nr. 4 seine Einwilligung in die Löschung eines Teils des Geschmacksmusters oder wird nach Absatz 1 Nr. 5 eine Teilnichtigkeit festgestellt, so erfolgt statt der Löschung des Geschmacksmusters eine entsprechende Eintragung in das Register. 4

Schutzwirkungen und Schutzbeschränkungen

§ 38. Rechte aus dem Geschmacksmuster und Schutzumfang. (1) [1]Das Geschmacksmuster gewährt seinem Rechtsinhaber das ausschließliche Recht, es zu benutzen und Dritten zu verbieten, es ohne seine Zustimmung zu benutzen. [2]Eine Benutzung schließt insbesondere die Herstellung, das Anbieten, das Inverkehrbringen, die Einfuhr, die Ausfuhr, den Gebrauch eines Erzeugnisses, in das das Geschmacksmuster aufgenommen oder bei dem es verwendet wird, und den Besitz eines solchen Erzeugnisses zu den genannten Zwecken ein.

(2) [1]Der Schutz aus einem Geschmacksmuster erstreckt sich auf jedes Muster, das beim informierten Benutzer keinen anderen Gesamteindruck erweckt. [2]Bei der Beurteilung des Schutzumfangs wird der Grad der Gestaltungsfreiheit des Entwerfers bei der Entwicklung seines Musters berücksichtigt.

…

Rechtsverletzungen

§ 42. Beseitigung, Unterlassung und Schadenersatz. (1) [1]Wer entgegen § 38 Abs. 1 Satz 1 ein Geschmacksmuster benutzt (Verletzer), kann von dem Rechtsinhaber oder einem anderen Berechtigten (Verletzten) auf Beseitigung der Beeinträchtigung und bei Wiederholungsgefahr auf Unterlassung in Anspruch genommen werden. [2]Der Anspruch auf Unterlassung besteht auch dann, wenn eine Zuwiderhandlung erstmalig droht.

(2) [1]Handelt der Verletzer vorsätzlich oder fahrlässig, ist er zum Ersatz des daraus entstandenen Schadens verpflichtet. [2]Bei der Bemessung des Schadensersatzes kann auch der Gewinn, den der Verletzer durch die Verletzung des Rechts erzielt hat, berücksichtigt werden. [3]Der Schadensersatzanspruch kann auch auf der Grundlage des Betrages berechnet werden, den der Verletzer als angemessene Vergütung hätte entrichten müssen, wenn er die Erlaubnis zur Nutzung des Geschmacksmusters eingeholt hätte.

§ 43. Vernichtung, Rückruf und Überlassung.

(1) [1]Der Verletzte kann den Verletzer auf Vernichtung der im Besitz oder Eigentum des Verletzers befindlichen rechtswidrig hergestellten, verbreiteten oder zur rechtswidrigen Verbreitung bestimmten Erzeugnisse in Anspruch nehmen. [2]Satz 1 ist entsprechend auf die im Eigentum des Verletzers stehenden Vorrichtungen anzuwenden, die vorwiegend zur Herstellung dieser Erzeugnisse gedient haben.

(2) Der Verletzte kann den Verletzer auf Rückruf von rechtswidrig hergestellten, verbreiteten oder zur rechtswidrigen Verbreitung bestimmten Erzeugnissen oder auf deren endgültiges Entfernen aus den Vertriebswegen in Anspruch nehmen.

(3) Statt der in Absatz 1 vorgesehenen Maßnahmen kann der Verletzte verlangen, dass ihm die Erzeugnisse, die im Eigentum des Verletzers stehen, gegen eine angemessene Vergütung, welche die Herstellungskosten nicht übersteigen darf, überlassen werden.

...

§ 45. Entschädigung. [1]Handelt der Verletzer weder vorsätzlich noch fahrlässig, so kann er zur Abwendung der Ansprüche nach den §§ 42 und 43 den Verletzten in Geld entschädigen, wenn ihm durch die Erfüllung der Ansprüche ein unverhältnismäßig großer Schaden entstehen würde und dem Verletzten die Abfindung in Geld zuzumuten ist. [2]Als Entschädigung ist der Betrag zu zahlen, der im Falle einer vertraglichen Einräumung des Rechts als Vergütung angemessen gewesen wäre. [3]Mit der Zahlung der Entschädigung gilt die Einwilligung des Verletzten zur Verwertung im üblichen Umfang als erteilt.

§ 51. Strafvorschriften. (1) Wer entgegen § 38 Abs. 1 Satz 1 ein Geschmacksmuster benutzt, obwohl der Rechtsinhaber nicht zugestimmt hat, wird mit Freiheitsstrafe bis zu drei Jahren oder mit Geldstrafe bestraft.

(2) Handelt der Täter gewerbsmäßig, so ist die Strafe Freiheitsstrafe bis zu fünf Jahren oder Geldstrafe.

(3) Der Versuch ist strafbar.

(4) In den Fällen des Absatzes 1 wird die Tat nur auf Antrag verfolgt, es sei denn, dass die Strafverfolgungsbehörde wegen des besonderen öffentlichen Interesses an der Strafverfolgung ein Einschreiten von Amts wegen für geboten hält.

(5) [1]Gegenstände, auf die sich die Straftat bezieht, können eingezogen werden. § 74a des Strafgesetzbuchs ist anzuwenden. [2]Soweit den in § 43 bezeichneten Ansprüchen im Verfahren nach den Vorschriften der Strafprozessordnung über die Entschädigung des Verletzten (§§ 403 bis 406c) stattgegeben wird, sind die Vorschriften über die Einziehung nicht anzuwenden.

(6) [1]Wird auf Strafe erkannt, so ist, wenn der Rechtsinhaber es beantragt und ein berechtigtes Interesse daran dartut, anzuordnen, dass die Verurteilung auf Verlangen öffentlich bekannt gemacht wird. [2]Die Art der Bekanntmachung ist im Urteil zu bestimmen.

Scheckgesetz

Vom 14. August 1933, mit Änderungen bis zum 19. April 2006

Erster Abschnitt

Ausstellung und Form des Schecks

Art. 1. [Bestandteile]. Der Scheck enthält:
1. die Bezeichnung als Scheck im Texte der Urkunde, und zwar in der Sprache, in der sie ausgestellt ist;
2. die unbedingte Anweisung, eine bestimmte Geldsumme zu zahlen;
3. den Namen dessen, der zahlen soll (Bezogener);
4. die Angabe des Zahlungsortes;
5. die Angabe des Tages und des Ortes der Ausstellung;
6. die Unterschrift des Ausstellers.

Art. 2. [Fehlen von Bestandteilen]. (1) Eine Urkunde, in der einer der im vorstehenden Artikel bezeichneten Bestandteile fehlt, gilt nicht als Scheck, vorbehaltlich der in den folgenden Absätzen bezeichneten Fälle.

(2) [1]Mangels einer besonderen Angabe gilt der bei dem Namen des Bezogenen angegebene Ort als Zahlungsort. [2]Sind mehrere Orte bei dem Namen des Bezogenen angegeben, so ist der Scheck an dem an erster Stelle angegebenen Orte zahlbar.

(3) Fehlt eine solche und jede andere Angabe, so ist der Scheck an dem Orte zahlbar, an dem der Bezogene seine Hauptniederlassung hat.

(4) Ein Scheck ohne Angabe des Ausstellungsortes gilt als ausgestellt an dem Orte, der bei dem Namen des Ausstellers angegeben ist.

Art. 3. [Bezogener]. [1]Der Scheck darf nur auf einen Bankier gezogen werden, bei dem der Aussteller ein Guthaben hat, und gemäß einer ausdrücklichen oder stillschweigenden Vereinbarung, wonach der Aussteller das Recht hat, über dieses Guthaben mittels Schecks zu verfügen. [2]Die Gültigkeit der Urkunde als Scheck wird jedoch durch die Nichtbeachtung dieser Vorschriften nicht berührt.

Art. 4. [Keine Annahme]. [1]Der Scheck kann nicht angenommen werden. [2]Ein auf den Scheck gesetzter Annahmevermerk gilt als nicht geschrieben.

Art. 5. [Zahlungsempfänger]. (1) Der Scheck kann zahlbar gestellt werden:
an eine bestimmte Person, mit oder ohne den ausdrücklichen Vermerk „an Order"; an eine bestimmte Person, mit dem Vermerk „nicht an Order" oder mit einem gleichbedeutenden Vermerk; an den Inhaber.

(2) Ist im Scheck eine bestimmte Person mit dem Zusatz „oder Überbringer" oder mit einem gleichbedeutenden Vermerk als Zahlungsempfänger bezeichnet, so gilt der Scheck als auf den Inhaber gestellt.

(3) Ein Scheck ohne Angabe des Nehmers gilt als zahlbar an den Inhaber.

Art. 6. [Besondere Scheckarten]. (1) Der Scheck kann an die eigene Order des Ausstellers lauten.

(2) Der Scheck kann für Rechnung eines Dritten gezogen werden.

(3) Der Scheck kann nicht auf den Aussteller selbst gezogen werden, es sei denn, daß es sich um einen Scheck handelt, der von einer Niederlassung auf eine andere Niederlassung des Ausstellers gezogen wird.

Art. 7. [Zinsvermerk]. Ein in den Scheck aufgenommener Zinsvermerk gilt als nicht geschrieben.

Art. 8. [Zahlungsort]. Der Scheck kann bei einem Dritten, am Wohnort des Bezogenen oder an einem anderen Ort, zahlbar gestellt werden, sofern der Dritte Bankier ist. 5

Art. 9. [Schecksumme]. (1) Ist die Schecksumme in Buchstaben und in Ziffern angegeben, so gilt bei Abweichungen die in Buchstaben angegebene Summe.

(2) Ist die Schecksumme mehrmals in Buchstaben oder mehrmals in Ziffern angegeben, so gilt bei Abweichungen die geringste Summe.

Art. 12. [Haftung des Ausstellers]. [1]Der Aussteller haftet für die Zahlung des Schecks. [2]Jeder Vermerk, durch den er diese Haftung ausschließt, gilt als nicht geschrieben.

Art. 13. [Blankoscheck]. Wenn ein Scheck, der bei der Begebung unvollständig war, den getroffenen Vereinbarungen zuwider ausgefüllt worden ist, so kann die Nichteinhaltung dieser Vereinbarungen dem Inhaber nicht entgegengesetzt werden, es sei denn, daß er den Scheck in bösem Glauben erworben hat oder ihm beim Erwerb eine grobe Fahrlässigkeit zur Last fällt.

Zweiter Abschnitt

Übertragung

Art. 14. [Zulässigkeit des Indossaments]. (1) Der auf eine bestimmte Person zahlbar gestellte Scheck mit oder ohne den ausdrücklichen Vermerk „an Order" kann durch Indossament übertragen werden.

(2) Der auf eine bestimmte Person zahlbar gestellte Scheck mit dem Vermerk „nicht an Order" oder mit einem gleichbedeutenden Vermerk kann nur in der Form und mit den Wirkungen einer gewöhnlichen Abtretung übertragen werden.

(3) [1]Das Indossament kann auch auf den Aussteller oder jeden anderen Scheckverpflichteten lauten. [2]Diese Personen können den Scheck weiter indossieren.

Art. 21. [Gutgläubiger Erwerb]. Ist der Scheck einem früheren Inhaber irgendwie abhanden gekommen, so ist der Inhaber, in dessen Hände der Scheck gelangt ist – sei es, daß es sich um einen Inhaberscheck handelt, sei es, daß es sich um einen durch Indossament übertragbaren Scheck handelt und der Inhaber sein Recht gemäß Artikel 19 nachweist –, zur Herausgabe des Schecks nur verpflichtet, wenn er ihn in bösem Glauben erworben hat oder ihm beim Erwerb eine grobe Fahrlässigkeit zur Last fällt.

Dritter Abschnitt

Scheckbürgschaft

Art. 25. [Zulässigkeit]. (1) Die Zahlung der Schecksumme kann ganz oder teilweise durch Scheckbürgschaft gesichert werden.

(2) Diese Sicherheit kann von einem Dritten, mit Ausnahme des Bezogenen, oder auch von einer Person geleistet werden, deren Unterschrift sich schon auf dem Scheck befindet.

5

Art. 26. [Form]. (1) Die Bürgschaftserklärung wird auf den Scheck oder auf einen Anhang gesetzt.

(2) Sie wird durch die Worte „als Bürge" oder einen gleichbedeutenden Vermerk ausgedrückt; sie ist von dem Scheckbürgen zu unterschreiben.

(3) Die bloße Unterschrift auf der Vorderseite des Schecks gilt als Bürgschaftserklärung, soweit es sich nicht um die Unterschrift des Ausstellers handelt.

(4) In der Erklärung ist anzugeben, für wen die Bürgschaft geleistet wird; mangels einer solchen Angabe gilt sie für den Aussteller.

Art. 27. [Haftung des Scheckbürgen]. (1) Der Scheckbürge haftet in der gleichen Weise wie derjenige, für den er sich verbürgt hat.

(2) Seine Verpflichtungserklärung ist auch gültig, wenn die Verbindlichkeit, für die er sich verbürgt hat, aus einem anderen Grunde als wegen eines Formfehlers nichtig ist.

(3) Der Scheckbürge, der den Scheck bezahlt, erwirbt die Rechte aus dem Scheck gegen denjenigen, für den er sich verbürgt hat, und gegen alle, die diesem scheckmäßig haften.

Vierter Abschnitt

Vorlegung und Zahlung

Art. 28. [Fälligkeit]. (1) [1]Der Scheck ist bei Sicht zahlbar. [2]Jede gegenteilige Angabe gilt als nicht geschrieben.

(2) Ein Scheck, der vor Eintritt des auf ihm angegebenen Ausstellungstages zur Zahlung vorgelegt wird, ist am Tage der Vorlegung zahlbar.

Art. 29. [Vorlegungsfristen]. (1) Ein Scheck, der in dem Lande der Ausstellung zahlbar ist, muß binnen acht Tagen zur Zahlung vorgelegt werden.

(2) Ein Scheck, der in einem anderen Lande als dem der Ausstellung zahlbar ist, muß binnen zwanzig Tagen vorgelegt werden, wenn Ausstellungsort und Zahlungsort sich in demselben Erdteil befinden, und binnen siebzig Tagen, wenn Ausstellungsort und Zahlungsort sich in verschiedenen Erdteilen befinden.

(3) Hierbei gelten die in einem Lande Europas ausgestellten und in einem an das Mittelmeer grenzenden Lande zahlbaren Schecks ebenso wie die in einem an das Mittelmeer grenzenden Lande ausgestellten und in einem Lande Europas zahlbaren Schecks als Schecks,

die in demselben Erdteile ausgestellt und zahlbar sind.

(4) Die vorstehend erwähnten Fristen beginnen an dem Tage zu laufen, der in dem Scheck als Ausstellungstag angegeben ist.

Art. 31. [Abrechnungsstelle]. (1) Die Einlieferung in eine Abrechnungsstelle steht der Vorlegung zur Zahlung gleich.

...

Art. 32. [Widerruf des Schecks]. (1) Ein Widerruf des Schecks ist erst nach Ablauf der Vorlegungsfrist wirksam.

(2) Wenn der Scheck nicht widerrufen ist, kann der Bezogene auch nach Ablauf der Vorlegungsfrist Zahlung leisten.

Art. 33. [Tod des Ausstellers]. Auf die Wirksamkeit des Schecks ist es ohne Einfluß, wenn der Aussteller nach der Begebung des Schecks stirbt oder handlungsunfähig wird.

Art. 34. [Aushändigung des quittierten Schecks; Teilzahlung]. (1) Der Bezogene kann vom Inhaber gegen Zahlung die Aushändigung des quittierten Schecks verlangen.

(2) Der Inhaber darf eine Teilzahlung nicht zurückweisen.

(3) Im Falle der Teilzahlung kann der Bezogene verlangen, daß sie auf dem Scheck vermerkt und ihm eine Quittung erteilt wird.

Art. 35. [Prüfungspflicht des Bezogenen]. Der Bezogene, der einen durch Indossament übertragbaren Scheck einlöst, ist verpflichtet, die Ordnungsmäßigkeit der Reihe der Indossamente, aber nicht die Unterschriften der Indossanten zu prüfen.

Fünfter Abschnitt

Verrechnungsscheck

Art. 39. [Verrechnungsscheck]. (1) Der Aussteller sowie jeder Inhaber eines Schecks kann durch den quer über die Vorderseite gesetzten Vermerk „nur zur Verrechnung" oder durch einen gleichbedeutenden Vermerk untersagen, daß der Scheck bar bezahlt wird.

(2) [1]Der Bezogene darf in diesem Falle den Scheck nur im Wege der Gutschrift einlösen (Verrechnung, Überweisung, Ausgleichung). [2]Die Gutschrift gilt als Zahlung.

(3) Die Streichung des Vermerks „nur zur Verrechnung" gilt als nicht erfolgt.

(4) Der Bezogene, der den vorstehenden Vorschriften zuwiderhandelt, haftet für den entstandenen Schaden, jedoch nur bis zur Höhe der Schecksumme.

5

Sechster Abschnitt

Rückgriff mangels Zahlung

Art. 40. [Voraussetzungen]. Der Inhaber kann gegen die Indossanten, den Aussteller und die anderen Scheckverpflichteten Rückgriff nehmen, wenn der rechtzeitig vorgelegte Scheck nicht eingelöst und die Verweigerung der Zahlung festgestellt worden ist:

1. durch eine öffentliche Urkunde (Protest) oder
2. durch eine schriftliche, datierte Erklärung des Bezogenen auf dem Scheck, die den Tag der Vorlegung angibt, oder
3. durch eine datierte Erklärung einer Abrechnungsstelle, daß der Scheck rechtzeitig eingeliefert und nicht bezahlt worden ist.

Art. 41. [Zeit des Protestes]. (1) Der Protest oder die gleichbedeutende Feststellung muß vor Ablauf der Vorlegungsfrist vorgenommen werden.

(2) Ist die Vorlegung am letzten Tage der Frist erfolgt, so kann der Protest oder die gleichbedeutende Feststellung auch noch an dem folgenden Werktage vorgenommen werden.

Achter Abschnitt

Änderungen

Art. 51. [Wirkung der Änderung des Textes]. Wird der Text eines Schecks geändert, so haften diejenigen, die ihre Unterschrift nach der Änderung auf den Scheck gesetzt haben, entsprechend dem geänderten Text; wer früher unterschrieben hat, haftet nach dem ursprünglichen Text.

Neunter Abschnitt

Verjährung

Art. 52. [Verjährungsfrist]. (1) Die Rückgriffsansprüche des Inhabers gegen die Indossanten, den Aussteller und die anderen Scheckverpflichteten verjähren in sechs Monaten vom Ablauf der Vorlegungsfrist.

(2) Die Rückgriffsansprüche eines Verpflichteten gegen einen anderen Scheckverpflichteten verjähren in sechs Monaten von dem Tage, an dem der Scheck von dem Verpflichteten eingelöst oder ihm gegenüber gerichtlich geltend gemacht worden ist.

Art. 53. [Neubeginn und Hemmung]. Der Neubeginn der Verjährung und ihre Hemmung nach § 204 des Bürgerlichen Gesetzbuchs wirken nur gegen den Scheckverpflichteten, in Ansehung dessen die Tatsache eingetreten ist, welche den Neubeginn oder die Hemmung bewirkt.

Zehnter Abschnitt

Allgemeine Vorschriften

5

Art. 54. [Begriff des Bankiers]. Als Bankiers im Sinne dieses Gesetzes sind anzusehen:

1. diejenigen Anstalten des öffentlichen Rechtes, diejenigen unter staatlicher Aufsicht stehenden Anstalten sowie diejenigen in das Genossenschaftsregister eingetragenen Genossenschaften, die sich nach den für ihren Geschäftsbetrieb maßgebenden Bestimmungen mit der Annahme von Geld und der Leistung von Zahlungen für fremde Rechnung befassen, ferner die unter amtlicher Aufsicht stehenden Sparkassen, wenn sie die nach Landesrecht für sie geltenden Aufsichtsbestimmungen erfüllen;
2. die in das Handelsregister eingetragenen Firmen, die gewerbsmäßig Bankiergeschäfte betreiben.

Art. 55. [Feiertage; Samstage]. (1) Die Vorlegung und der Protest eines Schecks können nur an einem Werktage, jedoch nicht an einem Sonnabend, stattfinden.

(2) [1]Fällt der letzte Tag einer Frist, innerhalb derer eine auf den Scheck bezügliche Handlung, insbesondere die Vorlegung, der Protest oder eine gleichbedeutende Feststellung vorgenommen werden muß, auf einen gesetzlichen Feiertag oder einen Sonnabend, so wird die Frist bis zum nächsten Werktage verlängert. [2]Feiertage, die in den Lauf einer Frist fallen, werden bei der Berechnung der Frist mitgezählt.

(3) Im übrigen finden auf die Vorlegung des Schecks und den Protest die Vorschriften der Artikel 79 bis 87 des Wechselgesetzes entsprechende Anwendung.

Art. 56. [Berechnung der Fristen]. Bei der Berechnung der in diesem Gesetz vorgesehenen Fristen wird der Tag, an dem sie zu laufen beginnen, nicht mitgezählt.

Art. 57. [Keine Respekttage]. Weder gesetzliche noch richterliche Respekttage werden anerkannt.

Elfter Abschnitt

Ergänzende Vorschriften

Art. 58. [Bereicherung]. (1) Der Aussteller, dessen Rückgriffsverbindlichkeit durch Unterlassung rechtzeitiger Vorlegung oder Verjährung erloschen ist, bleibt dem Inhaber des Schecks so weit verpflichtet, als er sich mit dessen Schaden bereichern würde.

(2) Der Anspruch verjährt in einem Jahre seit der Ausstellung des Schecks.

Art. 59. [Abhanden gekommene Schecks und Protesturkunden]. (1) [1]Ein abhanden gekommener oder vernichteter Scheck kann im Wege des Aufgebotsverfahrens für kraftlos erklärt werden. [2]Die Aufgebotsfrist muß mindestens zwei Monate betragen. [3]Nach Einleitung des Aufgebotsverfahrens kann der Berechtigte, falls der Scheck rechtzeitig zur Zahlung vorgelegt, von dem Bezogenen aber nicht eingelöst worden war, von dem Aussteller Zahlung fordern, wenn er bis zur Kraftloserklärung Sicherheit leistet.

(2) [1]Eine abhanden gekommene oder vernichtete Protesturkunde kann durch ein Zeugnis über die Protesterhebung ersetzt werden, das von der die beglaubigte Abschrift der Urkunde verwahrenden Stelle zu erteilen ist. [2]In dem Zeugnis muß der Inhalt des Protestes und des gemäß Artikel 55 Abs. 3 in Verbindung mit Artikel 85 Abs. 2 des Wechselgesetzes aufgenommenen Vermerks angegeben sein.

Wechselgesetz

Vom 21. Juni 1933, mit Änderungen bis zum 10. Oktober 2013

Gezogener Wechsel

► Ausstellung und Form des gezogenen Wechsels

Art. 1. [Bestandteile]. Der gezogene Wechsel enthält:

1. die Bezeichnung als Wechsel im Texte der Urkunde, und zwar in der Sprache, in der sie ausgestellt ist;
2. die unbedingte Anweisung, eine bestimmte Geldsumme zu zahlen;
3. den Namen dessen, der zahlen soll (Bezogener);
4. die Angabe der Verfallzeit;
5. die Angabe des Zahlungsortes;
6. den Namen dessen, an den oder an dessen Order gezahlt werden soll;
7. die Angabe des Tages und des Ortes der Ausstellung;
8. die Unterschrift des Ausstellers.

Art. 2. [Fehlen von Bestandteilen]. (1) Eine Urkunde, der einer der in vorstehendem Artikel bezeichneten Bestandteile fehlt, gilt nicht als gezogener Wechsel, vorbehaltlich der in den folgenden Absätzen bezeichneten Fälle.

5

(2) Ein Wechsel ohne Angabe der Verfallzeit gilt als Sichtwechsel.

(3) Mangels einer besonderen Angabe gilt der bei dem Namen des Bezogenen angegebene Ort als Zahlungsort und zugleich als Wohnort des Bezogenen.

(4) Ein Wechsel ohne Angabe des Ausstellungsortes gilt als ausgestellt an dem Orte, der bei dem Namen des Ausstellers angegeben ist.

Art. 3. [Eigene Order; trassierteigener Wechsel; gezogener Wechsel]. (1) Der Wechsel kann an die eigene Order des Ausstellers lauten.

(2) Er kann auf den Aussteller selbst gezogen werden.

(3) Er kann für Rechnung eines Dritten gezogen werden.

Art. 4. [Zahlungsort]. Der Wechsel kann bei einem Dritten, am Wohnort des Bezogenen oder an einem anderen Orte, zahlbar gestellt werden.

Art. 6. [Wechselsumme]. (1) Ist die Wechselsumme in Buchstaben und in Ziffern angegeben, so gilt bei Abweichungen die in Buchstaben angegebene Summe.

(2) Ist die Wechselsumme mehrmals in Buchstaben oder mehrmals in Ziffern angegeben, so gilt bei Abweichungen die geringste Summe.

Art. 9. [Haftung des Ausstellers]. (1) Der Aussteller haftet für die Annahme und die Zahlung des Wechsels.

(2) Er kann die Haftung für die Annahme ausschließen; jeder Vermerk, durch den er die Haftung für die Zahlung ausschließt, gilt als nicht geschrieben.

► Indossament

Art. 11. [Übertragung des Wechsels].

(1) Jeder Wechsel kann durch Indossament übertragen werden, auch wenn er nicht ausdrücklich an Order lautet.

(2) Hat der Aussteller in den Wechsel die Worte „nicht an Order" oder einen gleichbedeutenden Vermerk aufgenommen, so kann der Wechsel nur in der Form und mit den Wirkungen einer gewöhnlichen Abtretung übertragen werden.

(3) [1]Das Indossament kann auch auf den Bezogenen, gleichviel ob er den Wechsel angenommen hat oder nicht, auf den Aussteller oder auf jeden anderen Wechselverpflichteten lauten. [2]Diese Personen können den Wechsel weiter indossieren.

Art. 12. [Indossament bedingungsfeindlich; Teilindossament; Indossament an den Inhaber]. (1) [1]Das Indossament muß unbedingt sein. [2]Bedingungen, von denen es abhängig gemacht wird, gelten als nicht geschrieben.

(2) Ein Teilindossament ist nichtig.

(3) Ein Indossament an den Inhaber gilt als Blankoindossament.

Art. 13. [Form; Blankoindossament]. (1) [1]Das Indossament muß auf den Wechsel oder auf ein mit dem Wechsel verbundenes Blatt (Anhang) gesetzt werden. [2]Es muß von dem Indossanten unterschrieben werden.

(2) [1]Das Indossament braucht den Indossatar nicht zu bezeichnen und kann selbst in der bloßen Unterschrift des Indossanten bestehen (Blankoindossament). [2]In diesem letzteren Falle muß das Indossament, um gültig zu sein, auf die Rückseite des Wechsels oder auf den Anhang gesetzt werden.

Art. 14. [Transportfunktion]. (1) Das Indossament überträgt alle Rechte aus dem Wechsel.

(2) Ist es ein Blankoindossament, so kann der Inhaber

1. das Indossament mit seinem Namen oder mit dem Namen eines anderen ausfüllen;
2. den Wechsel durch ein Blankoindossament oder an eine bestimmte Person weiter indossieren;
3. den Wechsel weiterbegeben, ohne das Blankoindossament auszufüllen und ohne ihn zu indossieren.

Art. 15. [Garantiefunktion]. (1) Der Indossant haftet mangels eines entgegenstehenden Vermerks für die Annahme und die Zahlung.

(2) Er kann untersagen, daß der Wechsel weiter indossiert wird; in diesem Falle haftet er denen nicht, an die der Wechsel weiter indossiert wird.

Art. 16. [Wechselvermutung]. (1) [1]Wer den Wechsel in Händen hat, gilt als rechtmäßiger Inhaber, sofern er sein Recht durch eine ununterbrochene Reihe von Indossamenten nachweist, und zwar auch dann, wenn das letzte ein Blankoindossament ist. [2]Ausgestrichene Indossamente gelten hierbei als nicht geschrieben. [3]Folgt auf ein Blankoindossament ein weiteres Indossament, so wird angenommen, daß der Aussteller dieses Indossaments den Wechsel durch das Blankoindossament erworben hat.

(2) Ist der Wechsel einem früheren Inhaber irgendwie abhanden gekommen, so ist der neue Inhaber, der sein Recht nach den Vorschriften des vorstehenden Absatzes nachweist, zur Herausgabe des Wechsels nur verpflichtet, wenn er ihn in bösem Glauben erworben hat oder ihm beim Erwerb eine grobe Fahrlässigkeit zur Last fällt.

Art. 17. [Einwendungen des Wechselschuldners]. Wer aus dem Wechsel in Anspruch genommen wird, kann dem Inhaber keine Einwendungen entgegensetzen, die sich auf seine unmittelbaren Beziehungen zu dem Aussteller oder zu einem früheren Inhaber gründen, es sei denn, daß der Inhaber bei dem Erwerb des Wechsels bewußt zum Nachteil des Schuldners gehandelt hat.

Art. 18. [Vollmachtsindossament]. (1) Enthält das Indossament den Vermerk „Wert zur Einziehung", „zum Inkasso", „in Prokura" oder einen anderen nur eine Bevollmächtigung ausdrückenden Vermerk, so kann der Inhaber alle Rechte aus dem Wechsel geltend machen; aber er kann ihn nur durch ein weiteres Vollmachtsindossament übertragen.

(2) Die Wechselverpflichteten können in diesem Falle dem Inhaber nur solche Einwendungen entgegensetzen, die ihnen gegen den Indossanten zustehen.

Art. 19. [Pfandindossament]. (1) Enthält das Indossament den Vermerk „Wert zur Sicherheit", „Wert zum Pfande" oder einen anderen eine Verpfändung ausdrückenden Vermerk, so kann der Inhaber alle Rechte aus dem Wechsel geltend machen; ein von ihm ausgestelltes Indossament hat aber nur die Wirkung eines Vollmachtsindossaments.

(2) Die Wechselverpflichteten können dem Inhaber keine Einwendungen entgegensetzen, die sich auf ihre unmittelbaren Beziehungen zu dem Indossanten gründen, es sei denn, daß der Inhaber bei dem Erwerb des Wechsels bewußt zum Nachteil des Schuldners gehandelt hat.

▶ Annahme

Art. 21. [Vorlegung zur Annahme]. Der Wechsel kann von dem Inhaber oder von jedem, der den Wechsel auch nur in Händen hat, bis zum Verfall dem Bezogenen an seinem Wohnort zur Annahme vorgelegt werden.

Art. 22. [Vorlegungsgebot und Vorlegungsverbot]. (1) Der Aussteller kann in jedem Wechsel mit oder ohne Bestimmung einer Frist vorschreiben, daß der Wechsel zur Annahme vorgelegt werden muß.

(2) Er kann im Wechsel die Vorlegung zur Annahme untersagen, wenn es sich nicht um einen Wechsel handelt, der bei einem Dritten oder an einem von dem Wohnort des Bezogenen verschiedenen Ort zahlbar ist oder der auf eine bestimmte Zeit nach Sicht lautet. 5

(3) Er kann auch vorschreiben, daß der Wechsel nicht vor einem bestimmten Tag zur Annahme vorgelegt werden darf.

(4) Jeder Indossant kann, wenn nicht der Aussteller die Vorlegung zur Annahme untersagt hat, mit oder ohne Bestimmung einer Frist vorschreiben, daß der Wechsel zur Annahme vorgelegt werden muß.

Art. 23. [Vorlegungsfrist]. (1) Wechsel, die auf eine bestimmte Zeit nach Sicht lauten, müssen binnen einem Jahr nach dem Tag der Ausstellung zur Annahme vorgelegt werden.

(2) Der Aussteller kann eine kürzere oder eine längere Frist bestimmen.

(3) Die Indossanten können die Vorlegungsfristen abkürzen.

Art. 25. [Annahmeerklärung]. (1) [1]Die Annahmeerklärung wird auf den Wechsel gesetzt. [2]Sie wird durch das Wort „angenommen" oder ein gleichbedeutendes Wort ausgedrückt; sie ist vom Bezogenen zu unterschreiben. [3]Die bloße

Unterschrift des Bezogenen auf der Vorderseite des Wechsels gilt als Annahme.

(2) [1]Lautet der Wechsel auf eine bestimmte Zeit nach Sicht oder ist er infolge eines besonderen Vermerks innerhalb einer bestimmten Frist zur Annahme vorzulegen, so muß die Annahmeerklärung den Tag bezeichnen, an dem sie erfolgt ist, sofern nicht der Inhaber die Angabe des Tages der Vorlegung verlangt. [2]Ist kein Tag angegeben, so muß der Inhaber, um seine Rückgriffsrechte gegen die Indossanten und den Aussteller zu wahren, diese Unterlassung rechtzeitig durch einen Protest feststellen lassen.

Art. 26. [Eingeschränkte Annahme]. (1) Die Annahme muß unbedingt sein; der Bezogene kann sie aber auf einen Teil der Wechselsumme beschränken.

(2) [1]Wenn die Annahmeerklärung irgendeine andere Abweichung von den Bestimmungen des Wechsels enthält, so gilt die Annahme als verweigert. [2]Der Annehmende haftet jedoch nach dem Inhalt seiner Annahmeerklärung.

Artikel 27. [Domizilwechsel; Zahlstellenwechsel]. (1) [1]Hat der Aussteller im Wechsel einen von dem Wohnort des Bezogenen verschiedenen Zahlungsort angegeben, ohne einen Dritten zu bezeichnen, bei dem die Zahlung geleistet werden soll, so kann der Bezogene bei der Annahmeerklärung einen Dritten bezeichnen. [2]Mangels einer solchen Bezeichnung wird angenommen, daß sich der Annehmer verpflichtet hat, selbst am Zahlungsort zu zahlen.

5

(2) Ist der Wechsel beim Bezogenen selbst zahlbar, so kann dieser in der Annahmeerklärung eine am Zahlungsort befindliche Stelle bezeichnen, wo die Zahlung geleistet werden soll.

Art. 28. [Wirkung der Annahme]. (1) Der Bezogene wird durch die Annahme verpflichtet, den Wechsel bei Verfall zu bezahlen.

(2) Mangels Zahlung hat der Inhaber, auch wenn er der Aussteller ist, gegen den Annehmer einen unmittelbaren Anspruch aus dem Wechsel auf alles, was auf Grund der Artikel 48 und 49 gefordert werden kann.

▶ Verfall

Art. 33. [Verfallzeiten]. (1) Ein Wechsel kann gezogen werden auf Sicht; auf eine bestimmte Zeit nach Sicht; auf eine bestimmte Zeit nach der Ausstellung; auf einen bestimmten Tag.

(2) Wechsel mit anderen oder mit mehreren aufeinanderfolgenden Verfallzeiten sind nichtig.

Art. 34. [Sichtwechsel]. (1) [1]Der Sichtwechsel ist bei der Vorlegung fällig. [2]Er muß binnen einem Jahr nach der Ausstellung zur Zahlung vorgelegt werden. [3]Der Aussteller kann eine kürzere oder eine längere Frist bestimmen. [4]Die Indossanten können die Vorlegungsfristen abkürzen.

(2) [1]Der Aussteller kann vorschreiben, daß der Sichtwechsel nicht vor einem bestimmten Tag zur Zahlung vorgelegt werden darf. [2]In diesem Falle beginnt die Vorlegungsfrist mit diesem Tag.

Art. 35. [Nachsichtwechsel]. (1) Der Verfall eines Wechsels, der auf eine bestimmte Zeit nach Sicht lautet, richtet sich nach dem in der Annahmeerklärung angegebenen Tag oder nach dem Tag des Protestes.

(2) Ist in der Annahmeerklärung ein Tag nicht angegeben und ein Protest nicht erhoben worden, so gilt dem Annehmer gegenüber der Wechsel als am letzten Tag der für die Vorlegung zur Annahme vorgesehenen Frist angenommen.

▶ Zahlung

Art. 38. [Vorlegung zur Zahlung]. (1) Der Inhaber eines Wechsels, der an einem bestimmten Tag oder bestimmte Zeit nach der Ausstellung oder nach Sicht zahlbar ist, hat den Wechsel am Zahlungstag oder an einem der beiden folgenden Werktage zur Zahlung vorzulegen.

(2) Die Einlieferung in eine Abrechnungsstelle steht der Vorlegung zur Zahlung gleich.

…

Art. 39. [Aushändigung des quittierten Wechsels; Teilzahlung]. (1) Der Bezogene kann vom Inhaber gegen Zahlung die Aushändigung des quittierten Wechels verlangen.

(2) Der Inhaber darf eine Teilzahlung nicht zurückweisen.

(3) Im Falle der Teilzahlung kann der Bezogene verlangen, daß sie auf dem Wechsel vermerkt und ihm eine Quittung erteilt wird.

▶ Rückgriff mangels Annahme und mangels Zahlung

Art. 43. [Rückgriff mangels Zahlung].

(1) Der Inhaber kann gegen die Indossanten, den Aussteller und die anderen Wechselverpflichteten bei Verfall des Wechsels Rückgriff nehmen, wenn der Wechsel nicht bezahlt worden ist.

(2) Das gleiche Recht steht dem Inhaber schon vor Verfall zu,

1. wenn die Annahme ganz oder teilweise verweigert worden ist;
2. wenn über das Vermögen des Bezogenen, gleichviel ob er den Wechsel angenommen hat oder nicht, das Insolvenzverfahren eröffnet worden ist oder wenn der Bezogene auch nur seine Zahlungen eingestellt hat oder wenn eine Zwangsvollstreckung in sein Vermögen fruchtlos verlaufen ist;
3. wenn über das Vermögen des Ausstellers eines Wechsels, dessen Vorlegung zur Annahme untersagt ist, das Insolvenzverfahren eröffnet worden ist.

Art. 44. [Protest]. (1) Die Verweigerung der Annahme oder der Zahlung muß durch eine öffentliche Urkunde (Protest mangels Annahme oder mangels Zahlung) festgestellt werden.

(2) [1]Der Protest mangels Annahme muß innerhalb der Frist erhoben werden, die für die Vorlegung zur Annahme gilt. [2]Ist im Fall des Artikels 24 Abs. 1 der Wechsel am letzten Tage der Frist zum ersten Mal vorgelegt worden, so kann der Protest noch am folgenden Tag erhoben werden.

(3) [1]Der Protest mangels Zahlung muß bei einem Wechsel, der an einem bestimmten Tag oder bestimmte Zeit nach der Ausstellung oder nach Sicht zahlbar ist, an einem der beiden auf den Zahlungstag folgenden Werktage erhoben werden. [2]Bei einem Sichtwechsel muß der Protest mangels Zahlung in den gleichen Fristen erhoben werden, wie sie im vorhergehenden Absatz für den Protest mangels Annahme vorgesehen sind.

(4) Ist Protest mangels Annahme erhoben worden, so bedarf es weder der Vorlegung zur Zahlung noch des Protestes mangels Zahlung.

(5) Hat der Bezogene, gleichviel ob er den Wechsel angenommen hat oder nicht, seine Zahlungen eingestellt, oder ist eine Zwangsvollstreckung in sein Vermögen fruchtlos verlaufen, so kann der Inhaber nur Rückgriff nehmen, nachdem der Wechsel dem Bezogenen zur Zahlung vorgelegt und Protest erhoben worden ist.

(6) [1]Ist über das Vermögen des Bezogenen, gleichviel ob er den Wechsel angenommen hat oder nicht, oder über das Vermögen des Ausstellers eines Wechsels, dessen Vorlegung zur Annahme untersagt ist, das Insolvenzverfahren eröffnet worden, so genügt es zur Ausübung des Rückgriffrechts, daß der gerichtliche Beschluß über die Eröffnung des Insolvenzverfahrens vorgelegt wird. [2]Die Vorlegung der Bekanntmachung des gerichtlichen Beschlusses im Internet oder der Veröffentlichung nach § 9 Absatz 2 Satz 1 der Insolvenzordnung ist der Vorlegung des gerichtlichen Beschlusses gleichzuachten.

Art. 45. [Benachrichtigungen]. (1) [1]Der Inhaber muß seinen unmittelbaren Vormann und den Aussteller von dem Unterbleiben der Annahme oder der Zahlung innerhalb der vier Werktage benachrichtigen, die auf den Tag der Protesterhebung oder, im Fall des Vermerks „ohne Kosten", auf den Tag der Vorlegung folgen. [2]Jeder Indossant muß innerhalb zweier Werktage nach Empfang der Nachricht seinem unmittelbaren Vormann von der Nachricht, die er erhalten hat, Kenntnis geben und ihm die Namen und Adressen derjenigen mitteilen, die vorher Nachricht gegeben haben, und so weiter in der Reihenfolge, bis zum Aussteller. [3]Die Fristen laufen vom Empfang der vorhergehenden Nachricht.

(2) Wird nach Maßgabe des vorhergehenden Absatzes einer Person, deren Unterschrift sich auf dem Wechsel befindet, Nachricht gegeben, so muß die gleiche Nachricht in derselben Frist ihrem Wechselbürgen gegeben werden.

(3) Hat ein Indossant seine Adresse nicht oder in unleserlicher Form angegeben, so genügt es, daß sein unmittelbarer Vormann benachrichtigt wird.

(4) Die Nachricht kann in jeder Form gegeben werden, auch durch die bloße Rücksendung des Wechsels.

(5) [1]Der zur Benachrichtigung Verpflichtete hat zu beweisen, daß er in der vorgeschriebenen Frist benachrichtigt hat. [2]Die Frist gilt als eingehalten, wenn ein Schreiben, das die Benachrichtigung enthält, innerhalb der Frist zur Post gegeben worden ist.

(6) Wer die rechtzeitige Benachrichtigung versäumt, verliert nicht den Rückgriff; er haftet für den etwa durch seine Nachlässigkeit entstandenen Schaden, jedoch nur bis zur Höhe der Wechselsumme.

Art. 46. [Erlaß des Protestes]. (1) Der Aussteller sowie jeder Indossant oder Wechselbürge kann durch den Vermerk „ohne Kosten", „ohne Protest" oder einen gleichbedeutenden auf den Wechsel gesetzten und unterzeichneten Vermerk den Inhaber von der Verpflichtung befreien, zum Zwecke der Ausübung des Rückgriffs Protest mangels Annahme oder mangels Zahlung erheben zu lassen.

...

Art. 47. [Haftung der Wechselschuldner].

(1) Alle, die einen Wechsel ausgestellt, angenommen, indossiert oder mit einer Bürgschaftserklärung versehen haben, haften dem Inhaber als Gesamtschuldner.

(2) Der Inhaber kann jeden einzeln oder mehrere oder alle zusammen in Anspruch nehmen, ohne an die Reihenfolge gebunden zu sein, in der sie sich verpflichtet haben.

5

(3) Das gleiche Recht steht jedem Wechselverpflichteten zu, der den Wechsel eingelöst hat.

(4) Durch die Geltendmachung des Anspruchs gegen einen Wechselverpflichteten verliert der Inhaber nicht seine Rechte gegen die anderen Wechselverpflichteten, auch nicht gegen die Nachmänner desjenigen, der zuerst in Anspruch genommen worden ist.

Art. 48. [Rückgriff des Protestanten].

(1) Der Inhaber kann im Wege des Rückgriffs verlangen:

1. die Wechselsumme, soweit der Wechsel nicht angenommen oder nicht eingelöst worden ist, mit den etwa bedungenen Zinsen;
2. Zinsen zu sechs vom Hundert seit dem Verfalltag. Bei einem Wechsel, der im Inland sowohl ausgestellt als auch zahlbar ist, beträgt der Zinssatz zwei vom Hundert über dem jeweiligen Basiszinssatz nach § 247 des Bürgerlichen Gesetzbuchs, mindestens aber sechs vom Hundert;
3. die Kosten des Protestes und der Nachrichten sowie die anderen Auslagen;
4. eine Vergütung, die mangels besonderer Vereinbarung ein Drittel vom Hundert der Hauptsumme des Wechsels beträgt und diesen Satz keinesfalls überschreiten darf.

(2) [1]Wird der Rückgriff vor Verfall genommen, so werden von der Wechselsumme Zinsen abgezogen. [2]Diese Zinsen werden auf Grund des öffentlich bekanntgemachten Diskontsatzes (Satz der Zentralnotenbank) berechnet, der am Tag des Rückgriffs am Wohnort des Inhabers gilt.

Art. 49. [Rückgriff des Einlösers]. Wer den Wechsel eingelöst hat, kann von seinen Vormännern verlangen:

1. den vollen Betrag, den er gezahlt hat;
2. die Zinsen dieses Betrags zu sechs vom Hundert seit dem Tag der Einlösung. Bei einem Wechsel, der im Inland sowohl ausgestellt als auch zahlbar ist, beträgt der Zinssatz zwei vom Hundert über dem jeweiligen Basiszinssatz nach § 247 des Bürgerlichen Gesetzbuchs, mindestens aber sechs vom Hundert; Änderungen des Basiszinssatz sind für die Verzinsung ab Beginn des Tages wirksam, an dem die Deutsche Bundesbank die Änderung im Bundesanzeiger bekanntgemacht hat;
3. seine Auslagen;
4. eine Vergütung, die nach den Vorschriften des Artikels 48 Abs. 1 Nr. 4 berechnet wird.

Art. 50. [Aushändigung der Wechselpapiere].

(1) Jeder Wechselverpflichtete, gegen den Rückgriff genommen wird oder genommen werden kann, ist berechtigt, zu verlangen, daß ihm gegen Entrichtung der Rückgriffssumme der Wechsel mit dem Protest und eine quittierte Rechnung ausgehändigt werden.

(2) Jeder Indossant, der den Wechsel eingelöst hat, kann sein Indossament und die Indossamente seiner Nachmänner ausstreichen.

▶ Verjährung

Art. 70. [Verjährungsfrist]. (1) Die wechselmäßigen Ansprüche gegen den Annehmer verjähren in drei Jahren vom Verfalltage.

(2) Die Ansprüche des Inhabers gegen die Indossanten und gegen den Aussteller verjähren in einem Jahre vom Tage des rechtzeitig erhobenen Protestes oder im Falle des Vermerkes „ohne Kosten“ vom Verfalltage.

(3) Die Ansprüche eines Indossanten gegen andere Indossanten und gegen den Aussteller verjähren in sechs Monaten von dem Tage, an dem der Wechsel vom Indossanten eingelöst oder ihm gegenüber gerichtlich geltend gemacht worden ist.

Art. 71. Der Neubeginn der Verjährung und ihre Hemmung nach § 204 des Bürgerlichen Gesetzbuchs wirken nur gegen den Wechselverpflichteten, in Ansehung dessen die Tatsache eingetreten ist, welche den Neubeginn oder die Hemmung bewirkt.

▶ Allgemeine Vorschriften

Art. 72. [Feiertage; Samstage]. (1) [1]Verfällt der Wechsel an einem gesetzlichen Feiertage oder einem Sonnabend, so kann die Zahlung erst am nächsten Werktage verlangt werden. [2]Auch alle anderen auf den Wechsel bezüglichen Handlungen, insbesondere die Vorlegung zur Annahme und die Protesterhebung, können nur an einem Werktage, jedoch nicht an einem Sonnabend, stattfinden.

(2) [1]Fällt der letzte Tag einer Frist, innerhalb deren eine dieser Handlungen vorgenommen werden muß, auf einen gesetzlichen Feiertag oder einen Sonnabend, so wird die Frist bis zum nächsten Werktage verlängert. [2]Feiertage, die in den Lauf einer Frist fallen, werden bei der Berechnung der Frist mitgezählt.

Art. 73. [Berechnung der Fristen]. Bei der Berechnung der gesetzlichen oder im Wechsel bestimmten Fristen wird der Tag, von dem sie zu laufen beginnen, nicht mitgezählt.

Art. 74. [Keine Respekttage]. Weder gesetzliche noch richterliche Respekttage werden anerkannt.

Eigener Wechsel

Art. 75. [Bestandteile]. Der eigene Wechsel enthält:
1. die Bezeichnung als Wechsel im Texte der Urkunde, und zwar in der Sprache, in der sie ausgestellt ist;
2. das unbedingte Versprechen, eine bestimmte Geldsumme zu zahlen;
3. die Angabe der Verfallzeit;
4. die Angabe des Zahlungsortes;
5. den Namen dessen, an den oder an dessen Order gezahlt werden soll;
6. die Angabe des Tages und des Ortes der Ausstellung;
7. die Unterschrift des Ausstellers.

Ergänzende Vorschriften

► Protest

Art. 79. [Protestpersonen]. (1) Jeder Protest muß durch einen Notar oder einen Gerichtsbeamten aufgenommen werden.

Art. 80. [Inhalt des Protestes]. In dem Protest ist aufzunehmen:
1. der Name dessen, für den protestiert wird, sowie der Name dessen, gegen den protestiert wird;
2. die Angabe, daß derjenige, gegen den protestiert wird, ohne Erfolg zur Vornahme der wechselrechtlichen Leistung aufgefordert worden oder nicht anzutreffen gewesen ist oder daß seine Geschäftsräume oder seine Wohnung sich nicht haben ermitteln lassen;
3. die Angabe des Ortes und des Tages, an dem die Aufforderung geschehen oder ohne Erfolg versucht worden ist.

(2) Verlangt der Bezogene, dem ein Wechsel zur Annahme vorgelegt wird, die nochmalige Vorlegung am nächsten Tage, so ist dies im Protest zu vermerken.

(3) Der Protest ist von dem Protestbeamten zu unterschreiben und mit dem Amtssiegel oder dem Amtsstempel zu versehen.

Art. 81. [Form des Protestes]. (1) Der Protest ist auf den Wechsel oder auf ein mit dem Wechsel zu verbindendes Blatt zu setzen.

(2) Er soll unmittelbar hinter den letzten auf der Rückseite des Wechsel befindlichen Vermerk, in Ermangelung eines solchen unmittelbar an einen Rand der Rückseite gesetzt werden.

(3) [1]Wird der Protest auf ein Blatt gesetzt, das mit dem Wechsel verbunden wird, so soll die Verbindungsstelle mit dem Amtssiegel oder dem Amtsstempel versehen werden. [2]Ist dies geschehen, so braucht der Unterschrift des Protestbeamten ein Siegel oder Stempel nicht beigefügt zu werden.

(4) [1]Wird der Protest unter Vorlegung mehrerer Ausfertigungen desselben Wechsels oder unter Vorlegung der Urschrift und einer Abschrift erhoben, so genügt die Beurkundung auf einer der Ausfertigungen oder auf der Urschrift. [2]Auf den anderen Ausfertigungen oder auf der Abschrift ist zu vermerken, auf welche Ausfertigung der Protest gesetzt worden ist oder daß er sich auf der Urschrift befindet. [3]Auf den Vermerk finden die Vorschriften des Absatzes 2 und des Absatzes 3 Satz 1 entsprechende Anwendung. [4]Der Protestbeamte hat den Vermerk zu unterschreiben.

Art. 86. [Protestzeit]. Proteste sollen in der Zeit von neun Uhr vormittags bis sechs Uhr abends erhoben werden, außerhalb dieser Zeit nur dann, wenn derjenige, gegen den protestiert wird, ausdrücklich einwilligt. 5

Art. 87. [Proteststelle]. (1) [1]Die Vorlegung zur Annahme oder Zahlung, die Protesterhebung, die Abforderung einer Ausfertigung sowie alle sonstigen bei einer bestimmten Person vorzunehmenden Handlungen müssen in deren Geschäftsräumen oder, wenn sich solche nicht ermitteln lassen, in deren Wohnung vorgenommen werden. [2]An einer anderen Stelle, insbesondere an der Börse, kann dies nur mit beiderseitigem Einverständnis geschehen.

Güterkraftverkehrsgesetz

Vom 22. Juni 1998, mit Änderungen bis zum 28. August 2013

Allgemeine Vorschriften

§ 1. Begriffsbestimmungen. (1) Güterkraftverkehr ist die geschäftsmäßige oder entgeltliche Beförderung von Gütern mit Kraftfahrzeugen, die einschließlich Anhänger ein höheres zulässiges Gesamtgewicht als 3,5 Tonnen haben.

(2) [1]Werkverkehr ist Güterkraftverkehr für eigene Zwecke eines Unternehmens, wenn folgende Voraussetzungen erfüllt sind:
1. Die beförderten Güter müssen Eigentum des Unternehmens oder von ihm verkauft, gekauft, vermietet, gemietet, hergestellt, erzeugt, gewonnen, bearbeitet oder instand gesetzt worden sein.
2. Die Beförderung muß der Anlieferung der Güter zum Unternehmen, ihrem Versand vom Unternehmen, ihrer Verbringung innerhalb oder – zum Eigengebrauch – außerhalb des Unternehmens dienen.
3. Die für die Beförderung verwendeten Kraftfahrzeuge müssen vom eigenen Personal des [2]Unternehmens geführt werden. [3]Im Krankheitsfall ist es dem Unternehmen gestattet, sich für einen Zeitraum von bis zu vier Wochen anderer Personen zu bedienen.
4. Die Beförderung darf nur eine Hilfstätigkeit im Rahmen der gesamten Tätigkeit des Unternehmens darstellen.

5

(3) Den Bestimmungen über den Werkverkehr unterliegt auch die Beförderung von Gütern durch Handelsvertreter, Handelsmakler und Kommissionäre, soweit
1. deren geschäftliche Tätigkeit sich auf diese Güter bezieht,
2. die Voraussetzungen nach Absatz 2 Nr. 2 bis 4 vorliegen und
3. ein Kraftfahrzeug verwendet wird, dessen Nutzlast einschließlich der Nutzlast eines Anhängers 4 Tonnen nicht überschreiten darf.

(4) Güterkraftverkehr, der nicht Werkverkehr im Sinne der Absätze 2 und 3 darstellt, ist gewerblicher Güterkraftverkehr.

§ 2. Ausnahmen. (1) Die Vorschriften dieses Gesetzes finden keine Anwendung auf
1. die gelegentliche, nichtgewerbsmäßige Beförderung von Gütern durch Vereine für ihre Mitglieder oder für gemeinnützige Zwecke,
2. die Beförderung von Gütern durch Körperschaften, Anstalten und Stiftungen des öffentlichen Rechts im Rahmen ihrer öffentlichen Aufgaben,
3. die Beförderung von beschädigten oder reparaturbedürftigen Fahrzeugen aus Gründen der Verkehrssicherheit oder zum Zwecke der Rückführung,
4. die Beförderung von Gütern bei der Durchführung von Verkehrsdiensten, die nach dem Personenbeförderungsgesetz in der Fassung der Bekanntmachung vom 8. August 1990 (BGBl. I S. 1690) in der jeweils geltenden Fassung genehmigt wurden,
5. die Beförderung von Medikamenten, medizinischen Geräten und Ausrüstungen sowie anderen zur Hilfeleistung in dringenden Notfällen bestimmten Gütern,
6. die Beförderung von Milch und Milcherzeugnissen für andere zwischen landwirtschaftlichen Betrieben, Milchsammelstellen und Molkereien durch landwirtschaftliche Unternehmer im Sinne des Gesetzes über die Alterssicherung der Landwirte vom 29. Juli 1994 (BGBl. I S. 1890) in der jeweils geltenden Fassung,
7. die in land- und forstwirtschaftlichen Betrieben übliche Beförderung von land- und forstwirtschaftlichen Bedarfsgütern oder Erzeugnissen. …

Gewerblicher Güterkraftverkehr

§ 3. Erlaubnispflicht. (1) Der gewerbliche Güterkraftverkehr ist erlaubnispflichtig, soweit sich nicht aus dem unmittelbar geltenden europäischen Gemeinschaftsrecht etwas anderes ergibt.

(2) [1]Die Erlaubnis wird einem Unternehmer, dessen Unternehmen seinen Sitz im Inland hat, für die Dauer von fünf Jahren erteilt, wenn
1. der Unternehmer und die zur Führung der Güterkraftverkehrsgeschäfte bestellte Person zuverlässig sind,
2. die finanzielle Leistungsfähigkeit des Unternehmens gewährleistet ist und
3. der Unternehmer oder die zur Führung der Güterkraftverkehrsgeschäfte bestellte Person fachlich geeignet ist.

[2]Eine Erlaubnis, deren Gültigkeitsdauer abgelaufen ist, wird zeitlich unbefristet erteilt, wenn der Unternehmer die Berufszugangsvoraussetzungen nach wie vor erfüllt.

(3) Die Bedingungen für den Berufszugang nach Absatz 2 sind vorbehaltlich von Absatz 6 Nr. 1 gegeben, wenn folgende Voraussetzungen erfüllt sind:
1. Die Zuverlässigkeit ist gegeben, wenn der Unternehmer und die zur Führung der Güterkraftverkehrsgeschäfte bestellte Person die Gewähr dafür bieten, daß das Unternehmen den gesetzlichen Bestimmungen ent-

sprechend geführt wird und die Allgemeinheit bei dem Betrieb des Unternehmens vor Schäden oder Gefahren bewahrt bleibt.
2. Die finanzielle Leistungsfähigkeit ist gegeben, wenn die zur Aufnahme und ordnungsgemäßen, insbesondere verkehrssicheren Führung des Unternehmens erforderlichen finanziellen Mittel verfügbar sind.
3. Die fachliche Eignung ist gegeben, wenn der Unternehmer oder die zur Führung der Güterkraftverkehrsgeschäfte bestellte Person über die zur Führung des Unternehmens erforderlichen Fachkenntnisse verfügt.

...

§ 4. Unterrichtung der Berufsgenossenschaft. [1]Die Erlaubnisbehörde hat der zuständigen Berufsgenossenschaft unverzüglich die Erteilung der Erlaubnis mitzuteilen. [2]Die Anzeigepflicht des Unternehmers nach § 192 des Siebten Buches Sozialgesetzbuch bleibt unberührt.

§ 6. Grenzüberschreitender Güterkraftverkehr durch Gebietsfremde. Ein Unternehmer, dessen Unternehmen seinen Sitz nicht im Inland hat, ist für den grenzüberschreitenden gewerblichen Güterkraftverkehr von der Erlaubnispflicht nach § 3 befreit, soweit er Inhaber der jeweils erforderlichen Berechtigung ist. [3]Berechtigungen sind die
1. Gemeinschaftslizenz,
2. Genehmigung auf Grund der Resolution des Rates der Europäischen Konferenz der Verkehrsminister (CEMT) vom 14. Juli 1973 (BGBl, 1974 II S. 298) ...

§ 7. Mitführungs- und Aushändigungspflichten im gewerblichen Güterkraftverkehr. (1) [1]Der Unternehmer hat dafür zu sorgen, dass bei einer Güterbeförderung im Inland, für die eine Erlaubnis nach § 3 oder eine Berechtigung nach § 6 erforderlich ist, während der gesamten Fahrt folgende Dokumente und Nachweise mitgeführt werden:
1. die Erlaubnis oder eine Erlaubnisausfertigung, eine beglaubigte Kopie der Gemeinschaftslizenz oder der Schweizerischen Lizenz, eine CEMT-Genehmigung, eine CEMT-Umzugsgenehmigung oder eine Drittstaatengenehmigung,
2. der für das eingesetzte Fahrzeug vorgeschriebene Nachweis über die Erfüllung bestimmter Technik-, Sicherheits- und Umweltanforderungen,
3. ein Begleitpapier oder ein sonstiger Nachweis, in dem das beförderte Gut, der Be- und Entladeort und der Auftraggeber angegeben werden.

[2]Die Dokumente oder Nachweise nach Satz 1 Nummer 1 und 2 dürfen nicht in Folie eingeschweißt oder in ähnlicher Weise mit einer Schutzschicht überzogen werden. [3]Bei Kabotagebeförderungen im Sinne des Artikels 8 der Verordnung (EG) Nr. 1072/2009 hat der Unternehmer, der weder Sitz noch Niederlassung in Deutschland hat, dafür zu sorgen, dass Nachweise im Sinne des Artikels 8 Absatz 3 Unterabsatz 2 der Verordnung (EG) Nr. 1072/2009 für die grenzüberschreitende Beförderung und jede einzelne durchgeführte Kabotagebeförderung während der Dauer der Beförderung mitgeführt werden.

(2) [1]Das Fahrpersonal muß die erforderliche Berechtigung und die Nachweise nach Absatz 1 während der Fahrt mitführen und Kontrollberechtigten auf Verlangen zur Prüfung aushändigen. [2]Das Begleitpapier oder der sonstige Nachweis nach Absatz 1 Satz 1 Nummer 3 kann statt durch Aushändigen des Dokumentes auch auf andere geeignete Weise zugänglich gemacht werden. [3]Ausländisches Fahrpersonal muss auch den Pass oder ein sonstiges zum Grenzübertritt berechtigendes Dokument mitführen und Kontrollberechtigten auf Verlangen zur Prüfung aushändigen. [4]Langfristig Aufenthaltsberechtigte im Sinne der Richtlinie 2003/109/EG des Rates vom 25. November 2003 betreffend die Rechtsstellung der langfristig aufenthaltsberechtigten Drittstaatsangehörigen (ABl. L 16 vom 23.1.2004, S. 44) haben außerdem die langfristige Aufenthaltsberechtigung-EG mitzuführen und Kontrollberechtigten auf Verlangen auszuhändigen.

§ 7a. Haftpflichtversicherung. (1) Der Unternehmer ist verpflichtet, eine Haftpflichtversicherung abzuschließen und aufrechtzuerhalten, die die gesetzliche Haftung wegen Güter- und Verspätungsschäden nach dem Vierten Abschnitt des Vierten Buches des Handelsgesetzbuches während Beförderungen, bei denen der Be- und Entladeort im Inland liegt, versichert.

...

(4) [1]Der Unternehmer hat dafür zu sorgen, dass während der Beförderung ein Nachweis über eine gültige Haftpflichtversicherung, die den Ansprüchen des Absatzes 1 entspricht, mitgeführt wird. [2]Das Fahrpersonal muss diesen Versicherungsnachweis während der Beförderung mitführen und Kontrollberechtigten auf Verlangen zur Prüfung aushändigen.

§ 7b. Einsatz von ordnungsgemäß beschäftigtem Fahrpersonal. [1]Ein Unternehmer, dessen Unternehmen seinen Sitz im Inland hat, darf bei Fahrten im Inland im gewerblichen Güterkraftverkehr einen Angehörigen eines Staates, der weder Mitglied der Europäischen Union, eines anderen Vertragsstaates des Abkommens über

5

den Europäischen Wirtschaftsraum noch Schweizer Staatsangehöriger ist, nur als Fahrpersonal einsetzen, wenn dieser im Besitz einer gültigen Arbeitsgenehmigung (§ 284 des Dritten Buches Sozialgesetzbuch) ist oder einer solchen nach § 284 Abs. 1 Satz 2 Nr. 2 oder 3 des Dritten Buches Sozialgesetzbuch nicht bedarf oder im Besitz einer von einer inländischen Behörde ausgestellten gültigen Fahrerbescheinigung nach Artikel 3 Abs. 1 der Verordnung (EWG) Nr. 881/92 ist. [2]Der Unternehmer hat dafür zu sorgen, dass ausländisches Fahrpersonal

1. den Pass, Passersatz oder Ausweisersatz und
2. die Aufenthaltsgenehmigung oder Duldung und die Arbeitsgenehmigung, soweit diese erteilt worden ist,

mitführt; ...

§ 7c. Verantwortung des Auftraggebers. Wer zu einem Zwecke, der seiner gewerblichen oder selbständigen beruflichen Tätigkeit zuzurechnen ist, einen Frachtvertrag oder einen Speditionsvertrag mit einem Unternehmen abgeschlossen hat, darf Leistungen aus diesem Vertrag nicht ausführen lassen, wenn er weiß oder fahrlässig nicht weiß, dass der Unternehmer

1. nicht Inhaber einer Erlaubnis nach § 3 oder einer Berechtigung nach § 6 oder einer Gemeinschaftslizenz ist, oder die Erlaubnis, Berechtigung oder Lizenz unzulässig verwendet,
2. bei der Beförderung Fahrpersonal einsetzt, das die Voraussetzungen des § 7b Abs. 1 Satz 1 nicht erfüllt, oder für das er nicht über eine Fahrerbescheinigung nach Artikel 3 Abs. 1 der Verordnung (EWG) Nr. 881/92 verfügt, ...

5

§ 8. Vorläufige Weiterführung der Güterkraftverkehrsgeschäfte. (1) [1]Nach dem Tode des Unternehmers darf der Erbe die Güterkraftverkehrsgeschäfte vorläufig weiterführen. [2]Das gleiche gilt für den Testamentsvollstrecker, Nachlaßpfleger oder Nachlaßverwalter während einer Testamentsvollstreckung, Nachlaßpflegschaft oder Nachlaßverwaltung.

(2) [1]Die Befugnis nach Absatz 1 erlischt, wenn nicht der Erbe binnen drei Monaten nach Ablauf der für die Ausschlagung der Erbschaft vorgesehenen Frist oder eine der in Absatz 1 Satz 2 genannten Personen binnen drei Monaten nach der Annahme ihres Amtes oder ihrer Bestellung die Erlaubnis beantragt hat. [2]Ein in der Person des Erben wirksam gewordener Fristablauf wirkt auch gegen den Nachlaßverwalter. [3]Die Frist kann auf Antrag einmal um drei Monate verlängert werden.

(3) [1]Im Falle der Erwerbs- oder Geschäftsunfähigkeit des Unternehmers oder der zur Führung der Güterkraftverkehrsgeschäfte bestellten Person darf ein Dritter, bei dem die Voraussetzungen nach § 3 Abs. 2 Nr. 1 und 3 noch nicht festgestellt worden sind, die Güterkraftverkehrsgeschäfte bis zu sechs Monaten nach Feststellung der Erwerbs- oder Geschäftsunfähigkeit weiterführen. [2]Die Frist kann auf Antrag einmal um drei Monate verlängert werden.

Werkverkehr

§ 9. Erlaubnis- und Versicherungsfreiheit. [1]Der Werkverkehr ist erlaubnisfrei. [2]Es besteht keine Versicherungspflicht.

Bundesamt für Güterverkehr

§ 10. Organisation. (1) [1]Das Bundesamt für Güterverkehr (Bundesamt) ist eine selbständige Bundesoberbehörde im Geschäftsbereich des Bundesministeriums für Verkehr, Bau und Stadtentwicklung. [2]Es wird von dem Präsidenten beleitet.

(2) Der Aufbau des Bundesamtes wird durch das Bundesministerium für Verkehr, Bau und Stadtentwicklung geregelt.

§ 11. Aufgaben. (1) Das Bundesamt erledigt Verwaltungsaufgaben des Bundes auf dem Gebiet des Verkehrs, die ihm durch dieses Gesetz, durch andere Bundesgesetze oder auf Grund dieser Gesetze zugewiesen sind. ...

§ 12. Befugnisse. (1) [1]Soweit dies zur Durchführung der Aufgaben nach § 11 Abs. 2 erforderlich ist, kann das Bundesamt insbesondere auf Straßen, auf Autohöfen und an Tankstellen Überwachungsmaßnahmen im Wege von Stichproben durchführen. [2]Zu diesem Zweck dürfen seine Beauftragten Kraftfahrzeuge zur Güterbeförderung anhalten, die Identität des Fahrpersonals durch Überprüfung der mitgeführten Ausweispapiere feststellen sowie verlangen, dass die Zulassungsdokumente des Fahrzeugs, der Führerschein des Fahrpersonals und die nach diesem Gesetz oder sonstigen Rechtsvorschriften bei Fahrten im gewerblichen Güterkraftverkehr mitzuführenden Nachweise, Berechtigungen oder Bescheinigungen zur Prüfung ausgehändigt werden. [3]Das Fahrpersonal hat, soweit erforderlich, den Beauftragten des Bundesamtes unverzüglich die zur Erfüllung der Überwachungsaufgabe erforderlichen Auskünfte wahrheitsgemäß nach bestem Wissen und Gewissen zu erteilen, vorhandene Hilfsmittel zur Verfügung zu stellen, Zutritt zum Fahrzeug zu gestatten sowie Hilfsdienste zu leisten. [4]Die Verpflichtung nach Satz 3 besteht nicht, soweit ihre Erfüllung für das Fahrpersonal oder einen der in § 383 Abs. 1 Nr. 1 bis 3 der Zivilprozessordnung bezeichneten Angehörigen die Gefahr einer Verfolgung wegen einer Straftat oder Ordnungswidrigkeit begründet.

(2) Zur Überwachung von Rechtsvorschriften über die Beschäftigung und die Tätigkeiten des Fahrpersonals auf Kraftfahrzeugen können Beauftragte des Bundesamtes auf Antrag eines Landes auch Kraftomnibusse anhalten.

(3) Das Fahrpersonal hat die Zeichen und Weisungen der Beauftragten des Bundesamtes zu befolgen, ohne dadurch von seiner Sorgfaltspflicht entbunden zu sein. …

§ 14. Marktbeobachtung. (1) [1]Das Bundesamt beobachtet und begutachtet die Entwicklung des Marktgeschehens im Verkehr (Marktbeobachtung). [2]Die Marktbeobachtung umfaßt den Eisenbahn-, Straßen- und Binnenschiffsgüterverkehr sowie den Luftverkehr. [3]Mit der Marktbeobachtung sollen Entwicklungen auf dem Verkehrsmarkt frühzeitig erkannt werden. [4]Es besteht keine Auskunftspflicht.

(2) [1]Das Bundesamt berichtet dem Bundesministerium für Verkehr, Bau und Stadtentwicklung über den jeweiligen Stand der Entwicklung des Marktgeschehens und die absehbare künftige Entwicklung. [2]Es bereitet dazu Daten aus dem Verwaltungsvollzug auf und erstellt oder betreut kurz- und mittelfristige Prognosen zum Güter- und Personenverkehr.

5

Gesetz über das Postwesen

Vom 22. Dezember 1997, mit Änderungen bis zum 7. August 2013

Allgemeine Vorschriften

§ 1. Zweck des Gesetzes. Zweck dieses Gesetzes ist es, durch Regulierung im Bereich des Postwesens den Wettbewerb zu fördern und flächendeckend angemessene und ausreichende Dienstleistungen zu gewährleisten.

§ 2. Regulierung. (1) Die Regulierung des Postwesens ist eine hoheitliche Aufgabe des Bundes.

(2) Ziele der Regulierung sind:

1. die Wahrung der Interessen der Kunden sowie die Wahrung des Postgeheimnisses,
2. die Sicherstellung eines chancengleichen und funktionsfähigen Wettbewerbs, auch in der Fläche, auf den Märkten des Postwesens,
3. die Sicherstellung einer flächendeckenden Grundversorgung mit Postdienstleistungen zu erschwinglichen Preisen (Universaldienst),
4. die Wahrung der Interessen der öffentlichen Sicherheit,
5. die Berücksichtigung sozialer Belange.

(3) Das Gesetz gegen Wettbewerbsbeschränkungen bleibt unberührt.

Lizenzen

5

§ 5. Lizenzierter Bereich. (1) Einer Erlaubnis (Lizenz) bedarf, wer Briefsendungen, deren Einzelgewicht nicht mehr als 1 000 Gramm beträgt, gewerbsmäßig für andere befördert.

§ 6. Erteilung der Lizenz. (1) [1]Die Lizenz wird auf schriftlichen Antrag von der Regulierungsbehörde in schriftlicher Form erteilt. [2]Der Antragsteller hat das Gebiet zu bezeichnen, in dem die lizenzpflichtige Tätigkeit ausgeübt werden soll. [3]Die Lizenz ist zu erteilen, wenn nicht ein Versagungsgrund nach Absatz 3 besteht. [4]Die Regulierungsbehörde soll über Lizenzanträge innerhalb von sechs Wochen entscheiden.

(3) Die Lizenz ist zu versagen, wenn

1. Tatsachen die Annahme rechtfertigen, daß der Antragsteller für die Ausübung der Lizenzrechte nicht die erforderliche Leistungsfähigkeit, Zuverlässigkeit oder Fachkunde besitzt,
2. Tatsachen die Annahme rechtfertigen, daß durch die Aufnahme einer lizenzpflichtigen Tätigkeit die öffentliche Sicherheit oder Ordnung gefährdet würde,
3. Tatsachen die Annahme rechtfertigen, daß der Antragsteller die wesentlichen Arbeitsbedingungen, die im lizenzierten Bereich üblich sind, nicht unerheblich unterschreitet.

Universaldienst

§ 11. Begriff und Umfang des Universaldienstes. (1) [1]Universaldienstleistungen sind ein Mindestangebot an Postdienstleistungen nach § 4 Nr. 1, die flächendeckend in einer bestimmten Qualität und zu einem erschwinglichen Preis erbracht werden. [2]Der Universaldienst ist auf lizenzpflichtige Postdienstleistungen und Postdienstleistungen, die zumindest in Teilen beförderungstechnisch mit lizenzpflichtigen Postdienstleistungen erbracht werden können, beschränkt. [3]Er umfaßt nur solche Dienstleistungen, die allgemein als unabdingbar angesehen werden.

§ 12. Gewährleistung des Universaldienstes. (1) Steht fest oder ist zu besorgen, daß eine Universaldienstleistung nach § 11 nicht ausreichend oder angemessen erbracht wird, ist jeder Lizenznehmer, dessen im lizenzierten Bereich erzielter Umsatz im vorangegangenen Kalenderjahr mehr als 500 000 Euro betragen hat, verpflichtet nach Maßgabe der §§ 13 bis 17 dazu beizutragen, daß die Universaldienstleistung erbracht werden kann.

Entgeltregulierung

§ 19. Genehmigungsbedürftige Entgelte. [1]Entgelte, die ein Lizenznehmer auf einem Markt für lizenzpflichtige Postdienstleistungen erhebt, bedürfen der Genehmigung durch die Regulierungsbehörde, sofern der Lizenznehmer auf dem betreffenden Markt marktbeherrschend ist. [2]Satz 1 gilt nicht für Entgelte solcher Beförderungsleistungen, die ab einer Mindesteinlieferungsmenge von 50 Briefsendungen angewendet werden.

§ 20. Maßstäbe der Entgeltgenehmigung. (1) Genehmigungsbedürftige Entgelte haben sich an den Kosten einer effizienten Leistungsbereitstellung zu orientieren und den Anforderungen nach Absatz 2 zu entsprechen.

(2) Genehmigungsbedürftige Entgelte dürfen

1. keine Aufschläge enthalten, die der Anbieter nur auf Grund seiner marktbeherrschenden Stellung durchsetzen kann,
2. keine Abschläge enthalten, die die Wettbewerbsmöglichkeiten anderer Unternehmen

auf einem Markt für Postdienstleistungen in mißbräuchlicher Weise beeinträchtigen,
3. einzelnen Nachfragern keine Vorteile gegenüber anderen Nachfragern gleichartiger Postdienstleistungen einräumen, es sei denn, daß hierfür eine rechtliche Verpflichtung oder ein sonstiger sachlich gerechtfertigter Grund nachgewiesen wird ....

§ 25. Überprüfung nicht genehmigungsbedürftiger Entgelte. (1) [1]Werden der Regulierungsbehörde Tatsachen bekannt, die die Annahme rechtfertigen, daß nicht genehmigungsbedürftige Entgelte, die ein Anbieter auf einem Markt für Postdienstleistungen verlangt, nicht den Maßstäben des § 20 Abs. 2 entsprechen, leitet die Regulierungsbehörde eine Überprüfung der Entgelte ein, sofern der Anbieter auf dem betreffenden Markt marktbeherrschend ist. [2]Die Regulierungsbehörde teilt die Überprüfung dem betroffenen Unternehmen schriftlich mit. [3]§ 24 Abs. 2 gilt entsprechend.

(2) [1]Stellt die Regulierungsbehörde fest, daß die Entgelte nicht den Maßstäben des § 20 Abs. 2 entsprechen, fordert sie das betroffene Unternehmen auf, die Entgelte unverzüglich den genannten Maßstäben anzupassen. [2]Die Aufforderung der Regulierungsbehörde ist im Amtsblatt der Regulierungsbehörde zu veröffentlichen.

Angebot von Teilleistungen, Zugang zu Postfachanlagen und Adreßänderungen

§ 28. Angebot von Teilleistungen. (1) Ist ein Lizenznehmer auf einem Markt für lizenzpflichtige Postdienstleistungen marktbeherrschend, so hat er, soweit dies nachgefragt wird, auf diesem Markt Teile der von ihm erbrachten Beförderungsleistungen gesondert anzubieten, sofern ihm dies wirtschaftlich zumutbar ist. ...

§ 29. Zugang zu Postfachanlagen und Adreßänderungen. (1) [1]Ist ein Lizenznehmer auf einem Markt für lizenzpflichtige Postdienstleistungen marktbeherrschend, so ist er, soweit dies nachgefragt wird, verpflichtet, auf diesem Markt anderen Anbietern von Postdienstleistungen gegen Entrichtung eines Entgelts die Zuführung von Postsendungen zu den von ihm betriebenen Postfachanlagen zu gestatten, es sei denn, dies ist sachlich nicht gerechtfertigt. [2]§ 28 Abs. 2 und 3 gilt entsprechend.

Förmliche Zustellung nach öffentlichrechtlichen Vorschriften

§ 33. Verpflichtung zur förmlichen Zustellung. (1) [1]Ein Lizenznehmer, der Briefzustelldienstleistungen erbringt, ist verpflichtet, Schriftstücke unabhängig von ihrem Gewicht nach den Vorschriften der Prozeßordnungen und der Gesetze, die die Verwaltungszustellung regeln, förmlich zuzustellen. [2]Im Umfang dieser Verpflichtung ist der Lizenznehmer mit Hoheitsbefugnissen ausgestattet (beliehener Unternehmer).

Anzeigepflicht, Berichtspflicht, Schadensersatzpflicht

§ 38. Schadensersatzpflicht. Wer vorsätzlich oder fahrlässig gegen dieses Gesetz, eine auf Grund dieses Gesetzes erlassene Rechtsverordnung, eine mit einer Lizenz verbundene Auflage oder eine sonstige Anordnung der Regulierungsbehörde verstößt, ist, sofern die Rechtsvorschrift, die Auflage oder die Anordnung den Schutz eines anderen bezweckt, diesem zum Ersatz des durch den Verstoß entstandenen Schadens verpflichtet.

Postgeheimnis, Datenschutz

§ 39. Postgeheimnis. (1) Dem Postgeheimnis unterliegen die näheren Umstände des Postverkehrs bestimmter natürlicher oder juristischer Personen sowie der Inhalt von Postsendungen. 5

(2) [1]Zur Wahrung des Postgeheimnisses ist verpflichtet, wer geschäftsmäßig Postdienste erbringt oder daran mitwirkt. [2]Die Pflicht zur Geheimhaltung besteht auch nach dem Ende der Tätigkeit fort, durch die sie begründet worden ist.

Postwertzeichen, Regulierungsbehörde

§ 43. Postwertzeichen. (1) [1]Die Befugnis, Postwertzeichen mit dem Aufdruck „Deutschland" auszugeben und für ungültig zu erklären, ist dem Bundesministerium der Finanzen vorbehalten. [2]Die bildliche Wiedergabe solcher Postwertzeichen ist unzulässig, wenn sie geeignet ist, Verwechslungen mit dem wiedergegebenen Postwertzeichen hervorzurufen.
...

Übergangsvorschriften

§ 51. Befristete gesetzliche Exklusivlizenz.
(1) Bis zum 31. Dezember 2007 steht der Deutschen Post AG das ausschließliche Recht zu, Briefsendungen und adressierte Kataloge, deren Einzelgewicht bis 50 Gramm und deren Einzelpreis weniger als das Zweieinhalbfache des Preises für entsprechende Postsendungen der untersten Gewichtsklasse beträgt, gewerbsmäßig zu befördern.

§ 52. Universaldienstleistungspflicht im Zeitraum der gesetzlichen Exklusivlizenz.
(1) [1]Für den Zeitraum der gesetzlichen Exklusivlizenz ist die Deutsche Post AG verpflichtet, Universaldienstleistungen im Sinne der gemäß § 11 Abs. 2 erlassenen Verordnung zu erbringen. [2]Die §§ 12 bis 17 und 56 gelten für diesen Zeitraum nicht. …

§ 54. Verwendung von Postwertzeichen im Zeitraum der gesetzlichen Exklusivlizenz.
Das Recht, nach § 43 vom Bundesministerium der Finanzen herausgegebene Postwertzeichen zu verwenden, steht für die Zeit der gesetzlichen Exklusivlizenz ausschließlich der Deutschen Post AG zu.

Tarifvertragsgesetz

In der Fassung vom 25. August 1969, mit Änderungen bis zum 8. Dez. 2010

§ 1. Inhalt und Form des Tarifvertrages.

(1) Der Tarifvertrag regelt die Rechte und Pflichten der Tarifvertragsparteien und enthält Rechtsnormen, die den Inhalt, den Abschluß und die Beendigung von Arbeitsverhältnissen sowie betriebliche und betriebsverfassungsrechtliche Fragen ordnen können.

(2) Tarifverträge bedürfen der Schriftform.

§ 2. Tarifvertragsparteien. (1) Tarifvertragsparteien sind Gewerkschaften, einzelne Arbeitgeber sowie Vereinigungen von Arbeitgebern.

(2) Zusammenschlüsse von Gewerkschaften und von Vereinigungen von Arbeitgebern (Spitzenorganisationen) können im Namen der ihnen angeschlossenen Verbände Tarifverträge abschließen, wenn sie eine entsprechende Vollmacht haben.

(3) Spitzenorganisationen können selbst Parteien eines Tarifvertrages sein, wenn der Abschluß von Tarifverträgen zu ihren satzungsgemäßen Aufgaben gehört.

(4) In den Fällen der Absätze 2 und 3 haften sowohl die Spitzenorganisationen wie die ihnen angeschlossenen Verbände für die Erfüllung der gegenseitigen Verpflichtungen der Tarifvertragsparteien.

§ 3. Tarifgebundenheit. (1) Tarifgebunden sind die Mitglieder der Tarifvertragsparteien und der Arbeitgeber, der selbst Partei des Tarifvertrages ist.

(2) Rechtsnormen des Tarifvertrages über betriebliche und betriebsverfassungsrechtliche Fragen gelten für alle Betriebe, deren Arbeitgeber tarifgebunden ist.

(3) Die Tarifgebundenheit bleibt bestehen, bis der Tarifvertrag endet.

§ 4. Wirkung der Rechtsnormen. (1) [1]Die Rechtsnormen des Tarifvertrages, die den Inhalt, den Abschluß oder die Beendigung von Arbeitsverhältnissen ordnen, gelten unmittelbar und zwingend zwischen den beiderseits Tarifgebundenen, die unter den Geltungsbereich des Tarifvertrages fallen. [2]Diese Vorschrift gilt entsprechend für Rechtsnormen des Tarifvertrages über betriebliche und betriebsverfassungsrechtliche Fragen.

(3) Abweichende Abmachungen sind nur zulässig, soweit sie durch den Tarifvertrag gestattet sind oder eine Änderung der Regelungen zugunsten des Arbeitnehmers enthalten.

(4) [1]Ein Verzicht auf entstandene tarifliche Rechte ist nur in einem von den Tarifvertragsparteien gebilligten Vergleich zulässig. [2]Die Verwirkung von tariflichen Rechten ist ausgeschlossen. [3]Ausschlußfristen für die Geltendmachung tariflicher Rechte können nur im Tarifvertrag vereinbart werden.

(5) Nach Ablauf des Tarifvertrages gelten seine Rechtsnormen weiter, bis sie durch eine andere Abmachung ersetzt werden.

§ 5. Allgemeinverbindlichkeit. (1) [1]Das Bundesministerium für Arbeit und Soziales kann einen Tarifvertrag im Einvernehmen mit einem aus je drei Vertretern der Spitzenorganisationen der Arbeitgeber und der Arbeitnehmer bestehenden Ausschuß auf Antrag einer Tarifvertragspartei für allgemeinverbindlich erklären, wenn

1. die tarifgebundenen Arbeitgeber nicht weniger als 50 vom Hundert der unter den Geltungsbereich des Tarifvertrages fallenden Arbeitnehmer beschäftigen und
2. die Allgemeinverbindlicherklärung im öffentlichen Interesse geboten erscheint.

[2]Von den Voraussetzungen der Nummern 1 und 2 kann abgesehen werden, wenn die Allgemeinverbindlicherklärung zur Behebung eines sozialen Notstandes erforderlich erscheint.

(2) Vor der Entscheidung über den Antrag ist Arbeitgebern und Arbeitnehmern, die von der Allgemeinverbindlicherklärung betroffen werden würden, den am Ausgang des Verfahrens interessierten Gewerkschaften und Vereinigungen der Arbeitgeber sowie den obersten Arbeitsbehörden der Länder, auf deren Bereich sich der Tarifvertrag erstreckt, Gelegenheit zur schriftlichen Stellungnahme sowie zur Äußerung in einer mündlichen und öffentlichen Verhandlung zu geben.

(3) Erhebt die oberste Arbeitsbehörde eines beteiligten Landes Einspruch gegen die beantragte Allgemeinverbindlicherklärung, so kann das Bundesministerium für Arbeit und Soziales dem Antrag nur mit Zustimmung der Bundesregierung stattgeben.

(4) Mit der Allgemeinverbindlicherklärung erfassen die Rechtsnormen des Tarifvertrags in seinem Geltungsbereich auch die bisher nicht tarifgebundenen Arbeitgeber und Arbeitnehmer.

(5) [1]Das Bundesministerium für Arbeit und Soziales kann die Allgemeinverbindlicherklärung eines Tarifvertrages im Einvernehmen mit dem in Abs. 1 genannten Ausschuß aufheben, wenn die Aufhebung im öffentlichen Interesse geboten erscheint. [2]Die Absätze 2 und 3 gelten entsprechend. [3]Im übrigen endet die Allgemeinverbindlichkeit eines Tarifvertrages mit dessen Ablauf.

(6) Das Bundesministerium für Arbeit und Soziales kann der obersten Arbeitsbehörde eines Landes für einzelne Fälle das Recht zur Allgemeinverbindlicherklärung sowie zur Aufhebung der Allgemeinverbindlichkeit übertragen.

(7) Die Allgemeinverbindlicherklärung und die Aufhebung der Allgemeinverbindlichkeit bedürfen der öffentlichen Bekanntmachung.

§ 6. Tarifregister. Bei dem Bundesministerium für Arbeit und Soziales wird ein Tarifregister geführt, in das der Abschluß, die Änderung und die Aufhebung der Tarifverträge sowie der Beginn und die Beendigung der Allgemeinverbindlichkeit eingetragen werden.

§ 8. Bekanntgabe des Tarifvertrages.

Die Arbeitgeber sind verpflichtet, die für ihren Betrieb maßgebenden Tarifverträge an geeigneter Stelle im Betrieb auszulegen.

Berufsbildungsgesetz

vom 23. März 2005, mit Änderungen bis zum 25. Juli 2013

Teil 1. Allgemeine Vorschriften

§ 1. Ziele und Begriffe der Berufsbildung.
(1) Berufsbildung im Sinne dieses Gesetzes sind die Berufsausbildungsvorbereitung, die Berufsausbildung, die berufliche Fortbildung und die berufliche Umschulung.

(2) Die Berufsausbildungsvorbereitung dient dem Ziel, durch die Vermittlung von Grundlagen für den Erwerb beruflicher Handlungsfähigkeit an eine Berufsausbildung in einem anerkannten Ausbildungsberuf heranzuführen.

(3) [1]Die Berufsausbildung hat die für die Ausübung einer qualifizierten beruflichen Tätigkeit in einer sich wandelnden Arbeitswelt notwendigen beruflichen Fertigkeiten, Kenntnisse und Fähigkeiten (berufliche Handlungsfähigkeit) in einem geordneten Ausbildungsgang zu vermitteln. [2]Sie hat ferner den Erwerb der erforderlichen Berufserfahrungen zu ermöglichen.

(4) Die berufliche Fortbildung soll es ermöglichen, die berufliche Handlungsfähigkeit zu erhalten und anzupassen oder zu erweitern und beruflich aufzusteigen.

(5) Die berufliche Umschulung soll zu einer anderen beruflichen Tätigkeit befähigen.

§ 2. Lernorte der Berufsbildung. (1) Berufsbildung wird durchgeführt

1. in Betrieben der Wirtschaft, in vergleichbaren Einrichtungen außerhalb der Wirtschaft, insbesondere des öffentlichen Dienstes, der Angehörigen freier Berufe und in Haushalten (betriebliche Berufsbildung),
2. in berufsbildenden Schulen (schulische Berufsbildung) und
3. in sonstigen Berufsbildungseinrichtungen außerhalb der schulischen und betrieblichen Berufsbildung (außerbetriebliche Berufsbildung).

(2) Die Lernorte nach Absatz 1 wirken bei der Durchführung der Berufsbildung zusammen (Lernortkooperation).

(3) [1]Teile der Berufsausbildung können im Ausland durchgeführt werden, wenn dies dem Ausbildungsziel dient. [2]Ihre Gesamtdauer soll ein Viertel der in der Ausbildungsordnung festgelegten Ausbildungsdauer nicht überschreiten.

§ 3. Anwendungsbereich. (1) Dieses Gesetz gilt für die Berufsbildung,soweit sie nicht in berufsbildenden Schulen durchgeführt wird, die den Schulgesetzen der Länder unterstehen.

(2) Dieses Gesetz gilt nicht für

1. die Berufsbildung, die in berufsqualifizierenden oder vergleichbaren Studiengängen an Hochschulen auf der Grundlage des Hochschulrahmengesetzes und der Hochschulgesetze der Länder durchgeführt wird,
2. die Berufsbildung in einem öffentlich-rechtlichen Dienstverhältnis,
3. die Berufsbildung auf Kauffahrteischiffen, die nach dem Flaggenrechtsgesetz die Bundesflagge führen, soweit es sich nicht um Schiffe der kleinen Hochseefischerei oder der Küstenfischerei handelt.

(3) Für die Berufsbildung in Berufen der Handwerksordnung gelten die §§ 4 bis 9, 27 bis 49, 53 bis 70, 76 bis 80 sowie 102 nicht; insoweit gilt die Handwerksordnung.

Teil 2. Berufsbildung

Berufsausbildung

▶ Ordnung der Berufsausbildung; Anerkennung von Ausbildungsberufen

§ 4. Anerkennung von Ausbildungsberufen.
(1) Als Grundlage für eine geordnete und einheitliche Berufsausbildung kann das Bundesministerium für Wirtschaft und Arbeit oder das sonst zuständige Fachministerium im Einvernehmen mit dem Bundesministerium für Bildung und Forschung durch Rechtsverordnung, die nicht der Zustimmung des Bundesrates bedarf, Ausbildungsberufe staatlich anerkennen und hierfür Ausbildungsordnungen nach § 5 erlassen.

(2) Für einen anerkannten Ausbildungsberuf darf nur nach der Ausbildungsordnung ausgebildet werden.

(3) In anderen als anerkannten Ausbildungsberufen dürfen Jugendliche unter 18 Jahren nicht ausgebildet werden, soweit die Berufsausbildung nicht auf den Besuch weiterführender Bildungsgänge vorbereitet.

...

§ 5. Ausbildungsordnung. (1) Die Ausbildungsordnung hat festzulegen
1. die Bezeichnung des Ausbildungsberufes, der anerkannt wird,
2. die Ausbildungsdauer; sie soll nicht mehr als drei und nicht weniger als zwei Jahre betragen,
3. die beruflichen Fertigkeiten, Kenntnisse und Fähigkeiten, die mindestens Gegenstand der Berufsausbildung sind (Ausbildungsberufsbild),
4. eine Anleitung zur sachlichen und zeitlichen Gliederung der Vermittlung der beruflichen Fertigkeiten, Kenntnisse und Fähigkeiten (Ausbildungsrahmenplan),
5. die Prüfungsanforderungen.

(2) Die Ausbildungsordnung kann vorsehen,
1. dass die Berufsausbildung in sachlich und zeitlich besonders gegliederten, aufeinander aufbauenden Stufen erfolgt; nach den einzelnen Stufen soll ein Ausbildungsabschluss vorgesehen werden, der sowohl zu einer qualifizierten beruflichen Tätigkeit im Sinne des § 1 Abs. 3 befähigt als auch die Fortsetzung der Berufsausbildung in weiteren Stufen ermöglicht (Stufenausbildung),
2. dass die Abschlussprüfung in zwei zeitlich auseinander fallenden Teilen durchgeführt wird,
3. dass abweichend von § 4 Abs. 4 die Berufsausbildung in diesem Ausbildungsberuf unter Anrechnung der bereits zurückgelegten Ausbildungszeit fortgesetzt werden kann, wenn die Vertragsparteien dies vereinbaren,
4. dass auf die durch die Ausbildungsordnung geregelte Berufsausbildung eine andere, einschlägige Berufsausbildung unter Berücksichtigung der hierbei erworbenen beruflichen Fertigkeiten, Kenntnisse und Fähigkeiten angerechnet werden kann,
5. dass über das in Absatz 1 Nr. 3 beschriebene Ausbildungsberufsbild hinaus zusätzliche berufliche Fertigkeiten, Kenntnisse und Fähigkeiten vermittelt werden können, die die berufliche Handlungsfähigkeit ergänzen oder erweitern,
6. dass Teile der Berufsausbildung in geeigneten Einrichtungen außerhalb der Ausbildungsstätte durchgeführt werden, wenn und soweit es die Berufsausbildung erfordert (überbetriebliche Berufsausbildung),
7. dass Auszubildende einen schriftlichen Ausbildungsnachweis zu führen haben.

Im Rahmen der Ordnungsverfahren soll stets geprüft werden, ob Regelungen nach Nummer 1, 2 und 4 sinnvoll und möglich sind.

6

§ 7. Anrechnung beruflicher Vorbildung auf die Ausbildungszeit. (1) Die Landesregierungen können nach Anhörung des Landesausschusses für Berufsbildung durch Rechtsverordnung bestimmen, dass der Besuch eines Bildungsganges berufsbildender Schulen oder die Berufsausbildung in einer sonstigen Einrichtung ganz oder teilweise auf die Ausbildungszeit angerechnet wird.

...

§ 8. Abkürzung und Verlängerung der Ausbildungszeit. (1) [1]Auf gemeinsamen Antrag der Auszubildenden und Ausbildenden hat die zuständige Stelle die Ausbildungszeit zu kürzen, wenn zu erwarten ist, dass das Ausbildungsziel in der gekürzten Zeit erreicht wird. [2]Bei berechtigtem Interesse kann sich der Antrag auch auf die Verkürzung der täglichen oder wöchentlichen Ausbildungszeit richten (Teilzeitberufsausbildung).

(2) [1]In Ausnahmefällen kann die zuständige Stelle auf Antrag Auszubildender die Ausbildungszeit verlängern, wenn die Verlängerung erforderlich ist, um das Ausbildungsziel zu erreichen. [2]Vor der Entscheidung nach Satz 1 sind die Ausbildenden zu hören.

...

▶ Berufsausbildungsverhältnis

§ 10. Vertrag. (1) Wer andere Personen zur Berufsausbildung einstellt (Ausbildende), hat mit den Auszubildenden einen Berufsausbildungsvertrag zu schließen.

(2) Auf den Berufsausbildungsvertrag sind, soweit sich aus seinem Wesen und Zweck und aus diesem Gesetz nichts anderes ergibt, die für den Arbeitsvertrag geltenden Rechtsvorschriften und Rechtsgrundsätze anzuwenden.

(3) Schließen die gesetzlichen Vertreter oderVertreterinnen mit ihrem Kind einen Berufsausbildungsvertrag, so sind sie von dem Verbot des § 181 des Bürgerlichen Gesetzbuchs befreit.

(4) Ein Mangel in der Berechtigung, Auszubildende einzustellen oder auszubilden, berührt die Wirksamkeit des Berufsausbildungsvertrages nicht.

(5) Zur Erfüllung der vertraglichen Verpflichtungen der Ausbildenden können mehrere natürliche oder juristische Personen in einem Ausbildungsverbund zusammenwirken, soweit die Verantwortlichkeit für die einzelnen Ausbildungsabschnitte sowie für die Ausbildungszeit insgesamt sichergestellt ist (Verbundausbildung).

§ 11. Vertragsniederschrift. (1) [1]Ausbildende haben unverzüglich nach Abschluss des Berufsausbildungsvertrages, spätestens vor Beginn der Berufsausbildung, den wesentlichen

Inhalt des Vertrages gemäß Satz 2 schriftlich niederzulegen; die elektronische Form ist ausgeschlossen. [2]In die Niederschrift sind mindestens aufzunehmen
1. Art, sachliche und zeitliche Gliederung sowie Ziel der Berufsausbildung, insbesondere die Berufstätigkeit, für die ausgebildet werden soll,
2. Beginn und Dauer der Berufsausbildung,
3. Ausbildungsmaßnahmen außerhalb der Ausbildungsstätte,
4. Dauer der regelmäßigen täglichen Ausbildungszeit,
5. Dauer der Probezeit,
6. Zahlung und Höhe der Vergütung,
7. Dauer des Urlaubs,
8. Voraussetzungen, unter denen der Berufsausbildungsvertrag gekündigt werden kann,
9. ein in allgemeiner Form gehaltener Hinweis auf die Tarifverträge, Betriebs- oder Dienstvereinbarungen, die auf das Berufsausbildungsverhältnis anzuwenden sind.

(2) Die Niederschrift ist von den Ausbildenden, den Auszubildenden und deren gesetzlichen Vertretern und Vertreterinnen zu unterzeichnen.

(3) Ausbildende haben den Auszubildenden und deren gesetzlichen Vertretern und Vertreterinnen eine Ausfertigung der unterzeichneten Niederschrift unverzüglich auszuhändigen.

(4) Bei Änderungen des Berufsausbildungsvertrages gelten die Absätze 1 bis 3 entsprechend.

§ 12. Nichtige Vereinbarungen. (1) [1]Eine Vereinbarung, die Auszubildende für die Zeit nach Beendigung des Berufsausbildungsverhältnisses in der Ausübung ihrer beruflichen Tätigkeit beschränkt, ist nichtig. [2]Dies gilt nicht, wenn sich Auszubildende innerhalb der letzten sechs Monate des Berufsausbildungsverhältnisses dazu verpflichten, nach dessen Beendigung mit den Ausbildenden ein Arbeitsverhältnis einzugehen.

(2) Nichtig ist eine Vereinbarung über
1. die Verpflichtung Auszubildender, für die Berufsausbildung eine Entschädigung zu zahlen,
2. Vertragsstrafen,
3. den Ausschluss oder die Beschränkung von Schadensersatzansprüchen,
4. die Festsetzung der Höhe eines Schadensersatzes in Pauschbeträgen.

§ 13. Verhalten während der Berufsausbildung. [1]Auszubildende haben sich zu bemühen, die berufliche Handlungsfähigkeit zu erwerben, die zum Erreichen des Ausbildungsziels erforderlich ist. [2]Sie sind insbesondere verpflichtet,
1. die ihnen im Rahmen ihrer Berufsausbildung aufgetragenen Aufgaben sorgfältig auszuführen,
2. an Ausbildungsmaßnahmen teilzunehmen, für die sie nach § 15 freigestellt werden,
3. den Weisungen zu folgen, die ihnen im Rahmen der Berufsausbildung von Ausbildenden, von Ausbildern oder Ausbilderinnen oder von anderen weisungsberechtigten Personen erteilt werden,
4. die für die Ausbildungsstätte geltende Ordnung zu beachten,
5. Werkzeug, Maschinen und sonstige Einrichtungen pfleglich zu behandeln,
6. über Betriebs- und Geschäftsgeheimnisse Stillschweigen zu wahren.

§ 14. Berufsausbildung. (1) Ausbildende haben
1. dafür zu sorgen, dass den Auszubildenden die berufliche Handlungsfähigkeit vermittelt wird, die zum Erreichen des Ausbildungsziels erforderlich ist, und die Berufsausbildung in einer durch ihren Zweck gebotenen Form planmäßig, zeitlich und sachlich gegliedert so durchzuführen, dass das Ausbildungsziel in der vorgesehenen Ausbildungszeit erreicht werden kann,
2. selbst auszubilden oder einen Ausbilder oder eine Ausbilderin ausdrücklich damit zu beauftragen,
3. Auszubildenden kostenlos die Ausbildungsmittel, insbesondere Werkzeuge und Werkstoffe zur Verfügung zu stellen, die zur Berufsausbildung und zum Ablegen von Zwischen- und Abschlussprüfungen, auch soweit solche nach Beendigung des Berufsausbildungsverhältnisses stattfinden, erforderlich sind,
4. Auszubildende zum Besuch der Berufsschule sowie zum Führen von schriftlichen Ausbildungsnachweisen anzuhalten, soweit solche im Rahmen der Berufsausbildung verlangt werden, und diese durchzusehen,
5. dafür zu sorgen, dass Auszubildende charakterlich gefördert sowie sittlich und körperlich nicht gefährdet werden.

(2) Auszubildenden dürfen nur Aufgaben übertragen werden, die dem Ausbildungszweck dienen und ihren körperlichen Kräften angemessen sind.

§ 15. Freistellung. [1]Ausbildende haben Auszubildende für die Teilnahme am Berufsschulunterricht und an Prüfungen freizustellen. [2]Das Gleiche gilt, wenn Ausbildungsmaßnahmen außerhalb der Ausbildungsstätte durchzuführen sind.

6

§ 16. Zeugnis. (1) [1]Ausbildende haben den Auszubildenden bei Beendigung des Berufsausbildungsverhältnisses ein schriftliches Zeugnis auszustellen. [2]Die elektronische Form ist ausgeschlossen. [3]Haben Ausbildende die Berufsausbildung nicht selbst durchgeführt, so soll auch der Ausbilder oder die Ausbilderin das Zeugnis unterschreiben.

(2) [1]Das Zeugnis muss Angaben enthalten über Art, Dauer und Ziel der Berufsausbildung sowie über die erworbenen beruflichen Fertigkeiten, Kenntnisse und Fähigkeiten der Auszubildenden. [2]Auf Verlangen Auszubildender sind auch Angaben über Verhalten und Leistung aufzunehmen.

§ 17. Vergütungsanspruch. (1) [1]Ausbildende haben Auszubildenden eine angemessene Vergütung zu gewähren. [2]Sie ist nach dem Lebensalter der Auszubildenden so zu bemessen, dass sie mit fortschreitender Berufsausbildung, mindestens jährlich, ansteigt.

(2) Sachleistungen können in Höhe der nach § 17 Abs. 1 Satz 1 Nr. 4 des Vierten Buches Sozialgesetzbuch festgesetzten Sachbezugswerte angerechnet werden, jedoch nicht über 75 Prozent der Bruttovergütung hinaus.

(3) Eine über die vereinbarte regelmäßige tägliche Ausbildungszeit hinausgehende Beschäftigung ist besonders zu vergüten oder durch entsprechende Freizeit auszugleichen.

§ 18. Bemessung und Fälligkeit der Vergütung. (1) Die Vergütung bemisst sich nach Monaten. Bei Berechnung der Vergütung für einzelne Tage wird der Monat zu 30 Tagen gerechnet.

(2) Die Vergütung für den laufenden Kalendermonat ist spätestens am letzten Arbeitstag des Monats zu zahlen.

6

§ 19. Fortzahlung der Vergütung. (1) Auszubildenden ist die Vergütung auch zu zahlen
1. für die Zeit der Freistellung (§ 15),
2. bis zur Dauer von sechs Wochen, wenn sie
   a) sich für die Berufsausbildung bereithalten, diese aber ausfällt oder
   b) aus einem sonstigen, in ihrer Person liegenden Grund unverschuldet verhindert sind, ihre Pflichten aus dem Berufsausbildungsverhältnis zu erfüllen.

(2) Können Auszubildende während der Zeit, für welche die Vergütung fortzuzahlen ist, aus berechtigtem Grund Sachleistungen nicht abnehmen, so sind diese nach den Sachbezugswerten (§ 17 Abs. 2) abzugelten.

§ 20. Probezeit. [1]Das Berufsausbildungsverhältnis beginnt mit der Probezeit. [2]Sie muss mindestens einen Monat und darf höchstens vier Monate betragen.

§ 21. Beendigung. (1) [1]Das Berufsausbildungsverhältnis endet mit dem Ablauf der Ausbildungszeit. [2]Im Falle der Stufenausbildung endet es mit Ablauf der letzten Stufe.

(2) Bestehen Auszubildende vor Ablauf der Ausbildungszeit die Abschlussprüfung, so endet das Berufsausbildungsverhältnis mit Bekanntgabe des Ergebnisses durch den Prüfungsausschuss.

(3) Bestehen Auszubildende die Abschlussprüfung nicht, so verlängert sich das Berufsausbildungsverhältnis auf ihr Verlangen bis zur nächstmöglichen Wiederholungsprüfung, höchstens um ein Jahr.

§ 22. Kündigung. (1) Während der Probezeit kann das Berufsausbildungsverhältnis jederzeit ohne Einhalten einer Kündigungsfrist gekündigt werden.

(2) Nach der Probezeit kann das Berufsausbildungsverhältnis nur gekündigt werden
1. aus einem wichtigen Grund ohne Einhalten einer Kündigungsfrist,
2. von Auszubildenden mit einer Kündigungsfrist von vier Wochen, wenn sie die Berufsausbildung aufgeben oder sich für eine andere Berufstätigkeit ausbilden lassen wollen.

(3) Die Kündigung muss schriftlich und in den Fällen des Absatzes 2 unter Angabe der Kündigungsgründe erfolgen.

(4) [1]Eine Kündigung aus einem wichtigen Grund ist unwirksam, wenn die ihr zugrunde liegenden Tatsachen dem zur Kündigung Berechtigten länger als zwei Wochen bekannt sind. [2]Ist ein vorgesehenes Güteverfahren vor einer außergerichtlichen Stelle eingeleitet, so wird bis zu dessen Beendigung der Lauf dieser Frist gehemmt.

§ 23. Schadensersatz bei vorzeitiger Beendigung. (1) [1]Wird das Berufsausbildungsverhältnis nach der Probezeit vorzeitig gelöst, so können Ausbildende oder Auszubildende Ersatz des Schadens verlangen, wenn die andere Person den Grund für die Auflösung zu vertreten hat. [2]Dies gilt nicht im Falle des § 22 Abs. 2 Nr. 2.

(2) Der Anspruch erlischt, wenn er nicht innerhalb von drei Monaten nach Beendigung des Berufsausbildungsverhältnisses geltend gemacht wird.

§ 24. Weiterarbeit. Werden Auszubildende im Anschluss an das Berufsausbildungsverhältnis beschäftigt, ohne dass hierüber ausdrücklich etwas vereinbart worden ist, so gilt ein Arbeitsverhältnis auf unbestimmte Zeit als begründet.

§ 25. Unabdingbarkeit. Eine Vereinbarung, die zuungunsten Auszubildender von den Vorschriften dieses Teils des Gesetzes abweicht, ist nichtig.

§ 26. Andere Vertragsverhältnisse. Soweit nicht ein Arbeitsverhältnis vereinbart ist, gelten für Personen, die eingestellt werden, um berufliche Fertigkeiten, Kenntnisse, Fähigkeiten oder berufliche Erfahrungen zu erwerben, ohne dass es sich um eine Berufsausbildung im Sinne dieses Gesetzes handelt, die §§ 10 bis 23 und 25 mit der Maßgabe, dass die gesetzliche Probezeit abgekürzt, auf die Vertragsniederschrift verzichtet und bei vorzeitiger Lösung des Vertragsverhältnisses nach Ablauf der Probezeit abweichend von § 23 Abs. 1 Satz 1 Schadensersatz nicht verlangt werden kann.

▶ Eignung von Ausbildungsstätte und Ausbildungspersonal

§ 27. Eignung der Ausbildungsstätte.

(1) Auszubildende dürfen nur eingestellt und ausgebildet werden, wenn
1. die Ausbildungsstätte nach Art und Einrichtung für die Berufsausbildung geeignet ist und
2. die Zahl der Auszubildenden in einem angemessenen Verhältnis zur Zahl der Ausbildungsplätze oder zur Zahl der beschäftigten Fachkräfte steht, es sei denn, dass anderenfalls die Berufsausbildung nicht gefährdet wird.

(2) Eine Ausbildungsstätte, in der die erforderlichen beruflichen Fertigkeiten, Kenntnisse und Fähigkeiten nicht im vollen Umfang vermittelt werden können, gilt als geeignet, wenn diese durch Ausbildungsmaßnahmen außerhalb der Ausbildungsstätte vermittelt werden.

...

§ 28. Eignung von Ausbildenden und Ausbildern oder Ausbilderinnen. (1) [1]Auszubildende darf nur einstellen, wer persönlich geeignet ist. [2]Auszubildende darf nur ausbilden, wer persönlich und fachlich geeignet ist.

(2) Wer fachlich nicht geeignet ist oder wer nicht selbst ausbildet, darf Auszubildende nur dann einstellen, wenn er persönlich und fachlich geeignete Ausbilder oder Ausbilderinnen bestellt, die die Ausbildungsinhalte in der Ausbildungsstätte unmittelbar, verantwortlich und in wesentlichem Umfang vermitteln.

(3) Unter der Verantwortung des Ausbilders oder der Ausbilderin kann bei der Berufsausbildung mitwirken, wer selbst nicht Ausbilder oder Ausbilderin ist, aber abweichend von den besonderen Voraussetzungen des § 30 die für die Vermittlung von Ausbildungsinhalten erforderlichen beruflichen Fertigkeiten, Kenntnisse und Fähigkeiten besitzt und persönlich geeignet ist.

§ 29. Persönliche Eignung. Persönlich nicht geeignet ist insbesondere, wer
1. Kinder und Jugendliche nicht beschäftigen darf oder
2. wiederholt oder schwer gegen dieses Gesetz oder die auf Grund dieses Gesetzes erlassenen Vorschriften und Bestimmungen verstoßen hat.

§ 30. Fachliche Eignung. (1) Fachlich geeignet ist, wer die beruflichen sowie die berufs- und arbeitspädagogischen Fertigkeiten, Kenntnisse und Fähigkeiten besitzt, die für die Vermittlung der Ausbildungsinhalte erforderlich sind.

(2) Die erforderlichen beruflichen Fertigkeiten, Kenntnisse und Fähigkeiten besitzt, wer
1. die Abschlussprüfung in einer dem Ausbildungsberuf entsprechenden Fachrichtung bestanden hat,
2. eine anerkannte Prüfung an einer Ausbildungsstätte oder vor einer Prüfungsbehörde oder eine Abschlussprüfung an einer staatlichen oder staatlich anerkannten Schule in einer dem Ausbildungsberuf entsprechenden Fachrichtung bestanden hat,
3. eine Abschlussprüfung an einer deutschen Hochschule in einer dem Ausbildungsberuf entsprechenden Fachrichtung bestanden hat

und eine angemessene Zeit in seinem Beruf praktisch tätig gewesen ist oder
4. im Ausland einen Bildungsabschluss in einer dem Ausbildungsberuf entsprechenden Fachrichtung erworben hat, dessen Gleichwertigkeit nach dem Beufswualifikationsfeststellungsgesetz oder anderen rechtlichen Regelungen festgestellt worden ist.

...

§ 32. Überwachung der Eignung. (1) Die zuständige Stelle hat darüber zu wachen, dass die Eignung der Ausbildungsstätte sowie die persönliche und fachliche Eignung vorliegen.

...

▶ Verzeichnis der Berufsausbildungsverhältnisse

§ 34. Einrichten, Führen. (1) [1]Die zuständige Stelle hat für anerkannte Ausbildungsberufe ein Verzeichnis der Berufsausbildungsverhältnisse einzurichten und zu führen, in das der

6

Berufsausbildungsvertrag einzutragen ist. [2]Die Eintragung ist für Auszubildende gebührenfrei.

(2) Die Eintragung umfasst für jedes Berufsausbildungsverhältnis

1. Name, Vorname, Geburtsdatum, Anschrift der Auszubildenden;
2. Geschlecht, Staatsangehörigkeit, allgemeinbildender Schulabschluss, vorausgegangene Teilnahme an berufsvorbereitender Qualifizierung oder beruflicher Grundbildung, berufliche Vorbildung;
3. erforderlichenfalls Name, Vorname und Anschrift der gesetzlichen Vertreter oder Vertreterinnen;
4. Ausbildungsberuf einschließlich Fachrichtung;
5. Datum des Abschlusses des Ausbildungsvertrages, Ausbildungsdauer, Dauer der Probezeit;
6. Datum des Beginns der Berufsausbildung;
7. Art der Förderung bei überwiegend öffentlich, insbesondere auf Grund des Dritten Buches Sozialgesetzbuch geförderten Berufsausbildungsverhältnissen;
8. Name und Anschrift der Ausbildenden, Anschrift der Ausbildungsstätte, Wirtschaftszweig, Zugehörigkeit zum öffentlichen Dienst;
9. Name, Vorname, Geschlecht und Art der fachlichen Eignung der Ausbilder und Ausbilderinnen.

§ 35. Eintragen, Ändern, Löschen. (1) Ein Berufsausbildungsvertrag und Änderungen seines wesentlichen Inhalts sind in das Verzeichnis einzutragen, wenn

1. der Berufsausbildungsvertrag diesem Gesetz und der Ausbildungsordnung entspricht,
2. die persönliche und fachliche Eignung sowie die Eignung der Ausbildungsstätte für das Einstellen und Ausbilden vorliegen und
3. für Auszubildende unter 18 Jahren die ärztliche Bescheinigung über die Erstuntersuchung nach § 32 Abs. 1 des Jugendarbeitsschutzgesetzes zur Einsicht vorgelegt wird.

6

(2) [1]Die Eintragung ist abzulehnen oder zu löschen, wenn die Eintragungsvoraussetzungen nicht vorliegen und der Mangel nicht nach § 32 Abs. 2 behoben wird. [2]Die Eintragung ist ferner zu löschen, wenn die ärztliche Bescheinigung über die erste Nachuntersuchung nach § 33 Abs. 1 des Jugendarbeitsschutzgesetzes nicht spätestens am Tage der Anmeldung der Auszubildenden zur Zwischenprüfung oder zum ersten Teil der Abschlussprüfung zur Einsicht vorgelegt und der Mangel nicht nach § 32 Abs. 2 behoben wird.

…

▶ Prüfungswesen

§ 37. Abschlussprüfung. (1) [1]In den anerkannten Ausbildungsberufen sind Abschlussprüfungen durchzuführen. [2]Die Abschlussprüfung kann im Falle des Nichtbestehens zweimal wiederholt werden. [3]Sofern die Abschlussprüfung in zwei zeitlich auseinander fallenden Teilen durchgeführt wird, ist der erste Teil der Abschlussprüfung nicht eigenständig wiederholbar.

(2) [1]Dem Prüfling ist ein Zeugnis auszustellen. Ausbildenden werden auf deren Verlangen die Ergebnisse der Abschlussprüfung der Auszubildenden übermittelt. [2]Sofern die Abschlussprüfung in zwei zeitlich auseinander fallenden Teilen durchgeführt wird, ist das Ergebnis der Prüfungsleistungen im ersten Teil der Abschlussprüfung dem Prüfling schriftlich mitzuteilen.

(3) [1]Dem Zeugnis ist auf Antrag der Auszubildenden eine englischsprachige und eine französischsprachige Übersetzung beizufügen. [2]Auf Antrag der Auszubildenden kann das Ergebnis berufsschulischer Leistungsfeststellungen auf dem Zeugnis ausgewiesen werden.

(4) Die Abschlussprüfung ist für Auszubildende gebührenfrei.

§ 38. Prüfungsgegenstand. (1) [1]Durch die Abschlussprüfung ist festzustellen, ob der Prüfling die berufliche Handlungsfähigkeit erworben hat. [2]In ihr soll der Prüfling nachweisen, dass er die erforderlichen beruflichen Fertigkeiten beherrscht, die notwendigen beruflichen Kenntnisse und Fähigkeiten besitzt und mit dem im Berufsschulunterricht zu vermittelnden, für die Berufsausbildung wesentlichen Lehrstoff vertraut ist. [3]Die Ausbildungsordnung ist zugrunde zu legen.

§ 39. Prüfungsausschüsse. (1) [1]Für die Abnahme der Abschlussprüfung errichtet die zuständige Stelle Prüfungsausschüsse. [2]Mehrere zuständige Stellen können bei einer von ihnen gemeinsame Prüfungsausschüsse errichten.

(2) Der Prüfungsausschuss kann zur Bewertung einzelner, nicht mündlich zu erbringender Prüfungsleistungen gutachterliche Stellungnahmen Dritter, insbesondere berufsbildender Schulen, einholen.

(3) Im Rahmen der Begutachtung nach Absatz 2 sind die wesentlichen Abläufe zu dokumentieren und die für die Bewertung erheblichen Tatsachen festzuhalten.

§ 40. Zusammensetzung, Berufung. (1) [1]Der Prüfungsausschuss besteht aus mindestens drei Mitgliedern. [2]Die Mitglieder müssen für die

Prüfungsgebiete sachkundig und für die Mitwirkung im Prüfungswesen geeignet sein.

(2) [1]Dem Prüfungsausschuss müssen als Mitglieder Beauftragte der Arbeitgeber und der Arbeitnehmer in gleicher Zahl sowie mindestens eine Lehrkraft einer berufsbildenden Schule angehören. [2]Mindestens zwei Drittel der Gesamtzahl der Mitglieder müssen Beauftragte der Arbeitgeber und der Arbeitnehmer sein. [3]Die Mitglieder haben Stellvertreter oder Stellvertreterinnen.

...

§ 42. Beschlussfassung, Bewertung der Abschlussprüfung. (1) Beschlüsse über die Noten zur Bewertung einzelner Prüfungsleistungen, der Prüfung insgesamt sowie über das Bestehen und Nichtbestehen der Abschlussprüfung werden durch den Prüfungsausschuss gefasst.

(2) [1]Zur Vorbereitung der Beschlussfassung nach Absatz 1 kann der Vorsitz mindestens zwei Mitglieder mit der Bewertung einzelner, nicht mündlich zu erbringender Prüfungsleistungen beauftragen. [2]Die Beauftragten sollen nicht derselben Mitgliedergruppe angehören.

(3) Die nach Absatz 2 beauftragten Mitglieder dokumentieren die wesentlichen Abläufe und halten die für die Bewertung erheblichen Tatsachen fest.

§ 43. Zulassung zur Abschlussprüfung.

(1) Zur Abschlussprüfung ist zuzulassen,

1. wer die Ausbildungszeit zurückgelegt hat oder wessen Ausbildungszeit nicht später als zwei Monate nach dem Prüfungstermin endet,
2. wer an vorgeschriebenen Zwischenprüfungen teilgenommen sowie vorgeschriebene schriftliche Ausbildungsnachweise geführt hat und
3. wessen Berufsausbildungsverhältnis in das Verzeichnis der Berufsausbildungsverhältnisse eingetragen oder aus einem Grund nicht eingetragen ist, den weder die Auszubildenden noch deren gesetzliche Vertreter oder Vertreterinnen zu vertreten haben.

(2) [1]Zur Abschlussprüfung ist ferner zuzulassen,wer in einer berufsbildenden Schule oder einer sonstigen Berufsbildungseinrichtung ausgebildet worden ist, wenn dieser Bildungsgang der Berufsausbildung in einem anerkannten Ausbildungsberuf entspricht. [2]Ein Bildungsgang entspricht der Berufsausbildung in einem anerkannten Ausbildungsberuf, wenn er

1. nach Inhalt, Anforderung und zeitlichem Umfang der jeweiligen Ausbildungsordnung gleichwertig ist,
2. systematisch, insbesondere im Rahmen einer sachlichen und zeitlichen Gliederung, durchgeführt wird und
3. durch Lernortkooperation einen angemessenen Anteil an fachpraktischer Ausbildung gewährleistet.

Die Landesregierungen werden ermächtigt, im Benehmen mit dem Landesausschuss für Berufsbildung durch Rechtsverordnung zu bestimmen, welche Bildungsgänge die Voraussetzungen der Sätze 1 und 2 erfüllen. Die Ermächtigung kann durch Rechtsverordnung auf oberste Landesbehörden weiter übertragen werden.

§ 44. Zulassung zur Abschlussprüfung bei zeitlich auseinander fallenden Teilen. (1) Sofern die Abschlussprüfung in zwei zeitlich auseinander fallenden Teilen durchgeführt wird, ist über die Zulassung jeweils gesondert zu entscheiden.

(2) Zum ersten Teil der Abschlussprüfung ist zuzulassen, wer die in der Ausbildungsordnung vorgeschriebene, erforderliche Ausbildungszeit zurückgelegt hat und die Voraussetzungen des § 43 Abs. 1 Nr. 2 und 3 erfüllt.

(3) [1]Zum zweiten Teil der Abschlussprüfung ist zuzulassen, wer über die Voraussetzungen in § 43 Abs. 1 hinaus am ersten Teil der Abschlussprüfung teilgenommen hat. [2]Dies gilt nicht, wenn Auszubildende aus Gründen, die sie nicht zu vertreten haben, am ersten Teil der Abschlussprüfung nicht teilgenommen haben. [3]In diesem Fall ist der erste Teil der Abschlussprüfung zusammen mit dem zweiten Teil abzulegen.

§ 45. Zulassung in besonderen Fällen.

(1) Auszubildende können nach Anhörung der Ausbildenden und der Berufsschule vor Ablauf ihrer Ausbildungszeit zur Abschlussprüfung zugelassen werden, wenn ihre Leistungen dies rechtfertigen.

(2) [1]Zur Abschlussprüfung ist auch zuzulassen,wer nachweist, dass er mindestens das Eineinhalbfache der Zeit, die als Ausbildungszeit vorgeschrieben ist, in dem Beruf tätig gewesen ist, in dem die Prüfung abgelegt werden soll. [2]Als Zeiten der Berufstätigkeit gelten auch Ausbildungszeiten in einem anderen, einschlägigen Ausbildungsberuf. ...

§ 46. Entscheidung über die Zulassung.

(1) [1]Über die Zulassung zur Abschlussprüfung entscheidet die zuständige Stelle. [2]Hält sie die Zulassungsvoraussetzungen nicht für gegeben, so entscheidet der Prüfungsausschuss.

(2) Auszubildenden, die Elternzeit in Anspruch genommen haben, darf bei der Entscheidung über die Zulassung hieraus kein Nachteil erwachsen.

6

§ 48. Zwischenprüfungen. (1) [1]Während der Berufsausbildung ist zur Ermittlung des Ausbildungsstandes eine Zwischenprüfung entsprechend der Ausbildungsordnung durchzuführen. [2]Die §§ 37 bis 39 gelten entsprechend.

...

Berufsbildung für besondere Personengruppen

▶ Berufsausbildung behinderter Menschen

§ 64. Berufsausbildung. Behinderte Menschen (§ 2 Abs. 1 Satz 1 des Neunten Buches Sozialgesetzbuch) sollen in anerkannten Ausbildungsberufen ausgebildet werden.

§ 65. Berufsausbildung in anerkannten Ausbildungsberufen. (1) [1]Regelungen nach den §§ 9 und 47 sollen die besonderen Verhältnisse behinderter Menschen berücksichtigen. [2]Dies gilt insbesondere für die zeitliche und sachliche Gliederung der Ausbildung, die Dauer von Prüfungszeiten, die Zulassung von Hilfsmitteln und die Inanspruchnahme von Hilfeleistungen Dritter wie Gebärdensprachdolmetscher für hörbehinderte Menschen.

(2) [1]Der Berufsausbildungsvertrag mit einem behinderten Menschen ist in das Verzeichnis der Berufsausbildungsverhältnisse (§ 34) einzutragen. [2]Der behinderte Mensch ist zur Abschlussprüfung auch zuzulassen, wenn die Voraussetzungen des § 43 Abs. 1 Nr. 2 und 3 nicht vorliegen.

▶ Berufsausbildungsvorbereitung

§ 68. Personenkreis und Anforderungen. (1) [1]Die Berufsausbildungsvorbereitung richtet sich an lernbeeinträchtigte oder sozial benachteiligte Personen, deren Entwicklungsstand eine erfolgreiche Ausbildung in einem anerkannten Ausbildungsberuf noch nicht erwarten lässt. [2]Sie muss nach Inhalt, Art, Ziel und Dauer den besonderen Erfordernissen des in Satz 1 genannten Personenkreises entsprechen und durch umfassende sozialpädagogische Betreuung und Unterstützung begleitet werden.

...

Teil 3. Organisation der Berufsbildung

Zuständige Stellen; zuständige Behörden

§ 71. Zuständige Stellen. (1) Für die Berufsbildung in Berufen der Handwerksordnung ist die Handwerkskammer zuständige Stelle im Sinne dieses Gesetzes.

(2) Für die Berufsbildung in nichthandwerklichen Gewerbeberufen ist die Industrie- und Handelskammer zuständige Stelle im Sinne dieses Gesetzes.

6

(3) Für die Berufsbildung in Berufen der Landwirtschaft, einschließlich der ländlichen Hauswirtschaft, ist die Landwirtschaftskammer zuständige Stelle im Sinne dieses Gesetzes.

(4) Für die Berufsbildung der Fachangestellten im Bereich der Rechtspflege sind jeweils für ihren Bereich die Rechtsanwalts-, Patentanwalts-und Notarkammern und für ihren Tätigkeitsbereich die Notarkassen zuständige Stelle im Sinne dieses Gesetzes.

(5) Für die Berufsbildung der Fachangestellten im Bereich der Wirtschaftsprüfung und Steuerberatung sind jeweils für ihren Bereich die Wirtschaftsprüferkammern und die Steuerberaterkammern zuständige Stelle im Sinne dieses Gesetzes.

(6) Für die Berufsbildung der Fachangestellten im Bereich der Gesundheitsdienstberufe sind jeweils für ihren Bereich die Ärzte-, Zahnärzte-, Tierärzte- und Apothekerkammern zuständige Stelle im Sinne dieses Gesetzes.

...

§ 76. Überwachung, Beratung. (1) [1]Die zuständige Stelle überwacht die Durchführung

1. der Berufsausbildungsvorbereitung,
2. der Berufsausbildung und
3. der beruflichen Umschulung und fördert diese durch Beratung der an der Berufsbildung beteiligten Personen. [2]Sie hat zu diesem Zweck Berater oder Beraterinnen zu bestellen.

...

§ 77. Errichtung. (1) [1]Die zuständige Stelle errichtet einen Berufsbildungsausschuss. [2]Ihm gehören sechs Beauftragte der Arbeitgeber, sechs Beauftragte der Arbeitnehmer und sechs Lehrkräfte an berufsbildenden Schulen an, die Lehrkräfte mit beratender Stimme.

(2) Die Beauftragten der Arbeitgeber werden auf Vorschlag der zuständigen Stelle, die Beauftragten der Arbeitnehmer auf Vorschlag der im Bezirk der zuständigen Stelle bestehenden Gewerkschaften und selbständigen Vereinigungen von Arbeitnehmern mit sozial- oder berufspolitischer Zwecksetzung, die Lehrkräfte an berufsbildenden Schulen von der nach Lan-

desrecht zuständigen Behörde längstens für vier Jahre als Mitglieder berufen.

…

§ 79. Aufgaben. (1) [1]Der Berufsbildungsausschuss ist in allen wichtigen Angelegenheiten der beruflichen Bildung zu unterrichten und zu hören. [2]Er hat im Rahmen seiner Aufgaben auf eine stetige Entwicklung der Qualität der beruflichen Bildung hinzuwirken.

…

Landesausschüsse für Berufsbildung

§ 82. Errichtung, Geschäftsordnung, Abstimmung. (1) [1]Bei der Landesregierung wird ein Landesausschuss für Berufsbildung errichtet. [2]Er setzt sich zusammen aus einer gleichen Zahl von Beauftragten der Arbeitgeber, der Arbeitnehmer und der obersten Landesbehörden. [3]Die Hälfte der Beauftragten der obersten Landesbehörden muss in Fragen des Schulwesens sachverständig sein.

…

6

Kündigungsschutzgesetz

In der Fassung vom 25. August 1969, mit Änderungen bis zum 20. April 2013

Allgemeiner Kündigungsschutz

§ 1. Sozial ungerechtfertigte Kündigungen.

(1) Die Kündigung des Arbeitsverhältnisses gegenüber einem Arbeitnehmer, dessen Arbeitsverhältnis in demselben Betrieb oder Unternehmen ohne Unterbrechung länger als sechs Monate bestanden hat, ist rechtsunwirksam, wenn sie sozial ungerechtfertigt ist.

(2) [1]Sozial ungerechtfertigt ist die Kündigung, wenn sie nicht durch Gründe, die in der Person oder in dem Verhalten des Arbeitnehmers liegen, oder durch dringende betriebliche Erfordernisse, die einer Weiterbeschäftigung des Arbeitnehmers in diesem Betrieb entgegenstehen, bedingt ist. [2]Die Kündigung ist auch sozial ungerechtfertigt, wenn

1. in Betrieben des privaten Rechts
   a) die Kündigung gegen eine Richtlinie nach § 95 des Betriebsverfassungsgesetzes verstößt,
   b) der Arbeitnehmer an einem anderen Arbeitsplatz in demselben Betrieb oder in einem anderen Betrieb des Unternehmens weiterbeschäftigt werden kann und der Betriebsrat oder eine andere nach dem Betriebsverfassungsgesetz insoweit zuständige Vertretung der Arbeitnehmer aus einem dieser Gründe der Kündigung innerhalb der Frist des § 102 Abs. 2 Satz 1 des Betriebsverfassungsgesetzes schriftlich widersprochen hat, …

(3) [1]Ist einem Arbeitnehmer aus dringenden betrieblichen Erfordernissen im Sinne des Absatzes 2 gekündigt worden, so ist die Kündigung trotzdem sozial ungerechtfertigt, wenn der Arbeitgeber bei der Auswahl des Arbeitnehmers die Dauer der Betriebszugehörigkeit, das Lebensalter, die Unterhaltspflichten und die Schwerbehinderung des Arbeitsnehmers nicht oder nicht ausreichend berücksichtigt hat; auf Verlangen des Arbeitnehmers hat der Arbeitgeber dem Arbeitnehmer die Gründe anzugeben, die zu der getroffenen sozialen Auswahl geführt haben. [2]In die soziale Auswahl nach Satz 1 sind Arbeitnehmer nicht einzubeziehen, deren Weiterbeschäftigung, insbesondere wegen ihrer Kenntnisse, Fähigkeiten und Leistungen oder zur Sicherung einer ausgewogenen Personalstruktur des Betriebes, im berechtigten betrieblichen Interesse liegt. Der Arbeitnehmer hat die Tatsachen zu beweisen, die die Kündigung als sozial ungerechtfertigt im Sinne des Satzes 1 erscheinen lassen.

(4) Ist in einem Tarifvertrag, in einer Betriebsvereinbarung nach § 95 des Betriebsverfassungsgesetzes oder in einer entsprechenden Richtlinie nach den Personalvertretungsgesetzen festgelegt, wie die sozialen Gesichtspunkte nach Absatz 3 Satz 1 im Verhältnis zueinander zu bewerten sind, so kann die Bewertung nur auf grobe Fehlerhaftigkeit überprüft werden.

…

6

§ 1a. Abfindungsanspruch bei betriebsbedingter Kündigung. (1) [1]Kündigt der Arbeitgeber wegen dringender betrieblicher Erfordernisse nach § 1 Abs. 2 Satz 1 und erhebt der Arbeitnehmer bis zum Ablauf der Frist des § 4 Satz 1 keine Klage auf Feststellung, dass das Arbeitsverhältnis durch die Kündigung nicht aufgelöst ist, hat der Arbeitnehmer mit dem Ablauf der Kündigungsfrist Anspruch auf eine Abfindung. [2]Der Anspruch setzt den Hinweis des Arbeitgebers in der Kündigungserklärung voraus, dass die Kündigung auf dringende betriebliche Erfordernisse gestützt ist und der Arbeitnehmer bei Verstreichenlassen der Klagefrist die Abfindung beanspruchen kann.

(2) [1]Die Höhe der Abfindung beträgt 0,5 Monatsverdienste für jedes Jahr des Bestehens des Arbeitsverhältnisses. [2]§ 10 Abs. 3 gilt entsprechend. [3]Bei der Ermittlung der Dauer des Arbeitsverhältnisses ist ein Zeitraum von mehr als sechs Monaten auf ein volles Jahr aufzurunden.

§ 2. Änderungskündigung. [1]Kündigt der Arbeitgeber das Arbeitsverhältnis und bietet er dem Arbeitnehmer im Zusammenhang mit der Kündigung die Fortsetzung des Arbeitsverhältnisses zu geänderten Arbeitsbedingungen an, so kann der Arbeitnehmer dieses Angebot unter dem Vorbehalt annehmen, daß die Änderung der Arbeitsbedingungen nicht sozial ungerechtfertigt ist (§ 1 Abs. 2 Satz 1 bis 3, Abs. 3 Satz 1 und 2). [2]Diesen Vorbehalt muß der Arbeitnehmer dem Arbeitgeber innerhalb der Kündigungsfrist, spätestens jedoch innerhalb von drei Wochen nach Zugang der Kündigung erklären.

§ 3. Kündigungseinspruch. [1]Hält der Arbeitnehmer eine Kündigung für sozial ungerechtfertigt, so kann er binnen einer Woche nach der Kündigung Einspruch beim Betriebsrat einlegen. [2]Erachtet der Betriebsrat den Einspruch für begründet, so hat er zu versuchen, eine Verständigung mit dem Arbeitgeber herbeizuführen. [3]Er hat seine Stellungnahme zu dem Einspruch dem Arbeitnehmer und dem Arbeitgeber auf Verlangen schriftlich mitzuteilen.

§ 4. Anrufung des Arbeitsgerichtes. [1]Will ein Arbeitnehmer geltend machen, dass eine Kündigung sozial ungerechtfertigt oder aus anderen Gründen rechtsunwirksam ist, so muss er innerhalb von drei Wochen nach Zugang der schriftlichen Kündigung Klage beim Arbeitsgericht auf Feststellung erheben, dass das Arbeitsverhältnis durch die Kündigung nicht aufgelöst ist. [2]Im Falle des § 2 ist die Klage auf Feststellung zu erheben, daß die Änderung der Arbeitsbedingungen sozial ungerechtfertigt oder aus anderen Gründen rechtsunwirksam ist. ...

§ 9. Auflösung des Arbeitsverhältnisses durch Urteil des Gerichts; Abfindung des Arbeitnehmers. (1) [1]Stellt das Gericht fest, daß das Arbeitsverhältnis durch die Kündigung nicht aufgelöst ist, ist jedoch dem Arbeitnehmer die Fortsetzung des Arbeitsverhältnisses nicht zuzumuten, so hat das Gericht auf Antrag des Arbeitnehmers das Arbeitsverhältnis aufzulösen und den Arbeitgeber zur Zahlung einer angemessenen Abfindung zu verurteilen. [2]Die gleiche Entscheidung hat das Gericht auf Antrag des Arbeitgebers zu treffen, wenn Gründe vorliegen, die eine den Betriebszwecken dienliche weitere Zusammenarbeit zwischen Arbeitgeber und Arbeitnehmer nicht erwarten lassen. [3]Arbeitnehmer und Arbeitgeber können den Antrag auf Auflösung des Arbeitsverhältnisses bis zum Schluß der letzten mündlichen Verhandlung in der Berufungsinstanz stellen.

(2) Das Gericht hat für die Auflösung des Arbeitsverhältnisses den Zeitpunkt festzusetzen, an dem es bei sozial gerechtfertigter Kündigung geendet hätte.

§ 10. Höhe der Abfindung. (1) Als Abfindung ist ein Betrag bis zu zwölf Monatsverdiensten festzusetzen.

(2) Hat der Arbeitnehmer das fünfzigste Lebensjahr vollendet und hat das Arbeitsverhältnis mindestens fünfzehn Jahre bestanden, so ist ein Betrag bis zu fünfzehn Monatsverdiensten, hat der Arbeitnehmer das fünfundfünfzigste Lebensjahr vollendet und hat das Arbeitsverhältnis mindestens zwanzig Jahre bestanden, so ist ein Betrag bis zu achtzehn Monatsverdiensten festzusetzen. ...

Kündigungsschutz im Rahmen der Betriebsverfassung und Personalvertretung

§ 15. Unzulässigkeit der Kündigung.

(1) [1]Die Kündigung eines Mitglieds eines Betriebsrats, einer Jugend- und Auszubildendenvertretung, einer Bordvertretung oder eines Seebetriebsrats ist unzulässig, es sei denn, daß Tatsachen vorliegen, die den Arbeitgeber zur Kündigung aus wichtigem Grund ohne Einhaltung einer Kündigungsfrist berechtigen, und daß die nach § 103 des Betriebsverfassungsgesetzes erforderliche Zustimmung vorliegt oder durch gerichtliche Entscheidung ersetzt ist. [2]Nach Beendigung der Amtszeit ist die Kündigung eines Mitglieds eines Betriebsrats, einer Jugend- und Auszubildendenvertretung oder eines Seebetriebsrats innerhalb eines Jahres, die Kündigung eines Mitglieds einer Bordvertretung innerhalb von sechs Monaten, jeweils vom Zeitpunkt der Beendigung der Amtszeit an gerechnet, unzulässig, es sei denn, daß Tatsachen vorliegen, die den Arbeitgeber zur Kündigung aus wichtigem Grund ohne Einhaltung einer Kündigungsfrist berechtigen; dies gilt nicht, wenn die Beendigung der Mitgliedschaft auf einer gerichtlichen Entscheidung beruht.

(3) [1]Die Kündigung eines Mitglieds eines Wahlvorstands ist vom Zeitpunkt seiner Bestellung an, die Kündigung eines Wahlbewerbers vom Zeitpunkt der Aufstellung des Wahlvorschlags an, jeweils bis zur Bekanntgabe des Wahlergebnisses unzulässig, es sei denn, daß Tatsachen vorliegen, die den Arbeitgeber zur Kündigung aus wichtigem Grund ohne Einhaltung einer Kündigungsfrist berechtigen, und daß die nach § 103 des Betriebsverfassungsgesetzes oder nach dem Personalvertretungsrecht erforderliche Zustimmung vorliegt oder durch eine gerichtliche Entscheidung ersetzt ist. [2]Innerhalb von sechs Monaten nach Bekanntgabe des Wahlergebnisses ist die Kündigung unzulässig, es sei denn, daß Tatsachen vorliegen, die den Arbeitgeber zur Kündigung aus wichtigem Grund ohne Einhaltung einer Kündigungsfrist berechtigen; dies gilt nicht für Mitglieder des Wahlvorstands, wenn dieser durch gerichtliche Entscheidung durch einen anderen Wahlvorstand ersetzt worden ist.

(3 a) [1]Die Kündigung eines Arbeitnehmers, der zu einer Betriebs-, Wahl- oder Bordversammlung nach § 17 Abs. 3, § 17 a Nr. 3 Satz 2, § 115 Abs. 2 Nr. 8 Satz 1 des Betriebsverfassungsgesetzes einlädt oder die Bestellung eines Wahlvorstands nach § 16 Abs. 2 Satz 1, § 17 Abs. 4, § 17 a Nr. 4, § 63 Abs. 3, § 115 Abs. 2 Nr. 8 Satz 2 oder § 116 Abs. 2 Nr. 7 Satz 5 des Betriebsverfassungsgesetzes beantragt, ist vom Zeitpunkt der Einladung oder Antragstellung an bis zur Bekanntgabe des Wahlergebnisses unzulässig, es sei denn, dass Tatsachen vorliegen die den Arbeitgeber zur Kündigung aus wichtigem Grund ohne Einhaltung einer Kündigungsfrist berechtigen; der Kündigungsschutz gilt für die ersten drei in der Einladung oder Antragstellung aufgeführten Arbeitnehmer. [2]Wird

ein Betriebsrat, eine Jugend- und Auszubildendenvertretung, eine Bordvertretung oder ein Seebetriebsrat nicht gewählt, besteht der Kündigungsschutz nach Satz 1 vom Zeitpunkt der Einladung oder Antragstellung an drei Monate. …

Anzeigepflichtige Entlassungen

§ 17. Anzeigepflicht. (1) Der Arbeitgeber ist verpflichtet, der Agentur für Arbeit Anzeige zu erstatten, bevor er

1. in Betrieben mit in der Regel mehr als 20 und weniger als 60 Arbeitnehmern mehr als 5 Arbeitnehmer,
2. in Betrieben mit in der Regel mindestens 60 und weniger als 500 Arbeitnehmern 10 vom Hundert der im Betrieb regelmäßig beschäftigten Arbeitnehmer oder aber mehr als 25 Arbeitnehmer,
3. in Betrieben mit in der Regel mindestens 500 Arbeitnehmern mindestens 30 Arbeitnehmer

innerhalb von 30 Kalendertagen entläßt. Den Entlassungen stehen andere Beendigungen des Arbeitsverhältnisses gleich, die vom Arbeitgeber veranlaßt werden.

(2) Beabsichtigt der Arbeitgeber, nach Absatz 1 anzeigepflichtige Entlassungen vorzunehmen, hat er dem Betriebsrat rechtzeitig die zweckdienlichen Auskünfte zu erteilen und ihn schriftlich insbesondere zu unterrichten über

1. die Gründe für die geplanten Entlassungen,
2. die Zahl und die Berufsgruppen der zu entlassenden Arbeitnehmer,
3. die Zahl und die Berufsgruppen der in der Regel beschäftigten Arbeitnehmer,
4. den Zeitraum, in dem die Entlassungen vorgenommen werden sollen,
5. die vorgesehenen Kriterien für die Auswahl der zu entlassenden Arbeitnehmer,
6. die für die Berechnung etwaiger Abfindungen vorgesehenen Kriterien.

6

…

§ 18. Entlassungssperre. (1) Entlassungen, die nach § 17 anzuzeigen sind, werden vor Ablauf eines Monats nach Eingang der Anzeige bei der Agentur für Arbeit nur mit deren Zustimmung wirksam; …

§ 19. Zulässigkeit von Kurzarbeit. (1) Ist der Arbeitgeber nicht in der Lage, die Arbeitnehmer bis zu dem in § 18 Abs. 1 und 2 bezeichneten Zeitpunkt voll zu beschäftigen, so kann die Bundesagentur für Arbeit zulassen, daß der Arbeitgeber für die Zwischenzeit Kurzarbeit einführt.

(2) Der Arbeitgeber ist im Falle der Kurzarbeit berechtigt, Lohn oder Gehalt der mit verkürzter Arbeitszeit beschäftigten Arbeitnehmer entsprechend zu kürzen; die Kürzung des Arbeitsentgelts wird jedoch erst von dem Zeitpunkt an wirksam, an dem das Arbeitsverhältnis nach den allgemeinen gesetzlichen oder den vereinbarten Bestimmungen enden würde. …

Schlussbestimmungen

§ 23. Geltungsbereich. (1) [1]Die Vorschriften des Ersten und Zweiten Abschnitts gelten für Betriebe und Verwaltungen des privaten und des öffentlichen Rechts, vorbehaltlich der Vorschriften des § 24 für die Seeschiffahrts-, Binnenschiffahrts- und Luftverkehrsbetriebe. [2]Die Vorschriften des Ersten Abschnitts gelten mit Ausnahme der §§ 4 bis 7 und des § 13 Abs. 1 Satz 1 und 2 nicht für Betriebe und Verwaltungen, in denen in der Regel fünf oder weniger Arbeitnehmer ausschließlich der zu ihrer Berufsbildung Beschäftigten beschäftigt werden. [3]In Betrieben und Verwaltungen, in denen in der Regel zehn oder weniger Arbeitnehmer ausschließlich der zu ihrer Berufsbildung Beschäftigten beschäftigt werden, gelten die Vorschriften des Ersten Abschnitts mit Ausnahme der §§ 4 bis 7 und des § 13 Abs. 1 Satz 1 und 2 nicht für Arbeitnehmer, deren Arbeitsverhältnis nach dem 31. Dezember 2003 begonnen hat; diese Arbeitnehmer sind bei der Feststellung der Zahl der beschäftigten Arbeitnehmer nach Satz 2 bis zur Beschäftigung von in der Regel zehn Arbeitnehmern nicht zu berücksichtigen. [4]Bei der Feststellung der Zahl der beschäftigten Arbeitnehmer nach den Sätzen 2 und 3 sind teilzeitbeschäftigte Arbeitnehmer mit einer regelmäßigen wöchentlichen Arbeitszeit von nicht mehr als 20 Stunden mit 0,5 und nicht mehr als 30 Stunden mit 0,75 zu berücksichtigen.

(2) [1]Die Vorschriften des Dritten Abschnitts gelten für Betriebe und Verwaltungen des privaten Rechts sowie für Betriebe, die von einer öffentlichen Verwaltung geführt werden, soweit sie wirtschaftliche Zwecke verfolgen. [2]Sie gelten nicht für Seeschiffe und ihre Besatzung.

§ 25. Kündigung in Arbeitskämpfen. Die Vorschriften dieses Gesetzes finden keine Anwendung auf Kündigungen und Entlassungen, die lediglich als Maßnahmen in wirtschaftlichen Kämpfen zwischen Arbeitgebern und Arbeitnehmern vorgenommen werden.

Allgemeines Gleichbehandlungsgesetz

Vom 14. August 2006, mit Änderungen bis zum 3. April 2013

Allgemeiner Teil

§ 1. Ziel des Gesetzes. Ziel des Gesetzes ist, Benachteiligungen aus Gründen der Rasse oder wegen der ethnischen Herkunft, des Geschlechts, der Religion oder Weltanschauung, einer Behinderung, des Alters oder der sexuellen Identität zu verhindern oder zu beseitigen.

§ 2. Anwendungsbereich. (1) Benachteiligungen aus einem in § 1 genannten Grund sind nach Maßgabe dieses Gesetzes unzulässig in Bezug auf:

1. die Bedingungen, einschließlich Auswahlkriterien und Einstellungsbedingungen, für den Zugang zu unselbstständiger und selbstständiger Erwerbstätigkeit, unabhängig von Tätigkeitsfeld und beruflicher Position, sowie für den beruflichen Aufstieg,
2. die Beschäftigungs- und Arbeitsbedingungen einschließlich Arbeitsentgelt und Entlassungsbedingungen, insbesondere in individual- und kollektivrechtlichen Vereinbarungen und Maßnahmen bei der Durchführung und Beendigung eines Beschäftigungsverhältnisses sowie beim beruflichen Aufstieg,
3. den Zugang zu allen Formen und allen Ebenen der Berufsberatung, der Berufsbildung einschließlich der Berufsausbildung, der beruflichen Weiterbildung und der Umschulung sowie der praktischen Berufserfahrung,
4. die Mitgliedschaft und Mitwirkung in einer Beschäftigten- oder Arbeitgebervereinigung oder einer Vereinigung, deren Mitglieder einer bestimmten Berufsgruppe angehören, einschließlich der Inanspruchnahme der Leistungen solcher Vereinigungen,
5. den Sozialschutz, einschließlich der sozialen Sicherheit und der Gesundheitsdienste,
6. die sozialen Vergünstigungen,
7. die Bildung,
8. den Zugang zu und die Versorgung mit Gütern und Dienstleistungen, die der Öffentlichkeit zur Verfügung stehen, einschließlich von Wohnraum.

(2) [1]Für Leistungen nach dem Sozialgesetzbuch gelten § 33 c des Ersten Buches Sozialgesetzbuch und § 19 a des Vierten Buches Sozialgesetzbuch. [2]Für die betriebliche Altersvorsorge gilt das Betriebsrentengesetz.

(3) [1]Die Geltung sonstiger Benachteiligungsverbote oder Gebote der Gleichbehandlung wird durch dieses Gesetz nicht berührt. [2]Dies gilt auch für öffentlich-rechtliche Vorschriften, die dem Schutz bestimmter Personengruppen dienen.

(4) Für Kündigungen gelten ausschließlich die Bestimmungen zum allgemeinen und besonderen Kündigungsschutz.

§ 3. Begriffsbestimmungen. (1) [1]Eine unmittelbare Benachteiligung liegt vor, wenn eine Person wegen eines in § 1 genannten Grundes eine weniger günstige Behandlung erfährt als eine andere Person in einer vergleichbaren Situation erfährt, erfahren hat oder erfahren würde. [2]Eine unmittelbare Benachteiligung wegen des Geschlechts liegt in Bezug auf § 2 Abs. 1 Nr. 1 bis 4 auch im Falle einer ungünstigeren Behandlung einer Frau wegen Schwangerschaft oder Mutterschaft vor.

(2) Eine mittelbare Benachteiligung liegt vor, wenn dem Anschein nach neutrale Vorschriften, Kriterien oder Verfahren Personen wegen eines in § 1 genannten Grundes gegenüber anderen Personen in besonderer Weise benachteiligen können, es sei denn, die betreffenden Vorschriften, Kriterien oder Verfahren sind durch ein rechtmäßiges Ziel sachlich gerechtfertigt und die Mittel sind zur Erreichung dieses Ziels angemessen und erforderlich.

(3) Eine Belästigung ist eine Benachteiligung, wenn unerwünschte Verhaltensweisen, die mit einem in § 1 genannten Grund in Zusammenhang stehen, bezwecken oder bewirken, dass die Würde der betreffenden Person verletzt und ein von Einschüchterungen, Anfeindungen, Erniedrigungen, Entwürdigungen oder Beleidigungen gekennzeichnetes Umfeld geschaffen wird.

(4) Eine sexuelle Belästigung ist eine Benachteiligung in Bezug auf § 2 Abs. 1 Nr. 1 bis 4, wenn ein unerwünschtes, sexuell bestimmtes Verhalten, wozu auch unerwünschte sexuelle Handlungen und Aufforderungen zu diesen, sexuell bestimmte körperliche Berührungen, Bemerkungen sexuellen Inhalts sowie unerwünschtes Zeigen und sichtbares Anbringen von pornographischen Darstellungen gehören, bezweckt oder bewirkt, dass die Würde der betreffenden Person verletzt wird, insbesondere wenn ein von Einschüchterungen, Anfeidungen, Erniedrigungen, Entwürdigungen oder Beleidigungen gekennzeichnetes Umfeld geschaffen wird.

(5) [1]Die Anweisung zur Benachteiligung einer Person aus einem in § 1 genannten Grund gilt als Benachteiligung. [2]Eine solche Anweisung liegt in Bezug auf § 2 Abs. 1 Nr. 1 bis 4 insbesondere vor, wenn jemand eine Person zu einem Verhalten bestimmt, das einen Beschäftigten oder eine Beschäftigte wegen eines in § 1

genannten Grundes benachteiligt oder benachteiligen kann.

Schutz der Beschäftigten vor Benachteiligung

§ 6. Persönlicher Anwendungsbereich.
(1) [1]Beschäftigte im Sinne dieses Gesetzes sind
1. Arbeitnehmerinnen und Arbeitnehmer,
2. die zu ihrer Berufsbildung Beschäftigten,
3. Personen, die wegen ihrer wirtschaftlichen Unselbstständigkeit als arbeitnehmerähnliche Personen anzusehen sind; zu diesen gehören auch die in Heimarbeit Beschäftigten und die ihnen Gleichgestellten.

[2]Als Beschäftigte gelten auch die Bewerberinnen und Bewerber für ein Beschäftigungsverhältnis sowie die Personen, deren Beschäftigungsverhältnis beendet ist.

(2) [1]Arbeitgeber (Arbeitgeber und Arbeitgeberinnen) im Sinne dieses Abschnitts sind natürliche und juristische Personen sowie rechtsfähige Personengesellschaften, die Personen nach Absatz 1 beschäftigen. [2]Werden Beschäftigte einem Dritten zur Arbeitsleistung überlassen, so gilt auch dieser als Arbeitgeber im Sinne dieses Abschnitts. [3]Für die in Heimarbeit Beschäftigten und die ihnen Gleichgestellten tritt an die Stelle des Arbeitgebers der Auftraggeber oder Zwischenmeister.

(3) Soweit es die Bedingungen für den Zugang zur Erwerbstätigkeit sowie den beruflichen Aufstieg betrifft, gelten die Vorschriften dieses Abschnitts für Selbstständige und Organmitglieder, insbesondere Geschäftsführer oder Geschäftsführerinnen und Vorstände, entsprechend.

§ 8. Zulässige unterschiedliche Behandlung wegen beruflicher Anforderungen. (1) Eine unterschiedliche Behandlung wegen eines in § 1 genannten Grundes ist zulässig, wenn dieser Grund wegen der Art der auszuübenden Tätigkeit oder der Bedingungen ihrer Ausübung eine wesentliche und entscheidende berufliche Anforderung darstellt, sofern der Zweck rechtmäßig und die Anforderung angemessen ist.

6

(2) Die Vereinbarung einer geringeren Vergütung für gleiche oder gleichwertige Arbeit wegen eines in § 1 genannten Grundes wird nicht dadurch gerechtfertigt, dass wegen eines in § 1 genannten Grundes besondere Schutzvorschriften gelten.

§ 9. Zulässige unterschiedliche Behandlung wegen der Religion oder Weltanschauung.
(1) Ungeachtet des § 8 ist eine unterschiedliche Behandlung wegen der Religion oder der Weltanschauung bei der Beschäftigung durch Religionsgemeinschaften, die ihnen zugeordneten Einrichtungen ohne Rücksicht auf ihre Rechtsform oder durch Vereinigungen, die sich die gemeinschaftliche Pflege einer Religion oder Weltanschauung zur Aufgabe machen, auch zulässig, wenn eine bestimmte Religion oder Weltanschauung unter Beachtung des Selbstverständnisses der jeweiligen Religionsgemeinschaft oder Vereinigung im Hinblick auf ihr Selbstbestimmungsrecht oder nach der Art der Tätigkeit eine gerechtfertigte berufliche Anforderung darstellt.

…

§ 10. Zulässige unterschiedliche Behandlung wegen des Alters. Ungeachtet des § 8 ist eine unterschiedliche Behandlung wegen des Alters auch zulässig, wenn sie objektiv und angemessen und durch ein legitimes Ziel gerechtfertigt ist. Die Mittel zur Erreichung dieses Ziels müssen angemessen und erforderlich sein.

…

§ 11. Ausschreibung. Ein Arbeitsplatz darf nicht unter Verstoß gegen § 7 Abs. 1 ausgeschrieben werden.

§ 13. Beschwerderecht. (1) [1]Die Beschäftigten haben das Recht, sich bei den zuständigen Stellen des Betriebs, des Unternehmens oder der Dienststelle zu beschweren, wenn sie sich im Zusammenhang mit ihrem Beschäftigungsverhältnis vom Arbeitgeber, von Vorgesetzten, anderen Beschäftigten oder Dritten wegen eines in § 1 genannten Grundes benachteiligt fühlen. [2]Die Beschwerde ist zu prüfen und das Ergebnis der oder dem beschwerdeführenden Beschäftigten mitzuteilen.

(2) Die Rechte der Arbeitnehmervertretungen bleiben unberührt.

§ 14. Leistungsverweigerungsrecht. [1]Ergreift der Arbeitgeber keine oder offensichtlich ungeeignete Maßnahmen zur Unterbindung einer Belästigung oder sexuellen Belästigung am Arbeitsplatz, sind die betroffenen Beschäftigten berechtigt, ihre Tätigkeit ohne Verlust des Arbeitsentgelts einzustellen, soweit dies zu ihrem Schutz erforderlich ist. [2]§ 273 des Bürgerlichen Gesetzbuchs bleibt unberührt.

§ 15. Entschädigung und Schadensersatz.
Bei einem Verstoß gegen das Benachteiligungsverbot ist der Arbeitgeber verpflichtet, den hierdurch entstandenen Schaden zu ersetzen. Dies gilt nicht, wenn der Arbeitgeber die Pflichtverletzung nicht zu vertreten hat.

…

Schutz vor Benachteiligung im Zivilrechtsverkehr

§ 19. Zivilrechtliches Benachteiligungsverbot. (1) Eine Benachteiligung aus Gründen der Rasse oder wegen der ethnischen Herkunft, wegen des Geschlechts, der Religion, einer Behinderung, des Alters oder der sexuellen Identität bei der Begründung, Durchführung und Beendigung zivilrechtlicher Schuldverhältnisse, die

1. typischerweise ohne Ansehen der Person zu vergleichbaren Bedingungen in einer Vielzahl von Fällen zustande kommen (Massengeschäfte) oder bei denen das Ansehen der Person nach der Art des Schuldverhältnisses eine nachrangige Bedeutung hat und die zu vergleichbaren Bedingungen in einer Vielzahl von Fällen zustande kommen oder
2. eine privatrechtliche Versicherung zum Gegenstand haben,

ist unzulässig.

(2) Eine Benachteiligung aus Gründen der Rasse oder wegen der ethnischen Herkunft ist darüber hinaus auch bei der Begründung, Durchführung und Beendigung sonstiger zivilrechtlicher Schuldverhältnisse im Sinne des § 2 Abs. 1 Nr. 5 bis 8 unzulässig.

(3) Bei der Vermietung von Wohnraum ist eine unterschiedliche Behandlung im Hinblick auf die Schaffung und Erhaltung sozial stabiler Bewohnerstrukturen und ausgewogener Siedlungsstrukturen sowie ausgeglichener wirtschaftlicher, sozialer und kultureller Verhältnisse zulässig.

(4) Die Vorschriften dieses Abschnitts finden keine Anwendung auf familien- und erbrechtliche Schuldverhältnisse.

(5) [1]Die Vorschriften dieses Abschnitts finden keine Anwendung auf zivilrechtliche Schuldverhältnisse, bei denen ein besonderes Nähe- oder Vertrauensverhältnis der Parteien oder ihrer Angehörigen begründet wird. [2]Bei Mietverhältnissen kann dies insbesondere der Fall sein, wenn die Parteien oder ihre Angehörigen Wohnraum auf demselben Grundstück nutzen. [3]Die Vermietung von Wohnraum zum nicht nur vorübergehenden Gebrauch ist in der Regel kein Geschäft im Sinne des Absatzes 1 Nr. 1, wenn der Vermieter insgesamt nicht mehr als 50 Wohnungen vermietet.

§ 20. Zulässige unterschiedliche Behandlung. (1) Eine Verletzung des Benachteiligungsverbots ist nicht gegeben, wenn für eine unterschiedliche Behandlung wegen der Religion, einer Behinderung, des Alters, der sexuellen Identität oder des Geschlechts ein sachlicher Grund vorliegt.

...

Rechtsschutz

§ 22. Beweislast. Wenn im Streitfall die eine Partei Indizien beweist, die eine Benachteiligung wegen eines in § 1 genannten Grundes vermuten lassen, trägt die andere Partei die Beweislast dafür, dass kein Verstoß gegen die Bestimmungen zum Schutz vor Benachteiligung vorgelegen hat.

Antidiskriminierungsstelle

§ 25. Antidiskriminierungsstelle des Bundes. (1) Beim Bundesministerium für Familie, Senioren, Frauen und Jugend wird unbeschadet der Zuständigkeit der Beauftragten des Deutschen Bundestages oder der Bundesregierung die Stelle des Bundes zum Schutz vor Benachteiligungen wegen eines in § 1 genannten Grundes (Antidiskriminierungsstelle des Bundes) errichtet.

(2) [1]Der Antidiskriminierungsstelle des Bundes ist die für die Erfüllung ihrer Aufgaben notwendige Personal- und Sachausstattung zur Verfügung zu stellen. [2]Sie ist im Einzelplan des Bundesministeriums für Familie, Senioren, Frauen und Jugend in einem eigenen Kapitel auszuweisen.

§ 27. Aufgaben. (1) Wer der Ansicht ist, wegen eines in § 1 genannten Grundes benachteiligt worden zu sein, kann sich an die Antidiskriminierungsstelle des Bundes wenden.

(2) [1]Die Antidiskriminierungsstelle des Bundes unterstützt auf unabhängige Weise Personen, die sich nach Absatz 1 an sie wenden, bei der Durchsetzung ihrer Rechte zum Schutz vor Benachteiligungen. [2]Hierbei kann sie insbesondere

1. über Ansprüche und die Möglichkeiten des rechtlichen Vorgehens im Rahmen gesetzlicher Regelungen zum Schutz vor Benachteiligungen informieren,
2. Beratung durch andere Stellen vermitteln,
3. eine gütliche Beilegung zwischen den Beteiligten anstreben.

[3]Soweit Beauftragte des Deutschen Bundestages oder der Bundesregierung zuständig sind, leitet die Antidiskriminierungsstelle des Bundes die Anliegen der in Absatz 1 genannten Personen mit deren Einverständnis unverzüglich an diese weiter.

6

Schlussvorschriften

§ 31. Unabdingbarkeit. Von den Vorschriften dieses Gesetzes kann nicht zu Ungunsten der geschützten Personen abgewichen werden.

Gesetz über den Schutz des Arbeitsplatzes bei Einberufung zum Wehrdienst

In der Neufassung vom 14. Februar 2001, mit Änderungen bis zum 8. April 2013

Grundwehrdienst und Wehrübungen

§ 1. Ruhen des Arbeitsverhältnisses.

(1) Wird ein Arbeitnehmer zum Grundwehrdienst oder zu einer Wehrübung einberufen, so ruht das Arbeitsverhältnis während des Wehrdienstes.

(2) [1]Einem Arbeitnehmer im öffentlichen Dienst hat der Arbeitgeber während einer Wehrübung Arbeitsentgelt wie bei einem Erholungsurlaub zu zahlen. [2]Zum Arbeitsentgelt gehören nicht besondere Zuwendungen, die mit Rücksicht auf den Erholungsurlaub gewährt werden.

(3) Der Arbeitnehmer hat den Einberufungsbescheid unverzüglich seinem Arbeitgeber vorzulegen.

(4) Ein befristetes Arbeitsverhältnis wird durch Einberufung zum Grundwehrdienst oder zu einer Wehrübung nicht verlängert; das Gleiche gilt, wenn ein Arbeitsverhältnis aus anderen Gründen während des Wehrdienstes geendet hätte.

...

§ 2. Kündigungsschutz für Arbeitnehmer, Weiterbeschäftigung nach der Berufsausbildung.

(1) Von der Zustellung des Einberufungsbescheides bis zur Beendigung des Grundwehrdienstes sowie während einer Wehrübung darf der Arbeitgeber das Arbeitsverhältnis nicht kündigen.

(2) [1]Im Übrigen darf der Arbeitgeber das Arbeitsverhältnis nicht aus Anlass des Wehrdienstes kündigen. [2]Muss er aus dringenden betrieblichen Erfordernissen (§ 1 Abs. 2 des Kündigungsschutzgesetzes) Arbeitnehmer entlassen, so darf er bei der Auswahl der zu Entlassenden den Wehrdienst eines Arbeitnehmers nicht zu dessen Ungunsten berücksichtigen. [3]Ist streitig, ob der Arbeitgeber aus Anlass des Wehrdienstes gekündigt oder bei der Auswahl der zu Entlassenden den Wehrdienst zu Ungunsten des Arbeitnehmers berücksichtigt hat, so trifft die Beweislast den Arbeitgeber.

(3) Das Recht zur Kündigung aus wichtigem Grund bleibt unberührt. ...

(4) Geht dem Arbeitnehmer nach der Zustellung des Einberufungsbescheides oder während des Wehrdienstes eine Kündigung zu, so beginnt die Frist des § 4 Satz 1 des Kündigungsschutzgesetzes erst zwei Wochen nach Ende des Wehrdienstes.

...

§ 4. Erholungsurlaub. (1) [1]Der Arbeitgeber kann den Erholungsurlaub, der dem Arbeitnehmer für ein Urlaubsjahr aus dem Arbeitsverhältnis zusteht, für jeden vollen Kalendermonat, den der Arbeitnehmer Wehrdienst leistet, um ein Zwölftel kürzen. [2]Dem Arbeitnehmer ist der ihm zustehende Erholungsurlaub auf Verlangen vor Beginn des Wehrdienstes zu gewähren.

(2) Hat der Arbeitnehmer den ihm zustehenden Urlaub vor seiner Einberufung nicht oder nicht vollständig erhalten, so hat der Arbeitgeber den Resturlaub nach dem Wehrdienst im laufenden oder im nächsten Urlaubsjahr zu gewähren.

(3) Endet das Arbeitsverhältnis während des Wehrdienstes oder setzt der Arbeitnehmer im Anschluss an den Wehrdienst das Arbeitsverhältnis nicht fort, so hat der Arbeitgeber den noch nicht gewährten Urlaub abzugelten.

(4) Hat der Arbeitnehmer vor seiner Einberufung mehr Urlaub erhalten als ihm nach Absatz 1 zustand, so kann der Arbeitgeber den Urlaub, der dem Arbeitnehmer nach seiner Entlassung aus dem Wehrdienst zusteht, um die zuviel gewährten Urlaubstage kürzen.

(5) Für die Zeit des Wehrdienstes richtet sich der Urlaub nach den Urlaubsvorschriften für Soldaten.

Gesetz über den Nachweis der für ein Arbeitsverhältnis geltenden wesentlichen Bedingungen

Vom 20. Juli 1995, mit Änderungen bis zum 5. Dez. 2012

§ 1. Anwendungsbereich. Dieses Gesetz gilt für alle Arbeitnehmer, es sei denn, daß sie nur zur vorübergehenden Aushilfe von höchstens einem Monat eingestellt werden.

§ 2. Nachweispflicht. (1) [1]Der Arbeitgeber hat spätestens einen Monat nach dem vereinbarten Beginn des Arbeitsverhältnisses die wesentlichen Vertragsbedingungen schriftlich niederzulegen, die Niederschrift zu unterzeichnen und dem Arbeitnehmer auszuhändigen. [2]In die Niederschrift sind mindestens aufzunehmen:

1. der Name und die Anschrift der Vertragsparteien,
2. der Zeitpunkt des Beginns des Arbeitsverhältnisses,
3. bei befristeten Arbeitsverhältnissen: die vorhersehbare Dauer des Arbeitsverhältnisses,
4. der Arbeitsort oder, falls der Arbeitnehmer nicht nur an einem bestimmten Arbeitsort tätig sein soll, ein Hinweis darauf, daß der Arbeitnehmer an verschiedenen Orten beschäftigt werden kann,
5. eine kurze Charakterisierung der vom Arbeitnehmer zu leistenden Tätigkeit,
6. die Zusammensetzung und die Höhe des Arbeitsentgelts einschließlich der Zuschläge, der Zulagen, Prämien und Sonderzahlungen sowie anderer Bestandteile des Arbeitsentgelts und deren Fälligkeit,
7. die vereinbarte Arbeitszeit,
8. die Dauer des jährlichen Erholungsurlaubs,
9. die Fristen für die Kündigung des Arbeitsverhältnisses,

6

10. ein in allgemeiner Form gehaltener Hinweis auf die Tarifverträge, Betriebs- oder Dienstvereinbarungen, die auf das Arbeitsverhältnis anzuwenden sind.

[3]Der Nachweis der wesentlichen Vertragsbedingungen in elektronischer Form ist ausgeschlossen.

(2) Hat der Arbeitnehmer seine Arbeitsleistung länger als einen Monat außerhalb der Bundesrepublik Deutschland zu erbringen, so muß die Niederschrift dem Arbeitnehmer vor seiner Abreise ausgehändigt werden und folgende zusätzliche Angaben enthalten:

1. die Dauer der im Ausland auszuübenden Tätigkeit,
2. die Währung, in der das Arbeitsentgelt ausgezahlt wird,
3. ein zusätzliches mit dem Auslandsaufenthalt verbundenes Arbeitsentgelt und damit verbundene zusätzliche Sachleistungen,
4. die vereinbarten Bedingungen für die Rückkehr des Arbeitnehmers.

(3) [1]Die Angaben nach Absatz 1 Satz 2 Nr. 6 bis 9 und Absatz 2 Nr. 2 und 3 können ersetzt werden durch einen Hinweis auf die einschlägigen Tarifverträge, Betriebs- oder Dienstvereinbarungen und ähnlichen Regelungen, die für das Arbeitsverhältnis gelten. [2]Ist in den Fällen des Absatzes 1 Satz 2 Nr. 8 und 9 die jeweilige gesetzliche Regelung maßgebend, so kann hierauf verwiesen werden.

(4) Wenn dem Arbeitnehmer ein schriftlicher Arbeitsvertrag ausgehändigt worden ist, entfällt die Verpflichtung nach den Absätzen 1 und 2, soweit der Vertrag die in den Absätzen 1 bis 3 geforderten Angaben enthält.

§ 3. Änderung der Angaben. [1]Eine Änderung der wesentlichen Vertragsbedingungen ist dem Arbeitnehmer spätestens einen Monat nach der Änderung schriftlich mitzuteilen. [2]Satz 1 gilt nicht bei einer Änderung der gesetzlichen Vorschriften, Tarifverträge, Betriebs- oder Dienstvereinbarungen und ähnlichen Regelungen, die für das Arbeitsverhältnis gelten.

Gesetz über Teilzeitarbeit und befristete Arbeitsverträge

Vom 21. Dezember 2000, mit Änderungen bis zum 20. Dez. 2011

Allgemeine Vorschriften

§ 1. Zielsetzung. Ziel des Gesetzes ist, Teilzeitarbeit zu fördern, die Voraussetzungen für die Zulässigkeit befristeter Arbeitsvertäge festzulegen und die Diskriminierung von teilzeitbeschäftigten und befristet beschäftigten Arbeitnehmern zu verhindern.

§ 2. Begriff des teilzeitbeschäftigten Arbeitnehmers. (1) Teilzeitbeschäftigt ist ein Arbeitnehmer, dessen regelmäßige Wochenarbeitszeit kürzer ist als die eines vergleichbaren vollzeitbeschäftigten Arbeitnehmers. …

§ 3. Begriff des befristet beschäftigten Arbeitnehmers. (1) [1]Befristet beschäftigt ist ein Arbeitnehmer mit einem auf bestimmte Zeit geschlossenen Arbeitsvertrag. [2]Ein auf bestimmte Zeit geschlossener Arbeitsvertrag (befristeter Arbeitsvertrag) liegt vor, wenn seine Dauer kalendermäßig bestimmt ist (kalendermäßig befristeter Arbeitsvertrag) oder sich aus Art, Zweck oder Beschaffenheit der Arbeitsleistung ergibt (zweckbefristeter Arbeitsvertrag).

(2) Vergleichbar ist ein unbefristet beschäftigter Arbeitnehmer des Betriebes mit der gleichen oder einer ähnlichen Tätigkeit. …

§ 4. Verbot der Diskriminierung. (1) Ein teilzeitbeschäftigter Arbeitnehmer darf wegen der Teilzeitarbeit nicht schlechter behandelt werden als ein vergleichbarer vollzeitbeschäftigter Arbeitnehmer, es sei denn, dass sachliche Gründe eine unterschiedliche Behandlung rechtfertigen. …

(2) Ein befristet beschäftigter Arbeitnehmer darf wegen der Befristung des Arbeitvertrages nicht schlechter behandelt werden als ein vergleichbarer unbefristet beschäftigter Arbeitnehmer, es sei denn, dass sachliche Gründe eine unterschiedliche Behandlung rechtfertigen. …

§ 5. Benachteiligungsverbot. Der Arbeitgeber darf einen Arbeitnehmer nicht wegen der Inanspruchnahme von Rechten nach diesem Gesetz benachteiligen.

Teilzeitarbeit

§ 6. Förderung von Teilzeitarbeit. Der Arbeitgeber hat den Arbeitnehmern, auch in leitenden Positionen, Teilzeitarbeit nach Maßgabe dieses Gesetzes zu ermöglichen.

§ 7. Ausschreibung; Information über freie Arbeitsplätze. (1) Der Arbeitgeber hat einen Arbeitsplatz, den er öffentlich oder innerhalb des Betriebes ausschreibt, auch als Teilzeitarbeitsplatz auszuschreiben, wenn sich der Arbeitsplatz hierfür eignet. …

§ 8. Verringerung der Arbeitszeit. (1) Ein Arbeitnehmer, dessen Arbeitsverhältnis länger als sechs Monate bestanden hat, kann verlangen, dass seine vertraglich vereinbarte Arbeitszeit verringert wird.

(2) [1]Der Arbeitnehmer muss die Verringerung seiner Arbeitszeit und den Umfang der Verringerung spätestens drei Monate vor deren Beginn geltend machen. [2]Er soll dabei die gewünschte Verteilung der Arbeitszeit angeben.

(3) [1]Der Arbeitgeber hat mit dem Arbeitnehmer die gewünschte Verringerung der Arbeitszeit mit dem Ziel zu erörtern, zu einer Vereinbarung zu gelangen. [2]Er hat mit dem Arbeitnehmer Einvernehmen über die von ihm festzulegende Verteilung der Arbeitszeit zu erzielen.

(4) [1]Der Arbeitgeber hat der Verringerung der Arbeitszeit zuzustimmen und ihre Verteilung entsprechend den Wünschen des Arbeitnehmers festzulegen, soweit betriebliche Gründe nicht entgegenstehen. [2]Ein betrieblicher Grund liegt insbesondere vor, wenn die Verringerung der Arbeitszeit die Organisation, den Arbeitsablauf oder die Sicherheit im Betrieb wesentlich beeinträchtigt oder unverhältnismäßige Kosten verursacht. [3]Die Ablehnungsgründe können durch Tarifvertrag festgelegt werden. [4]Im Geltungsbereich eines solchen Tarifvertrages können nicht tarifgebundene Arbeitgeber und Arbeitnehmer die Anwendung der tariflichen Regelungen über die Ablehnungsgründe vereinbaren.

(5) [1]Die Entscheidung über die Verringerung der Arbeitszeit und ihre Verteilung hat der Arbeitgeber dem Arbeitnehmer spätestens einen Monat vor dem gewünschten Beginn der Verringerung schriftlich mitzuteilen. [2]Haben sich Arbeitgeber und Arbeitnehmer nicht nach Absatz 3 Satz 1 über die Verringerung der Arbeitszeit geeinigt und hat der Arbeitgeber die Arbeitszeitverringerung nicht spätestens einen Monat vor deren gewünschtem Beginn schriftlich abgelehnt, verringert sich die Arbeitszeit in dem vom Arbeitnehmer gewünschten Umfang. [3]Haben Arbeitgeber und Arbeitnehmer über die Verteilung der Arbeitszeit kein Einvernehmen nach Absatz 3 Satz 2 erzielt und hat der Arbeitgeber nicht spätestens einen Monat vor dem gewünschten Beginn der Arbeitszeitver-

ringerung die gewünschte Verteilung der Arbeitszeit schriftlich abgelehnt, gilt die Verteilung der Arbeitszeit entsprechend den Wünschen des Arbeitnehmers als festgelegt. [4]Der Arbeitgeber kann die nach Satz 3 oder Absatz 3 Satz 2 festgelegte Verteilung der Arbeitszeit wieder ändern, wenn das betriebliche Interesse daran das Interesse des Arbeitnehmers an der Beibehaltung erheblich überwiegt und der Arbeitgeber die Änderung spätestens einen Monat vorher angekündigt hat.

(6) Der Arbeitnehmer kann eine erneute Verringerung der Arbeitszeit frühestens nach Ablauf von zwei Jahren verlangen, nachdem der Arbeitgeber einer Verringerung zugestimmt oder sie berechtigt abgelehnt hat.

(7) Für den Anspruch auf Verringerung der Arbeitszeit gilt die Voraussetzung, dass der Arbeitgeber, unabhängig von der Anzahl der Personen in Berufsbildung, in der Regel mehr als 15 Arbeitnehmer beschäftigt.

§ 9. Verlängerung der Arbeitszeit. Der Arbeitgeber hat einen teilzeitbeschäftigten Arbeitnehmer, der ihm den Wunsch nach einer Verlängerung seiner vertraglich vereinbarten Arbeitszeit angezeigt hat, bei der Besetzung eines entsprechenden freien Arbeitsplatzes bei gleicher Eignung bevorzugt zu berücksichtigen, es sei denn, dass dringende betriebliche Gründe oder Arbeitszeitwünsche anderer teilzeitbeschäftigter Arbeitnehmer entgegenstehen.

§ 11. Kündigungsverbot. [1]Die Kündigung eines Arbeitsverhältnisses wegen der Weigerung eines Arbeitnehmers, von einem Vollzeit- in ein Teilzeitarbeitsverhältnis oder umgekehrt zu wechseln, ist unwirksam. [2]Das Recht zur Kündigung des Arbeitsverhältnisses aus anderen Gründen bleibt unberührt.

6

§ 12. Arbeit auf Abruf. (1) [1]Arbeitgeber und Arbeitnehmer können vereinbaren, dass der Arbeitnehmer seine Arbeitsleistung entsprechend dem Arbeitsanfall zu erbringen hat (Arbeit auf Abruf). [2]Die Vereinbarung muss eine bestimmte Dauer der wöchentlichen und täglichen Arbeitszeit festlegen …

(2) Der Arbeitnehmer ist nur zur Arbeitsleistung verpflichtet, wenn der Arbeitgeber ihm die Lage seiner Arbeitszeit jeweils mindestens vier Tage im Voraus mitteilt.

…

§ 13. Arbeitsplatzteilung. (1) [1]Arbeitgeber und Arbeitnehmer können vereinbaren, dass mehrere Arbeitnehmer sich die Arbeitszeit an einem Arbeitsplatz teilen (Arbeitsplatzteilung). [2]Ist einer dieser Arbeitnehmer an der Arbeitsleistung verhindert, sind die anderen Arbeitnehmer zur Vertretung verpflichtet, wenn sie der Vertretung im Einzelfall zugestimmt haben. [3]Eine Pflicht zur Vertretung besteht auch, wenn der Arbeitsvertrag bei Vorliegen dringender betrieblicher Gründe eine Vertretung vorsieht und diese im Einzelfall zumutbar ist.

(2) [1]Scheidet ein Arbeitnehmer aus der Arbeitsplatzteilung aus, so ist die darauf gestützte Kündigung des Arbeitsverhältnisses eines anderen in die Arbeitsplatzteilung einbezogenen Arbeitnehmers durch den Arbeitgeber unwirksam. [2]Das Recht zur Änderungskündigung aus diesem Anlass und zur Kündigung des Arbeitsverhältnisses aus anderen Gründen bleibt unberührt.

…

Befristete Arbeitsverträge

§ 14. Zulässigkeit der Befristung. (1) [1]Die Befristung eines Arbeitsvertrages ist zulässig, wenn sie durch einen sachlichen Grund gerechtfertigt ist. [2]Ein sachlicher Grund liegt insbesondere vor, wenn

1. der betriebliche Bedarf an der Arbeitsleistung nur vorübergehend besteht,
2. die Befristung im Anschluss an eine Ausbildung oder ein Studium erfolgt, um den Übergang des Arbeitnehmers in eine Anschlussbeschäftigung zu erleichtern,
3. der Arbeitnehmer zur Vertretung eines anderen Arbeitnehmers beschäftigt wird,
4. die Eigenart der Arbeitsleistung die Befristung rechtfertigt,
5. die Befristung zur Erprobung erfolgt,
6. in der Person des Arbeitnehmers liegende Gründe die Befristung rechtfertigen,
7. der Arbeitnehmer aus Haushaltsmitteln vergütet wird, die haushaltsrechtlich für eine befristete Beschäftigung bestimmt sind, und er entsprechend beschäftigt wird oder
8. die Befristung auf einem gerichtlichen Vergleich beruht.

(2) [1]Die kalendermäßige Befristung eines Arbeitsvertrages ohne Vorliegen eines sachlichen Grundes ist bis zur Dauer von zwei Jahren zulässig; bis zu dieser Gesamtdauer von zwei Jahren ist auch die höchstens dreimalige Verlängerung eines kalendermäßig befristeten Arbeitsvertrages zulässig. [2]Eine Befristung nach Satz 1 ist nicht zulässig, wenn mit demselben Arbeitgeber bereits zuvor ein befristetes oder unbefristetes Arbeitsverhältnis bestanden hat. [3]Durch Tarifvertrag kann die Anzahl der Verlängerungen oder die Höchstdauer der Befristung abweichend von Satz 1 festgelegt werden. [4]Im Geltungsbereich eines solchen Tarifvertrages können nicht tarifgebundene Arbeitgeber

und Arbeitnehmer die Anwendung der tariflichen Regelungen vereinbaren.

(2a) [1]In den ersten vier Jahren nach der Gründung eines Unternehmens ist die kalendermäßige Befristung eines Arbeitsvertrages ohne Vorliegen eines sachlichen Grundes bis zur Dauer von vier Jahren zulässig; bis zu dieser Gesamtdauer von vier Jahren ist auch die mehrfache Verlängerung eines kalendermäßig befristeten Arbeitsvertrages zulässig. [2]Dies gilt nicht für Neugründungen im Zusammenhang mit der rechtlichen Umstrukturierung von Unternehmen und Konzernen. [3]Maßgebend für den Zeitpunkt der Gründung des Unternehmens ist die Aufnahme einer Erwerbstätigkeit, die nach § 138 der Abgabenordnung der Gemeinde oder dem Finanzamt mitzuteilen ist. [4]Auf die Befristung eines Arbeitsvertrages nach Satz 1 findet Absatz 2 Satz 2 bis 4 entsprechende Anwendung.

(3) [1]Die kalendermäßige Befristung eines Arbeitsvertrages ohne Vorliegen eines sachlichen Grundes ist bis zu einer Dauer von fünf Jahren zulässig, wenn der Arbeitnehmer bei Beginn des befristeten Arbeitsverhältnisses das 52. Lebensjahr vollendet hat und unmittelbar vor Beginn des befristeten Arbeitsverhältnisses mindestens vier Monate beschäftigungslos im Sinne des § 138 Absatz 1 Nummer 1 des Dritten Buches Sozialgesetzbuch gewesen ist, Transferkurzarbeitergeld bezogen oder an einer öffentlich geförderten Beschäftigungsmaßnahme nach dem Zweiten oder Dritten Buch Sozialgesetzbuch teilgenommen hat. [2]Bis zu der Gesamtdauer von fünf Jahren ist auch die mehrfache Verlängerung des Arbeitsvertrages zulässig.

(4) Die Befristung eines Arbeitsvertrages bedarf zu ihrer Wirksamkeit der Schriftform.

§ 15. Ende des befristeten Arbeitsvertrages.

(1) Ein kalendermäßig befristeter Arbeitsvertrag endet mit Ablauf der vereinbarten Zeit.

(2) Ein zweckbefristeter Arbeitsvertrag endet mit Erreichen des Zwecks, frühestens jedoch zwei Wochen nach Zugang der schriftlichen Unterrichtung des Arbeitnehmers durch den Arbeitgeber über den Zeitpunkt der Zweckerreichung.

(3) Ein befristetes Arbeitsverhältnis unterliegt nur dann der ordentlichen Kündigung, wenn dies einzelvertraglich oder im anwendbaren Tarifvertrag vereinbart ist.

(5) Wird das Arbeitsverhältnis nach Ablauf der Zeit, für die es eingegangen ist, oder nach Zweckerreichung mit Wissen des Arbeitgebers fortgesetzt, so gilt es als auf unbestimmte Zeit verlängert, wenn der Arbeitgeber nicht unverzüglich widerspricht oder dem Arbeitnehmer die Zweckerreichung nicht unverzüglich mitteilt.

§ 16. Folgen unwirksamer Befristung.

[1]Ist die Befristung rechtsunwirksam, so gilt der befristete Arbeitsvertrag als auf unbestimmte Zeit geschlossen; er kann vom Arbeitgeber frühestens zum vereinbarten Ende ordentlich gekündigt werden, sofern nicht nach § 15 Abs. 3 die ordentliche Kündigung zu einem früheren Zeitpunkt möglich ist. [2]Ist die Befristung nur wegen des Mangels der Schriftform unwirksam, kann der Arbeitsvertrag auch vor dem vereinbarten Ende ordentlich gekündigt werden.

Gesetz über die Zahlung des Arbeitsentgelts an Feiertagen und im Krankheitsfall

Vom 26. Mai 1994, mit Änderungen bis zum 21. Juli 2012

§ 1. Anwendungsbereich. (1) Dieses Gesetz regelt die Zahlung des Arbeitsentgelts an gesetzlichen Feiertagen und die Fortzahlung des Arbeitsentgelts im Krankheitsfall an Arbeitnehmer sowie die wirtschaftliche Sicherung im Bereich der Heimarbeit für gesetzliche Feiertage und im Krankheitsfall.

(2) Arbeitnehmer im Sinne dieses Gesetzes sind Arbeiter und Angestellte sowie die zu ihrer Berufsbildung Beschäftigten.

§ 2. Entgeltzahlung an Feiertagen. (1) Für Arbeitszeit, die infolge eines gesetzlichen Feiertages ausfällt, hat der Arbeitgeber dem Arbeitnehmer das Arbeitsentgelt zu zahlen, das er ohne den Arbeitsausfall erhalten hätte.

(2) Die Arbeitszeit, die an einem gesetzlichen Feiertag gleichzeitig infolge von Kurzarbeit ausfällt und für die an anderen Tagen als an gesetzlichen Feiertagen Kurzarbeitergeld geleistet wird, gilt als infolge eines gesetzlichen Feiertages nach Absatz 1 ausgefallen.

(3) Arbeitnehmer, die am letzten Arbeitstag vor oder am ersten Arbeitstag nach Feiertagen unentschuldigt der Arbeit fernbleiben, haben keinen Anspruch auf Bezahlung für diese Feiertage.

§ 3. Anspruch auf Entgeltfortzahlung im Krankheitsfall. (1) [1]Wird ein Arbeitnehmer durch Arbeitsunfähigkeit infolge Krankheit an seiner Arbeitsleistung verhindert, ohne daß ihn ein Verschulden trifft, so hat er Anspruch auf Entgeltfortzahlung im Krankheitsfall durch den Arbeitgeber für die Zeit der Arbeitsunfähigkeit bis zur Dauer von sechs Wochen. [2]Wird der Arbeitnehmer infolge derselben Krankheit erneut arbeitsunfähig, so verliert er wegen der erneuten Arbeitsunfähigkeit den Anspruch nach Satz 1 für einen weiteren Zeitraum von höchstens sechs Wochen nicht, wenn

6

1. er vor der erneuten Arbeitsunfähigkeit mindestens sechs Monate nicht infolge derselben Krankheit arbeitsunfähig war oder
2. seit Beginn der ersten Arbeitsunfähigkeit infolge derselben Krankheit eine Frist von zwölf Monaten abgelaufen ist.

(2) [1]Als unverschuldete Arbeitsunfähigkeit im Sinne des Absatzes 1 gilt auch eine Arbeitsverhinderung, die infolge einer nicht rechtswidrigen Sterilisation oder eines nicht rechtswidrigen Abbruchs der Schwangerschaft eintritt. [2]Dasselbe gilt für einen Abbruch der Schwangerschaft, wenn die Schwangerschaft innerhalb von zwölf Wochen nach der Empfängnis durch einen Arzt abgebrochen wird, die schwangere Frau den Abbruch verlangt und dem Arzt durch eine Bescheinigung nachgewiesen hat, daß sie sich mindestens drei Tage vor dem Eingriff von einer anerkannten Beratungsstelle hat beraten lassen.

(3) Der Anspruch nach Absatz 1 entsteht nach vierwöchiger ununterbrochener Dauer des Arbeitsverhältnisses.

§ 4. Höhe des fortzuzahlenden Arbeitsentgelts. (1) Für den in § 3 Abs. 1 oder in § 3a Absatz 1 bezeichneten Zeitraum ist dem Arbeitnehmer das ihm bei der für ihn maßgebenden regelmäßigen Arbeitszeit zustehende Arbeitsentgelt fortzuzahlen.

(1a) [1]Zum Arbeitsentgelt nach Absatz 1 gehören nicht das zusätzlich für Überstunden gezahlte Arbeitsentgelt und Leistungen für Aufwendungen des Arbeitnehmers, soweit der Anspruch auf sie im Falle der Arbeitsfähigkeit davon abhängig ist, daß dem Arbeitnehmer entsprechende Aufwendungen tatsächlich entstanden sind, und dem Arbeitnehmer solche Aufwendungen während der Arbeitsunfähigkeit nicht entstehen. [2]Erhält der Arbeitnehmer eine auf das Ergebnis der Arbeit abgestellte Vergütung, so ist der von dem Arbeitnehmer in der für ihn maßgebenden regelmäßigen Arbeitszeit erzielbare Durchschnittsverdienst der Berechnung zugrunde zu legen.

(2) Ist der Arbeitgeber für Arbeitszeit, die gleichzeitig infolge eines gesetzlichen Feiertages ausgefallen ist, zur Fortzahlung des Arbeitsentgelts nach § 3 oder nach § 3a verpflichtet, bemißt sich die Höhe des fortzuzahlenden Arbeitsentgelts für diesen Feiertag nach § 2.

(3) [1]Wird in dem Betrieb verkürzt gearbeitet und würde deshalb das Arbeitsentgelt des Arbeitnehmers im Falle seiner Arbeitsfähigkeit gemindert, so ist die verkürzte Arbeitszeit für ihre Dauer als die für den Arbeitnehmer maßgebende regelmäßige Arbeitszeit im Sinne des Absatzes 1 anzusehen. [2]Dies gilt nicht im Falle des § 2 Abs. 2.

(4) [1]Durch Tarifvertrag kann eine von den Absätzen 1, 1 a und 3 abweichende Bemessungsgrundlage des fortzuzahlenden Arbeitsentgelts festgelegt werden. [2]Im Geltungsbereich eines solchen Tarifvertrages kann zwischen nichttarifgebundenen Arbeitgebern und Arbeitnehmern die Anwendung der tarifvertraglichen Regelung über die Fortzahlung des Arbeitsentgelts im Krankheitsfalle vereinbart werden.

§ 5. Anzeige- und Nachweispflichten.

(1) [1]Der Arbeitnehmer ist verpflichtet, dem Arbeitgeber die Arbeitsunfähigkeit und deren voraussichtliche Dauer unverzüglich mitzuteilen. [2]Dauert die Arbeitsunfähigkeit länger als drei Kalendertage, hat der Arbeitnehmer eine ärztliche Bescheinigung über das Bestehen der Arbeitsunfähigkeit sowie deren voraussichtliche Dauer spätestens an dem darauffolgenden Arbeitstag vorzulegen. [3]Der Arbeitgeber ist berechtigt, die Vorlage der ärztlichen Bescheinigung früher zu verlangen. [4]Dauert die Arbeitsunfähigkeit länger als in der Bescheinigung angegeben, ist der Arbeitnehmer verpflichtet, eine neue ärztliche Bescheinigung vorzulegen. [5]Ist der Arbeitnehmer Mitglied einer gesetzlichen Krankenkasse, muß die ärztliche Bescheinigung einen Vermerk des behandelnden Arztes darüber enthalten, daß der Krankenkasse unverzüglich eine Bescheinigung über die Arbeitsunfähigkeit mit Angaben über den Befund und die voraussichtliche Dauer der Arbeitsunfähigkeit übersandt wird.

...

§ 7. Leistungsverweigerungsrecht des Arbeitgebers. (1) Der Arbeitgeber ist berechtigt, die Fortzahlung des Arbeitsentgelts zu verweigern,

1. solange der Arbeitnehmer die von ihm nach § 5 Abs. 1 vorzulegende ärztliche Bescheinigung nicht vorlegt oder den ihm nach § 5 Abs. 2 obliegenden Verpflichtungen nicht nachkommt;
2. wenn der Arbeitnehmer den Übergang eines Schadensersatzanspruchs gegen einen Dritten auf den Arbeitgeber (§ 6) verhindert.

(2) Absatz 1 oder in § 3a Abs. 1 gilt nicht, wenn der Arbeitnehmer die Verletzung dieser ihm obliegenden Verpflichtungen nicht zu vertreten hat.

§ 8. Beendigung des Arbeitsverhältnisses.

(1) [1]Der Anspruch auf Fortzahlung des Arbeitsentgelts wird nicht dadurch berührt, daß der Arbeitgeber das Arbeitsverhältnis aus Anlaß der Arbeitsunfähigkeit kündigt. [2]Das gleiche gilt, wenn der Arbeitnehmer das Arbeitsverhältnis aus einem vom Arbeitgeber zu vertretenden Grunde kündigt, der den Arbeitnehmer zur Kündigung aus wichtigem Grund ohne Einhaltung einer Kündigungsfrist berechtigt.

(2) Endet das Arbeitsverhältnis vor Ablauf der in § 3 Abs. 1 oder in § 3a Abs. 1 bezeichneten Zeit nach dem Beginn der Arbeitsunfähigkeit, ohne daß es einer Kündigung bedarf, oder infolge einer Kündigung aus anderen als den in Absatz 1 bezeichneten Gründen, so endet der Anspruch mit dem Ende des Arbeitsverhältnisses.

§ 9. Maßnahmen der medizinischen Vorsorge und Rehabilitation. (1) [1]Die Vorschriften der §§ 3 bis 4 a und 6 bis 8 gelten entsprechend für die Arbeitsverhinderung infolge einer Maßnahme der medizinischen Vorsorge oder Rehabilitation, die ein Träger der gesetzlichen Renten-, Kranken- oder Unfallversicherung, eine Verwaltungsbehörde der Kriegsopferversorgung oder ein sonstiger Sozialleistungsträger bewilligt hat und die in einer Einrichtung der medizinischen Vorsorge oder Rehabilitation durchgeführt wird. [2]Ist der Arbeitnehmer nicht Mitglied einer gesetzlichen Krankenkasse oder nicht in der gesetzlichen Rentenversicherung versichert, gelten die §§ 3 bis 4 a und 6 bis 8 entsprechend, wenn eine Maßnahme der medizinischen Vorsorge oder Rehabilitation ärztlich verordnet worden ist und in einer Einrichtung der medizinischen Vorsorge oder Rehabilitation oder einer vergleichbaren Einrichtung durchgeführt wird.

(2) Der Arbeitnehmer ist verpflichtet, dem Arbeitgeber den Zeitpunkt des Antritts der Maßnahme, die voraussichtliche Dauer und die Verlängerung der Maßnahme im Sinne des Absatzes 1 unverzüglich mitzuteilen und ihm

a) eine Bescheinigung über die Bewilligung der Maßnahme durch einen Sozialleistungsträger nach Absatz 1 Satz 1 oder
b) eine ärztliche Bescheinigung über die Erforderlichkeit der Maßnahme im Sinne des Absatzes 1 Satz 2

unverzüglich vorzulegen.

§ 12. Unabdingbarkeit. Abgesehen vom § 4 Abs. 4 kann von den Vorschriften dieses Gesetzes nicht zuungunsten des Arbeitnehmers oder der nach § 10 berechtigten Personen abgewichen werden.

Gesetz zur Vereinheitlichung und Flexibilisierung des Arbeitszeitrechts

Vom 6. Juni 1994, mit Änderungen bis zum 20. April 2013

Allgemeine Vorschriften

§ 1. Zweck des Gesetzes. Zweck des Gesetzes ist es,

1. die Sicherheit und den Gesundheitsschutz der Arbeitnehmer in der Bundesrepublik Deutschland und in der ausschließlichen Wirtschaftszone bei der Arbeitszeitgestaltung zu gewährleisten und die Rahmenbedingungen für flexible Arbeitszeiten zu verbessern sowie
2. den Sonntag und die staatlich anerkannten Feiertage als Tage der Arbeitsruhe und der seelischen Erhebung der Arbeitnehmer zu schützen.

§ 2. Begriffsbestimmungen. (1) [1]Arbeitszeit im Sinne dieses Gesetzes ist die Zeit vom Beginn bis zum Ende der Arbeit ohne die Ruhepausen; Arbeitszeiten bei mehreren Arbeitgebern sind zusammenzurechnen. [2]Im Bergbau unter Tage zählen die Ruhepausen zur Arbeitszeit.

(2) Arbeitnehmer im Sinne dieses Gesetzes sind Arbeiter und Angestellte sowie die zu ihrer Berufsbildung Beschäftigten.

(3) Nachtzeit im Sinne dieses Gesetzes ist die Zeit von 23 bis 6 Uhr.

(4) Nachtarbeit im Sinne dieses Gesetzes ist jede Arbeit, die mehr als zwei Stunden der Nachtzeit umfaßt.

...

Werktägliche Arbeitszeit und arbeitsfreie Zeiten

§ 3. Arbeitszeit der Arbeitnehmer. [1]Die werktägliche Arbeitszeit der Arbeitnehmer darf acht Stunden nicht überschreiten. [2]Sie kann auf bis zu zehn Stunden nur verlängert werden, wenn innerhalb von sechs Kalendermonaten oder innerhalb von 24 Wochen im Durchschnitt acht Stunden werktäglich nicht überschritten werden.

6

§ 4. Ruhepausen. [1]Die Arbeit ist durch im voraus feststehende Ruhepausen von mindestens 30 Minuten bei einer Arbeitszeit von mehr als sechs bis zu neun Stunden und 45 Minuten bei einer Arbeitszeit von mehr als neun Stunden insgesamt zu unterbrechen. [2]Die Ruhepausen nach Satz 1 können in Zeitabschnitte von jeweils mindestens 15 Minuten aufgeteilt werden. [3]Länger als sechs Stunden hintereinander dürfen Arbeitnehmer nicht ohne Ruhepause beschäftigt werden.

§ 5. Ruhezeit. (1) Die Arbeitnehmer müssen nach Beendigung der täglichen Arbeitszeit eine ununterbrochene Ruhezeit von mindestens elf Stunden haben.

(2) Die Dauer der Ruhezeit des Absatzes 1 kann in Krankenhäusern und anderen Einrichtungen zur Behandlung, Pflege und Betreuung von Personen, in Gaststätten und anderen Einrichtungen zur Bewirtung und Beherbergung, in Verkehrsbetrieben, beim Rundfunk sowie in der Landwirtschaft und in der Tierhaltung um bis zu eine Stunde verkürzt werden, wenn jede Verkürzung der Ruhezeit innerhalb eines Kalendermonats oder innerhalb von vier Wochen durch Verlängerung einer anderen Ruhezeit auf mindestens zwölf Stunden ausgeglichen wird.

...

§ 6. Nacht- und Schichtarbeit. (1) Die Arbeitszeit der Nacht- und Schichtarbeitnehmer ist nach den gesicherten arbeitswissenschaftlichen Erkenntnissen über die menschengerechte Gestaltung der Arbeit festzulegen.

(2) [1]Die werktägliche Arbeitszeit der Nachtarbeitnehmer darf acht Stunden nicht überschreiten. [2]Sie kann auf bis zu zehn Stunden nur verlängert werden, wenn abweichend von § 3 innerhalb von einem Kalendermonat oder innerhalb von vier Wochen im Durchschnitt acht Stunden werktäglich nicht überschritten werden. ...

§ 7. Abweichende Regelungen. (1) In einem Tarifvertrag oder auf Grund eines Tarifvertrags in einer Betriebs- oder Dienstvereinbarung kann zugelassen werden,

1. abweichend von § 3
   a) die Arbeitszeit über zehn Stunden werktäglich zu verlängern, wenn in die Arbeitszeit regelmäßig und in erheblichem Umfang Arbeitsbereitschaft oder Bereitschaftsdienst fällt,
   b) einen anderen Ausgleichszeitraum festzulegen,
2. abweichend von § 4 Satz 2 die Gesamtdauer der Ruhepausen in Schichtbetrieben und Verkehrsbetrieben auf Kurzpausen von angemessener Dauer aufzuteilen,
3. abweichend von § 5 Abs. 1 die Ruhezeit um bis zu zwei Stunden zu kürzen, wenn die Art der Arbeit dies erfordert und die Kürzung der Ruhezeit innerhalb eines festzulegenden Ausgleichszeitraums ausgeglichen wird,
4. abweichend von § 6 Abs. 2
   a) die Arbeitszeit über zehn Stunden werktäglich hinaus zu verlängern, wenn in die

Arbeitszeit regelmäßig und in erheblichem Umfang Arbeitsbereitschaft oder Bereitschaftsdienst fällt,
b) einen anderen Ausgleichszeitraum festzulegen,
5. den Beginn des siebenstündigen Nachtzeitraums des § 2 Abs. 3 auf die Zeit zwischen 22 und 24 Uhr festzulegen. …

Sonn- und Feiertagsruhe

§ 9. Sonn- und Feiertagsruhe. (1) Arbeitnehmer dürfen an Sonn- und gesetzlichen Feiertagen von 0 bis 24 Uhr nicht beschäftigt werden.

(2) In mehrschichtigen Betrieben mit regelmäßiger Tag- und Nachtschicht kann Beginn oder Ende der Sonn- und Feiertagsruhe um bis zu sechs Stunden vor- oder zurückverlegt werden, wenn für die auf den Beginn der Ruhezeit folgenden 24 Stunden der Betrieb ruht.

(3) Für Kraftfahrer und Beifahrer kann der Beginn der 24-stündigen Sonn- und Feiertagsruhe um bis zu zwei Stunden vorverlegt werden.

§ 10. Sonn- und Feiertagsbeschäftigung.

(1) Sofern die Arbeiten nicht an Werktagen vorgenommen werden können, dürfen Arbeitnehmer an Sonn- und Feiertagen abweichend von § 9 beschäftigt werden

1. in Not- und Rettungsdiensten sowie bei der Feuerwehr,
2. zur Aufrechterhaltung der öffentlichen Sicherheit und Ordnung sowie der Funktionsfähigkeit von Gerichten und Behörden und für Zwecke der Verteidigung,
3. in Krankenhäusern und anderen Einrichtungen zur Behandlung, Pflege und Betreuung von Personen,
4. in Gaststätten und anderen Einrichtungen zur Bewirtung und Beherbergung sowie im Haushalt,
5. bei Musikaufführungen, Theatervorstellungen, Filmvorführungen, Schaustellungen, Darbietungen und anderen ähnlichen Veranstaltungen,
6. bei nichtgewerblichen Aktionen und Veranstaltungen der Kirchen, Religionsgesellschaften, Verbände, Vereine, Parteien und anderer ähnlicher Vereinigungen,
7. beim Sport und in Freizeit-, Erholungs- und Vergnügungseinrichtungen, beim Fremdenverkehr sowie in Museen und wissenschaftlichen Präsenzbibliotheken,
8. beim Rundfunk, bei der Tages- und Sportpresse, bei Nachrichtenagenturen sowie bei den der Tagesaktualität dienenden Tätigkeiten für andere Presseerzeugnisse einschließlich des Austragens, bei der Herstellung von Satz, Filmen und Druckformen für tagesaktuelle Nachrichten und Bilder, bei tagesaktuellen Aufnahmen auf Ton- und Bildträger sowie beim Transport und Kommissionieren von Presseerzeugnissen, deren Ersterscheinungstag am Montag oder am Tag nach einem Feiertag liegt,
9. bei Messen, Ausstellungen und Märkten im Sinne des Titels IV der Gewerbeordnung sowie bei Volksfesten,
10. in Verkehrsbetrieben sowie beim Transport und Kommissionieren von leichtverderblichen Waren im Sinne des § 30 Abs. 3 Nr. 2 der Straßenverkehrsordnung, …
14. bei der Reinigung und Instandhaltung von Betriebseinrichtungen, soweit hierdurch der regelmäßige Fortgang des eigenen oder eines fremden Betriebs bedingt ist, bei der Vorbereitung der Wiederaufnahme des vollen werktägigen Betriebs sowie bei der Aufrechterhaltung der Funktionsfähigkeit von Datennetzen und Rechnersystemen,
15. zur Verhütung des Verderbens von Naturerzeugnissen oder Rohstoffen oder des Mißlingens von Arbeitsergebnissen sowie bei kontinuierlich durchzuführenden Forschungsarbeiten,
16. zur Vermeidung einer Zerstörung oder erheblichen Beschädigung der Produktionseinrichtungen.

(2) Abweichend von § 9 dürfen Arbeitnehmer an Sonn- und Feiertagen mit den Produktionsarbeiten beschäftigt werden, wenn die infolge der Unterbrechung der Produktion nach Absatz 1 Nr. 14 zulässigen Arbeiten den Einsatz von mehr Arbeitnehmern als bei durchgehender Produktion erfordern.

(3) Abweichend von § 9 dürfen Arbeitnehmer an Sonn- und Feiertagen in Bäckereien und Konditoreien für bis zu drei Stunden mit der Herstellung und dem Austragen oder Ausfahren von Konditorwaren und an diesem Tag zum Verkauf kommenden Bäckerwaren beschäftigt werden.

6

Durchführung des Gesetzes

§ 16. Aushang und Arbeitszeitnachweise.

(1) Der Arbeitgeber ist verpflichtet, einen Abdruck dieses Gesetzes, der auf Grund dieses Gesetzes erlassenen, für den Betrieb geltenden Rechtsverordnungen und der für den Betrieb geltenden Tarifverträge und Betriebs- oder Dienstvereinbarungen im Sinne des § 7 Abs. 1 bis 3, §§ 12 und 21a Abs. 6 an geeigneter Stelle im Betrieb zur Einsichtnahme auszulegen oder auszuhängen.

(2) [1]Der Arbeitgeber ist verpflichtet, die über die werktägliche Arbeitszeit des § 3 Satz 1

hinausgehende Arbeitszeit der Arbeitnehmer aufzuzeichnen und ein Verzeichnis der Arbeitnehmer zu führen, die in eine Verlängerung der Arbeitszeit gemäß § 7 Abs. 7 eingewilligt haben. [2]Die Nachweise sind mindestens zwei Jahre aufzubewahren.

Verordnung über Sicherheit und Gesundheitsschutz bei der Arbeit an Bildschirmgeräten

Vom 4. Dezember 1996, mit Änderungen bis zum 18. Dezember 2008

§ 1. Anwendungsbereich. (1) Diese Verordnung gilt für die Arbeit an Bildschirmgeräten.

(2) Diese Verordnung gilt nicht für die Arbeit an

1. Bedienerplätzen von Maschinen oder an Fahrerplätzen von Fahrzeugen mit Bildschirmgeräten,
2. Bildschirmgeräten an Bord von Verkehrsmitteln,
3. Datenverarbeitungsanlagen, die hauptsächlich zur Benutzung durch die Öffentlichkeit bestimmt sind,
4. Bildschirmgeräten für den ortsveränderlichen Gebrauch, sofern sie nicht regelmäßig an einem Arbeitsplatz eingesetzt werden,
5. Rechenmaschinen, Registrierkassen oder anderen Arbeitsmitteln mit einer kleinen Daten- oder Meßwertanzeigevorrichtung, die zur unmittelbaren Benutzung des Arbeitsmittels erforderlich ist, sowie
6. Schreibmaschinen klassischer Bauart mit einem Display.

...

§ 2. Begriffsbestimmungen. (1) Bildschirmgerät im Sinne dieser Verordnung ist ein Bildschirm zur Darstellung alphanumerischer Zeichen oder zur Grafikdarstellung, ungeachtet des Darstellungsverfahrens.

(2) Bildschirmarbeitsplatz im Sinne dieser Verordnung ist ein Arbeitsplatz mit einem Bildschirmgerät, der ausgestattet sein kann mit

1. Einrichtungen zur Erfassung von Daten,
2. Software, die den Beschäftigten bei der Ausführung ihrer Arbeitsaufgaben zur Verfügung steht,
3. Zusatzgeräten und Elementen, die zum Betreiben oder Benutzen des Bildschirmgeräts gehören, oder
4. sonstigen Arbeitsmitteln, sowie die unmittelbare Arbeitsumgebung.

(3) Beschäftigte im Sinne dieser Verordnung sind Beschäftigte, die gewöhnlich bei einem nicht unwesentlichen Teil ihrer normalen Arbeit ein Bildschirmgerät benutzen.

§ 3. Beurteilung der Arbeitsbedingungen. Bei der Beurteilung der Arbeitsbedingungen nach § 5 des Arbeitsschutzgesetzes hat der Arbeitgeber bei Bildschirmarbeitsplätzen die Sicherheits- und Gesundheitsbedingungen insbesondere hinsichtlich einer möglichen Gefährdung des Sehvermögens sowie körperlicher Probleme und psychischer Belastungen zu ermitteln und zu beurteilen.

§ 4. Anforderungen an die Gestaltung. (1) Der Arbeitgeber hat geeignete Maßnahmen zu treffen, damit die Bildschirmarbeitsplätze den Anforderungen des Anhangs und sonstiger Rechtsvorschriften entsprechen.

(3) Von den Anforderungen des Anhangs darf abgewichen werden, wenn

1. die spezifischen Erfordernisse des Bildschirmarbeitsplatzes oder Merkmale der Tätigkeit diesen Anforderungen entgegenstehen oder
2. der Bildschirmarbeitsplatz entsprechend den jeweiligen Fähigkeiten der daran tätigen Behinderten unter Berücksichtigung von Art und Schwere der Behinderung gestaltet wird und dabei Sicherheit und Gesundheitsschutz auf andere Weise gewährleistet sind.

§ 5. Täglicher Arbeitsablauf. [1]Der Arbeitgeber hat die Tätigkeit der Beschäftigten so zu organisieren, daß die tägliche Arbeit an Bildschirmgeräten regelmäßig durch andere Tätigkeiten oder durch Pausen unterbrochen wird, die jeweils die Belastung durch die Arbeit am Bildschirmgerät verringern.

§ 6. Untersuchung der Augen und des Sehvermögens. Für die Untersuchung der Augen und des Sehvermögens einschließlich des Zurverfügungstellens von speziellen Sehhilfen gilt die Verordnung zur arbeitsmedizinischen Vorsorge vom 18. Dezember 2008 (BGBl. I S. 2768), die im Anhang Teil 4 einen Anlass für Angebotsuntersuchungen enthält, in der jeweils geltenden Fassung.

Anhang über an Bildschirmarbeitsplätze zu stellende Anforderungen

Bildschirmgerät und Tastatur

1. Die auf dem Bildschirm dargestellten Zeichen müssen scharf, deutlich und ausreichend groß sein sowie einen angemessenen Zeichen- und Zeilenabstand haben.
2. Das auf dem Bildschirm dargestellte Bild muß stabil und frei von Flimmern sein; es darf keine Verzerrungen aufweisen.
3. Die Helligkeit der Bildschirmanzeige und der Kontrast zwischen Zeichen und Zeichenuntergrund auf dem Bildschirm müssen einfach einstellbar sein und den Verhältnissen der Arbeitsumgebung angepaßt werden können.
4. Der Bildschirm muß frei von störenden Reflexionen und Blendungen sein.
5. Das Bildschirmgerät muß frei und leicht drehbar und neigbar sein.
6. Die Tastatur muß vom Bildschirmgerät getrennt und neigbar sein, damit die Benutzer eine ergonomisch günstige Arbeitshaltung einnehmen können.
7. Die Tastatur und die sonstigen Eingabemittel müssen auf der Arbeitsfläche variabel angeordnet werden können. [5]Die Arbeitsfläche vor der Tastatur muß ein Auflegen der Hände ermöglichen.
8. Die Tastatur muß eine reflexionsarme Oberfläche haben.
9. Form und Anschlag der Tasten müssen eine ergonomische Bedienung der Tastatur ermöglichen. Die Beschriftung der Tasten muß sich vom Untergrund deutlich abheben und bei normaler Arbeitshaltung lesbar sein.

Sonstige Arbeitsmittel

10. Der Arbeitstisch beziehungsweise die Arbeitsfläche muß eine ausreichend große und reflexionsarme Oberfläche besitzen und eine flexible Anordnung des Bildschirmgeräts, der Tastatur, des Schriftguts und der sonstigen Arbeitsmittel ermöglichen. Ausreichender Raum für eine ergonomisch günstige Arbeitshaltung muß vorhanden sein. Ein separater Ständer für das Bildschirmgerät kann verwendet werden.
11. Der Arbeitsstuhl muß ergonomisch gestaltet und standsicher sein.
12. Der Vorlagenhalter muß stabil und verstellbar sein sowie so angeordnet werden können, daß unbequeme Kopf- und Augenbewegungen soweit wie möglich eingeschränkt werden.
13. Eine Fußstütze ist auf Wunsch zur Verfügung zu stellen, wenn eine ergonomisch günstige Arbeitshaltung ohne Fußstütze nicht erreicht werden kann.

Arbeitsumgebung

14. Am Bildschirmarbeitsplatz muß ausreichender Raum für wechselnde Arbeitshaltungen und -bewegungen vorhanden sein.
15. Die Beleuchtung muß der Art der Sehaufgabe entsprechen und an das Sehvermögen der Benutzer angepaßt sein; dabei ist ein angemessener Kontrast zwischen Bildschirm und Arbeitsumgebung zu gewährleisten. Durch die Gestaltung des Bildschirmarbeitsplatzes sowie Auslegung und Anordnung der Beleuchtung sind störende Blendwirkungen, Reflexionen oder Spiegelungen auf dem Bildschirm und den sonstigen Arbeitsmitteln zu vermeiden.
16. Bildschirmarbeitsplätze sind so einzurichten, daß leuchtende oder beleuchtete Flächen keine Blendung verursachen und Reflexionen auf dem Bildschirm soweit wie möglich vermieden werden. Die Fenster müssen mit einer geeigneten verstellbaren Lichtschutzvorrichtung ausgestattet sein, durch die sich die Stärke des Tageslichteinfalls auf den Bildschirmarbeitsplatz vermindern läßt.
17. Bei der Gestaltung des Bildschirmarbeitsplatzes ist dem Lärm, der durch die zum Bildschirmarbeitsplatz gehörenden Arbeitsmittel verursacht wird, Rechnung zu tragen, insbesondere um eine Beeinträchtigung der Konzentration und der Sprachverständlichkeit zu vermeiden.
18. Die Arbeitsmittel dürfen nicht zu einer erhöhten Wärmebelastung am Bildschirmarbeitsplatz führen, die unzuträglich ist. Es ist für eine ausreichende Luftfeuchtigkeit zu sorgen.
19. Die Strahlung muß – mit Ausnahme des sichtbaren Teils des elektromagnetischen Spektrums – so niedrig gehalten werden, daß sie für Sicherheit und Gesundheit der Benutzer des Bildschirmgerätes unerheblich ist.

Zusammenwirken Mensch – Arbeitsmittel

20. Die Grundsätze der Ergonomie sind insbesondere auf die Verarbeitung von Informationen durch den Menschen anzuwenden.
21. Bei der Entwicklung, Auswahl, Erwerb und Änderung von Software sowie bei der Gestaltung der Tätigkeit an Bildschirmgeräten hat der Arbeitgeber den folgenden Grundsätzen insbesondere im Hinblick auf die Benutzerfreundlichkeit Rechnung zu tragen:

21.1 Die Software muß an die auszuführende Aufgabe angepaßt sein.
21.2 Die Systeme müssen den Benutzern Angaben über die jeweiligen Dialogabläufe unmittelbar oder auf Verlangen machen.
21.3 Die Systeme müssen den Benutzern die Beeinflussung der jeweiligen Dialogabläufe ermöglichen sowie eventuelle Fehler bei der Handhabung beschreiben und deren Beseitigung mit begrenztem Arbeitsaufwand erlauben.
21.4 Die Software muß entsprechend den Kenntnissen und Erfahrungen der Benutzer im Hinblick auf die auszuführende Aufgabe angepaßt werden können.
22. Ohne Wissen der Benutzer darf keine Vorrichtung zur qualitativen oder quantitativen Kontrolle verwendet werden.

Mindesturlaubsgesetz für Arbeitnehmer

Vom 8. Januar 1963, mit Änderungen bis zum 20. April 2013

§ 1. Urlaubsanspruch. Jeder Arbeitnehmer hat in jedem Kalenderjahr Anspruch auf bezahlten Erholungsurlaub.

§ 2. Geltungsbereich. [1]Arbeitnehmer im Sinne des Gesetzes sind Arbeiter und Angestellte sowie die zu ihrer Berufsausbildung Beschäftigten. [2]Als Arbeitnehmer gelten auch Personen, die wegen ihrer wirtschaftlichen Unselbständigkeit als arbeitnehmerähnliche Personen anzusehen sind; für den Bereich der Heimarbeit gilt § 12.

§ 3. Dauer des Urlaubs. (1) Der Urlaub beträgt jährlich mindestens 24 Werktage.

(2) Als Werktage gelten alle Kalendertage, die nicht Sonn- oder gesetzliche Feiertage sind.

§ 4. Wartezeit. Der volle Urlaubsanspruch wird erstmalig nach sechsmonatigem Bestehen des Arbeitsverhältnisses erworben.

§ 5. Teilurlaub. (1) Anspruch auf ein Zwölftel des Jahresurlaubs für jeden vollen Monat des Bestehens des Arbeitsverhältnisses hat der Arbeitnehmer

a) für Zeiten eines Kalenderjahres, für die er wegen Nichterfüllung der Wartezeit in diesem Kalenderjahr keinen vollen Urlaubsanspruch erwirbt;

b) wenn er vor erfüllter Wartezeit aus dem Arbeitsverhältnis ausscheidet;

c) wenn er nach erfüllter Wartezeit in der ersten Hälfte eines Kalenderjahres aus dem Arbeitsverhältnis ausscheidet.

(2) Bruchteile von Urlaubstagen, die mindestens einen halben Tag ergeben, sind auf volle Urlaubstage aufzurunden.

(3) Hat der Arbeitnehmer im Falle des Absatzes 1 Buchstabe c bereits Urlaub über den ihm zustehenden Umfang hinaus erhalten, so kann das dafür gezahlte Urlaubsentgelt nicht zurückgefordert werden.

§ 6. Ausschluß von Doppelansprüchen.

(1) Der Anspruch auf Urlaub besteht nicht, soweit dem Arbeitnehmer für das laufende Kalenderjahr bereits von einem früheren Arbeitgeber Urlaub gewährt worden ist.

(2) Der Arbeitgeber ist verpflichtet, bei Beendigung des Arbeitsverhältnisses dem Arbeitnehmer eine Bescheinigung über den im laufenden Kalenderjahr gewährten oder abgegoltenen Urlaub auszuhändigen.

§ 7. Zeitpunkt, Übertragbarkeit und Abgeltung des Urlaubs. (1) [1]Bei der zeitlichen Festlegung des Urlaubs sind die Urlaubswünsche des Arbeitnehmers zu berücksichtigen, es sei denn, daß ihrer Berücksichtigung dringende betriebliche Belange oder Urlaubswünsche anderer Arbeitnehmer, die unter sozialen Gesichtspunkten den Vorrang verdienen, entgegenstehen. [2]Der Urlaub ist zu gewähren, wenn der Arbeitnehmer dies im Anschluß an eine Maßnahme der medizinischen Vorsorge oder Rehabilitation verlangt.

(2) [1]Der Urlaub ist zusammenhängend zu gewähren, es sei denn, daß dringende betriebliche oder in der Person des Arbeitnehmers liegende Gründe eine Teilung des Urlaubs erforderlich machen. [2]Kann der Urlaub aus diesen Gründen nicht zusammenhängend gewährt werden, und hat der Arbeitnehmer Anspruch auf Urlaub von mehr als zwölf Werktagen, so muß einer der Urlaubsteile mindestens zwölf aufeinanderfolgende Werktage umfassen.

(3) [1]Der Urlaub muß im laufenden Kalenderjahr gewährt und genommen werden. [2]Eine Übertragung des Urlaubs auf das nächste Kalenderjahr ist nur statthaft, wenn dringende betriebliche oder in der Person des Arbeitnehmers liegende Gründe dies rechtfertigen. [3]Im Fall der Übertragung muß der Urlaub in den ersten drei Monaten des folgenden Kalenderjahres gewährt und genommen werden. [4]Auf Verlangen des Arbeitnehmers ist ein nach § 5 Abs. 1 Buchstabe a entstehender Teilurlaub jedoch auf das nächste Kalenderjahr zu übertragen.

(4) Kann der Urlaub wegen Beendigung des Arbeitsverhältnisses ganz oder teilweise nicht mehr gewährt werden, so ist er abzugelten.

§ 8. Erwerbstätigkeit während des Urlaubs.

Während des Urlaubs darf der Arbeitnehmer keine dem Urlaubszweck widersprechende Erwerbstätigkeit leisten.

§ 9. Erkrankung während des Urlaubs.

Erkrankt ein Arbeitnehmer während des Urlaubs, so werden die durch ärztliches Zeugnis nachgewiesenen Tage der Arbeitsunfähigkeit auf den Jahresurlaub nicht angerechnet.

§ 10. Maßnahmen der medizinischen Vorsorge oder Rehabilitation. Maßnahmen der medizinischen Vorsorge oder Rehabilitation dürfen nicht auf den Urlaub angerechnet werden, soweit ein Anspruch auf Fortzahlung des Arbeitsentgelts nach den gesetzlichen Vorschriften über die Entgeltfortzahlung im Krankheitsfall besteht.

§ 11. Urlaubsentgelt. (1) [1]Das Urlaubsentgelt bemißt sich nach dem durchschnittlichen Arbeitsverdienst, das der Arbeitnehmer in den letzten dreizehn Wochen vor dem Beginn des Urlaubs erhalten hat, mit Ausnahme des zusätzlich für Überstunden gezahlten Arbeitsverdienstes. [2]Bei Verdiensterhöhungen nicht nur vorübergehender Natur, die während des Berechnungszeitraums oder des Urlaubs eintreten, ist von dem erhöhten Verdienst auszugehen. [3]Verdienstkürzungen, die im Berechnungszeitraum infolge von Kurzarbeit, Arbeitsausfällen oder unverschuldetem Arbeitsversäumnis eintreten, bleiben für die Berechnung des Urlaubsentgelts außer Betracht. [4]Zum Arbeitsentgelt gehörende Sachbezüge, die während des Urlaubs nicht weitergewährt werden, sind für die Dauer des Urlaubs angemessen in bar abzugelten.

(2) Das Urlaubsentgelt ist vor Antritt des Urlaubs auszuzahlen.

§ 13. Unabdingbarkeit. (1) Von den vorstehenden Vorschriften mit Ausnahme der §§ 1, 2 und 3 Abs. 1 kann in Tarifverträgen abgewichen werden.

…

Gesetz zum Elterngeld und zur Elternzeit (Bundeselterngeld- und Elternzeitgesetz - BEEG)

Vom 05. Dezember 2006, mit Änderungen bis zum 15. Februar 2013

Elterngeld

§ 1. Berechtigte. (1) Anspruch auf Elterngeld hat, wer
1. einen Wohnsitz oder seinen gewöhnlichen Aufenthalt in Deutschland hat,
2. mit seinem Kind in einem Haushalt lebt,
3. dieses Kind selbst betreut und erzieht und
4. keine oder keine volle Erwerbstätigkeit ausübt.

(2) [1]Anspruch auf Elterngeld hat auch, wer, ohne eine der Voraussetzungen des Absatzes 1 Nr. 1 zu erfüllen,
1. nach § 4 des Vierten Buches Sozialgesetzbuch dem deutschen Sozialversicherungsrecht unterliegt oder im Rahmen seines in Deutschland bestehenden öffentlich-rechtlichen Dienst- oder Amtsverhältnisses vorübergehend ins Ausland abgeordnet, versetzt oder kommandiert ist,
2. Entwicklungshelfer oder Entwicklungshelferin im Sinne des § 1 des Entwicklungshelfergesetzes ist oder als Missionar oder Missionarin der Missionswerke und -gesellschaften, die Mitglieder oder Vereinbarungspartner des Evangelischen Missionswerkes Hamburg, der Arbeitsgemeinschaft Evangelikaler Missionen e.V., des Deutschen katholischen Missionsrates oder der Arbeitsgemeinschaft pfingstlich-charismatischer Missionen sind, tätig ist oder
3. die deutsche Staatsangehörigkeit besitzt und nur vorübergehend bei einer zwischen- oder überstaatlichen Einrichtung tätig ist, insbesondere nach den Entsenderichtlinien des Bundes beurlaubte Beamte und Beamtinnen, oder wer vorübergehend eine nach § 123 a des Beamtenrechtsrahmengesetzes oder § 123a des Bundesbeamtengesetzes zugewiesene Tätigkeit im Ausland wahrnimmt.

[2]Dies gilt auch für mit der nach Satz 1 berechtigten Person in einem Haushalt lebende Ehegatten, Ehegattinnen, Lebenspartner oder Lebenspartnerinnen.

(3) [1]Anspruch auf Elterngeld hat abweichend von Absatz 1 Nr. 2 auch, wer
1. mit einem Kind in einem Haushalt lebt, das er mit dem Ziel der Annahme als Kind aufgenommen hat,
2. ein Kind des Ehegatten, der Ehegattin, des Lebenspartners oder der Lebenspartnerin in seinem Haushalt aufgenommen hat oder
3. mit einem Kind in einem Haushalt lebt und die von ihm erklärte Anerkennung der Vaterschaft nach § 1594 Abs. 2 des Bürgerlichen Gesetzbuchs noch nicht wirksam oder über die von ihm beantragte Vaterschaftsfeststellung nach § 1600 d des Bürgerlichen Gesetzbuchs noch nicht entschieden ist.

[2]Für angenommene Kinder und Kinder im Sinne des Satzes 1 Nr. 1 sind die Vorschriften dieses Gesetzes mit der Maßgabe anzuwenden, dass statt des Zeitpunktes der Geburt der Zeitpunkt der Aufnahme des Kindes bei der berechtigten Person maßgeblich ist.

(4) Können die Eltern wegen einer schweren Krankheit, Schwerbehinderung oder Tod der Eltern ihr Kind nicht betreuen, haben Verwandte bis zum dritten Grad und ihre Ehegatten, Ehegattinnen, Lebenspartner oder Lebenspartnerinnen Anspruch auf Elterngeld, wenn sie die übrigen Voraussetzungen nach Absatz 1 erfüllen und von anderen Berechtigten Elterngeld nicht in Anspruch genommen wird.

(5) Der Anspruch auf Elterngeld bleibt unberührt, wenn die Betreuung und Erziehung des Kindes aus einem wichtigen Grund nicht sofort aufgenommen werden kann oder wenn sie unterbrochen werden muss.

(6) Eine Person ist nicht voll erwerbstätig, wenn ihre Arbeitszeit 30 Wochenstunden im Durchschnitt des Monats nicht übersteigt, sie eine Beschäftigung zur Berufsbildung ausübt oder sie eine geeignete Tagespflegeperson im Sinne des § 23 des Achten Buches Sozialgesetzbuch ist und nicht mehr als fünf Kinder in Tagespflege betreut.

(7) Ein nicht freizügigkeitsberechtigter Ausländer oder eine nicht freizügigkeitsberechtigte Ausländerin ist nur anspruchsberechtigt, wenn diese Person
1. eine Niederlassungserlaubnis besitzt,
2. eine Aufenthaltserlaubnis besitzt, die zur Ausübung einer Erwerbstätigkeit berechtigt oder berechtigt hat, es sei denn, die Aufenthaltserlaubnis wurde
   a) nach den §§ 16 oder 17 des Aufenthaltsgesetzes erteilt,
   b) nach § 18 Abs. 2 des Aufenthaltsgesetzes erteilt und die Zustimmung der Bundesagentur für Arbeit darf nach der Beschäftigungsverordnung nur für einen bestimmten Höchstzeitraum erteilt werden,
   c) nach § 23 Abs. 1 des Aufenthaltsgesetzes wegen eines Krieges in ihrem Heimatland oder nach den §§ 23 a, 24, 25 Abs. 3 bis 5 des Aufenthaltsgesetzes erteilt

oder

6

3. eine in Nummer 2 Buchstabe c genannte Aufenthaltserlaubnis besitzt und
   a) sich seit mindestens drei Jahren rechtmäßig, gestattet oder geduldet im Bundesgebiet aufhält und
   b) im Bundesgebiet berechtigt erwerbstätig ist, laufende Geldleistungen nach dem Dritten Buch Sozialgesetzbuch bezieht oder Elternzeit in Anspruch nimmt.[1]

(8) Ein Anspruch entfällt, wenn die berechtigte Person im letzten abgeschlossenen Veranlagungszeitraum vor der Geburt des Kindes ein zu versteuerndes Einkommen nach § 2 Absatz 5 des Einkommensteuergesetzes in Höhe von mehr als 250 000 Euro erzielt hat. [2]Erfüllt auch eine andere Person die Voraussetzungen des Absatzes 1 Nummer 2 oder der Absätze 3 oder 4, entfällt abweichend von Satz 1 der Anspruch, wenn die Summe des zu versteuernden Einkommens beider Personen mehr als 500.000 Euro beträgt.

§ 2. Höhe des Elterngeldes. (1) [1]Elterngeld wird in Höhe von 67 Prozent des Einkommens aus Erwerbstätigkeit vor der Geburt des Kindes gewährt. [2]Es wird bis zu einem Höchstbetrag von 1.800 Euro monatlich für volle Monate gezahlt, in denen die berechtigte Person kein Einkommen aus Erwerbstätigkeit hat. [3]Das Einkommen aus Erwerbstätigkeit errechnet sich nach Maßgabe der §§ 2c bis 2f aus der um die Abzüge für Steuern und Sozialabgaben verminderten Summe der positiven Einkünfte aus
1. nichtselbständiger Arbeit nach § 2 Absatz 1 Satz 1 Nummer 4 des Einkommensteuergesetzes sowie
2. Land- und Forstwirtschaft, Gewerbebetrieb und selbständiger Arbeit nach § 2 Absatz 1 Satz 1 Nummer 1 bis 3 des Einkommensteuergesetzes,

die im Inland zu versteuern sind und die die berechtigte Person durchschnittlich monatlich im Bemessungszeitraum nach § 2b oder in Monaten der Bezugszeit nach § 2 Absatz 3 hat.

(2) [1]In den Fällen, in denen das Einkommen aus Erwerbstätigkeit vor der Geburt geringer als 1.000 Euro war, erhöht sich der Prozentsatz von 67 Prozent um 0,1 Prozentpunkte für je 2 Euro, um die dieses Einkommen den Betrag von 1.000 Euro unterschreitet, auf bis zu 100 Prozent. [2]In den Fällen, in denen das Einkommen aus Erwerbstätigkeit vor der Geburt höher als 1.200 Euro war, sinkt der Prozentsatz von 67 Prozent um 0,1 Prozentpunkte für je 2 Euro, um die dieses Einkommen den Betrag von 1.200 Euro überschreitet, auf bis zu 65 Prozent.

...

§ 3. Anrechnung von anderen Leistungen. (1) [1]Auf das der berechtigten Person nach § 2 oder nach § 2 in Verbindung mit § 2a zustehende Elterngeld werden folgende Einnahmen angerechnet:
1. Mutterschaftsleistungen in Form des Mutterschaftsgeldes nach dem Fünften Buch Sozialgesetzbuch oder nach dem Zweiten Gesetz über die Krankenversicherung der Landwirte mit Ausnahme des Mutterschaftsgeldes nach § 13 Absatz 2 des Mutterschutzgesetzes oder des Zuschusses zum Mutterschaftsgeld nach § 14 des Mutterschutzgesetzes, die der berechtigten Person für die Zeit ab dem Tag der Geburt des Kindes zustehen,
2. Dienst- und Anwärterbezüge sowie Zuschüsse, die der berechtigten Person nach beamten- oder soldatenrechtlichen Vorschriften für die Zeit eines Beschäftigungsverbots ab dem Tag der Geburt des Kindes zustehen,
3. dem Elterngeld vergleichbare Leistungen, auf die eine nach § 1 berechtigte Person außerhalb Deutschlands oder gegenüber einer über- oder zwischenstaatlichen Einrichtung Anspruch hat,
4. Elterngeld, das der berechtigten Person für ein älteres Kind zusteht, sowie
5. Einnahmen, die der berechtigten Person als Ersatz für Erwerbseinkommen zustehen und
   a) die nicht bereits für die Berechnung des Elterngeldes nach § 2 berücksichtigt werden oder
   b) bei deren Berechnung das Elterngeld nicht berücksichtigt wird.

[2]Stehen der berechtigten Person die Einnahmen nur für einen Teil des Lebensmonats des Kindes zu, sind sie nur auf den entsprechenden Teil des Elterngeldes anzurechnen. [3]Für jeden Kalendermonat, in dem Einnahmen nach Satz 1 Nummer 4 oder Nummer 5 im Bemessungszeitraum bezogen worden sind, wird der Anrechnungsbetrag um ein Zwölftel gemindert.

...

§ 4. Bezugszeitraum. (1) [1]Elterngeld kann in der Zeit vom Tag der Geburt bis zur Vollendung des 14. Lebensmonats des Kindes bezogen werden. [2]Für angenommene Kinder und Kinder im Sinne des § 1 Abs. 3 Nr. 1 kann Elterngeld ab Aufnahme bei der berechtigten Person für die Dauer von bis zu 14 Monaten, längstens bis zur Vollendung des achten Lebensjahres des Kindes bezogen werden.

(2) [1]Elterngeld wird in Monatsbeträgen für Lebensmonate des Kindes gezahlt. [2]Die Eltern haben insgesamt Anspruch auf zwölf Monatsbeträge. [3]Sie haben Anspruch auf zwei weitere Monatsbeträge, wenn für zwei Monate eine

---

1 § 1 Abs. 7 Nr. 3b BEEG ist nach dem Beschluss des Bundesverfassungsgerichts vom 10.7.2012 nichtig.

6

Minderung des Einkommens aus Erwerbstätigkeit erfolgt. [4]Die Eltern können die jeweiligen Monatsbeträge abwechselnd oder gleichzeitig beziehen.

(3) [1]Ein Elternteil kann mindestens für zwei und höchstens für zwölf Monate Elterngeld beziehen. [2]Lebensmonate des Kindes, in denen nach § 3 Abs. 1 oder 3 anzurechnende Leistungen zustehen, gelten als Monate, für die die berechtigte Person Elterngeld bezieht. [3]Ein Elternteil kann abweichend von Satz 1 für 14 Monate Elterngeld beziehen, wenn eine Minderung des Einkommens aus Erwerbstätigkeit erfolgt und mit der Betreuung durch den anderen Elternteil eine Gefährdung des Kindeswohls im Sinne von § 1666 Abs. 1 und 2 des Bürgerlichen Gesetzbuches verbunden wäre oder die Betreuung durch den anderen Elternteil unmöglich ist, insbesondere weil er wegen einer schweren Krankheit oder Schwerbehinderung sein Kind nicht betreuen kann; für die Feststellung der Unmöglichkeit der Betreuung bleiben wirtschaftliche Gründe und Gründe einer Verhinderung wegen anderweitiger Tätigkeiten außer Betracht. [5]Elterngeld für 14 Monate steht einem Elternteil auch zu, wenn

1. ihm die elterliche Sorge oder zumindest das Aufenthaltsbestimmungsrecht allein zusteht oder er eine einstweilige Anordnung erwirkt hat, mit der ihm die elterliche Sorge oder zumindest das Aufenthaltsbestimmungsrecht für das Kind vorläufig übertragen worden sind,
2. eine Minderung des Einkommens aus Erwerbstätigkeit erfolgt und
3. der andere Elternteil weder mit ihm noch mit dem Kind in einer Wohnung lebt.

...

6

§ 4a. Berechtigte. (1) Anspruch auf Betreuungsgeld hat, wer

1. die Voraussetzungen des § 1 Absatz 1 Nummer 1 bis 3, Absatz 2 bis 5, 7 und 8 erfüllt und
1. für das Kind keine Leistungen nach § 24 Absatz 2 in Verbindung mit den §§ 22 bis 23 des Achten Buches Sozialgesetzbuch in Anspruch nimmt.

(2) Können die Eltern ihr Kind wegen einer schweren Krankheit, Schwerbehinderung oder Tod der Eltern nicht betreuen, haben Berechtigte im Sinne von Absatz 1 Nummer 1 in Verbindung mit § 1 Absatz 4 einen Anspruch auf Betreuungsgeld abweichend von Absatz 1 Nummer 2, wenn für das Kind nicht mehr als 20 Wochenstunden im Durchschnitt des Monats Leistungen nach § 24 Absatz 2 in Verbindung mit den §§ 22 bis 23 des Achten Buches Sozialgesetzbuch in Anspruch genommen werden.

§ 4b. Höhe des Betreuungsgeldes. Das Betreuungsgeld beträgt für jedes Kind 150 Euro pro Monat.

§ 5. Zusammentreffen von Ansprüchen.
(1) Erfüllen beide Elternteile die Anspruchsvoraussetzungen, bestimmen sie, wer von ihnen welche Monatsbeträge in Anspruch nimmt.
...

§ 7. Antragstellung. (1) [1]Das Elterngeld ist schriftlich zu beantragen. [2]Es wird rückwirkend nur für die letzten drei Monate vor Beginn des Monats geleistet, in dem der Antrag auf Elterngeld eingegangen ist.
...

§ 10. Verhältnis zu anderen Sozialleistungen.
(1) Das Elterngeld und vergleichbare Leistungen der Länder sowie die nach § 3 auf das Elterngeld angerechneten Einnahmen bleiben bei Sozialleistungen, deren Zahlung von anderen Einkommen abhängig ist, bis zu einer Höhe von insgesamt 300 Euro im Monat als Einkommen unberücksichtigt.
...

Elternzeit für Arbeitnehmerinnen und Arbeitnehmer

§ 15. Anspruch auf Elternzeit. (1) [1]Arbeitnehmerinnen und Arbeitnehmer haben Anspruch auf Elternzeit, wenn sie

1. a) mit ihrem Kind,
   b) mit einem Kind, für das sie die Anspruchsvoraussetzungen nach § 1 Abs. 3 oder 4 erfüllen, oder
   c) mit einem Kind, das sie in Vollzeitpflege nach § 33 des Achten Buches Sozialgesetzbuch aufgenommen haben,

in einem Haushalt leben und
2. dieses Kind selbst betreuen und erziehen.
[2]Nicht sorgeberechtigte Elternteile und Personen, die nach Satz 1 Nr. 1 Buchstabe b und c Elternzeit nehmen können, bedürfen der Zustimmung des sorgeberechtigten Elternteils.

(1a) Anspruch auf Elternzeit haben Arbeitnehmer und Arbeitnehmerinnen auch, wenn sie mit ihrem Enkelkind in einem Haushalt leben und dieses Kind selbst betreuen und erziehen und

1. ein Elternteil des Kindes minderjährig ist oder
2. ein Elternteil des Kindes sich im letzten oder vorletzten Jahr einer Ausbildung befindet, die vor Vollendung des 18. Lebensjahres begonnen wurde und die Arbeitskraft des Elternteils im Allgemeinen voll in Anspruch nimmt.

Der Anspruch besteht nur für Zeiten, in denen keiner der Elternteile des Kindes selbst Elternzeit beansprucht.

(2) [1]Der Anspruch auf Elternzeit besteht bis zur Vollendung des dritten Lebensjahres eines Kindes. [2]Die Zeit der Mutterschutzfrist nach § 6 Abs. 1 des Mutterschutzgesetzes wird auf die Begrenzung nach Satz 1 angerechnet. [3]Bei mehreren Kindern besteht der Anspruch auf Elternzeit für jedes Kind, auch wenn sich die Zeiträume im Sinne von Satz 1 überschneiden. Ein Anteil der Elternzeit von bis zu zwölf Monaten ist mit Zustimmung des Arbeitgebers auf die Zeit bis zur Vollendung des achten Lebensjahrs übertragbar; dies gilt auch, wenn sich die Zeiträume im Sinne von Satz 1 bei mehreren Kindern überschneiden. [4]Bei einem angenommenen Kind und bei einem Kind in Vollzeit- oder Adoptionspflege kann Elternzeit von insgesamt bis zu drei Jahren ab der Aufnahme bei der berechtigten Person, längstens bis zur Vollendung des achten Lebensjahres des Kindes genommen werden; die Sätze 3 und 4 sind entsprechend anwendbar, soweit sie die zeitliche Aufteilung regeln. [5]Der Anspruch kann nicht durch Vertrag ausgeschlossen oder beschränkt werden.

(3) [1]Die Elternzeit kann, auch anteilig, von jedem Elternteil allein oder von beiden Elternteilen gemeinsam genommen werden. [2]Satz 1 gilt in den Fällen des Absatzes 1 Satz 1 Nr. 1 Buchstabe b und c entsprechend.

(4) [1]Der Arbeitnehmer oder die Arbeitnehmerin darf während der Elternzeit nicht mehr als 30 Wochenstunden im Durchschnitt des Monats erwerbstätig sein. [2]Eine im Sinne des § 23 des Achten Buches Sozialgesetzbuch geeignete Tagespflegeperson kann bis zu fünf Kinder in Tagespflege betreuen, auch wenn die wöchentliche Betreuungszeit 30 Stunden übersteigt. [3]Teilzeitarbeit bei einem anderen Arbeitgeber oder selbstständige Tätigkeit nach Satz 1 bedürfen der Zustimmung des Arbeitgebers. [4]Dieser kann sie nur innerhalb von vier Wochen aus dringenden betrieblichen Gründen schriftlich ablehnen.

(5) [1]Der Arbeitnehmer oder die Arbeitnehmerin kann eine Verringerung der Arbeitszeit und ihre Ausgestaltung beantragen. [2]Über den Antrag sollen sich der Arbeitgeber und der Arbeitnehmer oder die Arbeitnehmerin innerhalb von vier Wochen einigen. [3]Der Antrag kann mit der schriftlichen Mitteilung nach Absatz 7 Satz 1 Nr. 5 verbunden werden. [4]Unberührt bleibt das Recht, sowohl die vor der Elternzeit bestehende Teilzeitarbeit unverändert während der Elternzeit fortzusetzen, soweit Absatz 4 beachtet ist, als auch nach der Elternzeit zu der Arbeitszeit zurückzukehren, die vor Beginn der Elternzeit vereinbart war.

(6) Der Arbeitnehmer oder die Arbeitnehmerin kann gegenüber dem Arbeitgeber, soweit eine Einigung nach Absatz 5 nicht möglich ist, unter den Voraussetzungen des Absatzes 7 während der Gesamtdauer der Elternzeit zweimal eine Verringerung seiner oder ihrer Arbeitszeit beanspruchen.

(7) [1]Für den Anspruch auf Verringerung der Arbeitszeit gelten folgende Voraussetzungen:

1. Der Arbeitgeber beschäftigt, unabhängig von der Anzahl der Personen in Berufsbildung, in der Regel mehr als 15 Arbeitnehmer und Arbeitnehmerinnen,
2. das Arbeitsverhältnis in demselben Betrieb oder Unternehmen besteht ohne Unterbrechung länger als sechs Monate,
3. die vertraglich vereinbarte regelmäßige Arbeitszeit soll für mindestens zwei Monate auf einen Umfang zwischen 15 und 30 Wochenstunden verringert werden,
4. dem Anspruch stehen keine dringenden betrieblichen Gründe entgegen und
5. der Anspruch wurde dem Arbeitgeber sieben Wochen vor Beginn der Tätigkeit schriftlich mitgeteilt

[2]Der Antrag muss den Beginn und den Umfang der verringerten Arbeitszeit enthalten. [3]Die gewünschte Verteilung der verringerten Arbeitszeit soll im Antrag angegeben werden. [4]Falls der Arbeitgeber die beanspruchte Verringerung der Arbeitszeit ablehnen will, muss er dies innerhalb von vier Wochen mit schriftlicher Begründung tun. [5]Soweit der Arbeitgeber der Verringerung der Arbeitszeit nicht oder nicht rechtzeitig zustimmt, kann der Arbeitnehmer oder die Arbeitnehmerin Klage vor den Gerichten für Arbeitssachen erheben.

§ 16. Inanspruchnahme der Elternzeit.

(1) [1]Wer Elternzeit beanspruchen will, muss sie spätestens sieben Wochen vor Beginn schriftlich vom Arbeitgeber verlangen und gleichzeitig erklären, für welche Zeiten innerhalb von zwei Jahren Elternzeit genommen werden soll. [2]Bei dringenden Gründen ist ausnahmsweise eine angemessene kürzere Frist möglich. [3]Nimmt die Mutter die Elternzeit im Anschluss an die Mutterschutzfrist, wird die Zeit der Mutterschutzfrist nach § 6 Abs. 1 des Mutterschutzgesetzes auf den Zeitraum nach Satz 1 angerechnet. [4]Nimmt die Mutter die Elternzeit im Anschluss an einen auf die Mutterschutzfrist folgenden Erholungsurlaub, werden die Zeit der Mutterschutzfrist nach § 6 Abs. 1 des Mutterschutzgesetzes und die Zeit des Erholungsurlaubs auf den Zweijahreszeitraum nach Satz 1 angerechnet. [5]Die Elternzeit kann auf zwei Zeitabschnitte verteilt werden; eine Verteilung auf weitere Zeitabschnitte ist nur mit der Zustimmung des Arbeitgebers möglich.

6

[6]Der Arbeitgeber hat dem Arbeitnehmer oder der Arbeitnehmerin die Elternzeit zu bescheinigen.

…

§ 17. Urlaub. (1) [1]Der Arbeitgeber kann den Erholungsurlaub, der dem Arbeitnehmer oder der Arbeitnehmerin für das Urlaubsjahr zusteht, für jeden vollen Kalendermonat der Elternzeit um ein Zwölftel kürzen. [2]Dies gilt nicht, wenn der Arbeitnehmer oder die Arbeitnehmerin während der Elternzeit bei seinem oder ihrem Arbeitgeber Teilzeitarbeit leistet.

§ 18. Kündigungsschutz. (1) [1]Der Arbeitgeber darf das Arbeitsverhältnis ab dem Zeitpunkt, von dem an Elternzeit verlangt worden ist, höchstens jedoch acht Wochen vor Beginn der Elternzeit und während der Elternzeit nicht kündigen. [2]In besonderen Fällen kann ausnahmsweise eine Kündigung für zulässig erklärt werden. [3]Die Zulässigkeitserklärung erfolgt durch die für den Arbeitsschutz zuständige oberste Landesbehörde oder die von ihr bestimmte Stelle. [4]Die Bundesregierung kann mit Zustimmung des Bundesrates allgemeine Verwaltungsvorschriften zur Durchführung des Satzes 2 erlassen.

…

§ 19. Kündigung zum Ende der Elternzeit. Der Arbeitnehmer oder die Arbeitnehmerin kann das Arbeitsverhältnis zum Ende der Elternzeit nur unter Einhaltung einer Kündigungsfrist von drei Monaten kündigen.

§ 20. Zur Berufsbildung Beschäftigte, in Heimarbeit Beschäftigte. (1) [1]Die zu ihrer Berufsbildung Beschäftigten gelten als Arbeitnehmer oder Arbeitnehmerin im Sinne dieses Gesetzes. [2]Die Elternzeit wird auf Berufsbildungszeiten nicht angerechnet.

6

Fünftes Gesetz zur Förderung der Vermögensbildung der Arbeitnehmer

In der Neufassung vom 4. März 1994, mit Änderungen bis zum 18. Dezember 2013

§ 1. Persönlicher Geltungsbereich. (1) Die Vermögensbildung der Arbeitnehmer durch vereinbarte vermögenswirksame Leistungen der Arbeitgeber wird nach den Vorschriften dieses Gesetzes gefördert.

(2) [1]Arbeitnehmer im Sinne dieses Gesetzes sind Arbeiter und Angestellte einschließlich der zu ihrer Berufsausbildung Beschäftigten. [2]Als Arbeitnehmer gelten auch die in Heimarbeit Beschäftigten.

(3) Die Vorschriften dieses Gesetzes gelten nicht

1. für vermögenswirksame Leistungen juristischer Personen an Mitglieder des Organs, das zur gesetzlichen Vertretung der juristischen Person berufen ist,
2. für vermögenswirksame Leistungen von Personengesamtheiten an die durch Gesetz, Satzung oder Gesellschaftsvertrag zur Vertretung der Personengesamtheit berufenen Personen.

(4) Für Beamte, Richter, Berufssoldaten und Soldaten auf Zeit gelten die nachstehenden Vorschriften dieses Gesetzes entsprechend.

§ 2. Vermögenswirksame Leistungen, Anlageformen. (1) Vermögenswirksame Leistungen sind Geldleistungen, die der Arbeitgeber für den Arbeitnehmer anlegt

1. als Sparbeiträge des Arbeitnehmers auf Grund eines Sparvertrags über Wertpapiere oder andere Vermögensbeteiligungen (§ 4)
   a) zum Erwerb von Aktien, die vom Arbeitgeber ausgegeben werden oder an einer deutschen Börse zum regulierten Markt zugelassen oder in den Freiverkehr einbezogen sind,
   b) zum Erwerb von Wandelschuldverschreibungen, …
   c) zum Erwerb von Anteilen an OGAW-Sondervermögen sowie an als Sondervermögen aufgelegten offenen Publikums-AIF nach den §§ 218 und 219 des Kapitalanlagegesetzbuchs

…

5. als Aufwendungen des Arbeitnehmers
   a) zum Bau, zum Erwerb, zum Ausbau oder zur Erweiterung eines im Inland belegenen Wohngebäudes oder einer im Inland belegenen Eigentumswohnung,
   b) zum Erwerb eines Dauerwohnrechts im Sinne des Wohnungseigentumsgesetzes an einer im Inland belegenen Wohnung,
   c) zum Erwerb eines im Inland belegenen Grundstücks zum Zwecke des Wohnungsbaus oder
   d) zur Erfüllung von Verpflichtungen, die im Zusammenhang mit den in den Buchstaben a bis c bezeichneten Vorhaben eingegangen sind, …
6. als Sparbeiträge des Arbeitnehmers auf Grund eines Sparvertrags (§ 8),
7. als Beiträge des Arbeitnehmers auf Grund eines Kapitalversicherungsvertrags (§ 9).

…

(6) Vermögenswirksame Leistungen sind steuerpflichtige Einnahmen im Sinne des Einkommensteuergesetzes und Einkommen, Verdienst oder Entgelt (Arbeitsentgelt) im Sinne der Sozialversicherung und des Dritten Buches Sozialgesetzbuch. Reicht der nach Abzug der vermögenswirksamen Leistung verbleibende Arbeitslohn zur Deckung der einzubehaltenden Steuern, Sozialversicherungsbeiträge und Beiträge zur Bundesagentur für Arbeit nicht aus, so hat der Arbeitnehmer dem Arbeitgeber den zur Deckung erforderlichen Betrag zu zahlen.

(7) [1]Vermögenswirksame Leistungen sind arbeitsrechtlich Bestandteil des Lohns oder Gehalts. [2]Der Anspruch auf die vermögenswirksame Leistung ist nicht übertragbar.

§ 3. Vermögenswirksame Leistungen für Angehörige, Überweisung durch den Arbeitgeber, Kennzeichnungs-, Bestätigungs- und Mitteilungspflichten. (1) [1]Vermögenswirksame Leistungen können auch angelegt werden

1. zugunsten des nicht dauernd getrennt lebenden Ehegatten oder Lebenspartners des Arbeitnehmers,
2. zugunsten der in § 32 Abs. 1 des Einkommensteuergesetzes bezeichneten Kinder, die zu Beginn des maßgebenden Kalenderjahrs das 17. Lebensjahr noch nicht vollendet hatten oder die in diesem Kalenderjahr lebend geboren wurden oder
3. zugunsten der Eltern oder eines Elternteils des Arbeitnehmers, wenn der Arbeitnehmer als Kind die Voraussetzungen der Nummer 2 erfüllt.

[2]Dies gilt nicht für die Anlage vermögenswirksamer Leistungen auf Grund von Verträgen nach den §§ 5 bis 7.

(2) Der Arbeitgeber hat die vermögenswirksamen Leistungen für den Arbeitnehmer unmittelbar an das Unternehmen oder Institut zu überweisen, bei dem sie angelegt werden sollen. …

§ 11. Vermögenswirksame Anlage von Teilen des Arbeitslohns. (1) Der Arbeitgeber hat auf schriftliches Verlangen des Arbeitnehmers einen Vertrag über die vermögenswirksame Anlage von Teilen des Arbeitslohns abzuschließen.

§ 12. Freie Wahl der Anlage. [1]Vermögenswirksame Leistungen werden nur dann nach den Vorschriften dieses Gesetzes gefördert, wenn der Arbeitnehmer die Art der vermögenswirksamen Anlage und das Unternehmen oder Institut, bei dem sie erfolgen soll, frei wählen kann. [2]Eine Anlage im Unternehmen des Arbeitgebers nach § 2 Abs. 1 Nr. 1 Buchstabe g bis l und Abs. 4 ist nur mit Zustimmung des Arbeitgebers zulässig.

§ 13. Anspruch auf Arbeitnehmer-Sparzulage. (1) [1]Der Arbeitnehmer hat Anspruch auf eine Arbeitnehmer-Sparzulage nach Absatz 2, wenn er gegenüber dem Unternehmen, dem Institut oder dem in § 3 Absatz 3 genannten Gläubiger in die Datenübermittlung nach Maßgabe des § 15 Absatz 1 Satz 2 und 3 eingewilligt hat und sein Einkommen folgende Grenzen nicht übersteigt:
1. bei nach § 2 Abs. 1 Nr. 1 bis 3, Abs. 2 bis 4 angelegten vermögenswirksamen Leistungen die Einkomensgrenze von 20.000 Euro oder bei einer Zusammenveranlagung nach § 26b des Einkommensteuergesetzes von 40.000 Euro oder
2. bei nach § 2 Abs. 1 Nr. 4 und 5 angelegten vermögenswirksamen Leistungen die Einkommensgrenze von 17.900 Euro oder bei einer Zusammenveranlagung nach § 26b des Einkomensteuergesetzes von 35.800 Euro.

Maßgeblich ist das zu versteuernde Einkommen nach § 2 Absatz 5 des Einkommensteuergesetzes in dem Kalenderjahr, in dem die vermögenswirksamen Leistungen angelegt worden sind.

(2) Die Arbeitnehmer-Sparzulage beträgt 20 Prozent der nach § 2 Absatz 1 Nummer 1 bis 3, Absatz 2 bis 4 angelegten vermögenswirksamen Leistungen, soweit sie 400 Euro im Kalenderjahr nicht übersteigen, und 9 Prozent der nach § 2 Absatz 1 Nummer 4 und 5 angelegten vermögenswirksamen Leistungen, soweit sie 470 Euro im Kalenderjahr nicht übersteigen.

(3) Die Arbeitnehmer-Sparzulage gilt weder als steuerpflichtige Einnahme im Sinne des Einkommensteuergesetzes noch als Einkommen, Verdienst oder Entgelt (Arbeitsentgelt) im Sinne der Sozialversicherung und des Dritten Buches Sozialgesetzbuch; sie gilt arbeitsrechtlich nicht als Bestandteil des Lohns oder Gehalts. Der Anspruch auf Arbeitnehmer-Sparzulage ist nicht übertragbar.

(4) Der Anspruch auf Arbeitnehmer-Sparzulage entsteht mit Ablauf des Kalenderjahrs, in dem die vermögenswirksamen Leistungen angelegt worden sind. …

§ 14. Festsetzung der Arbeitnehmer-Sparzulage, Anwendung der Abgabenordnung, Verordnungsermächtigung, Rechtsweg. (1) [1]Die Verwaltung der Arbeitnehmer-Sparzulage obliegt den Finanzämtern. [2]Die Arbeitnehmer-Sparzulage wird aus den Einnahmen an Lohnsteuer gezahlt.

…

6

Gesetz zur Bekämpfung der Schwarzarbeit und illegalen Beschäftigung

Vom 23. Juli 2004, mit Änderungen bis zum 21. Juli 2012

Zweck

§ 1. Zweck des Gesetzes. (1) Zweck des Gesetzes ist die Intensivierung der Bekämpfung der Schwarzarbeit.

(2) Schwarzarbeit leistet, wer Dienst- oder Werkleistungen erbringt oder ausführen lässt und dabei

1. als Arbeitgeber, Unternehmer oder versicherungspflichtiger Selbstständiger seine sich auf Grund der Dienst- oder Werkleistungen ergebenden sozialversicherungsrechtlichen Melde-, Beitrags- oder Aufzeichnungspflichten nicht erfüllt,
2. als Steuerpflichtiger seine sich auf Grund der Dienst- oder Werkleistungen ergebenden steuerlichen Pflichten nicht erfüllt,
3. als Empfänger von Sozialleistungen seine sich auf Grund der Dienst- oder Werkleistungen ergebenden Mitteilungspflichten gegenüber dem Sozialleistungsträger nicht erfüllt,
4. als Erbringer von Dienst- oder Werkleistungen seiner sich daraus ergebenden Verpflichtung zur Anzeige vom Beginn des selbständigen Betriebes eines stehenden Gewerbes (§ 14 der Gewerbeordnung) nicht nachgekommen ist oder die erforderliche Reisegewerbekarte (§ 55 der Gewerbeordnung) nicht erworben hat,
5. als Erbringer von Dienst- oder Werkleistungen ein zulassungspflichtiges Handwerk als stehendes Gewerbe selbständig betreibt, ohne in die Handwerksrolle eingetragen zu sein (§ 1 der Handwerksordnung).

(3) Absatz 2 findet keine Anwendung für nicht nachhaltig auf Gewinn gerichtete Dienst- oder Werkleistungen, die

1. von Angehörigen im Sinne des § 15 der Abgabenordnung oder Lebenspartnern,
2. aus Gefälligkeit,
3. im Wege der Nachbarschaftshilfe oder
4. im Wege der Selbsthilfe ...

erbracht werden. Als nicht nachhaltig auf Gewinn gerichtet gilt insbesondere eine Tätigkeit, die gegen geringes Entgelt erbracht wird.

Prüfungen

§ 2. Prüfungsaufgaben. (1) Die Behörden der Zollverwaltung prüfen, ob

1. die sich aus den Dienst- oder Werkleistungen ergebenden Pflichten nach § 28a des Vierten Buches Sozialgesetzbuch erfüllt werden oder wurden,
2. auf Grund der Dienst- oder Werkleistungen Sozialleistungen nach dem Zweiten und Dritten Buch Sozialgesetzbuch oder Leistungen nach dem Altersteilzeitgesetz zu Unrecht bezogen werden oder wurden,
3. die Angaben des Arbeitgebers, die für die Sozialleistungen nach dem Dritten Buch Sozialgesetzbuch erheblich sind, zutreffend bescheinigt wurden,
4. Ausländer nicht
   a) entgegen § 284 Abs. 1 des Dritten Buches Sozialgesetzbuch oder § 4 Abs. 3 Satz 1 und 2 des Aufenthaltgesetzes und nicht zu ungünstigeren Arbeitsbedingungen als vergleichbare deutsche Arbeitnehmer oder Arbeitnehmerinnen beschäftigt werden oder wurden oder
   b) entgegen § 4 Abs. 3 Satz 1 und 2 des Aufenthaltsgesetzes mit entgeltlichen Dienst- oder Werkleistungen beauftragt werden oder wurden

und

5. Arbeitsbedingungen nach Maßgabe des Arbeitnehmer-Entsendegesetzes, des Mindestarbeitsbedingungengesetzes und des § 10 Absatz 5 des Arbeitnehmerüberlassungsgesetzes eingehalten werden oder wurden. ...

...

§ 2a. Mitführungs- und Vorlagepflicht von Ausweispapieren. (1) Bei der Erbringung von Dienst- oder Werkleistungen sind die in folgenden Wirtschaftsbereichen oder Wirtschaftszweigen tätigen Personen verpflichtet, ihren Personalausweis, Pass, Passersatz oder Ausweisersatz mitzuführen und den Behörden der Zollverwaltung auf Verlangen vorzulegen:

1. im Baugewerbe,
2. im Gaststätten- und Beherbergungsgewerbe,
3. im Personenbeförderungsgewerbe,
4. im Speditions-, Transport- und damit verbundenen Logistikgewerbe,
5. im Schaustellergewerbe,
6. bei Unternehmen der Forstwirtschaft,
7. im Gebäudereinigungsgewerbe,
8. bei Unternehmen, die sich am Auf- und Abbau von Messen und Ausstellungen beteiligen,
9. in der Fleischwirtschaft.

§ 3. Befugnisse bei der Prüfung von Personen. (1) Zur Durchführung der Prüfungen nach § 2 Abs. 1 sind die Behörden der Zollverwaltung und die sie gemäß § 2 Abs. 2 unterstützenden Stellen befugt, Geschäftsräume und Grundstücke des Arbeitgebers und des Auftraggebers von selbstständig tätigen Personen sowie des Entleihers im Rahmen einer Prüfung nach § 2 Absatz 1 Nummer 3 während der Arbeitszeit der dort tätigen Personen zu betreten und dabei

1. von diesen Auskünfte hinsichtlich ihrer Beschäftigungsverhältnisse oder ihrer Tätigkeiten einzuholen und
2. Einsicht in von ihnen mitgeführte Unterlagen zu nehmen, von denen anzunehmen ist, dass aus ihnen Umfang, Art oder Dauer ihrer Beschäftigungsverhältnisse oder Tätigkeiten hervorgehen oder abgeleitet werden können.

(2) Ist eine Person zur Ausführung von Dienst- oder Werkleistungen bei Dritten tätig, gilt Absatz 1 entsprechend.

(3) [1]Die Behörden der Zollverwaltung und die sie gemäß § 2 Abs. 2 unterstützenden Stellen sind zur Durchführung der Prüfungen nach § 2 Abs. 1 ermächtigt, die Personalien der in den Geschäftsräumen oder auf dem Grundstück des Arbeitgebers, Auftraggebers oder des Dritten sowie des Entleihers im Rahmen einer Prüfung nach § 2 Absatz 1 Nummer 5 tätigen Personen zu überprüfen. [2]Sie können zu diesem Zweck die in Satz 1 genannten Personen anhalten, sie nach ihren Personalien (Vor-, Familien- und Geburtsnamen, Ort und Tag der Geburt, Beruf, Wohnort, Wohnung und Staatsangehörigkeit) befragen und verlangen, dass sie mitgeführte Ausweispapiere zur Prüfung aushändigen.

...

§ 7. Auskunftsansprüche bei anonymen Werbemaßnahmen. Erfolgen Werbemaßnahmen ohne Angabe von Name und Anschrift unter einer Chiffre und bestehen in diesem Zusammenhang Anhaltspunkte für eine Schwarzarbeit nach § 1, ist derjenige, der die Chiffreanzeige veröffentlicht hat, verpflichtet, den Behörden der Zollverwaltung Namen und Anschrift des Auftraggebers der Chiffreanzeige unentgeltlich mitzuteilen.

Bußgeld- und Strafvorschriften

§ 9. Erschleichen von Sozialleistungen im Zusammenhang mit der Erbringung von Dienst- oder Werkleistungen. Wer eine in § 8 Abs. 1 Nr. 1 Buchstabe a, b oder c bezeichnete Handlung begeht und dadurch bewirkt, dass ihm eine Leistung nach einem dort genannten Gesetz zu Unrecht gewährt wird, wird mit Freiheitsstrafe bis zu drei Jahren oder mit Geldstrafe bestraft, wenn die Tat nicht in § 263 des Strafgesetzbuches mit Strafe bedroht ist.

§ 10. Beschäftigung von Ausländern ohne Genehmigung oder ohne Aufenthaltstitel und zu ungünstigen Arbeitsbedingungen. (1) Wer vorsätzlich eine in § 404 Abs. 2 Nr. 3 des Dritten Buches Sozialgesetzbuch bezeichnete Handlung begeht, und den Ausländer zu Arbeitsbedingungen beschäftigt, die in einem auffälligen Missverhältnis zu den Arbeitsbedingungen deutscher Arbeitnehmer und Arbeitnehmerinnen stehen, die die gleiche oder eine vergleichbare Tätigkeit ausüben, wird mit Freiheitsstrafe bis zu drei Jahren oder mit Geldstrafe bestraft.

...

6

Arbeitsgerichtsgesetz

In der Fassung der Bekanntmachung vom 2. Juli 1979,
mit Änderungen bis zum 10. Oktober 2013

Allgemeine Vorschriften

§ 1. Gerichte für Arbeitssachen. Die Gerichtsbarkeit in Arbeitssachen - §§ 2 bis 3 – wird ausgeübt durch die Arbeitsgerichte - §§ 14 bis 31 -, die Landesarbeitsgerichte - §§ 33 bis 39 - und das Bundesarbeitsgericht - §§ 40 bis 45 - (Gerichte für Arbeitssachen).

§ 2. Zuständigkeit im Urteilsverfahren.
(1) Die Gerichte für Arbeitssachen sind ausschließlich zuständig für
1. bürgerliche Rechtsstreitigkeiten zwischen Tarifvertragsparteien oder zwischen diesen und Dritten aus Tarifverträgen oder über das Bestehen oder Nichtbestehen von Tarifverträgen;
2. bürgerliche Rechtsstreitigkeiten zwischen tariffähigen Parteien oder zwischen diesen und Dritten aus unerlaubten Handlungen, soweit es sich um Maßnahmen zum Zweck des Arbeitskampfs oder um Fragen der Vereinigungsfreiheit einschließlich des hiermit im Zusammenhang stehenden Betätigungsrechts der Vereinigungen handelt;
3. bürgerliche Rechtsstreitigkeiten zwischen Arbeitnehmern und Arbeitgebern
   a) aus dem Arbeitsverhältnis;
   b) über das Bestehen oder Nichtbestehen eines Arbeitsverhältnisses;
   c) aus Verhandlungen über die Eingehung eines Arbeitsverhältnisses und aus dessen Nachwirkungen;
   d) aus unerlaubten Handlungen, soweit diese mit dem Arbeitsverhältnis im Zusammenhang stehen;
   e) über Arbeitspapiere;
4. bürgerliche Rechtsstreitigkeiten zwischen Arbeitnehmern oder ihren Hinterbliebenen und
   a) Arbeitgebern über Ansprüche, die mit dem Arbeitsverhältnis in rechtlichem oder unmittelbar wirtschaftlichem Zusammenhang stehen;
   b) gemeinsamen Einrichtungen der Tarifvertragsparteien oder Sozialeinrichtungen des privaten Rechts über Ansprüche aus dem Arbeitsverhältnis oder Ansprüche, die mit dem Arbeitsverhältnis in rechtlichem oder unmittelbar wirtschaftlichem Zusammenhang stehen,

   soweit nicht die ausschließliche Zuständigkeit eines anderen Gerichts gegeben ist;
9. bürgerliche Rechtsstreitigkeiten zwischen Arbeitnehmern aus gemeinsamer Arbeit und aus unerlaubten Handlungen, soweit diese mit dem Arbeitsverhältnis im Zusammenhang stehen; ...

§ 2 a. Zuständigkeit im Beschlußverfahren.
(1) Die Gerichte für Arbeitssachen sind ferner ausschließlich zuständig für
1. Angelegenheiten aus dem Betriebsverfassungsgesetz, soweit nicht für Maßnahmen nach seinen §§ 119 bis 121 die Zuständigkeit eines anderen Gerichts gegeben ist;
2. Angelegenheiten aus dem Sprecherausschußgesetz, soweit nicht für Maßnahmen nach seinen §§ 34 bis 36 die Zuständigkeit eines anderen Gerichts gegeben ist;
3. Angelegenheiten aus dem Mitbestimmungsgesetz, dem Mitbestimmungsergänzungsgesetz und dem Drittelbeteiligungsgesetz, soweit über die Wahl von Vertretern der Arbeitnehmer in den Aufsichtsrat und über ihre Abberufung mit Ausnahme der Abberufung nach § 103 Abs. 3 des Aktiengesetzes zu entscheiden ist;

3a. Angelegenheiten aus den §§ 94, 95, 139 des Neunten Buches Sozialgesetzbuch,

3b. Angelegenheiten aus dem Gesetz über Europäische Betriebsräte, soweit nicht für Maßnahmen nach seinen §§ 43 bis 45 die Zuständigkeit eines anderen Gerichts gegeben ist;

3c. Angelegenheiten aus § 18 a des Berufsbildungsgesetzes;

3d. Angelegenheiten aus § 10 des Bundesfreiwilligendienstgesetzes;

3e. Angelegenheiten aus dem SE-Beteiligungsgesetz vom 22. Dezember 2004 (BGBl. I S. 3675, 3686) ...

3f. Angelegenheiten aus dem SCE-Beteiligungsgesetz vom 14. August 2006 (BGBl. I S. 1911, 1917) ...

4. die Entscheidung über die Tariffähigkeit und die Tarifzuständigkeit einer Vereinigung.

(2) In Streitigkeiten nach diesen Vorschriften findet das Beschlußverfahren statt.

§ 5. Begriff des Arbeitnehmers. (1) [1]Arbeitnehmer im Sinne dieses Gesetzes sind Arbeiter und Angestellte sowie die zu ihrer Berufsausbildung Beschäftigten. [2]Als Arbeitnehmer gelten auch die in Heimarbeit Beschäftigten und die ihnen Gleichgestellten (§ 1 des Heimarbeitsgesetzes vom 14. März 1951 - BGBl. S. 191 -) sowie sonstige Personen, die wegen ihrer wirtschaftlichen Unselbständigkeit als arbeitneh-

6

merähnliche Personen anzusehen sind. [3]Als Arbeitnehmer gelten nicht in Betrieben einer juristischen Person oder einer Personengesamtheit Personen, die kraft Gesetzes, Satzung oder Gesellschaftsvertrags allein oder als Mitglieder des Vertretungsorgans zur Vertretung der juristischen Person oder der Personengesamtheit berufen sind.

(2) Beamte sind als solche keine Arbeitnehmer.

...

§ 6. Besetzung der Gerichte für Arbeitssachen. (1) Die Gerichte für Arbeitssachen sind mit Berufsrichtern und mit ehrenamtlichen Richtern aus den Kreisen der Arbeitnehmer und Arbeitgeber besetzt.

§ 8. Gang des Verfahrens. (1) Im ersten Rechtszug sind die Arbeitsgerichte zuständig.

(2) Gegen die Urteile der Arbeitsgerichte findet die Berufung an die Landesarbeitsgerichte nach Maßgabe des § 64 Abs. 1 statt.

(3) Gegen die Urteile der Landesarbeitsgerichte findet die Revision an das Bundesarbeitsgericht nach Maßgabe des § 72 Abs. 1 statt.

(4) Gegen die Beschlüsse der Arbeitsgerichte und ihrer Vorsitzenden im Beschlußverfahren findet die Beschwerde an das Landesarbeitsgericht nach Maßgabe des § 87 statt.

(5) Gegen die Beschlüsse der Landesarbeitsgerichte im Beschlußverfahren findet die Rechtsbeschwerde an das Bundesarbeitsgericht nach Maßgabe des § 92 statt.

§ 10. Parteifähigkeit. Parteifähig im arbeitsgerichtlichen Verfahren sind auch Gewerkschaften und Vereinigungen von Arbeitgebern sowie Zusammenschlüsse solcher Verbände; ...

6

§ 11. Prozessvertretung. (1) [1]Die Parteien können vor dem Arbeitsgericht den Rechtsstreit selbst führen. [2]Parteien, die eine fremde oder ihnen zum Zweck der Einziehung auf fremde Rechnung abgetretene Geldforderung geltend machen, müssen sich durch einen Rechtsanwalt als Bevollmächtigten vertreten lassen, soweit sie nicht nach Maßgabe des Absatzes 2 zur Vertretung des Gläubigers befugt wären oder eine Forderung einziehen, deren ursprünglicher Gläubiger sie sind.

(2) Die Parteien können sich durch einen Rechtsanwalt als Bevollmächtigten vertreten lassen. Darüber hinaus sind als Bevollmächtigte vor dem Arbeitsgericht vertretungsbefugt nur

1. Beschäftigte der Partei oder eines mit ihr verbundenen Unternehmens (§ 15 des Aktiengesetzes); Behörden und juristische Personen des öffentlichen Rechts einschließlich der von ihnen zur Erfüllung ihrer öffentlichen Aufgaben gebildeten Zusammenschlüsse können sich auch durch Beschäftigte anderer Behörden oder juristischer Personen des öffentlichen Rechts einschließlich der von ihnen zur Erfüllung ihrer öffentlichen Aufgaben gebildeten Zusammenschlüsse vertreten lassen,
2. volljährige Familienangehörige (§ 15 der Abgabenordnung, § 11 des Lebenspartnerschaftsgesetzes), Personen mit Befähigung zum Richteramt und Streitgenossen, wenn die Vertretung nicht im Zusammenhang mit einer entgeltlichen Tätigkeit steht,
3. selbständige Vereinigungen von Arbeitnehmern mit sozial- oder berufspolitischer Zwecksetzung für ihre Mitglieder,
4. Gewerkschaften und Vereinigungen von Arbeitgebern sowie Zusammenschlüsse solcher Verbände für ihre Mitglieder oder für andere Verbände oder Zusammenschlüsse mit vergleichbarer Ausrichtung und deren Mitglieder, ...

Aufbau der Gerichte für Arbeitssachen

§ 16. Zusammensetzung. (1) [1]Das Arbeitsgericht besteht aus der erforderlichen Zahl von Vorsitzenden und ehrenamtlichen Richtern. [2]Die ehrenamtlichen Richter werden je zur Hälfte aus den Kreisen der Arbeitnehmer und der Arbeitgeber entnommen.

(2) Jede Kammer des Arbeitsgerichts wird in der Besetzung mit einem Vorsitzenden und je einem ehrenamtlichen Richter aus Kreisen der Arbeitnehmer und der Arbeitgeber tätig.

Verfahren vor den Gerichten für Arbeitssachen

§ 46 b. Einreichung elektronischer Dokumente. (1) [1]Soweit für vorbereitende Schriftsätze und deren Anlagen, für Anträge und Erklärungen der Parteien sowie für Auskünfte, Aussagen, Gutachten und Erklärungen Dritter die Schriftform vorgesehen ist, genügt dieser Form die Aufzeichnung als elektronisches Dokument, wenn dieses für die Bearbeitung durch das Gericht geeignet ist. [2]Die verantwortende Person soll das Dokument mit einer qualifizierten elektronischen Signatur nach dem Signaturgesetz versehen.

...

§ 54. Güteverfahren. (1) [1]Die mündliche Verhandlung beginnt mit einer Verhandlung vor dem Vorsitzenden zum Zwecke der gütlichen Einigung der Parteien (Güteverhandlung). [2]Der Vorsitzende hat zu diesem Zwecke das gesamte Streitverhältnis mit den Parteien unter freier Würdigung aller Umstände zu erörtern.

[3]Zur Aufklärung des Sachverhalts kann er alle Handlungen vornehmen, die sofort erfolgen können. [4]Eidliche Vernehmungen sind jedoch ausgeschlossen. [5]Der Vorsitzende kann die Güteverhandlung mit Zustimmung der Parteien in einem weiteren Termin, der alsbald stattzufinden hat, fortsetzen.

…

§ 54a. Mediation, außergerichtliche Konfliktbeilegung. (1) Das Gericht kann den Parteien eine Mediation oder ein anderes Verfahren der außergerichtlichen Konfliktbeilegung vorschlagen.

(2) [1]Entscheiden sich die Parteien zur Durchführung einer Mediation oder eines anderen Verfahrens der außergerichtlichen Konfliktbeilegung, ordnet das Gericht das Ruhen des Verfahrens an. [2]Auf Antrag einer Partei ist Termin zur mündlichen Verhandlung zu bestimmen. [3]Im Übrigen nimmt das Gericht das Verfahren nach drei Monaten wieder auf, es sei denn, die Parteien legen übereinstimmend dar, dass eine Mediation oder eine außergerichtliche Konfliktbeilegung noch betrieben wird.

§ 64. Grundsatz. (1) Gegen die Urteile der Arbeitsgerichte findet, soweit nicht nach § 78 das Rechtsmittel der sofortigen Beschwerde gegeben ist, die Berufung an die Landesarbeitsgerichte statt.

(2) Die Berufung kann nur eingelegt werden,

a) wenn sie in dem Urteil des Arbeitsgerichts zugelassen worden ist,
b) wenn der Wert des Beschwerdegegenstandes 600 Euro übersteigt,
c) in Rechtsstreitigkeiten über das Bestehen, das Nichtbestehen oder die Kündigung eines Arbeitsverhältnisses …

§ 72. Grundsatz. (1) [1]Gegen das Endurteil eines Landesarbeitsgerichts findet die Revision an das Bundesarbeitsgericht statt, wenn sie in dem Urteil des Landesarbeitsgerichts oder in dem Beschluß des Bundesarbeitsgerichts nach § 72 a Abs. 5 Satz 2 zugelassen worden ist. [2]§ 64 Abs. 3 a ist entsprechend anzuwenden.

§ 82. Örtliche Zuständigkeit. (1) [1]Zuständig ist das Arbeitsgericht, in dessen Bezirk der Betrieb liegt. [2]In Angelegenheiten des Gesamtbetriebsrats, des Konzernbetriebsrats, der Gesamtjugendvertretung oder der Gesamt-Jugend- und Auszubildendenvertretung, des Wirtschaftsausschusses und der Vertretung der Arbeitnehmer im Aufsichtsrat ist das Arbeitsgericht zuständig, in dessen Bezirk das Unternehmen seinen Sitz hat. [3]Satz 2 gilt entsprechend in Angelegenheiten des Gesamtsprecherausschusses, des Unternehmenssprecherausschusses und des Konzernsprecherausschusses.

(2) [1]In Angelegenheiten eines Europäischen Betriebsrats, im Rahmen eines Verfahrens zur Unterrichtung und Anhörung oder des besonderen Verhandlungsgremiums ist das Arbeitsgericht zuständig, in dessen Bezirk das Unternehmen oder das herrschende Unternehmen nach § 2 des Gesetzes über Europäische Betriebsräte seinen Sitz hat. [2]Bei einer Vereinbarung nach § 41 Absatz 1-7 des Gesetzes über Europäische Betriebsräte ist der Sitz des vertragschließenden Unternehmens maßgebend.

(3) In Angelegenheiten aus dem SE-Beteiligungsgesetz ist das Arbeitsgericht zuständig, in dessen Bezirk die Europäische Gesellschaft ihren Sitz hat; vor ihrer Eintragung ist das Arbeitsgericht zuständig, in dessen Bezirk die Europäische Gesellschaft ihren Sitz haben soll.

(4) In Angelegenheiten nach dem SCE-Beteiligungsgesetz ist das Arbeitsgericht zuständig, in dessen Bezirk die Europäische Genossenschaft ihren Sitz hat; vor ihrer Eintragung ist das Arbeitsgericht zuständig, in dessen Bezirk die Europäische Genossenschaft ihren Sitz haben soll.

Schiedsvertrag in Arbeitsstreitigkeiten

§ 101. Grundsatz. (1) Für bürgerliche Rechtsstreitigkeiten zwischen Tarifvertragsparteien aus Tarifverträgen oder über das Bestehen oder Nichtbestehen von Tarifverträgen können die Parteien des Tarifvertrags die Arbeitsgerichtsbarkeit allgemein oder für den Einzelfall durch die ausdrückliche Vereinbarung ausschließen, daß die Entscheidung durch ein Schiedsgericht erfolgen soll.

(3) Die Vorschriften der Zivilprozeßordnung über das schiedsrichterliche Verfahren finden in Arbeitssachen keine Anwendung.

§ 107. Vergleich. Ein vor dem Schiedsgericht geschlossener Vergleich ist unter Angabe des Tages seines Zustandekommens von den Streitparteien und den Mitgliedern des Schiedsgerichts zu unterschreiben.

§ 108. Schiedsspruch. (1) Der Schiedsspruch ergeht mit einfacher Mehrheit der Stimmen der Mitglieder des Schiedsgerichts, falls der Schiedsvertrag nichts anderes bestimmt.

(4) Der Schiedsspruch hat unter den Parteien dieselben Wirkungen wie ein rechtskräftiges Urteil des Arbeitsgerichts.

Betriebsverfassungsgesetz

In der Neufassung vom 25. September 2001, mit Änderungen bis zum 20. April 2013

Erster Teil. Allgemeine Vorschriften

§ 1. Errichtung von Betriebsräten. (1) [1]In Betrieben mit in der Regel mindestens fünf ständigen wahlberechtigten Arbeitnehmern, von denen drei wählbar sind, werden Betriebsräte gewählt. [2]Dies gilt auch für gemeinsame Betriebe mehrerer Unternehmen.

(2) Ein gemeinsamer Betrieb mehrerer Unternehmen wird vermutet, wenn

1. zur Verfolgung arbeitstechnischer Zwecke die Betriebsmittel sowie die Arbeitnehmer von den Unternehmen gemeinsam eingesetzt werden oder
2. die Spaltung eines Unternehmens zur Folge hat, dass von einem Betrieb ein oder mehrere Betriebsteile einem an der Spaltung beteiligten anderen Unternehmen zugeordnet werden, ohne dass sich dabei die Organisation des betroffenen Betriebs wesentlich ändert.

§ 2. Stellung der Gewerkschaften und Vereinigungen der Arbeitgeber. (1) Arbeitgeber und Betriebsrat arbeiten unter Beachtung der geltenden Tarifverträge vertrauensvoll und im Zusammenwirken mit den im Betrieb vertretenen Gewerkschaften und Arbeitgebervereinigungen zum Wohl der Arbeitnehmer und des Betriebs zusammen.

(2) Zur Wahrnehmung der in diesem Gesetz genannten Aufgaben und Befugnisse der im Betrieb vertretenen Gewerkschaften ist deren Beauftragten nach Unterrichtung des Arbeitgebers oder seines Vertreters Zugang zum Betrieb zu gewähren, soweit dem nicht unumgängliche Notwendigkeiten des Betriebsablaufs, zwingende Sicherheitsvorschriften oder der Schutz von Betriebsgeheimnissen entgegenstehen.

6

(3) Die Aufgaben der Gewerkschaften und der Vereinigungen der Arbeitgeber, insbesondere die Wahrnehmung der Interessen ihrer Mitglieder, werden durch dieses Gesetz nicht berührt.

§ 3. Abweichende Regelungen. (1) Durch Tarifvertrag können bestimmt werden:

1. für Unternehmen mit mehreren Betrieben
   a) die Bildung eines unternehmenseinheitlichen Betriebsrats oder
   b) die Zusammenfassung von Betrieben,
   wenn dies die Bildung von Betriebsräten erleichtert oder einer sachgerechten Wahrnehmung der Interessen der Arbeitnehmer dient;
2. für Unternehmen und Konzerne, soweit sie nach produkt- oder projektbezogenen Geschäftsbereichen (Sparten) organisiert sind und die Leitung der Sparte auch Entscheidungen in beteiligungspflichtigen Angelegenheiten trifft, die Bildung von Betriebsräten in den Sparten (Spartenbetriebsräte), wenn dies der sachgerechten Wahrnehmung der Aufgaben des Betriebsrats dient; …

§ 5. Arbeitnehmer. (1) [1]Arbeitnehmer (Arbeitnehmerinnen und Arbeitnehmer) im Sinne dieses Gesetzes sind Arbeiter und Angestellte einschließlich der zu ihrer Berufsausbildung Beschäftigten, unabhängig davon, ob sie im Betrieb, im Außendienst oder mit Telearbeit beschäftigt werden. [2]Als Arbeitnehmer gelten auch die in Heimarbeit Beschäftigten, die in der Hauptsache für den Betrieb arbeiten. [3]Als Arbeitnehmer gelten ferner Beamte (Beamtinnen und Beamte), Soldaten (Soldatinnen und Soldaten) sowie Arbeitnehmer des öffentlichen Dienstes einschließlich der zu ihrer Berufsausbildung Beschäftigten, die in Betrieben privatrechtlich organisierter Unternehmen tätig sind.

(2) Als Arbeitnehmer im Sinne dieses Gesetzes gelten nicht

1. in Betrieben einer juristischen Person die Mitglieder des Organs, das zur gesetzlichen Vertretung der juristischen Person berufen ist;
2. die Gesellschafter einer offenen Handelsgesellschaft oder die Mitglieder einer anderen Personengesamtheit, soweit sie durch Gesetz, Satzung oder Gesellschaftsvertrag zur Vertretung der Personengesamtheit oder zur Geschäftsführung berufen sind, in deren Betrieben;
3. Personen, deren Beschäftigung nicht in erster Linie ihrem Erwerb dient, sondern vorwiegend durch Beweggründe karitativer oder religiöser Art bestimmt ist;
4. Personen, deren Beschäftigung nicht in erster Linie ihrem Erwerb dient und die vorwiegend zu ihrer Heilung, Wiedereingewöhnung, sittlichen Besserung oder Erziehung beschäftigt werden;
5. der Ehegatte, der Lebenspartner, Verwandte und Verschwägerte ersten Grades, die in häuslicher Gemeinschaft mit dem Arbeitgeber leben.

(3) [1]Dieses Gesetz findet, soweit in ihm nicht ausdrücklich etwas anderes bestimmt ist, keine Anwendung auf leitende Angestellte. [2]Leitender Angestellter ist, wer nach Arbeitsvertrag und Stellung im Unternehmen oder im Betrieb

1. zur selbständigen Einstellung und Entlassung von im Betrieb oder in der Betriebsabteilung beschäftigten Arbeitnehmern berechtigt ist oder
2. Generalvollmacht oder Prokura hat und die Prokura auch im Verhältnis zum Arbeitgeber nicht unbedeutend ist oder
3. regelmäßig sonstige Aufgaben wahrnimmt, die für den Bestand und die Entwicklung des Unternehmens oder eines Betriebs von Bedeutung sind und deren Erfüllung besondere Erfahrungen und Kenntnisse voraussetzt, wenn er dabei entweder die Entscheidungen im wesentlichen frei von Weisungen trifft oder sie maßgeblich beeinflußt; dies kann auch bei Vorgaben insbesondere auf Grund von Rechtsvorschriften, Plänen oder Richtlinien sowie bei Zusammenarbeit mit anderen leitenden Angestellten gegeben sein.

[3]Für die in Absatz 1 Satz 3 genannten Beamten und Soldaten gelten die Sätze 1 und 2 entsprechend.

(4) Leitender Angestellter nach Absatz 3 Nr. 3 ist im Zweifel, wer
1. aus Anlass der letzten Wahl des Betriebsrats, des Sprecherausschusses oder von Aufsichtsratsmitgliedern der Arbeitnehmer oder durch rechtskräftige gerichtliche Entscheidung den leitenden Angestellten zugeordnet worden ist oder
2. einer Leitungsebene angehört, auf der in dem Unternehmen überwiegend leitende Angestellte vertreten sind, oder
3. ein regelmäßiges Jahresarbeitsentgelt erhält, das für leitende Angestellte in dem Unternehmen üblich ist, oder, …

Zweiter Teil. Betriebsrat, Betriebsversammlung, Gesamt- und Konzernbetriebsrat

Zusammensetzung und Wahl des Betriebsrats

§ 7. Wahlberechtigung. [1]Wahlberechtigt sind alle Arbeitnehmer des Betriebs, die das 18. Lebensjahr vollendet haben. [2]Werden Arbeitnehmer eines anderen Arbeitgebers zur Arbeitsleistung überlassen, so sind diese wahlberechtigt, wenn sie länger als drei Monate im Betrieb eingesetzt werden.

§ 8. Wählbarkeit. (1) [1]Wählbar sind alle Wahlberechtigten, die sechs Monate dem Betrieb angehören oder als in Heimarbeit Beschäftigte in der Hauptsache für den Betrieb gearbeitet haben. [2]Auf diese sechsmonatige Betriebszugehörigkeit werden Zeiten angerechnet, in denen der Arbeitnehmer unmittelbar vorher einem anderen Betrieb desselben Unternehmens oder Konzerns (§ 18 Absatz 1 des Aktiengesetzes) angehört hat. [3]Nicht wählbar ist, wer infolge strafgerichtlicher Verurteilung die Fähigkeit, Rechte aus öffentlichen Wahlen zu erlangen, nicht besitzt.

(2) Besteht der Betrieb weniger als sechs Monate, so sind abweichend von der Vorschrift in Absatz 1 über die sechsmonatige Betriebszugehörigkeit diejenigen Arbeitnehmer wählbar, die bei der Einleitung der Betriebsratswahl im Betrieb beschäftigt sind und die übrigen Voraussetzungen für die Wählbarkeit erfüllen.

§ 9. Zahl der Betriebsratsmitglieder. [1]Der Betriebsrat besteht in Betrieben mit in der Regel

5 bis 20 wahlberechtigten Arbeitnehmern aus einer Person,

21 bis 50 wahlberechtigten Arbeitnehmern aus 3 Mitgliedern,

51 wahlberechtigten Arbeitnehmern bis 100 Arbeitnehmern aus 5 Mitgliedern,

101 bis 200 Arbeitnehmern aus 7 Mitgliedern,

201 bis 400 Arbeitnehmern aus 9 Mitgliedern,

401 bis 700 Arbeitnehmern aus 11 Mitgliedern,

701 bis 1 000 Arbeitnehmern aus 13 Mitgliedern,

1 001 bis 1 500 Arbeitnehmern aus 15 Mitgliedern,

1 501 bis 2 000 Arbeitnehmern aus 17 Mitgliedern,

2 001 bis 2 500 Arbeitnehmern aus 19 Mitgliedern,

2 501 bis 3 000 Arbeitnehmern aus 21 Mitgliedern,

3 001 bis 3 500 Arbeitnehmern aus 23 Mitgliedern,

3 501 bis 4 000 Arbeitnehmern aus 25 Mitgliedern,

4 001 bis 4 500 Arbeitnehmern aus 27 Mitgliedern,

4 501 bis 5 000 Arbeitnehmern aus 29 Mitgliedern,

5 001 bis 6 000 Arbeitnehmern aus 31 Mitgliedern,

6 001 bis 7 000 Arbeitnehmern aus 33 Mitgliedern,

6

7 001 bis 9 000 Arbeitnehmern aus 35 Mitgliedern.
[2]In Betrieben mit mehr als 9000 Arbeitnehmern erhöht sich die Zahl der Mitglieder des Betriebsrats für je angefangene weitere 3000 Arbeitnehmer um 2 Mitglieder.

§ 11. Ermäßigte Zahl der Betriebsratsmitglieder. Hat ein Betrieb nicht die ausreichende Zahl von wählbaren Arbeitnehmern, so ist die Zahl der Betriebsratsmitglieder der nächstniedrigeren Betriebsgröße zugrunde zu legen.

§ 13. Zeitpunkt der Betriebsratswahlen.
(1) [1]Die regelmäßigen Betriebsratswahlen finden alle vier Jahre in der Zeit vom 1. März bis 31. Mai statt. [2]Sie sind zeitgleich mit den regelmäßigen Wahlen nach § 5 Absatz 1 des Sprecherausschussgesetzes einzuleiten.
...

§ 14. Wahlvorschriften. (1) Der Betriebsrat wird in geheimer und unmittelbarer Wahl gewählt.
(2) [1]Die Wahl erfolgt nach den Grundsätzen der Verhältniswahl. [2]Sie erfolgt nach den Grundsätzen der Mehrheitswahl, wenn nur ein Wahlvorschlag eingereicht wird oder wenn der Betriebsrat im vereinfachten Wahlverfahren nach § 14 a zu wählen ist.
(3) Zur Wahl des Betriebsrats können die wahlberechtigten Arbeitnehmer und die im Betrieb vertretenen Gewerkschaften Wahlvorschläge machen.
(4) [1]Jeder Wahlvorschlag der Arbeitnehmer muss von mindestens einem Zwanzigstel der wahlberechtigten Arbeitnehmer, mindestens jedoch von drei Wahlberechtigten unterzeichnet sein; in Betrieben mit in der Regel bis zu zwanzig wahlberechtigten Arbeitnehmern genügt die Unterzeichnung durch zwei Wahlberechtigte. [2]In jedem Fall genügt die Unterzeichnung durch fünfzig wahlberechtigte Arbeitnehmer.
(5) Jeder Wahlvorschlag einer Gewerkschaft muss von zwei Beauftragten unterzeichnet sein.

6

§ 14a. Vereinfachtes Wahlverfahren für Kleinbetriebe. (1) [1]In Betrieben mit in der Regel fünf bis fünfzig wahlberechtigten Arbeitnehmern wird der Betriebsrat in einem zweistufigen Verfahren gewählt. [2]Auf einer ersten Wahlversammlung wird der Wahlvorstand nach § 17 a Nr. 3 gewählt. [3]Auf einer zweiten Wahlversammlung wird der Betriebsrat in geheimer und unmittelbarer Wahl gewählt. [4]Diese Wahlversammlung findet eine Woche nach der Wahlversammlung zur Wahl des Wahlvorstands statt. ...

§ 15. Zusammensetzung nach Beschäftigungsarten und Geschlechter. (1) Der Betriebsrat soll sich möglichst aus Arbeitnehmern der einzelnen Organisationsbereiche und der verschiedenen Beschäftigungsarten der im Betrieb tätigen Arbeitnehmer zusammensetzen.
(2) Das Geschlecht, das in der Belegschaft in der Minderheit ist, muss mindestens entsprechend seinem zahlenmäßigen Verhältnis im Betriebsrat vertreten sein, wenn dieser aus mindestens drei Mitgliedern besteht.

§ 19. Wahlanfechtung. (1) Die Wahl kann beim Arbeitsgericht angefochten werden, wenn gegen wesentliche Vorschriften über das Wahlrecht, die Wählbarkeit oder das Wahlverfahren verstoßen worden ist und eine Berichtigung nicht erfolgt ist, es sei denn, dass durch den Verstoß das Wahlergebnis nicht geändert oder beeinflusst werden konnte.
(2) [1]Zur Anfechtung berechtigt sind mindestens drei Wahlberechtigte, eine im Betrieb vertretene Gewerkschaft oder der Arbeitgeber. [2]Die Wahlanfechtung ist nur binnen einer Frist von zwei Wochen, vom Tage der Bekanntgabe des Wahlergebnisses an gerechnet, zulässig.

§ 20. Wahlschutz und Wahlkosten. (1) [1]Niemand darf die Wahl des Betriebsrats behindern. [2]Insbesondere darf kein Arbeitnehmer in der Ausübung des aktiven und passiven Wahlrechts beschränkt werden.
(2) Niemand darf die Wahl des Betriebsrats durch Zufügung oder Androhung von Nachteilen oder durch Gewährung oder Versprechen von Vorteilen beeinflussen.
(3) [1]Die Kosten der Wahl trägt der Arbeitgeber. [2]Versäumnis von Arbeitszeit, die zur Ausübung des Wahlrechts, zur Betätigung im Wahlvorstand oder zur Tätigkeit als Vermittler (§ 18a) erforderlich ist, berechtigt den Arbeitgeber nicht zur Minderung des Arbeitsentgelts.

Amtszeit des Betriebsrats

§ 21. Amtszeit. Die regelmäßige Amtszeit des Betriebsrats beträgt vier Jahre. ...

§ 24. Erlöschen der Mitgliedschaft. Die Mitgliedschaft im Betriebsrat erlischt durch
1. Ablauf der Amtszeit,
2. Niederlegung des Betriebsratsamtes,
3. Beendigung des Arbeitsverhältnisses,
4. Verlust der Wählbarkeit,
5. Ausschluss aus dem Betriebsrat oder Auflösung des Betriebsrats aufgrund einer gerichtlichen Entscheidung,
6. gerichtliche Entscheidung über die Feststellung der Nichtwählbarkeit nach Ablauf der in

§ 19 Abs. 2 bezeichneten Frist, es sei denn, der Mangel liegt nicht mehr vor.

Geschäftsführung des Betriebsrats

§ 26. Vorsitzender. (1) Der Betriebsrat wählt aus seiner Mitte den Vorsitzenden und dessen Stellvertreter. …

§ 27. Betriebsausschuss. (1) [1]Hat ein Betriebsrat neun oder mehr Mitglieder, so bildet er einen Betriebsausschuss. [2]Der Betriebsausschuss besteht aus dem Vorsitzenden des Betriebsrats, dessen Stellvertreter und bei Betriebsräten mit

9 bis 15 Mitgliedern aus 3 weiteren Ausschussmitgliedern,
17 bis 23 Mitgliedern aus 5 weiteren Ausschussmitgliedern,
25 bis 35 Mitgliedern aus 7 weiteren Ausschussmitgliedern,
37 oder mehr Mitglieder aus 9 weiteren Ausschussmitgliedern.

[3]Die weiteren Ausschussmitglieder werden vom Betriebsrat aus seiner Mitte in geheimer Wahl und nach den Grundsätzen der Verhältniswahl gewählt. [4]Wird nur ein Wahlvorschlag gemacht, so erfolgt die Wahl nach den Grundsätzen der Mehrheitswahl. …

(2) [1]Der Betriebsausschuss führt die laufenden Geschäfte des Betriebsrats. [2]Der Betriebsrat kann dem Betriebsausschuss mit der Mehrheit der Stimmen seiner Mitglieder Aufgaben zur selbständigen Erledigung übertragen; dies gilt nicht für den Abschluss von Betriebsvereinbarungen. …

§ 30. Betriebsratssitzungen. [1]Die Sitzungen des Betriebsrats finden in der Regel während der Arbeitszeit statt. [2]Der Betriebsrat hat bei der Ansetzung von Betriebsratssitzungen auf die betrieblichen Notwendigkeiten Rücksicht zu nehmen. [3]Der Arbeitgeber ist vom Zeitpunkt der Sitzung vorher zu verständigen. [4]Die Sitzungen des Betriebsrats sind nicht öffentlich.

§ 31. Teilnahme der Gewerkschaften. Auf Antrag von einem Viertel der Mitglieder des Betriebsrats kann ein Beauftragter einer im Betriebsrat vertretenen Gewerkschaft an den Sitzungen beratend teilnehmen; in diesem Fall sind der Zeitpunkt der Sitzung und die Tagesordnung der Gewerkschaft rechtzeitig mitzuteilen.

§ 33. Beschlüsse des Betriebsrats. (1) [1]Die Beschlüsse des Betriebsrats werden, soweit in diesem Gesetz nichts anderes bestimmt ist, mit der Mehrheit der Stimmen der anwesenden Mitglieder gefasst. [2]Bei Stimmengleichheit ist ein Antrag abgelehnt.

(2) Der Betriebsrat ist nur beschlussfähig, wenn mindestens die Hälfte der Betriebsratsmitglieder an der Beschlussfassung teilnimmt; Stellvertretung durch Ersatzmitglieder ist zulässig.

(3) Nimmt die Jugend- und Auszubildendenvertretung an der Beschlussfassung teil, so werden die Stimmen der Jugend- und Auszubildendenvertreter bei der Feststellung der Stimmenmehrheit mitgezählt.

§ 34. Sitzungsniederschrift. (1) Über jede Verhandlung des Betriebsrats ist eine Niederschrift aufzunehmen, die mindestens den Wortlaut der Beschlüsse und die Stimmenmehrheit, mit der sie gefasst sind enthält. …

§ 35. Aussetzung von Beschlüssen. (1) Erachtet die Mehrheit der Jugend- und Auszubildendenvertretung oder die Schwerbehindertenvertretung einen Beschluss des Betriebsrats als eine erhebliche Beeinträchtigung wichtiger Interessen der durch sie vertretenen Arbeitnehmer, so ist auf ihren Antrag der Beschluss auf die Dauer von einer Woche vom Zeitpunkt der Beschlussfassung an auszusetzen, damit in dieser Frist eine Verständigung, gegebenenfalls mit Hilfe der im Betrieb vertretenen Gewerkschaften, versucht werden kann.

(2) [1]Nach Ablauf der Frist ist über die Angelegenheit neu zu beschließen. [2]Wird der erste Beschluss bestätigt, so kann der Antrag auf Aussetzung nicht wiederholt werden; dies gilt auch, wenn der erste Beschluss nur unerheblich geändert wird.

§ 37. Ehrenamtliche Tätigkeit, Arbeitsversäumnis. (1) Die Mitglieder des Betriebsrats führen ihr Amt unentgeltlich als Ehrenamt.

(2) Mitglieder des Betriebsrats sind von ihrer beruflichen Tätigkeit ohne Minderung des Arbeitsentgelts zu befreien, wenn und soweit es nach Umfang und Art des Betriebs zur ordnungsgemäßen Durchführung ihrer Aufgaben erforderlich ist.

(3) [1]Zum Ausgleich für Betriebsratstätigkeit, die aus betriebsbedingten Gründen außerhalb der Arbeitszeit durchzuführen ist, hat das Betriebsratsmitglied Anspruch auf entsprechende Arbeitsbefreiung unter Fortzahlung des Arbeitsentgelts. [2]Betriebsbedingte Gründe liegen auch vor, wenn die Betriebsratstätigkeit wegen der unterschiedlichen Arbeitszeiten der Betriebsratsmitglieder nicht innerhalb der persönlichen Arbeitszeit erfolgen kann. [3]Die Arbeitsbefreiung ist vor Ablauf eines Monats zu gewähren; ist dies aus betriebsbedingten Grün-

den nicht möglich, so ist die aufgewendete Zeit wie Mehrarbeit zu vergüten.

…

§ 39. Sprechstunden. (1) [1]Der Betriebsrat kann während der Arbeitszeit Sprechstunden einrichten. [2]Zeit und Ort sind mit dem Arbeitgeber zu vereinbaren. [3]Kommt eine Einigung nicht zustande, so entscheidet die Einigungsstelle. [4]Der Spruch der Einigungsstelle ersetzt die Einigung zwischen Arbeitgeber und Betriebsrat.

(3) Versäumnis von Arbeitszeit, die zum Besuch der Sprechstunden oder durch sonstige Inanspruchnahme des Betriebsrats erforderlich ist, berechtigt den Arbeitgeber nicht zur Minderung des Arbeitsentgelts des Arbeitnehmers.

§ 40. Kosten und Sachaufwand des Betriebsrats. (1) Die durch die Tätigkeit des Betriebsrats entstehenden Kosten trägt der Arbeitgeber.

(2) Für die Sitzungen, die Sprechstunden und die laufende Geschäftsführung hat der Arbeitgeber in erforderlichem Umfang Räume, sachliche Mittel, Informations- und Kommunikationstechnik sowie Büropersonal zur Verfügung zu stellen.

§ 41. Umlageverbot. Die Erhebung und Leistung von Beiträgen der Arbeitnehmer für Zwecke des Betriebsrats ist unzulässig.

Betriebsversammlung

§ 42. Zusammensetzung, Teilversammlung, Abteilungsversammlung. (1) [1]Die Betriebsversammlung besteht aus den Arbeitnehmern des Betriebs; sie wird von dem Vorsitzenden des Betriebsrats geleitet. [2]Sie ist nicht öffentlich. [3]Kann wegen der Eigenart des Betriebs eine Versammlung aller Arbeitnehmer zum gleichen Zeitpunkt nicht stattfinden, so sind Teilversammlungen durchzuführen.

6

(2) Arbeitnehmer organisatorisch oder räumlich abgegrenzter Betriebsteile sind vom Betriebsrat zu Abteilungsversammlungen zusammenzufassen, wenn dies für die Erörterung der besonderen Belange der Arbeitnehmer erforderlich ist. …

§ 43. Regelmäßige Betriebs- und Abteilungsversammlungen. (1) [1]Der Betriebsrat hat einmal in jedem Kalendervierteljahr eine Betriebsversammlung einzuberufen und in ihr einen Tätigkeitsbericht zu erstatten. [2]Liegen die Voraussetzungen des § 42 Abs. 2 Satz 1 vor, so hat der Betriebsrat in jedem Kalenderjahr zwei der in Satz 1 genannten Betriebsversammlungen als Abteilungsversammlungen durchzuführen. …

(2) [1]Der Arbeitgeber ist zu den Betriebs- und Abteilungsversammlungen unter Mitteilung der Tagesordnung einzuladen. [2]Er ist berechtigt, in den Versammlungen zu sprechen. [3]Der Arbeitgeber oder sein Vertreter hat mindestens einmal in jedem Kalenderjahr in einer Betriebsversammlung über das Personal- und Sozialwesen einschließlich des Stands der Gleichstellung von Frauen und Männern im Betrieb sowie der Integration der im Betrieb beschäftigten ausländischen Arbeitnehmer, über die wirtschaftliche Lage und Entwicklung des Betriebs sowie über den betrieblichen Umweltschutz zu berichten, soweit dadurch nicht Betriebs- oder Geschäftsgeheimnisse gefährdet werden.

…

§ 44. Zeitpunkt und Verdienstausfall.

(1) [1]Die in den §§ 14a, 17 und 43 Abs. 1 bezeichneten und die auf Wunsch des Arbeitgebers einberufenen Versammlungen finden während der Arbeitszeit statt, soweit nicht die Eigenart des Betriebs eine andere Regelung zwingend erfordert. [2]Die Zeit der Teilnahme an diesen Versammlungen einschließlich der zusätzlichen Wegezeiten ist den Arbeitnehmern wie Arbeitszeit zu vergüten. [3]Dies gilt auch dann, wenn die Versammlungen wegen der Eigenart des Betriebs außerhalb der Arbeitszeit stattfinden; Fahrkosten, die den Arbeitnehmern durch die Teilnahme an diesen Versammlungen entstehen, sind vom Arbeitgeber zu erstatten. …

§ 46. Beauftragte der Verbände. (1) [1]An den Betriebs- oder Abteilungsversammlungen können Beauftragte der im Betrieb vertretenen Gewerkschaften beratend teilnehmen. [2]Nimmt der Arbeitgeber an Betriebs- oder Abteilungsversammlungen teil, so kann er einen Beauftragten der Vereinigung der Arbeitgeber, der er angehört, hinzuziehen.

(2) Der Zeitpunkt und die Tagesordnung der Betriebs- oder Abteilungsversammlungen sind den im Betriebsrat vertretenen Gewerkschaften rechtzeitig schriftlich mitzuteilen.

Gesamtbetriebsrat

§ 47. Voraussetzungen der Errichtung, Mitgliederzahl, Stimmengewicht. (1) Bestehen in einem Unternehmen mehrere Betriebsräte, so ist ein Gesamtbetriebsrat zu errichten. …

Dritter Teil. Jugend- u. Auszubildendenvertretung

Betriebliche Jugend- und Auszubildendenvertretungen

§ 60. Errichtung und Aufgabe. (1) In Betrieben mit in der Regel mindestens fünf Arbeitnehmern, die das 18. Lebensjahr noch nicht vollendet haben (jugendliche Arbeitnehmer) oder die zu ihrer Berufsausbildung beschäftigt sind und das 25. Lebensjahr noch nicht vollendet haben, werden Jugend- und Auszubildendenvertretungen gewählt.

(2) Die Jugend- und Auszubildendenvertretung nimmt nach Maßgabe der folgenden Vorschriften die besonderen Belange der in Absatz 1 genannten Arbeitnehmer wahr.

§ 61. Wahlberechtigung und Wählbarkeit. (1) Wahlberechtigt sind alle in § 60 Abs. 1 genannten Arbeitnehmer des Betriebs.

(2) [1]Wählbar sind alle Arbeitnehmer des Betriebs, die das 25. Lebensjahr noch nicht vollendet haben; § 8 Abs. 1 Satz 3 findet Anwendung. [2]Mitglieder des Betriebsrats können nicht zu Jugend- und Auszubildendenvertretern gewählt werden.

§ 62. Zahl der Jugend- und Auszubildendenvertreter, Zusammensetzung der Jugend- und Auszubildendenvertretung. (1) Die Jugend- und Auszubildendenvertretung besteht in Betrieben mit in der Regel

5 bis 20 der in § 60 Abs. 1 genannten Arbeitnehmer aus einer Person,
21 bis 50 der in § 60 Abs. 1 genannten Arbeitnehmer aus 3 Mitgliedern,
51 bis 150 der in § 60 Abs. 1 genannten Arbeitnehmer aus 5 Mitgliedern,
151 bis 300 der in § 60 Abs. 1 genannten Arbeitnehmer aus 7 Mitgliedern,
301 bis 500 der in § 60 Abs. 1 genannten Arbeitnehmer aus 9 Mitgliedern,
501 bis 700 der in § 60 Abs. 1 genannten Arbeitnehmer aus 11 Mitgliedern,
701 bis 1 000 der in § 60 Abs. 1 genannten Arbeitnehmer aus 13 Mitgliedern,
mehr als 1 000 der in § 60 Abs. 1 genannten Arbeitnehmer aus 15 Mitgliedern.

(3) Das Geschlecht, das unter den in § 60 Abs. 1 genannten Arbeitnehmern in der Minderheit ist, muss mindestens entsprechend seinem zahlenmäßigen Verhältnis in der Jugend- und Auszubildendenvertretung vertreten sein, wenn diese aus mindestens drei Mitgliedern besteht.

§ 64. Zeitpunkt der Wahlen und Amtszeit. (1) Die regelmäßigen Wahlen der Jugend- und Auszubildendenvertretung finden alle zwei Jahre in der Zeit vom 1. Oktober bis 30. November statt. …

(2) Die regelmäßige Amtszeit der Jugend- und Auszubildendenvertretung beträgt zwei Jahre. …

§ 66. Aussetzung von Beschlüssen des Betriebsrats. (1) Erachtet die Mehrheit der Jugend- und Auszubildendenvertreter einen Beschluss des Betriebsrats als eine erhebliche Beeinträchtigung wichtiger Interessen der in § 60 Abs. 1 genannten Arbeitnehmer, so ist auf ihren Antrag der Beschluss auf die Dauer von einer Woche auszusetzen, damit in dieser Frist eine Verständigung, gegebenenfalls mit Hilfe der im Betrieb vertretenen Gewerkschaften, versucht werden kann.

…

§ 67. Teilnahme an Betriebsratssitzungen. (1) [1]Die Jugend- und Auszubildendenvertretung kann zu allen Betriebsratssitzungen einen Vertreter entsenden. [2]Werden Angelegenheiten behandelt, die besonders die in § 60 Abs. 1 genannten Arbeitnehmer betreffen, so hat zu diesen Tagesordnungspunkten die gesamte Jugend- und Auszubildendenvertretung ein Teilnahmerecht.

(2) Die Jugend- und Auszubildendenvertreter haben Stimmrecht, soweit die zu fassenden Beschlüsse des Betriebsrats überwiegend die in § 60 Abs. 1 genannten Arbeitnehmer betreffen.

(3) [1]Die Jugend- und Auszubildendenvertretung kann beim Betriebsrat beantragen, Angelegenheiten, die besonders die in § 60 Abs. 1 genannten Arbeitnehmer betreffen und über die sie beraten hat, auf die nächste Tagesordnung zu setzen. [2]Der Betriebsrat soll Angelegenheiten, die besonders die in § 60 Abs. 1 genannten Arbeitnehmer betreffen, der Jugend- und Auszubildendenvertretung zur Beratung zuleiten.

§ 68. Teilnahme an gemeinsamen Besprechungen. Der Betriebsrat hat die Jugend- und Auszubildendenvertretung zu Besprechungen zwischen Arbeitgeber und Betriebsrat beizuziehen, wenn Angelegenheiten behandelt werden, die besonders die in § 60 Abs. 1 genannten Arbeitnehmer betreffen.

§ 69. Sprechstunden. [1]In Betrieben, die in der Regel mehr als fünfzig der in § 60 Abs. 1 genannten Arbeitnehmer beschäftigen, kann die Jugend- und Auszubildendenvertretung Sprechstunden während der Arbeitszeit einrichten. [2]Zeit und Ort sind durch Betriebsrat und Arbeitgeber zu vereinbaren. [3]§ 39 Abs. 1

Satz 3 und 4 und Abs. 3 gilt entsprechend. [4]An den Sprechstunden der Jugend- und Auszubildendenvertretung kann der Betriebsratsvorsitzende oder ein beauftragtes Betriebsratsmitglied beratend teilnehmen.

§ 70. Allgemeine Aufgaben. (1) [1]Die Jugend- und Auszubildendenvertretung hat folgende allgemeine Aufgaben:

1. Maßnahmen, die den in § 60 Abs. 1 genannten Arbeitnehmern dienen, insbesondere in Fragen der Berufsbildung und der Übernahme der zu ihrer Berufsausbildung Beschäftigten in ein Arbeitsverhältnis, beim Betriebsrat zu beantragen;

1a. Maßnahmen zur Durchsetzung der tatsächlichen Gleichstellung der in § 60 Abs. 1 genannten Arbeitnehmer entsprechend § 80 Abs. 1 Nr. 2 a und 2 b beim Betriebsrat zu beantragen;

2. darüber zu wachen, daß die zugunsten der in § 60 Abs. 1 genannten Arbeitnehmer geltenden Gesetze, Verordnungen, Unfallverhütungsvorschriften, Tarifverträge und Betriebsvereinbarungen durchgeführt werden;

3. Anregungen von in § 60 Abs. 1 genannten Arbeitnehmern, insbesondere in Fragen der Berufsbildung, entgegenzunehmen und, falls sie berechtigt erscheinen, beim Betriebsrat auf eine Erledigung hinzuwirken. [2]Die Jugend- und Auszubildendenvertretung hat die betroffenen in § 60 Abs. 1 genannten Arbeitnehmer über den Stand und das Ergebnis der Verhandlungen zu informieren;

4. die Integration ausländischer, in § 60 Abs. 1 genannter Arbeitnehmer im Betrieb zu fördern und entsprechende Maßnahmen beim Betriebsrat zu beantragen. …

§ 71. Jugend- und Auszubildendenversammlung. Die Jugend- und Auszubildendenvertretung kann vor oder nach jeder Betriebsversammlung im Einvernehmen mit dem Betriebsrat eine betriebliche Jugend- und Auszubildendenversammlung einberufen. …

Vierter Teil. Mitwirkung und Mitbestimmung der Arbeitnehmer

Allgemeines

§ 74. Grundsätze für die Zusammenarbeit.

(1) [1]Arbeitgeber und Betriebsrat sollen mindestens einmal im Monat zu einer Besprechung zusammentreten. [2]Sie haben über strittige Fragen mit dem ernsten Willen zur Einigung zu verhandeln und Vorschläge für die Beilegung von Meinungsverschiedenheiten zu machen.

(2) [1]Maßnahmen des Arbeitskampfes zwischen Arbeitgeber und Betriebsrat sind unzulässig; Arbeitskämpfe tariffähiger Parteien werden hierdurch nicht berührt. [2]Arbeitgeber und Betriebsrat haben Betätigungen zu unterlassen, durch die der Arbeitsablauf oder der Frieden des Betriebs beeinträchtigt werden. [3]Sie haben jede parteipolitische Betätigung im Betrieb zu unterlassen; die Behandlung von Angelegenheiten tarifpolitischer, sozialpolitischer, umweltpolitischer und wirtschaftlicher Art, die den Betrieb oder seine Arbeitnehmer unmittelbar betreffen, wird hierdurch nicht berührt.

(3) Arbeitnehmer, die im Rahmen dieses Gesetzes Aufgaben übernehmen, werden hierdurch in der Betätigung für ihre Gewerkschaft auch im Betrieb nicht beschränkt.

§ 75. Grundsätze für die Behandlung der Betriebsangehörigen. (1) Arbeitgeber und Betriebsrat haben darüber zu wachen, dass alle im Betrieb tätigen Personen nach den Grundsätzen von Recht und Billigkeit behandelt werden, insbesondere, dass jede Benachteiligung von Personen aus Gründen ihrer Rasse oder wegen ihrer ethnischen Herkunft, ihrer Abstammung oder sonstigen Herkunft, ihrer Nationalität, ihrer Religion oder Weltanschauung, ihrer Behinderung, ihres Alters, ihrer politischen oder gewerkschaftlichen Betätigung oder Einstellung oder wegen ihres Geschlechts oder ihrer sexuellen Identität unterbleibt.

(2) Arbeitgeber und Betriebsrat haben die freie Entfaltung der Persönlichkeit der im Betrieb beschäftigten Arbeitnehmer zu schützen und zu fördern. …

§ 76. Einigungsstelle. (1) [1]Zur Beilegung von Meinungsverschiedenheiten zwischen Arbeitgeber und Betriebsrat, Gesamtbetriebsrat oder Konzernbetriebsrat ist bei Bedarf eine Einigungsstelle zu bilden. [2]Durch Betriebsvereinbarung kann eine ständige Einigungsstelle errichtet werden.

(2) [1]Die Einigungsstelle besteht aus einer gleichen Anzahl von Beisitzern, die vom Arbeitgeber und Betriebsrat bestellt werden, und einem unparteiischen Vorsitzenden, auf dessen Person sich beide Seiten einigen müssen. [2]Kommt eine Einigung über die Person des Vorsitzenden nicht zustande, so bestellt ihn das Arbeitsgericht. [3]Dieses entscheidet auch, wenn kein Einverständnis über die Zahl der Beisitzer erzielt wird.

(3) [2]Die Einigungsstelle hat unverzüglich tätig zu werden. Sie fasst ihre Beschlüsse nach mündlicher Beratung mit Stimmenmehrheit.

6

[3]Bei der Beschlussfassung hat sich der Vorsitzende zunächst der Stimme zu enthalten; kommt eine Stimmenmehrheit nicht zustande, so nimmt der Vorsitzende nach weiterer Beratung an der erneuten Beschlussfassung teil. [4]Die Beschlüsse der Einigungsstelle sind schriftlich niederzulegen, vom Vorsitzenden zu unterschreiben und Arbeitgeber und Betriebsrat zuzuleiten.

(8) Durch Tarifvertrag kann bestimmt werden, dass an die Stelle der in Absatz 1 bezeichneten Einigungsstelle eine tarifliche Schlichtungsstelle tritt.

§ 76a. Kosten der Einigungsstelle. (1) Die Kosten der Einigungsstelle trägt der Arbeitgeber.

…

§ 77. Durchführung gemeinsamer Beschlüsse, Betriebsvereinbarungen. (1) [1]Vereinbarungen zwischen Betriebsrat und Arbeitgeber, auch soweit sie auf einem Spruch der Einigungsstelle beruhen, führt der Arbeitgeber durch, es sei denn, dass im Einzelfall etwas anderes vereinbart ist. [2]Der Betriebsrat darf nicht durch einseitige Handlungen in die Leitung des Betriebs eingreifen.

(2) Betriebsvereinbarungen sind von Betriebsrat und Arbeitgeber gemeinsam zu beschließen und schriftlich niederzulegen. …

(3) [1]Arbeitsentgelte und sonstige Arbeitsbedingungen, die durch Tarifvertrag geregelt sind oder üblicherweise geregelt werden, können nicht Gegenstand einer Betriebsvereinbarung sein. [2]Dies gilt nicht, wenn ein Tarifvertrag den Abschluss ergänzender Betriebsvereinbarungen ausdrücklich zuläßt.

(4) [1]Betriebsvereinbarungen gelten unmittelbar und zwingend. [2]Werden Arbeitnehmern durch die Betriebsvereinbarung Rechte eingeräumt, so ist ein Verzicht auf sie nur mit Zustimmung des Betriebsrats zulässig. …

§ 78. Schutzbestimmungen. [1]Die Mitglieder des Betriebsrats, des Gesamtbetriebsrats, des Konzernbetriebsrats, der Jugend- und Auszubildendenvertretung, der Gesamt-Jugend- und Auszubildendenvertretung, der Konzern-Jugend- und Auszubildendenvertretung, des Wirtschaftsausschusses, der Bordvertretung, des Seebetriebsrats, der in § 3 Abs. 1 genannten Vertretungen der Arbeitnehmer, der Einigungsstelle, einer tariflichen Schlichtungsstelle (§ 76 Abs. 8) und einer betrieblichen Beschwerdestelle (§ 86) sowie Auskunftspersonen (§ 80 Abs. 2 Satz 3) dürfen in der Ausübung ihrer Tätigkeit nicht gestört oder behindert werden. [2]Sie dürfen wegen ihrer Tätigkeit nicht benachteiligt oder begünstigt werden; dies gilt auch für ihre berufliche Entwicklung.

§ 78a. Schutz Auszubildender in besonderen Fällen. (1) Beabsichtigt der Arbeitgeber, einen Auszubildenden, der Mitglied der Jugend- und Auszubildendenvertretung, des Betriebsrats, der Bordvertretung oder des Seebetriebsrats ist, nach Beendigung des Berufsausbildungsverhältnisses nicht in ein Arbeitsverhältnis auf unbestimmte Zeit zu übernehmen, so hat er dies drei Monate vor Beendigung des Berufsausbildungsverhältnisses dem Auszubildenden schriftlich mitzuteilen.

(2) [1]Verlangt ein in Absatz 1 genannter Auszubildender innerhalb der letzten drei Monate vor Beendigung des Berufsausbildungsverhältnisses schriftlich vom Arbeitgeber die Weiterbeschäftigung, so gilt zwischen Auszubildendem und Arbeitgeber im Anschluss an das Berufsausbildungsverhältnis ein Arbeitsverhältnis auf unbestimmte Zeit als begründet. [2]Auf dieses Arbeitsverhältnis ist insbesondere § 37 Abs. 4 und 5 entsprechend anzuwenden.

(3) Die Absätze 1 und 2 gelten auch, wenn das Berufsausbildungsverhältnis vor Ablauf eines Jahres nach Beendigung der Amtszeit der Jugend- und Auszubildendenvertretung, des Betriebsrats, der Bordvertretung oder des Seebetriebsrats endet. …

§ 79. Geheimhaltungspflicht. (1) [1]Die Mitglieder und Ersatzmitglieder des Betriebsrats sind verpflichtet, Betriebs- oder Geschäftsgeheimnisse, die ihnen wegen ihrer Zugehörigkeit zum Betriebsrat bekanntgeworden und vom Arbeitgeber ausdrücklich als geheimhaltungsbedürftig bezeichnet worden sind, nicht zu offenbaren und nicht zu verwerten. [2]Dies gilt auch nach dem Ausscheiden aus dem Betriebsrat. [3]Die Verpflichtung gilt nicht gegenüber Mitgliedern des Betriebsrats. … 6

§ 80. Allgemeine Aufgaben. (1) Der Betriebsrat hat folgende allgemeine Aufgaben:

1. darüber zu wachen, dass die zugunsten der Arbeitnehmer geltenden Gesetze, Verordnungen, Unfallverhütungsvorschriften, Tarifverträge und Betriebsvereinbarungen durchgeführt werden;
2. Maßnahmen, die dem Betrieb und der Belegschaft dienen, beim Arbeitgeber zu beantragen;

2a. die Durchsetzung der tatsächlichen Gleichstellung von Frauen und Männern, insbesondere bei der Einstellung, Beschäftigung, Aus-, Fort- und Weiterbildung und dem beruflichen Aufstieg, zu fördern;

2b. die Vereinbarkeit von Familie und Erwerbstätigkeit zu fördern;

3. Anregungen von Arbeitnehmern und der Jugend- und Auszubildendenvertretung entgegenzunehmen und, falls sie berechtigt erscheinen, durch Verhandlungen mit dem Arbeitgeber auf eine Erledigung hinzuwirken; er hat die betreffenden Arbeitnehmer über den Stand und das Ergebnis der Verhandlungen zu unterrichten;
4. die Eingliederung Schwerbehinderter und sonstiger besonders schutzbedürftiger Personen zu fördern;
5. die Wahl einer Jugend- und Auszubildendenvertretung vorzubereiten und durchzuführen und mit dieser zur Förderung der Belange der in § 60 Abs. 1 genannten Arbeitnehmer eng zusammenzuarbeiten; er kann von der Jugend- und Auszubildendenvertretung Vorschläge und Stellungnahmen anfordern;
6. die Beschäftigung älterer Arbeitnehmer im Betrieb zu fördern;
7. die Integration ausländischer Arbeitnehmer im Betrieb und das Verständnis zwischen ihnen und den deutschen Arbeitnehmern zu fördern sowie Maßnahmen zur Bekämpfung von Rassismus und Fremdenfeindlichkeit im Betrieb zu beantragen; …

(2) [1]Zur Durchführung seiner Aufgaben nach diesem Gesetz ist der Betriebsrat rechtzeitig und umfassend vom Arbeitgeber zu unterrichten; die Unterrichtung erstreckt sich auch auf die Beschäftigung von Personen, die nicht in einem Arbeitsverhältnis zum Arbeitgeber stehen. [2]Dem Betriebsrat sind auf Verlangen jederzeit die zur Durchführung seiner Aufgaben erforderlichen Unterlagen zur Verfügung zu stellen; in diesem Rahmen ist der Betriebsausschuss oder ein nach § 28 gebildeter Ausschuss berechtigt, in die Listen über die Bruttolöhne und -gehälter Einblick zu nehmen. [3]Soweit es zur ordnungsgemäßen Erfüllung der Aufgaben des Betriebsrats erforderlich ist, hat der Arbeitgeber ihm sachkundige Arbeitnehmer als Auskunftspersonen zur Verfügung zu stellen; er hat hierbei die Vorschläge des Betriebsrats zu berücksichtigen, soweit betriebliche Notwendigkeiten nicht entgegenstehen. …

6

Mitwirkungs- und Beschwerderecht des Arbeitnehmers

§ 81. Unterrichtungs- und Erörterungspflicht des Arbeitgebers. (1) [1]Der Arbeitgeber hat den Arbeitnehmer über dessen Aufgabe und Verantwortung sowie über die Art seiner Tätigkeit und ihre Einordnung in den Arbeitsablauf des Betriebs zu unterrichten. [2]Er hat den Arbeitnehmer vor Beginn der Beschäftigung über die Unfall- und Gesundheitsgefahren, denen dieser bei der Beschäftigung ausgesetzt ist, sowie über die Maßnahmen und Einrichtungen zur Abwendung dieser Gefahren und die nach § 10 Abs. 2 des Arbeitsschutzgesetzes getroffenen Maßnahmen zu belehren.

(2) [1]Über Veränderungen in seinem Arbeitsbereich ist der Arbeitnehmer rechtzeitig zu unterrichten. [2]Absatz 1 gilt entsprechend.

(3) In Betrieben, in denen kein Betriebsrat besteht, hat der Arbeitgeber die Arbeitnehmer zu allen Maßnahmen zu hören, die Auswirkungen auf Sicherheit und Gesundheit der Arbeitnehmer haben können.

(4) [1]Der Arbeitgeber hat den Arbeitnehmer über die aufgrund einer Planung von technischen Anlagen, von Arbeitsverfahren und Arbeitsabläufen oder der Arbeitsplätze vorgesehenen Maßnahmen und ihre Auswirkungen auf seinen Arbeitsplatz, die Arbeitsumgebung sowie auf Inhalt und Art seiner Tätigkeit zu unterrichten. [2]Sobald feststeht, dass sich die Tätigkeit des Arbeitnehmers ändern wird und seine beruflichen Kenntnisse und Fähigkeiten zur Erfüllung seiner Aufgaben nicht ausreichen, hat der Arbeitgeber mit dem Arbeitnehmer zu erörtern, wie dessen berufliche Kenntnisse und Fähigkeiten im Rahmen der betrieblichen Möglichkeiten den künftigen Anforderungen angepasst werden können. [3]Der Arbeitnehmer kann bei der Erörterung ein Mitglied des Betriebsrats hinzuziehen.

§ 82. Anhörungs- und Erörterungsrecht des Arbeitnehmers. (1) [1]Der Arbeitnehmer hat das Recht, in betrieblichen Angelegenheiten, die seine Person betreffen, von den nach Maßgabe des organisatorischen Aufbaus des Betriebs hierfür zuständigen Personen gehört zu werden. [2]Er ist berechtigt, zu Maßnahmen des Arbeitgebers, die ihn betreffen, Stellung zu nehmen sowie Vorschläge für die Gestaltung des Arbeitsplatzes und des Arbeitsablaufs zu machen.

(2) [1]Der Arbeitnehmer kann verlangen, dass ihm die Berechnung und Zusammensetzung seines Arbeitsentgelts erläutert und dass mit ihm die Beurteilung seiner Leistungen sowie die Möglichkeiten seiner beruflichen Entwicklung im Betrieb erörtert werden. [2]Er kann ein Mitglied des Betriebsrats hinzuziehen. [3]Das Mitglied des Betriebsrats hat über den Inhalt dieser Verhandlungen Stillschweigen zu bewahren, soweit es vom Arbeitnehmer im Einzelfall nicht von dieser Verpflichtung entbunden wird.

§ 83. Einsicht in die Personalakten. (1) [1]Der Arbeitnehmer hat das Recht, in die über ihn geführten Personalakten Einsicht zu nehmen. [2]Er kann hierzu ein Mitglied des Betriebsrats hinzuziehen. [3]Das Mitglied des Betriebsrats hat über den Inhalt der Personalakte Stillschweigen zu bewahren, soweit es vom Arbeitnehmer im Einzelfall nicht von dieser Verpflichtung entbunden wird.

(2) Erklärungen des Arbeitnehmers zum Inhalt der Personalakte sind dieser auf sein Verlangen beizufügen.

§ 84. Beschwerderecht. (1) [1]Jeder Arbeitnehmer hat das Recht, sich bei den zuständigen Stellen des Betriebs zu beschweren, wenn er sich vom Arbeitgeber oder von Arbeitnehmern des Betriebs benachteiligt oder ungerecht behandelt oder in sonstiger Weise beeinträchtigt fühlt. [2]Er kann ein Mitglied des Betriebsrats zur Unterstützung oder Vermittlung hinzuziehen.

(2) Der Arbeitgeber hat den Arbeitnehmer über die Behandlung der Beschwerde zu bescheiden und, soweit er die Beschwerde für berechtigt erachtet, ihr abzuhelfen.

(3) Wegen der Erhebung einer Beschwerde dürfen dem Arbeitnehmer keine Nachteile entstehen.

§ 85. Behandlung von Beschwerden durch den Betriebsrat. (1) Der Betriebsrat hat Beschwerden von Arbeitnehmern entgegenzunehmen und, falls er sie für berechtigt erachtet, beim Arbeitgeber auf Abhilfe hinzuwirken.

(2) [1]Bestehen zwischen Betriebsrat und Arbeitgeber Meinungsverschiedenheiten über die Berechtigung der Beschwerde, so kann der Betriebsrat die Einigungsstelle anrufen. [2]Der Spruch der Einigungsstelle ersetzt die Einigung zwischen Arbeitgeber und Betriebsrat. [3]Dies gilt nicht, soweit Gegenstand der Beschwerde ein Rechtsanspruch ist.

(3) [1]Der Arbeitgeber hat den Betriebsrat über die Behandlung der Beschwerde zu unterrichten. [2]§ 84 Abs. 2 bleibt unberührt.

§ 86. Ergänzende Vereinbarungen. [1]Durch Tarifvertrag oder Betriebsvereinbarungen können die Einzelheiten des Beschwerdeverfahrens geregelt werden. [2]Hierbei kann bestimmt werden, dass in den Fällen des § 85 Abs. 2 an die Stelle der Einigungsstelle eine betriebliche Beschwerdestelle tritt.

Soziale Angelegenheiten

§ 87. Mitbestimmungsrechte. (1) Der Betriebsrat hat, soweit eine gesetzliche oder tarifliche Regelung nicht besteht, in folgenden Angelegenheiten mitzubestimmen:

1. Fragen der Ordnung des Betriebes und des Verhaltens der Arbeitnehmer im Betrieb;
2. Beginn und Ende der täglichen Arbeitszeit einschließlich der Pausen sowie Verteilung der Arbeitszeit auf die einzelnen Wochentage;
3. vorübergehende Verkürzung oder Verlängerung der betriebsüblichen Arbeitszeit;
4. Zeit, Ort und Art der Auszahlung der Arbeitsentgelte;
5. Aufstellung allgemeiner Urlaubsgrundsätze und des Urlaubsplans sowie die Festsetzung der zeitlichen Lage des Urlaubs für einzelne Arbeitnehmer, wenn zwischen dem Arbeitgeber und den beteiligten Arbeitnehmern kein Einverständnis erzielt wird;
6. Einführung und Anwendung von technischen Einrichtungen, die dazu bestimmt sind, das Verhalten oder die Leistung der Arbeitnehmer zu überwachen;
7. Regelungen über die Verhütung von Arbeitsunfällen und Berufskrankheiten sowie über den Gesundheitsschutz im Rahmen der gesetzlichen Vorschriften oder der Unfallverhütungsvorschriften;
8. Form, Ausgestaltung und Verwaltung von Sozialeinrichtungen, deren Wirkungsbereich auf den Betrieb, das Unternehmen oder den Konzern beschränkt ist;
9. Zuweisung und Kündigung von Wohnräumen die den Arbeitnehmern mit Rücksicht auf das Bestehen eines Arbeitsverhältnisses vermietet werden, sowie die allgemeine Festlegung der Nutzungsbedingungen;
10. Fragen der betrieblichen Lohngestaltung, insbesondere die Aufstellung von Entlohnungsgrundsätzen und die Einführung und Anwendung von neuen Entlohnungsmethoden sowie deren Änderung;
11. Festsetzung der Akkord- und Prämiensätze und vergleichbarer leistungsbezogener Entgelte, einschließlich der Geldfaktoren;
12. Grundsätze über das betriebliche Vorschlagswesen.
13. Grundsätze über die Durchführung von Gruppenarbeit; Gruppenarbeit im Sinne dieser Vorschrift liegt vor, wenn im Rahmen des betrieblichen Arbeitsablaufs eine Gruppe von Arbeitnehmern eine ihr übertragene Gesamtaufgabe im Wesentlichen eigenverantwortlich erledigt.

(2) [1]Kommt eine Einigung über eine Angelegenheit nach Absatz 1 nicht zustande, so entscheidet die Einigungsstelle. [2]Der Spruch der Einigungsstelle ersetzt die Einigung zwischen Arbeitgeber und Betriebsrat.

§ 88. Freiwillige Betriebsvereinbarungen. Durch Betriebsvereinbarung können insbesondere geregelt werden

1. zusätzliche Maßnahmen zur Verhütung von Arbeitsunfällen und Gesundheitsschädigungen;

6

1a. Maßnahmen des betrieblichen Umweltschutzes;
2. die Errichtung von Sozialeinrichtungen, deren Wirkungsbereich auf den Betrieb, das Unternehmen oder den Konzern beschränkt ist;
3. Maßnahmen zur Förderung der Vermögensbildung;
4. Maßnahmen zur Integration ausländischer Arbeitnehmer sowie zur Bekämpfung von Rassismus und Fremdenfeindlichkeit im Betrieb.

§ 89. Arbeits- und betrieblicher Umweltschutz. (1) [1]Der Betriebsrat hat sich dafür einzusetzen, dass die Vorschriften über den Arbeitsschutz und die Unfallverhütung im Betrieb sowie über den betrieblichen Umweltschutz durchgeführt werden. [2]Er hat bei der Bekämpfung von Unfall- und Gesundheitsgefahren die für den Arbeitsschutz zuständigen Behörden, die Träger der gesetzlichen Unfallversicherung und die sonstigen in Betracht kommenden Stellen durch Anregung, Beratung und Auskunft zu unterstützen.

(2) [1]Der Arbeitgeber und die in Absatz 1 Satz 2 genannten Stellen sind verpflichtet, den Betriebsrat oder die von ihm bestimmten Mitglieder des Betriebsrats bei allen im Zusammenhang mit dem Arbeitsschutz oder der Unfallverhütung stehenden Besichtigungen und Fragen und bei Unfalluntersuchungen hinzuzuziehen. [2]Der Arbeitgeber hat den Betriebsrat auch bei allen im Zusammenhang mit dem betrieblichen Umweltschutz stehenden Besichtigungen und Fragen hinzuzuziehen und ihm unverzüglich die den Arbeitsschutz, die Unfallverhütung und den betrieblichen Umweltschutz betreffenden Auflagen und Anordnungen der zuständigen Stellen mitzuteilen. …

6

Gestaltung von Arbeitsplatz, Arbeitsablauf und Arbeitsumgebung

§ 90. Unterrichtungs- und Beratungsrechte.

(1) Der Arbeitgeber hat den Betriebsrat über die Planung
1. von Neu-, Um- und Erweiterungsbauten von Fabrikations-, Verwaltungs- und sonstigen betrieblichen Räumen,
2. von technischen Anlagen,
3. von Arbeitsverfahren und Arbeitsabläufen oder
4. der Arbeitsplätze

rechtzeitig unter Vorlage der erforderlichen Unterlagen zu unterrichten.

(2) [1]Der Arbeitgeber hat mit dem Betriebsrat die vorgesehenen Maßnahmen und ihre Auswirkungen auf die Arbeitnehmer, insbesondere auf die Art ihrer Arbeit sowie die sich daraus ergebenden Anforderungen an die Arbeitnehmer so rechtzeitig zu beraten, dass Vorschläge und Bedenken des Betriebsrats bei der Planung berücksichtigt werden können. [2]Arbeitgeber und Betriebsrat sollen dabei auch die gesicherten arbeitswissenschaftlichen Erkenntnisse über die menschengerechte Gestaltung der Arbeit berücksichtigen.

§ 91. Mitbestimmungsrecht. [1]Werden die Arbeitnehmer durch Änderungen der Arbeitsplätze, des Arbeitsablaufs oder der Arbeitsumgebung, die den gesicherten arbeitswissenschaftlichen Erkenntnissen über die menschengerechte Gestaltung der Arbeit offensichtlich widersprechen, in besonderer Weise belastet, so kann der Betriebsrat angemessene Maßnahmen zur Abwendung, Milderung oder zum Ausgleich der Belastung verlangen. [2]Kommt eine Einigung nicht zustande, so entscheidet die Einigungsstelle. [3]Der Spruch der Einigungsstelle ersetzt die Einigung zwischen Arbeitgeber und Betriebsrat.

Personelle Angelegenheiten

▶ Allgemeine personelle Angelegenheiten

§ 92. Personalplanung. (1) [1]Der Arbeitgeber hat den Betriebsrat über die Personalplanung, insbesondere über den gegenwärtigen und künftigen Personalbedarf sowie über die sich daraus ergebenden personellen Maßnahmen und Maßnahmen der Berufsbildung an Hand von Unterlagen rechtzeitig und umfassend zu unterrichten. [2]Er hat mit dem Betriebsrat über Art und Umfang der erforderlichen Maßnahmen und über die Vermeidung von Härten zu beraten.

(2) Der Betriebsrat kann dem Arbeitgeber Vorschläge für die Einführung einer Personalplanung und ihre Durchführung machen. …

§ 93. Ausschreibung von Arbeitsplätzen. Der Betriebsrat kann verlangen, dass Arbeitsplätze, die besetzt werden sollen, allgemein oder für bestimmte Arten von Tätigkeiten vor ihrer Besetzung innerhalb des Betriebs ausgeschrieben werden.

§ 94. Personalfragebogen, Beurteilungsgrundsätze. (1) [1]Personalfragebogen bedürfen der Zustimmung des Betriebsrats. [2]Kommt eine Einigung über ihren Inhalt nicht zustande, so entscheidet die Einigungsstelle. [3]Der Spruch der Einigungsstelle ersetzt die Einigung zwischen Arbeitgeber und Betriebsrat.

(2) Absatz 1 gilt entsprechend für persönliche Angaben in schriftlichen Arbeitsverträgen, die allgemein für den Betrieb verwendet werden sollen, sowie für die Aufstellung allgemeiner Beurteilungsgrundsätze.

§ 95. Auswahlrichtlinien. (1) [1]Richtlinien über die personelle Auswahl bei Einstellungen, Versetzungen, Umgruppierungen und Kündigungen bedürfen der Zustimmung des Betriebsrats. [2]Kommt eine Einigung über die Richtlinien oder ihren Inhalt nicht zustande, so entscheidet auf Antrag des Arbeitgebers die Einigungsstelle. [3]Der Spruch der Einigungsstelle ersetzt die Einigung zwischen Arbeitgeber und Betriebsrat. …

▶ Berufsbildung

§ 96. Förderung der Berufsbildung. (1) [1]Arbeitgeber und Betriebsrat haben im Rahmen der betrieblichen Personalplanung und in Zusammenarbeit mit den für die Berufsbildung und den für die Förderung der Berufsbildung zuständigen Stellen die Berufsbildung der Arbeitnehmer zu fördern. [2]Der Arbeitgeber hat auf Verlangen des Betriebsrats den Berufsbildungsbedarf zu ermitteln und mit ihm Fragen der Berufsbildung der Arbeitnehmer des Betriebs zu beraten. [3]Hierzu kann der Betriebsrat Vorschläge machen.

(2) [1]Arbeitgeber und Betriebsrat haben darauf zu achten, dass unter Berücksichtigung der betrieblichen Notwendigkeiten den Arbeitnehmern die Teilnahme an betrieblichen oder außerbetrieblichen Maßnahmen der Berufsbildung ermöglicht wird. [2]Sie haben dabei auch die Belange älterer Arbeitnehmer, Teilzeitbeschäftigter und von Arbeitnehmern mit Familienpflichten zu berücksichtigen.

§ 97. Einrichtungen und Maßnahmen der Berufsbildung. (1) Der Arbeitgeber hat mit dem Betriebsrat über die Errichtung und Ausstattung betrieblicher Einrichtungen zur Berufsbildung, die Einführung betrieblicher Berufsbildungsmaßnahmen und die Teilnahme an außerbetrieblichen Berufsbildungsmaßnahmen zu beraten. …

§ 98. Durchführung betrieblicher Bildungsmaßnahmen. (1) Der Betriebsrat hat bei der Durchführung von Maßnahmen der betrieblichen Berufsbildung mitzubestimmen.

(2) Der Betriebsrat kann der Bestellung einer mit der Durchführung der betrieblichen Berufsbildung beauftragten Person widersprechen oder ihre Abberufung verlangen, wenn diese die persönliche oder fachliche, insbesondere die berufs- und arbeitspädagogische Eignung im Sinne des Berufsbildungsgesetzes nicht besitzt oder ihre Aufgaben vernachlässigt.

(3) Führt der Arbeitgeber betriebliche Maßnahmen der Berufsbildung durch oder stellt er für außerbetriebliche Maßnahmen der Berufsbildung Arbeitnehmer frei oder trägt er die durch die Teilnahme von Arbeitnehmern an solchen Maßnahmen entstehenden Kosten ganz oder teilweise, so kann der Betriebsrat Vorschläge für die Teilnahme von Arbeitnehmern oder Gruppen von Arbeitnehmern des Betriebs an diesen Maßnahmen der beruflichen Bildung machen.

(4) [1]Kommt im Fall des Absatzes 1 oder über die nach Absatz 3 vom Betriebsrat vorgeschlagenen Teilnehmer eine Einigung nicht zustande, so entscheidet die Einigungsstelle. [2]Der Spruch der Einigungsstelle ersetzt die Einigung zwischen Arbeitgeber und Betriebsrat. …

▶ Personelle Einzelmaßnahmen

§ 99. Mitbestimmung bei personellen Einzelmaßnahmen. (1) [1]In Unternehmen mit in der Regel mehr als zwanzig wahlberechtigten Arbeitnehmern hat der Arbeitgeber den Betriebsrat vor jeder Einstellung, Eingruppierung, Umgruppierung und Versetzung zu unterrichten, ihm die erforderlichen Bewerbungsunterlagen vorzulegen und Auskunft über die Person der Beteiligten zu geben; er hat dem Betriebsrat unter Vorlage der erforderlichen Unterlagen Auskunft über die Auswirkungen der geplanten Maßnahme zu geben und die Zustimmung des Betriebsrats zu der geplanten Maßnahme einzuholen. [2]Bei Einstellungen und Versetzungen hat der Arbeitgeber insbesondere den in Aussicht genommenen Arbeitsplatz und die vorgesehene Eingruppierung mitzuteilen. [3]Die Mitglieder des Betriebsrats sind verpflichtet, über die ihnen im Rahmen der personellen Maßnahmen nach den Sätzen 1 und 2 bekanntgewordenen persönlichen Verhältnisse und Angelegenheiten der Arbeitnehmer, die ihrer Bedeutung oder ihrem Inhalt nach einer vertraulichen Behandlung bedürfen, Stillschweigen zu bewahren; § 79 Abs. 1 Satz 2 bis 4 gilt entsprechend.

(2) Der Betriebsrat kann die Zustimmung verweigern, wenn

1. die personelle Maßnahme gegen ein Gesetz, eine Verordnung, eine Unfallverhütungsvorschrift oder gegen eine Bestimmung in einem Tarifvertrag oder in einer Betriebsvereinbarung oder gegen eine gerichtliche Entscheidung oder eine behördliche Anordnung verstoßen würde,
2. die personelle Maßnahme gegen eine Richtlinie nach § 95 verstoßen würde,
3. die durch Tatsachen begründete Besorgnis besteht, dass infolge der personellen Maß-

nahme im Betrieb beschäftigte Arbeitnehmer gekündigt werden oder sonstige Nachteile erleiden, ohne dass dies aus betrieblichen oder persönlichen Gründen gerechtfertigt ist; als Nachteil gilt bei unbefristeter Einstellung auch die Nichtberücksichtigung eines gleich geeigneten befristet Beschäftigten,
4. der betroffene Arbeitnehmer durch die personelle Maßnahme benachteiligt wird, ohne daß dies aus betrieblichen oder in der Person des Arbeitnehmers liegenden Gründen gerechtfertigt ist,
5. eine nach § 93 erforderliche Ausschreibung im Betrieb unterblieben ist oder
6. die durch Tatsachen begründete Besorgnis besteht, dass der für die personelle Maßnahme in Aussicht genommene Bewerber oder Arbeitnehmer den Betriebsfrieden durch gesetzwidriges Verhalten oder durch grobe Verletzung der in § 75 Abs. 1 enthaltenen Grundsätze, insbesondere durch rassistische oder fremdenfeindliche Betätigung, stören werde.

(3) [1]Verweigert der Betriebsrat seine Zustimmung, so hat er dies unter Angabe von Gründen innerhalb einer Woche nach Unterrichtung durch den Arbeitgeber diesem schriftlich mitzuteilen. [2]Teilt der Betriebsrat dem Arbeitgeber die Verweigerung seiner Zustimmung nicht innerhalb der Frist schriftlich mit, so gilt die Zustimmung als erteilt.

(4) Verweigert der Betriebsrat seine Zustimmung, so kann der Arbeitgeber beim Arbeitsgericht beantragen, die Zustimmung zu ersetzen.

§ 100. Vorläufige personelle Maßnahmen. (1) [1]Der Arbeitgeber kann, wenn dies aus sachlichen Gründen dringend erforderlich ist, die personelle Maßnahme im Sinne des § 99 Abs. 1 Satz 1 vorläufig durchführen, bevor der Betriebsrat sich geäußert oder wenn er die Zustimmung verweigert hat. [2]Der Arbeitgeber hat den Arbeitnehmer über die Sach- und Rechtslage aufzuklären.

6

(2) Der Arbeitgeber hat den Betriebsrat unverzüglich von der vorläufigen personellen Maßnahme zu unterrichten. …

§ 102. Mitbestimmung bei Kündigungen. (1) [1]Der Betriebsrat ist vor jeder Kündigung zu hören. [2]Der Arbeitgeber hat ihm die Gründe für die Kündigung mitzuteilen. [3]Eine ohne Anhörung des Betriebsrats ausgesprochene Kündigung ist unwirksam.

(2) [1]Hat der Betriebsrat gegen eine ordentliche Kündigung Bedenken, so hat er diese unter Angabe der Gründe dem Arbeitgeber spätestens innerhalb einer Woche schriftlich mitzuteilen. [2]Äußert er sich innerhalb dieser Frist nicht, gilt seine Zustimmung zur Kündigung als erteilt. [3]Hat der Betriebsrat gegen eine außerordentliche Kündigung Bedenken, so hat er diese unter Angabe der Gründe dem Arbeitgeber unverzüglich, spätestens jedoch innerhalb von drei Tagen, schriftlich mitzuteilen. [4]Der Betriebsrat soll, soweit dies erforderlich erscheint, vor seiner Stellungnahme den betroffenen Arbeitnehmer hören. [5]§ 99 Abs. 1 Satz 3 gilt entsprechend.

(3) Der Betriebsrat kann innerhalb der Frist des Absatzes 2 Satz 1 der ordentlichen Kündigung widersprechen, wenn
1. der Arbeitgeber bei der Auswahl des zu kündigenden Arbeitnehmers soziale Gesichtspunkte nicht oder nicht ausreichend berücksichtigt hat,
2. die Kündigung gegen eine Richtlinie nach § 95 verstößt,
3. der zu kündigende Arbeitnehmer an einem anderen Arbeitsplatz im selben Betrieb oder in einem anderen Betrieb des Unternehmens weiterbeschäftigt werden kann,
4. die Weiterbeschäftigung des Arbeitnehmers nach zumutbaren Umschulungs- oder Fortbildungsmaßnahmen möglich ist oder
5. eine Weiterbeschäftigung des Arbeitnehmers unter geänderten Vertragsbedingungen möglich ist und der Arbeitnehmer sein Einverständnis hiermit erklärt hat.

…

§ 103. Außerordentliche Kündigung und Versetzung in besonderen Fällen. (1) Die außerordentliche Kündigung von Mitgliedern des Betriebsrats, der Jugend- und Auszubildendenvertretung, der Bordvertretung und des Seebetriebsrats, des Wahlvorstands sowie von Wahlbewerbern bedarf der Zustimmung des Betriebsrats.

(2) [1]Verweigert der Betriebsrat seine Zustimmung, so kann das Arbeitsgericht sie auf Antrag des Arbeitgebers ersetzen, wenn die außerordentliche Kündigung unter Berücksichtigung aller Umstände gerechtfertigt ist. [2]In dem Verfahren vor dem Arbeitsgericht ist der betroffene Arbeitnehmer Beteiligter. …

§ 104. Entfernung betriebsstörender Arbeitnehmer. Hat ein Arbeitnehmer durch gesetzwidriges Verhalten oder durch grobe Verletzung der in § 75 Abs. 1 enthaltenen Grundsätze, insbesondere durch rassistische oder fremdenfeindliche Betätigungen, den Betriebsfrieden wiederholt ernstlich gestört, so kann der Betriebsrat vom Arbeitgeber die Entlassung oder Versetzung verlangen. …

§ 105. Leitende Angestellte. Eine beabsichtigte Einstellung oder personelle Veränderung eines in § 5 Abs. 3 genannten leitenden Angestellten ist dem Betriebsrat rechtzeitig mitzuteilen.

Wirtschaftliche Angelegenheiten

▶ Unterrichtung in wirtschaftlichen Angelegenheiten

§ 106. Wirtschaftsausschuss. (1) [1]In allen Unternehmen mit in der Regel mehr als einhundert ständig beschäftigten Arbeitnehmern ist ein Wirtschaftsausschuss zu bilden. [2]Der Wirtschaftsausschuss hat die Aufgabe, wirtschaftliche Angelegenheiten mit dem Unternehmer zu beraten und den Betriebsrat zu unterrichten.

(2) Der Unternehmer hat den Wirtschaftsausschuss rechtzeitig und umfassend über die wirtschaftlichen Angelegenheiten des Unternehmens unter Vorlage der erforderlichen Unterlagen zu unterrichten, soweit dadurch nicht die Betriebs- und Geschäftsgeheimnisse des Unternehmens gefährdet werden, sowie die sich daraus ergebenden Auswirkungen auf die Personalplanung darzustellen. …

(3) Zu den wirtschaftlichen Angelegenheiten im Sinne dieser Vorschrift gehören insbesondere
1. die wirtschaftliche und finanzielle Lage des Unternehmens;
2. die Produktions- und Absatzlage;
3. das Produktions- und Investitionsprogramm;
4. Rationalisierungsvorhaben;
5. Fabrikations- und Arbeitsmethoden, insbesondere die Einführung neuer Arbeitsmethoden;
5a. Fragen des betrieblichen Umweltschutzes;
6. die Einschränkung oder Stilllegung von Betrieben oder von Betriebsteilen;
7. die Verlegung von Betrieben oder Betriebsteilen;
8. der Zusammenschluss oder die Spaltung von Unternehmen oder Betrieben;
9. die Änderung der Betriebsorganisation oder des Betriebszwecks;
9a. die Übernahme des Unternehmens, wenn hiermit der Erwerb der Kontrolle verbunden ist, sowie
10. sonstige Vorgänge und Vorhaben, welche die Interessen der Arbeitnehmer des Unternehmens wesentlich berühren können.

§ 107. Bestellung und Zusammensetzung des Wirtschaftsausschusses. (1) [1]Der Wirtschaftsausschuss besteht aus mindestens drei und höchstens sieben Mitgliedern, die dem Unternehmen angehören müssen, darunter mindestens einem Betriebsratsmitglied. [2]Zu Mitgliedern des Wirtschaftsausschusses können auch die in § 5 Abs. 3 genannten Angestellten bestimmt werden. [3]Die Mitglieder sollen die zur Erfüllung ihrer Aufgaben erforderliche fachliche und persönliche Eignung besitzen.

(2) Die Mitglieder des Wirtschaftsausschusses werden vom Betriebsrat für die Dauer seiner Amtszeit bestimmt. …

§ 108. Sitzungen. (1) Der Wirtschaftsausschuss soll monatlich einmal zusammentreten.

(2) An den Sitzungen des Wirtschaftsausschusses hat der Unternehmer oder sein Vertreter teilzunehmen. …

(5) Der Jahresabschluss ist dem Wirtschaftsausschuss unter Beteiligung des Betriebsrats zu erläutern.

…

▶ Betriebsänderungen

§ 111. Betriebsänderungen. [1]In Unternehmen mit in der Regel mehr als zwanzig wahlberechtigten Arbeitnehmern hat der Unternehmer den Betriebsrat über geplante Betriebsänderungen, die wesentliche Nachteile für die Belegschaft oder erhebliche Teile der Belegschaft zur Folge haben können, rechtzeitig und umfassend zu unterrichten und die geplanten Betriebsänderungen mit dem Betriebsrat zu beraten. [2]Der Betriebsrat kann in Unternehmen mit mehr als 300 Arbeitnehmern zu seiner Unterstützung einen Berater hinzuziehen; § 80 Abs. 4 gilt entsprechend; im Übrigen bleibt § 80 Abs. 3 unberührt. [3]Als Betriebsänderungen im Sinne des Satzes 1 gelten
1. Einschränkung und Stilllegung des ganzen Betriebs oder von wesentlichen Betriebsteilen,
2. Verlegung des ganzen Betriebs oder von wesentlichen Betriebsteilen,
3. Zusammenschluss mit anderen Betrieben oder die Spaltung von Betrieben,
4. grundlegende Änderungen der Betriebsorganisation, des Betriebszwecks oder der Betriebsanlagen,
5. Einführung grundlegend neuer Arbeitsmethoden und Fertigungsverfahren.

§ 112. Interessenausgleich über die Betriebsänderung, Sozialplan. (1) [1]Kommt zwischen Unternehmer und Betriebsrat ein Interessenausgleich über die geplante Betriebsänderung zustande, so ist dieser schriftlich niederzulegen und vom Unternehmer und Betriebsrat zu unterschreiben. [2]Das Gleiche gilt für eine Einigung über den Ausgleich oder die Milderung der wirtschaftlichen Nachteile, die den Arbeitnehmern infolge der geplanten Betriebsänderung entstehen (Sozialplan). [3]Der Sozialplan hat die Wirkung einer Betriebsvereinbarung. [4]§ 77 Abs. 3 ist auf den Sozialplan nicht anzuwenden.

(2) [1]Kommt ein Interessenausgleich über die geplante Betriebsänderung oder eine Einigung über den Sozialplan nicht zustande, so können der Unternehmer oder der Betriebsrat den Vorstand der Bundesagentur für Arbeit um Vermittlung ersuchen, der Vorstand kann die Aufgabe auf andere Bedienstete der Bundesagentur für Arbeit übertragen. [2]Erfolgt kein Vermittlungsvorschlag oder bleibt der Vermittlungsversuch ergebnislos, so können der Unternehmer oder der Betriebsrat die Einigungsstelle anrufen. [3]Auf Ersuchen des Vorsitzenden der Einigungsstelle nimmt ein Mitglied des Vorstands der Bundesagentur für Arbeit oder ein vom Vorstand der Bundesagentur für Arbeit benannter Bediensteter der Bundesagentur für Arbeit an der Verhandlung teil.

(3) [1]Unternehmer und Betriebsrat sollen der Einigungsstelle Vorschläge zur Beilegung der Meinungsverschiedenheiten über den Interessenausgleich und den Sozialplan machen. [2]Die Einigungsstelle hat eine Einigung der Parteien zu versuchen. [3]Kommt eine Einigung zustande, so ist sie schriftlich niederzulegen und von den Parteien und vom Vorsitzenden zu unterschreiben.

(4) [1]Kommt eine Einigung über den Sozialplan nicht zustande, so entscheidet die Einigungsstelle über die Aufstellung eines Sozialplans. [2]Der Spruch der Einigungsstelle ersetzt die Einigung zwischen Arbeitgeber und Betriebsrat.

(5) [1]Die Einigungsstelle hat bei ihrer Entscheidung nach Absatz 4 sowohl die sozialen Belange der betroffenen Arbeitnehmer zu berücksichtigen als auch auf die wirtschaftliche Vertretbarkeit ihrer Entscheidung für das Unternehmen zu achten. [2]Dabei hat die Einigungsstelle sich im Rahmen billigen Ermessens insbesondere von folgenden Grundsätzen leiten zu lassen:

1. Sie soll beim Ausgleich oder bei der Milderung wirtschaftlicher Nachteile, insbesondere durch Einkommensminderung, Wegfall von Sonderleistungen oder Verlust von Anwartschaften auf betriebliche Altersversorgung, Umzugskosten oder erhöhte Fahrtkosten, Leistungen vorsehen, die in der Regel den Gegebenheiten des Einzelfalles Rechnung tragen.
2. Sie hat die Aussichten der betroffenen Arbeitnehmer auf dem Arbeitsmarkt zu berücksichtigen. Sie soll Arbeitnehmer von Leistungen ausschließen, die in einem zumutbaren Arbeitsverhältnis im selben Betrieb oder in einem anderen Betrieb des Unternehmens oder eines zum Konzern gehörenden Unternehmens weiterbeschäftigt werden können und die Weiterbeschäftigung ablehnen; die mögliche Weiterbeschäftigung an einem anderen Ort begründet für sich allein nicht die Unzumutbarkeit.

2a. Sie soll insbesondere die im Dritten Buch des Sozialgesetzbuches vorgesehenen Förderungsmöglichkeiten zur Vermeidung von Arbeitslosigkeit berücksichtigen.

3. Sie hat bei der Bemessung des Gesamtbetrages der Sozialplanleistungen darauf zu achten, daß der Fortbestand des Unternehmens oder die nach Durchführung der Betriebsänderung verbleibenden Arbeitsplätze nicht gefährdet werden.

§ 112a. Erzwingbarer Sozialplan bei Personalabbau, Neugründungen. (1) [1]Besteht eine geplante Betriebsänderung im Sinne des § 111 Satz 3 Nr. 1 allein in der Entlassung von Arbeitnehmern, so findet § 112 Abs. 4 und 5 nur Anwendung, wenn

1. in Betrieben mit in der Regel weniger als 60 Arbeitnehmern 20 vom Hundert der regelmäßig beschäftigten Arbeitnehmer, aber mindestens 6 Arbeitnehmer,
2. in Betrieben mit in der Regel mindestens 60 und weniger als 250 Arbeitnehmern 20 vom Hundert der regelmäßig beschäftigten Arbeitnehmer oder mindestens 37 Arbeitnehmer,
3. in Betrieben mit in der Regel mindestens 250 und weniger als 500 Arbeitnehmern 15 vom Hundert der regelmäßig beschäftigten Arbeitnehmer oder mindestens 60 Arbeitnehmer,
4. in Betrieben mit in der Regel mindestens 500 Arbeitnehmern 10 vom Hundert der regelmäßig beschäftigten Arbeitnehmer, aber mindestens 60 Arbeitnehmer

aus betriebsbedingten Gründen entlassen werden sollen. [2]Als Entlassung gilt auch das vom Arbeitgeber aus Gründen der Betriebsänderung veranlasste Ausscheiden von Arbeitnehmern auf Grund von Aufhebungsverträgen.

(2) [1]§ 112 Abs. 4 und 5 findet keine Anwendung auf Betriebe eines Unternehmens in den ersten vier Jahren nach seiner Gründung. [2]Dies gilt nicht für Neugründungen im Zusammenhang mit der rechtlichen Umstrukturierung von Unternehmen und Konzernen. [3]Maßgebend für den Zeitpunkt der Gründung ist die Aufnahme einer Erwerbstätigkeit, die nach § 138 der Abgabenordnung dem Finanzamt mitzuteilen ist.

Achter Teil. Übergangs- und Schlussvorschriften

§ 130. Öffentlicher Dienst. Dieses Gesetz findet keine Anwendung auf Verwaltungen und Betriebe des Bundes, der Länder, der Gemeinden und sonstiger Körperschaften, Anstalten und Stiftungen des öffentlichen Rechts.

Gesetz über die Drittelbeteiligung der Arbeitnehmer im Aufsichtsrat

Vom 18. Mai 2004, mit Änderungen bis zum 22. Dez. 2011

Geltungsbereich

§ 1. Erfasste Unternehmen. (1) Die Arbeitnehmer haben ein Mitbestimmungsrecht im Aufsichtsrat nach Maßgabe dieses Gesetzes in

1. einer Aktiengesellschaft mit in der Regel mehr als 500 Arbeitnehmern. Ein Mitbestimmungsrecht im Aufsichtsrat besteht auch in einer Aktiengesellschaft mit in der Regel weniger als 500 Arbeitnehmern, die vor dem 10. August 1994 eingetragen worden ist und keine Familiengesellschaft ist. Als Familiengesellschaften gelten solche Aktiengesellschaften, deren Aktionär eine einzelne natürliche Person ist oder deren Aktionäre untereinander im Sinne von § 15 Abs. 1 Nr. 2 bis 8, Abs. 2 der Abgabenordnung verwandt oder verschwägert sind;
2. einer Kommanditgesellschaft auf Aktien mit in der Regel mehr als 500 Arbeitnehmern. Nummer 1 Satz 2 und 3 gilt entsprechend;
3. einer Gesellschaft mit beschränkter Haftung mit in der Regel mehr als 500 Arbeitnehmern. Die Gesellschaft hat einen Aufsichtsrat zu bilden; seine Zusammensetzung sowie seine Rechte und Pflichten bestimmen sich nach § 90 Abs. 3, 4, 5 Satz 1 und 2, nach den §§ 95 bis 114, 116, 118 Abs. 3, § 125 Abs. 3 und 4 und nach den §§ 170, 171, 268 Abs. 2 des Aktiengesetzes;
4. einem Versicherungsverein auf Gegenseitigkeit mit in der Regel mehr als 500 Arbeitnehmern, wenn dort ein Aufsichtsrat besteht;
5. einer Genossenschaft mit in der Regel mehr als 500 Arbeitnehmern. § 96 Abs. 2 und die §§ 97 bis 99 des Aktiengesetzes sind entsprechend anzuwenden. Die Satzung kann nur eine durch drei teilbare Zahl von Aufsichtsratsmitgliedern festsetzen. Der Aufsichtsrat muss zwei Sitzungen im Kalenderhalbjahr abhalten.

6

(2) Dieses Gesetz findet keine Anwendung auf

1. die in § 1 Abs. 1 des Mitbestimmungsgesetzes, die in § 1 des Montan-Mitbestimmungsgesetzes und die in den §§ 1 und 3 Abs. 1 des Montan-Mitbestimmungsergänzungsgesetzes bezeichneten Unternehmen;
2. Unternehmen, die unmittelbar und überwiegend
   a) politischen, koalitionspolitischen, konfessionellen, karitativen, erzieherischen, wissenschaftlichen oder künstlerischen Bestimmungen oder
   b) Zwecken der Berichterstattung oder Meinungsäußerung, auf die Artikel 5 Abs. 1 Satz 2 des Grundgesetzes anzuwenden ist,

   dienen.

Dieses Gesetz ist nicht anzuwenden auf Religionsgemeinschaften und ihre karitativen und erzieherischen Einrichtungen unbeschadet deren Rechtsform.

(3) Die Vorschriften des Genossenschaftsgesetzes über die Zusammensetzung des Aufsichtsrats sowie über die Wahl und die Abberufung von Aufsichtsratsmitgliedern gelten insoweit nicht, als sie den Vorschriften dieses Gesetzes widersprechen.

§ 2. Konzern. (1) An der Wahl der Aufsichtsratsmitglieder der Arbeitnehmer des herrschenden Unternehmens eines Konzerns (§ 18 Abs. 1 des Aktiengesetzes) nehmen auch die Arbeitnehmer der übrigen Konzernunternehmen teil.

...

§ 3. Arbeitnehmer, Betrieb. (1) Arbeitnehmer im Sinne dieses Gesetzes sind die in § 5 Abs. 1 des Betriebsverfassungsgesetzes bezeichneten Personen mit Ausnahme der in § 5 Abs. 3 des Betriebsverfassungsgesetzes bezeichneten leitenden Angestellten.

(2) [1]Betriebe im Sinne dieses Gesetzes sind solche des Betriebsverfassungsgesetzes. [2]§ 4 Abs. 2 des Betriebsverfassungsgesetzes ist anzuwenden.

...

Aufsichtsrat

§ 4. Zusammensetzung. (1) Der Aufsichtsrat eines in § 1 Abs. 1 bezeichneten Unternehmens muss zu einem Drittel aus Arbeitnehmervertretern bestehen.

(2) [1]Ist ein Aufsichtsratsmitglied der Arbeitnehmer oder sind zwei Aufsichtsratsmitglieder der Arbeitnehmer zu wählen, so müssen diese als Arbeitnehmer im Unternehmen beschäftigt sein. [2]Sind mehr als zwei Aufsichtsratsmitglieder der Arbeitnehmer zu wählen, so müssen mindestens zwei Aufsichtsratsmitglieder als Arbeitnehmer im Unternehmen beschäftigt sein.

(3) [1]Die Aufsichtsratsmitglieder der Arbeitnehmer, die Arbeitnehmer des Unternehmens sind, müssen das 18. Lebensjahr vollendet haben und ein Jahr dem Unternehmen angehören. [2]Auf die einjährige Unternehmensangehörigkeit werden Zeiten der Angehörigkeit zu einem anderen Unternehmen, dessen Arbeitnehmer nach diesem Gesetz an der Wahl von Auf-

sichtsratsmitgliedern des Unternehmens teilnehmen, angerechnet. [3]Diese Zeiten müssen unmittelbar vor dem Zeitpunkt liegen, ab dem die Arbeitnehmer zur Wahl von Aufsichtsratsmitgliedern des Unternehmens berechtigt sind. [4]Die weiteren Wählbarkeitsvoraussetzungen des § 8 Abs. 1 des Betriebsverfassungsgesetzes müssen erfüllt sein.

(4) Unter den Aufsichtsratsmitgliedern der Arbeitnehmer sollen Frauen und Männer entsprechend ihrem zahlenmäßigen Verhältnis im Unternehmen vertreten sein.

§ 5. Wahl der Aufsichtsratsmitglieder der Arbeitnehmer. (1) Die Aufsichtsratsmitglieder der Arbeitnehmer werden nach den Grundsätzen der Mehrheitswahl in allgemeiner, geheimer, gleicher und unmittelbarer Wahl für die Zeit gewählt, die im Gesetz oder in der Satzung für die von der Hauptversammlung zu wählenden Aufsichtsratsmitglieder bestimmt ist.

(2) Wahlberechtigt sind die Arbeitnehmer des Unternehmens, die das 18. Lebensjahr vollendet haben. § 7 Satz 2 des Betriebsverfassungsgesetzes gilt entsprechend.

§ 6. Wahlvorschläge. [1]Die Wahl erfolgt auf Grund von Wahlvorschlägen der Betriebsräte und der Arbeitnehmer. [2]Die Wahlvorschläge der Arbeitnehmer müssen von mindestens einem Zehntel der Wahlberechtigten oder von mindestens 100 Wahlberechtigten unterzeichnet sein.

§ 8. Bekanntmachung der Mitglieder des Aufsichtsrats. Das zur gesetzlichen Vertretung des Unternehmens befugte Organ hat die Namen der Mitglieder und der Ersatzmitglieder des Aufsichtsrats unverzüglich nach ihrer Bestellung in den Betrieben des Unternehmens bekannt zu machen und im Bundesanzeiger zu veröffentlichen. …

§ 9. Schutz von Aufsichtsratsmitgliedern vor Benachteiligung. [1]Aufsichtsratsmitglieder der Arbeitnehmer dürfen in der Ausübung ihrer Tätigkeit nicht gestört oder behindert werden. [2]Sie dürfen wegen ihrer Tätigkeit im Aufsichtsrat nicht benachteiligt oder begünstigt werden. Dies gilt auch für ihre berufliche Entwicklung.

§ 10. Wahlschutz und Wahlkosten. (1) [1]Niemand darf die Wahl der Aufsichtsratsmitglieder der Arbeitnehmer behindern. [2]Insbesondere darf niemand in der Ausübung des aktiven und passiven Wahlrechts beschränkt werden.

(2) Niemand darf die Wahlen durch Zufügung oder Androhung von Nachteilen oder durch Gewährung oder Versprechen von Vorteilen beeinflussen.

(3) [1]Die Kosten der Wahlen trägt das Unternehmen. [2]Versäumnis von Arbeitszeit, die zur Ausübung des Wahlrechts oder der Betätigung im Wahlvorstand erforderlich ist, berechtigt nicht zur Minderung des Arbeitsentgelts.

Gesetz über Sprecherausschüsse der leitenden Angestellten

Vom 20. Dezember 1988, mit Änderungen bis zum 31. Oktober 2006

Erster Teil. Allgemeine Vorschriften

§ 1. Errichtung von Sprecherausschüssen.
(1) In Betrieben mit in der Regel mindestens zehn leitenden Angestellten (§ 5 Abs. 3 des Betriebsverfassungsgesetzes) werden Sprecherausschüsse der leitenden Angestellten gewählt.

§ 2. Zusammenarbeit. (1) [1]Der Sprecherausschuß arbeitet mit dem Arbeitgeber vertrauensvoll unter Beachtung der geltenden Tarifverträge zum Wohl der leitenden Angestellten und des Betriebs zusammen. [2]Der Arbeitgeber hat vor Abschluß einer Betriebsvereinbarung oder sonstigen Vereinbarung mit dem Betriebsrat, die rechtliche Interessen der leitenden Angestellten berührt, den Sprecherausschuß rechtzeitig anzuhören.

(2) [1]Der Sprecherausschuß kann dem Betriebsrat oder Mitgliedern des Betriebsrats das Recht einräumen, an Sitzungen des Sprecherausschusses teilzunehmen. [2]Der Betriebsrat kann dem Sprecherausschuß oder Mitgliedern des Sprecherausschusses das Recht einräumen, an Sitzungen des Betriebsrats teilzunehmen. [3]Einmal im Kalenderjahr soll eine gemeinsame Sitzung des Sprecherausschusses und des Betriebsrats stattfinden.

(3) [1]Die Mitglieder des Sprecherausschusses dürfen in der Ausübung ihrer Tätigkeit nicht gestört oder behindert werden. [2]Sie dürfen wegen ihrer Tätigkeit nicht benachteiligt oder begünstigt weden; dies gilt auch für ihre berufliche Entwicklung.

(4) [1]Arbeitgeber und Sprecherausschuß haben Betätigungen zu unterlassen, durch die der Arbeitsablauf oder der Frieden des Betriebs beeinträchtigt werden. [2]Sie haben jede parteipolitische Betätigung im Betrieb zu unterlassen; die Behandlung von Angelegenheiten tarifpolitischer, sozialpolitischer und wirtschaftlicher Art, die den Betrieb oder die leitenden Angestellten unmittelbar betreffen, wird hierdurch nicht berührt.

Zweiter Teil. Sprecherausschuß, Versammlung der leitenden Angestellten, Gesamt-, Unternehmens- und Konzernsprecherausschuß

Wahl, Zusammensetzung und Amtszeit des Sprecherausschusses

6

§ 3. Wahlberechtigung und Wählbarkeit.
(1) Wahlberechtigt sind alle leitenden Angestellten des Betriebs.

(2) Wählbar sind alle leitenden Angestellten, die sechs Monate dem Betrieb angehören.

§ 4. Zahl der Sprecherausschußmitglieder.
(1) Der Sprecherausschuß besteht in Betrieben mit in der Regel 10 bis 20 leitenden Angestellten aus einer Person, 21 bis 100 leitenden Angestellten aus drei Mitgliedern, 101 bis 300 leitenden Angestellten aus fünf Mitgliedern, über 300 leitenden Angestellten aus sieben Mitgliedern.

(2) Männer und Frauen sollen entsprechend ihrem zahlenmäßigen Verhältnis im Sprecherausschuß vertreten sein.

§ 5. Zeitpunkt der Wahlen und Amtszeit.
(1) [1]Die regelmäßigen Wahlen des Sprecherausschusses finden alle vier Jahre in der Zeit vom 1. März bis 31. Mai statt. [2]Sie sind zeitgleich mit den regelmäßigen Betriebsratswahlen nach § 13 Abs. 1 des Betriebsverfassungsgesetzes einzuleiten.

§ 6. Wahlvorschriften. (1) Der Sprecherausschuß wird in geheimer und unmittelbarer Wahl gewählt.

(2) Die Wahl erfolgt nach den Grundsätzen der Verhältniswahl; wird nur ein Wahlvorschlag eingereicht, erfolgt die Wahl nach den Grundsätzen der Mehrheitswahl.

(3) [1]In Betrieben, deren Sprecherausschuß aus einer Person besteht, wird dieser mit einfacher Stimmenmehrheit gewählt. [2]In einem getrennten Wahlgang ist ein Ersatzmitglied zu wählen.

(4) [1]Zur Wahl des Sprecherausschusses können die leitenden Angestellten Wahlvorschläge machen. [2]Jeder Wahlvorschlag muß von mindestens einem Zwanzigstel der leitenden Angestellten, jedoch von mindestens drei leitenden Angestellten unterzeichnet sein; in Betrieben mit in der Regel bis zu zwanzig leitenden Angestellten genügt die Unterzeichnung durch zwei leitende Angestellte. [3]In jedem Fall genügt die Unterzeichnung durch fünfzig leitende Angestellte.

Geschäftsführung des Sprecherausschusses

§ 11. Vorsitzender. (1) Der Sprecherausschuß wählt aus seiner Mitte den Vorsitzenden und dessen Stellvertreter.

(2) [1]Der Vorsitzende vertritt den Sprecherausschuß im Rahmen der von diesem gefaßten Beschlüsse. [2]Zur Entgegennahme von Erklärungen, die dem Sprecherausschuß gegenüber abzugeben sind, ist der Vorsitzende berechtigt. [3]Im Falle der Verhinderung des Vorsitzenden nimmt sein Stellvertreter diese Aufgabe wahr.

Dritter Teil. Mitwirkung der leitenden Angestellten

Mitwirkungsrechte

§ 32. Wirtschaftliche Angelegenheiten. (1) [1]Der Unternehmer hat den Sprecherausschuß mindestens einmal im Kalenderhalbjahr über die wirtschaftlichen Angelegenheiten des Betriebs und des Unternehmens im Sinne des § 106 Abs. 3 des Betriebsverfassungsgesetzes zu unterrichten, soweit dadurch nicht die Betriebs- oder Geschäftsgeheimnisse des Unternehmens gefährdet werden. [2]Satz 1 gilt nicht für Unternehmen und Betriebe im Sinne des § 118 Abs. 1 des Betriebsverfassungsgesetzes.

(2) [1]Der Unternehmer hat den Sprecherausschuß über geplante Betriebsänderungen im Sinne des § 111 des Betriebsverfassungsgesetzes, die auch wesentliche Nachteile für leitende Angestellte zur Folge haben können, rechtzeitig und umfassend zu unterrichten. [2]Entstehen leitenden Angestellten infolge der geplanten Betriebsänderung wirtschaftliche Nachteile, hat der Unternehmer mit dem Sprecherausschuß über Maßnahmen zum Ausgleich oder zur Milderung dieser Nachteile zu beraten.

6

Gesetz über die Mitbestimmung der Arbeitnehmer

Vom 4. Mai 1976, mit Änderungen bis zum 22. Dez. 2011

Erster Teil Geltungsbereich

§ 1. Erfaßte Unternehmen. (1) In Unternehmen, die
1. in der Rechtsform einer Aktiengesellschaft, einer Kommanditgesellschaft auf Aktien, einer Gesellschaft mit beschränkter Haftung oder einer Genossenschaft betrieben werden und
2. in der Regel mehr als 2000 Arbeitnehmer beschäftigen,

haben die Arbeitnehmer ein Mitbestimmungsrecht nach Maßgabe dieses Gesetzes.

(2) Dieses Gesetz ist nicht anzuwenden auf die Mitbestimmung in Organen von Unternehmen, in denen die Arbeitnehmer nach
1. dem Gesetz über die Mitbestimmung der Arbeitnehmer in den Aufsichtsräten und Vorständen der Unternehmen des Bergbaus und der Eisen und Stahl erzeugenden Industrie vom 21. Mai 1951 – Montan-Mitbestimmungsgesetz –, … ein Mitbestimmungsrecht haben.

(3) Die Vertretung der Arbeitnehmer in den Aufsichtsräten von Unternehmen, in denen die Arbeitnehmer nicht nach Absatz 1 oder nach den in Absatz 2 bezeichneten Gesetzen ein Mitbestimmungsrecht haben, bestimmt sich nach den Vorschriften des Drittelbeteiligungsgesetz …

(4) [1]Dieses Gesetz ist nicht anzuwenden auf Unternehmen, die unmittelbar und überwiegend
1. politischen, koalitionspolitischen, konfessionellen, karitativen, erzieherischen, wissenschaftlichen oder künstlerischen Bestimmungen oder
2. Zwecken der Berichterstattung oder Meinungsäußerung, auf die Artikel 5 Abs. 1 Satz 2 des Grundgesetzes anzuwenden ist,

dienen. [2]Dieses Gesetz ist nicht anzuwenden auf Religionsgemeinschaften und ihre karitativen und erzieherischen Einrichtungen unbeschadet deren Rechtsform.

6

§ 2. Anteilseigner. Anteilseigner im Sinne dieses Gesetzes sind je nach der Rechtsform der in § 1 Abs. 1 Nr. 1 bezeichneten Unternehmen Aktionäre, Gesellschafter oder Mitglieder einer Genossenschaft.

§ 3. Arbeitnehmer und Betrieb. (1) [1]Arbeitnehmer im Sinne dieses Gesetzes sind
1. die in § 5 Abs. 1 des Betriebsverfassungsgesetzes bezeichneten Personen mit Ausnahme der in § 5 Abs. 3 des Betriebsverfassungsgesetzes bezeichneten leitenden Angestellten,
2. die in § 5 Abs. 3 des Betriebsverfassungsgesetzes bezeichneten leitenden Angestellten.

[2]Keine Arbeitnehmer im Sinne dieses Gesetzes sind die in § 5 Abs. 2 des Betriebsverfassungsgesetzes bezeichneten Personen.

(2) [1]Betriebe im Sinne dieses Gesetzes sind solche des Betriebsverfassungsgesetzes. [2]§ 4 Abs. 2 des Betriebsverfassungsgesetzes ist anzuwenden.

§ 4. Kommanditgesellschaft. (1) Ist ein in § 1 Abs. 1 Nr. 1 bezeichnetes Unternehmen persönlich haftender Gesellschafter einer Kommanditgesellschaft und hat die Mehrheit der Kommanditisten dieser Kommanditgesellschaft, berechnet nach der Mehrheit der Anteile oder der Stimmen, die Mehrheit der Anteile oder der Stimmen in dem Unternehmen des persönlich haftenden Gesellschafters inne, so gelten für die Anwendung dieses Gesetzes auf den persönlich haftenden Gesellschafter die Arbeitnehmer der Kommanditgesellschaft als Arbeitnehmer des persönlich haftenden Gesellschafters, sofern nicht der persönlich haftende Gesellschafter einen eigenen Geschäftsbetrieb mit in der Regel mehr als 500 Arbeitnehmern hat. …

Zweiter Teil. Aufsichtsrat

Bildung und Zusammensetzung

§ 6. Grundsatz. (1) Bei den in § 1 Abs. 1 bezeichneten Unternehmen ist ein Aufsichtsrat zu bilden, soweit sich dies nicht schon aus anderen gesetzlichen Vorschriften ergibt.

…

§ 7. Zusammensetzung des Aufsichtsrats.

(1) Der Aufsichtsrat eines Unternehmens
1. mit in der Regel nicht mehr als 10 000 Arbeitnehmern setzt sich zusammen aus je sechs Aufsichtsratsmitgliedern der Anteilseigner und der Arbeitnehmer;
2. mit in der Regel mehr als 10 000, jedoch nicht mehr als 20 000 Arbeitnehmern setzt sich zusammen aus je acht Aufsichtsratsmitgliedern der Anteilseigner und der Arbeitnehmer;

3. mit in der Regel mehr als 20 000 Arbeitnehmern setzt sich zusammen aus je zehn Aufsichtsratsmitgliedern der Anteilseigner und der Arbeitnehmer ....

(2) Unter den Aufsichtsratsmitgliedern der Arbeitnehmer müssen sich befinden

1. in einem Aufsichtsrat, dem sechs Aufsichtsratsmitglieder der Arbeitnehmer angehören, vier Arbeitnehmer des Unternehmens und zwei Vertreter von Gewerkschaften;
2. in einem Aufsichtsrat, dem acht Aufsichtsratsmitglieder der Arbeitnehmer angehören, sechs Arbeitnehmer des Unternehmens und zwei Vertreter von Gewerkschaften;
3. in einem Aufsichtsrat, dem zehn Aufsichtsratsmitglieder der Arbeitnehmer angehören, sieben Arbeitnehmer des Unternehmens und drei Vertreter von Gewerkschaften.

(3) [1]Die in Absatz 2 bezeichneten Arbeitnehmer des Unternehmens müssen das 18. Lebensjahr vollendet haben und ein Jahr dem Unternehmen angehören. [2]Auf die einjährige Unternehmensangehörigkeit werden Zeiten der Angehörigkeit zu einem anderen Unternehmen, dessen Arbeitnehmer nach diesem Gesetz an der Wahl von Aufsichtsratsmitgliedern des Unternehmens teilnehmen, angerechnet. [3]Diese Zeiten müssen unmittelbar vor dem Zeitpunkt liegen, ab dem die Arbeitnehmer zur Wahl von Aufsichtsratsmitgliedern des Unternehmens berechtigt sind. [4]Die weiteren Wählbarkeitsvoraussetzungen des § 8 Abs. 1 des Betriebsverfassungsgesetzes müssen erfüllt sein.

(4) Die in Absatz 2 bezeichneten Gewerkschaften müssen in dem Unternehmen selbst oder in einem anderen Unternehmen vertreten sein, dessen Arbeitnehmer nach diesem Gesetz an der Wahl von Aufsichtsratsmitgliedern des Unternehmens teilnehmen.

Bestellung der Aufsichtsratsmitglieder

▶ Aufsichtsratsmitglieder der Anteilseigner

§ 8. (1) Die Aufsichtsratsmitglieder der Anteilseigner werden durch das nach Gesetz, Satzung oder Gesellschaftsvertrag zur Wahl von Mitgliedern des Aufsichtsrats befugte Organ (Wahlorgan) und, soweit gesetzliche Vorschriften dem nicht entgegenstehen, nach Maßgabe der Satzung oder des Gesellschaftsvertrags bestellt.

(2) § 101 Abs. 2 des Aktiengesetzes bleibt unberührt.

▶ Aufsichtsratsmitglieder der Arbeitnehmer, Grundsatz

§ 9. (1) Die Aufsichtsratsmitglieder der Arbeitnehmer (§ 7 Abs. 2) eines Unternehmens mit in der Regel mehr als 8000 Arbeitnehmern werden durch Delegierte gewählt, sofern nicht die wahlberechtigten Arbeitnehmer die unmittelbare Wahl beschließen.

(2) Die Aufsichtsratsmitglieder der Arbeitnehmer (§ 7 Abs. 2) eines Unternehmens mit in der Regel nicht mehr als 8000 Arbeitnehmern werden in unmittelbarer Wahl gewählt, sofern nicht die wahlberechtigten Arbeitnehmer die Wahl durch Delegierte beschließen.

(3) [1]Zur Abstimmung darüber, ob die Wahl durch Delegierte oder unmittelbar erfolgen soll, bedarf es eines Antrags, der von einem Zwanzigstel der wahlberechtigten Arbeitnehmer des Unternehmens unterzeichnet sein muß. [2]Die Abstimmung ist geheim. [3]Ein Beschluß nach Absatz 1 oder 2 kann nur unter Beteiligung von mindestens der Hälfte der wahlberechtigten Arbeitnehmer und nur mit der Mehrheit der abgegebenen Stimmen gefaßt werden.

▶ Wahl der Aufsichtsratsmitglieder der Arbeitnehmer durch Delegierte

§ 10. Wahl der Delegierten. (1) In jedem Betrieb des Unternehmens wählen die Arbeitnehmer in geheimer Wahl und nach den Grundsätzen der Verhältniswahl Delegierte.

(2) [1]Wahlberechtigt für die Wahl von Delegierten sind die Arbeitnehmer des Unternehmens, die das 18. Lebensjahr vollendet haben. [2]§ 7 Satz 2 des Betriebsverfassungsgesetzes gilt entsprechend.

(3) Zu Delegierten wählbar sind die in Absatz 2 Satz 1 bezeichneten Arbeitnehmer, die die weiteren Wählbarkeitsvoraussetzungen des § 8 des Betriebsverfassungsgesetzes erfüllen. ...

6

§ 11. Errechnung der Zahl der Delegierten. (1) [1]In jedem Betrieb entfällt auf je 90 wahlberechtigte Arbeitnehmer ein Delegierter. [2]Ergibt die Errechnung nach Satz 1 in einem Betrieb mehr als

1. 25 Delegierte, so vermindert sich die Zahl der zu wählenden Delegierten auf die Hälfte; diese Delegierten erhalten je zwei Stimmen;
2. 50 Delegierte, so vermindert sich die Zahl der zu wählenden Delegierten auf ein Drittel; diese Delegierten erhalten je drei Stimmen;
3. 75 Delegierte, so vermindert sich die Zahl der zu wählenden Delegierten auf ein Viertel; diese Delegierten erhalten je vier Stimmen;
4. 100 Delegierte, so vermindert sich die Zahl der zu wählenden Delegierten auf ein Fünf-

tel; diese Delegierten erhalten je fünf Stimmen;
5. 125 Delegierte, so vermindert sich die Zahl der zu wählenden Delegierten auf ein Sechstel; diese Delegierten erhalten je sechs Stimmen;
6. 150 Delegierte, so vermindert sich die Zahl der zu wählenden Delegierten auf ein Siebtel; diese Delegierten erhalten je sieben Stimmen.

[3]Bei der Errechnung der Zahl der Delegierten werden Teilzahlen voll gezählt, wenn sie mindestens die Hälfte der vollen Zahl betragen.

(2) [1]Unter den Delegierten müssen in jedem Betrieb die in § 3 Abs. 1 Nr. 1 bezeichneten Arbeitnehmer und die leitenden Angestellten entsprechend ihrem zahlenmäßigen Verhältnis vertreten sein. [2]Sind in einem Betrieb mindestens neun Delegierte zu wählen, so entfällt auf die Arbeiter, die in § 3 Abs. 3 Nr. 1 bezeichneten Angestellten und die leitenden Angestellten mindestens je ein Delegierter; dies gilt nicht, soweit in dem Betrieb nicht mehr als fünf in § 3 Abs. 1 Nr. 1 bezeichnete Arbeitnehmer oder leitende Angestellte wahlberechtigt sind. [3]Soweit auf die in § 3 Abs. 1 Nr. 1 bezeichneten Arbeitnehmer und die leitenden Angestellten lediglich nach Satz 2 Delegierte entfallen, vermehrt sich die nach Absatz 1 errechnete Zahl der Delegierten des Betriebs entsprechend.

(3) [1]Soweit nach Absatz 2 auf die § 3 Abs. 1 Nr. 1 bezeichneten Arbeitnehmer eines Betriebs nicht mindestens je ein Delegierter entfällt, gelten diese für die Wahl der Delegierten als Arbeitnehmer des Betriebs der Hauptniederlassung des Unternehmens. [2]Soweit nach Absatz 2 und nach Satz 1 auf die in § 3 Abs. 1 Nr. 1 bezeichneten Arbeitnehmer und die leitenden Angestellten des Betriebs der Hauptniederlassung nicht mindestens je ein Delegierter entfällt, gelten diese für die Wahl der Delegierten als Arbeitnehmer des nach der Zahl der wahlberechtigten Arbeitnehmer größten Betriebs des Unternehmens.

6

(4) Entfällt auf einen Betrieb oder auf ein Unternehmen, dessen Arbeitnehmer nach diesem Gesetz an der Wahl von Aufsichtsratsmitgliedern des Unternehmens teilnehmen, kein Delegierter, so ist Absatz 3 entsprechend anzuwenden.

(5) Die Eigenschaft eines Delegierten als Delegierter der Arbeitnehmer nach § 3 Abs. 1 Nr. 1 oder § 3 Abs. 1 Nr. 2 bleibt bei einem Wechsel der Eigenschaft als Arbeitnehmer nach § 3 Abs. 1 Nr. 1 oder § 3 Abs. 1 Nr. 2 erhalten.

§ 12. Wahlvorschläge für Delegierte.
(1) [1]Zur Wahl der Delegierten können die wahlberechtigten Arbeitnehmer des Betriebs Wahlvorschläge machen. [2]Jeder Wahlvorschlag muss von einem Zwanzigstel oder 50 der jeweils wahlberechtigten in § 3 Abs. 1 Nr. 1 bezeichneten Arbeitnehmer oder der leitenden Angestellten des Betriebs unterzeichnet sein.

...

§ 15. Wahl der unternehmensangehörigen Aufsichtsratsmitglieder der Arbeitnehmer.
(1) [1]Die Delegierten wählen die Aufsichtsratsmitglieder, die nach § 7 Abs. 2 Arbeitnehmer des Unternehmens sein müssen, geheim und nach den Grundsätzen der Verhältniswahl für die Zeit, die im Gesetz oder in der Satzung (im Gesellschaftsvertrag) für die durch das Wahlorgan der Anteilseigner zu wählenden Mitglieder des Aufsichtsrats bestimmt ist. [2]Dem Aufsichtsrat muss ein leitender Angestellter angehören.

...

§ 16. Wahl der Vertreter der Gewerkschaften in den Aufsichtsrat. (1) Die Delegierten wählen die Aufsichtsratsmitglieder, die nach § 7 Abs. 2 Vertreter von Gewerkschaften sind, in geheimer Wahl und nach den Grundsätzen der Verhältniswahl für die in § 15 Abs. 1 bestimmte Zeit.

(2) [1]Die Wahl erfolgt auf Grund von Wahlvorschlägen der Gewerkschaften, die in dem Unternehmen selbst oder in einem anderen Unternehmen vertreten sind, dessen Arbeitnehmer nach diesem Gesetz an der Wahl von Aufsichtsratsmitgliedern des Unternehmens teilnehmen. [2]Wird nur ein Wahlvorschlag gemacht, so findet abweichend von Satz 1 Mehrheitswahl statt. [3]In diesem Fall muß der Wahlvorschlag mindestens doppelt so viele Bewerber enthalten, wie Vertreter von Gewerkschaften in den Aufsichtsrat zu wählen sind.

Innere Ordnung, Rechte und Pflichten des Aufsichtsrats

§ 26. Schutz von Aufsichtsratsmitgliedern vor Benachteiligung. [1]Aufsichtsratsmitglieder der Arbeitnehmer dürfen in der Ausübung ihrer Tätigkeit nicht gestört oder behindert werden. [2]Sie dürfen wegen ihrer Tätigkeit im Aufsichtsrat eines Unternehmens, dessen Arbeitnehmer sie sind oder als dessen Arbeitnehmer sie nach § 4 oder § 5 gelten, nicht benachteiligt werden. [3]Dies gilt auch für ihre berufliche Entwicklung.

§ 27. Vorsitz im Aufsichtsrat. (1) Der Aufsichtsrat wählt mit einer Mehrheit von zwei Dritteln der Mitglieder, aus denen er insgesamt zu bestehen hat, aus seiner Mitte einen Aufsichtsratsvorsitzenden und einen Stellvertreter.

(2) [1]Wird bei der Wahl des Aufsichtsratsvorsitzenden oder seines Stellvertreters die nach

Absatz 1 erforderliche Mehrheit nicht erreicht, so findet für die Wahl des Aufsichtsratsvorsitzenden und seines Stellvertreters ein zweiter Wahlgang statt. [2]In diesem Wahlgang wählen die Aufsichtsratsmitglieder der Anteilseigner den Aufsichtsratsvorsitzenden und die Aufsichtsratsmitglieder der Arbeitnehmer den Stellvertreter jeweils mit der Mehrheit der abgegebenen Stimmen.

(3) Unmittelbar nach der Wahl des Aufsichtsratsvorsitzenden und seines Stellvertreters bildet der Aufsichtsrat zur Wahrnehmung der in § 31 Abs. 3 Satz 1 bezeichneten Aufgabe einen Ausschuß, dem der Aufsichtsratsvorsitzende, sein Stellvertreter sowie je ein von den Aufsichtsratsmitgliedern der Arbeitnehmer und von den Aufsichtsratsmitgliedern der Anteilseigner mit der Mehrheit der abgegebenen Stimmen gewähltes Mitglied angehören.

§ 28. Beschlußfähigkeit. [1]Der Aufsichtsrat ist nur beschlußfähig, wenn mindestens die Hälfte der Mitglieder, aus denen er insgesamt zu bestehen hat, an der Beschlußfassung teilnimmt. [2]§ 108 Abs. 2 Satz 4 des Aktiengesetzes ist anzuwenden.

§ 29. Abstimmungen. (1) Beschlüsse des Aufsichtsrats bedürfen der Mehrheit der abgegebenen Stimmen, soweit nicht in Absatz 2 und in den §§ 27, 31 und 32 etwas anderes bestimmt ist.

(2) [1]Ergibt eine Abstimmung im Aufsichtsrat Stimmengleichheit, so hat bei einer erneuten Abstimmung über denselben Gegenstand, wenn auch sie Stimmengleichheit ergibt, der Aufsichtsratsvorsitzende zwei Stimmen. [2]§ 108 Abs. 3 des Aktiengesetzes ist auch auf die Abgabe der zweiten Stimme anzuwenden. [3]Dem Stellvertreter steht die zweite Stimme nicht zu.

Dritter Teil. Gesetzliches Vertretungsorgan

§ 30. Grundsatz. Die Zusammensetzung, die Rechte und Pflichten des zur gesetzlichen Vertretung des Unternehmens befugten Organs sowie die Bestellung seiner Mitglieder bestimmen sich nach den für die Rechtsform des Unternehmens geltenden Vorschriften, soweit sich aus den §§ 31 bis 33 nichts anderes ergibt.

§ 31. Bestellung und Widerruf. (1) [1]Die Bestellung der Mitglieder des zur gesetzlichen Vertretung des Unternehmens befugten Organs und der Widerruf der Bestellung bestimmen sich nach den §§ 84 und 85 des Aktiengesetzes, soweit sich nicht aus den Absätzen 2 bis 5 etwas anderes ergibt. [2]Dies gilt nicht für Kommanditgesellschaften auf Aktien.

(2) Der Aufsichtsrat bestellt die Mitglieder des zur gesetzlichen Vertretung des Unternehmens befugten Organs mit einer Mehrheit, die mindestens zwei Drittel der Stimmen seiner Mitglieder umfaßt.

(3) [1]Kommt eine Bestellung nach Absatz 2 nicht zustande, so hat der in § 27 Abs. 3 bezeichnete Ausschuß des Aufsichtsrats innerhalb eines Monats nach der Abstimmung, in der die in Absatz 2 vorgeschriebene Mehrheit nicht erreicht worden ist, dem Aufsichtsrat einen Vorschlag für die Bestellung zu machen; dieser Vorschlag schließt andeere Vorschläge nicht aus. [2]Der Aufsichtsrat bestellt die Mitglieder des zur gesetzlichen Vertretung des Unternehmens befugten Organs mit der Mehrheit der Stimmen seiner Mitglieder.

(4) [1]Kommt eine Bestellung nach Absatz 3 nicht zustande, so hat bei einer erneuten Abstimmung der Aufsichtsratsvorsitzende zwei Stimmen; Absatz 3 Satz 2 ist anzuwenden. [2]Auf die Abgabe der zweiten Stimme ist § 108 Abs. 3 des Aktiengesetzes anzuwenden. [3]Dem Stellvertreter steht die zweite Stimme nicht zu.

(5) Die Absätze 2 bis 4 sind für den Widerruf der Bestellung eines Mitglieds des zur gesetzlichen Vertretung des Unternehmens befugten Organs entsprechend anzuwenden.

§ 33. Arbeitsdirektor. (1) [1]Als gleichberechtigtes Mitglied des zur gesetzlichen Vertretung des Unternehmens befugten Organs wird ein Arbeitsdirektor bestellt. [2]Dies gilt nicht für Kommanditgesellschaften auf Aktien.

(2) [1]Der Arbeitsdirektor hat wie die übrigen Mitglieder des zur gesetzlichen Vertretung des Unternehmens befugten Organs seine Aufgaben im engsten Einvernehmen mit dem Gesamtorgan auszuüben. [2]Das Nähere bestimmt die Geschäftsordnung.

(3) Bei Genossenschaften ist auf den Arbeitsdirektor § 9 Abs. 2 des Genossenschaftsgesetzes nicht anzuwenden.

Gesetz über die Mitbestimmung der Arbeitnehmer in den Aufsichtsräten und Vorständen der Unternehmen des Bergbaus und der Eisen und Stahl erzeugenden Industrie

Vom 21. Mai 1951, mit Änderungen bis zum 31. Oktober 2006

Allgemeines

§ 1. [Arbeitnehmermitbestimmung in den Aufsichtsräten Anwendungsbereich]. (1) Die Arbeitnehmer haben ein Mitbestimmungsrecht in den Aufsichtsräten und in den zur gesetzlichen Vertretung berufenen Organen nach Maßgabe dieses Gesetzes in

a) den Unternehmen, deren überwiegender Betriebszweck in der Förderung von Steinkohle, Braunkohle oder Eisenerz oder in der Aufbereitung, Verkokung, Verschwelung oder Brikettierung dieser Grundstoffe liegt und deren Betrieb unter der Aufsicht der Bergbehörden steht,
b) den Unternehmen der Eisen und Stahl erzeugenden Industrie in dem Umfang, wie er in Gesetz Nr. 27 der Alliierten Hohen Kommission vom 16. Mai 1950 (Amtsblatt der Alliierten Hohen Kommission für Deutschland S. 299) bezeichnet ist. …

(2) Dieses Gesetz findet nur auf diejenigen in Abs. 1 bezeichneten Unternehmen Anwendung, welche in Form einer Aktiengesellschaft oder einer Gesellschaft mit beschränkter Haftung betrieben werden und in der Regel mehr als eintausend Arbeitnehmer beschäftigen oder „Einheitsgesellschaften" sind.

…

§ 2. [Vorrang des Montan-Mitbestimmungsgesetzes]. Auf die in § 1 bezeichneten Unternehmen finden die Vorschriften des Aktiengesetzes, des Gesetzes betreffend die Gesellschaften mit beschränkter Haftung, der Berggesetze und des Betriebsverfassungsrechts insoweit keine Anwendung, als sie den Vorschriften dieses Gesetzes widersprechen.

6

Aufsichtsrat

§ 3. [Aufsichtsrat bei GmbH oder bergrechtl Gewerkschaft]. (1) Betreibt eine Gesellschaft mit beschränkter Haftung ein Unternehmen im Sinne des § 1, so ist nach Maßgabe dieses Gesetzes ein Aufsichtsrat zu bilden.

(2) Auf den Aufsichtsrat, seine Rechte und Pflichten finden die Vorschriften des Aktienrechts sinngemäß Anwendung.

§ 4. [Zusammensetzung Rechte und Pflichten der Mitglieder]. (1) [1]Der Aufsichtsrat besteht aus elf Mitgliedern. [2]Er setzt sich zusammen aus

a) vier Vertretern der Anteilseigner und einem weiteren Mitglied,
b) vier Vertretern der Arbeitnehmer und einem weiteren Mitglied,
c) einem weiteren Mitglied.

(2) Die in Abs. 1 bezeichneten weiteren Mitglieder dürfen nicht

a) Repräsentant einer Gewerkschaft oder einer Vereinigung der Arbeitgeber oder einer Spitzenorganisation dieser Verbände sein oder zu diesen in einem ständigen Dienst- oder Geschäftsbesorgungsverhältnis stehen,
b) im Laufe des letzten Jahres vor der Wahl eine unter Buchstabe a bezeichnete Stellung innegehabt haben,
c) in den Unternehmen als Arbeitnehmer oder Arbeitgeber tätig sein,
d) an dem Unternehmen wirtschaftlich wesentlich interessiert sein.

(3) [1]Alle Aufsichtsratsmitglieder haben die gleichen Rechte und Pflichten. [2]Sie sind an Aufträge und Weisungen nicht gebunden.

§ 6. [Wahl der Vertreter der Arbeitnehmer]. (1) [1]Unter den in § 4 Abs. 1 Buchstabe b bezeichneten Mitgliedern des Aufsichtsrats müssen sich zwei Arbeitnehmer befinden, die in einem Betrieb des Unternehmens beschäftigt sind. [2]Diese Mitglieder werden durch die Betriebsräte der Betriebe des Unternehmens in geheimer Wahl gewählt und dem Wahlorgan nach Beratung mit den in den Betrieben des Unternehmens vertretenen Gewerkschaften und deren Spitzenorganisationen vorgeschlagen. …

Vorstand

§ 12. [Bestellung durch Aufsichtsrat]. Die Bestellung der Mitglieder des zur gesetzlichen Vertretung berufenen Organs und der Widerruf ihrer Bestellung erfolgen nach Maßgabe des § 76 Abs. 3 und des § 84 des Aktiengesetzes durch den Aufsichtsrat.

§ 13. [Arbeitsdirektor]. (1) [1]Als gleichberechtigtes Mitglied des zur gesetzlichen Vertretung berufenen Organs wird ein Arbeitsdirektor bestellt. [2]Der Arbeitsdirektor kann nicht gegen die Stimmen der Mehrheit der nach § 6 gewählten Aufsichtsratsmitglieder bestellt werden.

[3]Das gleiche gilt für den Widerruf der Bestellung.

(2) Der Arbeitsdirektor hat wie die übrigen Mitglieder des zur gesetzlichen Vertretung berufenen Organs seine Aufgaben im engsten Einvernehmen mit dem Gesamtorgan auszuüben. ...

Gesetz zum Schutze der arbeitenden Jugend

Vom 12. April 1976, mit Änderungen bis zum 20. April 2013

Erster Abschnitt. Allgemeine Vorschriften

§ 1. Geltungsbereich. (1) Dieses Gesetz gilt für die Beschäftigung von Personen, die noch nicht 18 Jahre alt sind,
1. in der Berufsausbildung,
2. als Arbeitnehmer oder Heimarbeiter,
3. mit sonstigen Dienstleistungen, die der Arbeitsleistung von Arbeitnehmern oder Heimarbeitern ähnlich sind,
4. in einem der Berufsausbildung ähnlichen Ausbildungsverhältnis.

(2) Dieses Gesetz gilt nicht
1. für geringfügige Hilfeleistungen, soweit sie gelegentlich
   a) aus Gefälligkeit,
   b) auf Grund familienrechtlicher Vorschriften,
   c) in Einrichtungen der Jugendhilfe,
   d) in Einrichtungen zur Eingliederung Behinderter erbracht werden,
2. für die Beschäftigung durch die Personensorgeberechtigten im Familienhaushalt.

§ 2. Kind, Jugendlicher. (1) Kind im Sinne dieses Gesetzes ist, wer noch nicht 15 Jahre alt ist.

(2) Jugendlicher im Sinne dieses Gesetzes ist, wer 15, aber noch nicht 18 Jahre alt ist.

...

§ 3. Arbeitgeber. Arbeitgeber im Sinne dieses Gesetzes ist, wer ein Kind oder einen Jugendlichen gemäß § 1 beschäftigt.

§ 4. Arbeitszeit. (1) Tägliche Arbeitszeit ist die Zeit vom Beginn bis zum Ende der täglichen Beschäftigung ohne die Ruhepausen (§ 11).

(2) Schichtzeit ist die tägliche Arbeitszeit unter Hinzurechnung der Ruhepausen (§ 11).

(4) [1]Für die Berechnung der wöchentlichen Arbeitszeit ist als Woche die Zeit von Montag bis einschließlich Sonntag zugrunde zu legen. [2]Die Arbeitszeit, die an einem Werktag infolge eines gesetzlichen Feiertags ausfällt, wird auf die wöchentliche Arbeitszeit angerechnet.

(5) Wird ein Kind oder ein Jugendlicher von mehreren Arbeitgebern beschäftigt, so werden die Arbeits- und Schichtzeiten sowie die Arbeitstage zusammengerechnet.

Zweiter Abschnitt. Beschäftigung von Kindern

§ 5. Verbot der Beschäftigung von Kindern.

(1) Die Beschäftigung von Kindern (§ 2 Abs. 1) ist verboten.

(2) [1]Das Verbot des Absatzes 1 gilt nicht für die Beschäftigung von Kindern
1. zum Zwecke der Beschäftigungs- und Arbeitstherapie,
2. im Rahmen des Betriebspraktikums während der Vollzeitschulpflicht,
3. in Erfüllung einer richterlichen Weisung.

[2]Auf die Beschäftigung finden § 7 Satz 1 Nr. 2 und die §§ 9 bis 46 entsprechende Anwendung.

(3) [1]Das Verbot des Absatzes 1 gilt ferner nicht für die Beschäftigung von Kindern über 13 Jahre mit Einwilligung des Personensorgeberechtigten, soweit die Beschäftigung leicht und für Kinder geeignet ist. [2]Die Beschäftigung ist leicht, wenn sie auf Grund ihrer Beschaffenheit und der besonderen Bedingungen, unter denen sie ausgeführt wird,
1. die Sicherheit, Gesundheit und Entwicklung der Kinder,
2. ihren Schulbesuch, ihre Beteiligung an Maßnahmen zur Berufswahlvorbereitung oder Berufsausbildung, die von der zuständigen Stelle anerkannt sind, und
3. ihre Fähigkeit, dem Unterricht mit Nutzen zu folgen,

nicht nachteilig beeinflußt. Die Kinder dürfen nicht mehr als zwei Stunden täglich, in landwirtschaftlichen Familienbetrieben nicht mehr als drei Stunden täglich, nicht zwischen 18 und 8 Uhr, nicht vor dem Schulunterricht und nicht während des Schulunterrichts beschäftigt werden. [3]Auf die Beschäftigung finden die §§ 15 bis 31 entsprechende Anwendung.

(4) [1]Das Verbot des Absatzes 1 gilt ferner nicht für die Beschäftigung von Jugendlichen (§ 2 Abs. 3) während der Schulferien für höchstens vier Wochen im Kalenderjahr. [2]Auf die Beschäftigung finden die §§ 8 bis 31 entsprechende Anwendung.

(5) Für Veranstaltungen kann die Aufsichtsbehörde Ausnahmen gemäß § 6 bewilligen.

§ 7. Beschäftigung von nicht vollzeitschulpflichtigen Kindern. [1]Kinder, die der Vollzeitschulpflicht nicht mehr unterliegen, dürfen
1. im Berufsausbildungsverhältnis,

6

2. außerhalb eines Berufsausbildungsverhältnisses nur mit leichten und für sie geeigneten Tätigkeiten bis zu sieben Stunden täglich und 35 Stunden wöchentlich

beschäftigt werden. [2]Auf die Beschäftigung finden die §§ 8 bis 46 entsprechende Anwendung.

Dritter Abschnitt. Beschäftigung Jugendlicher

Arbeitszeit und Freizeit

§ 8. Dauer der Arbeitszeit. (1) Jugendliche dürfen nicht mehr als acht Stunden täglich und nicht mehr als 40 Stunden wöchentlich beschäftigt werden.

(2) [1]Wenn in Verbindung mit Feiertagen an Werktagen nicht gearbeitet wird, damit die Beschäftigten eine längere zusammenhängende Freizeit haben, so darf die ausfallende Arbeitszeit auf die Werktage von fünf zusammenhängenden, die Ausfalltage einschließenden Wochen nur dergestalt verteilt werden, daß die Wochenarbeitszeit im Durchschnitt dieser fünf Wochen 40 Stunden nicht überschreitet. [2]Die tägliche Arbeitszeit darf hierbei achteinhalb Stunden nicht überschreiten.

(2a) Wenn an einzelnen Werktagen die Arbeitszeit auf weniger als acht Stunden verkürzt ist, können Jugendliche an den übrigen Werktagen derselben Woche achteinhalb Stunden beschäftigt werden.

(3) In der Landwirtschaft dürfen Jugendliche über 16 Jahre während der Erntezeit nicht mehr als neun Stunden täglich und nicht mehr als 85 Stunden in der Doppelwoche beschäftigt werden.

§ 9. Berufsschule. (1) [1]Der Arbeitgeber hat den Jugendlichen für die Teilnahme am Berufsschulunterricht freizustellen. [2]Er darf den Jugendlichen nicht beschäftigen

1. vor einem vor 9 Uhr beginnenden Unterricht; dies gilt auch für Personen, die über 18 Jahre alt und noch berufsschulpflichtig sind,
2. an einem Berufsschultag mit mehr als fünf Unterrichtsstunden von mindestens je 45 Minuten, einmal in der Woche,
3. in Berufsschulwochen mit einem planmäßigen Blockunterricht von mindestens 25 Stunden an mindestens fünf Tagen; zusätzliche betriebliche Ausbildungsveranstaltungen bis zu zwei Stunden wöchentlich sind zulässig.

(2) Auf die Arbeitszeit werden angerechnet

1. Berufsschultage nach Absatz 1 Nr. 2 mit acht Stunden,
2. Berufsschulwochen nach Absatz 1 Nr. 3 mit 40 Stunden,
3. im übrigen die Unterrichtszeit einschließlich der Pausen.

(3) Ein Entgeltausfall darf durch den Besuch der Berufsschule nicht eintreten.

(4) (aufgehoben)

§ 10. Prüfungen und außerbetriebliche Ausbildungsmaßnahmen. (1) Der Arbeitgeber hat den Jugendlichen

1. für die Teilnahme an Prüfungen und Ausbildungsmaßnahmen, die auf Grund öffentlich-rechtlicher oder vertraglicher Bestimmungen außerhalb der Ausbildungsstätte durchzuführen sind,
2. an dem Arbeitstag, der der schriftlichen Abschlußprüfung unmittelbar vorangeht,

freizustellen.

...

§ 11. Ruhepausen, Aufenthaltsräume.

(1) [1]Jugendlichen müssen im voraus feststehende Ruhepausen von angemessener Dauer gewährt werden. [2]Die Ruhepausen müssen mindestens betragen

1. 30 Minuten bei einer Arbeitszeit von mehr als viereinhalb bis zu sechs Stunden,
2. 60 Minuten bei einer Arbeitszeit von mehr als sechs Stunden.

[3]Als Ruhepause gilt nur eine Arbeitsunterbrechung von mindestens 15 Minuten.

(2) [1]Die Ruhepausen müssen in angemessener zeitlicher Lage gewährt werden, frühestens eine Stunde nach Beginn und spätestens eine Stunde vor Ende der Arbeitszeit. [2]Länger als viereinhalb Stunden hintereinander dürfen Jugendliche nicht ohne Ruhepause beschäftigt werden.

(3) Der Aufenthalt während der Ruhepausen in Arbeitsräumen darf den Jugendlichen nur gestattet werden, wenn die Arbeit in diesen Räumen während dieser Zeit eingestellt ist und auch sonst die notwendige Erholung nicht beeinträchtigt wird.

...

§ 12. Schichtzeit. Bei der Beschäftigung Jugendlicher darf die Schichtzeit (§ 4 Abs. 2) 10 Stunden, im Bergbau unter Tage 8 Stunden, im Gaststättengewerbe, in der Landwirtschaft, in der Tierhaltung, auf Bau- und Montagestellen 11 Stunden nicht überschreiten.

§ 13. Tägliche Freizeit. Nach Beendigung der täglichen Arbeitszeit dürfen Jugendliche nicht vor Ablauf einer ununterbrochenen Freizeit von mindestens 12 Stunden beschäftigt werden.

§ 14. Nachtruhe. (1) Jugendliche dürfen nur in der Zeit von 6 bis 20 Uhr beschäftigt werden.

(2) Jugendliche über 16 Jahre dürfen
1. im Gaststätten- und Schaustellergewerbe bis 22 Uhr,
2. in mehrschichtigen Betrieben bis 23 Uhr,
3. in der Landwirtschaft ab 5 Uhr oder bis 21 Uhr,
4. in Bäckereien und Konditoreien ab 5 Uhr beschäftigt werden.

(3) Jugendliche über 17 Jahre dürfen in Bäckereien ab 4 Uhr beschäftigt werden.

(4) An dem einem Berufsschultag unmittelbar vorangehenden Tag dürfen Jugendliche auch nach Absatz 2 Nr. 1 bis 3 nicht nach 20 Uhr beschäftigt werden, wenn der Berufsschulunterricht am Berufsschultag vor 9 Uhr beginnt.

...

§ 15. Fünf-Tage-Woche. [1]Jugendliche dürfen nur an fünf Tagen in der Woche beschäftigt werden. [2]Die beiden wöchentlichen Ruhetage sollen nach Möglichkeit aufeinander folgen.

§ 16. Samstagsruhe. (1) An Samstagen dürfen Jugendliche nicht beschäftigt werden.

(2) [1]Zulässig ist die Beschäftigung Jugendlicher an Samstagen nur
1. in Krankenanstalten sowie in Alten-, Pflege- und Kinderheimen,
2. in offenen Verkaufsstellen, in Betrieben mit offenen Verkaufsstellen, in Bäckereien und Konditoreien, im Friseurhandwerk und im Marktverkehr,
3. im Verkehrswesen,
4. in der Landwirtschaft und Tierhaltung,
5. im Familienhaushalt,
6. im Gaststätten- und Schaustellergewerbe,
7. bei Musikaufführungen, Theatervorstellungen und anderen Aufführungen, bei Aufnahmen im Rundfunk (Hörfunk und Fernsehen), auf Ton- und Bildträger sowie bei Film- und Fotoaufnahmen,
8. bei außerbetrieblichen Ausbildungsmaßnahmen,
9. beim Sport,
10. im ärztlichen Notdienst,
11. in Reparaturwerkstätten für Kraftfahrzeuge.

[2]Mindestens zwei Samstage im Monat sollen beschäftigungsfrei bleiben.

(3) [1]Werden Jugendliche am Samstag beschäftigt, ist ihnen die Fünf-Tage-Woche (§ 15) durch Freistellung an einem anderen berufsschulfreien Arbeitstag derselben Woche sicherzustellen. [2]In Betrieben mit einem Betriebsruhetag in der Woche kann die Freistellung auch an diesem Tage erfolgen, wenn die Jugendlichen an diesem Tage keinen Berufsschulunterricht haben.

(4) Können Jugendliche in den Fällen des Absatzes 2 Nr. 2 am Samstag nicht acht Stunden beschäftigt werden, kann der Unterschied zwischen der tatsächlichen und der nach § 8 Abs. 1 höchstzulässigen Arbeitszeit an dem Tage bis 13 Uhr ausgeglichen werden, an dem die Jugendlichen nach Absatz 3 Satz 1 freizustellen sind.

§ 17. Sonntagsruhe. (1) An Sonntagen dürfen Jugendliche nicht beschäftigt werden.

(2) [1]Zulässig ist die Beschäftigung Jugendlicher an Sonntagen nur
1. in Krankenanstalten sowie in Alten-, Pflege- und Kinderheimen,
2. in der Landwirtschaft und Tierhaltung mit Arbeiten, die auch an Sonn- und Feiertagen naturnotwendig vorgenommen werden müssen,
3. im Familienhaushalt, wenn der Jugendliche in die häusliche Gemeinschaft aufgenommen ist,
4. im Schaustellergewerbe,
5. bei Musikaufführungen, Theatervorstellungen und anderen Aufführungen sowie bei Direktsendungen im Rundfunk (Hörfunk und Fernsehen),
6. beim Sport,
7. im ärztlichen Notdienst,
8. im Gaststättengewerbe.

[2]Jeder zweite Sonntag soll, mindestens zwei Sonntage im Monat müssen beschäftigungsfrei bleiben.

(3) [1]Werden Jugendliche am Sonntag beschäftigt, ist ihnen die Fünf-Tage-Woche (§ 15) durch Freistellung an einem anderen berufsschulfreien Arbeitstag derselben Woche sicherzustellen. [2]In Betrieben mit einem Betriebsruhetag in der Woche kann die Freistellung auch an diesem Tage erfolgen, wenn die Jugendlichen an diesem Tage keinen Berufsschulunterricht haben.

§ 18. Feiertagsruhe. (1) Am 24. und 31. Dezember nach 14 Uhr und an gesetzlichen Feiertagen dürfen Jugendliche nicht beschäftigt werden.

(2) Zulässig ist die Beschäftigung Jugendlicher an gesetzlichen Feiertagen in den Fällen des § 17 Abs. 2, ausgenommen am 25. Dezember, am 1. Januar, am ersten Osterfeiertag und am 1. Mai.

(3) [1]Für die Beschäftigung an einem gesetzlichen Feiertag, der auf einen Werktag fällt, ist der Jugendliche an einem anderen berufsschulfreien Arbeitstag derselben oder der folgenden Woche freizustellen. [2]In Betrieben mit einem Betriebsruhetag in der Woche kann die Freistellung auch an diesem Tage erfolgen, wenn die

Jugendlichen an diesem Tage keinen Berufsschulunterricht haben.

§ 19. Urlaub. (1) Der Arbeitgeber hat Jugendlichen für jedes Kalenderjahr einen bezahlten Erholungsurlaub zu gewähren.

(2) [1]Der Urlaub beträgt jährlich
1. mindestens 30 Werktage, wenn der Jugendliche zu Beginn des Kalenderjahres noch nicht 16 Jahre alt ist,
2. mindestens 27 Werktage, wenn der Jugendliche zu Beginn des Kalenderjahres noch nicht 17 Jahre alt ist,
3. mindestens 25 Werktage, wenn der Jugendliche zu Beginn des Kalenderjahres noch nicht 18 Jahre alt ist.

[2]Jugendliche, die im Bergbau unter Tage beschäftigt werden, erhalten in jeder Altersgruppe einen zusätzlichen Urlaub von drei Werktagen.

(3) [1]Der Urlaub soll Berufsschülern in der Zeit der Berufsschulferien gegeben werden. [2]Soweit er nicht in den Berufsschulferien gegeben wird, ist für jeden Berufsschultag, an dem die Berufsschule während des Urlaubs besucht wird, ein weiterer Urlaubstag zu gewähren.

(4) Im übrigen gelten für den Urlaub der Jugendlichen § 3 Abs. 2, §§ 4 bis 12 und § 13 Abs. 3 des Bundesurlaubsgesetzes. ...

§ 21a. Abweichende Regelungen. (1) In einem Tarifvertrag oder auf Grund eines Tarifvertrages in einer Betriebsvereinbarung kann zugelassen werden
1. abweichend von den §§ 8, 15, 16 Abs. 3 und 4, § 17 Abs. 3 und § 18 Abs. 3 die Arbeitszeit bis zu neun Stunden täglich, 44 Stunden wöchentlich und bis zu fünfeinhalb Tagen in der Woche anders zu verteilen, jedoch nur unter Einhaltung einer durchschnittlichen Wochenarbeitszeit von 40 Stunden in einem Ausgleichszeitraum von zwei Monaten,
2. abweichend von § 11 Abs. 1 Satz 2 Nr. 2 und Abs. 2 die Ruhepausen bis zu 15 Minuten zu kürzen und die Lage der Pausen anders zu bestimmen,
3. abweichend von § 12 die Schichtzeit mit Ausnahme des Bergbaus unter Tage bis zu einer Stunde täglich zu verlängern,
4. abweichend von § 16 Abs. 1 und 2 Jugendliche an 26 Samstagen im Jahr oder an jedem Samstag zu beschäftigen, wenn statt dessen der Jugendliche an einem anderen Werktag derselben Woche von der Beschäftigung freigestellt wird,
5. abweichend von den §§ 15, 16 Abs. 3 und 4, § 17 Abs. 3 und § 18 Abs. 3 Jugendliche bei einer Beschäftigung an einem Samstag oder an einem Sonn- oder Feiertag unter vier Stunden an einem anderen Arbeitstag derselben oder der folgenden Woche vor- oder nachmittags von der Beschäftigung freizustellen,
6. abweichend von § 17 Abs. 2 Satz 2 Jugendliche im Gaststätten- und Schaustellergewerbe sowie in der Landwirtschaft während der Saison oder der Erntezeit an drei Sonntagen im Monat zu beschäftigen.

(2) Im Geltungsbereich eines Tarifvertrages nach Absatz 1 kann die abweichende tarifvertragliche Regelung im Betrieb eines nicht tarifgebundenen Arbeitgebers durch Betriebsvereinbarung oder, wenn ein Betriebsrat nicht besteht, durch schriftliche Vereinbarung zwischen dem Arbeitgeber und dem Jugendlichen übernommen werden.

(3) Die Kirchen und die öffentlich-rechtlichen Religionsgesellschaften können die in Absatz 1 genannten Abweichungen in ihren Regelungen vorsehen.

Beschäftigungsverbote und -beschränkungen

§ 22. Gefährliche Arbeiten. (1) Jugendliche dürfen nicht beschäftigt werden
1. mit Arbeiten, die ihre physische oder psychische Leistungsfähigkeit übersteigen,
2. mit Arbeiten, bei denen sie sittlichen Gefahren ausgesetzt sind,
3. mit Arbeiten, die mit Unfallgefahren verbunden sind, von denen anzunehmen ist, daß Jugendliche sie wegen mangelnden Sicherheitsbewußtseins oder mangelnder Erfahrung nicht erkennen oder nicht abwenden können,
4. mit Arbeiten, bei denen ihre Gesundheit durch außergewöhnliche Hitze oder Kälte oder starke Nässe gefährdet wird,
5. mit Arbeiten, bei denen sie schädlichen Einwirkungen von Lärm, Erschütterungen oder Strahlen ausgesetzt sind,
6. mit Arbeiten, bei denen sie schädlichen Einwirkungen von Gefahrstoffen im Sinne des Chemikaliengesetzes ausgesetzt sind,
7. mit Arbeiten, bei denen sie schädlichen Einwirkungen von biologischen Arbeitsstoffen im Sinne der Richtlinie 90/679/EWG des Rates vom 26. November 1990 zum Schutze der Arbeitnehmer gegen Gefährdung durch biologische Arbeitsstoffe bei der Arbeit ausgesetzt sind.

(2) Absatz 1 Nr. 3 bis 7 gilt nicht für die Beschäftigung Jugendlicher, soweit
1. dies zur Erreichung ihres Ausbildungszieles erforderlich ist,
2. ihr Schutz durch die Aufsicht eines Fachkundigen gewährleistet ist und

3. der Luftgrenzwert bei gefährlichen Stoffen (Absatz 1 Nr. 6) unterschritten wird. …

(3) Werden Jugendliche in einem Betrieb beschäftigt, für den ein Betriebsarzt oder eine Fachkraft für Arbeitssicherheit verpflichtet ist, muß ihre betriebsärztliche oder sicherheitstechnische Betreuung sichergestellt sein.

§ 23. Akkordarbeit; tempoabhängige Arbeiten. (1) Jugendliche dürfen nicht beschäftigt werden

1. mit Akkordarbeit und sonstigen Arbeiten, bei denen durch ein gesteigertes Arbeitstempo ein höheres Entgelt erzielt werden kann,
2. in einer Arbeitsgruppe mit erwachsenen Arbeitnehmern, die mit Arbeiten nach Nummer 1 beschäftigt werden,
3. mit Arbeiten, bei denen ihr Arbeitstempo nicht nur gelegentlich vorgeschrieben, vorgegeben oder auf andere Weise erzwungen wird.

(2) Absatz 1 Nr. 2 gilt nicht für die Beschäftigung Jugendlicher,

1. soweit dies zur Erreichung ihres Ausbildungszieles erforderlich ist oder
2. wenn sie eine Berufsausbildung für diese Beschäftigung abgeschlossen haben

und ihr Schutz durch die Aufsicht eines Fachkundigen gewährleistet ist.

Sonstige Pflichten des Arbeitgebers

§ 28. Menschengerechte Gestaltung der Arbeit. (1) [1]Der Arbeitgeber hat bei der Einrichtung und der Unterhaltung der Arbeitsstätte einschließlich der Maschinen, Werkzeuge und Geräte und bei der Regelung der Beschäftigung die Vorkehrungen und Maßnahmen zu treffen, die zum Schutze der Jugendlichen gegen Gefahren für Leben und Gesundheit sowie zur Vermeidung einer Beeinträchtigung der körperlichen oder seelisch-geistigen Entwicklung der Jugendlichen erforderlich sind. [2]Hierbei sind das mangelnde Sicherheitsbewußtsein, die mangelnde Erfahrung und der Entwicklungsstand der Jugendlichen zu berücksichtigen und die allgemein anerkannten sicherheitstechnischen und arbeitsmedizinischen Regeln sowie die sonstigen gesicherten arbeitswissenschaftlichen Erkenntnisse zu beachten.

6

…

§ 31. Züchtigungsverbot; Verbot der Abgabe Alkohol und Tabak. (1) Wer Jugendliche beschäftigt oder im Rahmen eines Rechtsverhältnisses im Sinne des § 1 beaufsichtigt, anweist oder ausbildet, darf sie nicht körperlich züchtigen.

(2) [1]Wer Jugendliche beschäftigt, muß sie vor körperlicher Züchtigung und Mißhandlung und vor sittlicher Gefährdung durch andere bei ihm Beschäftigte und durch Mitglieder seines Haushalts an der Arbeitsstätte und in seinem Hause schützen. [2]Er darf Jugendlichen unter 16 Jahren keine alkoholischen Getränke und Tabakwaren, Jugendlichen über 16 Jahre keinen Branntwein geben.

Gesundheitliche Betreuung

§ 32. Erstuntersuchung. (1) Ein Jugendlicher, der in das Berufsleben eintritt, darf nur beschäftigt werden, wenn

1. er innerhalb der letzten vierzehn Monate von einem Arzt untersucht worden ist (Erstuntersuchung) und
2. dem Arbeitgeber eine von diesem Arzt ausgestellte Bescheinigung vorliegt.

(2) Absatz 1 gilt nicht für eine nur geringfügige oder eine nicht länger als zwei Monate dauernde Beschäftigung mit leichten Arbeiten, von denen keine gesundheitlichen Nachteile für den Jugendlichen zu befürchten sind.

§ 33. Erste Nachuntersuchung. (1) Ein Jahr nach Aufnahme der ersten Beschäftigung hat sich der Arbeitgeber die Bescheinigung eines Arztes darüber vorlegen zu lassen, daß der Jugendliche nachuntersucht worden ist (erste Nachuntersuchung).

(3) Der Jugendliche darf nach Ablauf von 14 Monaten nach Aufnahme der ersten Beschäftigung nicht weiterbeschäftigt werden, solange er die Bescheinigung nicht vorgelegt hat.

Vierter Abschnitt. Durchführung des Gesetzes

Aushänge und Verzeichnisse

§ 48. Aushang über Arbeitszeit und Pausen. Arbeitgeber, die regelmäßig mindestens drei Jugendliche beschäftigen, haben einen Aushang über Beginn und Ende der regelmäßigen täglichen Arbeitszeit und der Pausen der Jugendlichen an geeigneter Stelle im Betrieb anzubringen.

Gesetz zum Schutz der erwerbstätigen Mutter

In der Neufassung vom 20. Juni 2002, mit Änderungen bis zum 23. Okt. 2012

Allgemeine Vorschriften

§ 1. Geltungsbereich. Dieses Gesetz gilt

1. für Frauen, die in einem Arbeitsverhältnis stehen, …

§ 2. Gestaltung des Arbeitsplatzes. (1) Wer eine werdende oder stillende Mutter beschäftigt, hat bei der Einrichtung und der Unterhaltung des Arbeitsplatzes einschließlich der Maschinen, Werkzeuge und Geräte und bei der Regelung der Beschäftigung die erforderlichen Vorkehrungen und Maßnahmen zum Schutze von Leben und Gesundheit der werdenden oder stillenden Mutter zu treffen.

…

Beschäftigungsverbote

§ 3. Beschäftigungsverbote für werdende Mütter. (1) Werdende Mütter dürfen nicht beschäftigt werden, soweit nach ärztlichem Zeugnis Leben oder Gesundheit von Mutter oder Kind bei Fortdauer der Beschäftigung gefährdet ist.

(2) Werdende Mütter dürfen in den letzten sechs Wochen vor der Entbindung nicht beschäftigt werden, es sei denn, daß sie sich zur Arbeitsleistung ausdrücklich bereit erklären; die Erklärung kann jederzeit widerrufen werden.

§ 4. Weitere Beschäftigungsverbote. (1) Werdende Mütter dürfen nicht mit schweren körperlichen Arbeiten und nicht mit Arbeiten beschäftigt werden, bei denen sie schädlichen Einwirkungen von gesundheitsgefährdenden Stoffen oder Strahlen, von Staub, Gasen oder Dämpfen, von Hitze, Kälte oder Nässe, von Erschütterungen oder Lärm ausgesetzt sind.

(2) Werdende Mütter dürfen insbesondere nicht beschäftigt werden

1. mit Arbeiten, bei denen regelmäßig Lasten von mehr als fünf Kilogramm Gewicht oder gelegentlich Lasten von mehr als zehn Kilogramm Gewicht ohne mechanische Hilfsmittel von Hand gehoben, bewegt oder befördert werden. Sollen größere Lasten mit mechanischen Hilfsmitteln von Hand gehoben, bewegt oder befördert werden, so darf die körperliche Beanspruchung der werdenden Mutter nicht größer sein als bei Arbeiten nach Satz 1,
2. nach Ablauf des fünften Monats der Schwangerschwaft mit Arbeiten, bei denen sie ständig stehen müssen, soweit diese Beschäftigung täglich vier Stunden überschreitet,
3. mit Arbeiten, bei denen sie sich häufig erheblich strecken oder beugen oder bei denen sie dauernd hocken oder sich gebückt halten müssen,

…

(3) Die Beschäftigung von werdenden Müttern mit

1. Akkordarbeit und sonstigen Arbeiten, bei denen durch ein gesteigertes Arbeitstempo ein höheres Entgelt erzielt werden kann,
2. Fließarbeit mit vorgeschriebenem Arbeitstempo

ist verboten. …

§ 5. Mitteilungspflicht, ärztliches Zeugnis. (1) [1]Werdende Mütter sollen dem Arbeitgeber ihre Schwangerschaft und den mutmaßlichen Tag der Entbindung mitteilen, sobald ihnen ihr Zustand bekannt ist. [2]Auf Verlangen des Arbeitgebers sollen sie das Zeugnis eines Arztes oder einer Hebamme vorlegen. [3]Der Arbeitgeber hat die Aufsichtsbehörde unverzüglich von der Mitteilung der werdenden Mutter zu benachrichtigen. [4]Er darf die Mitteilung der werdenden Mutter Dritten nicht unbefugt bekanntgeben.

(2) Für die Berechnung der in § 3 Abs. 2 bezeichneten Zeiträume vor der Entbindung ist das Zeugnis eines Arztes oder einer Hebamme maßgebend; das Zeugnis soll den mutmaßlichen Tag der Entbindung angeben. …

§ 6. Beschäftigungsverbote nach der Entbindung. (1) [1]Mütter dürfen bis zum Ablauf von acht Wochen, bei Früh- und Mehrlingsgeburten bis zum Ablauf von zwölf Wochen nach der Entbindung nicht beschäftigt werden. [2]Bei Frühgeburten und sonstigen vorzeitigen Entbindungen verlängern sich die Fristen nach Satz 1 zusätzlich um den Zeitraum der Schutzfrist nach § 3 Abs. 2, der nicht in Anspruch genommen werden konnte. [3]Beim Tod ihres Kindes kann die Mutter auf ihr ausdrückliches Verlangen ausnahmsweise schon vor Ablauf dieser Fristen, aber noch nicht in den ersten zwei Wochen nach der Entbindung, wieder beschäftigt werden, wenn nach ärztlichem Zeugnis nichts dagegen spricht. [4]Sie kann ihre Erklärung jederzeit widerrufen.

(2) Frauen, die in den ersten Monaten nach der Entbindung nach ärztlichem Zeugnis nicht voll leistungsfähig sind, dürfen nicht zu einer ihre Leistungsfähigkeit übersteigenden Arbeit herangezogen werden.

…

§ 8. Mehrarbeit, Nacht- und Sonntagsarbeit. (1) Werdende und stillende Mütter dürfen nicht mit Mehrarbeit, nicht in der Nacht zwischen 20 und 6 Uhr und nicht an Sonn- und Feiertagen beschäftigt werden.

...

Kündigung

§ 9. Kündigungsverbot. (1) Die Kündigung gegenüber einer Frau während der Schwangerschaft und bis zum Ablauf von vier Monaten nach der Entbindung ist unzulässig, wenn dem Arbeitgeber zur Zeit der Kündigung die Schwangerschaft oder Entbindung bekannt war oder innerhalb zweier Wochen nach Zugang der Kündigung mitgeteilt wird. ...

(2) Kündigt eine schwangere Frau, gilt § 5 Abs. 1 Satz 3 entsprechend.

...

§ 10. Erhaltung von Rechten. (1) Eine Frau kann während der Schwangerschaft und während der Schutzfrist nach der Entbindung (§ 6 Abs. 1) das Arbeitsverhältnis ohne Einhaltung einer Frist zum Ende der Schutzfrist nach der Entbindung kündigen.

(2) [1]Wird das Arbeitsverhältnis nach Absatz 1 aufgelöst und wird die Frau innerhalb eines Jahres nach der Entbindung in ihrem bisherigen Betrieb wieder eingestellt, so gilt, soweit Rechte aus dem Arbeitsverhältnis von der Dauer der Betriebs- oder Berufszugehörigkeit oder von der Dauer der Beschäftigungs- oder Dienstzeit abhängen, das Arbeitsverhältnis als nicht unterbrochen. [2]Dies gilt nicht, wenn die Frau in der Zeit von der Auflösung des Arbeitsverhältnisses bis zur Wiedereinstellung bei einem anderen Arbeitgeber beschäftigt war.

Leistungen

§ 13. Mutterschaftsgeld. (1) Frauen, die Mitglied einer gesetzlichen Krankenkasse sind, erhalten für die Zeit der Schutzfristen des § 3 Abs. 2 und des § 6 Abs. 1 sowie für den Entbindungstag Mutterschaftsgeld nach den Vorschriften des Fünften Buches Sozialgesetzbuch oder des Zweiten Gesetzes über die Krankenversicherung der Landwirte über das Mutterschaftsgeld.

...

§ 15. Sonstige Leistungen bei Schwangerschaft und Mutterschaft. Frauen, die in der gesetzlichen Krankenversicherung versichert sind, erhalten auch die folgenden Leistungen bei Schwangerschaft und Mutterschaft nach den Vorschriften des Fünften Buches Sozialgesetzbuch oder des Zweiten Gesetzes über die Krankenversicherung der Landwirte:

1. ärztliche Betreuung und Hebammenhilfe,
2. Versorgung mit Arznei-, Verband- und Heilmitteln,
3. stationäre Entbindung,
4. häusliche Pflege,
5. Haushaltshilfe.

Durchführung des Gesetzes

§ 18. Auslage des Gesetzes. (1) In Betrieben und Verwaltungen, in denen regelmäßig mehr als drei Frauen beschäftigt werden, ist ein Abdruck dieses Gesetzes an geeigneter Stelle zur Einsicht auszulegen oder auszuhängen.

...

6

Gesetz über die Durchführung von Maßnahmen des Arbeitsschutzes zur Verbesserung der Sicherheit und des Gesundheitsschutzes der Beschäftigten bei der Arbeit

Vom 07. August 1996, mit Änderungen bis zum 19. Oktober 2013

Allgemeine Vorschriften

§ 1. Zielsetzung und Anwendungsbereich.
(1) [1]Dieses Gesetz dient dazu, Sicherheit und Gesundheitsschutz der Beschäftigten bei der Arbeit durch Maßnahmen des Arbeitsschutzes zu sichern und zu verbessern. [2]Es gilt in allen Tätigkeitsbereichen.
...

§ 2. Begriffsbestimmungen. (1) Maßnahmen des Arbeitsschutzes im Sinne dieses Gesetzes sind Maßnahmen zur Verhütung von Unfällen bei der Arbeit und arbeitsbedingten Gesundheitsgefahren einschließlich Maßnahmen der menschengerechten Gestaltung der Arbeit.
(2) Beschäftigte im Sinne dieses Gesetzes sind:
1. Arbeitnehmerinnen und Arbeitnehmer,
2. die zu ihrer Berufsbildung Beschäftigten,
...

Pflichten der Arbeitgeber

§ 3. Grundpflichten des Arbeitgebers.
(1) [1]Der Arbeitgeber ist verpflichtet, die erforderlichen Maßnahmen des Arbeitsschutzes unter Berücksichtigung der Umstände zu treffen, die Sicherheit und Gesundheit der Beschäftigten bei der Arbeit beeinflussen. [2]Er hat die Maßnahmen auf ihre Wirksamkeit zu überprüfen und erforderlichenfalls sich ändernden Gegebenheiten anzupassen. [3]Dabei hat er eine Verbesserung von Sicherheit und Gesundheitsschutz der Beschäftigten anzustreben.
(2) Zur Planung und Durchführung der Maßnahmen nach Absatz 1 hat der Arbeitgeber unter Berücksichtigung der Art der Tätigkeiten und der Zahl der Beschäftigten
1. für eine geeignete Organisation zu sorgen und die erforderlichen Mittel bereitzustellen sowie
2. Vorkehrungen zu treffen, daß die Maßnahmen erforderlichenfalls bei allen Tätigkeiten und eingebunden in die betrieblichen Führungsstrukturen beachtet werden und die Beschäftigten ihren Mitwirkungspflichten nachkommen können.

(3) Kosten für Maßnahmen nach diesem Gesetz darf der Arbeitgeber nicht den Beschäftigten auferlegen.

§ 4. Allgemeine Grundsätze. Der Arbeitgeber hat bei Maßnahmen des Arbeitsschutzes von folgenden allgemeinen Grundsätzen auszugehen:
1. Die Arbeit ist so zu gestalten, daß eine Gefährdung für das Leben sowie die physische und die psychische Gesundheit möglichst vermieden und die verbleibende Gefährdung möglichst gering gehalten wird;
2. Gefahren sind an ihrer Quelle zu bekämpfen;
3. bei den Maßnahmen sind der Stand von Technik, Arbeitsmedizin und Hygiene sowie sonstige gesicherte arbeitswissenschaftliche Erkenntnisse zu berücksichtigen;
4. Maßnahmen sind mit dem Ziel zu planen, Technik, Arbeitsorganisation, sonstige Arbeitsbedingungen, soziale Beziehungen und Einfluß der Umwelt auf den Arbeitsplatz sachgerecht zu verknüpfen;
5. individuelle Schutzmaßnahmen sind nachrangig zu anderen Maßnahmen;
6. spezielle Gefahren für besonders schutzbedürftige Beschäftigtengruppen sind zu berücksichtigen;
7. den Beschäftigten sind geeignete Anweisungen zu erteilen;
8. mittelbar oder unmittelbar geschlechtsspezifisch wirkende Regelungen sind nur zulässig, wenn dies aus biologischen Gründen zwingend geboten ist.

§ 5. Beurteilung der Arbeitsbedingungen.
(1) Der Arbeitgeber hat durch eine Beurteilung der für die Beschäftigten mit ihrer Arbeit verbundenen Gefährdung zu ermitteln, welche Maßnahmen des Arbeitsschutzes erforderlich sind.
(2) [1]Der Arbeitgeber hat die Beurteilung je nach Art der Tätigkeiten vorzunehmen. [2]Bei gleichartigen Arbeitsbedingungen ist die Beurteilung eines Arbeitsplatzes oder einer Tätigkeit ausreichend.
(3) Eine Gefährdung kann sich insbesondere ergeben durch
1. die Gestaltung und die Einrichtung der Arbeitsstätte und des Arbeitsplatzes,
2. physikalische, chemische und biologische Einwirkungen,
3. die Gestaltung, die Auswahl und den Einsatz von Arbeitsmitteln, insbesondere von Arbeitsstoffen, Maschinen, Geräten und Anlagen sowie den Umgang damit,

4. die Gestaltung von Arbeits- und Fertigungsverfahren, Arbeitsabläufen und Arbeitszeit und deren Zusammenwirken,
5. unzureichende Qualifikation und Unterweisung der Beschäftigten.

§ 9. Besondere Gefahren. (1) Der Arbeitgeber hat Maßnahmen zu treffen, damit nur Beschäftigte Zugang zu besonders gefährlichen Arbeitsbereichen haben, die zuvor geeignete Anweisungen erhalten haben.

(2) Der Arbeitgeber hat Vorkehrungen zu treffen, daß alle Beschäftigten, die einer unmittelbaren erheblichen Gefahr ausgesetzt sind oder sein können, möglichst frühzeitig über diese Gefahr und die getroffenen oder zu treffenden Schutzmaßnahmen unterrichtet sind. …

§ 11. Arbeitsmedizinische Vorsorge. Der Arbeitgeber hat den Beschäftigten auf ihren Wunsch unbeschadet der Pflichten aus anderen Rechtsvorschriften zu ermöglichen, sich je nach den Gefahren für ihre Sicherheit und Gesundheit bei der Arbeit regelmäßig arbeitsmedizinisch untersuchen zu lassen, es sei denn, auf Grund der Beurteilung der Arbeitsbedingungen und der getroffenen Schutzmaßnahmen ist nicht mit einem Gesundheitsschaden zu rechnen.

Pflichten und Rechte der Beschäftigten

§ 15. Pflichten der Beschäftigten. (1) [1]Die Beschäftigten sind verpflichtet, nach ihren Möglichkeiten sowie gemäß der Unterweisung und Weisung des Arbeitgebers für ihre Sicherheit und Gesundheit bei der Arbeit Sorge zu tragen. [2]Entsprechend Satz 1 haben die Beschäftigten auch für die Sicherheit und Gesundheit der Personen zu sorgen, die von ihren Handlungen oder Unterlassungen bei der Arbeit betroffen sind.

(2) Im Rahmen des Absatzes 1 haben die Beschäftigten insbesondere Maschinen, Geräte, Werkzeuge, Arbeitsstoffe, Transportmittel und sonstige Arbeitsmittel sowie Schutzvorrichtungen und die ihnen zur Verfügung gestellte persönliche Schutzausrüstung bestimmungsgemäß zu verwenden.

§ 16. Besondere Unterstützungspflichten. (1) Die Beschäftigten haben dem Arbeitgeber oder dem zuständigen Vorgesetzten jede von ihnen festgestellte unmittelbare erhebliche Gefahr für die Sicherheit und Gesundheit sowie jeden an den Schutzsystemen festgestellten Defekt unverzüglich zu melden.
…

6

Verordnung über Arbeitsstätten

Vom 12. August 2004, mit Änderungen bis zum 19. Juli 2010

§ 1. Ziel, Anwendungsbereich. (1) Diese Verordnung dient der Sicherheit und dem Gesundheitsschutz der Beschäftigten beim Einrichten und Betreiben von Arbeitsstätten.

...

§ 2. Begriffsbestimmungen. (1) Arbeitsstätten sind:

1. Orte in Gebäuden oder im Freien, die sich auf dem Gelände eines Betriebes oder einer Baustelle befinden und die zur Nutzung für Arbeitsplätze vorgesehen sind,
2. andere Orte in Gebäuden oder im Freien, die sich auf dem Gelände eines Betriebes oder einer Baustelle befinden und zu denen Beschäftigte im Rahmen ihrer Arbeit Zugang haben.

(2) Arbeitsplätze sind Bereiche von Arbeitsstätten, in denen sich Beschäftigte bei der von ihnen auszuübenden Tätigkeit regelmäßig über einen längeren Zeitraum oder im Verlauf der täglichen Arbeitszeit nicht nur kurzfristig aufhalten müssen.

(3) Arbeitsräume sind die Räume, in denen Arbeitsplätze innerhalb von Gebäuden dauerhaft eingerichtet sind.

...

§ 3. Gefährdungsbeurteilung. (1) [1]Bei der Beurteilung der Arbeitsbedingungen nach § 5 des Arbeitsschutzgesetzes hat der Arbeitgeber zunächst festzustellen, ob die Beschäftigten Gefährdungen beim Einrichten und Betreiben von Arbeitsstätten ausgesetzt sind oder ausgesetzt sein können. [2]Ist dies der Fall, hat er alle möglichen Gefährdungen der Gesundheit und Sicherheit der Beschäftigten zu beurteilen. [3]Entsprechend dem Ergebnis der Gefährdungsbeurteilung hat der Arbeitgeber Schutzmaßnahmen gemäß den Vorschriften dieser Verordnung einschließlich ihres Anhangs nach dem Stand der Technik, Arbeitsmedizin und Hygiene festzulegen. [4]Sonstige gesicherte arbeitswissenschaftliche Erkenntnisse sind zu berücksichtigen.

(2) [1]Der Arbeitgeber hat sicherzustellen, dass die Gefährdungsbeurteilung fachkundig durchgeführt wird. [2]Verfügt der Arbeitgeber nicht selbst über die entsprechenden Kenntnisse, hat er sich fachkundig beraten zu lassen.

(3) [1]Der Arbeitgeber hat die Gefährdungsbeurteilung unabhängig von der Zahl der Beschäftigten vor Aufnahme der Tätigkeiten zu dokumentieren. [2]In der Dokumentation ist anzugeben, welche Gefährdungen am Arbeitsplatz auftreten können und welche Maßnahmen nach Absatz 1 Satz 3 durchgeführt werden müssen.

§ 3a. Einrichten und Betreiben von Arbeitsstätten. (1) Der Arbeitgeber hat dafür zu sorgen, dass Arbeitsstätten so eingerichtet und betrieben werden, dass von ihnen keine Gefährdungen für die Sicherheit und die Gesundheit der Beschäftigten ausgehen.

...

§ 4. Besondere Anforderungen an das Betreiben von Arbeitsstätten. (1) Der Arbeitgeber hat die Arbeitsstätte instand zu halten und dafür zu sorgen, dass festgelegte Mängel unverzüglich beseitigt werden. Können Mängel, mit denen eine unmittelbare erhebliche Gefahr verbunden ist, nicht sofort beseitigt werden, ist die Arbeit insoweit einzustellen.

...

§ 5. Nichtraucherschutz. (1) [1]Der Arbeitgeber hat die erforderlichen Maßnahmen zu treffen, damit die nicht rauchenden Beschäftigten in Arbeitsstätten wirksam vor den Gesundheitsgefahren durch Tabakrauch geschützt sind. [2]Soweit erforderlich, hat der Arbeitgeber ein allgemeines oder auf einzelne Bereiche der Arbeitsstätte beschränktes Rauchverbot zu erlassen.

(2) In Arbeitsstätten mit Publikumsverkehr hat der Arbeitgeber Schutzmaßnahmen nach Absatz 1 nur insoweit zu treffen, als die Natur des Betriebes und die Art der Beschäftigung es zulassen.

§ 6. Arbeitsräume, Sanitärräume, Pausen- und Bereitschaftsräume, Erste-Hilfe-Räume, Unterkünfte. (1) Der Arbeitgeber hat solche Arbeitsräume bereitzustellen, die eine ausreichende Grundfläche und Höhe sowie einen ausreichenden Luftraum aufweisen.

(2) [1]Der Arbeitgeber hat Toilettenräume bereitzustellen. [2]Wenn es die Art der Tätigkeit oder gesundheitliche Gründe erfordern, sind Waschräume vorzusehen. [3]Geeignete Umkleideräume sind zur Verfügung zu stellen, wenn die Beschäftigten bei ihrer Tätigkeit besondere Arbeitskleidung tragen müssen und es ihnen nicht zuzumuten ist, sich in einem anderen Raum umzukleiden. [4]Umkleide-, Wasch- und Toilettenräume sind für Männer und Frauen getrennt einzurichten oder es ist eine getrennte Nutzung zu ermöglich. [5]Bei Arbeiten im Freien und auf Baustellen mit wenigen Beschäftigten sind Waschgelegenheiten und abschließbare Toiletten ausreichend.

(3) [1]Bei mehr als zehn Beschäftigten, oder wenn Sicherheits- oder Gesundheitsgründe dies erfordern, ist den Beschäftigten ein Pausenraum oder ein entsprechender Pausenbereich zur Verfügung zu stellen. [2]Dies gilt nicht, wenn die Beschäftigten in Büroräumen oder vergleichbaren Arbeitsräumen beschäftigt sind und dort gleichwertige Voraussetzungen für eine Erholung während der Pause gegeben sind.

...

Sozialgesetzbuch
Erstes Buch. Allgemeiner Teil

Vom 11. Dezember 1975, mit Änderungen bis zum 19. Oktober 2013

Aufgaben des Sozialgesetzbuchs und soziale Rechte

§ 1. Aufgaben des Sozialgesetzbuchs.
(1) [1]Das Recht des Sozialgesetzbuchs soll zur Verwirklichung sozialer Gerechtigkeit und sozialer Sicherheit Sozialleistungen einschließlich sozialer und erzieherischer Hilfen gestalten. [2]Es soll dazu beitragen, ein menschenwürdiges Dasein zu sichern, gleiche Voraussetzungen für die freie Entfaltung der Persönlichkeit, insbesondere auch für junge Menschen, zu schaffen, die Familie zu schützen und zu fördern, den Erwerb des Lebensunterhalts durch eine frei gewählte Tätigkeit zu ermöglichen und besondere Belastungen des Lebens, auch durch Hilfe zur Selbsthilfe, abzuwenden oder auszugleichen.
(2) Das Recht des Sozialgesetzbuchs soll auch dazu beitragen, daß die zur Erfüllung der in Absatz 1 genannten Aufgaben erforderlichen sozialen Dienste und Einrichtungen rechtzeitig und ausreichend zur Verfügung stehen.

§ 3. Bildungs- und Arbeitsförderung.
(1) Wer an einer Ausbildung teilnimmt, die seiner Neigung, Eignung und Leistung entspricht, hat ein Recht auf individuelle Förderung seiner Ausbildung, wenn ihm die hierfür erforderlichen Mittel nicht anderweitig zur Verfügung stehen.
(2) Wer am Arbeitsleben teilnimmt oder teilnehmen will, hat ein Recht auf
1. Beratung bei der Wahl des Bildungswegs und des Berufs,
2. individuelle Förderung seiner beruflichen Weiterbildung,
3. Hilfe zur Erlangung und Erhaltung eines angemessenen Arbeitsplatzes und
4. wirtschaftliche Sicherung bei Arbeitslosigkeit und bei Zahlungsunfähigkeit des Arbeitgebers.

§ 4. Sozialversicherung. (1) Jeder hat im Rahmen dieses Gesetzbuchs ein Recht auf Zugang zur Sozialversicherung.
(2) [1]Wer in der Sozialversicherung versichert ist, hat im Rahmen der gesetzlichen Kranken-, Pflege-, Unfall- und Rentenversicherung einschließlich der Alterssicherung der Landwirte ein Recht auf
1. die notwendigen Maßnahmen zum Schutz, zur Erhaltung, zur Besserung und zur Wiederherstellung der Gesundheit und der Leistungsfähigkeit und
2. wirtschaftliche Sicherung bei Krankheit, Mutterschaft, Minderung der Erwerbsfähigkeit und Alter.

[2]Ein Recht auf wirtschaftliche Sicherung haben auch die Hinterbliebenen eines Versicherten.

§ 5. Soziale Entschädigung bei Gesundheitsschäden. [1]Wer einen Gesundheitsschaden erleidet, für dessen Folgen die staatliche Gemeinschaft in Abgeltung eines besonderen Opfers oder aus anderen Gründen nach versorgungsrechtlichen Grundsätzen einsteht, hat ein Recht auf
1. die notwendigen Maßnahmen zur Erhaltung, zur Besserung und zur Wiederherstellung der Gesundheit und der Leistungsfähigkeit und
2. angemessene wirtschaftliche Versorgung.

[2]Ein Recht auf angemessene wirtschaftliche Versorgung haben auch die Hinterbliebenen eines Beschädigten.

§ 6. Minderung des Familienaufwands.
Wer Kindern Unterhalt zu leisten hat oder leistet, hat ein Recht auf Minderung der dadurch entstehenden wirtschaftlichen Belastungen.

§ 7. Zuschuß für eine angemessene Wohnung.
Wer für eine angemessene Wohnung Aufwendungen erbringen muß, die ihm nicht zugemutet werden können, hat ein Recht auf Zuschuß zur Miete oder zu vergleichbaren Aufwendungen.

§ 8. Kinder- und Jugendhilfe. [1]Junge Menschen und Personensorgeberechtigte haben im Rahmen dieses Gesetzbuches ein Recht, Leistungen der öffentlichen Jugendhilfe in Anspruch zu nehmen. [2]Sie sollen die Entwicklung junger Menschen fördern und die Erziehung in der Familie unterstützen und ergänzen.

§ 9. Sozialhilfe. Wer nicht in der Lage ist, aus eigenen Kräften seinen Lebensunterhalt zu bestreiten oder in besonderen Lebenslagen sich selbst zu helfen, und auch von anderer Seite keine ausreichende Hilfe erhält, hat ein Recht auf persönliche und wirtschaftliche Hilfe, die seinem besonderen Bedarf entspricht, ihn zur Selbsthilfe befähigt, die Teilnahme am Leben in der Gemeinschaft ermöglicht und die Führung eines menschenwürdigen Lebens sichert. Hierbei müssen Leistungsberechtigte nach ihren Kräften mitwirken.

§ 10. Teilhabe behinderter Menschen. Menschen, die körperlich, geistig oder seelisch behindert sind oder denen eine solche Behinderung droht, haben unabhängig von der Ursache der Behinderung zur Förderung ihrer Selbstbestimmung und gleichberechtigten Teilhabe ein Recht auf Hilfe, die notwendig ist, um

1. die Behinderung abzuwenden, zu beseitigen, zu mindern, ihre Verschlimmerung zu verhüten oder ihre Folgen zu mildern,
2. Einschränkungen der Erwerbsfähigkeit oder Pflegebedürftigkeit zu vermeiden, zu überwinden, zu mindern oder eine Verschlimmerung zu verhüten sowie den vorzeitigen Bezug von Sozialleistungen zu vermeiden oder laufende Sozialleistungen zu mindern,
3. ihnen einen ihren Neigungen und Fähigkeiten entsprechenden Platz im Arbeitsleben zu sichern,
4. ihre Entwicklung zu fördern und ihre Teilhabe am Leben in der Gesellschaft und eine möglichst selbständige und selbstbestimmte Lebensführung zu ermöglichen oder zu erleichtern sowie
5. Benachteiligungen auf Grund der Behinderung entgegenzuwirken.

Einweisungsvorschriften

▶ Allgemeines über Sozialleistungen und Leistungsträger

§ 11. Leistungsarten. [1]Gegenstand der sozialen Rechte sind die in diesem Gesetzbuch vorgesehenen Dienst-, Sach- und Geldleistungen (Sozialleistungen). [2]Die persönliche und erzieherische Hilfe gehört zu den Dienstleistungen.

§ 12. Leistungsträger. [1]Zuständig für die Sozialleistungen sind die in den §§ 18 bis 29 genannten Körperschaften, Anstalten und Behörden (Leistungsträger). [2]Die Abgrenzung ihrer Zuständigkeit ergibt sich aus den besonderen Teilen dieses Gesetzbuchs.

6

§ 13. Aufklärung. Die Leistungsträger, ihre Verbände und die sonstigen in diesem Gesetzbuch genannten öffentlich-rechtlichen Vereinigungen sind verpflichtet, im Rahmen ihrer Zuständigkeit die Bevölkerung über die Rechte und Pflichten nach diesem Gesetzbuch aufzuklären.

§ 14. Beratung. [1]Jeder hat Anspruch auf Beratung über seine Rechte und Pflichten nach diesem Gesetzbuch. [2]Zuständig für die Beratung sind die Leistungsträger, denen gegenüber die Rechte geltend zu machen oder die Pflichten zu erfüllen sind.

§ 15. Auskunft. (1) Die nach Landesrecht zuständigen Stellen, die Träger der gesetzlichen Krankenversicherung und der sozialen Pflegeversicherung sind verpflichtet, über alle sozialen Angelegenheiten nach diesem Gesetzbuch Auskünfte zu erteilen.

(2) Die Auskunftspflicht erstreckt sich auf die Benennung der für die Sozialleistungen zuständigen Leistungsträger sowie auf alle Sach- und Rechtsfragen, die für die Auskunftsuchenden von Bedeutung sein können und zu deren Beantwortung die Auskunftsstelle imstande ist.

(3) Die Auskunftsstellen sind verpflichtet, untereinander und mit den anderen Leistungsträgern mit dem Ziel zusammenzuarbeiten, eine möglichst umfassende Auskunftserteilung durch eine Stelle sicherzustellen.

§ 16. Antragstellung. (1) [1]Anträge auf Sozialleistungen sind beim zuständigen Leistungsträger zu stellen. [2]Sie werden auch von allen anderen Leistungsträgern, von allen Gemeinden und bei Personen, die sich im Ausland aufhalten, auch von den amtlichen Vertretungen der Bundesrepublik Deutschland im Ausland entgegengenommen.

(2) [1]Anträge, die bei einem unzuständigen Leistungsträger, bei einer für die Sozialleistung nicht zuständigen Gemeinde oder bei einer amtlichen Vertretung der Bundesrepublik Deutschland im Ausland gestellt werden, sind unverzüglich an den zuständigen Leistungsträger weiterzuleiten. [2]Ist die Sozialleistung von einem Antrag abhängig, gilt der Antrag als zu dem Zeitpunkt gestellt, in dem er bei einer der in Satz 1 genannten Stellen eingegangen ist.

(3) Die Leistungsträger sind verpflichtet, darauf hinzuwirken, daß unverzüglich klare und sachdienliche Anträge gestellt und unvollständige Angaben ergänzt werden.

▶ Einzelne Sozialleistungen und zuständige Leistungsträger

§ 18. Leistungen der Ausbildungsförderung.
(1) Nach dem Recht der Ausbildungsförderung können Zuschüsse und Darlehen für den Lebensunterhalt und die Ausbildung in Anspruch genommen werden.

(2) Zuständig sind die Ämter und die Landesämter für Ausbildungsförderung nach Maßgabe der §§ 39, 40, 40 a und 45 des Bundesausbildungsförderungsgesetzes.

§ 19. Leistungen der Arbeitsförderung.
(1) Nach dem Recht der Arbeitsförderung können in Anspruch genommen werden:

1. Berufsberatung und Arbeitsmarktberatung,
2. Ausbildungsvermittlung und Arbeitsvermittlung,

3. Leistungen
   a) zur Aktivierung und beruflichen Eingliederung,
   b) zur Berufswahl und Berufsausbildung,
   c) zur beruflichen Weiterbildung,
   d) zur Aufnahme einer Erwerbstätigkeit,
   e) zum Verbleib in Beschäftigung,
   f) der Teilhabe behinderter Menschen am Arbeitsleben,
4. Arbeitslosengeld, Teilarbeitslosengeld, Arbeitslosengeld bei Weiterbildung und Insolvenzgeld.
5. als Entgeltersatzleistungen Arbeitslosengeld, Teilarbeitslosengeld, Übergangsgeld, Kurzarbeitergeld und Insolvenzgeld.

(2) Zuständig sind die Arbeitsämter und die sonstigen Dienststellen der Bundesanstalt für Arbeit.

§ 21. Leistungen der gesetzlichen Krankenversicherung. (1) Nach dem Recht der gesetzlichen Krankenversicherung können in Anspruch genommen werden:
1. Leistungen zur Förderung der Gesundheit, zur Verhütung und zur Früherkennung von Krankheiten,
2. bei Krankheit Krankenbehandlung, insbesondere
   a) ärztliche und zahnärztliche Behandlung,
   b) Versorgung mit Arznei-, Verband-, Heil- und Hilfsmitteln,
   c) häusliche Krankenpflege und Haushaltshilfe,
   d) Krankenhausbehandlung,
   e) medizinische und ergänzende Leistungen zur Rehabilitation,
   f) Betriebshilfe für Landwirte,
   g) Krankengeld,
3. bei Schwangerschaft und Mutterschaft ärztliche Betreuung, Hebammenhilfe, stationäre Entbindung, häusliche Pflege, Haushaltshilfe, Betriebshilfe für Landwirte, Mutterschaftsgeld,
4. Hilfe zur Familienplanung und Leistungen bei durch Krankheit erforderlicher Sterilisation und bei nicht rechtswidrigem Schwangerschaftsabbruch,

(2) Zuständig sind die Orts-, Betriebs- und Innungskrankenkassen, die See-Krankenkasse, die Sozialversicherung für Landwirtschaft, Forsten und Gartenbau als landwirtschaftliche Krankenkasse, die Deutsche Rentenversicherung Knappschaft-Bahn-See und die Ersatzkassen.

§ 21a. Leistungen der sozialen Pflegeversicherung. (1) Nach dem Recht der sozialen Pflegeversicherung können in Anspruch genommen werden:
1. Leistungen bei häuslicher Pflege:
   a) Pflegesachleistung,
   b) Pflegegeld für selbst beschaffte Pflegehilfen,
   c) häusliche Pflege bei Verhinderung der Pflegeperson,
   d) Pflegehilfsmittel und technische Hilfen,
2. teilstationäre Pflege und Kurzzeitpflege,
3. Leistungen für Pflegepersonen, insbesondere
   a) soziale Sicherung und
   b) Pflegekurse,
4. vollstationäre Pflege.

(2) Zuständig sind die bei den Krankenkassen errichteten Pflegekassen.

§ 21b. Leistungen bei Schwangerschaftsabbrüchen. (1) Nach dem fünften Abschnitt des Schwangerschaftskonfliktgesetzes können bei einem nicht rechtswidrigen oder unter den Voraussetzungen des § 218 a Abs. 1 des Strafgesetzbuches vorgenommenen Abbruch einer Schwangerschaft Leistungen in Anspruch genommen werden.

(2) Zuständig sind die Orts-, Betriebs- und die Sozialversicherung für Landwirtschaft, Forsten und Gartenbau als landwirtschaftliche Krankenkasse, die Deutsche Rentenversicherung Knappschaft-Bahn-See und die Ersatzkassen.

§ 22. Leistungen der gesetzlichen Unfallversicherung. (1) Nach dem Recht der gesetzlichen Unfallversicherung können in Anspruch genommen werden:
1. Maßnahmen zur Verhütung von Arbeitsunfällen, Berufskrankheiten und arbeitsbedingten Gesundheitsgefahren und zur Ersten Hilfe sowie Maßnahmen zur Früherkennung von Berufskrankheiten und arbeitsbedingten Gesundheitsgefahren,
2. Heilbehandlung, Berufsförderung und andere Leistungen zur Erhaltung, Besserung und Wiederherstellung der Erwerbsfähigkeit sowie zur Erleichterung der Verletzungsfolgen einschließlich wirtschaftlicher Hilfen,
3. Renten wegen Minderung der Erwerbsfähigkeit,
4. Renten an Hinterbliebene, Sterbegeld und Beihilfen,
5. Rentenabfindungen,
6. Haushaltshilfe,
7. Betriebshilfe für Landwirte.

…

§ 23. Leistungen der gesetzlichen Rentenversicherung einschließlich der Alterssicherung der Landwirte. (1) Nach dem Recht der gesetzlichen Rentenversicherung einschließlich der Alterssicherung der Landwirte können in Anspruch genommen werden:
1. in der gesetzlichen Rentenversicherung:

6

a) Heilbehandlung, Berufsförderung und andere Leistungen zur Erhaltung, Besserung und Wiederherstellung der Erwerbsfähigkeit einschließlich wirtschaftlicher Hilfen,
b) Renten wegen Alters, Renten wegen verminderter Erwerbsfähigkeit und Knappschaftsausgleichsleistung,
c) Renten wegen Todes,
d) Witwen- und Witwerrentenabfindungen sowie Beitragserstattungen,
e) Zuschüsse zu den Aufwendungen für die Krankenversicherung,
f) Leistungen für Kindererziehung,

2. in der Alterssicherung der Landwirte:
a) Heilbehandlung und andere Leistungen zur Erhaltung, Besserung und Wiederherstellung der Erwerbsfähigkeit einschließlich Betriebs- oder Haushaltshilfe,
b) Renten wegen Erwerbsminderung und Alters,
c) Renten wegen Todes,
d) Beitragszuschüsse,
e) Betriebs- und Haushaltshilfe oder sonstige Leistungen zur Aufrechterhaltung des Unternehmens der Landwirtschaft.

(2) Zuständig sind
1. in der allgemeinen Rentenversicherung die Regionalträger, die Deutsche Rentenversicherung Bund und die Deutsche Rentenversicherung Knappschaft-Bahn-See,
2. in der knappschaftlichen Rentenversicherung die Deutsche Rentenversicherung Knappschaft-Bahn-See,
3. in der Alterssicherung der Landwirte die landwirtschaftlichen Alterskassen.

...

§ 25. Kindergeld, Kinderzuschlag, Leistungen für Bildung und Teilhabe, Erziehungsgeld und Elterngeld. (1) Nach dem Bundeskindergeldgesetz kann nur dann Kindergeld in Anspruch genommen werden, wenn nicht der Familienleistungsausgleich nach § 31 des Einkommensteuergesetzes zur Anwendung kommt. Nach dem Bundeskindergeldgesetz können auch der Kinderzuschlag und Leistungen für Bildung und Teilhabe in Anspruch genommen werden.

(2) Nach dem Recht des Erziehungsgeldes kann grundsätzlich für jedes Kind Erziehungsgeld in Anspruch genommen werden. Anspruch auf Elterngeld besteht nach dem Recht des Bundeselterngeld- und Elternzeitgesetzes.

(3) Für die Ausführung des Absatzes 1 sind die nach § 7 des Bundeskindergeldgesetzes bestimmten Stellen, für die Ausführung des Absatzes 2 Satz 1 die nach § 10 des Bundeserziehungsgeldgesetzes bestimmten Stellen und für die Ausführung des Absatzes 2 Satz 2 die nach § 12 des Bundeselterngeld- und Elternzeitgesetzes bestimmten Stellen zuständig.

§ 26. Wohngeld. (1) Nach dem Wohngeldrecht kann als Zuschuß zur Miete oder als Zuschuß zu den Aufwendungen für den eigengenutzten Wohnraum Wohngeld in Anspruch genommen werden.

(2) Zuständig sind die durch Landesrecht bestimmten Behörden.

§ 27. Leistungen der Kinder- und Jugendhilfe. (1) Nach dem Recht der Kinder- und Jugendhilfe können in Anspruch genommen werden:
1. Angebote der Jugendarbeit, der Jugendsozialarbeit und des erzieherischen Jugendschutzes,
2. Angebote zur Förderung der Erziehung in der Familie,
3. Angebote zur Förderung von Kindern in Tageseinrichtungen und in Tagespflege,
4. Hilfe zur Erziehung, Eingliederungshilfe für seelisch behinderte Kinder und Jugendliche sowie Hilfe für junge Volljährige.

(2) Zuständig sind die Kreise und die kreisfreien Städte, nach Maßgabe des Landesrechts auch kreisangehörige Gemeinden; sie arbeiten mit der freien Jugendhilfe zusammen.

§ 28. Leistungen der Sozialhilfe. (1) Nach dem Recht der Sozialhilfe können in Anspruch genommen werden:
1. Hilfe zum Lebensunterhalt,
1a. Grundsicherung im Alter und bei Erwerbsminderung,
2. Hilfen zur Gesundheit,
3. Eingliederungshilfe für behinderte Menschen,
4. Hilfe zur Pflege,
5. Hilfe zur Überwindung besonderer sozialer Schwierigkeiten,
6. Hilfe in anderen Lebenslagen sowie die jeweils gebotene Beratung und Unterstützung.

(2) Zuständig sind die Kreise und kreisfreien Städte, die überörtlichen Träger der Sozialhilfe und für besondere Aufgaben die Gesundheitsämter; sie arbeiten mit den Trägern der freien Wohlfahrtspflege zusammen.

Sozialgesetzbuch
Zweites Buch. Grundsicherung für Arbeitssuchende

In der Neufassung vom 13. Mai 2011, mit Änderungen bis zum 7. Mai 2013

Fördern und Fordern

§ 1. Aufgabe und Ziel der Grundsicherung für Arbeitsuchende. (1) Die Grundsicherung für Arbeitsuchende soll es Leistungsberechtigten ermöglichen, ein Leben zu führen, das der Würde des Menschen entspricht.

(2) [1]Die Grundsicherung für Arbeitsuchende soll die Eigenverantwortung von erwerbsfähigen Leistungsberechtigten und Personen, die mit ihnen in einer Bedarfsgemeinschaft leben, stärken und dazu beitragen, dass sie ihren Lebensunterhalt unabhängig von der Grundsicherung aus eigenen Mitteln und Kräften bestreiten können. [2]Sie soll erwerbsfähige Leistungsberechtigte bei der Aufnahme oder Beibehaltung einer Erwerbstätigkeit unterstützen und den Lebensunterhalt sichern, soweit sie ihn nicht auf andere Weise bestreiten können. [3]Die Gleichstellung von Männern und Frauen ist als durchgängiges Prinzip zu verfolgen. [4]Die Leistungen der Grundsicherung sind insbesondere darauf auszurichten, dass

1. durch eine Erwerbstätigkeit Hilfebedürftigkeit vermieden oder beseitigt, die Dauer der Hilfebedürftigkeit verkürzt oder der Umfang der Hilfebedürftigkeit verringert wird,
2. die Erwerbsfähigkeit einer leistungsberechtigten Person erhalten, verbessert oder wieder hergestellt wird,
3. geschlechtsspezifischen Nachteilen von erwerbsfähigen Leistungsberechtigten entgegengewirkt wird,
4. die familienspezifischen Lebensverhältnisse von erwerbsfähigen Leistungsberechtigten, die Kinder erziehen oder pflegebedürftige Angehörige betreuen, berücksichtigt werden,
5. behindertenspezifische Nachteile überwunden werden,
6. Anreize zur Aufnahme und Ausübung einer Erwerbstätigkeit geschaffen und aufrechterhalten werden.

(3) Die Grundsicherung für Arbeitsuchende umfasst Leistungen

1. zur Beendigung oder Verringerung der Hilfebedürftigkeit insbesondere durch Eingliederung in Arbeit und
2. zur Sicherung des Lebensunterhalts.

§ 2. Grundsatz des Forderns. (1) [1]Erwerbsfähige Leistungsberechtigte und die mit ihnen in einer Bedarfsgemeinschaft lebenden Personen müssen alle Möglichkeiten zur Beendigung oder Verringerung ihrer Hilfebedürftigkeit ausschöpfen. [2]Eine erwerbsfähige leistungsberechtigte Person muss aktiv an allen Maßnahmen zu ihrer Eingliederung in Arbeit mitwirken, insbesondere eine Eingliederungsvereinbarung abschließen. [3]Wenn eine Erwerbstätigkeit auf dem allgemeinen Arbeitsmarkt in absehbarer Zeit nicht möglich ist, hat die erwerbsfähige leistungsberechtigte Person eine ihr angebotene zumutbare Arbeitsgelegenheit zu übernehmen.

(2) [1]Erwerbsfähige Leistungsberechtigte und die mit ihnen in einer Bedarfsgemeinschaft lebenden Personen haben in eigener Verantwortung alle Möglichkeiten zu nutzen, ihren Lebensunterhalt aus eigenen Mitteln und Kräften zu bestreiten. [2]Erwerbsfähige Leistungsberechtigte müssen ihre Arbeitskraft zur Beschaffung des Lebensunterhalts für sich und die mit ihnen in einer Bedarfsgemeinschaft lebenden Personen einsetzen.

§ 3. Leistungsgrundsätze. (1) [1]Leistungen zur Eingliederung in Arbeit können erbracht werden, soweit sie zur Vermeidung oder Beseitigung, Verkürzung oder Verminderung der Hilfebedürftigkeit für die Eingliederung erforderlich sind. [2]Bei den Leistungen zur Eingliederung in Arbeit sind

1. die Eignung,
2. die individuelle Lebenssituation, insbesondere die familiäre Situation,
3. die voraussichtliche Dauer der Hilfebedürftigkeit und
4. die Dauerhaftigkeit der Eingliederung

der erwerbsfähigen Leistungsberechtigten zu berücksichtigen. Vorrangig sollen Maßnahmen eingesetzt werden, die die unmittelbare Aufnahme einer Erwerbstätigkeit ermöglichen. [3]Bei der Leistungserbringung sind die Grundsätze von Wirtschaftlichkeit und Sparsamkeit zu beachten.

(2) [1]Erwerbsfähige Leistungsberechtigte, die das 25. Lebensjahr noch nicht vollendet haben, sind unverzüglich nach Antragstellung auf Leistungen nach diesem Buch in eine Ausbildung oder Arbeit zu vermitteln. [2]Können Leistungsberechtigte ohne Berufsabschluss nicht in eine Ausbildung vermittelt werden, soll die Agentur für Arbeit darauf hinwirken, dass die vermittelte Arbeit auch zur Verbesserung ihrer beruflichen Kenntnisse und Fähigkeiten beiträgt.

(2a) Erwerbsfähige Leistungsberechtigte, die das 58. Lebensjahr vollendet haben, sind unverzüglich in Arbeit oder in eine Arbeitsgelegenheit zu vermitteln.

(2b) [1]Die Agentur für Arbeit hat darauf hinzuwirken, dass erwerbsfähige Leistungsberechtigte, die nicht über deutsche Sprachkenntnisse entsprechend dem Niveau B1 des Gemeinsamen Europäischen Referenzrahmens für Sprachen verfügen und die
1. zur Teilnahme an einem Integrationskurs nach § 44 des Aufenthaltsgesetzes berechtigt sind,
2. nach § 44a des Aufenthaltsgesetzes verpflichtet werden können oder
3. einen Anspruch nach § 9 Abs. 1 Satz 1 des Bundesvertriebenengesetzes haben,

an einem Integrationskurs nach § 43 des Aufenthaltsgesetzes teilnehmen, sofern sie nicht unmittelbar in eine Ausbildung oder Arbeit vermittelt werden können und ihnen eine Teilnahme an einem Integrationskurs daneben nicht zumutbar ist. [2]Eine Verpflichtung zur Teilnahme ist in die Eingliederungsvereinbarung als vorrangige Maßnahme aufzunehmen.

(3) Leistungen zur Sicherung des Lebensunterhalts dürfen nur erbracht werden, soweit die Hilfebedürftigkeit nicht anderweitig beseitigt werden kann; die nach diesem Buch vorgesehenen Leistungen decken den Bedarf der erwerbsfähigen Leistungsberechtigten und der mit ihnen in einer Bedarfsgemeinschaft lebenden Personen.

§ 4. Leistungsformen. (1) Die Leistungen der Grundsicherung für Arbeitsuchende werden erbracht in Form von
1. Dienstleistungen,
2. Geldleistungen und
3. Sachleistungen.

6

(2) [1]Die nach § 6 zuständigen Träger wirken darauf hin, dass erwerbsfähige Leistungsberechtigte und die mit ihnen in einer Bedarfsgemeinschaft lebenden Personen die erforderliche Beratung und Hilfe anderer Träger, insbesondere der Kranken- und Rentenversicherung, erhalten. [2]Die nach § 6 zuständigen Träger wirken auch darauf hin, dass Kinder und Jugendliche Zugang zu geeigneten vorhandenen Angeboten der gesellschaftlichen Teilhabe erhalten. [3]Sie arbeiten zu diesem Zweck mit Schulen und Kindertageseinrichtungen, den Trägern der Jugendhilfe, den Gemeinden und Gemeindeverbänden, freien Trägern, Vereinen und Verbänden und sonstigen handelnden Personen vor Ort zusammen. [4]Sie sollen die Eltern unterstützen und in geeigneter Weise dazu beitragen, dass Kinder und Jugendliche Leistungen für Bildung und Teilhabe möglichst in Anspruch nehmen.

§ 6. Träger der Grundsicherung für Arbeitsuchende. (1) Träger der Leistungen nach diesem Buch sind:
1. die Bundesagentur für Arbeit (Bundesagentur), soweit Nummer 2 nichts Anderes bestimmt,
2. die kreisfreien Städte und Kreise für die Leistungen nach § 16a, das Arbeitslosengeld II und das Sozialgeld, soweit Arbeitslosengeld II und Sozialgeld für den Bedarf für Unterkunft und Heizung geleistet wird, die Leistungen nach § 24 Absatz 3 Satz 1 Nummer 1 und 2, § 27 Absatz 3 sowie für die Leistungen nach § 28, soweit durch Landesrecht nicht andere Träger bestimmt sind (kommunale Träger).

Zu ihrer Unterstützung können sie Dritte mit der Wahrnehmung von Aufgaben beauftragen; sie sollen einen Außendienst zur Bekämpfung von Leistungsmissbrauch einrichten.

(2) [1]Die Länder können bestimmen, dass und inwieweit die Kreise ihnen zugehörige Gemeinden oder Gemeindeverbände zur Durchführung der in Absatz 1 Satz 1 Nr. 2 genannten Aufgaben nach diesem Gesetz heranziehen und ihnen dabei Weisungen erteilen können; in diesen Fällen erlassen die Kreise den Widerspruchsbescheid nach dem Sozialgerichtsgesetz. [2]§ 44b Absatz 1 Satz 3 bleibt unberührt. [3]Die Sätze 1 und 2 gelten auch in den Fällen des § 6a mit der Maßgabe, dass eine Heranziehung auch für die Aufgaben nach § 6b Abs. 1 Satz 1 erfolgen kann.

(3) Die Länder Berlin, Bremen und Hamburg werden ermächtigt, die Vorschriften dieses Gesetzes über die Zuständigkeit von Behörden für die Grundsicherung für Arbeitsuchende dem besonderen Verwaltungsaufbau ihrer Länder anzupassen.

§ 6d. Jobcenter. Die gemeinsamen Einrichtungen nach § 44b und die zugelassenen kommunalen Träger nach § 6a führen die Bezeichnung Jobcenter.

Anspruchsvoraussetzungen

§ 7. Leistungsberechtigte. (1) [1]Leistungen nach diesem Buch erhalten Personen, die
1. das 15. Lebensjahr vollendet und die Altersgrenze nach § 7a noch nicht erreicht haben,
2. erwerbsfähig sind,
3. hilfebedürftig sind und
4. ihren gewöhnlichen Aufenthalt in der Bundesrepublik Deutschland haben

(erwerbsfähige Leistungsberechtigte). Ausgenommen sind
   1. Ausländerinnen und Ausländer, die weder in der Bundesrepublik Deutschland

Arbeitnehmerinnen, Arbeitnehmer oder Selbständige noch auf Grund des § 2 Abs. 3 des Freizügigkeitsgesetzes/EU freizügigkeitsberechtigt sind, und ihre Familienangehörigen für die ersten drei Monate ihres Aufenthalts,
2. Ausländerinnen und Ausländer, deren Aufenthaltsrecht sich allein aus dem Zweck der Arbeitsuche ergibt, und ihre Familienangehörigen,
3. Leistungsberechtigte nach § 1 des Asylbewerberleistungsgesetzes.

Satz 2 Nr. 1 gilt nicht für Ausländerinnen und Ausländer, die sich mit einem Aufenthaltstitel nach Kapitel 2 Abschnitt 5 des Aufenthaltsgesetzes in der Bundesrepublik Deutschland aufhalten. [2]Aufenthaltsrechtliche Bestimmungen bleiben unberührt.

(2) [1]Leistungen erhalten auch Personen, die mit erwerbsfähigen Leistungsberechtigten in einer Bedarfsgemeinschaft leben. [2]Dienstleistungen und Sachleistungen werden ihnen nur erbracht, wenn dadurch Hemmnisse bei der Eingliederung der erwerbsfähigen Leistungsberechtigten beseitigt oder vermindert werden. [3]Zur Deckung der Bedarfe nach § 28 erhalten die dort genannten Personen auch dann Leistungen für Bildung und Teilhabe, wenn sie mit Personen in einem Haushalt zusammenleben, mit denen sie nur deshalb keine Bedarfsgemeinschaft bilden, weil diese aufgrund des zu berücksichtigenden Einkommens oder Vermögens selbst nicht leistungsberechtigt sind.

(3) Zur Bedarfsgemeinschaft gehören
1. die erwerbsfähigen Leistungsberechtigten,
2. die im Haushalt lebenden Eltern oder der im Haushalt lebende Elternteil eines unverheirateten erwerbsfähigen Kindes, welches das 25. Lebensjahr noch nicht vollendet hat, und die im Haushalt lebende Partnerin oder der im Haushalt lebende Partner dieses Elternteils,
3. als Partnerin oder Partner der erwerbsfähigen Leistungsberechtigten
   a) die nicht dauernd getrennt lebende Ehegattin oder der nicht dauernd getrennt lebende Ehegatte,
   b) die nicht dauernd getrennt lebende Lebenspartnerin oder der nicht dauernd getrennt lebende Lebenspartner,
   c) eine Person, die mit der erwerbsfähigen leistungsberechtigten Person in einem gemeinsamen Haushalt so zusammenlebt, dass nach verständiger Würdigung der wechselseitige Wille anzunehmen ist, Verantwortung füreinander zu tragen und füreinander einzustehen.
4. die dem Haushalt angehörenden unverheirateten Kinder der in den Nummern 1 bis 3 genannten Personen, wenn sie das 25. Lebensjahr noch nicht vollendet haben, soweit sie die Leistungen zur Sicherung ihres Lebensunterhalts nicht aus eigenem Einkommen oder Vermögen beschaffen können.

(3a) Ein wechselseitiger Wille, Verantwortung füreinander zu tragen und füreinander einzustehen, wird vermutet, wenn Partner
1. länger als ein Jahr zusammenleben,
2. mit einem gemeinsamen Kind zusammenleben,
3. Kinder oder Angehörige im Haushalt versorgen oder
4. befugt sind, über Einkommen oder Vermögen des anderen zu verfügen.

(4) [1]Leistungen nach diesem Buch erhält nicht, wer in einer stationären Einrichtung untergebracht ist, Rente wegen Alters oder Knappschaftsausgleichsleistung oder ähnliche Leistungen öffentlich-rechtlicher Art bezieht. [2]Dem Aufenthalt in einer stationären Einrichtung ist der Aufenthalt in einer Einrichtung zum Vollzug richterlich angeordneter Freiheitsentziehung gleichgestellt. [3]Abweichend von Satz 1 erhält Leistungen nach diesem Buch,
1. wer voraussichtlich für weniger als sechs Monate in einem Krankenhaus (§ 107 des Fünften Buches) untergebracht ist oder
2. wer in einer stationären Einrichtung untergebracht und unter den üblichen Bedingungen des allgemeinen Arbeitsmarktes mindestens 15 Stunden wöchentlich erwerbstätig ist.

(4a) [1]Erwerbsfähige Leistungsberechtigte erhalten keine Leistungen, wenn sie sich ohne Zustimmung des zuständigen Trägers nach diesem Buch außerhalb des zeit- und ortsnahen Bereichs aufhalten und deshalb nicht für die Eingliederung in Arbeit zur Verfügung stehen. [2]Die Zustimmung ist zu erteilen, wenn für den Aufenthalt außerhalb des zeit- und ortsnahen Bereichs ein wichtiger Grund vorliegt und die Eingliederung in Arbeit nicht beeinträchtigt wird. [3]Ein wichtiger Grund liegt insbesondere vor bei
1. Teilnahme an einer ärztlich verordneten Maßnahme der medizinischen Vorsorge oder Rehabilitation,
2. Teilnahme an einer Veranstaltung, die staatspolitischen, kirchlichen oder gewerkschaftlichen Zwecken dient oder sonst im öffentlichen Interesse liegt, oder
3. Ausübung einer ehrenamtlichen Tätigkeit.

[4]Die Zustimmung kann auch erteilt werden, wenn für den Aufenthalt außerhalb des zeit- und ortsnahen Bereichs kein wichtiger Grund vorliegt und die Eingliederung in Arbeit nicht beeinträchtigt wird. [5]Die Dauer der Abwesenheiten nach Satz 4 soll in der Regel insgesamt drei Wochen im Kalenderjahr nicht überschreiten.

(5) Auszubildende, deren Ausbildung im Rahmen des Bundesausbildungsförderungsgesetzes oder der §§ 51, 57, 58 des Dritten Buches dem Grunde nach förderungsfähig ist, haben über die Leistungen nach § 27 hinaus keinen Anspruch auf Leistungen zur Sicherung des Lebensunterhalts.

(6) Absatz 5 findet keine Anwendung auf Auszubildende,

1. die auf Grund von § 2 Abs. 1a des Bundesausbildungsförderungsgesetzes keinen Anspruch auf Ausbildungsförderung oder auf Grund von § 60 des Dritten Buches keinen Anspruch auf Berufsausbildungsbeihilfe haben,
2. deren Bedarf sich nach § 12 Absatz 1 Nummer 1 des Bundesausbildungsförderungsgesetzes, nach § 62 Abs. 1 oder § 124 des Dritten Buches bemisst oder
3. die eine Abendhauptschule, eine Abendrealschule oder ein Abendgymnasium besuchen, sofern sie aufgrund von § 10 Abs. 3 des Bundesausbildungsförderungsgesetzes keinen Anspruch auf Ausbildungsförderung haben.

§ 7a. Altersgrenze. [1]Personen, die vor dem 1. Januar 1947 geboren sind, erreichen die Altersgrenze mit Ablauf des Monats, in dem sie das 65. Lebensjahr vollenden. [2]Für Personen, die nach dem 31. Dezember 1946 geboren sind, wird die Altersgrenze wie folgt angehoben:

für den Geburtsjahrgang	erfolgt eine Anhebung um Monate	den Ablauf des Monats, in dem ein Lebensalter vollendet wird von
1947	1	65 Jahren und 1 Monat
1948	2	65 Jahren und 2 Monaten
1949	3	65 Jahren und 3 Monaten
1950	4	65 Jahren und 4 Monaten
1951	5	65 Jahren und 5 Monaten
1952	6	65 Jahren und 6 Monaten
1953	7	65 Jahren und 7 Monaten
1954	8	65 Jahren und 8 Monaten
1955	9	65 Jahren und 9 Monaten
1956	10	65 Jahren und 10 Monaten
1957	11	65 Jahren und 11 Monaten
1958	12	66 Jahren
1959	14	66 Jahren und 2 Monaten
1960	16	66 Jahren und 4 Monaten
1961	18	66 Jahren und 6 Monaten
1962	20	66 Jahren und 8 Monaten
1963	22	66 Jahren und 10 Monaten
ab 1964	24	67 Jahren.

6

§ 8. Erwerbsfähigkeit. (1) Erwerbsfähig ist, wer nicht wegen Krankheit oder Behinderung auf absehbare Zeit außerstande ist, unter den üblichen Bedingungen des allgemeinen Arbeitsmarktes mindestens drei Stunden täglich erwerbstätig zu sein.

(2) [1]Im Sinne von Absatz 1 können Ausländerinnen und Ausländer nur erwerbstätig sein, wenn ihnen die Aufnahme einer Beschäftigung erlaubt ist oder erlaubt werden könnte. [2]Die rechtliche Möglichkeit, eine Beschäftigung vorbehaltlich einer Zustimmung nach § 39 des Aufenthaltsgesetzes aufzunehmen, ist ausreichend.

§ 9. Hilfebedürftigkeit. (1) Hilfebedürftig ist, wer seinen Lebensunterhalt nicht oder nicht ausreichend aus dem zu berücksichtigenden Einkommen oder Vermögen sichern kann und die erforderliche Hilfe nicht von anderen, insbesondere von Angehörigen oder von Trägern anderer Sozialleistungen, erhält.

(2) [1]Bei Personen, die in einer Bedarfsgemeinschaft leben, sind auch das Einkommen und Vermögen des Partners zu berücksichtigen. [2]Bei unverheirateten Kindern, die mit ihren Eltern oder einem Elternteil in einer Bedarfsgemeinschaft leben und die ihren Lebensunterhalt nicht aus eigenem Einkommen oder Vermögen sichern können, sind auch das Einkommen und Vermögen der Eltern oder des Elternteils und dessen in Bedarfsgemeinschaft lebender Partnerin oder lebenden Partners zu berücksichtigen. [3]Ist in einer Bedarfsgemeinschaft nicht der gesamte Bedarf aus eigenen Kräften und Mitteln gedeckt, gilt jede Person der Bedarfsgemeinschaft im Verhältnis des eigenen Bedarfs zum Gesamtbedarf als hilfebedürftig, dabei bleiben die Bedarfe nach § 28 außer Betracht. [4]In den Fällen des § 7 Absatz 2 Satz 3 ist Einkommen und Vermögen, soweit es die nach Satz 3 zu berücksichtigenden Bedarfe übersteigt, im Verhältnis mehrerer Leistungsberechtigter zueinander zu gleichen Teilen zu berücksichtigen.

(3) Absatz 2 Satz 2 findet keine Anwendung auf ein Kind, das schwanger ist oder sein Kind bis zur Vollendung des sechsten Lebensjahres betreut.

(4) Hilfebedürftig ist auch derjenige, dem der sofortige Verbrauch oder die sofortige Verwertung von zu berücksichtigendem Vermögen nicht möglich ist oder für den dies eine besondere Härte bedeuten würde.

(5) Leben Hilfebedürftige in Haushaltsgemeinschaft mit Verwandten oder Verschwägerten, so wird vermutet, dass sie von ihnen Leistungen erhalten, soweit dies nach deren Einkommen und Vermögen erwartet werden kann.

§ 10. Zumutbarkeit. (1) Einer erwerbsfähigen leistungsberechtigten Person ist jede Arbeit zumutbar, es sei denn, dass

1. sie zu der bestimmten Arbeit körperlich, geistig oder seelisch nicht in der Lage ist,
2. die Ausübung der Arbeit die künftige Ausübung der bisherigen überwiegenden Arbeit wesentlich erschweren würde, weil die bisherige Tätigkeit besondere körperliche Anforderungen stellt,
3. die Ausübung der Arbeit die Erziehung ihres Kindes oder des Kindes ihrer Partnerin oder ihres Partners gefährden würde; die Erziehung eines Kindes, das das dritte Lebensjahr vollendet hat, ist in der Regel nicht gefährdet, soweit die Betreuung in einer Tageseinrichtung oder in Tagespflege im Sinne der Vorschriften des Achten Buches oder auf sonstige Weise sichergestellt ist; die zuständigen kommunalen Träger sollen darauf hinwirken, dass erwerbsfähigen Erziehenden vorrangig ein Platz zur Tagesbetreuung des Kindes angeboten wird,
4. die Ausübung der Arbeit mit der Pflege einer oder eines Angehörigen nicht vereinbar wäre und die Pflege nicht auf andere Weise sichergestellt werden kann,
5. der Ausübung der Arbeit ein sonstiger wichtiger Grund entgegensteht.

(2) Eine Arbeit ist nicht allein deshalb unzumutbar, weil

1. sie nicht einer früheren beruflichen Tätigkeit entspricht, für die die erwerbsfähige leistungsberechtigte Person ausgebildet ist oder die früher ausgeübt wurde,
2. sie im Hinblick auf die Ausbildung der erwerbsfähigen leistungsberechtigten Person als geringerwertig anzusehen ist,
3. der Beschäftigungsort vom Wohnort der erwerbsfähigen leistungsberechtigten Person weiter entfernt ist als ein früherer Beschäftigungs- oder Ausbildungsort,
4. die Arbeitsbedingungen ungünstiger sind als bei den bisherigen Beschäftigungen der erwerbsfähigen leistungsberechtigten Person,
5. sie mit der Beendigung einer Erwerbstätigkeit verbunden ist, es sei denn, es liegen begründete Anhaltspunkte vor, dass durch die bisherige Tätigkeit künftig die Hilfebedürftigkeit beendet werden kann.

(3) Die Absätze 1 und 2 gelten für die Teilnahme an Maßnahmen zur Eingliederung in Arbeit entsprechend.

Leistungen

§ 14. Grundsatz des Förderns. [1]Die Träger der Leistungen nach diesem Buch unterstützen erwerbsfähige Leistungsberechtigte umfassend mit dem Ziel der Eingliederung in Arbeit. [2]Die Agentur für Arbeit soll eine persönliche Ansprechpartnerin oder einen persönlichen Ansprechpartner für jede erwerbsfähige leistungsberechtigte Person und die mit dieser in einer Bedarfsgemeinschaft lebenden Personen benennen. [3]Die Träger der Leistungen nach diesem Buch erbringen unter Beachtung der Grundsätze von Wirtschaftlichkeit und Sparsamkeit alle im Einzelfall für die Eingliederung in Arbeit erforderlichen Leistungen.

§ 18e. Beauftragte für Chancengleichheit am Arbeitsmarkt. (1) [1]Die Trägerversammlungen bei den gemeinsamen Einrichtungen bestellen Beauftragte für Chancengleichheit am Arbeitsmarkt aus dem Kreis der Beamtinnen und Beamten, Arbeitnehmerinnen und Arbeitnehmer, denen in den gemeinsamen Einrichtungen Tätigkeiten zugewiesen worden sind. [2]Sie sind unmittelbar der jeweiligen Geschäftsführerin oder dem jeweiligen Geschäftsführer zugeordnet.

(2) [1]Die Beauftragten unterstützen und beraten die gemeinsamen Einrichtungen in Fragen der Gleichstellung von Frauen und Männern in der Grundsicherung für Arbeitsuchende, der Frauenförderung sowie der Vereinbarkeit von Familie und Beruf bei beiden Geschlechtern. [2]Hierzu zählen insbesondere Fragen der Beratung, der Eingliederung in Arbeit und Ausbildung sowie des beruflichen Wiedereinstiegs von Frauen und Männern nach einer Familienphase.

...

§ 19. Arbeitslosengeld II, Sozialgeld und Leistungen für Bildung und Teilhabe. (1) [1]Erwerbsfähige Leistungsberechtigte erhalten Arbeitslosengeld II. [2]Nichterwerbsfähige Leistungsberechtigte, die mit erwerbsfähigen Leistungsberechtigten in einer Bedarfsgemeinschaft leben, erhalten Sozialgeld, soweit sie keinen Anspruch auf Leistungen nach dem Vierten Kapitel des Zwölften Buches haben. [3]Die Leistungen umfassen den Regelbedarf, Mehrbedarfe und den Bedarf für Unterkunft und Heizung.

(2) [1]Leistungsberechtigte haben unter den Voraussetzungen des § 28 Anspruch auf Leistungen für Bildung und Teilhabe, soweit sie keinen Anspruch auf Leistungen nach dem Vierten Kapitel des Zwölften Buches haben. [2]Soweit für Kinder Leistungen zur Deckung von Bedarfen für Bildung und Teilhabe nach § 6b des Bundeskindergeldgesetzes gewährt werden, haben sie keinen Anspruch auf entsprechende Leistungen zur Deckung von Bedarfen nach § 28.

...

6

§ 20. Regelbedarf zur Sicherung des Lebensunterhalts[1]. (1) [1]Der Regelbedarf zur Sicherung des Lebensunterhalts umfasst insbesondere Ernährung, Kleidung, Körperpflege, Hausrat, Haushaltsenergie ohne die auf die Heizung und Erzeugung von Warmwasser entfallenden Anteile sowie persönliche Bedürfnisse des täglichen Lebens. [2]Zu den persönlichen Bedürfnissen des täglichen Lebens gehört in vertretbarem Umfang eine Teilhabe am sozialen und kulturellen Leben in der Gemeinschaft. [3]Der Regelbedarf wird als monatlicher Pauschalbetrag berücksichtigt. [4]Über die Verwendung der zur Deckung des Regelbedarfs erbrachten Leistungen entscheiden die Leistungsberechtigten eigenverantwortlich; dabei haben sie das Eintreten unregelmäßig anfallender Bedarfe zu berücksichtigen.

(2) [1]Als Regelbedarf werden bei Personen, die alleinstehend oder alleinerziehend sind oder deren Partnerin oder Partner minderjährig ist, monatlich 364 Euro anerkannt. [2]Für sonstige erwerbsfähige Angehörige der Bedarfsgemeinschaft werden als Regelbedarf anerkannt

1. monatlich 275 Euro, sofern sie das 18. Lebensjahr noch nicht vollendet haben,
2. monatlich 291 Euro in den übrigen Fällen.

(3) Abweichend von Absatz 2 Satz 1 ist bei Personen, die das 25. Lebensjahr noch nicht vollendet haben und ohne Zusicherung des zuständigen kommunalen Trägers nach § 22 Absatz 5 umziehen, bis zur Vollendung des 25. Lebensjahres der in Absatz 2 Satz 2 Nummer 2 genannte Betrag als Regelbedarf anzuerkennen.

(4) Haben zwei Partner der Bedarfsgemeinschaft das 18. Lebensjahr vollendet, ist als Regelbedarf für jede dieser Personen ein Betrag in Höhe von monatlich 328 Euro anzuerkennen.

(5) [1]Die Regelbedarfe nach den Absätzen 2 bis 4 sowie nach § 23 Nummer 1 werden jeweils zum 1. Januar eines Jahres entsprechend § 28a des Zwölften Buches in Verbindung mit der Verordnung nach § 40 Satz 1 Nummer 1 des Zwölften Buches angepasst. [2]Für die Neuermittlung der Regelbedarfe findet § 28 des Zwölften Buches in Verbindung mit dem Regelbedarfs-Ermittlungsgesetz entspechende Anwendung. [3]Das Bundesministerium für Arbeit und Soziales gibt jeweils spätestens zum 1. November eines Kalenderjahres die Höhe der Regelbedarfe, die für die folgenden zwölf Monate maßgebend sind, im Bundesgesetzblatt bekannt.

§ 28. Bedarfe für Bildung und Teilhabe.

(1) [1]Bedarfe für Bildung und Teilhabe am sozialen und kulturellen Leben in der Gemeinschaft werden bei Kindern, Jugendlichen und jungen Erwachsenen neben dem Regelbedarf nach Maßgabe der Absätze 2 bis 7 gesondert berücksichtigt. [2]Bedarfe für Bildung werden nur bei Personen berücksichtigt, die das 25. Lebensjahr noch nicht vollendet haben, eine allgemein- oder berufsbildende Schule besuchen und keine Ausbildungsvergütung erhalten (Schülerinnen und Schüler).

(2) Bei Schülerinnen und Schülern werden die tatsächlichen Aufwendungen anerkannt für

1. Schulausflüge und
2. mehrtägige Klassenfahrten im Rahmen der schulrechtlichen Bestimmungen. Für Kinder, die eine Kindertageseinrichtung besuchen, gilt Satz 1 entsprechend.

(3) Für die Ausstattung mit persönlichem Schulbedarf werden bei Schülerinnen und Schülern 70 Euro zum 1. August und 30 Euro

---

1 Zu der aktuellen Höhe der Regelbedarfe s. Übersicht "Sozialversicherungswerte" S. 488

zum 1. Februar eines jeden Jahres berücksichtigt.

(4) Bei Schülerinnen und Schülern, die für den Besuch der nächstgelegenen Schule des gewählten Bildungsgangs auf Schülerbeförderung angewiesen sind, werden die dafür erforderlichen tatsächlichen Aufwendungen berücksichtigt, soweit sie nicht von Dritten übernommen werden und es der leistungsberechtigten Person nicht zugemutet werden kann, die Aufwendungen aus dem Regelbedarf zu bestreiten. Als zumutbare Eigenleistung gilt in der Regel ein Betrag in Höhe von 5 Euro monatlich.

(5) Bei Schülerinnen und Schülern wird eine schulische Angebote ergänzende angemessene Lernförderung berücksichtigt, soweit diese geeignet und zusätzlich erforderlich ist, um die nach den schulrechtlichen Bestimmungen festgelegten wesentlichen Lernziele zu erreichen.

(6) [1]Bei Teilnahme an einer gemeinschaftlichen Mittagsverpflegung werden die entstehenden Mehraufwendungen berücksichtigt für
1. Schülerinnen und Schüler und
2. Kinder, die eine Tageseinrichtung besuchen oder für die Kindertagespflege geleistet wird.

[2]Für Schülerinnen und Schüler gilt dies unter der Voraussetzung, dass die Mittagsverpflegung in schulischer Verantwortung angeboten wird. [3]In den Fällen des Satzes 2 ist für die Ermittlung des monatlichen Bedarfs die Anzahl der Schultage in dem Land zugrunde zu legen, in dem der Schulbesuch stattfindet.

(7) [1]Bei Leistungsberechtigten bis zur Vollendung des 18. Lebensjahres wird ein Bedarf zur Teilhabe am sozialen und kulturellen Leben in der Gemeinschaft in Höhe von insgesamt 10 Euro monatlich berücksichtigt für
1. Mitgliedsbeiträge in den Bereichen Sport, Spiel, Kultur und Geselligkeit,
2. Unterricht in künstlerischen Fächern (zum Beispiel Musikunterricht) und vergleichbare angeleitete Aktivitäten der kulturellen Bildung und
3. die Teilnahme an Freizeiten.

[2]Neben der Berücksichtigung von Bedarfen nach Satz 1 können auch weitere tatsächliche Aufwendungen berücksichtigt werden, wenn sie im Zusammenhang mit der Teilnahme an Aktivitäten nach Satz 1 Nummer 1 bis 3 entstehen und es den Leistungsberechtigten im begründeten Ausnahmefall nicht zugemutet werden kann, diese aus dem Regelbedarf zu bestreiten

§ 31. Pflichtverletzungen. (1) [1]Erwerbsfähige Leistungsberechtigte verletzen ihre Pflichten, wenn sie trotz schriftlicher Belehrung über die Rechtsfolgen oder deren Kenntnis
1. sich weigern, in der Eingliederungsvereinbarung oder in dem diese ersetzenden Verwaltungsakt nach § 15 Absatz 1 Satz 6 festgelegte Pflichten zu erfüllen, insbesondere in ausreichendem Umfang Eigenbemühungen nachzuweisen,
2. sich weigern, eine zumutbare Arbeit, Ausbildung, Arbeitsgelegenheit nach § 16d oder ein nach § 16e gefördertes Arbeitsverhältnis aufzunehmen, fortzuführen oder deren Anbahnung durch ihr Verhalten verhindern,
3. eine zumutbare Maßnahme zur Eingliederung in Arbeit nicht antreten, abbrechen oder Anlass für den Abbruch gegeben haben.

[2]Dies gilt nicht, wenn erwerbsfähige Leistungsberechtigte einen wichtigen Grund für ihr Verhalten darlegen und nachweisen.

(2) Eine Pflichtverletzung von erwerbsfähigen Leistungsberechtigten ist auch anzunehmen, wenn
1. sie nach Vollendung des 18. Lebensjahres ihr Einkommen oder Vermögen in der Absicht vermindert haben, die Voraussetzungen für die Gewährung oder Erhöhung des Arbeitslosengeldes II herbeizuführen,
2. sie trotz Belehrung über die Rechtsfolgen oder deren Kenntnis ihr unwirtschaftliches Verhalten fortsetzen,
3. ihr Anspruch auf Arbeitslosengeld ruht oder erloschen ist, weil die Agentur für Arbeit das Eintreten einer Sperrzeit oder das Erlöschen des Anspruchs nach den Vorschriften des Dritten Buches festgestellt hat, oder
4. sie die im Dritten Buch genannten Voraussetzungen für das Eintreten einer Sperrzeit erfüllen, die das Ruhen oder Erlöschen eines Anspruchs auf Arbeitslosengeld begründen.

§ 31a. Rechtsfolgen bei Pflichtverletzungen.

(1) Bei einer Pflichtverletzung nach § 31 mindert sich das Arbeitslosengeld II in einer ersten Stufe um 30 Prozent des für die erwerbsfähige leistungsberechtigte Person nach § 20 maßgebenden Regelbedarfs. Bei der ersten wiederholten Pflichtverletzung nach § 31 mindert sich das Arbeitslosengeld II um 60 Prozent des für die erwerbsfähige leistungsberechtigte Person nach § 20 maßgebenden Regelbedarfs. Bei jeder weiteren wiederholten Pflichtverletzung nach § 31 entfällt das Arbeitslosengeld II vollständig. Eine wiederholte Pflichtverletzung liegt nur vor, wenn bereits zuvor eine Minderung festgestellt wurde. Sie liegt nicht vor, wenn der Beginn des vorangegangenen Minderungszeitraums länger als ein Jahr zurückliegt. Erklären sich erwerbsfähige Leistungsberechtigte nachträglich bereit, ihren Pflichten nachzukommen, kann der zuständige Träger die Minderung der Leistungen nach Satz 3 ab diesem Zeitpunkt auf 60 Prozent des für sie nach § 20 maßgebenden Regelbedarfs begrenzen.

…

§ 44b. Gemeinsame Einrichtung. (1) [1]Zur einheitlichen Durchführung der Grundsicherung für Arbeitsuchende bilden die Träger im Gebiet jedes kommunalen Trägers nach § 6 Absatz 1 Satz 1 Nummer 2 eine gemeinsame Einrichtung. [2]Die gemeinsame Einrichtung nimmt die Aufgaben der Träger nach diesem Buch wahr; die Trägerschaft nach § 6 sowie nach den §§ 6a und 6b bleibt unberührt. [3]Die gemeinsame Einrichtung ist befugt, Verwaltungsakte und Widerspruchsbescheide zu erlassen. [4]Die Aufgaben werden von Beamtinnen und Beamten sowie Arbeitnehmerinnen und Arbeitnehmern wahrgenommen, denen entsprechende Tätigkeiten zugewiesen worden sind.

...

Sozialgesetzbuch
Drittes Buch. Arbeitsförderung

Vom 24. März 1997, mit Änderungen bis zum 10. Oktober 2013

Allgemeine Vorschriften

► Grundsätze

§ 3. Leistungen der Arbeitsförderung.

(1) Leistungen der Arbeitsförderung sind Leistungen nach Maßgabe des Dritten und Vierten Kapitels dieses Buches.

(2) Leistungen der aktiven Arbeitsförderung sind Leistungen nach Maßgabe des Dritten Kapitels dieses Buches und Arbeitslosengeld bei beruflicher Weiterbildung.

(3) Leistungen der aktiven Arbeitsförderung sind Ermessensleistungen mit Ausnahme

1. des Aktivierungs- und Vermittlungsgutscheins nach § 45 Absatz 7,
2. der Berufsausbildungsbeihilfe während der ersten Berufsausbildung oder einer berufsvorbereitenden Bildungsmaßnahme,
3. der Leistung zur Vorbereitung auf den nachträglichen Erwerb des Hauptschulabschlusses oder eines gleichwertigen Schulabschlusses im Rahmen einer berufsvorbereitenden Bildungsmaßnahme,
4. der Weiterbildungskosten zum nachträglichen Erwerb des Hauptschulabschlusses oder eines gleichwertigen Schulabschlusses,
5. des Kurzarbeitergeldes bei Arbeitsausfall,
6. des Wintergeldes,
7. der Leistungen zur Förderung der Teilnahme an Transfermaßnahmen,
8. der besonderen Leistungen zur Teilhabe am Arbeitsleben und
9. des Arbeitslosengeldes bei beruflicher Weiterbildung.

(4) Entgeltersatzleistungen sind

1. Arbeitslosengeld bei Arbeitslosigkeit und bei beruflicher Weiterbildung,
2. Teilarbeitslosengeld bei Teilarbeitslosigkeit,
3. Übergangsgeld bei Teilnahme an Maßnahmen zur Teilhabe am Arbeitsleben,
4. Kurzarbeitergeld bei Arbeitsausfall,
5. Insolvenzgeld bei Zahlungsunfähigkeit des Arbeitgebers.

Versicherungspflicht

§ 24. Versicherungspflichtverhältnis.

(1) In einem Versicherungspflichtverhältnis stehen Personen, die als Beschäftigte oder aus sonstigen Gründen versicherungspflichtig sind.

(2) Das Versicherungspflichtverhältnis beginnt für Beschäftigte mit dem Tag des Eintritts in das Beschäftigungsverhältnis oder mit dem Tag nach dem Erlöschen der Versicherungsfreiheit, für die sonstigen Versicherungspflichtigen mit dem Tag, an dem erstmals die Voraussetzungen für die Versicherungspflicht erfüllt sind.

(3) Das Versicherungspflichtverhältnis für Beschäftigte besteht während eines Arbeitsausfalls mit Entgeltausfall im Sinne der Vorschriften über das Kurzarbeitergeld fort.

(4) Das Versicherungspflichtverhältnis endet für Beschäftigte mit dem Tag des Ausscheidens aus dem Beschäftigungsverhältnis oder mit dem Tag vor Eintritt der Versicherungsfreiheit, für die sonstigen Versicherungspflichtigen mit dem Tag, an dem die Voraussetzungen für die Versicherungspflicht letztmals erfüllt waren.

§ 25. Beschäftigte. (1) Versicherungspflichtig sind Personen, die gegen Arbeitsentgelt oder zu ihrer Berufsausbildung beschäftigt (versicherungspflichtige Beschäftigung) sind. Auszubildende, die im Rahmen eines Berufsausbildungsvertrages nach dem Berufsbildungsgesetz in einer außerbetrieblichen Einrichtung ausgebildet werden und Teilnehmerinnen und Teilnehmer an dualen Studiengängen, stehen den Beschäftigten zur Berufsausbildung im Sinne des Satzes 1 gleich.

(2) [1]Bei Wehrdienstleistenden und Zivildienstleistenden, denen nach gesetzlichen Vorschriften für die Zeit ihres Dienstes Arbeitsentgelt weiterzugewähren ist, gilt das Beschäftigungsverhältnis durch den Wehrdienst oder Zivildienst als nicht unterbrochen. [2]Personen, die nach dem vierten Abschnitt des Soldatengesetzes Wehrdienst leisten, sind in dieser Beschäftigung nicht nach Absatz 1 versicherungspflichtig; sie gelten als Wehrdienst Leistende im Sinne des § 26 Abs. 1 Nr. 2. Die Sätze 1 und 2 gelten auch für Personen in einem Wehrdienstverhältnis besonderer Art nach § 6 des Einsatz-Weiterverwendungsgesetzes, wenn sie den Einsatzunfall in einem Versicherungspflichtverhältnis erlitten haben. …

6

§ 27. Versicherungsfreie Beschäftigte.

(1) Versicherungsfrei sind Personen in einer Beschäftigung als

1. Beamtin, Beamter, Richterin, Richter, Soldatin auf Zeit, Soldat auf Zeit, Berufssoldatin oder Berufssoldat der Bundeswehr sowie als sonstige Beschäftigte oder sonstiger Beschäftigter des Bundes, eines Landes, eines Gemeindeverbandes, einer Gemeinde, einer öffentlich-rechtlichen Körperschaft, Anstalt,

Stiftung oder eines Verbandes öffentlich-rechtlicher Körperschaften oder deren Spitzenverbänden, wenn sie nach beamtenrechtlichen Vorschriften oder Grundsätzen bei Krankheit Anspruch auf Fortzahlung der Bezüge und auf Beihilfe oder Heilfürsorge haben, …
4. satzungsmäßige Mitglieder von geistlichen Genossenschaften, Diakonissen und ähnliche Personen, wenn sie sich aus überwiegend religiösen oder sittlichen Beweggründen mit Krankenpflege, Unterricht oder anderen gemeinnützigen Tätigkeiten beschäftigen und nicht mehr als freien Unterhalt oder ein geringes Entgelt beziehen, das nur zur Beschaffung der unmittelbaren Lebensbedürfnisse an Wohnung, Verpflegung, Kleidung und dergleichen ausreicht,
5. Mitglieder des Vorstands einer Aktiengesellschaft für das Unternehmen, dessen Vorstand sie angehören. …

(2) [1]Versicherungsfrei sind Personen in einer geringfügigen Beschäftigung; abweichend von § 8 Abs. 2 Satz 1 des Vierten Buches werden geringfügige Beschäftigungen und nicht geringfügige Beschäftigungen nicht zusammengerechnet. [2]Versicherungsfreiheit besteht nicht für Personen, die
1. im Rahmen betrieblicher Berufsbildung, nach dem Jugendfreiwilligendienstegesetz, nach dem Bundesfreiwilligendienstgesetz,
2. wegen eines Arbeitsausfalls mit Entgeltausfall im Sinne der Vorschriften über das Kurzarbeitergeld oder
3. wegen stufenweiser Wiedereingliederung in das Erwerbsleben (§ 74 Fünftes Buch, § 28 Neuntes Buch) oder aus einem sonstigen der in § 146 Abs. 1 genannten Gründe

nur geringfügig beschäftigt sind.

(4) [1]Versicherungsfrei sind Personen, die während der Dauer
1. ihrer Ausbildung an einer allgemeinbildenden Schule oder
2. ihres Studiums als ordentliche Studierende einer Hochschule oder einer der fachlichen Ausbildung dienenden Schule

eine Beschäftigung ausüben. [2]Satz 1 Nr. 1 gilt nicht, wenn die oder der Beschäftigte schulische Einrichtungen besucht, die der Fortbildung außerhalb der üblichen Arbeitszeit dienen. …

6

§ 28. Sonstige versicherungsfreie Personen.
(1) Versicherungsfrei sind Personen,
1. die das Lebensjahr für den Anspruch auf Regelaltersrente im Sinne des Sechsten Buches vollenden, mit Ablauf des Monats, in dem sie das maßgebliche Lebensjahr vollenden,
2. die wegen einer Minderung ihrer Leistungsfähigkeit dauernd nicht mehr verfügbar sind, von dem Zeitpunkt an, an dem die Agentur für Arbeit diese Minderung der Leistungsfähigkeit und der zuständige Träger der gesetzlichen Rentenversicherung volle Erwerbsminderung im Sinne der gesetzlichen Rentenversicherung festgestellt haben,
3. während der Zeit, für die ihnen eine dem Anspruch auf Rente wegen voller Erwerbsminderung vergleichbare Leistung eines ausländischen Leistungsträgers zuerkannt ist

…

§ 28 a. Versicherungspflichtverhältnis auf Antrag. (1) Ein Versicherungspflichtverhältnis auf Antrag können Personen begründen, die
1. als Pflegeperson einen der Pflegestufe I bis III im Sinne des Elften Buches zugeordneten Angehörigen, der Leistungen aus der sozialen Pflegeversicherung nach dem Elften Buch oder Hilfe zur Pflege nach dem zwölften Buch oder gleichartige Leistungen nach anderen Vorschriften bezieht, wenigstens 14 Stunden wöchentlich pflegen; bei Pflege mehrerer Angehöriger sind die Zeiten der Pflege zusammenzurechnen,
2. eine selbständige Tätigkeit mit einem Umfang von mindestens 15 Stunden wöchentlich aufnehmen und ausüben …

Aktive Arbeitsförderung

▶ Beratung und Vermittlung

§ 29. Beratungsangebot. (1) Die Agentur für Arbeit hat jungen Menschen und Erwachsenen, die am Arbeitsleben teilnehmen oder teilnehmen wollen, Berufsberatung und Arbeitgebern Arbeitsmarktberatung anzubieten.

…

§ 30. Berufsberatung. [1]Die Berufsberatung umfasst die Erteilung von Auskunft und Rat
1. zur Berufswahl, zur beruflichen Entwicklung und zum Berufswechsel,
2. zur Lage und Entwicklung des Arbeitsmarktes und der Berufe,
3. zu den Möglichkeiten der beruflichen Bildung,
4. zur Ausbildungs- und Arbeitsstellensuche,
5. zu Leistungen der Arbeitsförderung.
6. zu Fragen der Ausbildungsförderung und der schulischen Bildung, soweit sie für die Berufswahl und die berufliche Bildung von Bedeutung sind

[2]Die Berufsberatung erstreckt sich auch auf die Erteilung von Auskunft und Rat zu Fragen der Ausbildungsförderung und der schulischen Bildung, soweit sie für die Berufswahl und die berufliche Bildung von Bedeutung sind.

…

§ 35. Vermittlungsangebot. (1) Die Agentur für Arbeit hat Ausbildungsuchenden, Arbeitsuchenden und Arbeitgebern Ausbildungsvermittlung und Arbeitsvermittlung (Vermittlung) anzubieten.

…

§ 37. Potenzialanalyse und Eingliederungsvereinbarung. (1) [1]Die Agentur für Arbeit hat unverzüglich nach der Ausbildungsuchendmeldung oder Arbeitsuchendmeldung zusammen mit der oder dem Ausbildungsuchenden oder der oder dem Arbeitsuchenden die für die Vermittlung erforderlichen beruflichen und persönlichen Merkmale, beruflichen Fähigkeiten und die Eignung festzustellen (Potenzialanalyse). [2]Die Potenzialanalyse erstreckt sich auch auf die Feststellung, ob und durch welche Umstände die berufliche Eingliederung voraussichtlich erschwert sein wird.

(2) In einer Eingliederungsvereinbarung, die die Agentur für Arbeit zusammen mit der oder dem Ausbildungsuchenden oder der oder dem Arbeitsuchenden trifft, werden für einen zu bestimmenden Zeitraum festgelegt

1. das Eingliederungsziel,
2. die Vermittlungsbemühungen der Agentur für Arbeit,
3. welche Eigenbemühungen zur beruflichen Eingliederung die oder der Ausbildungsuchende oder die oder der Arbeitsuchende in welcher Häufigkeit mindestens unternehmen muss und in welcher Form diese nachzuweisen sind,
4. die vorgesehenen Leistungen der aktiven Arbeitsförderung.

Die besonderen Bedürfnisse behinderter und schwerbehinderter Menschen sollen angemessen berücksichtigt werden. …

Aktive Arbeitsförderung

► Aktivierung und berufliche Eingliederung

§ 45. Maßnahmen zur Aktivierung und beruflichen Eingliederung. (1) [1]Ausbildungsuchende, von Arbeitslosigkeit bedrohte Arbeitsuchende und Arbeitslose können bei Teilnahme an Maßnahmen gefördert werden, die ihre berufliche Eingliederung durch

1. Heranführung an den Ausbildungs- und Arbeitsmarkt,
2. Feststellung, Verringerung oder Beseitigung von Vermittlungshemmnissen,
3. Vermittlung in eine versicherungspflichtige Beschäftigung,
4. Heranführung an eine selbständige Tätigkeit oder
5. Stabilisierung einer Beschäftigungsaufnahme

unterstützen (Maßnahmen zur Aktivierung und beruflichen Eingliederung). [2]Für die Aktivierung von Arbeitslosen, deren berufliche Eingliederung auf Grund von schwerwiegenden Vermittlungshemmnissen, insbesondere auf Grund der Dauer ihrer Arbeitslosigkeit, besonders erschwert ist, sollen Maßnahmen gefördert werden, die nach inhaltlicher Ausgestaltung und Dauer den erhöhten Stabilisierungs- und Unterstützungsbedarf der Arbeitslosen berücksichtigen. [3]Versicherungspflichtige Beschäftigungen mit einer Arbeitszeit von mindestens 15 Stunden wöchentlich in einem anderen Mitgliedstaat der Europäischen Union oder einem anderen Vertragsstaat des Abkommens über den Europäischen Wirtschaftsraum sind den versicherungspflichtigen Beschäftigungen nach Satz 1 Nummer 3 gleichgestellt. [4]Die Förderung umfasst die Übernahme der angemessenen Kosten für die Teilnahme, soweit dies für die berufliche Eingliederung notwendig ist. [5]Die Förderung kann auf die Weiterleistung von Arbeitslosengeld beschränkt werden.

(2) [1]Die Dauer der Einzel- oder Gruppenmaßnahmen muss deren Zweck und Inhalt entsprechen. [2]Soweit Maßnahmen oder Teile von Maßnahmen nach Absatz 1 bei oder von einem Arbeitgeber durchgeführt werden, dürfen diese jeweils die Dauer von sechs Wochen nicht überschreiten. [3]Die Vermittlung von beruflichen Kenntnissen in Maßnahmen zur Aktivierung und beruflichen Eingliederung darf die Dauer von acht Wochen nicht überschreiten. [4]Maßnahmen des Dritten Abschnitts sind ausgeschlossen.

(3) Die Agentur für Arbeit kann unter Anwendung des Vergaberechts Träger mit der Durchführung von Maßnahmen nach Absatz 1 beauftragen.

(4) [1]Die Agentur für Arbeit kann der oder dem Berechtigten das Vorliegen der Voraussetzungen für eine Förderung nach Absatz 1 bescheinigen und Maßnahmeziel und -inhalt festlegen (Aktivierungs- und Vermittlungsgutschein). [2]Der Aktivierungs- und Vermittlungsgutschein kann zeitlich befristet sowie regional beschränkt werden. [3]Der Aktivierungs- und Vermittlungsgutschein berechtigt zur Auswahl

1. eines Trägers, der eine dem Maßnahmeziel und -inhalt entsprechende und nach § 179 zugelassene Maßnahme anbietet,
2. eines Trägers, der eine ausschließlich erfolgsbezogen vergütete Arbeitsvermittlung in versicherungspflichtige Beschäftigung anbietet, oder
3. eines Arbeitgebers, der eine dem Maßnahmeziel und -inhalt entsprechende betriebli-

che Maßnahme von einer Dauer bis zu sechs Wochen anbietet.

[4]Der ausgewählte Träger nach Satz 3 Nummer 1 und der ausgewählte Arbeitgeber nach Satz 3 Nummer 3 haben der Agentur für Arbeit den Aktivierungs- und Vermittlungsgutschein vor Beginn der Maßnahme vorzulegen. [5]Der ausgewählte Träger nach Satz 3 Nummer 2 hat der Agentur für Arbeit den Aktivierungs- und Vermittlungsgutschein nach erstmaligem Vorliegen der Auszahlungsvoraussetzungen vorzulegen.

(5) Die Agentur für Arbeit soll die Entscheidung über die Ausgabe eines Aktivierungs- und Vermittlungsgutscheins nach Absatz 4 von der Eignung und den persönlichen Verhältnissen der Förderberechtigten oder der örtlichen Verfügbarkeit von Arbeitsmarktdienstleistungen abhängig machen.

...

(7) [1]Arbeitslose, die Anspruch auf Arbeitslosengeld haben, dessen Dauer nicht allein auf § 147 Absatz 3 beruht, und nach einer Arbeitslosigkeit von sechs Wochen innerhalb einer Frist von drei Monaten noch nicht vermittelt sind, haben Anspruch auf einen Aktivierungs- und Vermittlungsgutschein nach Absatz 4 Satz 3 Nummer 2. [2]In die Frist werden Zeiten nicht eingerechnet, in denen die oder der Arbeitslose an Maßnahmen zur Aktivierung und beruflichen Eingliederung sowie an Maßnahmen der beruflichen Weiterbildung teilgenommen hat.

► Berufswahl und Berufsausbildung

§ 51. Berufsvorbereitende Bildungsmaßnahmen. (1) Die Agentur für Arbeit kann förderungsbedürftige junge Menschen durch berufsvorbereitende Bildungsmaßnahmen fördern, um sie auf die Aufnahme einer Berufsausbildung vorzubereiten oder, wenn die Aufnahme einer Berufsausbildung wegen in ihrer Person liegender Gründe nicht möglich ist, ihnen die berufliche Eingliederung zu erleichtern.

6

(2) [1]Eine berufsvorbereitende Bildungsmaßnahme ist förderungsfähig, wenn sie
1. nicht den Schulgesetzen der Länder unterliegt und
2. nach Aus- und Fortbildung sowie Berufserfahrung der Leitung und der Lehr- und Fachkräfte, nach Gestaltung des Lehrplans, nach Unterrichtsmethode und Güte der zum Einsatz vorgesehenen Lehr- und Lernmittel eine erfolgreiche berufliche Bildung erwarten lässt.

...

(3) Eine berufsvorbereitende Bildungsmaßnahme kann zur Erleichterung der beruflichen Eingliederung auch allgemeinbildende Fächer enthalten und auf den nachträglichen Erwerb des Hauptschulabschlusses oder eines gleichwertigen Schulabschlusses vorbereiten.

(4) Betriebliche Praktika können abgestimmt auf den individuellen Förderbedarf in angemessenem Umfang vorgesehen werden.

§ 53. Vorbereitung auf einen Hauptschulabschluss im Rahmen einer berufsvorbereitenden Bildungsmaßnahme. [1]Förderungsbedürftige junge Menschen ohne Schulabschluss haben einen Anspruch, im Rahmen einer berufsvorbereitenden Bildungsmaßnahme auf den nachträglichen Erwerb des Hauptschulabschlusses oder eines gleichwertigen Schulabschlusses vorbereitet zu werden. [2]Die Leistung wird nur erbracht, soweit sie nicht für den gleichen Zweck durch Dritte erbracht wird. [3]Die Agentur für Arbeit hat darauf hinzuwirken, dass sich die für die allgemeine Schulbildung zuständigen Länder an den Kosten der Maßnahme beteiligen. [4]Leistungen Dritter zur Aufstockung der Leistung bleiben anrechnungsfrei.

§ 56. Berufsausbildungsbeihilfe. (1) Auszubildende haben Anspruch auf Berufsausbildungsbeihilfe während einer Berufsausbildung, wenn
1. die Berufsausbildung förderungsfähig ist,
2. sie zum förderungsfähigen Personenkreis gehören und die sonstigen persönlichen Voraussetzungen für eine Förderung erfüllt sind und
3. ihnen die erforderlichen Mittel zur Deckung des Bedarfs für den Lebensunterhalt, die Fahrkosten und die sonstigen Aufwendungen (Gesamtbedarf) nicht anderweitig zur Verfügung stehen.

...

§ 74. Unterstützung und Förderung der Berufsausbildung. (1) Träger von Maßnahmen können Zuschüsse erhalten und Maßnahmekosten erstattet bekommen, wenn sie förderungsbedürftige junge Menschen
1. mit ausbildungsbegleitenden Hilfen bei ihrer betrieblichen Berufsausbildung oder ihrer Einstiegsqualifizierung unterstützen oder ihre Eingliederungsaussichten in Berufsausbildung oder Arbeit verbessern oder
2. anstelle einer Berufsausbildung in einem Betrieb in einer außerbetrieblichen Einrichtung ausbilden.

...

§ 75. Ausbildungsbegleitende Hilfen.

(1) [1]Ausbildungsbegleitende Hilfen sind Maßnahmen für förderungsbedürftige junge Menschen, die über die Vermittlung von betriebs- und ausbildungsüblichen Inhalten hi-

nausgehen, insbesondere müssen ausbildungsbegleitende Hilfen während einer Einstiegsqualifizierung über die Vermittlung der vom Betrieb im Rahmen der Einstiegsqualifizierung zu vermittelnden Fertigkeiten, Kenntnisse und Fähigkeiten hinausgehen. [2]Hierzu gehören Maßnahmen
1. zum Abbau von Sprach- und Bildungsdefiziten,
2. zur Förderung fachpraktischer und fachtheoretischer Fertigkeiten, Kenntnisse und Fähigkeiten und
3. zur sozialpädagogischen Begleitung.

(2) [1]Ausbildungsbegleitende Hilfen sind förderungsfähig, wenn sie
1. die förderungsbedürftigen jungen Menschen während einer betrieblichen Berufsausbildung oder einer Einstiegsqualifizierung unterstützen,
2. zur Unterstützung nach der vorzeitigen Lösung eines betrieblichen Berufsausbildungsverhältnisses bis zur Aufnahme einer weiteren betrieblichen oder einer außerbetrieblichen Berufsausbildung erforderlich sind oder
3. nach erfolgreicher Beendigung einer mit ausbildungsbegleitenden Hilfen geförderten betrieblichen Berufsausbildung bis zur Begründung oder Festigung eines Arbeitsverhältnisses fortgesetzt werden und hierfür erforderlich sind.

[2]Sie enden spätestens sechs Monate nach Begründung eines Arbeitsverhältnisses.

§ 76. Außerbetriebliche Berufsausbildung.
(1) Maßnahmen, die zugunsten förderungsbedürftiger junger Menschen als Berufsausbildung in einer außerbetrieblichen Einrichtung durchgeführt werden (außerbetriebliche Berufsausbildung), sind förderungsfähig, wenn
1. der oder dem an der Maßnahme teilnehmenden Auszubildenden auch mit ausbildungsfördernden Leistungen nach diesem Buch eine Ausbildungsstelle in einem Betrieb nicht vermittelt werden kann und
2. der Anteil betrieblicher Ausbildungsphasen je Ausbildungsjahr angemessen ist.

(2) Während der Durchführung einer außerbetrieblichen Berufsausbildung sind alle Möglichkeiten wahrzunehmen, um den Übergang der oder des Auszubildenden in ein betriebliches Berufsausbildungsverhältnis zu fördern.

...

▶ Berufliche Weiterbildung

§ 81. Grundsatz. (1) [1]Arbeitnehmerinnen und Arbeitnehmer können bei beruflicher Weiterbildung durch Übernahme der Weiterbildungskosten gefördert werden, wenn
1. die Weiterbildung notwendig ist, um sie bei Arbeitslosigkeit beruflich einzugliedern, eine ihnen drohende Arbeitslosigkeit abzuwenden oder weil bei ihnen wegen fehlenden Berufsabschlusses die Notwendigkeit der Weiterbildung anerkannt ist,
2. die Agentur für Arbeit sie vor Beginn der Teilnahme beraten hat und
3. die Maßnahme und der Träger der Maßnahme für die Förderung zugelassen sind.

[2]Als Weiterbildung gilt die Zeit vom ersten Tag bis zum letzten Tag der Maßnahme mit Unterrichtsveranstaltungen, es sei denn, die Maßnahme ist vorzeitig beendet worden.

(2) [1]Anerkannt wird die Notwendigkeit der Weiterbildung bei Arbeitnehmerinnen und Arbeitnehmern wegen fehlenden Berufsabschlusses, wenn sie
1. über einen Berufsabschluss verfügen, jedoch auf Grund einer mehr als vier Jahre ausgeübten Beschäftigung in an- oder ungelernter Tätigkeit eine dem Berufsabschluss entsprechende Beschäftigung voraussichtlich nicht mehr ausüben können, oder
2. nicht über einen Berufsabschluss verfügen, für den nach bundes- oder landesrechtlichen Vorschriften eine Ausbildungsdauer von mindestens zwei Jahren festgelegt ist; Arbeitnehmerinnen und Arbeitnehmer ohne einen solchen Berufsabschluss, die noch nicht drei Jahre beruflich tätig gewesen sind, können nur gefördert werden, wenn eine Berufsausbildung oder eine berufsvorbereitende Bildungsmaßnahme aus in ihrer Person liegenden Gründen nicht möglich oder nicht zumutbar ist.

[2]Zeiten der Arbeitslosigkeit, der Kindererziehung und der Pflege eines Angehörigen der Pflegestufe I bis III stehen Zeiten einer Beschäftigung nach Satz 1 Nummer 1 gleich.

(3) Arbeitnehmerinnen und Arbeitnehmer werden durch Übernahme der Weiterbildungskosten zum nachträglichen Erwerb des Hauptschulabschlusses oder eines gleichwertigen Schulabschlusses gefördert, wenn
1. sie die Voraussetzungen für die Förderung der beruflichen Weiterbildung nach Absatz 1 erfüllen und
2. zu erwarten ist, dass sie an der Maßnahme erfolgreich teilnehmen werden.

...

▶ Verbleib in Beschäftigung

Kurzarbeitergeld

§ 95. Anspruch. [1]Arbeitnehmerinnen und Arbeitnehmer haben Anspruch auf Kurzarbeitergeld, wenn

6

1. in erheblicher Arbeitsausfall mit Entgeltausfall vorliegt,
2. die betrieblichen Voraussetzungen erfüllt sind,
3. die persönlichen Voraussetzungen erfüllt sind und
4. der Arbeitsausfall der Agentur für Arbeit angezeigt worden ist.

...

§ 96. Erheblicher Arbeitsausfall. (1) [1]Ein Arbeitsausfall ist erheblich, wenn
1. er auf wirtschaftlichen Gründen oder einem unabwendbaren Ereignis beruht,
2. er vorübergehend ist,
3. er nicht vermeidbar ist und
4. im jeweiligen Kalendermonat (Anspruchszeitraum) mindestens ein Drittel der in dem Betrieb beschäftigten Arbeitnehmerinnen und Arbeitnehmer von einem Entgeltausfall von jeweils mehr als 10 Prozent ihres monatlichen Bruttoentgelts betroffen ist; der Entgeltausfall kann auch jeweils 100 Prozent des monatlichen Bruttoentgelts betragen.

[2]Bei den Berechnungen nach Satz 1 Nummer 4 sind Auszubildende nicht mitzuzählen.

...

(4) [1]Ein Arbeitsausfall ist nicht vermeidbar, wenn in einem Betrieb alle zumutbaren Vorkehrungen getroffen wurden, um den Eintritt des Arbeitsausfalls zu verhindern. 2Als vermeidbar gilt insbesondere ein Arbeitsausfall, der
1. überwiegend branchenüblich, betriebsüblich oder saisonbedingt ist oder ausschließlich auf betriebsorganisatorischen Gründen beruht,
2. durch die Gewährung von bezahltem Erholungsurlaub ganz oder teilweise verhindert werden kann, soweit vorrangige Urlaubswünsche der Arbeitnehmerinnen und Arbeitnehmer der Urlaubsgewährung nicht entgegenstehen, oder
3. durch die Nutzung von im Betrieb zulässigen Arbeitszeitschwankungen ganz oder teilweise vermieden werden kann.

...

§ 101. Saison-Kurzarbeitergeld. (1) Arbeitnehmerinnen und Arbeitnehmer haben in der Zeit vom 1. Dezember bis zum 31. März (Schlechtwetterzeit) Anspruch auf Saison-Kurzarbeitergeld, wenn
1. sie in einem Betrieb beschäftigt sind, der dem Baugewerbe oder einem Wirtschaftszweig angehört, der von saisonbedingtem Arbeitsausfall betroffen ist,
2. der Arbeitsausfall nach Absatz 5 erheblich ist,
3. die betrieblichen Voraussetzungen des § 97 sowie die persönlichen Voraussetzungen des § 98 erfüllt sind und
4. der Arbeitsausfall der Agentur für Arbeit nach § 99 angezeigt worden ist.

Befristete Leistungen

§ 131. Eingliederungszuschuss für ältere Arbeitnehmerinnen und Arbeitnehmer. Abweichend von § 89 kann die Förderdauer für einen Eingliederungszuschuss für Arbeitnehmerinnen und Arbeitnehmer, die das 50. Lebensjahr vollendet haben, bis zu 36 Monate betragen, wenn die Förderungen bis zum 31. Dezember 2014 begonnen haben.

Arbeitslosengeld und Insolvenzgeld

▶ Arbeitslosengeld

Regelvoraussetzungen

§ 136. Anspruch auf Arbeitslosengeld. (1) Arbeitnehmerinnen und Arbeitnehmer haben Anspruch auf Arbeitslosengeld
1. bei Arbeitslosigkeit oder
2. bei beruflicher Weiterbildung.

(2) Wer das für die Regelaltersrente im Sinne des Sechsten Buches erforderliche Lebensjahr vollendet hat, hat vom Beginn des folgenden Monats an keinen Anspruch auf Arbeitslosengeld.

§ 137. Anspruchsvoraussetzungen bei Arbeitslosigkeit. (1) Anspruch auf Arbeitslosengeld bei Arbeitslosigkeit hat, wer
1. arbeitslos ist,
2. sich bei der Agentur für Arbeit arbeitslos gemeldet und
3. die Anwartschaftszeit erfüllt hat.

(2) Bis zur Entscheidung über den Anspruch kann die antragstellende Person bestimmen, dass der Anspruch nicht oder zu einem späteren Zeitpunkt entstehen soll.

§ 138. Arbeitslosigkeit. (1) Arbeitslos ist, wer Arbeitnehmerin oder Arbeitnehmer ist und
1. nicht in einem Beschäftigungsverhältnis steht (Beschäftigungslosigkeit),
2. sich bemüht, die eigene Beschäftigungslosigkeit zu beenden (Eigenbemühungen), und
3. den Vermittlungsbemühungen der Agentur für Arbeit zur Verfügung steht (Verfügbarkeit).

(2) Eine ehrenamtliche Betätigung schließt Arbeitslosigkeit nicht aus, wenn dadurch die berufliche Eingliederung der oder des Arbeitslosen nicht beeinträchtigt wird.

(3) [1]Die Ausübung einer Beschäftigung, selbständigen Tätigkeit, Tätigkeit als mithelfende Familienangehörige oder mithelfen-

6

der Familienangehöriger (Erwerbstätigkeit) schließt die Beschäftigungslosigkeit nicht aus, wenn die Arbeits- oder Tätigkeitszeit (Arbeitszeit) weniger als 15 Stunden wöchentlich umfasst; gelegentliche Abweichungen von geringer Dauer bleiben unberücksichtigt. [2]Die Arbeitszeiten mehrerer Erwerbstätigkeiten werden zusammengerechnet.

(4) [1]Im Rahmen der Eigenbemühungen hat die oder der Arbeitslose alle Möglichkeiten zur beruflichen Eingliederung zu nutzen. [2]Hierzu gehören insbesondere

1. die Wahrnehmung der Verpflichtungen aus der Eingliederungsvereinbarung,
2. die Mitwirkung bei der Vermittlung durch Dritte und
3. die Inanspruchnahme der Selbstinformationseinrichtungen der Agentur für Arbeit.

(5) Den Vermittlungsbemühungen der Agentur für Arbeit steht zur Verfügung, wer

1. eine versicherungspflichtige, mindestens 15 Stunden wöchentlich umfassende zumutbare Beschäftigung unter den üblichen Bedingungen des für sie oder ihn in Betracht kommenden Arbeitsmarktes ausüben kann und darf,
2. Vorschlägen der Agentur für Arbeit zur beruflichen Eingliederung zeit- und ortsnah Folge leisten kann,
3. bereit ist, jede Beschäftigung im Sinne der Nummer 1 anzunehmen und auszuüben, und
4. bereit ist, an Maßnahmen zur beruflichen Eingliederung in das Erwerbsleben teilzunehmen.

§ 140. Zumutbare Beschäftigungen. (1) Einer arbeitslosen Person sind alle ihrer Arbeitsfähigkeit entsprechenden Beschäftigungen zumutbar, soweit allgemeine oder personenbezogene Gründe der Zumutbarkeit einer Beschäftigung nicht entgegenstehen.

(2) Aus allgemeinen Gründen ist eine Beschäftigung einer arbeitslosen Person insbesondere nicht zumutbar, wenn die Beschäftigung gegen gesetzliche, tarifliche oder in Betriebsvereinbarungen festgelegte Bestimmungen über Arbeitsbedingungen oder gegen Bestimmungen des Arbeitsschutzes verstößt.

(3) [1]Aus personenbezogenen Gründen ist eine Beschäftigung einer arbeitslosen Person insbesondere nicht zumutbar, wenn das daraus erzielbare Arbeitsentgelt erheblich niedriger ist als das der Bemessung des Arbeitslosengeldes zugrunde liegende Arbeitsentgelt. [2]In den ersten drei Monaten der Arbeitslosigkeit ist eine Minderung um mehr als 20 Prozent und in den folgenden drei Monaten um mehr als 30 Prozent dieses Arbeitsentgelts nicht zumutbar. [3]Vom siebten Monat der Arbeitslosigkeit an ist einer arbeitslosen Person eine Beschäftigung nur dann nicht zumutbar, wenn das daraus erzielbare Nettoeinkommen unter Berücksichtigung der mit der Beschäftigung zusammenhängenden Aufwendungen niedriger ist als das Arbeitslosengeld.

(4) [1]Aus personenbezogenen Gründen ist einer arbeitslosen Person eine Beschäftigung auch nicht zumutbar, wenn die täglichen Pendelzeiten zwischen ihrer Wohnung und der Arbeitsstätte im Vergleich zur Arbeitszeit unverhältnismäßig lang sind. [2]Als unverhältnismäßig lang sind im Regelfall Pendelzeiten von insgesamt mehr als zweieinhalb Stunden bei einer Arbeitszeit von mehr als sechs Stunden und Pendelzeiten von mehr als zwei Stunden bei einer Arbeitszeit von sechs Stunden und weniger anzusehen.

§ 141. Persönliche Arbeitslosmeldung.

(1) [1]Die oder der Arbeitslose hat sich persönlich bei der zuständigen Agentur für Arbeit arbeitslos zu melden. [2]Eine Meldung ist auch zulässig, wenn die Arbeitslosigkeit noch nicht eingetreten, der Eintritt der Arbeitslosigkeit aber innerhalb der nächsten drei Monate zu erwarten ist.

(2) Die Wirkung der Meldung erlischt

1. bei einer mehr als sechswöchigen Unterbrechung der Arbeitslosigkeit,
2. mit der Aufnahme der Beschäftigung, selbständigen Tätigkeit, Tätigkeit als mithelfende Familienangehörige oder als mithelfender Familienangehöriger, wenn die oder der Arbeitslose diese der Agentur für Arbeit nicht unverzüglich mitgeteilt hat.

(3) Ist die zuständige Agentur für Arbeit am ersten Tag der Beschäftigungslosigkeit der oder des Arbeitslosen nicht dienstbereit, so wirkt eine persönliche Meldung an dem nächsten Tag, an dem die Agentur für Arbeit dienstbereit ist, auf den Tag zurück, an dem die Agentur für Arbeit nicht dienstbereit war.

§ 142. Anwartschaftszeit. (1) [1]Die Anwartschaftszeit hat erfüllt, wer in der Rahmenfrist (§ 143) mindestens zwölf Monate in einem Versicherungspflichtverhältnis gestanden hat. [2]Zeiten, die vor dem Tag liegen, an dem der Anspruch auf Arbeitslosengeld wegen des Eintritts einer Sperrzeit erloschen ist, dienen nicht zur Erfüllung der Anwartschaftszeit.

...

§ 143. Rahmenfrist. (1) Die Rahmenfrist beträgt zwei Jahre und beginnt mit dem Tag vor der Erfüllung aller sonstigen Voraussetzungen für den Anspruch auf Arbeitslosengeld

...

6

Anspruchsdauer

§ 147. Grundsatz. (1) [1]Die Dauer des Anspruchs auf Arbeitslosengeld richtet sich nach
1. der Dauer der Versicherungspflichtverhältnisse innerhalb der um drei Jahre erweiterten Rahmenfrist und
2. dem Lebensalter, das die oder der Arbeitslose bei der Entstehung des Anspruchs vollendet hat.

[2]Die Vorschriften des Ersten Unterabschnitts zum Ausschluss von Zeiten bei der Erfüllung der Anwartschaftszeit und zur Begrenzung der Rahmenfrist durch eine vorangegangene Rahmenfrist gelten entsprechend.

(2) Die Dauer des Anspruchs auf Arbeitslosengeld beträgt

nach Versicherungspflichtverhältnissen mit einer Dauer von insgesamt mindestens ... Monaten	und nach Vollendung des ... Lebensjahres	Monate
12		6
16		8
20		10
24		12
30	50.	15
36	55.	18
48	58.	24

Höhe des Arbeitslosengeldes

§ 149. Grundsatz. Das Arbeitslosengeld beträgt
1. für Arbeitslose, die mindestens ein Kind im Sinne des § 32 Absatz 1, 3 bis 5 des Einkommensteuergesetzes haben, sowie für Arbeitslose, deren Ehegattin, Ehegatte, Lebenspartnerin oder Lebenspartner mindestens ein Kind im Sinne des § 32 Absatz 1, 3 bis 5 des Einkommensteuergesetzes hat, wenn beide Ehegatten oder Lebenspartner unbeschränkt einkommensteuerpflichtig sind und nicht dauernd getrennt leben, 67 Prozent (erhöhter Leistungssatz),
2. für die übrigen Arbeitslosen 60 Prozent (allgemeiner Leistungssatz)

des pauschalierten Nettoentgelts (Leistungsentgelt), das sich aus dem Bruttoentgelt ergibt, das die oder der Arbeitslose im Bemessungszeitraum erzielt hat (Bemessungsentgelt).

Minderung des Arbeitslosengeldes, Zusammentreffen des Anspruchs mit sonstigem Einkommen und Ruhen des Anspruchs

§ 159. Ruhen bei Sperrzeit. (1) [1]Hat die Arbeitnehmerin oder der Arbeitnehmer sich versicherungswidrig verhalten, ohne dafür einen wichtigen Grund zu haben, ruht der Anspruch für die Dauer einer Sperrzeit. [2]Versicherungswidriges Verhalten liegt vor, wenn
1. die oder der Arbeitslose das Beschäftigungsverhältnis gelöst oder durch ein arbeitsvertragswidriges Verhalten Anlass für die Lösung des Beschäftigungsverhältnisses gegeben und dadurch vorsätzlich oder grob fahrlässig die Arbeitslosigkeit herbeigeführt hat (Sperrzeit bei Arbeitsaufgabe),
2. die bei der Agentur für Arbeit als arbeitsuchend gemeldete (§ 38 Absatz 1) oder die arbeitslose Person trotz Belehrung über die Rechtsfolgen eine von der Agentur für Arbeit unter Benennung des Arbeitgebers und der Art der Tätigkeit angebotene Beschäftigung nicht annimmt oder nicht antritt oder die Anbahnung eines solchen Beschäftigungsverhältnisses, insbesondere das Zustandekommen eines Vorstellungsgespräches, durch ihr Verhalten verhindert (Sperrzeit bei Arbeitsablehnung),
3. die oder der Arbeitslose trotz Belehrung über die Rechtsfolgen die von der Agentur für Arbeit geforderten Eigenbemühungen nicht nachweist (Sperrzeit bei unzureichenden Eigenbemühungen),
4. die oder der Arbeitslose sich weigert, trotz Belehrung über die Rechtsfolgen an einer Maßnahme zur Aktivierung und beruflichen Eingliederung (§ 45) oder einer Maßnahme

zur beruflichen Ausbildung oder Weiterbildung oder einer Maßnahme zur Teilhabe am Arbeitsleben teilzunehmen (Sperrzeit bei Ablehnung einer beruflichen Eingliederungsmaßnahme),
5. die oder der Arbeitslose die Teilnahme an einer in Nummer 4 genannten Maßnahme abbricht oder durch maßnahmewidriges Verhalten Anlass für den Ausschluss aus einer dieser Maßnahmen gibt (Sperrzeit bei Abbruch einer beruflichen Eingliederungsmaßnahme),
6. die oder der Arbeitslose einer Aufforderung der Agentur für Arbeit, sich zu melden oder zu einem ärztlichen oder psychologischen Untersuchungstermin zu erscheinen (§ 309), trotz Belehrung über die Rechtsfolgen nicht nachkommt oder nicht nachgekommen ist (Sperrzeit bei Meldeversäumnis),
7. die oder der Arbeitslose der Meldepflicht nach § 38 Absatz 1 nicht nachgekommen ist (Sperrzeit bei verspäteter Arbeitsuchendmeldung).

[3]Die Person, die sich versicherungswidrig verhalten hat, hat die für die Beurteilung eines wichtigen Grundes maßgebenden Tatsachen darzulegen und nachzuweisen, wenn diese Tatsachen in ihrer Sphäre oder in ihrem Verantwortungsbereich liegen.

(2) [1]Die Sperrzeit beginnt mit dem Tag nach dem Ereignis, das die Sperrzeit begründet, oder, wenn dieser Tag in eine Sperrzeit fällt, mit dem Ende dieser Sperrzeit. [2]Werden mehrere Sperrzeiten durch dasselbe Ereignis begründet, folgen sie in der Reihenfolge des Absatzes 1 Satz 2 Nummer 1 bis 7 einander nach.

(3) [1]Die Dauer der Sperrzeit bei Arbeitsaufgabe beträgt zwölf Wochen.

...

§ 160. Ruhen bei Arbeitskämpfen.

(1) [1]Durch die Leistung von Arbeitslosengeld darf nicht in Arbeitskämpfe eingegriffen werden. [2]Ein Eingriff in den Arbeitskampf liegt nicht vor, wenn Arbeitslosengeld Arbeitslosen geleistet wird, die zuletzt in einem Betrieb beschäftigt waren, der nicht dem fachlichen Geltungsbereich des umkämpften Tarifvertrags zuzuordnen ist.

(2) Ist die Arbeitnehmerin oder der Arbeitnehmer durch Beteiligung an einem inländischen Arbeitskampf arbeitslos geworden, so ruht der Anspruch auf Arbeitslosengeld bis zur Beendigung des Arbeitskampfes.

(3) [1]Ist die Arbeitnehmerin oder der Arbeitnehmer durch einen inländischen Arbeitskampf arbeitslos geworden, ohne an dem Arbeitskampf beteiligt gewesen zu sein, so ruht der Anspruch auf Arbeitslosengeld bis zur Beendigung des Arbeitskampfes nur, wenn der Betrieb, in dem die oder der Arbeitslose zuletzt beschäftigt war,
1. dem räumlichen und fachlichen Geltungsbereich des umkämpften Tarifvertrags zuzuordnen ist oder
2. nicht dem räumlichen, aber dem fachlichen Geltungsbereich des umkämpften Tarifvertrags zuzuordnen ist und im räumlichen Geltungsbereich des Tarifvertrags, dem der Betrieb zuzuordnen ist,
   a) eine Forderung erhoben worden ist, die einer Hauptforderung des Arbeitskampfes nach Art und Umfang gleich ist, ohne mit ihr übereinstimmen zu müssen, und
   b) das Arbeitskampfergebnis aller Voraussicht nach in dem räumlichen Geltungsbereich des nicht umkämpften Tarifvertrags im Wesentlichen übernommen wird.

...

▶ Insolvenzgeld

§ 165. Anspruch. (1) [1]Arbeitnehmerinnen und Arbeitnehmer haben Anspruch auf Insolvenzgeld, wenn sie im Inland beschäftigt waren und bei einem Insolvenzereignis für die vorausgegangenen drei Monate des Arbeitsverhältnisses noch Ansprüche auf Arbeitsentgelt haben. [2]Als Insolvenzereignis gilt
1. die Eröffnung des Insolvenzverfahrens über das Vermögen des Arbeitgebers,
2. die Abweisung des Antrags auf Eröffnung des Insolvenzverfahrens mangels Masse oder
3. die vollständige Beendigung der Betriebstätigkeit im Inland, wenn ein Antrag auf Eröffnung des Insolvenzverfahrens nicht gestellt worden ist und ein Insolvenzverfahren offensichtlich mangels Masse nicht in Betracht kommt.

[3]Auch bei einem ausländischen Insolvenzereignis haben im Inland beschäftigte Arbeitnehmerinnen und Arbeitnehmer einen Anspruch auf Insolvenzgeld. 6

...

Finanzierung

▶ Finanzierungsgrundsatz

§ 340. Aufbringung der Mittel. Die Leistungen der Arbeitsförderung und die sonstigen Ausgaben der Bundesagentur werden durch Beiträge der Versicherungspflichtigen, der Arbeitgeber und Dritter (Beitrag zur Arbeitsförderung), Umlagen, Mittel des Bundes und sonstige Einnahmen finanziert.

▶ Beiträge

§ 341. Beitragssatz und Beitragsbemessung.

(1) Die Beiträge werden nach einem Prozentsatz (Beitragssatz) von der Beitragsbemessungsgrundlage erhoben.

(2) Der Beitragssatz beträgt 3,0 Prozent.

(4) Beitragsbemessungsgrenze ist die Beitragsbemessungsgrenze der allgemeinen Rentenversicherung.

§ 346. Beitragstragung bei Beschäftigten.

(1) [1]Die Beiträge werden von den versicherungspflichtig Beschäftigten und den Arbeitgebern je zur Hälfte getragen. [2]Arbeitgeber im Sinne der Vorschriften dieses Titels sind auch die Auftraggeber von Heimarbeiterinnen und Heimarbeitern sowie Träger außerbetrieblicher Ausbildung.

…

Sozialgesetzbuch
Viertes Buch. Gemeinsame Vorschriften für die Sozialversicherung

Neufassung vom 12. November 2009, mit Änderungen bis zum 19. Oktober 2013

Grundsätze und Begriffsbestimmungen

► Geltungsbereich und Umfang der Versicherung

§ 1. Sachlicher Geltungsbereich. (1) [1]Die Vorschriften dieses Buches gelten für die gesetzliche Kranken-, Unfall- und Rentenversicherung einschließlich der Alterssicherung der Landwirte sowie die soziale Pflegeversicherung (Versicherungszweige). [2]Die Vorschriften dieses Buches gelten mit Ausnahme des Ersten und Zweiten Titels des Vierten Abschnitts und des Fünften Abschnitts auch für die Arbeitsförderung. [3]Die Bundesagentur für Arbeit gilt im Sinne dieses Buches als Versicherungsträger.

(2) § 18h gilt auch für die Sozialhilfe und die Grundsicherung für Arbeitsuchende; außerdem gelten die §§ 18 f und 18 g für die Grundsicherung für Arbeitsuchende.

…

§ 2. Versicherter Personenkreis. (1) Die Sozialversicherung umfasst Personen, die kraft Gesetzes oder Satzung (Versicherungspflicht) oder auf Grund freiwilligen Beitritts oder freiwilliger Fortsetzung der Versicherung (Versicherungsberechtigung) versichert sind.

…

(2) In allen Zweigen der Sozialversicherung sind nach Maßgabe der besonderen Vorschriften für die einzelnen Versicherungszweige versichert

1. Personen, die gegen Arbeitsentgelt oder zu ihrer Berufsausbildung beschäftigt sind,
2. behinderte Menschen, die in geschützten Einrichtungen beschäftigt werden,
3. Landwirte.

(4) Die Versicherung weiterer Personengruppen in einzelnen Versicherungszweigen ergibt sich aus den für sie geltenden besonderen Vorschriften.

► Beschäftigung und selbständige Tätigkeit

§ 7. Beschäftigung. (1) [1]Beschäftigung ist die nichtselbständige Arbeit, insbesondere in einem Arbeitsverhältnis. [2]Anhaltspunkte für eine Beschäftigung sind eine Tätigkeit nach Weisungen und eine Eingliederung in die Arbeitsorganisation des Weisungsgebers.

(1a) Eine Beschäftigung besteht auch in Zeiten der Freistellung von der Arbeitsleistung von mehr als einem Monat, wenn

1. während der Freistellung Arbeitsentgelt aus einem Wertguthaben nach § 7b fällig ist und
2. das monatlich fällige Arbeitsentgelt in der Zeit der Freistellung nicht unangemessen von dem für die vorausgegangenen zwölf Kalendermonate abweicht, in denen Arbeitsentgelt bezogen wurde. …

(2) Als Beschäftigung gilt auch der Erwerb beruflicher Kenntnisse, Fertigkeiten oder Erfahrungen im Rahmen betrieblicher Berufsbildung.

…

§ 8. Geringfügige Beschäftigung und geringfügige selbständige Tätigkeit. (1) Eine geringfügige Beschäftigung liegt vor, wenn

1. das Arbeitsentgelt aus dieser Beschäftigung regelmäßig im Monat 450 Euro nicht übersteigt,
2. die Beschäftigung innerhalb eines Kalenderjahres auf längstens zwei Monate oder 50 Arbeitstage nach ihrer Eigenart begrenzt zu sein pflegt oder im Voraus vertraglich begrenzt ist, es sei denn, dass die Beschäftigung berufsmäßig ausgeübt wird und ihr Entgelt 450 Euro im Monat übersteigt.

(2) [1]Bei der Anwendung des Absatzes 1 sind mehrere geringfügige Beschäftigungen nach Nummer 1 oder Nummer 2 sowie geringfügige Beschäftigungen nach Nummer 1 mit Ausnahme einer geringfügigen Beschäftigung nach Nummer 1 und nicht geringfügige Beschäftigungen zusammenzurechnen. [2]Eine geringfügige Beschäftigung liegt nicht mehr vor, sobald die Voraussetzungen des Absatzes 1 entfallen. …

(3) [1]Die Absätze 1 und 2 gelten entsprechend, soweit anstelle einer Beschäftigung eine selbständige Tätigkeit ausgeübt wird. [2]Dies gilt nicht für das Recht der Arbeitsförderung.

§ 8a. Geringfügige Beschäftigung in Privathaushalten. [1]Werden geringfügige Beschäftigungen ausschließlich in Privathaushalten ausgeübt, gilt § 8. [2]Eine geringfügige Beschäftigung im Privathaushalt liegt vor, wenn diese durch einen privaten Haushalt begründet ist und die Tätigkeit sonst gewöhnlich durch Mitglieder des privaten Haushalts erledigt wird.

▶ Arbeitsentgelt und sonstiges Einkommen

§ 14. Arbeitsentgelt. (1) [1]Arbeitsentgelt sind alle laufenden oder einmaligen Einnahmen aus einer Beschäftigung, gleichgültig, ob ein Rechtsanspruch auf die Einnahmen besteht, unter welcher Bezeichnung oder in welcher Form sie geleistet werden und ob sie unmittelbar aus der Beschäftigung oder im Zusammenhang mit ihr erzielt werden. [2]Arbeitsentgelt sind auch Entgeltteile, die durch Entgeltumwandlung nach § 1 Abs. 2 Nr. 3 des Betriebsrentengesetzes in den Durchführungswegen Direktzusage oder Unterstützungskasse verwendet werden. [3]Steuerfreie Aufwandsentschädigungen und die in § 3 Nr. 26 und 26a des Einkommensteuergesetzes genannten steuerfreien Einnahmen gelten nicht als Arbeitsentgelt, soweit sie 4 vom Hundert der jährlichen Beitragsbemessungsgrenze der allgemeinen Rentenversicherung übersteigen.

(2) [1]Ist ein Nettoarbeitsentgelt vereinbart, gelten als Arbeitsentgelt die Einnahmen des Beschäftigten einschließlich der darauf entfallenden Steuern und der seinem gesetzlichen Anteil entsprechenden Beiträge zur Sozialversicherung und zur Arbeitsförderung. [2]Sind bei illegalen Beschäftigungsverhältnissen Steuern und Beiträge zur Sozialversicherung und zur Arbeitsförderung nicht gezahlt worden, gilt ein Nettoarbeitsentgelt als vereinbart.

...

§ 15. Arbeitseinkommen. (1) [1]Arbeitseinkommen ist der nach den allgemeinen Gewinnermittlungsvorschriften des Einkommensteuerrechts ermittelte Gewinn aus einer selbständigen Tätigkeit. [2]Einkommen ist als Arbeitseinkommen zu werten, wenn es als solches nach dem Einkommensteuerrecht zu bewerten ist.

6

(2) Bei Landwirten, deren Gewinn aus Land- und Forstwirtschaft nach § 13 a des Einkommensteuergesetzes ermittelt wird, ist als Arbeitseinkommen der sich aus § 32 Abs. 6 des Gesetzes über die Alterssicherung der Landwirte ergebende Wert anzusetzen.

§ 16. Gesamteinkommen. Gesamteinkommen ist die Summe der Einkünfte im Sinne des Einkommensteuerrechts; es umfasst insbesondere das Arbeitsentgelt und das Arbeitseinkommen.

§ 18. Bezugsgröße. (1) Bezugsgröße im Sinne der Vorschriften für die Sozialversicherung ist, soweit in den besonderen Vorschriften für die einzelnen Versicherungszweige nichts Abweichendes bestimmt ist, das Durchschnittsentgelt der gesetzlichen Rentenversicherung im vorvergangenen Kalenderjahr, aufgerundet auf den nächsthöheren, durch 420 teilbaren Betrag.

...

§ 18h. Ausstellung und Pflicht zur Vorlage des Sozialversicherungsausweises. (1) Die Datenstelle der Träger der Rentenversicherung stellt für Personen, für die sie eine Versicherungsnummer vergibt, einen Sozialversicherungsausweis aus.

(2) Der Sozialversicherungsausweis enthält folgende Angaben über die Inhaberin oder den Inhaber:
1. die Versicherungsnummer,
2. den Familiennamen und den Geburtsnamen,
3. den Vornamen.

Weitere personenbezogene Daten darf der Ausweis nicht enthalten. Die Gestaltung des Sozialversicherungsausweises im Übrigen legt die Deutsche Rentenversicherung Bund in Grundsätzen fest, die vom Bundesministerium für Arbeit und Soziales zu genehmigen und im Bundesanzeiger zu veröffentlichen sind.

...

§ 20. Aufbringung der Mittel, Gleitzone. (1) Die Mittel der Sozialversicherung einschließlich der Arbeitsförderung werden nach Maßgabe der besonderen Vorschriften für die einzelnen Versicherungszweige durch Beiträge der Versicherten, der Arbeitgeber und Dritter, durch staatliche Zuschüsse und durch sonstige Einnahmen aufgebracht.

(2) Eine Gleitzone im Sinne dieses Gesetzbuches liegt bei einem Beschäftigungsverhältnis mit einem daraus erzielten Arbeitsentgelt von 450,01 Euro bis 850,00 Euro im Monat vor, das die Grenze von 850,00 im Monat regelmäßig nicht überschreitet; bei mehreren Beschäftigungsverhältnissen ist das insgesamt erzielte Arbeitsentgelt maßgebend.

(3) [1]Der Arbeitgeber trägt abweichend von den besonderen Vorschriften für Beschäftigte für die einzelnen Versicherungszweige den Gesamtsozialversicherungsbeitrag allein, wenn
1. Versicherte, die zu ihrer Berufsausbildung beschäftigt sind, ein Arbeitsentgelt erzielen, das auf den Monat bezogen 325 Euro nicht übersteigt, oder
2. Versicherte ein freiwilliges soziales Jahr oder ein freiwilliges ökologisches Jahr im Sinne des Jugendfreiwilligendienstegesetzes oder einen Bundesfreiwilligendienst nach dem Bundesfreiwilligendienstgesetz leisten.

[2]Wird infolge einmalig gezahlten Arbeitsentgelts die in Satz 1 genannte Grenze überschritten, tragen die Versicherten und die Arbeitgeber den Gesamtsozialversicherungsbeitrag von dem diese Grenze übersteigenden Teil des Arbeitsentgelts jeweils zur Hälfte; in der gesetzli-

chen Krankenversicherung gilt dies nur für den um den Beitragsanteil, der allein vom Arbeitnehmer zu tragen ist, reduzierten Beitrag.

Meldepflichten des Arbeitgebers, Gesamtsozialversicherungsbeitrag

▶ Meldungen des Arbeitgebers und ihre Weiterleitung

§ 28a. Meldepflicht. (1) Der Arbeitgeber oder ein anderer Meldepflichtiger hat der Einzugsstelle für jeden in der Kranken-, Pflege-, Rentenversicherung oder nach dem Recht der Arbeitsförderung kraft Gesetzes Versicherten

1. bei Beginn der versicherungspflichtigen Beschäftigung,
2. bei Ende der versicherungspflichtigen Beschäftigung,
5. bei Änderungen in der Beitragspflicht,
6. bei Wechsel der Einzugsstelle,
8. bei Unterbrechung der Entgeltzahlung,
9. bei Auflösung des Arbeitsverhältnisses,
10. bei Beschäftigung bei meheren Arbeitgebern, für unständig Beschäftigte, in den Fällen des § 242b Absatz 2 Satz 4 des Fünften Buches und in den Fällen, in denen der oder die Beschäftigte weitere in der gesetzlichen Krankenversicherung beitragspflichtige Einnahmen erzielt, soweit bekannt,
11. bei Antrag des geringfügig Beschäftigten nach § 6 Absatz 1b des Sechsten Buches auf Befreiung von der Versicherungspflicht,
12. bei einmalig gezahltem Arbeitsentgelt, soweit es nicht in einer Meldung aus anderem Anlass erfasst werden kann,
13. bei Beginn der Berufsausbildung,
14. bei Ende der Berufsausbildung,
15. bei Wechsel von einer Betriebsstätte im Beitrittsgebiet zu einer Betriebsstätte im übrigen Bundesgebiet oder umgekehrt,
16. bei Beginn der Altersteilzeitarbeit,
17. bei Ende der Altersteilzeitarbeit,
18. bei Änderung des Arbeitsentgelts, wenn die in § 8 Abs. 1 Nr. 1 genannte Grenze über- oder unterschritten wird,
19. bei nach § 23 b Abs. 2 bis 3 gezahltem Arbeitsentgelt oder
20. bei Wechsel von einem Wertguthaben, das im Beitrittsgebiet und einem Wertguthaben, das im übrigen Bundesgebiet erzielt wurde,

eine Meldung durch gesicherte und verschlüsselte Datenübertragung aus systemgeprüften Programmen oder mittels maschinell erstellter Ausfüllhilfen zu erstatten.

…

▶ Verfahren und Haftung bei der Beitragszahlung

§ 28e. Zahlungspflicht, Vorschuss. (1) Den Gesamtsozialversicherungsbeitrag hat der Arbeitgeber und in den Fällen der nach § 7f Abs. 1 Satz 1 Nr. 2 auf die Deutsche Rentenversicherung Bund übertragenen Wertguthaben die Deutsche Rentenversicherung Bund zu zahlen. …

§ 28f. Aufzeichnungspflicht, Nachweise der Beitragsabrechnung und der Beitragszahlung.

(1) [1]Der Arbeitgeber hat für jeden Beschäftigten, getrennt nach Kalenderjahren, Entgeltunterlagen im Geltungsbereich dieses Gesetzes in deutscher Sprache zu führen und bis zum Ablauf des auf die letzte Prüfung (§ 28p) folgenden Kalenderjahres geordnet aufzubewahren. [2]Satz 1 gilt nicht hinsichtlich der Beschäftigten in privaten Haushalten. [3]Die landwirtschaftliche Krankenkasse kann wegen der mitarbeitenden Familienangehörigen Ausnahmen zulassen. [4]Für die Aufbewahrung der Beitragsabrechnungen und der Beitragsnachweise gilt Satz 1. …

(2) Hat ein Arbeitgeber die Aufzeichnungspflicht nicht ordnungsgemäß erfüllt und können dadurch die Versicherungs- oder Beitragspflicht oder die Beitragshöhe nicht festgestellt werden, kann der prüfende Träger der Rentenversicherung den Beitrag in der Kranken-, Pflege- und Rentenversicherung und zur Arbeitsförderung von der Summe der vom Arbeitgeber gezahlten Arbeitsentgelte geltend machen. …

(3) [1]Der Arbeitgeber hat der Einzugsstelle einen Beitragsnachweis zwei Arbeitstage vor Fälligkeit der Beiträge durch Datenübertragung zu übermitteln; dies gilt nicht hinsichtlich der Beschäftigten in privaten Haushalten bei Verwendung von Haushaltsschecks. [2]Übermittelt der Arbeitgeber den Beitragsnachweis nicht zwei Arbeitstage vor Fälligkeit der Beiträge ein, so kann die Einzugsstelle das für die Beitragsberechnung maßgebende Arbeitsentgelt schätzen, bis der Nachweis ordnungsgemäß übermittelt wird. [3]Der Beitragsnachweis gilt für die Vollstreckung als Leistungsbescheid der Einzugsstelle. …

(4) [1]Arbeitgeber, die den Gesamtsozialversicherungsbeitrag an mehrere Orts- oder Innungskrankenkassen zu zahlen haben, können bei

1. dem jeweils zuständigen Bundesverband oder
2. einer Orts- oder Innungskrankenkasse (beauftragte Stelle) für die jeweilige Kassenart

beantragen, dass der beauftragten Stelle der jeweilige Beitragsnachweis eingereicht wird.

6

[2]Dies gilt auch für Arbeitgeber, die den Gesamtsozialversicherungsbeitrag an mehrere Betriebskrankenkassen zu zahlen haben, gegenüber dem jeweiligen Bundesverband. …

§ 28g. Beitragsabzug. [1]Der Arbeitgeber und in den Fällen der nach § 7f Abs. 1 Satz 1 Nr. 2 auf die Deutsche Rentenversicherung Bund übertragenen Wertguthaben die Deutsche Rentenversicherung Bund hat gegen den Beschäftigten einen Anspruch auf den vom Beschäftigten zu tragenden Teil des Gesamtsozialversicherungsbeitrags. [2]Dieser Anspruch kann nur durch Abzug vom Arbeitsentgelt geltend gemacht werden. [3]Ein unterbliebener Abzug darf nur bei den drei nächsten Lohn- oder Gehaltszahlungen nachgeholt werden, danach nur dann, wenn der Abzug ohne Verschulden des Arbeitsgebers unterblieben ist. [4]Die Sätze 2 und 3 gelten nicht, wenn der Beschäftigte seinen Pflichten nach § 28 o Abs. 1 vorsätzlich oder grob fahrlässig nicht nachkommt oder er den Gesamtsozialversicherungsbeitrag allein trägt oder solange der Beschäftigte nur Sachbezüge erhält.

§ 28h. Einzugsstellen. (1) [1]Der Gesamtsozialversicherungsbeitrag ist an die Krankenkassen (Einzugsstellen) zu zahlen. [2]Die Einzugsstelle überwacht die Einreichung des Beitragsnachweises und die Zahlung des Gesamtsozialversicherungsbeitrags. [3]Beitragsansprüche, die nicht rechtzeitig erfüllt worden sind, hat die Einzugsstelle geltend zu machen.

(2) Die Einzugsstelle entscheidet über die Versicherungspflicht und Beitragshöhe in der Kranken-, Pflege- und Rentenversicherung sowie nach dem Recht der Arbeitsförderung; sie erlässt auch den Widerspruchsbescheid. …

(3) Bei Verwendung eines Haushaltsschecks vergibt die Einzugsstelle im Auftrag der Bundesagentur für Arbeit die Betriebsnummer des Arbeitgebers, berechnet den Gesamtsozialversicherungsbeitrag und die Umlagen nach dem Aufwendungsausgleichsgesetz und zieht diese vom Arbeitgeber im Wege des Lastschriftverfahrens ein. …

6

§ 28i. Zuständige Einzugsstelle. [1]Zuständige Einzugsstelle für den Gesamtsozialversicherungsbeitrag ist die Krankenkasse, von der die Krankenversicherung durchgeführt wird. [2]Für Beschäftigte, die bei keiner Krankenkasse versichert sind, werden Beiträge zur Rentenversicherung und zur Arbeitsförderung an die Einzugsstelle gezahlt, die der Arbeitgeber in entsprechender Anwendung des § 175 Abs. 3 Satz 2 des Fünften Buches gewählt hat. [3]Zuständige Einzugsstelle ist in den Fällen des § 28f Abs. 2 die nach § 175 Abs. 3 Satz 3 des Fünften Buches bestimmte Krankenkasse. [4]Zuständige Einzugsstelle ist in den Fällen des § 2 Abs. 3 die Deutsche Rentenversicherung Knappschaft-Bahn-See. [5]Bei geringfügigen Beschäftigungen ist zuständige Einzugsstelle die Deutsche Rentenversicherung Knappschaft Bahn-See als Träger der Rentenversicherung.

Träger der Sozialversicherung

§ 29. Rechtsstellung. (1) Die Träger der Sozialversicherung (Versicherungsträger) sind rechtsfähige Körperschaften des öffentlichen Rechts mit Selbstverwaltung.

(2) Die Selbstverwaltung wird, soweit § 44 nichts Abweichendes bestimmt, durch die Versicherten und die Arbeitgeber ausgeübt.

(3) Die Versicherungsträger erfüllen im Rahmen des Gesetzes und des sonstigen für sie maßgebenden Rechts ihre Aufgaben in eigener Verantwortung.

§ 31. Organe. (1) [1]Bei jedem Versicherungsträger werden als Selbstverwaltungsorgane eine Vertreterversammlung und ein Vorstand gebildet. [2]Jeder Versicherungsträger hat einen Geschäftsführer, der dem Vorstand mit beratender Stimme angehört. [3]Die Aufgaben des Geschäftsführers werden bei der Deutschen Rentenversicherung Bund durch das Direktorium wahrgenommen.

(2) Die Vertreterversammlung, der Vorstand und der Geschäftsführer nehmen im Rahmen ihrer Zuständigkeit die Aufgaben des Versicherungsträgers wahr.

(3) [1]Die vertretungsberechtigten Organe des Versicherungsträgers haben die Eigenschaft einer Behörde. [2]Sie führen das Dienstsiegel des Versicherungsträgers.

…

§ 34. Satzung. (1) [1]Jeder Versicherungsträger gibt sich eine Satzung. [2]Sie bedarf der Genehmigung der nach den besonderen Vorschriften für die einzelnen Versicherungszweige zuständigen Behörde.

(2) [1]Die Satzung und sonstiges autonomes Recht sind öffentlich bekanntzumachen. [2]Sie treten, wenn kein anderer Zeitpunkt bestimmt ist, am Tag nach ihrer Bekanntmachung in Kraft. [3]Die Art der Bekanntmachung wird durch die Satzung geregelt.

Sozialgesetzbuch
Fünftes Buch. Gesetzliche Krankenversicherung

Vom 20. Dezember 1988, mit Änderungen bis zum 22. Dezember 2013

Allgemeine Vorschriften

§ 1. Solidarität und Eigenverantwortung. [1]Die Krankenversicherung als Solidargemeinschaft hat die Aufgabe, die Gesundheit der Versicherten zu erhalten, wiederherzustellen oder ihren Gesundheitszustand zu bessern. [2]Die Versicherten sind für ihre Gesundheit mit verantwortlich; sie sollen durch eine gesundheitsbewußte Lebensführung, durch frühzeitige Beteiligung an gesundheitlichen Vorsorgemaßnahmen sowie durch aktive Mitwirkung an Krankenbehandlung und Rehabilitation dazu beitragen, den Eintritt von Krankheit und Behinderung zu vermeiden oder ihre Folgen zu überwinden. [3]Die Krankenkassen haben den Versicherten dabei durch Aufklärung, Beratung und Leistungen zu helfen und auf gesunde Lebensverhältnisse hinzuwirken.

§ 2. Leistungen. (1) [1]Die Krankenkassen stellen den Versicherten die im Dritten Kapitel genannten Leistungen unter Beachtung des Wirtschaftslichkeitsgebots (§ 12) zur Verfügung, soweit diese Leistungen nicht der Eigenverantwortung der Versicherten zugerechnet werden. … [2]Behandlungsmethoden, Arznei- und Heilmittel der besonderen Therapierichtungen sind nicht ausgeschlossen. [3]Qualität und Wirksamkeit der Leistungen haben dem allgemein anerkannten Stand der medizinischen Erkenntnisse zu entsprechen und den medizinischen Fortschritt zu berücksichtigen.

(2) [1]Die Versicherten erhalten die Leistungen als Sach- und Dienstleistungen, soweit dieses oder das Neunte Buch nichts Abweichendes vorsehen. [2]Über die Erbringung der Sach- und Dienstleistungen schließen die Krankenkassen nach den Vorschriften des Vierten Kapitels Verträge mit den Leistungserbringern.

(3) [1]Bei der Auswahl der Leistungserbringer ist ihre Vielfalt zu beachten. [2]Den religiösen Bedürfnissen der Versicherten ist Rechnung zu tragen.

(4) Krankenkassen, Leistungserbringer und Versicherte haben darauf zu achten, daß die Leistungen wirksam und wirtschaftlich erbracht und nur im notwendigen Umfang in Anspruch genommen werden.

§ 2a. Leistungen an behinderte und chronisch kranke Menschen. Den besonderen Belangen behinderter und chronisch kranker Menschen ist Rechnung zu tragen.

§ 3. Solidarische Finanzierung. [1]Die Leistungen und sonstigen Ausgaben der Krankenkassen werden durch Beiträge finanziert. [2]Dazu entrichten die Mitglieder und die Arbeitgeber Beiträge, die sich in der Regel nach den beitragspflichtigen Einnahmen der Mitglieder richten. [3]Für versicherte Familienangehörige werden Beiträge nicht erhoben.

§ 4. Krankenkassen. (1) Die Krankenkassen sind rechtsfähige Körperschaften des öffentlichen Rechts mit Selbstverwaltung.

(2) Die Krankenversicherung ist in folgende Kassenarten gegliedert:
Allgemeine Ortskrankenkassen, Betriebskrankenkassen, Innungskrankenkassen, Sozialversicherung für Landwirtschaft, Forsten und Gartenbau als Träger der Krankenversicherung der Landwirte, die Deutsche Rentenversicherung Knappschaft-Bahn-See als Träger der Krankenversicherung (Deutsche Rentenversicherung Knappschaft-Bahn-See), Ersatzkassen.

(3) Im Interesse der Leistungsfähigkeit und Wirtschaftlichkeit der gesetzlichen Krankenversicherung arbeiten die Krankenkassen und ihre Verbände sowohl innerhalb einer Kassenart als auch kassenartenübergreifend miteinander und mit allen anderen Einrichtungen des Gesundheitswesens eng zusammen. Krankenkassen können die Unterlassung unzulässiger Werbemaßnahmen von anderen Krankenkassen verlangen; § 12 Absatz 1 bis 3 des Gesetzes gegen den unlauteren Wettbewerb gilt entsprechend.

(4) Die Krankenkassen haben bei der Durchführung ihrer Aufgaben und in ihren Verwaltungsangelegenheiten sparsam und wirtschaftlich zu verfahren und dabei ihre Ausgaben so auszurichten, dass Beitragserhöhungen ausgeschlossen werden, es sei denn, die notwendige medizinische Versorgung ist auch nach Ausschöpfung von Wirtschaftlichkeitsreserven nicht zu gewährleisten. …

Versicherter Personenkreis

▶ Versicherung kraft Gesetzes

§ 5. Versicherungspflicht. (1) Versicherungspflichtig sind

1. Arbeiter, Angestellte und zu ihrer Berufsausbildung Beschäftigte, die gegen Arbeitsentgelt beschäftigt sind,

6

2. Personen in der Zeit, für die sie Arbeitslosengeld oder Unterhaltsgeld nach dem Dritten Buch beziehen oder nur deshalb nicht beziehen, weil der Anspruch ab Beginn des zweiten Monats bis zur zwölften Woche einer Sperrzeit (§ 159 des Dritten Buches) oder ab Beginn des zweiten Monats wegen einer Urlaubsabgeltung (§ 157 Abs. 2 des Dritten Buches) ruht; ...

2a. Personen in der Zeit, für die sie Arbeitslosengeld II nach dem Zweiten Buch beziehen, soweit sie nicht familienversichert sind, ...

3. Landwirte, ihre mitarbeitenden Familienangehörigen und Altenteiler nach näherer Bestimmung des Zweiten Gesetzes über die Krankenversicherung der Landwirte,

4. Künstler und Publizisten nach näherer Bestimmung des Künstlersozialversicherungsgesetzes,

5. Personen, die in Einrichtungen der Jugendhilfe für eine Erwerbstätigkeit befähigt werden sollen,

6. Teilnehmer an Leistungen zur Teilhabe am Arbeitsleben sowie an Abklärungen der beruflichen Eignung oder Arbeitserprobung, es sei denn, die Maßnahmen werden nach den Vorschriften des Bundesversorgungsgesetzes erbracht,

7. behinderte Menschen, die in anerkannten Werkstätten für behinderte Menschen oder in Blindenwerkstätten im Sinne des § 143 des Neunten Buches oder für diese Einrichtungen in Heimarbeit tätig sind,

8. behinderte Menschen, die in Anstalten, Heimen oder gleichartigen Einrichtungen in gewisser Regelmäßigkeit eine Leistung erbringen, die einem Fünftel der Leistung eines voll erwerbsfähigen Beschäftigten in gleichartiger Beschäftigung entspricht; hierzu zählen auch Dienstleistungen für den Träger der Einrichtung,

9. Studenten, die an staatlichen oder staatlich anerkannten Hochschulen eingeschrieben sind, ...

11. Personen, die die Voraussetzungen für den Anspruch auf eine Rente aus der gesetzlichen Rentenversicherung erfüllen und diese Rente beantragt haben, wenn sie seit der erstmaligen Aufnahme einer Erwerbstätigkeit bis zur Stellung des Rentenantrags mindestens neun Zehntel der zweiten Hälfte des Zeitraums Mitglied oder nach § 10 versichert waren, ...

13. Personen, die keinen anderweitigen Anspruch auf Absicherung im Krankheitsfall haben und
   a) zuletzt gesetzlich krankenversichert waren oder
   b) bisher nicht gesetzlich oder privat krankenversichert waren, es sei denn, dass sie zu den in Absatz 5 oder den in § 6 Abs. 1 oder 2 genannten Personen gehören oder bei Ausübung ihrer beruflichen Tätigkeit im Inland gehört hätten.

...

§ 6. Versicherungsfreiheit. (1) Versicherungsfrei sind

1. Arbeiter und Angestellte, deren regelmäßiges Jahresarbeitsentgelt die Jahresarbeitsentgeltgrenze nach den Absätzen 6 oder 7 übersteigt; Zuschläge, die mit Rücksicht auf den Familienstand gezahlt werden, bleiben unberücksichtigt, ...
2. Beamte, Richter, Soldaten auf Zeit sowie Berufssoldaten der Bundeswehr und sonstige Beschäftigte des Bundes, eines Landes, eines Gemeindeverbandes, einer Gemeinde, von öffentlich-rechtlichen Körperschaften, Anstalten, Stiftungen oder Verbänden öffentlich-rechtlicher Körperschaften oder deren Spitzenverbänden, wenn sie nach beamtenrechtlichen Vorschriften oder Grundsätzen bei Krankheit Anspruch auf Fortzahlung der Bezüge und auf Beihilfe oder Heilfürsorge haben,
3. Personen, die während der Dauer ihres Studiums als ordentliche Studierende einer Hochschule oder einer der fachlichen Ausbildung dienenden Schule gegen Arbeitsentgelt beschäftigt sind,
7. satzungsmäßige Mitglieder geistlicher Genossenschaften, Diakonissen und ähnliche Personen, wenn sie sich aus überwiegend religiösen oder sittlichen Beweggründen mit Krankenpflege, Unterricht oder anderen gemeinnützigen Tätigkeiten beschäftigen und nicht mehr als freien Unterhalt oder ein geringes Entgelt beziehen, das nur zur Beschaffung der unmittelbaren Lebensbedürfnisse an Wohnung, Verpflegung, Kleidung und dergleichen ausreicht,
8. Personen, die nach dem Krankheitsfürsorgesystem der Europäischen Gemeinschaften bei Krankheit geschützt sind.

(4) [1]Wird die Jahresarbeitsentgeltgrenze überschritten, endet die Versicherungspflicht mit Ablauf des Kalenderjahres, in dem sie überschritten wird.

§ 7. Versicherungsfreiheit bei geringfügiger Beschäftigung. (1) [1]Wer eine geringfügige Beschäftigung nach §§ 8, 8a des Vierten Buches ausübt, ist in dieser Beschäftigung versicherungsfrei; dies gilt nicht für eine Beschäftigung

1. im Rahmen betrieblicher Berufsbildung,
2. nach dem Jugendfreiwilligendienstegesetz,
3. nach dem Bundesfreiwilligendienstgesetz.

[2]§ 8 Abs. 2 des Vierten Buches ist mit der Maßgabe anzuwenden, daß eine Zusammenrechnung mit einer nicht geringfügigen Beschäftigung nur erfolgt, wenn diese Versicherungspflicht begründet.

…

§ 8. Befreiung von der Versicherungspflicht.

(1) Auf Antrag wird von der Versicherungspflicht befreit, wer versicherungspflichtig wird

1. wegen Erhöhung der Jahresarbeitsentgeltgrenze,

1a. durch den Bezug von Arbeitslosengeld oder Unterhaltsgeld (§ 5 Abs. 1 Nr. 2) und in den letzten fünf Jahren vor dem Leistungsbezug nicht gesetzlich krankenversichert war, wenn er bei einem Krankenversicherungsunternehmen versichert ist und Vertragsleistungen erhält, die der Art und dem Umfang nach den Leistungen dieses Buches entsprechen,

2. durch Aufnahme einer nicht vollen Erwerbstätigkeit nach § 2 des Bundeserziehungsgeldgesetzes oder nach § 1 Abs. 6 des Bundeselterngeld- und Elternzeitgesetzes während der Elternzeit; die Befreiung erstreckt sich nur auf die Elternzeit,

2a. durch Herabsetzung der regelmäßigen Wochenarbeitszeit während der Pflegezeit nach § 3 des Pflegezeitgesetzes oder der Familienpflegezeit nach § 3 Absatz 1 Nummer 1 Buchstabe c des Familienpflegezeitgesetzes; die Befreiung erstreckt sich nur auf die Dauer der Pflegezeit oder die Dauer der Familienpflegezeit und der Nachpflegephase nach § 3 Absatz 1 Nummer 1 Buchstabe c des Familienpflegezeitgesetzes,

3. weil seine Arbeitszeit auf die Hälfte oder weniger als die Hälfte der regelmäßigen Wochenarbeitszeit vergleichbarer Vollbeschäftigter des Betriebes herabgesetzt wird; dies gilt auch für Beschäftigte, die im Anschluß an ihr bisheriges Beschäftigungsverhältnis bei einem anderen Arbeitgeber ein Beschäftigungsverhältnis aufnehmen, das die Voraussetzungen des vorstehenden Halbsatzes erfüllt, sowie für Beschäftigte, die im Anschluss an die Zeiten des Bezugs von Elterngeld oder der Inanspruchnahme von Elternzeit oder Pflegezeit oder Familienpflegezeit und Nachpflegephase ein Beschäftigungsverhältnis im Sinne des ersten Teilsatzes aufnehmen, das bei Vollbeschäftigung zur Versicherungsfreiheit nach § 6 Absatz 1 Nummer 1 führen würde; Voraussetzung ist ferner, daß der Beschäftigte seit mindestens fünf Jahren wegen Überschreitens der Jahresarbeitsentgeltgrenze versicherungsfrei ist; Zeiten des Bezugs von Erziehungsgeld oder Elterngeld oder der Inanspruchnahme von Elternzeit oder Pflegezeit oder Familienpflegezeit und Nachpflegephase werden angerechnet,

4. durch den Antrag auf Rente oder den Bezug von Rente oder die Teilnahme an einer Leistung zur Teilhabe am Arbeitsleben (§ 5 Abs. 1 Nr. 6, 11 oder 12),

5. durch die Einschreibung als Student oder die berufspraktische Tätigkeit (§ 5 Abs. 1 Nr. 9 oder 10),

6. durch die Beschäftigung als Arzt im Praktikum,

7. durch die Tätigkeit in einer Einrichtung für behinderte Menschen (§ 5 Abs. 1 Nr. 7 oder 8).

(2) [1]Der Antrag ist innerhalb von drei Monaten nach Beginn der Versicherungspflicht bei der Krankenkasse zu stellen. [2]Die Befreiung wirkt vom Beginn der Versicherungspflicht an, wenn seit diesem Zeitpunkt noch keine Leistungen in Anspruch genommen wurden, sonst vom Beginn des Kalendermonats an, der auf die Antragstellung folgt. [3]Die Befreiung kann nicht widerrufen werden. [4]Die Befreiung wird nur wirksam, wenn das Mitglied das Bestehen eines anderweitigen Anspruchs auf Absicherung im Krankheitsfall nachweist

…

Versicherungsberechtigung

§ 9. Freiwillige Versicherung. (1) Der Versicherung können beitreten

1. Personen, die als Mitglieder aus der Versicherungspflicht ausgeschieden sind und in den letzten fünf Jahren vor dem Ausscheiden mindestens vierundzwanzig Monate oder unmittelbar vor dem Ausscheiden ununterbrochen mindestens zwölf Monate versichert waren; Zeiten der Mitgliedschaft nach § 189 und Zeiten, in denen eine Versicherung allein deshalb bestanden hat, weil Arbeitslosengeld II zu Unrecht bezogen wurde, werden nicht berücksichtigt. …

2. Personen, deren Versicherung nach § 10 erlischt oder nur deswegen nicht besteht, weil die Voraussetzungen des § 10 Abs. 3 vorliegen, wenn sie oder der Elternteil, aus dessen Versicherung die Familienversicherung abgeleitet wurde, die in Nummer 1 genannte Vorversicherungszeit erfüllen,

3. Personen, die erstmals eine Beschäftigung im Inland aufnehmen und nach § 6 Absatz 1 Nummer 1 versicherungsfrei sind; Beschäftigungen vor oder während der beruflichen Ausbildung bleiben unberücksichtigt,

4. schwerbehinderte Menschen im Sinne des Neunten Buches, wenn sie, ein Elternteil, ihr Ehegatte oder ihr Lebenspartner in den letz-

6

ten fünf Jahren vor dem Beitritt mindestens drei Jahre versichert waren, es sei denn, sie konnten wegen ihrer Behinderung diese Voraussetzungen nicht erfüllen; die Satzung kann das Recht zum Beitritt von einer Altersgrenze abhängig machen,
5. Arbeitnehmer, deren Mitgliedschaft durch Beschäftigung im Ausland oder bei einer zwischenstaatlichen oder überstaatlichen Organisation endete, wenn sie innerhalb von zwei Monaten nach Rückkehr in das Inland oder nach Beendigung ihrer Tätigkeit bei der zwischenstaatlichen oder überstaatlichen Organisation wieder eine Beschäftigung aufnehmen, ...

(2) Der Beitritt ist der Krankenkasse innerhalb von drei Monaten anzuzeigen,
1. im Falle des Absatzes 1 Nr. 1 nach Beendigung der Mitgliedschaft,
2. im Falle des Absatzes 1 Nr. 2 nach Beendigung der Versicherung oder nach Geburt des Kindes,
3. im Falle des Absatzes 1 Satz 1 Nummer 3 nach Aufnahme der Beschäftigung,
4. im Falle des Absatzes 1 Nr. 4 nach Feststellung der Behinderung nach § 68 des Neunten Buches,
5. im Falle des Absatzes 1 Nr. 5 nach Rückkehr in das Inland oder nach Beendigung der Tätigkeit bei der zwischenstaatlichen oder überstaatlichen Organisation.

Versicherung der Familienangehörigen

§ 10. Familienversicherung. (1) Versichert sind der Ehegatte, der Lebenspartner und die Kinder von Mitgliedern, wenn diese Familienangehörigen
1. ihren Wohnsitz oder gewöhnlichen Aufenthalt im Inland haben,
2. nicht nach § 5 Abs. 1 Nr. 1, 2, 3 bis 8, 11 oder 12 oder nicht freiwillig versichert sind,
3. nicht versicherungsfrei oder nicht von der Versicherungspflicht befreit sind; dabei bleibt die Versicherungsfreiheit nach § 7 außer Betracht,
4. nicht hauptberuflich selbständig erwerbstätig sind und
5. kein Gesamteinkommen haben, das regelmäßig im Monat ein Siebtel der monatlichen Bezugsgröße nach § 18 des Vierten Buches überschreitet; ... für geringfügig Beschäftigte nach § 8 Abs. 1 Nr. 1, § 8a des Vierten Buches beträgt das zulässige Gesamteinkommen 450 Euro. [2]Eine hauptberufliche selbständige Tätigkeit im Sinne des Satzes 1 Nr. 4 ist nicht deshalb anzunehmen, weil eine Versicherung nach § 1 Abs. 3 des Gesetzes über die Alterssicherung der Landwirte vom 29. Juli 1994 (BGBl. I S. 1890, 1891) besteht. [3]Das Gleiche gilt bis zum 31. Dezember 2015 für eine Tagespflegeperson, die bis zu fünf gleichzeitig anwesende, fremde Kinder in Tagespflege betreut. [4]Ehegatten und Lebenspartner sind für die Dauer der Schutzfristen nach § 3 Abs. 2 und § 6 Abs. 1 des Mutterschutzgesetzes sowie der Elternzeit nicht versichert, wenn sie zuletzt vor diesen Zeiträumen nicht gesetzlich krankenversichert waren.

6

(2) Kinder sind versichert
1. bis zur Vollendung des achtzehnten Lebensjahres,
2. bis zur Vollendung des dreiundzwanzigsten Lebensjahres, wenn sie nicht erwerbstätig sind,
3. bis zur Vollendung des fünfundzwanzigsten Lebensjahres, wenn sie sich in Schul- oder Berufsausbildung befinden oder ein freiwilliges soziales Jahr oder ein freiwilliges ökologisches Jahr im Sinne des Jugendfreiwilligendienstegesetzes oder Bundesfreiwilligendienst nach dem Bundesfreiwilligendienstgesetz leisten; wird die Schul- oder Berufsausbildung durch Erfüllung einer gesetzlichen Dienstpflicht des Kindes unterbrochen oder verzögert, besteht die Versicherung auch für einen der Dauer dieses Dienstes entsprechenden Zeitraum über das fünfundzwanzigste Lebensjahr hinaus; dies gilt ab dem 1. Juli 2011 auch bei einer Unterbrechung oder Verzögerung durch den freiwilligen Wehrdienst nach § 58b des Soldatengesetzes, einen Freiwilligendienst nach dem Bundesfreiwilligendienstgesetz, dem Jugendfreiwilligendienstegesetz oder einen vergleichbaren anerkannten Freiwilligendienst oder durch eine Tätigkeit als Entwicklungshelfer im Sinne des § 1 Absatz 1 des Entwicklungshelfer-Gesetzes für die Dauer von höchstens zwölf Monaten,
4. ohne Altersgrenze, wenn sie als behinderte Menschen (§ 2 Abs. 1 Satz 1 des Neunten Buches) außerstande sind, sich selbst zu unterhalten; Voraussetzung ist, daß die Behinderung zu einem Zeitpunkt vorlag, in dem das Kind nach Nummer 1, 2 oder 3 versichert war. ...

Leistungen der Krankenversicherung

▶ Übersicht über die Leistungen

§ 11. Leistungsarten. (1) Versicherte haben nach den folgenden Vorschriften Anspruch auf Leistungen

1. bei Schwangerschaft und Mutterschaft (§§ 24c bis 24i),
2. zur Verhütung von Krankheiten und von deren Verschlimmerung sowie zur Empfängnisverhütung, bei Sterilisation und bei Schwangerschaftsabbruch (§§ 20 bis 24),
3. zur Früherkennung von Krankheiten (§§ 25 und 26),
4. zur Behandlung einer Krankheit (§§ 27 bis 52).

(2) Versicherte haben auch Anspruch auf Leistungen zur medizinischen Rehabilitation sowie auf unterhaltssichernde und andere ergänzende Leistungen, die notwendig sind, um eine Behinderung oder Pflegebedürftigkeit abzuwenden, zu beseitigen, zu mindern, auszugleichen, ihre Verschlimmerung zu verhüten oder ihre Folgen zu mildern. …

(3) Bei stationärer Behandlung umfassen die Leistungen auch die aus medizinischen Gründen notwendige Mitaufnahme einer Begleitperson des Versicherten oder bei stationärer Behandlung in einem Krankenhaus nach § 108 oder einer Vorsorge- oder Rehabilitationseinrichtung nach § 107 Absatz 2 die Mitaufnahme einer Pflegekraft, soweit Versicherte ihre Pflege nach § 66 Absatz 4 Satz 2 des Zwölften Buches durch von ihnen beschäftigte besondere Pflegekräfte sicherstellen.

…

§ 24c. Leistungen bei Schwangerschaft und Mutterschaft. Die Leistungen bei Schwangerschaft und Mutterschaft umfassen
1. ärztliche Betreuung und Hebammenhilfe,
2. Versorgung mit Arznei-, Verband-, Heil- und Hilfsmitteln,
3. Entbindung,
4. häusliche Pflege,
5. Haushaltshilfe,
6. Mutterschaftsgeld.

§ 25. Gesundheitsuntersuchungen. (1) Versicherte, die das fünfunddreißigste Lebensjahr vollendet haben, haben jedes zweite Jahr Anspruch auf eine ärztliche Gesundheitsuntersuchung zur Früherkennung von Krankheiten, insbesondere zur Früherkennung von Herz-Kreislauf- und Nierenerkrankungen sowie der Zuckerkrankheit.

(2) Versicherte, die das 18. Lebensjahr vollendet haben, haben Anspruch auf Untersuchungen zur Früherkennung von Krebserkrankungen.

…

▶ Leistungen bei Krankheit

Krankenbehandlung

§ 27. Krankenbehandlung. (1) [1]Versicherte haben Anspruch auf Krankenbehandlung, wenn sie notwendig ist, um eine Krankheit zu erkennen, zu heilen, ihre Verschlimmerung zu verhüten oder Krankheitsbeschwerden zu lindern. [2]Die Krankenbehandlung umfaßt
1. ärztliche Behandlung einschließlich Psychotherapie als ärztliche und psychotherapeutische Behandlung,
2. zahnärztliche Behandlung,

2a. Versorgung mit Zahnersatz einschließlich Zahnkronen und Suprakonstruktionen,

3. Versorgung mit Arznei-, Verband-, Heil- und Hilfsmitteln,
4. häusliche Krankenpflege und Haushaltshilfe,
5. Krankenhausbehandlung,
6. medizinische und ergänzende Leistungen zur Rehabilitation sowie Belastungserprobung und Arbeitstherapie.

[3]Bei der Krankenbehandlung ist den besonderen Bedürfnissen psychisch Kranker Rechnung zu tragen, insbesondere bei der Versorgung mit Heilmitteln und bei der medizinischen Rehabilitation. [4]Zur Krankenbehandlung gehören auch Leistungen zur Herstellung der Zeugungs- oder Empfängnisfähigkeit, wenn diese Fähigkeit nicht vorhanden war oder durch Krankheit oder wegen einer durch Krankheit erforderlichen Sterilisation verlorengegangen war.

…

§ 28. Ärztliche und zahnärztliche Behandlung. (1) [1]Die ärztliche Behandlung umfaßt die Tätigkeit des Arztes, die zur Verhütung, Früherkennung und Behandlung von Krankheiten nach den Regeln der ärztlichen Kunst ausreichend und zweckmäßig ist. [2]Zur ärztlichen Behandlung gehört auch die Hilfeleistung anderer Personen, die von dem Arzt angeordnet und von ihm zu verantworten ist. …

(2) [1]Die zahnärztliche Behandlung umfaßt die Tätigkeit des Zahnarztes, die zur Verhütung, Früherkennung und Behandlung von Zahn-, Mund- und Kieferkrankheiten nach den Regeln der zahnärztlichen Kunst ausreichend und zweckmäßig ist; sie umfasst auch konservierend-chirurgische Leistungen und Röntgenleistungen, die im Zusammenhang mit Zahnersatz einschließlich Zahnkronen und Suprakonstruktionen erbracht werden. [2]Wählen Versicherte bei Zahnfüllungen eine darüber hinausgehende Versorgung, haben sie die Mehrkosten selbst zu tragen. …

6

§ 29. Kieferorthopädische Behandlung.
(1) Versicherte haben Anspruch auf kieferorthopädische Versorgung in medizinisch begründeten Indikationsgruppen, bei denen eine Kiefer- oder Zahnfehlstellung vorliegt, die das Kauen, Beißen, Sprechen oder Atmen erheblich beeinträchtigt oder zu beeinträchtigen droht.

(2) Versicherte leisten zu der kieferorthopädischen Behandlung nach Absatz 1 einen Anteil in Höhe von 20 vom Hundert der Kosten an den Vertragszahnarzt. …

§ 39. Krankenhausbehandlung. (1) [1]Die Krankenhausbehandlung wird vollstationär, teilstationär, vor- und nachstationär (§ 115 a) sowie ambulant (§ 115 b) erbracht. [2]Versicherte haben Anspruch auf vollstationäre Behandlung in einem zugelassenen Krankenhaus (§ 108), wenn die Aufnahme nach Prüfung durch das Krankenhaus erforderlich ist, weil das Behandlungsziel nicht durch teilstationäre, vor- und nachstationäre oder ambulante Behandlung einschließlich häuslicher Krankenpflege erreicht werden kann. [3]Die Krankenhausbehandlung umfaßt im Rahmen des Versorgungsauftrags des Krankenhauses alle Leistungen, die im Einzelfall nach Art und Schwere der Krankheit für die medizinische Versorgung der Versicherten im Krankenhaus notwendig sind, insbesondere ärztliche Behandlung (§ 28 Abs. 1), Krankenpflege, Versorgung mit Arznei-, Heil- und Hilfsmitteln, Unterkunft und Verpflegung; die akutstationäre Behandlung umfasst auch die im Einzelfall erforderlichen und zum frühestmöglichen Zeitpunkt einsetzenden Leistungen zur Frührehabilitation. …

(4) [1]Versicherte, die das achtzehnte Lebensjahr vollendet haben, zahlen vom Beginn der vollstationären Krankenhausbehandlung an innerhalb eines Kalenderjahres für längstens 28 Tage den sich nach § 61 Satz 2 ergebenden Betrag je Kalendertag an das Krankenhaus, das diesen Betrag an die Krankenkasse weiterleitet. [2]Die innerhalb des Kalenderjahres bereits an einen Träger der gesetzlichen Rentenversicherung geleistete Zahlung nach § 32 Abs. 1 Satz 2 des Sechsten Buches sowie die nach § 40 Abs. 6 Satz 1 geleistete Zahlung sind auf die Zahlung nach Satz 1 anzurechnen. …

6

Krankengeld

§ 44. Krankengeld. (1) Versicherte haben Anspruch auf Krankengeld, wenn die Krankheit sie arbeitsunfähig macht oder sie auf Kosten der Krankenkasse stationär in einem Krankenhaus, einer Vorsorge- oder Rehabilitationseinrichtung … behandelt werden.
(ab 01.01.2009)

(2) [1]Keinen Anspruch auf Krankengeld haben
1. die nach § 5 Abs. 1 Nr. 2a, 5, 6, 9, 10 oder 13 sowie die nach § 10 Versicherten; dies gilt nicht für die nach § 5 Abs. 1 Nr. 6 Versicherten, wenn sie Anspruch auf Übergangsgeld haben, und für Versicherte nach § 5 Abs. 1 Nr. 13, soweit sie abhängig beschäftigt und nicht nach den §§ 8 und 8a des Vierten Buches geringfügig beschäftigt sind,
2. hauptberuflich selbstständig Erwerbstätige,
3. Versicherte nach § 5 Abs. 1 Nr. 1, die bei Arbeitsunfähigkeit nicht für mindestens sechs Wochen Anspruch auf Fortzahlung des Arbeitsentgelts oder auf Zahlung einer die Versicherungspflicht begründenden Sozialleistung haben; dies gilt nicht für Versicherte, die nach § 10 des Entgeltfortzahlungsgesetzes Anspruch auf Zahlung eines Zuschlags zum Arbeitsentgelt haben,
4. Versicherte, die eine Rente aus einer öffentlich-rechtlichen Versicherungseinrichtung oder Versorgungseinrichtung ihrer Berufsgruppe oder von anderen vergleichbaren Stellen beziehen, die ihrer Art nach den in § 50 Abs. 1 genannten Leistungen entspricht. [2]Für Versicherte nach Satz 1 Nr. 4 gilt § 50 Abs. 2 entsprechend, soweit sie eine Leistung beziehen, die ihrer Art nach den in dieser Vorschrift aufgeführten Leistungen entspricht.

[3]Für die nach Nummer 2 und 3 aufgeführten Versicherten bleibt § 53 Abs. 6 unberührt.
…

§ 45. Krankengeld bei Erkrankung des Kindes. (1) Versicherte haben Anspruch auf Krankengeld, wenn es nach ärztlichem Zeugnis erforderlich ist, daß sie zur Beaufsichtigung, Betreuung oder Pflege ihres erkrankten und versicherten Kindes der Arbeit fernbleiben, eine andere in ihrem Haushalt lebende Person das Kind nicht beaufsichtigen, betreuen oder pflegen kann und das Kind das zwölfte Lebensjahr noch nicht vollendet hat oder behindert und auf Hilfe angewiesen ist. …

(2) [1]Anspruch auf Krankengeld nach Absatz 1 besteht in jedem Kalenderjahr für jedes Kind längstens für 10 Arbeitstage, für alleinerziehende Versicherte längstens für 20 Arbeitstage. [2]Der Anspruch nach Satz 1 besteht für Versicherte für nicht mehr als 25 Arbeitstage, für alleinerziehende Versicherte für nicht mehr als 50 Arbeitstage je Kalenderjahr.

(3) Versicherte mit Anspruch auf Krankengeld nach Absatz 1 haben für die Dauer dieses Anspruchs gegen ihren Arbeitgeber Anspruch auf unbezahlte Freistellung von der Arbeitsleistung, soweit nicht aus dem gleichen Grund Anspruch auf bezahlte Freistellung besteht. …

§ 46. Entstehen des Anspruchs auf Krankengeld. Der Anspruch auf Krankengeld entsteht
1. bei Krankenhausbehandlung oder Behandlung in einer Vorsorge- oder Rehabilitationseinrichtung ... von ihrem Beginn an,
2. im übrigen von dem Tag an, der auf den Tag der ärztlichen Feststellung der Arbeitsunfähigkeit folgt.

...

§ 47. Höhe und Berechnung des Krankengeldes. (1) [1]Das Krankengeld beträgt 70 vom Hundert des erzielten regelmäßigen Arbeitsentgelts und Arbeitseinkommens, soweit es der Beitragsberechnung unterliegt (Regelentgelt). [2]Das aus dem Arbeitsentgelt berechnete Krankengeld darf 90 vom Hundert des bei entsprechender Anwendung des Absatzes 2 berechneten Nettoarbeitsentgelts nicht übersteigen ....

§ 48. Dauer des Krankengeldes. (1) [1]Versicherte erhalten Krankengeld ohne zeitliche Begrenzung, für den Fall der Arbeitsunfähigkeit wegen derselben Krankheit jedoch für längstens achtundsiebzig Wochen innerhalb von je drei Jahren, gerechnet vom Tage des Beginns der Arbeitsunfähigkeit an. [2]Tritt während der Arbeitsunfähigkeit eine weitere Krankheit hinzu, wird die Leistungsdauer nicht verlängert.

(2) Für Versicherte, die im letzten Dreijahreszeitraum wegen derselben Krankheit für achtundsiebzig Wochen Krankengeld bezogen haben, besteht nach Beginn eines neuen Dreijahreszeitraums ein neuer Anspruch auf Krankengeld wegen derselben Krankheit, wenn sie bei Eintritt der erneuten Arbeitsunfähigkeit mit Anspruch auf Krankengeld versichert sind und in der Zwischenzeit mindestens sechs Monate
1. nicht wegen dieser Krankheit arbeitsunfähig waren und
2. erwerbstätig waren oder der Arbeitsvermittlung zur Verfügung standen.

§ 49. Ruhen des Krankengeldes. (1) Der Anspruch auf Krankengeld ruht,
1. soweit und solange Versicherte beitragspflichtiges Arbeitsentgelt oder Arbeitseinkommen erhalten; dies gilt nicht für einmalig gezahltes Arbeitsentgelt,
2. solange Versicherte Elternzeit nach dem Bundeselterngeld- und Elternzeitgesetz in Anspruch nehmen; dies gilt nicht, wenn die Arbeitsunfähigkeit vor Beginn der Elternzeit eingetreten ist oder das Krankengeld aus dem Arbeitsentgelt zu berechnen ist, das aus einer versicherungspflichtigen Beschäftigung während der Elternzeit erzielt worden ist,
3. soweit und solange Versicherte Versorgungskrankengeld, Übergangsgeld, Unterhaltsgeld oder Kurzarbeitergeld beziehen,

3a. solange Versicherte Mutterschaftsgeld oder Arbeitslosengeld beziehen oder der Anspruch wegen einer Sperrzeit nach dem Dritten Buch ruht,

4. soweit und solange Versicherte Entgeltersatzleistungen, die ihrer Art nach den in Nummer 3 genannten Leistungen vergleichbar sind, von einem Träger der Sozialversicherung oder einer staatlichen Stelle außerhalb des Geltungsbereichs dieses Gesetzbuchs erhalten,
5. solange die Arbeitsunfähigkeit der Krankenkasse nicht gemeldet wird; dies gilt nicht, wenn die Meldung innerhalb einer Woche nach Beginn der Arbeitsunfähigkeit erfolgt,
6. soweit und solange für Zeiten einer Freistellung von der Arbeitsleistung (§ 7 Abs. 1 a des Vierten Buches) eine Arbeitsleistung nicht geschuldet wird.
7. während der ersten sechs Wochen der Arbeitsunfähigkeit für Versicherte, die eine Wahlerklärung nach § 44 Absatz 2 Satz 1 Nummer 3 abgegeben haben. ...

▶ Selbstbehalt, Beitragsrückzahlung

§ 53. Wahltarife. (1) [1]Die Krankenkasse kann in ihrer Satzung vorsehen, dass Mitglieder jeweils für ein Kalenderjahr einen Teil der von der Krankenkasse zu tragenden Kosten übernehmen können (Selbstbehalt). [2]Die Krankenkasse hat für diese Mitglieder Prämienzahlungen vorzusehen.

(2) Die Krankenkasse kann in ihrer Satzung für Mitglieder, die im Kalenderjahr länger als drei Monate versichert waren, eine Prämienzahlung vorsehen, wenn sie und ihre nach § 10 mitversicherten Angehörigen in diesem Kalenderjahr Leistungen zu Lasten der Krankenkasse nicht in Anspruch genommen haben.

...

▶ Zahnersatz

§ 55. Leistungsanspruch. (1) [1]Versicherte haben nach den Vorgaben in den Sätzen 2 bis 7 Anspruch auf befundbezogene Festzuschüsse bei einer medizinisch notwendigen Versorgung mit Zahnersatz einschließlich Zahnkronen und Suprakonstruktionen (zahnärztliche und zahntechnische Leistungen) in den Fällen, in denen eine zahnprothetische Versorgung notwendig ist und die geplante Versorgung einer Methode entspricht, die gemäß § 135 Abs. 1 anerkannt ist. [2]Die Festzuschüsse umfassen 50 vom Hun-

6

dert der nach § 57 Abs. 1 Satz 6 und Abs. 2 Satz 6 und 7 festgesetzten Beträge für die jeweilige Regelversorgung. [3]Für eigene Bemühungen zur Gesunderhaltung der Zähne erhöhen sich die Festzuschüsse nach Satz 2 um 20 vom Hundert. [4]Die Erhöhung entfällt, wenn der Gebisszustand des Versicherten regelmäßige Zahnpflege nicht erkennen lässt und der Versicherte während der letzten fünf Jahre vor Beginn der Behandlung

1. die Untersuchungen nach § 22 Abs. 1 nicht in jedem Kalenderhalbjahr in Anspruch genommen hat und
2. sich nach Vollendung des 18. Lebensjahres nicht wenigstens einmal in jedem Kalenderjahr hat zahnärztlich untersuchen lassen.

[5]Die Festzuschüsse nach Satz 2 erhöhen sich um weitere 10 vom Hundert, wenn der Versicherte seine Zähne regelmäßig gepflegt und in den letzten zehn Kalenderjahren vor Beginn der Behandlung die Untersuchungen nach Satz 4 Nr. 1 und 2 ohne Unterbrechung in Anspruch genommen hat. [6]Dies gilt nicht in den Fällen des Absatzes 2. [7]Für Versicherte, die nach dem 31. Dezember 1978 geboren sind, gilt der Nachweis für eigene Bemühungen zur Gesunderhaltung der Zähne für die Jahre 1997 und 1998 als erbracht. …

(2) Versicherte haben bei der Versorgung mit Zahnersatz zusätzlich zu den Festzuschüssen nach Absatz 1 Satz 2 Anspruch auf einen Betrag in jeweils gleicher Höhe, angepasst an die Höhe der für die Regelversorgungsleistungen tatsächlich anfallenden Kosten, höchstens jedoch in Höhe der tatsächlich entstandenen Kosten, wenn sie ansonsten unzumutbar belastet würden; …

▶ Zuzahlungen, Belastungsgrenze

§ 61. Zuzahlungen. [1]Zuzahlungen, die Versicherte zu leisten haben, betragen 10 vom Hundert des Abgabepreises, mindestens jedoch 5 Euro und höchstens 10 Euro; allerdings jeweils nicht mehr als die Kosten des Mittels. [2]Als Zuzahlungen zu stationären Maßnahmen werden je Kalendertag 10 Euro erhoben. [3]Bei Heilmitteln und häuslicher Krankenpflege beträgt die Zuzahlung 10 vom Hundert der Kosten sowie 10 Euro je Verordnung. [4]Geleistete Zuzahlungen sind von dem zum Einzug Verpflichteten gegenüber dem Versicherten zu quittieren; ein Vergütungsanspruch hierfür besteht nicht.

6

§ 62. Belastungsgrenze. (1) [1]Versicherte haben während jedes Kalenderjahres nur Zuzahlungen bis zur Belastungsgrenze zu leisten; wird die Belastungsgrenze bereits innerhalb eines Kalenderjahres erreicht, hat die Krankenkasse eine Bescheinigung darüber zu erteilen, dass für den Rest des Kalenderjahres keine Zuzahlungen mehr zu leisten sind. [2]Die Belastungsgrenze beträgt 2 vom Hundert der jährlichen Bruttoeinnahmen zum Lebensunterhalt; für chronisch Kranke, die wegen derselben schwerwiegenden Krankheit in Dauerbehandlung sind, beträgt sie 1 vom Hundert der jährlichen Bruttoeinnahmen zum Lebensunterhalt. [3]Abweichend von Satz 2 beträgt die Belastungsgrenze 2 vom Hundert der jährlichen Bruttoeinnahmen zum Lebensunterhalt für nach dem 1. April 1972 geborene chronisch kranke Versicherte, die ab dem 1. Januar 2008 die in § 25 Absatz 1 genannten Gesundheitsuntersuchungen vor der Erkrankung nicht regelmäßig in Anspruch genommen haben. [4]Für Versicherte nach Satz 3, die an einem für ihre Erkrankung bestehenden strukturierten Behandlungsprogramm teilnehmen, beträgt die Belastungsgrenze 1 vom Hundert der jährlichen Bruttoeinnahmen zum Lebensunterhalt. [5]Der Gemeinsame Bundesausschuss legt in seinen Richtlinien fest, in welchen Fällen Gesundheitsuntersuchungen ausnahmsweise nicht zwingend durchgeführt werden müssen. [6]Die weitere Dauer der in Satz 2 genannten Behandlung ist der Krankenkasse jeweils spätestens nach Ablauf eines Kalenderjahres nachzuweisen und vom Medizinischen Dienst der Krankenversicherung, soweit erforderlich, zu prüfen; die Krankenkasse kann auf den jährlichen Nachweis verzichten, wenn bereits die notwendigen Feststellungen getroffen worden sind und im Einzelfall keine Anhaltspunkte für einen Wegfall der chronischen Erkrankung vorliegen. [7]Die Krankenkassen sind verpflichtet, ihre Versicherten zu Beginn eines Kalenderjahres auf die für sie in diesem Kalenderjahr maßgeblichen Untersuchungen nach § 25 Abs. 1 hinzuweisen. [8]Das Nähere zur Definition einer schwerwiegenden chronischen Erkrankung bestimmt der Gemeinsame Bundesausschuss in den Richtlinien nach § 92.

(2) [1]Bei der Ermittlung der Belastungsgrenzen nach Absatz 1 werden die Zuzahlungen und die Bruttoeinnahmen zum Lebensunterhalt des Versicherten, seines Ehegatten oder Lebenspartners, der minderjährigen oder nach § 10 versicherten Kinder des Versicherten, seines Ehegatten oder Lebenspartners sowie der Angehörigen im Sinne des § 8 Absatz 4 des Zweiten Gesetzes über die Krankenversicherung der Landwirte jeweils zusammengerechnet, soweit sie im gemeinsamen Haushalt leben. …

§ 65a. Bonus für gesundheitsbewusstes Verhalten. (1) Die Krankenkasse kann in ihrer Satzung bestimmen, unter welchen Voraussetzungen Versicherte, die regelmäßig Leistungen zur Früherkennung von Krankheiten nach den §§ 25 und 26 oder qualitätsgesicherte Leistungen der Krankenkasse zur primären Prävention in Anspruch nehmen, Anspruch auf einen Bonus haben, der zusätzlich zu der in § 62 Abs. 1 Satz 2 genannten abgesenkten Belastungsgrenze hinaus zu gewähren ist.

...

▶ Beziehungen zu Ärzten, Zahnärzten und Psychotherapeuten

§ 73b. Hausarztzentrierte Versorgung. (1) Die Krankenkassen haben ihren Versicherten eine besondere hausärztliche Versorgung (hausarztzentrierte Versorgung) anzubieten.

(3) [1]Die Teilnahme an der hausarztzentrierten Versorgung ist freiwillig. [2]Die Teilnehmer verpflichten sich schriftlich gegenüber ihrer Krankenkasse, nur einen von ihnen aus dem Kreis der Hausärzte nach Absatz 4 gewählten Hausarzt in Anspruch zu nehmen sowie ambulante fachärztliche Behandlung mit Ausnahme der Leistungen der Augenärzte und Frauenärzte nur auf dessen Überweisung; die direkte Inanspruchnahme eines Kinderarztes bleibt unberührt. [3]Die Versicherten können die Teilnahmeerklärung innerhalb von zwei Wochen nach deren Abgabe in Textform oder zur Niederschrift bei der Krankenkasse ohne Angabe von Gründen widerrufen. [4]Zur Fristwahrung genügt die rechtzeitige Absendung der Widerrufserklärung an die Krankenkasse. [5]Die Widerrufsfrist beginnt, wenn die Krankenkasse dem Versicherten eine Belehrung über sein Widerrufsrecht in Textform mitgeteilt hat, frühestens jedoch mit der Abgabe der Teilnahmeerklärung. [6]Wird das Widerrufsrecht nicht ausgeübt, ist der Versicherte an seine Teilnahmeerklärung und an die Wahl seines Hausarztes mindestens ein Jahr gebunden; er darf den gewählten Hausarzt nur bei Vorliegen eines wichtigen Grundes wechseln. [7]Das Nähere zur Durchführung der Teilnahme der Versicherten, insbesondere zur Bindung an den gewählten Hausarzt, zu weiteren Ausnahmen von dem Überweisungsgebot und zu den Folgen bei Pflichtverstößen der Versicherten, regeln die Krankenkassen in ihren Satzungen. [8]Die Satzung hat auch Regelungen zur Abgabe der Teilnahmeerklärung zu enthalten; die Regelungen sind auf der Grundlage der Richtlinie nach § 217f Absatz 4a zu treffen.

...

Wahlrechte der Mitglieder

§ 173. Allgemeine Wahlrechte. (1) Versicherungspflichtige (§ 5) und Versicherungsberechtigte (§ 9) sind Mitglied der von ihnen gewählten Krankenkasse, soweit in den nachfolgenden Vorschriften, im Zweiten Gesetz über die Krankenversicherung der Landwirte oder im Künstlersozialversicherungsgesetz nichts Abweichendes bestimmt ist.

(2) Versicherungspflichtige und Versicherungsberechtigte können wählen

1. die Ortskrankenkasse des Beschäftigungs- oder Wohnorts,
2. jede Ersatzkasse, deren Zuständigkeit sich nach der Satzung auf den Beschäftigungs- oder Wohnort erstreckt,
3. die Betriebs- oder Innungskrankenkasse, wenn sie in dem Betrieb beschäftigt sind, für den die Betriebs- oder die Innungskrankenkasse besteht,
4. die Betriebs- oder Innungskrankenkasse, wenn die Satzung der Betriebs- oder Innungskrankenkasse dies vorsieht,

4a. die Deutsche Rentenversicherung Knappschaft-Bahn-See,

5. die Krankenkasse, bei der vor Beginn der Versicherungspflicht oder Versicherungsberechtigung zuletzt eine Mitgliedschaft oder eine Versicherung nach § 10 bestanden hat,
6. die Krankenkasse, bei der der Ehegatte oder der Lebenspartner versichert ist.

...

§ 175. Ausübung des Wahlrechts. (1) [1]Die Ausübung des Wahlrechts ist gegenüber der gewählten Krankenkasse zu erklären. [2]Diese darf die Mitgliedschaft nicht ablehnen oder die Erklärung nach Satz 1 durch falsche oder unvollständige Beratung verhindern oder erschweren. [3]Das Wahlrecht kann nach Vollendung des 15. Lebensjahres ausgeübt werden.

§ 186. Beginn der Mitgliedschaft Versicherungspflichtiger. (1) Die Mitgliedschaft versicherungspflichtig Beschäftigter beginnt mit dem Tag des Eintritts in das Beschäftigungsverhältnis.

(2) [1]Die Mitgliedschaft unständig Beschäftigter (§ 179 Abs. 2) beginnt mit dem Tag der Aufnahme der unständigen Beschäftigung, für die die zuständige Krankenkasse erstmalig Versicherungspflicht festgestellt hat, wenn die Feststellung innerhalb eines Monats nach Aufnahme der Beschäftigung erfolgt, andernfalls mit dem Tag der Feststellung. [2]Die Mitgliedschaft besteht auch an den Tagen fort, an denen der unständig Beschäftigte vorübergehend,

längstens für drei Wochen, nicht beschäftigt wird.

...

§ 188. Beginn der freiwilligen Mitgliedschaft. (1) Die Mitgliedschaft Versicherungsberechtigter beginnt mit dem Tag ihres Beitritts zur Krankenkasse.

(2) [1]Die Mitgliedschaft der in § 9 Abs. 1 Nr. 1 und 2 genannten Versicherungsberechtigten beginnt mit dem Tag nach dem Ausscheiden aus der Versicherungspflicht oder mit dem Tag nach dem Ende der Versicherung nach § 10. [2]Die Mitgliedschaft der in § 9 Absatz 1 Satz 1 Nummer 3 und 5 genannten Versicherungsberechtigten beginnt mit dem Tag der Aufnahme der Beschäftigung. [3]Die Mitgliedschaft der in § 9 Abs. 1 Nr. 6 genannten Versicherungsberechtigten beginnt mit dem Eintritt der Versicherungspflicht nach § 5 Abs. 1 Nr. 11.

(3) Der Beitritt ist schriftlich zu erklären.

§ 190. Ende der Mitgliedschaft Versicherungspflichtiger. (1) Die Mitgliedschaft Versicherungspflichtiger endet mit dem Tod des Mitglieds.

(2) Die Mitgliedschaft versicherungspflichtig Beschäftigter endet mit Ablauf des Tages, an dem das Beschäftigungsverhältnis gegen Arbeitsentgelt endet.

...

§ 198. Meldepflicht des Arbeitgebers für versicherungspflichtig Beschäftigte. Der Arbeitgeber hat die versicherungspflichtig Beschäftigten nach den §§ 28 a bis 28 c des Vierten Buches an die zuständige Krankenkasse zu melden.

Finanzierung

▶ Beiträge

6

Aufbringung der Mittel

§ 220. Grundsatz. (1) [1]Die Mittel der Krankenversicherung werden durch Beiträge und sonstige Einnahmen aufgebracht. Darlehensaufnahmen sind nicht zulässig.

(2) [1]Der beim Bundesversicherungsamt gebildete Schätzerkreis schätzt für jedes Jahr bis zum 15. Oktober die voraussichtlichen jährlichen Einnahmen des Gesundheitsfonds und die voraussichtlichen jährlichen Ausgaben der Krankenkassen sowie die voraussichtliche Zahl der Versicherten und der Mitglieder der Krankenkassen. [2]Diese Schätzung dient als Grundlage für die Festlegung des durchschnittlichen Zusatzbeitrags nach § 242a für das Folgejahr.

...

Beitragssätze

§ 241. Allgemeiner Beitragssatz. (1) Die Bundesregierung legt nach Auswertung der Ergebnisse eines beim Bundesversicherungsamt zu bildenden Schätzerkreises durch Rechtsverordnung ohne Zustimmung des Bundesrates erstmalig bis zum 1. November 2008 mit Wirkung ab dem 1. Januar 2009 den allgemeinen Beitragssatz in Hundertsteln der beitragspflichtigen Einnahmen fest.

...

§ 242. Kassenindividueller Zusatzbeitrag. (1) [1]Soweit der Finanzbedarf einer Krankenkasse durch die Zuweisungen aus dem Fonds nicht gedeckt ist, hat sie in ihrer Satzung zu bestimmen, dass von ihren Mitgliedern ein Zusatzbeitrag erhoben wird. [2]Der Zusatzbeitrag ist auf 1 vom Hundert der beitragspflichtigen Einnahmen des Mitglieds begrenzt. [3]Abweichend von Satz 2 erhebt die Krankenkasse den Zusatzbeitrag ohne Prüfung der Höhe der Einnahmen des Mitglieds, wenn der monatliche Zusatzbeitrag den Betrag von 8 Euro nicht übersteigt.

...

§ 243. Ermäßigter Beitragssatz. (1) Für Mitglieder, die keinen Anspruch auf Krankengeld haben, gilt ein ermäßigter Beitragssatz. Dies gilt nicht für die Beitragsbemessung nach § 240 Abs. 4 a.

Tragung der Beiträge

§ 249. Tragung der Beiträge bei versicherungspflichter Beschäftigung. (1) Bei versicherungspflichtig Beschäftigten nach § 5 Abs. 1 Nr. 1 und 13 trägt der Arbeitgeber die Hälfte der Beiträge des Mitglieds aus dem Arbeitsentgelt nach dem um 0,9 Beitragssatzpunkte verminderten allgemeinen oder ermäßigten Beitragssatz; im Übrigen tragen die Beschäftigten die Beiträge. Bei geringfügig Beschäftigten gilt § 249 b.

(2) Der Arbeitgeber trägt den Beitrag allein für Beschäftigte, soweit Beiträge für Kurzarbeitergeld zu zahlen sind.

...

§ 249b. Beitrag des Arbeitgebers bei geringfügiger Beschäftigung. [1]Der Arbeitgeber einer Beschäftigung nach § 8 Abs. 1 Nr. 1 des Vierten Buches hat für Versicherte, die in dieser Beschäftigung versicherungsfrei oder nicht versicherungspflichtig sind, einen Beitrag in Höhe von 13 vom Hundert des Arbeitsentgelts dieser Beschäftigung zu tragen. [2]Für den Beitrag des Arbeitgebers gelten der Dritte Abschnitt des

Vierten Buches sowie § 111 Abs. 1 Nr. 2 bis 4, 8 und Abs. 4 des Vierten Buches entsprechend. [3]Für Beschäftigte in Privathaushalten nach § 8 a Satz 1 des Vierten Buches, die in dieser Beschäftigung versicherungsfrei oder nicht versicherungspflichtig sind, hat der Arbeitgeber einen Beitrag in Höhe von 5 vom Hundert des Arbeitsentgelts dieser Beschäftigung zu tragen.

§ 252. Beitragszahlung. (1) [1]Soweit gesetzlich nichts Abweichendes bestimmt ist, sind die Beiträge [mit Ausnahme des Zusatzbeitrags nach § 242] von demjenigen zu zahlen, der sie zu tragen hat. [2]Abweichend von Satz 1 zahlen die Bundesagentur für Arbeit oder in den Fällen des § 6 a des Zweiten Buches die zugelassenen kommunalen Träger die Beiträge für die Bezieher von Arbeitslosengeld II nach dem Zweiten Buch.

(2) [1]Die Beitragszahlung erfolgt in den Fällen des § 251 Abs. 3, 4 und 4 a an den Gesundheitsfonds. [2]Ansonsten erfolgt die Beitragszahlung an die nach § 28 i des Vierten Buches zuständige Einzugsstelle. [3]Die Einzugsstellen leiten die nach Satz 2 gezahlten Beiträge einschließlich der Zinsen auf Beiträge und Säumniszuschläge arbeitstäglich an den Gesundheitsfonds weiter.

...

§ 257. Beitragszuschüsse für Beschäftigte.

(1) [1]Freiwillig in der gesetzlichen Krankenversicherung versicherte Beschäftigte, die nur wegen Überschreitens der Jahresarbeitsentgeltgrenze versicherungsfrei sind, erhalten von ihrem Arbeitgeber als Beitragszuschuß den Betrag, den der Arbeitgeber entsprechend § 249 Absatz 1 oder 2 bei Versicherungspflicht des Beschäftigten zu tragen hätte. ...

(2) [1]Beschäftigte, die nur wegen Überschreitens der Jahresarbeitsentgeltgrenze oder auf Grund von § 6 Abs. 3a versicherungsfrei oder die von der Versicherungspflicht befreit und bei einem privaten Krankenversicherungsunternehmen versichert sind und für sich und ihre Angehörigen, die bei Versicherungspflicht des Beschäftigten nach § 10 versichert wären, Vertragsleistungen beanspruchen können, die der Art nach den Leistungen dieses Buches entsprechen, erhalten von ihrem Arbeitgeber einen Beitragszuschuß. [2]Der Zuschuss wird in Höhe des Betrages gezahlt, der sich bei Anwendung der Hälfte des um 0,9 Beitragssatzpunkte verminderten Beitragssatzes nach § 241 und der nach § 226 Absatz 1 Satz 1 Nummer 1 bei Versicherungspflicht zugrunde zu legenden beitragspflichtigen Einnahmen als Beitrag ergibt, höchstens jedoch in Höhe der Hälfte des Betrages, den der Beschäftigte für seine Krankenversicherung zu zahlen hat. ...

Finanz- und Risikostrukturausgleich

§ 266. Zuweisungen aus dem Gesundheitsfonds (Risikostrukturausgleich). (1) Die Krankenkassen erhalten als Zuweisungen aus dem Gesundheitsfonds (§ 271) zur Deckung ihrer Ausgaben eine Grundpauschale, alters-, geschlechts- und risikoadjustierte Zu- und Abschläge zum Ausgleich der unterschiedlichen Risikostrukturen und Zuweisungen für sonstige Ausgaben (§ 270); die Zuweisungen werden jeweils entsprechend § 272 angepasst. Mit den alters-, geschlechts- und risikoadjustierten Zuweisungen wird jährlich ein Risikostrukturausgleich durchgeführt, mit dem die finanziellen Auswirkungen von Unterschieden in der Verteilung der Versicherten auf nach Alter und Geschlecht getrennte Versichertengruppen (§ 267 Abs. 2) und Morbiditätsgruppen (§ 268) zwischen den Krankenkassen ausgeglichen werden.

...

Informationsgrundlagen der Krankenkassen

§ 291. Krankenversichertenkarte. (1) [1]Die Krankenkasse stellt spätestens bis zum 1. Januar 1995 für jeden Versicherten eine Krankenversichertenkarte aus, die den Krankenschein nach § 15 ersetzt. [2]Die Karte ist von dem Versicherten zu unterschreiben. [3]Sie darf nur für den Nachweis der Berechtigung zur Inanspruchnahme von Leistungen im Rahmen der vertragsärztlichen Versorgung sowie für die Abrechnung mit den Leistungserbringern verwendet werden. [4]Die Karte gilt nur für die Dauer der Mitgliedschaft bei der ausstellenden Krankenkasse und ist nicht übertragbar. [5]Bei Inanspruchnahme ärztlicher Behandlung bestätigt der Versicherte auf dem Abrechnungsschein des Arztes das Bestehen der Mitgliedschaft durch seine Unterschrift. [6]Die Krankenkasse kann die Gültigkeit der Karte befristen. ... 6

§ 291a. Elektronische Gesundheitskarte.

(1) Die Krankenversichertenkarte nach § 291 Abs. 1 wird bis spätestens zum 1. Januar 2006 zur Verbesserung von Wirtschaftlichkeit, Qualität und Transparenz der Behandlung für die in den Absätzen 2 und 3 genannten Zwecke zu einer elektronischen Gesundheitskarte erweitert. ...

(2) Die elektronische Gesundheitskarte hat die Angaben nach § 291 Abs. 2 zu enthalten und muss geeignet sein, Angaben aufzunehmen für

1. die Übermittlung ärztlicher Verordnungen in elektronischer und maschinell verwertbarer Form sowie

2. den Berechtigungsnachweis zur Inanspruchnahme von Leistungen in einem Mitgliedstaat der Europäischen Union, einem Vertragsstaat des Abkommens über den Europäischen Wirtschaftsraum oder der Schweiz.

…

§ 294. Pflichten der Leistungserbringer. Die an der vertragsärztlichen Versorgung teilnehmenden Ärzte und die übrigen Leistungserbringer sind verpflichtet, die für die Erfüllung der Aufgaben der Krankenkassen sowie der Kassenärztlichen Vereinigungen notwendigen Angaben, die aus der Erbringung, der Verordnung sowie der Abgabe von Versicherungsleistungen entstehen, aufzuzeichnen und gemäß den nachstehenden Vorschriften den Krankenkassen, den Kassenärztlichen Vereinigungen oder den mit der Datenverarbeitung beauftragten Stellen mitzuteilen.

§ 305. Auskünfte an Versicherte. (1) [1]Die Krankenkassen unterrichten die Versicherten auf deren Antrag über die in einem Zeitraum von mindestens 18 Monaten vor Antragstellung in Anspruch genommenen Leistungen und deren Kosten. [2]Die Unterrichtung über die in Anspruch genommenen ärztlichen Leistungen erfolgt getrennt von der Unterrichtung über die ärztlich verordneten und veranlassten Leistungen. [3]Die für die Unterrichtung nach Satz 1 erforderlichen Daten dürfen ausschließlich fü diesen Zweck verarbeitet und genutzt werden; eine Gesamtaufstellung der von den Versicherten in Anspruch genommenen Leistungen darf von den Krankenkassen nicht erstellt werden. …

(2) Die an der vertragsärztlichen Versorgung teilnehmenden Ärzte, Einrichtungen und medizinischen Versorgungszentren haben die Versicherten auf Verlangen schriftlich in verständlicher Form, direkt im Anschluss an die Behandlung oder mindestens quartalsweise spätestens vier Wochen nach Ablauf des Quartals, in dem die Leistungen in Anspruch genommen worden sind, über die zu Lasten der Krankenkassen erbrachten Leistungen und deren vorläufige Kosten (**Patientenquittung**) zu unterrichten. …

6

Weitere Übergangsvorschriften

§ 315. Standardtarif für Personen ohne Versicherungsschutz. (1) Personen, die weder

1. in der gesetzlichen Krankenversicherung versichert oder versicherungspflichtig sind,
2. über eine private Krankheitsvollversicherung verfügen,
3. einen Anspruch auf freie Heilfürsorge haben, beihilfeberechtigt sind oder vergleichbare Ansprüche haben,
4. Anspruch auf Leistungen nach dem Asylbewerberleistungsgesetz haben noch
5. Leistungen nach dem Dritten, Vierten, Sechsten und Siebten Kapitel des Zwölften Buches beziehen,

können bis zum 31. Dezember 2008 Versicherungsschutz im Standardtarif gemäß § 257 Abs. 2a verlangen; in den Fällen der Nummern 4 und 5 begründen Zeiten einer Unterbrechung des Leistungsbezugs von weniger als einem Monat keinen entsprechenden Anspruch. Der Antrag darf nicht abgelehnt werden. …

(2) Der Beitrag von im Standardtarif nach Absatz 1 versicherten Personen darf den durchschnittlichen Höchstbeitrag der gesetzlichen Krankenversicherung gemäß § 257 Abs. 2a Satz 1 Nr. 2 nicht überschreiten; …

(3) Eine Risikoprüfung ist nur zulässig, soweit sie für Zwecke des finanziellen Spitzenausgleichs nach § 257 Abs. 2b oder für spätere Tarifwechsel erforderlich ist. …

(4) Die gemäß Absatz 1 abgeschlossenen Versicherungsverträge im Standardtarif werden zum 1. Januar 2009 auf Verträge im Basistarif nach § 12 Abs. 1a des Versicherungsaufsichtsgesetzes umgestellt.

Sozialgesetzbuch
Sechstes Buch. Gesetzliche Rentenversicherung

In der Neufassung vom 19. Februar 2002, mit Änderungen bis zum 2. Dezember 2013

Versicherter Personenkreis

► Versicherung kraft Gesetzes

§ 1. Beschäftigte. Versicherungspflichtig sind

1. Personen, die gegen Arbeitsentgelt oder zu ihrer Berufsausbildung beschäftigt sind; während des Bezuges von Kurzarbeitergeld nach dem Dritten Buch besteht die Versicherungspflicht fort,
2. behinderte Menschen, …

…

[5]Teilnehmer an dualen Studiengängen stehen den Beschäftigten zur Berufsausbildng im Sinne des Satzes 1 Nummer 1 gleich.

§ 2. Selbständig Tätige. Versicherungspflichtig sind selbständig tätige

1. Lehrer und Erzieher, die im Zusammenhang mit ihrer selbständigen Tätigkeit regelmäßig keinen versicherungspflichtigen Arbeitnehmer beschäftigen,
2. Pflegepersonen, die in der Kranken-, Wochen-, Säuglings- oder Kinderpflege tätig sind und im Zusammenhang mit ihrer selbständigen Tätigkeit regelmäßig keinen versicherungspflichtigen Arbeitnehmer beschäftigen,
3. Hebammen und Entbindungspfleger,
4. Seelotsen der Reviere im Sinne des Gesetzes über das Seelotswesen,
5. Künstler und Publizisten nach näherer Bestimmung des Künstlersozialversicherungsgesetzes,
6. Hausgewerbetreibende,
7. Küstenschiffer und Küstenfischer, die zur Besatzung ihres Fahrzeuges gehören oder als Küstenfischer ohne Fahrzeug fischen und regelmäßig nicht mehr als vier versicherungspflichtige Arbeitnehmer beschäftigen,
8. Gewerbetreibende, die in die Handwerksrolle eingetragen sind und in ihrer Person die für die Eintragung in die Handwerksrolle erforderlichenVoraussetzungen erfüllen, wobei Handwerksbetriebe im Sinne der §§ 2 und 3 der Handwerksordnung sowie Betriebsfortführungen auf Grund von § 4 der Handwerksordnung außer Betracht bleiben; ist eine Personengesellschaft in die Handwerksrolle eingetragen, gilt als Gewerbetreibender, wer als Gesellschafter in seiner Person die Voraussetzungen für die Eintragung in die Handwerksrolle erfüllt,
9. Personen, die
   a) im Zusammenhang mit ihrer selbständigen Tätigkeit regelmäßig keinen versicherungspflichtigen Arbeitnehmer beschäftigen und
   b) auf Dauer und im Wesentlichen nur für einen Auftraggeber tätig sind; bei Gesellschaftern gelten als Auftraggeber die Auftraggeber der Gesellschaft.

   …

§ 3. Sonstige Versicherte. Versicherungspflichtig sind Personen in der Zeit,

1. für die ihnen Kindererziehungszeiten anzurechnen sind (§ 56),

1a. in der sie einen Pflegebedürftigen im Sinne des § 14 des Elften Buches nicht erwerbsmäßig wenigstens 14 Stunden wöchentlich in seiner häuslichen Umgebung pflegen (nicht erwerbsmäßig tätige Pflegepersonen), wenn der Pflegebedürftige Anspruch auf Leistungen aus der sozialen oder einer privaten Pflegeversicherung hat; dies gilt auch, wenn die Mindeststundenzahl nur durch die Pflege mehrerer Pflegebedürftiger erreicht wird,

2. in der sie aufgrund gesetzlicher Pflicht Wehrdienst oder Zivildienst leisten,

2a. in der sie sich in einem Wehrdienstverhältnis besonderer Art nach § 6 des Einsatz-Weiterverwendungsgesetzes befinden, wenn sich der Einsatzunfall während einer Zeit ereignet hat, in der sie nach Nummer 2 versicherungspflichtig waren,

3. für die sie von einem Leistungsträger Krankengeld, Verletztengeld, Versorgungskrankengeld, Übergangsgeld oder Arbeitslosengeld beziehen, wenn sie im letzten Jahr vor Beginn der Leistung zuletzt versicherungspflichtig waren; der Zeitraum von einem Jahr verlängert sich um Anrechnungszeiten wegen des Bezugs von Arbeitslosengeld II,

   …

4. für die sie Vorruhestandsgeld beziehen, wenn sie unmittelbar vor Beginn der Leistung versicherungspflichtig waren.

   …

§ 4. Versicherungspflicht auf Antrag.

(1) [1]Auf Antrag versicherungspflichtig sind folgende Personen, wenn die Versicherung von einer Stelle beantragt wird, die ihren Sitz im Inland hat:

1. Entwicklungshelfer im Sinne des Entwicklungshelfer-Gesetzes, die Entwicklungsdienst oder Vorbereitungsdienst leisten,
2. Angehörige eines Mitgliedstaates der Europäischen Union, Angehörige eines Vertragsstaates des Abkommens über den Europäischen Wirtschaftsraum oder Staatsangehörige der Schweiz, die für eine begrenzte Zeit im Ausland beschäftigt sind.

...

(2) Auf Antrag versicherungspflichtig sind Personen, die nicht nur vorübergehend selbständig tätig sind, wenn sie die Versicherungspflicht innerhalb von fünf Jahren nach der Aufnahme der selbständigen Tätigkeit oder dem Ende einer Versicherungspflicht aufgrund dieser Tätigkeit beantragen. ...

§ 5. Versicherungsfreiheit. (1) Versicherungsfrei sind
1. Beamte und Richter auf Lebenszeit, auf Zeit oder auf Probe, Berufssoldaten und Soldaten auf Zeit sowie Beamte auf Widerruf im Vorbereitungsdienst, ...

(2) Versicherungsfrei sind Personen, die eine
1. Beschäftigung nach § 8 Absatz 1 Nummer 2 oder § 8a in Verbindung mit § 8 Absatz 1 Nummer 2 des Vierten Buches,
2. geringfügige selbständige Tätigkeit nach § 8 Absatz 3 in Verbindung mit § 8 Absat 1 oder nach § 8 Absatz 3 in Verbindung mit den §§ 8a und 8 Absatz 1 des Vierten Buches oder
3. geringfügige nicht erwerbsmäßige Pflegetätigkeit

ausüben, in dieser Beschäftigung, selbständigen Tätigkeit oder Pflegetätigkeit; ...

(3) Versicherungsfrei sind Personen, die während der Dauer eines Studiums als ordentliche Studierende einer Fachschule oder Hochschule ein Praktikum ableisten, das in ihrer Studienordnung oder Prüfungsordnung vorgeschrieben ist.

6

...

▶ Freiwillige Versicherung

§ 7. Freiwillige Versicherung. (1) [1]Personen, die nicht versicherungspflichtig sind, können sich für Zeiten von der Vollendung des 16. Lebensjahres an freiwillig versichern. [2]Dies gilt auch für Deutsche, die ihren gewöhnlichen Aufenthalt im Ausland haben.

(2) Nach bindender Bewilligung einer Vollrente wegen Alters oder für Zeiten des Bezugs einer solchen Rente ist eine freiwillige Versicherung nicht zulässig.

Leistungen

▶ Renten

Rentenarten und Voraussetzungen für einen Rentenanspruch

§ 33. Rentenarten. (1) Renten werden geleistet wegen Alters, wegen verminderter Erwerbsfähigkeit oder wegen Todes.

...

§ 34. Voraussetzungen für einen Rentenanspruch und Hinzuverdienstgrenze. (1) Versicherte und ihre Hinterbliebenen haben Anspruch auf Rente, wenn die für die jeweilige Rente erforderliche Mindestversicherungszeit (Wartezeit) erfüllt ist und die jeweiligen besonderen versicherungsrechtlichen und persönlichen Voraussetzungen vorliegen.

(2) [1]Anspruch auf eine Rente wegen Alters besteht vor Erreichen der Regelaltersgrenze nur, wenn die Hinzuverdienstgrenze nicht überschritten wird. [2]Sie wird nicht überschritten, wenn das Arbeitsentgelt oder Arbeitseinkommen aus einer Beschäftigung oder selbständigen Tätigkeit oder vergleichbares Einkommen im Monat die in Absatz 3 genannten Beträge nicht übersteigt, wobei ein zweimaliges Überschreiten um jeweils einen Betrag bis zur Höhe der Hinzuverdienstgrenze nach Absatz 3 im Laufe eines jeden Kalenderjahres außer Betracht bleibt. [3]Die in Satz 2 genannten Einkünfte werden zusammengerechnet. ...

(3) Die Hinzuverdienstgrenze beträgt
1. bei einer Rente wegen Alters als Vollrente 450 Euro, ...

Anspruchsvoraussetzungen für einzelne Renten

§ 35. Regelaltersrente. Versicherte haben Anspruch auf Regelaltersrente, wenn sie
1. die Regelaltersgrenze erreicht und
2. die allgemeine Wartezeit erfüllt

haben. Die Regelaltersgrenze wird mit Vollendung des 67. Lebensjahres erreicht.

§ 36. Altersrente für langjährig Versicherte. Versicherte haben Anspruch auf Altersrente für langjährig Versicherte, wenn sie
1. das 67. Lebensjahr vollendet und
2. die Wartezeit von 35 Jahren erfüllt

haben. Die vorzeitige Inanspruchnahme dieser Altersrente ist nach Vollendung des 63. Lebensjahres möglich.

§ 37. Altersrente für schwerbehinderte Menschen. [1]Versicherte haben Anspruch auf Al-

tersrente für schwerbehinderte Menschen, wenn sie
1. das 65. Lebensjahr vollendet haben,
2. bei Beginn der Altersrente als schwerbehinderte Menschen (§ 2 Abs. 2 Neuntes Buch) anerkannt sind und
3. die Wartezeit von 35 Jahren erfüllt haben.

[2]Die vorzeitige Inanspruchnahme dieser Altersrente ist nach Vollendung des 62. Lebensjahres möglich.

§ 38. Altersrente für besonders langjährig Versicherte. Versicherte haben Anspruch auf Altersrente für besonders langjährig Versicherte, wenn sie
1. das 65. Lebensjahr vollendet und
2. die Wartezeit von 45 Jahren erfüllt haben.

§ 39. Altersrente für Frauen. *(aufgehoben)*

§ 42. Vollrente und Teilrente. (1) Versicherte können eine Rente wegen Alters in voller Höhe (Vollrente) oder als Teilrente in Anspruch nehmen.

(2) Die Teilrente beträgt ein Drittel, die Hälfte oder zwei Drittel der erreichten Vollrente.

(3) [1]Versicherte, die wegen der beabsichtigten Inanspruchnahme einer Teilrente ihre Arbeitsleistung einschränken wollen, können von ihrem Arbeitgeber verlangen, dass er mit ihnen die Möglichkeiten einer solchen Einschränkung erörtert. [2]Macht der Versicherte hierzu für seinen Arbeitsbereich Vorschläge, hat der Arbeitgeber zu diesen Vorschlägen Stellung zu nehmen.

§ 43. Rente wegen Erwerbsminderung.

(1) [1]Versicherte haben bis zur Vollendung des 65. Lebensjahres Anspruch auf Rente wegen teilweiser Erwerbsminderung, wenn sie
1. teilweise erwerbsgemindert sind,
2. in den letzten fünf Jahren vor Eintritt der Erwerbsminderung drei Jahre Pflichtbeiträge für eine versicherte Beschäftigung oder Tätigkeit haben und
3. vor Eintritt der Erwerbsminderung die allgemeine Wartezeit erfüllt haben.

[2]Teilweise erwerbsgemindert sind Versicherte, die wegen Krankheit oder Behinderung auf nicht absehbare Zeit außerstande sind, unter den üblichen Bedingungen des allgemeinen Arbeitsmarktes mindestens sechs Stunden täglich erwerbstätig zu sein. …

(2) [1]Versicherte haben bis zum Erreichen der Regelaltersgrenze Anspruch auf Rente wegen voller Erwerbsminderung, wenn sie
1. voll erwerbsgemindert sind,
2. in den letzten fünf Jahren vor Eintritt der Erwerbsminderung drei Jahre Pflichtbeiträge für eine versicherte Beschäftigung oder Tätigkeit haben und
3. vor Eintritt der Erwerbsminderung die allgemeine Wartezeit erfüllt haben.

[2]Voll erwerbsgemindert sind Versicherte, die wegen Krankheit oder Behinderung auf nicht absehbare Zeit außerstande sind, unter den üblichen Bedingungen des allgemeinen Arbeitsmarktes mindestens drei Stunden täglich erwerbstätig zu sein …

§ 44. Rente wegen Erwerbsunfähigkeit. *(aufgehoben)*

§ 46. Witwenrente und Witwerrente.

(1) [1]Witwen oder Witwer, die nicht wieder geheiratet haben, haben nach dem Tode des versicherten Ehegatten Anspruch auf kleine Witwenrente oder kleine Witwerrente, wenn der versicherte Ehegatte die allgemeine Wartezeit erfüllt hat. [2]Der Anspruch besteht längstens für 24 Kalendermonate nach Ablauf des Monats, in dem der Versicherte verstorben ist.

(2) Witwen oder Witwer, die nicht wieder geheiratet haben, haben nach dem Tode des versicherten Ehegatten, der die allgemeine Wartezeit erfüllt hat, Anspruch auf große Witwenrente oder große Witwerrente, wenn sie
1. ein eigenes Kind oder ein Kind des versicherten Ehegatten, das das 18. Lebensjahr noch nicht vollendet hat, erziehen,
2. das 47. Lebensjahr vollendet haben oder
3. erwerbsgemindert sind.

Als Kinder werden auch berücksichtigt
1. Stiefkinder und Pflegekinder (§ 56 Abs. 2 Nr. 1 und 2 Erstes Buch), die in den Haushalt der Witwe oder des Witwers aufgenommen sind,
2. Enkel und Geschwister, die in den Haushalt der Witwe oder des Witwers aufgenommen sind oder von diesen überwiegend unterhalten werden. …

(2 a) Witwen oder Witwer haben keinen Anspruch auf Witwenrente oder Witwerrente, wenn die Ehe nicht mindestens ein Jahr gedauert hat, es sei denn, dass nach den besonderen Umständen des Falles die Annahme nicht gerechtfertigt ist, dass es der alleinige oder überwiegende Zweck der Heirat war, einen Anspruch auf Hinterbliebenenversorgung zu begründen. …

§ 48. Waisenrente. (1) Kinder haben nach dem Tode eines Elternteils Anspruch auf Halbwaisenrente, wenn
1. sie noch einen Elternteil haben, der unbeschadet der wirtschaftlichen Verhältnisse unterhaltspflichtig ist, und

2. der verstorbene Elternteil die allgemeine Wartezeit erfüllt hat.

(2) Kinder haben nach dem Tode eines Elternteils Anspruch auf Vollwaisenrente, wenn
1. sie einen Elternteil nicht mehr haben, der unbeschadet der wirtschaftlichen Verhältnisse unterhaltspflichtig war, und
2. der verstorbene Elternteil die allgemeine Wartezeit erfüllt hat.

...

§ 50. Wartezeiten. (1) Die Erfüllung der allgemeinen Wartezeit von fünf Jahren ist Voraussetzung für einen Anspruch auf
1. Regelaltersrente,
2. Rente wegen verminderter Erwerbsfähigkeit und
3. Rente wegen Todes ....

(2) Die Erfüllung der Wartezeit von 20 Jahren ist Voraussetzung für einen Anspruch auf Rente wegen voller Erwerbsminderung an Versicherte, die die allgemeine Wartezeit vor Eintritt der vollen Erwerbsminderung nicht erfüllt haben.

(3) Die Erfüllung der Wartezeit von 25 Jahren ist Voraussetzung für einen Anspruch auf
1. Altersrente für langjährig unter Tage beschäftigte Bergleute und
2. Rente für Bergleute vom 50. Lebensjahr an.

(4) Die Erfüllung der Wartezeit von 35 Jahren ist Voraussetzung für einen Anspruch auf
1. Altersrente für langjährig Versicherte und
2. Altersrente für schwerbehinderte Menschen.

(5) Die Erfüllung der Wartezeit von 45 Jahren ist Voraussetzung für einen Anspruch auf Altersrente für besonders langjährig Versicherte.

§ 51. Anrechenbare Zeiten. (1) Auf die allgemeine Wartezeit und auf die Wartezeiten von 15 und 20 Jahren werden Kalendermonate mit Beitragszeiten angerechnet.

(3) Auf die Wartezeit von 35 Jahren werden alle Kalendermonate mit rentenrechtlichen Zeiten angerechnet. ...

(4) Auf die Wartezeiten werden auch Kalendermonate mit Ersatzzeiten (Fünftes Kapitel) angerechnet.

§ 53. Vorzeitige Wartezeiterfüllung. (1) Die allgemeine Wartezeit ist vorzeitig erfüllt, wenn Versicherte
1. wegen eines Arbeitsunfalls oder einer Berufskrankheit,
2. wegen einer Wehrdienstbeschädigung nach dem Soldatenversorgungsgesetz als Wehrdienstleistende oder Soldaten auf Zeit,
3. wegen einer Zivildienstbeschädigung nach dem Zivildienstgesetz als Zivildienstleistende oder
4. wegen eines Gewahrsams (§ 1 Häftlingshilfegesetz)

vermindert erwerbsfähig geworden oder gestorben sind ....

§ 54. Begriffsbestimmungen. (1) Rentenrechtliche Zeiten sind
1. Beitragszeiten,
   a) als Zeiten mit vollwertigen Beiträgen,
   b) als beitragsgeminderte Zeiten,
2. beitragsfreie Zeiten und
3. Berücksichtigungszeiten.

(2) Zeiten mit vollwertigen Beiträgen sind Kalendermonate, die mit Beiträgen belegt und nicht beitragsgeminderte Zeiten sind.

(3) Beitragsgeminderte Zeiten sind Kalendermonate, die sowohl mit Beitragszeiten als auch Anrechnungszeiten, einer Zurechnungszeit oder Ersatzzeiten (Fünftes Kapitel) belegt sind. ...

(4) Beitragsfreie Zeiten sind Kalendermonate, die mit Anrechnungszeiten, mit einer Zurechnungszeit oder mit Ersatzzeiten belegt sind, wenn für sie nicht auch Beiträge gezahlt worden sind.

§ 55. Beitragszeiten. (1) [1]Beitragszeiten sind Zeiten, für die nach Bundesrecht Pflichtbeiträge (Pflichtbeitragszeiten) oder freiwillige Beiträge gezahlt worden sind. [2]Pflichtbeitragszeiten sind auch Zeiten, für die Pflichtbeiträge nach besonderen Vorschriften als gezahlt gelten. ...

§ 56. Kindererziehungszeiten. (1) [1]Kindererziehungszeiten sind Zeiten der Erziehung eines Kindes in dessen ersten drei Lebensjahren. [2]Für einen Elternteil (§ 56 Abs. 1 Satz 1 Nr. 3 und Abs. 3 Nr. 2 und 3 Erstes Buch) wird eine Kindererziehungszeit angerechnet, wenn
1. die Erziehungszeit diesem Elternteil zuzuordnen ist,
2. die Erziehung im Gebiet der Bundesrepublik Deutschland erfolgt ist oder einer solchen gleichsteht und
3. der Elternteil nicht von der Anrechnung ausgeschlossen ist.

(2) [1]Eine Erziehungszeit ist dem Elternteil zuzuordnen, der sein Kind erzogen hat. [2]Haben mehrere Elternteile das Kind gemeinsam erzogen, wird die Erziehungszeit einem Elternteil zugeordnet. ...

(5) [1]Die Kindererziehungszeit beginnt nach Ablauf des Monats der Geburt und endet nach 36 Kalendermonaten. [2]Wird während dieses Zeitraums vom erziehenden Elternteil ein weiteres Kind erzogen, für das ihm eine Kindererziehungszeit anzurechnen ist, wird die Kindererziehungszeit für dieses und jedes weitere Kind um die Anzahl an Kalendermonaten der gleichzeitigen Erziehung verlängert.

§ 57. Berücksichtigungszeiten. Die Zeit der Erziehung eines Kindes bis zu dessen vollendetem zehnten Lebensjahr ist bei einem Elternteil eine Berücksichtigungszeit, soweit die Voraussetzungen für die Anrechnung einer Kindererziehungszeit auch in dieser Zeit vorliegen. …

§ 58. Anrechnungszeiten. (1) [1]Anrechnungszeiten sind Zeiten, in denen Versicherte

1. wegen Krankheit arbeitsunfähig gewesen sind oder Leistungen zur medizinischen Rehabilitation oder zur Teilhabe am Arbeitsleben erhalten haben,

1 a. nach dem vollendeten 17. und vor dem vollendeten 25. Lebensjahr mindestens einen Kalendermonat krank gewesen sind, soweit die Zeiten nicht mit anderen rentenrechtlichen Zeiten belegt sind,

2. wegen Schwangerschaft oder Mutterschaft während der Schutzfristen nach dem Mutterschutzgesetz eine versicherte Beschäftigung oder selbständige Tätigkeit nicht ausgeübt haben,
3. wegen Arbeitslosigkeit bei einer deutschen Agentur für Arbeit als Arbeitsuchende gemeldet waren und eine öffentlich-rechtliche Leistung bezogen oder nur wegen des zu berücksichtigenden Einkommens oder Vermögens nicht bezogen haben,

3a. nach dem vollendeten 17. Lebensjahr mindestens einen Kalendermonat bei einer deutschen Agentur für Arbeit als Ausbildungsuchende gemeldet waren, soweit die Zeiten nicht mit anderen rentenrechtlichen Zeiten belegt sind,

4. nach dem vollendeten 17. Lebensjahr eine Schule, Fachschule oder Hochschule besucht oder an einer berufsvorbereitenden Bildungsmaßnahme teilgenommen haben (Zeiten einer schulischen Ausbildung), insgesamt jedoch höchstens bis zu acht Jahren, oder
5. eine Rente bezogen haben, soweit diese Zeiten auch als Zurechnungszeit in der Rente berücksichtigt waren, und die vor dem Beginn dieser Rente liegende Zurechnungszeit,
6. nach dem 31. Dezember 2010 Arbeitslosengeld II bezogen haben; dies gilt nicht für Empfänger der Leistung,
   a) die Arbeitslosengeld II nur darlehensweise oder
   b) nur Leistungen nach § 24 Absatz 3 Satz 1 des Zweiten Buches bezogen haben oder
   c) die auf Grund von § 2 Absatz 1a des Bundesausbildungsförderungsgesetzes keinen Anspruch auf Ausbildungsförderung gehabt haben oder
   d) deren Bedarf sich nach § 12 Absatz 1 Nummer 1 des Bundesausbildungsförderungsgesetzes, nach § 62 Absatz 1 oder § 124 Absatz 1 Nummer 1 des Dritten Buches bemessen hat.

[2]Berufsvorbereitende Bildungsmaßnahmen sind alle beruflichen Bildungsmaßnahmen, die auf die Aufnahme einer Berufsausbildung vorbereiten oder der beruflichen Eingliederung dienen, sowie Vorbereitungslehrgänge zum nachträglichen Erwerb des Hauptschulabschlusses und allgemeinbildende Kurse zum Abbau von schwerwiegenden beruflichen Bildungsdefiziten. …

(2) [1]Anrechnungszeiten nach Absatz 1 Satz 1 Nr. 1 und 2a bis 3 liegen nur vor, wenn dadurch eine versicherte Beschäftigung oder selbständige Tätigkeit oder ein versicherter Wehrdienst oder Zivildienst oder ein versichertes Wehrdienstverhältnis besonderer Art nach § 6 des Einsatz-Weiterverwendungsgesetzes unterbrochen ist; … [2]Eine selbständige Tätigkeit ist nur dann unterbrochen, wenn sie ohne die Mitarbeit des Versicherten nicht weiter ausgeübt werden kann.

…

§ 59. Zurechnungszeit. (1) Zurechnungszeit ist die Zeit, die bei einer Rente wegen Erwerbsminderung oder einer Rente wegen Todes hinzugerechnet wird, wenn der Versicherte das 60. Lebensjahr noch nicht vollendet hat.

(2) [1]Die Zurechnungszeit beginnt

1. bei einer Rente wegen Erwerbsminderung mit dem Eintritt der hierfür maßgebenden Erwerbsminderung,
2. bei einer Rente wegen voller Erwerbsminderung, auf die erst nach Erfüllung einer Wartezeit von 20 Jahren ein Anspruch besteht, mit Beginn dieser Rente,
3. bei einer Witwenrente, Witwerrente oder Waisenrente mit dem Tode des Versicherten und
4. bei einer Erziehungsrente mit Beginn dieser Rente.

[2]Die Zurechnungszeit endet mit Vollendung des 60. Lebensjahres.

Rentenhöhe und Rentenanpassung

§ 63. Grundsätze. (1) Die Höhe einer Rente richtet sich vor allem nach der Höhe der während des Versicherungslebens durch Beiträge versicherten Arbeitsentgelte und Arbeitseinkommen.

(2) [1]Das in den einzelnen Kalenderjahren durch Beiträge versicherte Arbeitsentgelt und Arbeitseinkommen wird in Entgeltpunkte umgerechnet. [2]Die Versicherung eines Arbeitsentgelts oder Arbeitseinkommens in Höhe des Durchschnittsentgelts eines Kalenderjahres (Anlage 1) ergibt einen vollen Entgeltpunkt.

(3) Für beitragsfreie Zeiten werden Entgeltpunkte angerechnet, deren Höhe von der Höhe der in der übrigen Zeit versicherten Arbeitsentgelte und Arbeitseinkommen abhängig ist.

(4) Das Sicherungsziel der jeweiligen Rentenart im Verhältnis zu einer Altersrente wird durch den Rentenartfaktor bestimmt.

(5) Vorteile und Nachteile einer unterschiedlichen Rentenbezugsdauer werden durch einen Zugangsfaktor vermieden.

(6) Der Monatsbetrag einer Rente ergibt sich, indem die unter Berücksichtigung des Zugangsfaktors ermittelten persönlichen Entgeltpunkte mit dem Rentenartfaktor und dem aktuellen Rentenwert vervielfältigt werden.

(7) Der aktuelle Rentenwert wird entsprechend der Entwicklung des Durchschnittsentgelts unter Berücksichtigung der Veränderung des Beitragssatzes zur allgemeinen Rentenversicherung jährlich angepasst.

§ 64. Rentenformel für Monatsbetrag der Rente. Der Monatsbetrag der Rente ergibt sich, wenn
1. die unter Berücksichtigung des Zugangsfaktors ermittelten persönlichen Entgeltpunkte,
2. der Rentenartfaktor und
3. der aktuelle Rentenwert

mit ihrem Wert bei Rentenbeginn miteinander vervielfältigt werden.

§ 65. Anpassung der Renten. Zum 1. Juli eines jeden Jahres werden die Renten angepasst, indem der bisherige aktuelle Rentenwert durch den neuen aktuellen Rentenwert ersetzt wird.

§ 66. Persönliche Entgeltpunkte. (1) Die persönlichen Entgeltpunkte für die Ermittlung des Monatsbetrags der Rente ergeben sich, indem die Summe aller Entgeltpunkte für
1. Beitragszeiten,
2. beitragsfreie Zeiten,
3. Zuschläge für beitragsgeminderte Zeiten,
4. Zuschläge oder Abschläge aus einem durchgeführten Versorgungsausgleich oder Rentensplitting unter Ehegatten,
5. Zuschläge aus Zahlung von Beiträgen bei vorzeitiger Inanspruchnahme einer Rente wegen Alters oder bei Abfindungen von Anwartschaften auf betriebliche Altersversorgung oder von Anrechten bei der Versorgungsausgleichskasse,
6. Zuschläge an Entgeltpunkten für Arbeitsentgelt aus geringfügiger Beschäftigung,
7. Arbeitsentgelt aus nach § 23b Abs. 2 Satz 1 bis 4 des Vierten Buches aufgelösten Wertguthaben,
8. Zuschläge an Entgeltpunkten aus Beiträgen nach Beginn einer Rente wegen Alters und
9. Zuschläge an Entgeltpunkten für Zeiten einer besonderen Auslandsverwendung

mit dem Zugangsfaktor vervielfältigt und bei Witwenrenten und Witwerrenten sowie bei Waisenrenten um einen Zuschlag erhöht wird.

(3) [1]Der Monatsbetrag einer Teilrente wird aus dem Teil der Summe aller Entgeltpunkte ermittelt, der dem Anteil der Teilrente an der Vollrente entspricht.
[2]Zuschläge an Entgeltpunkten aus Beiträgen nach Beginn einer Rente wegen Alters werden der Ermittlung der persönlichen Entgeltpunkte erst nach dem Ende der Teilrente zugrunde gelegt.

...

§ 67. Rentenartfaktor. Der Rentenartfaktor beträgt für persönliche Entgeltpunkte bei

1.	Renten wegen Alters	1,0
2.	Renten wegen teilweiser Erwerbsminderung	0,5
3.	Renten wegen voller Erwerbsminderung	1,0
4.	Erziehungsrenten	1,0
5.	kleinen Witwenrenten und kleinen Witwerrenten bis zum Ende des dritten Kalendermonats nach Ablauf des Monats, in dem der Ehegatte verstorben ist,	1,0
	anschließend	0,25
6.	großen Witwenrenten und großen Witwerrenten bis zum Ende des dritten Kalendermonats nach Ablauf des Monats, in dem der Ehegatte verstorben ist,	1,0
	anschließend	0,55
7.	Halbwaisenrenten	0,1
8.	Vollwaisenrenten	0,2.

§ 68. Aktueller Rentenwert[1]. (1) [1]Der aktuelle Rentenwert ist der Betrag, der einer monatlichen Rente wegen Alters der Rentenversicherung der Arbeiter und der Angestellten entspricht, wenn für ein Kalenderjahr Beiträge aufgrund des Durchschnittsentgelts gezahlt worden sind. [2]Am 30. Juni 2005 beträgt der aktuelle Rentenwert 26,13 Euro. [3]Er verändert sich zum 1. Juli eines jeden Jahres, indem der bisherige

1 Ab dem 1. Juli 2013 beträgt der aktuelle Rentenwert 28,14 € (Ost: 25,74 €)

6

aktuelle Rentenwert mit den Faktoren für die Veränderung
1. der Bruttolöhne und -gehälter je beschäftigter Arbeitnehmer,
2. des Beitragssatzes zur Rentenversicherung der Arbeiter und der Angestellten und
3. dem Nachhaltigkeitsfaktor

vervielfältigt wird.

...

§ 68a. Schutzklausel. (1) Abweichend von § 68 vermindert sich der bisherige aktuelle Rentenwert nicht, wenn der nach § 68 berechnete aktuelle Rentenwert geringer ist als der bisherige aktuelle Rentenwert. ... Die unterbliebene Minderungswirkung (Ausgleichsbedarf) wird mit Erhöhungen des aktuellen Rentenwerts verrechnet. Die Verrechnung darf nicht zu einer Minderung des bisherigen aktuellen Rentenwerts führen. ...

§ 70. Entgeltpunkte für Beitragszeiten.

(1) [1]Für Beitragszeiten werden Entgeltpunkte ermittelt, indem die Beitragsbemessungsgrundlage durch das Durchschnittsentgelt ...für dasselbe Kalenderjahr geteilt wird. [2]Für das Kalenderjahr des Rentenbeginns und für das davorliegende Kalenderjahr wird als Durchschnittsentgelt der Betrag zugrunde gelegt, der für diese Kalenderjahre vorläufig bestimmt ist.

(2) Kindererziehungszeiten erhalten für jeden Kalendermonat 0,0833 Entgeltpunkte. ...

§ 77. Zugangsfaktor. (1) Der Zugangsfaktor richtet sich nach dem Alter der Versicherten bei Rentenbeginn oder bei Tod und bestimmt, in welchem Umfang Entgeltpunkte bei der Ermittlung des Monatsbetrags der Rente als persönliche Entgeltpunkte zu berücksichtigen sind.

(2) Der Zugangsfaktor ist für Entgeltpunkte, die noch nicht Grundlage von persönlichen Entgeltpunkten einer Rente waren,
1. bei Renten wegen Alters, die mit Ablauf des Kalendermonats des Erreichens der Regelaltersgrenze oder eines für den Versicherten maßgebenden niedrigeren Rentenalters beginnen, 1,0,
2. bei Renten wegen Alters, die
   a) vorzeitig in Anspruch genommen werden, für jeden Kalendermonat um 0,003 niedriger als 1,0 und
   b) nach Erreichen der Regelaltersgrenze trotz erfüllter Wartzeit nicht in Anpsruch genommen werden, für jeden Kalendermonat um 0,005 höher als 1,0, ...

▶ Zusatzleistungen

§ 106. Zuschuss zur Krankenversicherung.

(1) [1]Rentenbezieher, die freiwillig in einer in- oder ausländischen gesetzlichen Krankenversicherung oder bei einem Krankenversicherungsunternehmen, das der deutschen Aufsicht unterliegt, versichert sind, erhalten zu ihrer Rente einen Zuschuss zu den Aufwendungen für die Krankenversicherung. [2]Dies gilt nicht, wenn sie gleichzeitig in einer in- oder ausländischen gesetzlichen Krankenversicherung pflichtversichert sind.

...

Organisation, Datenschutz und Datensicherheit

▶ Organisation

Deutsche Rentenversicherung

§ 125. Träger der gesetzlichen Rentenversicherung. (1) [1]Die Aufgaben der gesetzlichen Rentenversicherung (allgemeine Rentenversicherung und knappschaftliche Rentenversicherung) werden von Regionalträgern und Bundesträgern wahrgenommen. [2]Der Name der Regionalträger der gesetzlichen Rentenversicherung besteht aus der Bezeichnung „Deutsche Rentenversicherung" und einem Zusatz für ihre jeweilige regionale Zuständigkeit.

(2) [1]Bundesträger sind die Deutsche Rentenversicherung Bund und die Deutsche Rentenversicherung Knappschaft-Bahn-See. [2]Die Deutsche Rentenversicherung Bund nimmt auch die Grundsatz- und Querschnittsaufgaben und die gemeinsamen Angelegenheiten der Träger der Rentenversicherung wahr.

Zuständigkeit in der allgemeinen Rentenversicherung

§ 126. Zuständigkeit der Träger der Rentenversicherung. Für die Erfüllung der Aufgaben der Rentenversicherung sind in der allgemeinen Rentenversicherung die Regionalträger, die Deutsche Rentenversicherung Bund und die Deutsche Rentenversicherung Knappschaft-Bahn-See zuständig. ...

§ 127. Zuständigkeit für Versicherte und Hinterbliebene. (1) [1]Zuständig für Versicherte ist der Träger der Rentenversicherung, der durch die Datenstelle der Träger der Rentenversicherung bei der Vergabe der Versicherungsnummer festgelegt worden ist. [2]Ist eine Versicherungsnummer noch nicht vergeben, ist bis zur Vergabe der Versicherungsnummer die Deutsche Rentenversicherung Bund zuständig.

§ 128. Örtliche Zuständigkeit der Regionalträger. (1) Die örtliche Zuständigkeit der Regionalträger richtet sich, soweit nicht nach Absatz 3 oder nach über- und zwischenstaatlichem Recht etwas anderes bestimmt ist, nach folgender Reihenfolge:
1. Wohnsitz,
2. gewöhnlicher Aufenthalt,
3. Beschäftigungsort,
4. Tätigkeitsort

der Versicherten oder der Hinterbliebenen im Inland. …

Finanzierung

▶ Finanzierungsgrundsatz

§ 153. Umlageverfahren. (1) In der Rentenversicherung werden die Ausgaben eines Kalenderjahres durch die Einnahmen des gleichen Kalenderjahres und, soweit erforderlich, durch Entnahmen aus der Schwankungsreserve gedeckt.

(2) Einnahmen der allgemeinen Rentenversicherung sind insbesondere die Beiträge und die Zuschüsse des Bundes, Einnahmen der knappschaftlichen Rentenversicherung sind insbesondere die Beiträge und die Mittel des Bundes zum Ausgleich von Einnahmen und Ausgaben.

…

▶ Beiträge und Verfahren

§ 157. Grundsatz. Die Beiträge werden nach einem Vomhundertsatz (Beitragssatz) von der Beitragsbemessungsgrundlage erhoben, die nur bis zur jeweiligen Beitragsbemessungsgrenze berücksichtigt wird.

6

§ 159. Beitragsbemessungsgrenzen. [1]Die Beitragsbemessungsgrenzen in der allgemeinen Rentenversicherung sowie in der knappschaftlichen Rentenversicherung ändern sich zum 1. Januar eines jeden Jahres in dem Verhältnis, in dem die Bruttolöhne und -gehälter je Arbeitnehmer (§ 68 Abs. 2 Satz 1) im vergangenen zu den entsprechenden Bruttolöhnen und -gehältern im vorvergangenen Kalenderjahr stehen. [2]Die veränderten Beträge werden nur für das Kalenderjahr, für das die Beitragsbemessungsgrenze bestimmt wird, auf das nächsthöhere Vielfache von 600 aufgerundet.

§ 168. Beitragstragung bei Beschäftigten.
(1) Die Beiträge werden getragen
1. bei Personen, die gegen Arbeitsentgelt beschäftigt werden, von den Versicherten und den Arbeitgebern je zur Hälfte,

1a. bei Arbeitnehmern, die Kurzarbeitergeld beziehen, vom Arbeitgeber,

1b. bei Personen, die gegen Arbeitsentgelt geringfügig versicherungspflichtig beschäftigt werden, von den Arbeitgebern in Höhe des Betrages, der 15 vom Hundert des der Beschäftigung zugrundeliegenden Arbeitsentgelts entspricht, im Übrigen vom Versicherten,

1c. bei Personen, die gegen Arbeitsentgelt in Privathaushalten geringfügig versicherungspflichtig beschäftigt werden, von den Arbeitgebern in Höhe des Betrages, der 5 vom Hundert des der Beschäftigung zugrunde liegenden Arbeitsentgelts entspricht, im Übrigen vom Versicherten,

1d. bei Arbeitnehmern, deren beitragspflichtige Einnahme sich nach § 163 Abs. 10 Satz 1 bestimmt, von den Arbeitgebern in Höhe der Hälfte des Betrages, der sich ergibt, wenn der Beitragssatz auf das der Beschäftigung zugrunde liegende Arbeitsentgelt angewendet wird, im Übrigen vom Versicherten,

2. bei behinderten Menschen von den Trägern der Einrichtung, wenn ein Arbeitsentgelt nicht bezogen wird oder das monatliche Arbeitsentgelt 20 vom Hundert der monatlichen Bezugsgröße nicht übersteigt, sowie für den Betrag zwischen dem monatlichen Arbeitsentgelt und 80 vom Hundert der monatlichen Bezugsgröße, wenn das monatliche Arbeitsentgelt 80 vom Hundert der monatlichen Bezugsgröße nicht übersteigt, im Übrigen von den Versicherten und den Trägern der Einrichtung je zur Hälfte,

2 a. bei behinderten Menschen, die im Anschluss an eine Beschäftigung in einer nach dem Neunten Buch anerkannten Werkstatt für behinderte Menschen in einem Integrationsprojekt (§ 132 Neuntes Buch) beschäftigt sind, von den Trägern der Integrationsprojekte für den Betrag zwischen dem monatlichen Arbeitsentgelt und 80 vom Hundert der monatlichen Bezugsgröße, wenn das monatliche Arbeitsentgelt 80 vom Hundert der monatlichen Bezugsgröße nicht übersteigt, im Übrigen von den Versicherten und den Trägern der Integrationsprojekte je zur Hälfte,

3. bei Personen, die für eine Erwerbstätigkeit befähigt werden sollen, von den Trägern der Einrichtung,

3a. bei Auszubildenden, die in einer außerbetrieblichen Einrichtung im Rahmen eines

Berufsbildungsvertrages nach dem Berufsausbildungsgesetz ausgebildet werden, von den Trägern der Einrichtung, …

§ 172. Arbeitgeberanteil bei Versicherungsfreiheit und Befreiung von der Versicherungspflicht. (1) [1]Für Beschäftigte, die
1. als Bezieher einer Vollrente wegen Alters,
2. als Versorgungsbezieher,
3. wegen des Erreichens der Regelaltersgrenze oder
4. wegen einer Beitragserstattung

versicherungsfrei sind, tragen die Arbeitgeber die Hälfte des Beitrags, der zu zahlen wäre, wenn die Beschäftigten versicherungspflichtig wären; in der knappschaftlichen Rentenversicherung ist statt der Hälfte des Beitrags der auf Arbeitgeber entfallende Beitragsanteil zu zahlen. [2]Satz 1 findet keine Anwendung auf versicherungsfrei geringfügig Beschäftigte und Beschäftigte nach § 1 Satz 1 Nr. 2

(2) Für Beschäftigte, die nach § 6 Abs. 1 Satz 1 Nr. 1 von der Versicherungspflicht befreit sind, tragen die Arbeitgeber die Hälfte des Beitrags zu einer berufsständischen Versorgungseinrichtung, höchstens aber die Hälfte des Beitrags, der zu zahlen wäre, wenn die Beschäftigten nicht von der Versicherungspflicht befreit worden wären.

(3) [1]Für Beschäftigte nach § 8 Abs. 1 Nr. 1 des Vierten Buches, die in dieser Beschäftigung nach § 6 Absatz 1b oder nach anderen Vorschriften von der Versicherungspflicht befreit sind oder die nach § 5 Abs. 4 versicherungsfrei sind, tragen die Arbeitgeber einen Beitragsanteil in Höhe von 15 vom Hundert des Arbeitsentgelts, das beitragspflichtig wäre, wenn die Beschäftigen versicherungspflichtig wären. [2]Das gilt nicht für Studierende, die nach § 5 Abs. 3 versicherungsfrei sind.

(3a) Für Beschäftigte in Privathaushalten nach § 8 a Satz 1 des Vierten Buches, die in dieser Beschäftigung nach § 6 Absatz 1b oder nach anderen Vorschriften von der Versicherungspflicht befreit sind oder die nach § 5 Abs. 4 versicherungsfrei sind, tragen die Arbeitgeber einen Beitragsanteil in Höhe von 5 vom Hundert des Arbeitsentgelts, das beitragspflichtig wäre, wenn die Beschäftigten versicherungspflichtig wären.

(4) Für den Beitragsanteil des Arbeitgebers gelten die Vorschriften des Dritten Abschnitts des vierten Buches sowie die Bußgeldvorschriften des § 111 Abs. 1 Nr. 2 bis 4, 8 und Abs. 2 und 4 des Vierten Buches entsprechend.

§ 173. Grundsatz. [1]Die Beiträge sind, soweit nicht etwas anderes bestimmt ist, von denjenigen, die sie zu tragen haben (Beitragsschuldner), unmittelbar an die Träger der Rentenversicherung zu zahlen.

6

Sozialgesetzbuch
Siebtes Buch. Gesetzliche Unfallversicherung

Vom 7. August 1996, mit Änderungen bis zum 19. Oktober 2013

Aufgaben der Unfallversicherung

§ 1. Prävention, Rehabilitation, Entschädigung. Aufgabe der Unfallversicherung ist es, nach Maßgabe der Vorschriften dieses Buches

1. mit allen geeigneten Mitteln Arbeitsunfälle und Berufskrankheiten sowie arbeitsbedingte Gesundheitsgefahren zu verhüten,
2. nach Eintritt von Arbeitsunfällen oder Berufskrankheiten die Gesundheit und die Leistungsfähigkeit der Versicherten mit allen geeigneten Mitteln wiederherzustellen und sie oder ihre Hinterbliebenen durch Geldleistungen zu entschädigen.

Versicherter Personenkreis

§ 2. Versicherung kraft Gesetzes. (1) Kraft Gesetzes sind versichert

1. Beschäftigte,
2. Lernende während der beruflichen Aus- und Fortbildung in Betriebsstätten, Lehrwerkstätten, Schulungskursen und ähnlichen Einrichtungen,
3. Personen, die sich Untersuchungen, Prüfungen oder ähnlichen Maßnahmen unterziehen, die aufgrund von Rechtsvorschriften zur Aufnahme einer versicherten Tätigkeit oder infolge einer abgeschlossenen versicherten Tätigkeit erforderlich sind, soweit diese Maßnahmen vom Unternehmen oder einer Behörde veranlaßt worden sind,
4. behinderte Menschen, die in anerkannten Werkstätten für behinderte Menschen oder in Blindenwerkstätten im Sinne des § 143 des Neunten Buches oder für diese Einrichtungen in Heimarbeit tätig sind, …
8. a) Kinder während des Besuchs von Tageseinrichtungen, deren Träger für den Betrieb der Einrichtungen der Erlaubnis nach § 45 des Achten Buches oder einer Erlaubnis aufgrund einer entsprechenden landesrechtlichen Regelung bedürfen, sowie während der Betreuung durch geeignete Tagespflegepersonen im Sinne von § 23 des Achten Buches,
   b) Schüler während des Besuchs von allgemein- oder berufsbildenden Schulen und während der Teilnahme an unmittelbar vor oder nach dem Unterricht von der Schule oder im Zusammenwirken mit ihr durchgeführten Betreuungsmaßnahmen,
   c) Studierende während der Aus- und Fortbildung an Hochschulen,
9. Personen, die selbständig oder unentgeltlich, insbesondere ehrenamtlich im Gesundheitswesen oder in der Wohlfahrtspflege tätig sind, …
12. Personen, die in Unternehmen zur Hilfe bei Unglücksfällen oder im Zivilschutz unentgeltlich, insbesondere ehrenamtlich tätig sind oder an Ausbildungsveranstaltungen dieser Unternehmen teilnehmen,
13. Personen, die
    a) bei Unglücksfällen oder gemeiner Gefahr oder Not Hilfe leisten oder einen anderen aus erheblicher gegenwärtiger Gefahr für seine Gesundheit retten,
    b) Blut oder körpereigenes Gewebe spenden oder bei denen Voruntersuchungen oder Nachsorgemaßnahmen anlässlich der Spende vorgenommen werden,
    c) sich bei der Verfolgung oder Festnahme einer Person, die einer Straftat verdächtig ist oder zum Schutz eines widerrechtlich Angegriffenen persönlich einsetzen, …
17. Pflegepersonen im Sinne des § 19 des Elften Buches bei der Pflege eines Pflegebedürftigen im Sinne des § 14 des Elften Buches; die versicherte Tätigkeit umfaßt Pflegetätigkeiten im Bereich der Körperpflege und – soweit diese Tätigkeit überwiegend Pflegebedürftigen zugute kommen – Pflegetätigkeiten in den Bereichen der Ernährung, der Mobilität sowie der hauswirtschaftlichen Versorgung (§ 14 Abs. 4 des Elften Buches). …

6

Versicherungsfall

§ 7. Begriff. (1) Versicherungsfälle sind Arbeitsunfälle und Berufskrankheiten.

(2) Verbotswidriges Handeln schließt einen Versicherungsfall nicht aus.

§ 8. Arbeitsunfall. (1) [1]Arbeitsunfälle sind Unfälle von Versicherten infolge einer den Versicherungsschutz nach §§ 2, 3 oder 6 begründenden Tätigkeit (versicherte Tätigkeit). [2]Unfälle sind zeitlich begrenzte, von außen auf den Körper einwirkende Ereignisse, die zu einem Gesundheitsschaden oder zum Tod führen.

(2) Versicherte Tätigkeiten sind auch

1. das Zurücklegen des mit der versicherten Tätigkeit zusammenhängenden unmittelbaren Weges nach und von dem Ort der Tätigkeit,
2. das Zurücklegen des von einem unmittelbaren Weg nach und von dem Ort der Tätigkeit abweichenden Weges, um

a) Kinder von Versicherten (§ 56 des Ersten Buches), die mit ihnen in einem gemeinsamen Haushalt leben, wegen ihrer, ihrer Ehegatten oder ihrer Lebenspartner beruflichen Tätigkeit fremder Obhut anzuvertrauen oder
b) mit anderen Berufstätigen oder Versicherten gemeinsam ein Fahrzeug zu benutzen, …

§ 9. Berufskrankheit. (1) Berufskrankheiten sind Krankheiten, die die Bundesregierung durch Rechtsverordnung mit Zustimmung des Bundesrates als Berufskrankheiten bezeichnet und die Versicherte infolge einer den Versicherungsschutz nach §§ 2, 3, oder 6 begründeten Tätigkeit erleiden. …

Prävention

§ 14. Grundsatz. (1) [1]Die Unfallversicherungsträger haben mit allen geeigneten Mitteln für die Verhütung von Arbeitsunfällen, Berufskrankheiten und arbeitsbedingten Gesundheitsgefahren und für eine wirksame Erste Hilfe zu sorgen. [2]Sie sollen dabei auch den Ursachen von arbeitsbedingten Gefahren für Leben und Gesundheit nachgehen.

(2) Bei der Verhütung arbeitsbedingter Gesundheitsgefahren arbeiten die Unfallversicherungsträger mit den Krankenkassen zusammen.

§ 17. Überwachung und Beratung. (1) Die Unfallversicherungsträger haben die Durchführung der Maßnahmen zur Verhütung von Arbeitsunfällen, Berufskrankheiten, arbeitsbedingten Gesundheitsgefahren und für eine wirksame Erste Hilfe in den Unternehmen zu überwachen sowie die Unternehmer und die Versicherten zu beraten. …

§ 22. Sicherheitsbeauftragte. (1) In Unternehmen mit regelmäßig mehr als 20 Beschäftigten hat der Unternehmer unter Beteiligung des Betriebsrates oder Personalrates Sicherheitsbeauftragte unter Berücksichtigung der im Unternehmen für die Beschäftigten bestehenden Unfall- und Gesundheitsgefahren und der Zahl der Beschäftigten zu bestellen.

Leistungen nach Eintritt eines Versicherungsfalls

§ 26. Grundsatz. (1) Versicherte haben nach Maßgabe der folgenden Vorschriften und unter Beachtung des Neunten Buches Anspruch auf Heilbehandlung einschließlich Leistungen zur medizinischen Rehabilitation, auf Leistungen zur Teilhabe am Arbeitsleben und am Leben in der Gemeinschaft, auf ergänzende Leistungen, auf Leistungen bei Pflegebedürftigkeit sowie auf Geldleistungen. …

(2) Der Unfallversicherungsträger hat mit allen geeigneten Mitteln möglichst frühzeitig
1. den durch den Versicherungsfall verursachten Gesundheitsschaden zu beseitigen oder zu bessern, seine Verschlimmerung zu verhüten und seine Folgen zu mildern,
2. den Versicherten einen ihren Neigungen und Fähigkeiten entsprechenden Platz im Arbeitsleben zu sichern,
3. Hilfen zur Bewältigung der Anforderungen des täglichen Lebens und zur Teilhabe am Leben in der Gemeinschaft sowie zur Führung eines möglichst selbständigen Lebens unter Berücksichtigung von Art und Schwere des Gesundheitsschadens bereitzustellen,
4. ergänzende Leistungen zur Heilbehandlung und zu Leistungen zur Teilhabe am Arbeitsleben und am Leben in der Gemeinschaft zu erbringen,
5. Leistungen bei Pflegebedürftigkeit zu erbringen.

(3) Die Leistungen zur Heilbehandlung und zur Rehabilitation haben Vorrang vor Rentenleistungen. …

§ 27. Umfang der Heilbehandlung. (1) Die Heilbehandlung umfaßt insbesondere
1. Erstversorgung,
2. ärztliche Behandlung,
3. zahnärztliche Behandlung einschließlich der Versorgung mit Zahnersatz,
4. Versorgung mit Arznei-, Verband-, Heil- und Hilfsmitteln,
5. häusliche Krankenpflege,
6. Behandlung in Krankenhäusern und Rehabilitationseinrichtungen,
7. Leistungen zur medizinischen Rehabilitation nach § 26 Abs. 2 Nr. 1 und 3 bis 7 und Abs. 3 des Neunten Buches. …

6

§ 35. Leistungen zur Teilhabe am Arbeitsleben. (1) Die Unfallversicherungsträger erbringen die Leistungen zur Teilhabe am Arbeitsleben nach den §§ 33 bis 38a des Neunten Buches sowie in Werkstätten für behinderte Menschen nach den §§ 40 und 41 des Neunten Buches, soweit in den folgenden Absätzen nichts Abweichendes bestimmt ist.

(2) Diese Leistungen zur Teilhabe am Arbeitsleben umfassen auch Hilfen zu einer angemessenen Schulbildung einschließlich der Vorbereitung hierzu oder zur Entwicklung der geistigen und körperlichen Fähigkeiten vor Beginn der Schulpflicht.

(3) Ist eine von Versicherten angestrebte höherwertige Tätigkeit nach ihrer Leistungsfä-

higkeit und unter Berücksichtigung ihrer Eignung, Neigung und bisherigen Tätigkeit nicht angemessen, kann eine Maßnahme zur Teilhabe am Arbeitsleben bis zur Höhe des Aufwandes gefördert werden, der bei einer angemessenen Maßnahme entstehen würde.

(4) Während einer auf Grund eines Gesetzes angeordneten Freiheitsentziehung werden Leistungen zur Teilhabe am Arbeitsleben erbracht, soweit Belange des Vollzugs nicht entgegenstehen.

Renten

§ 56. Voraussetzungen und Höhe des Rentenanspruchs. (1) [1]Versicherte, deren Erwerbsfähigkeit infolge eines Versicherungsfalls über die 26. Woche nach dem Versicherungsfall hinaus um wenigstens 20 vom Hundert gemindert ist, haben Anspruch auf eine Rente. [2]Ist die Erwerbsfähigkeit infolge mehrerer Versicherungsfälle gemindert und erreichen die Vomhundertsätze zusammen wenigstens die Zahl 20, besteht für jeden, auch für einen früheren Versicherungsfall, Anspruch auf Rente. [3]Die Folgen eines Versicherungsfalls sind nur zu berücksichtigen, wenn sie die Erwerbsfähigkeit um wenigstens 10 vom Hundert mindern. [4]Den Versicherungsfällen stehen gleich Unfälle oder Entschädigungsfälle nach den Beamtengesetzen, dem Bundesversorgungsgesetz, dem Soldatenversorgungsgesetz, dem Gesetz über den zivilen Ersatzdienst, dem Gesetz über die Abgeltung von Besatzungsschäden, dem Häftlingshilfegesetz und den entsprechenden Gesetzen, die Entschädigung für Unfälle oder Beschädigungen gewähren.

...

Unfallversicherungsträger

6

§ 114. Unfallversicherungsträger. (1) Träger der gesetzlichen Unfallversicherung (Unfallversicherungsträger) sind

1. die in der Anlage 1 aufgeführten gewerblichen Berufsgenossenschaften,
2. die Sozialversicherung für Landwirtschaft, Forsten und Gartenbau; bei Durchführung der Aufgaben nach diesem Gesetz und in sonstigen Angelegenheiten der landwirtschaftlichen Unfallversicherung führt sie die Bezeichnung landwirtschaftliche Berufsgenossenschaft,
3. die Unfallkasse des Bundes,
4. die Eisenbahn-Unfallkasse,
5. die Unfallkasse Post und Telekom,
6. die Unfallkassen der Länder,
7. die Gemeindeunfallversicherungsverbände und Unfallkassen der Gemeinden,
8. die Feuerwehr-Unfallkassen,
9. die gemeinsamen Unfallkassen für den Landes- und den kommunalen Bereich.

Die landwirtschaftliche Berufsgenossenschaft nimmt in der landwirtschaftlichen Unfallversicherung Verbandsaufgaben wahr.

...

§ 121. Zuständigkeit der gewerblichen Berufsgenossenschaft. (1) Die gewerblichen Berufsgenossenschaften sind für alle Unternehmen (Betriebe, Verwaltungen, Einrichtungen, Tätigkeiten) zuständig, soweit sich nicht aus dem Zweiten und Dritten Unterabschnitt eine Zuständigkeit der landwirtschaftlichen Berufsgenossenschaft oder der Unfallversicherungsträger der öffentlichen Hand ergibt.

Beitragspflicht

§ 150. Beitragspflichtige. (1) [1]Beitragspflichtig sind die Unternehmer, für deren Unternehmen Versicherte tätig sind oder zu denen Versicherte in einer besonderen, die Versicherung begründenden Beziehung stehen. [2]Die nach § 2 versicherten Unternehmer sowie die nach § 3 Abs. 1 Nr. 1 und § 6 Abs. 1 Versicherten sind selbst beitragspflichtig.

...

§ 152. Umlage. (1) [1]Die Beiträge werden nach Ablauf des Kalenderjahres, in dem die Beitragsansprüche dem Grunde nach entstanden sind, im Wege der Umlage festgesetzt. [2]Die Umlage muß den Bedarf des abgelaufenen Kalenderjahres einschließlich der zur Ansammlung der Rücklage sowie des Verwaltungsvermögens nötigen Beträge decken. [3]Darüber hinaus dürfen Beiträge nur zur Zuführung zu den Betriebsmitteln erhoben werden.

(2) Abweichend von Absatz 1 werden die Beiträge für in Eigenarbeit nicht gewerbsmäßig ausgeführte Bauarbeiten (nicht gewerbsmäßige Bauarbeiten) außerhalb der Umlage erhoben.

...

Sozialgesetzbuch
Neuntes Buch. Rehabilitation und Teilhabe behinderter Menschen

Vom 19. Juli 2001, mit Änderungen bis zum 14. Dez. 2012

Teil 1. Regelungen für behinderte und von Behinderung bedrohte Menschen

Allgemeine Regelungen

§ 1. Selbstbestimmung und Teilhabe am Leben in der Gesellschaft. [1]Behinderte oder von Behinderung bedrohte Menschen erhalten Leistungen nach diesem Buch und den für die Rehabilitationsträger geltenden Leistungsgesetzen, um ihre Selbstbestimmung und gleichberechtigte Teilhabe am Leben in der Gesellschaft zu fördern, Benachteiligungen zu vermeiden oder ihnen entgegenzuwirken. [2]Dabei wird den besonderen Bedürfnissen behinderter und von Behinderung bedrohter Frauen und Kinder Rechnung getragen.

§ 2. Behinderung. (1) [1]Menschen sind behindert, wenn ihre körperliche Funktion, geistige Fähigkeit oder seelische Gesundheit mit hoher Wahrscheinlichkeit länger als sechs Monate von dem für das Lebensalter typischen Zustand abweichen und daher ihre Teilhabe am Leben in der Gesellschaft beeinträchtigt ist. [2]Sie sind von Behinderung bedroht, wenn die Beeinträchtigung zu erwarten ist.

(2) Menschen sind im Sinne des Teils 2 schwerbehindert, wenn bei ihnen ein Grad der Behinderung von wenigstens 50 vorliegt und sie ihren Wohnsitz, ihren gewöhnlichen Aufenthalt oder ihre Beschäftigung auf einem Arbeitsplatz im Sinne des § 73 rechtmäßig im Geltungsbereich dieses Gesetzbuches haben.

(3) Schwerbehinderten Menschen gleichgestellt werden sollen behinderte Menschen mit einem Grad der Behinderung von weniger als 50, aber wenigstens 30, bei denen die übrigen Voraussetzungen des Absatzes 2 vorliegen, wenn sie infolge ihrer Behinderung ohne die Gleichstellung einen geeigneten Arbeitsplatz im Sinne des § 73 nicht erlangen oder nicht behalten können (gleichgestellte behinderte Menschen).

§ 3. Vorrang von Prävention. Die Rehabilitationsträger wirken darauf hin, dass der Eintritt einer Behinderung einschließlich einer chronischen Krankheit vermieden wird.

§ 4. Leistungen zur Teilhabe. (1) Die Leistungen zur Teilhabe umfassen die notwendigen Sozialleistungen, um unabhängig von der Ursache der Behinderung

1. die Behinderung abzuwenden, zu beseitigen, zu mindern, ihre Verschlimmerung zu verhüten oder ihre Folgen zu mildern,
2. Einschränkungen der Erwerbsfähigkeit oder Pflegebedürftigkeit zu vermeiden, zu überwinden, zu mindern oder eine Verschlimmerung zu verhüten sowie den vorzeitigen Bezug anderer Sozialleistungen zu vermeiden oder laufende Sozialleistungen zu mindern,
3. die Teilhabe am Arbeitsleben entsprechend den Neigungen und Fähigkeiten dauerhaft zu sichern oder
4. die persönliche Entwicklung ganzheitlich zu fördern und die Teilhabe am Leben in der Gesellschaft sowie eine möglichst selbständige und selbstbestimmte Lebensführung zu ermöglichen oder zu erleichtern. ...

§ 5. Leistungsgruppen. Zur Teilhabe werden erbracht

1. Leistungen zur medizinischen Rehabilitation,
2. Leistungen zur Teilhabe am Arbeitsleben,
3. unterhaltssichernde und andere ergänzende Leistungen,
4. Leistungen zur Teilhabe am Leben in der Gemeinschaft.

Gemeinsame Servicestellen

§ 22. Aufgaben. (1) [1]Gemeinsame örtliche Servicestellen der Rehabilitationsträger bieten behinderten und von Behinderung bedrohten Menschen, ihren Vertrauenspersonen und Personensorgeberechtigten nach § 60 Beratung und Unterstützung an. [2]Die Beratung und Unterstützung umfasst insbesondere,

1. über Leistungsvoraussetzungen, Leistungen der Rehabilitationsträger, besondere Hilfen im Arbeitsleben sowie über die Verwaltungsabläufe zu informieren,
2. bei der Klärung des Rehabilitationsbedarfs, bei der Inanspruchnahme von Leistungen zur Teilhabe, bei der Inanspruchnahme eines Persönlichen Budgets und der besonderen Hilfen im Arbeitsleben sowie bei der Erfüllung von Mitwirkungspflichten zu helfen,
3. zu klären, welcher Rehabilitationsträger zuständig ist, auf klare und sachdienliche Anträge hinzuwirken und sie an den zuständigen Rehabilitationsträger weiterzuleiten,

6

4. bei einem Rehabilitationsbedarf, der voraussichtlich ein Gutachten erfordert, den zuständigen Rehabilitationsträger darüber zu informieren,
5. die Entscheidung des zuständigen Rehabilitationsträgers in Fällen, in denen die Notwendigkeit von Leistungen zur Teilhabe offenkundig ist, so umfassend vorzubereiten, dass dieser unverzüglich entscheiden kann,
6. bis zur Entscheidung oder Leistung des Rehabilitationsträgers den behinderten oder von Behinderung bedrohten Menschen unterstützend zu begleiten,
7. bei den Rehabilitationsträgern auf zeitnahe Entscheidungen und Leistungen hinzuwirken und
8. zwischen mehreren Rehabilitationsträgern und Beteiligten auch während der Leistungserbringung zu koordinieren und zu vermitteln.

…

Leistungen zur medizinischen Rehabilitation

§ 26. Leistungen zur medizinischen Rehabilitation. (1) Zur medizinischen Rehabilitation behinderter und von Behinderung bedrohter Menschen werden die erforderlichen Leistungen erbracht, um

1. Behinderungen einschließlich chronischer Krankheiten abzuwenden, zu beseitigen, zu mindern, auszugleichen, eine Verschlimmerung zu verhüten oder
2. Einschränkungen der Erwerbsfähigkeit und Pflegebedürftigkeit zu vermeiden, zu überwinden, zu mindern, eine Verschlimmerung zu verhüten sowie den vorzeitigen Bezug von laufenden Sozialleistungen zu vermeiden oder laufende Sozialleistungen zu mindern.

6

(2) Leistungen zur medizinischen Rehabilitation umfassen insbesondere

1. Behandlung durch Ärzte, Zahnärzte und Angehörige anderer Heilberufe, soweit deren Leistungen unter ärztlicher Aufsicht oder auf ärztliche Anordnung ausgeführt werden, einschließlich der Anleitung, eigene Heilungskräfte zu entwickeln,
2. Früherkennung und Frühförderung behinderter und von Behinderung bedrohter Kinder,
3. Arznei- und Verbandmittel,
4. Heilmittel einschließlich physikalischer, Sprach- und Beschäftigungstherapie,
5. Psychotherapie als ärztliche und psychotherapeutische Behandlung,
6. Hilfsmittel,
7. Belastungserprobung und Arbeitstherapie.

…

Leistungen zur Teilhabe am Arbeitsleben

§ 33. Leistungen zur Teilhabe am Arbeitsleben. (1) Zur Teilhabe am Arbeitsleben werden die erforderlichen Leistungen erbracht, um die Erwerbsfähigkeit behinderter oder von Behinderung bedrohter Menschen entsprechend ihrer Leistungsfähigkeit zu erhalten, zu verbessern, herzustellen oder wiederherzustellen und ihre Teilhabe am Arbeitsleben möglichst auf Dauer zu sichern.

(2) Behinderten Frauen werden gleiche Chancen im Erwerbsleben gesichert, insbesondere durch in der beruflichen Zielsetzung geeignete, wohnortnahe und auch in Teilzeit nutzbare Angebote.

(3) Die Leistungen umfassen insbesondere

1. Hilfen zur Erhaltung oder Erlangung eines Arbeitsplatzes einschließlich Leistungen zur Aktivierung und beruflichen Eingliederung,
2. Berufsvorbereitung einschließlich einer wegen der Behinderung erforderlichen Grundausbildung,

2a. individuelle betriebliche Qualifizierung im Rahmen Unterstützter Beschäftigung,

3. berufliche Anpassung und Weiterbildung, auch soweit die Leistungen einen zur Teilnahme erforderlichen schulischen Abschluss einschließen,
4. berufliche Ausbildung, auch soweit die Leistungen in einem zeitlich nicht überwiegenden Abschnitt schulisch durchgeführt werden,
5. Überbrückungsgeld entsprechend § 93 des Dritten Buches durch die Rehabilitationsträger nach § 6 Abs. 1 Nr. 2 bis 5,
6. sonstige Hilfen zur Förderung der Teilhabe am Arbeitsleben, um behinderten Menschen eine angemessene und geeignete Beschäftigung oder eine selbständige Tätigkeit zu ermöglichen und zu erhalten.

…

§ 34. Leistungen an Arbeitgeber. (1) [1]Die Rehabilitationsträger nach § 6 Abs. 1 Nr. 2 bis 5 können Leistungen zur Teilhabe am Arbeitsleben auch an Arbeitgeber erbringen, insbesondere als

1. Ausbildungszuschüsse zur betrieblichen Ausführung von Bildungsleistungen,
2. Eingliederungszuschüsse,
3. Zuschüsse für Arbeitshilfen im Betrieb,
4. teilweise oder volle Kostenerstattung für eine befristete Probebeschäftigung.

[2]Die Leistungen können unter Bedingungen und Auflagen erbracht werden.

…

Unterhaltssichernde und andere ergänzende Leistungen

§ 44. Ergänzende Leistungen. (1) Die Leistungen zur medizinischen Rehabilitation und zur Teilhabe am Arbeitsleben der in § 6 Abs. 1 Nr. 1 bis 5 genannten Rehabilitationsträger werden ergänzt durch

1. Krankengeld, Versorgungskrankengeld, Verletztengeld, Übergangsgeld, Ausbildungsgeld oder Unterhaltsbeihilfe,
2. Beiträge und Beitragszuschüsse
   a) zur Krankenversicherung nach Maßgabe des Fünften Buches, des Zweiten Gesetzes über die Krankenversicherung der Landwirte sowie des Künstlersozialversicherungsgesetzes,
   b) zur Unfallversicherung nach Maßgabe des Siebten Buches,
   c) zur Rentenversicherung nach Maßgabe des Sechsten Buches sowie des Künstlersozialversicherungsgesetzes,
   d) zur Bundesagentur für Arbeit nach Maßgabe des Dritten Buches,
   e) zur Pflegeversicherung nach Maßgabe des Elften Buches,
3. ärztlich verordneten Rehabilitationssport in Gruppen unter ärztlicher Betreuung und Überwachung, einschließlich Übungen für behinderte oder von Behinderung bedrohte Frauen und Mädchen, die der Stärkung des Selbstbewusstseins dienen,
4. ärztlich verordnetes Funktionstraining in Gruppen unter fachkundiger Anleitung und Überwachung,
5. Reisekosten,
6. Betriebs- oder Haushaltshilfe und Kinderbetreuungskosten.

...

Sicherung und Koordinierung der Teilhabe

§ 60. Pflichten Personensorgeberechtigter. Eltern, Vormünder, Pfleger und Betreuer, die bei ihrer Personensorge anvertrauten Menschen Behinderungen (§ 2 Abs. 1) wahrnehmen oder durch die in § 61 genannten Personen hierauf hingewiesen werden, sollen im Rahmen ihres Erziehungs- oder Betreuungsauftrags die behinderten Menschen einer gemeinsamen Servicestelle oder einer sonstigen Beratungsstelle für Rehabilitation oder einem Arzt zur Beratung über die geeigneten Leistungen zur Teilhabe vorstellen.

Teil 2. Besondere Regelungen zur Teilhabe schwerbehinderter Menschen (Schwerbehindertenrecht)

Geschützter Personenkreis

§ 69. Feststellung der Behinderung, Ausweise. (1) [1]Auf Antrag des behinderten Menschen stellen die für die Durchführung des Bundesversorgungsgesetzes zuständigen Behörden das Vorliegen einer Behinderung und den Grad der Behinderung fest. [2]Beantrag eine erwerbstätige Person die Feststellung der Eigenschaft als schwerbehinderter Mensch (§ 2 Abs. 2), gelten die in § 14 Abs. 2 Satz 2 und 4 sowie Abs. 5 Satz 2 und 5 genannten Fristen sowie § 60 Abs. 1 des Ersten Buches entsprechend. [3]Das Gesetz über das Verwaltungsverfahren der Kriegsopferversorgung ist entsprechend anzuwenden, soweit nicht das Zehnte Buch Anwendung findet. [4]Die Auswirkungen auf die Teilhabe am Leben in der Gesellschaft werden als Grad der Behinderung nach Zehnergraden abgestuft festgestellt. [5]Die Maßstäbe des § 30 Abs. 1 des Bundesversorgungsgesetzes und der auf Grund des § 30 Abs. 17 des Bundesversorgungsgesetzes erlassenen Rechtsverordnung gelten entsprechend. [6]Eine Feststellung ist nur zu treffen, wenn ein Grad der Behinderung von wenigstens 20 vorliegt. [7]Durch Landesrecht kann die Zuständigkeit abweichend von Satz 1 geregelt werden.

...

Beschäftigungspflicht der Arbeitgeber

§ 71. Pflicht der Arbeitgeber zur Beschäftigung schwerbehinderter Menschen.

(1) [1]Private und öffentliche Arbeitgeber (Arbeitgeber) mit jahresdurchschnittlich monatlich mindestens 20 Arbeitsplätzen im Sinne des § 73 haben auf wenigstens 5 Prozent der Arbeitsplätze schwerbehinderte Menschen zu beschäftigen. [2]Dabei sind schwerbehinderte Frauen besonders zu berücksichtigen. [3]Abweichend von Satz 1 haben Arbeitgeber mit jahresdurchschnittlich monatlich weniger als 10 Arbeitsplätzen jahresdurchschnittlich je Monat einen schwerbehinderten Menschen, Arbeitgeber mit jahresdurchschnittlich monatlich weniger als 60 Arbeitsplätzen jahresdurchschnittlich je Monat zwei schwerbehinderte Menschen zu beschäftigen.

(2) (aufgehoben)

6

§ 77. Ausgleichsabgabe. (1) [1]Solange Arbeitgeber die vorgeschriebene Zahl schwerbehinderter Menschen nicht beschäftigen, entrichten sie für jeden unbesetzten Pflichtarbeitsplatz für schwerbehinderte Menschen eine Ausgleichsabgabe. [2]Die Zahlung der Ausgleichsabgabe hebt die Pflicht zur Beschäftigung schwerbehinderter Menschen nicht auf. …

Kündigungsschutz

§ 85. Erfordernis der Zustimmung. Die Kündigung des Arbeitsverhältnisses eines schwerbehinderten Menschen durch den Arbeitgeber bedarf der vorherigen Zustimmung des Integrationsamtes.

§ 86. Kündigungsfrist. Die Kündigungsfrist beträgt mindestens vier Wochen.

§ 87. Antragsverfahren. (1) [1]Die Zustimmung zur Kündigung beantragt der Arbeitgeber bei dem für den Sitz des Betriebes oder der Dienststelle zuständigen Integrationsamt schriftlich. [2]Der Begriff des Betriebes und der Begriff der Dienststelle im Sinne des Teils 2 bestimmen sich nach dem Betriebsverfassungsgesetz und dem Personalvertretungsrecht.

(2) Das Integrationsamt holt eine Stellungnahme des Betriebsrates oder Personalrates und der Schwerbehindertenvertretung ein und hört den schwerbehinderten Menschen an.

(3) Das Integrationsamt wirkt in jeder Lage des Verfahrens auf eine gütliche Einigung hin.

§ 88. Entscheidung des Integrationsamtes.

(1) Das Integrationsamt soll die Entscheidung, falls erforderlich auf Grund mündlicher Verhandlung, innerhalb eines Monats vom Tage des Eingangs des Antrages an treffen.

6

(2) [1]Die Entscheidung wird dem Arbeitgeber und dem schwerbehinderten Menschen zugestellt. [2]Der Bundesagentur für Arbeit wird eine Abschrift der Entscheidung übersandt.

(3) Erteilt das Integrationsamt die Zustimmung zur Kündigung, kann der Arbeitgeber die Kündigung nur innerhalb eines Monats nach Zustellung erklären.

(4) Widerspruch und Anfechtungsklage gegen die Zustimmung des Integrationsamtes zur Kündigung haben keine aufschiebende Wirkung.

…

§ 91. Außerordentliche Kündigung. (1) Die Vorschriften dieses Kapitels gelten mit Ausnahme von § 86 auch bei außerordentlicher Kündigung, soweit sich aus den folgenden Bestimmungen nichts Abweichendes ergibt.

(2) [1]Die Zustimmung zur Kündigung kann nur innerhalb von zwei Wochen beantragt werden; maßgebend ist der Eingang des Antrages bei dem Integrationsamt. [2]Die Frist beginnt mit dem Zeitpunkt, in dem der Arbeitgeber von den für die Kündigung maßgebenden Tatsachen Kenntnis erlangt. …

§ 92. Erweiterter Beendigungsschutz. [1]Die Beendigung des Arbeitsverhältnisses eines schwerbehinderten Menschen bedarf auch dann der vorherigen Zustimmung des Integrationsamtes, wenn sie im Falle des Eintritts einer teilweisen Erwerbsminderung, der Erwerbsminderung auf Zeit, der Berufsunfähigkeit oder der Erwerbsunfähigkeit auf Zeit ohne Kündigung erfolgt. [2]Die Vorschriften dieses Kapitels über die Zustimmung zur ordentlichen Kündigung gelten entsprechend.

Betriebs-, Personalrat, Schwerbehindertenvertretung, Beauftragter des Arbeitgebers

§ 93. Aufgaben des Betriebs-, Personal-, Richter-, Staatsanwalts- und Präsidialrates. [1]Betriebs-, Personal-, Richter-, Staatsanwalts- und Präsidialrat fördern die Eingliederung schwerbehinderter Menschen. [2]Sie achten insbesondere darauf, dass die dem Arbeitgeber nach den §§ 71, 72 und 81 bis 84 obliegenden Verpflichtungen erfüllt werden; sie wirken auf die Wahl der Schwerbehindertenvertretung hin.

§ 95. Aufgaben der Schwerbehindertenvertretung. (1) [1]Die Schwerbehindertenvertretung fördert die Eingliederung schwerbehinderter Menschen in den Betrieb oder die Dienststelle, vertritt ihre Interessen in dem Betrieb oder der Dienststelle und steht ihnen beratend und helfend zur Seite. [2]Sie erfüllt ihre Aufgaben insbesondere dadurch, dass sie

1. darüber wacht, dass die zugunsten schwerbehinderter Menschen geltenden Gesetze, Verordnungen, Tarifverträge, Betriebs- oder Dienstvereinbarungen und Verwaltungsanordnungen durchgeführt, insbesondere auch die dem Arbeitgeber nach den §§ 71, 72 und 81 bis 84 obliegenden Verpflichtungen erfüllt werden,
2. Maßnahmen, die den schwerbehinderten Menschen dienen, insbesondere auch präventive Maßnahmen, bei den zuständigen Stellen beantragt,
3. Anregungen und Beschwerden von schwerbehinderten Menschen entgegennimmt und, falls sie berechtigt erscheinen, durch Verhandlung mit dem Arbeitgeber auf eine Erle-

digung hinwirkt; sie unterrichtet die schwerbehinderten Menschen über den Stand und das Ergebnis der Verhandlungen.

...

§ 98. Beauftragter des Arbeitgebers. [1]Der Arbeitgeber bestellt einen Beauftragten, der ihn in Angelegenheiten schwerbehinderter Menschen verantwortlich vertritt; falls erforderlich, können mehrere Beauftragte bestellt werden. [2]Der Beauftragte soll nach Möglichkeit selbst ein schwerbehinderter Mensch sein. [3]Der Beauftragte achtet vor allem darauf, dass dem Arbeitgeber obliegende Verpflichtungen erfüllt werden.

Durchführung der besonderen Regelungen zur Teilhabe schwerbehinderter Menschen

§ 101. Zusammenarbeit der Integrationsämter und der Bundesagentur für Arbeit. (1) Soweit die besonderen Regelungen zur Teilhabe schwerbehinderter Menschen am Arbeitsleben nicht durch freie Entschließung der Arbeitgeber erfüllt werden, werden sie

1. in den Ländern von dem Amt für die Sicherung der Integration schwerbehinderter Menschen im Arbeitsleben (Integrationsamt) und
2. von der Bundesagentur für Arbeit

in enger Zusammenarbeit durchgeführt.

(2) Die den Rehabilitationsträgern nach den geltenden Vorschriften obliegenden Aufgaben bleiben unberührt.

§ 102. Aufgaben des Integrationsamtes.

(1) Das Integrationsamt hat folgende Aufgaben:

1. die Erhebung und Verwendung der Ausgleichsabgabe,
2. den Kündigungsschutz,
3. die begleitende Hilfe im Arbeitsleben,
4. die zeitweilige Entziehung der besonderen Hilfen für schwerbehinderte Menschen (§ 117).

...

§ 104. Aufgaben der Bundesagentur für Arbeit. (1) Die Bundesagentur für Arbeit hat folgende Aufgaben:

1. die Berufsberatung, Ausbildungsvermittlung und Arbeitsvermittlung schwerbehinderter Menschen einschließlich der Vermittlung von in Werkstätten für behinderte Menschen Beschäftigten auf den allgemeinen Arbeitsmarkt,
2. die Beratung der Arbeitgeber bei der Besetzung von Ausbildungs- und Arbeitsplätzen mit schwerbehinderten Menschen,
3. die Förderung der Teilhabe schwerbehinderter Menschen am Arbeitsleben auf dem allgemeinen Arbeitsmarkt, insbesondere von schwerbehinderten Menschen,
   a) die wegen Art oder Schwere ihrer Behinderung oder sonstiger Umstände im Arbeitsleben besonders betroffen sind (§ 72 Abs. 1),
   b) die langzeitarbeitslos im Sinne des § 18 des Dritten Buches sind,
   c) die im Anschluss an eine Beschäftigung in einer anerkannten Werkstatt für behinderte Menschen oder einem Integrationsprojekt eingestellt werden,
   d) die als Teilzeitbeschäftigte eingestellt werden oder
   e) die zur Aus- oder Weiterbildung eingestellt werden,
4. im Rahmen von Arbeitsbeschaffungsmaßnahmen die besondere Förderung schwerbehinderter Menschen,
5. die Gleichstellung, deren Widerruf und Rücknahme,
6. die Durchführung des Anzeigeverfahrens (§ 80 Abs. 2 und 4),
7. die Überwachung der Erfüllung der Beschäftigungspflicht,
8. die Zulassung der Anrechnung und der Mehrfachanrechnung (§ 75 Abs. 2, § 76 Abs. 1 und 2),
9. die Erfassung der Werkstätten für behinderte Menschen, ihre Anerkennung und die Aufhebung der Anerkennung.

...

§ 122. Vorrang der schwerbehinderten Menschen. Verpflichtungen zur bevorzugten Einstellung und Beschäftigung bestimmter Personenkreise nach anderen Gesetzen entbinden den Arbeitgeber nicht von der Verpflichtung zur Beschäftigung schwerbehinderter Menschen nach den besonderen Regelungen für schwerbehinderte Menschen.

6

§ 124. Mehrarbeit. Schwerbehinderte Menschen werden auf ihr Verlangen von Mehrarbeit freigestellt.

§ 125. Zusatzurlaub. (1) [1]Schwerbehinderte Menschen haben Anspruch auf einen bezahlten zusätzlichen Urlaub von fünf Arbeitstagen im Urlaubsjahr; verteilt sich die regelmäßige Arbeitszeit des schwerbehinderten Menschen auf mehr oder weniger als fünf Arbeitstage in der Kalenderwoche, erhöht oder vermindert sich der Zusatzurlaub entsprechend. [2]Soweit tarifliche, betriebliche oder sonstige Urlaubsregelungen für schwerbehinderte Menschen einen längeren Zusatzurlaub vorsehen, bleiben sie unberührt.

...

Unentgeltliche Beförderung schwerbehinderter Menschen im öffentlichen Personenverkehr

§ 145. Unentgeltliche Beförderung, Anspruch auf Erstattung der Fahrgeldausfälle.

(1) [1]Schwerbehinderte Menschen, die infolge ihrer Behinderung in ihrer Bewegungsfähigkeit im Straßenverkehr erheblich beeinträchtigt oder hilflos oder gehörlos sind, werden von Unternehmern, die öffentlichen Personenverkehr betreiben, gegen Vorzeigen eines entsprechend gekennzeichneten Ausweises nach § 69 Abs. 5 im Nahverkehr im Sinne des § 147 Abs. 1 unentgeltlich befördert; die unentgeltliche Beförderung verpflichtet zur Zahlung eines tarifmäßigen Zuschlages bei der Benutzung zuschlagpflichtiger Züge des Nahverkehrs. [2]Voraussetzung ist, dass der Ausweis mit einer gültigen Wertmarke versehen ist. [3]Sie wird gegen Entrichtung eines Betrages von 72 Euro für ein Jahr oder 36 Euro für ein halbes Jahr ausgegeben. …

§ 146. Persönliche Voraussetzungen.

(1) [1]In seiner Bewegungsfähigkeit im Straßenverkehr erheblich beeinträchtigt ist, wer infolge einer Einschränkung des Gehvermögens (auch durch innere Leiden oder infolge von Anfällen oder von Störungen der Orientierungsfähigkeit) nicht ohne erhebliche Schwierigkeiten oder nicht ohne Gefahren für sich oder andere Wegstrecken im Ortsverkehr zurückzulegen vermag, die üblicherweise noch zu Fuß zurückgelegt werden. [2]Der Nachweis der erheblichen Beeinträchtigung in der Bewegungsfähigkeit im Straßenverkehr kann bei schwerbehinderten Menschen mit einem Grad der Behinderung von wenigstens 80 nur mit einem Ausweis mit halbseitigem orangefarbenem Flächenaufdruck und eingetragenem Merkzeichen G geführt werden, dessen Gültigkeit frühestens mit dem 1. April 1984 beginnt, oder auf dem ein entsprechender Änderungsvermerk eingetragen ist.

(2) [1]Zur Mitnahme einer Begleitperson sind schwerbehinderte Menschen berechtigt, die bei der Benutzung von öffentlichen Verkehrsmitteln infolge ihrer Behinderung regelmäßig auf Hilfe angewiesen sind. [2]Die Feststellung bedeutet nicht, dass die schwerbehinderte Person, wenn sie nicht in Begleitung ist, eine Gefahr für sich oder für andere darstellt.

6

Sozialgesetzbuch
Elftes Buch. Soziale Pflegeversicherung

Vom 26. Mai 1994, mit Änderungen bis zum 15. Juli 2013

Allgemeine Vorschriften

§ 1. Soziale Pflegeversicherung. (1) Zur sozialen Absicherung des Risikos der Pflegebedürftigkeit wird als neuer eigenständiger Zweig der Sozialversicherung eine soziale Pflegeversicherung geschaffen.

(2) [1]In den Schutz der sozialen Pflegeversicherung sind kraft Gesetzes alle einbezogen, die in der gesetzlichen Krankenversicherung versichert sind. [2]Wer gegen Krankheit bei einem privaten Krankenversicherungsunternehmen versichert ist, muß eine private Pflegeversicherung abschließen.

(3) Träger der sozialen Pflegeversicherung sind die Pflegekassen; ihre Aufgaben werden von den Krankenkassen (§ 4 des Fünften Buches) wahrgenommen.

(4) Die Pflegeversicherung hat die Aufgabe, Pflegebedürftigen Hilfe zu leisten, die wegen der Schwere der Pflegebedürftigkeit auf solidarische Unterstützung angewiesen sind.

(4a) In der Pflegeversicherung sollen geschlechtsspezifische Unterschiede bezüglich der Pflegebedürftigkeit von Männern und Frauen und ihrer Bedarfe an Leistungen berücksichtigt und den Bedürfnissen nach einer kultursensiblen Pflege nach Möglichkeit Rechnung getragen werden.

(5) Die Leistungen der Pflegeversicherung werden in Stufen eingeführt: die Leistungen bei häuslicher Pflege vom 1. April 1995, die Leistungen bei stationärer Pflege vom 1. Juli 1996 an.

(6) [1]Die Ausgaben der Pflegeversicherung werden durch Beiträge der Mitglieder und der Arbeitgeber finanziert. [2]Die Beiträge richten sich nach den beitragspflichtigen Einnahmen der Mitglieder. [3]Für versicherte Familienangehörige und eingetragene Lebenspartner (Lebenspartner) werden Beiträge nicht erhoben.

§ 2. Selbstbestimmung. (1) [1]Die Leistungen der Pflegeversicherung sollen den Pflegebedürftigen helfen, trotz ihres Hilfebedarfs ein möglichst selbständiges und selbstbestimmtes Leben zu führen, das der Würde des Menschen entspricht. [2]Die Hilfen sind darauf auszurichten, die körperlichen, geistigen und seelischen Kräfte der Pflegebedürftigen wiederzugewinnen oder zu erhalten.

(2) [1]Die Pflegebedürftigen können zwischen Einrichtungen und Diensten verschiedener Träger wählen. [2]Ihren Wünschen zur Gestaltung der Hilfe soll, soweit sie angemessen sind, im Rahmen des Leistungsrechts entsprochen werden. …

(3) [1]Auf die religiösen Bedürfnisse der Pflegebedürftigen ist Rücksicht zu nehmen. [2]Auf ihren Wunsch hin sollen sie stationäre Leistungen in einer Einrichtung erhalten, in der sie durch Geistliche ihres Bekenntnisses betreut werden können.

(4) Die Pflegebedürftigen sind auf die Rechte nach den Absätzen 2 und 3 hinzuweisen.

§ 3. Vorrang der häuslichen Pflege. [1]Die Pflegeversicherung soll mit ihren Leistungen vorrangig die häusliche Pflege und die Pflegebereitschaft der Angehörigen und Nachbarn unterstützen, damit die Pflegebedürftigen möglichst lange in ihrer häuslichen Umgebung bleiben können. [2]Leistungen der teilstationären Pflege und der Kurzzeitpflege gehen den Leistungen der vollstationären Pflege vor.

§ 4. Art und Umfang der Leistungen.

(1) [1]Die Leistungen der Pflegeversicherung sind Dienst-, Sach- und Geldleistungen für den Bedarf an Grundpflege und hauswirtschaftlicher Versorgung sowie Kostenerstattung, soweit es dieses Buch vorsieht. [2]Art und Umfang der Leistungen richten sich nach der Schwere der Pflegebedürftigkeit und danach, ob häusliche, teilstationäre oder vollstationäre Pflege in Anspruch genommen wird.

(2) [1]Bei häuslicher und teilstationärer Pflege ergänzen die Leistungen der Pflegeversicherung die familiäre, nachbarschaftliche oder sonstige ehrenamtliche Pflege und Betreuung. [2]Bei teil- und vollstationärer Pflege werden die Pflegebedürftigen von Aufwendungen entlastet, die für ihre Versorgung nach Art und Schwere der Pflegebedürftigkeit erforderlich sind (pflegebedingte Aufwendungen), die Aufwendungen für Unterkunft und Verpflegung tragen die Pflegebedürftigen selbst.

(3) Pflegekassen, Pflegeeinrichtungen und Pflegebedürftige haben darauf hinzuwirken, daß die Leistungen wirksam und wirtschaftlich erbracht und nur im notwendigen Umfang in Anspruch genommen werden.

§ 6. Eigenverantwortung. (1) Die Versicherten sollen durch gesundheitsbewußte Lebensführung, durch frühzeitige Beteiligung an Vorsorgemaßnahmen und durch aktive Mitwirkung an Krankenbehandlung und Leistungen zur medizinischen Rehabilitation dazu beitragen, Pflegebedürftigkeit zu vermeiden.

(2) Nach Eintritt der Pflegebedürftigkeit haben die Pflegebedürftigen an Leistungen zur medizinischen Rehabilitation und der aktivierenden Pflege mitzuwirken, um die Pflegebedürftigkeit zu überwinden, zu mindern oder eine Verschlimmerung zu verhindern.

§ 8. Gemeinsame Verantwortung. (1) Die pflegerische Versorgung der Bevölkerung ist eine gesamtgesellschaftliche Aufgabe.

(2) Die Länder, die Kommunen, die Pflegeeinrichtungen und die Pflegekassen wirken unter Beteiligung des Medizinischen Dienstes eng zusammen, um eine leistungsfähige, regional gegliederte, ortsnahe und aufeinander abgestimmte ambulante und stationäre pflegerische Versorgung der Bevölkerung zu gewährleisten. …

§ 12. Aufgaben der Pflegekassen. (1) [1]Die Pflegekassen sind für die Sicherstellung der pflegerischen Versorgung ihrer Versicherten verantwortlich. [2]Sie arbeiten dabei mit allen an der pflegerischen, gesundheitlichen und sozialen Versorgung Beteiligten eng zusammen und wirken, insbesondere durch Pflegestützpunkte nach § 92c, auf eine Vernetzung der regionalen und kommunalen Versorgungsstrukturen hin, um eine Verbesserung der wohnortnahen Versorgung pflege- und betreuungsbedürftiger Menschen zu ermöglichen. [3]Die Pflegekassen sollen zur Durchführung der ihnen gesetzlich übertragenen Aufgaben örtliche und regionale Arbeitsgemeinschaften bilden. [4]§ 94 Abs. 2 bis 4 des Zehnten Buches gilt entsprechend.

(2) [1]Die Pflegekassen wirken mit den Trägern der ambulanten und der stationären gesundheitlichen und sozialen Versorgung partnerschaftlich zusammen, um die für den Pflegebedürftigen zur Verfügung stehenden Hilfen zu koordinieren. [2]Sie stellen insbesondere über die Pflegeberatung nach § 7a sicher, dass im Einzelfall Grundpflege, Behandlungspflege, ärztliche Behandlung, spezialisierte Palliativversorgung, Leistungen zur Prävention, zur medizinischen Rehabilitation und zur Teilhabe sowie hauswirtschaftliche Versorgung nahtlos und störungsfrei ineinandergreifen. …

6

Leistungsberechtigter Personenkreis

§ 14. Begriff der Pflegebedürftigkeit.

(1) Pflegebedürftig im Sinne dieses Buches sind Personen, die wegen einer körperlichen, geistigen oder seelischen Krankheit oder Behinderung für die gewöhnlichen und regelmäßig wiederkehrenden Verrichtungen im Ablauf des täglichen Lebens auf Dauer, voraussichtlich für mindestens sechs Monate, in erheblichem oder höherem Maße (§ 15) der Hilfe bedürfen.

§ 15. Stufen der Pflegebedürftigkeit.

(1) [1]Für die Gewährung von Leistungen nach diesem Gesetz sind pflegebedürftige Personen (§ 14) einer der folgenden drei Pflegestufen zuzuordnen:

1. Pflegebedürftige der Pflegestufe I (erheblich Pflegebedürftige) sind Personen, die bei der Körperpflege, der Ernährung oder der Mobilität für wenigstens zwei Verrichtungen aus einem oder mehreren Bereichen mindestens einmal täglich der Hilfe bedürfen und zusätzlich mehrfach in der Woche Hilfen bei der hauswirtschaftlichen Versorgung benötigen.
2. Pflegebedürftige der Pflegestufe II (Schwerpflegebedürftige) sind Personen, die bei der Körperpflege, der Ernährung oder der Mobilität mindestens dreimal täglich zu verschiedenen Tageszeiten der Hilfe bedürfen und zusätzlich mehrfach in der Woche Hilfen bei der hauswirtschaftlichen Versorgung benötigen.
3. Pflegebedürftige der Pflegestufe III (Schwerstpflegebedürftige) sind Personen, die bei der Körperpflege, der Ernährung oder der Mobilität täglich rund um die Uhr, auch nachts, der Hilfe bedürfen und zusätzlich mehrfach in der Woche Hilfen bei der hauswirtschaftlichen Versorgung benötigen.

[2]Für die Gewährung von Leistungen nach § 43 a reicht die Feststellung, daß die Voraussetzungen der Pflegestufe I erfüllt sind.

(3) Der Zeitaufwand, den ein Familienangehöriger oder eine andere nicht als Pflegekraft ausgebildete Pflegeperson für die erforderlichen Leistungen der Grundpflege und hauswirtschaftlichen Versorgung benötigt, muß wöchentlich im Tagesdurchschnitt

1. in der Pflegestufe I mindestens 90 Minuten betragen; hierbei müssen auf die Grundpflege mehr als 45 Minuten entfallen,
2. in der Pflegestufe II mindestens drei Stunden betragen; hierbei müssen auf die Grundpflege mindestens zwei Stunden entfallen,
3. in der Pflegestufe III mindestens fünf Stunden betragen; hierbei müssen auf die Grundpflege mindestens vier Stunden entfallen.

…

Versicherungspflichtiger Personenkreis

§ 20. Versicherungspflicht in der sozialen Pflegeversicherung für Mitglieder der gesetzlichen Krankenversicherung. (1) [1]Versicherungspflichtig in der sozialen Pflegeversicherung sind die versicherungspflichtigen Mitglieder der gesetzlichen Krankenversicherung. [2]Dies sind:

1. Arbeiter, Angestellte und zu ihrer Berufsausbildung Beschäftigte, die gegen Arbeitsentgelt beschäftigt sind; für die Zeit des Bezugs von Kurzarbeitergeld nach dem Dritten Buch bleibt die Versicherungspflicht unberührt,
2. Personen in der Zeit, für die sie Arbeitslosengeld nach dem Dritten Buch beziehen, auch wenn die Entscheidung, die zum Bezug der Leistung geführt hat, rückwirkend aufgehoben oder die Leistung zurückgefordert oder zurückgezahlt worden ist; ab Beginn des zweiten Monats bis zur zwölften Woche einer Sperrzeit (§ 159 des Dritten Buches) oder ab Beginn des zweiten Monats der Ruhenszeit wegen einer Urlaubsabgeltung (§ 157 Abs. 2 des Dritten Buches) gelten die Leistungen als bezogen,

2a. Personen in der Zeit, für die sie Arbeitslosengeld II nach dem Zweiten Buch beziehen, soweit sie in der gesetzlichen Krankenversicherung nicht familienversichert sind, es sei denn, dass diese Leistung nur darlehensweise gewährt wird oder nur Leistungen nach § 24 Absatz 3 Satz 1 des zweiten Buches bezogen werden

3. Landwirte, ihre mitarbeitenden Familienangehörigen und Altenteiler, die nach § 2 des Zweiten Gesetzes über die Krankenversicherung der Landwirte versicherungspflichtig sind,
4. selbständige Künstler und Publizisten nach näherer Bestimmung des Künstlersozialversicherungsgesetzes,
5. Personen, die in Einrichtungen der Jugendhilfe, in Berufsbildungswerken oder in ähnlichen Einrichtungen für behinderte Menschen für eine Erwerbstätigkeit befähigt werden sollen,
6. Teilnehmer an Leistungen zur Teilhabe am Arbeitsleben sowie an Berufsfindung oder Arbeitserprobung, es sei denn, die Leistungen werden nach den Vorschriften des Bundesversorgungsgesetzes erbracht,
7. Behinderte Menschen, die in anerkannten Werkstätten für behinderte Menschen oder in Blindenwerkstätten im Sinne des § 143 des Neunten Buches oder für diese Einrichtungen in Heimarbeit tätig sind,
8. Behinderte Menschen, die in Anstalten, Heimen oder gleichartigen Einrichtungen in gewisser Regelmäßigkeit eine Leistung erbringen, die einem Fünftel der Leistung eines voll erwerbsfähigen Beschäftigten in gleichartiger Beschäftigung entspricht; hierzu zählen auch Dienstleistungen für den Träger der Einrichtung,
9. Studenten, die an staatlichen oder staatlich anerkannten Hochschulen eingeschrieben sind, soweit sie nach § 5 Abs. 1 Nr. 9 des Fünften Buches der Krankenversicherungspflicht unterliegen,
10. Personen, die zu ihrer Berufsausbildung ohne Arbeitsentgelt beschäftigt sind oder die eine Fachschule oder Berufsfachschule besuchen oder eine in Studien- oder Prüfungsordnungen vorgeschriebene berufspraktische Tätigkeit ohne Arbeitsentgelt verrichten (Praktikanten); Auszubildende des Zweiten Bildungsweges, die sich in einem nach dem Bundesausbildungsförderungsgesetz förderungsfähigen Teil eines Ausbildungsabschnittes befinden, sind Praktikanten gleichgestellt,
11. Personen, die die Voraussetzungen für den Anspruch auf eine Rente aus der gesetzlichen Rentenversicherung erfüllen und diese Rente beantragt haben, soweit sie nach § 5 Abs. 1 Nr. 11a oder 12 des Fünften Buches der Krankenversicherungspflicht unterliegen,
12. Personen, die, weil sie bisher keinen Anspruch auf Absicherung im Krankheitsfall hatten, nach § 5 Abs. 1 Nr. 13 des Fünften Buches oder nach § 2 Abs. 1 Nr. 7 des Zweiten Gesetzes über die Krankenversicherung der Landwirte der Krankenversicherungspflicht unterliegen.

(3) Freiwillige Mitglieder der gesetzlichen Krankenversicherung sind versicherungspflichtig in der sozialen Pflegeversicherung. …

§ 22. Befreiung von der Versicherungspflicht.

(1) [1]Personen, die nach § 20 Abs. 3 in der sozialen Pflegeversicherung versicherungspflichtig sind, können auf Antrag von der Versicherungspflicht befreit werden, wenn sie nachweisen, daß sie bei einem privaten Versicherungsunternehmen gegen Pflegebedürftigkeit versichert sind und für sich und ihre Angehörigen oder Lebenspartner, die bei Versicherungspflicht nach § 25 versichert wären, Leistungen beanspruchen können, die nach Art und Umfang den Leistungen des Vierten Kapitels gleichwertig sind. [2]Die befreiten Personen sind verpflichtet, den Versicherungsvertrag aufrechtzuerhalten, solange sie krankenversichert sind. [3]Personen, die bei Pflegebedürftigkeit Beihilfeleistungen erhalten, sind zum Abschluß einer entsprechenden anteiligen Versicherung im Sinne des Satzes 1 verpflichtet.

…

§ 23. Versicherungspflicht für Versicherte der privaten Krankenversicherungsunternehmen.

(1) [1]Personen, die gegen das Risiko Krankheit bei einem privaten Krankenversicherungs-

6

unternehmen mit Anspruch auf allgemeine Krankenhausleistungen oder im Rahmen von Versicherungsverträgen, die der Versicherungspflicht nach § 193 Abs. 3 des Versicherungsvertragsgesetzes genügen, versichert sind, sind vorbehaltlich des Absatzes 2 verpflichtet, bei diesem Unternehmen zur Absicherung des Risikos der Pflegebedürftigkeit einen Versicherungsvertrag abzuschließen und aufrechtzuerhalten. [2]Der Vertrag muß ab dem Zeitpunkt des Eintritts der Versicherungspflicht für sie selbst und ihre Angehörigen oder Lebenspartner, für die in der sozialen Pflegeversicherung nach § 25 eine Familienversicherung bestünde, Vertragsleistungen vorsehen, die nach Art und Umfang den Leistungen des Vierten Kapitels gleichwertig sind. [3]Dabei tritt an die Stelle der Sachleistungen eine der Höhe nach gleiche Kostenerstattung.
...

§ 25. Familienversicherung. (1) [1]Versichert sind der Ehegatte, der Lebenspartner und die Kinder von Mitgliedern sowie die Kinder von familienversicherten Kindern, wenn diese Familienangehörigen

1. ihren Wohnsitz oder gewöhnlichen Aufenthalt im Inland haben,
2. nicht nach § 20 Abs. 1 Nr. 1 bis 8 oder 11 oder nach § 20 Abs. 3 versicherungspflichtig sind,
3. nicht nach § 22 von der Versicherungspflicht befreit oder nach § 23 in der privaten Pflegeversicherung pflichtversichert sind,
4. nicht hauptberuflich selbständig erwerbstätig sind und
5. kein Gesamteinkommen haben, das regelmäßig im Monat ein Siebtel der monatlichen Bezugsgröße nach § 18 des Vierten Buches überschreitet; für geringfügig Beschäftigte nach § 8 Abs. 1 Nr. 1, § 8a des Vierten Buches beträgt das zulässige Gesamteinkommen 450 Euro. Bei Renten wird der Zahlbetrag ohne den auf Entgeltpunkte für Kindererziehungszeiten entfallenden Teil berücksichtigt.

6

[2]§ 7 Abs. 1 Satz 3 und 4 und Abs. 2 des Zweiten Gesetzes über die Krankenversicherung der Landwirte sowie § 10 Abs. 1 Satz 2 bis 4 des Fünften Buches gelten entsprechend.

(2) Kinder sind versichert:

1. bis zur Vollendung des 18. Lebensjahres,
2. bis zur Vollendung des 23. Lebensjahres, wenn sie nicht erwerbstätig sind,
3. bis zur Vollendung des 25. Lebensjahres, wenn sie sich in Schul- oder Berufsausbildung befinden oder ein freiwilliges soziales Jahr oder ein freiwilliges ökologisches Jahr im Sinne des Jugendfreiwilligendienstegesetzes oder Bundesfreiwilligendienst leisten; wird die Schul- oder Berufsausbildung durch Erfüllung einer gesetzlichen Dienstpflicht des Kindes unterbrochen oder verzögert, besteht die Versicherung auch für einen der Dauer dieses Dienstes entsprechenden Zeitraum über das 25. Lebensjahr hinaus,
4. ohne Altersgrenze, wenn sie wegen körperlicher, geistiger oder seelischer Behinderung (§ 2 Abs. 1 des Neunten Buches) außerstande sind, sich selbst zu unterhalten; Voraussetzung ist, daß die Behinderung zu einem Zeitpunkt vorlag, in dem das Kind nach Nummer 1, 2 oder 3 versichert war.

...

§ 26. Weiterversicherung. (1) [1]Personen, die aus der Versicherungspflicht nach § 20 oder § 21 ausgeschieden sind und in den letzten fünf Jahren vor dem Ausscheiden mindestens 24 Monate oder unmittelbar vor dem Ausscheiden mindestens 12 Monate versichert waren, können sich auf Antrag in der sozialen Pflegeversicherung weiterversichern, sofern für sie keine Versicherungspflicht nach § 23 Abs. 1 eintritt. [2]Dies gilt auch für Personen, deren Familienversicherung nach § 25 erlischt oder nur deswegen nicht besteht, weil die Voraussetzungen des § 25 Abs. 3 vorliegen. [3]Der Antrag ist in den Fällen des Satzes 1 innerhalb von drei Monaten nach Beendigung der Mitgliedschaft, in den Fällen des Satzes 2 nach Beendigung der Familienversicherung oder nach Geburt des Kindes bei der zuständigen Pflegekasse zu stellen.
...

Leistungen der Pflegeversicherung

▶ Übersicht über die Leistungen

§ 28. Leistungsarten, Grundsätze. (1) Die Pflegeversicherung gewährt folgende Leistungen:

1. Pflegesachleistung (§ 36),
2. Pflegegeld für selbst beschaffte Pflegehilfen (§ 37),
3. Kombination von Geldleistung und Sachleistung (§ 38),
4. häusliche Pflege bei Verhinderung der Pflegeperson (§ 39),
5. Pflegehilfsmittel und wohnumfeldverbessernde Maßnahmen (§ 40),
6. Tagespflege und Nachtpflege (§ 41),
7. Kurzzeitpflege (§ 42),
8. vollstationäre Pflege (§ 43),
9. Pflege in vollstationären Einrichtungen der Hilfe für behinderte Menschen (§ 43 a),
10. Leistungen zur sozialen Sicherung der Pflegepersonen (§ 44),
11. zusätzliche Leistungen bei Pflegezeit (§ 44a),

12. Pflegekurse für Angehörige und ehrenamtliche Pflegepersonen (§ 45),
13. zusätzliche Betreuungsleistungen (§ 45b),
14. Leistungen des Persönlichen Budgets nach § 17 Abs. 2 bis 4 des Neunten Buches.
15. zusätzliche Leistungen für Pflegebedürftige in ambulant betreuten Wohngruppen (§ 38a)

(1a) Versicherte haben gegenüber ihrer Pflegekasse oder ihrem Versicherungsunternehmen Anspruch auf Pflegeberatung (§ 7a).

▶ Leistungen bei häuslicher Pflege

§ 36. Pflegesachleistung. (1) [1]Pflegebedürftige haben bei häuslicher Pflege Anspruch auf Grundpflege und hauswirtschaftliche Versorgung als Sachleistung (häusliche Pflegehilfe). [2]Leistungen der häuslichen Pflege sind auch zulässig, wenn Pflegebedürftige nicht in ihrem eigenen Haushalt gepflegt werden; sie sind nicht zulässig, wenn Pflegebedürftige in einer stationären Pflegeeinrichtung oder in einer Einrichtung im Sinne des § 71 Abs. 4 gepflegt werden. [3]Häusliche Pflegehilfe wird durch geeignete Pflegekräfte erbracht, die entweder von der Pflegekasse oder bei ambulanten Pflegeeinrichtungen, mit denen die Pflegekasse einen Versorgungsvertrag abgeschlossen hat, angestellt sind. [4]Auch durch Einzelpersonen, mit denen die Pflegekasse einen Vertrag nach § 77 Abs. 1 abgeschlossen hat, kann häusliche Pflegehilfe als Sachleistung erbracht werden.

...

▶ Vollstationäre Pflege

§ 43. Inhalt der Leistung. (1) Pflegebedürftige haben Anspruch auf Pflege in vollstationären Einrichtungen, wenn häusliche oder teilstationäre Pflege nicht möglich ist oder wegen der Besonderheit des einzelnen Falles nicht in Betracht kommt.

...

▶ Leistungen für Pflegepersonen

§ 44. Leistungen zur sozialen Sicherung der Pflegepersonen. (1) [1]Zur Verbesserung der sozialen Sicherung der Pflegepersonen im Sinne des § 19 entrichten die Pflegekassen und die privaten Versicherungsunternehmen, bei denen eine private Pflege-Pflichtversicherung durchgeführt wird, sowie die sonstigen in § 170 Abs. 1 Nr. 6 des Sechsten Buches genannten Stellen Beiträge an den zuständigen Träger der gesetzlichen Rentenversicherung, wenn die Pflegeperson regelmäßig nicht mehr als dreißig Stunden wöchentlich erwerbstätig ist. [2]Näheres regeln die §§ 3, 137, 166 und 170 des Sechsten Buches. [3]Der Medizinische Dienst der Krankenversicherung stellt im Einzelfall fest, ob und in welchem zeitlichen Umfang häusliche Pflege durch eine Pflegeperson erforderlich ist und erfragt in den Fällen, in denen die Pflege des Pflegebedürftigen die Dauer von 14 Stunden unterschreitet, ob die Pflegeperson weitere Pflegebedürftige pflegt. [4]Der Pflegebedürftige oder die Pflegeperson haben darzulegen und auf Verlangen glaubhaft zu machen, daß Pflegeleistungen in diesem zeitlichen Umfang auch tatsächlich erbracht werden. [5]Dies gilt insbesondere, wenn Pflegesachleistungen (§ 36) in Anspruch genommen werden. [6]Während der pflegerischen Tätigkeit sind die Pflegepersonen nach Maßgabe der §§ 2, 4, 105, 106, 129, 185 des Siebten Buches in den Versicherungsschutz der gesetzlichen Unfallversicherung einbezogen. [3]Pflegepersonen, die nach der Pflegetätigkeit in das Erwerbsleben zurückkehren wollen, können bei beruflicher Weiterbildung nach Maßgabe des Dritten Buches bei Vorliegen der dort genannten Voraussetzungen gefördert werden.

Organisation

▶ Träger der Pflegeversicherung

§ 46. Pflegekassen. (1) [1]Träger der Pflegeversicherung sind die Pflegekassen. [2]Bei jeder Krankenkasse (§ 4 Abs. 2 des Fünften Buches) wird eine Pflegekasse errichtet. ...

(2) [1]Die Pflegekassen sind rechtsfähige Körperschaften des öffentlichen Rechts mit Selbstverwaltung. [2]Organe der Pflegekassen sind die Organe der Krankenkassen, bei denen sie errichtet sind. [3]Arbeitgeber (Dienstherr) der für die Pflegekasse tätigen Beschäftigten ist die Krankenkasse, bei der die Pflegekasse errichtet ist. [4]Bei der Ausführung dieses Buches ist das Erste Kapitel des Zehnten Buches anzuwenden. [5]Krankenkassen und Pflegekassen können für Mitglieder, die ihre Kranken- und Pflegeversicherungsbeiträge selbst zu zahlen haben, die Höhe der Beiträge zur Kranken- und Pflegeversicherung in einem gemeinsamen Beitragsbescheid festsetzen. [6]Das Mitglied ist darauf hinzuweisen, dass der Bescheid über den Beitrag zur Pflegeversicherung im Namen der Pflegekasse ergeht.

...

Finanzierung

► Beiträge

§ 54. Grundsatz. (1) Die Mittel für die Pflegeversicherung werden durch Beiträge sowie sonstige Einnahmen gedeckt.

(2) [1]Die Beiträge werden nach einem Vomhundertsatz (Beitragssatz) von den beitragspflichtigen Einnahmen der Mitglieder bis zur Beitragsbemessungsgrenze (§ 55) erhoben. [2]Die Beiträge sind für jeden Kalendertag der Mitgliedschaft zu zahlen, soweit dieses Buch nichts Abweichendes bestimmt. [3]Für die Berechnung der Beiträge ist die Woche zu sieben, der Monat zu 30 und das Jahr zu 360 Tagen anzusetzen

(3) Die Vorschriften des Zwölften Kapitels des Fünften Buches gelten entsprechend.

§ 55. Beitragssatz, Beitragsbemessungsgrenze. (1) [1]Der Beitragssatz beträgt bundeseinheitlich 1,95 vom Hundert der beitragspflichtigen Einnahmen der Mitglieder; er wird durch Gesetz festgesetzt. [2]Für Personen, bei denen § 28 Abs. 2 Anwendung findet, beträgt der Beitragssatz die Hälfte des Beitragssatzes nach Satz 1.

(2) Beitragspflichtige Einnahmen sind bis zu einem Betrag von 1/360 der in § 6 Abs. 7 des Fünften Buches festgelegten Jahresarbeitsentgeltgrenze für den Kalendertag zu berücksichtigen (Beitragsbemessungsgrenze).

(3) Der Beitragssatz nach Absatz 1 Satz 1 und 2 erhöht sich für Mitglieder nach Ablauf des Monats, in dem sie das 23. Lebensjahr vollendet haben, um einen Beitragszuschlag in Höhe von 0,25 Beitragssatzpunkten (Beitragszuschlag für Kinderlose) …

§ 58. Tragung der Beiträge bei versicherungspflichtig Beschäftigten. (1) [1]Die nach § 20 Abs. 1 Satz 2 Nr. 1 und 12 versicherungspflichtig Beschäftigten, die in der gesetzlichen Krankenversicherung pflichtversichert sind, und ihre Arbeitgeber tragen die nach dem Arbeitsentgelt zu bemessenden Beiträge jeweils zur Hälfte. [2]Soweit für Beschäftigte Beiträge für Kurzarbeitergeld oder Winterausfallgeld zu zahlen sind, trägt der Arbeitgeber den Beitrag allein. [3]Den Beitragszuschlag für Kinderlose nach § 55 Abs. 3 tragen die Beschäftigten.

(2) Zum Ausgleich der mit den Arbeitgeberbeiträgen verbundenen Belastungen der Wirtschaft werden die Länder einen gesetzlichen landesweiten Feiertag, der stets auf einen Werktag fällt, aufheben.

(3) [1]Die in Absatz 1 genannten Beschäftigten tragen die Beiträge in Höhe von 1 vom Hundert allein, wenn der Beschäftigungsort in einem Land liegt, in dem die am 31. Dezember 1993 bestehende Anzahl der gesetzlichen landesweiten Feiertage nicht um einen Feiertag, der stets auf einen Werktag fiel, vermindert worden ist. [2]In Fällen des § 55 Abs. 1 Satz 2 werden die Beiträge in Höhe von 0,5 vom Hundert allein getragen. [3]Im Übrigen findet Absatz 1 Anwendung, soweit es sich nicht um eine versicherungspflichtige Beschäftigung mit einem monatlichen Arbeitsentgelt innerhalb der Gleitzone nach § 20 Abs. 2 des Vierten Buches handelt, für die Absatz 5 Satz 2 Anwendung findet.

(4) [1]Die Aufhebung eines Feiertages wirkt für das gesamte Kalenderjahr. [2]Handelt es sich um einen Feiertag, der im laufenden Kalenderjahr vor dem Zeitpunkt des Inkrafttretens der Regelung über die Streichung liegt, wirkt die Aufhebung erst im folgenden Kalenderjahr.

…

► Beitragszuschüsse

§ 61. Beitragszuschüsse für freiwillige Mitglieder der gesetzlichen Krankenversicherung und Privatversicherte. (1) [1]Beschäftigte, die in der gesetzlichen Krankenversicherung freiwillig versichert sind, erhalten unter den Voraussetzungen des § 58 von ihrem Arbeitgeber einen Beitragszuschuß, der in der Höhe begrenzt ist, auf den Betrag, der als Arbeitgeberanteil nach § 58 zu zahlen wäre. [2]Bestehen innerhalb desselben Zeitraums mehrere Beschäftigungsverhältnisse, sind die beteiligten Arbeitgeber anteilmäßig nach dem Verhältnis der Höhe der jeweiligen Arbeitsentgelte zur Zahlung des Beitragszuschusses verpflichtet.

…

Beitragssätze und Bemessungsgrenzen in der Sozialversicherung

(Stand: Januar 2014)

Versicherungszweig	Beitragssatz	Beitragsbemessungsgrenze	Versicherungspflichtgrenze
Gesetzliche Rentenversicherung Aktueller Rentenwert: Alte Bundesländer: 28,14 Euro, Neue Bundesländer: 25,74 Euro	18,9 %	Alte Bundesländer: 5 950 Euro Neue Bundesländer: 5 000 Euro	keine
Arbeitslosenversicherung	3,0 %	Alte Bundesländer: 5 950 Euro Neue Bundesländer: 5 000 Euro	keine
Gesetzliche Krankenversicherung	15,5 % davon 8,2 % Arbeitnehmer, 7,3 % Arbeitgeber. unterschiedliche Zusatzbeiträge nach finanzieller Situation der Krankenkasse.	4 050 Euro	4 462,50* Euro
Soziale Pflegeversicherung	2,05 % Beitragszuschlag für Kinderlose ab dem 23. Lebensjahr (nicht wenn vor 1940 geboren) 0,25 %	4 050 Euro	4 462,50 Euro

* Versicherungsfreiheit entsteht in dem Jahr, in dem das versicherungspflichtige Einkommen die Versicherungspflichtgrenze übersteigt und voraussichtlich auch im kommenden Jahr übersteigen wird.

6

Bezugsgröße in der Sozialversicherung (§ 18 SGB IV)

West: jährlich 33.180 Euro, monatlich 2.765 Euro

Ost: jährlich 28.140 Euro, monatlich 2.345 Euro

Regelbedarf zur Sicherung des Lebensunterhalts nach § 20 SGB II Absatz 5

Die Regelbedarfsanpassung nach Absatz 5 des § 20 SGB II erfolgt lediglich durch eine Bekanntmachung ohne Änderung des Gesetzestextes. Sie ist jedoch auf Grund der Ermächtigung in § 20 und der Veröffentlichung im Bundesgesetzblatt verfassungsgemäß erfolgt und hat damit Rechtskraft. Für 2014 gelten folgende Sätze:

Stufe 1: Erwachsene leistungsberechtigte Person, die als alleinstehende oder alleinerziehende Person einen eigenen Haushalt führt	391 EURO
Stufe 2: Zwei erwachsene Leistungsberechtigte, die die als Ehegatten, Lebenspartner, in eheähnlicher oder lebenspartnerschaftsähnlicher Gemeinschaft einen gemeinsamen Haushalt führen, je	353 EURO
Stufe 3: Erwachsene Leistungsberechtigte, die keinen eigenen Haushalt führen	313 EURO
Stufe 4: Jugendliche vom Beginn des 15. bis zur Vollendung des 18. Lebensjahres	296 EURO
Stufe 5: Kinder vom Beginn des siebten bis zur Vollendung des 14. Lebensjahres	261 EURO
Stufe 6: Kinder bis zur Vollendung des sechsten Lebensjahres	229 EURO

6

Altersteilzeitgesetz

Vom 23. Juli 1996, mit Änderungen bis zum 12. April 2012

§ 1. Grundsatz. (1) Durch Altersteilzeitarbeit soll älteren Arbeitnehmern ein gleitender Übergang vom Erwerbsleben in die Altersrente ermöglicht werden.

(2) Die Bundesagentur für Arbeit (Bundesagentur) fördert durch Leistungen nach diesem Gesetz die Teilzeitarbeit älterer Arbeitnehmer, die ihre Arbeitszeit ab Vollendung des 55. Lebensjahres spätestens ab 31. Dezember 2009 vermindern und damit die Einstellung eines sonst arbeitslosen Arbeitnehmers ermöglichen.

(3) Altersteilzeit im Sinne dieses Gesetzes liegt unabhängig von einer Förderung durch die Bundesagentur auch vor bei einer Teilzeitarbeit älterer Arbeitnehmer, die ihre Arbeitszeit ab Vollendung des 55. Lebensjahres nach dem 31. Dezember 2009 vermindern. …

§ 2. Begünstigter Personenkreis. (1) [1]Leistungen werden für Arbeitnehmer gewährt, die

1. das 55. Lebensjahr vollendet haben,
2. nach dem 14. Februar 1996 auf Grund einer Vereinbarung mit ihrem Arbeitgeber, die sich zumindest auf die Zeit erstrecken muß, bis eine Rente wegen Alters beansprucht werden kann, ihre Arbeitszeit auf die Hälfte der bisherigen wöchentlichen Arbeitszeit vermindert haben, und versicherungspflichtig beschäftigt im Sinne des Dritten Buches Sozialgesetzbuch sind (Altersteilzeitarbeit) und
3. innerhalb der letzten fünf Jahre vor Beginn der Altersteilzeitarbeit mindestens 1080 Kalendertage in einer versicherungspflichtigen Beschäftigung nach dem Dritten Buch Sozialgesetzbuch oder nach den Vorschriften eines Mitgliedstaates der Europäischen Union, eines Vertragsstaates des Abkommens über den Europäischen Wirtschaftsraum oder der Schweiz, gestanden haben. [2]Zeiten mit Anspruch auf Arbeitslosengeld oder Arbeitslosenhilfe, Zeiten des Bezugs von Arbeitslosengeld II sowie Zeiten, in denen Versicherungspflicht nach § 26 Abs. 2 des Dritten Buches Sozialgesetzbuch bestand, stehen der versicherungspflichtigen Beschäftigung gleich.

…

§ 3. Anspruchsvoraussetzungen. (1) Der Anspruch auf die Leistungen nach § 4 setzt voraus, daß

1. der Arbeitgeber auf Grund eines Tarifvertrages, einer Regelung der Kirchen und der öffentlich-rechtlichen Religionsgesellschaften, einer Betriebsvereinbarung oder einer Vereinbarung mit dem Arbeitnehmer
   a) das Regelarbeitsentgelt für die Altersteilzeitarbeit um mindestens 20 vom Hundert aufgestockt hat, wobei die Aufstockung auch weitere Entgeltbestandteile umfassen kann, und
   b) für den Arbeitnehmer zusätzlich Beiträge zur gesetzlichen Rentenversicherung mindestens in Höhe des Beitrags entrichtet hat, der auf 80 vom Hundert des Regelarbeitsentgelts für die Altersteilzeitarbeit, begrenzt auf den Unterschiedsbetrag zwischen 90 vom Hundert der monatlichen Beitragsbemessungsgrenze und dem Regelarbeitsentgelt, entfällt, höchstens bis zur Beitragsbemessungsgrenze, sowie
2. der Arbeitgeber aus Anlass des Übergangs des Arbeitnehmers in die Altersteilzeit
   a) einen bei einer Agentur für Arbeit arbeitslos gemeldeten Arbeitnehmer, einem Bezieher von Arbeitslosengeld II oder einen Arbeitnehmer nach Abschluss der Ausbildung auf dem freigemachten oder auf einem in diesem Zusammenhang durch Umsetzung frei gewordenen Arbeitsplatz versicherungspflichtig im Sinne des Dritten Buches Sozialgesetzbuch beschäftigt; … oder
   b) einen Auszubildenden versicherungspflichtig im Sinne des Dritten Buches Sozialgesetzbuch beschäftigt, wenn der Arbeitgeber in der Regel nicht mehr als 50 Arbeitnehmer beschäftigt. …

§ 4. Leistungen. (1) Die Bundesagentur erstattet dem Arbeitgeber für längstens sechs Jahre

1. den Aufstockungsbetrag nach § 3 Abs. 1 Nr. 1 Buchstabe a in Höhe von 20 vom Hundert des für die Altersteilzeitarbeit gezahlten Regelarbeitsentgelts und
2. den Betrag, der nach § 3 Abs. 1 Nr. 1 Buchstabe b in Höhe des Beitrags geleistet worden ist, der auf den Betrag entfällt, der sich aus 80 vom Hundert des Regelarbeitsentgelts für die Altersteilzeitarbeit ergibt, jedoch höchstens des auf den Unterschiedsbetrag zwischen 90 vom Hundert der monatlichen Beitragsbemessungsgrenze und dem Regelarbeitsentgelt entfallenden Beitrags.

(2) [1]Bei Arbeitnehmern, die nach § 6 Abs. 1 Satz 1 Nr. 1 oder § 231 Abs. 1 und 2 des Sechsten Buches Sozialgesetzbuch von der Versicherungspflicht befreit sind, werden Leistungen nach Absatz 1 auch erbracht, wenn die Voraussetzung des § 3 Abs. 1 Nr. 1 Buchstabe b nicht erfüllt ist. [2]Dem Betrag nach Absatz 1 Nr. 2 ste-

hen in diesem Fall vergleichbare Aufwendungen des Arbeitgebers bis zur Höhe des Beitrags gleich, den die Bundesanstalt nach Absatz 1 Nr. 2 zu tragen hätte, wenn der Arbeitnehmer nicht von der Versicherungspflicht befreit wäre.

§ 16. Befristung der Förderungsfähigkeit.
Für die Zeit ab dem 1. Januar 2010 sind Leistungen nach § 4 nur noch zu erbringen, wenn die Voraussetzungen des § 2 erstmals vor diesem Zeitpunkt vorgelegen haben.

Abgabenordnung

Vom 16. März 1976, in der Fassung der Bekanntmachung vom 1. Oktober 2002, mit Änderungen bis zum 18. Dezember 2013

Erster Teil. Einleitende Vorschriften

Anwendungsbereich

§ 1. Anwendungsbereich. (1) Dieses Gesetz gilt für alle Steuern einschließlich der Steuervergütungen, die durch Bundesrecht oder Recht der Europäischen Union geregelt sind, soweit sie durch Bundesfinanzbehörden oder durch Landesfinanzbehörden verwaltet werden. …

Steuerliche Begriffsbestimmungen

§ 3. Steuern, steuerliche Nebenleistungen.

(1) Steuern sind Geldleistungen, die nicht eine Gegenleistung für eine besondere Leistung darstellen und von einem öffentlich-rechtlichen Gemeinwesen zur Erzielung von Einnahmen allen auferlegt werden, bei denen der Tatbestand zutrifft, an den das Gesetz die Leistungspflicht knüpft; die Erzielung von Einnahmen kann Nebenzweck sein.

(2) Realsteuern sind die Grundsteuer und die Gewerbesteuer.

(3) Einfuhr- und Ausfuhrabgaben … sind Steuern im Sinne dieses Gesetzes.

(4) Steuerliche Nebenleistungen sind Verzögerungsgelder (§ 146 Abs. 2b) Verspätungszuschläge (§ 152), … Zinsen …, Säumniszuschläge …, Zwangsgelder … und Kosten ….

§ 6. Behörden, Finanzbehörden. (1) Behörde ist jede Stelle, die Aufgaben der öffentlichen Verwaltung wahrnimmt.

(2) Finanzbehörden im Sinne dieses Gesetzes sind die folgenden im Gesetz über die Finanzverwaltung genannten Bundes- und Landesfinanzbehörden:

1. das Bundesministerium der Finanzen und die für die Finanzverwaltung zuständigen obersten Landesbehörden als oberste Behörden, … .

Steuergeheimnis

§ 30. Steuergeheimnis. (1) Amtsträger haben das Steuergeheimnis zu wahren.

§ 30a. Schutz von Bankkunden. (1) Bei der Ermittlung des Sachverhalts (§ 88) haben die Finanzbehörden auf das Vertrauensverhältnis zwischen den Kreditinstituten und deren Kunden besonders Rücksicht zu nehmen.

(2) Die Finanzbehörden dürfen von den Kreditinstituten zum Zweck der allgemeinen Überwachung die einmalige oder periodische Mitteilung von Konten bestimmter Art oder bestimmter Höhe nicht verlangen.

(5) Für Auskunftsersuchen an Kreditinstitute gilt § 93. Ist die Person des Steuerpflichtigen bekannt und gegen ihn kein Verfahren wegen einer Steuerstraftat oder einer Steuerordnungswidrigkeit eingeleitet, soll auch im Verfahren nach § 208 Abs. 1 Satz 1 ein Kreditinstitut erst um Auskunft und Vorlage von Urkunden gebeten werden, wenn ein Auskunftsersuchen an den Steuerpflichtigen nicht zum Ziele führt oder keinen Erfolg verspricht.

Steuerschuldverhältnis

§ 39. Zurechnung. (1) Wirtschaftsgüter sind dem Eigentümer zuzurechnen.

(2) Abweichend von Absatz 1 gelten die folgenden Vorschriften:

1. Übt ein anderer als der Eigentümer die tatsächliche Herrschaft über ein Wirtschaftsgut in der Weise aus, dass er den Eigentümer im Regelfall für die gewöhnliche Nutzungsdauer von der Einwirkung auf das Wirtschaftsgut wirtschaftlich ausschließen kann, so ist ihm das Wirtschaftsgut zuzurechnen. …

7

Dritter Teil. Allgemeine Verfahrensvorschriften

Besteuerungsgrundsätze, Beweismittel

▶ Allgemeines

§ 90. Mitwirkungspflichten der Beteiligten.

(1) [1]Die Beteiligten sind zur Mitwirkung bei der Ermittlung des Sachverhalts verpflichtet. [2]Sie kommen der Mitwirkungspflicht insbesondere dadurch nach, dass sie die für die Besteuerung erheblichen Tatsachen vollständig und wahrheitsgemäß offen legen und die ihnen bekannten Beweismittel angeben. [3]Der Umfang dieser Pflichten richtet sich nach den Umständen des Einzelfalls.

▶ Auskunfts- und Vorlageverweigerungsrechte

§ 101. Auskunfts- und Eidesverweigerungsrecht der Angehörigen. (1) [1]Die Angehörigen (§ 15) eines Beteiligten können die Auskunft verweigern, soweit sie nicht selbst als Beteiligte über ihre eigenen steuerlichen Verhältnisse auskunftspflichtig sind oder die Auskunftspflicht für einen Beteiligten zu erfüllen haben. [2]Die Angehörigen sind über das Auskunftsverweigerungsrecht zu belehren. [3]Die Belehrung ist aktenkundig zu machen.

Vierter Teil. Durchführung der Besteuerung

Erfassung der Steuerpflichtigen

▶ Anzeigepflichten

§ 138. Anzeigen über die Erwerbstätigkeit. (1) Wer einen Betrieb der Land- und Forstwirtschaft, einen gewerblichen Betrieb oder eine Betriebstätte eröffnet, hat dies nach amtlich vorgeschriebenem Vordruck der Gemeinde mitzuteilen, in der der Betrieb oder die Betriebstätte eröffnet wird; die Gemeinde unterrichtet unverzüglich das nach § 22 Abs. 1 zuständige Finanzamt von dem Inhalt der Mitteilung. …

▶ Identifikationsmerkmal

§ 139a. Identifikationsmerkmal. (1) Das Bundeszentralamt für Steuern teilt jedem Steuerpflichtigen zum Zwecke der eindeutigen Identifizierung in Besteuerungsverfahren ein einheitliches und dauerhaftes Merkmal (Identifikationsmerkmal) zu, das bei Anträgen, Erklärungen oder Mitteilungen gegenüber Finanzbehörden anzugeben ist. …

Mitwirkungspflichten

▶ Führung von Büchern und Aufzeichnungen

§ 140. Buchführungs- und Aufzeichnungspflichten nach anderen Gesetzen. Wer nach anderen Gesetzen als den Steuergesetzen Bücher und Aufzeichnungen zu führen hat, die für die Besteuerung von Bedeutung sind, hat die Verpflichtungen, die ihm nach den anderen Gesetzen obliegen, auch für die Besteuerung zu erfüllen.

7

§ 141. Buchführungspflicht bestimmter Steuerpflichtiger. (1) Gewerbliche Unternehmer sowie Land- und Forstwirte, die nach den Feststellungen der Finanzbehörde für den einzelnen Betrieb

1. Umsätze einschließlich der steuerfreien Umsätze, ausgenommen die Umsätze nach § 4 Nr. 8 bis 10 des Umsatzsteuergesetzes, von mehr als 500 000 Euro im Kalenderjahr oder
2. *aufgehoben*,
3. selbstbewirtschaftete land- und forstwirtschaftliche Flächen mit einem Wirtschaftswert … von mehr als 25 000 Euro oder
4. einen Gewinn aus Gewerbebetrieb von mehr als 50 000 Euro im Wirtschaftsjahr oder
5. einen Gewinn aus Land- und Forstwirtschaft von mehr als 50 000 Euro im Kalenderjahr

gehabt haben, sind auch dann verpflichtet, für diesen Betrieb Bücher zu führen und auf Grund jährlicher Bestandsaufnahmen Abschlüsse zu machen, wenn sich eine Buchführungspflicht nicht aus § 140 ergibt. …

§ 143. Aufzeichnung des Wareneingangs. (1) Gewerbliche Unternehmer müssen den Wareneingang gesondert aufzeichnen.

(2) [1]Aufzuzeichnen sind alle Waren einschließlich der Rohstoffe, unfertigen Erzeugnisse, Hilfsstoffe und Zutaten, die der Unternehmer im Rahmen seines Gewerbebetriebs zur Weiterveräußerung oder zum Verbrauch entgeltlich oder unentgeltlich, für eigene oder für fremde Rechnung, erwirbt; dies gilt auch dann, wenn die Waren vor der Weiterveräußerung oder dem Verbrauch be- oder verarbeitet werden sollen. [2]Waren, die nach Art des Betriebs üblicherweise für den Betrieb zur Weiterveräußerung oder zum Verbrauch erworben werden, sind auch dann aufzuzeichnen, wenn sie für betriebsfremde Zwecke verwendet werden.

(3) Die Aufzeichnungen müssen die folgenden Angaben enthalten:
1. den Tag des Wareneingangs oder das Datum der Rechnung,
2. den Namen oder die Firma und die Anschrift des Lieferers,
3. die handelsübliche Bezeichnung der Ware,
4. den Preis der Ware,
5. einen Hinweis auf den Beleg.

§ 144. Aufzeichnung des Warenausgangs. (1) Gewerbliche Unternehmer, die nach der Art ihres Geschäftsbetriebs Waren regelmäßig an andere gewerbliche Unternehmer zur Weiterveräußerung oder zum Verbrauch als Hilfsstoffe liefern, müssen den erkennbar für diese Zwecke bestimmten Warenausgang gesondert aufzeichnen.

(3) Die Aufzeichnungen müssen die folgenden Angaben enthalten:
1. den Tag des Warenausgangs oder das Datum der Rechnung,
2. den Namen oder die Firma und die Anschrift des Abnehmers,
3. die handelsübliche Bezeichnung der Ware,
4. den Preis der Ware,
5. einen Hinweis auf den Beleg.

(4) Der Unternehmer muss über jeden Ausgang der in den Absätzen 1 und 2 genannten Waren einen Beleg erteilen, der die in Absatz 3 bezeichneten Angaben sowie seinen Namen oder die Firma und seine Anschrift enthält.

§ 145. Allgemeine Anforderungen an Buchführung und Aufzeichnungen. (1) [1]Die Buchführung muss so beschaffen sein, dass sie einem sachverständigen Dritten innerhalb angemessener Zeit einen Überblick über die Geschäftsvorfälle und über die Lage des Unternehmens vermitteln kann. [2]Die Geschäftsvorfälle müssen sich in ihrer Entstehung und Abwicklung verfolgen lassen.

(2) Aufzeichnungen sind so vorzunehmen, dass der Zweck, den sie für die Besteuerung erfüllen sollen, erreicht wird.

§ 146. Ordnungsvorschriften für die Buchführung und für Aufzeichnungen. (1) [1]Die Buchungen und die sonst erforderlichen Aufzeichnungen sind vollständig, richtig, zeitgerecht und geordnet vorzunehmen. [2]Kasseneinnahmen und Kassenausgaben sollen täglich festgehalten werden.

(2) [1]Bücher und die sonst erforderlichen Aufzeichnungen sind im Geltungsbereich dieses Gesetzes zu führen und aufzubewahren. [2]Dies gilt nicht, soweit für Betriebstätten außerhalb des Geltungsbereichs dieses Gesetzes nach dortigem Recht eine Verpflichtung besteht, Bücher und Aufzeichnungen zu führen, und diese Verpflichtung erfüllt wird. [3]In diesem Fall sowie bei Organgesellschaften außerhalb des Geltungsbereichs dieses Gesetzes müssen die Ergebnisse der dortigen Buchführung in die Buchführung des hiesigen Unternehmens übernommen werden, soweit sie für die Besteuerung von Bedeutung sind. [4]Dabei sind die erforderlichen Anpassungen an die steuerrechtlichen Vorschriften im Geltungsbereich dieses Gesetzes vorzunehmen und kenntlich zu machen.

...

(3) [1]Die Buchungen und die sonst erforderlichen Aufzeichnungen sind in einer lebenden Sprache vorzunehmen. [2]Wird eine andere als die deutsche Sprache verwendet, so kann die Finanzbehörde Übersetzungen verlangen. [3]Werden Abkürzungen, Ziffern, Buchstaben oder Symbole verwendet, muss im Einzelfall deren Bedeutung eindeutig festliegen.

(4) [1]Eine Buchung oder eine Aufzeichnung darf nicht in einer Weise verändert werden, dass der ursprüngliche Inhalt nicht mehr feststellbar ist. [2]Auch solche Veränderungen dürfen nicht vorgenommen werden, deren Beschaffenheit es ungewiss lässt, ob sie ursprünglich oder erst später gemacht worden sind.

(5) [1]Die Bücher und die sonst erforderlichen Aufzeichnungen können auch in der geordneten Ablage von Belegen bestehen oder auf Datenträgern geführt werden, soweit diese Formen der Buchführung einschließlich des dabei angewandten Verfahrens den Grundsätzen ordnungsmäßiger Buchführung entsprechen; bei Aufzeichnungen, die allein nach den Steuergesetzen vorzunehmen sind, bestimmt sich die Zulässigkeit des angewendeten Verfahrens nach dem Zweck, den die Aufzeichnungen für die Besteuerung erfüllen sollen. [2]Bei der Führung der Bücher und der sonst erforderlichen Aufzeichnungen auf Datenträgern muss insbesondere sichergestellt sein, dass während der Dauer der Aufbewahrungsfrist die Daten jederzeit verfügbar sind und unverzüglich lesbar gemacht werden können. ... [3]Absätze 1 bis 4 gelten sinngemäß.

(6) Die Ordnungsvorschriften gelten auch dann, wenn der Unternehmer Bücher und Aufzeichnungen, die für die Besteuerung von Bedeutung sind, führt, ohne hierzu verpflichtet zu sein.

§ 147. Ordnungsvorschriften für die Aufbewahrung von Unterlagen. (1) Die folgenden Unterlagen sind geordnet aufzubewahren:
1. Bücher und Aufzeichnungen, Inventare, Jahresabschlüsse, Lageberichte, die Eröffnungsbilanz sowie die zu ihrem Verständnis erforderlichen Arbeitsanweisungen und sonstigen Organisationsunterlagen,
2. die empfangenen Handels- oder Geschäftsbriefe,
3. Wiedergaben der abgesandten Handels- oder Geschäftsbriefe,
4. Buchungsbelege,
5. sonstige Unterlagen, soweit sie für die Besteuerung von Bedeutung sind.

(2) Mit Ausnahme der Jahresabschlüsse und der Eröffnungsbilanz können die in Absatz 1 aufgeführten Unterlagen auch als Wiedergabe auf einem Bildträger oder auf anderen Datenträgern aufbewahrt werden, wenn dies den Grundsätzen ordnungsmäßiger Buchführung entspricht und sichergestellt ist, dass die Wiedergabe oder die Daten

1. mit den empfangenen Handels- oder Geschäftsbriefen und den Buchungsbelegen bildlich und mit den anderen Unterlagen inhaltlich übereinstimmen, wenn sie lesbar gemacht werden,
2. während der Dauer der Aufbewahrungsfrist jederzeit verfügbar sind, unverzüglich lesbar gemacht und maschinell ausgewertet werden können.

(3) [1]Die in Absatz 1 Nr. 1 und 4 aufgeführten Unterlagen sind zehn Jahre, die sonstigen in Absatz 1 aufgeführten Unterlagen sechs Jahre aufzubewahren, sofern nicht in anderen Steuergesetzen kürzere Aufbewahrungsfristen zugelassen sind. [2]Kürzere Aufbewahrungsfristen nach außersteuerlichen Gesetzen lassen die in Satz 1 bestimmten Frist unberührt. [3]Die Aufbewahrungsfrist läuft jedoch nicht ab, soweit und solange die Unterlagen für Steuern von Bedeutung sind, für welche die Festsetzungsfrist noch nicht abgelaufen ist; …;

(4) Die Aufbewahrungsfrist beginnt mit dem Schluss des Kalenderjahrs, in dem die letzte Eintragung in das Buch gemacht, das Inventar, die Eröffnungsbilanz, der Jahresabschluss oder der Lagebericht aufgestellt, der Handels- oder Geschäftsbrief empfangen oder abgesandt worden oder der Buchungsbeleg entstanden ist, ferner die Aufzeichnung vorgenommen worden ist oder die sonstigen Unterlagen entstanden sind.

(5) Wer aufzubewahrende Unterlagen in der Form einer Wiedergabe auf einem Bildträger oder auf anderen Datenträgern vorlegt, ist verpflichtet, auf seine Kosten diejenigen Hilfsmittel zur Verfügung zu stellen, die erforderlich sind, um die Unterlagen lesbar zu machen; auf Verlangen der Finanzbehörde hat er auf seine Kosten die Unterlagen unverzüglich ganz oder teilweise auszudrucken oder ohne Hilfsmittel lesbare Reproduktionen beizubringen.

§ 147a. Vorschriften für die Aufbewahrung von Aufzeichnungen und Unterlagen bestimmter Steuerpflichtige. [1]Steuerpflichtige, bei denen die Summe der positiven Einkünfte nach § 2 Absatz 1 Nummer 4 bis 7 des Einkommensteuergesetzes (Überschusseinkünfte) mehr als 500.000 Euro im Kalenderjahr beträgt, haben die Aufzeichnungen und Unterlagen über die den Überschusseinkünften zu Grunde liegenden Einnahmen und Werbungskosten sechs Jahre aufzubewahren. [2]Im Falle der Zusammenveranlagung sind für die Feststellung des Überschreitens des Betrags von 500.000 Euro die Summe der positiven Einkünfte nach Satz 1 eines jeden Ehegatten maßgebend. [3]Die Verpflichtung nach Satz 1 ist vom Beginn des Kalenderjahrs an zu erfüllen, das auf das Kalenderjahr folgt, in dem die Summe der positiven Einkünfte im Sinne des Satzes 1 mehr als 500.000 Euro beträgt. [4]Die Verpflichtung nach Satz 1 endet mit Ablauf des fünften aufeinanderfolgenden Kalenderjahrs, in dem die Voraussetzungen des Satzes 1 nicht erfüllt sind. § 147 Absatz 2, Absatz 3 Satz 3 und die Absätze 4 bis 6 gelten entsprechend. [5]Die Sätze 1 bis 3 und 5 gelten entsprechend in den Fällen, in denen die zuständige Finanzbehörde den Steuerpflichtigen für die Zukunft zur Aufbewahrung der in Satz 1 genannten Aufzeichnungen und Unterlagen verpflichtet, weil er seinen Mitwirkungspflichten nach § 90 Absatz 2 Satz 3 nicht nachgekommen ist.

▶ Steuererklärungen

§ 149. Abgabe der Steuererklärungen.

(1) [1]Die Steuergesetze bestimmen, wer zur Abgabe einer Steuererklärung verpflichtet ist. [2]Zur Abgabe einer Steuererklärung ist auch verpflichtet, wer hierzu von der Finanzbehörde aufgefordert wird. [3]Die Aufforderung kann durch öffentliche Bekanntmachung erfolgen. [4]Die Verpflichtung zur Abgabe einer Steuererklärung bleibt auch dann bestehen, wenn die Finanzbehörde die Besteuerungsgrundlagen geschätzt hat (§ 162).

(2) [1]Soweit die Steuergesetze nichts anderes bestimmen, sind Steuererklärungen, die sich auf ein Kalenderjahr oder einen gesetzlich bestimmten Zeitpunkt beziehen, spätestens fünf Monate danach abzugeben. …

§ 150. Form und Inhalt der Steuererklärungen.

(1) [1]Die Steuererklärungen sind nach amtlich vorgeschriebenem Vordruck abzugeben, soweit nicht eine mündliche Steuererklärung zugelassen ist. [2]§ 87 a ist nur anwendbar, soweit auf Grund eines Gesetzes oder einer nach Absatz 6 erlassenen Rechtsverordnung die Steuererklärung auf maschinell verwertbarem Datenträger oder durch Datenfernübertragung übermittelt werden darf. [3]Der Steuerpflichtige hat in der Steuererklärung die Steuer selbst zu berechnen, soweit dies gesetzlich vorgeschrieben ist (Steueranmeldung).

(2) [1]Die Angaben in den Steuererklärungen sind wahrheitsgemäß nach bestem Wissen und Gewissen zu machen. [2]Dies ist, wenn der Vordruck dies vorsieht, schriftlich zu versichern.

(3) [1]Ordnen die Steuergesetze an, dass der Steuerpflichtige die Steuererklärung eigenhändig zu unterschreiben hat, so ist die Unterzeichnung durch einen Bevollmächtigten nur dann zulässig, wenn der Steuerpflichtige infolge seines körperlichen oder geistigen Zustands oder durch längere Abwesenheit an der Unterschrift gehindert ist. [2]Die eigenhändige Unterschrift

kann nachträglich verlangt werden, wenn der Hinderungsgrund weggefallen ist.

§ 152. Verspätungszuschlag. (1) [1]Gegen denjenigen, der seiner Verpflichtung zur Abgabe einer Steuererklärung nicht oder nicht fristgemäß nachkommt, kann ein Verspätungszuschlag festgesetzt werden. [2]Von der Festsetzung eines Verspätungszuschlags ist abzusehen, wenn die Versäumnis entschuldbar erscheint. [3]Das Verschulden eines gesetzlichen Vertreters oder eines Erfüllungsgehilfen steht dem eigenen Verschulden gleich.

§ 154. Kontenwahrheit. (1) Niemand darf auf einen falschen oder erdichteten Namen für sich oder einen Dritten ein Konto errichten oder Buchungen vornehmen lassen, Wertsachen (Geld, Wertpapiere, Kostbarkeiten) in Verwahrung geben oder verpfänden oder sich ein Schließfach geben lassen.

(2) [1]Wer ein Konto führt, Wertsachen verwahrt oder als Pfand nimmt oder ein Schließfach überlässt, hat sich zuvor Gewissheit über die Person und Anschrift des Verfügungsberechtigten zu verschaffen und die entsprechenden Angaben in geeigneter Form, bei Konten auf dem Konto, festzuhalten. [2]Er hat sicherzustellen, dass er jederzeit Auskunft darüber geben kann, über welche Konten oder Schließfächer eine Person verfügungsberechtigt ist.

Festsetzungs- und Feststellungsverfahren

▶ Steuerfestsetzung

Allgemeine Vorschriften

§ 155. Steuerfestsetzung. (1) Die Steuern werden, soweit nichts anderes vorgeschrieben ist, von der Finanzbehörde durch Steuerbescheid festgesetzt.

§ 157. Form und Inhalt der Steuerbescheide. (1) [1]Steuerbescheide sind schriftlich zu erteilen, soweit nichts anderes bestimmt ist. [2]Schriftliche Steuerbescheide müssen die festgesetzte Steuer nach Art und Betrag bezeichnen und angeben, wer die Steuer schuldet. [3]Ihnen ist außerdem eine Belehrung darüber beizufügen, welcher Rechtsbehelf zulässig ist und binnen welcher Frist und bei welcher Behörde er einzulegen ist.

§ 158. Beweiskraft der Buchführung. Die Buchführung und die Aufzeichnungen des Steuerpflichtigen, die den Vorschriften der §§ 140 bis 148 entsprechen, sind der Besteuerung zugrunde zu legen, soweit nach den Umständen des Einzelfalls kein Anlass ist, ihre sachliche Richtigkeit zu beanstanden.

§ 162. Schätzung von Besteuerungsgrundlagen. (1) [1]Soweit die Finanzbehörde die Besteuerungsgrundlagen nicht ermitteln oder berechnen kann, hat sie sie zu schätzen. [2]Dabei sind alle Umstände zu berücksichtigen, die für die Schätzung von Bedeutung sind.

(2) [1]Zu schätzen ist insbesondere dann, wenn der Steuerpflichtige über seine Angaben keine ausreichenden Aufklärungen zu geben vermag oder weitere Auskunft oder eine Versicherung an Eides statt verweigert oder seine Mitwirkungspflicht nach § 90 Abs. 2 verletzt. [2]Das Gleiche gilt, wenn der Steuerpflichtige Bücher oder Aufzeichnungen, die er nach den Steuergesetzen zu führen hat, nicht vorlegen kann, wenn die Buchführung oder die Aufzeichnungen der Besteuerung nicht nach § 158 zugrunde gelegt werden oder wenn tatsächliche Anhaltspunkte für die Unrichtigkeit oder Unvollständigkeit der vom Steuerpflichtigen gemachten Angaben zu steuerpflichtigen Einnahmen oder Betriebsvermögensrnehrungen bestehen und der Steuerpflichtige die Zustimmung nach § 93 Abs. 7 Satz 1 Nr. 5 nicht erteilt. [3]Hat der Steuerpflichtige seine Mitwirkungspflichten nach § 90 Absatz 2 Satz 3 verletzt, so wird widerlegbar vermutet, dass steuerpflichtige Einkünfte in Staaten oder Gebieten im Sinne des § 90 Absatz 2 Satz 3 vorhanden oder höher als die erklärten Einkünfte sind.

(3) [1]Verletzt ein Steuerpflichtiger seine Mitwirkungspflichten nach § 90 Abs. 3 dadurch, dass er die Aufzeichnungen nicht vorlegt, oder sind vorgelegte Aufzeichnungen im Wesentlichen unverwertbar oder wird festgestellt, dass der Steuerpflichtige Aufzeichnungen im Sinne des § 90 Abs. 3 Satz 3 nicht zeitnah erstellt hat, so wird widerlegbar vermutet, dass seine im Inland steuerpflichtigen Einkünfte, zu deren Ermittlung die Aufzeichnungen im Sinne des § 90 Abs. 3 dienen, höher als die von ihm erklärten Einkünfte sind. [2]Hat in solchen Fällen die Finanzbehörde eine Schätzung vorzunehmen und können diese Einkünfte nur innerhalb eines bestimmten Rahmens, insbesondere nur auf Grund von Preisspannen bestimmt werden, kann dieser Rahmen zu Lasten des Steuerpflichtigen ausgeschöpft werden. [3]Bestehen trotz Vorlage verwertbarer Aufzeichnungen durch den Steuerpflichtigen Anhaltspunkte dafür, dass seine Einkünfte bei Beachtung des Fremdvergleichsgrundsatzes höher wären als die auf Grund der Aufzeichnungen erklärten Einkünfte, und können entsprechende Zweifel deswegen nicht aufgeklärt werden, weil eine ausländische, nahe stehende Person ihre Mit-

wirkungspflichten nach § 90 Abs. 2 oder ihre Auskunftspflichten nach § 93 Abs. 1 nicht erfüllt, ist Satz 2 entsprechend anzuwenden.

(4) [1]Legt ein Steuerpflichtiger Aufzeichnungen im Sinne des § 90 Abs. 3 nicht vor oder sind vorgelegte Aufzeichnungen im Wesentlichen unverwertbar, ist ein Zuschlag von 5.000 Euro festzusetzen. [2]Der Zuschlag beträgt mindestens 5 Prozent und höchstens 10 Prozent des Mehrbetrags der Einkünfte, der sich nach einer Berichtigung auf Grund der Anwendung des Absatzes 3 ergibt, wenn sich danach ein Zuschlag von mehr als 5.000 Euro ergibt. [3]Bei verspäteter Vorlage von verwertbaren Aufzeichnungen beträgt der Zuschlag bis zu 1.000.000 Euro, mindestens jedoch 100 Euro für jeden vollen Tag der Fristüberschreitung. [4]Soweit den Finanzbehörden Ermessen hinsichtlich der Höhe des Zuschlags eingeräumt ist, sind neben dessen Zweck, den Steuerpflichtigen zur Erstellung und fristgerechten Vorlage der Aufzeichnungen im Sinne des § 90 Abs. 3 anzuhalten, insbesondere die von ihm gezogenen Vorteile und bei verspäteter Vorlage auch die Dauer der Fristüberschreitung zu berücksichtigen. [5]Von der Festsetzung eines Zuschlags ist abzusehen, wenn die Nichterfüllung der Pflichten nach § 90 Abs. 3 entschuldbar erscheint oder ein Verschulden nur geringfügig ist. [6]Das Verschulden eines gesetzlichen Vertreters oder eines Erfüllungsgehilfen steht dem eigenen Verschulden gleich. [7]Der Zuschlag ist regelmäßig nach Abschluss der Außenprüfung festzusetzen.

§ 164. Steuerfestsetzung unter Vorbehalt der Nachprüfung. (1) [1]Die Steuern können, solange der Steuerfall nicht abschließend geprüft ist, allgemein oder im Einzelfall unter dem Vorbehalt der Nachprüfung festgesetzt werden, ohne dass dies einer Begründung bedarf. [2]Die Festsetzung einer Vorauszahlung ist stets eine Steuerfestsetzung unter Vorbehalt der Nachprüfung.

Außenprüfung

► Allgemeine Vorschriften

§ 193. Zulässigkeit einer Außenprüfung.

(1) Eine Außenprüfung ist zulässig bei Steuerpflichtigen, die einen gewerblichen oder land- und forstwirtschaftlichen Betrieb unterhalten die freiberuflich tätig sind, und bei Steuerpflichtigen im Sinne des § 147a.

(2) Bei anderen als den in Absatz 1 bezeichneten Steuerpflichtigen ist eine Außenprüfung zulässig,

1. soweit sie die Verpflichtung dieser Steuerpflichtigen betrifft, für Rechnung eines anderen Steuern zu entrichten oder Steuern einzubehalten und abzuführen,
2. wenn die für die Besteuerung erheblichen Verhältnisse der Aufklärung bedürfen und eine Prüfung an Amtsstelle nach Art und Umfang des zu prüfenden Sachverhalts nicht zweckmäßig ist oder
3. wenn ein Steuerpflichtiger seinen Mitwirkungspflichten nicht nachkommt.

Steuerfahndung (Zollfahndung)

§ 208. Steuerfahndung (Zollfahndung).

(1) Aufgabe der Steuerfahndung (Zollfahndung) ist

1. die Erforschung von Steuerstraftaten und Steuerordnungswidrigkeiten,
2. die Ermittlung der Besteuerungsgrundlagen in den in Nummer 1 bezeichneten Fällen,
3. die Aufdeckung und Ermittlung unbekannter Steuerfälle.

§ 210. Befugnisse der Finanzbehörde.

(1) Die von der Finanzbehörde mit der Steueraufsicht betrauten Amtsträger sind berechtigt, Grundstücke und Räume von Personen, die eine gewerbliche oder berufliche Tätigkeit selbständig ausüben und denen ein der Steueraufsicht unterliegender Sachverhalt zuzurechnen ist, während der Geschäfts- und Arbeitszeiten zu betreten, um Prüfungen vorzunehmen oder sonst Feststellungen zu treffen, die für die Besteuerung erheblich sein können (Nachschau).

Fünfter Teil. Erhebungsverfahren

Verwirklichung, Fälligkeit und Erlöschen von Ansprüchen aus dem Steuerschuldverhältnis

▶ Zahlungsverjährung

§ 228. Gegenstand der Verjährung, Verjährungsfrist. [1]Ansprüche aus dem Steuerschuldverhältnis unterliegen einer besonderen Zahlungsverjährung. [2]Die Verjährungsfrist beträgt fünf Jahre.

§ 229. Beginn der Verjährung. (1) Die Verjährung beginnt mit Ablauf des Kalenderjahrs, in dem der Anspruch erstmals fällig geworden ist.

§ 230. Hemmung der Verjährung. Die Verjährung ist gehemmt, solange der Anspruch wegen höherer Gewalt innerhalb der letzten sechs Monate der Verjährungsfrist nicht verfolgt werden kann.

§ 231. Unterbrechung der Verjährung.
(1) Die Verjährung wird unterbrochen durch schriftliche Geltendmachung des Anspruches, durch Zahlungsaufschub, durch Stundung, durch Aussetzung der Vollziehung, durch Sicherheitsleistung, durch Vollstreckungsaufschub, durch eine Vollstreckungsmaßnahme, durch Anmeldung im Insolvenzverfahren, durch Aufnahme in einen Insolvenzplan oder einen gerichtlichen Schuldenbereinigungsplan, durch Einbeziehung in ein Verfahren, das die Restschuldbefreiung für den Schuldner zum Ziel hat, und durch Ermittlungen der Finanzbehörde nach dem Wohnsitz oder dem Aufenthaltsort des Zahlungspflichtigen.

(3) Mit Ablauf des Kalenderjahrs, in dem die Unterbrechung geendet hat, beginnt eine neue Verjährungsfrist.

§ 232. Wirkung der Verjährung. Durch die Verjährung erlöschen der Anspruch aus dem Steuerschuldverhältnis und die von ihm abhängenden Zinsen.

Siebenter Teil. Außergerichtliches Rechtsbehelfsverfahren

Zulässigkeit

§ 347. Statthaftigkeit des Einspruchs.
(1) Gegen Verwaltungsakte
1. in Abgabenangelegenheiten, auf die dieses Gesetz Anwendung findet,
2. in Verfahren zur Vollstreckung von Verwaltungsakten in anderen als den in Nummer 1 bezeichneten Angelegenheiten, soweit die Verwaltungsakte durch Bundesfinanzbehörden oder Landesfinanzbehörden nach den Vorschriften dieses Gesetzes zu vollstrecken sind,
3. in öffentlich-rechtlichen und berufsrechtlichen Angelegenheiten, auf die dieses Gesetz nach § 164 a des Steuerberatungsgesetzes Anwendung findet,
4. in anderen durch die Finanzbehörden verwalteten Angelegenheiten, soweit die Vorschriften über die außergerichtlichen Rechtsbehelfe durch Gesetz für anwendbar erklärt worden sind oder erklärt werden,

ist als Rechtsbehelf der Einspruch statthaft. …

§ 348. Ausschluss des Einspruchs. Der Einspruch ist nicht statthaft
1. gegen Einspruchsentscheidungen (§ 367),
2. bei Nichtentscheidung über einen Einspruch,
3. gegen Verwaltungsakte der obersten Finanzbehörden des Bundes und der Länder, außer wenn ein Gesetz das Einspruchsverfahren vorschreibt,
4. gegen Entscheidungen der Oberfinanzdirektionen in Angelegenheiten des Zweiten Abschnitts des Zweiten Teils des Steuerberatungsgesetzes,

§ 350. Beschwer. Befugt, Einspruch einzulegen, ist nur, wer geltend macht, durch einen Verwaltungsakt oder dessen Unterlassung beschwert zu sein.

Verfahrensvorschriften

§ 355. Einspruchsfrist. (1) [1]Der Einspruch nach § 347 Abs. 1 Satz 1 ist innerhalb eines Monats nach Bekanntgabe des Verwaltungsakts einzulegen. [2]Ein Einspruch gegen eine Steueranmeldung ist innerhalb eines Monats nach Eingang der Steueranmeldung bei der Finanzbehörde, in den Fällen des § 168 Satz 2 innerhalb eines Monats nach Bekanntwerden der Zustimmung, einzulegen.

(2) Der Einspruch nach § 347 Abs. 1 Satz 2 ist unbefristet.

§ 356. Rechtsbehelfsbelehrung. (1) Ergeht ein Verwaltungsakt schriftlich oder elektronisch, so beginnt die Frist für die Einlegung des Einspruchs nur, wenn der Beteiligte über den Einspruch und die Finanzbehörde, bei der er einzulegen ist, deren Sitz und die einzuhaltende Frist in der für den Verwaltungsakt verwendeten Form belehrt worden ist.

§ 357. Einlegung des Einspruchs. (1) [1]Der Einspruch ist schriftlich oder elektronisch einzureichen oder zur Niederschrift zu erklären. [2]Es genügt, wenn aus dem Einspruch hervorgeht, wer ihn eingelegt hat. [3]Einlegung durch Telegramm ist zulässig. [4]Unrichtige Bezeichnung des Einspruchs schadet nicht.

(2) Der Einspruch ist bei der Behörde anzubringen, deren Verwaltungsakt angefochten wird oder bei der ein Antrag auf Erlass eines Verwaltungsakts gestellt worden ist. …

Achter Teil. Straf- und Bußgeldvorschriften; Straf- und Bußgeldverfahren

Strafvorschriften

§ 370. Steuerhinterziehung. (1) Mit Freiheitsstrafe bis zu fünf Jahren oder mit Geldstrafe wird bestraft, wer

1. den Finanzbehörden oder anderen Behörden über steuerlich erhebliche Tatsachen unrichtige oder unvollständige Angaben macht,
2. die Finanzbehörden pflichtwidrig über steuerlich erhebliche Tatsachen in Unkenntnis lässt oder
3. pflichtwidrig die Verwendung von Steuerzeichen oder Steuerstemplern unterlässt

und dadurch Steuern verkürzt oder für sich oder einen anderen nicht gerechtfertigte Steuervorteile erlangt.

(2) Der Versuch ist strafbar.

(3) In besonders schweren Fällen ist die Strafe Freiheitsstrafe von sechs Monaten bis zu zehn Jahren. …

§ 371. Selbstanzeige bei Steuerhinterziehung. (1) Wer gegenüber der Finanzbehörde zu allen unverjährten Straftaten einer Steuerart in vollem Umfang die unrichtigen Angaben berichtigt, die unvollständigen Angaben ergänzt oder die unterlassenen Angaben nachholt, wird wegen dieser Steuerstraftaten nicht nach § 370 bestraft.

Bußgeldvorschriften

§ 377. Steuerordnungswidrigkeiten. (1) Steuerordnungswidrigkeiten (Zollordnungswidrigkeiten) sind Zuwiderhandlungen, die nach den Steuergesetzen mit Geldbuße geahndet werden können.

§ 379. Steuergefährdung. (1) Ordnungswidrig handelt, wer vorsätzlich oder leichtfertig

1. Belege ausstellt, die in tatsächlicher Hinsicht unrichtig sind,
2. Belege gegen Entgelt in den Verkehr bringt oder
3. nach Gesetz buchungs- oder aufzeichnungspflichtige Geschäftsvorfälle oder Betriebsvorgänge nicht oder in tatsächlicher Hinsicht unrichtig verbucht oder verbuchen lässt

und dadurch ermöglicht, Steuern zu verkürzen oder nicht gerechtfertigte Steuervorteile zu erlangen. …

Bewertungsgesetz

In der Fassung der Bekanntmachung vom 1. Februar 1991,
mit Änderungen bis zum 18. Dezember 2013

Allgemeine Bewertungsvorschriften

§ 1. Geltungsbereich. (1) Die allgemeinen Bewertungsvorschriften (§§ 2 bis 16) gelten für alle öffentlich-rechtlichen Abgaben, die durch Bundesrecht geregelt sind, soweit sie durch Bundesfinanzbehörden oder durch Landesfinanzbehörden verwaltet werden.

(2) Die allgemeinen Bewertungsvorschriften gelten nicht, soweit im Zweiten Teil dieses Gesetzes oder in anderen Steuergesetzen besondere Bewertungsvorschriften enthalten sind.

§ 2. Wirtschaftliche Einheit. (1) [1]Jede wirtschaftliche Einheit ist für sich zu bewerten. [2]Ihr Wert ist im ganzen festzustellen. [3]Was als wirtschaftliche Einheit zu gelten hat, ist nach den Anschauungen des Verkehrs zu entscheiden. [4]Die örtliche Gewohnheit, die tatsächliche Übung, die Zweckbestimmung und die wirtschaftliche Zusammengehörigkeit der einzelnen Wirtschaftsgüter sind zu berücksichtigen.

(2) Mehrere Wirtschaftsgüter kommen als wirtschaftliche Einheit nur insoweit in Betracht, als sie demselben Eigentümer gehören.

(3) Die Vorschriften der Absätze 1 und 2 gelten nicht, soweit eine Bewertung der einzelnen Wirtschaftsgüter vorgeschrieben ist.

§ 3. Wertermittlung bei mehreren Beteiligten. [1]Steht ein Wirtschaftsgut mehreren Personen zu, so ist sein Wert im ganzen zu ermitteln. [2]Der Wert ist auf die Beteiligten nach dem Verhältnis ihrer Anteile zu verteilen, soweit nicht nach dem maßgebenden Steuergesetz die Gemeinschaft selbständig steuerpflichtig ist.

§ 9. Bewertungsgrundsatz, gemeiner Wert. (1) Bei Bewertungen ist, soweit nichts anderes vorgeschrieben ist, der gemeine Wert zugrunde zu legen.

(2) [1]Der gemeine Wert wird durch den Preis bestimmt, der im gewöhnlichen Geschäftsverkehr nach der Beschaffenheit des Wirtschaftsgutes bei einer Veräußerung zu erzielen wäre. [2]Dabei sind alle Umstände, die den Preis beeinflussen, zu berücksichtigen. [3]Ungewöhnliche oder persönliche Verhältnisse sind nicht zu berücksichtigen.

§ 10. Begriff des Teilwerts. [1]Wirtschaftsgüter, die einem Unternehmen dienen, sind, soweit nichts anderes vorgeschrieben ist, mit dem Teilwert anzusetzen. [2]Teilwert ist der Betrag, den ein Erwerber des ganzen Unternehmens im Rahmen des Gesamtkaufpreises für das einzelne Wirtschaftsgut ansetzen würde. [3]Dabei ist davon auszugehen, daß der Erwerber das Unternehmen fortführt.

§ 11. Wertpapiere und Anteile. (1) [1]Wertpapiere und Schuldbuchforderungen, die am Stichtag an einer deutschen Börse zum amtlichen Handel im regulierten Markt zugelassen sind, werden mit dem niedrigsten am Stichtag für sie im regulierten Markt notierten Kurs angesetzt. [2]Liegt am Stichtag eine Notierung nicht vor, so ist der letzte innerhalb von 30 Tagen vor dem Stichtag im regulierten Markt notierte Kurs maßgebend. [3]Entsprechend sind die Wertpapiere zu bewerten, die in den Freiverkehr einbezogen sind.

(2) Anteile an Kapitalgesellschaften, die nicht unter Absatz 1 fallen, sind mit dem gemeinen Wert anzusetzen. Lässt sich der gemeine Wert nicht aus Verkäufen unter fremden Dritten ableiten, die weniger als ein Jahr zurückliegen, so ist er unter Berücksichtigung der Ertragsaussichten der Kapitalgesellschaft oder einer anderen anerkannten, auch im gewöhnlichen Geschäftsverkehr für nichtsteuerliche Zwecke üblichen Methode zu ermitteln; dabei ist die Methode anzuwenden, die ein Erwerber der Bemessung des Kaufpreises zu Grunde legen würde. Die Summe der gemeinen Werte der zum Betriebsvermögen gehörenden Wirtschaftsgüter und sonstigen aktiven Ansätze abzüglich der zum Betriebsvermögen gehörenden Schulden und sonstigen Abzüge (Substanzwert) der Gesellschaft darf nicht unterschritten werden; …

(3) Ist der gemeine Wert einer Anzahl von Anteilen an einer Kapitalgesellschaft, die einer Person gehören, infolge besonderer Umstände (z. B. weil die Höhe der Beteiligung die Beherrschung der Kapitalgesellschaft ermöglicht) höher als der Wert, der sich auf Grund der Kurswerte (Absatz 1) oder der gemeinen Werte (Absatz 2) für die einzelnen Anteile insgesamt ergibt, so ist der gemeine Wert der Beteiligung maßgebend.

(4) Anteile oder Aktien, die Rechte an einem Investmentvermögen im Sinne des Kapitalgesetzbuchs verbriefen, sind mit dem Rücknahmepreis anzusetzen.

§ 12. Kapitalforderungen und Schulden. (1) Kapitalforderungen, die nicht im § 11 bezeichnet sind, und Schulden sind mit dem

Nennwert anzusetzen, wenn nicht besondere Umstände einen höheren oder geringeren Wert begründen.

(2) Forderungen, die uneinbringlich sind, bleiben außer Ansatz.

(3) [1]Der Wert unverzinslicher Forderungen oder Schulden, deren Laufzeit mehr als ein Jahr beträgt und die zu einem bestimmten Zeitpunkt fällig sind, ist der Betrag, der vom Nennwert nach Abzug von Zwischenzinsen unter Berücksichtigung von Zinseszinsen verbleibt. [2]Dabei ist von einem Zinssatz von 5,5 Prozent auszugehen.

(4) Noch nicht fällige Ansprüche aus Lebens-, Kapital- oder Rentenversicherungen werden mit dem Rückkaufswert bewertet. Rückkaufswert ist der Betrag, den das Versicherungsunternehmen dem Versicherungsnehmer im Falle der vorzeitigen Aufhebung des Vertragsverhältnisses zu erstatten hat. Die Berechnung des Werts, insbesondere die Berücksichtigung von ausgeschütteten und gutgeschriebenen Gewinnanteilen kann durch Rechtsverordnung geregelt werden.

Besondere Bewertungsvorschriften

§ 95. Begriff des Betriebsvermögens.

(1) Das Betriebsvermögen umfasst alle Teile eines Gewerbebetriebs im Sinne des § 15 Abs. 1 und 2 des Einkommensteuergesetzes, die bei der steuerlichen Gewinnermittlung zum Betriebsvermögen gehören.

(2) Als Gewerbebetrieb gilt unbeschadet des § 97 nicht die Land- und Forstwirtschaft, wenn sie den Hauptzweck des Unternehmens bildet.

Einkommensteuergesetz (EStG)

In der Fassung der Bekanntmachung vom 8. Oktober 2009
mit Änderungen bis zum 18. Dezember 2013

I. Steuerpflicht

§ 1. Steuerpflicht. (1) [1]Natürliche Personen, die im Inland einen Wohnsitz oder ihren gewöhnlichen Aufenthalt haben, sind unbeschränkt einkommensteuerpflichtig. [2]Zum Inland im Sinne dieses Gesetzes gehört auch der der Bundesrepublik Deutschland zustehende Anteil am Festlandsockel, soweit dort Naturschätze des Meeresgrundes und des Meeresuntergrundes erforscht oder ausgebeutet werden oder dieser der Energieerzeugung unter Nutzung erneuerbarer Energien dient.

(2) Unbeschränkt einkommensteuerpflichtig sind auch deutsche Staatsangehörige, die
1. im Inland weder einen Wohnsitz noch ihren gewöhnlichen Aufenthalt haben und
2. zu einer inländischen juristischen Person des öffentlichen Rechts in einem Dienstverhältnis stehen und dafür Arbeitslohn aus einer inländischen öffentlichen Kasse beziehen,

sowie zu ihrem Haushalt gehörende Angehörige, die die deutsche Staatsangehörigkeit besitzen oder keine Einkünfte oder nur Einkünfte beziehen, die ausschließlich im Inland einkommensteuerpflichtig sind. …

II. Einkommen

Sachliche Voraussetzungen für die Besteuerung

§ 2. Umfang der Besteuerung, Begriffsbestimmungen. (1) [1]Der Einkommensteuer unterliegen
1. Einkünfte aus Land- und Forstwirtschaft,
2. Einkünfte aus Gewerbebetrieb,
3. Einkünfte aus selbständiger Arbeit,
4. Einkünfte aus nichtselbständiger Arbeit,
5. Einkünfte aus Kapitalvermögen,
6. Einkünfte aus Vermietung und Verpachtung,
7. sonstige Einkünfte im Sinne des § 22,

die der Steuerpflichtige während seiner unbeschränkten Einkommensteuerpflicht oder als inländische Einkünfte während seiner beschränkten Einkommensteuerpflicht erzielt. [2]Zu welcher Einkunftsart die Einkünfte im einzelnen Fall gehören, bestimmt sich nach den §§ 13 bis 24.

(2) [1]Einkünfte sind
1. bei Land- und Forstwirtschaft, Gewerbebetrieb und selbständiger Arbeit der Gewinn (§§ 4 bis 7k und 13a),
2. bei den anderen Einkunftsarten der Überschuss der Einnahmen über die Werbungskosten (§§ 8 bis 9a).

[2]Bei Einkünften aus Kapitalvermögen tritt § 20 Absatz 9 vorbehaltlich der Regelung in § 32d Absatz 2 an die Stelle der §§ 9 und 9a.

(3) Die Summe der Einkünfte, vermindert um den Altersentlastungsbetrag, den Entlastungsbetrag für Alleinerziehende und den Abzug nach § 13 Absatz 3, ist der Gesamtbetrag der Einkünfte.

(4) Der Gesamtbetrag der Einkünfte, vermindert um die Sonderausgaben und die außergewöhnlichen Belastungen, ist das Einkommen.

(5) [1]Das Einkommen, vermindert um die Freibeträge nach § 32 Absatz 6 und um die sonstigen vom Einkommen abzuziehenden Beträge, ist das zu versteuernde Einkommen; dieses bildet die Bemessungsgrundlage für die tarifliche Einkommensteuer. [2]Knüpfen andere Gesetze an den Begriff des zu versteuernden Einkommens an, ist für deren Zweck das Einkommen in allen Fällen des § 32 um die Freibeträge nach § 32 Absatz 6 zu vermindern.

(5a) Knüpfen außersteuerliche Rechtsnormen an die in den vorstehenden Absätzen definierten Begriffe (Einkünfte, Summe der Einkünfte, Gesamtbetrag der Einkünfte, Einkommen, zu versteuerndes Einkommen) an, erhöhen sich für deren Zwecke diese Größen um die nach § 32d Absatz 1 und nach § 43 Absatz 5 zu besteuernden Beträge sowie um die nach § 3 Nummer 40 steuerfreien Beträge und mindern sich um die nach § 3c Absatz 2 nicht abziehbaren Beträge.

…

(6) [1]Die tarifliche Einkommensteuer, vermindert um die anzurechnenden ausländischen Steuern und die Steuerermäßigungen, vermehrt um … ist die festzusetzende Einkommensteuer. [2]Wurde der Gesamtbetrag der Einkünfte in den Fällen des § 10a Absatz 2 um Sonderausgaben nach § 10a Absatz 1 gemindert, ist für die Ermittlung der festzusetzenden Einkommensteuer der Anspruch auf Zulage nach Abschnitt

7

XI der tariflichen Einkommensteuer hinzuzurechnen; ... [3]Wird das Einkommen in den Fällen des § 31 um die Freibeträge nach § 32 Absatz 6 gemindert, ist der Anspruch auf Kindergeld nach Abschnitt X der tariflichen Einkommensteuer hinzuzurechnen.

(7) [1]Die Einkommensteuer ist eine Jahressteuer. [2]Die Grundlagen für ihre Festsetzung sind jeweils für ein Kalenderjahr zu ermitteln. ...

(8) Die Regelungen dieses Gesetzes zu Ehegatten und Ehen sind auch auf Lebenspartner und Lebenspartnerschaften anzuwenden.

Steuerfreie Einnahmen

§ 3. [Steuerfreie Einnahmen]. [1]Steuerfrei sind

1. a) Leistungen aus einer Krankenversicherung, aus einer Pflegeversicherung und aus der gesetzlichen Unfallversicherung,
   b) Sachleistungen und Kinderzuschüsse aus den gesetzlichen Rentenversicherungen einschließlich der Sachleistungen nach dem Gesetz über die Alterssicherung der Landwirte,
   c) Übergangsgeld nach dem Sechsten Buch Sozialgesetzbuch und Geldleistungen nach den §§ 10, 36 bis 39 des Gesetzes über die Alterssicherung der Landwirte,
   d) das Mutterschaftsgeld nach dem Mutterschutzgesetz, ...
2. das Arbeitslosengeld, das Teilarbeitslosengeld, das Kurzarbeitergeld, das Winterausfallgeld, die Arbeitslosenhilfe, der Zuschuss zum Arbeitsentgelt, das Übergangsgeld, das Unterhaltsgeld, die Eingliederungshilfe, das Überbrückungsgeld, der Gründungszuschuss, der Existenzgründungszuschuss nach dem Dritten Buch Sozialgesetzbuch oder dem Arbeitsförderungsgesetz sowie das aus dem Europäischen Sozialfonds finanzierte Unterhaltsgeld ...

2a. die Arbeitslosenbeihilfe und die Arbeitslosenhilfe nach dem Soldatenversorgungsgesetz;

2b. Leistungen zur Sicherung des Lebensunterhalts und zur Eingliederung in Arbeit nach dem Zweiten Buch Sozialgesetzbuch;

...

14. Zuschüsse eines Trägers der gesetzlichen Rentenversicherung zu den Aufwendungen eines Rentners für seine Krankenversicherung ...
15. (weggefallen)
16. die Vergütungen, die Arbeitnehmer außerhalb des öffentlichen Dienstes von ihrem Arbeitgeber zur Erstattung von Reisekosten, Umzugskosten oder Mehraufwendungen bei doppelter Haushaltsführung erhalten, soweit sie die nach § 9 als Werbungskosten abziehbaren Aufwendungen nicht übersteigen;

...

24. Leistungen, die auf Grund des Bundeskindergeldgesetzes gewährt werden;

...

26. Einnahmen aus nebenberuflichen Tätigkeiten als Übungsleiter, Ausbilder, Erzieher, Betreuer oder vergleichbaren nebenberuflichen Tätigkeiten, aus nebenberuflichen künstlerischen Tätigkeiten oder der nebenberuflichen Pflege alter, kranker oder behinderter Menschen im Dienst oder im Auftrag einer juristischen Person des öffentlichen Rechts, ... bis zur Höhe von insgesamt 2 400 Euro im Jahr. [2]Überschreiten die Einnahmen für die in Satz 1 bezeichneten Tätigkeiten den steuerfreien Betrag, dürfen die mit den nebenberuflichen Tätigkeiten in unmittelbarem wirtschaftlichen Zusammenhang stehenden Ausgaben abweichend von § 3c nur insoweit als Betriebsausgaben oder Werbungskosten abgezogen werden, als sie den Betrag der steuerfreien Einnahmen übersteigen;

26a. Einnahmen aus nebenberuflichen Tätigkeiten im Dienst oder Auftrag einer juristischen Person des öffentlichen Rechts, ... bis zur Höhe von insgesamt 720 Euro im Jahr. [2]Die Steuerbefreiung ist ausgeschlossen, wenn für die Einnahmen aus der Tätigkeit – ganz oder teilweise – eine Steuerbefreiung nach § 3 Nummer 12, 26 oder 26a gewährt wird. [3]Überschreiten die Einnahmen für die in Satz 1 bezeichneten Tätigkeiten den steuerfreien Betrag, dürfen die mit den nebenberuflichen Tätigkeiten in unmittelbarem wirtschaftlichen Zusammenhang stehenden Ausgaben abweichend von § 3c nur insoweit als Betriebsausgaben oder Werbungskosten abgezogen werden, als sie den Betrag der steuerfreien Einnahmen übersteigen;

...

30. Entschädigungen für die betriebliche Benutzung von Werkzeugen eines Arbeitnehmers (Werkzeuggeld), soweit sie die entsprechenden Aufwendungen des Arbeitnehmers nicht offensichtlich übersteigen;
31. die typische Berufskleidung, die der Arbeitgeber seinem Arbeitnehmer unentgeltlich oder verbilligt überlässt; ...
32. die unentgeltliche oder verbilligte Sammelbeförderung eines Arbeitnehmers zwischen Wohnung und Arbeitsstätte mit einem vom Arbeitgeber gestellten Beförderungsmittel, ...

33. zusätzlich zum ohnehin geschuldeten Arbeitslohn erbrachte Leistungen des Arbeitgebers zur Unterbringung und Betreuung von nicht schulpflichtigen Kindern der Arbeitnehmer in Kindergärten oder vergleichbaren Einrichtungen;

…

36. Einnahmen für Leistungen zur Grundpflege oder hauswirtschaftlichen Versorgung bis zur Höhe des Pflegegeldes nach § 37 des Elften Buches Sozialgesetzbuch, wenn diese Leistungen von Angehörigen des Pflegebedürftigen oder von anderen Personen, die damit eine sittliche Pflicht im Sinne des § 33 Absatz 2 gegenüber dem Pflegebedürftigen erfüllen, erbracht werden. 2Entsprechendes gilt, wenn der Pflegebedürftige Pflegegeld aus privaten Versicherungsverträgen nach den Vorgaben des Elften Buches Sozialgesetzbuch oder eine Pauschalbeihilfe nach Beihilfevorschriften für häusliche Pflege erhält;

…

40. 40 Prozent
    a) der Betriebsvermögensmehrungen oder Einnahmen aus der Veräußerung oder der Entnahme von Anteilen an Körperschaften, Personenvereinigungen und Vermögensmassen, deren Leistungen beim Empfänger zu Einnahmen im Sinne des § 20 Absatz 1 Nummer 1 und 9 gehören, …
    b) des Veräußerungspreises im Sinne des § 16 Absatz 2, soweit er auf die Veräußerung von Anteilen an Körperschaften, Personenvereinigungen und Vermögensmassen entfällt, deren Leistungen beim Empfänger zu Einnahmen im Sinne des § 20 Absatz 1 Nummer 1 und 9 gehören, …

    …

    d) der Bezüge im Sinne des § 20 Absatz 1 Nummer 1 und der Einnahmen im Sinne des § 20 Absatz 1 Nummer 9. …
    e) der Bezüge im Sinne des § 20 Absatz 1 Nummer 2,
    f) der besonderen Entgelte oder Vorteile im Sinne des § 20 Absatz 3, die neben den in § 20 Absatz 1 Nummer 1 und Absatz 2 Satz 1 Nummer 2 Buchstabe a bezeichneten Einnahmen oder an deren Stelle gewährt werden,
    g) des Gewinns aus der Veräußerung von Dividendenscheinen und sonstigen Ansprüchen im Sinne des § 20 Absatz 2 Satz 1 Nummer 2 Buchstabe a,
    h) des Gewinns aus der Abtretung von Dividendenansprüchen oder sonstigen Ansprüchen im Sinne des § 20 Absatz 2 Satz 1 Nummer 2 Buchstabe a in Verbindung mit § 20 Absatz 2 Satz 2,
    i) der Bezüge im Sinne des § 22 Nummer 1 Satz 2, soweit diese von einer nicht von der Körperschaftsteuer befreiten Körperschaft, Personenvereinigung oder Vermögensmasse stammen. …

45. die Vorteile des Arbeitnehmers aus der privaten Nutzung von betrieblichen Datenverarbeitungsgeräten und Telekommunikationsgeräten;

…

47. Leistungen nach § 14a Absatz 4 und § 14b des Arbeitsplatzschutzgesetzes;
48. Leistungen nach dem Unterhaltssicherungsgesetz, soweit sie nicht nach dessen § 15 Absatz 1 Satz 2 steuerpflichtig sind;
51. Trinkgelder, die anlässlich einer Arbeitsleistung dem Arbeitnehmer von Dritten freiwillig und ohne dass ein Rechtsanspruch auf sie besteht, zusätzlich zu dem Betrag gegeben werden, der für diese Arbeitsleistung zu zahlen ist;

…

58. das Wohngeld nach dem Wohngeldgesetz, …

…

62. Ausgaben des Arbeitgebers für die Zukunftssicherung des Arbeitnehmers, soweit der Arbeitgeber dazu nach sozialversicherungsrechtlichen oder anderen gesetzlichen Vorschriften oder nach einer auf gesetzlicher Ermächtigung beruhenden Bestimmung verpflichtet ist, und es sich nicht um Zuwendungen oder Beiträge des Arbeitgebers nach den Nummern 56 und 63 handelt. 2Den Ausgaben des Arbeitgebers für die Zukunftssicherung, die auf Grund gesetzlicher Verpflichtung geleistet werden, werden gleichgestellt Zuschüsse des Arbeitgebers zu den Aufwendungen des Arbeitnehmers
    a) für eine Lebensversicherung,
    b) für die freiwillige Versicherung in der gesetzlichen Rentenversicherung,
    c) für eine öffentlich-rechtliche Versicherungs- oder Versorgungseinrichtung seiner Berufsgruppe, wenn der Arbeitnehmer von der Versicherungspflicht in der gesetzlichen Rentenversicherung befreit worden ist. …
63. Beiträge des Arbeitgebers aus dem ersten Dienstverhältnis an einen Pensionsfonds, eine Pensionskasse oder für eine Direktversicherung zum Aufbau einer kapitalgedeckten betrieblichen Altersversorgung, bei der eine Auszahlung der zugesagten Alters-, Invaliditäts- oder Hinterbliebenenversorgungsleistungen in Form einer Rente oder eines Auszahlungsplans … vorgesehen ist, soweit die Beiträge im Kalenderjahr 4 Pro-

zent der Beitragsbemessungsgrenze in der allgemeinen Rentenversicherung nicht übersteigen. ... [3]Der Höchstbetrag nach Satz 1 erhöht sich um 1 800 Euro, wenn die Beiträge im Sinne des Satzes 1 auf Grund einer Versorgungszusage geleistet werden, die nach dem 31. Dezember 2004 erteilt wurde. ...

...

67. das Erziehungsgeld nach dem Bundeserziehungsgeldgesetz und vergleichbare Leistungen der Länder, das Elterngeld nach dem Bundeselterngeld- und Elternzeitgesetz und vergleichbare Leistungen ...

...

§ 3b. Steuerfreiheit von Zuschlägen für Sonntags-, Feiertags- oder Nachtarbeit. (1) Steuerfrei sind Zuschläge, die für tatsächlich geleistete Sonntags-, Feiertags- oder Nachtarbeit neben dem Grundlohn gezahlt werden, soweit sie

1. für Nachtarbeit 25 Prozent,
2. vorbehaltlich der Nummern 3 und 4 für Sonntagsarbeit 50 Prozent,
3. vorbehaltlich der Nummer 4 für Arbeit am 31. Dezember ab 14 Uhr und an den gesetzlichen Feiertagen 125 Prozent,
4. für Arbeit am 24. Dezember ab 14 Uhr, am 25. und 26. Dezember sowie am 1. Mai 150 Prozent

des Grundlohns nicht übersteigen.

(2) [1]Grundlohn ist der laufende Arbeitslohn, der dem Arbeitnehmer bei der für ihn maßgebenden regelmäßigen Arbeitszeit für den jeweiligen Lohnzahlungszeitraum zusteht; er ist in einen Stundenlohn umzurechnen und mit höchstens 50 Euro anzusetzen. [2]Nachtarbeit ist die Arbeit in der Zeit von 20 Uhr bis 6 Uhr. [3]Sonntagsarbeit und Feiertagsarbeit ist die Arbeit in der Zeit von 0 Uhr bis 24 Uhr des jeweiligen Tages. [4]Die gesetzlichen Feiertage werden durch die am Ort der Arbeitsstätte geltenden Vorschriften bestimmt.

(3) Wenn die Nachtarbeit vor 0 Uhr aufgenommen wird, gilt abweichend von den Absätzen 1 und 2 Folgendes:

1. Für Nachtarbeit in der Zeit von 0 Uhr bis 4 Uhr erhöht sich der Zuschlagssatz auf 40 Prozent,
2. als Sonntagsarbeit und Feiertagsarbeit gilt auch die Arbeit in der Zeit von 0 Uhr bis 4 Uhr des auf den Sonntag oder Feiertag folgenden Tages.

7

§ 4. Gewinnbegriff im Allgemeinen.

(1) [1]Gewinn ist der Unterschiedsbetrag zwischen dem Betriebsvermögen am Schluss des Wirtschaftsjahres und dem Betriebsvermögen am Schluss des vorangegangenen Wirtschaftsjahres, vermehrt um den Wert der Entnahmen und vermindert um den Wert der Einlagen. [2]Entnahmen sind alle Wirtschaftsgüter (Barentnahmen, Waren, Erzeugnisse, Nutzungen und Leistungen), die der Steuerpflichtige dem Betrieb für sich, für seinen Haushalt oder für andere betriebsfremde Zwecke im Laufe des Wirtschaftsjahres entnommen hat. ...[5]Ein Wirtschaftsgut wird nicht dadurch entnommen, dass der Steuerpflichtige zur Gewinnermittlung nach § 13a übergeht. [6]Eine Änderung der Nutzung eines Wirtschaftsguts, die bei Gewinnermittlung nach Satz 1 keine Entnahme ist, ist auch bei Gewinnermittlung nach § 13a keine Entnahme. [7]Einlagen sind alle Wirtschaftsgüter (Bareinzahlungen und sonstige Wirtschaftsgüter), die der Steuerpflichtige dem Betrieb im Laufe des Wirtschaftsjahres zugeführt hat; ... [8]Bei der Ermittlung des Gewinns sind die Vorschriften über die Betriebsausgaben, über die Bewertung und über die Absetzung für Abnutzung oder Substanzverringerung zu befolgen.

(2) [1]Der Steuerpflichtige darf die Vermögensübersicht (Bilanz) auch nach ihrer Einreichung beim Finanzamt ändern, soweit sie den Grundsätzen ordnungsmäßiger Buchführung unter Befolgung der Vorschriften dieses Gesetzes nicht entspricht; diese Änderung ist nicht zulässig, wenn die Vermögensübersicht (Bilanz) einer Steuerfestsetzung zugrunde liegt, die nicht mehr aufgehoben oder geändert werden kann. [2]Darüber hinaus ist eine Änderung der Vermögensübersicht (Bilanz) nur zulässig, wenn sie in einem engen zeitlichen und sachlichen Zusammenhang mit einer Änderung nach Satz 1 steht und soweit die Auswirkung der Änderung nach Satz 1 auf den Gewinn reicht.

(3) [1]Steuerpflichtige, die nicht auf Grund gesetzlicher Vorschriften verpflichtet sind, Bücher zu führen und regelmäßig Abschlüsse zu machen, und die auch keine Bücher führen und keine Abschlüsse machen, können als Gewinn den Überschuss der Betriebseinnahmen über die Betriebsausgaben ansetzen. [2]Hierbei scheiden Betriebseinnahmen und Betriebsausgaben aus, die im Namen und für Rechnung eines anderen vereinnahmt und verausgabt werden (durchlaufende Posten). [3]Die Vorschriften über die Bewertungsfreiheit für geringwertige Wirtschaftsgüter (§ 6 Absatz 2), die Bildung eines Sammelpostens (§ 6 Absatz 2a) und über die Absetzung für Abnutzung oder Substanzverringerung sind zu befolgen. [4]Die Anschaffungs- oder Herstellungskosten für nicht abnutzbare Wirtschaftsgüter des Anlagevermögens, für Anteile an Kapitalgesellschaften, für Wertpapiere und vergleichbare nicht verbriefte Forderungen und Rechte, für Grund und Boden sowie Gebäude des Umlaufvermögens sind erst im Zeitpunkt des Zuflusses des Veräußerungserlöses oder bei Entnahme im Zeitpunkt der Entnahme

als Betriebsausgaben zu berücksichtigen. [5]Die Wirtschaftsgüter des Anlagevermögens und Wirtschaftsgüter des Umlaufvermögens im Sinne des Satzes 4 sind unter Angabe des Tages der Anschaffung oder Herstellung und der Anschaffungs- oder Herstellungskosten oder des an deren Stelle getretenen Werts in besondere, laufend zu führende Verzeichnisse aufzunehmen.

(4) Betriebsausgaben sind die Aufwendungen, die durch den Betrieb veranlasst sind.

(4a) [1]Schuldzinsen sind nach Maßgabe der Sätze 2 bis 4 nicht abziehbar, wenn Überentnahmen getätigt worden sind. [2]Eine Überentnahme ist der Betrag, um den die Entnahmen die Summe des Gewinns und der Einlagen des Wirtschaftsjahres übersteigen. …

(5) [1]Die folgenden Betriebsausgaben dürfen den Gewinn nicht mindern:

1. Aufwendungen für Geschenke an Personen, die nicht Arbeitnehmer des Steuerpflichtigen sind. [2]Satz 1 gilt nicht, wenn die Anschaffungs- oder Herstellungskosten der dem Empfänger im Wirtschaftsjahr zugewendeten Gegenstände insgesamt 35 Euro nicht übersteigen;
2. Aufwendungen für die Bewirtung von Personen aus geschäftlichem Anlass, soweit sie 70 Prozent der Aufwendungen übersteigen, die nach der allgemeinen Verkehrsauffassung als angemessen anzusehen und deren Höhe und betriebliche Veranlassung nachgewiesen sind. [2]Zum Nachweis der Höhe und der betrieblichen Veranlassung der Aufwendungen hat der Steuerpflichtige schriftlich die folgenden Angaben zu machen: Ort, Tag, Teilnehmer und Anlass der Bewirtung sowie Höhe der Aufwendungen. [3]Hat die Bewirtung in einer Gaststätte stattgefunden, so genügen Angaben zu dem Anlass und den Teilnehmern der Bewirtung; die Rechnung über die Bewirtung ist beizufügen;
3. Aufwendungen für Einrichtungen des Steuerpflichtigen, soweit sie der Bewirtung, Beherbergung oder Unterhaltung von Personen, die nicht Arbeitnehmer des Steuerpflichtigen sind, dienen (Gästehäuser) und sich außerhalb des Orts eines Betriebs des Steuerpflichtigen befinden;
4. Aufwendungen für Jagd oder Fischerei, für Segeljachten oder Motorjachten sowie für ähnliche Zwecke und für die hiermit zusammenhängenden Bewirtungen;
5. Mehraufwendungen für die Verpflegung des Steuerpflichtigen. …
   a) 24 Stunden abwesend ist, ein Pauschbetrag von 24 Euro,
   b) weniger als 24 Stunden, aber mindestens 14 Stunden abwesend ist, ein Pauschbetrag von 12 Euro,
   c) weniger als 14 Stunden, aber mindestens 8 Stunden abwesend ist, ein Pauschbetrag von 6 Euro abzuziehen; …
6. Aufwendungen für die Wege des Steuerpflichtigen zwischen Wohnung und Betriebsstätte und für Familienheimfahrten, soweit in den folgenden Sätzen nichts anderes bestimmt ist. [2]Zur Abgeltung dieser Aufwendungen ist § 9 Absatz 1 Satz 3 Nummer 4 Satz 2 bis 6 und Nummer 5 Satz 5 bis 7 und Absatz 2 entsprechend anzuwenden. [3]Bei der Nutzung eines Kraftfahrzeugs dürfen die Aufwendungen in Höhe des positiven Unterschiedsbetrags zwischen 0,03 Prozent des inländischen Listenpreises im Sinne des § 6 Absatz 1 Nummer 4 Satz 2 des Kraftfahrzeugs im Zeitpunkt der Erstzulassung je Kalendermonat für jeden Entfernungskilometer und dem sich nach § 9 Absatz 1 Satz 3 Nummer 4 Satz 2 bis 6 oder Absatz 2 ergebenden Betrag sowie Aufwendungen für Familienheimfahrten in Höhe des positiven Unterschiedsbetrags zwischen 0,002 Prozent des inländischen Listenpreises im Sinne des § 6 Absatz 1 Nummer 4 Satz 2 für jeden Entfernungskilometer und dem sich nach § 9 Absatz 1 Satz 3 Nummer 5 Satz 5 bis 7 oder Absatz 2 ergebenden Betrag den Gewinn nicht mindern; ermittelt der Steuerpflichtige die private Nutzung des Kraftfahrzeugs nach § 6 Absatz 1 Nummer 4 Satz 1 oder Satz 3, treten an die Stelle des mit 0,03 oder 0,002 Prozent des inländischen Listenpreises ermittelten Betrags für Fahrten zwischen Wohnung und Betriebsstätte und für Familienheimfahrten die auf diese Fahrten entfallenden tatsächlichen Aufwendungen; …

6b. Aufwendungen für ein häusliches Arbeitszimmer sowie die Kosten der Ausstattung. [2]Dies gilt nicht, wenn das Arbeitszimmer den Mittelpunkt der gesamten betrieblichen und beruflichen Betätigung bildet;

…

8. von einem Gericht oder einer Behörde … festgesetzte Geldbußen, Ordnungsgelder und Verwarnungsgelder. …

(5b) Die Gewerbesteuer und die darauf entfallenden Nebenleistungen sind keine Betriebsausgaben.

(6) Aufwendungen zur Förderung staatspolitischer Zwecke (§ 10b Absatz 2) sind keine Betriebsausgaben.

…

(9) Aufwendungen des Steuerpflichtigen für seine erstmalige Berufsausbildung oder für ein Erststudium, das zugleich eine Erstausbil-

7

dung vermittelt, sind keine Werbungskosten, wenn diese Berufsausbildung oder dieses Erststudium nicht im Rahmen eines Dienstverhältnisses stattfinden.

§ 4b. Direktversicherung. [1]Der Versicherungsanspruch aus einer Direktversicherung, die von einem Steuerpflichtigen aus betrieblichem Anlass abgeschlossen wird, ist dem Betriebsvermögen des Steuerpflichtigen nicht zuzurechnen, soweit am Schluss des Wirtschaftsjahres hinsichtlich der Leistungen des Versicherers die Person, auf deren Leben die Lebensversicherung abgeschlossen ist, oder ihre Hinterbliebenen bezugsberechtigt sind. [2]Das gilt auch, wenn der Steuerpflichtige die Ansprüche aus dem Versicherungsvertrag abgetreten oder beliehen hat, sofern er sich der bezugsberechtigten Person gegenüber schriftlich verpflichtet, sie bei Eintritt des Versicherungsfalls so zu stellen, als ob die Abtretung oder Beleihung nicht erfolgt wäre.

§ 4c. Zuwendungen an Pensionskassen.
(1) Zuwendungen an eine Pensionskasse dürfen von dem Unternehmen, das die Zuwendungen leistet (Trägerunternehmen), als Betriebsausgaben abgezogen werden, …

§ 4h. Betriebsausgabenabzug für Zinsaufwendungen (Zinsschranke). (1) [1]Zinsaufwendungen eines Betriebs sind abziehbar in Höhe des Zinsertrags, darüber hinaus nur bis zur Höhe des verrechenbaren EBITDA. [2]Das verrechenbare EBITDA ist 30 Prozent des um die Zinsaufwendungen und um die nach § 6 Absatz 2 Satz 1 abzuziehenden, nach § 6 Absatz 2a Satz 2 gewinnmindernd aufzulösenden und nach § 7 abgesetzten Beträge erhöhten und um die Zinserträge verminderten maßgeblichen Gewinns. [3]Soweit das verrechenbare EBITDA die um die Zinserträge geminderten Zinsaufwendungen des Betriebs übersteigt, ist es in die folgenden fünf Wirtschaftsjahre vorzutragen (EBITDA-Vortrag); ein EBITDA-Vortrag entsteht nicht in Wirtschaftsjahren, in denen Absatz 2 die Anwendung von Absatz 1 Satz 1 ausschließt. [4]Zinsaufwendungen, die nach Satz 1 nicht abgezogen werden können, sind bis zur Höhe der EBITDA-Vorträge aus vorangegangenen Wirtschaftsjahren abziehbar und mindern die EBITDA-Vorträge in ihrer zeitlichen Reihenfolge. [5]Danach verbleibende nicht abziehbare Zinsaufwendungen sind in die folgenden Wirtschaftsjahre vorzutragen (Zinsvortrag). [6]Sie erhöhen die Zinsaufwendungen dieser Wirtschaftsjahre, nicht aber den maßgeblichen Gewinn.

(2) [1]Absatz 1 Satz 1 ist nicht anzuwenden, wenn

a) der Betrag der Zinsaufwendungen, soweit er den Betrag der Zinserträge übersteigt, weniger als drei Millionen Euro beträgt,
b) der Betrieb nicht oder nur anteilmäßig zu einem Konzern gehört oder
c) der Betrieb zu einem Konzern gehört und seine Eigenkapitalquote am Schluss des vorangegangenen Abschlussstichtages gleich hoch oder höher ist als die des Konzerns (Eigenkapitalvergleich). [2]Ein Unterschreiten der Eigenkapitalquote des Konzerns bis zu zwei Prozentpunkte ist unschädlich. …

…

[8]Die für den Eigenkapitalvergleich maßgeblichen Abschlüsse sind einheitlich nach den International Financial Reporting Standards (IFRS) zu erstellen. [9]Hiervon abweichend können Abschlüsse nach dem Handelsrecht eines Mitgliedstaats der Europäischen Union verwendet werden, wenn kein Konzernabschluss nach den IFRS zu erstellen und offen zu legen ist und für keines der letzten fünf Wirtschaftsjahre ein Konzernabschluss nach den IFRS erstellt wurde; nach den Generally Accepted Accounting Principles der Vereinigten Staaten von Amerika (US-GAAP) aufzustellende und offen zu legende Abschlüsse sind zu verwenden, wenn kein Konzernabschluss nach den IFRS oder dem Handelsrecht eines Mitgliedstaats der Europäischen Union zu erstellen und offen zu legen ist. … [14]Ist ein dem Eigenkapitalvergleich zugrunde gelegter Abschluss unrichtig und führt der zutreffende Abschluss zu einer Erhöhung der nach Absatz 1 nicht abziehbaren Zinsaufwendungen, ist ein Zuschlag entsprechend § 162 Absatz 4 Satz 1 und 2 der Abgabenordnung festzusetzen. …

(3) [1]Maßgeblicher Gewinn ist der nach den Vorschriften dieses Gesetzes mit Ausnahme des Absatzes 1 ermittelte steuerpflichtige Gewinn. [2]Zinsaufwendungen sind Vergütungen für Fremdkapital, die den maßgeblichen Gewinn gemindert haben. [3]Zinserträge sind Erträge aus Kapitalforderungen jeder Art, die den maßgeblichen Gewinn erhöht haben. [4]Die Auf- und Abzinsung unverzinslicher oder niedrig verzinslicher Verbindlichkeiten oder Kapitalforderungen führen ebenfalls zu Zinserträgen oder Zinsaufwendungen. …

(4) Der EBITDA-Vortrag und der Zinsvortrag sind gesondert festzustellen. …

(5) [1]Bei Aufgabe oder Übertragung des Betriebs gehen ein nicht verbrauchter EBITDA-Vortrag und ein nicht verbrauchter Zinsvortrag unter. [2]Scheidet ein Mitunternehmer aus einer Gesellschaft aus, gehen der EBITDA-Vortrag und ein nicht verbrauchter Zinsvortrag anteilig mit der Quote unter, mit der der ausgeschie-

7

dene Gesellschafter an der Gesellschaft beteiligt war. …

§ 5. Gewinn bei Kaufleuten und bei bestimmten anderen Gewerbetreibenden. (1) [1]Bei Gewerbetreibenden, die auf Grund gesetzlicher Vorschriften verpflichtet sind, Bücher zu führen und regelmäßig Abschlüsse zu machen, oder die ohne eine solche Verpflichtung Bücher führen und regelmäßig Abschlüsse machen, ist für den Schluss des Wirtschaftsjahres das Betriebsvermögen anzusetzen (§ 4 Absatz 1 Satz 1), das nach den handelsrechtlichen Grundsätzen ordnungsmäßiger Buchführung auszuweisen ist, es sei denn, im Rahmen der Ausübung eines steuerlichen Wahlrechts wird oder wurde ein anderer Ansatz gewählt. [2]Voraussetzung für die Ausübung steuerlicher Wahlrechte ist, dass die Wirtschaftsgüter, die nicht mit dem handelsrechtlich maßgeblichen Wert in der steuerlichen Gewinnermittlung ausgewiesen werden, in besondere, laufend zu führende Verzeichnisse aufgenommen werden. [3]In den Verzeichnissen sind der Tag der Anschaffung oder Herstellung, die Anschaffungs- oder Herstellungskosten, die Vorschrift des ausgeübten steuerlichen Wahlrechts und die vorgenommenen Abschreibungen nachzuweisen.

(1a) [1]Posten der Aktivseite dürfen nicht mit Posten der Passivseite verrechnet werden. [2]Die Ergebnisse der in der handelsrechtlichen Rechnungslegung zur Absicherung finanzwirtschaftlicher Risiken gebildeten Bewertungseinheiten sind auch für die steuerliche Gewinnermittlung maßgeblich.

(2) Für immaterielle Wirtschaftsgüter des Anlagevermögens ist ein Aktivposten nur anzusetzen, wenn sie entgeltlich erworben wurden.

(2a) Für Verpflichtungen, die nur zu erfüllen sind, soweit künftig Einnahmen oder Gewinne anfallen, sind Verbindlichkeiten oder Rückstellungen erst anzusetzen, wenn die Einnahmen oder Gewinne angefallen sind.

(3) Rückstellungen wegen Verletzung fremder Patent-, Urheber- oder ähnlicher Schutzrechte dürfen erst gebildet werden, wenn

1. der Rechtsinhaber Ansprüche wegen der Rechtsverletzung geltend gemacht hat oder
2. mit einer Inanspruchnahme wegen der Rechtsverletzung ernsthaft zu rechnen ist.

…

(4a) Rückstellungen für drohende Verluste aus schwebenden Geschäften dürfen nicht gebildet werden. …

(4b) Rückstellungen für Aufwendungen, die in künftigen Wirtschaftsjahren als Anschaffungs- oder Herstellungskosten eines Wirtschaftsguts zu aktivieren sind, dürfen nicht gebildet werden. …

(5) [1]Als Rechnungsabgrenzungsposten sind nur anzusetzen

1. auf der Aktivseite Ausgaben vor dem Abschlussstichtag, soweit sie Aufwand für eine bestimmte Zeit nach diesem Tag darstellen;
2. auf der Passivseite Einnahmen vor dem Abschlussstichtag, soweit sie Ertrag für eine bestimmte Zeit nach diesem Tag darstellen.

[2]Auf der Aktivseite sind ferner anzusetzen

1. als Aufwand berücksichtigte Zölle und Verbrauchsteuern, soweit sie auf am Abschlussstichtag auszuweisende Wirtschaftsgüter des Vorratsvermögens entfallen,
2. als Aufwand berücksichtigte Umsatzsteuer auf am Abschlussstichtag auszuweisende Anzahlungen.

(6) Die Vorschriften über die Entnahmen und die Einlagen, über die Zulässigkeit der Bilanzänderung, über die Betriebsausgaben, über die Bewertung und über die Absetzung für Abnutzung oder Substanzverringerung sind zu befolgen.

…

§ 6. Bewertung. (1) Für die Bewertung der einzelnen Wirtschaftsgüter, die nach § 4 Absatz 1 oder nach § 5 als Betriebsvermögen anzusetzen sind, gilt das Folgende:

1. Wirtschaftsgüter des Anlagevermögens, die der Abnutzung unterliegen, sind mit den Anschaffungs- oder Herstellungskosten oder dem an deren Stelle tretenden Wert, vermindert um die Absetzungen für Abnutzung, erhöhte Absetzungen, Sonderabschreibungen, Abzüge nach § 6b und ähnliche Abzüge, anzusetzen. [2]Ist der Teilwert auf Grund einer voraussichtlich dauernden Wertminderung niedriger, so kann dieser angesetzt werden. [3]Teilwert ist der Betrag, den ein Erwerber des ganzen Betriebs im Rahmen des Gesamtkaufpreises für das einzelne Wirtschaftsgut ansetzen würde; dabei ist davon auszugehen, dass der Erwerber den Betrieb fortführt. [4]Wirtschaftsgüter, die bereits am Schluss des vorangegangenen Wirtschaftsjahres zum Anlagevermögen des Steuerpflichtigen gehört haben, sind in den folgenden Wirtschaftsjahren gemäß Satz 1 anzusetzen, es sei denn, der Steuerpflichtige weist nach, dass ein niedrigerer Teilwert nach Satz 2 angesetzt werden kann.

1a. Zu den Herstellungskosten eines Gebäudes gehören auch Aufwendungen für Instandsetzungs- und Modernisierungsmaßnahmen, die innerhalb von drei Jahren nach der Anschaffung des Gebäudes durchgeführt werden, wenn die Aufwendungen ohne die Umsatzsteuer 15 Prozent der Anschaffungskosten des Gebäudes übersteigen (anschaffungsnahe Herstellungskosten). [2]Zu diesen

Aufwendungen gehören nicht die Aufwendungen für Erweiterungen im Sinne des § 255 Absatz 2 Satz 1 des Handelsgesetzbuchs sowie Aufwendungen für Erhaltungsarbeiten, die jährlich üblicherweise anfallen.

2. Andere als die in Nummer 1 bezeichneten Wirtschaftsgüter des Betriebs (Grund und Boden, Beteiligungen, Umlaufvermögen) sind mit den Anschaffungs- oder Herstellungskosten oder dem an deren Stelle tretenden Wert, vermindert um Abzüge nach § 6b und ähnliche Abzüge, anzusetzen. [2]Ist der Teilwert (Nummer 1 Satz 3) auf Grund einer voraussichtlich dauernden Wertminderung niedriger, so kann dieser angesetzt werden. [3]Nummer 1 Satz 4 gilt entsprechend.

2a. Steuerpflichtige, die den Gewinn nach § 5 ermitteln, können für den Wertansatz gleichartiger Wirtschaftsgüter des Vorratsvermögens unterstellen, dass die zuletzt angeschafften oder hergestellten Wirtschaftsgüter zuerst verbraucht oder veräußert worden sind, soweit dies den handelsrechtlichen Grundsätzen ordnungsmäßiger Buchführung entspricht. [2]Der Vorratsbestand am Schluss des Wirtschaftsjahres, das der erstmaligen Anwendung der Bewertung nach Satz 1 vorangeht, gilt mit seinem Bilanzansatz als erster Zugang des neuen Wirtschaftsjahres. [3]Von der Verbrauchs- oder Veräußerungsfolge nach Satz 1 kann in den folgenden Wirtschaftsjahren nur mit Zustimmung des Finanzamts abgewichen werden.

3. Verbindlichkeiten sind unter sinngemäßer Anwendung der Vorschriften der Nummer 2 anzusetzen und mit einem Zinssatz von 5,5 Prozent abzuzinsen. [2]Ausgenommen von der Abzinsung sind Verbindlichkeiten, deren Laufzeit am Bilanzstichtag weniger als zwölf Monate beträgt, und Verbindlichkeiten, die verzinslich sind oder auf einer Anzahlung oder Vorausleistung beruhen.

3a. Rückstellungen sind höchstens insbesondere unter Berücksichtigung folgender Grundsätze anzusetzen:
   a) bei Rückstellungen für gleichartige Verpflichtungen ist auf der Grundlage der Erfahrungen in der Vergangenheit aus der Abwicklung solcher Verpflichtungen die Wahrscheinlichkeit zu berücksichtigen, dass der Steuerpflichtige nur zu einem Teil der Summe dieser Verpflichtungen in Anspruch genommen wird;
   b) Rückstellungen für Sachleistungsverpflichtungen sind mit den Einzelkosten und den angemessenen Teilen der notwendigen Gemeinkosten zu bewerten;
   c) künftige Vorteile, die mit der Erfüllung der Verpflichtung voraussichtlich verbunden sein werden, sind, soweit sie nicht als Forderung zu aktivieren sind, bei ihrer Bewertung wertmindernd zu berücksichtigen;
   d) Rückstellungen für Verpflichtungen, für deren Entstehen im wirtschaftlichen Sinne der laufende Betrieb ursächlich ist, sind zeitanteilig in gleichen Raten anzusammeln. ...
   e) Rückstellungen für Verpflichtungen sind mit einem Zinssatz von 5,5 Prozent abzuzinsen; Nummer 3 Satz 2 ist entsprechend anzuwenden.

4. Entnahmen des Steuerpflichtigen für sich, für seinen Haushalt oder für andere betriebsfremde Zwecke sind mit dem Teilwert anzusetzen; in den Fällen des § 4 Absatz 1 Satz 3 ist die Entnahme mit dem gemeinen Wert anzusetzen. [2]Die private Nutzung eines Kraftfahrzeugs, das zu mehr als 50 Prozent betrieblich genutzt wird, ist für jeden Kalendermonat mit 1 Prozent des inländischen Listenpreises im Zeitpunkt der Erstzulassung zuzüglich der Kosten für Sonderausstattung einschließlich Umsatzsteuer anzusetzen. ...

5. Einlagen sind mit dem Teilwert für den Zeitpunkt der Zuführung anzusetzen; sie sind jedoch höchstens mit den Anschaffungs- oder Herstellungskosten anzusetzen, wenn das zugeführte Wirtschaftsgut
   a) innerhalb der letzten drei Jahre vor dem Zeitpunkt der Zuführung angeschafft oder hergestellt worden ist,
   b) ein Anteil an einer Kapitalgesellschaft ist und der Steuerpflichtige an der Gesellschaft im Sinne des § 17 Absatz 1 oder Absatz 6 beteiligt ist; § 17 Absatz 2 Satz 5 gilt entsprechend, oder
   c) ein Wirtschaftsgut im Sinne des § 20 Absatz 2 ist.

...

[2]Ist die Einlage ein abnutzbares Wirtschaftsgut, so sind die Anschaffungs- oder Herstellungskosten um Absetzungen für Abnutzung zu kürzen, die auf den Zeitraum zwischen der Anschaffung oder Herstellung des Wirtschaftsguts und der Einlage entfallen. [3]Ist die Einlage ein Wirtschaftsgut, das vor der Zuführung aus einem Betriebsvermögen des Steuerpflichtigen entnommen worden ist, so tritt an die Stelle der Anschaffungs- oder Herstellungskosten der Wert, mit dem die Entnahme angesetzt worden ist, und an die Stelle des Zeitpunkts der Anschaffung oder Herstellung der Zeitpunkt der Entnahme.

...

6. Bei Eröffnung eines Betriebs ist Nummer 5 entsprechend anzuwenden.
7. Bei entgeltlichem Erwerb eines Betriebs sind die Wirtschaftsgüter mit dem Teilwert, höchstens jedoch mit den Anschaffungs- oder Herstellungskosten anzusetzen.

(2) [1]Die Anschaffungs- oder Herstellungskosten oder der nach Absatz 1 Nummer 5 bis 6 an deren Stelle tretende Wert von abnutzbaren beweglichen Wirtschaftsgütern des Anlagevermögens, die einer selbständigen Nutzung fähig sind, können im Wirtschaftsjahr der Anschaffung, Herstellung oder Einlage des Wirtschaftsguts oder der Eröffnung des Betriebs in voller Höhe als Betriebsausgaben abgezogen werden, wenn die Anschaffungs- oder Herstellungskosten, vermindert um einen darin enthaltenen Vorsteuerbetrag (§ 9b Absatz 1), oder der nach Absatz 1 Nummer 5 bis 6 an deren Stelle tretende Wert für das einzelne Wirtschaftsgut 410 Euro nicht übersteigen. [2]Ein Wirtschaftsgut ist einer selbständigen Nutzung nicht fähig, wenn es nach seiner betrieblichen Zweckbestimmung nur zusammen mit anderen Wirtschaftsgütern des Anlagevermögens genutzt werden kann und die in den Nutzungszusammenhang eingefügten Wirtschaftsgüter technisch aufeinander abgestimmt sind. [3]Das gilt auch, wenn das Wirtschaftsgut aus dem betrieblichen Nutzungszusammenhang gelöst und in einen anderen betrieblichen Nutzungszusammenhang eingefügt werden kann. [4]Wirtschaftsgüter im Sinne des Satzes 1, deren Wert 150 Euro übersteigt, sind unter Angabe des Tages der Anschaffung, Herstellung oder Einlage des Wirtschaftsguts oder der Eröffnung des Betriebs und der Anschaffungs- oder Herstellungskosten oder des nach Absatz 1 Nummer 5 bis 6 an deren Stelle tretenden Werts in ein besonderes, laufend zu führendes Verzeichnis aufzunehmen. [5]Das Verzeichnis braucht nicht geführt zu werden, wenn diese Angaben aus der Buchführung ersichtlich sind.

(2a) [1]Abweichend von Absatz 2 Satz 1 kann für die abnutzbaren beweglichen Wirtschaftsgüter des Anlagevermögens, die einer selbständigen Nutzung fähig sind, im Wirtschaftsjahr der Anschaffung, Herstellung oder Einlage des Wirtschaftsguts oder der Eröffnung des Betriebs ein Sammelposten gebildet werden, wenn die Anschaffungs- oder Herstellungskosten, vermindert um einen darin enthaltenen Vorsteuerbetrag (§ 9b Absatz 1), oder der nach Absatz 1 Nummer 5 bis 6 an deren Stelle tretende Wert für das einzelne Wirtschaftsgut 150 Euro, aber nicht 1 000 Euro übersteigen. [2]Der Sammelposten ist im Wirtschaftsjahr der Bildung und den folgenden vier Wirtschaftsjahren mit jeweils einem Fünftel gewinnmindernd aufzulösen. [3]Scheidet ein Wirtschaftsgut im Sinne des Satzes 1 aus dem Betriebsvermögen aus, wird der Sammelposten nicht vermindert. [4]Die Anschaffungs- oder Herstellungskosten oder der nach Absatz 1 Nummer 5 bis 6 an deren Stelle tretende Wert von abnutzbaren beweglichen Wirtschaftsgütern des Anlagevermögens, die einer selbständigen Nutzung fähig sind, können im Wirtschaftsjahr der Anschaffung, Herstellung oder Einlage des Wirtschaftsguts oder der Eröffnung des Betriebs in voller Höhe als Betriebsausgaben abgezogen werden, wenn die Anschaffungs- oder Herstellungskosten, vermindert um einen darin enthaltenen Vorsteuerbetrag (§ 9b Absatz 1), oder der nach Absatz 1 Nummer 5 bis 6 an deren Stelle tretende Wert für das einzelne Wirtschaftsgut 150 Euro nicht übersteigen. [5]Die Sätze 1 bis 3 sind für alle in einem Wirtschaftsjahr angeschafften, hergestellten oder eingelegten Wirtschaftsgüter einheitlich anzuwenden.

§ 6a. Pensionsrückstellung. (1) Für eine Pensionsverpflichtung darf eine Rückstellung (Pensionsrückstellung) nur gebildet werden, wenn und soweit

1. der Pensionsberechtigte einen Rechtsanspruch auf einmalige oder laufende Pensionsleistungen hat,
2. die Pensionszusage keine Pensionsleistungen in Abhängigkeit von künftigen gewinnabhängigen Bezügen vorsieht und keinen Vorbehalt enthält, dass die Pensionsanwartschaft oder die Pensionsleistung gemindert oder entzogen werden kann, oder ein solcher Vorbehalt sich nur auf Tatbestände erstreckt, bei deren Vorliegen nach allgemeinen Rechtsgrundsätzen unter Beachtung billigen Ermessens eine Minderung oder ein Entzug der Pensionsanwartschaft oder der Pensionsleistung zulässig ist, und
3. die Pensionszusage schriftlich erteilt ist; die Pensionszusage muss eindeutige Angaben zu Art, Form, Voraussetzungen und Höhe der in Aussicht gestellten künftigen Leistungen enthalten.

...

(3) [1]Eine Pensionsrückstellung darf höchstens mit dem Teilwert der Pensionsverpflichtung angesetzt werden. ... [3]Bei der Berechnung des Teilwerts der Pensionsverpflichtung sind ein Rechnungszinsfuß von 6 Prozent und die anerkannten Regeln der Versicherungsmathematik anzuwenden.

§ 7. Absetzung für Abnutzung oder Substanzverringerung. (1) [1]Bei Wirtschaftsgütern, deren Verwendung oder Nutzung durch den Steuerpflichtigen zur Erzielung von Einkünften sich erfahrungsgemäß auf einen Zeitraum von mehr als einem Jahr erstreckt, ist jeweils für ein Jahr der Teil der Anschaffungs- oder Herstellungskosten abzusetzen, der bei gleichmäßiger Verteilung dieser Kosten auf die Gesamtdauer der Verwendung oder Nutzung auf ein Jahr entfällt (Absetzung für Abnutzung in gleichen Jahresbeträgen). [2]Die Absetzung bemisst sich hierbei nach der betriebsgewöhnlichen Nutzungsdauer des Wirtschaftsguts. [3]Als betriebsgewöhnliche Nutzungsdauer des Geschäfts- oder Firmenwerts eines Gewerbebetriebs oder eines Betriebs der Land- und Forstwirtschaft gilt ein Zeitraum von 15 Jahren. [4]Im Jahr der Anschaffung oder Herstellung des Wirtschaftsguts vermindert sich für dieses Jahr der Absetzungsbetrag nach Satz 1 um jeweils ein Zwölftel für jeden vollen Monat, der dem Monat der Anschaffung oder Herstellung vorangeht. [5]Bei Wirtschaftsgütern, die nach einer Verwendung zur Erzielung von Einkünften im Sinne des § 2 Absatz 1 Nummer 4 bis 7 in ein Betriebsvermögen eingelegt worden sind, mindert sich der Einlagewert um die Absetzungen für Abnutzung oder Substanzverringerung, Sonderabschreibungen oder erhöhte Absetzungen, die bis zum Zeitpunkt der Einlage vorgenommen worden sind, höchstens jedoch bis zu den fortgeführten Anschaffungs- oder Herstellungskosten; ist der Einlagewert niedriger als dieser Wert, bemisst sich die weitere Absetzung für Abnutzung vom Einlagewert. [6]Bei beweglichen Wirtschaftsgütern des Anlagevermögens, bei denen es wirtschaftlich begründet ist, die Absetzung für Abnutzung nach Maßgabe der Leistung des Wirtschaftsguts vorzunehmen, kann der Steuerpflichtige dieses Verfahren statt der Absetzung für Abnutzung in gleichen Jahresbeträgen anwenden, wenn er den auf das einzelne Jahr entfallenden Umfang der Leistung nachweist. [7]Absetzungen für außergewöhnliche technische oder wirtschaftliche Abnutzung sind zulässig; soweit der Grund hierfür in späteren Wirtschaftsjahren entfällt, ist in den Fällen der Gewinnermittlung nach § 4 Absatz 1 oder nach § 5 eine entsprechende Zuschreibung vorzunehmen.

(2) [1]Bei beweglichen Wirtschaftsgütern des Anlagevermögens, die nach dem 31. Dezember 2008 und vor dem 1. Januar 2011 angeschafft oder hergestellt worden sind, kann der Steuerpflichtige statt der Absetzung für Abnutzung in gleichen Jahresbeträgen die Absetzung für Abnutzung in fallenden Jahresbeträgen bemessen. [2]Die Absetzung für Abnutzung in fallenden Jahresbeträgen kann nach einem unveränderlichen Prozentsatz vom jeweiligen Buchwert (Restwert) vorgenommen werden; der dabei anzuwendende Prozentsatz darf höchstens das Zweieinhalbfache des bei der Absetzung für Abnutzung in gleichen Jahresbeträgen in Betracht kommenden Prozentsatzes betragen und 25 Prozent nicht übersteigen. [3]Absatz 1 Satz 4 und § 7a Absatz 8 gelten entsprechend. [4]Bei Wirtschaftsgütern, bei denen die Absetzung für Abnutzung in fallenden Jahresbeträgen bemessen wird, sind Absetzungen für außergewöhnliche technische oder wirtschaftliche Abnutzung nicht zulässig.

(3) [1]Der Übergang von der Absetzung für Abnutzung in fallenden Jahresbeträgen zur Absetzung für Abnutzung in gleichen Jahresbeträgen ist zulässig. [2]In diesem Fall bemisst sich die Absetzung für Abnutzung vom Zeitpunkt des Übergangs an nach dem dann noch vorhandenen Restwert und der Restnutzungsdauer des einzelnen Wirtschaftsguts. [3]Der Übergang von der Absetzung für Abnutzung in gleichen Jahresbeträgen zur Absetzung für Abnutzung in fallenden Jahresbeträgen ist nicht zulässig.

(4) [1]Bei Gebäuden sind abweichend von Absatz 1 als Absetzung für Abnutzung die folgenden Beträge bis zur vollen Absetzung abzuziehen:

1. bei Gebäuden, soweit sie zu einem Betriebsvermögen gehören und nicht Wohnzwecken dienen und für die der Bauantrag nach dem 31. März 1985 gestellt worden ist, jährlich 3 Prozent,
2. bei Gebäuden, soweit sie die Voraussetzungen der Nummer 1 nicht erfüllen und die
   a) nach dem 31. Dezember 1924 fertiggestellt worden sind, jährlich 2 Prozent,
   b) vor dem 1. Januar 1925 fertiggestellt worden sind, jährlich 2,5 Prozent

der Anschaffungs- oder Herstellungskosten; Absatz 1 Satz 5 gilt entsprechend. [2]Beträgt die tatsächliche Nutzungsdauer eines Gebäudes in den Fällen des Satzes 1 Nummer 1 weniger als 33 Jahre, in den Fällen des Satzes 1 Nummer 2 Buchstabe a weniger als 50 Jahre, in den Fällen des Satzes 1 Nummer 2 Buchstabe b weniger als 40 Jahre, so können anstelle der Absetzungen nach Satz 1 die der tatsächlichen Nutzungsdauer entsprechenden Absetzungen für Abnutzung vorgenommen werden. [3]Absatz 1 letzter Satz bleibt unberührt. [4]Bei Gebäuden im Sinne der Nummer 2 rechtfertigt die für Gebäude im Sinne der Nummer 1 geltende Regelung weder die Anwendung des Absatzes 1 letzter Satz noch den Ansatz des niedrigeren Teilwerts (§ 6 Absatz 1 Nummer 1 Satz 2).

(5) [1]Bei Gebäuden, die in einem Mitgliedsstaat der Europäischen Union oder einem anderen Staat belegen sind, auf den das Abkommen über den Europäischen Wirtschaftsraum (EWR-Abkommen) angewendet wird, und die Gebäude, die vom Steuerpflichtigen hergestellt oder bis zum Ende des Jahres der Fertigstellung angeschafft worden sind, können abweichend von Absatz 4 als Absetzung für Abnutzung die folgenden Beträge abgezogen werden:

1. bei Gebäuden im Sinne des Absatzes 4 Satz 1 Nummer 1, die vom Steuerpflichtigen auf Grund eines vor dem 1. Januar 1994 gestellten Bauantrags hergestellt oder auf Grund eines vor diesem Zeitpunkt rechtswirksam abgeschlossenen obligatorischen Vertrags angeschafft worden sind,
   - im Jahr der Fertigstellung und in den folgenden 3 Jahren jeweils 10 Prozent,
   - in den darauf folgenden 3 Jahren jeweils 5 Prozent,
   - in den darauf folgenden 18 Jahren jeweils 2,5 Prozent,
2. bei Gebäuden im Sinne des Absatzes 4 Satz 1 Nummer 2, die vom Steuerpflichtigen auf Grund eines vor dem 1. Januar 1995 gestellten Bauantrags hergestellt oder auf Grund eines vor diesem Zeitpunkt rechtswirksam abgeschlossenen obligatorischen Vertrags angeschafft worden sind,
   - im Jahr der Fertigstellung und in den folgenden 7 Jahren jeweils 5 Prozent,
   - in den darauf folgenden 6 Jahren jeweils 2,5 Prozent,
   - in den darauf folgenden 36 Jahren jeweils 1,25 Prozent,
3. bei Gebäuden im Sinne des Absatzes 4 Satz 1 Nummer 2, soweit sie Wohnzwecken dienen, die vom Steuerpflichtigen
   a) auf Grund eines nach dem 28. Februar 1989 und vor dem 1. Januar 1996 gestellten Bauantrags hergestellt oder nach dem 28. Februar 1989 auf Grund eines nach dem 28. Februar 1989 und vor dem 1. Januar 1996 rechtswirksam abgeschlossenen obligatorischen Vertrags angeschafft worden sind,
   - im Jahr der Fertigstellung und in den folgenden 3 Jahren jeweils 7 Prozent,
   - in den darauf folgenden 6 Jahren jeweils 5 Prozent, – in den darauf folgenden 6 Jahren jeweils 2 Prozent,
   - in den darauf folgenden 24 Jahren jeweils 1,25 Prozent,

   b) auf Grund eines nach dem 31. Dezember 1995 und vor dem 1. Januar 2004 gestellten Bauantrags hergestellt oder auf Grund eines nach dem 31. Dezember 1995 und vor dem 1. Januar 2004 rechtswirksam abgeschlossenen obligatorischen Vertrags angeschafft worden sind,
   - im Jahr der Fertigstellung und in den folgenden 7 Jahren jeweils 5 Prozent,
   - in den darauf folgenden 6 Jahren jeweils 2,5 Prozent,
   - in den darauf folgenden 36 Jahren jeweils 1,25 Prozent,

   c) auf Grund eines nach dem 31. Dezember 2003 und vor dem 1. Januar 2006 gestellten Bauantrags hergestellt oder auf Grund eines nach dem 31. Dezember 2003 und vor dem 1. Januar 2006 rechtswirksam abgeschlossenen obligatorischen Vertrags angeschafft worden sind,
   - im Jahr der Fertigstellung und in den folgenden 9 Jahren jeweils 4 Prozent,
   - in den darauf folgenden 8 Jahren jeweils 2,5 Prozent,
   - in den darauf folgenden 32 Jahren jeweils 1,25 Prozent,

der Anschaffungs- oder Herstellungskosten. [2]Im Fall der Anschaffung kann Satz 1 nur angewendet werden, wenn der Hersteller für das veräußerte Gebäude weder Absetzungen für Abnutzung nach Satz 1 vorgenommen noch erhöhte Absetzungen oder Sonderabschreibungen in Anspruch genommen hat. [3]Absatz 1 Satz 4 gilt nicht.

(5a) Die Absätze 4 und 5 sind auf Gebäudeteile, die selbständige unbewegliche Wirtschaftsgüter sind, sowie auf Eigentumswohnungen und auf im Teileigentum stehende Räume entsprechend anzuwenden.

(6) Bei Bergbauunternehmen, Steinbrüchen und anderen Betrieben, die einen Verbrauch der Substanz mit sich bringen, ist Absatz 1 entsprechend anzuwenden; dabei sind Absetzungen nach Maßgabe des Substanzverzehrs zulässig (Absetzung für Substanzverringerung).

Überschuss der Einnahmen über die Werbungskosten

§ 8. Einnahmen. (1) Einnahmen sind alle Güter, die in Geld oder Geldeswert bestehen und dem Steuerpflichtigen im Rahmen einer der Einkunftsarten des § 2 Absatz 1 Satz 1 Nummer 4 bis 7 zufließen.

(2) [1]Einnahmen, die nicht in Geld bestehen (Wohnung, Kost, Waren, Dienstleistungen und sonstige Sachbezüge), sind mit den um übliche Preisnachlässe geminderten üblichen Endpreisen am Abgabeort anzusetzen. [2]Für die private Nutzung eines betrieblichen Kraftfahrzeugs zu privaten Fahrten gilt § 6 Absatz 1 Nummer 4 Satz 2 entsprechend. …

(3) [1]Erhält ein Arbeitnehmer auf Grund seines Dienstverhältnisses Waren oder Dienstleistungen, die vom Arbeitgeber nicht überwiegend für den Bedarf seiner Arbeitnehmer hergestellt, vertrieben oder erbracht werden und deren Bezug nicht nach § 40 pauschal versteuert wird, so gelten als deren Werte abweichend von Absatz 2 die um 4 Prozent geminderten Endpreise, zu denen der Arbeitgeber oder der dem Abgabeort nächstansässige Abnehmer die Waren oder Dienstleistungen fremden Letztverbrauchern im allgemeinen Geschäftsverkehr anbietet. [2]Die sich nach Abzug der vom Arbeit-

nehmer gezahlten Entgelte ergebenden Vorteile sind steuerfrei, soweit sie aus dem Dienstverhältnis insgesamt 1 080 Euro im Kalenderjahr nicht übersteigen.

§ 9. Werbungskosten. (1) [1]Werbungskosten sind Aufwendungen zur Erwerbung, Sicherung und Erhaltung der Einnahmen. [2]Sie sind bei der Einkunftsart abzuziehen, bei der sie erwachsen sind. [3]Werbungskosten sind auch

1. Schuldzinsen und auf besonderen Verpflichtungsgründen beruhende Renten und dauernde Lasten, soweit sie mit einer Einkunftsart in wirtschaftlichem Zusammenhang stehen. …
2. Steuern vom Grundbesitz, sonstige öffentliche Abgaben und Versicherungsbeiträge, soweit solche Ausgaben sich auf Gebäude oder auf Gegenstände beziehen, die dem Steuerpflichtigen zur Einnahmeerzielung dienen;
3. Beiträge zu Berufsständen und sonstigen Berufsverbänden, deren Zweck nicht auf einen wirtschaftlichen Geschäftsbetrieb gerichtet ist;
4. Aufwendungen des Arbeitnehmers für die Wege zwischen Wohnung und erster Tätigkeitsstätte im Sinne des Absatzes 4. [2]Zur Abgeltung dieser Aufwendungen ist für jeden Arbeitstag, an dem der Arbeitnehmer die erste Tätigkeitsstätte aufsucht, eine Entfernungspauschale für jeden vollen Kilometer der Entfernung zwischen Wohnung und erster Tätigkeitsstätte von 0,30 Euro anzusetzen, höchstens jedoch 4 500 Euro im Kalenderjahr; ein höherer Betrag als 4 500 Euro ist anzusetzen, soweit der Arbeitnehmer einen eigenen oder ihm zur Nutzung überlassenen Kraftwagen benutzt. [3]Die Entfernungspauschale gilt nicht für Flugstrecken und Strecken mit steuerfreier Sammelbeförderung nach § 3 Nummer 32. [4]Für die Bestimmung der Entfernung ist die kürzeste Straßenverbindung zwischen Wohnung und erster Tätigkeitsstätte maßgebend; eine andere als die kürzeste Straßenverbindung kann zugrunde gelegt werden, wenn diese offensichtlich verkehrsgünstiger ist und vom Arbeitnehmer regelmäßig für die Wege zwischen Wohnung und erster Tätigkeitsstätte benutzt wird. …
5. notwendige Mehraufwendungen, die einem Arbeitnehmer wegen einer beruflich veranlassten doppelten Haushaltsführung entstehen. [2]Eine doppelte Haushaltsführung liegt nur vor, wenn der Arbeitnehmer außerhalb des Ortes seiner ersten Tätigkeitsstätte einen eigenen Hausstand unterhält und auch am Ort der ersten Tätigkeitsstätte wohnt. [3]Das Vorliegen eines eigenen Hausstandes setzt das Innehaben einer Wohnung sowie eine finanzielle Beteiligung an den Kosten der Lebensführung voraus. [4]Als Unterkunftskosten für eine doppelte Haushaltsführung können im Inland die tatsächlichen Aufwendungen für die Nutzung der Unterkunft angesetzt werden, höchstens 1 000 Euro im Monat. Aufwendungen für die Wege vom Ort der ersten Tätigkeitsstätte zum Ort des eigenen Hausstandes und zurück (Familienheimfahrt) können jeweils nur für eine Familienheimfahrt wöchentlich abgezogen werden. [5]Zur Abgeltung der Aufwendungen für eine Familienheimfahrt ist eine Entfernungspauschale von 0,30 Euro für jeden vollen Kilometer der Entfernung zwischen dem Ort des eigenen Hausstandes und dem Ort der ersten Tätigkeitsstätte anzusetzen. …
6. Aufwendungen für Arbeitsmittel, zum Beispiel für Werkzeuge und typische Berufskleidung. …
7. Absetzungen für Abnutzung und für Substanzverringerung und erhöhte Absetzungen. [2]§ 6 Absatz 2 Satz 1 bis 3 ist in Fällen der Anschaffung oder Herstellung von Wirtschaftsgütern entsprechend anzuwenden.

(2) [1]Durch die Entfernungspauschalen sind sämtliche Aufwendungen abgegolten, die durch die Wege zwischen Wohnung und erster Tätigkeitsstätte im Sinne des Absatzes 4 und durch die Familienheimfahrten veranlasst sind. [2]Aufwendungen für die Benutzung öffentlicher Verkehrsmittel können angesetzt werden, soweit sie den im Kalenderjahr insgesamt als Entfernungspauschale abziehbaren Betrag übersteigen. …

…

§ 9a. Pauschbeträge für Werbungskosten. [1]Für Werbungskosten sind bei der Ermittlung der Einkünfte die folgenden Pauschbeträge abzuziehen, wenn nicht höhere Werbungskosten nachgewiesen werden:

1. a) von den Einnahmen aus nichtselbständiger Arbeit vorbehaltlich Buchstabe b: ein Arbeitnehmer-Pauschbetrag von 1 000 Euro;
   b) von den Einnahmen aus nichtselbständiger Arbeit, soweit es sich um Versorgungsbezüge im Sinne des § 19 Absatz 2 handelt: ein Pauschbetrag von 102 Euro;
2. (weggefallen)
3. von den Einnahmen im Sinne des § 22 Nummer 1, 1a, 1b, 1c und 5: ein Pauschbetrag von insgesamt 102 Euro.

[2]Der Pauschbetrag nach Satz 1 Nummer 1 Buchstabe b darf nur bis zur Höhe der um den Versorgungsfreibetrag einschließlich des Zuschlags zum Versorgungsfreibetrag (§ 19 Absatz 2) geminderten Einnahmen, die Pauschbeträge nach Satz 1 Nummer 1 Buchstabe a und Nummer 3 dürfen nur bis zur Höhe der Einnahmen abgezogen werden.

Umsatzsteuerrechtlicher Vorsteuerabzug

§ 9b. [Umsatzsteuerrechtlicher Vorsteuerabzug]. (1) Der Vorsteuerbetrag nach § 15 des Umsatzsteuergesetzes gehört, soweit er bei der Umsatzsteuer abgezogen werden kann, nicht zu den Anschaffungsoder Herstellungskosten des Wirtschaftsguts, auf dessen Anschaffung oder Herstellung er entfällt.

...

Kinderbetreuungskosten

§ 9c. Kinderbetreuungskosten. *(aufgehoben)*

Sonderausgaben

§ 10. [Sonderausgaben]. (1) Sonderausgaben sind die folgenden Aufwendungen, wenn sie weder Betriebsausgaben noch Werbungskosten sind oder wie Betriebsausgaben oder Werbungskosten behandelt werden:

1. Unterhaltsleistungen an den geschiedenen oder dauernd getrennt lebenden unbeschränkt einkommensteuerpflichtigen Ehegatten, wenn der Geber dies mit Zustimmung des Empfängers beantragt, bis zu 13 805 Euro im Kalenderjahr. ...

1a. auf besonderen Verpflichtungsgründen beruhende, lebenslange und wiederkehrende Versorgungsleistungen, die nicht mit Einkünften in wirtschaftlichem Zusammenhang stehen, die bei der Veranlagung außer Betracht bleiben, ...

2. a) Beiträge zu den gesetzlichen Rentenversicherungen oder zur landwirtschaftlichen Alterskasse sowie zu berufsständischen Versorgungseinrichtungen, die den gesetzlichen Rentenversicherungen vergleichbare Leistungen erbringen;
   b) Beiträge des Steuerpflichtigen
      aa) [1]zum Aufbau einer eigenen kapitalgedeckten Altersversorgung, wenn der Vertrag nur die Zahlung einer monatlichen, auf das Leben des Steuerpflichtigen bezogenen lebenslangen Leibrente nicht vor Vollendung des 62. Lebensjahres oder zusätzlich die ergänzende Absicherung des Eintritts der Berufsunfähigkeit (Berufsunfähigkeitsrente), der verminderten Erwerbsfähigkeit (Erwerbsminderungsrente) oder von Hinterbliebenen (Hinterbliebenenrente) vorsieht. [2]Hinterbliebene in diesem Sinne sind der Ehegatte des Steuerpflichtigen und die Kinder, für die er Anspruch auf Kindergeld oder auf einen Freibetrag nach § 32 Absatz 6 hat. [3]Der Anspruch auf Waisenrente darf längstens für den Zeitraum bestehen, in dem der Rentenberechtigte die Voraussetzungen für die Berücksichtigung als Kind im Sinne des § 32 erfüllt;
      bb) [1]für seine Absicherung gegen den Eintritt der Berufsunfähigkeit oder der verminderten Erwerbsfähigkeit (Versicherungsfall), wenn der Vertrag nur die Zahlung einer monatlichen, auf das Leben des Steuerpflichtigen bezogenen lebenslangen Leibrente für einen Versicherungsfall vorsieht, der bis zur Vollendung des 67. Lebensjahres eingetreten ist. [2]Der Vertrag kann die Beendigung der Rentenzahlung wegen eines medizinisch begründeten Wegfalls der Berufsunfähigkeit oder der verminderten Erwerbsfähigkeit vorsehen. [3]Die Höhe der zugesagten Rente kann vom Alter des Steuerpflichtigen bei Eintritt des Versicherungsfalls abhängig gemacht werden, wenn der Steuerpflichtige das 55. Lebensjahr vollendet hat.

   [2]Die Ansprüche nach Buchstabe b dürfen nicht vererblich, nicht übertragbar, nicht beleihbar, nicht veräußerbar und nicht kapitalisierbar sein. ...

3. Beiträge zu
   a) Krankenversicherungen, ... [2]Für Beiträge zur gesetzlichen Krankenversicherung sind dies ...die festgesetzten Beiträge. [3]Für Beiträge zu einer privaten Krankenversicherung sind dies die Beitragsanteile, die auf Vertragsleistungen entfallen, die, mit Ausnahme der auf das Krankengeld entfallenden Beitragsanteile, in Art, Umfang und Höhe den Leistungen nach dem Dritten Kapitel des Fünften Buches Sozialgesetzbuch vergleichbar sind, ...
   b) gesetzlichen Pflegeversicherungen (soziale Pflegeversicherung und private Pflege-Pflichtversicherung).

...

3a. Beiträge zu Kranken- und Pflegeversicherungen, soweit diese nicht nach Nummer 3 zu berücksichtigen sind; Beiträge zu Versicherungen gegen Arbeitslosigkeit, zu Erwerbs- und Berufsunfähigkeitsversicherungen, die nicht unter Nummer 2 Satz 1 Buchstabe b fallen, zu Unfall- und Haftpflichtversicherungen sowie zu Risikoversicherungen, die nur für den Todesfall eine Leistung vorsehen; Beiträge zu Versicherungen im

Sinne des § 10 Absatz 1 Nummer 2 Buchstabe b Doppelbuchstabe bb bis dd in der am 31. Dezember 2004 geltenden Fassung, wenn die Laufzeit dieser Versicherungen vor dem 1. Januar 2005 begonnen hat und ein Versicherungsbeitrag bis zum 31. Dezember 2004 entrichtet wurde; …
4. gezahlte Kirchensteuer; dies gilt nicht, soweit die Kirchensteuer als Zuschlag zur Kapitalertragsteuer oder als Zuschlag auf die nach dem gesonderten Tarif des § 32d Absatz 1 ermittelte Einkommensteuer gezahlt wurde;
5. zwei Drittel der Aufwendungen, höchstens 4 000 Euro je Kind, für Dienstleistungen zur Betreuung eines zum Haushalt des Steuerpflichtigen gehörenden Kindes im Sinne des § 32 Absatz 1, welches das 14. Lebensjahr noch nicht vollendet hat oder wegen einer vor Vollendung des 25. Lebensjahres eingetretenen körperlichen, geistigen oder seelischen Behinderung außerstande ist, sich selbst zu unterhalten. Dies gilt nicht für Aufwendungen für Unterricht, die Vermittlung besonderer Fähigkeiten sowie für sportliche und andere Freizeitbetätigungen. Ist das zu betreuende Kind nicht nach § 1 Absatz 1 oder Absatz 2 unbeschränkt einkommensteuerpflichtig, ist der in Satz 1 genannte Betrag zu kürzen, soweit es nach den Verhältnissen im Wohnsitzstaat des Kindes notwendig und angemessen ist. Voraussetzung für den Abzug der Aufwendungen nach Satz 1 ist, dass der Steuerpflichtige für die Aufwendungen eine Rechnung erhalten hat und die Zahlung auf das Konto des Erbringers der Leistung erfolgt ist;
6. (weggefallen)
7. Aufwendungen für die eigene Berufsausbildung bis zu 6 000 Euro im Kalenderjahr. …
8. (weggefallen)
9. 30 Prozent des Entgelts, höchstens 5 000 Euro, das der Steuerpflichtige für ein Kind, für das er Anspruch auf einen Freibetrag nach § 32 Absatz 6 oder auf Kindergeld hat, für dessen Besuch einer Schule in freier Trägerschaft oder einer überwiegend privat finanzierten Schule entrichtet, mit Ausnahme des Entgelts für Beherbergung, Betreuung und Verpflegung. …

7 (3) [1]Vorsorgeaufwendungen nach Absatz 1 Nummer 2 Satz 4 sind bis zu 20 000 Euro zu berücksichtigen. [2]Bei zusammenveranlagten Ehegatten verdoppelt sich der Höchstbetrag. [3]Der Höchstbetrag nach Satz 1 oder 2 ist bei Steuerpflichtigen, die

1. Arbeitnehmer sind und die während des ganzen oder eines Teils des Kalenderjahres
   a) in der gesetzlichen Rentenversicherung versicherungsfrei oder auf Antrag des Arbeitgebers von der Versicherungspflicht befreit waren und denen für den Fall ihres Ausscheidens aus der Beschäftigung auf Grund des Beschäftigungsverhältnisses eine lebenslängliche Versorgung oder an deren Stelle eine Abfindung zusteht oder die in der gesetzlichen Rentenversicherung nachzuversichern sind oder
   b) nicht der gesetzlichen Rentenversicherungspflicht unterliegen, eine Berufstätigkeit ausgeübt und im Zusammenhang damit auf Grund vertraglicher Vereinbarungen Anwartschaftsrechte auf eine Altersversorgung erworben haben, oder
2. Einkünfte im Sinne des § 22 Nummer 4 erzielen und die ganz oder teilweise ohne eigene Beitragsleistung einen Anspruch auf Altersversorgung erwerben,

um den Betrag zu kürzen, der, bezogen auf die Einnahmen aus der Tätigkeit, die die Zugehörigkeit zum genannten Personenkreis begründen, dem Gesamtbeitrag (Arbeitgeber- und Arbeitnehmeranteil) zur allgemeinen Rentenversicherung entspricht. [4]Im Kalenderjahr 2013 sind 76 Prozent der nach den Sätzen 1 bis 3 ermittelten Vorsorgeaufwendungen anzusetzen. [5]Der sich danach ergebende Betrag, vermindert um den nach § 3 Nummer 62 steuerfreien Arbeitgeberanteil zur gesetzlichen Rentenversicherung und einen diesem gleichgestellten steuerfreien Zuschuss des Arbeitgebers, ist als Sonderausgabe abziehbar. [6]Der Prozentsatz in Satz 4 erhöht sich in den folgenden Kalenderjahren bis zum Kalenderjahr 2025 um je 2 Prozentpunkte je Kalenderjahr. …

(4) [1]Vorsorgeaufwendungen im Sinne des Absatzes 1 Nummer 3 und 3a können je Kalenderjahr insgesamt bis 2 800 Euro abgezogen werden. [2]Der Höchstbetrag beträgt 1 900 Euro bei Steuerpflichtigen, die ganz oder teilweise ohne eigene Aufwendungen einen Anspruch auf vollständige oder teilweise Erstattung oder Übernahme von Krankheitskosten haben oder für deren Krankenversicherung Leistungen im Sinne des § 3 Nummer 9, 14, 57 oder 62 erbracht werden. [3]Bei zusammen veranlagten Ehegatten bestimmt sich der gemeinsame Höchstbetrag aus der Summe der jedem Ehegatten unter den Voraussetzungen von Satz 1 und 2 zustehenden Höchstbeträge.

…

§ 10 a. Zusätzliche Altersvorsorge. (1) [1]In der inländischen gesetzlichen Rentenversicherung Pflichtversicherte können Altersvorsorgebeiträge (§ 82) zuzüglich der dafür nach Abschnitt XI zustehenden Zulage jährlich bis zu 2 100 Euro als Sonderausgaben abziehen; das Gleiche gilt für

1. Empfänger von inländischer Besoldung nach dem Bundesbesoldungsgesetz oder einem Landesbesoldungsgesetz,
2. Empfänger von Amtsbezügen aus einem inländischen Amtsverhältnis, deren Versorgungsrecht die entsprechende Anwendung des § 69e Absatz 3 und 4 des Beamtenversorgungsgesetzes vorsieht,

...

(2) [1]Ist der Sonderausgabenabzug nach Absatz 1 für den Steuerpflichtigen günstiger als der Anspruch auf die Zulage nach Abschnitt XI, erhöht sich die unter Berücksichtigung des Sonderausgabenabzugs ermittelte tarifliche Einkommensteuer um den Anspruch auf Zulage. [2]In den anderen Fällen scheidet der Sonderausgabenabzug aus. [3]Die Günstigerprüfung wird von Amts wegen vorgenommen.

...

§ 10b. Steuerbegünstigte Zwecke. (1) [1]Zuwendungen (Spenden und Mitgliedsbeiträge) zur Förderung steuerbegünstigter Zwecke im Sinne der §§ 52 bis 54 der Abgabenordnung können insgesamt bis zu
1. 20 Prozent des Gesamtbetrags der Einkünfte oder
2. 4 Promille der Summe der gesamten Umsätze und der im Kalenderjahr aufgewendeten Löhne und Gehälter

als Sonderausgaben abgezogen werden. [2]Voraussetzung für den Abzug ist, dass diese Zuwendungen
1. an eine juristische Person des öffentlichen Rechts oder an eine öffentliche Dienststelle, die in einem Mitgliedstaat der Europäischen Union oder in einem Staat belegen ist, auf den das Abkommen über den Europäischen Wirtschaftsraum (EWR-Abkommen) Anwendung findet, oder
2. an eine nach § 5 Absatz 1 Nummer 9 des Körperschaftsteuergesetzes steuerbefreite Körperschaft, Personenvereinigung oder Vermögensmasse oder
3. an eine Körperschaft, Personenvereinigung oder Vermögensmasse, die in einem Mitgliedstaat der Europäischen Union oder in einem Staat belegen ist, auf den das Abkommen über den Europäischen Wirtschaftsraum (EWR-Abkommen) Anwendung findet, und die nach § 5 Absatz 1 Nummer 9 des Körperschaftsteuergesetzes in Verbindung mit § 5 Absatz 2 Nummer 2 zweiter Halbsatz des Körperschaftsteuergesetzes steuerbefreit wäre, wenn sie inländische Einkünfte erzielen würde,

geleistet werden. [3]Nicht abziehbar sind Mitgliedsbeiträge an Körperschaften, die
1. den Sport (§ 52 Absatz 2 Nummer 21 der Abgabenordnung),
2. kulturelle Betätigungen, die in erster Linie der Freizeitgestaltung dienen,
3. die Heimatpflege und Heimatkunde (§ 52 Absatz 2 Nummer 22 der Abgabenordnung) oder
4. Zwecke im Sinne des § 52 Absatz 2 Nummer 23 der Abgabenordnung

fördern. [4]Abziehbare Zuwendungen, die die Höchstbeträge nach Satz 1 überschreiten oder die den um die Beträge nach § 10 Absatz 3 und 4, § 10c und § 10d verminderten Gesamtbetrag der Einkünfte übersteigen, sind im Rahmen der Höchstbeträge in den folgenden Veranlagungszeiträumen als Sonderausgaben abzuziehen. [5]§ 10d Absatz 4 gilt entsprechend.

...

(2) Zuwendungen an politische Parteien im Sinne des § 2 des Parteiengesetzes sind bis zur Höhe von insgesamt 1 650 Euro und im Fall der Zusammenveranlagung von Ehegatten bis zur Höhe von insgesamt 3 300 Euro im Kalenderjahr abzugsfähig. ...

§ 10c. Sonderausgaben-Pauschbetrag.
[1]Für Sonderausgaben nach § 10 Absatz 1 Nummer 1, 1a, 4, 5, 7 und 9 und nach § 10b wird ein Pauschbetrag von 36 Euro abgezogen (Sonderausgaben-Pauschbetrag), wenn der Steuerpflichtige nicht höhere Aufwendungen nachweist. [2]Im Fall der Zusammenveranlagung von Ehegatten verdoppelt sich der Sonderausgaben-Pauschbetrag.

§ 10d. Verlustabzug. (1) Negative Einkünfte, die bei der Ermittlung des Gesamtbetrags der Einkünfte nicht ausgeglichen werden, sind bis zu einem Betrag von 1 000 000 Euro, bei Ehegatten, die nach den §§ 26, 26b zusammenveranlagt werden, bis zu einem Betrag von 2 000 000 Euro vom Gesamtbetrag der Einkünfte des unmittelbar vorangegangenen Veranlagungszeitraums vorrangig vor Sonderausgaben, außergewöhnlichen Belastungen und sonstigen Abzugsbeträgen abzuziehen (Verlustrücktrag). ...

(2) [1]Nicht ausgeglichene negative Einkünfte, die nicht nach Absatz 1 abgezogen worden sind, sind in den folgenden Veranlagungszeiträumen bis zu einem Gesamtbetrag der Einkünfte von 1 Million Euro unbeschränkt, darüber hinaus bis zu 60 Prozent des 1 Million Euro übersteigenden Gesamtbetrags der Einkünfte vorrangig vor Sonderausgaben, außergewöhnlichen Belastungen und sonstigen Abzugsbeträgen abzuziehen (Verlustvortrag). [2]Bei Ehegatten, die nach den §§ 26, 26b zusammenveranlagt werden, tritt an die Stelle des Betrags von 1 Million Euro ein Betrag von 2 Millionen Euro. ...

Vereinnahmung und Verausgabung

§ 11. [Vereinnahmung und Verausgabung].
(1) Einnahmen sind innerhalb des Kalenderjahres bezogen, in dem sie dem Steuerpflichtigen zugeflossen sind. …
(2) Ausgaben sind für das Kalenderjahr abzusetzen, in dem sie geleistet worden sind. …

Nicht abzugsfähige Ausgaben

§ 12. [Nicht abzugsfähige Ausgaben].
[1]Soweit in den § 10 Absatz 1 Nummer 1, 2 bis 5, 7 und 9, §§ 10a, 10b und den §§ 33 bis 33b nichts anderes bestimmt ist, dürfen weder bei den einzelnen Einkunftsarten noch vom Gesamtbetrag der Einkünfte abgezogen werden
1. die für den Haushalt des Steuerpflichtigen und für den Unterhalt seiner Familienangehörigen aufgewendeten Beträge. [2]Dazu gehören auch die Aufwendungen für die Lebensführung, die die wirtschaftliche oder gesellschaftliche Stellung des Steuerpflichtigen mit sich bringt, auch wenn sie zur Förderung des Berufs oder der Tätigkeit des Steuerpflichtigen erfolgen;
2. freiwillige Zuwendungen, Zuwendungen auf Grund einer freiwillig begründeten Rechtspflicht und Zuwendungen an eine gegenüber dem Steuerpflichtigen oder seinem Ehegatten gesetzlich unterhaltsberechtigte Person oder deren Ehegatten, auch wenn diese Zuwendungen auf einer besonderen Vereinbarung beruhen;
3. die Steuern vom Einkommen und sonstige Personensteuern sowie die Umsatzsteuer für Umsätze, die Entnahmen sind, und die Vorsteuerbeträge auf Aufwendungen, für die das Abzugsverbot der Nummer 1 oder des § 4 Absatz 5 Satz 1 Nummer 1 bis 5, 7 oder Absatz 7 gilt; das gilt auch für die auf diese Steuern entfallenden Nebenleistungen;
4. in einem Strafverfahren festgesetzte Geldstrafen, …
5. Aufwendungen des Steuerpflichtigen für seine erstmalige Berufsausbildung oder für ein Erststudium, das zugleich eine Erstausbildung vermittelt, wenn diese Berufsausbildung oder dieses Erststudium nicht im Rahmen eines Dienstverhältnisses stattfinden.

7

Die einzelnen Einkunftsarten

▶ Land- und Forstwirtschaft (§ 2 Absatz 1 Satz 1 Nummer 1)

§ 13. Einkünfte aus Land- und Forstwirtschaft.
(1) Einkünfte aus Land- und Forstwirtschaft sind
1. Einkünfte aus dem Betrieb von Landwirtschaft, Forstwirtschaft, Weinbau, Gartenbau und aus allen Betrieben, die Pflanzen und Pflanzenteile mit Hilfe der Naturkräfte gewinnen. [2]Zu diesen Einkünften gehören auch die Einkünfte aus der Tierzucht und Tierhaltung, …

§ 14. Veräußerung des Betriebs. Zu den Einkünften aus Land- und Forstwirtschaft gehören auch Gewinne, die bei der Veräußerung eines land- oder forstwirtschaftlichen Betriebs oder Teilbetriebs oder eines Anteils an einem land- und forstwirtschaftlichen Betriebsvermögen erzielt werden. …

▶ Gewerbebetrieb (§ 2 Absatz 1 Satz 1 Nummer 2)

§ 15. Einkünfte aus Gewerbebetrieb.
(1) [1]Einkünfte aus Gewerbebetrieb sind
1. Einkünfte aus gewerblichen Unternehmen. [2]Dazu gehören auch Einkünfte aus gewerblicher Bodenbewirtschaftung, z. B. aus Bergbauunternehmen und aus Betrieben zur Gewinnung von Torf, Steinen und Erden, soweit sie nicht land- oder forstwirtschaftliche Nebenbetriebe sind;
2. die Gewinnanteile der Gesellschafter einer Offenen Handelsgesellschaft, einer Kommanditgesellschaft und einer anderen Gesellschaft, bei der der Gesellschafter als Unternehmer (Mitunternehmer) des Betriebs anzusehen ist, und die Vergütungen, die der Gesellschafter von der Gesellschaft für seine Tätigkeit im Dienst der Gesellschaft oder für die Hingabe von Darlehen oder für die Überlassung von Wirtschaftsgütern bezogen hat. …
3. die Gewinnanteile der persönlich haftenden Gesellschafter einer Kommanditgesellschaft auf Aktien, soweit sie nicht auf Anteile am Grundkapital entfallen, und die Vergütungen, die der persönlich haftende Gesellschafter von der Gesellschaft für seine Tätigkeit im Dienst der Gesellschaft oder für die Hingabe von Darlehen oder für die Überlassung von Wirtschaftsgütern bezogen hat. …

(2) [1]Eine selbständige nachhaltige Betätigung, die mit der Absicht, Gewinn zu erzielen, unternommen wird und ich als Beteiligung am allgemeinen wirtschaftlichen Verkehr darstellt, ist Gewerbebetrieb, wenn die Betätigung weder als Ausübung von Land- und Forstwirtschaft noch als Ausübung eines freien Berufs noch als eine andere selbständige Arbeit anzusehen ist. [2]Eine durch die Betätigung verursachte Minderung der Steuern vom Einkommen ist kein Gewinn im Sinne des Satzes 1. [3]Ein

Gewerbebetrieb liegt, wenn seine Voraussetzungen im Übrigen gegeben sind, auch dann vor, wenn die Gewinnerzielungsabsicht nur ein Nebenzweck ist.
...

§ 15a. Verluste bei beschränkter Haftung. (1) Der einem Kommanditisten zuzurechnende Anteil am Verlust der Kommanditgesellschaft darf weder mit anderen Einkünften aus Gewerbebetrieb noch mit Einkünften aus anderen Einkunftsarten ausgeglichen werden, soweit ein negatives Kapitalkonto des Kommanditisten entsteht oder sich erhöht; er darf insoweit auch nicht nach § 10d abgezogen werden. ...

§ 16. Veräußerung des Betriebs. (1) [1]Zu den Einkünften aus Gewerbebetrieb gehören auch Gewinne, die erzielt werden bei der Veräußerung
1. des ganzen Gewerbebetriebs oder eines Teilbetriebs. [2]Als Teilbetrieb gilt auch die das gesamte Nennkapital umfassende Beteiligung an einer Kapitalgesellschaft; im Fall der Auflösung der Kapitalgesellschaft ist § 17 Absatz 4 Satz 3 sinngemäß anzuwenden;
2. des gesamten Anteils eines Gesellschafters, der als Unternehmer (Mitunternehmer) des Betriebs anzusehen ist (§ 15 Absatz 1 Satz 1 Nummer 2);
3. des gesamten Anteils eines persönlich haftenden Gesellschafters einer Kommanditgesellschaft auf Aktien (§ 15 Absatz 1 Satz 1 Nummer 3). ...

§ 17. Veräußerung von Anteilen an Kapitalgesellschaften. (1) [1]Zu den Einkünften aus Gewerbebetrieb gehört auch der Gewinn aus der Veräußerung von Anteilen an einer Kapitalgesellschaft, wenn der Veräußerer innerhalb der letzten fünf Jahre am Kapital der Gesellschaft unmittelbar oder mittelbar zu mindestens 1 Prozent beteiligt war. ...

▶ Selbständige Arbeit (§ 2 Absatz 1 Satz 1 Nummer 3)

§ 18. [Selbständige Arbeit]. (1) Einkünfte aus selbständiger Arbeit sind
1. Einkünfte aus freiberuflicher Tätigkeit. [2]Zu der freiberuflichen Tätigkeit gehören die selbständig ausgeübte wissenschaftliche, künstlerische, schriftstellerische, unterrichtende oder erzieherische Tätigkeit, die selbständige Berufstätigkeit der Ärzte, Zahnärzte, Tierärzte, Rechtsanwälte, Notare, Patentanwälte, Vermessungsingenieure, Ingenieure, Architekten, Handelschemiker, Wirtschaftsprüfer, Steuerberater, beratenden Volks- und Betriebswirte, vereidigten Buchprüfer, Steuerbevollmächtigten, Heilpraktiker, Dentisten, Krankengymnasten, Journalisten, Bildberichterstatter, Dolmetscher, Übersetzer, Lotsen und ähnlicher Berufe.

▶ Nichtselbständige Arbeit (§ 2 Absatz 1 Satz 1 Nummer 4)

§ 19. [Nichtselbständige Arbeit]. (1) [1]Zu den Einkünften aus nichtselbständiger Arbeit gehören
1. Gehälter, Löhne, Gratifikationen, Tantiemen und andere Bezüge und Vorteile für eine Beschäftigung im öffentlichen oder privaten Dienst;
2. Wartegelder, Ruhegelder, Witwen- und Waisengelder und andere Bezüge und Vorteile aus früheren Dienstleistungen, ...
3. laufende Beiträge und laufende Zuwendungen des Arbeitgebers aus einem bestehenden Dienstverhältnis an einen Pensionsfonds, eine Pensionskasse oder für eine Direktversicherung für eine betriebliche Altersversorgung. ...

[2]Es ist gleichgültig, ob es sich um laufende oder um einmalige Bezüge handelt und ob ein Rechtsanspruch auf sie besteht.

▶ Kapitalvermögen (§ 2 Absatz 1 Satz 1 Nummer 5)

§ 20. [Kapitalvermögen]. (1) Zu den Einkünften aus Kapitalvermögen gehören
1. Gewinnanteile (Dividenden), Ausbeuten und sonstige Bezüge aus Aktien, Genussrechten, mit denen das Recht am Gewinn und Liquidationserlös einer Kapitalgesellschaft verbunden ist, aus Anteilen an Gesellschaften mit beschränkter Haftung, an Erwerbs- und Wirtschaftsgenossenschaften sowie an bergbautreibenden Vereinigungen, die die Rechte einer juristischen Person haben. [2]Zu den sonstigen Bezügen gehören auch verdeckte Gewinnausschüttungen. [3]Die Bezüge gehören nicht zu den Einnahmen, soweit sie aus Ausschüttungen einer Körperschaft stammen, für die Beträge aus dem steuerlichen Einlagekonto im Sinne des § 27 des Körperschaftsteuergesetzes als verwendet gelten. ...
2. Bezüge, die nach der Auflösung einer Körperschaft oder Personenvereinigung im Sinne der Nummer 1 anfallen ...
3. (weggefallen)
4. Einnahmen aus der Beteiligung an einem Handelsgewerbe als stiller Gesellschafter und aus partiarischen Darlehen, es sei denn,

dass der Gesellschafter oder Darlehensgeber als Mitunternehmer anzusehen ist....

5. Zinsen aus Hypotheken und Grundschulden und Renten aus Rentenschulden. [2]Bei Tilgungshypotheken und Tilgungsgrundschulden ist nur der Teil der Zahlungen anzusetzen, der als Zins auf den jeweiligen Kapitalrest entfällt;
6. der Unterschiedsbetrag zwischen der Versicherungsleistung und der Summe der auf sie entrichteten Beiträge (Erträge) im Erlebensfall oder bei Rückkauf des Vertrags bei Rentenversicherungen mit Kapitalwahlrecht, soweit nicht die lebenslange Rentenzahlung gewählt und erbracht wird, und bei Kapitalversicherungen mit Sparanteil, wenn der Vertrag nach dem 31. Dezember 2004 abgeschlossen worden ist. [2]Wird die Versicherungsleistung nach Vollendung des 60. Lebensjahres des Steuerpflichtigen und nach Ablauf von zwölf Jahren seit dem Vertragsabschluss ausgezahlt, ist die Hälfte des Unterschiedsbetrags anzusetzen. [3]Bei entgeltlichem Erwerb des Anspruchs auf die Versicherungsleistung treten die Anschaffungskosten an die Stelle der vor dem Erwerb entrichteten Beiträge. [4]Die Sätze 1 bis 3 sind auf Erträge aus fondsgebundenen Lebensversicherungen, auf Erträge im Erlebensfall bei Rentenversicherungen ohne Kapitalwahlrecht, soweit keine lebenslange Rentenzahlung vereinbart und erbracht wird, und auf Erträge bei Rückkauf des Vertrages bei Rentenversicherungen ohne Kapitalwahlrecht entsprechend anzuwenden.
7. Erträge aus sonstigen Kapitalforderungen jeder Art, ...
8. Diskontbeträge von Wechseln und Anweisungen einschließlich der Schatzwechsel;

...

(2) [1]Zu den Einkünften aus Kapitalvermögen gehören auch

1. der Gewinn aus der Veräußerung von Anteilen an einer Körperschaft ...
2. der Gewinn aus der Veräußerung
   a) von Dividendenscheinen und sonstigen Ansprüchen durch den Inhaber des Stammrechts, wenn die dazugehörigen Aktien oder sonstigen Anteile nicht mitveräußert werden. [2]Diese Besteuerung tritt an die Stelle der Besteuerung nach Absatz 1;
   b) von Zinsscheinen und Zinsforderungen durch den Inhaber oder ehemaligen Inhaber der Schuldverschreibung, wenn die dazugehörigen Schuldverschreibungen nicht mitveräußert werden. [2]Entsprechendes gilt für die Einlösung von Zinsscheinen und Zinsforderungen durch den ehemaligen Inhaber der Schuldverschreibung. ...
3. der Gewinn
   a) bei Termingeschäften, durch die der Steuerpflichtige einen Differenzausgleich oder einen durch den Wert einer veränderlichen Bezugsgröße bestimmten Geldbetrag oder Vorteil erlangt;
   b) aus der Veräußerung eines als Termingeschäft ausgestalteten Finanzinstruments;
4. der Gewinn aus der Veräußerung von Wirtschaftsgütern, die Erträge im Sinne des Absatzes 1 Nummer 4 erzielen;
5. der Gewinn aus der Übertragung von Rechten im Sinne des Absatzes 1 Nummer 5;
6. der Gewinn aus der Veräußerung von Ansprüchen auf eine Versicherungsleistung im Sinne des Absatzes 1 Nummer 6. [2]Das Versicherungsunternehmen hat nach Kenntniserlangung von einer Veräußerung unverzüglich Mitteilung an das für den Steuerpflichtigen zuständige Finanzamt zu machen und auf Verlangen des Steuerpflichtigen eine Bescheinigung über die Höhe der entrichteten Beiträge im Zeitpunkt der Veräußerung zu erteilen;
7. der Gewinn aus der Veräußerung von sonstigen Kapitalforderungen jeder Art im Sinne des Absatzes 1 Nummer 7;
8. der Gewinn aus der Übertragung oder Aufgabe einer die Einnahmen im Sinne des Absatzes 1 Nummer 9 vermittelnden Rechtsposition.

[2]Als Veräußerung im Sinne des Satzes 1 gilt auch die Einlösung, Rückzahlung, Abtretung oder verdeckte Einlage in eine Kapitalgesellschaft; in den Fällen von Satz 1 Nummer 4 gilt auch die Vereinnahmung eines Auseinandersetzungsguthabens als Veräußerung. [3]Die Anschaffung oder Veräußerung einer unmittelbaren oder mittelbaren Beteiligung an einer Personengesellschaft gilt als Anschaffung oder Veräußerung der anteiligen Wirtschaftsgüter.

...

(4) Gewinn im Sinne des Absatzes 2 ist der Unterschied zwischen den Einnahmen aus der Veräußerung nach Abzug der Aufwendungen, die im unmittelbaren sachlichen Zusammenhang mit dem Veräußerungsgeschäft stehen, und den Anschaffungskosten; ...

(5) [1]Einkünfte aus Kapitalvermögen im Sinne des Absatzes 1 Nummer 1 und 2 erzielt der Anteilseigner. [2]Anteilseigner ist derjenige, dem nach § 39 der Abgabenordnung die Anteile an dem Kapitalvermögen im Sinne des Absatzes 1 Nummer 1 im Zeitpunkt des Gewinnverteilungsbeschlusses zuzurechnen sind. [3]Sind einem Nießbraucher oder Pfandgläubiger die Einnahmen im Sinne des Absatzes 1 Nummer 1 oder 2 zuzurechnen, gilt er als Anteilseigner.

(6) [1]Verbleibende positive Einkünfte aus Kapitalvermögen sind nach der Verrechnung

7

im Sinne des § 43a Absatz 3 zunächst mit Verlusten aus privaten Veräußerungsgeschäften nach Maßgabe des § 23 Absatz 3 Satz 9 und 10 zu verrechnen. [2]Verluste aus Kapitalvermögen dürfen nicht mit Einkünften aus anderen Einkunftsarten ausgeglichen werden; sie dürfen auch nicht nach § 10d abgezogen werden. [3]Die Verluste mindern jedoch die Einkünfte, die der Steuerpflichtige in den folgenden Veranlagungszeiträumen aus Kapitalvermögen erzielt. [4]§ 10d Absatz 4 ist sinngemäß anzuwenden. [5]Verluste aus Kapitalvermögen im Sinne des Absatzes 2 Satz 1 Nummer 1 Satz 1, die aus der Veräußerung von Aktien entstehen, dürfen nur mit Gewinnen aus Kapitalvermögen im Sinne des Absatzes 2 Satz 1 Nummer 1 Satz 1, die aus der Veräußerung von Aktien entstehen, ausgeglichen werden; die Sätze 3 und 4 gelten sinngemäß. [6]Verluste aus Kapitalvermögen, die der Kapitalertragsteuer unterliegen, dürfen nur verrechnet werden oder mindern die Einkünfte, die der Steuerpflichtige n den folgenden Veranlagungszeiträumen aus Kapitalvermögen erzielt, wenn eine Bescheinigung im Sinne des § 43a Absatz 3 Satz 4 vorliegt.

...

(9) [1]Bei der Ermittlung der Einkünfte aus Kapitalvermögen ist als Werbungskosten ein Betrag von 801 Euro abzuziehen (Sparer-Pauschbetrag); der Abzug der tatsächlichen Werbungskosten ist ausgeschlossen. [2]Ehegatten, die zusammen veranlagt werden, wird ein gemeinsamer Sparer-Pauschbetrag von 1 602 Euro gewährt. [3]Der gemeinsame Sparer-Pauschbetrag ist bei der Einkunftsermittlung bei jedem Ehegatten je zur Hälfte abzuziehen; sind die Kapitalerträge eines Ehegatten niedriger als 801 Euro, so ist der anteilige Sparer-Pauschbetrag insoweit, als er die Kapitalerträge dieses Ehegatten übersteigt, bei dem anderen Ehegatten abzuziehen. [4]Der Sparer-Pauschbetrag und der gemeinsame Sparer-Pauschbetrag dürfen nicht höher sein als die nach Maßgabe des Absatzes 6 verrechneten Kapitalerträge.

▶ Vermietung und Verpachtung (§ 2 Absatz 1 Satz 1 Nummer 6)

§ 21. [Einkünfte aus Vermietung und Verpachtung]. (1) [1]Einkünfte aus Vermietung und Verpachtung sind

1. Einkünfte aus Vermietung und Verpachtung von unbeweglichem Vermögen, insbesondere von Grundstücken, Gebäuden, Gebäudeteilen, Schiffen, die in ein Schiffsregister eingetragen sind, und Rechten, die den Vorschriften des bürgerlichen Rechts über Grundstücke unterliegen (z. B. Erbbaurecht, Mineralgewinnungsrecht);
2. Einkünfte aus Vermietung und Verpachtung von Sachinbegriffen, insbesondere von beweglichem Betriebsvermögen;
3. Einkünfte aus zeitlich begrenzter Überlassung von Rechten, insbesondere von schriftstellerischen, künstlerischen und gewerblichen Urheberrechten, von gewerblichen Erfahrungen und von Gerechtigkeiten und Gefällen;
4. Einkünfte aus der Veräußerung von Miet- und Pachtzinsforderungen, auch dann, wenn die Einkünfte im Veräußerungspreis von Grundstücken enthalten sind und die Miet- oder Pachtzinsen sich auf einen Zeitraum beziehen, in dem der Veräußerer noch Besitzer war.

...

▶ Sonstige Einkünfte (§ 2 Absatz 1 Satz 1 Nummer 7)

§ 22. Arten der sonstigen Einkünfte. Sonstige Einkünfte sind

1. Einkünfte aus wiederkehrenden Bezügen, soweit sie nicht zu den in § 2 Absatz 1 Nummer 1 bis 6 bezeichneten Einkunftsarten gehören; ... [3]Zu den in Satz 1 bezeichneten Einkünften gehören auch
   a) Leibrenten und andere Leistungen,
      aa) die aus den gesetzlichen Rentenversicherungen, der landwirtschaftlichen Alterskasse, den berufsständischen Versorgungseinrichtungen und aus Rentenversicherungen im Sinne des § 10 Absatz 1 Nummer 2 Buchstabe b erbracht werden, soweit sie jeweils der Besteuerung unterliegen. ...

1a. Einkünfte aus Unterhaltsleistungen, soweit sie nach § 10 Absatz 1 Nummer 1 vom Geber abgezogen werden können;

...

2. Einkünfte aus privaten Veräußerungsgeschäften im Sinne des § 23;
3. Einkünfte aus Leistungen, soweit sie weder zu anderen Einkunftsarten (§ 2 Absatz 1 Satz 1 Nummer 1 bis 6) noch zu den Einkünften im Sinne der Nummern 1, 1a, 2 oder 4 gehören, z. B. Einkünfte aus gelegentlichen Vermittlungen und aus der Vermietung beweglicher Gegenstände. [2]Solche Einkünfte sind nicht einkommensteuerpflichtig, wenn sie weniger als 256 Euro im Kalenderjahr betragen haben. [3]Übersteigen die Werbungskosten die Einnahmen, so darf der übersteigende Betrag bei Ermittlung des Einkommens nicht ausgeglichen werden; er darf auch nicht nach § 10d abgezogen werden. [4]Die Verluste mindern jedoch nach Maßgabe des § 10d die Einkünfte, die der

Steuerpflichtige in dem unmittelbar vorangegangenen Veranlagungszeitraum oder in den folgenden Veranlagungszeiträumen aus Leistungen im Sinne des Satzes 1 erzielt hat oder erzielt; …

4. Entschädigungen, Amtszulagen, Zuschüsse zu Kranken- und Pflegeversicherungsbeiträgen, Übergangsgelder, Überbrückungsgelder, Sterbegelder, Versorgungsabfindungen, Versorgungsbezüge, die auf Grund des Abgeordnetengesetzes oder des Europaabgeordnetengesetzes, sowie vergleichbare Bezüge, die auf Grund der entsprechenden Gesetze der Länder gezahlt werden, …
5. Leistungen aus Altersvorsorgeverträgen, Pensionsfonds, Pensionskassen und Direktversicherungen. …

§ 23. Private Veräußerungsgeschäfte.

(1) [1]Private Veräußerungsgeschäfte (§ 22 Nummer 2) sind

1. Veräußerungsgeschäfte bei Grundstücken und Rechten, die den Vorschriften des bürgerlichen Rechts über Grundstücke unterliegen (z. B. Erbbaurecht, Mineralgewinnungsrecht), bei denen der Zeitraum zwischen Anschaffung und Veräußerung nicht mehr als zehn Jahre beträgt. [2]Gebäude und Außenanlagen sind einzubeziehen, soweit sie innerhalb dieses Zeitraums errichtet, ausgebaut oder erweitert werden; dies gilt entsprechend für Gebäudeteile, die selbständige unbewegliche Wirtschaftsgüter sind, sowie für Eigentumswohnungen und im Teileigentum stehende Räume. [3]Ausgenommen sind Wirtschaftsgüter, die im Zeitraum zwischen Anschaffung oder Fertigstellung und Veräußerung ausschließlich zu eigenen Wohnzwecken oder im Jahr der Veräußerung und in den beiden vorangegangenen Jahren zu eigenen Wohnzwecken genutzt wurden;
2. Veräußerungsgeschäfte bei anderen Wirtschaftsgütern, bei denen der Zeitraum zwischen Anschaffung und Veräußerung nicht mehr als ein Jahr beträgt. [2]Ausgenommen sind Veräußerungen von Gegenständen des täglichen Gebrauchs. [3]Bei Wirtschaftsgütern im Sinne von Satz 1, aus deren Nutzung als Einkunftsquelle zumindest in einem Kalenderjahr Einkünfte erzielt werden, erhöht sich der Zeitraum auf zehn Jahre.

[2]Als Anschaffung gilt auch die Überführung eines Wirtschaftsguts in das Privatvermögen des Steuerpflichtigen durch Entnahme oder Betriebsaufgabe. [3]Bei unentgeltlichem Erwerb ist dem Einzelrechtsnachfolger für Zwecke dieser Vorschrift die Anschaffung oder die Überführung des Wirtschaftsguts in das Privatvermögen durch den Rechtsvorgänger zuzurechnen. [4]Die Anschaffung oder Veräußerung einer unmittelbaren oder mittelbaren Beteiligung an einer Personengesellschaft gilt als Anschaffung oder Veräußerung der anteiligen Wirtschaftsgüter. [5]Als Veräußerung im Sinne des Satzes 1 Nummer 1 gilt auch

1. die Einlage eines Wirtschaftsguts in das Betriebsvermögen, wenn die Veräußerung aus dem Betriebsvermögen innerhalb eines Zeitraums von zehn Jahren seit Anschaffung des Wirtschaftsguts erfolgt, und
2. die verdeckte Einlage in eine Kapitalgesellschaft.

(2) Einkünfte aus privaten Veräußerungsgeschäften der in Absatz 1 bezeichneten Art sind den Einkünften aus anderen Einkunftsarten zuzurechnen, soweit sie zu diesen gehören.

(3) [1]Gewinn oder Verlust aus Veräußerungsgeschäften nach Absatz 1 ist der Unterschied zwischen Veräußerungspreis einerseits und den Anschaffungs- oder Herstellungskosten und den Werbungskosten andererseits. [2]In den Fällen des Absatzes 1 Satz 5 Nummer 1 tritt an die Stelle des Veräußerungspreises der für den Zeitpunkt der Einlage nach § 6 Absatz 1 Nummer 5 angesetzte Wert, in den Fällen des Absatzes 1 Satz 5 Nummer 2 der gemeine Wert. [3]In den Fällen des Absatzes 1 Satz 2 tritt an die Stelle der Anschaffungs- oder Herstellungskosten der nach § 6 Absatz 1 Nummer 4 oder § 16 Absatz 3 angesetzte Wert. [4]Die Anschaffungs- oder Herstellungskosten mindern sich um Absetzungen für Abnutzung, erhöhte Absetzungen und Sonderabschreibungen, soweit sie bei der Ermittlung der Einkünfte im Sinne des § 2 Absatz 1 Satz 1 Nummer 4 bis 7 abgezogen worden sind. [5]Gewinne bleiben steuerfrei, wenn der aus den privaten Veräußerungsgeschäften erzielte Gesamtgewinn im Kalenderjahr weniger als 600 Euro betragen hat. [6]In den Fällen des Absatzes 1 Satz 5 Nummer 1 sind Gewinne oder Verluste für das Kalenderjahr, in dem der Preis für die Veräußerung aus dem Betriebsvermögen zugeflossen ist, in den Fällen des Absatzes 1 Satz 5 Nummer 2 für das Kalenderjahr der verdeckten Einlage anzusetzen. [7]Verluste dürfen nur bis zur Höhe des Gewinns, den der Steuerpflichtige im gleichen Kalenderjahr aus privaten Veräußerungsgeschäften erzielt hat, ausgeglichen werden; sie dürfen nicht nach § 10d abgezogen werden. [8]Die Verluste mindern jedoch nach Maßgabe des § 10d die Einkünfte, die der Steuerpflichtige in dem unmittelbar vorangegangenen Veranlagungszeitraum oder in den folgenden Veranlagungszeiträumen aus privaten Veräußerungsgeschäften nach Absatz 1 erzielt hat oder erzielt;

…

§ 24a. Altersentlastungsbetrag. [1]Der Altersentlastungsbetrag ist bis zu einem Höchstbetrag im Kalenderjahr ein nach einem Prozentsatz ermittelter Betrag des Arbeitslohns und der positiven Summe der Einkünfte, die nicht solche aus nichtselbständiger Arbeit sind. … [3]Der Altersentlastungsbetrag wird einem Steuerpflichtigen gewährt, der vor dem Beginn des Kalenderjahres, in dem er sein Einkommen bezogen hat, das 64. Lebensjahr vollendet hatte. [4]Im Fall der Zusammenveranlagung von Ehegatten zur Einkommensteuer sind die Sätze 1 bis 3 für jeden Ehegatten gesondert anzuwenden. [5]Der maßgebende Prozentsatz und der Höchstbetrag des Altersentlastungsbetrags sind der nachstehenden Tabelle zu entnehmen …:

§ 24b. Entlastungsbetrag für Alleinerziehende. (1) [1]Allein stehende Steuerpflichtige können einen Entlastungsbetrag in Höhe von 1 308 Euro im Kalenderjahr von der Summe der Einkünfte abziehen, wenn zu ihrem Haushalt mindestens ein Kind gehört, für das ihnen ein Freibetrag nach § 32 Absatz 6 oder Kindergeld zusteht. [2]Die Zugehörigkeit zum Haushalt ist anzunehmen, wenn das Kind in der Wohnung des allein stehenden Steuerpflichtigen gemeldet ist. …

III. Veranlagung

§ 25. Veranlagungszeitraum, Steuererklärungspflicht. (1) Die Einkommensteuer wird nach Ablauf des Kalenderjahres (Veranlagungszeitraum) nach dem Einkommen veranlagt, das der Steuerpflichtige in diesem Veranlagungszeitraum bezogen hat, soweit nicht nach § 43 Absatz 5 und § 46 eine Veranlagung unterbleibt.

…

§ 26. Veranlagung von Ehegatten. (1) Ehegatten können zwischen der Einzelveranlagung (§ 26a) und der Zusammenveranlagung (§ 26b) wählen, wenn

1. beide unbeschränkt einkommensteuerpflichtig im Sinne des § 1 Absatz 1 oder 2 oder des § 1a sind,
2. sie nicht dauernd getrennt leben und
3. bei ihnen die Voraussetzungen aus den Nummern 1 und 2 zu Beginn des Veranlagungszeitraums vorgelegen haben oder im Laufe des Veranlagungszeitraums eingetreten sind.

…

(2) Ehegatten werden einzeln veranlagt, wenn einer der Ehegatten die Einzelveranlagung wählt. Ehegatten werden zusammen veranlagt, wenn beide Ehegatten die Zusammenveranlagung wählen.

…

§ 26a. Getrennte Veranlagung von Ehegatten. (1) Bei der Einzelveranlagung von Ehegatten sind jedem Ehegatten die von ihm bezogenen Einkünfte zuzurechnen. Einkünfte eines Ehegatten sind nicht allein deshalb zum Teil dem anderen Ehegatten zuzurechnen, weil dieser bei der Erzielung der Einkünfte mitgewirkt hat.

(2) Sonderausgaben, außergewöhnliche Belastungen und die Steuerermäßigung nach § 35a werden demjenigen Ehegatten zugerechnet, der die Aufwendungen wirtschaftlich getragen hat. Auf übereinstimmenden Antrag der Ehegatten werden sie jeweils zur Hälfte abgezogen.

…

§ 26b. Zusammenveranlagung von Ehegatten. Bei der Zusammenveranlagung von Ehegatten werden die Einkünfte, die die Ehegatten erzielt haben, zusammengerechnet, den Ehegatten gemeinsam zugerechnet und, soweit nichts anderes vorgeschrieben ist, die Ehegatten sodann gemeinsam als Steuerpflichtiger behandelt.

IV. Tarif

§ 31. Familienleistungsausgleich. [1]Die steuerliche Freistellung eines Einkommensbetrags in Höhe des Existenzminimums eines Kindes einschließlich der Bedarfe für Betreuung und Erziehung oder Ausbildung wird im gesamten Veranlagungszeitraum entweder durch die Freibeträge nach § 32 Absatz 6 oder durch Kindergeld nach Abschnitt X bewirkt. [2]Soweit das Kindergeld dafür nicht erforderlich ist, dient es der Förderung der Familie. [3]Im laufenden Kalenderjahr wird Kindergeld als Steuervergütung monatlich gezahlt. [4]Bewirkt der Anspruch auf Kindergeld für den gesamten Veranlagungszeitraum die nach Satz 1 gebotene steuerliche Freistellung nicht vollständig und werden deshalb bei der Veranlagung zur Einkommensteuer die Freibeträge nach § 32 Absatz 6 vom Einkommen abgezogen, erhöht sich die unter Abzug dieser Freibeträge ermittelte tarifliche Einkommensteuer um den Anspruch auf Kindergeld für den gesamten Veranlagungszeitraum; bei nicht zusammenveranlagten Eltern wird der Kindergeldanspruch im Umfang des Kinderfreibetrags angesetzt. [5]Satz 4 gilt entsprechend für mit dem Kindergeld vergleichbare Leistungen nach § 65. [6]Besteht nach ausländischem Recht Anspruch auf Leistungen für Kinder, wird dieser insoweit nicht berücksichtigt, als er das inländische Kindergeld übersteigt.

§ 32. Kinder, Freibeträge für Kinder.

(1) Kinder sind

1. im ersten Grad mit dem Steuerpflichtigen verwandte Kinder,
2. Pflegekinder (Personen, mit denen der Steuerpflichtige durch ein familienähnliches, auf längere Dauer berechnetes Band verbunden ist, sofern er sie nicht zu Erwerbszwecken in seinen Haushalt aufgenommen hat und das Obhuts- und Pflegeverhältnis zu den Eltern nicht mehr besteht).

(2) [1]Besteht bei einem angenommenen Kind das Kindschaftsverhältnis zu den leiblichen Eltern weiter, ist es vorrangig als angenommenes Kind zu berücksichtigen. [2]Ist ein im ersten Grad mit dem Steuerpflichtigen verwandtes Kind zugleich ein Pflegekind, ist es vorrangig als Pflegekind zu berücksichtigen.

(3) Ein Kind wird in dem Kalendermonat, in dem es lebend geboren wurde, und in jedem folgenden Kalendermonat, zu dessen Beginn es das 18. Lebensjahr noch nicht vollendet hat, berücksichtigt.

(4) [1]Ein Kind, das das 18. Lebensjahr vollendet hat, wird berücksichtigt, wenn es

1. noch nicht das 21. Lebensjahr vollendet hat, nicht in einem Beschäftigungsverhältnis steht und bei einer Agentur für Arbeit im Inland als Arbeitsuchender gemeldet ist oder
2. noch nicht das 25. Lebensjahr vollendet hat und
   a) für einen Beruf ausgebildet wird oder
   b) sich in einer Übergangszeit von höchstens vier Monaten befindet, die zwischen zwei Ausbildungsabschnitten oder zwischen einem Ausbildungsabschnitt und der Ableistung des gesetzlichen Wehr- oder Zivildienstes, einer vom Wehr- oder Zivildienst befreienden Tätigkeit als Entwicklungshelfer oder als Dienstleistender im Ausland nach § 14b des Zivildienstgesetzes oder der Ableistung eines freiwilligen Dienstes im Sinne des Buchstaben d liegt, oder
   c) eine Berufsausbildung mangels Ausbildungsplatzes nicht beginnen oder fortsetzen kann oder
   d) ein freiwilliges soziales Jahr oder ein freiwilliges ökologisches Jahr ... oder einen internationalen Jugendfreiwilligendienst ... oder einen Bundesfreiwilligendienst ... leistet oder
3. wegen körperlicher, geistiger oder seelischer Behinderung außerstande ist, sich selbst zu unterhalten; Voraussetzung ist, dass die Behinderung vor Vollendung des 25. Lebensjahres eingetreten ist.

[2]Nach Abschluss einer erstmaligen Berufsausbildung und eines Erststudiums wird ein Kind in den Fällen des Satzes 1 Nummer 2 nur berücksichtigt, wenn das Kind keiner Erwerbstätigkeit nachgeht. Eine Erwerbstätigkeit mit bis zu 20 Stunden regelmäßiger wöchentlicher Arbeitszeit, ein Ausbildungsdienstverhältnis oder ein geringfügiges Beschäftigungsverhältnis im Sinne der §§ 8 und 8a des Vierten Buches Sozialgesetzbuch sind unschädlich.

(5) [1]In den Fällen des Absatzes 4 Satz 1 Nummer 1 oder Nummer 2 Buchstabe a und b wird ein Kind, das

1. den gesetzlichen Grundwehrdienst oder Zivildienst geleistet hat, oder
2. sich anstelle des gesetzlichen Grundwehrdienstes freiwillig für die Dauer von nicht mehr als drei Jahren zum Wehrdienst verpflichtet hat, oder
3. eine vom gesetzlichen Grundwehrdienst oder Zivildienst befreiende Tätigkeit als Entwicklungshelfer im Sinne des § 1 Absatz 1 des Entwicklungshelfer-Gesetzes ausgeübt hat, ...

für einen der Dauer dieser Dienste oder der Tätigkeit entsprechenden Zeitraum, höchstens für die Dauer des inländischen gesetzlichen Grundwehrdienstes oder bei anerkannten Kriegsdienstverweigerern für die Dauer des inländischen gesetzlichen Zivildienstes über das 21. oder 25. Lebensjahr hinaus berücksichtigt. ...

(6) [1]Bei der Veranlagung zur Einkommensteuer wird für jedes zu berücksichtigende Kind des Steuerpflichtigen ein Freibetrag von 2184 Euro für das sächliche Existenzminimum des Kindes (Kinderfreibetrag) sowie ein Freibetrag von 1320 Euro für den Betreuungs- und Erziehungs- oder Ausbildungsbedarf des Kindes vom Einkommen abgezogen. [2]Bei Ehegatten, die nach den §§ 26, 26b zusammen zur Einkommensteuer veranlagt werden, verdoppeln sich die Beträge nach Satz 1, wenn das Kind zu beiden Ehegatten in einem Kindschaftsverhältnis steht. [3]Die Beträge nach Satz 2 stehen dem Steuerpflichtigen auch dann zu, wenn

1. der andere Elternteil verstorben oder nicht unbeschränkt einkommensteuerpflichtig ist oder
2. der Steuerpflichtige allein das Kind angenommen hat oder das Kind nur zu ihm in einem Pflegekindschaftsverhältnis steht.

...

7

§ 32a. Einkommensteuertarif. *für 2013*

(1) Die tarifliche Einkommensteuer im Veranlagungszeitraum 2013 bemisst sich nach dem zu versteuernden Einkommen. Sie beträgt vorbehaltlich der §§ 32b, 32d, 34, 34a, 34b und 34c jeweils in Euro für zu versteuernde Einkommen

1. bis 8 130 Euro (Grundfreibetrag):
   0;
2. von 8 131 Euro bis 13 469 Euro:
   (933,70 × y + 1 400) × y;
3. von 13 470 Euro bis 52 881 Euro:
   (228,74 × z + 2 397) × z + 1 014;
4. von 52 882 Euro bis 250 730 Euro:
   0,42 × x – 8 196;
5. von 250 731 Euro an:
   0,45 × x – 15 718.

„y" ist ein Zehntausendstel des den Grundfreibetrag übersteigenden Teils des auf einen vollen Euro-Betrag abgerundeten zu versteuernden Einkommens. „z" ist ein Zehntausendstel des 13 469 Euro übersteigenden Teils des auf einen vollen Euro-Betrag abgerundeten zu versteuernden Einkommens. „x" ist das auf einen vollen Euro-Betrag abgerundete zu versteuernde Einkommen. Der sich ergebende Steuerbetrag ist auf den nächsten vollen Euro-Betrag abzurunden.

ab 2014

(1) *Die tarifliche Einkommensteuer in den Veranlagungszeiträumen ab 2014 bemisst sich nach dem zu versteuernden Einkommen. Sie beträgt vorbehaltlich der §§ 32b, 32d, 34, 34a, 34b und 34c jeweils in Euro für zu versteuernde Einkommen*

1. *bis 8 354 Euro (Grundfreibetrag):*
   0;)
2. *von 8 355 Euro bis 13 469 Euro:*
   (974,58 × y + 1 400) × y;
3. *von 13 470 Euro bis 52 881 Euro:*
   (228,74 × z + 2 397) × z + 971;
4. *von 52 882 Euro bis 250 730 Euro:*
   0,42 × x – 8 239;
5. *von 250 731 Euro an:*
   0,45 × x – 15 761.

„y" ist ein Zehntausendstel des den Grundfreibetrag übersteigenden Teils des auf einen vollen Euro-Betrag abgerundeten zu versteuernden Einkommens. „z" ist ein Zehntausendstel des 13 469 Euro übersteigenden Teils des auf einen vollen Euro-Betrag abgerundeten zu versteuernden Einkommens. „x" ist das auf einen vollen Euro-Betrag abgerundete zu versteuernde Einkommen. Der sich ergebende Steuerbetrag ist auf den nächsten vollen Euro-Betrag abzurunden.

(2) bis (4) (weggefallen)

(5) Bei Ehegatten, die nach den §§ 26, 26b zusammen zur Einkommensteuer veranlagt werden, beträgt die tarifliche Einkommensteuer vorbehaltlich der §§ 32b, 32d, 34, 34a, 34b und 34c das Zweifache des Steuerbetrags, der sich für die Hälfte ihres gemeinsam zu versteuernden Einkommens nach Absatz 1 ergibt (Splitting-Verfahren).

§ 32b. Progressionsvorbehalt. (1) Hat ein zeitweise oder während des gesamten Veranlagungszeitraums unbeschränkt Steuerpflichtiger oder ein beschränkt Steuerpflichtiger, auf den § 50 Absatz 2 Satz 2 Nummer 4 Anwendung findet,

1. a) Arbeitslosengeld, Teilarbeitslosengeld, Zuschüsse zum Arbeitsentgelt, Kurzarbeitergeld, Winterausfallgeld, Insolvenzgeld, Arbeitslosenhilfe, Übergangsgeld, Altersübergangsgeld, Altersübergangsgeld-Ausgleichsbetrag, Unterhaltsgeld als Zuschuss, Eingliederungshilfe nach dem Dritten Buch Sozialgesetzbuch oder dem Arbeitsförderungsgesetz, das aus dem Europäischen Sozialfonds finanzierte Unterhaltsgeld sowie Leistungen nach § 10 des Dritten Buches Sozialgesetzbuch, die dem Lebensunterhalt dienen; Insolvenzgeld, das nach § 170 Absatz 1 des Dritten Buches Sozialgesetzbuch einem Dritten zusteht, ist dem Arbeitnehmer zuzurechnen,
   b) Krankengeld, Mutterschaftsgeld, Verletztengeld, Übergangsgeld oder vergleichbare Lohnersatzleistungen nach dem Fünften, Sechsten oder Siebten Buch Sozialgesetzbuch, der Reichsversicherungsordnung, dem Gesetz über die Krankenversicherung der Landwirte oder dem Zweiten Gesetz über die Krankenversicherung der Landwirte,
   c) Mutterschaftsgeld, Zuschuss zum Mutterschaftsgeld, die Sonderunterstützung nach dem Mutterschutzgesetz sowie den Zuschuss bei Beschäftigungsverboten für die Zeit vor oder nach einer Entbindung sowie für den Entbindungstag während einer Elternzeit nach beamtenrechtlichen Vorschriften,

   …

   j) Elterngeld nach dem Bundeselterngeld- und Elternzeitgesetz oder …

bezogen, so ist auf das nach § 32a Absatz 1 zu versteuernde Einkommen ein besonderer Steuersatz anzuwenden.

…

(2) Der besondere Steuersatz nach Absatz 1 ist der Steuersatz, der sich ergibt, wenn bei der Berechnung der Einkommensteuer das nach § 32a Absatz 1 zu versteuernde Einkommen vermehrt oder vermindert wird um

1. im Fall des Absatzes 1 Nummer 1 die Summe der Leistungen nach Abzug des Arbeitnehmer-Pauschbetrags (§ 9a Satz 1 Nummer 1),

soweit er nicht bei der Ermittlung der Einkünfte aus nichtselbständiger Arbeit abziehbar ist; …

§ 32 c. Tarifbegrenzung bei Gewinneinkünften. (1) [1]Sind in dem zu versteuernden Einkommen Einkünfte im Sinne des § 2 Absatz 1 Nummer 1 bis 3 (Gewinneinkünfte) enthalten, ist von der tariflichen Einkommensteuer nach § 32a ein Entlastungsbetrag für den Anteil dieser Einkünfte am zu versteuernden Einkommen abzuziehen. [2]Dieser Anteil bemisst sich nach dem Verhältnis der Gewinneinkünfte zur Summe der Einkünfte. [3]Er beträgt höchstens 100 Prozent. [4]Einkünfte, die nach den §§ 34, 34b ermäßigt besteuert werden, gelten nicht als Gewinneinkünfte im Sinne der Sätze 1 und 2.

(2) [1]Zur Ermittlung des Entlastungsbetrags im Sinne des Absatzes 1 wird der nach Absatz 1 Satz 2 ermittelte Anteilssatz auf den Teil des zu versteuernden Einkommens angewandt, der 250 000 Euro übersteigt. [2]Der Entlastungsbetrag beträgt 3 Prozent dieses Betrags. [3]Der Entlastungsbetrag ist auf den nächsten vollen Euro-Betrag aufzurunden.

…

§ 32d. Gesonderter Steuertarif für Einkünfte aus Kapitalvermögen. (1) [1]Die Einkommensteuer für Einkünfte aus Kapitalvermögen, die nicht unter § 20 Absatz 8 fallen, beträgt 25 Prozent. [2]Die Steuer nach Satz 1 vermindert sich um die nach Maßgabe des Absatzes 5 anrechenbaren ausländischen Steuern. [3]Im Fall der Kirchensteuerpflicht ermäßigt sich die Steuer nach den Sätzen 1 und 2 um 25 Prozent der auf die Kapitalerträge entfallenden Kirchensteuer. [4]Die Einkommensteuer beträgt damit

$$\frac{e-4q}{4+k}.$$

[5]Dabei sind „e“ die nach den Vorschriften des § 20 ermittelten Einkünfte, „q“ die nach Maßgabe des Absatzes 5 anrechenbare ausländische Steuer und „k“ der für die Kirchensteuer erhebende Religionsgesellschaft (Religionsgemeinschaft) geltende Kirchensteuersatz.

(2) Absatz 1 gilt nicht

1. für Kapitalerträge im Sinne des § 20 Absatz 1 Nummer 4 und 7 sowie Absatz 2 Satz 1 Nummer 4 und 7,
   a) wenn Gläubiger und Schuldner einander nahe stehende Personen sind, …
   b) wenn sie von einer Kapitalgesellschaft oder Genossenschaft an einen Anteilseigner gezahlt werden, der zu mindestens 10 Prozent an der Gesellschaft oder Genossenschaft beteiligt ist. [2]Dies gilt auch, wenn der Gläubiger der Kapitalerträge eine dem Anteilseigner nahe stehende Person ist, oder
   c) soweit ein Dritter die Kapitalerträge schuldet und diese Kapitalanlage im Zusammenhang mit einer Kapitalüberlassung an einen Betrieb des Gläubigers steht. [2]Dies gilt entsprechend, wenn Kapital überlassen wird …
2. für Kapitalerträge im Sinne des § 20 Absatz 1 Nummer 6 Satz 2. [2]Insoweit findet § 20 Absatz 6 keine Anwendung;

…

(3) [1]Steuerpflichtige Kapitalerträge, die nicht der Kapitalertragsteuer unterlegen haben, hat der Steuerpflichtige in seiner Einkommensteuererklärung anzugeben. [2]Für diese Kapitalerträge erhöht sich die tarifliche Einkommensteuer um den nach Absatz 1 ermittelten Betrag.

(4) Der Steuerpflichtige kann mit der Einkommensteuererklärung für Kapitalerträge, die der Kapitalertragsteuer unterlegen haben, eine Steuerfestsetzung entsprechend Absatz 3 Satz 2 insbesondere in Fällen eines nicht vollständig ausgeschöpften Sparer-Pauschbetrags, einer Anwendung der Ersatzbemessungsgrundlage nach § 43a Absatz 2 Satz 7, eines noch nicht im Rahmen des § 43a Absatz 3 berücksichtigten Verlusts, eines Verlustvortrags nach § 20 Absatz 6 und noch nicht berücksichtigter ausländischer Steuern, zur Überprüfung des Steuereinbehalts dem Grund oder der

…

(6) [1]Auf Antrag des Steuerpflichtigen werden anstelle der Anwendung der Absätze 1, 3 und 4 die nach § 20 ermittelten Kapitaleinkünfte den Einkünften im Sinne des § 2 hinzugerechnet und der tariflichen Einkommensteuer unterworfen, wenn dies zu einer niedrigeren Einkommensteuer führt (Günstigerprüfung). … [3]Der Antrag kann für den jeweiligen Veranlagungszeitraum nur einheitlich für sämtliche Kapitalerträge gestellt werden. [4]Bei zusammenveranlagten Ehegatten kann der Antrag nur für sämtliche Kapitalerträge beider Ehegatten gestellt werden.

§ 33. Außergewöhnliche Belastungen.

(1) Erwachsen einem Steuerpflichtigen zwangsläufig größere Aufwendungen als der überwiegenden Mehrzahl der Steuerpflichtigen gleicher Einkommensverhältnisse, gleicher Vermögensverhältnisse und gleichen Familienstands (außergewöhnliche Belastung), so wird auf Antrag die Einkommensteuer dadurch ermäßigt, dass der Teil der Aufwendungen, der die dem Steuerpflichtigen zumutbare Belastung (Absatz 3) übersteigt, vom Gesamtbetrag der Einkünfte abgezogen wird.

(2) Aufwendungen erwachsen dem Steuerpflichtigen zwangsläufig, wenn er sich ihnen

aus rechtlichen, tatsächlichen oder sittlichen Gründen nicht entziehen kann und soweit die Aufwendungen den Umständen nach notwendig sind und einen angemessenen Betrag nicht übersteigen. …

§ 34a. Begünstigung der nicht entnommenen Gewinne. (1) Sind in dem zu versteuernden Einkommen nicht entnommene Gewinne aus Land- und Forstwirtschaft, Gewerbebetrieb oder selbständiger Arbeit (§ 2 Absatz 1 Satz 1 Nummer 1 bis 3) im Sinne des Absatzes 2 enthalten, ist die Einkommensteuer für diese Gewinne auf Antrag des Steuerpflichtigen ganz oder teilweise mit einem Steuersatz von 28,25 Prozent zu berechnen; …

Steuerermäßigung bei Einkünften aus Gewerbebetrieb

§ 35. [Steuerermäßigung bei Einkünften aus Gewerbebetrieb]. (1) [1]Die tarifliche Einkommensteuer, vermindert um die sonstigen Steuerermäßigungen mit Ausnahme der §§ 34f, 34g und 35a, ermäßigt sich, soweit sie anteilig auf im zu versteuernden Einkommen enthaltene gewerbliche Einkünfte entfällt (Ermäßigungshöchstbetrag),

1. bei Einkünften aus gewerblichen Unternehmen im Sinne des § 15 Absatz 1 Satz 1 Nummer 1 um das 3,8-fache des jeweils für den dem Veranlagungszeitraum entsprechenden Erhebungszeitraum nach § 14 des Gewerbesteuergesetzes für das Unternehmen festgesetzten Steuermessbetrags (Gewerbesteuer-Messbetrag); Absatz 2 Satz 5 ist entsprechend anzuwenden;
2. bei Einkünften aus Gewerbebetrieb als Mitunternehmer im Sinne des § 15 Absatz 1 Satz 1 Nummer 2 oder als persönlich haftender Gesellschafter einer Kommanditgesellschaft auf Aktien im Sinne des § 15 Absatz 1 Satz 1 Nummer 3 um das 3,8-fache des jeweils für den dem Veranlagungszeitraum entsprechenden Erhebungszeitraum festgesetzten anteiligen Gewerbesteuer-Messbetrags.

[2]Der Ermäßigungshöchstbetrag ist wie folgt zu ermitteln:

$$\frac{\text{Summe der positiven gewerblichen Einkünfte}}{\text{Summe aller positiven Einkünfte}} \times \text{geminderte tarifliche Steuer}$$

[3]Gewerbliche Einkünfte im Sinne der Sätze 1 und 2 sind die der Gewerbesteuer unterliegenden Gewinne und Gewinnanteile, soweit sie nicht nach anderen Vorschriften von der Steuerermäßigung nach § 35 ausgenommen sind. [4]Geminderte tarifliche Steuer ist die tarifliche Steuer nach Abzug von Beträgen auf Grund der Anwendung zwischenstaatlicher Abkommen und nach Anrechnung der ausländischen Steuern nach § 32d Absatz 6 Satz 2, § 34c Absatz 1 und 6 dieses Gesetzes und § 12 des Außensteuergesetzes. [5]Der Abzug des Steuerermäßigungsbetrags ist auf die tatsächlich zu zahlende Gewerbesteuer beschränkt.

Steuerermäßigung bei Aufwendungen für haushaltsnahe Beschäftigungsverhältnisse und für die Inanspruchnahme haushaltsnaher Dienstleistungen

§ 35a. Steuerermäßigung bei Aufwendungen für haushaltsnahe Beschäftigungsverhältnisse, haushaltsnahe Dienstleistungen und Handwerkerleistungen. (1) Für haushaltsnahe Beschäftigungsverhältnisse, bei denen es sich um eine geringfügige Beschäftigung im Sinne des § 8a des Vierten Buches Sozialgesetzbuch handelt, ermäßigt sich die tarifliche Einkommensteuer, vermindert um die sonstigen Steuerermäßigungen, auf Antrag um 20 Prozent, höchstens 510 Euro, der Aufwendungen des Steuerpflichtigen.

(2) [1]Für andere als in Absatz 1 aufgeführte haushaltsnahe Beschäftigungsverhältnisse oder für die Inanspruchnahme von haushaltsnahen Dienstleistungen, die nicht Dienstleistungen nach Absatz 3 sind, ermäßigt sich die tarifliche Einkommensteuer, vermindert um die sonstigen Steuerermäßigungen, auf Antrag um 20 Prozent, höchstens 4 000 Euro, der Aufwendungen des Steuerpflichtigen. [2]Die Steuerermäßigung kann auch in Anspruch genommen werden für die Inanspruchnahme von Pflege- und Betreuungsleistungen sowie für Aufwendungen, die einem Steuerpflichtigen wegen der Unterbringung in einem Heim oder zur dauernden Pflege erwachsen, soweit darin Kosten für Dienstleistungen enthalten sind, die mit denen einer Hilfe im Haushalt vergleichbar sind.

(3) Für die Inanspruchnahme von Handwerkerleistungen für Renovierungs-, Erhaltungs- und Modernisierungsmaßnahmen, ermäßigt sich die tarifliche Einkommensteuer, vermindert um die sonstigen Steuerermäßigungen, auf Antrag um 20 Prozent, der Aufwendungen des Steuerpflichtigen, höchstens jedoch nur 1 200 Euro. …

…

(5) [1]Die Steuerermäßigungen nach den Absätzen 1 bis 3 können nur in Anspruch genommen werden, soweit die Aufwendungen nicht Betriebsausgaben oder Werbungskosten darstellen und soweit sie nicht als Sonderausgaben oder außergewöhnliche Belastungen berücksichtigt worden sind. … [2]Der Abzug von der ta-

rifl ichen Einkommensteuer nach den Absätzen 2 und 3 gilt nur für Arbeitskosten. [3]Voraussetzung für die Inanspruchnahme der Steuerermäßigung für haushaltsnahe Dienstleistungen nach Absatz 2 oder für Handwerkerleistungen nach Absatz 3 ist, dass der Steuerpflichtige für die Aufwendungen eine Rechnung erhalten hat und die Zahlung auf das Konto des Erbringers der Leistung erfolgt ist. …

VI. Steuererhebung

Erhebung der Einkommensteuer

§ 36. Entstehung und Tilgung der Einkommensteuer. (1) Die Einkommensteuer entsteht, soweit in diesem Gesetz nichts anderes bestimmt ist, mit Ablauf des Veranlagungszeitraums.

(2) Auf die Einkommensteuer werden angerechnet:
1. die für den Veranlagungszeitraum entrichteten Einkommensteuer-Vorauszahlungen (§ 37);
2. die durch Steuerabzug erhobene Einkommensteuer, soweit sie auf die bei der Veranlagung erfassten Einkünfte oder auf die nach § 3 Nummer 40 dieses Gesetzes oder nach § 8b Absatz 1 und 6 Satz 2 des Körperschaftsteuergesetzes bei der Ermittlung des Einkommens außer Ansatz bleibenden Bezüge entfällt und nicht die Erstattung beantragt oder durchgeführt worden ist. [2]Die durch Steuerabzug erhobene Einkommensteuer wird nicht angerechnet, wenn die in § 45a Absatz 2 oder Absatz 3 bezeichnete Bescheinigung nicht vorgelegt worden ist. …

§ 37. Einkommensteuer-Vorauszahlung.

(1) [1]Der Steuerpflichtige hat am 10. März, 10. Juni, 10. September und 10. Dezember Vorauszahlungen auf die Einkommensteuer zu entrichten, die er für den laufenden Veranlagungszeitraum voraussichtlich schulden wird. [2]Die Einkommensteuer-Vorauszahlung entsteht jeweils mit Beginn des Kalendervierteljahres, in dem die Vorauszahlungen zu entrichten sind, oder, wenn die Steuerpflicht erst im Laufe des Kalendervierteljahres begründet wird, mit Begründung der Steuerpflicht.

…

(2) (weggefallen)

7

Steuerabzug vom Arbeitslohn (Lohnsteuer)

§ 38. Erhebung der Lohnsteuer. (1) Bei Einkünften aus nichtselbständiger Arbeit wird die Einkommensteuer durch Abzug vom Arbeitslohn erhoben (Lohnsteuer), soweit der Arbeitslohn von einem Arbeitgeber gezahlt wird, der
1. im Inland einen Wohnsitz, seinen gewöhnlichen Aufenthalt, seine Geschäftsleitung, seinen Sitz, eine Betriebsstätte oder einen ständigen Vertreter im Sinne der §§ 8 bis 13 der Abgabenordnung hat (inländischer Arbeitgeber) oder
2. einem Dritten (Entleiher) Arbeitnehmer gewerbsmäßig zur Arbeitsleistung im Inland überlässt, ohne inländischer Arbeitgeber zu sein (ausländischer Verleiher). …

(2) [1]Der Arbeitnehmer ist Schuldner der Lohnsteuer. [2]Die Lohnsteuer entsteht in dem Zeitpunkt, in dem der Arbeitslohn dem Arbeitnehmer zufließt.

(3) Der Arbeitgeber hat die Lohnsteuer für Rechnung des Arbeitnehmers bei jeder Lohnzahlung vom Arbeitslohn einzubehalten. …

§ 38a. Höhe der Lohnsteuer. (1) [1]Die Jahreslohnsteuer bemisst sich nach dem Arbeitslohn, den der Arbeitnehmer im Kalenderjahr bezieht (Jahresarbeitslohn). [2]Laufender Arbeitslohn gilt in dem Kalenderjahr als bezogen, in dem der Lohnzahlungszeitraum endet; in den Fällen des § 39b Absatz 5 Satz 1 tritt der Lohnabrechnungszeitraum an die Stelle des Lohnzahlungszeitraums. [3]Arbeitslohn, der nicht als laufender Arbeitslohn gezahlt wird (sonstige Bezüge), wird in dem Kalenderjahr bezogen, in dem er dem Arbeitnehmer zufließt.

(2) Die Jahreslohnsteuer wird nach dem Jahresarbeitslohn so bemessen, dass sie der Einkommensteuer entspricht, die der Arbeitnehmer schuldet, wenn er ausschließlich Einkünfte aus nichtselbständiger Arbeit erzielt.

(3) Vom laufenden Arbeitslohn wird die Lohnsteuer jeweils mit dem auf den Lohnzahlungszeitraum fallenden Teilbetrag der Jahreslohnsteuer erhoben, die sich bei Umrechnung des laufenden Arbeitslohns auf einen Jahresarbeitslohn ergibt. …

§ 38b. Lohnsteuerklassen, Zahl der Kinderfreibeträge. (1) [1]Für die Durchführung des Lohnsteuerabzugs werden Arbeitnehmer in Steuerklassen eingereiht. [2]Dabei gilt Folgendes:
1. In die Steuerklasse I gehören Arbeitnehmer, die
   a) unbeschränkt einkommensteuerpflichtig sind und

aa) ledig sind,
bb) verheiratet, verwitwet oder geschieden sind und bei denen die Voraussetzungen für die Steuerklasse III oder IV nicht erfüllt sind; oder
b) beschränkt einkommensteuerpflichtig sind;
2. in die Steuerklasse II gehören die unter Nummer 1 Buchstabe a bezeichneten Arbeitnehmer, wenn bei ihnen der Entlastungsbetrag für Alleinerziehende (§ 24b) zu berücksichtigen ist;
3. in die Steuerklasse III gehören Arbeitnehmer,
a) die verheiratet sind, wenn beide Ehegatten unbeschränkt einkommensteuerpflichtig sind und nicht dauernd getrennt leben und
aa) der Ehegatte des Arbeitnehmers keinen Arbeitslohn bezieht oder
bb) der Ehegatte des Arbeitnehmers auf Antrag beider Ehegatten in die Steuerklasse V eingereiht wird,
b) die verwitwet sind, wenn sie und ihr verstorbener Ehegatte im Zeitpunkt seines Todes unbeschränkt einkommensteuerpflichtig waren und in diesem Zeitpunkt nicht dauernd getrennt gelebt haben, für das Kalenderjahr, das dem Kalenderjahr folgt, in dem der Ehegatte verstorben ist,
c) deren Ehe aufgelöst worden ist, wenn
aa) im Kalenderjahr der Auflösung der Ehe beide Ehegatten unbeschränkt einkommensteuerpflichtig waren und nicht dauernd getrennt gelebt haben und
bb) der andere Ehegatte wieder geheiratet hat, von seinem neuen Ehegatten nicht dauernd getrennt lebt und er und sein neuer Ehegatte unbeschränkt einkommensteuerpflichtig sind, für das Kalenderjahr, in dem die Ehe aufgelöst worden ist;
4. in die Steuerklasse IV gehören Arbeitnehmer, die verheiratet sind, wenn beide Ehegatten unbeschränkt einkommensteuerpflichtig sind und nicht dauernd getrennt leben und der Ehegatte des Arbeitnehmers ebenfalls Arbeitslohn bezieht;
5. in die Steuerklasse V gehören die unter Nummer 4 bezeichneten Arbeitnehmer, wenn der Ehegatte des Arbeitnehmers auf Antrag beider Ehegatten in die Steuerklasse III eingereiht wird;
6. die Steuerklasse VI gilt bei Arbeitnehmern, die nebeneinander von mehreren Arbeitgebern Arbeitslohn beziehen, für die Einbehaltung der Lohnsteuer vom Arbeitslohn aus dem zweiten und einem weiteren Dienstverhältnis sowie in den Föllen des § 39 c.

(2) Für ein minderjähriges und nach § 1 Absatz 1 unbeschränkt einkommensteuerpflichtiges Kind im Sinne des § 32 Absatz 1 Nummer 1 und Absatz 3 werden bei der Anwendung der Steuerklassen I bis IV die Kinderfreibeträge als Lohnsteuerabzugsmerkmal nach § 39 Absatz 1 wie folgt berücksichtigt:
1. mit Zähler 0,5, wenn dem Arbeitnehmer der Kinderfreibetrag nach § 32 Absatz 6 Satz 1 zusteht, oder
a) mit Zähler 1, wenn dem Arbeitnehmer der Kinderfreibetrag zusteht, weil
a) die Voraussetzungen des § 32 Absatz 6 Satz 2 vorliegen oder
a) der andere Elternteil vor dem Beginn des Kalenderjahres verstorben ist oder
a) der Arbeitnehmer allein das Kind angenommen hat.

...

(3) Auf Antrag des Arbeitnehmers kann abweichend von Absatz 1 oder 2 eine für ihn ungünstigere Steuerklasse oder geringere Zahl der Kinderfreibeträge als Lohnsteuerabzugsmerkmal gebildet werden.

...

§ 39. Lohnsteuerabzugsmerkmale. (1) Für die Durchführung des Lohnsteuerabzugs werden auf Veranlassung des Arbeitnehmers Lohnsteuerabzugsmerkmale gebildet (§ 39a Absatz 1 und 4, § 39e Absatz 1 in Verbindung mit § 39e Absatz 4 Satz 1 und nach § 39e Absatz 8). Soweit Lohnsteuerabzugsmerkmale nicht nach § 39e Absatz 1 Satz 1 automatisiert gebildet werden oder davon abweichend zu bilden sind, ist das Finanzamt für die Bildung der Lohnsteuerabzugsmerkmale nach den §§ 38b und 39a und die Bestimmung ihrer Geltungsdauer zuständig. Für die Bildung der Lohnsteuerabzugsmerkmale sind die von den Meldebehörden nach § 39e Absatz 2 Satz 2 mitgeteilten Daten vorbehaltlich einer nach Satz 2 abweichenden Bildung durch das Finanzamt bindend. Die Bildung der Lohnsteuerabzugsmerkmale ist eine gesonderte Feststellung von Besteuerungsgrundlagen im Sinne des § 179 Absatz 1 der Abgabenordnung, die unter dem Vorbehalt der Nachprüfung steht. Die Bildung und die Änderung der Lohnsteuerabzugsmerkmale sind dem Arbeitnehmer bekannt zu geben. ...

(2) Für die Bildung und die Änderung der Lohnsteuerabzugsmerkmale nach Absatz 1 Satz 2 des nach § 1 Absatz 1 unbeschränkt einkommensteuerpflichtigen Arbeitnehmers ist das Wohnsitzfinanzamt im Sinne des § 19 Absatz 1 Satz 1 und 2 der Abgabenordnung und in den Fällen des Absatzes 4 Nummer 5 das Betriebsstättenfinanzamt nach § 41a Absatz 1 Satz 1 Nummer 1 zuständig. ...

(4) Lohnsteuerabzugsmerkmale sind
1. Steuerklasse (§ 38b Absatz 1) und Faktor (§ 39f),

2. Zahl der Kinderfreibeträge bei den Steuerklassen I bis IV (§ 38b Absatz 2),
3. Freibetrag und Hinzurechnungsbetrag (§ 39a),
4. Höhe der Beiträge für eine private Krankenversicherung und für eine private Pflege-Pflichtversicherung (§ 39b Absatz 2 Satz 5 Nummer 3 Buchstabe d) für die Dauer von zwölf Monaten, wenn der Arbeitnehmer dies beantragt,
5. Mitteilung, dass der von einem Arbeitgeber gezahlte Arbeitslohn nach einem Abkommen zur Vermeidung der Doppelbesteuerung von der Lohnsteuer freizustellen ist, wenn der Arbeitnehmer oder der Arbeitgeber dies beantragt.

(5) Treten bei einem Arbeitnehmer die Voraussetzungen für eine für ihn ungünstigere Steuerklasse oder geringere Zahl der Kinderfreibeträge ein, ist der Arbeitnehmer verpflichtet, dem Finanzamt dies mitzuteilen und die Steuerklasse und die Zahl der Kinderfreibeträge umgehend ändern zu lassen. Dies gilt insbesondere, wenn die Voraussetzungen für die Berücksichtigung des Entlastungsbetrags für Alleinerziehende, für die die Steuerklasse II zur Anwendung kommt, entfallen. …

(6) Ändern sich die Voraussetzungen für die Steuerklasse oder für die Zahl der Kinderfreibeträge zu Gunsten des Arbeitnehmers, kann dieser beim Finanzamt die Änderung der Lohnsteuerabzugsmerkmale beantragen. Die Änderung ist mit Wirkung von dem ersten Tag des Monats an vorzunehmen, in dem erstmals die Voraussetzungen für die Änderung vorlagen. Ehegatten, die beide in einem Dienstverhältnis stehen, können einmalig im Laufe des Kalenderjahres beim Finanzamt die Änderung der Steuerklassen beantragen. …

(8) Der Arbeitgeber darf die Lohnsteuerabzugsmerkmale nur für die Einbehaltung der Lohn- und Kirchensteuer verwenden. Er darf sie ohne Zustimmung des Arbeitnehmers nur offenbaren, soweit dies gesetzlich zugelassen ist.

…

§ 39a. Freibetrag und Hinzurechnungsbetrag.

(1) Auf Antag des unbeschränkt einkommensteuerpflichtigen Arbeitnehmers ermittelt das Finanzamt die Höhe eines vom Arbeitslohn insgesamt abzuziehender Freibetrag aus der Summe der folgenden Beträge:

1. Werbungskosten, die bei den Einkünften aus nichtselbständiger Arbeit anfallen, soweit sie den Arbeitnehmer- Pauschbetrag (§ 9a Satz 1 Nummer 1 Buchstabe a) oder bei Versorgungsbezügen den Pauschbetrag (§ 9a Satz 1 Nummer 1 Buchstabe b) übersteigen,
2. Sonderausgaben im Sinne des § 10 Absatz 1 Nummer 1, 1a, 1b, 4, 5, 7 und 9 und des § 10b, soweit sie den Sonderausgaben-Pauschbetrag von 36 Euro übersteigen,
3. der Betrag, der nach den §§ 33, 33a und 33b Absatz 6 wegen außergewöhnlicher Belastungen zu gewähren ist,
4. die Pauschbeträge für behinderte Menschen und Hinterbliebene (§ 33b Absatz 1 bis 5),

…

§ 39b. Einbehaltung der Lohnsteuer.

(1) Bei unbeschränkt und beschränkt einkommensteuerpflichtigen Arbeitnehmern hat der Arbeitgeber den Lohnsteuerabzug nach Maßgabe der Absätze 2 bis 6 durchzuführen.

(2) [1]Für die Einbehaltung der Lohnsteuer vom laufenden Arbeitslohn hat der Arbeitgeber die Höhe des laufenden Arbeitslohns im Lohnzahlungszeitraum festzustellen und auf einen Jahresarbeitslohn hochzurechnen. [2]Der Arbeitslohn eines monatlichen Lohnzahlungszeitraums ist mit zwölf, der Arbeitslohn eines wöchentlichen Lohnzahlungszeitraums mit 360/7 und der Arbeitslohn eines täglichen Lohnzahlungszeitraums mit 360 zu vervielfältigen. [3]Von dem hochgerechneten Jahresarbeitslohn sind ein etwaiger Versorgungsfreibetrag (§ 19 Absatz 2) und Altersentlastungsbetrag (§ 24a) abzuziehen. [4]Außerdem ist der hochgerechnete Jahresarbeitslohn um einen etwaigen als Lohnsteuerabzugsmerkmal für den Lohnzahlungszeitraum mitgeteilten Freibetrag (§ 39a Absatz 1) oder Hinzurechnungsbetrag (§ 39a Absatz 1 Satz 1 Nummer 7), vervielfältigt unter sinngemäßer Anwendung von Satz 2, zu vermindern oder zu erhöhen. [5]Der so verminderte oder erhöhte hochgerechnete Jahresarbeitslohn, vermindert um

1. den Arbeitnehmer-Pauschbetrag (§ 9a Satz 1 Nummer 1 Buchstabe a) oder bei Versorgungsbezügen den Pauschbetrag (§ 9a Satz 1 Nummer 1 Buchstabe b) und den Zuschlag zum Versorgungsfreibetrag (§ 19 Absatz 2) in den Steuerklassen I bis V,
2. den Sonderausgaben-Pauschbetrag (§ 10c Satz 1) in den Steuerklassen I bis V,
3. eine Vorsorgepauschale aus den Teilbeträgen
   a) für die Rentenversicherung bei Arbeitnehmern, die in der gesetzlichen Rentenversicherung pflichtversichert oder von der gesetzlichen Rentenversicherung nach § 6 Absatz 1 Nummer 1 des Sechsten Buches Sozialgesetzbuch befreit sind, in den Steuerklassen I bis VI in Höhe des Betrags, der bezogen auf den Arbeitslohn 50 Prozent des Beitrags in der allgemeinen Rentenversicherung unter Berücksichtigung der jeweiligen Beitragsbemessungsgrenzen entspricht,
   b) für die Krankenversicherung bei Arbeitnehmern, die in der gesetzlichen Kranken-

versicherung versichert sind, in den Steuerklassen I bis VI in Höhe des Betrags, der bezogen auf den Arbeitslohn unter Berücksichtigung der Beitragsbemessungsgrenze und den ermäßigten Beitragssatz (§ 243 des Fünften Buches Sozialgesetzbuch) dem Arbeitnehmeranteil eines pflichtversicherten Arbeitnehmers entspricht,

c) für die Pflegeversicherung bei Arbeitnehmern, die in der sozialen Pflegeversicherung versichert sind, in den Steuerklassen I bis VI in Höhe des Betrags, der bezogen auf den Arbeitslohn unter Berücksichtigung der Beitragsbemessungsgrenze und den bundeseinheitlichen Beitragssatz dem Arbeitnehmeranteil eines pflichtversicherten Arbeitnehmers entspricht, erhöht um den Beitragszuschlag des Arbeitnehmers nach § 55 Absatz 3 des Elften Buches Sozialgesetzbuch, wenn die Voraussetzungen dafür vorliegen,

d) ...

[2]Entschädigungen im Sinne des § 24 Nummer 1 sind bei Anwendung der Buchstaben a bis c nicht zu berücksichtigen; mindestens ist für die Summe der Teilbeträge nach den Buchstaben b und c oder für den Teilbetrag nach Buchstabe d ein Betrag in Höhe von 12 Prozent des Arbeitslohns, höchstens 1.900 Euro in den Steuerklassen I, II, IV, V, VI und höchstens 3.000 Euro in der Steuerklasse III anzusetzen,

4. den Entlastungsbetrag für Alleinerziehende (§ 24b) in der Steuerklasse II,

ergibt den zu versteuernden Jahresbetrag. 6Für den zu versteuernden Jahresbetrag ist die Jahreslohnsteuer in den Steuerklassen I, II und IV nach § 32a Abs. 1 sowie in der Steuerklasse III nach § 32a Abs. 5 zu berechnen. 7In den Steuerklassen V und VI ist die Jahreslohnsteuer zu berechnen, die sich aus dem Zweifachen des Unterschiedsbetrags zwischen dem Steuerbetrag für das Eineinviertelfache und dem Steuerbetrag für das Dreiviertelfache des zu versteuernden Jahresbetrags nach § 32a Abs. 1 ergibt; ...

§ 39c. Einbehaltung der Lohnsteuer ohne Lohnsteuerabzugsmerkmale. (1) [1]Solange der Arbeitnehmer dem Arbeitgeber zum Zweck des Abrufs der elektronischen Lohnsteuerabzugsmerkmale (§ 39e Absatz 4 Satz 1) die ihm zugeteilte Identifikationsnummer sowie den Tag der Geburt schuldhaft nicht mitteilt oder das Bundeszentralamt für Steuern die Mitteilung elektronischer Lohnsteuerabzugsmerkmale ablehnt, hat der Arbeitgeber die Lohnsteuer nach Steuerklasse VI zu ermitteln. [2]Kann der Arbeitgeber die elektronischen Lohnsteuerabzugsmerkmale wegen technischer Störungen nicht abrufen oder hat der Arbeitnehmer die fehlende Mitteilung der ihm zuzuteilenden Identifikationsnummer nicht zu vertreten, hat der Arbeitgeber für die Lohnsteuerberechnung die voraussichtlichen Lohnsteuerabzugsmerkmale im Sinne des § 38b längstens für die Dauer von drei Kalendermonaten zu Grunde zu legen. [3]Hat nach Ablauf der drei Kalendermonate der Arbeitnehmer die Identifikationsnummer sowie den Tag der Geburt nicht mitgeteilt, ist rückwirkend Satz 1 anzuwenden. ...

§ 39e. Verfahren zur Bildung und Anwendung der elektronischen Lohnsteuerabzugsmerkmale. (1) [1]Das Bundeszentralamt für Steuern bildet für jeden Arbeitnehmer grundsätzlich automatisiert die Steuerklasse und für die bei den Steuerklassen I bis IV zu berücksichtigenden Kinder die Zahl der Kinderfreibeträge nach § 38b Absatz 2 Satz 1 als Lohnsteuerabzugsmerkmale (§ 39 Absatz 4 Satz 1 Nummer 1 und 2); ...

§ 39f. Faktorverfahren anstelle Steuerklassenkombination III/V. (1) [1]Bei Ehegatten, die in die Steuerklasse IV gehören (§ 38b Absatz 1 Satz 2 Nummer 5), hat das Finanzamt auf Antrag beider Ehegatten nach § 39a anstelle der Steuerklassenkombination III/V (§ 38b Satz 2 Nummer 5) als Lohnsteuerabzugsmerkmale jeweils die Steuerklasse IV in Verbindung mit einem Faktor zur Ermittlung der Lohnsteuer zu bilden, wenn der Faktor kleiner als 1 ist. [2]Der Faktor ist Y : X und vom Finanzamt mit drei Nachkommastellen ohne Rundung zu berechnen. [3]„Y" ist die voraussichtliche Einkommensteuer für beide Ehegatten nach dem Splittingverfahren (§ 32a Absatz 5) unter Berücksichtigung der in § 39b Absatz 2 genannten Abzugsbeträge. [4]„X" ist die Summe der voraussichtlichen Lohnsteuer bei Anwendung der Steuerklasse IV für jeden Ehegatten. [5]In die Bemessungsgrundlage für Y werden jeweils neben den Jahresarbeitslöhnen der ersten Dienstverhältnisse zusätzlich nur Beträge einbezogen, die nach § 39a Absatz 1 Nummer 1 bis 6 als Freibetrag ermittelt und als Lohnsteuerabzugsmerkmale gebildet werden könnten; Freibeträge werden neben dem Faktor nicht als Lohnsteuerabzugsmerkmal gebildet. [6]In den Fällen des § 39a Absatz 1 Satz 1 Nummer 7 sind bei der Ermittlung von Y und X die Hinzurechnungsbeträge zu berücksichtigen; die Hinzurechnungsbeträge sind zusätzlich als Lohnsteuerabzugsmerkmal für das erste Dienstverhältnis zu bilden. [7]Arbeitslöhne aus zweiten und weiteren Dienstverhältnissen (Steuerklasse VI) sind im Faktorverfahren nicht zu berücksichtigen.

(2) Für die Einbehaltung der Lohnsteuer vom Arbeitslohn hat der Arbeitgeber Steuerklasse IV und den Faktor anzuwenden.

...

§ 40a. Pauschalierung der Lohnsteuer für Teilzeitbeschäftigte und geringfügig Beschäftigte.

(1) [1]Der Arbeitgeber kann unter Verzicht auf den Abruf von elektronischen Lohnsteuerabzugsmerkmalen (§ 39e Absatz 4 Satz 2) oder die Vorlage einer Bescheinigung für den Lohnsteuerabzug (§ 39 Absatz 3 oder § 39e Absatz 7 oder Absatz 8) bei Arbeitnehmern, die nur kurzfristig beschäftigt werden, die Lohnsteuer mit einem Pauschsteuersatz von 25 Prozent des Arbeitslohns erheben. [2]Eine kurzfristige Beschäftigung liegt vor, wenn der Arbeitnehmer bei dem Arbeitgeber gelegentlich, nicht regelmäßig wiederkehrend beschäftigt wird, die Dauer der Beschäftigung 18 zusammenhängende Arbeitstage nicht übersteigt und

1. der Arbeitslohn während der Beschäftigungsdauer 62 Euro durchschnittlich je Arbeitstag nicht übersteigt oder
2. die Beschäftigung zu einem unvorhersehbaren Zeitpunkt sofort erforderlich wird.

(2) Der Arbeitgeber kann unter Verzicht auf den Abruf von elektronischen Lohnsteuerabzugsmerkmalen (§ 39e Absatz 4 Satz 2) oder die Vorlage einer Bescheinigung für den Lohnsteuerabzug (§ 39 Absatz 3 oder § 39e Absatz 7 oder Absatz 8) die Lohnsteuer einschließlich Solidaritätszuschlag und Kirchensteuern (einheitliche Pauschsteuer) für das Arbeitsentgelt aus geringfügigen Beschäftigungen im Sinne des § 8 Absatz 1 Nummer 1 oder des § 8a des Vierten Buches Sozialgesetzbuch, für das er Beiträge nach § 168 Absatz 1 Nummer 1b oder 1c (geringfügig versicherungspflichtig Beschäftigte) oder nach § 172 Absatz 3 oder 3a (versicherungsfrei geringfügig Beschäftigte) des Sechsten Buches Sozialgesetzbuch zu entrichten hat, mit einem einheitlichen Pauschsteuersatz in Höhe von insgesamt 2 Prozent des Arbeitsentgelts erheben.

(2a) Hat der Arbeitgeber in den Fällen des Absatzes 2 keine Beiträge nach § 168 Absatz 1 Nummer 1b oder 1c oder nach § 172 Absatz 3 oder 3a des Sechsten Buches Sozialgesetzbuch zu entrichten, kann er unter Verzicht auf die Vorlage einer Lohnsteuerkarte die Lohnsteuer mit einem Pauschsteuersatz in Höhe von 20 Prozent des Arbeitsentgelts erheben.

...

§ 40b. Pauschalierung der Lohnsteuer bei bestimmten Zukunftssicherungsleistungen.

(1) Der Arbeitgeber kann die Lohnsteuer von den Zuwendungen zum Aufbau einer nicht kapitalgedeckten betrieblichen Altersversorgung an eine Pensionskasse mit einem Pauschsteuersatz von 20 Prozent der Zuwendungen erheben.

(2) [1]Absatz 1 gilt nicht, soweit die zu besteuernden Zuwendungen des Arbeitgebers für den Arbeitnehmer 1 752 Euro im Kalenderjahr übersteigen oder nicht aus seinem ersten Dienstverhältnis bezogen werden. [2]Sind mehrere Arbeitnehmer gemeinsam in der Pensionskasse versichert, so gilt als Zuwendung für den einzelnen Arbeitnehmer der Teilbetrag, der sich bei einer Aufteilung der gesamten Zuwendungen durch die Zahl der begünstigten Arbeitnehmer ergibt, wenn dieser Teilbetrag 1 752 Euro nicht übersteigt; hierbei sind Arbeitnehmer, für die Zuwendungen von mehr als 2 148 Euro im Kalenderjahr geleistet werden, nicht einzubeziehen. ...

(3) Von den Beiträgen für eine Unfallversicherung des Arbeitnehmers kann der Arbeitgeber die Lohnsteuer mit einem Pauschsteuersatz von 20 Prozent der Beiträge erheben, wenn mehrere Arbeitnehmer gemeinsam in einem Unfallversicherungsvertrag versichert sind und der Teilbetrag, der sich bei einer Aufteilung der gesamten Beiträge nach Abzug der Versicherungsteuer durch die Zahl der begünstigten Arbeitnehmer ergibt, 62 Euro im Kalenderjahr nicht übersteigt.

...

§ 41. Aufzeichnungspflichten beim Lohnsteuerabzug. (1) [1]Der Arbeitgeber hat am Ort der Betriebsstätte (Absatz 2) für jeden Arbeitnehmer und jedes Kalenderjahr ein Lohnkonto zu führen. ...

§ 41a. Anmeldung und Abführung der Lohnsteuer. (1) Der Arbeitgeber hat spätestens am zehnten Tag nach Ablauf eines jeden Lohnsteuer-Anmeldungszeitraums

1. dem Finanzamt, in dessen Bezirk sich die Betriebsstätte (§ 41 Absatz 2) befindet (Betriebsstättenfinanzamt), eine Steuererklärung einzureichen, in der er die Summen der im Lohnsteuer-Anmeldungszeitraum einzubehaltenden und zu übernehmenden Lohnsteuer angibt (Lohnsteuer-Anmeldung),
2. die im Lohnsteuer-Anmeldungszeitraum insgesamt einbehaltene und übernommene Lohnsteuer an das Betriebsstättenfinanzamt abzuführen.

...

§ 42b. Lohnsteuer-Jahresausgleich durch den Arbeitgeber. (1) [1]Der Arbeitgeber ist berechtigt, seinen unbeschränkt einkommensteuerpflichtigen Arbeitnehmern, die während des abgelaufenen Kalenderjahres (Ausgleichsjahr) ständig in einem zu ihm bestehenden Dienstverhältnis gestanden haben, die für das Ausgleichsjahr einbehaltene Lohnsteuer insoweit zu erstatten, als sie die auf den Jahresarbeitslohn entfallende Jahreslohnsteuer übersteigt (Lohnsteuer-Jahresausgleich). [2]Er ist zur Durchführung des Lohnsteuer-Jahresausgleichs verpflichtet, wenn er am 31. Dezember des Ausgleichsjahres mindestens zehn Arbeitnehmer beschäftigt. …

Steuerabzug vom Kapitalertrag (Kapitalertragsteuer)

§ 43. Kapitalerträge mit Steuerabzug.

(1) [1]Bei den folgenden inländischen und in den Fällen der Nummern 6, 7 Buchstabe a und Nummern 8 bis 12 sowie Satz 2 auch ausländischen Kapitalerträgen wird die Einkommensteuer durch Abzug vom Kapitalertrag (Kapitalertragsteuer) erhoben:

1. Kapitalerträgen im Sinne des § 20 Absatz 1 Nummer 1, soweit diese nicht nachfolgend in Nummer 1a genannt sind, und Kapitalerträge im Sinne des § 20 Absatz 1 Nummer 2. [2]Entsprechendes gilt für Kapitalerträge im Sinne des § 20 Absatz 2 Satz 1 Nummer 2 Buchstabe a und Nummer 2 Satz 2;

…

2. Zinsen aus Teilschuldverschreibungen, bei denen neben der festen Verzinsung ein Recht auf Umtausch in Gesellschaftsanteile (Wandelanleihen) oder eine Zusatzverzinsung, die sich nach der Höhe der Gewinnausschüttungen des Schuldners richtet (Gewinnobligationen), eingeräumt ist, und Zinsen aus Genussrechten, die nicht in § 20 Absatz 1 Nummer 1 genannt sind. …
3. Kapitalerträgen im Sinne des § 20 Absatz 1 Nummer 4;
4. Kapitalerträgen im Sinne des § 20 Absatz 1 Nummer 6;…

…

7. Kapitalerträgen im Sinne des § 20 Absatz 1 Nummer 7, außer bei Kapitalerträgen im Sinne der Nummer 2, wenn
   a) es sich um Zinsen aus Anleihen und Forderungen handelt, die in ein öffentliches Schuldbuch oder in ein ausländisches Register eingetragen oder über die Sammelurkunden im Sinne des § 9a des Depotgesetzes oder Teilschuldverschreibungen ausgegeben sind;
   b) der Schuldner der nicht in Buchstabe a genannten Kapitalerträge ein inländisches Kreditinstitut oder ein inländisches Finanzdienstleistungsinstitut im Sinne des Gesetzes über das Kreditwesen ist. …

[2]Dem Steuerabzug unterliegen auch Kapitalerträge im Sinne des § 20 Absatz 3, die neben den in den Nummern 1 bis 12 bezeichneten Kapitalerträgen oder an deren Stelle gewährt werden. …

§ 43a. Bemessung der Kapitalertragsteuer.

(1) [1]Die Kapitalertragsteuer beträgt

1. in den Fällen des § 43 Absatz 1 Satz 1 Nummer 1 bis 4, 6 bis 7a und 8 bis 12 sowie Satz 2: 25 Prozent des Kapitalertrags;
2. in den Fällen des § 43 Absatz 1 Satz 1 Nummer 7b und 7c: 15 Prozent des Kapitalertrags.

[2]Im Fall einer Kirchensteuerpflicht ermäßigt sich die Kapitalertragsteuer um 25 Prozent der auf die Kapitalerträge entfallenden Kirchensteuer. …

(2) [1]Dem Steuerabzug unterliegen die vollen Kapitalerträge ohne jeden Abzug. [2]In den Fällen des § 43 Absatz 1 Satz 1 Nummer 9 bis 12 bemisst sich der Steuerabzug nach § 20 Absatz 4 und 4a, wenn die Wirtschaftsgüter von der die Kapitalerträge auszahlenden Stelle erworben oder veräußert und seitdem verwahrt oder verwaltet worden sind. [3]Überträgt der Steuerpflichtige die Wirtschaftsgüter auf ein anderes Depot, hat die abgebende inländische auszahlende Stelle der übernehmenden inländischen auszahlenden Stelle die Anschaffungsdaten mitzuteilen. … [7]Sind die Anschaffungsdaten nicht nachgewiesen, bemisst sich der Steuerabzug nach 30 Prozent der Einnahmen aus der Veräußerung oder Einlösung der Wirtschaftsgüter. [8]In den Fällen des § 43 Absatz 1 Satz 4 gelten der Börsenpreis zum Zeitpunkt der Übertragung zuzüglich Stückzinsen als Einnahmen aus der Veräußerung und die mit dem Depotübertrag verbundenen Kosten als Veräußerungskosten … [10]Liegt ein Börsenpreis nicht vor, bemisst sich die Steuer nach 30 Prozent der Anschaffungskosten. [11]Die übernehmende auszahlende Stelle hat als Anschaffungskosten den von der abgebenden Stelle angesetzten Börsenpreis anzusetzen und die bei der Übertragung als Einnahmen aus der Veräußerung angesetzten Stückzinsen nach Absatz 3 zu berücksichtigen. … [13]Liegt ein Börsenpreis nicht vor, bemisst sich der Steuerabzug nach 30 Prozent der Einnahmen aus der Veräußerung oder Einlösung der Wirtschaftsgüter.

(3) [1]Die auszahlende Stelle hat ausländische Steuern auf Kapitalerträge nach Maßgabe des § 32d Absatz 5 zu berücksichtigen. [2]Sie hat unter Berücksichtigung des § 20 Absatz 6 Satz 5 im Kalenderjahr negative Kapitalerträge einschließlich gezahlter Stückzinsen bis zur Höhe der positiven Kapitalerträge auszugleichen; liegt ein gemeinsamer Freistellungsauftrag im Sinne des § 44a Absatz 2 Satz 1 Nummer 1 in Verbindung mit § 20 Absatz 9 Satz 2 vor, erfolgt ein gemeinsamer Ausgleich. [3]Der nicht ausgeglichene Verlust ist auf das nächste Kalenderjahr zu übertragen. [4]Auf Verlangen des Gläubigers der Kapitalerträge hat sie über die Höhe eines nicht ausgeglichenen Verlusts eine Bescheinigung nach amtlich vorgeschriebenem

Muster zu erteilen; der Verlustübertrag entfällt in diesem Fall. [5]Der unwiderrufliche Antrag auf Erteilung der Bescheinigung muss bis zum 15. Dezember des laufenden Jahres der auszahlenden Stelle zugehen. [6]Überträgt der Gläubiger der Kapitalerträge seine im Depot befindlichen Wirtschaftsgüter vollständig auf ein anderes Depot, hat die abgebende auszahlende Stelle der übernehmenden auszahlenden Stelle auf Verlangen des Gläubigers der Kapitalerträge die Höhe des nicht ausgeglichenen Verlusts mitzuteilen; eine Bescheinigung nach Satz 4 darf in diesem Fall nicht erteilt werden. …

§ 44. Entrichtung der Kapitalertragsteuer.

(1) [1]Schuldner der Kapitalertragsteuer ist in den Fällen des § 43 Absatz 1 Satz 1 Nummer 1 bis 7b und 8 bis 12 sowie Satz 2 der Gläubiger der Kapitalerträge. [2]Die Kapitalertragsteuer entsteht in dem Zeitpunkt, in dem die Kapitalerträge dem Gläubiger zufließen. [3]In diesem Zeitpunkt haben in den Fällen des § 43 Absatz 1 Satz 1 Nummer 1 bis 4 sowie 7a und 7b der Schuldner der Kapitalerträge, … in den Fällen des § 43 Absatz 1 Satz 1 Nummer 6, 7 und 8 bis 12 sowie Satz 2 die die Kapitalerträge auszahlende Stelle den Steuerabzug für Rechnung des Gläubigers der Kapitalerträge vorzunehmen. [4]Die die Kapitalerträge auszahlende Stelle ist

1. in den Fällen des § 43 Absatz 1 Satz 1 Nummer 6, 7 Buchstabe a und Nummer 8 bis 12 sowie Satz 2
   a) das inländische Kreditinstitut oder das inländische Finanzdienstleistungsinstitut im Sinne des § 43 Absatz 1 Satz 1 Nummer 7 Buchstabe b, …

§ 44a. Abstandnahme vom Steuerabzug.

(1) [1]Soweit die Kapitalerträge zusammen mit den Kapitalerträgen, für die die Kapitalertragsteuer nach § 44b zu erstatten ist oder nach Absatz 10 kein Steuerabzug vorzunehmen ist, den Sparer-Pauschbetrag nach § 20 Absatz 9 nicht übersteigen, ist ein Steuerabzug nicht vorzunehmen bei Kapitalerträgen im Sinne des

1. § 43 Absatz 1 Satz 1 Nummer 1 und 2 aus Genussrechten oder
2. § 43 Absatz 1 Satz 1 Nummer 1 und 2 aus Anteilen …
3. § 43 Absatz 1 Satz 1 Nummer 3 bis 7 und 8 bis 12 sowie Satz 2, die einem unbeschränkt einkommensteuerpflichtigen Gläubiger zufließen.

…

(2) [1]Voraussetzung für die Abstandnahme vom Steuerabzug nach Absatz 1 ist, dass dem nach § 44 Absatz 1 zum Steuerabzug Verpflichteten in den Fällen

1. des Absatzes 1 Satz 1 ein Freistellungsauftrag des Gläubigers der Kapitalerträge nach amtlich vorgeschriebenem Muster oder
2. des Absatzes 1 Satz 4 eine Nichtveranlagungs-Bescheinigung des für den Gläubiger zuständigen Wohnsitzfinanzamts

vorliegt. …

(3) Der nach § 44 Absatz 1 zum Steuerabzug Verpflichtete hat in seinen Unterlagen das Finanzamt, das die Bescheinigung erteilt hat, den Tag der Ausstellung der Bescheinigung und die in der Bescheinigung angegebene Steuer- und Listennummer zu vermerken sowie die Freistellungsaufträge aufzubewahren.

§ 44b. Erstattung der Kapitalertragsteuer.

(1) bis (4) *weggefallen*

…

(5) [1]Ist Kapitalertragsteuer einbehalten oder abgeführt worden, obwohl eine Verpflichtung hierzu nicht bestand, oder hat der Gläubiger dem nach § 44 Absatz 1 zum Steuerabzug Verpflichteten die Bescheinigung nach § 43 Absatz 2 Satz 4, den Freistellungsauftrag, die Nichtveranlagungs-Bescheinigung oder die Bescheinigungen nach § 44a Absatz 4 oder Absatz 5 erst zu einem Zeitpunkt vorgelegt, zu dem die Kapitalertragsteuer bereits abgeführt war, oder nach diesem Zeitpunkt erst die Erklärung nach § 43 Absatz 2 Satz 3 Nummer 2 abgegeben, ist auf Antrag des nach § 44 Absatz 1 zum Steuerabzug Verpflichteten die Steueranmeldung (§ 45a Absatz 1) insoweit zu ändern; stattdessen kann der zum Steuerabzug Verpflichtete bei der folgenden Steueranmeldung die abzuführende Kapitalertragsteuer entsprechend kürzen. [2]Erstattungsberechtigt ist der Antragsteller. …

Veranlagung von Steuerpflichtigen mit steuerabzugspflichtigen Einkünften

§ 46. Veranlagung bei Bezug von Einkünften aus nichtselbständiger Arbeit. (1) (weggefallen)

(2) Besteht das Einkommen ganz oder teilweise aus Einkünften aus nichtselbständiger Arbeit, von denen ein Steuerabzug vorgenommen worden ist, so wird eine Veranlagung nur durchgeführt,

1. wenn die positive Summe der einkommensteuerpflichtigen Einkünfte, die nicht dem Steuerabzug vom Arbeitslohn zu unterwerfen waren, vermindert um die darauf entfallenden Beträge nach § 13 Absatz 3 und § 24a, oder die positive Summe der Einkünfte und Leistungen, die dem Progressionsvorbehalt unterliegen, jeweils mehr als 410 Euro beträgt;

7

2. wenn der Steuerpflichtige nebeneinander von mehreren Arbeitgebern Arbeitslohn bezogen hat; …
3. wenn bei einem Steuerpflichtigen die Summe der beim Steuerabzug vom Arbeitslohn nach § 39b Absatz 2 Satz 5 Nummer 3 Buchstabe b bis d berücksichtigten Teilbeträge der Vorsorgepauschale größer ist als die abziehbaren Vorsorgeaufwendungen nach § 10 Absatz 1 Nummer 3 und Nummer 3a in Verbindung mit Absatz 4 und der im Kalenderjahr insgesamt erzielte Arbeitslohn 10 500 (*ab 2014: 10 700*) Euro übersteigt, oder bei Ehegatten, die die Voraussetzungen des § 26 Absatz 1 erfüllen, der im Kalenderjahr von dem Ehegatten insgesamt erzielte Arbeitslohn 19 700 (*ab 2014: 20 200*) Euro übersteigt;

3a. wenn von Ehegatten, die nach den §§ 26, 26b zusammen zur Einkommensteuer zu veranlagen sind, beide Arbeitslohn bezogen haben und einer für den Veranlagungszeitraum oder einen Teil davon nach der Steuerklasse V oder VI besteuert oder bei Steuerklasse IV der Faktor (§ 39f) eingetragen worden ist;

4. wenn für einen Steuerpflichtigen ein Freibetrag … ermittelt worden ist; …

IX. Sonstige Vorschriften, Bußgeld-, Ermächtigungs- und Schlussvorschriften

§ 52. Anwendungsvorschriften. (1) Diese Fassung des Gesetzes ist, soweit in den folgenden Absätzen und § 52a nichts anderes bestimmt ist, erstmals für den Veranlagungszeitraum 2013 anzuwenden. …

X. Kindergeld

§ 62. Anspruchsberechtigte. (1) Für Kinder im Sinne des § 63 hat Anspruch auf Kindergeld nach diesem Gesetz, wer
1. im Inland einen Wohnsitz oder seinen gewöhnlichen Aufenthalt hat oder
2. ohne Wohnsitz oder gewöhnlichen Aufenthalt im Inland
   a) nach § 1 Absatz 2 unbeschränkt einkommensteuerpflichtig ist oder
   b) nach § 1 Absatz 3 als unbeschränkt einkommensteuerpflichtig behandelt wird.

(2) Ein nicht freizügigkeitsberechtigter Ausländer erhält Kindergeld nur, wenn er
1. eine Niederlassungserlaubnis besitzt,
2. eine Aufenthaltserlaubnis besitzt, die zur Ausübung einer Erwerbstätigkeit berechtigt …

§ 63. Kinder. (1) Als Kinder werden berücksichtigt
1. Kinder im Sinne des § 32 Absatz 1,
2. vom Berechtigten in seinen Haushalt aufgenommene Kinder seines Ehegatten,
3. vom Berechtigten in seinen Haushalt aufgenommene Enkel. …

§ 66. Höhe des Kindergeldes, Zahlungszeitraum. (1) Das Kindergeld beträgt monatlich für erste und zweite Kinder jeweils 184 Euro, für dritte Kinder 190 Euro und für das vierte und jedes weitere Kind jeweils 215 Euro. …

§ 67. Antrag. [1]Das Kindergeld ist bei der zuständigen Familienkasse schriftlich zu beantragen. [2]Den Antrag kann außer dem Berechtigten auch stellen, wer ein berechtigtes Interesse an der Leistung des Kindergeldes hat.

§ 70. Festsetzung und Zahlung des Kindergeldes. (1) Das Kindergeld nach § 62 wird von den Familienkassen durch Bescheid festgesetzt und ausgezahlt.

…

XI. Altersvorsorgezulage

7

§ 79. Zulageberechtigte. [1]Die in § 10a Absatz 1 genannten Personen haben Anspruch auf eine Altersvorsorgezulage (Zulage). [2]Leben die Ehegatten nicht dauernd getrennt (§ 26 Absatz 1) und haben sie ihren Wohnsitz oder gewöhnlichen Aufenthalt in einem Mitgliedstaat der Europäischen Union oder einem Staat, auf den das Abkommen über den Europäischen Wirtschaftsraum (EWR-Abkommen) anwendbar ist, und ist nur ein Ehegatte nach Satz 1 begünstigt, so ist auch der andere Ehegatte zulageberechtigt, wenn ein auf seinen Namen lautender Altersvorsorgevertrag besteht. …

§ 82. Altersvorsorgebeiträge. (1) [1]Geförderte Altersvorsorgebeiträge sind im Rahmen

des mit § 10a Absatz 1 Satz 1 genannten Höchstbetrags
1. Beiträge,
2. Tilgungsleistungen,
die der Zulageberechtigte (§ 79) bis zu Beginn der Auszahlungsphase zugunsten eines auf seinen Namen lautenden Vertrags leistet, der nach § 5 des Altersvorsorgeverträge-Zertifizierungsgesetzes zertifiziert ist (Altersvorsorgevertrag). [2]Die Zertifizierung ist Grundlagenbescheid im Sinne des § 171 Absatz 10 der Abgabenordnung. [3]Als Tilgungsleistungen gelten auch Beiträge, die vom Zulageberechtigten zugunsten eines auf seinen Namen lautenden Altersvorsorgevertrags im Sinne des § 1 Absatz 1a Satz 1 Nummer 3 des Altersvorsorgeverträge- Zertifizierungsgesetzes erbracht wurden und die zur Tilgung eines im Rahmen des Altersvorsorgevertrags abgeschlossenen Darlehens abgetreten wurden. [4]Im Fall der Übertragung von gefördertem Altersvorsorgevermögen nach § 1 Absatz 1 Satz 1 Nummer 10 Buchstabe b des Altersvorsorgeverträge- Zertifizierungsgesetzes in einen Altersvorsorgevertrag im Sinne des § 1 Absatz 1a Satz 1 Nummer 3 des Altersvorsorgeverträge-Zertifizierungsgesetzes gelten die Beiträge nach Satz 1 Nummer 1 ab dem Zeitpunkt der Übertragung als Tilgungsleistungen nach Satz 3; eine erneute Förderung nach § 10a oder Abschnitt XI erfolgt insoweit nicht. [5]Tilgungsleistungen nach den Sätzen 1 und 3 werden nur berücksichtigt, wenn das zugrunde liegende Darlehen für eine nach dem 31. Dezember 2007 vorgenommene wohnungswirtschaftliche Verwendung im Sinne des § 92a Absatz 1 Satz 1 eingesetzt wurde.

(2) Zu den Altersvorsorgebeiträgen gehören auch
a) die aus dem individuell versteuerten Arbeitslohn des Arbeitnehmers geleisteten Beiträge an einen Pensionsfonds, eine Pensionskasse oder eine Direktversicherung zum Aufbau einer kapitalgedeckten betrieblichen Altersversorgung und
b) Beiträge des Arbeitnehmers und des ausgeschiedenen Arbeitnehmers, die dieser im Fall der zunächst durch Entgeltumwandlung (§ 1a des Betriebsrentengesetzes) finanzierten und nach § 3 Nummer 63 oder § 10a und diesem Abschnitt geförderten kapitalgedeckten betrieblichen Altersversorgung nach Maßgabe des § 1a Absatz 4 und § 1b Absatz 5 Satz 1 Nummer 2 des Betriebsrentengesetzes selbst erbringt,

wenn eine Auszahlung der zugesagten Altersversorgungsleistung in Form einer Rente oder eines Auszahlungsplans (§ 1 Absatz 1 Satz 1 Nummer 4 des Altersvorsorgeverträge- Zertifizierungsgesetzes) vorgesehen ist. …

(3) Zu den Altersvorsorgebeiträgen gehören auch die Beitragsanteile, die zur Absicherung der verminderten Erwerbsfähigkeit des Zulageberechtigten und zur Hinterbliebenenversorgung verwendet werden, wenn in der Leistungsphase die Auszahlung in Form einer Rente erfolgt.

(4) Nicht zu den Altersvorsorgebeiträgen zählen
1. Aufwendungen, die vermögenswirksame Leistungen nach dem Fünften Vermögensbildungsgesetz … darstellen,
2. prämienbegünstigte Aufwendungen nach dem Wohnungsbau-Prämiengesetz …
3. Aufwendungen, die im Rahmen des § 10 als Sonderausgaben geltend gemacht werden, oder
4. Zahlungen nach § 92a Absatz 2 Satz 4 Nummer 1 und Absatz 3 Satz 9 Nummer 2.

§ 83. Altersvorsorgezulage. In Abhängigkeit von den geleisteten Altersvorsorgebeiträgen wird eine Zulage gezahlt, die sich aus einer Grundzulage (§ 84) und einer Kinderzulage (§ 85) zusammensetzt.

§ 84. Grundzulage. [1]Jeder Zulageberechtigte erhält eine Grundzulage; diese beträgt jährlich 154 Euro. [2]Für Zulageberechtigte nach § 79 Satz 1, die zu Beginn des Beitragsjahres (§ 88) das 25. Lebensjahr noch nicht vollendet haben, erhöht sich die Grundzulage nach Satz 1 um einmalig 200 Euro. [3]Die Erhöhung nach Satz 2 ist für das erste nach dem 31. Dezember 2007 beginnende Beitragsjahr zu gewähren, für das eine Altersvorsorgezulage beantragt wird.

§ 85. Kinderzulage. (1) [1]Die Kinderzulage beträgt für jedes Kind, für das dem Zulageberechtigten Kindergeld ausgezahlt wird, jährlich 185 Euro. [2]Für ein nach dem 31. Dezember 2007 geborenes Kind erhöht sich die Kinderzulage nach Satz 1 auf 300 Euro. [3]Der Anspruch auf Kinderzulage entfällt für den Veranlagungszeitraum, für den das Kindergeld insgesamt zurückgefordert wird. [4]Erhalten mehrere Zulageberechtigte für dasselbe Kind Kindergeld, steht die Kinderzulage demjenigen zu, dem für den ersten Anspruchszeitraum (§ 66 Absatz 2) im Kalenderjahr Kindergeld ausgezahlt worden ist.

(2) [1]Bei Eltern, die miteinander verheiratet sind, nicht dauernd getrennt leben (§ 26 Absatz 1) und ihren Wohnsitz oder gewöhnlichen Aufenthalt in einem Mitgliedstaat der Europäischen Union oder einem Staat haben, auf den das Abkommen über den Europäischen Wirtschaftsraum (EWR-Abkommen) anwendbar ist, wird die Kinderzulage der Mutter zugeordnet, auf Antrag beider Eltern dem Vater. [2]Der An-

trag kann für ein abgelaufenes Beitragsjahr nicht zurückgenommen werden.

§ 86. Mindesteigenbeitrag. (1) [1]Die Zulage nach den §§ 84 und 85 wird gekürzt, wenn der Zulageberechtigte nicht den Mindesteigenbeitrag leistet. [2]Dieser beträgt jährlich 4 Prozent der Summe der in dem dem Kalenderjahr vorangegangenen Kalenderjahr

1. erzielten beitragspflichtigen Einnahmen im Sinne des Sechsten Buches Sozialgesetzbuch,
2. bezogenen Besoldung und Amtsbezüge,
3. in den Fällen des § 10a Absatz 1 Satz 1 Nummer 3 und Nummer 4 erzielten Einnahmen, die beitragspflichtig wären, wenn die Versicherungsfreiheit in der gesetzlichen Rentenversicherung nicht bestehen würde und
4. bezogenen Rente wegen voller Erwerbsminderung oder Erwerbsunfähigkeit oder bezogenen Versorgungsbezüge wegen Dienstunfähigkeit in den Fällen des § 10a Absatz 1 Satz 4,

jedoch nicht mehr als die in § 10a Absatz 1 Satz 1 genannten Höchstbeträge, vermindert um die Zulage nach den §§ 84 und 85; gehört der Ehegatte zum Personenkreis nach § 79 Satz 2, berechnet sich der Mindesteigenbeitrag des nach § 79 Satz 1 Begünstigten unter Berücksichtigung der den Ehegatten insgesamt zustehenden Zulagen. [3]Auslandsbezogene Bestandteile nach den §§ 52 ff. des Bundesbesoldungsgesetzes oder entsprechender Regelungen eines Landesbesoldungsgesetzes bleiben unberücksichtigt. [4]Als Sockelbetrag sind ab dem Jahr 2005 jährlich 60 Euro zu leisten. [5]Ist der Sockelbetrag höher als der Mindesteigenbeitrag nach Satz 2, so ist der Sockelbetrag als Mindesteigenbeitrag zu leisten. [6]Die Kürzung der Zulage ermittelt sich nach dem Verhältnis der Altersvorsorgebeiträge zum Mindesteigenbeitrag.

(2) [1]Ein nach § 79 Satz 2 begünstigter Ehegatte hat Anspruch auf eine ungekürzte Zulage, wenn der zum begünstigten Personenkreis nach § 79 Satz 1 gehörende Ehegatte seinen geförderten Mindesteigenbeitrag unter Berücksichtigung der den Ehegatten insgesamt zustehenden Zulagen erbracht hat. [2]Werden bei einer in der gesetzlichen Rentenversicherung pflichtversicherten Person beitragspflichtige Einnahmen zu Grunde gelegt, die höher sind als das tatsächlich erzielte Entgelt oder die Entgeltersatzleistung, ist das tatsächlich erzielte Entgelt oder der Zahlbetrag der Entgeltersatzleistung für die Berechnung des Mindesteigenbeitrags zu berücksichtigen. [3]Satz 2 gilt auch in den Fällen, in denen im vorangegangenen Jahr keine der in Absatz 1 Satz 2 genannten Beträge bezogen wurden.

…

§ 92a. Verwendung für eine selbst genutzte Wohnung. (1) [1]Der Zulageberechtigte kann das in einem Altersvorsorgevertrag gebildete und nach § 10a oder nach diesem Abschnitt geförderte Kapital in vollem Umfang oder, wenn das verbleibende geförderte Restkapital mindestens 3.000 Euro beträgt, teilweise wie folgt verwenden (Altersvorsorge-Eigenheimbetrag):

1. bis zum Beginn der Auszahlungsphase unmittelbar für die Anschaffung oder Herstellung einer Wohnung oder zur Tilgung eines zu diesem Zweck aufgenommenen Darlehens, wenn das dafür entnommene Kapital mindestens 3.000 Euro beträgt, oder
2. bis zum Beginn der Auszahlungsphase unmittelbar für den Erwerb von Pflicht-Geschäftsanteilen an einer eingetragenen Genossenschaft für die Selbstnutzung einer Genossenschaftswohnung oder zur Tilgung eines zu diesem Zweck aufgenommenen Darlehens, wenn das dafür entnommene Kapital mindestens 3.000 Euro beträgt, oder
3. bis zum Beginn der Auszahlungsphase für die Finanzierung eines Umbaus einer Wohnung, wenn
   a) das dafür entnommene Kapital
      aa) mindestens 6.000 Euro beträgt und für einen innerhalb eines Zeitraums von drei Jahren nach der Anschaffung oder Herstellung der Wohnung vorgenommenen Umbau verwendet wird oder
      bb) mindestens 20.000 Euro beträgt,
   b) das dafür entnommene Kapital zu mindestens 50 Prozent auf Maßnahmen entfällt, die die Vorgaben der DIN 18040 Teil 2, Ausgabe September 2011, soweit baustrukturell möglich, erfüllen, und der verbleibende Teil der Kosten der Reduzierung von Barrieren in oder an der Wohnung dient; die zweckgerechte Verwendung ist durch einen Sachverständigen zu bestätigen; und
   c) [1]der Zulageberechtigte oder ein Mitnutzer der Wohnung für die Umbaukosten weder eine Förderung durch Zuschüsse noch eine Steuerermäßigung nach § 35a in Anspruch nimmt oder nehmen wird noch die Berücksichtigung als außergewöhnliche Belastung nach § 33 beantragt hat oder beantragen wird und dies schriftlich bestätigt. [2]Diese Bestätigung ist bei der Antragstellung nach § 92b Absatz 1 Satz 1 gegenüber der zentralen Stelle abzugeben. [3]Bei der Inanspruchnahme eines Darlehens im Rahmen eines Altersvorsorgevertrags nach § 1 Absatz 1a des Altersvorsorgeverträge-Zertifizierungsgesetzes hat der Zulageberechtigte die Bestätigung gegenüber seinem Anbieter abzugeben.

…

[5]Eine nach Satz 1 begünstigte Wohnung ist
1. eine Wohnung in einem eigenen Haus oder
2. eine eigene Eigentumswohnung oder
3. eine Genossenschaftswohnung einer eingetragenen Genossenschaft,

wenn diese Wohnung in einem Mitgliedstaat der Europäischen Union oder in einem Staat, auf den das Abkommen über den Europäischen Wirtschaftsraum (EWR-Abkommen) anwendbar ist, belegen ist und die Hauptwohnung oder den Mittelpunkt der Lebensinteressen des Zulageberechtigten darstellt. [6]Einer Wohnung im Sinne des Satzes 5 steht ein eigentumsähnliches oder lebenslanges Dauerwohnrecht nach § 33 des Wohnungseigentumsgesetzes gleich, soweit Vereinbarungen nach § 39 des Wohnungseigentumsgesetzes getroffen werden.

...

7

ESt-Grundtabelle Tarif 2014

Stand: 01.01.2014 (Auszug)

zu versteuerndes Einkommen in EUR	ESt in EUR	Durchschnittssteuersatz in Prozent[1]	Grenzsteuersatz in Prozent[2]
7000	0	0,0	0,0
8000	0	0,0	0,0
9000	94	1,0	15,3
10000	256	2,6	17,2
11000	438	4,0	19,2
12000	639	5,3	21,1
13000	860	6,6	23,0
14000	1098	7,8	24,2
15000	1343	8,9	24,7
16000	1592	10,0	25,1
17000	1845	10,9	25,6
18000	2104	11,7	26,0
19000	2366	12,5	26,5
20000	2634	13,2	27,0
22000	3182	14,5	27,9
24000	3748	15,6	28,8
26000	4333	16,7	29,7
28000	4397	17,6	30,6
30000	5558	18,5	31,5
32000	6198	19,4	32,5
34000	6856	20,2	33,4
36000	7532	20,9	34,3
38000	8227	21,7	35,2
40000	8940	22,4	35,6
42000	9671	23,0	37,0
44000	10421	23,7	37,9
46000	11189	24,3	38,9
48000	11975	25,0	39,8
50000	12780	25,6	40,7
55000	14861	27,0	42,0
60000	16961	28,3	42,0
65000	19061	29,3	42,0
70000	21161	30,2	42,0
80000	25631	31,7	42,0
90000	29561	32,9	42,0
100000	33761	33,8	42,0
110000	37961	33,8	42,0
120000	42161	35,1	42,0
250000	96761	37,7	42,0
260000	101236	38,9	45,0

1 Durchschnittssteuersatz: Einkommensteuer (ohne SolZ) im Verhältnis zum zu versteuernden Einkommen.

2 Grenzsteuersatz: Prozentsatz, mit dem (theoretisch beliebig kleine) Einkommenszuwächse bzw. -verringerungen steuerlich be- bzw. entlastet werden. Die zusätzliche Belastung durch den SolZ ist nicht berücksichtigt.

ESt-Splittingtabelle Tarif 2014

Stand: 01.01.2014 (Auszug)

zu versteuerndes Einkommen in EUR	ESt in EUR	Durchschnittssteuersatz in Prozent[1]	Grenzsteuersatz in Prozent[2]
7000	0	0,0	0,0
8000	0	0,0	0,0
9000	0	0,0	0,0
10000	0	0,0	0,0
11000	0	0,0	0,0
12000	0	0,0	0,0
13000	0	0,0	0,0
14000	0	0,0	0,0
15000	0	0,0	0,0
16000	0	0,0	0,0
17000	40	0,2	8,0
18000	188	1,0	15,2
19000	346	1,8	16,0
20000	512	2,6	16,8
22000	876	4,0	18,8
24000	1278	5,3	20,8
26000	1720	6,6	22,8
28000	2196	7,8	24,0
30000	2686	9,0	24,8
32000	3184	10,0	25,2
34000	3690	10,9	25,2
36000	4208	11,7	26,0
38000	4732	12,5	26,4
40000	5268	13,2	27,2
42000	5810	13,8	27,2
44000	6364	14,5	28,0
46000	6926	15,1	28,4
48000	7496	15,6	28,4
50000	8078	16,2	29,2
55000	9568	17,4	30,4
60000	11116	18,5	31,6
65000	12722	19,6	32,8
70000	14384	20,6	34,0
80000	17880	22,4	36,0
90000	21606	24,0	38,4
100000	25560	25,5	40,8
110000	29856	27,0	42,0
120000	33922	28,3	42,0
500000	193522	38,7	42,0
550000	215978	39,3	45,0

7

1 Durchschnittssteuersatz: Einkommensteuer (ohne SolZ) im Verhältnis zum zu versteuernden Einkommen.

2 Grenzsteuersatz: Prozentsatz, mit dem (theoretisch beliebig kleine) Einkommenszuwächse bzw. -verringerungen steuerlich be- bzw. entlastet werden. Die zusätzliche Belastung durch den SolZ ist nicht berücksichtigt.

Einkommensteuer-Richtlinien 2008

in der Fassung der EStÄR 2012 vom 25. März 2013 (BStBl. I S. 276)

Die Einkommensteuer-Richtlinien sind in „Richtlinien" und „Hinweise" aufgeteilt. R = Richtlinie, H = Hinweise

Einführung

(1) Die Einkommensteuer-Richtlinen ... sind Weisungen an die Finanzbehörden zur einheitlichen Anwendung des Einkommensteuerrechts, zur Vermeidung unbilliger Härten und zur Verwaltungsvereinfachung.

(3) Anordnungen, die mit den nachstehenden Richtlinien im Widerspruch stehen, sind nicht mehr anzuwenden.

Zu § 5 EStG

R 5.3 Bestandsaufnahme des Vorratsvermögens

Inventur

(1) [1]Die → Inventur für den Bilanzstichtag braucht nicht am Bilanzstichtag vorgenommen zu werden. [2]Sie muss aber **zeitnah** – in der Regel innerhalb der Frist von **zehn Tagen** vor oder nach dem Bilanzstichtag – durchgeführt werden. [3]Dabei muss sichergestellt sein, dass die Bestandsveränderungen zwischen dem Bilanzstichtag und dem Tag der Bestandsaufnahme anhand von Belegen oder Aufzeichnungen ordnungsgemäß berücksichtigt werden. [4]Können die Bestände aus besonderen, insbesondere klimatischen Gründen nicht zeitnah, sondern erst in einem größeren Zeitabstand vom Bilanzstichtag aufgenommen werden, so sind an die Belege und Aufzeichnungen über die zwischenzeitlichen Bestandsveränderungen strenge Anforderungen zu stellen.

Zeitverschobene Inventur

(2) [1]Nach § 241 Abs. 3 HGB kann die jährliche körperliche Bestandsaufnahme ganz oder teilweise innerhalb der letzten drei Monate vor oder der ersten zwei Monate nach dem Bilanzstichtag durchgeführt werden. [2]Der dabei festgestellte Bestand ist nach Art und Menge in einem besonderen Inventar zu verzeichnen, das auch auf Grund einer → permanenten Inventur erstellt werden kann. [3]Der in dem besonderen Inventar erfasste Bestand ist auf den Tag der Bestandsaufnahme (Inventurstichtag) nach allgemeinen Grundsätzen zu bewerten. [4]Der sich danach ergebende Gesamtwert des Bestands ist dann wertmäßig auf den Bilanzstichtag fortzuschreiben oder zurückzurechnen. [5]Der Bestand braucht in diesem Fall auf den Bilanzstichtag nicht nach Art und Menge festgestellt zu werden; es genügt die Feststellung des Gesamtwerts des Bestands auf den Bilanzstichtag. [6]Die Bestandsveränderungen zwischen dem Inventurstichtag und dem Bilanzstichtag brauchen ebenfalls nicht nach Art und Menge aufgezeichnet zu werden. [7]Sie müssen nur wertmäßig erfasst werden. [8]Das Verfahren zur wertmäßigen Fortschreibung oder Rückrechnung des Gesamtwerts des Bestands am Inventurstichtag auf den Bilanzstichtag muss den Grundsätzen ordnungsmäßiger Buchführung entsprechen. [9]Die Fortschreibung des Warenbestands kann dabei nach der folgenden Formel vorgenommen werden, wenn die Zusammensetzung des Warenbestands am Bilanzstichtag von der des Warenbestands am Inventurstichtag nicht wesentlich abweicht: Wert des Warenbestands am Bilanzstichtag = Wert des Warenbestands am Inventurstichtag zuzüglich Wareneingang abzüglich Wareneinsatz (Umsatz abzüglich des durchschnittlichen Rohgewinns). [10]Voraussetzung für die Inanspruchnahme von steuerlichen Vergünstigungen, für die es auf die Zusammensetzung der Bestände am Bilanzstichtag ankommt, wie z. B. bei der Bewertung nach § 6 Abs. 1 Nr. 2 a EStG, ist jedoch, daß die tatsächlichen Bestände dieser Wirtschaftsgüter am Bilanzstichtag durch körperliche Bestandsaufnahme oder durch → permanente Inventur nachgewiesen werden.

Nichtanwendbarkeit der permanenten und der zeitverschobenen Inventur

(3) Eine → permanente oder eine zeitverschobene Inventur ist nicht zulässig

1. für Bestände, bei denen durch Schwund Verdunsten, Verderb, leichte Zerbrechlichkeit oder ähnliche Vorgänge ins Gewicht fallende unkontrollierbare Abgänge eintreten, es sei denn, dass diese Abgänge auf Grund von Erfahrungssätzen schätzungsweise annähernd zutreffend berücksichtigt werden können; 7
2. für Wirtschaftsgüter, die – abgestellt auf die Verhältnisse des jeweiligen Betriebs – besonders wertvoll sind.

Fehlerhafte Bestandsaufnahme

(4) [1]Fehlt eine körperliche Bestandsaufnahme, oder enthält das Inventar in formeller oder materieller Hinsicht nicht nur unwesentliche Mängel, so ist die Buchführung nicht als ordnungsmäßig anzusehen. [2]R 5 Abs. 2 gilt entsprechend.

Anwendungsbereich

(5) Die Absätze 1 bis 4 gelten entsprechend für Steuerpflichtige, die nach § 141 Abs. 1 AO verpflichtet sind, Bücher zu führen und auf Grund jährlicher Bestandsaufnahme regelmäßig Abschlüsse zu machen, oder die freiwillig Bücher führen und regelmäßig Abschlüsse machen.

R 5.4 Bestandsmäßige Erfassung des beweglichen Anlagevermögens

Allgemeines

(1) [1]Nach § 240 Abs. 2 HGB, §§ 140 und 141 AO besteht die Verpflichtung, für jeden Bilanzstichtag auch ein Verzeichnis der Gegenstände des beweglichen Anlagevermögens aufzustellen (**Bestandsverzeichnis**). [2]In das Bestandsverzeichnis müssen sämtliche beweglichen Gegenstände des Anlagevermögens, auch wenn sie bereits in voller Höhe abgeschrieben sind, aufgenommen werden. [3]Das gilt nicht für geringwertige Wirtschaftsgüter (§ 6 Abs. 2 EStG), für Wirtschaftsgüter, die in einem Sammelposten erfasst werden (§ 6 Abs. 2a EStG) und für die mit einem → Festwert angesetzten Wirtschaftsgüter. [4]Das Bestandsverzeichnis muss

1. die genaue Bezeichnung des Gegenstandes und
2. seinen Bilanzwert am Bilanzstichtag

enthalten. [5]Das Bestandsverzeichnis ist auf Grund einer jährlichen körperlichen Bestandsaufnahme aufzustellen; R 5.3 Abs. 1 bis 3 gilt sinngemäß.

Keine Inventur bei fortlaufendem Bestandsverzeichnis

(4) [1]Der Stpfl. braucht die jährliche körperliche Bestandsaufnahme (→ Absatz 1) für steuerliche Zwecke nicht durchzuführen, wenn er jeden Zugang und jeden Abgang laufend in das Bestandsverzeichnis einträgt und die am Bilanzstichtag vorhandenen Gegenstände des beweglichen Anlagevermögens auf Grund des fortlaufend geführten Bestandsverzeichnisses ermittelt werden können; in diesem Fall müssen aus dem Bestandsverzeichnis außer den in Absatz 1 bezeichneten Angaben noch ersichtlich sein:

7

1. der Tag der Anschaffung oder Herstellung des Gegenstandes,
2. die Höhe der Anschaffungs- oder Herstellungskosten oder, wenn die Anschaffung oder Herstellung vor dem 21.6.1948 oder im Beitrittsgebiet vor dem 1.7.1990 erfolgt ist, die in Euro umgerechneten Werte der DM-Eröffnungsbilanz,
3. der Tag des Abgangs.

[2]Wird das Bestandsverzeichnis in der Form einer Anlagekartei geführt, ist der Bilanzansatz aus der Summe der einzelnen Bilanzwerte (→ Absatz 1 Satz 4 Nr. 2) der Anlagekartei nachzuweisen. [3]Ist das Bestandsverzeichnis nach den einzelnen Zugangsjahren und Abschreibungssätzen gruppenweise geordnet, kann auf die Angabe des Bilanzwerts am Bilanzstichtag für den einzelnen Gegenstand (→ Absatz 1 Satz 4 Nr. 2) verzichtet werden, wenn für jede Gruppe in besonderen Zusammenstellungen die Entwicklung der Bilanzwerte unter Angabe der Werte der Abgänge und des Betrags der AfA summenmäßig festgehalten wird. [4]Die in Absatz 1 Satz 4 Nr. 1 und unter den in Satz 1 Nr. 1 bis 3 bezeichneten Angaben müssen auch in diesem Fall für den einzelnen Gegenstand aus dem Bestandsverzeichnis ersichtlich sein. [5]Die Sachkonten der Geschäftsbuchhaltung können als Bestandsverzeichnis gelten, wenn sie die in Absatz 1 und unter den in Satz 1 Nr. 1 bis 3 bezeichneten Angaben enthalten und wenn durch diese Angaben die Übersichtlichkeit der Konten nicht beeinträchtigt wird.

Erleichterungen

(5) Das Finanzamt kann unter Abweichung von den Absätzen 1 bis 4 für einzelne Fälle Erleichterungen bewilligen.

R 5.5 Immaterielle Wirtschaftsgüter

Allgemeines

(1) [1]Als → immaterielle (unkörperliche) Wirtschaftsgüter kommen in Betracht: Rechte, rechtsähnliche Werte und sonstige Vorteile. [2]Trivialprogramme sind abnutzbare bewegliche und selbständig nutzbare Wirtschaftsgüter. [3]Computerprogramme, deren Anschaffungskosten nicht mehr als 410 Euro betragen, sind wie Trivialprogramme zu behandeln. [4]→ Keine immateriellen Wirtschaftsgüter sind die nicht selbständig bewertbaren geschäftswertbildenden Faktoren.

Entgeltlicher Erwerb

(2) Für → immaterielle Wirtschaftsgüter des Anlagevermögens ist ein Aktivposten nur anzusetzen, wenn sie entgeltlich erworben (§ 5 Abs. 2 EStG) oder in das Betriebsvermögen eingelegt (→ R 4.3 Abs. 1) wurden. …

R 5.7 Rückstellungen

Bilanzieller Ansatz von Rückstellungen

(1) Die nach den handelsrechtlichen Grundsätzen ordnungsmäßiger Buchführung gem. § 249 HGB anzusehenden Rückstellungen sind auch in der steuerlichen Gewinnermittlung (Steuerbilanz) zu bilden, soweit eine betriebliche Veranlassung besteht und steuerliche Sondervorschriften … dem nicht entgegenstehen.

Rückstellungen für ungewisse Verbindlichkeiten

Grundsätze

(2) Eine Rückstellung für ungewisse Verbindlichkeiten ist nur zu bilden, wenn
1. es sich um eine Verbindlichkeit gegenüber einem anderen oder eine öffentlich-rechtliche Verpflichtung handelt,
2. die Verpflichtung vor dem Bilanzstichtag wirtschaftlich verursacht ist,
3. mit einer Inanspruchnahme aus einer nach ihrer Entstehung oder Höhe ungewissen Verbindlichkeit ernsthaft zu rechnen ist und
4. die Aufwendungen in künftigen Wirtschaftsjahren nicht zu Anschaffungs- oder Herstellungskosten für ein Wirtschaftsgut führen.

Verpflichtung gegenüber einem anderen

(3) [1]Die Bildung einer Rückstellung für ungewisse Verbindlichkeiten setzt – als Abgrenzung zur → Aufwandsrückstellung – eine Verpflichtung gegenüber einem anderen voraus. [2]Die Verpflichtung muss den Verpflichteten wirtschaftlich wesentlich belasten. [3]Die Frage, ob eine Verpflichtung den Stpfl. wesentlich belastet, ist nicht nach dem Aufwand für das einzelne Vertragsverhältnis, sondern nach der Bedeutung der Verpflichtung für das Unternehmen zu beurteilen.

Wirtschaftliche Verursachung

(5) [1]Rückstellungen für ungewisse Verbindlichkeiten sind erstmals im Jahresabschluss des Wirtschaftsjahres zu bilden, in dem sie wirtschaftlich verursacht sind. [2]Die Annahme einer wirtschaftlichen Verursachung setzt voraus, dass der Tatbestand, an den das Gesetz oder der Vertrag die Verpflichtung knüpft, im Wesentlichen verwirklicht ist. [3]Die Erfüllung der Verpflichtung darf nicht nur an Vergangenes anknüpfen, sondern muss auch Vergangenes abgelten.

Wahrscheinlichkeit der Inanspruchnahme

(6) [1]Rückstellungen für ungewisse Verbindlichkeiten setzen in tatsächlicher Hinsicht voraus, dass die Verbindlichkeiten, die den Rückstellungen zu Grunde liegen, bis zum Bilanzstichtag entstanden sind oder aus Sicht am Bilanzstichtag mit einiger Wahrscheinlichkeit entstehen werden und der Stpfl. spätestens bei Bilanzaufstellung ernsthaft damit rechnen muss, hieraus in Anspruch genommen zu werden. [2]Die Wahrscheinlichkeit der Inanspruchnahme ist auf Grund objektiver, am Bilanzstichtag vorliegender und spätestens bei Aufstellung der Bilanz erkennbarer Tatsachen aus der Sicht eines sorgfältigen und gewissenhaften Kaufmanns zu beurteilen; es müssen mehr Gründe für als gegen die Inanspruchnahme sprechen.

Instandhaltung und Abraumbeseitigung

(11) [1]Die nach den Grundsätzen des § 249 Abs. 1 Satz 2 Nr. 1 HGB gebildete Rückstellung ist auch in der Steuerbilanz anzusetzen. [2]Das Gleiche gilt für die Bildung von Rückstellungen für unterlassene Aufwendungen für Abraumbeseitigungen, die im folgenden Wirtschaftsjahr nachgeholt werden. [3]Bei unterlassener Instandhaltung muss es sich um Erhaltungsarbeiten handeln, die bis zum Bilanzstichtag bereits erforderlich gewesen wären, aber erst nach dem Bilanzstichtag durchgeführt werden. [4]Soweit nach § 249 Abs. 1 Satz 3 HGB Rückstellungen auch für unterlassene Instandhaltungsaufwendungen zugelassen werden, die nach Ablauf der 3-Monats-Frist bis zum Ende des Wirtschaftsjahres nachgeholt werden dürfen (handelsrechtliches Passivierungswahlrecht), sind sie steuerrechtlich nicht zulässig. [5]Rückstellungen für Abraumbeseitigungen auf Grund rechtlicher Verpflichtungen sind nach § 249 Abs. 1 Satz 1 HGB (ungewisse Verbindlichkeit) zu bilden. 7

Kulanzleistungen

(12) Rückstellungen nach § 249 Abs. 1 Satz 2 Nr. 2 HGB für Gewährleistungen, die ohne rechtliche Verpflichtungen erbracht werden, sind nur zulässig, wenn sich der Kaufmann den Gewährleistungen aus geschäftlichen Erwägungen nicht entziehen kann.

Auflösung von Rückstellungen

(13) Rückstellungen sind aufzulösen, soweit die Gründe hierfür entfallen.

Zu § 6 EStG

R 6.1 Anlagevermögen und Umlaufvermögen

(1) [1]Zum **Anlagevermögen** gehören die Wirtschaftsgüter, die bestimmt sind, dauernd dem Betrieb zu dienen. [2]Ob ein Wirtschaftsgut zum Anlagevermögen gehört, ergibt sich aus dessen Zweckbestimmung, nicht aus seiner Bilanzierung. [3]Ist die Zweckbestimmung nicht eindeutig feststellbar, kann die Bilanzierung Anhaltspunkt für die Zuordnung zum Anlagevermögen sein. [4]Zum Anlagevermögen können immaterielle Wirtschaftsgüter, Sachanlagen und Finanzanlagen gehören. [5]Zum abnutzbaren Anlagevermögen gehören insbesondere die auf Dauer dem Betrieb gewidmeten Gebäude, technischen Anlagen und Maschinen sowie die Betriebs- und Geschäftsausstattung. [6]Zum nichtabnutzbaren Anlagevermögen gehören insbesondere Grund und Boden, Beteiligungen und andere Finanzanlagen, wenn sie dazu bestimmt sind, dauernd dem Betrieb zu dienen. [7]Ein Wirtschaftsgut des Anlagevermögens, dessen Veräußerung beabsichtigt ist, bleibt so lange Anlagevermögen, wie sich seine bisherige Nutzung nicht ändert, auch wenn bereits vorbereitende Maßnahmen zu seiner Veräußerung getroffen worden sind. [8]Bei Grundstücken des Anlagevermögens, die bis zu ihrer Veräußerung unverändert genutzt werden, ändert somit selbst eine zum Zwecke der Veräußerung vorgenommene Parzellierung des Grund und Bodens oder Aufteilung des Gebäudes in Eigentumswohnungen nicht die Zugehörigkeit zum Anlagevermögen.

(2) Zum **Umlaufvermögen** gehören die Wirtschaftsgüter, die zur Veräußerung, Verarbeitung oder zum Verbrauch angeschafft oder hergestellt worden sind, insbesondere Roh-, Hilfs- und Betriebsstoffe, Erzeugnisse und Waren, Kassenbestände.

H 6.2

Anschaffungskosten. [1]Begriff und Umfang → § 255 Abs. 1 HGB.
Ausländische Währung. [2]Bei einem Anschaffungsgeschäft in ausländischer Währung ist der Wechselkurs im Anschaffungszeitpunkt für die Berechnung der Anschaffungskosten maßgebend (→ BFH vom 16. 12. 1977 – BStBl. 1978 II S. 233).

R 6.3 Herstellungskosten

(1) In die → **Herstellungskosten** eines Wirtschaftsguts sind auch angemessene Teile der notwendigen **Materialgemeinkosten** und **Fertigungsgemeinkosten** (→ Absatz 2), der angemessenen Kosten der allgemeinen Verwaltung, der angemessenen Aufwendungen für soziale Einrichtungen des Betriebs, für freiwillige soziale Leistungen und für die betriebliche Altersversorgung (→ Absatz 3) sowie der **Wertverzehr von Anlagevermögen**, soweit er durch die Herstellung des Wirtschaftsguts veranlasst ist (→ Absatz 4) einzubeziehen.

(2) Zu den **Materialgemeinkosten und den Fertigungsgemeinkosten** gehören u. a. auch die Aufwendungen für folgende Kostenstellen:
Lagerhaltung, Transport und Prüfung des Fertigungsmaterials,
Vorbereitung und Kontrolle der Fertigung,
Werkzeuglager,
Betriebsleitung, Raumkosten, Sachversicherungen,
Unfallstationen und Unfallverhütungseinrichtungen der Fertigungsstätten,
Lohnbüro, soweit in ihm die Löhne und Gehälter der in der Fertigung tätigen Arbeitnehmer abgerechnet werden.

(3) [1]Zu den Kosten für die allgemeine Verwaltung gehören u. a. die Aufwendungen für Geschäftsleitung, Einkauf und Wareneingang, Betriebsrat, Personalbüro, Nachrichtenwesen, Ausbildungswesen, Rechnungswesen – z. B. Buchführung, Betriebsabrechnung, Statistik und Kalkulation –, Feuerwehr, Werkschutz sowie allgemeine Fürsorge einschließlich Betriebskrankenkasse. [2]Zu den Aufwendungen für soziale Einrichtungen gehören z. B. Aufwendungen für Kantine einschließlich der Essenszuschüsse sowie für Freizeitgestaltung der Arbeitnehmer. [3]Freiwillige soziale Leistungen sind nur Aufwendungen, die nicht arbeitsvertraglich oder tarifvertraglich vereinbart worden sind; hierzu können z. B. Jubiläumsgeschenke, Wohnungs- und andere freiwillige Beihilfen, Weihnachtszuwendungen oder Aufwendungen für die Beteiligung der Arbeitnehmer am Ergebnis des Unternehmens gehören. [4]Aufwendungen für die betriebliche Altersversorgung

7

sind Beiträge an Direktversicherungen und Pensionsfonds, Zuwendungen an Pensions- und Unterstützungskassen sowie Zuführungen zu Pensionsrückstellungen.

(4) [1]Als **Wertverzehr des Anlagevermögens**, soweit er der Fertigung der Erzeugnisse gedient hat, ist grundsätzlich der Betrag anzusetzen, der bei der Bilanzierung des Anlagevermögens als AfA berücksichtigt ist. [2]Es ist nicht zu beanstanden, wenn der Steuerpflichtige, der bei der Bilanzierung des beweglichen Anlagevermögens die AfA in fallenden Jahresbeträgen vorgenommen hat, bei der Berechnung der Herstellungskosten der Erzeugnisse die AfA in gleichen Jahresbeträgen (§ 7 Abs. 1 Satz 1 und 2 EStG) berücksichtigt. [3]In diesem Fall muss der Steuerpflichtige jedoch diese Absetzungsverfahren auch dann bei der Berechnung der Herstellungskosten beibehalten, wenn gegen Ende der Nutzungsdauer die Absetzungen in fallenden Jahresbeträgen niedriger sind als die Absetzungen in gleichen Jahresbeträgen. [4]Der Wertverzehr des der Fertigung dienenden Anlagevermögens ist bei der Berechnung der Herstellungskosten der Erzeugnisse auch dann in Höhe der sich nach den Anschaffungs- oder Herstellungskosten des Anlagevermögens ergebenden AfA in gleichen Jahresbeträgen zu berücksichtigen, wenn der Steuerpflichtige Bewertungsfreiheiten, Sonderabschreibungen oder erhöhte Absetzungen in Anspruch genommen und diese nicht in die Herstellungskosten der Erzeugnisse einbezogen hat. [5]**Teilwertabschreibungen** auf das Anlagevermögen im Sinne des § 6 Abs. 1 Nr. 1 Satz 2 EStG sind bei der Berechnung der Herstellungskosten der Erzeugnisse nicht zu berücksichtigen.

(5) [1]Das handelsrechtliche Bewertungswahlrecht für Fremdkapitalzinsen gilt auch für die steuerliche Gewinnermittlung. [2]Sind handelsrechtlich Fremdkapitalzinsen in die Herstellungskosten einbezogen worden, sind sie gem. § 5 Abs. 1 Satz 1 erster Halbsatz EStG auch in der steuerlichen Gewinnermittlung als Herstellungskosten zu beurteilen.

(6) [1]Die **Steuern** vom **Einkommen** gehören nicht zu den steuerlich abziehbaren Betriebsausgaben und damit auch nicht zu den Herstellungskosten. [2]Entsprechendes gilt für die **Gewerbesteuer** (§ 4 Abs. 5b EStG). [3]Die **Umsatzsteuer** gehört zu den Vertriebskosten, die die Herstellungskosten nicht berühren.

H 6.3

Ausnutzung von Produktionsanlagen. Die nicht volle Ausnutzung von Produktionsanlagen führt nicht zu einer Minderung der in die Herstellungskosten einzubeziehenden Fertigungsgemeinkosten, wenn sich die Schwankung in der Kapazitätsausnutzung aus der Art der Produktion, wie z. B. der Zuckerfabrik als Folge der Abhängigkeit von natürlichen Verhältnissen, ergibt (→ BFH vom 15. 2. 1966 – BStBl. III S. 468); → R 6.3 Abs. 6

Bewertungswahlrecht. Ein handelsrechtliches Bewertungswahlrecht führt steuerrechtlich zum Ansatz des höchsten nach Handels- und Steuerrecht zulässigen Werts, soweit nicht auch steuerrechtlich ein inhaltsgleiches Wahlrecht besteht (→ BFH vom 21. 10. 1993 – BStBl. 1994 II S. 176).

Geldbeschaffungskosten gehören nicht zu den Herstellungskosten (→ BFG vom 24. 5. 1968 – BStBl. II S. 574).

Halbfertige Arbeiten. Bei Wirtschaftsgütern, die am Bilanzstichtag noch nicht fertiggestellt sind, mit deren Herstellung aber bereits begonnen worden ist, sind die bis zum Bilanzstichtag angefallenen Herstellungskosten zu aktivieren, soweit nicht von ihrer Einbeziehung abgesehen werden kann (→ BFH vom 23. 11. 1978 – BStBl. 1979 II S. 143).

Herstellungskosten. Begriff und Umfang → § 255 Abs. 2 HGB sowie BFH vom 4. 7. 1990 (BStBl. II S. 830).

Kalkulatorische Kosten. Kalkulatorische Kosten sind nicht tatsächlich entstanden und rechnen deshalb **nicht** zu den Herstellungskosten. Das gilt z. B. für:

- **Zinsen für Eigenkapital** (→ BFH vom 30. 6. 1955 - BStBl. III S. 238)
- **Wert der eigenen Arbeitsleistung** (fiktiver Unternehmerlohn des Einzelunternehmers → BFH vom 10. 5. 1995 – BStBl. II S. 713); nicht dagegen Tätigkeitsvergütung im Sinne des § 15 Abs. 1 Satz 1 Nr. 2 EStG, die dem Gesellschafter von der Gesellschaft im Zusammenhang mit der Herstellung eines Wirtschaftsgutes gewährt wird (→ BFH vom 8. 2. 1996 – BStBl. II S. 427) → H 6.4 (Arbeitsleistung).

Zinsen für Fremdkapital → § 255 Abs. 3 HGB sowie → R 6.3 Abs. 4.

R 6.7. Teilwert

[1]Der Teilwert kann nur im Wege der → Schätzung nach den Verhältnissen des Einzelfalls ermittelt werden. [2]Zur Ermittlung des niedrigeren Teilwerts bestehen → Teilwertvermutungen. [3]Die Teilwertvermutung kann widerlegt werden. [4]Sie ist widerlegt, wenn der Steuerpflichtige anhand konkreter Tatsachen und Umstände darlegt und nachweist, dass die Anschaffung oder Herstellung eines bestimmten Wirtschaftsguts von Anfang an eine Fehlmaßnahme war, oder dass zwischen dem Zeitpunkt der Anschaffung oder Herstellung und dem maßgeblichen Bilanzstichtag Umstände eingetreten sind, die die Anschaffung oder Herstel-

lung des Wirtschaftsguts nachträglich zur Fehlmaßnahme werden lassen. [5]Die Teilwertvermutung ist auch widerlegt, wenn der Nachweis erbracht wird, dass die Wiederbeschaffungskosten am Bilanzstichtag niedriger als der vermutete Teilwert sind. [6]Der Nachweis erfordert es, dass die behaupteten Tatsachen objektiv feststellbar sind.

R 6.8 Bewertung des Vorratsvermögens

Niedrigerer Teilwert

(1) [1]Wirtschaftsgüter des Vorratsvermögens, insbesondere Roh-, Hilfs- und Betriebsstoffe, unfertige und fertige Erzeugnisse sowie Waren, sind nach § 6 Abs. 1 Nr. 2 EStG mit ihren Anschaffungs- oder Herstellungskosten (→ 6.2 und 6.3) anzusetzen. [2]Ist der Teilwert (→ R 6.7) am Bilanzstichtag niedriger, so kann dieser angesetzt werden. [3]Steuerpflichtige, die den Gewinn nach § 5 EStG ermitteln, **müssen** nach den handelsrechtlichen Grundsätzen (Niederstwertprinzip) den niedrigeren Teilwert ansetzen. [4]Sie können jedoch Wirtschaftsgüter des Vorratsvermögens, die keinen Börsen- oder Marktpreis haben, mit den Anschaffungs- oder Herstellungskosten oder mit einem zwischen diesen Kosten und dem niedrigeren Teilwert liegenden Wert ansetzen, wenn und soweit bei vorsichtiger Beurteilung aller Umstände damit gerechnet werden kann, dass bei einer späteren Veräußerung der angesetzte Wert zuzüglich der Veräußerungskosten zu erlösen ist. [5]Steuerpflichtige, die den Gewinn nach § 4 Abs. 1 EStG ermitteln, sind nach § 6 Abs. 1 Nr. 2 EStG berechtigt, ihr Umlaufvermögen mit den Anschaffungs- oder Herstellungskosten auch dann anzusetzen, wenn der Teilwert der Wirtschaftsgüter erheblich und voraussichtlich dauernd unter die Anschaffungs- oder Herstellungskosten gesunken ist.

Einzelbewertung

(3) [1]Die Wirtschaftsgüter des Vorratsvermögens sind grundsätzlich **einzeln** zu bewerten. [2]Enthält das Vorratsvermögen am Bilanzstichtag Wirtschaftsgüter, die im Verkehr nach Maß, Zahl oder Gewicht bestimmt werden (vertretbare Wirtschaftsgüter) und bei denen die Anschaffungs- oder Herstellungskosten wegen Schwankungen der Einstandspreise im Laufe des Wirtschaftsjahrs im einzelnen nicht mehr einwandfrei feststellbar sind, so ist der Wert dieser Wirtschaftsgüter zu **schätzen**. [3]In diesen Fällen stellt die **Durchschnittsbewertung** (Bewertung nach dem gewogenen Mittel der im Laufe des Wirtschaftsjahrs erworbenen und gegebenenfalls zu Beginn des Wirtschaftsjahrs vorhandenen Wirtschaftsgüter) ein zweckentsprechendes Schätzungsverfahren dar.

Gruppenbewertung

(4) Zur Erleichterung der Inventur und der Bewertung können gleichartige Wirtschaftsgüter des Vorratsvermögens jeweils zu einer **Gruppe** zusammengefasst und mit dem gewogenen Durchschnittswert angesetzt werden. ...

H 6.8

Festwert. [1]Begriff und Zulässigkeit → § 240 Abs. 3 i V. m. [3]§ 256 Satz 2 HGB; Ansatzvoraussetzungen und Bemessung → BMF vom 8. 3. 1993 (BStBl. I S. 276); Bestandsaufnahme und Wertanpassung → R 5.4 Abs. 3 Satz 2 bis 5 → H 5.4. [4]Der Festwert darf nur der Erleichterung der Inventur und der Bewertung, nicht jedoch dem Ausgleich von Preisschwankungen, insbesondere Preissteigerungen, dienen (→ BFH vom 1. 3. 1955 – BStBl. III S. 144 und vom 3. 3. 1955 – BStBl. III S. 222).

R 6.9 Bewertung nach unterstellten Verbrauchs- und Veräußerungsfolgen

Allgemeines

(1) Andere Bewertungsverfahren mit unterstellter Verbrauchs- oder Veräußerungsfolge als die in § 6 Abs. 1 Nr. 2 a EStG genannte Lifo-Methode sind nicht zulässig.

Grundsätze ordnungsmäßiger Buchführung

(2) [1]Die Lifo-Methode muss den handelsrechtlichen Grundsätzen ordnungsmäßiger Buchführung entsprechen. [2]Das bedeutet nicht, daß die Lifo-Methode mit der tatsächlichen Verbrauchs- oder Veräußerungsfolge übereinstimmen muss; sie darf jedoch, wie z. B. bei leicht verderblichen Waren, nicht völlig unvereinbar mit dem betrieblichen Geschehensablauf sein. [3]Die Lifo-Methode muss nicht auf das gesamte Vorratsvermögen angewandt werden. [4]Sie darf auch bei der Bewertung der Materialbestandteile unfertiger oder fertiger Erzeugnisse angewandt werden, wenn der Materialbestandteil dieser Wirtschaftsgüter in der Buchführung getrennt erfasst wird und dies handelsrechtlichen Grundsätzen ordnungsmäßiger Buchführung entspricht.

Gruppenbildung

(3) [1]Für die Anwendung der Lifo-Methode können gleichartige Wirtschaftsgüter zu Gruppen zusammengefaßt werden. [2]Zur Beurteilung der Gleichartigkeit sind die kaufmännischen Gepflogenheiten, insbesondere die marktübliche Einteilung in Produktklassen unter Beachtung der Unternehmensstruktur, und die allgemeine Verkehrsanschauung heranzuziehen. [3]Wirtschaftsgüter mit erheblichen Qualitätsunterschieden sind nicht gleichartig. [4]Erhebliche Preisunterschiede sind Anzeichen für Qualitätsunterschiede.

Methoden der Lifo-Bewertung

(4) [1]Die Bewertung nach der Lifo-Methode kann sowohl durch permanente Lifo als auch durch Perioden-Lifo erfolgen. [2]Die permanente Lifo setzt eine laufende mengen- und wertmäßige Erfassung aller Zu- und Abgänge voraus. [3]Bei der Perioden-Lifo wird der Bestand lediglich zum Ende des Wirtschaftsjahrs bewertet. [4]Dabei können Mehrbestände mit dem Anfangsbestand zu einem neuen Gesamtbestand zusammengefasst oder als besondere Posten (Layer) ausgewiesen werden. [5]Bei der Wertermittlung für die Mehrbestände ist von den Anschaffungs- oder Herstellungskosten der ersten Lagerzugänge des Wirtschaftsjahrs oder von den durchschnittlichen Anschaffungs- oder Herstellungskosten aller Zugänge des Wirtschaftsjahrs auszugehen. [6]Minderbestände sind beginnend beim letzten Layer zu kürzen.

Wechsel der Bewertungsmethoden

(5) [1]Von der Lifo-Methode kann in den folgenden Wirtschaftsjahren nur mit Zustimmung des Finanzamts abgewichen werden (§ 6 Abs. 1 Nr. 2 a Satz 3 EStG). [2]Der Wechsel der Methodenwahl bei Anwendung der Lifo-Methode (Absatz 4) bedarf nicht der Zustimmung des Finanzamts. [3]Der Grundsatz der → Bewertungsstetigkeit ist jedoch zu beachten.

Niedrigerer Teilwert

(6) [1]Das Niederstwertprinzip ist zu beachten (§ 6 Abs. 1 Nr. 2 Satz 2 EStG). [2]Dabei ist der Teilwert der zu einer Gruppe zusammengefassten Wirtschaftsgüter mit dem Wertansatz, der sich nach Anwendung der Lifo-Methode ergibt, zu vergleichen. [3]Hat der Steuerpflichtige Layer gebildet (→ Absatz 4), so ist der Wertansatz des einzelnen Layer mit dem Teilwert zu vergleichen und gegebenenfalls gesondert auf den niedrigeren Teilwert abzuschreiben.

Übergang zur Lifo-Methode

(7) Der beim Übergang zur Lifo-Methode vorhandene Warenbestand ist mit dem steuerrechtlich zulässigen Wertansatz fortzuführen, den der Steuerpflichtige in der Handelsbilanz des Wirtschaftsjahrs gewählt hat, das dem Wirtschaftsjahr des Übergangs zur Lifo-Methode vorangeht (Ausgangswert).

R 6.10 Bewertung von Verbindlichkeiten

(unbesetzt)

H 6.10

Anschaffungskosten. Als Anschaffungskosten einer Verbindlichkeit gilt der Nennwert (Rückzahlungsbetrag) der Verbindlichkeit (→ § 253 Abs. 1 Satz 2 HGB und BFH vom 4. 5. 1977 – BStBl. II S. 802).

Damnum. Darlehensschulden, bei denen der dem Schuldner zugefallene Betrag (Ausgabebetrag) niedriger als der Rückzahlungsbetrag ist, sind mit dem Rückzahlungsbetrag anzusetzen; der Unterschiedsbetrag (Agio, Disagio, Damnum, Abschluss-, Bearbeitungs- oder Verwaltungsgebühren) ist als Rechnungsabgrenzungsposten auf die Laufzeit des Darlehens zu verteilen (→ BFH vom 19. 1. 1978 – BStBl. II S. 262).

Rentenverpflichtungen. Rentenverpflichtungen sind – vorbehaltlich → R 6a – mit dem Barwert anzusetzen (→ § 253 Abs. 1 Satz 2 HGB und BFH vom 31. 1. 1980 – BStBl. II S. 491). …

Zu § 7 EStG

R 7.4 Höhe der AfA

Beginn der AfA

(1) [1]AfA ist vorzunehmen, sobald ein Wirtschaftsgut angeschafft oder hergestellt ist. [2]Ein Wirtschaftsgut ist im Zeitpunkt seiner → Lieferung angeschafft. [3]Ist Gegenstand eines Kaufvertrags über ein Wirtschaftsgut auch dessen Montage durch den Verkäufer, so ist das Wirtschaftsgut erst mit der Beendigung der Montage geliefert. [4]Wird die Montage durch den Steuerpflichtigen oder in dessen Auftrag durch einen Dritten durchgeführt, so ist das Wirtschaftsgut bereits bei Übergang der wirtschaftlichen Verfügungsmacht an den Steuerpflichtigen geliefert; das zur Investitionszulage ergangene BFH-Urteil vom 2. 9. 1988 (BStBl. II S. 1009) ist ertragsteuerrechtlich nicht anzuwenden. Ein Wirtschaftsgut ist zum Zeitpunkt seiner → Fertigstellung hergestellt.

AfA im Jahr der Anschaffung, Herstellung oder Einlage

(2) [1]Der auf das Jahr der Anschaffung oder Herstellung entfallende AfA-Betrag vermindert sich zeitanteilig für den Zeitraum, in dem das Wirtschaftsgut nach der Anschaffung oder Herstellung nicht zur Erzielung von Einkünften verwendet wird; dies gilt auch für die AfA nach § 7 Abs. 5 EStG. [2]Bei Wirtschaftsgütern, die im Laufe des Wirtschaftsjahres in das Betriebsvermögen eingelegt werden, gilt § 7 Abs. 1 Satz 4 EStG entsprechend.

Auszug aus der AfA-Tabelle für die allgemein verwendbaren Anlagegüter

Die Tabelle gilt für alle Anlagegüter, die nach dem **31.12.2000** angeschafft oder hergestellt worden sind.

Allgemeine Vorbemerkungen zu den AfA-Tabellen

Die in diesen Tabellen für die einzelnen Anlagegüter angegebene betriebsgewöhnliche Nutzungsdauer (ND) beruht auf Erfahrungen der steuerlichen Betriebsprüfung. Die Fachverbände der Wirtschaft wurden vor der Aufstellung der AfA-Tabellen angehört.

1. Die in den AfA-Tabellen angegebene ND ist mit Ausnahme der Angaben in der AfA-Tabelle für allgemein verwendbare Anlagegüter branchengebunden. …
2. Die in den AfA-Tabellen angegebene ND dient als Anhaltspunkt für die Beurteilung der Angemessenheit der steuerlichen Absetzungen für Abnutzung (AfA). Sie berücksichtigt die technische Abnutzung eines unter üblichen Bedingungen arbeitenden Betriebs (auch branchenüblicher Schichtbetrieb).
   Eine mit wirtschaftlicher Abnutzung begründete kürzere Nutzungsdauer kann den AfA nur zugrunde gelegt werden, wenn das Wirtschaftsgut vor Ablauf der technischen Nutzbarkeit objektiv wirtschaftlich verbraucht ist. Ein wirtschaftlicher Verbrauch ist nur anzunehmen, wenn die Möglichkeit einer wirtschaftlich sinnvollen (anderweitigen) Nutzung oder Verwertung endgültig entfallen ist (vgl. BFH vom 19.11.1997, BStBl. 1998 II S. 59).

Fundstelle	*Anlagegüter*	*Nutzungsdauer i.J.*
1	**Unbewegliches Anlagevermögen**	
1.1	Hallen in Leichtbauweise	14
1.4	Kühlhallen	20
1.5	Baracken und Schuppen	16
1.11	Laderampen	25
2	**Grundstückseinrichtungen**	
2.1	Fahrbahnen, Parkplätze und Hofbefestigungen	
2.1.1	mit Packlage	19
2.1.2	in Kies, Schotter, Schlacken	9
2.3	Umzäunungen	
2.3.1	aus Holz	5
2.8	Grünanlagen	15
3	**Betriebsanlagen allgemeiner Art**	
3.1.2	Stromerzeugung (Gleichrichter, Ladeaggregate, Notstromaggregate, Stromgeneratoren, Stromumformer usw.)	19
3.1.4	Kraft-Wärmekopplungsanlagen (Blockheizkraftwerke)	10
3.1.5	Windkraftanlagen	16
3.1.7	Solaranlagen	10
3.1.8	Heißluft-, Kälteanlagen, Kompressoren, Ventilatoren usw.	14
3.4.1	Elevatoren, Förderschnecken, Rollenbahnen, Hängebahnen, Transportbänder, Förderbänder und Plattenbänder	14
3.4.4	Aufzüge, Winden, Arbeitsbühnen, Hebebühnen, Gerüste, Hublifte	
3.4.4.1	stationär	15
3.4.4.2	mobil	11
3.5	Hochregallager	15
3.7	Ladeneinbauten, Gaststätteneinbauten, Schaufensteranlagen u. -einbauten	8
3.10.3	Brennstofftanks	25
4	**Fahrzeuge**	
4.1	Schienenfahrzeuge	25
4.2.1	Personenkraftwagen und Kombiwagen	6
4.2.2	Motorräder, Motorroller, Fahrräder u.ä.	7
4.2.3	Lastkraftwagen, Sattelschlepper, Kipper	9
4.2.4	Traktoren und Schlepper	12
4.2.5	Kleintraktoren	8
4.2.6	Anhänger, Auflieger, Wechselaufbauten	11
4.2.7	Omnibusse	9

Fundstelle	*Anlagegüter*	*Nutzungsdauer i.J.*
4.5	sonstige Beförderungsmittel (Elektrokarren, Stapler, Hubwagen usw.)	8
5	**Be- und Verarbeitungsmaschinen**	
5.2	Biegemaschinen	13
5.3	Bohrmaschinen	
5.3.1	stationär	16
5.3.2	mobil	8
5.4	Bohrhämmer und Presslufthämmer	7
5.6	Drehbänke	16
5.9	Hobelmaschinen	
5.9.1	stationär	16
5.9.2	mobil	9
5.11	Pressen und Stanzen	14
5.14	Sägen aller Art	
5.14.1	stationär	14
5.14.2	mobil	8
5.20	Schweißgeräte und Lötgeräte	13
5.22	Abfüllanlagen	10
5.27	Sonstige Be- und Verarbeitungsmaschinen (Abkanten, Anleimen, Anspitzen, Ätzen, Beschichten, Drucken, Eloxieren, Entfetten, Entgraten, Erodieren, Etikettieren, Falzen, Färben, Feilen, Gießen, Galvanisieren, Gravieren, Härten, Heften, Lackieren, Nieten)	13
6	**Betriebs- und Geschäftsausstattung**	
6.1	Wirtschaftsgüter der Werkstätten-, Labor- und Lagereinrichtungen	14
6.2	Wirtschaftsgüter der Ladeneinrichtungen	8
6.13.1	Fernsprechnebenstellenanlagen	10
6.13.2.2	Mobilfunkendgeräte	5
6.13.3	Textendeinrichtungen (Faxgeräte u.ä.)	6
6.14.1	Adressiermaschinen, Kuvertiermaschinen, Frankiermaschinen	8
6.14.3.1	Großrechner	7
6.14.3.2	Workstations, Personalcomputer, Notebooks und deren Peripheriegeräte (Drucker, Scanner, Bildschirme u.ä.)	3
6.14.4	Foto-, Film-, Video- und Audiogeräte (Fernseher, CD-Player, Recorder, Lautsprecher, Radios, Verstärker, Kameras, Monitore u.ä.)	7
6.14.7	Registrierkassen	6
6.14.8	Schreibmaschinen	9
6.14.10	Vervielfältigungsgeräte	7
6.15	Büromöbel	13
6.16	Verkaufstheken	10
6.19.1	Stahlschränke	14
6.19.2	Panzerschränke, Tresore	23
7	**Sonstige Anlagegüter**	
7.2.3	Geschirr- und Gläserspülmaschinen	7
7.2.4	Hochdruckreiniger (Dampf- und Wasser-)	8
7.2.5	Industriestaubsauger	7
7.2.6	Kehrmaschinen	9
7.2.10	Waschmaschinen	10

§ 6/1. Schreiben betr. ertragsteuerliche Behandlung von Leasing-Verträgen über bewegliche Wirtschaftsgüter (Auszug)

Vom 19. April 1971 (BStBl. I S. 264) (BMF IV B/2 – S 2170 – 31/71)

…

II. Begriff und Abgrenzung des Finanzierungs-Leasing-Vertrages bei beweglichen Wirtschaftsgütern

1. Finanzierungs-Leasing im Sinne dieses Schreibens ist nur dann anzunehmen, wenn

a) der Vertrag über eine bestimmte Zeit abgeschlossen wird, während der der Vertrag bei vertragsgemäßer Erfüllung von beiden Vertragsparteien nicht gekündigt werden kann (Grundmietzeit),
und

b) der Leasing-Nehmer mit den in der Grundmietzeit zu entrichtenden Raten mindestens die Anschaffungs- oder Herstellungskosten sowie alle Nebenkosten einschließlich der Finanzierungskosten des Leasing-Gebers deckt.

2. Beim Finanzieurngs-Leasing von beweglichen Wirtschaftsgütern sind im wesentlichen folgende Vertragstypen festzustellen:

a) **Leasing-Verträge ohne Kauf- oder Verlängerungsoption**
Der Leasing-Nehmer hat nicht das Recht, nach Ablauf der Grundmietzeit den Leasing-Gegenstand zu erwerben oder den Leasing-Vertrag zu verlängern.

b) **Leasing-Verträge mit Kaufoption**
Der Leasing-Nehmer hat das Recht, nach Ablauf der Grundmietzeit, die regelmäßig kürzer ist als die betriebsgewöhnliche Nutzungsdauer des Leasing-Gegenstandes, den Leasing-Gegenstand zu erwerben.

c) **Leasing-Verträge mit Mietverlängerungsoption**
Der Leasing-Nehmer hat das Recht, nach Ablauf der Grundmietzeit, die regelmäßig kürzer ist als die betriebsgewöhnliche Nutzungsdauer des Leasing-Gegenstandes, das Vertragsverhältnis auf bestimmte oder unbestimmte Zeit zu verlängern.

…

III. Steuerliche Zurechnung des Leasing-Gegenstandes

Die Zurechnung des Leasing-Gegenstandes ist von der von den Parteien gewählten Vertragsgestaltung und deren tatsächlicher Durchführung abhängig. Unter Würdigung der gesamten Umstände ist im Einzelfall zu entscheiden, wem der Leasing-Gegenstand steuerlich zuzurechnen ist. Bei den unter II. 2. genannten Grundvertragstypen gilt für die Zurechnung das Folgende:

1. Leasing-Verträge ohne Kauf- oder Verlängerungsoption

Bei Leasing-Verträgen ohne Optionsrecht ist der Leasing-Gegenstand regelmäßig zuzurechnen

a) dem Leasing-Geber,
wenn die Grundmietzeit mindestens 40 v. H. und höchsten 90 v. H. der betriebsgewöhnlichen Nutzungsdauer des Leasing-Gegenstandes beträgt,

…

2. Leasing-Verträge mit Kaufoption

Bei Leasing-Verträgen mit Kaufoption ist der Leasing-Gegenstand regelmäßig zuzurechnen

a) dem Leasing-Geber,
wenn die Grundmietzeit mindestens 40 v. H. und höchsten 90 v. H. der betriebsgewöhnlichen Nutzungsdauer des Leasing-Gegenstandes beträgt und der für den Fall der Ausübung des Optionsrechts vorgesehene Kaufpreis nicht niedriger ist als der unter Anwendung der linearen AfA nach der amtlichen AfA-Tabelle ermittelte Buchwert oder der niedrigere gemeine Wert im Zeitpunkt der Veräußerung.

3. Leasing-Verträge mit Mietverlängerungsoption

Bei Leasing-Verträgen mit Mietverlängerungsoption ist der Leasing-Gegenstand regelmäßig zuzurechnen

a) dem Leasing-Geber,
wenn die Grundmietzeit mindestens 40 v. H. und höchstens 90 v. H. der betriebsgewöhnlichen Nutzungsdauer des Leasing-Gegenstandes beträgt und die Anschlußmiete so bemessen ist, daß sie den Wertverzehr für den Leasing-Gegenstand deckt, der sich auf der Basis des unter Berücksichtigung der linearen Absetzung für Abnutzung nach der amtlichen AfA-Tabelle ermittelten Buchwerts oder des niedrigeren gemeinen Werts und der Restnutzungsdauer lt. AfA-Tabelle ergibt,

Lohnsteuer-Durchführungsverordnung

In der Fassung der Bekanntmachung vom 10. Oktober 1989,
mit Änderungen bis zum 20. Februar 2013

§ 2. Arbeitslohn. (1) [1]Arbeitslohn sind alle Einnahmen, die dem Arbeitnehmer aus dem Dienstverhältnis zufließen. [2]Es ist unerheblich, unter welcher Bezeichnung oder in welcher Form die Einnahmen gewährt werden.

§ 4. Lohnkonto. (1) Der Arbeitgeber hat im Lohnkonto des Arbeitnehmers Folgendes aufzuzeichnen:

1. den Vornamen, den Familiennamen, den Tag der Geburt, den Wohnort, die Wohnung sowie die in einer vom Finanzamt ausgestellten Bescheinigung für den Lohnsteuerabzug eingetragenen allgemeinen Besteuerungsmerkmale. Ändern sich im Laufe des Jahres die in eine Bescheinigung für den Lohnsteuerabzug eingetragenen allgemeinen Besteuerungsmerkmale, so ist auch der Zeitpunkt anzugeben, von dem an die Änderungen gelten;
2. den Jahresfreibetrag oder den Jahreshinzurechnungsbetrag sowie den Monatsbetrag, Wochenbetrag oder Tagesbetrag, der in einer vom Finanzamt ausgestellten Bescheinigung für den Lohnsteuerabzug eingetragen ist, und den Zeitraum, für den die Eintragungen gelten; …

(2) [1]Bei jeder Lohnabrechnung ist im Lohnkonto folgendes aufzuzeichnen:

1. der Tag der Lohnzahlung und der Lohnzahlungszeitraum;
3. der Arbeitslohn, getrennt nach Barlohn und Sachbezügen, und die davon einbehaltene Lohnsteuer. [3]Dabei sind die Sachbezüge einzeln zu bezeichnen. …

7

Allgemeine Monats-Lohnsteuertabelle 2014, Stand 01.01.2014 (Auszug)

Allgemeine Monats-Lohnsteuertabelle 2014 (Auszug)																	
			ohne Kinderfreibetrag			mit 0,5 Kinderfreibetrag			mit 1,0 Kinderfreibetrag			mit 1,5 Kinderfreibeträgen			mit 2,0 Kinderfreibeträgen		
Monatslohn in EUR	Steuerklasse	LSt	SolZ	KiSt 8%	KiSt 9%	SolZ	KiSt 8%	KiSt 9%	SolZ	KiSt 8%	KiSt 9%	SolZ	KiSt 8%	KiSt 9%	SolZ	KiSt 8%	KiSt 9%
500,00	I	0,00	0,00	0,00	0,00	0,00	0,00	0,00	0,00	0,00	0,00	0,00	0,00	0,00	0,00	0,00	0,00
	II	0,00	0,00	0,00	0,00	0,00	0,00	0,00	0,00	0,00	0,00	0,00	0,00	0,00	0,00	0,00	0,00
	III	0,00	0,00	0,00	0,00	0,00	0,00	0,00	0,00	0,00	0,00	0,00	0,00	0,00	0,00	0,00	0,00
	IV	0,00	0,00	0,00	0,00	0,00	0,00	0,00	0,00	0,00	0,00	0,00	0,00	0,00	0,00	0,00	0,00
	V	45,75	0,00	3,66	4,11												
	VI	57,83	0,00	4,62	5,20												
600,00	I	0,00	0,00	0,00	0,00	0,00	0,00	0,00	0,00	0,00	0,00	0,00	0,00	0,00	0,00	0,00	0,00
	II	0,00	0,00	0,00	0,00	0,00	0,00	0,00	0,00	0,00	0,00	0,00	0,00	0,00	0,00	0,00	0,00
	III	0,00	0,00	0,00	0,00	0,00	0,00	0,00	0,00	0,00	0,00	0,00	0,00	0,00	0,00	0,00	0,00
	IV	0,00	0,00	0,00	0,00	0,00	0,00	0,00	0,00	0,00	0,00	0,00	0,00	0,00	0,00	0,00	0,00
	V	57,33	0,00	4,58	5,15												
	VI	69,41	0,00	5,55	6,24												
700,00	I, IV	0,00	0,00	0,00	0,00	0,00	0,00	0,00	0,00	0,00	0,00	0,00	0,00	0,00	0,00	0,00	0,00
	II	0,00	0,00	0,00	0,00	0,00	0,00	0,00	0,00	0,00	0,00	0,00	0,00	0,00	0,00	0,00	0,00
	III	0,00	0,00	0,00	0,00	0,00	0,00	0,00	0,00	0,00	0,00	0,00	0,00	0,00	0,00	0,00	0,00
	IV	0,00	0,00	0,00	0,00	0,00	0,00	0,00	0,00	0,00	0,00	0,00	0,00	0,00	0,00	0,00	0,00
	V	68,91	0,00	5,51	6,20												
	VI	81,00	0,11	6,48	7,29												
800,00	I	0,00	0,00	0,00	0,00	0,00	0,00	0,00	0,00	0,00	0,00	0,00	0,00	0,00	0,00	0,00	0,00
	II	0,00	0,00	0,00	0,00	0,00	0,00	0,00	0,00	0,00	0,00	0,00	0,00	0,00	0,00	0,00	0,00
	III	0,00	0,00	0,00	0,00	0,00	0,00	0,00	0,00	0,00	0,00	0,00	0,00	0,00	0,00	0,00	0,00
	IV	0,00	0,00	0,00	0,00	0,00	0,00	0,00	0,00	0,00	0,00	0,00	0,00	0,00	0,00	0,00	0,00
	V	80,50	0,00	6,44	7,24												
	VI	92,58	2,31	7,40	8,33												

* Die **Allgemeine Lohnsteuertabelle** gilt, wegen unterschiedlicher Vorsorgepauschale, nicht für Beamte, Richter, Berufssoldaten und Rentner.
Abweichungen zwischen amtlicher Lohnsteuertabelle und elektronischer Berechnung. Die elektronische Berechnung der Lohnsteuer wird seit 2004 nach einem stufenlosen Tarif durchgeführt. Das bedeutet, dass sich für jeden Cent mehr Lohn grundsätzlich auch eine höhere Lohnsteuer ergibt. Die Berechnung der Lohnsteuer in den amtlichen Lohnsteuertabellen wird dagegen weiterhin wie in den Vorjahren nach einem Stufentarif ermittelt. Dadurch ändert sich die Lohnsteuer erst dann, wenn der Bruttolohn die nächste Stufe erreicht. Bei der Monatslohnsteuertabelle betragen diese Stufen 3,00 Euro. Dadurch kommt es zu kleinen Abweichungen gegenüber der elektronischen Berechnung. Der Gesetzgeber und die Finanzverwaltung billigen ausdrücklich beide Berechnungsarten.

Allgemeine Monats-Lohnsteuertabelle 2014 (Auszug)

			ohne Kinderfreibetrag			mit 0,5 Kinderfreibetrag			mit 1,0 Kinderfreibetrag			mit 1,5 Kinderfreibeträgen			mit 2,0 Kinderfreibeträgen		
Monatslohn in EUR	Steuerklasse	LSt	SolZ	KiSt 8%	KiSt 9%	SolZ	KiSt 8%	KiSt 9%	SolZ	KiSt 8%	KiSt 9%	SolZ	KiSt 8%	KiSt 9%	SolZ	KiSt 8%	KiSt 9%
900,00	I	0,00	0,00	0,00	0,00	0,00	0,00	0,00	0,00	0,00	0,00	0,00	0,00	0,00	0,00	0,00	0,00
	II	0,00	0,00	0,00	0,00	0,00	0,00	0,00	0,00	0,00	0,00	0,00	0,00	0,00	0,00	0,00	0,00
	III	0,00	0,00	0,00	0,00	0,00	0,00	0,00	0,00	0,00	0,00	0,00	0,00	0,00	0,00	0,00	0,00
	IV	0,75	0,00	0,06	0,06	0,00	0,00	0,00	0,00	0,00	0,00	0,00	0,00	0,00	0,00	0,00	0,00
	V	92,08	2,31	7,36	8,28												
	VI	104,16	4,63	8,33	9,37												
1000,00	I	6,41	0,00	0,51	0,57	0,00	0,00	0,00	0,00	0,00	0,00	0,00	0,00	0,00	0,00	0,00	0,00
	II	0,00	0,00	0,00	0,00	0,00	0,00	0,00	0,00	0,00	0,00	0,00	0,00	0,00	0,00	0,00	0,00
	III	0,00	0,00	0,00	0,00	0,00	0,00	0,00	0,00	0,00	0,00	0,00	0,00	0,00	0,00	0,00	0,00
	IV	6,41	0,00	0,51	0,57	0,00	0,00	0,00	0,00	0,00	0,00	0,00	0,00	0,00	0,00	0,00	0,00
	V	103,66	4,53	8,29	9,32												
	VI	119,41	6,56	9,55	10,74												
1200,00	I	34,50	0,00	2,76	3,10	0,00	0,00	0,00	0,00	0,00	0,00	0,00	0,00	0,00	0,00	0,00	0,00
	II	15,25	0,00	0,00	0,00	0,00	0,00	0,00	0,00	0,00	0,00	0,00	0,00	0,00	0,00	0,00	0,00
	III	0,00	0,00	0,00	0,00	0,00	0,00	0,00	0,00	0,00	0,00	0,00	0,00	0,00	0,00	0,00	0,00
	IV	34,50	0,00	2,76	3,10	0,00	0,75	0,84	0,00	0,00	0,00	0,00	0,00	0,00	0,00	0,00	0,00
	V	152,66	8,39	12,21	13,73												
	VI	188,91	10,39	15,11	17,00												
1400,00	I	71,16	0,00	5,69	6,40	0,00	1,12	1,26	0,00	0,00	0,00	0,00	0,00	0,00	0,00	0,00	0,00
	II	47,50	0,00	0,00	0,00	0,00	0,00	0,00	0,00	0,00	0,00	0,00	0,00	0,00	0,00	0,00	0,00
	III	0,00	0,00	0,00	0,00	0,00	0,00	0,00	0,00	0,00	0,00	0,00	0,00	0,00	0,00	0,00	0,00
	IV	71,16	0,00	5,69	6,40	0,00	3,20	3,60	0,00	1,12	1,26	0,00	0,00	0,00	0,00	0,00	0,00
	V	226,16	8,39	18,09	20,35												
	VI	262,41	10,39	20,99	23,61												

Allgemeine Monats-Lohnsteuertabelle 2014 (Auszug)																	
			ohne Kinderfreibetrag			mit 0,5 Kinderfreibetrag			mit 1,0 Kinderfreibetrag			mit 1,5 Kinderfreibeträgen			mit 2,0 Kinderfreibeträgen		
Monatslohn in EUR	Steuerklasse	LSt	SolZ	KiSt 8%	KiSt 9%	SolZ	KiSt 8%	KiSt 9%	SolZ	KiSt 8%	KiSt 9%	SolZ	KiSt 8%	KiSt 9%	SolZ	KiSt 8%	KiSt 9%
1600,00	I	117,00	6,43	9,36	10,53	0,00	3,90	4,39	0,00	0,00	0,00	0,00	0,00	0,00	0,00	0,00	0,00
	II	90,33	0,00	0,00	0,00	0,00	2,22	2,49	0,00	0,00	0,00	0,00	0,00	0,00	0,00	0,00	0,00
	III	0,00	0,00	0,00	0,00	0,00	0,00	0,00	0,00	0,00	0,00	0,00	0,00	0,00	0,00	0,00	0,00
	IV	117,00	6,43	9,36	10,53	0,08	6,51	7,32	0,00	3,90	4,39	0,00	1,70	1,91	0,00	0,16	0,18
	V	305,75	16,81	24,46	27,51												
	VI	340,66	18,73	27,25	30,65												
1800,00	I	164,33	9,03	13,14	14,78	2,06	7,30	8,22	0,00	2,28	2,56	0,00	0,00	0,00	0,00	0,00	0,00
	II	136,50	0,00	0,00	0,00	0,00	5,25	5,91	0,00	0,80	0,90	0,00	0,00	0,00	0,00	0,00	0,00
	III	1,33	0,00	0,10	0,11	0,00	0,00	0,00	0,00	0,00	0,00	0,00	0,00	0,00	0,00	0,00	0,00
	IV	164,33	9,03	13,14	14,78	6,99	10,18	11,45	2,06	7,30	8,22	0,00	4,60	5,17	0,00	2,28	2,56
	V	376,16	20,68	30,09	33,85												
	VI	406,00	22,32	32,48	36,54												
2000,00	I	209,41	11,51	16,75	18,84	7,35	10,69	12,03	0,00	5,04	5,67	0,00	0,66	0,75	0,00	0,00	0,00
	II	180,58	0,00	0,00	0,00	5,11	8,52	9,59	0,00	3,22	3,63	0,00	0,00	0,00	0,00	0,00	0,00
	III	26,33	0,00	2,10	2,36	0,00	0,00	0,00	0,00	0,00	0,00	0,00	0,00	0,00	0,00	0,00	0,00
	IV	209,41	11,51	16,75	18,84	9,40	13,67	15,38	7,35	10,69	12,03	3,30	7,80	8,77	0,00	5,04	5,67
	V	435,83	23,97	34,86	39,22												
	VI	467,00	25,68	37,36	42,03												
2500,00	I	329,25	18,10	26,34	29,63	13,56	19,72	22,19	9,27	13,48	15,17	2,86	7,62	8,58	0,00	2,52	2,83
	II	297,83	0,00	0,00	0,00	11,93	17,35	19,52	7,73	11,25	12,66	0,00	5,51	6,24	0,00	1,01	1,14
	III	113,33	0,00	9,06	10,19	0,00	4,44	4,99	0,00	0,62	0,70	0,00	0,00	0,00	0,00	0,00	0,00
	IV	329,25	18,10	26,34	29,63	15,80	22,95	25,86	13,56	19,72	22,19	11,38	16,56	18,63	9,27	13,48	15,17
	V	599,00	32,94	47,92	53,91												
	VI	634,33	34,88	50,74	57,08												

Allgemeine Monats-Lohnsteuertabelle 2014 (Auszug)																	
			ohne Kinderfreibetrag			mit 0,5 Kinderfreibetrag			mit 1,0 Kinderfreibetrag			mit 1,5 Kinderfreibeträgen			mit 2,0 Kinderfreibeträgen		
Monatslohn in EUR	Steuerklasse	LSt	SolZ	KiSt 8%	KiSt 9%	SolZ	KiSt 8%	KiSt 9%	SolZ	KiSt 8%	KiSt 9%	SolZ	KiSt 8%	KiSt 9%	SolZ	KiSt 8%	KiSt 9%
3000,00	I	459,08	25,24	36,72	41,31	20,32	29,56	33,26	15,66	22,78	25,62	11,25	16,36	18,41	7,09	10,32	11,61
	II	425,16	0,00	0,00	0,00	18,55	26,98	30,36	13,98	20,34	22,88	9,67	14,06	15,82	4,21	8,16	9,18
	III	220,66	11,73	17,65	19,85	0,00	12,00	13,50	0,00	6,93	7,80	0,00	2,66	3,00	0,00		
	IV	459,08	25,24	36,72	41,31	22,75	33,10	37,23	20,32	29,56	33,26	17,96	26,12	29,39	15,66	22,78	25,62
	V	778,08	42,79	62,24	70,02												
	VI	814,33	44,78	65,14	73,28												
3500,00	I	599,08	32,94	47,92	53,91	27,64	40,21	45,24	22,60	32,88	36,99	17,81	25,91	29,15	13,28	19,32	21,74
	II	562,58	0,00	0,00	0,00	25,73	37,43	42,11	20,78	30,23	34,01	16,09	23,41	26,34	11,62	16,96	19,08
	III	328,83	18,08	26,30	29,59	14,00	20,37	22,92	4,13	14,61	16,44	0,00	9,21	10,36	0,00	4,57	5,14
	IV	599,08	32,94	47,92	53,91	30,26	44,02	49,53	27,64	40,21	45,24	25,09	36,50	41,06	22,60	32,88	36,99
	V	958,25	52,70	76,66	86,24												
	VI	994,50	54,69	79,56	89,50												
4000,00	I	749,16	41,20	59,93	67,42	35,52	51,67	58,13	30,10	43,78	49,26	24,93	36,27	40,80	20,02	29,13	32,77
	II	710,08	0,00	0,00	0,00	33,47	48,68	54,77	28,14	40,94	46,05	23,07	33,56	37,75	18,26	26,56	29,88
	III	442,00	24,31	35,36	39,78	20,03	29,14	32,79	15,90	23,13	26,02	10,83	17,29	19,45	0,00	11,65	13,11
	IV	749,16	41,20	59,93	67,42	38,33	55,76	62,73	35,52	51,67	58,13	32,78	47,68	53,64	30,10	43,78	49,26
	V	1138,41	62,61	91,07	102,45												
	VI	1174,66	64,60	93,97	105,71												

7

Solidaritätszuschlaggesetz 1995

Vom 23. Juni 1993, in der Fassung der Bekanntmachung vom 15. Oktober 2002, mit Änderungen bis zum 7. Dezember 2011

§ 1. Erhebung eines Solidaritätszuschlags.
(1) Zur Einkommensteuer und zur Körperschaftsteuer wird ein Solidaritätszuschlag als Ergänzungsabgabe erhoben.
(2) Auf die Festsetzung und Erhebung des Solidaritätszuschlags sind die Vorschriften des Einkommensteuergesetzes und des Körperschaftsteuergesetzes entsprechend anzuwenden.

§ 2. Abgabepflicht. Abgabepflichtig sind
1. natürliche Personen, die nach § 1 des Einkommensteuergesetzes einkommensteuerpflichtig sind,
2. natürliche Personen, die nach § 2 des Außensteuergesetzes erweitert beschränkt steuerpflichtig sind,
3. Körperschaften, Personenvereinigungen und Vermögensmassen, die nach § 1 oder 2 des Körperschaftsteuergesetzes körperschaftsteuerpflichtig sind.

§ 3. Bemessungsgrundlage und zeitliche Anwendung. (1) Der Solidaritätszuschlag bemisst sich vorbehaltlich der Absätze 2 bis 5
1. soweit eine Veranlagung zur Einkommensteuer oder Körperschaftsteuer vorzunehmen ist:
   nach der nach Absatz 2 berechneten Einkommensteuer oder der festgesetzten Körperschaftsteuer für Veranlagungszeiträume ab 1998 vermindert um die anzurechnende oder vergütete Körperschaftsteuer, wenn ein positiver Betrag verbleibt; …
3. soweit Lohnsteuer zu erheben ist:
   nach der nach Absatz 2 a berechneten Lohnsteuer für
   a) laufenden Arbeitslohn, der für einen nach dem 31. Dezember 1997 endenden Lohnzahlungszeitraum gezahlt wird,
   b) sonstige Bezüge, die nach dem 31. Dezember 1997 zufließen;
4. soweit ein Lohnsteuer-Jahresausgleich durchzuführen ist, nach der nach § 51 a Abs. 2 a des Einkommensteuergesetzes sich ergebenden Jahreslohnsteuer für Ausgleichsjahre ab 1998;
5. soweit Kapitalertragsteuer oder Zinsabschlag zu erheben ist außer in den Fällen des § 43 b des Einkommensteuergesetzes:
   nach der ab 1. Januar 1998 zu erhebenden Kapitalertragsteuer oder dem ab diesem Zeitpunkt zu erhebenden Zinsabschlag;
6. soweit bei beschränkt Steuerpflichtigen ein Steuerabzugsbetrag nach § 50 a des Einkommensteuergesetzes zu erheben ist:
   nach dem ab 1. Januar 1998 zu erhebenden Steuerabzugsbetrag.

(3) Der Solidaritätszuschlag ist von einkommensteuerpflichtigen Personen nur zu erheben, wenn die Bemessungsgrundlage nach Absatz 1 Nr. 1 und 2, vermindert um die Einkommensteuer nach § 32 d Absatz 3 und 4 des Einkommensteuergesetzes,
1. in den Fällen des § 32 a Abs. 5 oder 6 des Einkommensteuergesetzes 1 944 Euro,
2. in anderen Fällen 972 Euro

übersteigt. Auf die Einkommensteuer nach § 32 d Absatz 3 und 4 des Einkommensteuergesetzes ist der Solidaritätszuschlag ungeachtet des Satzes 1 zu erheben.

(4) Beim Abzug vom laufenden Arbeitslohn ist der Solidaritätszuschlag nur zu erheben, wenn die Bemessungsgrundlage im jeweiligen Lohnzahlungszeitraum
1. bei monatlicher Lohnzahlung
   a) in der Steuerklasse III mehr als 162 Euro und
   b) in den Steuerklassen I, II, IV bis VI mehr als 81 Euro

…

beträgt.

…

§ 4. Zuschlagsatz. [1]Der Solidaritätszuschlag beträgt 5,5 Prozent der Bemessungsgrundlage. [2]Er beträgt nicht mehr als 20 vom Hundert des Unterschiedsbetrags zwischen der Bemessungsgrundlage, vermindert um die Einkommensteuer nach § 32 d Absatz 3 und 4 des Einkommensteuergesetzes, und der nach § 3 Abs. 3 bis 5 jeweils maßgebenden Freigrenze. [3]Bruchteile eines Cents bleiben außer Ansatz. [4]Der Solidaritätszuschlag auf die Einkommensteuer nach § 32 d Absatz 3 und 4 des Einkommensteuergesetzes beträgt ungeachtet des Satzes 2 5,5 Prozent.

7

Körperschaftsteuergesetz 2002

In der Fassung der Bekanntmachung vom 15. Oktober 2002, mit Änderungen bis zum 18. Dezember 2013

Steuerpflicht

§ 1. Unbeschränkte Steuerpflicht. (1) Unbeschränkt körperschaftsteuerpflichtig sind die folgenden Körperschaften, Personenvereinigungen und Vermögensmassen, die ihre Geschäftsleitung oder ihren Sitz im Inland haben:

1. Kapitalgesellschaften (insbesondere Europäische Gesellschaften, Aktiengesellschaften, Kommanditgesellschaften auf Aktien, Gesellschaften mit beschränkter Haftung);
2. Genossenschaften einschließlich der Europäischen Genossenschaften;
3. Versicherungs- und Pensionsfondsvereine auf Gegenseitigkeit;
4. sonstige juristische Personen des privaten Rechts;
5. nichtrechtsfähige Vereine, Anstalten, Stiftungen und andere Zweckvermögen des privaten Rechts;
6. Betriebe gewerblicher Art von juristischen Personen des öffentlichen Rechts.

(2) Die unbeschränkte Körperschaftsteuerpflicht erstreckt sich auf sämtliche Einkünfte.

§ 2. Beschränkte Steuerpflicht. Beschränkt körperschaftsteuerpflichtig sind

1. Körperschaften, Personenvereinigungen und Vermögensmassen, die weder ihre Geschäftsleitung noch ihren Sitz im Inland haben, mit ihren inländischen Einkünften;
2. sonstige Körperschaften, Personenvereinigungen und Vermögensmassen, die nicht unbeschränkt steuerpflichtig sind, mit den inländischen Einkünften, die dem Steuerabzug vollständig oder teilweise unterliegen. …

Einkommen

▶ Allgemeine Vorschriften

§ 7. Grundlagen der Besteuerung. (1) Die Körperschaftsteuer bemisst sich nach dem zu versteuernden Einkommen. …

7 (3) Die Körperschaftsteuer ist eine Jahressteuer.

(4) Bei Steuerpflichtigen, die verpflichtet sind, Bücher nach den Vorschriften des Handelsgesetzbuchs zu führen, ist der Gewinn nach dem Wirtschaftsjahr zu ermitteln, für das sie regelmäßig Abschlüsse machen.

§ 8. Ermittlung des Einkommens. (1) Was als Einkommen gilt und wie das Einkommen zu ermitteln ist, bestimmt sich nach den Vorschriften des Einkommensteuergesetzes und dieses Gesetzes. …

(2) Bei uneingeschränkt Steuerpflichtigen im Sinne des § 1 Abs. 1 Nr. 1 bis 3 sind alle Einkünfte als Einkünfte aus Gewerbebetrieb zu behandeln.

(3) [1]Für die Ermittlung des Einkommens ist es ohne Bedeutung, ob das Einkommen verteilt wird. [2]Auch verdeckte Gewinnausschüttungen sowie Ausschüttungen jeder Art auf Genussrechte, mit denen das Recht auf Beteiligung am Gewinn und am Liquidationserlös der Kapitalgesellschaft verbunden ist, mindern das Einkommen nicht. …

▶ Sondervorschriften für die Organschaft

§ 14. Aktiengesellschaft oder Kommanditgesellschaft auf Aktien als Organgesellschaft.

(1) Verpflichtet sich eine Europäische Gesellschaft, Aktiengesellschaft oder Kommanditgesellschaft auf Aktien mit Geschäftsleitung im Inland und Sitz in einem Mitgliedstaat der Europäischen Union oder in einem Vertragsstaat des EWR-Abkommens (Organgesellschaft) durch einen Gewinnabführungsvertrag im Sinne des § 291 Abs. 1 des Aktiengesetzes, ihren ganzen Gewinn an ein einziges anderes gewerbliches Unternehmen abzuführen, ist das Einkommen der Organgesellschaft, soweit sich aus § 16 nichts anderes ergibt, dem Träger des Unternehmens (Organträger) zuzurechnen …

Tarif; Besteuerung bei ausländischen Einkunftsteilen

§ 23. Steuersatz. (1) Die Körperschaftsteuer beträgt 15 vom Hundert des zu versteuernden Einkommens.

§ 26. Besteuerung ausländischer Einkunftsteile. (1) Bei unbeschränkt Steuerpflichtigen, die mit ausländischen Einkünften in dem Staat, aus dem die Einkünfte stammen, zu einer der deutschen Körperschaftsteuer entsprechenden Steuer herangezogen werden, ist die festgesetzte und gezahlte und um einen entstandenen Ermäßigungsanspruch gekürzte ausländische Steuer auf die deutsche Körperschaftsteuer anzurechnen, die auf die Einkünfte aus diesem Staat entfällt. …

Nicht in das Nennkapital geleistete Einlagen und Entstehung und Veranlagung

§ 30. Entstehung der Körperschaftsteuer.
Die Körperschaftsteuer entsteht

1. für Steuerabzugsbeträge in dem Zeitpunkt, in dem die steuerpflichtigen Einkünfte zufließen,
2. für Vorauszahlungen mit Beginn des Kalendervierteljahrs, in dem die Vorauszahlungen zu entrichten sind, oder, wenn die Steuerpflicht erst im Laufe des Kalenderjahrs begründet wird, mit Begründung der Steuerpflicht,
3. für die veranlagte Steuer mit Ablauf des Veranlagungszeitraums, soweit nicht die Steuer nach Nummer 1 oder 2 schon früher entstanden ist.

§ 31. Steuererklärungspflicht, Veranlagung und Erhebung der Körperschaftsteuer.
(1) Auf die Durchführung der Besteuerung einschließlich der Anrechnung, Entrichtung und Vergütung der Körperschaftsteuer sowie die Festsetzung und Erhebung von Steuern, die nach der veranlagten Körperschaftsteuer bemessen werden (Zuschlagsteuern), sind die Vorschriften des Einkommensteuergesetzes entsprechend anzuwenden, soweit dieses Gesetz nichts anderes bestimmt. Die sich im Zuge der Festsetzung ergebenden einzelnen Körperschaftssteuerbeträge sind jeweils zugunsten des Steuerpflichtigen auf volle Euro-Beträge zu runden. …

Gewerbesteuergesetz (GewStG)

In der Fassung der Bekanntmachung vom 15. Oktober 2002
mit Änderungen bis zum 26. Juni 2013

Allgemeines

§ 1. Steuerberechtigte. Die Gemeinden erheben eine Gewerbesteuer als Gemeindesteuer.

§ 2. Steuergegenstand. (1) [1]Der Gewerbesteuer unterliegt jeder stehende Gewerbebetrieb, soweit er im Inland betrieben wird. [2] Unter Gewerbebetrieb ist ein gewerbliches Unternehmen im Sinne des Einkommensteuergesetzes zu verstehen. …

(2) Als Gewerbebetrieb gilt stets und in vollem Umfang die Tätigkeit der Kapitalgesellschaften (insbesondere Europäische Gesellschaften, Aktiengesellschaften, Kommanditgesellschaften auf Aktien, Gesellschaften mit beschränkter Haftung), Genossenschaften einschließlich Europäischer Genossenschaften sowie der Versicherungs- und Pensionsfondsvereine.

(3) Als Gewerbebetrieb gilt auch die Tätigkeit der sonstigen juristischen Personen des privaten Rechts und der nichtrechtsfähigen Vereine, soweit sie einen wirtschaftlichen Geschäftsbetrieb (ausgenommen Land- und Forstwirtschaft) unterhalten.

§ 5. Steuerschuldner. (1) [1]Steuerschuldner ist der Unternehmer. [2]Als Unternehmer gilt der, für dessen Rechnung das Gewerbe betrieben wird. [3]Ist die Tätigkeit einer Personengesellschaft Gewerbebetrieb, so ist Steuerschuldner die Gesellschaft. …

§ 6. Besteuerungsgrundlagen. Besteuerungsgrundlage für die Gewerbesteuer ist der Gewerbeertrag.

Bemessung der Gewerbesteuer

§ 7. Gewerbeertrag. [1] Gewerbeertrag ist der nach den Vorschriften des Einkommensteuergesetzes oder des Körperschaftsteuergesetzes zu ermittelnde Gewinn aus dem Gewerbebetrieb, der bei der Ermittlung des Einkommens für den dem Erhebungszeitraum (§ 14) entsprechenden Veranlagungszeitraum zu berücksichtigen ist, vermehrt und vermindert um die in den §§ 8 und 9 bezeichneten Beträge. … [3]Der nach § 5 a des Einkommensteuergesetzes ermittelte Gewinn und das nach § 8 Abs. 1 Satz 3 des Körperschaftsteuergesetzes ermittelte Einkommen gelten als Gewerbeertrag nach Satz 1. …

7

§ 8. Hinzurechnungen. (1) Dem Gewinn aus Gewerbebetrieb (§ 7) werden folgende Beträge wieder hinzugerechnet, soweit sie bei der Ermittlung des Gewinns abgesetzt worden sind:

1. Ein Viertel der Summe aus
   a) Entgelten für Schulden. …
   b) Renten und dauernden Lasten. …
   c) Gewinnanteilen des stillen Gesellschafters,
   d) einem Fünftel der Miet- und Pachtzinsen (einschließlich Leasingraten) für die Benutzung von beweglichen Wirtschaftsgütern des Anlagevermögens, die im Eigentum eines anderen stehen,
   e) der Hälfte der Miet- und Pachtzinsen (einschließlich Leasingraten) für die Benutzung der unbeweglichen Wirtschaftsgüter des Anlagevermögens, die im Eigentum eines anderen stehen, und
   f) einem Viertel der Aufwendungen für die zeitlich befristete Überlassung von Rechten (insbesondere Konzessionen und Lizenzen, …

   soweit die Summe den Betrag von 100.000 Euro übersteigt;
4. die Gewinnanteile, die an persönlich haftende Gesellschafter einer Kommanditgesellschaft auf Aktien auf ihre nicht auf das Grundkapital gemachten Einlagen oder als Vergütung (Tantieme) für die Geschäftsführung verteilt worden sind;
8. die Anteile am Verlust einer in- oder ausländischen offenen Handelsgesellschaft, einer Kommanditgesellschaft oder einer anderen Gesellschaft, bei der die Gesellschafter als Unternehmer (Mitunternehmer) des Gewerbebetriebs anzusehen sind; …

§ 9. Kürzungen. Die Summe des Gewinns und der Hinzurechnungen wird gekürzt um

1. 1,2 vom Hundert des Einheitswerts des zum Betriebsvermögen des Unternehmers gehörenden und nicht von der Grundsteuer befreiten Grundbesitzes; …
2. die Anteile am Gewinn einer in- oder ausländischen offenen Handelsgesellschaft, einer Kommanditgesellschaft oder einer anderen Gesellschaft, bei der die Gesellschafter als Unternehmer (Mitunternehmer) des Gewerbebetriebs anzusehen sind, wenn die Gewinnanteile bei der Ermittlung des Gewinns angesetzt worden sind; …; Satz 1 ist bei Lebens- und Krankenversicherungsunternehmen nicht anzuwenden; für Pensionsfonds gilt Entsprechendes;

2 a. [1]die Gewinne aus Anteilen an einer nicht steuerbefreiten inländischen Kapitalgesell-

schaft im Sinne des § 2 Abs. 2, einer Kredit- oder Versicherungsanstalt des öffentlichen Rechts, einer Erwerbs- und Wirtschaftsgenossenschaft oder einer Unternehmensbeteiligungsgesellschaft im Sinne des § 3 Nr. 23, wenn die Beteiligung zu Beginn des Erhebungszeitraums mindestens 15 Prozent des Grund- oder Stammkapitals beträgt und die Gewinnanteile bei Ermittlung des Gewinns (§ 7) angesetzt worden sind. [2]Ist ein Grund- oder Stammkapital nicht vorhanden, so ist die Beteiligung an dem Vermögen, bei Erwerbs- und Wirtschaftsgenossenschaften die Beteiligung an der Summe der Geschäftsguthaben, maßgebend. Satz 1 ist bei Lebens- und Krankenversicherungsunternehmen auf Gewinne aus Anteilen, die den Kapitalanlagen zuzurechnen sind, nicht anzuwenden; für Pensionsfonds gilt Entsprechendes;

…

3. den Teil des Gewerbeertrags eines inländischen Unternehmens, der auf eine nicht im Inland belegene Betriebsstätte entfällt. …

§ 11. Steuermesszahl und Steuermessbetrag. (1) [1]Bei der Berechnung der Gewerbesteuer ist von einem Steuermessbetrag auszugehen. [2]Dieser ist vorbehaltlich des Absatzes 4 durch Anwendung eines Hundertsatzes (Steuermesszahl) auf den Gewerbeertrag zu ermitteln. [3] Der Gewerbeertrag ist auf volle 100 Euro nach unten abzurunden und

1. bei natürlichen Personen sowie bei Personengesellschaften um einen Freibetrag in Höhe von 24 500 Euro,
2. bei Unternehmen im Sinne des § 2 Abs. 3 und des § 3 Nr. 5, 6, 8, 9, 15, 17, 21, 26, 27, 28 und 29 sowie bei Unternehmen von juristischen Personen des öffentlichen Rechts um einen Freibetrag in Höhe von 5 000 Euro,

höchstens jedoch in Höhe des abgerundeten Gewerbeertrags, zu kürzen.

(2) Die Steuermesszahl für den Gewerbeertrag beträgt 3,5 Prozent.

Steuermessbetrag

§ 14. Festsetzung des Steuermessbetrags. [1] Der Steuermessbetrag wird für den Erhebungszeitraum nach dessen Ablauf festgesetzt. [2]Erhebungszeitraum ist das Kalenderjahr. [3]Besteht die Gewerbesteuerpflicht nicht während eines ganzen Kalenderjahrs, so tritt an die Stelle des Kalenderjahrs der Zeitraum der Steuerpflicht (abgekürzter Erhebungszeitraum).

Entstehung, Festsetzung und Erhebung der Steuer

§ 16. Hebesatz. (1) Die Steuer wird auf Grund des Steuermessbetrags (§ 14) mit einem Hundertsatz (Hebesatz) festgesetzt und erhoben, der von der hebeberechtigten Gemeinde (§§ 4, 35 a) zu bestimmen ist.

(2) Der Hebesatz kann für ein Kalenderjahr oder mehrere Kalenderjahre festgesetzt werden.

7

Umsatzsteuergesetz 2005

In der Neufassung der Bekanntmachung vom 22. August 2006,
mit Änderungen bis zum 18. Dezember 2013

Steuergegenstand und Geltungsbereich

§ 1. Steuerbare Umsätze. (1) Der Umsatzsteuer unterliegen die folgenden Umsätze:

1. die Lieferungen und sonstigen Leistungen, die ein Unternehmer im Inland gegen Entgelt im Rahmen seines Unternehmens ausführt. Die Steuerbarkeit entfällt nicht, wenn der Umsatz auf Grund gesetzlicher oder behördlicher Anordnung ausgeführt wird oder nach gesetzlicher Vorschrift als ausgeführt gilt;
4. die Einfuhr von Gegenständen im Inland oder in den österreichischen Gebiete Jungholz und Mittelberg (Einfuhrumsatzsteuer);
5. der innergemeinschaftliche Erwerb im Inland gegen Entgelt.

(2) [1]Inland im Sinne dieses Gesetzes ist das Gebiet der Bundesrepublik Deutschland mit Ausnahme des Gebiets von Büsingen, der Insel Helgoland, der Freizonen des Kontrolltyps I nach § 1 Abs. 1 Satz 1 des Zollverwaltungsgesetzes (Freihäfen), der Gewässer und Watten zwischen der Hoheitsgrenze und der jeweiligen Strandlinie sowie der deutschen Schiffe und der deutschen Luftfahrzeuge in Gebieten, die zu keinem Zollgebiet gehören. [2]Ausland im Sinne dieses Gesetzes ist das Gebiet, das danach nicht Inland ist. [3]Wird ein Umsatz im Inland ausgeführt, so kommt es für die Besteuerung nicht darauf an, ob der Unternehmer deutscher Staatsangehöriger ist, seinen Wohnsitz oder Sitz im Inland hat, im Inland eine Betriebsstätte unterhält, die Rechnung erteilt oder die Zahlung empfängt.

§ 1a. Innergemeinschaftlicher Erwerb.
(1) Ein innergemeinschaftlicher Erwerb gegen Entgelt liegt vor, wenn die folgenden Voraussetzungen erfüllt sind:

1. Ein Gegenstand gelangt bei einer Lieferung an den Abnehmer (Erwerber) aus dem Gebiet eines Mitgliedstaates in das Gebiet eines anderen Mitgliedstaates oder aus dem übrigen Gemeinschaftsgebiet in die in § 1 Abs. 3 bezeichneten Gebiete, auch wenn der Lieferer den Gegenstand in das Gemeinschaftsgebiet eingeführt hat;
2. der Erwerber ist
   a) ein Unternehmer, der den Gegenstand für sein Unternehmen erwirbt, oder
   b) eine juristische Person, die nicht Unternehmer ist oder die den Gegenstand nicht für ihr Unternehmen erwirbt,

   und
3. die Lieferung an den Erwerber
   a) wird durch einen Unternehmer gegen Entgelt im Rahmen seines Unternehmens ausgeführt und
   b) ist nach dem Recht des Mitgliedstaates, der für die Besteuerung des Lieferers zuständig ist, nicht auf Grund der Sonderregelung für Kleinunternehmer steuerfrei.

(2) [1]Als innergemeinschaftlicher Erwerb gegen Entgelt gilt das Verbringen eines Gegenstandes des Unternehmens aus dem übrigen Gemeinschaftsgebiet in das Inland durch einen Unternehmer zu seiner Verfügung, ausgenommen zu einer nur vorübergehenden Verwendung, auch wenn der Unternehmer den Gegenstand in das Gemeinschaftsgebiet eingeführt hat. [2]Der Unternehmer gilt als Erwerber.

(3) Ein innergemeinschaftlicher Erwerb im Sinne der Absätze 1 und 2 liegt nicht vor, wenn die folgenden Voraussetzungen erfüllt sind:

1. Der Erwerber ist
   a) ein Unternehmer, der nur steuerfreie Umsätze ausführt, die zum Ausschluß vom Vorsteuerabzug führen,
   b) ein Unternehmer, für dessen Umsätze Umsatzsteuer nach § 19 Abs. 1 nicht erhoben wird,
   c) ein Unternehmer, der den Gegenstand zur Ausführung von Umsätzen verwendet, für die die Steuer nach den Durchschnittsätzen des § 24 festgesetzt ist, oder
   d) eine juristische Person, die nicht Unternehmer ist oder die den Gegenstand nicht für ihr Unternehmen erwirbt,

   und
2. der Gesamtbetrag der Entgelte für Erwerbe im Sinne des Absatzes 1 Nr. 1 und des Absatzes 2 hat den Betrag von 12 500 Euro im vorangegangenen Kalenderjahr nicht überstiegen und wird diesen Betrag im laufenden Kalenderjahr voraussichtlich nicht übersteigen (Erwerbsschwelle).

(4) [1]Der Erwerber kann auf die Anwendung des Absatzes 3 verzichten. [2]Als Verzicht gilt die Verwendung einer dem Erwerber erteilten Umsatzsteuer-Identifikationsnummer. [3]Der Verzicht bindet den Erwerber mindestens für zwei Kalenderjahre.

(5) [1]Absatz 3 gilt nicht für den Erwerb neuer Fahrzeuge und verbrauchsteuerpflichtiger Waren. [2]Verbrauchsteuerpflichtige Waren im Sinne dieses Gesetzes sind Mineralöle, Alkohol und alkoholische Getränke sowie Tabakwaren.

§ 2. Unternehmer, Unternehmen. (1) [1]Unternehmer ist, wer eine gewerbliche oder berufliche Tätigkeit selbständig ausübt. [2]Das Unternehmen umfaßt die gesamte gewerbliche oder berufliche Tätigkeit des Unternehmers. [3]Gewerblich oder beruflich ist jede nachhaltige Tätigkeit zur Erzielung von Einnahmen, auch wenn die Absicht, Gewinn zu erzielen, fehlt oder eine Personenvereinigung nur gegenüber ihren Mitgliedern tätig wird.

§ 3. Lieferung, sonstige Leistung. (1) Lieferungen eines Unternehmers sind Leistungen, durch die er oder in seinem Auftrag ein Dritter den Abnehmer oder in dessen Auftrag einen Dritten befähigt, im eigenen Namen über einen Gegenstand zu verfügen (Verschaffung der Verfügungsmacht).

(1a) [1]Als Lieferung gegen Entgelt gilt das Verbringen eines Gegenstandes des Unternehmens aus dem Inland in das übrige Gemeinschaftsgebiet durch einen Unternehmer zu seiner Verfügung, ausgenommen zu einer nur vorübergehenden Verwendung, auch wenn der Unternehmer den Gegenstand in das Inland eingeführt hat. [2]Der Unternehmer gilt als Lieferer.

(1b) [1]Einer Lieferung gegen Entgelt werden gleichgestellt

1. die Entnahme eines Gegenstandes durch einen Unternehmer aus seinem Unternehmen für Zwecke, die außerhalb des Unternehmens liegen;
2. die unentgeltliche Zuwendung eines Gegenstandes durch einen Unternehmer an sein Personal für dessen privaten Bedarf, sofern keine Aufmerksamkeiten vorliegen;
3. jede andere unentgeltliche Zuwendung eines Gegenstandes, ausgenommen Geschenke von geringem Wert und Warenmuster für Zwecke des Unternehmens.

[2]Voraussetzung ist, daß der Gegenstand oder seine Bestandteile zum vollen oder teilweisen Vorsteuerabzug berechtigt haben.

(3) [1]Beim Kommissionsgeschäft (§ 383 des Handelsgesetzbuchs) liegt zwischen dem Kommittenten und dem Kommissionär eine Lieferung vor. [2]Bei der Verkaufskommission gilt der Kommissionär, bei der Einkaufskommission der Kommittent als Abnehmer.

(4) [1]Hat der Unternehmer die Bearbeitung oder Verarbeitung eines Gegenstandes übernommen und verwendet er hierbei Stoffe, die er selbst beschafft, so ist die Leistung als Lieferung anzusehen (Werklieferung), wenn es sich bei den Stoffen nicht nur um Zutaten oder sonstige Nebensachen handelt. [2]Das gilt auch dann, wenn die Gegenstände mit dem Grund und Boden fest verbunden werden.

(9) [1]Sonstige Leistungen sind Leistungen, die keine Lieferungen sind. [2]Sie können auch in einem Unterlassen oder im Dulden einer Handlung oder eines Zustandes bestehen. ... [4]Die Abgabe von Speisen und Getränken zum Verzehr an Ort und Stelle ist eine sonstige Leistung. ...

(9a) [1]Einer sonstigen Leistung gegen Entgelt werden gleichgestellt

1. die Verwendung eines dem Unternehmen zugeordneten Gegenstandes, der zum vollen oder teilweisen Vorsteuerabzug berechtigt hat, durch einen Unternehmer für Zwecke, die außerhalb des Unternehmens liegen, oder für den privaten Bedarf seines Personals, sofern keine Aufmerksamkeiten vorliegen;
2. die unentgeltliche Erbringung einer anderen sonstigen Leistung durch den Unternehmer für Zwecke, die außerhalb des Unternehmens liegen, oder für den privaten Bedarf seines Personals, sofern keine Aufmerksamkeiten vorliegen.

[2]Nummer 1 gilt nicht bei der Verwendung eines Fahrzeugs, bei dessen Anschaffung oder Herstellung, Einfuhr oder innergemeinschaftlichem Erwerb Vorsteuerbeträge nach § 15 Abs. 1 b nur zu 50 vom Hundert abziehbar waren oder wenn § 15 a Abs. 3 Nr. 2 Buchstabe a anzuwenden ist.

(12) [1]Ein Tausch liegt vor, wenn das Entgelt für eine Lieferung in einer Lieferung besteht. [2]Ein tauschähnlicher Umsatz liegt vor, wenn das Entgelt für eine sonstige Leistung in einer Lieferung oder sonstigen Leistung besteht.

Steuerbefreiungen bei Lieferungen und sonstigen Leistungen

§ 4. Steuerbefreiungen bei Lieferungen und sonstigen Leistungen. Von den unter § 1 Abs. 1 Nr. 1 fallenden Umsätzen sind steuerfrei:

1. a) die Ausfuhrlieferungen (§ 6) und die Lohnveredelungen an Gegenständen der Ausfuhr (§ 7),
   b) die innergemeinschaftlichen Lieferungen (§ 6a),
2. die Umsätze für die Seeschiffahrt und für die Luftfahrt (§ 8);
8. a) die Gewährung und die Vermittlung von Krediten;
   d) die Umsätze und die Vermittlung der Umsätze im Einlagengeschäft, im Kontokorrentverkehr, im Zahlungs- und Überweisungsverkehr und das Inkasso von Handelspapieren;
   e) die Umsätze im Geschäft mit Wertpapieren und die Vermittlung dieser Umsätze, ausgenommen die Verwaltung und die Verwaltung von Wertpapieren;

7

9. a) die Umsätze, die unter das Grunderwerbssteuergesetz fallen,
   b) die Umsätze, die unter das Rennwett- und Lotteriegesetz fallen. Nicht befreit sind die unter das Rennwett- und Lotteriegesetz fallenden Umsätze, die von der Rennwett- und Lotteriesteuer befreit sind oder von denen diese Steuer allgemein nicht erhoben wird;
10. a) die Leistungen auf Grund eines Versicherungsverhältnisses im Sinne des Versicherungssteuergesetzes. Das gilt auch, wenn die Zahlung des Versicherungsentgelts nicht der Versicherungssteuer unterliegt;
    b) die Leistungen, die darin bestehen, daß anderen Personen Versicherungsschutz verschafft wird;
11. die Umsätze aus der Tätigkeit als Bausparkassenvertreter, Versicherungsvertreter und Versicherungsmakler;
12. a) die Vermietung und die Verpachtung von Grundstücken, ...
14. a) Heilbehandlungen im Bereich der Humanmedizin, die im Rahmen der Ausübung der Tätigkeit als Arzt, Zahnarzt, Heilpraktiker, Physiotherapeut, Hebamme oder einer ähnlichen heilberuflichen Tätigkeit durchgeführt werden. ...
    b) Krankenhausbehandlungen und ärztliche Heilbehandlungen ...
15. die Umsätze der gesetzlichen Träger der Sozialversicherung, der gesetzlichen Träger der Grundsicherung für Arbeitssuchende ... , der örtlichen und überörtlichen Träger der Sozialhilfe sowie der Verwaltungsbehörden und sonstigen Stellen der Kriegsopferversorgung einschließlich der Träger der Kriegsopferfürsorge ...

Bemessungsgrundlagen

§ 10. Bemessungsgrundlage für Lieferungen, sonstige Leistungen und innergemeinschaftliche Erwerbe. (1) [1]Der Umsatz wird bei Lieferungen und sonstigen Leistungen (§ 1 Abs. 1 Nr. 1 Satz 1) und bei dem innergemeinschaftlichen Erwerb (§ 1 Abs. 1 Nr. 5) nach dem Entgelt bemessen. [2]Entgelt ist alles, was der Leistungsempfänger aufwendet, um die Leistung zu erhalten, jedoch abzüglich der Umsatzsteuer. [3]Zum Entgelt gehört auch, was ein anderer als der Leistungsempfänger dem Unternehmer für die Leistung gewährt. [4]Die Beträge, die der Unternehmer im Namen und für Rechnung eines anderen vereinnahmt und verausgabt (durchlaufende Posten), gehören nicht zum Entgelt. ...

§ 11. Bemessungsgrundlage für die Einfuhr. (1) Der Umsatz wird bei der Einfuhr (§ 1 Abs. 1 Nr. 4) nach dem Wert des eingeführten Gegenstandes nach den jeweiligen Vorschriften über den Zollwert bemessen.

Steuer und Vorsteuer

§ 12. Steuersätze. (1) Die Steuer beträgt für jeden steuerpflichtigen Umsatz neunzehn vom Hundert der Bemessungsgrundlage (§ 10, 11, 25 Abs. 3 und § 25 a Abs. 3 und 4).

(2) Die Steuer ermäßigt sich auf sieben vom Hundert für die folgenden Umsätze:
1. die Lieferungen, die Einfuhr und den innergemeinschaftlichen Erwerb der in der Anlage 2 bezeichneten Gegenstände;
2. die Vermietung der in der Anlage 2 bezeichneten Gegenstände;
3. die Aufzucht und das Halten von Vieh, die Anzucht von Pflanzen und die Teilnahme an Leistungsprüfungen für Tiere; ...
11. die Vermietung von Wohn- und Schlafräumen, die ein Unternehmer zur kurzfristigen Beherbergung von Fremden bereithält, sowie die kurzfristige Vermietung von Campingflächen. ...

§ 13. Entstehung der Steuer. (1) Die Steuer entsteht
1. für die Lieferung und sonstige Leistungen
   a) bei der Berechnung der Steuer nach vereinbarten Entgelten (§ 16 Abs. 1 Satz 1) mit Ablauf des Voranmeldungszeitraums, in dem die Leistungen ausgeführt worden sind. ...
   b) bei der Berechnung der Steuer nach vereinnahmten Entgelten (§ 20) mit Ablauf des Voranmeldezeitraums, in dem die Entgelte vereinnahmt worden sind. Für Leistungen im Sinne des § 1 Abs. 1 Nr. 1 Satz 2 Buchstabe b und Nr. 3 entsteht die Steuer mit Ablauf des Voranmeldungszeitraums, in dem diese Leistungen ausgeführt worden sind; ...

§ 14. Ausstellung von Rechnungen. (1) [1]Rechnung ist jedes Dokument, mit dem über eine Lieferung oder sonstige Leistung abgerechnet wird, gleichgültig, wie dieses Dokument im Geschäftsverkehr bezeichnet wird. [2]Die Echtheit der Herkunft der Rechnung, die Unversehrtheit ihres Inhalts und ihre Lesbarkeit müssen gewährleistet werden. ... [7]Rechnungen sind auf Papier oder vorbehaltlich der Zustimmung des Empfängers elektronisch zu übermitteln. [8]Eine elektronische Rechnung ist eine Rechnung, die in einem elektronischen Format ausgestellt und empfangen wird.

(2) [1]Führt der Unternehmer eine Lieferung oder eine sonstige Leistung nach § 1 Abs. 1 Nr. 1 aus, gilt Folgendes:

1. führt der Unternehmer eine steuerpflichtige Werklieferung (§ 3 Abs. 4 Satz 1) oder sonstige Leistung im Zusammenhang mit einem Grundstück aus, ist er verpflichtet, innerhalb von sechs Monaten nach Ausführung der Leistung eine Rechnung auszustellen,
2. führt der Unternehmer eine andere als die in Nummer 1 genannte Leistung aus, ist er berechtigt, eine Rechnung auszustellen. Soweit er einen Umsatz an einen anderen Unternehmer für dessen Unternehmen oder an eine juristische Person ausführt, ist er verpflichtet, innerhalb von sechs Monaten nach Ausführung der Leistung eine Rechnung auszustellen. Eine Verpflichtung zur Ausstellung einer Rechnung besteht nicht, wenn der Umsatz nach § 4 Nr. 8 bis 28 steuerfrei ist. …

[2]Unbeschadet der Verpflichtungen nach Satz 1 Nr. 1 und 2 Satz 2 kann eine Rechnung von einem in Satz 1 Nr. 2 bezeichneten Leistungsempfänger für eine Lieferung oder sonstige Leistung des Unternehmers ausgestellt werden, sofern dies vorher vereinbart wurde (Gutschrift). [3]Die Gutschrift verliert die Wirkung einer Rechnung, sobald der Empfänger der Gutschrift dem ihm übermittelten Dokument widerspricht. [4]Eine Rechnung kann im Namen und für Rechnung des Unternehmers oder eines in Satz 1 Nr. 2 bezeichneten Leistungsempfängers von einem Dritten ausgestellt werden.

(3) Bei einer auf elektronischem Weg übermittelten Rechnung müssen die Echtheit der Herkunft und die Unversehrtheit des Inhalts gewährleistet sein durch

1. eine qualifizierte elektronische Signatur oder eine qualifizierte elektronische Signatur mit Anbieter-Akkreditierung nach dem Signaturgesetz …, oder
2. elektronischen Datenaustausch (EDI) …

(4) [1]Eine Rechnung muss folgende Angaben enthalten:

1. den vollständigen Namen und die vollständige Anschrift des leistenden Unternehmers und des Leistungsempfängers,
2. die dem leistenden Unternehmer vom Finanzamt erteilte Steuernummer oder die ihm vom Bundeszentralamt für Steuern erteilte Umsatzsteuer-Identifikationsnummer,
3. das Ausstellungsdatum,
4. eine fortlaufende Nummer mit einer oder mehreren Zahlenreihen, die zur Identifizierung der Rechnung vom Rechnungsaussteller einmalig vergeben wird (Rechnungsnummer),
5. die Menge und die Art (handelsübliche Bezeichnung) der gelieferten Gegenstände oder den Umfang und die Art der sonstigen Leistung,
6. den Zeitpunkt der Lieferung oder sonstigen Leistung; in den Fällen des Absatzes 5 Satz 1 den Zeitpunkt der Vereinnahmung des Entgelts oder eines Teils des Entgelts, sofern der Zeitpunkt der Vereinahmung feststeht und nicht mit dem Ausstellungsdatum der Rechnung übereinstimmt,
7. das nach Steuersätzen und einzelnen Steuerbefreiungen aufgeschlüsselte Entgelt für die Lieferung oder sonstige Leistung (§ 10) sowie jede im Voraus vereinbarte Minderung des Entgelts, sofern sie nicht bereits im Entgelt berücksichtigt ist,
8. den anzuwendenden Steuersatz sowie den auf das Entgelt entfallenden Steuerbetrag oder im Fall einer Steuerbefreiung einen Hinweis darauf, dass für die Lieferung oder sonstige Leistung eine Steuerbefreiung gilt,
9. in den Fällen des § 14b Satz 5 einen Hinweis auf die Aufbewahrungspflicht des Leistungsempfängers und
10. in den Fällen der Ausstellung der Rechnung durch den Leistungsempfänder oder durch einen von ihm beauftragten Dritten gemäß Absatz 2 Satz 2 die Angabe „Gutschrift".

[2]In den Fällen des § 10 Abs. 5 sind die Nummern 7 und 8 mit der Maßgabe anzuwenden, dass die Bemessungsgrundlage für die Leistung (§ 10 Abs. 4) und der darauf entfallende Steuerbetrag anzugeben sind. [3]Unternehmer, die § 24 Abs. 1 bis 3 anwenden, sind jedoch auch in diesen Fällen nur zur Angabe des Entgelts und des darauf entfallenden Steuerbetrags berechtigt.

(5) [1]Vereinnahmt der Unternehmer das Entgelt oder einen Teil des Entgelts für eine noch nicht ausgeführte Lieferung oder sonstige Leistung, gelten die Absätze 1 bis 4 sinngemäß. [2]Wird eine Endrechnung erteilt, sind in ihr die vor Ausführung der Lieferung oder sonstigen Leistung vereinnahmten Teilentgelte und die auf sie entfallenden Steuerbeträge abzusetzen, wenn über die Teilentgelte Rechnungen im Sinne der Absätze 1 bis 4 ausgestellt worden sind.

…

§ 14b. Aufbewahrung von Rechnungen.

(1) [1]Der Unternehmer hat ein Doppel der Rechnung, die er selbst oder ein Dritter in seinem Namen und für seine Rechnung ausgestellt hat, sowie alle Rechnungen, die er erhalten oder die ein Leistungsempfänger oder in dessen Namen und für dessen Rechnung ein Dritter ausgestellt hat, zehn Jahre aufzubewahren. [2]Die Rechnungen müssen für den gesamten Zeitraum die Anforderungen des § 14 Absatz 1 Satz 2 erfüllen. [3]Die Aufbewahrungsfrist beginnt mit dem Schluss des Kalenderjahres, in dem die Rechnung ausgestellt worden ist; § 147 Abs. 3 der Abgabenordnung bleibt unberührt. … [5]In den Fällen des § 14 Abs. 2 Satz 1 Nr. 1 hat der Leistungsempfänger die Rech-

nung, einen Zahlungsbeleg oder eine andere beweiskräftige Unterlage zwei Jahre gemäß den Sätzen 2 und 3 aufzubewahren, soweit er
1. nicht Unternehmer ist oder
2. Unternehmer ist, aber die Leistung für seinen nichtunternehmerischen Bereich verwendet.

§ 15. Vorsteuerabzug. (1) [1]Der Unternehmer kann die folgenden Vorsteuerbeträge abziehen:
1. die gesetzlich geschuldete Steuer für Lieferungen oder sonstige Leistungen, die von einem anderen Unternehmern für sein Unternehmen ausgeführt worden sind. Die Ausübung des Vorsteuerabzugs setzt voraus, dass der Unternehmer eine nach den §§ 14, 14a ausgestellte Rechnung besitzt. Soweit der gesondert ausgewiesene Steuerbetrag auf eine Zahlung vor Ausführung dieser Umsätze entfällt, ist er bereits abziehbar, wenn die Rechnung vorliegt und die Zahlung geleistet worden ist;
2. die entstandene Einfuhrumsatzsteuer für Gegenstände, die für sein Unternehmen nach § 1 Abs. 1 Nr. 4 eingeführt worden sind;
3. die Steuer für den innergemeinschaftlichen Erwerb von Gegenständen für sein Unternehmen; ...

[2]Nicht als für das Unternehmen ausgeführt gilt die Lieferung, die Einfuhr oder der innergemeinschaftliche Erwerb eines Gegentandes, den der Unternehmer zu weniger als 10 vom Hundert für sein Unternehmen nutzt.

(1a) Nicht abziehbar sind Vorsteuerbeträge, die auf Aufwendungen, für die das Abzugsverbot des § 4 Abs. 5 Satz 1 Nr. 1 bis 4, 7 oder des § 12 Nr. 1 des Einkommensteuergesetzes gilt, enfallen. ...

(2) [1]Vom Vorsteuerabzug ausgeschlossen ist die Steuer für die Lieferungen, die Einfuhr und den innergemeinschaftlichen Erwerb von Gegenständen sowie für die sonstigen Leistungen, die der Unternehmer zur Ausführung folgender Umsätze verwendet:
1. steuerfreie Umsätze,
2. Umsätze im Ausland, die steuerfrei wären, wenn sie im Inland ausgeführt würden.

[2]Gegenstände oder sonstige Leistungen, die der Unternehmer zur Ausführung einer Einfuhr oder eines innergemeinschaftlichen Erwerbs verwendet, sind den Umsätzen zuzurechnen, für die der eingeführte Gegenstand verwendet wird.

7

Besteuerung

§ 16. Steuerberechnung, Besteuerungszeitraum und Einzelbesteuerung. (1) [1]Die Steuer ist, soweit nicht § 20 gilt, nach vereinbarten Entgelten zu berechnen. [2]Besteuerungszeitraum ist das Kalenderjahr. [3]Bei der Berechnung der Steuer ist von der Summe der Umsätze nach § 1 Abs. 1 Nr. 1 und 5 auszugehen, soweit für sie die Steuer in dem Besteuerungszeitraum entstanden und die Steuerschuldnerschaft gegeben ist.

...

(2) [1]Von der nach Absatz 1 berechneten Steuer sind die in den Besteuerungszeitraum fallenden, nach § 15 abziehbaren Vorsteuerbeträge abzusetzen. [2]§ 15 a ist zu berücksichtigen.

§ 17. Änderung der Bemessungsgrundlage.

(1) [1]Hat sich die Bemessungsgrundlage für einen steuerpflichtigen Umsatz im Sinne des § 1 Abs. 1 Nr. 1 geändert, hat der Unternehmer, der diesen Umsatz ausgeführt hat, den dafür geschuldeten Steuerbetrag zu berichtigen. [2]Ebenfalls ist der Vorsteuerabzug bei dem Unternehmer, an den dieser Umsatz ausgeführt wurde, zu berichtigen. [3]Dies gilt nicht, soweit er durch die Änderung der Bemessungsgrundlage wirtschaftlich nicht begünstigt wird. [4] Wird in diesen Fällen ein anderer Unternehmer durch die Änderung der Bemessungsgrundlage wirtschaftlich begünstigt, hat dieser Unternehmer seinen Vorsteuerabzug zu berichtigen. [5]Die Sätze 1 bis 4 gelten in den Fällen des § 1 Abs. 1 Nr. 5 und des § 13b sinngemäß. [6]Die Berichtigung des Vorsteuerabzugs kann unterbleiben, soweit ein dritter Unternehmer den auf die Minderung des Entgelts entfallenden Steuerbetrag an das Finanzamt entrichtet; in diesem Fall ist der dritte Unternehmer Schuldner der Steuer. [7]Die Berichtigungen nach Satz 1 sind für den Besteuerungszeitraum vorzunehmen, in dem die Änderung der Bemessungsgrundlage eingetreten ist. [8]Die Berichtigung nach Satz 4 ist für den Besteuerungszeitraum vorzunehmen, in dem der andere Unternehmer wirtschaftlich begünstigt wird.

(2) [1]Absatz 1 gilt sinngemäß, wenn
1. das vereinbarte Entgelt für eine steuerpflichtige Lieferung oder sonstige Leistung oder einen steuerpflichtigen innergemeinschaftlichen Erwerb uneinbringlich geworden ist. [2]Wird das Entgelt nachträglich vereinnahmt, sind Steuerbetrag und Vorsteuerabzug erneut zu berichtigen;
2. für eine vereinbarte Lieferung oder sonstige Leistung ein Entgelt entrichtet, die Lieferung oder sonstige Leistung jedoch nicht ausgeführt worden ist;

3. eine steuerpflichtige Lieferung oder sonstige Leistung oder ein steuerpflichtiger innergemeinschaftlicher Erwerb rückgängig gemacht worden ist.

(3) [1]Ist Einfuhrumsatzsteuer, die als Vorsteuer abgezogen worden ist, herabgesetzt, erlassen oder erstattet worden, so hat der Unternehmer den Vorsteuerabzug entsprechend zu berichtigen. [2]Absatz 1 Satz 7 gilt sinngemäß.

(4) Werden die Entgelte für unterschiedlich besteuerte Lieferungen oder sonstige Leistungen eines bestimmten Zeitabschnitts gemeinsam geändert (z. B. Jahresboni, Jahresrückvergütungen), so hat der Unternehmer dem Leistungsempfänger einen Beleg zu erteilen, aus dem zu ersehen ist, wie sich die Änderung der Entgelte auf die unterschiedlich besteuerten Umsätze verteilt.

§ 18. Besteuerungsverfahren. (1) [1]Der Unternehmer hat bis zum 10. Tag nach Ablauf jedes Voranmeldungszeitraums eine Voranmeldung nach amtlich vorgeschriebenem Datensatz durch Datenfernübertragung nach Maßgabe der Steuerdaten-Übermittlungsverordnung zu übermitteln, in der er die Steuer für den Voranmeldungszeitraum (Vorauszahlung) selbst zu berechnen hat. [2]Auf Antrag kann das Finanzamt zur Vermeidung von unbilligen Härten auf eine elektronische Übermittlung verzichten; in diesem Fall hat der Unternehmer eine Voranmeldung nach amtlich vorgeschriebenem Vordruck abzugeben. [3]§ 16 Abs. 1 und 2 und § 17 sind entsprechend anzuwenden. [4]Die Vorauszahlung ist am 10. Tag nach Ablauf des Voranmeldungszeitraums fällig.

(2) [1]Voranmeldungszeitraum ist das Kalendervierteljahr. [2]Beträgt die Steuer für das vorangegangene Kalenderjahr mehr als 7 500 Euro, ist der Kalendermonat Voranmeldungszeitraum. [3]Beträgt die Steuer für das vorangegangene Kalenderjahr nicht mehr als 1000 Euro, kann das Finanzamt den Unternehmer von der Verpflichtung zur Abgabe der Voranmeldungen und Entrichtung der Vorauszahlungen befreien. [4]Nimmt der Unternehmer seine berufliche oder gewerbliche Tätigkeit auf, ist im laufenden und folgenden Kalenderjahr Voranmeldungszeitraum der Kalendermonat.

(2a) [1]Der Unternehmer kann anstelle des Kalendervierteljahres den Kalendermonat als Voranmeldungszeitraum wählen, wenn sich für das vorangegangene Kalenderjahr ein Überschuß zu seinen Gunsten von mehr als 7 500 Euro ergibt. [2]In diesem Fall hat der Unternehmer bis zum 10. Februar des laufenden Kalenderjahres eine Voranmeldung für den ersten Kalendermonat abzugeben. [3]Die Ausübung des Wahlrechts bindet den Unternehmer für dieses Kalenderjahr.

(3) [1]Der Unternehmer hat für das Kalenderjahr oder für den kürzeren Besteuerungszeitraum eine Steuererklärung nach amtlich vorgeschriebenem Datensatz durch Datenfernübertragung nach Maßgabe der Steuerdaten-Übermittlungsverordnung zu übermitteln, in der er die zu entrichtende Steuer oder den Überschuss, der sich zu seinen Gunsten ergibt, nach § 16 Absatz 1 bis 4 und § 17 selbst zu berechnen hat (Steueranmeldung). [2]In den Fällen des § 16 Absatz 3 und 4 ist die Steueranmeldung binnen einem Monat nach Ablauf des kürzeren Besteuerungszeitraums zu übermitteln. [3]Auf Antrag kann das Finanzamt zur Vermeidung von unbilligen Härten auf eine elektronische Übermittlung verzichten; in diesem Fall hat der Unternehmer eine Steueranmeldung nach amtlich vorgeschriebenem Vordruck abzugeben und eigenhändig zu unterschreiben.

§ 19. Besteuerung der Kleinunternehmer.

(1) [1]Die für Umsätze im Sinne des § 1 Abs. 1 Nr. 1 geschuldete Umsatzsteuer wird von Unternehmern, die im Inland oder in den in § 1 Abs. 3 bezeichneten Gebieten ansässig sind, nicht erhoben, wenn der in Satz 2 bezeichnete Umsatz zuzüglich der darauf entfallenden Steuer im vorangegangenen Kalenderjahr 17 500 Euro nicht überstiegen hat und im laufenden Kalenderjahr 50 000 Euro voraussichtlich nicht übersteigen wird. [2]Umsatz im Sinne des Satzes 1 ist der nach vereinnahmten Entgelten bemessene Gesamtumsatz, gekürzt um die darin enthaltenen Umsätze von Wirtschaftsgütern des Anlagevermögens. [3]Satz 1 gilt nicht für die nach § 13 a Abs. 1 Nr. 6, § 13 b Abs. 5, § 14 c Abs. 2 und § 25 b Abs. 2 geschuldete Steuer. [4]In den Fällen des Satzes 1 finden die Vorschriften über die Steuerbefreiung innergemeinschaftlicher Lieferungen (§ 4 Nr. 1 Buchstabe b, § 6a), über den Verzicht auf Steuerbefreiungen (§ 9), über den gesonderten Ausweis der Steuer in einer Rechnung (§ 14 Abs. 4), über die Angabe der Umsatzsteuer-Identifikationsnummer in einer Rechnung (§ 14 a Abs. 1, 3 und 7) und über den Vorsteuerabzug (§ 15) keine Anwendung.

§ 20. Berechnung der Steuer nach vereinnahmten Entgelten. Das Finanzamt kann auf Antrag gestatten, dass ein Unternehmer,

1. dessen Gesamtumsatz … im vorangegangenen Kalenderjahr nicht mehr als 500 000 Euro betragen hat, oder
2. der von der Verpflichtung, Bücher zu führen und auf Grund jährlicher Bestandsaufnahmen regelmäßig Abschlüsse zu machen … befreit ist, oder
3. soweit er Umsätze aus einer Tätigkeit als Angehöriger eines freien Berufs im Sinne des

7

§ 18 Abs. 1 Nr. 1 des Einkommensteuergesetzes ausführt,

die Steuer nicht nach den vereinbarten Entgelten (§ 16 Abs. 1 Satz 1), sondern nach den vereinnahmten Entgelten berechnet. ...

§ 22. Aufzeichnungspflichten. (1) Der Unternehmer ist verpflichtet, zur Feststellung der Steuer und der Grundlagen ihrer Berechnung Aufzeichnungen zu machen. ...

(2) [1]Aus den Aufzeichnungen müssen zu ersehen sein:

1. die vereinbarten Entgelte für die vom Unternehmer ausgeführten Lieferungen und sonstigen Leistungen. [2]Dabei ist ersichtlich zu machen, wie sich die Entgelte auf die steuerpflichtigen Umsätze, getrennt nach Steuersätzen, und auf die steuerfreien Umsätze verteilen. ...
2. die vereinnahmten Entgelte und Teilentgelte für noch nicht ausgeführte Lieferungen und sonstige Leistungen. ...
3. die Bemessungsgrundlagen für Lieferungen im Sinne des § 3 Abs. 1 b und für sonstige Leistungen im Sinne des § 3 Abs. 9 a Nr. 1. ...
6. die Bemessungsgrundlagen für die Einfuhr von Gegenständen (§ 11), die für das Unternehmen des Unternehmers eingeführt worden sind, sowie die dafür entrichtete oder in den Fällen des § 16 Abs. 2 Satz 4 zu entrichtende Einfuhrumsatzsteuer.

Besondere Besteuerungsformen

§ 23. Allgemeine Durchschnittsätze. (1) Der Bundesminister der Finanzen kann mit Zustimmung des Bundesrates zur Vereinfachung des Besteuerungsverfahrens für Gruppen von Unternehmern, bei denen hinsichtlich der Besteuerungsgrundlagen annähernd gleiche Verhältnisse vorliegen und die nicht verpflichtet sind, Bücher zu führen und auf Grund jährlicher Bestandsaufnahmen regelmäßig Abschlüsse zu machen, durch Rechtsverordnung Durchschnittsätze festsetzen für

1. die nach § 15 abziehbaren Vorsteuerbeträge oder die Grundlagen ihrer Berechnung oder
2. die zu entrichtende Steuer oder die Grundlagen ihrer Berechnung.

(2) Die Durchschnittsätze müssen zu einer Steuer führen, die nicht wesentlich von dem Betrage abweicht, der sich nach diesem Gesetz ohne Anwendung der Durchschnittsätze ergeben würde.

7

§ 24. Durchschnittsätze für land- und forstwirtschaftliche Betriebe. (1) Für die im Rahmen eines land- und forstwirtschaftlichen Betriebes ausgeführten Umsätze wird die Steuer vorbehaltlich der Sätze 2 bis 4 wie folgt festgesetzt:

1. für die Lieferungen von forstwirtschaftlichen Erzeugnissen, ausgenommen Sägewerkserzeugnisse, auf 5,5 vom Hundert,
2. für die Lieferungen der in der Anlage 2 nicht aufgeführten Sägewerkserzeugnisse und Getränke sowie von alkoholischen Flüssigkeiten, ausgenommen die Lieferungen in das Ausland und die im Ausland bewirkten Umsätze, ..., auf neunzehn vom Hundert,
3. für die übrigen Umsätze im Sinne des § 1 Abs. 1 Nr. 1 auf 10,7 vom Hundert

der Bemessungsgrundlage. ...

Anlage 2 (zu § 12 Abs. 2 Nr. 1 und 2)

Liste der dem ermäßigten Steuersatz unterliegenden Gegenstände

Lfd. Nr.	Warenbezeichnung
1.	Lebende Tiere ...
2.	Fleisch ...
3.	Fische ...
4.	Milch und Milcherzeugnisse ...
5.	Andere Waren tierischen Ursprungs ...
7.	... lebende Pflanzen
8.	Blumen ..., geschnitten
10.	Gemüse, Pflanzen, Wurzeln und Knollen ...
11.	Genießbare Früchte und Nüsse
12.	Kaffee, Tee ...
13.	Getreide
14.	Müllereierzeugnisse ...
26.	Genießbare tierische und pflanzliche Fette und Öle ...
29.	Zucker ...
30.	Kakaopulver ...
31.	Zubereitungen aus Getreide, Mehl, Stärke oder Milch ...
34.	Wasser ...
49.	Bücher, Zeitungen und andere Erzeugnisse des graphischen Gewerbes – mit Ausnahme der Erzeugnisse, für die die Hinweispflicht nach § 4 Abs. 2 des Gesetzes über die Verbreitung jugendgefährdender Schriften besteht oder die als jugendgefährdende Trägermedien den Beschränkungen des § 15 Abs. 1 bis 3 des Jugendschutzgesetzes unterliegen, sowie der Veröffentlichungen, die überwiegend Werbezwecken (...) dienen –,
51.	Rollstühle ...
52.	Körperersatzstücke, orthopädische Apparate ...
53.	Kunstgegenstände ...
54.	Sammlungsstücke ...

Umsatzsteuer-Durchführungsverordnung 2005

In der Fassung der Bekanntmachung vom 21. Februar 2005, mit Änderungen bis zum 25. März 2013

Zu § 14 des Gesetzes

§ 31. Angaben in der Rechnung. (1) [1]Eine Rechnung kann aus mehreren Dokumenten bestehen, aus denen sich die nach § 14 Abs. 4 des Gesetzes geforderten Angaben insgesamt ergeben. [2]In einem dieser Dokumente sind das Entgelt und der darauf entfallende Steuerbetrag jeweils zusammengefasst anzugeben und alle anderen Dokumente zu bezeichnen, aus denen sich die übrigen Angaben nach § 14 Abs. 4 des Gesetzes ergeben. [3]Die Angaben müssen leicht und eindeutig nachprüfbar sein.

(2) Den Anforderungen des § 14 Abs. 4 Satz 1 Nr. 1 des Gesetzes ist genügt, wenn sich auf Grund der in die Rechnung aufgenommenen Bezeichnungen der Name und die Anschrift sowohl des leistenden Unternehmers als auch des Leistungsempfängers eindeutig feststellen lassen.

(3) [1]Für die in § 14 Abs. 4 Satz 1 Nr. 1 und 5 des Gesetzes vorgeschriebenen Angaben können Abkürzungen, Buchstaben, Zahlen oder Symbole verwendet werden, wenn ihre Bedeutung in der Rechnung oder in anderen Unterlagen eindeutig festgelegt ist. [2]Die erforderlichen anderen Unterlagen müssen sowohl beim Aussteller als auch beim Empfänger der Rechnung vorhanden sein.

(4) Als Zeitpunkt der Lieferung oder sonstigen Leistung (§ 14 Abs. 4 Satz 1 Nr. 6 des Gesetzes) kann der Kalendermonat angegeben werden, in dem die Leistung ausgeführt wird.

§ 32. Rechnungen über Umsätze, die verschiedenen Steuersätzen unterliegen. Wird in einer Rechnung über Lieferungen oder sonstige Leistungen, die verschiedenen Steuersätzen unterliegen, der Steuerbetrag durch Maschinen automatisch ermittelt und durch diese in der Rechnung angegeben, ist der Ausweis des Steuerbetrages in einer Summe zulässig, wenn für die einzelnen Posten der Rechnung der Steuersatz angegeben wird.

§ 33. Rechnungen über Kleinbeträge.
Eine Rechnung, deren Gesamtbetrag 150 Euro nicht übersteigt, muss mindestens folgende Angaben enthalten:
1. den vollständigen Namen und die vollständige Anschrift des leistenden Unternehmers,
2. das Ausstellungsdatum,
3. die Menge und die Art der gelieferten Gegenstände oder den Umfang und die Art der sonstigen Leistung und
4. das Entgelt und den darauf entfallenden Steuerbetrag für die Lieferung oder sonstige Leistung in einer Summe sowie den anzuwendenden Steuersatz oder im Fall einer Steuerbefreiung einen Hinweis darauf, dass für die Lieferung oder sonstige Leistung eine Steuerbefreiung gilt.

§ 34. Fahrausweise als Rechnungen.
(1) Fahrausweise, die für die Beförderung von Personen ausgegeben werden, gelten als Rechnungen im Sinne des § 14 des Gesetzes, ...

Zu § 22 des Gesetzes

§ 63. Aufzeichnungspflichten. (1) Die Aufzeichnungen müssen so beschaffen sein, daß es einem sachverständigen Dritten innerhalb einer angemessenen Zeit möglich ist, einen Überblick über die Umsätze des Unternehmers und die abziehbaren Vorsteuern zu erhalten und die Grundlagen für die Steuerberechnung festzustellen.

§ 65. Aufzeichnungspflichten der Kleinunternehmer. [1]Unternehmer, auf deren Umsätze § 19 Abs. 1 Satz 1 des Gesetzes anzuwenden ist, haben an Stelle der nach § 22 Abs. 2 bis 4 des Gesetzes vorgeschriebenen Angaben folgendes aufzuzeichnen:
1. die Werte der erhaltenen Gegenleistungen für die von ihnen ausgeführten Lieferungen und sonstigen Leistungen;
2. die sonstigen Leistungen im Sinne des § 3 Abs. 9 a Satz 1 Nr. 2 des Gesetzes. [2]Für ihre Bemessung gilt Nummer 1 entsprechend.

[3]Die Aufzeichnungspflichten nach § 22 Abs. 2 Nr. 4, 7, 8 und 9 des Gesetzes bleiben unberührt.

§ 66. Aufzeichnungspflichten bei der Anwendung allgemeiner Durchschnittsätze.
Der Unternehmer ist von den Aufzeichnungspflichten nach § 22 Abs. 2 Nr. 5 und 6 des Gesetzes befreit, soweit er die abziehbaren Vorsteuerbeträge nach einem Durchschnittsatz ... berechnet.

§ 67. Aufzeichnungspflichten bei der Anwendung der Durchschnittsätze für land- und forstwirtschaftliche Betriebe. Unternehmer, auf deren Umsätze § 24 des Gesetzes anzuwenden ist, sind für den landund forstwirtschaftlichen Betrieb von den Aufzeichnungspflichten nach § 22 des Gesetzes befreit.

Grundgesetz für die Bundesrepublik Deutschland[1]

Vom 23. Mai 1949, mit Änderungen bis zum 11. Juli 2012

Präambel

[1]Im Bewußtsein seiner Verantwortung vor Gott und den Menschen, von dem Willen beseelt, als gleichberechtigtes Glied in einem vereinten Europa dem Frieden der Welt zu dienen, hat sich das Deutsche Volk kraft seiner verfassungsgebenden Gewalt dieses Grundgesetz gegeben. [2]Die Deutschen in den Ländern Baden-Württemberg, Bayern, Berlin, Brandenburg, Bremen, Hamburg, Hessen, Mecklenburg-Vorpommern, Niedersachsen, Nordrhein-Westfalen, Rheinland- Pfalz, Saarland, Sachsen, Sachsen-Anhalt, Schleswig-Holstein und Thüringen haben in freier Selbstbestimmung die Einheit und Freiheit Deutschlands vollendet. [3]Damit gilt dieses Grundgesetz für das gesamte Deutsche Volk.

Die Grundrechte

Art. 1. [Schutz der Menschenwürde].

(1) [1]Die Würde des Menschen ist unantastbar. [2]Sie zu achten und zu schützen ist Verpflichtung aller staatlichen Gewalt.

(2) Das Deutsche Volk bekennt sich darum zu unverletzlichen und unveräußerlichen Menschenrechten als Grundlage jeder menschlichen Gemeinschaft, des Friedens und der Gerechtigkeit in der Welt.

(3) Die nachfolgenden Grundrechte binden Gesetzgebung, vollziehende Gewalt und Rechtsprechung als unmittelbar geltendes Recht.

Art. 2. [Allgemeines Persönlichkeitsrecht].

(1) Jeder hat das Recht auf die freie Entfaltung seiner Persönlichkeit, soweit er nicht die Rechte anderer verletzt und nicht gegen die verfassungsmäßige Ordnung oder das Sittengesetz verstößt.

(2) [1]Jeder hat das Recht auf Leben und körperliche Unversehrtheit. [2]Die Freiheit der Person ist unverletzlich. [3]In diese Rechte darf nur auf Grund eines Gesetzes eingegriffen werden.

Art. 3. [Gleichheit vor dem Gesetz]. (1) Alle Menschen sind vor dem Gesetz gleich.

(2) [1]Männer und Frauen sind gleichberechtigt. [2]Der Staat fördert die tatsächliche Durchsetzung der Gleichberechtigung von Frauen und Männern und wirkt auf die Beseitigung bestehender Nachteile hin.

(3) [1]Niemand darf wegen seines Geschlechtes, seiner Abstammung, seiner Rasse, seiner Sprache, seiner Heimat und Herkunft, seines Glaubens, seiner religiösen oder politischen Anschauungen benachteiligt oder bevorzugt werden. [2]Niemand darf wegen seiner Behinderung benachteiligt werden.

Art. 4. [Glaubens-, Gewissens- und Bekenntnisfreiheit, Kriegsdienstverweigerung].

(1) Die Freiheit des Glaubens, des Gewissens und die Freiheit des religiösen und weltanschaulichen Bekenntnisses sind unverletzlich.

(2) Die ungestörte Religionsausübung wird gewährleistet.

(3) [1]Niemand darf gegen sein Gewissen zum Kriegsdienst mit der Waffe gezwungen werden. [2]Das Nähere regelt ein Bundesgesetz.

Art. 5. [Recht der freien Meinungsäußerung].

(1) [1]Jeder hat das Recht, seine Meinung in Wort, Schrift und Bild frei zu äußern und zu verbreiten und sich aus allgemein zugänglichen Quellen ungehindert zu unterrichten. [2]Die Pressefreiheit und die Freiheit der Berichterstattung durch Rundfunk und Film werden gewährleistet. [3]Eine Zensur findet nicht statt.

(2) Diese Rechte finden ihre Schranken in den Vorschriften der allgemeinen Gesetze, den gesetzlichen Bestimmungen zum Schutze der Jugend und in dem Recht der persönlichen Ehre.

(3) [1]Kunst und Wissenschaft, Forschung und Lehre sind frei. [2]Die Freiheit der Lehre entbindet nicht von der Treue zur Verfassung.

Art. 6. [Ehe, Familie, nichteheliche Kinder].

(1) Ehe und Familie stehen unter dem besonderen Schutze der staatlichen Ordnung.

(2) [1]Pflege und Erziehung der Kinder sind das natürliche Recht der Eltern und die zuvörderst ihnen obliegende Pflicht. [2]Über ihre Betätigung wacht die staatliche Gemeinschaft.

(3) Gegen den Willen der Erziehungsberechtigten dürfen Kinder nur auf Grund eines Gesetzes von der Familie getrennt werden, wenn die Erziehungsberechtigten versagen oder wenn die Kinder aus anderen Gründen zu verwahrlosen drohen.

(4) Jede Mutter hat Anspruch auf den Schutz und die Fürsorge der Gemeinschaft.

(5) Den unehelichen Kindern sind durch die Gesetzgebung die gleichen Bedingungen für ihre leibliche und seelische Entwicklung und ihre Stellung in der Gesellschaft zu schaffen wie den ehelichen Kindern.

---

1 Überschriften in Klammern sind keine amtlichen Überschriften.

Art. 7. [Schulwesen]. (1) Das gesamte Schulwesen steht unter der Aufsicht des Staates.

(2) Die Erziehungsberechtigten haben das Recht, über die Teilnahme des Kindes am Religionsunterricht zu bestimmen.

(3) [1]Der Religionsunterricht ist in den öffentlichen Schulen mit Ausnahme der bekenntnisfreien Schulen ordentliches Lehrfach. [2]Unbeschadet des staatlichen Aufsichtsrechtes wird der Religionsunterricht in Übereinstimmung mit den Grundsätzen der Religionsgemeinschaften erteilt. Kein Lehrer darf gegen seinen Willen verpflichtet werden, Religionsunterricht zu erteilen.

(4) [1]Das Recht zur Errichtung von privaten Schulen wird gewährleistet. [2]Private Schulen als Ersatz für öffentliche Schulen bedürfen der Genehmigung des Staates und unterstehen den Landesgesetzen. [3]Die Genehmigung ist zu erteilen, wenn die privaten Schulen in ihren Lehrzielen und Einrichtungen sowie in der wissenschaftlichen Ausbildung ihrer Lehrkräfte nicht hinter den öffentlichen Schulen zurückstehen und eine Sonderung der Schüler nach den Besitzverhältnissen der Eltern nicht gefördert wird. [4]Die Genehmigung ist zu versagen, wenn die wirtschaftliche und rechtliche Stellung der Lehrkräfte nicht genügend gesichert ist.

(5) Eine private Volksschule ist nur zuzulassen, wenn die Unterrichtsverwaltung ein besonderes pädagogisches Interesse anerkennt oder, auf Antrag von Erziehungsberechtigten, wenn sie als Gemeinschaftsschule, als Bekenntnisoder Weltanschauungsschule errichtet werden soll und eine öffentliche Volksschule dieser Art in der Gemeinde nicht besteht.

(6) Vorschulen bleiben aufgehoben.

Art. 8. [Versammlungsfreiheit]. (1) Alle Deutschen haben das Recht, sich ohne Anmeldung oder Erlaubnis friedlich und ohne Waffen zu versammeln.

(2) Für Versammlungen unter freiem Himmel kann dieses Recht durch Gesetz oder auf Grund eines Gesetzes beschränkt werden.

Art. 9. [Vereinigungsfreiheit]. (1) Alle Deutschen haben das Recht, Vereine und Gesellschaften zu bilden.

(2) Vereinigungen, deren Zwecke oder deren Tätigkeit den Strafgesetzen zuwiderlaufen oder die sich gegen die verfassungsmäßige Ordnung oder gegen den Gedanken der Völkerverständigung richten, sind verboten.

(3) [1]Das Recht, zur Wahrung und Förderung der Arbeits- und Wirtschaftsbedingungen Vereinigungen zu bilden, ist für jedermann und für alle Berufe gewährleistet. [2]Abreden, die dieses Recht einschränken oder zu behindern suchen, sind nichtig, hierauf gerichtete Maßnahmen sind rechtswidrig. [3]Maßnahmen nach den Artikeln 12a, 35 Abs. 2 und 3, Artikel 87 a Abs. 4 und Artikel 91 dürfen sich nicht gegen Arbeitskämpfe richten, die zur Wahrung und Förderung der Arbeits- und Wirtschaftsbedingungen von Vereinigungen im Sinne des Satzes 1 geführt werden.

Art. 10. [Brief-, Post- und Fernmeldegeheimnis]. (1) Das Briefgeheimnis sowie das Post- und Fernmeldegeheimnis sind unverletzlich.

(2) [1]Beschränkungen dürfen nur auf Grund eines Gesetzes angeordnet werden. [2]Dient die Beschränkung dem Schutze der freiheitlichen demokratischen Grundordnung oder des Bestandes oder der Sicherung des Bundes oder eines Landes, so kann das Gesetz bestimmen, daß sie dem Betroffenen nicht mitgeteilt wird und daß an die Stelle des Rechtsweges die Nachprüfung durch von der Volksvertretung bestellte Organe und Hilfsorgane tritt.

Art. 11. [Freizügigkeit]. (1) Alle Deutschen genießen Freizügigkeit im ganzen Bundesgebiet.

(2) Dieses Recht darf nur durch Gesetz oder auf Grund eines Gesetzes und nur für die Fälle eingeschränkt werden, in denen eine ausreichende Lebensgrundlage nicht vorhanden ist und der Allgemeinheit daraus besondere Lasten entstehen würden oder in denen es zur Abwehr einer drohenden Gefahr für den Bestand oder die freiheitliche demokratische Grundordnung des Bundes oder eines Landes, zur Bekämpfung von Seuchengefahr, Naturkatastrophen oder besonders schweren Unglücksfällen, zum Schutze der Jugend vor Verwahrlosung oder um strafbaren Handlungen vorzubeugen, erforderlich ist.

Art. 12. [Berufsfreiheit]. (1) [1]Alle Deutschen haben das Recht, Beruf, Arbeitsplatz und Ausbildungsstätte frei zu wählen. [2]Die Berufsausübung kann durch Gesetz oder auf Grund eines Gesetzes geregelt werden.

(2) Niemand darf zu einer bestimmten Arbeit gezwungen werden, außer im Rahmen einer herkömmlichen allgemeinen, für alle gleichen öffentlichen Dienstleistungspflicht.

(3) Zwangsarbeit ist nur bei einer gerichtlich angeordneten Freiheitsentziehung zulässig.

Art. 12a. [Dienstverpflichtungen]. (1) Männer können vom vollendeten achtzehnten Lebensjahr an zum Dienst in den Streitkräften, im Bundesgrenzschutz oder in einem Zivilschutzverband verpflichtet werden.

(2) [1]Wer aus Gewissensgründen den Kriegsdienst mit der Waffe verweigert, kann zu einem Ersatzdienst verpflichtet werden. [2]Die Dauer des Ersatzdienstes darf die Dauer des Wehrdienstes nicht übersteigen. [3]Das Nähere regelt ein Gesetz, das die Freiheit der Gewissensentscheidung nicht beeinträchtigen darf und auch eine Möglichkeit des Ersatzdienstes vorsehen muß, die in keinem Zusammenhang mit den Verbänden der Streitkräfte und des Bundesgrenzschutzes steht.

(3) Wehrpflichtige, die nicht zu einem Dienst nach Absatz 1 oder 2 herangezogen sind, können im Verteidigungsfalle durch Gesetz oder auf Grund eines Gesetzes zu zivilen Dienstleistungen für Zwecke der Verteidigung einschließlich des Schutzes der Zivilbevölkerung in Arbeitsverhältnisse verpflichtet werden; Verpflichtungen in öffentlich-rechtliche Dienstverhältnisse sind nur zur Wahrnehmung polizeilicher Aufgaben oder solcher hoheitlichen Aufgaben der öffentlichen Verwaltung, die nur in einem öffentlichrechtlichen Dienstverhältnis erfüllt werden können, zulässig. Arbeitsverhältnisse nach Satz 1 können bei den Streitkräften, im Bereich ihrer Versorgung sowie bei der öffentlichen Verwaltung begründet werden; Verpflichtungen in Arbeitsverhältnisse im Bereiche der Versorgung der Zivilbevölkerung sind nur zulässig, um ihren lebensnotwendigen Bedarf zu decken oder ihren Schutz sicherzustellen.

(4) [1]Kann im Verteidigungsfalle der Bedarf an zivilen Dienstleistungen im zivilen Sanitäts- und Heilwesen sowie in der ortsfesten militärischen Lazarettorganisation nicht auf freiwilliger Grundlage gedeckt werden, so können Frauen vom vollendeten achtzehnten bis zum vollendeten fünfundfünfzigsten Lebensjahr durch Gesetz oder auf Grund eines Gesetzes zu derartigen Dienstleistungen herangezogen werden. [2]Sie dürfen auf keinen Fall zum Dienst mit der Waffe verpflichtet werden.

(5) [1]Für die Zeit vor dem Verteidigungsfalle können Verpflichtungen nach Absatz 3 nur nach Maßgabe des Artikels 80 a Abs. 1 begründet werden. [2]Zur Vorbereitung auf Dienstleistungen nach Absatz 3, für die besondere Kenntnisse oder Fertigkeiten erforderlich sind, kann durch Gesetz oder auf Grund eines Gesetzes die Teilnahme an Ausbildungsveranstaltungen zur Pflicht gemacht werden. [3]Satz 1 findet insoweit keine Anwendung.

(6) [1]Kann im Verteidigungsfalle der Bedarf an Arbeitskräften für die in Absatz 3 Satz 2 genannten Bereiche auf freiwilliger Grundlage nicht gedeckt werden, so kann zur Sicherung dieses Bedarfs die Freiheit der Deutschen, die Ausübung eines Berufs oder den Arbeitsplatz aufzugeben, durch Gesetz oder auf Grund eines Gesetzes eingeschränkt werden. [2]Vor Eintritt des Verteidigungsfalles gilt Absatz 5 Satz 1 e entsprechend.

Art. 13. [Unverletzlichkeit der Wohnung].

(1) Die Wohnung ist unverletzlich.

(2) Durchsuchungen dürfen nur durch den Richter, bei Gefahr im Verzuge auch durch die in den Gesetzen vorgesehenen anderen Organe angeordnet und nur in der dort vorgeschriebenen Form durchgeführt werden.

(3) [1]Begründen bestimmte Tatsachen den Verdacht, daß jemand eine durch Gesetz einzeln bestimmte besonders schwere Straftat begangen hat, so dürfen zur Verfolgung der Tat auf Grund richterlicher Anordnung technische Mittel zur akustischen Überwachung von Wohnungen, in denen der Beschuldigte sich vermutlich aufhält, eingesetzt werden, wenn die Erforschung des Sachverhalts auf andere Weise unverhältnismäßig erschwert oder aussichtslos wäre. [2]Die Maßnahme ist zu befristen. [3]Die Anordnung erfolgt durch einen mit drei Richtern besetzten Spruchkörper. [4]Bei Gefahr im Verzuge kann sie auch durch einen einzelnen Richter getroffen werden.

(4) [1]Zur Abwehr dringender Gefahren für die öffentliche Sicherheit, insbesondere einer gemeinen Gefahr oder einer Lebensgefahr, dürfen technische Mittel zur Überwachung von Wohnungen nur auf Grund richterlicher Anordnung eingesetzt werden. [2]Bei Gefahr im Verzuge kann die Maßnahme auch durch eine andere gesetzlich bestimmte Stelle angeordnet werden; eine richterliche Entscheidung ist unverzüglich nachzuholen.

(5) [1]Sind technische Mittel ausschließlich zum Schutze der bei einem Einsatz in Wohnungen tätigen Personen vorgesehen, kann die Maßnahme durch eine gesetzlich bestimmte Stelle angeordnet werden. [2]Eine anderweitige Verwertung der hierbei erlangten Erkenntnisse ist nur zum Zwecke der Strafverfolgung oder der Gefahrenabwehr und nur zulässig, wenn zuvor die Rechtmäßigkeit der Maßnahme richterlich festgestellt ist; bei Gefahr im Verzuge ist die richterliche Entscheidung unverzüglich nachzuholen.

(6) [1]Die Bundesregierung unterrichtet den Bundestag jährlich über den nach Absatz 3 sowie über den im Zuständigkeitsbereich des Bundes nach Absatz 4 und, soweit richterlich überprüfungsbedürftig, nach Absatz 5 erfolgten Einsatz technischer Mittel. [2]Ein vom Bundestag gewähltes Gremium übt auf der Grundlage dieses Berichts die parlamentarische Kontrolle aus. [3]Die Länder gewährleisten eine gleichwertige parlamentarische Kontrolle.

(7) Eingriffe und Beschränkungen dürfen im übrigen nur zur Abwehr einer gemeinen Gefahr oder einer Lebensgefahr für einzelne Personen,

auf Grund eines Gesetzes auch zur Verhütung dringender Gefahren für die öffentliche Sicherheit und Ordnung, insbesondere zur Behebung der Raumnot, zur Bekämpfung von Seuchengefahr oder zum Schutze gefährdeter Jugendlicher vorgenommen werden.

Art. 14. [Eigentum, Erbrecht und Enteignung].
(1) [1]Das Eigentum und das Erbrecht werden gewährleistet. [2]Inhalt und Schranken werden durch die Gesetze bestimmt.

(2) [1]Eigentum verpflichtet. [2]Sein Gebrauch soll zugleich dem Wohle der Allgemeinheit dienen.

(3) [1]Eine Enteignung ist nur zum Wohle der Allgemeinheit zulässig. [2]Sie darf nur durch Gesetz oder auf Grund eines Gesetzes erfolgen, das Art und Ausmaß der Entschädigung regelt. [3]Die Entschädigung ist unter gerechter Abwägung der Interessen der Allgemeinheit und der Beteiligten zu bestimmen. [4]Wegen der Höhe der Entschädigung steht im Streitfalle der Rechtsweg vor den ordentlichen Gerichten offen.

Art. 15. [Sozialisierung]. [1]Grund und Boden, Naturschätze und Produktionsmittel können zum Zwecke der Vergesellschaftung durch ein Gesetz, das Art und Ausmaß der Entschädigung regelt, in Gemeineigentum oder in andere Formen der Gemeinwirtschaft überführt werden. [2]Für die Entschädigung gilt Artikel 14 Abs. 3 Satz 3 und 4 entsprechend.

Art. 16. [Ausbürgerung, Auslieferung].
(1) [1]Die deutsche Staatsangehörigkeit darf nicht entzogen werden. [2]Der Verlust der Staatsangehörigkeit darf nur auf Grund eines Gesetzes und gegen den Willen des Betroffenen nur dann eintreten, wenn der Betroffene dadurch nicht staatenlos wird.

(2) [1]Kein Deutscher darf an das Ausland ausgeliefert werden. [2]Durch Gesetz kann eine abweichende Regelung für Auslieferungen an einen Mitgliedstaat der Europäischen Union oder an einen internationalen Gerichtshof getroffen werden, soweit rechtsstaatliche Grundsätze gewahrt sind.

Art. 16a. [Asylrecht, sichere Drittstaaten, sicherer Herkunftsstaat]. (1) Politisch Verfolgte genießen Asylrecht.

(2) [1]Auf Absatz 1 kann sich nicht berufen, wer aus einem Mitgliedstaat der Europäischen Gemeinschaften oder aus einem anderen Drittstaat einreist, in dem die Anwendung des Abkommens über die Rechtsstellung der Flüchtlinge und der Konvention zum Schutze der Menschenrechte und Grundfreiheiten sichergestellt ist. [2]Die Staaten außerhalb der Europäischen Gemeinschaften, auf die die Voraussetzungen des Satzes 1 zutreffen, werden durch Gesetz, das der Zustimmung des Bundesrates bedarf, bestimmt. [3]In den Fällen des Satzes 1 können aufenthaltsbeendende Maßnahmen unabhängig von einem hiergegen eingelegten Rechtsbehelf vollzogen werden.

(3) [1]Durch Gesetz, das der Zustimmung des Bundesrates bedarf, können Staaten bestimmt werden, bei denen auf Grund der Rechtslage, der Rechtsanwendung und der allgemeinen politischen Verhältnisse gewährleistet erscheint, daß dort weder politische Verfolgung noch unmenschliche oder erniedrigende Bestrafung oder Behandlung stattfindet. [2]Es wird vermutet, daß ein Ausländer aus einem solchen Staat nicht verfolgt wird, solange er nicht Tatsachen vorträgt, die die Annahme begründen, daß er entgegen dieser Vermutung politisch verfolgt wird.

(4) [1]Die Vollziehung aufenthaltsbeendender Maßnahmen wird in den Fällen des Absatzes 3 und in anderen Fällen, die offensichtlich unbegründet sind oder als offensichtlich unbegründet gelten, durch das Gericht nur ausgesetzt, wenn ernstliche Zweifel an der Rechtmäßigkeit der Maßnahme bestehen; der Prüfungsumfang kann eingeschränkt werden und verspätetes Vorbringen unberücksichtigt bleiben. [2]Das Nähere ist durch Gesetz zu bestimmen.

(5) Die Absätze 1 bis 4 stehen völkerrechtlichen Verträgen von Mitgliedstaaten der Europäischen Gemeinschaft untereinander und mit dritten Staaten nicht entgegen, die unter Beachtung der Verpflichtungen aus dem Abkommen über die Rechtsstellung der Flüchtlinge und der Konvention zum Schutze der Menschenrechte und Grundfreiheiten, deren Anwendung in den Vertragsstaaten sichergestellt sein muß, Zuständigkeitsregelungen für die Prüfung von Asylbegehren einschließlich der gegenseitigen Anerkennung von Asylentscheidungen treffen.

Art. 17. [Petitionsrecht]. Jedermann hat das Recht, sich einzeln oder in Gemeinschaft mit anderen schriftlich mit Bitten oder Beschwerden an die zuständigen Stellen und an die Volksvertretung zu wenden.

Art. 17a. [Einschränkung von Grundrechten bei Soldaten]. (1) Gesetze über Wehrdienst und Ersatzdienst können bestimmen, daß für die Angehörigen der Streitkräfte und des Ersatzdienstes während der Zeit des Wehr- oder Ersatzdienstes das Grundrecht, seine Meinung in Wort, Schrift und Bild frei zu äußern und zu verbreiten (Artikel 5 Abs. 1 Satz 1 erster Halbsatz), das Grundrecht der Versammlungsfreiheit (Artikel 8) und das Petitionsrecht (Artikel 17), soweit es das Recht gewährt, Bitten oder Beschwerden in Gemeinschaft mit anderen vorzubringen, eingeschränkt werden.

(2) Gesetze, die der Verteidigung einschließlich des Schutzes der Zivilbevölkerung dienen, können bestimmen, daß die Grundrechte der Freizügigkeit (Artikel 11) und der Unverletzlichkeit der Wohnung (Artikel 13) eingeschränkt werden.

Art. 18. [Verwirkung von Grundrechten]. [1]Wer die Freiheit der Meinungsäußerung, insbesondere die Pressefreiheit (Artikel 5 Abs. 1), die Lehrfreiheit (Artikel 5 Abs. 3), die Versammlungsfreiheit (Artikel 8), die Vereinigungsfreiheit (Artikel 9), das Brief-, Post- und Fernmeldegeheimnis (Artikel 10), das Eigentum (Artikel 14) oder das Asylrecht (Artikel 16a) zum Kampfe gegen die freiheitliche demokratische Grundordnung mißbraucht, verwirkt diese Grundrechte. [2]Die Verwirkung und ihr Ausmaß werden durch das Bundesverfassungsgericht ausgesprochen.

Art. 19. [Einschränkung von Grundrechten]. (1) Soweit nach diesem Grundgesetz ein Grundrecht durch Gesetz oder auf Grund eines Gesetzes eingeschränkt werden kann, muß das Gesetz allgemein und nicht nur für den Einzelfall gelten. Außerdem muß das Gesetz das Grundrecht unter Angabe des Artikels nennen.

(2) In keinem Falle darf ein Grundrecht in seinem Wesensgehalt angetastet werden.

(3) Die Grundrechte gelten auch für inländische juristische Personen, soweit sie ihrem Wesen nach auf diese anwendbar sind.

(4) [1]Wird jemand durch die öffentliche Gewalt in seinen Rechten verletzt, so steht ihm der Rechtsweg offen. [2]Soweit eine andere Zuständigkeit nicht begründet ist, ist der ordentliche Rechtsweg gegeben. [3]Artikel 10 Abs. 2 Satz 2 bleibt unberührt.

Der Bund und die Länder

Art. 20. [Bundesstaatliche Verfassung; Widerstandsrecht]. (1) Die Bundesrepublik Deutschland ist ein demokratischer und sozialer Bundesstaat.

(2) [1]Alle Staatsgewalt geht vom Volke aus. [2]Sie wird vom Volke in Wahlen und Abstimmungen und durch besondere Organe der Gesetzgebung, der vollziehenden Gewalt und der Rechtsprechung ausgeübt.

(3) Die Gesetzgebung ist an die verfassungsmäßige Ordnung, die vollziehende Gewalt und die Rechtsprechung sind an Gesetz und Recht gebunden.

(4) Gegen jeden, der es unternimmt, diese Ordnung zu beseitigen, haben alle Deutschen das Recht zum Widerstand, wenn andere Abhilfe nicht möglich ist.

Art. 20a. [Umweltschutz]. Der Staat schützt auch in Verantwortung für die künftigen Generationen die natürlichen Lebensgrundlagen und die Tiere im Rahmen der verfassungsmäßigen Ordnung durch die Gesetzgebung und nach Maßgabe von Gesetz und Recht durch die vollziehende Gewalt und die Rechtsprechung.

Art. 21. [Parteien]. (1) [1]Die Parteien wirken bei der politischen Willensbildung des Volkes mit. [2]Ihre Gründung ist frei. [3]Ihre innere Ordnung muß demokratischen Grundsätzen entsprechen. [4]Sie müssen über die Herkunft und Verwendung ihrer Mittel sowie über ihr Vermögen öffentlich Rechenschaft geben.

(2) [1]Parteien, die nach ihren Zielen oder nach dem Verhalten ihrer Anhänger darauf ausgehen, die freiheitliche demokratische Grundordnung zu beeinträchtigen oder zu beseitigen oder den Bestand der Bundesrepublik Deutschland zu gefährden, sind verfassungswidrig. [2]Über die Frage der Verfassungswidrigkeit entscheidet das Bundesverfassungsgericht.

(3) Das Nähere regeln Bundesgesetze.

Art. 22. [Bundesflagge]. (1) [1]Die Hauptstadt der Bundesrepublik Deutschland ist Berlin. [2]Die Repräsentation des Gesamtstaates in der Hauptstadt ist Aufgabe des Bundes. [3]Das Nähere wird durch Bundesgesetz geregelt.

(2) Die Bundesflagge ist schwarzrotgold.

Art. 23. [Verwirklichung der Europäischen Union; Beteiligung des Bundesrates, der Bundesregierung]. (1) [1]Zur Verwirklichung eines vereinten Europas wirkt die Bundesrepublik Deutschland bei der Entwicklung der Europäischen Union mit, die demokratischen, rechtsstaatlichen, sozialen und föderativen Grundsätzen und dem Grundsatz der Subsidiarität verpflichtet ist und einen diesem Grundgesetz im wesentlichen vergleichbaren Grundrechtsschutz gewährleistet. [2]Der Bund kann hierzu durch Gesetz mit Zustimmung des Bundesrates Hoheitsrechte übertragen. [3]Für die Begründung der Europäischen Union sowie für Änderungen ihrer vertraglichen Grundlagen und vergleichbare Regelungen, durch die dieses Grundgesetz seinem Inhalt nach geändert oder ergänzt wird oder solche Änderungen oder Ergänzungen ermöglicht werden, gilt Artikel 79 Abs. 2 und 3.

(1a) [1]Der Bundestag und der Bundesrat haben das Recht, wegen Verstoßes eines Gesetzgebungsakts der Europäischen Union gegen das Subsidiaritätsprinzip vor dem Gerichtshof der Europäischen Union Klage zu erheben. [2]Der

Bundestag ist hierzu auf Antrag eines Viertels seiner Mitglieder verpflichtet. [3]Durch Gesetz, das der Zustimmung des Bundesrates bedarf, können für die Wahrnehmung der Rechte, die dem Bundestag und dem Bundesrat in den vertraglichen Grundlagen der Europäischen Union eingeräumt sind, Ausnahmen von Artikel 42 Abs. 2 Satz 1 und Artikel 52 Abs. 3 Satz 1 zugelassen werden.

(2) [1]In Angelegenheiten der Europäischen Union wirken der Bundestag und durch den Bundesrat die Länder mit. [2]Die Bundesregierung hat den Bundestag und den Bundesrat umfassend und zum frühestmöglichen Zeitpunkt zu unterrichten.

(3) [1]Die Bundesregierung gibt dem Bundestag Gelegenheit zur Stellungnahme vor ihrer Mitwirkung an Rechtsetzungsakten der Europäischen Union. [2]Die Bundesregierung berücksichtigt die Stellungnahmen des Bundestages bei den Verhandlungen. [3]Das Nähere regelt ein Gesetz.

(4) Der Bundesrat ist an der Willensbildung des Bundes zu beteiligen, soweit er an einer entsprechenden innerstaatlichen Maßnahme mitzuwirken hätte oder soweit die Länder innerstaatlich zuständig wären.

(5) [1]Soweit in einem Bereich ausschließlicher Zuständigkeiten des Bundes Interessen der Länder berührt sind oder soweit im übrigen der Bund das Recht zur Gesetzgebung hat, berücksichtigt die Bundesregierung die Stellungnahme des Bundesrates. [2]Wenn im Schwerpunkt Gesetzgebungsbefugnisse der Länder, die Einrichtung ihrer Behörden oder ihre Verwaltungsverfahren betroffen sind, ist bei der Willensbildung des Bundes insoweit die Auffassung des Bundesrates maßgeblich zu berücksichtigen; dabei ist die gesamtstaatliche Verantwortung des Bundes zu wahren. [3]In Angelegenheiten, die zu Ausgabenerhöhungen oder Einnahmeminderungen für den Bund führen können, ist die Zustimmung der Bundesregierung erforderlich.

(6) [1]Wenn im Schwerpunkt ausschließliche Gesetzgebungsbefugnisse der Länder auf den Gebieten der schulischen Bildung, der Kultur oder des Rundfunks betroffen sind, wird die Wahrnehmung der Rechte, die der Bundesrepublik Deutschland als Mitgliedstaat der Europäischen Union zustehen, vom Bund auf einen vom Bundesrat benannten Vertreter der Länder übertragen. [2]Die Wahrnehmung der Rechte erfolgt unter Beteiligung und in Abstimmung mit der Bundesregierung; dabei ist die gesamtstaatliche Verantwortung des Bundes zu wahren.

(7) Das Nähere zu den Absätzen 4 bis 6 regelt ein Gesetz, das der Zustimmung des Bundesrates bedarf.

Art. 24. [Kollektives Sicherheitssystem].

(1) Der Bund kann durch Gesetz Hoheitsrechte auf zwischenstaatliche Einrichtungen übertragen.

(1a) Soweit die Länder für die Ausübung der staatlichen Befugnisse und die Erfüllung der staatlichen Aufgaben zuständig sind, können sie mit Zustimmung der Bundesregierung Hoheitsrechte auf grenznachbarschaftliche Einrichtungen übertragen.

(2) Der Bund kann sich zur Wahrung des Friedens einem System gegenseitiger kollektiver Sicherheit einordnen; er wird hierbei in die Beschränkungen seiner Hoheitsrechte einwilligen, die eine friedliche und dauerhafte Ordnung in Europa und zwischen den Völkern der Welt herbeiführen und sichern.

(3) Zur Regelung zwischenstaatlicher Streitigkeiten wird der Bund Vereinbarungen über eine allgemeine, umfassende, obligatorische, internationale Schiedsgerichtsbarkeit beitreten.

Art. 25. [Völkerrecht Bestandteil des Bundesrechtes]. [1]Die allgemeinen Regeln des Völkerrechtes sind Bestandteil des Bundesrechtes. [2]Sie gehen den Gesetzen vor und erzeugen Rechte und Pflichten unmittelbar für die Bewohner des Bundesgebietes.

Art. 26. [Verbot des Angriffskrieges].

(1) [1]Handlungen, die geeignet sind und in der Absicht vorgenommen werden, das friedliche Zusammenleben der Völker zu stören, insbesondere die Führung eines Angriffskrieges vorzubereiten, sind verfassungswidrig. [2]Sie sind unter Strafe zu stellen.

(2) [1]Zur Kriegsführung bestimmte Waffen dürfen nur mit Genehmigung der Bundesregierung hergestellt, befördert und in Verkehr gebracht werden. [2]Das Nähere regelt ein Bundesgesetz.

Art. 27. [Handelsflotte]. Alle deutschen Kauffahrteischiffe bilden eine einheitliche Handelsflotte.

Art. 28. [Verfassung der Länder]. (1) [1]Die verfassungsmäßige Ordnung in den Ländern muß den Grundsätzen des republikanischen, demokratischen und sozialen Rechtsstaates im Sinne dieses Grundgesetzes entsprechen. [2]In den Ländern, Kreisen und Gemeinden muß das Volk eine Vertretung haben, die aus allgemeinen, unmittelbaren, freien, gleichen und geheimen Wahlen hervorgegangen ist. [3]Bei Wahlen in Kreisen und Gemeinden sind auch Personen, die die Staatsangehörigkeit eines Mitgliedstaates der Europäischen Gemeinschaft besitzen, nach Maßgabe von Recht der Europäischen Gemeinschaft wahlberechtigt und wählbar. [4]In

Gemeinden kann an die Stelle einer gewählten Körperschaft die Gemeindeversammlung treten.

(2) [1]Den Gemeinden muß das Recht gewährleistet sein, alle Angelegenheiten der örtlichen Gemeinschaft im Rahmen der Gesetze in eigener Verantwortung zu regeln. [2]Auch die Gemeindeverbände haben im Rahmen ihres gesetzlichen Aufgabenbereiches nach Maßgabe der Gesetze das Recht der Selbstverwaltung. [3]Die Gewährleistung der Selbstverwaltung umfaßt auch die Grundlagen der finanziellen Eigenverantwortung; zu diesen Grundlagen gehört eine den Gemeinden mit Hebesatzrecht zustehende wirtschaftskraftbezogene Steuerquelle.

(3) Der Bund gewährleistet, daß die verfassungsmäßige Ordnung der Länder den Grundrechten und den Bestimmungen der Absätze 1 und 2 entspricht.

Art. 29. [Neugliederung des Bundesgebietes].

(1) [1]Das Bundesgebiet kann neu gegliedert werden, um zu gewährleisten, daß die Länder nach Größe und Leistungsfähigkeit die ihnen obliegenden Aufgaben wirksam erfüllen können. [2]Dabei sind die landsmannschaftliche Verbundenheit, die geschichtlichen und kulturellen Zusammenhänge, die wirtschaftliche Zweckmäßigkeit sowie die Erfordernisse der Raumordnung und der Landesplanung zu berücksichtigen.

(2) [1]Maßnahmen zur Neugliederung des Bundesgebietes ergehen durch Bundesgesetz, das der Bestätigung durch Volksentscheid bedarf. [2]Die betroffenen Länder sind zu hören.

(3) [1]Der Volksentscheid findet in den Ländern statt, aus deren Gebieten oder Gebietsteilen ein neues oder neu umgrenztes Land gebildet werden soll (betroffene Länder). [2]Abzustimmen ist über die Frage, ob die betroffenen Länder wie bisher bestehenbleiben sollen oder ob das neue oder neu umgrenzte Land gebildet werden soll. [3]Der Volksentscheid für die Bildung eines neuen oder neu umgrenzten Landes kommt zustande, wenn in dessen künftigem Gebiet und insgesamt in den Gebieten oder Gebietsteilen eines betroffenen Landes, deren Landeszugehörigkeit im gleichen Sinne geändert werden soll, jeweils eine Mehrheit der Änderung zustimmt. [4]Er kommt nicht zustande, wenn im Gebiet eines der betroffenen Länder eine Mehrheit die Änderung ablehnt; die Ablehnung ist jedoch unbeachtlich, wenn in einem Gebietsteil, dessen Zugehörigkeit zu dem betroffenen Land geändert werden soll, eine Mehrheit von zwei Dritteln der Änderung zustimmt, es sei denn, daß im Gesamtgebiet des betroffenen Landes eine Mehrheit von zwei Dritteln die Änderung ablehnt.

(4) Wird in einem zusammenhängenden, abgegrenzten Siedlungs- und Wirtschaftsraum, dessen Teile in mehreren Ländern liegen und der mindestens eine Million Einwohner hat, von einem Zehntel der in ihm zum Bundestag Wahlberechtigten durch Volksbegehren gefordert, daß für diesen Raum eine einheitliche Landeszugehörigkeit herbeigeführt werde, so ist durch Bundesgesetz innerhalb von zwei Jahren entweder zu bestimmen, ob die Landeszugehörigkeit gemäß Absatz 2 geändert wird, oder daß in den betroffenen Ländern eine Volksbefragung stattfindet.

(5) [1]Die Volksbefragung ist darauf gerichtet festzustellen, ob eine in dem Gesetz vorzuschlagende Änderung der Landeszugehörigkeit Zustimmung findet. [2]Das Gesetz kann verschiedene, jedoch nicht mehr als zwei Vorschläge der Volksbefragung vorlegen. [3]Stimmt eine Mehrheit einer vorgeschlagenen Änderung der Landeszugehörigkeit zu, so ist durch Bundesgesetz innerhalb von zwei Jahren zu bestimmen, ob die Landeszugehörigkeit gemäß Absatz 2 geändert wird. [4]Findet ein der Volksbefragung vorgelegter Vorschlag eine den Maßgaben des Absatzes 3 Satz 3 und 4 entsprechende Zustimmung, so ist innerhalb von zwei Jahren nach der Durchführung der Volksbefragung ein Bundesgesetz zur Bildung des vorgeschlagenen Landes zu erlassen, das der Bestätigung durch Volksentscheid nicht mehr bedarf.

(6) [1]Mehrheit im Volksentscheid und in der Volksbefragung ist die Mehrheit der abgegebenen Stimmen, wenn sie mindestens ein Viertel der zum Bundestag Wahlberechtigten umfaßt. [2]Im übrigen wird das Nähere über Volksentscheid, Volksbegehren und Volksbefragung durch ein Bundesgesetz geregelt; dieses kann auch vorsehen, daß Volksbegehren innerhalb eines Zeitraumes von fünf Jahren nicht wiederholt werden können.

(7) [1]Sonstige Änderungen des Gebietsbestandes der Länder können durch Staatsverträge der beteiligten Länder oder durch Bundesgesetz mit Zustimmung des Bundesrates erfolgen, wenn das Gebiet, dessen Landeszugehörigkeit geändert werden soll, nicht mehr als 50000 Einwohner hat. [2]Das Nähere regelt ein Bundesgesetz, das der Zustimmung des Bundesrates und der Mehrheit der Mitglieder des Bundestages bedarf. [3]Es muß die Anhörung der betroffenen Gemeinden und Kreise vorsehen.

(8) [1]Die Länder können eine Neugliederung für das jeweils von ihnen umfaßte Gebiet oder für Teilgebiete abweichend von den Vorschriften der Absätze 2 bis 7 durch Staatsvertrag regeln. [2]Die betroffenen Gemeinden und Kreise sind zu hören. [3]Der Staatsvertrag bedarf der Bestätigung durch Volksentscheid in jedem beteiligten Land. [4]Betrifft der Staatsvertrag Teilge-

biete der Länder, kann die Bestätigung auf Volksentscheide in diesen Teilgebieten beschränkt werden; Satz 5 zweiter Halbsatz findet keine Anwendung. [5]Bei einem Volksentscheid entscheidet die Mehrheit der abgegebenen Stimmen, wenn sie mindestens ein Viertel der zum Bundestag Wahlberechtigten umfaßt; das Nähere regelt ein Bundesgesetz. [6]Der Staatsvertrag bedarf der Zustimmung des Bundestages.

Art. 30. [Funktionen der Länder]. Die Ausübung der staatlichen Befugnisse und die Erfüllung der staatlichen Aufgaben ist Sache der Länder, soweit dieses Grundgesetz keine andere Regelung trifft oder zuläßt.

Art. 31. [Vorrang des Bundesrechts].
Bundesrecht bricht Landesrecht.

Art. 32. [Auswärtige Beziehungen]. (1) Die Pflege der Beziehungen zu auswärtigen Staaten ist Sache des Bundes.

(2) Vor dem Abschlusse eines Vertrages, der die besonderen Verhältnisse eines Landes berührt, ist das Land rechtzeitig zu hören.

(3) Soweit die Länder für die Gesetzgebung zuständig sind, können sie mit Zustimmung der Bundesregierung mit auswärtigen Staaten Verträge abschließen.

Art. 33. [Staatsbürgerliche Rechte]. (1) Jeder Deutsche hat in jedem Lande die gleichen staatsbürgerlichen Rechte und Pflichten.

(2) Jeder Deutsche hat nach seiner Eignung, Befähigung und fachlichen Leistung gleichen Zugang zu jedem öffentlichen Amte.

(3) [1]Der Genuß bürgerlicher und staatsbürgerlicher Rechte, die Zulassung zu öffentlichen Ämtern sowie die im öffentlichen Dienste erworbenen Rechte sind unabhängig von dem religiösen Bekenntnis. [2]Niemandem darf aus seiner Zugehörigkeit oder Nichtzugehörigkeit zu einem Bekenntnisse oder einer Weltanschauung ein Nachteil erwachsen.

(4) Die Ausübung hoheitsrechtlicher Befugnisse ist als ständige Aufgabe in der Regel Angehörigen des öffentlichen Dienstes zu übertragen, die in einem öffentlich-rechtlichen Dienst- und Treueverhältnis stehen.

(5) Das Recht des öffentlichen Dienstes ist unter Berücksichtigung der hergebrachten Grundsätze des Berufsbeamtentums zu regeln und fortzuentwickeln.

Art. 34. [Haftung bei Amtspflichtsverletzung].
[1]Verletzt jemand in Ausübung eines ihm anvertrauten öffentlichen Amtes die ihm einem Dritten gegenüber obliegende Amtspflicht, so trifft die Verantwortlichkeit grundsätzlich den Staat oder die Körperschaft, in deren Dienst er steht. [2]Bei Vorsatz oder grober Fahrlässigkeit bleibt der Rückgriff vorbehalten. Für den Anspruch auf Schadensersatz und für den Rückgriff darf der ordentliche Rechtsweg nicht ausgeschlossen werden.

Art. 35. [Rechts- und Amtshilfe]. (1) Alle Behörden des Bundes und der Länder leisten sich gegenseitig Rechts- und Amtshilfe.

(2) [1]Zur Aufrechterhaltung oder Wiederherstellung der öffentlichen Sicherheit oder Ordnung kann ein Land in Fällen von besonderer Bedeutung Kräfte und Einrichtungen des Bundesgrenzschutzes zur Unterstützung seiner Polizei anfordern, wenn die Polizei ohne diese Unterstützung eine Aufgabe nicht oder nur unter erheblichen Schwierigkeiten erfüllen könnte. [2]Zur Hilfe bei einer Naturkatastrophe oder bei einem besonders schweren Unglücksfall kann ein Land Polizeikräfte anderer Länder, Kräfte und Einrichtungen anderer Verwaltungen sowie des Bundesgrenzschutzes und der Streitkräfte anfordern.

(3) [1]Gefährdet die Naturkatastrophe oder der Unglücksfall das Gebiet mehr als eines Landes, so kann die Bundesregierung, soweit es zur wirksamen Bekämpfung erforderlich ist, den Landesregierungen die Weisung erteilen, Polizeikräfte anderen Ländern zur Verfügung zu stellen, sowie Einheiten des Bundesgrenzschutzes und der Streitkräfte zur Unterstützung der Polizeikräfte einsetzen. [2]Maßnahmen der Bundesregierung nach Satz 1 sind jederzeit auf Verlangen des Bundesrates, im übrigen unverzüglich nach Beseitigung der Gefahr aufzuheben.

Art. 36. [Beamte der Bundesbehörden].
(1) [1]Bei den obersten Bundesbehörden sind Beamte aus allen Ländern in angemessenem Verhältnis zu verwenden. [2]Die bei den übrigen Bundesbehörden beschäftigten Personen sollen in der Regel aus dem Lande genommen werden, in dem sie tätig sind.

(2) Die Wehrgesetze haben auch die Gliederung des Bundes in Länder und ihre besonderen landsmannschaftlichen Verhältnisse zu berücksichtigen.

Art. 37. [Bundeszwang]. (1) Wenn ein Land die ihm nach dem Grundgesetze oder einem anderen Bundesgesetze obliegenden Bundespflichten nicht erfüllt, kann die Bundesregierung mit Zustimmung des Bundesrates die notwendigen Maßnahmen treffen, um das Land im Wege des Bundeszwanges zur Erfüllung seiner Pflichten anzuhalten.

(2) Zur Durchführung des Bundeszwanges hat die Bundesregierung oder ihr Beauftragter das Weisungsrecht gegenüber allen Ländern und ihren Behörden.

Der Bundestag

Art. 38. [Wahl]. (1) [1]Die Abgeordneten des Deutschen Bundestages werden in allgemeiner, unmittelbarer, freier, gleicher und geheimer Wahl gewählt. [2]Sie sind Vertreter des ganzen Volkes, an Aufträge und Weisungen nicht gebunden und nur ihrem Gewissen unterworfen.

(2) Wahlberechtigt ist, wer das achtzehnte Lebensjahr vollendet hat; wählbar ist, wer das Alter erreicht hat, mit dem die Volljährigkeit eintritt.

(3) Das Nähere bestimmt ein Bundesgesetz.

Art. 39. [Zusammentritt und Wahlperiode]. (1) [1]Der Bundestag wird vorbehaltlich der nachfolgenden Bestimmungen auf vier Jahre gewählt. [2]Seine Wahlperiode endet mit dem Zusammentritt eines neuen Bundestages. [3]Die Neuwahl findet frühestens sechsundvierzig, spätestens achtundvierzig Monate nach Beginn der Wahlperiode statt. [4]Im Falle einer Auflösung des Bundestages findet die Neuwahl innerhalb von sechzig Tagen statt.

(2) Der Bundestag tritt spätestens am dreißigsten Tage nach der Wahl zusammen.

(3) [1]Der Bundestag bestimmt den Schluß und den Wiederbeginn seiner Sitzungen. [2]Der Präsident des Bundestages kann ihn früher einberufen. [3]Er ist hierzu verpflichtet, wenn ein Drittel der Mitglieder, der Bundespräsident oder der Bundeskanzler es verlangen.

Art. 40. [Präsident; Geschäftsordnung]. (1) [1]Der Bundestag wählt seinen Präsidenten, dessen Stellvertreter und die Schriftführer. [2]Er gibt sich eine Geschäftsordnung.

(2) [1]Der Präsident übt das Hausrecht und die Polizeigewalt im Gebäude des Bundestages aus. [2]Ohne seine Genehmigung darf in den Räumen des Bundestages keine Durchsuchung oder Beschlagnahme stattfinden.

Art. 41. [Wahlprüfung]. (1) [1]Die Wahlprüfung ist Sache des Bundestages. [2]Er entscheidet auch, ob ein Abgeordneter des Bundestages die Mitgliedschaft verloren hat.

(2) Gegen die Entscheidung des Bundestages ist die Beschwerde an das Bundesverfassungsgericht zulässig.

(3) Das Nähere regelt ein Bundesgesetz.

Art. 42. [Öffentlichkeit der Sitzungen; Mehrheitsprinzip]. (1) [1]Der Bundestag verhandelt öffentlich. [2]Auf Antrag eines Zehntels seiner Mitglieder oder auf Antrag der Bundesregierung kann mit Zweidrittelmehrheit die Öffentlichkeit ausgeschlossen werden. [3]Über den Antrag wird in nichtöffentlicher Sitzung entschieden.

(2) Zu einem Beschlusse des Bundestages ist die Mehrheit der abgegebenen Stimmen erforderlich, soweit dieses Grundgesetz nichts anderes bestimmt. Für die vom Bundestage vorzunehmenden Wahlen kann die Geschäftsordnung Ausnahmen zulassen.

(3) Wahrheitsgetreue Berichte über die öffentlichen Sitzungen des Bundestages und seiner Ausschüsse bleiben von jeder Verantwortlichkeit frei.

Art. 43. [Anwesenheit der Bundesregierung]. (1) Der Bundestag und seine Ausschüsse können die Anwesenheit jedes Mitgliedes der Bundesregierung verlangen.

(2) [1]Die Mitglieder des Bundesrates und der Bundesregierung sowie ihre Beauftragten haben zu allen Sitzungen des Bundestages und seiner Ausschüsse Zutritt. [2]Sie müssen jederzeit gehört werden.

Art. 44. [Untersuchungsausschüsse]. (1) [1]Der Bundestag hat das Recht und auf Antrag eines Viertels seiner Mitglieder die Pflicht, einen Untersuchungsausschuß einzusetzen, der in öffentlicher Verhandlung die erforderlichen Beweise erhebt. [2]Die Öffentlichkeit kann ausgeschlossen werden.

(2) [1]Auf Beweiserhebungen finden die Vorschriften über den Strafprozeß sinngemäß Anwendung. [2]Das Brief-, Post- und Fernmeldegeheimnis bleibt unberührt.

(3) Gerichte und Verwaltungsbehörden sind zur Rechts- und Amtshilfe verpflichtet.

(4) [1]Die Beschlüsse der Untersuchungsausschüsse sind der richterlichen Erörterung entzogen. [2]In der Würdigung und Beurteilung des der Untersuchung zugrunde liegenden Sachverhaltes sind die Gerichte frei.

Art. 45. [Ausschuß für die Angelegenheiten der Europäischen Union]. [1]Der Bundestag bestellt einen Ausschuß für die Angelegenheiten der Europäischen Union. [2]Er kann ihn ermächtigen, die Rechte des Bundestages gemäß Artikel 23 gegenüber der Bundesregierung wahrzunehmen. [3]Er kann ihn auch ermächtigen, die Rechte wahrzunehmen, die dem Bundestag in den vertraglichen Grundlagen der Europäischen Union eingeräumt sind.

Art. 45a. [Ausschüsse für auswärtige Angelegenheiten und für Verteidigung]. (1) Der Bundestag bestellt einen Ausschuß für auswärtige Angelegenheiten und einen Ausschuß für Verteidigung.

(2) [1]Der Ausschuß für Verteidigung hat auch die Rechte eines Untersuchungsausschusses. [2]Auf Antrag eines Viertels seiner Mitglieder

hat er die Pflicht, eine Angelegenheit zum Gegenstand seiner Untersuchung zu machen.

(3) Artikel 44 Abs. 1 findet auf dem Gebiet der Verteidigung keine Anwendung.

Art. 45b. [Wehrbeauftragter des Bundestages]. [1]Zum Schutz der Grundrechte und als Hilfsorgan des Bundestages bei der Ausübung der parlamentarischen Kontrolle wird ein Wehrbeauftragter des Bundestages berufen. [2]Das Nähere regelt ein Bundesgesetz.

Art. 45c. [Petitionsausschuß des Bundestages].
(1) Der Bundestag bestellt einen Petitionsausschuß, dem die Behandlung der nach Artikel 17 an den Bundestag gerichteten Bitten und Beschwerden obliegt.

(2) Die Befugnisse des Ausschusses zur Überprüfung von Beschwerden regelt ein Bundesgesetz.

Art. 45d. Parlamentarisches Kontrollgremium.
(1) Der Bundestag bestellt ein Gremium zur Kontrolle der nachrichtendienstlichen Tätigkeit des Bundes.

(2) Das Nähere regelt ein Bundesgesetz.

Art. 46. [Indemnität und Immunität der Abgeordneten]. (1) [1]Ein Abgeordneter darf zu keiner Zeit wegen seiner Abstimmung oder wegen einer Äußerung, die er im Bundestage oder in einem seiner Ausschüsse getan hat, gerichtlich oder dienstlich verfolgt oder sonst außerhalb des Bundestages zur Verantwortung gezogen werden. [2]Dies gilt nicht für verleumderische Beleidigungen.

(2) Wegen einer mit Strafe bedrohten Handlung darf ein Abgeordneter nur mit Genehmigung des Bundestages zur Verantwortung gezogen oder verhaftet werden, es sei denn, daß er bei Begehung der Tat oder im Laufe des folgenden Tages festgenommen wird.

(3) Die Genehmigung des Bundestages ist ferner bei jeder anderen Beschränkung der persönlichen Freiheit eines Abgeordneten oder zur Einleitung eines Verfahrens gegen einen Abgeordneten gemäß Artikel 18 erforderlich.

(4) Jedes Strafverfahren und jedes Verfahren gemäß Artikel 18 gegen einen Abgeordneten, jede Haft und jede sonstige Beschränkung seiner persönlichen Freiheit sind auf Verlangen des Bundestages auszusetzen.

Art. 47. [Zeugnisverweigerungsrecht der Abgeordneten]. [1]Die Abgeordneten sind berechtigt, über Personen, die ihnen in ihrer Eigenschaft als Abgeordnete oder denen sie in dieser Eigenschaft Tatsachen anvertraut haben, sowie über diese Tatsachen selbst das Zeugnis zu verweigern. [2]Soweit dieses Zeugnisverweigerungsrecht reicht, ist die Beschlagnahme von Schriftstücken unzulässig.

Art. 48. [Ansprüche der Abgeordneten].
(1) Wer sich um einen Sitz im Bundestage bewirbt, hat Anspruch auf den zur Vorbereitung seiner Wahl erforderlichen Urlaub.

(2) [1]Niemand darf gehindert werden, das Amt eines Abgeordneten zu übernehmen und auszuüben. [2]Eine Kündigung oder Entlassung aus diesem Grunde ist unzulässig.

(3) [1]Die Abgeordneten haben Anspruch auf eine angemessene, ihre Unabhängigkeit sichernde Entschädigung. [2]Sie haben das Recht der freien Benutzung aller staatlichen Verkehrsmittel. [3]Das Nähere regelt ein Bundesgesetz.

Art. 49. *(aufgehoben)*

Der Bundesrat

Art. 50. [Aufgabe]. Durch den Bundesrat wirken die Länder bei der Gesetzgebung und Verwaltung des Bundes und in Angelegenheiten der Europäischen Union mit.

Art. 51. [Zusammensetzung]. (1) [1]Der Bundesrat besteht aus Mitgliedern der Regierungen der Länder, die sie bestellen und abberufen. [2]Sie können durch andere Mitglieder ihrer Regierungen vertreten werden.

(2) Jedes Land hat mindestens drei Stimmen, Länder mit mehr als zwei Millionen Einwohnern haben vier, Länder mit mehr als sechs Millionen Einwohnern fünf, Länder mit mehr als sieben Millionen Einwohnern sechs Stimmen.

(3) [1]Jedes Land kann so viele Mitglieder entsenden, wie es Stimmen hat. [2]Die Stimmen eines Landes können nur einheitlich und nur durch anwesende Mitglieder oder deren Vertreter abgegeben werden.

Art. 52. [Präsident; Beschlußfassung; Bildung einer Europakammer]. (1) Der Bundesrat wählt seinen Präsidenten auf ein Jahr.

(2) [1]Der Präsident beruft den Bundesrat ein. [2]Er hat ihn einzuberufen, wenn die Vertreter von mindestens zwei Ländern oder die Bundesregierung es verlangen.

(3) [1]Der Bundesrat faßt seine Beschlüsse mit mindestens der Mehrheit seiner Stimmen. [2]Er gibt sich eine Geschäftsordnung. [3]Er verhandelt öffentlich. [4]Die Öffentlichkeit kann ausgeschlossen werden.

(3a) Für Angelegenheiten der Europäischen Union kann der Bundesrat eine Europakammer bilden, deren Beschlüsse als Beschlüsse des Bundesrates gelten; die Anzahl der einheitlich abzugebenden Stimmen der Länder bestimmt sich nach Artikel 51 Abs. 2.

(4) Den Ausschüssen des Bundesrates können andere Mitglieder oder Beauftragte der Regierungen der Länder angehören.

Art. 53. [Teilnahme der Bundesregierung]. [1]Die Mitglieder der Bundesregierung haben das Recht und auf Verlangen die Pflicht, an den Verhandlungen des Bundesrates und seiner Ausschüsse teilzunehmen. [2]Sie müssen jederzeit gehört werden. [3]Der Bundesrat ist von der Bundesregierung über die Führung der Geschäfte auf dem laufenden zu halten.

Gemeinsamer Ausschuß

Art. 53a. [Gemeinsamer Ausschuß]. (1) [1]Der Gemeinsame Ausschuß besteht zu zwei Dritteln aus Abgeordneten des Bundestages, zu einem Drittel aus Mitgliedern des Bundesrates. [2]Die Abgeordneten werden vom Bundestage entsprechend dem Stärkeverhältnis der Fraktionen bestimmt; sie dürfen nicht der Bundesregierung angehören. [3]Jedes Land wird durch ein von ihm bestelltes Mitglied des Bundesrates vertreten; diese Mitglieder sind nicht an Weisungen gebunden. [4]Die Bildung des Gemeinsamen Ausschusses und sein Verfahren werden durch eine Geschäftsordnung geregelt, die vom Bundestage zu beschließen ist und der Zustimmung des Bundesrates bedarf.

(2) [1]Die Bundesregierung hat den Gemeinsamen Ausschuß über ihre Planungen für den Verteidigungsfall zu unterrichten. [2]Die Rechte des Bundestages und seiner Ausschüsse nach Artikel 43 Abs. 1 bleiben unberührt.

Der Bundespräsident

Art. 54. [Wahl durch die Bundesversammlung]. (1) [1]Der Bundespräsident wird ohne Aussprache von der Bundesversammlung gewählt. [2]Wählbar ist jeder Deutsche, der das Wahlrecht zum Bundestage besitzt und das vierzigste Lebensjahr vollendet hat.

(2) [1]Das Amt des Bundespräsidenten dauert fünf Jahre. [2]Anschließende Wiederwahl ist nur einmal zulässig.

(3) Die Bundesversammlung besteht aus den Mitgliedern des Bundestages und einer gleichen Anzahl von Mitgliedern, die von den Volksvertretungen der Länder nach den Grundsätzen der Verhältniswahl gewählt werden.

(4) [1]Die Bundesversammlung tritt spätestens dreißig Tage vor Ablauf der Amtszeit des Bundespräsidenten, bei vorzeitiger Beendigung spätestens dreißig Tage nach diesem Zeitpunkt zusammen. [2]Sie wird von dem Präsidenten des Bundestages einberufen.

(5) Nach Ablauf der Wahlperiode beginnt die Frist des Absatzes 4 Satz 1 mit dem ersten Zusammentritt des Bundestages.

(6) [1]Gewählt ist, wer die Stimmen der Mehrheit der Mitglieder der Bundesversammlung erhält. [2]Wird diese Mehrheit in zwei Wahlgängen von keinem Bewerber erreicht, so ist gewählt, wer in einem weiteren Wahlgang die meisten Stimmen auf sich vereinigt.

(7) Das Nähere regelt ein Bundesgesetz.

Art. 55. [Berufs- und Gewerbeverbot]. (1) Der Bundespräsident darf weder der Regierung noch einer gesetzgebenden Körperschaft des Bundes oder eines Landes angehören.

(2) Der Bundespräsident darf kein anderes besoldetes Amt, kein Gewerbe und keinen Beruf ausüben und weder der Leitung noch dem Aufsichtsrate eines auf Erwerb gerichteten Unternehmens angehören.

Art. 56. [Amtseid]. Der Bundespräsident leistet bei seinem Amtsantritt vor den versammelten Mitgliedern des Bundestages und des Bundesrates folgenden Eid:

„Ich schwöre, daß ich meine Kraft dem Wohle des deutschen Volkes widmen, seinen Nutzen mehren, Schaden von ihm wenden, das Grundgesetz und die Gesetze des Bundes wahren und verteidigen, meine Pflichten gewissenhaft erfüllen und Gerechtigkeit gegen jedermann üben werde. So wahr mir Gott helfe."

Der Eid kann auch ohne religiöse Beteuerung geleistet werden.

Art. 57. [Vertretung]. Die Befugnisse des Bundespräsidenten werden im Falle seiner Verhinderung oder bei vorzeitiger Erledigung des Amtes durch den Präsidenten des Bundesrates wahrgenommen.

Art. 58. [Gegenzeichnung]. [1]Anordnungen und Verfügungen des Bundespräsidenten bedürfen zu ihrer Gültigkeit der Gegenzeichnung durch den Bundeskanzler oder durch den zuständigen Bundesminister. [2]Dies gilt nicht für die Ernennung und Entlassung des Bundeskanzlers, die Auflösung des Bundestages gemäß Artikel 63 und das Ersuchen gemäß Artikel 69 Abs. 3.

Art. 59. [Völkerrechtliche Vertretungsmacht]. (1) [1]Der Bundespräsident vertritt den Bund völkerrechtlich. [2]Er schließt im Namen des Bundes die Verträge mit auswärtigen Staaten. [3]Er beglaubigt und empfängt die Gesandten.

(2) [1]Verträge, welche die politischen Beziehungen des Bundes regeln oder sich auf Gegenstände der Bundesgesetzgebung beziehen, be-

dürfen der Zustimmung oder der Mitwirkung der jeweils für die Bundesgesetzgebung zuständigen Körperschaften in der Form eines Bundesgesetzes. [2]Für Verwaltungsabkommen gelten die Vorschriften über die Bundesverwaltung entsprechend.

Art. 59 a. *(aufgehoben)*

Art. 60. [Ernennung der Bundesbeamten und Soldaten]. (1) Der Bundespräsident ernennt und entläßt die Bundesrichter, die Bundesbeamten, die Offiziere und Unteroffiziere, soweit gesetzlich nichts anderes bestimmt ist.

(2) Er übt im Einzelfalle für den Bund das Begnadigungsrecht aus.

(3) Er kann diese Befugnisse auf andere Behörden übertragen.

(4) Die Absätze 2 bis 4 des Artikels 46 finden auf den Bundespräsidenten entsprechende Anwendung.

Art. 61. [Anklage vor dem Bundesverfassungsgericht]. (1) [1]Der Bundestag oder der Bundesrat können den Bundespräsidenten wegen vorsätzlicher Verletzung des Grundgesetzes oder eines anderen Bundesgesetzes vor dem Bundesverfassungsgericht anklagen. [2]Der Antrag auf Erhebung der Anklage muß von mindestens einem Viertel der Mitglieder des Bundestages oder einem Viertel der Stimmen des Bundesrates gestellt werden. [3]Der Beschluß auf Erhebung der Anklage bedarf der Mehrheit von zwei Dritteln der Mitglieder des Bundestages oder von zwei Dritteln der Stimmen des Bundesrates. [4]Die Anklage wird von einem Beauftragten der anklagenden Körperschaft vertreten.

(2) [1]Stellt das Bundesverfassungsgericht fest, daß der Bundespräsident einer vorsätzlichen Verletzung des Grundgesetzes oder eines anderen Bundesgesetzes schuldig ist, so kann es ihn des Amtes für verlustig erklären. [2]Durch einstweilige Anordnung kann es nach der Erhebung der Anklage bestimmen, daß er an der Ausübung seines Amtes verhindert ist.

Die Bundesregierung

Art. 62. [Zusammensetzung]. Die Bundesregierung besteht aus dem Bundeskanzler und aus den Bundesministern.

Art. 63. [Wahl des Bundeskanzlers]. (1) Der Bundeskanzler wird auf Vorschlag des Bundespräsidenten vom Bundestage ohne Aussprache gewählt.

(2) [1]Gewählt ist, wer die Stimmen der Mehrheit der Mitglieder des Bundestages auf sich vereinigt. [2]Der Gewählte ist vom Bundespräsidenten zu ernennen.

(3) Wird der Vorgeschlagene nicht gewählt, so kann der Bundestag binnen vierzehn Tagen nach dem Wahlgange mit mehr als der Hälfte seiner Mitglieder einen Bundeskanzler wählen.

(4) [1]Kommt eine Wahl innerhalb dieser Frist nicht zustande, so findet unverzüglich ein neuer Wahlgang statt, in dem gewählt ist, wer die meisten Stimmen erhält. [2]Vereinigt der Gewählte die Stimmen der Mehrheit der Mitglieder des Bundestages auf sich, so muß der Bundespräsident ihn binnen sieben Tagen nach der Wahl ernennen. [3]Erreicht der Gewählte diese Mehrheit nicht, so hat der Bundespräsident binnen sieben Tagen entweder ihn zu ernennen oder den Bundestag aufzulösen.

Art. 64. [Ernennung der Bundesminister].

(1) Die Bundesminister werden auf Vorschlag des Bundeskanzlers vom Bundespräsidenten ernannt und entlassen.

(2) Der Bundeskanzler und die Bundesminister leisten bei der Amtsübernahme vor dem Bundestage den in Artikel 56 vorgesehenen Eid.

Art. 65. [Verantwortung]. [1]Der Bundeskanzler bestimmt die Richtlinien der Politik und trägt dafür die Verantwortung. [2]Innerhalb dieser Richtlinien leitet jeder Bundesminister seinen Geschäftsbereich selbständig und unter eigener Verantwortung. [3]Über Meinungsverschiedenheiten zwischen den Bundesministern entscheidet die Bundesregierung. [4]Der Bundeskanzler leitet ihre Geschäfte nach einer von der Bundesregierung beschlossenen und vom Bundespräsidenten genehmigten Geschäftsordnung.

Art. 65a. [Befehls- und Kommandogewalt über die Streitkräfte]. (1) Der Bundesminister für Verteidigung hat die Befehls- und Kommandogewalt über die Streitkräfte.

Art. 66. [Berufs- und Gewerbeverbot].

Der Bundeskanzler und die Bundesminister dürfen kein anderes besoldetes Amt, kein Gewerbe und keinen Beruf ausüben und weder der Leitung noch ohne Zustimmung des Bundestages dem Aufsichtsrate eines auf Erwerb gerichteten Unternehmens angehören.

Art. 67. [Mißtrauensvotum]. (1) [1]Der Bundestag kann dem Bundeskanzler das Mißtrauen nur dadurch aussprechen, daß er mit der Mehrheit seiner Mitglieder einen Nachfolger wählt und den Bundespräsidenten ersucht, den Bundeskanzler zu entlassen. [2]Der Bundespräsident muß dem Ersuchen entsprechen und den Gewählten ernennen.

(2) Zwischen dem Antrage und der Wahl müssen achtundvierzig Stunden liegen.

Art. 68. [Auflösung des Bundestages].

(1) [1]Findet ein Antrag des Bundeskanzlers, ihm das Vertrauen auszusprechen, nicht die Zustimmung der Mehrheit der Mitglieder des Bundestages, so kann der Bundespräsident auf Vorschlag des Bundeskanzlers binnen einundzwanzig Tagen den Bundestag auflösen. [2]Das Recht zur Auflösung erlischt, sobald der Bundestag mit der Mehrheit seiner Mitglieder einen anderen Bundeskanzler wählt.

(2) Zwischen dem Antrage und der Abstimmung müssen achtundvierzig Stunden liegen.

Art. 69. [Stellvertreter des Bundeskanzlers].

(1) Der Bundeskanzler ernennt einen Bundesminister zu seinem Stellvertreter.

(2) Das Amt des Bundeskanzlers oder eines Bundesministers endigt in jedem Falle mit dem Zusammentritt eines neuen Bundestages, das Amt eines Bundesministers auch mit jeder anderen Erledigung des Amtes des Bundeskanzlers.

(3) Auf Ersuchen des Bundespräsidenten ist der Bundeskanzler, auf Ersuchen des Bundeskanzlers oder des Bundespräsidenten ein Bundesminister verpflichtet, die Geschäfte bis zur Ernennung seines Nachfolgers weiterzuführen.

Die Gesetzgebung des Bundes

Art. 70. [Gesetzgebung des Bundes und der Länder]. (1) Die Länder haben das Recht der Gesetzgebung, soweit dieses Grundgesetz nicht dem Bunde Gesetzgebungsbefugnisse verleiht.

(2) Die Abgrenzung der Zuständigkeit zwischen Bund und Ländern bemißt sich nach den Vorschriften des Grundgesetzes über die ausschließliche und die konkurrierende Gesetzgebung.

Art. 71. [Ausschließliche Gesetzgebung].

Im Bereich der ausschließlichen Gesetzgebung des Bundes haben die Länder die Befugnis zur Gesetzgebung nur, wenn und soweit sie hierzu in einem Bundesgesetze ausdrücklich ermächtigt werden.

Art. 72. [Konkurrierende Gesetzgebung].

(1) Im Bereich der konkurrierenden Gesetzgebung haben die Länder die Befugnis zur Gesetzgebung, solange und soweit der Bund von seiner Gesetzgebungszuständigkeit nicht durch Gesetz Gebrauch gemacht hat.

(2) Auf den Gebieten des Artikels 74 Abs. 1 Nr. 4, 7, 11, 13, 15, 19a, 20, 22, 25 und 26 hat der Bund das Gesetzgebungsrecht, wenn und soweit die Herstellung gleichwertiger Lebensverhältnisse im Bundesgebiet oder die Wahrung der Rechts- oder Wirtschaftseinheit im gesamtstaatlichen Interesse eine bundesgesetzliche Regelung erforderlich macht.

(3) [1]Hat der Bund von seiner Gesetzgebungszuständigkeit Gebrauch gemacht, können die Länder durch Gesetz hiervon abweichende Regelungen treffen über:

1. das Jagdwesen (ohne das Recht der Jagdscheine);
2. den Naturschutz und die Landschaftspflege (ohne die allgemeinen Grundsätze des Naturschutzes, das Recht des Artenschutzes oder des Meeresnaturschutzes);
3. die Bodenverteilung;
4. die Raumordnung;
5. den Wasserhaushalt (ohne stoff- oder anlagenbezogene Regelungen);
6. die Hochschulzulassung und die Hochschulabschlüsse.

[2]Bundesgesetze auf diesen Gebieten treten frühestens sechs Monate nach ihrer Verkündung in Kraft, soweit nicht mit Zustimmung des Bundesrates anderes bestimmt ist. [3]Auf den Gebieten des Satzes 1 geht im Verhältnis von Bundes- und Landesrecht das jeweils spätere Gesetz vor.

(4) Durch Bundesgesetz kann bestimmt werden, daß eine bundesgesetzliche Regelung, für die eine Erforderlichkeit im Sinne des Absatzes 2 nicht mehr besteht, durch Landesrecht ersetzt werden kann.

Art. 73. [Gegenstände der ausschließlichen Gesetzgebung]. (1) Der Bund hat die ausschließliche Gesetzgebung über:

1. die auswärtigen Angelegenheiten sowie die Verteidigung einschließlich des Schutzes der Zivilbevölkerung;
2. die Staatsangehörigkeit im Bunde;
3. die Freizügigkeit, das Paßwesen, das Melde- und Ausweiswesen, die Ein- und Auswanderung und die Auslieferung;
4. das Währungs-, Geld- und Münzwesen, Maße und Gewichte sowie die Zeitbestimmung;
5. die Einheit des Zoll- und Handelsgebietes, die Handels- und Schiffahrtsverträge, die Freizügigkeit des Warenverkehrs und den Waren- und Zahlungsverkehr mit dem Auslande einschließlich des Zoll- und Grenzschutzes;

5a. den Schutz deutschen Kulturgutes gegen Abwanderung ins Ausland;

6. den Luftverkehr;

6a. den Verkehr von Eisenbahnen, die ganz oder mehrheitlich im Eigentum des Bundes stehen (Eisenbahnen des Bundes), den Bau, die Unterhaltung und das Betreiben von Schienenwegen der Eisenbahnen des Bun- 8

des sowie die Erhebung von Entgelten für die Benutzung dieser Schienenwege;
7. das Postwesen und die Telekommunikation;
8. die Rechtsverhältnisse der im Dienste des Bundes und der bundesunmittelbaren Körperschaften des öffentlichen Rechtes stehenden Personen;
9. den gewerblichen Rechtsschutz, das Urheberrecht und das Verlagsrecht;
9a. die Abwehr von Gefahren des internationalen Terrorismus durch das Bundeskriminalpolizeiamt in Fällen, in denen eine länderübergreifende Gefahr vorliegt, die Zuständigkeit einer Landespolizeibehörde nicht erkennbar ist oder die oberste Landesbehörde um eine Übernahme ersucht;
10. die Zusammenarbeit des Bundes und der Länder
   a) in der Kriminalpolizei,
   b) zum Schutze der freiheitlichen demokratischen Grundordnung, des Bestandes und der Sicherheit des Bundes oder eines Landes (Verfassungsschutz) und
   c) zum Schutze gegen Bestrebungen im Bundesgebiet, die durch Anwendung von Gewalt oder darauf gerichtete Vorbereitungshandlungen auswärtige Belange der Bundesrepublik Deutschland gefährden,

sowie die Einrichtung eines Bundeskriminalpolizeiamtes und die internationale Verbrechensbekämpfung;
11. die Statistik für Bundeszwecke;
12. das Waffen- und das Sprengstoffrecht;
13. die Versorgung der Kriegsbeschädigten und Kriegshinterbliebenen und die Fürsorge für die ehemaligen Kriegsgefangenen;
14. die Erzeugung und Nutzung der Kernenergie zu friedlichen Zwecken, die Errichtung und den Betrieb von Anlagen, die diesen Zwecken dienen, den Schutz gegen Gefahren, die bei Freiwerden von Kernenergie oder durch ionisierende Strahlen entstehen, und die Beseitigung radioaktiver Stoffe.

(2)) Gesetze nach Absatz 1 Nr. 9a bedürfen der Zustimmung des Bundesrates.

Art. 74. [Gegenstände der konkurrierenden Gesetzgebung]. (1) Die konkurrierende Gesetzgebung erstreckt sich auf folgende Gebiete:
1. das bürgerliche Recht, das Strafrecht, die Gerichtsverfassung, das gerichtliche Verfahren (ohne das Recht des Untersuchungshaftvollzugs), die Rechtsanwaltschaft, das Notariat und die Rechtsberatung;
2. das Personenstandswesen;
3. das Vereinsrecht;
4. das Aufenthalts- und Niederlassungsrecht der Ausländer;
5. (aufgehoben)
6. die Angelegenheiten der Flüchtlinge und Vertriebenen;
7. die öffentliche Fürsorge (ohne das Heimrecht);
8. (aufgehoben)
9. die Kriegsschäden und die Wiedergutmachung;
10. die Kriegsgräber und Gräber anderer Opfer des Krieges und Opfer von Gewaltherrschaft;
11. das Recht der Wirtschaft (Bergbau, Industrie, Energiewirtschaft, Handwerk, Gewerbe, Handel, Bank- und Börsenwesen, privatrechtliches Versicherungswesen) ohne das Recht des Ladenschlusses, der Gaststätten, der Spielhallen, der Schaustellung von Personen, der Messen, der Ausstellungen und der Märkte;
12. das Arbeitsrecht einschließlich der Betriebsverfassung, des Arbeitsschutzes und der Arbeitsvermittlung sowie die Sozialversicherung einschließlich der Arbeitslosenversicherung;
13. die Regelung der Ausbildungsbeihilfen und die Förderung der wissenschaftlichen Forschung;
14. das Recht der Enteignung, soweit sie auf den Sachgebieten der Artikel 73 und 74 in Betracht kommt;
15. die Überführung von Grund und Boden, von Naturschätzen und Produktionsmitteln in Gemeineigentum oder in andere Formen der Gemeinwirtschaft;
16. die Verhütung des Mißbrauchs wirtschaftlicher Machtstellung;
17. die Förderung der land- und forstwirtschaftlichen Erzeugung (ohne das Recht der Flurbereinigung), die Sicherung der Ernährung, die Ein- und Ausfuhr land- und forstwirtschaftlicher Erzeugnisse, die Hochsee- und Küstenfischerei und den Küstenschutz;
18. den städtebaulichen Grundstücksverkehr, das Bodenrecht (ohne das Recht der Erschließungsbeiträge) und das Wohngeldrecht, das Altschuldenhilferecht, das Wohnungsbauprämienrecht, das Bergarbeiterwohnungsbaurecht und das Bergmannssiedlungsrecht;
19. Maßnahmen gegen gemeingefährliche oder übertragbare Krankheiten bei Menschen und Tieren, Zulassung zu ärztlichen und anderen Heilberufen und zum Heilgewerbe, sowie das Recht des Apothekenwesens, der Arzneien, der Medizinprodukte, der Heilmittel, der Betäubungsmittel und der Gifte;

19a. die wirtschaftliche Sicherung der Krankenhäuser und die Regelung der Krankenhauspflegesätze;
20. das Recht der Lebensmittel einschließlich der ihrer Gewinnung dienenden Tiere, das Recht der Genussmittel, Bedarfsgegenstände und Futtermittel sowie den Schutz beim Verkehr mit land- und forstwirtschaftlichem Saat- und Pflanzgut, den Schutz der Pflanzen gegen Krankheiten und Schädlinge sowie den Tierschutz;
21. die Hochsee- und Küstenschiffahrt sowie die Seezeichen, die Binnenschiffahrt, den Wetterdienst, die Seewasserstraßen und die dem allgemeinen Verkehr dienenden Binnenwasserstraßen;
22. den Straßenverkehr, das Kraftfahrwesen, den Bau und die Unterhaltung von Landstraßen für den Fernverkehr sowie die Erhebung und Verteilung von Gebühren oder Entgelten für die Benutzung öffentlicher Straßen mit Fahrzeugen;
23. die Schienenbahnen, die nicht Eisenbahnen des Bundes sind, mit Ausnahme der Bergbahnen;
24. die Abfallwirtschaft, die Luftreinhaltung und die Lärmbekämpfung (ohne Schutz vor verhaltensbezogenem Lärm);
25. die Staatshaftung;
26. die medizinisch unterstützte Erzeugung menschlichen Lebens, die Untersuchung und die künstliche Veränderung von Erbinformationen sowie Regelungen zur Transplantation von Organen, Geweben und Zellen;
27. die Statusrechte und -pflichten der Beamten der Länder, Gemeinden und anderen Körperschaften des öffentlichen Rechts sowie der Richter in den Ländern mit Ausnahme der Laufbahnen, Besoldung und Versorgung;
28. das Jagdwesen;
29. den Naturschutz und die Landschaftspflege;
30. die Bodenverteilung;
31. die Raumordnung;
32. den Wasserhaushalt;
33. die Hochschulzulassung und die Hochschulabschlüsse.

(2) Gesetze nach Absatz 1 Nr. 25 und 27 bedürfen der Zustimmung des Bundesrates.

Art. 74a. [Konkurrierende Gesetzgebung für Besoldung und Versorgung im öffentlichen Dienst]. (aufgehoben)

Art. 75. [Rahmenvorschriften]. (aufgehoben)

Art. 76. [Gesetzesvorlagen]. (1) Gesetzesvorlagen werden beim Bundestage durch die Bundesregierung, aus der Mitte des Bundestages oder durch den Bundesrat eingebracht.

(2) [1]Vorlagen der Bundesregierung sind zunächst dem Bundesrat zuzuleiten. [2]Der Bundesrat ist berechtigt, innerhalb von sechs Wochen zu diesen Vorlagen Stellung zu nehmen. [3]Verlangt er aus wichtigem Grunde, insbesondere mit Rücksicht auf den Umfang einer Vorlage, eine Fristverlängerung, so beträgt die Frist neun Wochen. [4]Die Bundesregierung kann eine Vorlage, die sie bei der Zuleitung an den Bundesrat ausnahmsweise als besonders eilbedürftig bezeichnet hat, nach drei Wochen oder, wenn der Bundesrat ein Verlangen nach Satz 3 geäußert hat, nach sechs Wochen dem Bundestag zuleiten, auch wenn die Stellungnahme des Bundesrates noch nicht bei ihr eingegangen ist; sie hat die Stellungnahme des Bunderates unverzüglich nach Eingang dem Bundestag nachzureichen. [5]Bei Vorlagen zur Änderung dieses Grundgesetzes und zur Übertragung von Hoheitsrechten nach Artikel 23 oder Artikel 24 beträgt die Frist zur Stellungnahme neun Wochen; Satz 4 findet keine Anwendung.

(3) [1]Vorlagen des Bundesrates sind dem Bundestag durch die Bundesregierung innerhalb von sechs Wochen zuzuleiten. [2]Sie soll hierbei ihre Auffassung darlegen. [3]Verlangt sie aus wichtigem Grunde, insbesondere mit Rücksicht auf den Umfang einer Vorlage, eine Fristverlängerung, so beträgt die Frist neun Wochen. [4]Wenn der Bundesrat eine Vorlage ausnahmsweise als besonders eilbedürftig bezeichnet hat, beträgt die Frist drei Wochen oder, wenn die Bundesregierung ein Verlangen nach Satz 3 geäußert hat, sechs Wochen. [5]Bei Vorlagen zur Änderung dieses Grundgesetzes und zur Übertragung von Hoheitsrechten nach Artikel 23 oder Artikel 24 beträgt die Frist neun Wochen. [6]Satz 4 findet keine Anwendung.
[7]Der Bundestag hat über die Vorlagen in angemessener Frist zu beraten und Beschluß zu fassen.

Art. 77. [Verfahren bei Gesetzesbeschlüssen].
(1) [1]Die Bundesgesetze werden vom Bundestage beschlossen. [2]Sie sind nach ihrer Annahme durch den Präsidenten des Bundestages unverzüglich dem Bundesrate zuzuleiten.

(2) Der Bundesrat kann binnen drei Wochen nach Eingang des Gesetzesbeschlusses verlangen, daß ein aus Mitgliedern des Bundestages und des Bundesrates für die gemeinsame Beratung von Vorlagen gebildeter Ausschuß einberufen wird. Die Zusammensetzung und das Verfahren dieses Ausschusses regelt eine Geschäftsordnung, die vom Bundestag beschlossen wird und der Zustimmung des Bundesrates bedarf. Die in diesen Ausschuß entsandten Mitglieder des Bundesrates sind nicht an Weisun-

gen gebunden. Ist zu einem Gesetze die Zustimmung des Bundesrates erforderlich, so können auch der Bundestag und die Bundesregierung die Einberufung verlangen. Schlägt der Ausschuß eine Änderung des Gesetzesbeschlusses vor, so hat der Bundestag erneut Beschluß zu fassen.

(2a) Soweit zu einem Gesetz die Zustimmung des Bundesrates erforderlich ist, hat der Bundesrat, wenn ein Verlangen nach Absatz 2 Satz 1 nicht gestellt oder das Vermittlungsverfahren ohne einen Vorschlag zur Änderung des Gesetzesbeschlusses beendet ist, in angemessener Frist über die Zustimmung Beschluß zu fassen.

(3) [1]Soweit zu einem Gesetze die Zustimmung des Bundesrates nicht erforderlich ist, kann der Bundesrat, wenn das Verfahren nach Absatz 2 beendigt ist, gegen ein vom Bundestage beschlossenes Gesetz binnen zwei Wochen Einspruch einlegen. [2]Die Einspruchsfrist beginnt im Falle des Absatzes 2 letzter Satz mit dem Eingange des vom Bundestage erneut gefaßten Beschlusses, in allen anderen Fällen mit dem Eingange der Mitteilung des Vorsitzenden des in Absatz 2 vorgesehenen Ausschusses, daß das Verfahren vor dem Ausschusse abgeschlossen ist.

(4) [1]Wird der Einspruch mit der Mehrheit der Stimmen des Bundesrates beschlossen, so kann er durch Beschluß der Mehrheit der Mitglieder des Bundestages zurückgewiesen werden. [2]Hat der Bundesrat den Einspruch mit einer Mehrheit von mindestens zwei Dritteln seiner Stimmen beschlossen, so bedarf die Zurückweisung durch den Bundestag einer Mehrheit von zwei Dritteln, mindestens der Mehrheit der Mitglieder des Bundestages.

Art. 78. [Zustandekommen von Bundesgesetzen]. Ein vom Bundestage beschlossenes Gesetz kommt zustande, wenn der Bundesrat zustimmt, den Antrag gemäß Artikel 77 Abs. 2 nicht stellt, innerhalb der Frist des Artikels 77 Abs. 3 keinen Einspruch einlegt oder ihn zurücknimmt oder wenn der Einspruch vom Bundestage überstimmt wird.

Art. 79. [Änderungen des Grundgesetzes].

(1) [1]Das Grundgesetz kann nur durch ein Gesetz geändert werden, das den Wortlaut des Grundgesetzes ausdrücklich ändert oder ergänzt. [2]Bei völkerrechtlichen Verträgen, die eine Friedensregelung, die Vorbereitung einer Friedensregelung oder den Abbau einer besatzungsrechtlichen Ordnung zum Gegenstand haben oder der Verteidigung der Bundesrepublik zu dienen bestimmt sind, genügt zur Klarstellung, daß die Bestimmungen des Grundgesetzes dem Abschluß und dem Inkraftsetzen der Verträge nicht entgegenstehen, eine Ergänzung des Wortlautes des Grundgesetzes, die sich auf diese Klarstellung beschränkt.

(2) Ein solches Gesetz bedarf der Zustimmung von zwei Dritteln der Mitglieder des Bundestages und zwei Dritteln der Stimmen des Bundesrates.

(3) Eine Änderung dieses Grundgesetzes, durch welche die Gliederung des Bundes in Länder, die grundsätzliche Mitwirkung der Länder bei der Gesetzgebung oder die in den Artikeln 1 und 20 niedergelegten Grundsätze berührt werden, ist unzulässig.

Art. 80. [Erlaß von Rechtsverordnungen].

(1) [1]Durch Gesetz können die Bundesregierung, ein Bundesminister oder die Landesregierungen ermächtigt werden, Rechtsverordnungen zu erlassen. [2]Dabei müssen Inhalt, Zweck und Ausmaß der erteilten Ermächtigung im Gesetze bestimmt werden. [3]Die Rechtsgrundlage ist in der Verordnung anzugeben. [4]Ist durch Gesetz vorgesehen, daß eine Ermächtigung weiter übertragen werden kann, so bedarf es zur Übertragung der Ermächtigung einer Rechtsverordnung.

(2) Der Zustimmung des Bundesrates bedürfen, vorbehaltlich anderweitiger bundesgesetzlicher Regelung, Rechtsverordnungen der Bundesregierung oder eines Bundesministers über Grundsätze und Gebühren für die Benutzung der Einrichtungen des Postwesens und der Telekommunikation, über die Grundsätze der Erhebung des Entgelts für die Benutzung der Einrichtungen der Eisenbahnen des Bundes, über den Bau und Betrieb der Eisenbahnen, sowie Rechtsverordnungen auf Grund von Bundesgesetzen, die der Zustimmung des Bundesrates bedürfen oder die von den Ländern im Auftrage des Bundes oder als eigene Angelegenheit ausgeführt werden.

(3) Der Bundesrat kann der Bundesregierung Vorlagen für den Erlaß von Rechtsverordnungen zuleiten, die seiner Zustimmung bedürfen.

(4) Soweit durch Bundesgesetz oder auf Grund von Bundesgesetzen Landesregierungen ermächtigt werden, Rechtsverordnungen zu erlassen, sind die Länder zu einer Regelung auch durch Gesetz befugt.

Art. 80a. [Spannungsfall]. (1) [1]Ist in diesem Grundgesetz oder in einem Bundesgesetz über die Verteidigung einschließlich des Schutzes der Zivilbevölkerung bestimmt, daß Rechtsvorschriften nur nach Maßgabe dieses Artikels angewandt werden dürfen, so ist die Anwendung außer im Verteidigungsfalle nur zulässig, wenn der Bundestag den Eintritt des Spannungsfalles festgestellt oder wenn er der Anwendung besonders zugestimmt hat. [2]Die Feststellung des Spannungsfalles und die besondere Zustimmung in den Fällen des Artikels 12 a Abs. 5 Satz 1 und Abs. 6 Satz 2 bedürfen einer Mehrheit von zwei Dritteln der abgegebenen Stimmen.

(2) Maßnahmen auf Grund von Rechtsvorschriften nach Absatz 1 sind aufzuheben, wenn der Bundestag es verlangt.

(3) [1]Abweichend von Absatz 1 ist die Anwendung solcher Rechtsvorschriften auch auf der Grundlage und nach Maßgabe eines Beschlusses zulässig, der von einem internationalen Organ im Rahmen eines Bündnisvertrages mit Zustimmung der Bundesregierung gefaßt wird. [2]Maßnahmen nach diesem Absatz sind aufzuheben, wenn der Bundestag es mit der Mehrheit seiner Mitglieder verlangt.

Art. 81. [Gesetzgebungsnotstand]. (1) [1]Wird im Falle des Artikels 68 der Bundestag nicht aufgelöst, so kann der Bundespräsident auf Antrag der Bundesregierung mit Zustimmung des Bundesrates für eine Gesetzesvorlage den Gesetzgebungsnotstand erklären, wenn der Bundestag sie ablehnt, obwohl die Bundesregierung sie als dringlich bezeichnet hat. [2]Das gleiche gilt, wenn eine Gesetzesvorlage abgelehnt worden ist, obwohl der Bundeskanzler mit ihr den Antrag des Artikels 68 verbunden hatte.xxx

(2) [1]Lehnt der Bundestag die Gesetzesvorlage nach Erklärung des Gesetzgebungsnotstandes erneut ab oder nimmt er sie in einer für die Budesregierung als unannehmbar bezeichneten Fassung an, so gilt das Gesetz als zustandegekommen, soweit der Bundesrat ihm zustimmt. [2]Das gleiche gilt, wenn die Vorlage vom Bundestage nicht innerhalb von vier Wochen nach der erneuten Einbringung verabschiedet wird.

(3) [1]Während der Amtszeit eines Bundeskanzlers kann auch jede andere vom Bundestage abgelehnte Gesetzesvorlage innerhalb einer Frist von sechs Monaten nach der ersten Erklärung des Gesetzgebungsnotstandes gemäß Absatz 1 und 2 verabschiedet werden. [2]Nach Ablauf der Frist ist während der Amtszeit des gleichen Bundeskanzlers eine weitere Erklärung des Gesetzgebungsnotstandes unzulässig.

(4) Das Grundgesetz darf durch ein Gesetz, das nach Absatz 2 zustande kommt, weder geändert noch ganz oder teilweise außer Kraft oder außer Anwendung gesetzt werden.

Art. 82. [Verkündung und Inkrafttreten der Gesetze]. (1) [1]Die nach den Vorschriften dieses Grundgesetzes zustande gekommenen Gesetze werden vom Bundespräsidenten nach Gegenzeichnung ausgefertigt und im Bundesgesetzblatte verkündet. [2]Rechtsverordnungen werden von der Stelle, die sie erläßt, ausgefertigt und vorbehaltlich anderweitiger gesetzlicher Regelung im Bundesgesetzblatte verkündet.

(2) [1]Jedes Gesetz und jede Rechtsverordnung soll den Tag des Inkrafttretens bestimmen. [2]Fehlt eine solche Bestimmung, so treten sie mit dem vierzehnten Tage nach Ablauf des Tages in Kraft, an dem das Bundesgesetzblatt ausgegeben worden ist.

Die Ausführung der Bundesgesetze und die Bundesverwaltung

Art. 83. [Länderexekutive]. Die Länder führen die Bundesgesetze als eigene Angelegenheit aus, soweit dieses Grundgesetz nichts anderes bestimmt oder zuläßt.

Art. 84. [Länderverwaltung und Bundesaufsicht]. (1) [1]Führen die Länder die Bundesgesetze als eigene Angelegenheit aus, so regeln sie die Einrichtung der Behörden und das Verwaltungsverfahren. [2]Wenn Bundesgesetze etwas anderes bestimmen, können die Länder davon abweichende Regelungen treffen. [3]Hat ein Land eine abweichende Regelung nach Satz 2 getroffen, treten in diesem Land hierauf bezogene spätere bundesgesetzliche Regelungen der Einrichtung der Behörden und des Verwaltungsverfahrens frühestens sechs Monate nach ihrer Verkündung in Kraft, soweit nicht mit Zustimmung des Bundesrates anderes bestimmt ist. [4]Artikel 72 Abs. 3 Satz 3 gilt entsprechend. [5]In Ausnahmefällen kann der Bund wegen eines besonderen Bedürfnisses nach bundeseinheitlicher Regelung das Verwaltungsverfahren ohne Abweichungsmöglichkeit für die Länder regeln. [5]Diese Gesetze bedürfen der Zustimmung des Bundesrates. [6]Durch Bundesgesetz dürfen Gemeinden und Gemeindeverbänden Aufgaben nicht übertragen werden.

(2) Die Bundesregierung kann mit Zustimmung des Bundesrates allgemeine Verwaltungsvorschriften erlassen.

(3) [1]Die Bundesregierung übt die Aufsicht darüber aus, daß die Länder die Bundesgesetze dem geltenden Rechte gemäß ausführen. [2]Die Bundesregierung kann zu diesem Zwecke Beauftragte zu den obersten Landesbehörden entsenden, mit deren Zustimmung und, falls diese Zustimmung versagt wird, mit Zustimmung des Bundesrates auch zu den nachgeordneten Behörden.

(4) [1]Werden Mängel, die die Bundesregierung bei der Ausführung der Bundesgesetze in den Ländern festgestellt hat, nicht beseitigt, so beschließt auf Antrag der Bundesregierung oder des Landes der Bundesrat, ob das Land das

Recht verletzt hat. [2]Gegen den Beschluß des Bundesrates kann das Bundesverfassungsgericht angerufen werden.

(5) [1]Der Bundesregierung kann durch Bundesgesetz, das der Zustimmung des Bundesrates bedarf, zur Ausführung von Bundesgesetzen die Befugnis verliehen werden, für besondere Fälle Einzelweisungen zu erteilen. [2]Sie sind, außer wenn die Bundesregierung den Fall für dringlich erachtet, an die obersten Landesbehörden zu richten.

Art. 85. [Landesexekutive im Bundesauftrag].

(1) [1]Führen die Länder die Bundesgesetze im Auftrage des Bundes aus, so bleibt die Einrichtung der Behörden Angelegenheit der Länder, soweit nicht Bundesgesetze mit Zustimmung des Bundesrates etwas anderes bestimmen. [2]Durch Bundesgesetz dürfen Gemeinden und Gemeindeverbänden Aufgaben nicht übertragen werden.

(2) [1]Die Bundesregierung kann mit Zustimmung des Bundesrates allgemeine Verwaltungsvorschriften erlassen. [2]Sie kann die einheitliche Ausbildung der Beamten und Angestellten regeln. [3]Die Leiter der Mittelbehörden sind mit ihrem Einvernehmen zu bestellen.

(3) [1]Die Landesbehörden unterstehen den Weisungen der zuständigen obersten Bundesbehörden. [2]Die Weisungen sind, außer wenn die Bundesregierung es für dringlich erachtet, an die obersten Landesbehörden zu richten. [3]Der Vollzug der Weisung ist durch die obersten Landesbehörden sicherzustellen.

(4) [1]Die Bundesaufsicht erstreckt sich auf Gesetzmäßigkeit und Zweckmäßigkeit der Ausführung. [2]Die Bundesregierung kann zu diesem Zwecke Bericht und Vorlage der Akten verlangen und Beauftragte zu allen Behörden entsenden.

Art. 86. [Bundeseigene Verwaltung].

[1]Führt der Bund die Gesetze durch bundeseigene Verwaltung oder durch bundesunmittelbare Körperschaften oder Anstalten des öffentlichen Rechtes aus, so erläßt die Bundesregierung, soweit nicht das Gesetz Besonderes vorschreibt, die allgemeinen Verwaltungsvorschriften. [2]Sie regelt, soweit das Gesetz nichts anderes bestimmt, die Einrichtung der Behörden.

Art. 87. [Gegenstände der bundeseigenen Verwaltung]. (1) [1]In bundeseigener Verwaltung mit eigenem Verwaltungsunterbau werden geführt der Auswärtige Dienst, die Bundesfinanzverwaltung und nach Maßgabe des Artikels 89 die Verwaltung der Bundeswasserstraßen und der Schiffahrt. [2]Durch Bundesgesetz können Bundesgrenzschutzbehörden, Zentralstellen für das polizeiliche Auskunfts- und Nachrichtenwesen, für die Kriminalpolizei und zur Sammlung von Unterlagen für Zwecke des Verfassungsschutzes und des Schutzes gegen Bestrebungen im Bundesgebiet, die durch Anwendung von Gewalt oder darauf gerichtete Vorbereitungshandlungen auswärtige Belange der Bundesrepublik Deutschland gefährden, eingerichtet werden.

(2) [1]Als bundesunmittelbare Körperschaften des öffentlichen Rechtes werden diejenigen sozialen Versicherungsträger geführt, deren Zuständigkeitsbereich sich über das Gebiet eines Landes hinaus erstreckt. [2]Soziale Versicherungsträger, deren Zuständigkeitsbereich sich über das Gebiet eines Landes, aber nicht über mehr als drei Länder hinaus erstreckt, werden abweichend von Satz 1 als landesunmittelbare Körperschaften des öffentlichen Rechts geführt, wenn das aufsichtsführende Land durch die beteiligten Länder bestimmt ist.

(3) [1]Außerdem können für Angelegenheiten, für die dem Bunde die Gesetzgebung zusteht, selbständige Bundesoberbehörden und neue bundesunmittelbare Körperschaften und Anstalten des öffentlichen Rechtes durch Bundesgesetz errichtet werden. [2]Erwachsen dem Bunde auf Gebieten, für die ihm die Gesetzgebung zusteht, neue Aufgaben, so können bei dringendem Bedarf bundeseigene Mittel- und Unterbehörden mit Zustimmung des Bundesrates und der Mehrheit der Mitglieder des Bundestages errichtet werden.

Art. 87a. [Streitkräfte]. (1) [1]Der Bund stellt Streitkräfte zur Verteidigung auf. [2]Ihre zahlenmäßige Stärke und die Grundzüge ihrer Organisation müssen sich aus dem Haushaltsplan ergeben.

(2) Außer zur Verteidigung dürfen die Streitkräfte nur eingesetzt werden, soweit dieses Grundgesetz es ausdrücklich zuläßt.

(3) [1]Die Streitkräfte haben im Verteidigungsfalle und im Spannungsfalle die Befugnis, zivile Objekte zu schützen und Aufgaben der Verkehrsregelung wahrzunehmen, soweit dies zur Erfüllung ihres Verteidigungsauftrages erforderlich ist. [2]Außerdem kann den Streitkräften im Verteidigungsfalle und im Spannungsfalle der Schutz ziviler Objekte auch zur Unterstützung polizeilicher Maßnahmen übertragen werden; die Streitkräfte wirken dabei mit den zuständigen Behörden zusammen.

(4) [1]Zur Abwehr einer drohenden Gefahr für den Bestand oder die freiheitliche demokratische Grundordnung des Bundes oder eines Landes kann die Bundesregierung, wenn die Voraussetzungen des Artikels 91 Abs. 2 vorliegen und die Polizeikräfte sowie der Bundesgrenzschutz nicht ausreichen, Streitkräfte zur

Unterstützung der Polizei und des Bundesgrenzschutzes beim Schutze von zivilen Objekten und bei der Bekämpfung organisierter und militärisch bewaffneter Aufständischer einsetzen. [2]Der Einsatz von Streitkräften ist einzustellen, wenn der Bundestag oder der Bundesrat es verlangen.

Art. 87b. [Bundeswehrverwaltung]. (1) [1]Die Bundeswehrverwaltung wird in bundeseigener Verwaltung mit eigenem Verwaltungsunterbau geführt. [2]Sie dient den Aufgaben des Personalwesens und der unmittelbaren Deckung des Sachbedarfs der Streitkräfte. [3]Aufgaben der Beschädigtenversorgung und des Bauwesens können der Bundeswehrverwaltung nur durch Bundesgesetz, das der Zustimmung des Bundesrates bedarf, übertragen werden. Der Zustimmung des Bundesrates bedürfen ferner Gesetze, soweit sie die Bundeswehrverwaltung zu Eingriffen in Rechte Dritter ermächtigen; das gilt nicht für Gesetze auf dem Gebiete des Personalwesens.

(2) [1]Im übrigen können Bundesgesetze, die der Verteidigung einschließlich des Wehrersatzwesens und des Schutzes der Zivilbevölkerung dienen, mit Zustimmung des Bundesrates bestimmen, daß sie ganz oder teilweise in bundeseigener Verwaltung mit eigenem Verwaltungsunterbau oder von den Ländern im Auftrage des Bundes ausgeführt werden. [2]Werden solche Gesetze von den Ländern im Auftrage des Bundes ausgeführt, so können sie mit Zustimmung des Bundesrates bestimmen, daß die der Bundesregierung und den zuständigen obersten Bundesbehörden auf Grund des Artikels 85 zustehenden Befugnisse ganz oder teilweise Bundesoberbehörden übertragen werden; dabei kann bestimmt werden, daß diese Behörden beim Erlaß allgemeiner Verwaltungsvorschriften gemäß Artikel 85 Abs. 2 Satz 1 nicht der Zustimmung des Bundesrates bedürfen.

Art. 87c. [Bestimmungen über Erzeugung und Nutzung der Kernenergie]. Gesetze, die auf Grund des Artikels 73 Abs. 1 Nr. 14 ergehen, können mit Zustimmung des Bundesrates bestimmen, daß sie von den Ländern im Auftrage des Bundes ausgeführt werden.

Art. 87d. [Luftverkehrsverwaltung]. (1) [1]Die Luftverkehrsverwaltung wird in Bundesverwaltung geführt. [2]Aufgaben der Flugsicherung können auch durch ausländische Flugsicherungsorganisationen wahrgenommen werden, die nach Recht der Europäischen Gemeinschaft zugelassen sind. [3]Das Nähere regelt ein Bundesgesetz.

(2) Durch Bundesgesetz, das der Zustimmung des Bundesrates bedarf, können Aufgaben der Luftverkehrsverwaltung den Ländern als Auftragsverwaltung übertragen werden.

Art. 87e. [Eisenbahnen des Bundes]. (1) [1]Die Eisenbahnverkehrsverwaltung für Eisenbahnen des Bundes wird in bundeseigener Verwaltung geführt. [2]Durch Bundesgesetz können Aufgaben der Eisenbahnverkehrsverwaltung den Ländern als eigene Angelegenheit übertragen werden.

(2) Der Bund nimmt die über den Bereich der Eisenbahnen des Bundes hinausgehenden Aufgaben der Eisenbahnverkehrsverwaltung wahr, die ihm durch Bundesgesetz übertragen werden.

(3) [1]Eisenbahnen des Bundes werden als Wirtschaftsunternehmen in privat-rechtlicher Form geführt. [2]Diese stehen im Eigentum des Bundes, soweit die Tätigkeit des Wirtschaftsunternehmens den Bau, die Unterhaltung und das Betreiben von Schienenwegen umfaßt. [3]Die Veräußerung von Anteilen des Bundes an den Unternehmen nach Satz 2 erfolgt auf Grund eines Gesetzes, die Mehrheit der Anteile an diesen Unternehmen verbleibt beim Bund. [4]Das Nähere wird durch Bundesgesetz geregelt.

(4) [1]Der Bund gewährleistet, daß dem Wohl der Allgemeinheit, insbesondere den Verkehrsbedürfnissen, beim Ausbau und Erhalt des Schienennetzes der Eisenbahnen des Bundes sowie bei deren Verkehrsangeboten auf diesem Schienennetz, soweit diese nicht den Schienenpersonennahverkehr betreffen, Rechnung getragen wird. [2]Das Nähere wird durch Bundesgesetz geregelt.

(5) [1]Gesetze auf Grund der Absätze 1 bis 4 bedürfen der Zustimmung des Bundesrates. [2]Der Zustimmung des Bundesrates bedürfen ferner Gesetze, die die Auflösung, die Verschmelzung und die Aufspaltung von Eisenbahnunternehmen des Bundes, die Übertragung von Schienenwegen der Eisenbahnen des Bundes an Dritte sowie die Stillegung von Schienenwegen der Eisenbahnen des Bundes regeln oder Auswirkungen auf den Schienenpersonennahverkehr haben.

Art. 87 f. [Verwaltung des Postwesens und der Telekommunikation]. (1) Nach Maßgabe eines Bundesgesetzes, das der Zustimmung des Bundesrates bedarf, gewährleistet der Bund im Bereich des Postwesens und der Telekommunikation flächendeckend angemessene und ausreichende Dienstleistungen.

(2) [1]Dienstleistungen im Sinne des Absatzes 1 werden als privatwirtschaftliche Tätigkeiten durch die aus dem Sondervermögen Deutsche Bundespost hervorgegangenen Unterneh-

men und durch andere private Anbieter erbracht. [2]Hoheitsaufgaben im Bereich des Postwesens und der Telekommunikation werden in bundeseigener Verwaltung ausgeführt.

(3) Unbeschadet des Absatzes 2 Satz 2 führt der Bund in der Rechtsform einer bundesunmittelbaren Anstalt des öffentlichen Rechts einzelne Aufgaben in bezug auf die aus dem Sondervermögen Deutsche Bundespost hervorgegangenen Unternehmen nach Maßgabe eines Bundesgesetzes aus.

Art. 88. [Bundesbank]. [1]Der Bund errichtet eine Währungs- und Notenbank als Bundesbank. [2]Ihre Aufgaben und Befugnisse können im Rahmen der Europäischen Union der Europäischen Zentralbank übertragen werden, die unabhängig ist und dem vorrangigen Ziel der Sicherung der Preisstabilität verpflichtet.

Art. 89. [Bundeswasserstraßen]. (1) Der Bund ist Eigentümer der bisherigen Reichswasserstraßen.

(2) [1]Der Bund verwaltet die Bundeswasserstraßen durch eigene Behörden. [2]Er nimmt die über den Bereich eines Landes hinausgehenden staatlichen Aufgaben der Binnenschiffahrt und die Aufgaben der Seeschiffahrt wahr, die ihm durch Gesetz übertragen werden. Er kann die Verwaltung von Bundeswasserstraßen, soweit sie im Gebiete eines Landes liegen, diesem Lande auf Antrag als Auftragsverwaltung übertragen. Berührt eine Wasserstraße das Gebiet mehrerer Länder, so kann der Bund das Land beauftragen, für das die beteiligten Länder es beantragen.

(3) Bei der Verwaltung, dem Ausbau und dem Neubau von Wasserstraßen sind die Bedürfnisse der Landeskultur und der Wasserwirtschaft im Einvernehmen mit den Ländern zu wahren.

Art. 90. [Bundesautobahnen und Bundesstraßen]. (1) Der Bund ist Eigentümer der bisherigen Reichsautobahnen und Reichsstraßen.

(2) Die Länder oder die nach Landesrecht zuständigen Selbstverwaltungskörperschaften verwalten die Bundesautobahnen und sonstigen Bundesstraßen des Fernverkehrs im Auftrage des Bundes.

(3) Auf Antrag eines Landes kann der Bund Bundesautobahnen und sonstige Bundesstraßen des Fernverkehrs, soweit sie im Gebiet dieses Landes liegen, in bundeseigene Verwaltung übernehmen.

Art. 91. [Abwehr von Gefahren für den Bestand des Bundes]. (1) Zur Abwehr einer drohenden Gefahr für den Bestand oder die freiheitliche demokratische Grundordnung des Bundes oder eines Landes kann ein Land Polizeikräfte anderer Länder sowie Kräfte und Einrichtungen anderer Verwaltungen und des Bundesgrenzschutzes anfordern.

(2) [1]Ist das Land, in dem die Gefahr droht, nicht selbst zur Bekämpfung der Gefahr bereit oder in der Lage, so kann die Bundesregierung die Polizei in diesem Lande und die Polizeikräfte anderer Länder ihren Weisungen unterstellen sowie Einheiten des Bundesgrenzschutzes einsetzen. [2]Die Anordnung ist nach Beseitigung der Gefahr, im übrigen jederzeit auf Verlangen des Bundesrates aufzuheben. [3]Erstreckt sich die Gefahr auf das Gebiet mehr als eines Landes, so kann die Bundesregierung, soweit es zur wirksamen Bekämpfung erforderlich ist, den Landesregierungen Weisungen erteilen; Satz 1 und Satz 2 bleiben unberührt.

Gemeinschaftsaufgaben, Verwaltungszusammenarbeit

Art. 91a. [Mitwirkungsbereiche des Bundes bei Länderaufgaben]. (1) Der Bund wirkt auf folgenden Gebieten bei der Erfüllung von Aufgaben der Länder mit, wenn diese Aufgaben für die Gesamtheit bedeutsam sind und die Mitwirkung des Bundes zur Verbesserung der Lebensverhältnisse erforderlich ist (Gemeinschaftsaufgaben):

1. Verbesserung der regionalen Wirtschaftsstruktur,
2. Verbesserung der Agrarstruktur und des Küstenschutzes.

(2) Durch Bundesgesetz mit Zustimmung des Bundesrates werden die Gemeinschaftsaufgaben sowie Einzelheiten der Koordinierung näher bestimmt.

(3) [1]Der Bund trägt in den Fällen des Absatzes 1 Nr. 1 die Hälfte der Ausgaben in jedem Land. [2]In den Fällen des Absatzes 1 Nr. 2 trägt der Bund mindestens die Hälfte; die Beteiligung ist für alle Länder einheitlich festzusetzen. [3]Das Nähere regelt das Gesetz. [4]Die Bereitstellung der Mittel bleibt der Feststellung in den Haushaltsplänen des Bundes und der Länder vorbehalten.

Art. 91b. [Bildungsplanung und Forschungsförderung]. (1) Bund und Länder können auf Grund von Vereinbarungen in Fällen überregionaler Bedeutung zusammenwirken bei der Förderung von:

1. Einrichtungen und Vorhaben der wissenschaftlichen Forschung außerhalb von Hochschulen;
2. Vorhaben der Wissenschaft und Forschung an Hochschulen;

3. Forschungsbauten an Hochschulen einschließlich Großgeräten.

Vereinbarugen nach Satz 1 Nr. 2 bedürfen der Zustimmung aller Länder.

(2) Bund und Länder können auf Grund von Vereinbarungen zur Feststellung der Leistungsfähigkeit des Bildungswesens im internationalen Vergleich und bei diesbezüglichen Berichten und Empfehlungen zusammenwirken.

(3) Die Kostentragung wird in der Vereinbarung geregelt.

Art. 91c. (1) Bund und Länder können bei der Planung, der Errichtung und dem Betrieb der für ihre Aufgabenerfüllung benötigten informationstechnischen Systeme zusammenwirken.

(2) [1]Bund und Länder können auf Grund von Vereinbarungen die für die Kommunikation zwischen ihren informationstechnischen Systemen notwendigen Standards und Sicherheitsanforderungen festlegen. [2]Vereinbarungen über die Grundlagen der Zusammenarbeit nach Satz 1 können für einzelne nach Inhalt und Ausmaß bestimmte Aufgaben vorsehen, dass nähere Regelungen bei Zustimmung einer in der Vereinbarung zu bestimmenden qualifizierten Mehrheit für Bund und Länder in Kraft treten. [3]Sie bedürfen der Zustimmung des Bundestages und der Volksvertretungen der beteiligten Länder; das Recht zur Kündigung dieser Vereinbarungen kann nicht ausgeschlossen werden. [4]Die Vereinbarungen regeln auch die Kostentragung.

(3) Die Länder können darüber hinaus den gemeinschaftlichen Betrieb informationstechnischer Systeme sowie die Errichtung von dazu bestimmten Einrichtungen vereinbaren.

(4) [1]Der Bund errichtet zur Verbindung der informationstechnischen Netze des Bundes und der Länder ein Verbindungsnetz. [2]Das Nähere zur Errichtung und zum Betrieb des Verbindungsnetzes regelt ein Bundesgesetz mit Zustimmung des Bundesrates.

Art. 91d. Bund und Länder können zur Feststellung und Förderung der Leistungsfähigkeit ihrer Verwaltung Vergleichsstudien durchführen und die Ergebnisse veröffentlichen.

Art. 91e. (1) Bei der Ausführung von Bundesgesetzen auf dem Gebiet der Grundsicherung für Arbeitsuchende wirken Bund und Länder oder die nach Landesrecht zuständigen Gemeinden und Gemeindeverbände in der Regel in gemeinsamen Einrichtungen zusammen.

(2) [1]Der Bund kann zulassen, dass eine begrenzte Anzahl von Gemeinden und Gemeindeverbänden auf ihren Antrag und mit zustimmung der obersten Landesbehörde die Aufgaben nach Absatz 1 allein wahrnimmt. [2]Die notwendigen Ausgaben einschließlich der Verwaltungsausgaben trägt der Bund, soweit die Aufgaben bei einer Ausführung von Gesetzen nach Absatz 1 vom Bund wahrzunehmen sind.

(3) Das Nähere regelt ein Bundesgesetz, das der Zustimmung des Bundesrates bedarf.

Die Rechtsprechung

Art. 92. [Gerichtsorganisation]. Die rechtsprechende Gewalt ist den Richtern anvertraut; sie wird durch das Bundesverfassungsgericht, durch die in diesem Grundgesetze vorgesehenen Bundesgerichte und durch die Gerichte der Länder ausgeübt.

Art. 93. [Bundesverfassungsgericht, Zuständigkeit]. (1) Das Bundesverfassungsgericht entscheidet:

1. über die Auslegung dieses Grundgesetzes aus Anlaß von Streitigkeiten über den Umfang der Rechte und Pflichten eines obersten Bundesorgans oder anderer Beteiligter, die durch dieses Grundgesetz oder in der Geschäftsordnung eines obersten Bundesorgans mit eigenen Rechten ausgestattet sind;
2. bei Meinungsverschiedenheiten oder Zweifeln über die förmliche und sachliche Vereinbarkeit von Bundesrecht oder Landesrecht mit diesem Grundgesetze oder die Vereinbarkeit von Landesrecht mit sonstigem Bundesrechte auf Antrag der Bundesregierung, einer Landesregierung oder eines Viertels der Mitglieder des Bundestages;

2a. bei Meinungsverschiedenheiten, ob ein Gesetz den Voraussetzungen des Artikels 72 Abs. 2 entspricht, auf Antrag des Bundesrates, einer Landesregierung oder der Volksvertretung eines Landes;

3. bei Meinungsverschiedenheiten über Rechte und Pflichten des Bundes und der Länder, insbesondere bei der Ausführung von Bundesrecht durch die Länder und bei der Ausübung der Bundesaufsicht;
4. in anderen öffentlich-rechtlichen Streitigkeiten zwischen dem Bunde und den Ländern, zwischen verschiedenen Ländern oder innerhalb eines Landes, soweit nicht ein anderer Rechtsweg gegeben ist;

4a. über Verfassungsbeschwerden, die von jedermann mit der Behauptung erhoben werden können, durch die öffentliche Gewalt in einem seiner Grundrechte oder in einem seiner in Artikel 20 Abs. 4, 33, 38, 101, 103 und 104 enthaltenen Rechte verletzt zu sein;

4b. über Verfassungsbeschwerden von Gemeinden und Gemeindeverbänden wegen

Verletzung des Rechts auf Selbstverwaltung nach Artikel 28 durch ein Gesetz, bei Landesgesetzen jedoch nur, soweit nicht Beschwerde beim Landesverfassungsgericht erhoben werden kann;
4c. über Beschwerden von Vereinigungen gegen ihre Nichtanerkennung als Partei für die Wahl zum Bundestag;
5. in den übrigen in diesem Grundgesetze vorgesehenen Fällen.

(2) [1]Das Bundesverfassungsgericht entscheidet außerdem auf Antrag des Bundesrates, einer Landesregierung oder der Volksvertretung eines Landes, ob im Falle des Artikels 72 Abs. 4 die Erforderlichkeit für eine bundesgesetzliche Regelung nach Artikel 72 Abs. 2 nicht mehr besteht oder Bundesrecht in den Fällen des Artikels 125a Abs. 2 Satz 1 nicht mehr erlassen werden könnte. [2]Die Feststellung, dass die Erforderlichkeit entfallen ist oder Bundesrecht nicht mehr erlassen werden könnte, ersetzt ein Bundesgesetz nach Artikel 72 Abs. 4 oder nach Artikel 125a Abs. 2 Satz 2. [3]Der Antrag nach Satz 1 ist nur zulässig, wenn eine Gesetzesvorlage nach Artikel 72 Abs. 4 oder nach Artikel 125a Abs. 2 Satz 2 im Bundestag abgelehnt oder über sie nicht innerhalb eines Jahres beraten und Beschluss gefasst oder wenn eine entsprechende Gesetzesvorlage im Bundesrat abgelehnt worden ist.

(3) Das Bundesverfassungsgericht wird ferner in den ihm sonst durch Bundesgesetz zugewiesenen Fällen tätig.

Art. 94. [Bundesverfassungsgericht, Zusammensetzung]. (1) [1]Das Bundesverfassungsgericht besteht aus Bundesrichtern und anderen Mitgliedern. [2]Die Mitglieder des Bundesverfassungsgerichtes werden je zur Hälfte vom Bundestage und vom Bundesrate gewählt. [3]Sie dürfen weder dem Bundestage, dem Bundesrate, der Bundesregierung noch entsprechenden Organen eines Landes angehören.

(2) [1]Ein Bundesgesetz regelt seine Verfassung und das Verfahren und bestimmt, in welchen Fällen seine Entscheidungen Gesetzeskraft haben. [2]Es kann für Verfassungsbeschwerden die vorherige Erschöpfung des Rechtsweges zur Voraussetzung machen und ein besonderes Annahmeverfahren vorsehen.

Art. 95. [Oberste Bundesgerichtshöfe].
(1) Für die Gebiete der ordentlichen, der Verwaltungs-, der Finanz-, der Arbeits- und der Sozialgerichtsbarkeit errichtet der Bund als oberste Gerichtshöfe den Bundesgerichtshof, das Bundesverwaltungsgericht, den Bundesfinanzhof, das Bundesarbeitsgericht und das Bundessozialgericht.

(2) Über die Berufung der Richter dieser Gerichte entscheidet der für das jeweilige Sachgebiet zuständige Bundesminister gemeinsam mit einem Richterwahlausschuß, der aus den für das jeweilige Sachgebiet zuständigen Ministern der Länder und einer gleichen Anzahl von Mitgliedern besteht, die vom Bundestage gewählt werden.

(3) [1]Zur Wahrung der Einheitlichkeit der Rechtsprechung ist ein Gemeinsamer Senat der in Absatz 1 genannten Gerichte zu bilden. [2]Das Nähere regelt ein Bundesgesetz.

Art. 96. [Bundesgerichte]. (1) Der Bund kann für Angelegenheiten des gewerblichen Rechtsschutzes ein Bundesgericht errichten.

(2) [1]Der Bund kann Wehrstrafgerichte für die Streitkräfte als Bundesgerichte errichten. [2]Sie können die Strafgerichtsbarkeit nur im Verteidigungsfalle sowie über Angehörige der Streitkräfte ausüben, die in das Ausland entsandt oder an Bord von Kriegsschiffen eingeschifft sind. [3]Das Nähere regelt ein Bundesgesetz. [4]Diese Gerichte gehören zum Geschäftsbereich des Bundesjustizministers. [5]Ihre hauptamtlichen Richter müssen die Befähigung zum Richteramt haben.

(3) Oberster Gerichtshof für die in Absatz 1 und 2 genannten Gerichte ist der Bundesgerichtshof.

(4) Der Bund kann für Personen, die zu ihm in einem öffentlich-rechtlichen Dienstverhältnis stehen, Bundesgerichte zur Entscheidung in Disziplinarverfahren und Beschwerdeverfahren errichten.

(5) Für Strafverfahren auf folgenden Gebieten kann ein Bundesgesetz mit Zustimmung des Bundesrates vorsehen, daß Gerichte der Länder Gerichtsbarkeit des Bundes ausüben:
1. Völkermord;
2. völkerstrafrechtliche Verbrechen gegen die Menschlichkeit;
3. Kriegsverbrechen;
4. andere Handlungen, die geeignet sind und in der Absicht vorgenommen werden, das friedliche Zusammenleben der Völker zu stören (Artikel 26 Abs. 1);
5. Staatsschutz.

Art. 97. [Unabhängigkeit der Richter].
(1) Die Richter sind unabhängig und nur dem Gesetze unterworfen.

(2) [1]Die hauptamtlich und planmäßig endgültig angestellten Richter können wider ihren Willen nur kraft richterlicher Entscheidung und nur aus Gründen und unter den Formen, welche die Gesetze bestimmen, vor Ablauf ihrer Amtszeit entlassen oder dauernd oder zeitweise ihres Amtes enthoben oder an eine andere Stelle oder in den Ruhestand versetzt werden.

[2]Die Gesetzgebung kann Altersgrenzen festsetzen, bei deren Erreichung auf Lebenszeit angestellte Richter in den Ruhestand treten. Bei Veränderung der Einrichtung der Gerichte oder ihrer Bezirke können Richter an ein anderes Gericht versetzt oder aus dem Amte entfernt werden, jedoch nur unter Belassung des vollen Gehaltes.

Art. 98. [Rechtsstellung der Richter]. (1) Die Rechtsstellung der Bundesrichter ist durch besonderes Bundesgesetz zu regeln.

(2) [1]Wenn ein Bundesrichter im Amte oder außerhalb des Amtes gegen die Grundsätze des Grundgesetzes oder gegen die verfassungsmäßige Ordnung eines Landes verstößt, so kann das Bundesverfassungsgericht mit Zweidrittelmehrheit auf Antrag des Bundestages anordnen, daß der Richter in ein anderes Amt oder in den Ruhestand zu versetzen ist. [2]Im Falle eines vorsätzlichen Verstoßes kann auf Entlassung erkannt werden.

(3) Die Rechtsstellung der Richter in den Ländern ist durch besondere Landesgesetze zu regeln, soweit Artikel 74 Abs. 1 Nr. 27 nichts anderes bestimmt.

(4) Die Länder können bestimmen, daß über die Anstellung der Richter in den Ländern der Landesjustizminister gemeinsam mit einem Richterwahlausschuß entscheidet.

(5) [1]Die Länder können für Landesrichter eine Absatz 2 entsprechende Regelung treffen. [2]Geltendes Landesverfassungsrecht bleibt unberührt. [3]Die Entscheidung über eine Richteranklage steht dem Bundesverfassungsgericht zu.

Art. 99. [Verfassungsstreit innerhalb eines Landes]. Dem Bundesverfassungsgericht kann durch Landesgesetz die Entscheidung von Verfassungsstreitigkeiten innerhalb eines Landes, den in Artikel 95 Abs. 1 genannten obersten Gerichtshöfen für den letzten Rechtszug die Entscheidung in solchen Sachen zugewiesen werden, bei denen es sich um die Anwendung von Landesrecht handelt.

Art. 100. [Verfassungswidrigkeit von Gesetzen]. (1) [1]Hält ein Gericht ein Gesetz, auf dessen Gültigkeit es bei der Entscheidung ankommt, für verfassungswidrig, so ist das Verfahren auszusetzen und, wenn es sich um die Verletzung der Verfassung eines Landes handelt, die Entscheidung des für Verfassungsstreitigkeiten zuständigen Gerichtes des Landes, wenn es sich um die Verletzung dieses Grundgesetzes handelt, die Entscheidung des Bundesverfassungsgerichtes einzuholen. [2]Dies gilt auch, wenn es sich um die Verletzung dieses Grundgesetzes durch Landesrecht oder um die Unvereinbarkeit eines Landesgesetzes mit einem Bundesgesetze handelt.

(2) Ist in einem Rechtsstreite zweifelhaft, ob eine Regel des Völkerrechtes Bestandteil des Bundesrechtes ist und ob sie unmittelbar Rechte und Pflichten für den Einzelnen erzeugt (Artikel 25), so hat das Gericht die Entscheidung des Bundesverfassungsgerichtes einzuholen.

(3) Will das Verfassungsgericht eines Landes bei der Auslegung des Grundgesetzes von einer Entscheidung des Bundesverfassungsgerichtes oder des Verfassungsgerichtes eines anderen Landes abweichen, so hat das Verfassungsgericht die Entscheidung des Bundesverfassungsgerichtes einzuholen.

Art. 101. [Ausnahmegerichte]. (1) [1]Ausnahmegerichte sind unzulässig. [2]Niemand darf seinem gesetzlichen Richter entzogen werden.

(2) Gerichte für besondere Sachgebiete können nur durch Gesetz errichtet werden.

Art. 102. [Abschaffung der Todesstrafe].

Die Todesstrafe ist abgeschafft.

Art. 103. [Grundrechte des Angeklagten].

(1) Vor Gericht hat jedermann Anspruch auf rechtliches Gehör.

(2) Eine Tat kann nur bestraft werden, wenn die Strafbarkeit gesetzlich bestimmt war, bevor die Tat begangen wurde.

(3) Niemand darf wegen derselben Tat auf Grund der allgemeinen Strafgesetze mehrmals bestraft werden.

Art. 104. [Rechtsgarantien bei Freiheitsentziehung]. (1) [1]Die Freiheit der Person kann nur auf Grund eines förmlichen Gesetzes und nur unter Beachtung der darin vorgeschriebenen Formen beschränkt werden. [2]Festgehaltene Personen dürfen weder seelisch noch körperlich mißhandelt werden.

(2) [1]Über die Zulässigkeit und Fortdauer einer Freiheitsentziehung hat nur der Richter zu entscheiden. [2]Bei jeder nicht auf richterlicher Anordnung beruhenden Freiheitsentziehung ist unverzüglich eine richterliche Entscheidung herbeizuführen. [3]Die Polizei darf aus eigener Machtvollkommenheit niemanden länger als bis zum Ende des Tages nach dem Ergreifen in eigenem Gewahrsam halten. [4]Das Nähere ist gesetzlich zu regeln.

(3) [1]Jeder wegen des Verdachtes einer strafbaren Handlung vorläufig Festgenommene ist spätestens am Tage nach der Festnahme dem Richter vorzuführen, der ihm die Gründe der Festnahme mitzuteilen, ihn zu vernehmen und ihm Gelegenheit zu Einwendungen zu geben hat. [2]Der Richter hat unverzüglich entweder einen mit Gründen versehenen schriftlichen Haft-

befehl zu erlassen oder die Freilassung anzuordnen.

(4) Von jeder richterlichen Entscheidung über die Anordnung oder Fortdauer einer Freiheitsentziehung ist unverzüglich ein Angehöriger des Festgehaltenen oder eine Person seines Vertrauens zu benachrichtigen.

Das Finanzwesen

Art. 104a. [Ausgabenverteilung; Finanzhilfen]. (1) Der Bund und die Länder tragen gesondert die Ausgaben, die sich aus der Wahrnehmung ihrer Aufgaben ergeben, soweit dieses Grundgesetz nichts anderes bestimmt.

(2) Handeln die Länder im Auftrage des Bundes, trägt der Bund die sich daraus ergebenden Ausgaben.

(3) [1]Bundesgesetze, die Geldleistungen gewähren und von den Ländern ausgeführt werden, können bestimmen, daß die Geldleistungen ganz oder zum Teil vom Bund getragen werden. [2]Bestimmt das Gesetz, daß der Bund die Hälfte der Ausgaben oder mehr trägt, wird es im Auftrage des Bundes durchgeführt.

(4) Bundesgesetze, die Pflichten der Länder zur Erbringung von Geldleistungen, geldwerten Sachleistungen oder vergleichbaren Dienstleistungen gegenüber Dritten begründen und von den Ländern als eigene Angelegenheit oder nach Absatz 3 Satz 2 im Auftrag des Bundes ausgeführt werden, bedürfen der Zustimmung des Bundesrates, wenn daraus entstehende Ausgaben von den Ländern zu tragen sind.

(5) [1]Der Bund und die Länder tragen die bei ihren Behörden entstehenden Verwaltungsausgaben und haften im Verhältnis zueinander für eine ordnungsmäßige Verwaltung. [2]Das Nähere bestimmt ein Bundesgesetz, das der Zustimmung des Bundesrates bedarf.

(6) [1]Bund und Länder tragen nach der innerstaatlichen Zuständigkeits- und Aufgabenverteilung die Lasten einer Verletzung von supranationalen oder völkerrechtlichen Verpflichtungen Deutschlands. [2]In Fällen länderübergreifender Finanzkorrekturen der Europäischen Union tragen Bund und Länder diese Lasten im Verhältnis 15 zu 85. [3]Die Ländergesamtheit trägt in diesen Fällen solidarisch 35 vom Hundert der Gesamtlasten entsprechend einem allgemeinen Schlüssel; 50 vom Hundert der Gesamtlasten tragen die Länder, die die Lasten verursacht haben, anteilig entsprechend der Höhe der erhaltenen Mittel. [4]Das Nähere regelt ein Bundesgesetz, das der Zustimmung des Bundesrates bedarf.

Art. 104b. [Finanzhilfen für besonders bedeutsame Investitionen]. (1) [1]Der Bund kann, soweit dieses Grundgesetz ihm Gesetzgebungsbefugnisse verleiht, den Ländern Finanzhilfen für besonders bedeutsame Investitionen der Länder und der Gemeinden (Gemeindeverbände) gewähren, die

1. zur Abwehr einer Störung des gesamtwirtschaftlichen Gleichgewichts oder
2. zum Ausgleich unterschiedlicher Wirtschaftskraft im Bundesgebiet oder
3. zur Förderung des wirtschaftlichen Wachstums

erforderlich sind.

[2]Abweichend von Satz 1 kann der Bund im Falle von Naturkatastrophen oder außergewöhnlichen Notsituationen, die sich der Kontrolle des Staates entziehen und die staatliche Finanzlage erheblich beeinträchtigen, auch ohne Gesetzgebungsbefugnisse Finanzhilfen gewähren.

(2) [1]Das Nähere, insbesondere die Arten der zu fördernden Investitionen, wird durch Bundesgesetz, das der Zustimmung des Bundesrates bedarf, oder auf Grund des Bundeshaushaltsgesetzes durch Verwaltungsvereinbarung geregelt. [2]Die Mittel sind befristet zu gewähren und hinsichtlich ihrer Verwendung in regelmäßigen Zeitabständen zu überprüfen. [3]Die Finanzhilfen sind im Zeitablauf mit fallenden Jahresbeträgen zu gestalten.

(3) Bundestag, Bundesregierung und Bundesrat sind auf Verlangen über die Durchführung der Maßnahmen und die erzielten Verbesserungen zu unterrichten.

Art. 105. [Gesetzgebungsrecht]. (1) Der Bund hat die ausschließliche Gesetzgebung über die Zölle und Finanzmonopole.

(2) Der Bund hat die konkurrierende Gesetzgebung über die übrigen Steuern, wenn ihm das Aufkommen dieser Steuern ganz oder zum Teil zusteht oder die Voraussetzungen des Artikels 72 Abs. 2 vorliegen.

(2a) [1]Die Länder haben die Befugnis zur Gesetzgebung über die örtlichen Verbrauch- und Aufwandsteuern, solange und soweit sie nicht bundesgesetzlich geregelten Steuern gleichartig sind. [2]Sie haben die Befugnis zur Bestimmung des Steuersatzes bei der Grunderwerbsteuer.

(3) Bundesgesetze über Steuern, deren Aufkommen den Ländern oder den Gemeinden (Gemeindeverbänden) ganz oder zum Teil zufließt, bedürfen der Zustimmung des Bundesrates.

Art. 106. [Verteilung des Steueraufkommens und des Ertrages der Finanzmonopole].

(1) Der Ertrag der Finanzmonopole und das Aufkommen der folgenden Steuern stehen dem Bund zu:

1. die Zölle,

2. die Verbrauchsteuern, soweit sie nicht nach Absatz 2 den Ländern, nach Absatz 3 Bund und Ländern gemeinsam oder nach Absatz 6 den Gemeinden zustehen,
3. die Straßengüterverkehrsteuer, die Kraftfahrzeugsteuer und sonstige auf motorisierte Verkehrsmittel bezogene Verkehrsteuern,
4. die Kapitalverkehrsteuern, die Versicherungsteuer und die Wechselsteuer,
5. die einmaligen Vermögensabgaben und die zur Durchführung des Lastenausgleichs erhobenen Ausgleichsabgaben,
6. die Ergänzungsabgabe zur Einkommensteuer und zur Körperschaftsteuer,
7. Abgaben im Rahmen der Europäischen Gemeinschaften.

(2) Das Aufkommen der folgenden Steuern steht den Ländern zu:
1. die Vermögensteuer,
2. die Erbschaftsteuer,
3. die Verkehrsteuern, soweit sie nicht nach Absatz 1 dem Bund oder nach Absatz 3 Bund und Ländern gemeinsam zustehen,
4. die Biersteuer,
5. die Abgabe von Spielbanken.

(3) Das Aufkommen der Einkommensteuer, der Körperschaftsteuer und der Umsatzsteuer steht dem Bund und den Ländern gemeinsam zu (Gemeinschaftsteuern), soweit das Aufkommen der Einkommensteuer nicht nach Absatz 5 und das Aufkommen der Umsatzsteuer nicht nach Absatz 5 a den Gemeinden zugewiesen wird.

(4) [1]Die Anteile von Bund und Ländern an der Umsatzsteuer sind neu festzusetzen, wenn sich das Verhältnis zwischen den Einnahmen und Ausgaben des Bundes und der Länder wesentlich anders entwickelt; Steuermindereinnahmen, die nach Absatz 3 Satz 5 in die Festsetzung der Umsatzsteueranteile zusätzlich einbezogen werden, bleiben hierbei unberücksichtigt. [2]Werden den Ländern durch Bundesgesetz zusätzliche Ausgaben auferlegt oder Einnahmen entzogen, so kann die Mehrbelastung durch Bundesgesetz, das der Zustimmung des Bundesrates bedarf, auch mit Finanzzuweisungen des Bundes ausgeglichen werden, wenn sie auf einen kurzen Zeitraum begrenzt ist. [3]In dem Gesetz sind die Grundsätze für die Bemessung dieser Finanzzuweisungen und für ihre Verteilung auf die Länder zu bestimmen.

(5) [1]Die Gemeinden erhalten einen Anteil an dem Aufkommen der Einkommensteuer, der von den Ländern an ihre Gemeinden auf der Grundlage der Einkommensteuerleistungen ihrer Einwohner weiterzuleiten ist. [2]Das Nähere bestimmt ein Bundesgesetz, das der Zustimmung des Bundesrates bedarf. [3]Es kann bestimmen, daß die Gemeinden Hebesätze für den Gemeindeanteil festsetzen.

(5a) [1]Die Gemeinden erhalten ab dem 1. Januar 1998 einen Anteil an dem Aufkommen der Umsatzsteuer. [2]Er wird von den Ländern auf der Grundlage eines orts- und wirtschaftsbezogenen Schlüssels an ihre Gemeinden weitergeleitet. [3]Das Nähere wird durch Bundesgesetz, das der Zustimmung des Bundesrates bedarf, bestimmt.

(6) [1]Das Aufkommen der Grundsteuer und Gewerbesteuer steht den Gemeinden, das Aufkommen der örtlichen Verbrauch- und Aufwandsteuern steht den Gemeinden oder nach Maßgabe der Landesgesetzgebung den Gemeindeverbänden zu. [2]Den Gemeinden ist das Recht einzuräumen, die Hebesätze der Grundsteuer und Gewerbesteuer im Rahmen der Gesetze festzusetzen. [3]Bestehen in einem Land keine Gemeinden, so steht das Aufkommen der Grundsteuer und Gewerbesteuer sowie der örtlichen Verbrauch- und Aufwandsteuern dem Land zu. [4]Bund und Länder können durch eine Umlage an dem Aufkommen der Gewerbesteuer beteiligt werden. [5]Das Nähere über die Umlage bestimmt ein Bundesgesetz, das der Zustimmung des Bundesrates bedarf. [6]Nach Maßgabe der Landesgesetzgebung können die Grundsteuer und Gewerbesteuer sowie der Gemeindeanteil vom Aufkommen der Einkommensteuer und der Umsatzsteuer als Bemessungsgrundlagen für Umlagen zugrunde gelegt werden.

(7) [1]Von dem Länderanteil am Gesamtaufkommen der Gemeinschaftsteuern fließt den Gemeinden und Gemeindeverbänden insgesamt ein von der Landesgesetzgebung zu bestimmender Hundertsatz zu. [2]Im übrigen bestimmt die Landesgesetzgebung, ob und inwieweit das Aufkommen der Landessteuern den Gemeinden (Gemeindeverbänden) zufließt.

(8) [1]Veranlaßt der Bund in einzelnen Ländern oder Gemeinden (Gemeindeverbänden) besondere Einrichtungen, die diesen Ländern oder Gemeinden (Gemeindeverbänden) unmittelbar Mehrausgaben oder Mindereinnahmen (Sonderbelastungen) verursachen, gewährt der Bund den erforderlichen Ausgleich, wenn und soweit den Ländern oder Gemeinden (Gemeindeverbänden) nicht zugemutet werden kann, die Sonderbelastungen zu tragen. [2]Entschädigungsleistungen Dritter und finanzielle Vorteile, die diesen Ländern oder Gemeinden (Gemeindeverbänden) als Folge der Einrichtungen erwachsen, werden bei dem Ausgleich berücksichtigt.

(9) Als Einnahmen und Ausgaben der Länder im Sinne dieses Artikels gelten auch die Einnahmen und Ausgaben der Gemeinden (Gemeindeverbände).

Art. 106a. [Bundeszuschuß für öffentlichen Personennahverkehr der Länder]. [1]Den Ländern steht ab 1. Januar 1996 für den öffentlichen Personennahverkehr ein Betrag aus dem Steueraufkommen des Bundes zu. [2]Das Nähere regelt ein Bundesgesetz, das der Zustimmung des Bundesrates bedarf. [3]Der Betrag nach Satz 1 bleibt bei der Bemessung der Finanzkraft nach Artikel 107 Abs. 2 unberücksichtigt.

Art. 106b. [1]Den Ländern steht ab dem 1. Juli 2009 infolge der Übertragung der Kraftfahrzeugsteuer auf den Bund ein Betrag aus dem Steueraufkommen des Bundes zu. [2]Das Nähere regelt ein Bundesgesetz, das der Zustimmung des Bundesrates bedarf.

Art. 107. [Finanzausgleich; Ergänzungszuweisungen]. (1) [1]Das Aufkommen der Landessteuern und der Länderanteil am Aufkommen der Einkommensteuer und der Körperschaftsteuer stehen den einzelnen Ländern insoweit zu, als die Steuern von den Finanzbehörden in ihrem Gebiet vereinnahmt werden (örtliches Aufkommen). [2]Durch Bundesgesetz, das der Zustimmung des Bundesrates bedarf, sind für die Körperschaftsteuer und die Lohnsteuer nähere Bestimmungen über die Abgrenzung sowie über Art und Umfang der Zerlegung des örtlichen Aufkommens zu treffen. [3]Das Gesetz kann auch Bestimmungen über die Abgrenzung und Zerlegung des örtlichen Aufkommens anderer Steuern treffen. [4]Der Länderanteil am Aufkommen der Umsatzsteuer steht den einzelnen Ländern nach Maßgabe ihrer Einwohnerzahl zu; für einen Teil, höchstens jedoch für ein Viertel dieses Länderanteils, können durch Bundesgesetz, das der Zustimmung des Bundesrates bedarf, Ergänzungsanteile für die Länder vorgesehen werden, deren Einnahmen aus den Landessteuern, aus der Einkommensteuer und der Körperschaftsteuer und nach Artikel 106b je Einwohner unter dem Durchschnitt der Länder liegen; bei der Grunderwerbsteuer ist die Steuerkraft einzubeziehen.

(2) [1]Durch das Gesetz ist sicherzustellen, daß die unterschiedliche Finanzkraft der Länder angemessen ausgeglichen wird; hierbei sind die Finanzkraft und der Finanzbedarf der Gemeinden (Gemeindeverbände) zu berücksichtigen. [2]Die Voraussetzungen für die Ausgleichsansprüche der ausgleichsberechtigten Länder und für die Ausgleichsverbindlichkeiten der ausgleichspflichtigen Länder sowie die Maßstäbe für die Höhe der Ausgleichsleistungen sind in dem Gesetz zu bestimmen. [3]Es kann auch bestimmen, daß der Bund aus seinen Mitteln leistungsschwachen Ländern Zuweisungen zur ergänzenden Deckung ihres allgemeinen Finanzbedarfs (Ergänzungszuweisungen) gewährt.

Art. 108. [Finanzverwaltung]. (1) [1]Zölle, Finanzmonopole, die bundesgesetzlich geregelten Verbrauchsteuern einschließlich der Einfuhrumsatzsteuer, Kraftfahrzeugsteuer und sonstige auf motorisierte Verkehrsmittel bezogene Verkehrssteuern ab dem 1. Juli 2009 sowie die Abgaben im Rahmen der Europäischen Gemeinschaften werden durch Bundesfinanzbehörden verwaltet. [2]Der Aufbau dieser Behörden wird durch Bundesgesetz geregelt. [3] Soweit Mittelbehörden eingerichtet sind, werden deren Leiter im Benehmen mit den Landesregierungen bestellt.

(2) [1]Die übrigen Steuern werden durch Landesfinanzbehörden verwaltet. [2]Der Aufbau dieser Behörden und die einheitliche Ausbildung der Beamten können durch Bundesgesetz mit Zustimmung des Bundesrates geregelt werden. [3]Soweit Mittelbehörden eingerichtet sind, werden deren Leiter im Einvernehmen mit der Bundesregierung bestellt.

(3) [1]Verwalten die Landesfinanzbehörden Steuern, die ganz oder zum Teil dem Bund zufließen, so werden sie im Auftrage des Bundes tätig. [2]Artikel 85 Abs. 3 und 4 gilt mit der Maßgabe, daß an die Stelle der Bundesregierung der Bundesminister der Finanzen tritt.

(4) [1]Durch Bundesgesetz, das der Zustimmung des Bundesrates bedarf, kann bei der Verwaltung von Steuern ein Zusammenwirken von Bundes- und Landesfinanzbehörden sowie für Steuern, die unter Absatz 1 fallen, die Verwaltung durch Landesfinanzbehörden und für andere Steuern die Verwaltung durch Bundesfinanzbehörden vorgesehen werden, wenn und soweit dadurch der Vollzug der Steuergesetze erheblich verbessert oder erleichtert wird. [2]Für die den Gemeinden (Gemeindeverbänden) allein zufließenden Steuern kann die den Landesfinanzbehörden zustehende Verwaltung durch die Länder ganz oder zum Teil den Gemeinden (Gemeindeverbänden) übertragen werden.

(5) [1]Das von den Bundesfinanzbehörden anzuwendende Verfahren wird durch Bundesgesetz geregelt. [2]Das von den Landesfinanzbehörden und in den Fällen des Absatzes 4 Satz 2 von den Gemeinden (Gemeindeverbänden) anzuwendende Verfahren kann durch Bundesgesetz mit Zustimmung des Bundesrates geregelt werden.

(6) Die Finanzgerichtsbarkeit wird durch Bundesgesetz einheitlich geregelt.

(7) Die Bundesregierung kann allgemeine Verwaltungsvorschriften erlassen, und zwar mit Zustimmung des Bundesrates, soweit die Verwaltung den Landesfinanzbehörden oder Gemeinden (Gemeindeverbänden) obliegt.

Art. 109. [Haushaltswirtschaft in Bund und Ländern]. (1) Bund und Länder sind in ihrer Haushaltswirtschaft selbständig und voneinander unabhängig.

(2) Bund und Länder erfüllen gemeinsam die Verpflichtungen der Bundesrepublik Deutschland aus Rechtsakten der Europäischen Gemeinschaft auf Grund des Artikels 104 des Vertrags zur Gründung der Europäischen Gemeinschaft zur Einhaltung der Haushaltsdisziplin und tragen in dem Rahmen den Erfordernissen des gesamtwirtschaftlichen Gleichgewichts Rechnung.

(3) [1]Die Haushalte von Bund und Ländern sind grundsätzlich ohne Einnahmen aus Krediten auszugleichen. [2]Bund und Länder können Regelungen zur im Auf- und Abschwung symmetrischen Berücksichtigung der Auswirkungen einer von der Normallage abweichenden konjunkturellen Entwicklung sowie eine Ausnahmeregelung für Naturkatastrophen oder außergewöhnliche Notsituationen, die sich der Kontrolle des Staates entziehen und die staatliche Finanzlage erheblich beeinträchtigen, vorsehen. [3]Für die Ausnahmeregelung ist eine entsprechende Tilgungsregelung vorzusehen. [4]Die nähere Ausgestaltung regelt für den Haushalt des Bundes Artikel 115 mit der Maßgabe, dass Satz 1 entsprochen ist, wenn die Einnahmen aus Krediten 0,35 vom Hundert im Verhältnis zum nominalen Bruttoinlandsprodukt nicht überschreiten. [5]Die nähere Ausgestaltung für die Haushalte der Länder regeln diese im Rahmen ihrer verfassungsrechtlichen Kompetenzen mit der Maßgabe, dass Satz 1 nur dann entsprochen ist, wenn keine Einnahmen aus Krediten zugelassen werden.

(4) Durch Bundesgesetz, das der Zustimmung des Bundesrates bedarf, können für Bund und Länder gemeinsam geltende Grundsätze für das Haushaltsrecht, für eine konjunkturgerechte Haushaltswirtschaft und für eine mehrjährige Finanzplanung aufgestellt werden.

(5) [1]Sanktionsmaßnahmen der Europäischen Gemeinschaft im Zusammenhang mit den Bestimmungen in Artikel 104 des Vertrags zur Gründung der Europäischen Gemeinschaft zur Einhaltung der Haushaltsdisziplin tragen Bund und Länder im Verhältnis 65 zu 35. [3]Die Ländergesamtheit trägt solidarisch 35 vom Hundert der auf die Länder entfallenden Lasten entsprechend ihrer Einwohnerzahl; 65 vom Hundert der auf die Länder entfallenden Lasten tragen die Länder entsprechend ihrem Verursachungsbeitrag. [4]Das Nähere regelt ein Bundesgesetz, das der Zustimmung des Bundesrates bedarf.

Art. 109a. [1]Zur Vermeidung von Haushaltsnotlagen regelt ein Bundesgesetz, das der Zustimmung des Bundesrates bedarf,
1. die fortlaufende Überwachung der Haushaltswirtschaft von Bund und Ländern durch ein gemeinsames Gremium (Stabilitätsrat),
2. die Voraussetzungen und das Verfahren zur Feststellung einer drohenden Haushaltsnotlage,
3. die Grundsätze zur Aufstellung und Durchführung von Sanierungsprogrammen zur Vermeidung von Haushaltsnotlagen.

[2]Die Beschlüsse des Stabilitätsrats und die zugrunde liegenden Beratungsunterlagen sind zu veröffentlichen.

Art. 110. [Haushaltsplan des Bundes].

(1) [1]Alle Einnahmen und Ausgaben des Bundes sind in den Haushaltsplan einzustellen; bei Bundesbetrieben und bei Sondervermögen brauchen nur die Zuführungen oder die Ablieferungen eingestellt zu werden. [2]Der Haushaltsplan ist in Einnahme und Ausgabe auszugleichen.

(2) [1]Der Haushaltsplan wird für ein oder mehrere Rechnungsjahre, nach Jahren getrennt, vor Beginn des ersten Rechnungsjahres durch das Haushaltsgesetz festgestellt. [2]Für Teile des Haushaltsplanes kann vorgesehen werden, daß sie für unterschiedliche Zeiträume, nach Rechnungsjahren getrennt, gelten.

(3) Die Gesetzesvorlage nach Absatz 2 Satz 1 sowie Vorlagen zur Änderung des Haushaltsgesetzes und des Haushaltsplanes werden gleichzeitig mit der Zuleitung an den Bundesrat beim Bundestage eingebracht; der Bundesrat ist berechtigt, innerhalb von sechs Wochen, bei Änderungsvorlagen innerhalb von drei Wochen, zu den Vorlagen Stellung zu nehmen.

(4) [1]In das Haushaltsgesetz dürfen nur Vorschriften aufgenommen werden, die sich auf die Einnahmen und die Ausgaben des Bundes und auf den Zeitraum beziehen, für den das Haushaltsgesetz beschlossen wird. [2]Das Haushaltsgesetz kann vorschreiben, daß die Vorschriften erst mit der Verkündung des nächsten Haushaltsgesetzes oder bei Ermächtigung nach Artikel 115 zu einem späteren Zeitpunkt außer Kraft treten.

Art. 111. [Ausgaben vor Etatgenehmigung].

(1) Ist bis zum Schluß eines Rechnungsjahres der Haushaltsplan für das folgende Jahr nicht durch Gesetz festgestellt, so ist bis zu seinem Inkrafttreten die Bundesregierung ermächtigt, alle Ausgaben zu leisten, die nötig sind,

a) um gesetzlich bestehende Einrichtungen zu erhalten und gesetzlich beschlossene Maßnahmen durchzuführen,

b) um die rechtlich begründeten Verpflichtungen des Bundes zu erfüllen,
c) um Bauten, Beschaffungen und sonstige Leistungen fortzusetzen oder Beihilfen für diese Zwecke weiter zu gewähren, sofern durch den Haushaltsplan eines Vorjahres bereits Beträge bewilligt worden sind.

(2) Soweit nicht auf besonderem Gesetze beruhende Einnahmen aus Steuern, Abgaben und sonstigen Quellen oder die Betriebsmittelrücklage die Ausgaben unter Absatz 1 decken, darf die Bundesregierung die zur Aufrechterhaltung der Wirtschaftsführung erforderlichen Mittel bis zur Höhe eines Viertels der Endsumme des abgelaufenen Haushaltsplanes im Wege des Kredits flüssig machen.

Art. 112. [Überplanmäßige und außerplanmäßige Ausgaben]. [1]Überplanmäßige und außerplanmäßige Ausgaben bedürfen der Zustimmung des Bundesministers der Finanzen. [2]Sie darf nur im Falle eines unvorhergesehenen und unabweisbaren Bedürfnisses erteilt werden. [3]Näheres kann durch Bundesgesetz bestimmt werden.

Art. 113. [Ausgabenerhöhungen, Einnahmeminderungen]. (1) [1]Gesetze, welche die von der Bundesregierung vorgeschlagenen Ausgaben des Haushaltsplanes erhöhen oder neue Ausgaben in sich schließen oder für die Zukunft mit sich bringen, bedürfen der Zustimmung der Bundesregierung. [2]Das gleiche gilt für Gesetze, die Einnahmeminderungen in sich schließen oder für die Zukunft mit sich bringen. [3]Die Bundesregierung kann verlangen, daß der Bundestag die Beschlußfassung über solche Gesetze aussetzt. [4]In diesem Fall hat die Bundesregierung innerhalb von sechs Wochen dem Bundestage eine Stellungnahme zuzuleiten.

(2) Die Bundesregierung kann innerhalb von vier Wochen, nachdem der Bundestag das Gesetz beschlossen hat, verlangen, daß der Bundestag erneut Beschluß faßt.

(3) [1]Ist das Gesetz nach Artikel 78 zustande gekommen, kann die Bundesregierung ihre Zustimmung nur innerhalb von sechs Wochen und nur dann versagen, wenn sie vorher das Verfahren nach Absatz 1 Satz 3 und 4 oder nach Absatz 2 eingeleitet hat. [2]Nach Ablauf dieser Frist gilt die Zustimmung als erteilt.

Art. 114. [Rechnungslegung, Bundesrechnungshof]. (1) Der Bundesminister der Finanzen hat dem Bundestage und dem Bundesrate über alle Einnahmen und Ausgaben sowie über das Vermögen und die Schulden im Laufe des nächsten Rechnungsjahres zur Entlastung der Bundesregierung Rechnung zu legen.

(2) [1]Der Bundesrechnungshof, dessen Mitglieder richterliche Unabhängigkeit besitzen, prüft die Rechnung sowie die Wirtschaftlichkeit und Ordnungsmäßigkeit der Haushalts- und Wirtschaftsführung. [2]Er hat außer der Bundesregierung unmittelbar dem Bundestage und dem Bundesrate jährlich zu berichten. [3]Im übrigen werden die Befugnisse des Bundesrechnungshofes durch Bundesgesetz geregelt.

Art. 115. [Kreditbeschaffung]. (1) Die Aufnahme von Krediten sowie die Übernahme von Bürgschaften, Garantien oder sonstigen Gewährleistungen, die zu Ausgaben in künftigen Rechnungsjahren führen können, bedürfen einer der Höhe nach bestimmten oder bestimmbaren Ermächtigung durch Bundesgesetz.

(2) [1]Einnahmen und Ausgaben sind grundsätzlich ohne Einnahmen aus Krediten auszugleichen. [2]Diesem Grundsatz ist entsprochen, wenn die Einnahmen aus Krediten 0,35 vom Hundert im Verhältnis zum nominalen Bruttoinlandsprodukt nicht überschreiten. [3]Zusätzlich sind bei einer von der Normallage abweichenden konjunkturellen Entwicklung die Auswirkungen auf den Haushalt im Auf- und Abschwung symmetrisch zu berücksichtigen. [4]Abweichungen der tatsächlichen Kreditaufnahme von der nach den Sätzen 1 bis 3 zulässigen Kreditobergrenze werden auf einem Kontrollkonto erfasst; Belastungen, die den Schwellenwert von 1,5 vom Hundert im Verhältnis zum nominalen Bruttoinlandsprodukt überschreiten, sind konjunkturgerecht zurückzuführen. [5]Näheres, insbesondere die Bereinigung der Einnahmen und Ausgaben um finanzielle Transaktionen und das Verfahren zur Berechnung der Obergrenze der jährlichen Nettokreditaufnahme unter Berücksichtigung der konjunkturellen Entwicklung auf der Grundlage eines Konjunkturbereinigungsverfahrens sowie die Kontrolle und den Ausgleich von Abweichungen der tatsächlichen Kreditaufnahme von der Regelgrenze, regelt ein Bundesgesetz. [6]Im Falle von Naturkatastrophen oder außergewöhnlichen Notsituationen, die sich der Kontrolle des Staates entziehen und die staatliche Finanzlage erheblich beeinträchtigen, können diese Kreditobergrenzen auf Grund eines Beschlusses der Mehrheit der Mitglieder des Bundestages überschritten werden. [7]Der Beschluss ist mit einem Tilgungsplan zu verbinden. [8]Die Rückführung der nach Satz 6 aufgenommenen Kredite hat binnen eines angemessenen Zeitraumes zu erfolgen.

Verteidigungsfall

Art. 115a. [Feststellung des Verteidigungsfalles]. (1) [1]Die Feststellung, daß das Bundesgebiet mit Waffengewalt angegriffen wird oder ein solcher Angriff unmittelbar droht (Verteidigungsfall), trifft der Bundestag mit Zustimmung des Bundesrates. [2]Die Feststellung erfolgt auf Antrag der Bundesregierung und bedarf einer Mehrheit von zwei Dritteln der abgegebenen Stimmen, mindestens der Mehrheit der Mitglieder des Bundestages.

(2) Erfordert die Lage unabweisbar ein sofortiges Handeln und stehen einem rechtzeitigen Zusammentritt des Bundestages unüberwindliche Hindernisse entgegen oder ist er nicht beschlußfähig, so trifft der Gemeinsame Ausschuß diese Feststellung mit einer Mehrheit von zwei Dritteln der abgegebenen Stimmen, mindestens der Mehrheit seiner Mitglieder.

(3) [1]Die Feststellung wird vom Bundespräsidenten gemäß Artikel 82 im Bundesgesetzblatte verkündet. [2]Ist dies nicht rechtzeitig möglich, so erfolgt die Verkündung in anderer Weise; sie ist im Bundesgesetzblatte nachzuholen, sobald die Umstände es zulassen.

(4) [1]Wird das Bundesgebiet mit Waffengewalt angegriffen und sind die zuständigen Bundesorgane außerstande, sofort die Feststellung nach Absatz 1 Satz 1 zu treffen, so gilt diese Feststellung als getroffen und als zu dem Zeitpunkt verkündet, in dem der Angriff begonnen hat. [2]Der Bundespräsident gibt diesen Zeitpunkt bekannt, sobald die Umstände es zulassen.

(5) [1]Ist die Feststellung des Verteidigungsfalles verkündet und wird das Bundesgebiet mit Waffengewalt angegriffen, so kann der Bundespräsident völkerrechtliche Erklärungen über das Bestehen des Verteidigungsfalles mit Zustimmung des Bundestages abgeben. [2]Unter den Voraussetzungen des Absatzes 2 tritt an die Stelle des Bundestages der Gemeinsame Ausschuß.

Art. 115b. [Übergang der Befehls- und Verteidigungsgewalt]. Mit der Verkündung des Verteidigungsfalles geht die Befehls- und Kommandogewalt über die Streitkräfte auf den Bundeskanzler über.

Art. 115c. [Landesgesetzgebung wird konkurrierende Bundesgesetzgebung]. (1) [1]Der Bund hat für den Verteidigungsfall das Recht der konkurrierenden Gesetzgebung auch auf den Sachgebieten, die zur Gesetzgebungszuständigkeit der Länder gehören. [2]Diese Gesetze bedürfen der Zustimmung des Bundesrates.

(2) Soweit es die Verhältnisse während des Verteidigungsfalles erfordern, kann durch Bundesgesetz für den Verteidigungsfall

1. bei Enteignungen abweichend von Artikel 14 Abs. 3 Satz 2 die Entschädigung vorläufig geregelt werden,
2. für Freiheitsentziehungen eine von Artikel 104 Abs. 2 Satz 3 und Abs. 3 Satz 1 abweichende Frist, höchstens jedoch eine solche von vier Tagen, für den Fall festgesetzt werden, daß ein Richter nicht innerhalb der für Normalzeiten geltenden Frist tätig werden konnte.

(3) Soweit es zur Abwehr eines gegenwärtigen oder unmittelbar drohenden Angriffs erforderlich ist, kann für den Verteidigungsfall durch Bundesgesetz mit Zustimmung des Bundesrates die Verwaltung und das Finanzwesen des Bundes und der Länder abweichend von den Abschnitten VIII, VIIIa und X geregelt werden, wobei die Lebensfähigkeit der Länder, Gemeinden und Gemeindeverbände, insbesondere auch in finanzieller Hinsicht, zu wahren ist.

(4) Bundesgesetze nach den Absätzen 1 und 2 Nr. 1 dürfen zur Vorbereitung ihres Vollzuges schon vor Eintritt des Verteidigungsfalles angewandt werden.

Art. 115d. [Verfahren der Bundesgesetzgebung]. (1) Für die Gesetzgebung des Bundes gilt im Verteidigungsfalle abweichend von Artikel 76 Abs. 2, Artikel 77 Abs. 1 Satz 2 und Abs. 2 bis 4, Artikel 78 und Artikel 82 Abs. 1 die Regelung der Absätze 2 und 3.

(2) [1]Gesetzesvorlagen der Bundesregierung, die sie als dringlich bezeichnet, sind gleichzeitig mit der Einbringung beim Bundestage dem Bundesrate zuzuleiten. [2]Bundestag und Bundesrat beraten diese Vorlagen unverzüglich gemeinsam. [3]Soweit zu einem Gesetze die Zustimmung des Bundesrates erforderlich ist, bedarf es zum Zustandekommen des Gesetzes der Zustimmung der Mehrheit seiner Stimmen. [4]Das Nähere regelt eine Geschäftsordnung, die vom Bundestage beschlossen wird und der Zustimmung des Bundesrates bedarf.

(3) Für die Verkündung der Gesetze gilt Artikel 115 a Abs. 3 Satz 2 entsprechend.

Art. 115e. [Wahrnehmung der Rechte von Bundestag und Bundesrat]. (1) Stellt der Gemeinsame Ausschuß im Verteidigungsfalle mit einer Mehrheit von zwei Dritteln der abgegebenen Stimmen, mindestens mit der Mehrheit seiner Mitglieder fest, daß dem rechtzeitigen Zusammentritt des Bundestages unüberwindliche Hindernisse entgegenstehen oder daß dieser nicht beschlußfähig ist, so hat der Gemeinsame Ausschuß die Stellung von Bundestag und Bundesrat und nimmt deren Rechte einheitlich wahr.

(2) [1]Durch ein Gesetz des Gemeinsamen Ausschusses darf das Grundgesetz weder geändert noch ganz oder teilweise außer Kraft oder außer Anwendung gesetzt werden. [2]Zum Erlaß von Gesetzen nach Artikel 23 Abs. 1 Satz 2, Artikel 24 Abs. 1 oder Artikel 29 ist der Gemeinsame Ausschuß nicht befugt.

Art. 115 f. [Weisungen an Landesregierungen und Landesbehörden]. (1) Die Bundesregierung kann im Verteidigungsfalle, soweit es die Verhältnisse erfordern,

1. den Bundesgrenzschutz im gesamten Bundesgebiete einsetzen;
2. außer der Bundesverwaltung auch den Landesregierungen und, wenn sie es für dringlich erachtet, den Landesbehörden Weisungen erteilen und diese Befugnis auf von ihr zu bestimmende Mitglieder der Landesregierungen übertragen.

(2) Bundestag, Bundesrat und der Gemeinsame Ausschuß sind unverzüglich von den nach Absatz 1 getroffenen Maßnahmen zu unterrichten.

Art. 115g. [Bundesverfassungsgericht nach Eintritt des Verteidigungsfalles]. [1]Die verfassungsmäßige Stellung und die Erfüllung der verfassungsmäßigen Aufgaben des Bundesverfassungsgerichtes und seiner Richter dürfen nicht beeinträchtigt werden. [2]Das Gesetz über das Bundesverfassungsgericht darf durch ein Gesetz des Gemeinsamen Ausschusses nur insoweit geändert werden, als dies auch nach Auffassung des Bundesverfassungsgerichtes zur Aufrechterhaltung der Funktionsfähigkeit des Gerichtes erforderlich ist. [3]Bis zum Erlaß eines solchen Gesetzes kann das Bundesverfassungsgericht die zur Erhaltung der Arbeitsfähigkeit des Gerichtes erforderlichen Maßnahmen treffen. [4]Beschlüsse nach Satz 2 und Satz 3 faßt das Bundesverfassungsgericht mit der Mehrheit der anwesenden Richter.

Art. 115h. [Neuwahlen über Eintritt des Verteidigungsfalles]. (1) [1]Während des Verteidigungsfalles ablaufende Wahlperioden des Bundestages oder der Volksvertretungen der Länder enden sechs Monate nach Beendigung des Verteidigungsfalles. [2]Die im Verteidigungsfalle ablaufende Amtszeit des Bundespräsidenten sowie bei vorzeitiger Erledigung seines Amtes die Wahrnehmung seiner Befugnisse durch den Präsidenten des Bundesrates enden neun Monate nach Beendigung des Verteidigungsfalles. [3]Die im Verteidigungsfalle ablaufende Amtszeit eines Mitgliedes des Bundesverfassungsgerichtes endet sechs Monate nach Beendigung des Verteidigungsfalles.

(2) [1]Wird eine Neuwahl des Bundeskanzlers durch den Gemeinsamen Ausschuß erforderlich, so wählt dieser einen neuen Bundeskanzler mit der Mehrheit seiner Mitglieder; der Bundespräsident macht dem Gemeinsamen Ausschuß einen Vorschlag. [2]Der Gemeinsame Ausschuß kann dem Bundeskanzler das Mißtrauen nur dadurch aussprechen, daß er mit der Mehrheit von zwei Dritteln seiner Mitglieder einen Nachfolger wählt.

(3) Für die Dauer des Verteidigungsfalles ist die Auflösung des Bundestages ausgeschlossen.

Art. 115 i. [Befugnisse der Landesregierungen und Landesbehörden]. (1) Sind die zuständigen Bundesorgane außerstande, die notwendigen Maßnahmen zur Abwehr der Gefahr zu treffen, und erfordert die Lage unabweisbar ein sofortiges selbständiges Handeln in einzelnen Teilen des Bundesgebietes, so sind die Landesregierungen oder die von ihnen bestimmten Behörden oder Beauftragten befugt, für ihren Zuständigkeitsbereich Maßnahmen im Sinne des Artikels 115 f Abs. 1 zu treffen.

(2) Maßnahmen nach Absatz 1 können durch die Bundesregierung, im Verhältnis zu Landesbehörden und nachgeordneten Bundesbehörden auch durch die Ministerpräsidenten der Länder, jederzeit aufgehoben werden.

Art. 115k. [Geltung von Gesetzen und Rechtsverordnungen]. (1) [1]Für die Dauer ihrer Anwendbarkeit setzen Gesetze nach den Artikeln 115c, 115 e und 115 g und Rechtsverordnungen, die auf Grund solcher Gesetze ergehen, entgegenstehendes Recht außer Anwendung. [2]Dies gilt nicht gegenüber früherem Recht, das auf Grund der Artikel 115c, 115 e und 115 g erlassen worden ist.

(2) Gesetze, die der Gemeinsame Ausschuß beschlossen hat, und Rechtsverordnungen, die auf Grund solcher Gesetze ergangen sind, treten spätestens sechs Monate nach Beendigung des Verteidigungsfalles außer Kraft.

(3) [1]Gesetze, die von den Artikeln 91a, 91b, 104a, 106 und 107 abweichende Regelungen enthalten, gelten längstens bis zum Ende des zweiten Rechnungsjahres, das auf die Beendigung des Verteidigungsfalles folgt. [2]Sie können nach Beendigung des Verteidigungsfalles durch Bundesgesetz mit Zustimmung des Bundesrates geändert werden, um zu der Regelung gemäß den Abschnitten VIIIa und X überzuleiten.

Art. 115 l. [Aufhebung von Gesetzen des Gemeinsamen Ausschusses; Friedensschluß].
(1) [1]Der Bundestag kann jederzeit mit Zustimmung des Bundesrates Gesetze des Gemeinsamen Ausschusses aufheben. [2]Der Bundesrat kann verlangen, daß der Bundestag hierüber beschließt. [3]Sonstige zur Abwehr der Gefahr getroffene Maßnahmen des Gemeinsamen Ausschusses oder der Bundesregierung sind aufzuheben, wenn der Bundestag und der Bundesrat es beschließen.

(2) [1]Der Bundestag kann mit Zustimmung des Bundesrates jederzeit durch einen vom Bundespräsidenten zu verkündenden Beschluß den Verteidigungsfall für beendet erklären. [2]Der Bundesrat kann verlangen, daß der Bundestag hierüber beschließt. [3]Der Verteidigungsfall ist unverzüglich für beendet zu erklären, wenn die Voraussetzungen für seine Feststellung nicht mehr gegeben sind.

(3) Über den Friedensschluß wird durch Bundesgesetz entschieden.

Übergangs- und Schlussbestimmungen

Art. 116. [Deutsche Staatsangehörigkeit].
(1) Deutscher im Sinne dieses Grundgesetzes ist vorbehaltlich anderweitiger gesetzlicher Regelung, wer die deutsche Staatsangehörigkeit besitzt oder als Flüchtling oder Vertriebener deutscher Volkszugehörigkeit oder als dessen Ehegatte oder Abkömmling in dem Gebiete des Deutschen Reiches nach dem Stande vom 31. Dezember 1937 Aufnahme gefunden hat.

(2) [1]Frühere deutsche Staatsangehörige, denen zwischen dem 30. Januar 1933 und dem 8. Mai 1945 die Staatsangehörigkeit aus politischen, rassischen oder religiösen Gründen entzogen worden ist, und ihre Abkömmlinge sind auf Antrag wieder einzubürgern. [2]Sie gelten als nicht ausgebürgert, sofern sie nach dem 8. Mai 1945 ihren Wohnsitz in Deutschland genommen haben und nicht einen entgegengesetzten Willen zum Ausdruck gebracht haben.

Art. 117. [Übergangsregelung zu Art. 3 Abs. 2 und Art. 11]. (1) Das dem Artikel 3 Absatz 2 entgegenstehende Recht bleibt bis zu seiner Anpassung an diese Bestimmung des Grundgesetzes in Kraft, jedoch nicht länger als bis zum 31. März 1953.

(2) Gesetze, die das Recht der Freizügigkeit mit Rücksicht auf die gegenwärtige Raumnot einschränken, bleiben bis zu ihrer Aufhebung durch Bundesgesetz in Kraft.

Art. 118. [Neugliederung der badischen und württembergischen Länder]. [1]Die Neugliederung in dem die Länder Baden, Württemberg-Baden und Württemberg-Hohenzollern umfassenden Gebiete kann abweichend von den Vorschriften des Artikels 29 durch Vereinbarung der beteiligten Länder erfolgen. [2]Kommt eine Vereinbarung nicht zustande, so wird die Neugliederung durch Bundesgesetz geregelt, das eine Volksbefragung vorsehen muß.

Art. 118a. [Neugliederung Berlins und Brandenburgs]. Die Neugliederung in dem die Länder Berlin und Brandenburg umfassenden Gebiet kann abweichend von den Vorschriften des Artikels 29 unter Beteiligung ihrer Wahlberechtigten durch Vereinbarung beider Länder erfolgen.

Art. 119. [Flüchtlinge und Vertriebene].
[1]In Angelegenheiten der Flüchtlinge und Vertriebenen, insbesondere zu ihrer Verteilung auf die Länder, kann bis zu einer bundesgesetzlichen Regelung die Bundesregierung mit Zustimmung des Bundesrates Verordnungen mit Gesetzeskraft erlassen. [2]Für besondere Fälle kann dabei die Bundesregierung ermächtigt werden, Einzelweisungen zu erteilen. [3]Die Weisungen sind außer bei Gefahr im Verzuge an die obersten Landesbehörden zu richten.

Art. 120. [Kriegsfolgelasten]. (1) [1]Der Bund trägt die Aufwendungen für Besatzungskosten und die sonstigen inneren und äußeren Kriegsfolgelasten nach näherer Bestimmung von Bundesgesetzen. [2]Soweit diese Kriegsfolgelasten bis zum 1. Oktober 1969 durch Bundesgesetze geregelt worden sind, tragen Bund und Länder im Verhältnis zueinander die Aufwendungen nach Maßgabe dieser Bundesgesetze. [3]Soweit Aufwendungen für Kriegsfolgelasten, die in Bundesgesetzen weder geregelt worden sind noch geregelt werden, bis zum 1. Oktober 1965 von den Ländern, Gemeinden (Gemeindeverbänden) oder sonstigen Aufgabenträgern, die Aufgaben von Ländern oder Gemeinden erfüllen, erbracht worden sind, ist der Bund zur Übernahme von Aufwendungen dieser Art auch nach diesem Zeitpunkt nicht verpflichtet. [4]Der Bund trägt die Zuschüsse zu den Lasten der Sozialversicherung mit Einschluß der Arbeitslosenversicherung und der Arbeitslosenhilfe. [5]Die durch diesen Absatz geregelte Verteilung der Kriegsfolgelasten auf Bund und Länder läßt die gesetzliche Regelung von Entschädigungsansprüchen für Kriegsfolgen unberührt.

(2) Die Einnahmen gehen auf den Bund zu demselben Zeitpunkt über, an dem der Bund die Ausgaben übernimmt.

Art. 120a. [Lastenausgleich]. (1) [1]Die Gesetze, die der Durchführung des Lastenausgleichs dienen, können mit Zustimmung des

Bundesrates bestimmen, daß sie auf dem Gebiete der Ausgleichsleistungen teils durch den Bund, teils im Auftrage des Bundes durch die Länder ausgeführt werden und daß die der Bundesregierung und den zuständigen obersten Bundesbehörden auf Grund des Artikels 85 insoweit zustehenden Befugnisse ganz oder teilweise dem Bundesausgleichsamt übertragen werden. [2]Das Bundesausgleichsamt bedarf bei Ausübung dieser Befugnisse nicht der Zustimmung des Bundesrates; seine Weisungen sind, abgesehen von den Fällen der Dringlichkeit, an die obersten Landesbehörden (Landesausgleichsämter) zu richten.

(2) Artikel 87 Abs. 3 Satz 2 bleibt unberührt.

Art. 121. [Begriff der Mehrheit]. Mehrheit der Mitglieder des Bundestages und der Bundesversammlung im Sinne dieses Grundgesetzes ist die Mehrheit ihrer gesetzlichen Mitgliederzahl.

Art. 122. [Bisherige Gesetzgebungskompetenzen]. (1) Vom Zusammentritt des Bundestages an werden die Gesetze ausschließlich von den in diesem Grundgesetze anerkannten gesetzgebenden Gewalten beschlossen.

(2) Gesetzgebende und bei der Gesetzgebung beratend mitwirkende Körperschaften, deren Zuständigkeit nach Absatz 1 endet, sind mit diesem Zeitpunkt aufgelöst.

Art. 123. [Fortgeltung des alten Rechts].

(1) Recht aus der Zeit vor dem Zusammentritt des Bundestages gilt fort, soweit es dem Grundgesetze nicht widerspricht.

(2) Die vom Deutschen Reich abgeschlossenen Staatsverträge, die sich auf Gegenstände beziehen, für die nach diesem Grundgesetze die Landesgesetzgebung zuständig ist, bleiben, wenn sie nach allgemeinen Rechtsgrundsätzen gültig sind und fortgelten, unter Vorbehalt aller Rechte und Einwendungen der Beteiligten in Kraft, bis neue Staatsverträge durch die nach diesem Grundgesetze zuständigen Stellen abgeschlossen werden oder ihre Beendigung auf Grund der in ihnen enthaltenen Bestimmungen anderweitig erfolgt.

Art. 124. [Altes Recht auf dem Gebiet der ausschließlichen Gesetzgebung]. Recht, das Gegenstände der ausschließlichen Gesetzgebung des Bundes betrifft, wird innerhalb seines Geltungsbereiches Bundesrecht.

Art. 125. [Altes Recht auf dem Gebiet der konkurrierenden Gesetzgebung]. Recht, das Gegenstände der konkurrierenden Gesetzgebung des Bundes betrifft, wird innerhalb seines Geltungsbereiches Bundesrecht,

1. soweit es innerhalb einer oder mehrerer Besatzungszonen einheitlich gilt,
2. soweit es sich um Recht handelt, durch das nach dem 8. Mai 1945 früheres Reichsrecht abgeändert worden ist.

Art. 125a. [Fortgeltung alten Bundesrechts; Ersetzung durch Landesrecht]. (1) [1]Recht, das als Bundesrecht erlassen worden ist, aber wegen der Änderung des Artikels 74 Abs. 1, der Einfügung des Artikels 84 Abs. 1 Satz 7, des Artikels 85 Abs. 1 Satz 2 oder Artikels 105 Abs. 2a Satz 2 oder wegen der Aufhebung der Artikel 74a, 75 oder 98 Abs. 3 Satz 2 nicht mehr als Bundesrecht erlassen werden könnte, gilt als Bundesrecht fort. [2]Es kann durch Landesrecht ersetzt werden.

(2) [1]Recht, das auf Grund des Artikels 72 Abs. 2 in der bis zum 15. November 1994 geltenden Fassung erlassen worden ist, aber wegen Änderung des Artikels 72 Abs. 2 nicht mehr als Bundesrecht erlassen werden könnte, gilt als Bundesrecht fort. [2]Durch Bundesgesetz kann bestimmt werden, dass es durch Landesrecht ersetzt werden kann.

(3) [1]Recht, das als Landesrecht erlassen worden ist, aber wegen Änderung des Artikels 73 nicht mehr als Landesrecht erlassen werden könnte, gilt als Landesrecht fort. [2]Es kann durch Bundesrecht ersetzt werden.

Art. 125b. [Fortgeltung des alten Bundesrechts (Art. 75)]. (1) [1]Recht, das auf Grund des Artikels 75 in der bis zum 1. September 2006 geltenden Fassung erlassen worden ist und das auch nach diesem Zeitpunkt als Bundesrecht erlassen werden könnte, gilt als Bundesrecht fort. [2]Befugnisse und Verpflichtungen der Länder zur Gesetzgebung bleiben insoweit bestehen. [3]Auf den in Artikel 72 Abs. 3 Satz 1 genannten Gebieten können die Länder von diesem Recht abweichende Regelungen treffen, auf den Gebieten des Artikels 72 Abs. 3 Satz 1 Nr. 2, 5 und 6 jedoch erst, wenn und soweit der Bund ab dem 1. September 2006 von seiner Gesetzgebungszuständigkeit Gebrauch gemacht hat, in den Fällen der Nummern 2 und 5 spätestens ab dem 1. Januar 2010, im Falle der Nummer 6 spätestens ab dem 1. August 2008.

(2) Von bundesgesetzlichen Regelungen, die auf Grund des Artikels 84 Abs. 1 in der vor dem 1. September 2006 geltenden Fassung erlassen worden sind, können die Länder abweichende Regelungen treffen, von Regelungen des Verwaltungsverfahrens bis zum 31. Dezember 2008 aber nur dann, wenn ab dem 1. September 2006 in dem jeweiligen Bundesgesetz Regelungen des Verwaltungsverfahrens geändert worden sind.

Art. 125c. [Fortgeltung des alten Bundesrechts (Art. 91a Abs. 2)]. (1) Recht, das auf Grund des Artikels 91 a Abs. 2 in Verbindung mit Abs. 1 Nr. 1 in der bis zum 1. September 2006 geltenden Fassung erlassen worden ist, gilt bis zum 31. Dezember 2006 fort.

(2) [1]Die nach Artikel 104 a Abs. 4 in der bis zum 1. September 2006 geltenden Fassung in den Bereichen der Gemeindeverkehrsfinanzierung und der sozialen Wohnraumförderung geschaffenen Regelungen gelten bis zum 31. Dezember 2006 fort. [2]Die im Bereich der Gemeindeverkehrsfinanzierung für die besonderen Programme nach § 6 Abs. 1 des Gemeindeverkehrsfinanzierungsgesetzes sowie die sonstigen nach Artikel 104 a Abs. 4 in der bis zum 1. September 2006 geltenden Fassung geschaffenen Regelungen gelten bis zum 31. Dezember 2019 fort, soweit nicht ein früherer Zeitpunkt für das Außerkrafttreten bestimmt ist oder wird.

Art. 126. [Streit über das Fortgelten des alten Rechts]. Meinungsverschiedenheiten über das Fortgelten von Recht als Bundesrecht entscheidet das Bundesverfassungsgericht.

Art. 127. [Recht des Vereinigten Wirtschaftsgebietes]. Die Bundesregierung kann mit Zustimmung der Regierungen der beteiligten Länder Recht der Verwaltung des Vereinigten Wirtschaftsgebietes, soweit es nach Artikel 124 oder 125 als Bundesrecht fortgilt, innerhalb eines Jahres nach Verkündung dieses Grundgesetzes in den Ländern Baden, Groß-Berlin, Rheinland-Pfalz und Württemberg-Hohenzollern in Kraft setzen.

Art. 128. [Fortbestehen von Weisungsrechten]. Soweit fortgeltendes Recht Weisungsrechte im Sinne des Artikels 84 Abs. 5 vorsieht, bleiben sie bis zu einer anderweitigen gesetzlichen Regelung bestehen.

Art. 129. [Fortgeltung von Ermächtigungen zu Rechtsverordnungen]. (1) [1]Soweit in Rechtsvorschriften, die als Bundesrecht fortgelten, eine Ermächtigung zum Erlasse von Rechtsverordnungen oder allgemeinen Verwaltungsvorschriften sowie zur Vornahme von Verwaltungsakten enthalten ist, geht sie auf die nunmehr sachlich zuständigen Stellen über. [2]In Zweifelsfällen entscheidet die Bundesregierung im Einvernehmen mit dem Bundesrate; die Entscheidung ist zu veröffentlichen.

(2) Soweit in Rechtsvorschriften, die als Landesrecht fortgelten, eine solche Ermächtigung enthalten ist, wird sie von den nach Landesrecht zuständigen Stellen ausgeübt.

(3) Soweit Rechtsvorschriften im Sinne der Absätze 1 und 2 zu ihrer Änderung oder Ergänzung oder zum Erlaß von Rechtsvorschriften an Stelle von Gesetzen ermächtigen, sind diese Ermächtigungen erloschen.

(4) Die Vorschriften der Absätze 1 und 2 gelten entsprechend, soweit in Rechtsvorschriften auf nicht mehr geltende Vorschriften oder nicht mehr bestehende Einrichtungen verwiesen ist.

Art. 130. [Körperschaften des öffentlichen Rechts]. (1) Verwaltungsorgane und sonstige der öffentlichen Verwaltung oder Rechtspflege dienende Einrichtungen, die nicht auf Landesrecht oder Staatsverträgen zwischen Ländern beruhen, sowie die Betriebsvereinigung der südwestdeutschen Eisenbahnen und der Verwaltungsrat für das Post- und Fernmeldewesen für das französische Besatzungsgebiet unterstehen der Bundesregierung. Diese regelt mit Zustimmung des Bundesrates die Überführung, Auflösung oder Abwicklung.

(2) Oberster Disziplinarvorgesetzter der Angehörigen dieser Verwaltungen und Einrichtungen ist der zuständige Bundesminister.

(3) Nicht landesunmittelbare und nicht auf Staatsverträgen zwischen den Ländern beruhende Körperschaften und Anstalten des öffentlichen Rechtes unterstehen der Aufsicht der zuständigen obersten Bundesbehörde.

Art. 131. [Frühere Angehörige des öffentlichen Dienstes]. [1]Die Rechtsverhältnisse von Personen einschließlich der Flüchtlinge und Vertriebenen, die am 8. Mai 1945 im öffentlichen Dienste standen, aus anderen als beamten- oder tarifrechtlichen Gründen ausgeschieden sind und bisher nicht oder nicht ihrer früheren Stellung entsprechend verwendet werden, sind durch Bundesgesetz zu regeln. [2]Entsprechendes gilt für Personen einschließlich der Flüchtlinge und Vertriebenen, die am 8. Mai 1945 versorgungsberechtigt waren und aus anderen als beamtenoder tarifrechtlichen Gründen keine oder keine entsprechende Versorgung mehr erhalten. [3]Bis zum Inkrafttreten des Bundesgesetzes können vorbehaltlich anderweitiger landesrechtlicher Regelung Rechtsansprüche nicht geltend gemacht werden.

Art. 132. [Pensionierung von Beamten].

(1) [1]Beamte und Richter, die im Zeitpunkt des Inkrafttretens dieses Grundgesetzes auf Lebenszeit angestellt sind, können binnen sechs Monaten nach dem ersten Zusammentritt des Bundestages in den Ruhestand oder Wartestand oder in ein Amt mit niedrigerem Diensteinkommen versetzt werden, wenn ihnen die persönliche oder fachliche Eignung für ihr Amt fehlt. [2]Auf Angestellte, die in einem unkündbaren Dienstverhältnis stehen, findet diese Vorschrift

entsprechende Anwendung. [3]Bei Angestellten, deren Dienstverhältnis kündbar ist, können über die tarifmäßige Regelung hinausgehende Kündigungsfristen innerhalb der gleichen Frist aufgehoben werden.

(2) Diese Bestimmung findet keine Anwendung auf Angehörige des öffentlichen Dienstes, die von den Vorschriften über die „Befreiung von Nationalsozialismus und Militarismus" nicht betroffen oder die anerkannte Verfolgte des Nationalsozialismus sind, sofern nicht ein wichtiger Grund in ihrer Person vorliegt.

(3) Den Betroffenen steht der Rechtsweg gemäß Artikel 19 Absatz 4 offen.

(4) Das Nähere bestimmt eine Verordnung der Bundesregierung, die der Zustimmung des Bundesrates bedarf.

Art. 133. [Rechtsnachfolge, Vereinigtes Wirtschaftsgebiet]. Der Bund tritt in die Rechte und Pflichten der Verwaltung des Vereinigten Wirtschaftsgebietes ein.

Art. 134. [Rechtsnachfolge in das Reichsvermögen]. (1) Das Vermögen des Reiches wird grundsätzlich Bundesvermögen.

(2) [1]Soweit es nach seiner ursprünglichen Zweckbestimmung überwiegend für Verwaltungsaufgaben bestimmt war, die nach diesem Grundgesetze nicht Verwaltungsaufgaben des Bundes sind, ist es unentgeltlich auf die nunmehr zuständigen Aufgabenträger und, soweit es nach seiner gegenwärtigen, nicht nur vorübergehenden Benutzung Verwaltungsaufgaben dient, die nach diesem Grundgesetze nunmehr von den Ländern zu erfüllen sind, auf die Länder zu übertragen. [2]Der Bund kann auch sonstiges Vermögen den Ländern übertragen.

(3) Vermögen, das dem Reich von den Ländern und Gemeinden (Gemeindeverbänden) unentgeltlich zur Verfügung gestellt wurde, wird wiederum Vermögen der Länder und Gemeinden (Gemeindeverbände), soweit es nicht der Bund für eigene Verwaltungsaufgaben benötigt.

(4) Das Nähere regelt ein Bundesgesetz, das der Zustimmung des Bundesrates bedarf.

Art. 135. [Vermögen bei Änderung des Gebietsstandes]. (1) Hat sich nach dem 8. Mai 1945 bis zum Inkrafttreten dieses Grundgesetzes die Landeszugehörigkeit eines Gebietes geändert, so steht in diesem Gebiete das Vermögen des Landes, dem das Gebiet angehört hat, dem Lande zu, dem es jetzt angehört.

(2) Das Vermögen nicht mehr bestehender Länder und nicht mehr bestehender anderer Körperschaften und Anstalten des öffentlichen Rechtes geht, soweit es nach seiner ursprünglichen Zweckbestimmung überwiegend für Verwaltungsaufgaben bestimmt war, oder nach seiner gegenwärtigen, nicht nur vorübergehenden Benutzung überwiegend Verwaltungsaufgaben dient, auf das Land oder die Körperschaft oder Anstalt des öffentlichen Rechtes über, die nunmehr diese Aufgaben erfüllen.

(3) Grundvermögen nicht mehr bestehender Länder geht einschließlich des Zubehörs, soweit es nicht bereits zu Vermögen im Sinne des Absatzes 1 gehört, auf das Land über, in dessen Gebiet es belegen ist.

(4) Sofern ein überwiegendes Interesse des Bundes oder das besondere Interesse eines Gebietes es erfordert, kann durch Bundesgesetz eine von den Absätzen 1 bis 3 abweichende Regelung getroffen werden.

(5) Im übrigen wird die Rechtsnachfolge und die Auseinandersetzung, soweit sie nicht bis zum 1. Januar 1952 durch Vereinbarung zwischen den beteiligten Ländern oder Körperschaften oder Anstalten des öffentlichen Rechtes erfolgt, durch Bundesgesetz geregelt, das der Zustimmung des Bundesrates bedarf.

(6) [1]Beteiligungen des ehemaligen Landes Preußen an Unternehmen des privaten Rechtes gehen auf den Bund über. [2]Das Nähere regelt ein Bundesgesetz, das auch Abweichendes bestimmen kann.

(7) Soweit über Vermögen, das einem Lande oder einer Körperschaft oder Anstalt des öffentlichen Rechtes nach den Absätzen 1 bis 3 zufallen würde, von dem danach Berechtigten durch ein Landesgesetz, auf Grund eines Landesgesetzes oder in anderer Weise bei Inkrafttreten des Grundgesetzes verfügt worden war, gilt der Vermögensübergang als vor der Verfügung erfolgt.

Art. 135a. [Verbindlichkeiten des Reiches und anderer Körperschaften]. (1) Durch die in Artikel 134 Abs. 4 und Artikel 135 Abs. 5 vorbehaltene Gesetzgebung des Bundes kann auch bestimmt werden, daß nicht oder nicht in voller Höhe zu erfüllen sind

1. Verbindlichkeiten des Reiches sowie Verbindlichkeiten des ehemaligen Landes Preußen und sonstiger nicht mehr bestehender Körperschaften und Anstalten des öffentlichen Rechts,
2. Verbindlichkeiten des Bundes oder anderer Körperschaften und Anstalten des öffentlichen Rechts, welche mit dem Übergang von Vermögenswerten nach Artikel 89, 90, 134 und 135 im Zusammenhang stehen, und Verbindlichkeiten dieser Rechtsträger, die auf Maßnahmen der in Nummer 1 bezeichneten Rechtsträger beruhen,
3. Verbindlichkeiten der Länder und Gemeinden (Gemeindeverbände), die aus Maßnahmen entstanden sind, welche diese Rechts-

träger vor dem 1. August 1945 zur Durchführung von Anordnungen der Besatzungsmächte oder zur Beseitigung eines kriegsbedingten Notstandes im Rahmen dem Reich obliegender oder vom Reich übertragener Verwaltungsaufgaben getroffen haben.

(2) Absatz 1 findet entsprechende Anwendung auf Verbindlichkeiten der Deutschen Demokratischen Republik oder ihrer Rechtsträger sowie auf Verbindlichkeiten des Bundes oder anderer Körperschaften und Anstalten des öffentlichen Rechts, die mit dem Übergang von Vermögenswerten der Deutschen Demokratischen Republik auf Bund, Länder und Gemeinden im Zusammenhang stehen, und auf Verbindlichkeiten, die auf Maßnahmen der Deutschen Demokratischen Republik oder ihrer Rechtsträger beruhen.

Art. 136. [Erster Zusammentritt des Bundesrates]. (1) Der Bundesrat tritt erstmalig am Tage des ersten Zusammentrittes des Bundestages zusammen.

(2) [1]Bis zur Wahl des ersten Bundespräsidenten werden dessen Befugnisse von dem Präsidenten des Bundesrates ausgeübt. [2]Das Recht der Auflösung des Bundestages steht ihm nicht zu.

Art. 137. [Wählbarkeit von Beamten usw.].
(1) Die Wählbarkeit von Beamten, Angestellten des öffentlichen Dienstes, Berufssoldaten, freiwilligen Soldaten auf Zeit und Richtern im Bund, in den Ländern und den Gemeinden kann gesetzlich beschränkt werden.

(2) Für die Wahl des ersten Bundestages, der ersten Bundesversammlung und des ersten Bundespräsidenten der Bundesrepublik gilt das vom Parlamentarischen Rat zu beschließende Wahlgesetz.

(3) Die dem Bundesverfassungsgerichte gemäß Artikel 41 Absatz 2 zustehende Befugnis wird bis zu seiner Errichtung von dem Deutschen Obergericht für das Vereinigte Wirtschaftsgebiet wahrgenommen, das nach Maßgabe seiner Verfahrensordnung entscheidet.

Art. 138. [Notariat]. Änderungen der Einrichtungen des jetzt bestehenden Notariats in den Ländern Baden, Bayern, Württemberg-Baden und Württemberg-Hohenzollern bedürfen der Zustimmung der Regierungen dieser Länder.

Art. 139. [Befreiungsgesetz]. Die zur „Befreiung des deutschen Volkes vom Nationalsozialismus und Militarismus" erlassenen Rechtsvorschriften werden von den Bestimmungen dieses Grundgesetzes nicht berührt.

Art. 140. [Geltung von Artikeln der Weimarer Verfassung]. Die Bestimmungen der Artikel 136, 137, 138, 139 und 141 der deutschen Verfassung vom 11. August 1919 sind Bestandteil dieses Grundgesetzes.

Art. 141. [Religionsunterricht] Artikel 7 Abs.
Artikel Abs. 3 Satz 1 findet keine Anwendung in einem Lande, in dem am 1. Januar 1949 eine andere landesrechtliche Regelung bestand.

Art. 142. [Grundrechte in Landesverfassungen]. Ungeachtet der Vorschrift des Artikels 31 bleiben Bestimmungen der Landesverfassungen auch insoweit in Kraft, als sie in Übereinstimmung mit den Artikeln 1 bis 18 dieses Grundgesetzes Grundrechte gewährleisten.

Art. 142 a. *(aufgehoben)*

Art. 143. [Abweichungen von Bestimmungen des GG als Übergangsrecht]. (1) [1]Recht in dem in Artikel 3 des Einigungsvertrags genannten Gebiet kann längstens bis zum 31. Dezember 1992 von Bestimmungen dieses Grundgesetzes abweichen, soweit und solange infolge der unterschiedlichen Verhältnisse die völlige Anpassung an die grundgesetzliche Ordnung noch nicht erreicht werden kann. [2]Abweichungen dürfen nicht gegen Artikel 19 Abs. 2 verstoßen und müssen mit den in Artikel 79 Abs. 3 genannten Grundsätzen vereinbar sein.

(2) Abweichungen von den Abschnitten II, VIII, VIIIa, IX, X und XI sind längstens bis zum 31. Dezember 1995 zulässig.

(3) Unabhängig von Absatz 1 und 2 haben Artikel 41 des Einigungsvertrags und Regelungen zu seiner Durchführung auch insoweit Bestand, als sie vorsehen, daß Eingriffe in das Eigentum auf dem in Artikel 3 dieses Vertrags genannten Gebiet nicht mehr rückgängig gemacht werden.

Art. 143a. [Zuständigkeit des Bundes in Angelegenheiten der Eisenbahnen des Bundes].
(1) [1]Der Bund hat die ausschließliche Gesetzgebung über alle Angelegenheiten, die sich aus der Umwandlung der in bundeseigener Verwaltung geführten Bundeseisenbahnen in Wirtschaftsunternehmen ergeben. [2]Artikel 87 e Abs. 5 findet entsprechende Anwendung. [3]Beamte der Bundeseisenbahnen können durch Gesetz unter Wahrung ihrer Rechtsstellung und der Verantwortung des Dienstherrn einer privatrechtlich organisierten Eisenbahn des Bundes zur Dienstleistung zugewiesen werden.

(2) Gesetze nach Absatz 1 führt der Bund aus.

(3) [1]Die Erfüllung der Aufgaben im Bereich des Schienenpersonennahverkehrs der bisherigen Bundeseisenbahnen ist bis zum 31. Dezember 1995 Sache des Bundes. [2]Dies gilt auch für die entsprechenden Aufgaben der Eisenbahnverkehrsverwaltung. [3]Das Nähere wird durch

Bundesgesetz geregelt, das der Zustimmung des Bundesrates bedarf.

Art. 143b. [Umwandlung des Sondervermögens Deutsche Bundespost in privates Unternehmen]. (1) [1]Das Sondervermögen Deutsche Bundespost wird nach Maßgabe eines Bundesgesetzes in Unternehmen privater Rechtsform umgewandelt. [2]Der Bund hat die ausschließliche Gesetzgebung über alle sich hieraus ergebenden Angelegenheiten.

(2) [1]Die vor der Umwandlung bestehenden ausschließlichen Rechte des Bundes können durch Bundesgesetz für eine Übergangszeit den aus der Deutschen Bundespost POSTDIENST und der Deutschen Bundespost TELEKOM hervorgegangenen Unternehmen verliehen werden. [2]Die Kapitalmehrheit am Nachfolgeunternehmen der Deutschen Bundespost POSTDIENST darf der Bund frühestens fünf Jahre nach Inkrafttreten des Gesetzes aufgeben. [3]Dazu bedarf es eines Bundesgesetzes mit Zustimmung des Bundesrates.

(3) [1]Die bei der Deutschen Bundespost tätigen Bundesbeamten werden unter Wahrung ihrer Rechtsstellung und der Verantwortung des Dienstherrn bei den privaten Unternehmen beschäftigt. [2]Die Unternehmen üben Dienstherrenbefugnisse aus. [3]Das Nähere bestimmt ein Bundesgesetz.

Art. 143c. [Übergangsrecht für die Länder: Finanzhilfen]. (1) [1]Den Ländern stehen ab dem 1. Januar 2007 bis zum 31. Dezember 2019 für den durch die Abschaffung der Gemeinschaftsaufgaben Ausbau und Neubau von Hochschulen einschließlich Hochschulkliniken und Bildungsplanung sowie für den durch die Abschaffung der Finanzhilfen zur Verbesserung der Verkehrsverhältnisse der Gemeinden und zur sozialen Wohnraumförderung bedingten Wegfall der Finanzierungsanteile des Bundes jährlich Beiträge aus dem Haushalt des Bundes zu. [2]Bis zum 31. Dezember 2013 werden diese Beträge aus dem Durchschnitt der Finanzierungsanteile des Bundes im Referenzzeitraum 2000 bis 2008 ermittelt.

(2) Die Beträge nach Absatz 1 werden auf die Länder bis zum 31. Dezember 2013 wie folgt verteilt:

1. als jährliche Festbeträge, deren Höhe sich nach dem Durchschnittsanteil eines jeden Landes im Zeitraum 2000 bis 2003 errechnet;
2. jeweils zweckgebunden an den Aufgabenbereich der bisherigen Mischfinanzierung.

(3) [1]Bund und Länder überprüfen bis Ende 2013, in welcher Höhe die den Ländern nach Absatz 1 zugewiesenen Finanzierungsmittel zur Aufgabenerfüllung der Länder noch angemessen und erforderlich sind. [2]Ab dem 1. Januar 2014 entfällt die nach Absatz 2 Nr. 2 vorgesehene Zweckbindung der nach Absatz 1 zugewiesenen Finanzierungsmittel; die investive Zweckbindung des Mittelvolumens bleibt bestehen. [3]Die Vereinbarungen aus dem Solidarpakt II bleiben unberührt.

(4) Das Nähere regelt ein Bundesgesetz, das der Zustimung des Bundesrates bedarf.

Art. 143d. (1) [1]Artikel 109 und 115 in der bis zum 31. Juli 2009 geltenden Fassung sind letztmals auf das Haushaltsjahr 2010 anzuwenden. [2]Artikel 109 und 115 in der ab dem 1. August 2009 geltenden Fassung sind erstmals für das Haushaltsjahr 2011 anzuwenden; am 31. Dezember 2010 bestehende Kreditermächtigungen für bereits eingerichtete Sondervermögen bleiben unberührt. [3]Die Länder dürfen im Zeitraum vom 1. Januar 2011 bis zum 31. Dezember 2019 nach Maßgabe der geltenden landesrechtlichen Regelungen von den Vorgaben des Artikels 109 Absatz 3 abweichen. [4]Die Haushalte der Länder sind so aufzustellen, dass im Haushaltsjahr 2020 die Vorgabe aus Artikel 109 Absatz 3 Satz 5 erfüllt wird. [5]Der Bund kann im Zeitraum vom 1. Januar 2011 bis zum 31. Dezember 2015 von der Vorgabe des Artikels 115 Absatz 2 Satz 2 abweichen. [6]Mit dem Abbau des bestehenden Defizits soll im Haushaltsjahr 2011 begonnen werden. [7]Die jährlichen Haushalte sind so aufzustellen, dass im Haushaltsjahr 2016 die Vorgabe aus Artikel 115 Absatz 2 Satz 2 erfüllt wird; das Nähere regelt ein Bundesgesetz.

(2) [1]Als Hilfe zur Einhaltung der Vorgaben des Artikels 109 Absatz 3 ab dem 1. Januar 2020 können den Ländern Berlin, Bremen, Saarland, Sachsen-Anhalt und Schleswig-Holstein für den Zeitraum 2011 bis 2019 Konsolidierungshilfen aus dem Haushalt des Bundes in Höhe von insgesamt 800 Millionen Euro jährlich gewährt werden. [2]Davon entfallen auf Bremen 300 Millionen Euro, auf das Saarland 260 Millionen Euro und auf Berlin, Sachsen-Anhalt und Schleswig-Holstein jeweils 80 Millionen Euro. [3]Die Hilfen werden auf der Grundlage einer Verwaltungsvereinbarung nach Maßgabe eines Bundesgesetzes mit Zustimmung des Bundesrates geleistet. [4]Die Gewährung der Hilfen setzt einen vollständigen Abbau der Finanzierungsdefizite bis zum Jahresende 2020 voraus. [5]Das Nähere, insbesondere die jährlichen Abbauschritte der Finanzierungsdefizite, die Überwachung des Abbaus der Finanzierungsdefizite durch den Stabilitätsrat sowie die Konsequenzen im Falle der Nichteinhaltung der Abbauschritte, wird durch Bundesgesetz mit Zustimmung des Bundesrates und durch Verwaltungsvereinbarung geregelt. [6]Die gleichzeitige Gewährung der Konsolidierungshilfen und Sanie-

rungshilfen auf Grund einer extremen Haushaltsnotlage ist ausgeschlossen.

(3) [1]Die sich aus der Gewährung der Konsolidierungshilfen ergebende Finanzierungslast wird hälftig von Bund und Ländern, von letzteren aus ihrem Umsatzsteueranteil, getragen. [2]Das Nähere wird durch Bundesgesetz mit Zustimmung des Bundesrates geregelt.

Art. 144. [Ratifizierung des Grundgesetzes].

(1) Dieses Grundgesetz bedarf der Annahme durch die Volksvertretungen in zwei Dritteln der deutschen Länder, in denen es zunächst gelten soll.

(2) Soweit die Anwendung dieses Grundgesetzes in einem der in Artikel 23 aufgeführten Länder oder in einem Teile eines dieser Länder Beschränkungen unterliegt, hat das Land oder der Teil des Landes das Recht, gemäß Artikel 38 Vertreter in den Bundestag und gemäß Artikel 50 Vertreter in den Bundesrat zu entsenden.

Art. 145. [Verkündung des Grundgesetzes].

(1) Der Parlamentarische Rat stellt in öffentlicher Sitzung unter Mitwirkung der Abgeordneten Groß-Berlins die Annahme dieses Grundgesetzes fest, fertigt es aus und verkündet es.

(2) Dieses Grundgesetz tritt mit Ablauf des Tages der Verkündung in Kraft.

(3) Es ist im Bundesgesetzblatte zu veröffentlichen.

Art. 146. [Geltungsdauer des Grundgesetzes].

Dieses Grundgesetz, das nach Vollendung der Einheit und Freiheit Deutschlands für das gesamte deutsche Volk gilt, verliert seine Gültigkeit an dem Tage, an dem eine Verfassung in Kraft tritt, die von dem deutschen Volke in freier Entscheidung beschlossen worden ist.

Gesetz über die Deutsche Bundesbank

Neugefasst durch Bek. vom 22. Oktober 1992
mit Änderungen bis zum 4. Juli 2013

Rechtsform und Aufgabe

§ 2. Rechtsform, Grundkapital und Sitz.
[1]Die Deutsche Bundesbank ist eine bundesunmittelbare juristische Person des öffentlichen Rechts. [2]Ihr Grundkapital im Betrage von 2,5 Milliarden Euro steht dem Bund zu. [3]Die Bank hat ihren Sitz in Frankfurt am Main.

…

§ 3. Aufgaben. [1]Die Deutsche Bundesbank ist als Zentralbank der Bundesrepublik Deutschland integraler Bestandteil des Europäischen Systems der Zentralbanken. [2]Sie wirkt an der Erfüllung seiner Aufgaben mit dem vorrangigen Ziel mit, die Preisstabilität zu gewährleisten, hält und verwaltet die Währungsreserven der Bundesrepublik Deutschland, sorgt für die bankmäßige Abwicklung des Zahlungsverkehrs im Inland und mit dem Ausland und trägt zur Stabilität der Zahlungs- und Verrechnungssysteme bei. [3]Sie nimmt darüber hinaus die ihr nach diesem Gesetz oder anderen Rechtsvorschriften übertragenen Aufgaben wahr.

§ 4. Beteiligungen. Die Deutsche Bundesbank ist unbeschadet des Artikels 6 Abs. 2 der Satzung des Europäischen Systems der Zentralbanken und der Europäischen Zentralbank berechtigt, sich an der Bank für internationalen Zahlungsausgleich und mit Zustimmung der Bundesregierung an anderen Einrichtungen zu beteiligen, die einer übernationalen Währungspolitik oder dem internationalen Zahlungs- und Kreditverkehr dienen oder sonst geeignet sind, die Erfüllung ihrer Aufgabe zu fördern.

Organisation

§ 7. Vorstand. (1) [1]Organ der Deutschen Bundesbank ist der Vorstand. [2]Er leitet und verwaltet die Bank. [3]Er beschließt ein Organisationsstatut, das die Zuständigkeiten innerhalb des Vorstands und die Aufgaben, die den Hauptverwaltungen übertragen werden können, festlegt. [4]Der Vorstand kann die Wahrnehmung bestimmter Angelegenheiten einem Mitglied zur eigenverantwortlichen Erledigung übertragen.

(2) [1]Der Vorstand besteht aus dem Präsidenten und dem Vizepräsidenten und vier weiteren Mitgliedern. [2]Die Mitglieder des Vorstands müssen besondere fachliche Eignung besitzen.

(3) [1]Die Mitglieder des Vorstands werden vom Bundespräsidenten bestellt. [2]Die Bestellung des Präsidenten und des Vizepräsidenten sowie eines weiteren Mitglieds erfolgt auf Vorschlag der Bundesregierung, die der übrigen drei Mitglieder auf Vorschlag des Bundesrates im Einvernehmen mit der Bundesregierung. [3]Für die Bestellung des Vizepräsidenten kann der Bundesrat der Bundesregierung einen Vorschlag zuleiten. [4]Die Bundesregierung und der Bundesrat haben bei ihren Vorschlägen den Vorstand anzuhören. [5]Die Mitglieder werden für acht Jahre, ausnahmsweise auch für kürzere Zeit, mindestens jedoch für fünf Jahre bestellt. [6]Bestellung und Ausscheiden sind im Bundesanzeiger zu veröffentlichen.

(4) [1]Die Mitglieder des Vorstands stehen in einem öffentlich-rechtlichen Amtsverhältnis. [2]Ihre Rechtsverhältnisse gegenüber der Bank, insbesondere die Gehälter, Ruhegehälter und Hinterbliebenenbezüge, werden durch Verträge mit dem Vorstand geregelt. [3]Die Verträge bedürfen der Zustimmung der Bundesregierung.

(5) [1]Der Vorstand berät unter dem Vorsitz des Präsidenten oder des Vizepräsidenten. [2]Er fasst seine Beschlüsse mit einfacher Mehrheit der abgegebenen Stimmen. [3]Bei Stimmengleichheit gibt die Stimme des Vorsitzenden den Ausschlag. [4]Bei der Verteilung der Zuständigkeiten innerhalb des Vorstands kann nicht gegen den Präsidenten entschieden werden.

§ 8. Hauptverwaltungen. (1) Die Deutsche Bundesbank unterhält je eine Hauptverwaltung für den Bereich

1. des Landes Baden-Württemberg,
2. des Freistaates Bayern,
3. der Länder Berlin und Brandenburg,
4. der Freien Hansestadt Bremen und der Länder Niedersachsen und Sachsen-Anhalt,
5. der Freien und Hansestadt Hamburg und der Länder Mecklenburg-Vorpommern und Schleswig-Holstein,
6. des Landes Hessen,
7. des Landes Nordrhein-Westfalen,
8. der Länder Rheinland-Pfalz und Saarland,
9. der Freistaaten Sachsen und Thüringen.

(2) [1]Die Hauptverwaltungen werden jeweils von einem Präsidenten geleitet, der dem Vorstand der Deutschen Bundesbank untersteht. [2]Diese tragen die Bezeichnung Präsident der Hauptverwaltung.

§ 9. Beiräte bei den Hauptverwaltungen.
(1) Bei jeder Hauptverwaltung besteht ein Beirat, der regelmäßig mit dem Präsidenten der

Hauptverwaltung zusammentrifft und mit ihm über die Durchführung der in seinem Bereich anfallenden Arbeiten berät.

(2) [1]Der Beirat besteht aus höchstens vierzehn Mitgliedern, die besondere Kenntnisse auf dem Gebiet des Kreditwesens haben sollen. [2]Höchstens die Hälfte der Mitglieder soll aus den verschiedenen Zweigen des Kreditgewerbes, die übrigen Mitglieder sollen aus der gewerblichen Wirtschaft, dem Handel, der Versicherungswirtschaft, der Freien Berufe, der Landwirtschaft sowie der Arbeiter- und Angestelltenschaft ausgewählt werden. [3]Der Beirat soll zweimal im Jahr zusammentreten.

(3) Die Mitglieder des Beirats werden auf Vorschlag der zuständigen Landesregierungen durch den Präsidenten der Deutschen Bundesbank auf die Dauer von drei Jahren berufen.

(4) [1]Den Vorsitz im Beirat führt der Präsident der Hauptverwaltung. [2]Bei Beratungsgegenständen, die ihrer Natur nach vertraulich sind oder die der Vorsitzende ausdrücklich als vertraulich bezeichnet hat, sind die Teilnehmer an den Sitzungen des Beirats zur Verschwiegenheit verpflichtet.

...

§ 10. Filialen. Die Deutsche Bundesbank darf Filialen unterhalten, die der zuständigen Hauptverwaltung unterstehen.

Bundesregierung und Bundesbank

§ 12. Verhältnis der Bank zur Bundesregierung. [1]Die Deutsche Bundesbank ist bei der Ausübung der Befugnisse, die ihr nach diesem Gesetz zustehen, von Weisungen der Bundesregierung unabhängig. [2]Soweit dies unter Wahrung ihrer Aufgabe als Bestandteil des Europäischen Systems der Zentralbanken möglich ist, unterstützt sie die allgemeine Wirtschaftspolitik der Bundesregierung.

§ 13. Zusammenarbeit. (1) Die Deutsche Bundesbank hat die Bundesregierung in Angelegenheiten von wesentlicher währungspolitischer Bedeutung zu beraten und ihr auf Verlangen Auskunft zu geben.

(2) Die Bundesregierung soll den Präsidenten der Deutschen Bundesbank zu ihren Beratungen über Angelegenheiten von währungspolitischer Bedeutung zuziehen.

Währungspolitische Befugnisse

§ 14. Notenausgabe. (1) [1]Die Deutsche Bundesbank hat unbeschadet des Artikels 128 Absatz 1 des Vertrages über die Arbeitsweise der Europäischen Union das ausschließliche Recht, Banknoten im Geltungsbereich dieses Gesetzes auszugeben. [2]Auf Euro lautende Banknoten sind das einzige unbeschränkte gesetzliche Zahlungsmittel. [3]Die Deutsche Bundesbank hat die Stückelung und die Unterscheidungsmerkmale der von ihr ausgegebenen Noten öffentlich bekannt zu machen.

(2) [1]Die Deutsche Bundesbank kann unbeschadet des Artikels 128 Absatz 1 des Vertrages über die Arbeitsweise der Europäischen Union Noten zur Einziehung aufrufen. [2]Aufgerufene Noten werden nach Ablauf der beim Aufruf bestimmten Umtauschfrist ungültig.

§ 18. Statistische Erhebungen. [1]Die Deutsche Bundesbank ist berechtigt, zur Erfüllung ihrer Aufgabe Statistiken auf dem Gebiet des Bank- und Geldwesens bei allen Kreditinstituten, Kapitalverwaltungsgesellschaften und extern verwalteten Investmentgesellschaften anzuordnen und durchzuführen. [2]§§ 9, 15 und 16 des Bundesstatistikgesetzes sind entsprechend anzuwenden. [3]Die Deutsche Bundesbank kann die Ergebnisse der Statistiken für allgemeine Zwecke veröffentlichen. [4]Die Veröffentlichungen dürfen keine Einzelangaben enthalten. [5]Den nach § 13 Abs. 1 Auskunftsberechtigten dürfen Einzelangaben nur mitgeteilt werden, wenn und soweit es in der Anordnung über die Statistik vorgesehen ist.

Geschäftskreis

§ 19. Geschäfte mit Kreditinstituten und anderen Marktteilnehmern. Die Deutsche Bundesbank darf mit Kreditinstituten und anderen Marktteilnehmern unbeschadet des Kapitels IV der Satzung des Europäischen Systems der Zentralbanken und der Europäischen Zentralbank (BGBl. 1992 II S. 1251, 1297) folgende Geschäfte betreiben:

1. Darlehen gegen Sicherheiten gewähren sowie am offenen Markt Forderungen, börsengängige Wertpapiere und Edelmetalle endgültig (per Kasse oder Termin) oder im Rahmen von Rückkaufsvereinbarungen kaufen oder verkaufen; bei Pfändern ist die Bank mit Eintritt der Pfandreife berechtigt, das Pfand durch einen ihrer Mitarbeiter oder durch eine zu Versteigerungen befugte Person zu versteigern oder, wenn der verpfändete Gegenstand einen Börsen- oder Marktpreis hat, durch eine der vorgenannten Personen oder

einen Handelsmakler zum laufenden Preis zu verkaufen und sich aus dem Erlös für Kosten, Zinsen und Kapital zu befriedigen oder sich den verpfändeten Gegenstand anzueignen, wobei die Ansprüche der Bank in Höhe des Börsen- oder Marktpreises erlöschen; diese Rechte stehen der Bank auch gegenüber anderen Gläubigern und gegenüber der Insolvenzmasse des Schuldners sowie auch im Falle einer vorhergehenden Sicherungsmaßnahme gegen den Schuldner zu; sie gelten auch, wenn die Bank die Verwertung für ein anderes Mitglied des Europäischen Systems der Zentralbanken vornimmt;
2. Giroeinlagen und andere Einlagen annehmen;
3. Wertgegenstände, insbesondere Wertpapiere, in Verwahrung und Verwaltung nehmen; die Ausübung des Stimmrechts aus den von ihr verwahrten oder verwalteten Wertpapieren ist der Bank untersagt;
4. Schecks, Lastschriften, Wechsel, Anweisungen, Wertpapiere und Zinsscheine zum Einzug übernehmen und nach Deckung Zahlung leisten, soweit nicht die Bank für die Gutschrift des Gegenwertes für Schecks, Lastschriften und Anweisungen etwas anderes bestimmt;
5. andere bankmäßige Auftragsgeschäfte nach Deckung ausführen;
6. auf eine andere Währung als Euro lautende Zahlungsmittel einschließlich Wechsel und Schecks, Forderungen und Wertpapiere sowie Gold, Silber und Platin kaufen und verkaufen;
7. alle Bankgeschäfte im Verkehr mit dem Ausland vornehmen.

§ 20. Geschäfte mit öffentlichen Verwaltungen. [1]Die Deutsche Bundesbank darf mit dem Bund, den Sondervermögen des Bundes, den Ländern und anderen öffentlichen Verwaltungen die in § 19 Nr. 2 bis 7 bezeichneten Geschäfte vornehmen; dabei darf die Bank im Verlauf eines Tages Kontoüberziehungen zulassen. [2]Für diese Geschäfte darf die Bank dem Bund, den Sondervermögen des Bundes und den Ländern keine Kosten und Gebühren berechnen.

§ 22. Geschäfte mit jedermann. Die Deutsche Bundesbank darf mit natürlichen und juristischen Personen im In- und Ausland die in § 19 Nr. 2 bis 7 bezeichneten Geschäfte betreiben.

§ 23. Bestätigung von Schecks. (1) [1]Die Deutsche Bundesbank, darf Schecks, die auf sie gezogen sind, nur nach Deckung bestätigen. [2]Aus dem Bestätigungsvermerk wird sie dem Inhaber zur Einlösung verpflichtet; für die Einlösung haftet sie auch dem Aussteller und dem Indossanten.

(2) Die Einlösung des bestätigten Schecks darf auch dann nicht verweigert werden, wenn inzwischen über das Vermögen des Ausstellers das Insolvenzverfahren eröffnet worden ist.

(3) [1]Die Verpflichtung aus der Bestätigung erlischt, wenn der Scheck nicht binnen acht Tagen nach der Ausstellung zur Zahlung vorgelegt wird. [2]Für den Nachweis der Vorlegung gilt Artikel 40 des Scheckgesetzes.

(4) Der Anspruch aus der Bestätigung verjährt in zwei Jahren vom Ablauf der Vorlegungsfrist an.

(5) Auf die gerichtliche Geltendmachung von Ansprüchen auf Grund der Bestätigung sind die für Wechselsachen geltenden Zuständigkeits- und Verfahrensvorschriften entsprechend anzuwenden.

Jahresabschluss, Kostenrechnung, Gewinnverteilung

§ 26. Jahresabschluss, Kostenrechnung. (1) Das Geschäftsjahr der Deutschen Bundesbank ist das Kalenderjahr.

(2) [1]Das Rechnungswesen der Deutschen Bundesbank hat den Grundsätzen ordnungsmäßiger Buchführung zu entsprechen. [2]Der Jahresabschluß ist unter Berücksichtigung der Aufgaben der Deutschen Bundesbank, insbesondere als Bestandteil des Europäischen Systems der Zentralbanken, aufzustellen und mit den entsprechenden Erläuterungen offenzulegen; die Haftungsverhältnisse brauchen nicht vermerkt zu werden. [3]Soweit sich aus Satz 2 keine Abweichungen ergeben, sind für die Wertansätze die Vorschriften des Handelsgesetzbuchs für Kapitalgesellschaften entsprechend anzuwenden. [4]Die Bildung von Passivposten im Rahmen der Ergebnisermittlung auch für allgemeine Wagnisse im In- und Auslandsgeschäft, wie sie unter Berücksichtigung der Aufgabe der Deutschen Bundesbank im Rahmen vernünftiger kaufmännischer Beurteilung für zulässig gehalten wird, bleibt unberührt.

(3) [1]Der Vorstand hat sobald wie möglich den Jahresabschluß aufzustellen. [2]Der Abschluss ist durch einen oder mehrere vom Vorstand im Einvernehmen mit dem Bundesrechnungshof bestellte Wirtschaftsprüfer zu prüfen und alsdann zu veröffentlichen. [3]Der Prüfungsbericht des Wirtschaftsprüfers dient dem Bundesrechnungshof als Grundlage für die von ihm durchzuführende Prüfung.

(4) [1]Zur Unterstützung ihrer Leitung und Verwaltung erstellt die Deutsche Bundesbank eine Kostenrechnung. [2]Vor Beginn eines Geschäftsjahres stellt die Deutsche Bundesbank

eine Plankostenrechnung und einen Investitionsplan auf. [3]Nach Abschluss des Geschäftsjahres stellt sie den Planzahlen die tatsächlich angefallenen Kosten und Investitionen in einer Plan/Ist-Analyse gegenüber. [4]Die Plan/Ist-Analyse ist vom Wirtschaftsprüfer gesondert zu prüfen.

(5) [1]Der Jahresabschluss, die Plankostenrechnung, der Investitionsplan, die Plan/Ist-Analyse und die Prüfungsberichte des Wirtschaftsprüfers sind dem Bundesministerium der Finanzen und dem Bundesrechnungshof zuzuleiten. [2]Der Deutsche Bundestag erhält den Jahresabschluss, die Plan/Ist-Analyse und die Prüfungsberichte des Wirtschaftsprüfers.

(6) Der Bundesrechnungshof berichtet dem Deutschen Bundestag über seine Feststellungen nach Absatz 3.

§ 27. Gewinnverteilung. Der Reingewinn ist in nachstehender Reihenfolge zu verwenden:
1. zwanzig vom Hundert des Gewinns, jedoch mindestens zweihundertfünfzig Millionen Euro, sind einer gesetzlichen Rücklage, soweit sie den Betrag von 2,5 Milliarden Euro unterschreitet, bis zu ihrer Auffüllung zuzuführen; die gesetzliche Rücklage darf nur zum Ausgleich von Wertminderungen und zur Deckung anderer Verluste verwendet werden;
2. der Restbetrag ist an den Bund abzuführen.

Strafbestimmunen und Vorschriften über das Anhalten von Falschgeld

§ 35. Unbefugte Ausgabe und Verwendung von Geldzeichen. (1) Mit Freiheitsstrafe bis zu fünf Jahren oder mit Geldstrafe wird bestraft,
1. wer unbefugt Geldzeichen (Marken, Münzen, Scheine oder andere Urkunden, die geeignet sind, im Zahlungsverkehr an Stelle der gesetzlich zugelassenen Münzen oder Banknoten verwendet zu werden) oder unverzinsliche Inhaberschuldverschreibungen ausgibt, auch wenn ihre Wertbezeichnung nicht auf Euro lautet;
2. wer unbefugt ausgegebene Gegenstände der in Nummer 1 genannten Art zu Zahlungen verwendet.

(2) Der Versuch ist strafbar.

(3) Handelt der Täter in den Fällen des Absatzes 1 Nr. 2 fahrlässig, so ist die Strafe Freiheitsstrafe bis zu sechs Monaten oder Geldstrafe bis zu einhundertachtzig Tagessätzen.

§ 36. Anhalten von Falschgeld sowie unbelegt ausgegebener Geldzeichen. (1) [1]Die Deutsche Bundesbank sowie die Stellen und deren Beschäftigte, die in Artikel 6 Absatz 1 der Verordnung (EG) Nr. 1338/2001 des Rates vom 28. Juni 2001 zur Festlegung von zum Schutz des Euro gegen Geldfälschung erforderlichen Maßnahmen (ABl. L 181 vom 4.7.2001, S. 6) in der jeweils geltenden Fassung genannt sind, sind verpflichtet, nachgemachte oder verfälschte Banknoten oder Münzen (Falschgeld), als Falschgeld verdächtige Banknoten oder Münzen sowie unbefugt ausgegebene Gegenstände im Sinne des § 35 unverzüglich anzuhalten. [2]Dem Betroffenen ist eine Empfangsbescheinigung zu erteilen.

(2) Falschgeld oder Gegenstände der in § 35 genannten Art sind von den Verpflichteten mit einem beigefügten Bericht unverzüglich der zuständigen Polizeibehörde zu übermitteln.

(3) Als Falschgeld verdächtige Banknoten oder Münzen sind von den Verpflichteten mit einem beigefügten Bericht unverzüglich der Deutschen Bundesbank zu übermitteln. Stellt diese die Unechtheit der Banknoten oder Münzen fest, so übermittelt sie der zuständigen Polizeibehörde ein Gutachten und benachrichtigt die übermittelnde Stelle.

(4) Ordnungswidrig handelt, wer vorsätzlich oder fahrlässig
1. entgegen Absatz 1 Satz 1 Falschgeld oder einen dort genannten Gegenstand nicht anhält,
2. entgegen Absatz 2 oder Absatz 3 Satz 1, jeweils auch in Verbindung mit einer Rechtsverordnung nach § 36a Satz 1, Falschgeld oder einen dort genannten Gegenstand nicht oder nicht rechtzeitig übermittelt,
3. entgegen § 37a Absatz 1 Satz 1 eine Auskunft nicht, nicht richtig, nicht vollständig oder nicht rechtzeitig erteilt,
4. entgegen § 37a Absatz 2 Satz 2 eine dort genannte Maßnahme nicht duldet oder
5. einer vollziehbaren Anordnung nach § 37a Absatz 3 zuwiderhandelt.

(5) Die Ordnungswidrigkeit kann mit einer Geldbuße bis zu einhunderttausend Euro geahndet werden.

(6) Verwaltungsbehörde im Sinne des § 36 Abs. 1 Nr. 1 des Gesetzes über Ordnungswidrigkeiten ist die Deutsche Bundesbank.

§ 37. Einziehung. (1) Unbefugt ausgegebene Gegenstände der in § 35 genannten Art können eingezogen werden.

(2) [1]Nach Absatz 1 eingezogene Gegenstände sowie nach § 150 des Strafgesetzbuchs eingezogenes Falschgeld sind von der Deutschen Bundesbank aufzubewahren. [2]Sie können, wenn der Täter ermittelt worden ist, nach Ablauf von zehn Jahren und, wenn der Täter nicht ermittelt worden ist, nach Ablauf von zwanzig Jahren nach Rechtskraft des die Einziehung aussprechenden Urteils vernichtet werden.

Protokoll (Nr. 4) über die Satzung des Europäischen Systems der Zentralbanken und der Europäischen Zentralbank

vom 9. Mai 2008

Die Hohen Vertragsparteien –
In dem Wunsch, die in Artikel 129 Absatz 2 des Vertrags über die Arbeitsweise der Europäischen Union vorgesehene Satzung des Europäischen Systems der Zentralbanken und der Europäischen Zentralbank festzulegen,

sind über folgende Bestimmungen übereingekommen, die dem Vertrag über die Europäische Union und dem Vertrag über die Arbeitsweise der Europäischen Union beigefügt sind.

Kapitel I Das Europäische System der Zentralbanken

Art. 1. Das Europäische System der Zentralbanken. Die Europäische Zentralbank (EZB) und die nationalen Zentralbanken bilden nach Artikel 282 Absatz 1 des Vertrags über die Arbeitsweise der Europäischen Union das Europäische System der Zentralbanken (ESZB). Die EZB und die nationalen Zentralbanken der Mitgliedstaaten, deren Währung der Euro ist, bilden das Eurosystem.
Das ESZB und die EZB nehmen ihre Aufgaben und ihre Tätigkeit nach Maßgabe der Verträge und dieser Satzung wahr.

Kapitel II Ziele und Aufgaben des ESZB

Art. 2. Ziele. [1]Nach Artikel 127 Absatz 1 und Artikel 282 Absatz 2 des Vertrags über die Arbeitsweise der Europäischen Union ist es das vorrangige Ziel des ESZB, die Preisstabilität zu gewährleisten. [2]Soweit dies ohne Beeinträchtigung des Zieles der Preisstabilität möglich ist, unterstützt das ESZB die allgemeine Wirtschaftspolitik in der Union, um zur Verwirklichung der in Artikel 2 dieses Vertrags festgelegten Ziele der Union beizutragen. [3]Das ESZB handelt im Einklang mit dem Grundsatz einer offenen Marktwirtschaft mit freiem Wettbewerb, wodurch ein effizienter Einsatz der Ressourcen gefördert wird, und hält sich dabei an die in Artikel 119 des Vertrags über die Arbeitsweise der Europäischen Union genannten Grundsätze.

Art. 3. Aufgaben. 3.1. Nach Artikel 127 Absatz 2 des Vertrags über die Arbeitsweise der Europäischen Union bestehen die grundlegenden Aufgaben des ESZB darin,
- die Geldpolitik der Gemeinschaft festzulegen und auszuführen,
- Devisengeschäfte im Einklang mit Artikel 219 des genannten Vertrags durchzuführen,
- die offiziellen Währungsreserven der Mitgliedstaaten zu halten und zu verwalten,
- das reibungslose Funktionieren der Zahlungssysteme zu fördern.

3.2. Nach Artikel 127 Absatz 3 des genannten Vertrags berührt Artikel 3.1 dritter Gedankenstrich nicht die Haltung und Verwaltung von Arbeitsguthaben in Fremdwährungen durch die Regierungen der Mitgliedstaaten.

3.3. Das ESZB trägt nach Artikel 127 Absatz 5 des genannten Vertrags zur reibungslosen Durchführung der von den zuständigen Behörden auf dem Gebiet der Aufsicht über die Kreditinstitute und der Stabilität des Finanzsystems ergriffenen Maßnahmen bei.

Art. 4. Beratende Funktionen. Nach Artikel 127 Absatz 4 des Vertrags über die Arbeitsweise der Europäischen Union
a) wird die EZB gehört
  - zu allen Vorschlägen für Rechtsakte der Gemeinschaft im Zuständigkeitsbereich der EZB;
  - von den nationalen Behörden zu allen Entwürfen für Rechtsvorschriften im Zuständigkeitsbereich der EZB, und zwar innerhalb der Grenzen und unter den Bedingungen, die der Rat nach dem Verfahren des Artikels 41 festlegt;

b) kann die EZB gegenüber den zuständigen Organen und Einrichtungen der Gemeinschaft und gegenüber den nationalen Behörden Stellungnahmen zu in ihren Zuständigkeitsbereich fallenden Fragen abgeben.

Art. 5. Erhebung von statistischen Daten.
5.1. Zur Wahrnehmung der Aufgaben des ESZB holt die EZB mit Unterstützung der nationalen Zentralbanken die erforderlichen statistischen Daten entweder von den zuständigen nationalen Behörden oder unmittelbar von den Wirtschaftssubjekten ein ....
5.2. Die in Artikel 5.1 bezeichneten Aufgaben werden so weit wie möglich von den nationalen Zentralbanken ausgeführt.
5.3. Soweit erforderlich, fördert die EZB die Harmonisierung der Bestimmungen und Gepflogenheiten auf dem Gebiet der Erhebung, Zusammenstellung und Weitergabe von statistischen Daten in den in ihre Zuständigkeit fallenden Bereichen.
5.4. Der Kreis der berichtspflichtigen natürlichen und juristischen Personen, die Bestimmungen über die Vertraulichkeit sowie die geeigneten Vorkehrungen zu ihrer Durchsetzung werden vom Rat nach dem Verfahren des Artikels 41 festgelegt.

Art. 6. Internationale Zusammenarbeit.
6.1. Im Bereich der internationalen Zusammenarbeit, die die dem ESZB übertragenen Aufgaben betrifft, entscheidet die EZB, wie das ESZB vertreten wird.
6.2. Die EZB und, soweit diese zustimmt, die nationalen Zentralbanken sind befugt, sich an internationalen Währungseinrichtungen zu beteiligen.
6.3. Die Artikel 6.1 und 6.2 finden unbeschadet des Artikels 111 Absatz 4 dieses Vertrags Anwendung.

Kapitel III Organisation des ESZB

Art. 7. Unabhängigkeit. [1]Nach Artikel 130 des Vertrags über die Arbeitsweise der Europäischen Union darf bei der Wahrnehmung der ihnen durch die Verträge und diese Satzung übertragenen Befugnisse, Aufgaben und Pflichten weder die EZB noch eine nationale Zentralbank noch ein Mitglied ihrer Beschlussorgane Weisungen von Organen, Einrichtungen oder sonstigen Stellen der Union, Regierungen der Mitgliedstaaten oder anderen Stellen einholen oder entgegennehmen. [2]Die Organe, Einrichtungen oder sonstigen Stellen der Union sowie die Regierungen der Mitgliedstaaten verpflichten sich, diesen Grundsatz zu beachten und nicht zu versuchen, die Mitglieder der Beschlussorgane der EZB oder der nationalen Zentralbanken bei der Wahrnehmung ihrer Aufgaben zu beeinflussen.

Art. 8. Allgemeiner Grundsatz. Das ESZB wird von den Beschlussorganen der EZB geleitet.

Art. 9. Die Europäische Zentralbank.
9.1. Die EZB, die nach Artikel 282 Absatz 3 des Vertrages über die Arbeitsweise der Europäischen Union mit Rechtspersönlichkeit ausgestattet ist, besitzt in jedem Mitgliedstaat die weitestgehende Rechts- und Geschäftsfähigkeit, die juristischen Personen nach dessen Rechtsvorschriften zuerkannt ist; sie kann insbesondere bewegliches und unbewegliches Vermögen erwerben und veräußern sowie vor Gericht stehen.
9.2. Die EZB stellt sicher, dass die dem ESZB nach Artikel 127 Absätze 2, 3 und 5 des genannten Vertrags übertragenen Aufgaben entweder durch ihre eigene Tätigkeit nach Maßgabe dieser Satzung oder durch die nationalen Zentralbanken nach den Artikeln 12.1 und 14 erfüllt werden.
9.3. Die Beschlussorgane der EZB sind nach Artikel 129 Absatz 3 des genannten Vertrags der EZB-Rat und das Direktorium.

Art. 10. Der EZB-Rat. **10.1.** Nach Artikel 283 Absatz 1 des Vertrags über die Arbeitsweise der Europäischen Union besteht der EZB-Rat aus den Mitgliedern des Direktoriums der EZB und den Präsidenten der nationalen Zentralbanken der Mitgliedstaaten, deren Währung der Euro ist.
10.2.[1] Jedes Mitglied des EZB-Rates hat eine Stimme. Ab dem Zeitpunkt, zu dem die Anzahl der Mitglieder des EZB-Rates 21 übersteigt, hat jedes Mitglied des Direktoriums eine Stimme und beträgt die Anzahl der stimmberechtigten Präsidenten der nationalen Zentralbanken 15.

Art. 11. Das Direktorium. **11.1.** Nach Artikel 283 Absatz 2 Buchstabe a des Vertrags über

1 Geändert durch den Beschluss 2003/223/EG des Rates.

die Arbeitsweise der Europäischen Union besteht das Direktorium aus dem Präsidenten, dem Vizepräsidenten und vier weiteren Mitgliedern.
Die Mitglieder erfüllen ihre Pflichten hauptamtlich. Ein Mitglied darf weder entgeltlich noch unentgeltlich einer anderen Beschäftigung nachgehen, es sei denn, der EZB-Rat erteilt hierzu ausnahmsweise seine Zustimmung.
11.2. Nach Artikel 283 Absatz 2 Buchstabe b des genannten Vertrags werden der Präsident, der Vizepräsident und die weiteren Mitglieder des Direktoriums vom Europäischen Rat auf Empfehlung des Rates, der hierzu das Europäische Parlament und den EZB-Rat anhört, aus dem Kreis der in Währungs- oder Bankfragen anerkannten und erfahrenen Persönlichkeiten mit qualifizierter Mehrheit ernannt.
Ihre Amtszeit beträgt acht Jahre; Wiederernennung ist nicht zulässig.
Nur Staatsangehörige der Mitgliedstaaten können Mitglieder des Direktoriums sein.
...

Art. 12. Aufgaben der Beschlussorgane.
12.1. Der EZB-Rat erlässt die Leitlinien und Entscheidungen, die notwendig sind, um die Erfüllung der dem ESZB nach den Verträgen und dieser Satzung übertragenen Aufgaben zu gewährleisten. Der EZB-Rat legt die Geldpolitik der Union fest, gegebenenfalls einschließlich von Beschlüssen in Bezug auf geldpolitische Zwischenziele, Leitzinssätze und die Bereitstellung von Zentralbankgeld im ESZB, und erlässt die für ihre Ausführung notwendigen Leitlinien.
Das Direktorium führt die Geldpolitik gemäß den Leitlinien und Entscheidungen des EZB-Rates aus. Es erteilt hierzu den nationalen Zentralbanken die erforderlichen Weisungen. Ferner können dem Direktorium durch Beschluss des EZB-Rates bestimmte Befugnisse übertragen werden.
Unbeschadet dieses Artikels nimmt die EZB die nationalen Zentralbanken zur Durchführung von Geschäften, die zu den Aufgaben des ESZB gehören, in Anspruch, soweit dies möglich und sachgerecht erscheint.
...

Art. 13. Der Präsident. 13.1. Den Vorsitz im EZB-Rat und im Direktorium der EZB führt der Präsident oder, bei seiner Verhinderung, der Vizepräsident.
13.2. Unbeschadet des Artikels 38 vertritt der Präsident oder eine von ihm benannte Person die EZB nach außen.

Art. 14. Nationale Zentralbanken. 14.1. Nach Artikel 131 des Vertrags über die Arbeitsweise der Europäischen Union stellt jeder Mitgliedstaat sicher, dass seine innerstaatlichen Rechtsvorschriften einschließlich der Satzung seiner Zentralbank mit den Verträgen und dieser Satzung im Einklang stehen.
14.2. In den Satzungen der nationalen Zentralbanken ist insbesondere vorzusehen, dass die Amtszeit des Präsidenten der jeweiligen nationalen Zentralbank mindestens fünf Jahre beträgt.
Der Präsident einer nationalen Zentralbank kann aus seinem Amt nur entlassen werden, wenn er die Voraussetzungen für die Ausübung seines Amtes nicht mehr erfüllt oder eine schwere Verfehlung begangen hat. Gegen einen entsprechenden Beschluss kann der betreffende Präsident einer nationalen Zentralbank oder der EZB-Rat wegen Verletzung der Verträge oder einer bei seiner Durchführung anzuwendenden Rechtsnorm den Gerichtshof anrufen. Solche Klagen sind binnen zwei Monaten zu erheben; diese Frist läuft je nach Lage des Falles von der Bekanntgabe des betreffenden Beschlusses, ihrer Mitteilung an den Kläger oder in Ermangelung dessen von dem Zeitpunkt an, zu dem der Kläger von dieser Entscheidung Kenntnis erlangt hat.
14.3. Die nationalen Zentralbanken sind integraler Bestandteil des ESZB und handeln gemäß den Leitlinien und Weisungen der EZB. Der EZB-Rat trifft die notwendigen Maßnahmen, um die Einhaltung der Leitlinien und Weisungen der EZB sicherzustellen, und kann verlangen, dass ihm hierzu alle erforderlichen Informationen zur Verfügung gestellt werden.
14.4. Die nationalen Zentralbanken können andere als die in dieser Satzung bezeichneten Aufgaben wahrnehmen, es sei denn, der EZB-Rat stellt mit Zweidrittelmehrheit der abgegebenen Stimmen fest, dass diese Aufgaben nicht mit den Zielen und Aufgaben des ESZB vereinbar sind. Derartige Aufgaben werden von den nationalen Zentralbanken in eigener Verantwortung und auf eigene Rechnung wahrgenommen und gelten nicht als Aufgaben des ESZB.

Art. 15. Berichtspflichten. 15.1. Die EZB erstellt und veröffentlicht mindestens vierteljährlich Berichte über die Tätigkeit des ESZB.
15.2. Ein konsolidierter Ausweis des ESZB wird wöchentlich veröffentlicht.
15.3. Nach Artikel 284 Absatz 3 des Vertrags über die Arbeitsweise der Europäischen Union unterbreitet die EZB dem Europäischen Parlament, dem Rat und der Kommission sowie auch dem Europäischen Rat einen Jahresbericht über die Tätigkeit des ESZB und die Geld- und Währungspolitik im vergangenen und im laufenden Jahr.

15.4. Die in diesem Artikel bezeichneten Berichte und Ausweise werden Interessenten kostenlos zur Verfügung gestellt.

Art. 16. Banknoten. Nach Artikel 128 Absatz 1 des Vertrags über die Arbeitsweise der Europäischen Union hat der EZB-Rat das ausschließliche Recht, die Ausgabe von Euro-Banknoten innerhalb der Union zu genehmigen. Die EZB und die nationalen Zentralbanken sind zur Ausgabe von Banknoten berechtigt. Die von der EZB und den nationalen Zentralbanken ausgegebenen Banknoten sind die einzigen Banknoten, die in der Gemeinschaft als gesetzliches Zahlungsmittel gelten.
Die EZB berücksichtigt so weit wie möglich die Gepflogenheiten bei der Ausgabe und der Gestaltung von Banknoten.

Kapitel IV Währungspolitische Aufgaben und Operationen des ESZB

Art. 17. Konten bei der EZB und den nationalen Zentralbanken. Zur Durchführung ihrer Geschäfte können die EZB und die nationalen Zentralbanken für Kreditinstitute, öffentliche Stellen und andere Marktteilnehmer Konten eröffnen und Vermögenswerte, einschließlich Schuldbuchforderungen, als Sicherheit hereinnehmen.

Art. 18. Offenmarkt- und Kreditgeschäfte.
18.1. Zur Erreichung der Ziele des ESZB und zur Erfüllung seiner Aufgaben können die EZB und die nationalen Zentralbanken
- auf den Finanzmärkten tätig werden, indem sie auf Euro oder sonstige Währungen lautende Forderungen und börsengängige Wertpapiere sowie Edelmetalle endgültig (per Kasse oder Termin) oder im Rahmen von Rückkaufsvereinbarungen kaufen und verkaufen oder entsprechende Darlehensgeschäfte tätigen;
- Kreditgeschäfte mit Kreditinstituten und anderen Marktteilnehmern abschließen, wobei für die Darlehen ausreichende Sicherheiten zu stellen sind.

18.2. Die EZB stellt allgemeine Grundsätze für ihre eigenen Offenmarkt- und Kreditgeschäfte und die nationalen Zentralbanken auf, hierzu gehören auch die Grundsätze für die Bekanntmachung der Bedingungen, zu denen sie bereit sind, derartige Geschäfte abzuschließen.

Art. 19. Mindestreserven. 19.1. Vorbehaltlich des Artikels 2 kann die EZB zur Verwirklichung der geldpolitischen Ziele verlangen, dass die in den Mitgliedstaaten niedergelassenen Kreditinstitute Mindestreserven auf Konten bei der EZB und den nationalen Zentralbanken unterhalten. Verordnungen über die Berechnung und Bestimmung des Mindestreservesolls können vom EZB-Rat erlassen werden. Bei Nichteinhaltung kann die EZB Strafzinsen erheben und sonstige Sanktionen mit vergleichbarer Wirkung verhängen.

19.2. Zum Zwecke der Anwendung dieses Artikels legt der Rat nach dem Verfahren des Artikels 41 die Basis für die Mindestreserven und die höchstzulässigen Relationen zwischen diesen Mindestreserven und ihrer Basis sowie die angemessenen Sanktionen fest, die bei Nichteinhaltung anzuwenden sind.

Art. 20. Sonstige geldpolitische Instrumente.
Der EZB-Rat kann mit der Mehrheit von zwei Dritteln der abgegebenen Stimmen über die Anwendung anderer Instrumente der Geldpolitik entscheiden, die er bei Beachtung des Artikels 2 für zweckmäßig hält.
Der Rat legt nach dem Verfahren des Artikels 41 den Anwendungsbereich solcher Instrumente fest, wenn sie Verpflichtungen für Dritte mit sich bringen.

Art. 21. Geschäfte mit öffentlichen Stellen.
21.1. Nach Artikel 123 des Vertrags über die Arbeitsweise der Europäischen Union sind Überziehungs- oder andere Kreditfazilitäten bei der EZB oder den nationalen Zentralbanken für Organe, Einrichtungen oder sonstige Stellen der Union, Zentralregierungen, regionale oder lokale Gebietskörperschaften oder andere öffentlichrechtliche Körperschaften, sonstige Einrichtungen des öffentlichen Rechts oder öffentliche Unternehmen der Mitgliedstaaten ebenso verboten wie der unmittelbare Erwerb von Schuldtiteln von diesen durch die EZB oder die nationalen Zentralbanken.
21.2. Die EZB und die nationalen Zentralbanken können als Fiskalagent für die in Artikel 21.1 bezeichneten Stellen tätig werden.
21.3. Die Bestimmungen dieses Artikels gelten nicht für Kreditinstitute in öffentlichem Eigentum; diese werden von der jeweiligen nationalen Zentralbank und der EZB, was die Bereitstellung von Zentralbankgeld betrifft, wie private Kreditinstitute behandelt.

Art. 23. Geschäfte mit dritten Ländern und internationalen Organisationen. [1]Die EZB und die nationalen Zentralbanken sind befugt,

– mit Zentralbanken und Finanzinstituten in dritten Ländern und, soweit zweckdienlich, mit internationalen Organisationen Beziehungen aufzunehmen;
– alle Arten von Devisen und Edelmetalle per Kasse und per Termin zu kaufen und zu verkaufen; der Begriff "Devisen" schließt Wertpapiere und alle sonstigen Vermögenswerte, die auf beliebige Währungen oder Rechnungseinheiten lauten, unabhängig von deren Ausgestaltung ein;
– die in diesem Artikel bezeichneten Vermögenswerte zu halten und zu verwalten;
– alle Arten von Bankgeschäften, einschließlich der Aufnahme und Gewährung von Krediten, im Verkehr mit dritten Ländern sowie internationalen Organisationen zu tätigen.

Kapitel V Aufsicht

Art. 25. Aufsicht. 25.1. Die EZB kann den Rat, die Kommission und die zuständigen Behörden der Mitgliedstaaten in Fragen des Geltungsbereichs und der Anwendung der Rechtsvorschriften der Gemeinschaft hinsichtlich der Aufsicht über die Kreditinstitute sowie die Stabilität des Finanzsystems beraten und von diesen konsultiert werden.

25.2. Aufgrund von Verordnungen des Rates nach Artikel 127 Absatz 6 des Vertrags über die Arbeitsweise der Europäischen Union kann die EZB besondere Aufgaben im Zusammenhang mit der Aufsicht über die Kreditinstitute und sonstige Finanzinstitute mit Ausnahme von Versicherungsunternehmen wahrnehmen.

Kapitel VI Finanzvorschriften des ESZB

Art. 26. Jahresabschlüsse. 26.1. Das Geschäftsjahr der EZB und der nationalen Zentralbanken beginnt am 1. Januar und endet am 31. Dezember.

26.2. Der Jahresabschluss der EZB wird vom Direktorium nach den vom EZB-Rat aufgestellten Grundsätzen erstellt. Der Jahresabschluss wird vom EZB-Rat festgestellt und sodann veröffentlicht.

26.3. Für Analyse- und Geschäftsführungszwecke erstellt das Direktorium eine konsolidierte Bilanz des ESZB, in der die zum ESZB gehörenden Aktiva und Passiva der nationalen Zentralbanken ausgewiesen werden.

26.4. Zur Anwendung dieses Artikels erlässt der EZB-Rat die notwendigen Vorschriften für die Standardisierung der buchmäßigen Erfassung und der Meldung der Geschäfte der nationalen Zentralbanken.

Art. 27. Rechnungsprüfung. 27.1. Die Jahresabschlüsse der EZB und der nationalen Zentralbanken werden von unabhängigen externen Rechnungsprüfern, die vom EZB-Rat empfohlen und vom Rat anerkannt wurden, geprüft. [2]Die Rechnungsprüfer sind befugt, alle Bücher und Konten der EZB und der nationalen Zentralbanken zu prüfen und alle Auskünfte über deren Geschäfte zu verlangen.

27.2. Artikel 248 dieses Vertrags ist nur auf eine Prüfung der Effizienz der Verwaltung der EZB anwendbar.

Art. 28. Kapital der EZB. 28.1. Das Kapital der EZB beträgt 5 Milliarden Euro.
Das Kapital kann durch einen Beschluss des EZB-Rates mit der in Artikel 10.3 vorgesehenen qualifizierten Mehrheit innerhalb der Grenzen und unter den Bedingungen, die der Rat nach dem Verfahren des Artikels 41 festlegt, erhöht werden.

28.2. Die nationalen Zentralbanken sind alleinige Zeichner und Inhaber des Kapitals der EZB. Die Zeichnung des Kapitals erfolgt nach dem gemäß Artikel 29 festgelegten Schlüssel.

28.3. Der EZB-Rat bestimmt mit der in Artikel 10.3 vorgesehenen qualifizierten Mehrheit, in welcher Höhe und welcher Form das Kapital einzuzahlen ist.

28.4. Vorbehaltlich des Artikels 28.5 können die Anteile der nationalen Zentralbanken am gezeichneten Kapital der EZB nicht übertragen, verpfändet oder gepfändet werden.

28.5. Im Falle einer Anpassung des in Artikel 29 bezeichneten Schlüssels sorgen die nationalen Zentralbanken durch Übertragungen von Kapitalanteilen untereinander dafür, dass die Verteilung der Kapitalanteile dem angepassten Schlüssel entspricht. Die Bedingungen für derartige Übertragungen werden vom EZB-Rat festgelegt.

Art. 29. Schlüssel für die Kapitalzeichnung.

29.1. Der Schlüssel für die Zeichnung des Kapitals der EZB, der 1998 bei der Errichtung des ESZB erstmals festgelegt wurde, wird festgelegt, indem jede nationale Zentralbank in diesem Schlüssel einen Gewichtsanteil, der der Summe folgender Prozentsätze entspricht, erhält:

– 50 % des Anteils des jeweiligen Mitgliedstaats an der Bevölkerung der Union im vorletzten Jahr vor der Errichtung des ESZB;
– 50 % des Anteils des jeweiligen Mitgliedstaats am Bruttoinlandsprodukt der Union zu Marktpreisen in den fünf Jahren vor dem vorletzten Jahr vor der Errichtung des ESZB.

Die Prozentsätze werden zum nächsten Vielfachen von 0,0001 Prozentpunkten ab- oder aufgerundet.

...

Art. 30. Übertragung von Währungsreserven auf die EZB. 30.1. Unbeschadet des Artikels 28 wird die EZB von den nationalen Zentralbanken mit Währungsreserven, die jedoch nicht aus Währungen der Mitgliedstaaten, Euro, IWF-Reservepositionen und SZR gebildet werden dürfen, bis zu einem Gegenwert von 50 Milliarden Euro ausgestattet. Der EZB-Rat entscheidet über den von der EZB nach ihrer Errichtung einzufordenden Teil sowie die zu späteren Zeitpunkten einzufordenden Beträge. Die EZB hat das uneingeschränkte Recht, die ihr übertragenen Währungsreserven zu halten und zu verwalten sowie für die in dieser Satzung genannten Zwecke zu verwenden.

30.2. Die Beiträge der einzelnen nationalen Zentralbanken werden entsprechend ihrem jeweiligen Anteil am gezeichneten Kapital der EZB bestimmt.

30.3. Die EZB schreibt jeder nationalen Zentralbank eine ihrem Beitrag entsprechende Forderung gut. Der EZB-Rat entscheidet über die Denominierung und Verzinsung dieser Forderungen.

30.4. Die EZB kann nach Artikel 30.2 über den in Artikel 30.1 festgelegten Betrag hinaus innerhalb der Grenzen und unter den Bedingungen, die der Rat nach dem Verfahren des Artikels 41 festlegt, die Einzahlung weiterer Währungsreserven fordern.

30.5. Die EZB kann IWF-Reservepositionen und SZR halten und verwalten sowie die Zusammenlegung solcher Aktiva vorsehen.

30.6. Der EZB-Rat trifft alle weiteren Maßnahmen, die zur Anwendung dieses Artikels erforderlich sind.

Art. 31. Währungsreserven der nationalen Zentralbanken. 31.1. Die nationalen Zentralbanken sind befugt, zur Erfüllung ihrer Verpflichtungen gegenüber internationalen Organisationen nach Artikel 23 Geschäfte abzuschließen.

...

Art. 32. Verteilung der monetären Einkünfte der nationalen Zentralbanken. 32.1. Die Einkünfte, die den nationalen Zentralbanken aus der Erfüllung der währungspolitischen Aufgaben des ESZB zufließen (im Folgenden als "monetäre Einkünfte" bezeichnet), werden am Ende eines jeden Geschäftsjahres nach diesem Artikel verteilt.

32.2. Der Betrag der monetären Einkünfte einer jeden nationalen Zentralbank entspricht ihren jährlichen Einkünften aus Vermögenswerten, die sie als Gegenposten zum Bargeldumlauf und zu ihren Verbindlichkeiten aus Einlagen der Kreditinstitute hält. Diese Vermögenswerte werden von den nationalen Zentralbanken gemäß den vom EZB-Rat zu erlassenden Richtlinien gesondert erfasst. ...

Art. 33. Verteilung der Nettogewinne und Verluste der EZB. 33.1. Der Nettogewinn der EZB wird in der folgenden Reihenfolge verteilt:

a) Ein vom EZB-Rat zu bestimmender Betrag, der 20 % des Nettogewinns nicht übersteigen darf, wird dem allgemeinen Reservefonds bis zu einer Obergrenze von 100 % des Kapitals zugeführt;
b) der verbleibende Nettogewinn wird an die Anteilseigner der EZB entsprechend ihren eingezahlten Anteilen ausgeschüttet.

33.2. Falls die EZB einen Verlust erwirtschaftet, kann der Fehlbetrag aus dem allgemeinen Reservefonds der EZB und erforderlichenfalls nach einem entsprechenden Beschluss des EZB-Rates aus den monetären Einkünften des betreffenden Geschäftsjahres im Verhältnis und bis in Höhe der Beträge gezahlt werden, die nach Artikel 32.5 an die nationalen Zentralbanken verteilt werden.

Gesetz zur Förderung der Stabilität und des Wachstums der Wirtschaft

Vom 8. Juni 1967, mit Änderungen bis zum 31. Oktober 2006

§ 1. [Erfordernisse der Wirtschaftspolitik]. [1]Bund und Länder haben bei ihren wirtschafts- und finanzpolitischen Maßnahmen die Erfordernisse des gesamtwirtschaftlichen Gleichgewichts zu beachten. [2]Die Maßnahmen sind so zu treffen, daß sie im Rahmen der marktwirtschaftlichen Ordnung gleichzeitig zur Stabilität des Preisniveaus, zu einem hohen Beschäftigungsstand und außenwirtschaftlichem Gleichgewicht bei stetigem und angemessenem Wirtschaftswachstum beitragen.

§ 2. [Jahreswirtschaftsbericht]. (1) [1]Die Bundesregierung legt im Januar eines jeden Jahres dem Bundestag und dem Bundesrat einen Jahreswirtschaftsbericht vor. [2]Der Jahreswirtschaftsbericht enthält:

1. die Stellungnahme zu dem Jahresgutachten des Sachverständigenrates, …
2. eine Darlegung der für das laufende Jahr von der Bundesregierung angestrebten wirtschafts- und finanzpolitischen Ziele (Jahresprojektion); die Jahresprojektion bedient sich der Mittel und der Form der volkswirtschaftlichen Gesamtrechnung, gegebenenfalls mit Alternativrechnungen;
3. eine Darlegung der für das laufende Jahr geplanten Wirtschafts- und Finanzpolitik.

(2) Maßnahmen nach § 6 Abs. 2 und 3 und nach den §§ 15 und 19 dieses Gesetzes … dürfen nur getroffen werden, wenn die Bundesregierung gleichzeitig gegenüber dem Bundestag und dem Bundesrat begründet, daß diese Maßnahmen erforderlich sind, um eine Gefährdung der Ziele des § 1 zu verhindern.

§ 3. [Orientierungsdaten für konzertierte Aktion]. (1) [1]Im Falle der Gefährdung eines der Ziele des § 1 stellt die Bundesregierung Orientierungsdaten für ein gleichzeitiges aufeinander abgestimmtes Verhalten (konzertierte Aktion) der Gebietskörperschaften, Gewerkschaften und Unternehmensverbände zur Erreichung der Ziele des § 1 zur Verfügung. [2]Diese Orientierungsdaten enthalten insbesondere eine Darstellung der gesamtwirtschaftlichen Zusammenhänge im Hinblick auf die gegebene Situation.

(2) Das Bundesministerium für Wirtschaft und Technologie hat die Orientierungsdaten auf Verlangen eines der Beteiligten zu erläutern.

§ 4. [Außenwirtschaftliche Störungen]. [1]Bei außenwirtschaftlichen Störungen des gesamtwirtschaftlichen Gleichgewichts, deren Abwehr durch binnenwirtschaftliche Maßnahmen nicht oder nur unter Beeinträchtigung der in § 1 genannten Ziele möglich ist, hat die Bundesregierung alle Möglichkeiten der internationalen Koordination zu nutzen. [2]Soweit dies nicht ausreicht, setzt sie die ihr zur Wahrung des außenwirtschaftlichen Gleichgewichts zur Verfügung stehenden wirtschaftspolitischen Mittel ein.

§ 5. [Bundeshaushalt, Konjunkturausgleichsrücklage]. (1) Im Bundeshaushaltsplan sind Umfang und Zusammensetzung der Ausgaben und der Ermächtigungen zum Eingehen von Verpflichtungen zu Lasten künftiger Rechnungsjahre so zu bemessen, wie es zur Erreichung der Ziele des § 1 erforderlich ist.

(2) Bei einer die volkswirtschaftliche Leistungsfähigkeit übersteigenden Nachfrageausweitung sollen Mittel zur zusätzlichen Tilgung von Schulden bei der Deutschen Bundesbank oder zur Zuführung an eine Konjunkturausgleichsrücklage veranschlagt werden.

(3) Bei einer die Ziele des § 1 gefährdenden Abschwächung der allgemeinen Wirtschaftstätigkeit sollen zusätzlich erforderliche Deckungsmittel zunächst der Konjunkturausgleichsrücklage entnommen werden.

§ 6. [Genehmigungsverfahren bei Überhitzung; zusätzliche Ausgaben bei Abschwächung]. (1) [1]Bei der Ausführung des Bundeshaushaltsplans kann im Falle einer die volkswirtschaftliche Leistungsfähigkeit übersteigenden Nachfrageausweitung die Bundesregierung das Bundesministerium der Finanzen ermächtigen, zur Erreichung der Ziele des § 1 die Verfügung über bestimmte Ausgabemittel, den Beginn von Baumaßnahmen und das Eingehen von Verpflichtungen zu Lasten künftiger Rechnungsjahre von dessen Einwilligung abhängig zu machen. [2]Die Bundesministerien der Finanzen und für Wirtschaft und Technologie schlagen die erforderlichen Maßnahmen vor. [3]Das Bundesministerium der Finanzen hat die dadurch nach Ablauf des Rechnungsjahres freigewordenen Mittel zur zusätzlichen Tilgung von Schulden bei der Deutschen Bundesbank zu verwenden oder der Konjunkturausgleichsrücklage zuzuführen.

(2) [1]Die Bundesregierung kann bestimmen, daß bei einer die Ziele des § 1 gefährdenden Abschwächung der allgemeinen Wirtschaftstätigkeit zusätzliche Ausgaben geleistet werden; Absatz 1 Satz 2 ist anzuwenden. [2]Die zusätzlichen Mittel dürfen nur für im Finanzplan (§ 9 in

Verbindung mit § 10) vorgesehene Zwecke oder als Finanzhilfe für besonders bedeutsame Investitionen der Länder und Gemeinden (Gemeindeverbände) zur Abwehr einer Störung des gesamtwirtschaftlichen Gleichgewichts (Artikel 104 a Abs. 4 Satz 1 GG) verwendet werden. [2]Zu ihrer Deckung sollen die notwendigen Mittel zunächst der Konjunkturausgleichsrücklage entnommen werden.

(3) [1]Das Bundesministerium der Finanzen wird ermächtigt, zu dem in Absatz 2 bezeichneten Zweck Kredite über die im Haushaltsgesetz erteilten Kreditermächtigungen hinaus bis zur Höhe von fünf Milliarden Deutsche Mark, gegebenenfalls mit Hilfe von Geldmarktpapieren, aufzunehmen. [2]Soweit solche Kredite auf eine nachträglich in einem Haushaltsgesetz ausgesprochene Kreditermächtigung angerechnet werden, kann das Recht zur Kreditaufnahme erneut in Anspruch genommen werden.

§ 7. [Ansammlung der Konjunkturausgleichsrücklage bei der Deutschen Bundesbank].

(1) [1]Die Konjunkturausgleichsrücklage ist bei der Deutschen Bundesbank anzusammeln. [2]Mittel der Konjunkturausgleichsrücklage dürfen nur zur Deckung zusätzlicher Ausgaben gemäß § 5 Abs. 3 und § 6 Abs. 2 verwendet werden.

(2) Ob und in welchem Ausmaß über Mittel der Konjunkturausgleichsrücklage bei der Ausführung des Bundeshaushaltsplans verfügt werden soll, entscheidet die Bundesregierung; § 6 Abs. 1 Satz 2 ist anzuwenden.

§ 9. [Fünfjähriger Finanzplan]. (1) [1]Der Haushaltswirtschaft des Bundes ist eine fünfjährige Finanzplanung zugrunde zu legen. [2]In ihr sind Umfang und Zusammensetzung der voraussichtlichen Ausgaben und die Deckungsmöglichkeiten in ihren Wechselbeziehungen zu der mutmaßlichen Entwicklung des gesamtwirtschaftlichen Leistungsvermögens darzustellen, gegebenenfalls durch Alternativrechnungen.

(2) [1]Der Finanzplan ist vom Bundesministerium für Finanzen aufzustellen und zu begründen. [2]Er wird von der Bundesregierung beschlossen und Bundestag und Bundesrat vorgelegt.

(3) Der Finanzplan ist jährlich der Entwicklung anzupassen und fortzuführen.

§ 15. [Mittelzuführung an Konjunkturausgleichsrücklage]. (1) Zur Abwehr einer Störung des gesamtwirtschaftlichen Gleichgewichts kann die Bundesregierung durch Rechtsverordnung mit Zustimmung des Bundesrates anordnen, daß der Bund und die Länder ihren Konjunkturausgleichsrücklagen Mittel zuzuführen haben.

§ 16. [Haushaltswirtschaft der Gemeinden].

(1) Gemeinden und Gemeindeverbände haben bei ihrer Haushaltswirtschaft den Zielen des § 1 Rechnung zu tragen.

(2) Die Länder haben durch geeignete Maßnahmen darauf hinzuwirken, daß die Haushaltswirtschaft der Gemeinden und Gemeindeverbände den konjunkturpolitischen Erfordernissen entspricht.

§ 17. [Auskunftspflicht von Bund und Ländern]. Bund und Länder erteilen sich gegenseitig die Auskünfte, die zur Durchführung einer konjunkturgerechten Haushaltswirtschaft und zur Aufstellung ihrer Finanzpläne notwendig sind.

§ 18. [Konjunkturrat]. (1) [1]Bei der Bundesregierung wird ein Konjunkturrat für die öffentliche Hand gebildet. [2]Dem Rat gehören an:

1. die Bundesminister für Wirtschaft und Technologie und der Finanzen,
2. je ein Vertreter eines jeden Landes,
3. vier Vertreter der Gemeinden und der Gemeindeverbände, die vom Bundesrat auf Vorschlag der kommunalen Spitzenverbände bestimmt werden.

[3]Den Vorsitz im Konjunkturrat führt der Bundesminister für Wirtschaft und Technologie.

(2) [1]Der Konjunkturrat berät nach einer vom Bundesminister für Wirtschaft und Technologie zu erlassenden Geschäftsordnung in regelmäßigen Abständen:

1. alle zur Erreichung der Ziele dieses Gesetzes erforderlichen konjunkturpolitischen Maßnahmen;
2. die Möglichkeiten der Deckung des Kreditbedarfs der öffentlichen Haushalte.

[2]Der Konjunkturrat ist insbesondere vor allen Maßnahmen nach den §§ 15, 19 und 20 zu hören.

(3) Der Konjunkturrat bildet einen besonderen Ausschuß für Kreditfragen der öffentlichen Hand, der unter Vorsitz des Bundesministers der Finanzen nach einer von diesem zu erlassenden Geschäftsordnung berät.

(4) Die Bundesbank hat das Recht, an den Beratungen des Konjunkturrates teilzunehmen.

§ 19. [Beschränkung der Kreditbeschaffung].

Zur Abwehr einer Störung des gesamtwirtschaftlichen Gleichgewichts kann die Bundesregierung durch Rechtsverordnung mit Zustimmung des Bundesrates anordnen, daß die Beschaffung von Geldmitteln im Wege des Kredits im Rahmen der in den Haushaltsgesetzen oder

Haushaltssatzungen ausgewiesenen Kreditermächtigungen durch den Bund, die Länder, die Gemeinden und Gemeindeverbände sowie die öffentlichen Sondervermögen und Zweckverbände beschränkt wird.

Bundesdatenschutzgesetz

Vom 20. Dezember 1990, mit Änderungen bis zum 14. August 2009

Erster Abschnitt. Allgemeine und gemeinsame Bestimmungen

§ 1. Zweck und Anwendungsbereich des Gesetzes. (1) Zweck dieses Gesetzes ist es, den Einzelnen davor zu schützen, dass er durch den Umgang mit seinen personenbezogenen Daten in seinem Persönlichkeitsrecht beeinträchtigt wird. …

§ 3. Weitere Begriffsbestimmungen. (1) Personenbezogene Daten sind Einzelangaben über persönliche oder sachliche Verhältnisse einer bestimmten oder bestimmbaren natürlichen Person (Betroffener). …

§ 3 a. Datenvermeidung und Datensparsamkeit. [1]Die Erhebung, Verarbeitung und Nutzung personenbezogener Daten und die Auswahl und Gestaltung von Datenverarbeitungssystemen sind an dem Ziel auszurichten, so wenig personenbezogene Daten wie möglich zu erheben, zu verarbeiten oder zu nutzen. [2]Insbesondere sind personenbezogene Daten zu anonymisieren und pseudonymisieren, soweit dies nach dem Verwendungszweck möglich ist und keinen im Verhältnis zu dem angestrebten Schutzzweck unverhältnismäßigen Aufwand erfordert.

§ 4. Zulässigkeit der Datenerhebung, -verarbeitung und -nutzung. (1) Die Erhebung, Verarbeitung und Nutzung personenbezogener Daten sind nur zulässig, soweit dieses Gesetz oder eine andere Rechtsvorschrift dies erlaubt oder anordnet oder der Betroffene eingewilligt hat. …

§ 4 f. Beauftragter für den Datenschutz.

(1) [1]Öffentliche und nicht-öffentliche Stellen, die personenbezogene Daten automatisiert verarbeiten, haben einen Beauftragten für den Datenschutz schriftlich zu bestellen. [2]Nicht-öffentliche Stellen sind hierzu spätestens innerhalb eines Monats nach Aufnahme ihrer Tätigkeit verpflichtet.

…

§ 5. Datengeheimnis. [1]Den bei der Datenverarbeitung beschäftigten Personen ist untersagt, personenbezogene Daten unbefugt zu erheben, zu verarbeiten oder zu nutzen (Datengeheimnis). [2]Diese Personen sind, soweit sie bei nicht-öffentlichen Stellen beschäftigt werden, bei der Aufnahme ihrer Tätigkeit auf das Datengeheimnis zu verpflichten. [3]Das Datengeheimnis besteht auch nach Beendigung ihrer Tätigkeit fort.

§ 7. Schadensersatz. [1]Fügt eine verantwortliche Stelle dem Betroffenen durch eine nach diesem Gesetz oder nach anderen Vorschriften über den Datenschutz unzulässige oder unrichtige Erhebung, Verarbeitung oder Nutzung seiner personenbezogenen Daten einen Schaden zu, ist sie oder ihr Träger dem Betroffenen zum Schadensersatz verpflichtet. [2]Die Ersatzpflicht entfällt, soweit die verantwortliche Stelle die nach den Umständen des Falles gebotene Sorgfalt beachtet hat.

§ 8. Schadensersatz bei automatisierter Datenverarbeitung durch öffentliche Stellen.

(1) Fügt eine verantwortliche öffentliche Stelle dem Betroffenen durch eine nach diesem Gesetz oder nach anderen Vorschriften über den Datenschutz unzulässige oder unrichtige automatisierte Erhebung, Verarbeitung oder Nutzung seiner personenbezogenen Daten einen Schaden zu, ist ihr Träger dem Betroffenen unabhängig von einem Verschulden zum Schadensersatz verpflichtet.

…

§ 9. Technische und organisatorische Maßnahmen. [1]Öffentliche und nicht-öffentliche Stellen, die selbst oder im Auftrag personenbezogene Daten erheben, verarbeiten oder nutzen, haben die technischen und organisatorischen Maßnahmen zu treffen, die erforderlich sind, um die Ausführung der Vorschriften dieses Gesetzes, insbesondere die in der Anlage zu diesem Gesetz genannten Anforderungen, zu gewährleisten. [2]Erforderlich sind Maßnahmen nur, wenn ihr Aufwand in einem angemessenen Verhältnis zu dem angestrebten Schutzzweck steht.

Anlage (zu § 9 Satz 1)

[1]Werden personenbezogene Daten automatisiert verarbeitet oder genutzt, ist die innerbehördliche oder innerbetriebliche Organisation so zu gestalten, dass sie den besonderen Anforderungen des Datenschutzes gerecht wird. [2]Dabei sind insbesondere Maßnahmen zu treffen, die je nach der Art der zu schützenden personenbezogenen Daten oder Datenkategorien geeignet sind,

1. Unbefugten den Zutritt zu Datenverarbeitungsanlagen, mit denen personenbezogene Daten verarbeitet oder genutzt werden, zu verwehren (Zutrittskontrolle),

2. zu verhindern, dass Datenverarbeitungssysteme von Unbefugten genutzt werden können (Zugangskontrolle),
3. zu gewährleisten, dass die zur Benutzung eines Datenverarbeitungssystems Berechtigten ausschließlich auf die ihrer Zugriffsberechtigung unterliegenden Daten zugreifen können, und dass personenbezogene Daten bei der Verarbeitung, Nutzung und nach der Speicherung nicht unbefugt gelesen, kopiert, verändert oder entfernt werden können (Zugriffskontrolle),
4. zu gewährleisten, dass personenbezogene Daten bei der elektronischen Übertragung oder während ihres Transports oder ihrer Speicherung auf Datenträger nicht unbefugt gelesen, kopiert, verändert oder entfernt werden können, und dass überprüft und festgestellt werden kann, an welche Stellen eine Übermittlung personenbezogener Daten durch Einrichtungen zur Datenübertragung vorgesehen ist (Weitergabekontrolle),
5. zu gewährleisten, dass nachträglich überprüft und festgestellt werden kann, ob und von wem personenbezogene Daten in Datenverarbeitungssysteme eingegeben, verändert oder entfernt worden sind (Eingabekontrolle),
6. zu gewährleisten, dass personenbezogene Daten, die im Auftrag verarbeitet werden, nur entsprechend den Weisungen des Auftraggebers verarbeitet werden können (Auftragskontrolle),
7. zu gewährleisten, dass personenbezogene Daten gegen zufällige Zerstörung oder Verlust geschützt sind (Verfügbarkeitskontrolle),
8. zu gewährleisten, dass zu unterschiedlichen Zwecken erhobene Daten getrennt verarbeitet werden können.

Zweiter Abschnitt. Datenverarbeitung der öffentlichen Stellen

Rechtsgrundlagen der Datenverarbeitung

§ 13. Datenerhebung. (1) Das Erheben personenbezogener Daten ist zulässig, wenn ihre Kenntnis zur Erfüllung der Aufgaben der verantwortlichen Stelle erforderlich ist. …

(2) Das Erheben besonderer Arten personenbezogener Daten (§ 3 Abs. 9) ist nur zulässig, soweit

1. eine Rechtsvorschrift dies vorsieht oder aus Gründen eines wichtigen öffentlichen Interesses zwingend erfordert,
2. der Betroffene nach Maßgabe des § 4 a Abs. 3 eingewilligt hat,
3. dies zum Schutz lebenswichtiger Interessen des Betroffenen oder eines Dritten erforderlich ist, sofern der Betroffene aus physischen oder rechtlichen Gründen außerstande ist, seine Einwilligung zu geben,
4. es sich um Daten handelt, die der Betroffene offenkundig öffentlich gemacht hat,
5. dies zur Abwehr einer erheblichen Gefahr für die öffentliche Sicherheit erforderlich ist,
6. dies zur Abwehr erheblicher Nachteile für das Gemeinwohl oder zur Wahrung erheblicher Belange des Gemeinwohls zwingend erforderlich ist,
7. dies zum Zweck der Gesundheitsvorsorge, der medizinischen Diagnostik, der Gesundheitsversorgung oder Behandlung oder für die Verwaltung von Gesundheitsdiensten erforderlich ist und die Verarbeitung dieser Daten durch ärztliches Personal oder durch sonstige Personen erfolgt, die einer entsprechenden Geheimhaltungspflicht unterliegen,
8. dies zur Durchführung wissenschaftlicher Forschung erforderlich ist, das wissenschaftliche Interesse an der Durchführung des Forschungsvorhabens das Interesse des Betroffenen an dem Ausschluss der Erhebung erheblich überwiegt und der Zweck der Forschung auf andere Weise nicht oder nur mit unverhältnismäßigem Aufwand erreicht werden kann oder
9. dies aus zwingenden Gründen der Verteidigung oder der Erfüllung über- oder zwischenstaatlicher Verpflichtungen einer öffentlichen Stelle des Bundes auf dem Gebiet der Krisenbewältigung oder Konfliktverhinderung oder für humanitäre Maßnahmen erforderlich ist.

§ 14. Datenspeicherung, -veränderung und -nutzung. (1) [1]Das Speichern, Verändern oder Nutzen personenbezogener Daten ist zulässig, wenn es zur Erfüllung der in der Zuständigkeit der verantwortlichen Stelle liegenden Aufgaben erforderlich ist und es für die Zwecke erfolgt, für die die Daten erhoben worden sind. [2]Ist keine Erhebung vorausgegangen, dürfen die Daten nur für die Zwecke geändert oder genutzt werden, für die sie gespeichert worden sind. …

Rechte des Betroffenen

§ 19. Auskunft an den Betroffenen. (1) [1]Dem Betroffenen ist auf Antrag Auskunft zu erteilen über
1. die zu seiner Person gespeicherten Daten, auch soweit sie sich auf die Herkunft dieser Daten beziehen,
2. die Empfänger oder Kategorien von Empfängern, an die die Daten weitergegeben werden, und
3. den Zweck der Speicherung.

[2]In dem Antrag soll die Art der personenbezogenen Daten, über die Auskunft erteilt werden soll, näher bezeichnet werden. [3]Sind die personenbezogenen Daten weder automatisiert noch in nicht automatisierten Dateien gespeichert, wird die Auskunft nur erteilt, soweit der Betroffene Angaben macht, die das Auffinden der Daten ermöglichen, und der für die Erteilung der Auskunft erforderliche Aufwand nicht außer Verhältnis zu dem vom Betroffenen geltend gemachten Informationsinteresse steht. [4]Die verantwortliche Stelle bestimmt das Verfahren, insbesondere die Form der Auskunftserteilung, nach pflichtgemäßem Ermessen.

…

§ 20. Berichtigung, Löschung und Sperrung von Daten; Widerspruchsrecht. (1) [1]Personenbezogene Daten sind zu berichtigen, wenn sie unrichtig sind. [2]Wird festgestellt, dass personenbezogene Daten, die weder automatisiert verarbeitet noch in nicht automatisierten Dateien gespeichert sind, unrichtig sind, oder wird ihre Richtigkeit von dem Betroffenen bestritten, so ist dies in geeigneter Weise festzuhalten.

(2) Personenbezogene Daten, die automatisiert verarbeitet oder in nicht automatisierten Dateien gespeichert sind, sind zu löschen, wenn
1. ihre Speicherung unzulässig ist oder
2. ihre Kenntnis für die verantwortliche Stelle zur Erfüllung der in ihrer Zuständigkeit liegenden Aufgaben nicht mehr erforderlich ist. …

§ 21. Anrufung des Bundesbeauftragten für den Datenschutz und Informationsfreiheit. [1]Jedermann kann sich an den Bundesbeauftragten für den Datenschutz und die Informationsfreiheit wenden, wenn er der Ansicht ist, bei der Erhebung, Verarbeitung oder Nutzung seiner personenbezogenen Daten durch öffentliche Stellen des Bundes in seinen Rechten verletzt worden zu sein. [2]Für die Erhebung, Verarbeitung oder Nutzung von personenbezogenen Daten durch Gerichte des Bundes gilt dies nur, soweit diese in Verwaltungsangelegenheiten tätig werden.

Bundesbeauftragter für den Datenschutz und die Informationsfreiheit

§ 22. Wahl des Bundesbeauftragten für den Datenschutz und die Informationsfreiheit. (1) [1]Der Deutsche Bundestag wählt auf Vorschlag der Bundesregierung den Bundesbeauftragten für den Datenschutz und die Informationsfreiheit mit mehr als der Hälfte der gesetzlichen Zahl seiner Mitglieder. [2]Der Bundesbeauftragte muss bei seiner Wahl das 35. Lebensjahr vollendet haben. [3]Der Gewählte ist vom Bundespräsidenten zu ernennen.

(4) [1]Der Bundesbeauftragte steht nach Maßgabe dieses Gesetzes zum Bund in einem öffentlich-rechtlichen Amtsverhältnis. [2]Er ist in Ausübung seines Amtes unabhängig und nur dem Gesetz unterworfen. [3]Er untersteht der Rechtsaufsicht der Bundesregierung. …

§ 24. Kontrolle durch den Bundesbeauftragten für den Datenschutz und die Informationsfreiheit. (1) Der Bundesbeauftragte für den Datenschutz und die Informationsfreiheit kontrolliert bei den öffentlichen Stellen des Bundes die Einhaltung der Vorschriften dieses Gesetzes und anderer Vorschriften über den Datenschutz. …

§ 26. Weitere Aufgaben des Bundesbeauftragten für den Datenschutz und die Informationsfreiheit. (1) [1]Der Bundesbeauftragte für den Datenschutz und die Informationsfreiheit erstattet dem Deutschen Bundestag alle zwei Jahre einen Tätigkeitsbericht. [2]Er unterrichtet den Deutschen Bundestag und die Öffentlichkeit über wesentliche Entwicklungen des Datenschutzes. …

Dritter Abschnitt. Datenverarbeitung nicht-öffentlicher Stellen und öffentlich-rechtlicher Wettbewerbsunternehmen

Rechtsgrundlagen der Datenverarbeitung

§ 27. Anwendungsbereich. (1) [1]Die Vorschriften dieses Abschnittes finden Anwendung, soweit personenbezogene Daten unter Einsatz von Datenverarbeitungsanlagen verarbeitet, genutzt oder dafür erhoben werden oder die Daten in oder aus nicht automatisierten Dateien verarbeitet, genutzt oder dafür erhoben werden durch

1. nicht-öffentliche Stellen,
2. a) öffentliche Stellen des Bundes, soweit sie als öffentlich-rechtliche Unternehmen am Wettbewerb teilnehmen,
   b) öffentliche Stellen der Länder, soweit sie als öffentlich-rechtliche Unternehmen am Wettbewerb teilnehmen, Bundesrecht ausführen und der Datenschutz nicht durch Landesgesetz geregelt ist.

[2]Dies gilt nicht, wenn die Erhebung, Verarbeitung oder Nutzung der Daten ausschließlich für persönliche oder familiäre Tätigkeiten erfolgt. [3]In den Fällen der Nummer 2 Buchstabe a gelten anstelle des § 38 die §§ 18, 21 und 24 bis 26. …

§ 28. Datenerhebung und -speicherung für eigene Geschäftszwecke. (1) [1]Das Erheben, Speichern, Verändern oder Übermitteln personenbezogener Daten oder ihre Nutzung als Mittel für die Erfüllung eigener Geschäftszwecke ist zulässig

1. wenn es für die Begründung, Durchführung oder Beendigung eines rechtsgeschäftlichen oder rechtsgeschäftsähnlichen Schuldverhältnisses mit dem Betroffenen erforderlich ist,
2. soweit es zur Wahrung berechtigter Interessen der verantwortlichen Stelle erforderlich ist und kein Grund zu der Annahme besteht, dass das schutzwürdige Interesse des Betroffenen an dem Ausschluss der Verarbeitung oder Nutzung überwiegt oder,
3. wenn die Daten allgemein zugänglich sind oder die verantwortliche Stelle sie veröffentlichen dürfte, es sei denn, dass das schutzwürdige Interesse des Betroffenen an dem Ausschluss der Verarbeitung oder Nutzung gegenüber dem berechtigten Interesse der verantwortlichen Stelle offensichtlich überwiegt.

[2]Bei der Erhebung personenbezogener Daten sind die Zwecke, für die die Daten verarbeitet oder genutzt werden sollen, konkret festzulegen.

(2) Die Übermittlung oder Nutzung für einen anderen Zweck ist zulässig

1. unter den Voraussetzungen des Absatzes Satz 1 Nummer 2 oder Nummer 3,
2. soweit es erforderlich ist,
   a) zur Wahrung berechtigter Interessen eines Dritten oder
   b) zur Abwehr von Gefahren für die staatliche oder öffentliche Sicherheit oder zur Verfolgung von Straftaten …

(3) [1]Die Verarbeitung oder Nutzung personenbezogener Daten für Zwecke des Adresshandels oder der Werbung ist zulässig, soweit der Betroffene eingewilligt hat und im Falle einer nicht schriftlich erteilten Einwilligung die verantwortliche Stelle nach Absatz 3a verfährt. [2]Darüber hinaus ist die Verarbeitung oder Nutzung personenbezogener Daten zulässig, soweit es sich um listenmäßig oder sonst zusammengefasste Daten über Angehörige einer Personengruppe handelt, die sich auf die Zugehörigkeit des Betroffenen zu dieser Personengruppe, seine Berufs-, Branchen- oder Geschäftsbezeichnung, seinen Namen, Titel, akademischen Grad, seine Anschrift und sein Geburtsjahr beschränken, und die Verarbeitung oder Nutzung erforderlich ist …

§ 30a. Geschäftsmäßige Datenerhebung und -speicherung für Zwecke der Markt- oder Meinungsforschung. (1) Das geschäftsmäßige Erheben, Verarbeiten oder Nutzen personenbezogener Daten für Zwecke der Markt- oder Meinungsforschung ist zulässig, wenn

1. kein Grund zu der Annahme besteht, dass der Betroffene ein schutzwürdiges Interesse an dem Ausschluss der Erhebung, Verarbeitung oder Nutzung hat, oder
2. die Daten aus allgemein zugänglichen Quellen entnommen werden können oder die verantwortliche Stelle sie veröffentlichen dürfte und das schutzwürdige Interesse des Betroffenen an dem Ausschluss der Erhebung, Verarbeitung oder Nutzung gegenüber dem Interesse der verantwortlichen Stelle nicht offensichtlich überwiegt.

Besondere Arten personenbezogener Daten (§ 3 Absatz 9) dürfen nur für ein bestimmtes Forschungsvorhaben erhoben, verarbeitet oder genutzt werden.

…

§ 32. Datenerhebung, -verarbeitung und -nutzung für Zwecke des Beschäftigungsverhältnisses. (1) [1]Personenbezogene Daten eines Beschäftigten dürfen für Zwecke des Beschäfti-

gungsverhältnisses erhoben, verarbeitet oder genutzt werden, wenn dies für die Entscheidung über die Begründung eines Beschäftigungsverhältnisses oder nach Begründung des Beschäftigungsverhältnisses für dessen Durchführung oder Beendigung erforderlich ist. [2]Zur Aufdeckung von Straftaten dürfen personenbezogene Daten eines Beschäftigten nur dann erhoben, verarbeitet oder genutzt werden, wenn zu dokumentierende tatsächliche Anhaltspunkte den Verdacht begründen, dass der Betroffene im Beschäftigungsverhältnis eine Straftat begangen hat, die Erhebung, Verarbeitung oder Nutzung zur Aufdeckung erforderlich ist und das schutzwürdige Interesse des Beschäftigten an dem Ausschluss der erhebung, Verarbeitung oder Nutzung nicht überwiegt, insbesondere Art und Ausmaß im Hinblick auf den Anlass nicht unverhältnismäßig sind.
...

Rechte des Betroffenen

§ 33. Benachrichtigung des Betroffenen.
(1) Werden erstmals personenbezogene Daten für eigene Zwecke ohne Kenntnis des Betroffenen gespeichert, ist der Betroffene von der Speicherung, der Art der Daten, der Zweckbestimmung der Erhebung, Verarbeitung oder Nutzung und der Identität der verantwortlichen Stelle zu benachrichtigen. ...

§ 34. Auskunft an den Betroffenen. (1) Die verantwortliche Stelle hat dem Betroffenen auf Verlangen Auskunft zu erteilen über
1. die zu seiner Person gespeicherten Daten, auch soweit sie sich auf die Herkunft dieser Daten beziehen,
2. den Empfänger oder die Kategorien von Empfängern, an die Daten weitergegeben werden, und
3. den Zweck der Speicherung.

...

§ 35. Berichtigung, Löschung und Sperrung von Daten. (1) Personenbezogene Daten sind zu berichtigen, wenn sie unrichtig sind. ...

Aufsichtsbehörde

§ 38. Aufsichtsbehörde. (1) [1]Die Aufsichtsbehörde kontrolliert die Ausführung dieses Gesetzes sowie anderer Vorschriften über den Datenschutz, soweit diese die automatisierte Verarbeitung personenbezogener Daten oder die Verarbeitung oder Nutzung personenbezogener Daten in oder aus nicht automatisierten Dateien regeln einschließlich des Rechts der Mitgliedstaaten in den Fällen des § 1 Abs. 5. [2]Sie berät und unterstützt die Beauftragten für den Datenschutz und die verantwortlichen Stellen mit Rücksicht auf deren typische Bedürfnisse. [3]Die Aufsichtsbehörde darf die von ihr gespeicherten Daten nur für Zwecke der Aufsicht verarbeiten und nutzen; ...

Vierter Abschnitt. Sondervorschriften

§ 39. Zweckbindung bei personenbezogenen Daten, die einem Berufs- oder besonderen Amtsgeheimnis unterliegen. (1) [1]Personenbezogene Daten, die einem Berufs- oder besonderen Amtsgeheimnis unterliegen und die von der zur Verschwiegenheit verpflichteten Stelle in Ausübung ihrer Berufs- oder Amtspflicht zur Verfügung gestellt worden sind, dürfen von der verantwortlichen Stelle nur für den Zweck verarbeitet oder genutzt werden, für den sie sie erhalten hat. [2]In die Übermittlung an eine nichtöffentliche Stelle muss die zur Verschwiegenheit verpflichtete Stelle einwilligen.

(2) Für einen anderen Zweck dürfen die Daten nur verarbeitet oder genutzt werden, wenn die Änderung des Zwecks durch besonderes Gesetz zugelassen ist.

Fünfter Abschnitt. Schlussvorschriften

§ 43. Bußgeldvorschriften. (2) Ordnungswidrig handelt, wer vorsätzlich oder fahrlässig
1. unbefugt personenbezogene Daten, die nicht allgemein zugänglich sind, erhebt oder verarbeitet,
2. unbefugt personenbezogene Daten, die nicht allgemein zugänglich sind, zum Abruf mittels automatisierten Verfahrens bereithält,
3. unbefugt personenbezogene Daten, die nicht allgemein zugänglich sind, abruft oder sich oder einem anderen aus automatisierten Verarbeitungen oder nicht automatisierten Dateien verschafft,
4. die Übermittlung von personenbezogenen Daten, die nicht allgemein zugänglich sind, durch unrichtige Angaben erschleicht,
5. entgegen § 16 Abs. 4 Satz 1, § 28 Abs. 5 Satz 1, auch in Verbindung mit § 29 Abs. 4,

§ 39 Abs. 1 Satz 1 oder § 40 Abs. 1, die übermittelten Daten für andere Zwecke nutzt,

5a. entgegen § 28 Absatz 3b den Abschluss eines Vertrages von der Einwilligung des Betroffenen abhängig macht,

5b. entgegen § 28 Absatz 4 Satz 1 Daten für Zwecke der Werbung oder der Markt- oder Meinungsforschung verarbeitet oder nutzt,

6. entgegen § 30 Abs. 1 Satz 2, § 30a Absatz 3 Satz 3 oder § 40 Absatz 2 Satz 3 ein dort genanntes Merkmal mit einer Einzelangabe zusammenführt oder

7. entgegen § 42a Satz 1 eine Mitteilung nicht, nicht richtig, nicht vollständig oder nicht rechtzeitig macht.

(3)) [1]Die Ordnungswidrigkeit kann im Fall des Absatzes 1 mit einer Geldbuße bis zu fünfzigtausend Euro, in den Fällen des Absatzes 2 mit einer Geldbuße bis zu dreihunderttausend Euro geahndet werden. [2]Die Geldbuße soll den wirtschaftlichen Vorteil, den der Täter aus der Ordnungswidrigkeit gezogen hat, übersteigen. [3]Reichen die in Satz 1 genannten Beträge hierfür nicht aus, so können sie überschritten werden.

§ 44. Strafvorschriften. (1) Wer eine in § 43 Abs. 2 bezeichnete vorsätzliche Handlung gegen Entgelt oder in der Absicht, sich oder einen anderen zu bereichern oder einen anderen zu schädigen, begeht, wird mit Freiheitsstrafe bis zu zwei Jahren oder mit Geldstrafe bestraft.

(2) [1]Die Tat wird nur auf Antrag verfolgt. [2]Antragsberechtigt sind der Betroffene, die verantwortliche Stelle, der Bundesbeauftragte für den Datenschutz und die Informationsfreiheit und die Aufsichtsbehörde.

Gesetz zum Schutz vor schädlichen Umwelteinwirkungen durch Luftverunreinigungen, Geräusche, Erschütterungen und ähnliche Vorgänge

In der Neufassung vom 17. Mai 2013, mit Änderungen bis zum 2. Juli 2013

Allgemeine Vorschriften

§ 1. Zweck des Gesetzes. (1) Zweck dieses Gesetzes ist es, Menschen, Tiere und Pflanzen, den Boden, das Wasser, die Atmosphäre sowie Kultur- und sonstige Sachgüter vor schädlichen Umwelteinwirkungen zu schützen und dem Entstehen schädlicher Umwelteinwirkungen vorzubeugen.

(2) Soweit es sich um genehmigungsbedürftige Anlagen handelt, dient dieses Gesetz auch
- der integrierten Vermeidung und Verminderung schädlicher Umwelteinwirkungen durch Emissionen in Luft, Wasser und Boden unter Einbeziehung der Abfallwirtschaft, um ein hohes Schutzniveau für die Umwelt insgesamt zu erreichen, sowie
- dem Schutz und der Vorsorge gegen Gefahren, erhebliche Nachteile und erhebliche Belästigungen, die auf andere Weise herbeigeführt werden.

§ 2. Geltungsbereich. (1) Die Vorschriften dieses Gesetzes gelten für
1. die Errichtung und den Betrieb von Anlagen,
2. das Herstellen, Inverkehrbringen und Einführen von Anlagen, Brennstoffen und Treibstoffen, Stoffen und Erzeugnissen aus Stoffen nach Maßgabe der §§ 32 bis 37,
3. die Beschaffenheit, die Ausrüstung, den Betrieb und die Prüfung von Kraftfahrzeugen und ihren Anhängern und von Schienen-, Luft- und Wasserfahrzeugen sowie von Schwimmkörpern und schwimmenden Anlagen nach Maßgabe der §§ 38 bis 40 und
4. den Bau öffentlicher Straßen sowie von Eisenbahnen, Magnetschwebebahnen und Straßenbahnen nach Maßgabe der §§ 41 bis 43.

(2) [1]Die Vorschriften dieses Gesetzes gelten nicht für Flugplätze (soweit nicht die sich aus diesem Gesetz ergebenden Anforderungen für Betriebsbereiche oder der Sechste Teil betroffen sind) und für Anlagen, Geräte, Vorrichtungen sowie Kernbrennstoffe und sonstige radioaktive Stoffe, die den Vorschriften des Atomgesetzes oder einer hiernach erlassenen Rechtsverordnung unterliegen, soweit es sich um den Schutz vor den Gefahren der Kernenergie und der schädlichen Wirkung ionisierender Strahlen handelt. [2]Sie gelten ferner nicht, soweit sich aus wasserrechtlichen Vorschriften des Bundes und der Länder zum Schutz der Gewässer oder aus Vorschriften des Düngemittel- und Pflanzenschutzrechts etwas anderes ergibt.

§ 3. Begriffsbestimmungen. (1) Schädliche Umwelteinwirkungen im Sinne dieses Gesetzes sind Immissionen, die nach Art, Ausmaß oder Dauer geeignet sind, Gefahren, erhebliche Nachteile oder erhebliche Belästigungen für die Allgemeinheit oder die Nachbarschaft herbeizuführen.

(2) Immissionen im Sinne dieses Gesetzes sind auf Menschen, Tiere und Pflanzen, den Boden, das Wasser, die Atmosphäre sowie Kultur- und sonstige Sachgüter einwirkende Luftverunreinigungen, Geräusche, Erschütterungen, Licht, Wärme, Strahlen und ähnliche Umwelteinwirkungen.

(3) Emissionen im Sinne dieses Gesetzes sind die von einer Anlage ausgehenden Luftverunreinigungen, Geräusche, Erschütterungen, Licht, Wärme, Strahlen und ähnliche Erscheinungen.

(4) Luftverunreinigungen im Sinne dieses Gesetzes sind Veränderungen der natürlichen Zusammensetzung der Luft, insbesondere durch Rauch, Ruß, Staub, Gase, Aerosole, Dämpfe oder Geruchsstoffe.

(5) Anlagen im Sinne dieses Gesetzes sind
1. Betriebsstätten und sonstige ortsfeste Einrichtungen,
2. Maschinen, Geräte und sonstige ortsveränderliche technische Einrichtungen sowie Fahrzeuge, soweit sie nicht der Vorschrift des § 38 unterliegen, und
3. Grundstücke, auf denen Stoffe gelagert oder abgelagert oder Arbeiten durchgeführt werden, die Emissionen verursachen können, ausgenommen öffentliche Verkehrswege. …

(6) [1]Stand der Technik im Sinne dieses Gesetzes ist der Entwicklungsstand fortschrittlicher Verfahren, Einrichtungen oder Betriebsweisen, der die praktische Eignung einer Maßnahme zur Begrenzung von Emissionen in Luft, Wasser und Boden, zur Gewährleistung der Anlagensicherheit, zur Gewährleistung einer umweltverträglichen Abfallentsorgung oder sonst zur Vermeidung oder Verminderung von Auswirkungen auf die Umwelt zur Erreichung eines allgemein hohen Schutzniveaus für die Umwelt insgesamt gesichert erscheinen lässt. [2]Bei der Bestimmung des Standes der Technik sind insbesondere die in der Anlage aufgeführten Kriterien zu berücksichtigen.

(7) Dem Herstellen im Sinne dieses Gesetzes steht das Verarbeiten, Bearbeiten oder sonstiges Behandeln, dem Einführen im Sinne die-

ses Gesetzes das sonstige Verbringen in den Geltungsbereich dieses Gesetzes gleich.
…

Errichtung und Betrieb von Anlagen

▶ Genehmigungsbedürftige Anlagen

§ 4. Genehmigung. (1) [1]Die Errichtung und der Betrieb von Anlagen, die auf Grund ihrer Beschaffenheit oder ihres Betriebs in besonderem Maße geeignet sind, schädliche Umwelteinwirkungen hervorzurufen oder in anderer Weise die Allgemeinheit oder die Nachbarschaft zu gefährden, erheblich zu benachteiligen oder erheblich zu belästigen, sowie von ortsfesten Abfallentsorgungsanlagen zur Lagerung oder Behandlung von Abfällen bedürfen einer Genehmigung. [2]Mit Ausnahme von Abfallentsorgungsanlagen bedürfen Anlagen, die nicht gewerblichen Zwecken dienen und nicht im Rahmen wirtschaftlicher Unternehmungen Verwendung finden, der Genehmigung nur, wenn sie in besonderem Maße geeignet sind, schädliche Umwelteinwirkungen durch Luftverunreinigungen oder Geräusche hervorzurufen. …

§ 5. Pflichten der Betreiber genehmigungsbedürftiger Anlagen. (1) Genehmigungsbedürftige Anlagen sind so zu errichten und zu betreiben, dass zur Gewährleistung eines hohen Schutzniveaus für die Umwelt insgesamt
1. schädliche Umwelteinwirkungen und sonstige Gefahren, erhebliche Nachteile und erhebliche Belästigungen für die Allgemeinheit und die Nachbarschaft nicht hervorgerufen werden können;
2. Vorsorge gegen schädliche Umwelteinwirkungen und sonstige Gefahren, erhebliche Nachteile und erhebliche Belästigungen getroffen wird, insbesondere durch die dem Stand der Technik entsprechenden Maßnahmen;
3. Abfälle vermieden, nicht zu vermeidende Abfälle verwertet und nicht zu verwertende Abfälle ohne Beeinträchtigung des Wohls der Allgemeinheit beseitigt werden; Abfälle sind nicht zu vermeiden, soweit die Vermeidung technisch nicht möglich oder nicht zumutbar ist; die Vermeidung ist unzulässig, soweit sie zu nachteiligeren Umweltauswirkungen führt als die Verwertung; die Verwertung und Beseitigung von Abfällen erfolgt nach den Vorschriften des Kreislaufwirtschaftsgesetzes und den sonstigen für die Abfälle geltenden Vorschriften;
4. Energie sparsam und effizient verwendet wird.

…

§ 20. Untersagung, Stilllegung und Beseitigung. (1) Kommt der Betreiber einer genehmigungsbedürftigen Anlage einer Auflage, einer vollziehbaren nachträglichen Anordnung oder einer abschließend bestimmten Pflicht aus einer Rechtsverordnung nach § 7 nicht nach und betreffen die Auflage, die Anordnung oder die Pflicht die Beschaffenheit oder den Betrieb der Anlage, so kann die zuständige Behörde den Betrieb ganz oder teilweise bis zur Erfüllung der Auflage, der Anordnung oder der Pflichten aus der Rechtsverordnung nach § 7 untersagen.

(3) Die zuständige Behörde kann den weiteren Betrieb einer genehmigungsbedürftigen Anlage durch den Betreiber oder einen mit der Leitung des Betriebs Beauftragten untersagen, wenn Tatsachen vorliegen, welche die Unzuverlässigkeit dieser Personen in Bezug auf die Einhaltung von Rechtsvorschriften zum Schutz vor schädlichen Umwelteinwirkungen dartun, und die Untersagung zum Wohl der Allgemeinheit geboten ist. …

▶ Nicht genehmigungsbedürftige Anlagen

§ 22. Pflichten der Betreiber nicht genehmigungsbedürftiger Anlagen. (1) Nicht genehmigungsbedürftige Anlagen sind so zu errichten und zu betreiben, dass
1. schädliche Umwelteinwirkungen verhindert werden, die nach dem Stand der Technik vermeidbar sind,
2. nach dem Stand der Technik unvermeidbare schädliche Umwelteinwirkungen auf ein Mindestmaß beschränkt werden und
3. die beim Betrieb der Anlagen entstehenden Abfälle ordnungsgemäß beseitigt werden können. …

Beschaffenheit von Anlagen, Stoffen, Erzeugnissen, Brennstoffen, Treibstoffen und Schmierstoffen

§ 32. Beschaffenheit von Anlagen. (1) [1]Die Bundesregierung wird ermächtigt, nach Anhörung der beteiligten Kreise (§ 51) durch Rechtsverordnung mit Zustimmung des Bundesrates vorzuschreiben, dass serienmäßig hergestellte Teile von Betriebsstätten und sonstigen ortsfesten Einrichtungen sowie die in § 3 Abs. 5 Nr. 2 bezeichneten Anlagen und hierfür serienmäßig hergestellte Teile gewerbsmäßig oder im Rahmen wirtschaftlicher Unternehmungen nur in

den Verkehr gebracht oder eingeführt werden dürfen, wenn sie bestimmten Anforderungen zum Schutz vor schädlichen Umwelteinwirkungen durch Luftverunreinigungen, Geräusche, Erschütterungen oder nichtionisierende Strahlen genügen. [2]In den Rechtsverordnungen nach Satz 1 kann insbesondere vorgeschrieben werden, dass
1. die Emissionen der Anlagen oder der serienmäßig hergestellten Teile bestimmte Werte nicht überschreiten dürfen,
2. die Anlagen oder die serienmäßig hergestellten Teile bestimmten technischen Anforderungen zur Begrenzung der Emissionen entsprechen müssen.

[3]Emissionswerte nach Satz 2 Nr. 1 können unter Berücksichtigung der technischen Entwicklung auch für einen Zeitpunkt nach Inkrafttreten der Rechtsverordnung festgesetzt werden. [4]Wegen der Anforderungen nach den Sätzen 1 bis 3 gilt § 7 Abs. 4 entsprechend.

(2) In einer Rechtsverordnung kann ferner vorgeschrieben werden, dass die Anlagen oder die serienmäßig hergestellten Teile gewerbsmäßig oder im Rahmen wirtschaftlicher Unternehmungen nur in den Verkehr gebracht oder eingeführt werden dürfen, wenn sie mit Angaben über die Höhe ihrer Emissionen gekennzeichnet sind.

§ 37a. Mindestanteil von Biokraftstoff an der Gesamtmenge in Verkehr gebrachten Kraftstoffs; Treibhausgasminderung. (1) Wer gewerbsmäßig oder im Rahmen wirtschaftlicher Unternehmungen nach § 2 Abs. 1 Nr. 1 und 4 des Energiesteuergesetzes zu versteuernde Otto oder Dieselkraftstoffe in Verkehr bringt, hat sicherzustellen, dass die gesamte im Laufe eines Kalenderjahres in Verkehr gebrachte Menge Kraftstoffs nach Maßgabe der Absätze 3 und 3a einen Mindestanteil von Biokraftstoff enthält. …

Beschaffenheit und Betrieb von Fahrzeugen, Bau und Änderung von Straßen und Schienenwegen

§ 38. Beschaffenheit und Betrieb von Fahrzeugen. (1) [1]Kraftfahrzeuge und ihre Anhänger, Schienen-, Luft- und Wasserfahrzeuge sowie Schwimmkörper und schwimmende Anlagen müssen so beschaffen sein, dass ihre durch die Teilnahme am Verkehr verursachten Emissionen bei bestimmungsgemäßem Betrieb die zum Schutz vor schädlichen Umwelteinwirkungen einzuhaltenden Grenzwerte nicht überschreiten. [2]Sie müssen so betrieben werden, dass vermeidbare Emissionen verhindert und unvermeidbare Emissionen auf ein Mindestmaß beschränkt bleiben.

§ 40. Verkehrsbeschränkungen. (1) [1]Die zuständige Straßenverkehrsbehörde beschränkt oder verbietet den Kraftfahrzeugverkehr nach Maßgabe der straßenverkehrsrechtlichen Vorschriften, soweit ein Luftreinhalteplan oder ein Plan für kurzfristig zu ergreifende Maßnahmen nach § 47 Abs. 1 oder 2 dies vorsehen. [2]Die Straßenverkehrsbehörde kann im Einvernehmen mit der für den Immissionsschutz zuständigen Behörde Ausnahmen von Verboten oder Beschränkungen des Kraftfahrzeugverkehrs zulassen, wenn unaufschiebbare und überwiegende Gründe des Wohls der Allgemeinheit dies erfordern.

…

Überwachung und Verbesserung der Luftqualität, Luftreinhalteplanung und Lärmminderungspläne

§ 44. Überwachung der Luftqualität. (1) Zur Überwachung der Luftqualität führen die zuständigen Behörden regelmäßige Untersuchungen nach den Anforderungen der Rechtsverordnungen nach § 48 a Abs. 1 oder 1 a durch.

…

§ 47 a. Anwendungsbereich des Sechsten Teils. [1]Dieser Teil des Gesetzes gilt für den Umgebungslärm, dem Menschen insbesondere in bebauten Gebieten, in öffentlichen Parks oder anderen ruhigen Gebieten eines Ballungsraums, in ruhigen Gebieten auf dem Land, in der Umgebung von Schulgebäuden, Krankenhäusern und anderen lärmempfindlichen Gebäuden und Gebieten ausgesetzt sind. [2]Er gilt nicht für Lärm, der von der davon betroffenen Person selbst oder durch Tätigkeiten innerhalb von Wohnungen verursacht wird, für Nachbarschaftslärm, Lärm am Arbeitsplatz, in Verkehrsmitteln oder Lärm, der auf militärische Tätigkeiten in militärischen Gebieten zurückzuführen ist.

§ 47 b. Begriffsbestimmungen. Im Sine dieses Gesetzes bezeichnen die Begriffe
1. „Umgebungslärm“ belästigende oder gesundheitsschädliche Geräusche im Freien, die durch Aktivitäten von Menschen verursacht werden, einschließlich des Lärms, der von Verkehrsmitteln, Straßenverkehr, Eisenbahnverkehr, Flugverkehr sowie Geländen für industrielle Tätigkeiten ausgeht;
2. „Ballungsraum“ ein Gebiet mit einer Einwohnerzahl von über 100 000 und einer Bevölkerungsdichte von mehr als 1 000 Einwohnern pro Quadratkilometer;

3. „Hauptverkehrsstraße" eine Bundesfernstraße, Landesstraße oder auch sonstige grenzüberschreitende Straße, jeweils mit einem Verkehrsaufkommen von über drei Millionen Kraftfahrzeugen pro Jahr;
4. „Haupteisenbahnstrecke" ein Schienenweg von Eisenbahnen nach dem Allgemeinen Eisenbahngesetz mit einem Verkehrsaufkommen von über 30 000 Zügen pro Jahr;
5. „Großflughafen" ein Verkehrsflughafen mit einem Verkehrsaufkommen von über 50 000 Bewegungen pro Jahr, wobei mit „Bewegung" der Start oder die Landung bezeichnet wird, hiervon sind ausschließlich der Ausbildung dienende Bewegungen mit Leichtflugzeugen ausgenommen.

§ 47 c. Lärmkarten. (1) [1]Die zuständigen Behörden arbeiten bis zum 30. Juni 2007 bezogen auf das vorangegangene Kalenderjahr Lärmkarten für Ballungsräume mit mehr als 250 000 Einwohnern sowie für Hauptverkehrsstraßen mit einem Verkehrsaufkommen von über sehcs Millionen Kraftfahrzeugen pro Jahr, Haupteisenbahnstrecken mit einem Verkehrsaufkommen von über 60 000 Zügen pro Jahr und Großflughäfen aus. [2]Gleiches gilt bis zum 30. Juni 2012 und danach alle fünf Jahre für sämtliche Ballungsräume sowie für sämtliche Hauptverkehrsstraßen und Haupteisenbahnstrecken.

...

(3) Die zuständigen Behörden arbeiten bei der Ausarbeitung von Lärmkarten für Grenzgebiete mit den zuständigen Behörden anderer Mitgliedstaaten der Europäischen Union zusammen.

(4) Die Lärmkarten werden mindestens alle fünf Jahre nach dem Zeitpunkt ihrer Erstellung überprüft und bei Bedarf überarbeitet.

(5) [1]Die zuständigen Behörden teilen dem Bundesministerium für Umwelt, Naturschutz und Reaktorsicherheit oder einer von ihm benannten Stelle zum 30. Juni 2005 und danach alle fünf Jahre die Ballungsräume mit mehr als 250 000 Einwohnern, die Hauptverkehrsstraßen mit einem Verkehrsaufkommen von über sechs Millionen Kraftfahrzeugen pro Jahr, die Haupteisenbahnstrecken mit einem Verkehrsaufkommen von über 60 000 Zügen pro Jahr und die Großflughäfen mit. [2]Gleiches gilt zum 31. Dezember 2008 für sämtliche Ballungsräume sowie sämtliche Hauptverkehrsstraßen und Haupteisenbahnstrecken.

(6) Die zuständigen Behörden teilen Informationen aus den Lärmkarten, die in der Rechtsverordnung nach § 47 f bezeichnet werden, dem Bundesministerium für Umwelt, Naturschutz und Reaktorsicherheit oder einer von ihm benannten Stelle mit.

§ 47 d. Lärmaktionspläne. (1) [1]Die zuständigen Behörden stellen bis zum 18. Juli 2008 Lärmaktionspläne auf, mit denen Lärmprobleme und Lärmauswirkungen geregelt werden für
1. Orte in der Nähe der Hauptverkehrsstraßen mit einem Verkehrsaufkommen von über sechs Millionen Kraftfahrzeugen pro Jahr, der Haupteisenbahnstrecken mit einem Verkehrsaufkommen von über 60 000 Zügen pro Jahr und der Großflughäfen,
2. Ballungsräume mit mehr als 250 000 Einwohnern.

[2]Gleiches gilt bis zum 18. Juli 2013 für sämtliche Ballungsräume sowie für sämtliche Hauptverkehrsstraßen und Haupteisenbahnstrecken. [3]Die Festlegung von Maßnahmen in den Plänen ist in das Ermessen der zuständigen Behörden gestellt, sollte aber auch unter Berücksichtigung der Belastung durch mehrere Lärmquellen insbesondere auf die Prioritäten eingehen, die sich gegebenenfalls aus der Überschreitung relevanter Grenzwerte oder aufgrund anderer Kriterien ergeben, und insbesondere für die wichtigsten Bereiche gelten, wie sie in den Lärmkarten ausgewiesen werden.

...

(3) [1]Die Öffentlichkeit wird zu Vorschlägen für Lärmaktionspläne gehört. [2]Sie erhält rechtzeitig und effektiv die Möglichkeit, an der Ausarbeitung und der Überprüfung der Lärmaktionspläne mitzuwirken. [3]Die Ergebnisse der Mitwirkung sind zu berücksichtigen. [4]Die Öffentlichkeit ist über die getroffenen Entscheidungen zu unterrichten. [5]Es sind angemessene Fristen mit einer ausreichenden Zeitspanne für jede Phase der Beteiligung vorzusehen.

Gemeinsame Vorschriften

§ 61. Berichterstattung an die Europäische Kommission. [1]Die Länder übermitteln dem Bundesministerium für Umwelt, Naturschutz und Reaktorsicherheit nach dessen Vorgaben Informationen über die Umsetzung der Richtlinie 2010/75/EU, insbesondere über repräsentative Daten über Emissionen und sonstige Arten von Umweltverschmutzung, über Emissionsgrenzwerte und inwieweit der Stand der Technik angewendet wird.

Umwelthaftungsgesetz

Vom 10. Dezember 1990, mit Änderungen bis zum 23. November 2007

§ 1. Anlagenhaftung bei Umwelteinwirkungen. Wird durch eine Umwelteinwirkung, ... jemand getötet, sein Körper oder seine Gesundheit verletzt oder eine Sache beschädigt, so ist der Inhaber der Anlage verpflichtet, dem Geschädigten den daraus entstehenden Schaden zu ersetzen.

§ 2. Haftung für nichtbetriebene Anlagen.

(1) Geht die Umwelteinwirkung von einer noch nicht fertiggestellten Anlage aus und beruht sie auf Umständen, die die Gefährlichkeit der Anlage nach ihrer Fertigstellung begründen, so haftet der Inhaber der noch nicht fertiggestellten Anlage nach § 1.

(2) Geht die Umwelteinwirkung von einer nicht mehr betriebenen Anlage aus und beruht sie auf Umständen, die die Gefährlichkeit der Anlage vor der Einstellung des Betriebs begründet haben, so haftet derjenige nach § 1, der im Zeitpunkt der Einstellung des Betriebs Inhaber der Anlage war.

§ 3. Begriffsbestimmungen. (1) Ein Schaden entsteht durch eine Umwelteinwirkung, wenn er durch Stoffe, Erschütterungen, Geräusche, Druck, Strahlen, Gase, Dämpfe, Wärme oder sonstige Erscheinungen verursacht wird, die sich in Boden, Luft oder Wasser ausgebreitet haben.

...

§ 4. Ausschluß der Haftung. Die Ersatzpflicht besteht nicht, soweit der Schaden durch höhere Gewalt verursacht wurde.

§ 5. Beschränkung der Haftung bei Sachschäden. Ist die Anlage bestimmungsgemäß betrieben worden (§ 6 Abs. 2 Satz 2), so ist die Ersatzpflicht für Sachschäden ausgeschlossen, wenn die Sache nur unwesentlich oder in einem Maße beeinträchtigt wird, das nach den örtlichen Verhältnissen zumutbar ist.

§ 6. Ursachenvermutung. (1) Ist eine Anlage nach den Gegebenheiten des Einzelfalles geeignet, den entstandenen Schaden zu verursachen, so wird vermutet, daß der Schaden durch diese Anlage verursacht ist. ...

(2) [1]Absatz 1 findet keine Anwendung, wenn die Anlage bestimmungsgemäß betrieben wurde. [2]Ein bestimmungsgemäßer Betrieb liegt vor, wenn die besonderen Betriebspflichten eingehalten worden sind und auch keine Störung des Betriebs vorliegt.

...

§ 8. Auskunftsanspruch des Geschädigten gegen den Inhaber einer Anlage. (1) [1]Liegen Tatsachen vor, die die Annahme begründen, daß eine Anlage den Schaden verursacht hat, so kann der Geschädigte vom Inhaber der Anlage Auskunft verlangen, soweit dies zur Feststellung, daß ein Anspruch auf Schadensersatz nach diesem Gesetz besteht, erforderlich ist. [2]Verlangt werden können nur Angaben über die verwendeten Einrichtungen, die Art und Konzentration der eingesetzten oder freigesetzten Stoffe und die sonst von der Anlage ausgehenden Wirkungen sowie die besonderen Betriebspflichten nach § 6 Abs. 3.

(3) [1]Der Geschädigte kann vom Inhaber der Anlage Gewährung von Einsicht in vorhandene Unterlagen verlangen, soweit die Annahme begründet ist, daß die Auskunft unvollständig, unrichtig oder nicht ausreichend ist, oder wenn die Auskunft nicht in angemessener Frist erteilt wird. [2]Absätze 1 und 2 gelten entsprechend.

...

§ 9. Auskunftsanspruch des Geschädigten gegen Behörden. Liegen Tatsachen vor, die die Annahme begründen, daß eine Anlage den Schaden verursacht hat, so kann der Geschädigte von Behörden, die die Anlage genehmigt haben oder überwachen, oder deren Aufgabe es ist, Einwirkungen auf die Umwelt zu erfassen, Auskunft verlangen, soweit dies zur Feststellung, daß ein Anspruch auf Schadensersatz nach diesem Gesetz besteht, erforderlich ist.

...

§ 12. Umfang der Ersatzpflicht bei Tötung.

(1) Im Falle der Tötung ist Ersatz der Kosten einer versuchten Heilung sowie des Vermögensnachteils zu leisten, den der Getötete dadurch erlitten hat, daß während der Krankheit seine Erwerbsfähigkeit aufgehoben oder gemindert war oder seine Bedürfnisse vermehrt waren.

...

§ 13. Umfang der Ersatzpflicht bei Körperverletzung. [1]Im Falle der Verletzung des Körpers oder der Gesundheit ist Ersatz der Kosten der Heilung sowie des Vermögensnachteils zu leisten, den der Verletzte dadurch erleidet, daß infolge der Verletzung zeitweise oder dauernd seine Erwerbsfähigkeit aufgehoben oder gemindert ist oder seine Bedürfnisse vermehrt sind. [2]Wegen des Schadens, der nicht Vermögensschaden ist, kann auch eine billige Entschädigung in Geld gefordert werden.

§ 14. Schadensersatz durch Geldrente.
(1) Der Schadensersatz wegen Aufhebung oder Minderung der Erwerbsfähigkeit und wegen vermehrter Bedürfnisse des Verletzten sowie der nach § 12 Abs. 2 einem Dritten zu gewährende Schadensersatz ist für die Zukunft durch eine Geldrente zu leisten.

§ 15. Haftungshöchstgrenzen. [1]Der Ersatzpflichtige haftet für Tötung, Körper- und Gesundheitsverletzung insgesamt nur bis zu einem Höchstbetrag von 85 Millionen Euro und für Sachbeschädigungen ebenfalls insgesamt nur bis zu einem Höchstbetrag von 85 Millionen Euro, soweit die Schäden aus einer einheitlichen Umwelteinwirkung entstanden sind. [2]Übersteigen die mehreren aufgrund der einheitlichen Umwelteinwirkung zu leistenden Entschädigungen die in Satz 1 bezeichneten jeweiligen Höchstbeträge, so verringern sich die einzelnen Entschädigungen in dem Verhältnis, in dem ihr Gesamtbetrag zum Höchstbetrag steht.

§ 16. Aufwendungen bei Wiederherstellungsmaßnahmen. (1) Stellt die Beschädigung einer Sache auch eine Beeinträchtigung der Natur oder der Landschaft dar, so ist, soweit der Geschädigte den Zustand herstellt, der bestehen würde, wenn die Beeinträchtigung nicht eingetreten wäre, § 251 Abs. 2 des Bürgerlichen Gesetzbuchs mit der Maßgabe anzuwenden, daß Aufwendungen für die Wiederherstellung des vorherigen Zustandes nicht allein deshalb unverhältnismäßig sind, weil sie den Wert der Sache übersteigen.

§ 17. Verjährung. Auf die Verjährung finden die für unerlaubte Handlungen geltenden Verjährungsvorschriften des Bürgerlichen Gesetzbuchs entsprechende Anwendung.

Verordnung über die Vermeidung und Verwertung von Verpackungsabfällen

Vom 21. August 1998, mit Änderungen bis zum 24. Februar 2012

Abfallwirtschaftliche Ziele, Anwendungsbereich und Begriffsbestimmungen

§ 1. Abfallwirtschaftliche Ziele. (1) [1]Diese Verordnung bezweckt, die Auswirkungen von Abfällen aus Verpackungen auf die Umwelt zu vermeiden oder zu verringern. [2]Verpackungsabfälle sind in erster Linie zu vermeiden; im Übrigen wird der Wiederverwendung von Verpackungen, der stofflichen Verwertung sowie den anderen Formen der Verwertung Vorrang vor der Beseitigung von Verpackungsabfällen eingeräumt. [3]Um diese Ziele zu erreichen, soll die Verordnung das Marktverhalten der durch die Verordnung Verpflichteten so regeln, dass die abfallwirtschaftlichen Ziele erreicht und gleichzeitig die Marktteilnehmer vor unlauterem Wettbewerb geschützt werden.

(2) [1]Der Anteil der in Mehrweggetränkeverpackungen sowie in ökologisch vorteilhaften Einweggetränkeverpackungen abgefüllten Getränke soll durch diese Verordnung gestärkt werden mit dem Ziel, einen Anteil von mindestens 80 vom Hundert zu erreichen. [2]Die Bundesregierung führt die notwendigen Erhebungen über die entsprechenden Anteile durch und gibt die Ergebnisse jährlich im Bundesanzeiger bekannt. [3]Die Bundesregierung prüft die abfallwirtschaftlichen Auswirkungen der Regelungen des § 9 spätestens bis zum 1. Januar 2010. [4]Die Bundesregierung berichtet über das Ergebnis ihrer Prüfung gegenüber dem Bundestag und dem Bundesrat.

(3) [1]Spätestens bis zum 31. Dezember 2008 sollen von den gesamten Verpackungsabfällen jährlich mindestens 65 Masseprozent verwertet und mindestens 55 Masseprozent stofflich verwertet werden. [2]Dabei soll die stoffliche Verwertung der einzelnen Verpackungsmaterialien für Holz 15, für Kunststoffe 22,5, für Metalle 50 und für Glas sowie Papier und Karton 60 Masseprozent erreichen, wobei bei Kunststoffen nur Material berücksichtigt wird, das durch stoffliche Verwertung wieder zu Kunststoff wird. [3]Die Bundesregierung führt die notwendigen Erhebungen durch und veranlasst die Information der Öffentlichkeit und der Marktteilnehmer. [4]Verpackungsabfälle, die im Einklang mit der Verordnung (EG) Nr. 1013/2006 des Europäischen Parlaments und des Rates vom 14. Juni 2006 über die Verbringung von Abfällen (Abl. EU Nr. L 190 S. 1) in der jeweils geltenden Fassung, der Verordnung (EG) Nr. 1420/1999 des Rates und der Verordnung (EG) Nr. 1547/1999 der Kommission aus der Gemeinschaft ausgeführt werden, werden für die Erfüllung der Verpflichtungen und Zielvorgaben gemäß den Sätzen 1 und 2 nur berücksichtigt, wenn stichhaltige Beweise vorliegen, dass die Verwertung oder die stoffliche Verwertung unter Bedingungen erforderlich ist, die im Wesentlichen denen entsprechen, die in den einschlägigen Gemeinschaftsvorschriften vorgesehen sind.

§ 2. Anwendungsbereich. (1) Die Verordnung gilt für alle im Geltungsbereich des Kreislaufwirtschaftsgesetzes in Verkehr gebrachten Verpackungen, unabhängig davon, ob sie in der Industrie, im Handel, in der Verwaltung, im Gewerbe, im Dienstleistungsbereich, in Haushaltungen oder anderswo anfallen und unabhängig von den Materialien, aus denen sie bestehen.

(2) Soweit auf Grund anderer Rechtsvorschriften besondere Anforderungen an Verpackungen oder die Entsorgung von Verpackungsabfällen oder die Beförderung von verpackten Erzeugnissen oder von Verpackungsabfällen bestehen, bleiben diese unberührt.

(3) Die Befugnis des Bundes, der Länder und Gemeinden, Dritte bei der Nutzung ihrer Einrichtungen oder Grundstücke sowie der Sondernutzung öffentlicher Straßen zur Vermeidung und Verwertung von Abfällen zu verpflichten, bleibt unberührt.

§ 3. Begriffsbestimmungen. (1) Im Sinne dieser Verordnung sind

1. Verpackungen:
   Aus beliebigen Materialien hergestellte Produkte zur Aufnahme, zum Schutz, zur Handhabung, zur Lieferung oder zur Darbietung von Waren, die vom Rohstoff bis zum Verarbeitungserzeugnis reichen können und vom Hersteller an den Vertreiber oder Endverbraucher weitergegeben werden. …
2. Verkaufsverpackungen:
   Verpackungen, die als eine Verkaufseinheit angeboten werden und beim Endverbraucher anfallen. Verkaufsverpackungen im Sinne der Verordnung sind auch Verpackungen des Handels, der Gastronomie und anderer Dienstleister, die die Übergabe von Waren an den Endverbraucher ermöglichen oder unterstützen (Serviceverpackungen) sowie Einweggeschirr.

3. Umverpackungen:
   Verpackungen, die als zusätzliche Verpackungen zu Verkaufsverpackungen verwendet werden und nicht aus Gründen der Hygiene, der Haltbarkeit oder des Schutzes der Ware vor Beschädigung oder Verschmutzung für die Abgabe an den Endverbraucher erforderlich sind.
4. Transportverpackungen:
   Verpackungen, die den Transport von Waren erleichtern, die Waren auf dem Transport vor Schäden bewahren oder die aus Gründen der Sicherheit des Transports verwendet werden und beim Vertreiber anfallen.

(2) Getränkeverpackungen im Sinne dieser Verordnung sind geschlossene oder überwiegend geschlossene Verpackungen für flüssige Lebensmittel im Sinne des § 2 Abs. 2 des Lebensmittel- und Futtermittelgesetzbuches, die zum Verzehr als Getränke bestimmt sind, ausgenommen Joghurt und Kefir.

(3) [1]Mehrwegverpackungen im Sinne dieser Verordnung sind Verpackungen, die dazu bestimmt sind, nach Gebrauch mehrfach zum gleichen Zweck wiederverwendet zu werden. [2]Einwegverpackungen im Sinne dieser Verordnung sind Verpackungen, die keine Mehrwegverpackungen sind.

(4) Ökologisch vorteilhafte Einweggetränkeverpackungen im Sinne dieser Verordnung sind:
1. Getränkekartonverpackungen (Blockpackung, Giebelpackung, Zylinderpackung),
2. Getränke-Polyethylen-Schlauchbeutel-Verpackungen,
3. Folien-Standbodenbeutel

(5) Verbundverpackungen im Sinne dieser Verordnung sind Verpackungen aus unterschiedlichen, von Hand nicht trennbaren Materialien, von denen keines einen Masseanteil von 95 vom Hundert überschreitet.

(6) Restentleerte Verpackungen im Sinne dieser Verordnung sind Verpackungen, deren Inhalt bestimmungsgemäß ausgeschöpft worden ist.

(7) Schadstoffhaltige Füllgüter im Sinne dieser Verordnung sind
1. Stoffe und Zubereitungen, die bei einem Vertrieb im Einzelhandel dem Selbstbedienungsverbot nach § 4 Abs. 1 der Chemikalienverbotsverordnung unterliegen würden,
2. Pflanzenschutzmittel im Sinne des Artikels 2 Absatz 1 der Verordnung (EG) Nr. 1107/2009 des Europäischen Parlaments und des Rates vom 21. Oktober 2009 über das Inverkehrbringen von Pflanzenschutzmitteln und zur Aufhebung der Richtlinien 79/117/EWG und 91/414/EWG des Rates (ABl. L 309 vom 24.11.2009, S. 1), die nach der Gefahrstoffverordnung
   a) als sehr giftig, giftig, brandfördernd oder hochentzündlich oder
   b) als gesundheitsschädlich und mit dem R-Satz R 40, R 62, R 63 oder R 68

gekennzeichnet sind, …

(8) Hersteller im Sinne dieser Verordnung ist, wer Verpackungen, Packstoffe oder Erzeugnisse herstellt, aus denen unmittelbar Verpackungen hergestellt werden, und derjenige, der Verpackungen in den Geltungsbereich der Verordnung einführt.

(9) [1]Vertreiber im Sinne dieser Verordnung ist, wer Verpackungen, Packstoffe oder Erzeugnisse, aus denen unmittelbar Verpackungen hergestellt werden, oder Waren in Verpackungen, gleichgültig auf welcher Handelsstufe, in Verkehr bringt. [2]Vertreiber im Sinne dieser Verordnung ist auch der Versandhandel.

(10) Als Einzugsgebiet des Herstellers oder Vertreibers ist das Gebiet des Landes anzusehen, in dem die Waren in Verpackungen in Verkehr gebracht werden.

(11) [1]Endverbraucher im Sinne dieser Verordnung ist derjenige, der die Waren in der an ihn gelieferten Form nicht mehr weiter veräußert. [2]Private Endverbraucher im Sinne dieser Verordnung sind Haushaltungen und vergleichbare Anfallstellen von Verpackungen, insbesondere Gaststätten, Hotels, Kantinen, Verwaltungen, Kasernen, Krankenhäuser, Bildungseinrichtungen, karitative Einrichtungen, Freiberufler und typische Anfallstellen des Kulturbereichs wie Kinos, Opern und Museen, sowie des Freizeitbereichs wie Ferienanlagen, Freizeitparks, Sportstadien und Raststätten. Vergleichbare Anfallstellen im Sinne von Satz 2 sind außerdem landwirtschaftliche Betriebe und Handwerksbetriebe, die über haushaltsübliche Sammelgefäße für Papier, Pappe, Kartonagen und Leichtverpackungen mit nicht mehr als maximal je Stoffgruppe einem 1 100-Liter-Umleerbehälter im haushaltsüblichen Abfuhrrhythmus entsorgt werden können.

Rücknahme-, Pfanderhebungs- und Verwertungspflichten

§ 4. Rücknahmepflichten für Transportverpackungen. (1) [1]Hersteller und Vertreiber sind verpflichtet, Transportverpackungen nach Gebrauch zurückzunehmen. [2]Im Rahmen wiederkehrender Belieferungen kann die Rücknahme auch bei einer der nächsten Anlieferungen erfolgen.

(2) [1]Die zurückgenommenen Transportverpackungen sind einer erneuten Verwendung oder einer stofflichen Verwertung zuzuführen,

soweit dies technisch möglich und wirtschaftlich zumutbar ist (§ 7 Absatz 4 des Kreislaufwirtschaftsgesetzes), insbesondere für einen gewonnenen Stoff ein Markt vorhanden ist oder geschaffen werden kann. [2]Bei Transportverpackungen, die unmittelbar aus nachwachsenden Rohstoffen hergestellt sind, ist die energetische Verwertung der stofflichen Verwertung gleichgestellt.

§ 5. Rücknahmepflichten für Umverpackungen. (1) [1]Vertreiber, die Waren in Umverpackungen anbieten, sind verpflichtet, bei der Abgabe der Waren an Endverbraucher die Umverpackungen zu entfernen oder dem Endverbraucher in der Verkaufsstelle oder auf dem zur Verkaufsstelle gehörenden Gelände Gelegenheit zum Entfernen und zur unentgeltlichen Rückgabe der Umverpackung zu geben. [2]Dies gilt nicht, wenn der Endverbraucher die Übergabe der Waren in der Umverpackung verlangt; in diesem Fall gelten die Vorschriften über die Rücknahme von Verkaufsverpackungen entsprechend.

(2) Soweit der Vertreiber die Umverpackung nicht selbst entfernt, muß er an der Kasse durch deutlich erkennbare und lesbare Schrifttafeln darauf hinweisen, daß der Endverbraucher in der Verkaufsstelle oder auf dem zur Verkaufsstelle gehörenden Gelände die Möglichkeit hat, die Umverpackungen von der erworbenen Ware zu entfernen und zurückzulassen.

(3) [1]Der Vertreiber ist verpflichtet, in der Verkaufsstelle oder auf dem zur Verkaufsstelle gehörenden Gelände geeignete Sammelgefäße zur Aufnahme der Umverpackungen für den Endverbraucher gut sichtbar und gut zugänglich bereitzustellen. [2]Dabei ist eine Getrennthaltung einzelner Wertstoffgruppen sicherzustellen, soweit dies ohne Kennzeichnung möglich ist. [3]Der Vertreiber ist verpflichtet, Umverpackungen einer erneuten Verwendung oder einer stofflichen Verwertung zuzuführen. [4]§ 4 Abs. 2 gilt entsprechend.

§ 6. Pflicht zur Gewährleistung der flächendeckenden Rücknahme von Verkaufsverpackungen, die beim privaten Endverbraucher anfallen. (1) [1]Hersteller und Vertreiber, die mit Ware befüllte Verkaufsverpackungen, die typischerweise beim privaten Endverbraucher anfallen, erstmals in den Verkehr bringen, haben sich zur Gewährleistung der flächendeckenden Rücknahme dieser Verkaufsverpackungen an einem oder mehreren Systemen nach Absatz 3 zu beteiligen. [2]Abweichend von Satz 1 können Vertreiber, die mit Ware befüllte Serviceverkaufsverpackungen im Sinne von § 3 Abs. 1 Nr. 2 Satz 2, die typischerweise beim privaten Endverbraucher anfallen, erstmals in den Verkehr bringen, von den Herstellern oder Vertreibern oder Vorvertreibern dieser Serviceverpackungen verlangen, dass sich letztere hinsichtlich der von ihnen gelieferten Serviceverpackungen an einem oder mehreren Systemen nach Absatz 3 beteiligen. [3]Verkaufsverpackungen nach Satz 1 dürfen an private Endverbraucher nur abgegeben werden, wenn sich die Hersteller und Vertreiber mit diesen Verpackungen an einem System nach Absatz 3 beteiligen. …

(2) Die Pflicht nach Absatz 1 entfällt, soweit Hersteller und Vertreiber bei Anfallstellen, die nach § 3 Abs. 11 Satz 2 und 3 den privaten Haushaltungen gleichgestellt sind, selbst die von ihnen bei diesen Anfallstellen in den Verkehr gebrachten Verpackungen entsprechend Absatz 8 Satz 1 zurücknehmen und einer Verwertung zuführen …

(3) Ein System hat flächendeckend im Einzugsgebiet des verpflichteten Vertreibers unentgeltlich die regelmäßige Abholung gebrauchter, restentleerter Verkaufsverpackungen beim privaten Endverbraucher oder in dessen Nähe in ausreichender Weise zu gewährleisten …

(8) [1]Falls kein System nach Absatz 3 eingerichtet ist, sind alle Letztvertreiber verpflichtet, vom privaten Endverbraucher gebrauchte, restentleerte Verkaufsverpackungen am Ort der tatsächlichen Übergabe oder in dessen unmittelbarer Nähe unentgeltlich zurückzunehmen und einer Verwertung entsprechend den Anforderungen nach Anhang I Nr. 1 zuzuführen sowie die Anforderungen nach Anhang I Nr. 4 zu erfüllen. [2]Die Anforderungen an die Verwertung können auch durch eine erneute Verwendung oder Weitergabe an Vorvertreiber oder Hersteller erfüllt werden. [3]Der Letztvertreiber muss den privaten Endverbraucher durch deutlich erkennbare und lesbare Schrifttafeln auf die Rückgabemöglichkeit nach Satz 1 hinweisen. [4]Die Verpflichtung nach Satz 1 beschränkt sich auf Verpackungen der Art, Form und Größe sowie solcher Waren, die der Vertreiber in seinem Sortiment führt. [5]Für Vertreiber mit einer Verkaufsfläche von weniger als 200 Quadratmetern beschränkt sich die Rücknahmeverpflichtung auf die Verpackungen der Marken, die der Vertreiber in Verkehr bringt. [6]Hersteller und Vorvertreiber von Verpackungen nach Absatz 1 Satz 1 sind im Fall des Satzes 2 verpflichtet, die nach Satz 1 zurückgenommenen Verpackungen am Ort der tatsächlichen Übergabe unentgeltlich zurückzunehmen und einer Verwertung entsprechend den Anforderungen nach Anhang I Nr. 1 zuzuführen sowie die Anforderungen nach Anhang I Nr. 4 zu erfüllen. [7]Es können abweichende Vereinbarungen über den Ort der Rückgabe und die Kosten-

regelung getroffen werden. [8]Die Anforderungen an die Verwertung können auch durch eine erneute Verwendung erfüllt werden. [9]Die Sätze 4 und 5 gelten entsprechend.

§ 7. Rücknahmepflichten für Verkaufsverpackungen, die nicht beim privaten Endverbraucher anfallen. (1) [1]Letztvertreiber von Verkaufsverpackungen, die nicht beim privaten Endverbraucher anfallen, sind verpflichtet, vom Endverbraucher gebrauchte, restentleerte Verkaufsverpackungen am Ort der tatsächlichen Übergabe oder in dessen unmittelbarer Nähe unentgeltlich zurückzunehmen und einer Verwertung zuzuführen. [2]§ 4 Abs. 2 gilt entsprechend. [3]Die Verpflichtung nach Satz 1 beschränkt sich auf Verpackungen der Art, Form und Größe sowie solcher Waren, die der Vertreiber in seinem Sortiment führt. [4]Es können abweichende Vereinbarungen über den Ort der Rückgabe und die Kostenregelung getroffen werden.

(2) [1]Hersteller und Vorvertreiber von Verpackungen nach Absatz 1 Satz 1 sind verpflichtet, die nach Absatz 1 zurückgenommenen Verpackungen am Ort der tatsächlichen Übergabe unentgeltlich zurückzunehmen und einer Verwertung zuzuführen. [2]Absatz 1 Satz 2 bis 4 gilt entsprechend.

...

§ 8. Rücknahmepflichten für Verkaufsverpackungen schadstoffhaltiger Füllgüter.

(1) [1]Hersteller und Vertreiber von Verkaufsverpackungen schadstoffhaltiger Füllgüter sind verpflichtet, durch geeignete Maßnahmen dafür zu sorgen, dass gebrauchte, restentleerte Verpackungen vom Endverbraucher in zumutbarer Entfernung unentgeltlich zurückgegeben werden können. [2]Sie müssen den Endverbraucher durch deutlich erkennbare und lesbare Schrifttafeln in der Verkaufsstelle und im Versandhandel durch andere geeignete Maßnahmen auf die Rückgabemöglichkeit hinweisen. [3]Soweit Verkaufsverpackungen nicht bei privaten Endverbrauchern anfallen, können abweichende Vereinbarungen über den Ort der Rückgabe und die Kostenregelung getroffen werden.

(2) Die zurückgenommenen Verpackungen sind einer erneuten Verwendung oder einer Verwertung, Verpackungen gemäß § 3 Abs. 7 Nr. 3 einer stofflichen Verwertung, zuzuführen, soweit dies technisch möglich und wirtschaftlich zumutbar ist.

...

§ 9. Pfanderhebungs- und Rücknahmepflicht für Einweggetränkeverpackungen. (1) [1]Vertreiber, die Getränke in Einweggetränkeverpackungen mit einem Füllvolumen von 0,1 Liter bis 3 Liter in Verkehr bringen, sind verpflichtet, von ihrem Abnehmer ein Pfand in Höhe von mindestens 0,25 Euro einschließlich Umsatzsteuer je Verpackung zu erheben. [2]Satz 1 gilt nicht für Verpackungen, die nicht im Geltungsbereich der Verordnung an Endverbraucher abgegeben werden. [3]Das Pfand ist von jedem weiteren Vertreiber auf allen Handelsstufen bis zur Abgabe an den Endverbraucher zu erheben. [4]Vertreiber haben Getränke in Einweggetränkeverpackungen, die nach Satz 1 der Pfandpflicht unterliegen, vor dem Inverkehrbringen deutlich lesbar und an gut sichtbarer Stelle als pfandpflichtig zu kennzeichnen und sich an einem bundesweit tätigen Pfandsystem zu beteiligen, das Systemteilnehmern die Abwicklung von Pfanderstattungsansprüchen untereinander ermöglicht. [5]Das Pfand ist bei Rücknahme der Verpackungen zu erstatten. [6]Ohne eine Rücknahme der Verpackungen darf das Pfand nicht erstattet werden ...

§ 10. Vollständigkeitserklärung für Verkaufsverpackungen, die in den Verkehr gebracht werden. (1) Wer Verkaufsverpackungen nach § 6 in Verkehr bringt, ist verpflichtet, jährlich bis zum 1. Mai eines Kalenderjahres für sämtliche von ihm mit Ware befüllten Verkaufsverpackungen, die er im vorangegangenen Kalenderjahr erstmals in den Verkehr gebracht hat, eine Vollständigkeitserklärung, die von einem Wirtschaftsprüfer, einem Steuerberater, einem vereidigten Buchprüfer oder einem unabhängigen Sachverständigen nach Anhang I Nr. 2 Abs. 4 geprüft wurde, abzugeben und nach Absatz 5 zu hinterlegen.

§ 11. Beauftragung Dritter. Hersteller und Vertreiber können sich zur Erfüllung ihrer Pflichten aus dieser Verordnung Dritter bedienen. ...

Herstellen, Inverkehrbringen und Kennzeichnen von Verpackungen

§ 12. Allgemeine Anforderungen. Verpackungen sind so herzustellen und zu vertreiben, dass

1. Verpackungsvolumen und -masse auf das Mindestmaß begrenzt werden, das zur Erhaltung der erforderlichen Sicherheit und Hygiene des verpackten Produkts und zu dessen Akzeptanz für den Verbraucher angemessen ist;
2. ihre Wiederverwendung oder Verwertung möglich ist und die Umweltauswirkungen bei der Verwertung oder Beseitigung von Verpackungsabfällen auf ein Mindestmaß beschränkt sind;

3. schädliche und gefährliche Stoffe und Materialien bei der Beseitigung von Verpackungen oder Verpackungsbestandteilen in Emissionen, Asche oder Sickerwasser auf ein Mindestmaß beschränkt sind.

Hinweise zum Stichwortverzeichnis mit Stichwort-Strukturdarstellungen (ab 12. Auflage)

Stichwortverzeichnisse zu Gesetzessammlungen haben den Zweck, den Benutzer auf möglichst direktem Weg zu der für die Lösung eines Rechtsproblems zutreffenden Rechtsnorm zu führen. Die üblichen Stichwortverzeichnisse weisen Einzelbegriffe aus und sind alphabetisch geordnet. Das Stichwortverzeichnis zu der vorliegenden Sammlung „Wirtschaftsgesetze" wird ab der 12. Auflage durch „**Stichwort – Strukturdarstellungen**" ergänzt.

Neben **didaktischen Strukturen**, die als Elemente Einzelstichwörter in ihrem rechtssystematischen Zusammenhang enthalten, werden auch die **inhaltlichen Gliederungen von besonders wichtigen Gesetzen** ausgewiesen, sofern diese eine entsprechende Gliederungstiefe aufweisen.

Die Stichwort – Strukturdarstellungen bieten praktische und didaktische Vorteile.

Wer ein Rechtsproblem zu lösen hat und die zutreffenden rechtlichen Regelungen im Stichwortverzeichnis sucht, hat häufig bereits Schwierigkeiten, den zutreffenden juristischen Fachbegriff zu ermitteln, der dafür im Stichwortverzeichnis ausgewiesen ist. Wurde ein entsprechender Begriff gefunden, führt dieses Stichwort darüber hinaus oft nur zu einem einseitig begrenzten Lösungsansatz. Komplexe rechtliche Zusammenhänge bleiben dem Suchenden verborgen. Schon aus diesem Grunde ist ein nicht an Stichworten, sondern am Rechtssystem orientierter Suchvorgang zu bevorzugen.

Die Orientierung des Suchvorgangs an isolierten juristischen Fachbegriffen erschwert aber nicht nur das Auffinden der zutreffenden rechtlichen Regelungen. Vielmehr wird bei diesem Vorgehen der wesentliche Vorteil, der sich aus der regelmäßigen Nutzung der Gesetzessammlung ergeben soll und der unter didaktischen Aspekten das eigentliche Ziel des Einsatzes von Gesetzestexten im Unterricht ist, nicht erreicht. Selbst wenn es gelingt, von einem im Stichwortverzeichnis gefundenen Einzelbegriff auf die zutreffende rechtliche Regelung zu schließen, wird dem Suchenden die Einordnung der gefundenen Rechtsnorm in die Rechtssystematik häufig nicht bewusst. Das Verständnis dieser Rechtssystematik ist aber Voraussetzung für die Fähigkeit, rechtliche Probleme bestimmten Rechtsgebieten zuzuordnen und mit Systemverständnis aus Originalquellen zu einem Urteil zu gelangen.

Die Strukturdarstellungen der vorliegenden Gesetzessammlung ermöglichen und fördern einen systematischen Suchvorgang. Sie können dem Suchenden als Inseln der Orientierung dienen, um rechtssystematische Zusammenhänge zu erkennen und für die Problemlösung zu nutzen. Der Ausweis von Einzelstichwörtern wird dadurch schon deshalb nicht überflüssig, weil sich nicht für alle Stichwörter entsprechend übersichtliche Strukturdarstellungen ableiten lassen.

Die Bearbeiter.

Stichwortverzeichnis mit Stichwort-Strukturdarstellungen

Erläuterungen am Beispiel: **Abandonrecht 3.2**/27:
3.2 = Ordnungsnummer des Gesetzes, hier GmbHG, s. dazu Systematische Übersicht, S. 4 und 5.
27 = Nummer des Paragraphen oder Artikels, hier § 27 Unbeschränkte Nachschusspflicht

→ s. gleiches Stichwort mit weiterführenden Hinweisen

Stichwort rot unterlegt = Gliederung eines Gesetzes

kursive Schrift, z.B. (*Erbrecht*), in der Gliederung eines Gesetzes = Der Gesetzestext des ausgewiesenen Gliederungspunkts ist in dieser Gesetzessammlung nicht enthalten

Stichwort grau unterlegt = Kennzeichnung einer Strukturdarstellung, die Zusammenhänge ausweist

Stichwortverzeichnis

Stichwortverzeichnis

Stichwortverzeichnis

Stichwortverzeichnis

Stichwortverzeichnis

F

Familienrecht 4. Buch BGB 1.1, Gliederung

G

Genossenschaftsgesetz 3.5, Gliederung

Stichwortverzeichnis

I

Monatslohn, LSt-Tabelle **7.3f.**

O

P

Stichwortverzeichnis

Sozialgesetzbuch, Bücher

Sozialgesetzbuch. Zweites Buch Grundsicherung für Arbeitssuchende. 6.21ab, Gliederung

Sozialgesetzbuch. Drittes Buch. Arbeitsförderung. 6.21b, Gliederung

Stichwortverzeichnis

T

U

Stichwortverzeichnis

V

Stichwortverzeichnis

Stichwortverzeichnis

Übersicht über die wichtigsten Gesetzesänderungen gegenüber der 21. Auflage

Systemnummer des Gesetzes	Abkürzung	Änderung
1.1	BGB	§ 197 Abs. 1 Nr. 1, Verlängerung der Verjährungsfrist auf 30 Jahre für Schadensersatzansprüche wegen sexuellem Missbrauch, §§ 312 bis 312 k, 355 ff., Neuregelung des Rechts der Verbraucherverträge. Tritt zum 13.06.2014 in Kraft §§ 554, 559 Mietrecht, Mieterhöhungen bei Modernisierungsmaßnahmen, z.B. keine Berücksichtigung von Erhaltungsmaßnahmen.
1.2	ZPO	§ 850 c, Neue Pfändungsgrenzen
4.1	GWB	Neufassung des Gesetzes
6.10	BEEG	§§ 4 a und b, Anspruch auf Betreuungsgeld
6.21d	SGB V	§ 25, Anspruch auf Gesundheitsuntersuchungen
6.21e	SGB VI	§ 68, Anpassung des Rentenwerts
6.21i	SozVW	Aktualisierung der Beitragssätze und Bemessungsgrenzen
7.3	EStG	Erhöhung des Grundfreibetrags auf 8 354 EUR § 32a
7.3a	EStTab	Aktualisierte Einkommensteuertabellen 2014
7.3f	LStTab	Aktualisierte Lohnsteuertabelle 2014 (Auszüge)